美国经济之辩
1932-1972（上）

［美］爱德华·纳尔逊（Edward Nelson） 著

何永江 刘晨 译

MILTON FRIEDMAN & ECONOMIC DEBATE IN THE UNITED STATES
1932-1972: VOLUME 1

中国科学技术出版社
·北 京·

MILTON FRIEDMAN & ECONOMIC DEBATE IN THE UNITED STATES 1932-1972: VOLUME 1
Edward Nelson
© 2020 by The University of Chicago. All rights reserved. Licensed by The University of Chicago Press, Chicago, Illinois, U.S.A.

北京市版权局著作权合同登记 图字：01-2022-1434

图书在版编目（CIP）数据

美国经济之辩：1932-1972. 上/（美）爱德华·纳尔逊（Edward Nelson）著；何永江，刘晨译. -- 北京：中国科学技术出版社，2024.9. -- ISBN 978-7-5236-0935-4

Ⅰ. F171.29

中国国家版本馆 CIP 数据核字第 2024NQ9534 号

策划编辑	申永刚	责任编辑	贾　佳
封面设计	创研设	版式设计	蚂蚁设计
责任校对	焦　宁　邓雪梅	责任印制	李晓霖

出　　版	中国科学技术出版社
发　　行	中国科学技术出版社有限公司
地　　址	北京市海淀区中关村南大街 16 号
邮　　编	100081
发行电话	010-62173865
传　　真	010-62173081
网　　址	http://www.cspbooks.com.cn

开　　本	880mm×1230mm　1/32
字　　数	1200 千字
印　　张	60.75
版　　次	2024 年 9 月第 1 版
印　　次	2024 年 9 月第 1 次印刷
印　　刷	大厂回族自治县彩虹印刷有限公司
书　　号	ISBN 978-7-5236-0935-4 / F·1296
定　　价	236.00 元（全套两册）

（凡购买本社图书，如有缺页、倒页、脱页现象，本社销售中心负责调换）

前言

本书的目标是描述从 1932—1972 年发生在美国的几场重大经济辩论中米尔顿·弗里德曼（Milton Friedman）所起的作用。[①] 这些辩论既包括主要在经济研究文献中展开的辩论，又包括主要在媒体或政策论坛进行的辩论。不过，本书涵盖 1932—1972 年的事实则意味着，本书的叙述将包括弗里德曼从事经济研究活动的主要岁月。这是因为，虽然弗里德曼在 1972 年以后继续积极参与经济讨论（在芝加哥大学的研究持续到 1976—1977 学年，在斯坦福大学胡佛研究所的研究是在 1977 年之后），但是，他在 1972 年之后的大部分参与是通过公共政策和大众论坛，而不是通过对研究文献的贡献进行的。

本书所体现的观点是作者专门从事与弗里德曼在同一研究领域的观点，即货币经济学的观点。这种观点不同于先前论述弗里德曼的书籍所写的观点。这些早期的书籍或者主要来自非经济学家，或者主要来自那些不广泛从事期刊导向的经济研究的经济学家，或者主要来自专门研究经济思想史而非货币经济学领域的经济学家。

经济思想史学家不仅在米尔顿·弗里德曼和经济辩论主题上似乎是最自然的撰写者，而且也的确撰写了有关弗里德曼的有价值的著作。然而，恰当地说，综合而论，现有文献的状态就弗里

[①] 本书由上下两册构成。不过，凡是在下面提到的"本书"都是指上下两册。

德曼的贡献提出了与罗伊·哈罗德（Roy Harrod）在关涉凯恩斯的著作时询问的同一问题："但是，可以信赖思想史学家将事实弄明白吗？"

全面讨论关于弗里德曼的先前文献不仅超出了本前言的范围，实际上也超出了本书的范围。①不过，现有文献的许多重复特征，表明了从货币经济学视角来评估弗里德曼的著作会增加价值的可能性。首先，许多撰写者从胡佛研究所的弗里德曼档案中引用未发表的材料（比如信件），来证明那些很容易参照弗里德曼在其已发表著述中确立的观点的要点。这种做法暗含着他们对弗里德曼的大量出版物不够熟悉。其次，弗里德曼的观点司空见惯地被等同于他的芝加哥大学同事们的观点，特别是乔治·斯蒂格勒（George Stigler）的观点。这种做法忽视了弗里德曼与芝加哥学派的其他人物之间的显著差异。再次，现有文献包含大量的货币分析的论断，而这些论断是那些更为熟悉该主题的人不会做出的。

因此，本书接下来就是一位货币经济学家尝试对1932—1972年间的弗里德曼的生涯提供一个分析性的描述（主要按照关键性的经济辩论来组织叙述），以及阐述弗里德曼的经济学框架。

本书的范围从一开始就存在三方面的主要局限。

第一，本书只涵盖1932—1972年的时期。1972年之后的事件纳入叙述的主要目的是让本书对特定的辩论的描述更加完整。这种对年代顺序的限制的一个副产品是，本书不论述弗里德曼参

---

① 实际上，本书考虑的文献主要局限于那些写于2013年之前的文献。

与的两场最具争议性的辩论。其中一个涉及他对毒品合法化的倡导。虽然弗里德曼确实在20世纪70年代早期倡导毒品合法化，但是，他长期参与毒品合法化的辩论却是从20世纪80年代开始的。另外一个是弗里德曼在1975年访问智利以及随之而来的激烈争论。《纽约时报》(New York Times)在1977年5月22日的头条新闻中以"米尔顿·弗里德曼、智利军阀和他们的关联问题"为题总结了这场争论。这些主题会在续卷中加以考虑。该续卷会延伸上下册的叙述，涵盖从1973年年初到2006年11月弗里德曼去世的时期。①

第二，本书没有特定的章节来探讨弗里德曼支持浮动汇率的理由或者他的经济学框架的开放经济方面。这些问题在本书的探讨过程中——有时较为详细地——在多个地方予以提及。不过，笔者计划在一册论述弗里德曼与英国的经济辩论的书中更为系统地处理这些问题。基于众多原因，弗里德曼对浮动汇率的辩词在一个比美国经济更小和更开放的经济研究中更容易得到讨论。②实际上，弗里德曼1953年论浮动汇率的论文明确将支持浮动汇率的理由应用于英国。

第三，本书不包括弗里德曼参与的教育与征兵制的辩论。这些辩论不仅在很大程度上与弗里德曼研究焦点的宏观经济辩论是分开的，而且这些辩论的主要发展动态也发生在1972年之后。

---

① 同时，弗里德曼在1973—2006年间参与美国经济的辩论情况的广泛的分析和讨论可以在爱德华·纳尔逊的研究（E. Nelson, 2007, 2008a, 2016）中找到。
② 基于同样的原因，弗里德曼关于对外援助在经济发展中的作用的观点在本书的内容中略去。

因此，笔者认为，这些主题可以从本书中排除出去，尽管可能会在一本从 1972 年开始论述的书中对它们进行全面探讨。①

---

① 与之相似，弗里德曼关于财政政策的"饿死野兽"的观点在本书中也是附带处理。弗里德曼此观点的演化在爱德华·纳尔逊（E. Nelson, 2009b）的研究中得到更为详细的论述。另外，尽管是在早期倡导，弗里德曼对合同指数化的支持在 1972 年之后最为引人瞩目，因而本书也不会详细讨论。对此问题的论述在爱德华·纳尔逊（E. Nelson, 2018）的研究中。弗里德曼关于政府债券营销的各种建议的论述也推迟到未来的研究中。

CONTENTS

目 录

第一篇　弗里德曼的前货币主义者时期：1932—1950 年

第一章　1942 年和 1995 年 …………………………………… 003
第一节　1942 年 ……………………………………………………004
第二节　1995 年 ……………………………………………………007
第三节　挑战 ………………………………………………………010

第二章　开始：1932—1939 年 ………………………………… 033
第一节　事件与活动：1932—1939 年 ……………………………034
第二节　问题：1933—1939 年 ……………………………………080
第三节　人物：1932—1939 年 ……………………………………108

第三章　国内前线的经济政策：1940—1943 年 ……… 151
第一节　事件与活动：1940—1943 年 ……………………………152
第二节　问题：1940—1943 年 ……………………………………174
第三节　人物：1940—1943 年 ……………………………………209

第四章　货币改变一切：1944—1950 年 ……………… 241
第一节　事件与活动：1944—1950 年 ……………………………242

第二节　问题：1944—1950年 ················ 313
第三节　人物：1944—1950年 ················ 340

第二篇　弗里德曼的框架

第五章　弗里德曼的总需求框架：消费和投资 ·········· 371
第一节　讨论背景 ···························· 372
第二节　弗里德曼有自己的经济学模型吗？ ·········· 373
第三节　分析的基本规则 ······················ 383
第四节　消费 ································ 390
第五节　投资 ································ 447
附录：弗里德曼框架中的名义支出决定 ·············· 457

第六章　弗里德曼的总需求框架：货币与证券 ········ 461
第一节　货币的作用 ·························· 462
第二节　证券市场 ···························· 494

第七章　弗里德曼的总供给框架 ···················· 511
第一节　弗里德曼的通货膨胀思想的发展：1941—1951年 ··· 512
第二节　名义刚性的来源 ······················ 521
第三节　实际变量与名义变量的相互作用：短期 ······ 537
第四节　通货膨胀作为一种货币现象 ·············· 553
第五节　自然产出水平和自然失业率 ·············· 569

第八章　弗里德曼的框架：政策规则 ………………… 589
第一节　弗里德曼的固定货币增长建议 ………………590
第二节　弗里德曼关于货币政策实践的建模观 ………614
第三节　弗里德曼与最优货币政策 ……………………643

第九章　弗里德曼的框架：市场经济学与研究方法论 …… 661
第一节　弗里德曼的市场经济学 ………………………662
第二节　弗里德曼的微观经济学 ………………………681
第三节　弗里德曼的研究方法论的方法 ………………692
第四节　弗里德曼与技术经济学 ………………………713

第三篇　弗里德曼的货币主义岁月：1951—1972 年

第十章　《协定》与新制度：1951—1960 年 …………… 737
第一节　事件与活动：1951—1960 年 …………………738
第二节　问题：1951—1960 年 …………………………782
第三节　人物：1951—1960 年 …………………………833

致谢 …………………………………………………………857
访谈 …………………………………………………………861
本书使用的惯例 ……………………………………………875
参考书目 ……………………………………………………879

第一篇

弗里德曼的前货币主义者时期：1932—1950年

第一章

1942 年和 1995 年[1]

---

[1] 本研究所表达的观点仅代表笔者本人，不应解释为美国联邦储备委员会或联邦储备系统的观点。笔者从米格尔·阿科斯塔、乔治·芬顿、安德鲁·吉芬、赫伯特·格鲁贝尔、罗伯特·赫泽尔、道格拉斯·欧文，已去世的艾伦·梅尔策、胡里奥·罗腾伯格、戴维·威尔考克斯（David Wilcox）和四位匿名的评论者收到对本章初稿的有价值的评论。关于本书完整的致谢名单，参见前言。笔者遗憾地指出，自开展本章的研究以来，笔者曾访谈过并在本章加以引用的查尔斯·H.布鲁尼已去世。

第一节 1942年

"拉姆尔（Ruml）先生，请到这儿来坐下？各位最好靠近一点。"参议员本内特·乾普·克拉克（Bennett Champ Clark）是参议院财政委员会下属委员会的代理主席，于1942年8月19日上午10点在参议院办公大楼312室举行一场小型听证会。除本内特·乾普·克拉克之外，只有2名参议员参加，而参加这次听证会的6名证人超过了议员人数。① 第一位证人是梅西公司的比尔兹利·拉姆尔（Beardsley Ruml）。② 第二位证人是美国财政部的米尔顿·弗里德曼。

---

① 听证会的公开记录只在证人名单上列举了5人。但是，该名单漏掉了财政部的法律顾问兰多夫·保罗（Randolph Paul），会议记录显示他大量参与了此次听证会。
② 《纽约时报》在听证会的报道中将拉姆尔的职位只列为"纽约联邦储备银行主席"（New York Times, August 20, 1942），而吉姆·鲍威尔（Jim Powell, 2003, 246）则将他描绘为"联邦储备银行主席"并将他在梅西公司的任职描绘为次要职位。相比之下，听证会的公开证人名单则说拉姆尔只在"R. H. 梅西公司"任职，这种描述在习惯上更为可取，因为包含"联邦储备"和"主席"字眼的职称指称很容易被误解为拉姆尔是货币政策的决策者和列席他并未参加的联邦公开市场委员会。纽约联邦储备银行的主席职位并非一个货币政策决策的职位。作为一家准私人机构，储备银行有董事会及董事会主席，其成员的主要工作一般是在私人部门。因而，储备银行的董事会主席的职位非常不同于作为联邦公开市场委员会成员之一的储备银行主席的职位。

弗里德曼，当时刚满30岁，作为美国财政部税收研究部门的职业经济学家出席听证会。他在财政部该部门的职位意味着，他可以避免过多地卷入美国财政部在战争期间从事的活动，而他认为这些活动的教育意义不大。由于弗里德曼在二十五六岁时就第一次引用过欧文·费雪（Irving Fisher）已出版的著作，他更是对财政部的债务管理活动，包括以3%的利率销售债券的活动持怀疑态度。弗里德曼后来回忆说，他"震惊"于每年提供3%的长期利率作为良好投资的伦理观，因为那时的长期利率在大部分投资期限中明显低于可能会泛滥的通货膨胀率。实际上，这种投资只有在战后严重的通货紧缩（即弗里德曼和他的研究部门的同事旨在努力避免的正是这种战后经济下行）的情况下，才可以现实地期望实际收益率明显为正。正如弗里德曼在一次回忆中说，通过将自己局限于美国财政部债券运动之外的其他活动，他可以"按照自己的标准，做一个诚实之人"。①

弗里德曼被要求在该下属委员会的听证会上作证。听证会的正式名称是"关于《1942年税收法案》（The 1942 Revenue Act）的代扣条款的数据"，其内容最好以"代扣税"听证会这个简短名称来概括。弗里德曼和财政部出席的更高级别官员、总法律顾问兰多夫·保罗代表财政部负责分析"拉姆尔计划"，这个税收改革方案包含的一个所得税征收举措是采取从源扣缴的安排。美国财政部实际上是在第二次世界大战（以下简称"二战"）期间开始引入税收代扣制度的。弗里德曼后来指出，他"在设计美国

---

① 下面第六章将详细讨论弗里德曼关于名义利率与通货膨胀之间的费雪关系的观点。

的制度之中扮演了一个角色……我可以说，我的妻子从没有原谅过我"。① 但是，在从源扣缴收入的不同方法之中，拉姆尔计划并非财政部偏爱的方案，弗里德曼被分派的任务就是详细分析拉姆尔计划。弗里德曼在听证会上的作用就是基于这个分析来批评拉姆尔计划。早在被正式列为证人之前，弗里德曼在拉姆尔的证词陈述期间就莽撞地插话批评，引起拉姆尔抱怨说——弗里德曼对该计划的描述让它"比它实际上听起来更加复杂"。②

一旦拉姆尔被免除了证人的职责，参议员克拉克就转向财政部的资深代表问道："保罗先生，你能告诉我对收入的影响吗？我们对此非常关注。"保罗回答说："好的。我认为，弗里德曼先生刚才所作的这个估计是恰当的。我想，他会比我概述得更好。要不，弗里德曼先生，你来概述吧。"③

那是暗示要弗里德曼讨论拉姆尔计划的税收效应和展示财政部对此拟定的修改方案。根据弗里德曼的预测，财政部的代扣方案比拉姆尔方案会产生更多的收入。弗里德曼在报告数字之前的开场白强调了预测的不确定性："现在很难估计1944年和1945年的收入是多少。"④ 在随后的数十年中，与预测相关的不确定性程度将是一个在弗里德曼的经济政策研究中反复出现的主题。

---

① 引自1981年4月8日弗里德曼的评论。类似的评论，参见他在1978年2月6日出席并记录在视频系列中的回应，他在1978年7月24日《新闻周刊》上的专栏文章；Friedman and Friedman（1985, 53）；O'Driscoll et al.（1997, 8）；以及来自弗里德曼的引语（New York Times, November 17, 2006，B10）。
② Committee on Finance（1942a, 15）.
③ Committee on Finance（1942a, 56）.
④ Committee on Finance（1942a, 56）.

如果可以说弗里德曼的这方面证词预示了他在随后多年所持的立场，那么，他随后的一部分证词则预示了相反的立场。这是在他与本内特·乾普克拉克交流时发生的。弗里德曼澄清说，在他的收入估计中，即使资金还没有转移给财政部，他就将雇主在来源处代扣的收入算作已征收的税收。弗里德曼争论说"只要雇主代扣了收入……它就在事实上等于财政部拥有了收入"。"不管怎样，就雇员而言就是如此"本内特·乾普克拉克评论道。"当然，就通货膨胀问题而言也是如此"，弗里德曼附和着说。[1] 弗里德曼的言外之意是，税收政策通过改变可支配收入以及家庭支出，提供了一条控制通货膨胀的路径。因而，这个回答不知不觉地证明了弗里德曼的思想后来要穿行的距离。在后来的岁月里，很少有经济学家比米尔顿·弗里德曼更少沉迷于消费者支出取决于当前可支配收入这一看法，对增税是抑制通货膨胀的关键这一观点的批评者也没有比米尔顿·弗里德曼更为知名的了。

第二节　1995 年

在 52 年半之后，米尔顿·弗里德曼以这样的评论开始他在美国国会的一个委员会听证会上的最后证词："我很高兴，当我不能亲身到听证会时，互动电视的奇迹让我与委员会能够在一起。"[2]

这个场合，以及该委员会给予当时年 82 岁的弗里德曼的待

---

[1] Committee on Finance（1942a, 56-57）.
[2] Joint Economic Committee（1995, 54）.

遇，都比1942年的听证会在规模上更加盛大。1942年，弗里德曼作证的会议是一个小型的下属委员会的会议，而他则是一位年少位轻的财政部代表。1995年，弗里德曼则是在联合经济委员会的全体成员听证会上独立作证，他的证词从他在旧金山湾区的位置发送到华盛顿，用于结束当天的议程。这种"明星"待遇反映的现实是，自从弗里德曼在战争时期充当美国财政部的资料收集助手以来，很多事情都已经发生了。他不仅在1943年离开了财政部，而且在第二次世界大战之后从未回到政府工作——在委员会和顾问委员会的咨询工作和职位除外。但是，他在这五十多年中对经济政策的分析深刻地影响了政策圈。而且，当弗里德曼在1995年1月20日的听证会上就《平衡预算修正案》——就平衡预算提出的众多宪法修正案中最近的一个——作证时，他的声望"先于他到达"。

虽然表面上是作证支持修正案，但是，弗里德曼在他的开场白中清晰地表明，从20世纪40年代他坚信财政赤字的重要性以来，他的观点发生了多么大的变化。"真正的问题，基本的问题，不是赤字，"弗里德曼作证道，"基本的问题是政府的支出……因此，基本的问题是，我们怎样削减支出？"[1] 在开始回答此问题时，弗里德曼从财政政策的经济效应的立场转移到政策制定者的反应函数的立场。"历史表明，在目前的安排下，政府会花掉税收制度筹集到的任何款项，加上它们认为会不受惩罚获得的更多款项。阻止这样做的唯一办法就是让加税变难。"[2] 弗里德曼经历

---

[1] Joint Economic Committee（1995, 54）.
[2] Joint Economic Committee（1995, 54-55）.

了漫长的时间才得出这个结论——这个结论变成了大家熟悉的政府开支决定的"饿死野兽"的观点，尽管弗里德曼本人很少使用这个词。他直到20世纪60年代早期认为，让社会接受较低的政府开支是减税的一个必要的先决条件。从那时以来，他关于赤字支出和货币控制之间的关系的观点以及财政政策过程的动态性的观点的演化，都让他对财政赤字采取更加乐观的立场。

在开场白之后，弗里德曼说："我乐于回答任何问题。"[①] 本着邀请的精神，由众议员詹姆斯·萨克斯顿（James Saxton）在听证会上向弗里德曼提出的最后一个问题，不是关于《平衡预算修正案》的问题，而是关于货币政策作用的问题。弗里德曼回答道："美国联邦储备委员会（下称美联储）的任务非常简单——稳定物价水平，防止通货膨胀。"[②] 在某种程度上说，没有任何人像弗里德曼一样努力地推动这个建议，也没有任何人比弗里德曼更应该与这个建议相关联。但是，弗里德曼在听证会上的回答意味着他已经远离了他最为人所知的货币政策处方。这构成了不同于过去声明中关于政策处方重点的明显变化——例如，弗里德曼在1958年将"我们目前可能遵从的最好政策"描述为一个要指示美联储"它有一项职责，只有一项职责，那就是确保美国的货币供给或货币存量每年按固定百分比增长"的政策。[③] 那时不像1995年，弗里德曼不愿意直接赋予美联储担负起价格水平管理的责任。

---

① Joint Economic Committee（1995, 55）.
② Joint Economic Committee（1995, 70）.
③ Friedman（1958a, 24）.

第三节 挑战

关于赋予中央银行稳定价格的责任是否被视为与弗里德曼的长期立场不一致，或者确认了弗里德曼的长期立场的问题，经济学家对此并未达成共识。在这个问题上的意见分歧说明了简单描述弗里德曼在经济学界的地位所存在的问题，也突显了如何看待他的遗产所存在的分歧。弗里德曼是在他的同时代人中少数几个被颂扬为对经济学家和政策制定者看待经济政策的方式做出持久贡献的人之一。但是，弗里德曼是这少数几个人中唯一一个推动了一个不容忽视的反向运动之人：现有数不清的文章贬低他对现代经济学和现代经济政策的影响，或者试图证实弗里德曼的经济学不是内在一致的——如果将他的通俗著作和研究著述作为一个整体看待，情况更是如此——或者表明，即使存在一致性，他的经济学观点现在应被视为完全过时或者被证明是不成立的。

本章强调的 1942 年和 1995 年，在帮助评估弗里德曼的贡献、影响和遗产方面提供了有益的对比。在 1942 年，虽然弗里德曼已经在一连串出版物中公开表明了观点，但是，他在经济政策方面仍未得出与之相联系的大部分观点。另外，到 1995 年，弗里德曼已经退居二线，将自己主要限制于对当时的事件偶尔地发表评论。[1] 在这方面，他发表的评论经常既尖锐，又具有时事性，但那些熟悉他先前大量公开声明的人很少感到惊讶。正是在

---

[1] 从 1992 年末起，弗里德曼的主要活动可以被视为在研究之外了（在前二十年不断减弱的研究活动之后）。而且，也是大致从这时起，他不再是密切关注货币发展状况的评论家了。

1942—1995年的岁月中，我们可以找到弗里德曼世界观的发展、经济分析的具体化和他对经济政策批评的鼎盛时期。分析弗里德曼在经济问题上的观点的大量挑战在于，追寻这一时期他的观点发展和准确地描述与其观点融合在一起的经济学框架。

在20世纪50年代初，经济学界一定认为，它知道弗里德曼撰写的著作和他的研究走向。他的著作一般而言已经获得高度的好评——1951年美国经济协会授予弗里德曼"约翰·贝茨·克拉克奖"就反映了这一点。在当时，克拉克奖授予那些在数理统计与经济学之间架起桥梁的经济学家，以及授予那些使用统计理论来将效用分析推广到不确定世界的经济学家。[1] 正当弗里德曼以这些成就被授予该奖时，让他的经济学同行始料不及的是，他的研究，在很大程度上连同他对经济学的整体方法，都在改变方向。实际上，他放弃了作为一个杰出的数理统计学家和价格理论的贡献者的过往生涯，转而冒险进入一个不受欢迎的领域来倡导货币政策的强有效性。另外，他放弃了在美国财政部工作期间坚持使用且反映在他对凯恩斯主义的通货膨胀分析的研究贡献之中的大部分经济分析方法。事实上，他变成了那些坚持使用该方法的一个强有力批评者。

在从事新的研究事业时，弗里德曼进行实证研究的方式是避开大型计量经济模型，转而集中关注少数变量之间的简化形式的关系和历史事件的推论。在很多情况下，他根本就不明确列出模型。这种方法的一个例外是他那本得到经济学界好评的论消费的著作，但是，这一著作代表了与弗里德曼所谓的研究主线不同的一个项目。[2]

---

[1] 纽曼（Newman 1954）对此时经济学界对弗里德曼的认知概况提供了一个实用而简洁的说明。
[2] Friedman（1957a）。这本著作在第五章讨论。

用来描述弗里德曼在经济学界之内的新身份有许多称法，包括反传统者、智力煽动者和常驻评论家等，需要使用这些称法的事实就完全证明了弗里德曼与他所属的学术界有了新的不和。从获得克拉克奖时被称赞为"对经济思想和知识做出最显著贡献"以来，弗里德曼在经济学家同行中经历了一个声誉急剧下降的时期。①

弗里德曼的声誉依靠后来的大量著作得到了恢复，但是，这需要等待很长时间。到20世纪50年代末，弗里德曼已经有了近四分之一个世纪的著作经历，在货币领域已经持续研究了十年。但是，他不但被视为走上了一条任性的道路，而且遭遇了抵制和怀疑。萨姆·佩尔兹曼在1960—1961学年是弗里德曼的"价格理论"班的一位芝加哥大学的学生。他在2013年3月1日的访谈中回忆说，弗里德曼在那时是"怪人"的形象。相应地，理查德·G. 戴维斯（Richard G.Davis 1969, 119）指出，由于弗里德曼突然成为倡导货币的强有力领袖，所以"经济学家视这群人——当他们这样看待时——为一群有点引人发笑的、不受尊重的怪人"。但是，凭借着顽强毅力，弗里德曼的研究成果丰硕，其著作在经济学界继续引人注目。他的著作通过多种途径实现了传播：手稿在粗糙简陋的油印或者模板复制之后的非正式散发，芝加哥大学出版社和其他出版方的印刷品，国会证词，以及他本人、一小群学生和同事举行的研讨班圈子。弗里德曼也继续向大众倡导市场的解决方案，而他的这一做法始于第二次世界大战期间。虽然他偶尔参加的一档美国电台讨论节目在1955年停播，但是，弗里德曼通过专栏写作、电视节目和公开演讲之旅等渠道来宣传他的

---

① 引自美国经济协会（American Economic Association 1952, 710）。

观点。

随着弗里德曼的《资本主义与自由》(*Capitalism and Freedom*)和弗里德曼与安娜·施瓦茨的《美国货币史》(*A Monetary History of the United States*)在20世纪60年代初的出版,一个转折点到来了。[1]这两本著作,分别出版于1962年和1963年,但大致反映了弗里德曼在20世纪50年代所做的工作。《美国货币史》成了弗里德曼的货币主义经典著作中不可或缺的组成部分,而《资本主义与自由》虽然包含了一些货币研究内容,但其大部分内容则成了弗里德曼论述市场经济的经典著作中不可或缺的组成部分。弗里德曼在20世纪60年代期间火力全开,一本杂志在后来称其"书籍、小册子、论文和通俗文章大量涌现"(National Journal, January 13, 1973)。当20世纪60年代结束时,弗里德曼登上了《时代》(*Time*)杂志的封面,尽管弗里德曼是《时代》杂志的竞争对手《新闻周刊》(*Newsweek*)的专栏作家。[2]弗里德曼的高大形象也反映在《纽约时报》之中。在1962年拒绝评论《资本主义与自由》之后,该报纸在此后数十年最终投入了大量的专栏篇幅来评论弗里德曼,甚至在1970年对弗里德曼做了

---

[1] Friedman(1962a)and Friedman and Schwartz(1963a)。我们可以提出强有力的理由说,弗里德曼在20世纪60年代初出版的不是两部,而是三部引起了经济学界注意的著作,因为Friedman and Meiselman(1963)在发表时就引起了大量的评论和争论。参见第十二章。

[2] Time, December 19, 1969。弗里德曼"登上《时代》杂志的封面"的重大时刻记录在Dornbusch and Fischer(1978, 513)之中,却在2007年一本弗里德曼的传记中没有得到准确的记录。这本传记将《时代》杂志刊登弗里德曼的封面故事误认为刊登在《财富》杂志上(参见Ebenstein 2007, 180, 274)。

一个长篇介绍（New York Times, January 25, 1970）。同样，经济学杂志在20世纪六七十年代开始投入大量的篇幅来争论弗里德曼的观点。从1962—1986年的四分之一个世纪内，每一年弗里德曼都有新书出版。①

弗里德曼写作多产，但是，他仍未写一本将他的观点整合进一个单一的、最终的陈述的著作。即使将弗里德曼的货币著作暂时搁在一边，只考虑他的自由市场观点，情形也是如此。弗里德曼会不敬地说，《资本主义与自由》是《旧约》，《自由选择》的书籍是《新约》。② 但是，这些著作绝不是弗里德曼的市场经济学的全部经典著作，也没有从更大量的著作中提炼出全部包含的主要思想。实际上，弗里德曼关于许多公共政策的观点是不能从这些著作中慢慢地提炼出来的。弗里德曼的市场经济学的许多重要内容分散在其他通俗性的和研究性的书籍、文章、访谈和演讲之中。只有在集中和综合了这些各类著述之后，我们才有可能对弗

---

① 此论断是基于笔者的计数。如果一本著作以英语出版，弗里德曼的名字出现在封面上，弗里德曼只写序言或前言的著作排除在外，那么，这本著作就算做弗里德曼撰写的著作。弗里德曼和施瓦茨的《大萧条》（Friedman and Schwartz 1965）被当作不同于《美国货币史》的一本著作（尽管该著作主要是对《美国货币史》第七章的重印），因为该著作增加了作者的前言和词汇表。以书籍的形式传播的小册子，在计数时算作著作。一本著作的第二次或者后来的印次不算一本新书，但是Friedman（1976a）和Friedman and Friedman（1985）分别被当作不同于Friedman（1962b）和Friedman and Friedman（1984）的新书。因为在这两种情形下，著作的新版本包括了书名的轻微改变和增加了文本的新内容。最后，这种计数法将Friedman and Friedman（1980）划分为1979年的著作：尽管该书的精装按惯例被引为出版于1980年，但是，该书的版权页标有1979年和1980年的字样，且该书在1979年末之前到达美国的书店销售。

② Brunie（2007）；另见查尔斯·H. 布鲁尼在2013年7月15日的访谈。

里德曼的非货币经济问题的观点获得一个完整的图像。

弗里德曼陈述的货币观点则更加分散。虽然货币经济学是他的专业领域，但是，他出版的唯一教材（实际上是讲课笔记转化的散文）不包括货币经济——尽管《价格理论》(Price Theory)这本教材与他关于不同经济学领域之间相互联系的观点保持一致，尤其是在修订版中的确越界论述了一些货币经济学领域的问题。[1] 但是，弗里德曼没有对他的观点进行综合陈述：没有一部专题论著可以被视为他的货币观点的纲要。[2] 尽管一个隐含的经济模型构成了弗里德曼和施瓦茨的《美国货币史》的基础，他们的研究缺少系统性的理论陈述。[3] 虽然弗里德曼1969年的著

---

[1] 参见Friedman（1962b, 1976a）。

[2] 正如Brittan（2005, 292）敏锐地观察到，"不存在系统性的专著，只有一些详细记载的讲课笔记，来概述弗里德曼主义的经济学甚至弗里德曼主义的货币理论"。而且，正如指出的那样，甚至布里坦提到的讲课笔记（Friedman 1962b, 1976a）也只与价格理论相关。

[3] 《美国货币史》缺少一个详细阐述的理论框架的事实，在多年来一直经常受到关注，包括Meltzer（1965）and Romer and Romer（2013a）。Bordo and Rockoff（2013a, 61）指出，Friedman（1956a）为《美国货币史》提供了一个理论框架。但是，如同Friedman and Schwartz（1982a, 407）指出的那样，Friedman and Schwartz（1963a）主要关心的问题之一是阐述货币与实际产出之间的动态相互作用。Friedman（1956a）不能被视为对这一问题提供了一个适当的理论基础，因为这篇研究著作在一个不同的价格调整假设都有效的环境中提出了一个货币需求的理论（因而与任何期限内货币对产出的无效应可能保持一致）。正如接下来的各章将表明的那样，Friedman and Schwartz（1963a）的理论框架可以更准确地说是由20世纪50年代弗里德曼的整个著述提供的，而在Friedman（1956a）中的货币需求材料只是其中的一部分。Friedman（1956a）的货币需求方程只能被视为研究货币与收入关系的理论的一个必要组成部分这个事实，也得到Benjamin Friedman（1986, 454）的强调。

作《最优货币数量论》(*The Optimum Quantity of Money*)的第一版的封面上印有"世界顶尖货币经济学家之一对货币思想的全面论述"的话语,[①] 但是,这个描述既没有明确说明该书的大部分内容是重印的,也与弗里德曼货币思想的主要内容分散在单篇著作而非在文集中的事实相悖。弗里德曼在1970年的《一个货币分析的理论框架》这篇听起来全面的文章,事实证明远非全面。因为这篇文章的关注焦点主要集中在少数几个总供给的问题和衰退状况中的经济行为方面,并没有更一般地表述弗里德曼的框架。[②] 实际上,这篇1970年的解释文章如此缺少全面性,以至于弗里德曼在重印时增补了一些让总需求决定的内容在某种程度上更完整的新段落。同时,伯南克(Bernanke 2004)在以《弗里德曼的货币框架:一些经验教训》为题的演讲中,选取了弗里德曼在1970年的另一篇文章作为概括弗里德曼框架的一种替代。[③]

不可避免的结论是,弗里德曼经常让他的读者努力去查找他在关键主题上的观点。这种倾向反映在哈里·约翰逊(Harry Johnson 1974, 346)的评论之中。后者谈到,弗里德曼"终身习惯于将新的实证结果和思想分散在想不到的地方"。

然而,虽然在公开记录中采取了表面上随便的和分散的形

[①] Friedman(1969b)这部文集找不到人们所熟知的弗里德曼货币主义的如下内容:"通货膨胀无论何时何地都是一个货币现象"的格言的使用(将在本书第七章讨论);交易方程式的明确表述;经济活动对货币政策行动的滞后反应大约是6~9个月时间的经验法则;他在20世纪60年代关于货币政策和财政政策的相对有效性争论所做的贡献。

[②] 参见 Friedman(1970b)and R. Gordon(1974a)。详细的讨论参见下面第十四章。

[③] 参见 Friedman(1970a)。

式,但是,弗里德曼明晰的立场的确显现出来了。这种立场进而改变了经济学界的观点。因此,虽然弗里德曼没有在货币领域撰写过一本教材,但是,他对该领域的贡献成功地让在20世纪70年代之前撰写的教材中论述货币问题的内容过时了。来自麻省理工学院(MIT)经济系的教材提供了这种现象的一个缩影。保罗·萨缪尔森在其著名教材《经济学》(Economics)的1948年初版中指出货币政策在类似大萧条情形中的无效性,但在后来的版本中不断赋予货币政策更大的重要性。由此,弗里德曼在20世纪70年代初指出,对"顶尖的经济学原理教材的第一版和第八九版"的比较会显示出萨缪尔森立场变化的大小。①

尽管如此,萨缪尔森仍试图坚定不移地反对弗里德曼的研究。尽管弗里德曼关于消费函数的著作很快地融入了这本教材的介绍之中,萨缪尔森在很大程度上还是避免对弗里德曼的框架做出其他让步。在20世纪70年代教材的各种版本中,萨缪尔森继续排斥货币政策在通货膨胀决定中的首要作用,同时也重申了长

---

① Friedman(1973a, 4)。弗里德曼在写这段话时正猜测萨缪尔森的教材第九版可能出版的内容,因为第八版(Samuelson 1970a)是最近刚出版的。Friedman and Schwartz(1963b, 32)早先引用了第三版(Samuelson 1955, 224)来代表周期性波动的非货币观点。另参见 E. Nelson(2005a)和下面的第四章分析萨缪尔森在货币问题上的演变观点。
Ebenstein(2007, 156-157)指出了萨缪尔森在教材的每个续版中给予货币政策不断增长的作用。不过,爱本斯坦不仅没有承认弗里德曼对萨缪尔森处理变化的评论,而且不正确地说萨缪尔森在修订教材的货币问题的内容时没有提到弗里德曼的著作。另外,爱本斯坦通过暗示弗里德曼不会同意货币政策不是稳定经济的灵丹妙药的观点,以及没有考虑萨缪尔森的教材对通货膨胀主题的讨论,从而在对比弗里德曼和萨缪尔森的立场时给人留下了错误的印象。

期菲利普斯曲线非垂直的观念。随着萨缪尔森在麻省理工学院的同事鲁迪格·多恩布什（Rudiger Dornbusch）和斯坦利·菲舍尔在1978年出版了《宏观经济学》（*Macroeconomics*）第一版，他关于货币问题的内容被遗弃了。多恩布什和菲舍尔不仅大量引用弗里德曼的学术性和通俗性著作，而且将他的大量分析并入他们的介绍之中。他们评论道："本书的大量分析在多年前会被认为是货币主义者的。"[1] 多恩布什和菲舍尔对弗里德曼著作的连篇累牍的介绍，反映在该书关于弗里德曼的条目占了十行的索引之中。相比之下，他们关于萨缪尔森的索引条目占了一行，只是记录了单页的引用。[2]

截至1986年，米尔顿·弗里德曼已经发表了五十多年的学术论著，并认为他继续做出贡献的能力已经大部分耗尽："人们做科学研究的能力随年龄的增长而下降"（Los Angeles Times, December 14, 1986, 14）。但是，他继续在经济学界的研究议程中施加影响，证据是该年发表了两篇标志性的文章。麻省理工学院的奥利弗·布兰查德（Olivier Blanchard）和哈佛大学的劳伦斯·萨默斯撰写的《延滞效应与欧洲的失业问题》的文章被用于创设一份新期刊《国民经济研究局的宏观经济学年刊》（*NBER*

---

[1] Dornbusch and Fischer（1978, 520）.
[2] 由于萨缪尔森的教材是一本经济学原理教材，多恩布什和菲舍尔的教材是一本宏观经济学教材，前面将两本教材并列的做法会受到质疑。不过，多恩布什和斯坦利·菲舍尔确实出版了一本经济学原理教材（Fischer and Dornbusch 1983）。该教材在介绍弗里德曼和萨缪尔森时形成了同样的对比：弗里德曼占了11行的索引条目，萨缪尔森的索引条目则是一个单页的引用。

Macroeconomics Annual）。布兰查德和萨默斯在文章的开头就指出："大多数宏观经济理论都假定，某种经济往往会存在被其吸引的和通货膨胀率保持不变的'自然'失业率或者'非加速通货膨胀的'失业率。"① 实际上，这两位作者将在弗里德曼著作的基础上建立起来的共识作为研究的起点——而弗里德曼著作的贡献现在如此深入地渗透到经济学的话语之中，以至于布兰查德和萨默斯在这篇文章中实际上根本没有引用或者提到弗里德曼。②

另一篇是普林斯顿大学的本·伯南克在 1986 年撰写的题为《货币与收入相关性的另一种解释》的著名文章。在这篇为卡内基–罗切斯特会议丛书准备的论文中，伯南克公开地承认了与弗里德曼著作之间的联系。"现在，研究货币存量和国民收入之间的统计相关性无须理由，"伯南克在论文的开头评论道，"至少自从弗里德曼和施瓦茨的著作（Friedman and Schwartz 1963[a]）以来，这已被视为宏观经济学最重要的典型事实；有时，对它的解释几乎界定了该领域。"③

弗里德曼也促进了在他的专业领域之外的其他领域的辩论术语的形成。他不是一个国际经济学的专家。然而，他在 1953 年的一篇文章中将货币分析应用于国际货币安排的领域，为支持浮动汇率提出了决定性的理由。④ 这篇论文也因此在国际经济学

---

① Blanchard and Summers（1986, 15）.
② 在 20 世纪 80 年代末，在《国民经济研究局的宏观经济学年刊》发表的另一篇著名文章中，作者不仅明确引用了弗里德曼，而且在文章的题目上提到了弗里德曼和施瓦茨。参见 Romer and Romer（1989）。
③ Bernanke（1986, 49）.
④ Friedman（1953a）.

的研究文献中取得了不朽的地位。而且，截至1995年，浮动汇率成为现实已经有二十多年——这是弗里德曼的建议付诸实施的一个明确实例。到1995年，弗里德曼赞成浮动汇率提出的许多论据——它们与大规模的短期资本流动无关，它们阻止破坏稳定的投机，它们只有在内部的经济政策不稳定时才蕴含着汇率的不稳定——已经被淘汰了，因为浮动汇率的经验让这些论据变得脆弱，如果不是完全地站不住脚的话。但是，弗里德曼倡导浮动汇率的最重要论据——只有浮动汇率才能给予一个国家必要的手段在国内实施以经济稳定为导向的政策——不仅证明具有持久性，而且构成了支持浮动汇率共识的基础。到20世纪末，这种共识在整个英语世界根深蒂固了。

弗里德曼把自己描述为"劳动经济学领域的一位地道的业余者"。[1] 但是，这并没有阻止他在1962年版《价格理论》的两个重要段落中，阐述了劳动跨期替代这个成了现代劳动供给文献基石的概念。[2] 在其他著述中，弗里德曼也传播和发展了"人力资

---

[1] Friedman（1955a，402）。同样，弗里德曼在谈到劳动经济学时说，"我在这个领域并非专家"（Instructional Dynamics Economics Cassette Tape 182，December 1975）。

[2] Shimer（2010，ix）指出："Lucas and Rapping（1969）提出的劳动供给的跨期替代理论是就业波动的现代分析，包括真实商业周期（RBC）模型和新凯恩斯主义模型的起点。"从这种评论的角度看，值得注意Lucas and Rapping（1969，729）的评论："就我们所知，弗里德曼（Friedman 1962b）是第一个指出在研究劳动供给时区分持久性和暂时性的工资率的实证有用性之人。"K. Clark and Summers（1982，828）同样认为弗里德曼"也许是第一个陈述择时假说的人"，并引用了相关的段落（Friedman 1962b，205）。

本"、"自然失业率"这些成为劳动经济学行话的术语和概念。①后面一个术语也变成了货币经济学的一个主要术语,"货币主义"这个词也是。货币主义这个术语不是弗里德曼创造的,也不是他所喜欢的术语。但是,这个术语几乎变成了他的代名词。

这些术语离开了学术经济学,在大庭广众的讨论中得到广泛的使用。同样,弗里德曼获得的声望最终也超出了经济学界。施瓦茨评论道,当她第一次会见弗里德曼时,"他还没有成为一位世界名人。米尔顿的生活总让我着迷的是,这种转变是如何和为什么发生的。"② 一点也不奇怪,施瓦茨有理由反思这些问题:她与弗里德曼合作的最后一本书——《美国和英国的货币趋势》(*Monetary Trends in the United States and the United Kingdom*)——他们论述货币的顶峰之作——在《美国货币史》出版近二十年之后才出版的一个原因是,弗里德曼在这些年间经常忙于其他活动,包括主持一个电视系列片。弗里德曼作为名人的地位在艾伦·沃尔特斯为《1987年新帕尔格雷夫经济学大辞典》(*The New Palgrave Dictionary of Economics*)选择弗里德曼的条目的结构中得到承认:沃尔特斯以"弗里德曼的公众形象"为题结束了该部分。③

弗里德曼的公众形象从20世纪70年代起如此突出,以至于在极不相称的地方都能找到弗里德曼的介绍。在20世纪80年

---

① 正是在探讨自然失业率的语境中,Shimer(1996)在这篇劳动经济学领域的博士论文的第一章中,第一个提到了弗里德曼的名字。参见 Shimer(1996, 8)。
② Schwartz(1998, 5).
③ 参见 Walters(1987, 426–427)。

代前半期，弗里德曼的名字不仅出现在经济学领域的书籍和学术期刊上，而且也出现在《女孩们的秘密生活》(The Secret Life of Girls)和《摇滚之年1981—1982》(The Year in Rock 1981-1982)这类名字的书籍上，以及《名车志》(Car and Driver)和《职业工程师》(Professional Engineer)这类杂志上。① 《花花公子》(Playboy)杂志和《人物周刊》(People Weekly)在20世纪70年代采访了弗里德曼，而《阁楼》(Penthouse)杂志在20世纪80年代中将弗里德曼选入在世最具影响力的二十五位美国人之一。② 在1977年一个超现实的夜晚，弗里德曼与演员约翰·韦恩(John Wayne)和弗兰克·辛纳屈(Frank Sinatra)同台现身洛杉矶的一个颁奖仪式。③ 虽然詹姆斯·托宾(James Tobin)可以声称，早在弗里德曼之前他就在小说中名垂青史——因为赫尔曼·沃克(Herman Wouk)在小说《凯恩号哗变》(The Caine Mutiny)中塑造了一个以托宾为原型和几乎同名的人物——但是，弗里德曼的赫赫声名达到如此的高度，以至于他发现自己被写入了电视连续剧的故事情节。情境喜剧《家庭关系》(Family Ties)的最初一部——一集本来是对迈克尔·J.福克斯(Michael J. Fox)作为该节目明星地位肯定的情节片段——让弗里德曼在故事情节中扮演一个不是光出现在屏幕上而是大量编织进故事叙

---

① Car and Driver, September 1981, 83; Professional Engineer, June 1982, 9。至于刚才提到的书中对弗里德曼的介绍，分别参见Dormen and Zussman (1984, 66) and Swenson (1981, 100)。
② Playboy, February 1973; People Weekly, April 5, 1976。
③ 参见Los Angeles Times, November 7, 1977；关于美联社三人的合照，另参见Irish Times, November 9, 1977。

述之中的角色。① 在20世纪90年代中期，在电视剧《飞跃比佛利》（*Beverly Hills 90210*）中反复出现的一个屏幕角色显然是以弗里德曼为原型的。为了防止角色灵感的来源不够明晰，该节目的撰稿人将该角色取名为"米尔顿"。

弗里德曼的声誉也超越了美国。伦敦的《每日电讯报》（*Daily Telegraph*）在20世纪80年代指出，弗里德曼和约翰·肯尼思·加尔布雷斯（John Kenneth Galbraith）"两人都在欧洲取得了远超过其国内名声的超级巨星的地位"。② 弗里德曼的国际影响体现在一系列的各种旅行书目之中，如《米尔顿·弗里德曼1975年的澳大利亚之旅》（*Milton Friedman in Australia*）、《米尔顿·弗里德曼的南非之旅》（*Milto Friedman in South Africa*）、《弗里德曼的中国之旅》（*Friedman in China*）。这些书名让外行人觉得，他不过是一位旅行作家而非经济学家。③ 弗里德曼在这些旅行中就货币政策和市场问题发表了演讲。芝加哥大学的一位同事萨姆·佩尔兹曼由此认为，弗里德曼成了一个比哈耶克（Hayek）更著名的自由市场的倡导者，以及芝加哥学派的世界面孔（Sam Peltzman, interview, March 1, 2013）。

弗里德曼在美国和世界舞台上的形象不仅是以抽象思想家和改革倡导者的面孔出现的，而且是以愿意就当前的经济问题进行

---

① Stallings（1991, 108）探讨了这个片段以及弗里德曼在故事情节中的作用。
② 另参见 E. Nelson（2009a, 2009b）对弗里德曼在英国的名人地位的讨论。
③ 这是弗里德曼在与其妻子罗丝·弗里德曼（Rose Friedman）的回忆录《两个幸运的人》（*Two Lucky People*）没有完全消除的印象。因为，在安娜·施瓦茨和其他人（包括笔者）看来，他们的回忆录包括太多的游记内容，特别是详细记录了弗里德曼夫妇在全世界的旅行，但很少涉及经济研究和经济政策的内容。

评论的大学教师的面孔出现的。弗里德曼的各种经济评论利用了并阐释了他的经济学框架。他在1971年反对尼克松政府实施的工资和物价管制措施，与保罗·萨缪尔森等人支持这些管制措施的行动形成了鲜明的对比。在学术界的经济预测者对通货膨胀的温和预测和债券市场指数表明的通货膨胀稳定的背景下，弗里德曼在1976年后期再一次大胆地预测，通货膨胀很快会再次上涨，到1977年和1978年预期达到7%~9%的水平。在1977年年末，弗里德曼再次先于债券市场和其他预测，进一步指出通货膨胀在1979年和1980年预期会回到两位数。这些对通货膨胀预期的判断，如同弗里德曼反对工资与物价的管制一样，都被证明是正确的。然而，弗里德曼在20世纪80年代对通货膨胀的一系列估计过高，却无助于提高他的声誉。[1]

这些众所周知的错误，增加了经济学家同行在全面评估弗里德曼时会面对的困难。甚至在他的货币著作给他带来了无可置疑的声望之后，他在学术界的地位还是似是而非的和模糊不清的。尽管萨缪尔森和约翰·泰勒使用"一位经济学家的经济学家"这种描述来表达对弗里德曼的敬意，如果该术语隐含着弗里德曼提供了一个经济学界会遵循的模板。[2] 在如此多的人使用正式模型的专业中，没有一个避开明晰数学模型的人会如此声称为其该专业设定了一个研究模式。同样，弗里德曼也不会声称，他为该专

---

[1] 参见 E. Nelson（2007）的详细讨论。

[2] 参见 Taylor（2001, 102）和保罗·萨缪尔森的评论（Newsweek, October 25, 1976a）。更早之前，"经济学家的经济学家的"标签是由《经济学人》（*Economist, May 8, 1954*）杂志在评论弗里德曼（Friedman 1953b）时给弗里德曼贴上的。

业的实证研究工作做出了示范,尽管他的研究是实证导向,也有方法论著作。由于不信任大型计量经济模型,特别是在20世纪40年代之后反感正式的检验和预测技术,弗里德曼早已放弃了这一责任。弗里德曼不仅是在商业和金融市场经济学家中得到最为广泛阅读的学院派经济学家之一,而且在促进期货市场和指数化政府证券的市场发展之中起到了重要作用。但是,弗里德曼蔑视所谓的"华尔街行话"。[1] 这种观点,与他的金融市场往往会短视的观点相结合——更别提他的金融研究基本上不被认为是经济学的观点——将弗里德曼与金融市场和非金融的私人部门的主流经济学家区分开来。

但是,一个显著的事实依然是,弗里德曼对经济学有深刻的影响。这种影响不仅贯穿在当今经济学教材的讨论之中,而且体现在现代经济学议程的形成之中。他在20世纪六七十年代的学术研究和政策圈的经济辩论居于中心。后来,如已经指出的那样,弗里德曼及其与施瓦茨的观点在形成经济学家辩论的真实商业周理论、新凯恩斯主义经济学、货币政策的规则以及货币政策的向量自回归分析的术语方面起到了极大的作用。结果是,弗里德曼及其著述在20世纪八九十年代发表的大量一流的研究论文中都被广泛地提及,尽管他可能还没有阅读过这些文章的大多数。到这个阶段,弗里德曼无须参加,人们能在这些辩论中感知他的存在。他的早期著述已经留下了持久的印记。

但是,详细辨认这些印记并非一件直截了当的工作。自然地,由于在如此长的职业生涯中撰写了如此多的著作,弗里德曼在公开

---

[1] Newsweek, September 21, 1981.

记录中的每一本著作并非都具有永恒的价值。在某些情况下，某些著作会变得鲜为人知，这无疑反映出人们对这些特定努力的价值做出了否定性的判断。在这方面，麦卡勒姆指出，就现代文献中很少引用弗里德曼的某些著作而言，"这种疏忽或许是有理由的"。但是，弗里德曼的著述和声明如此之多和如此之分散，以至于他的大量著作必然在很大程度上变得不为人所知。这是弗里德曼的痛处。他以一篇他认为做出了很重要贡献的但早已"鲜为人知"的论文为例来说明这一点。[①] 即使对于那些无疑是众所周知的弗里德曼的著作而言，依然明显存在着由经济学界所做出的大量误释和误解。这种情形部分解释了对弗里德曼的遗产所存在的大量分歧。

考虑到弗里德曼存在貌似相反的事实以及由此产生的不同认知，确定弗里德曼的经济学和评估他的遗产的工作难度就凸显出来。弗里德曼一方面是一位研究商业周期的学者；另一方面，他总是说，他不相信存在商业周期。弗里德曼一方面尖锐地批评将存款准备金当作货币政策工具，强有力地倡导放松金融管制；但另一方面，他在多方面积极支持转向100%的存款准备金制度。他一方面强调货币与经济之间关系变弱；但另一方面，在批评家看来，他的政策处方依赖于两者紧密的关系。他一方面详细地批评美联储调整货币存量以适应经济状况的方式；但另一方面，他通常被描述为将经验性的货币存量行为视为外生的。他一方面对发展菲利普斯曲线的理论做出了基础性的贡献；但另一方面，他

[①] 引自 Friedman（1993, 171）。

反对利用菲利普斯曲线的分析来探讨通货膨胀预期。[1]他一方面对工会及其使用市场力量来制定价格的研究，占据了作为一位研究人员的前二十年的大部分时间；但另一方面，在接下来的五十年中，他发现他被批评家指责，他的经济分析依赖于原子式的劳动市场、单一物品模型或者完全竞争厂商的假设。他一方面是自由市场的强有力倡导者，因而通常被描述为一位为贪婪辩护的辩护人；但另一方面，他也曾说过，任何社会的问题在于找到那些约束贪婪的安排。他一方面在经济研究领域撰写了被大量引用的期刊论文和多本一流的著作；但另一方面，在与其他研究者进行辩论时，他可能会提到新闻报纸的专栏版文章、《新闻周刊》的专栏文章、小册子文章或者无名的演讲作为文献来证明他所采取的立场。他活到了这一天，看着自己在货币政策上的观点对政策制定者的影响超越了任何其他人。但是，他也看到了对货币存量行为的研究在货币政策的分析和制定中都变得边缘化了，以及对货币在货币政策中的作用的探讨成了一个比在他的人生初期更加令人伤心的消遣。

因此，我们面对的是这样一些人。他们对经济的思维方式包含了许多容易遭到忽视和容易遭到误解的细枝末节，而弗里德曼没有将他的观点整合进一个单一出版物的倾向的事实又让这个问题变得更加复杂。弗里德曼的观点要想被视为一个思想整体，则必须要筛选和组织。然而，一旦这样做了，显露出来的框架就具

---

[1] 对弗里德曼著作的更具技术性内容的讨论会产生更多貌似的悖论。他一方面是发展检验统计学领域的创新者，但另一方面，他避免在实证研究中进行正式的统计检验。他一方面是适应性预期的发展者之一，但另一方面，他在实证研究中对滞后因变量的使用表示怀疑。

有内在一致性。诚如弗里德曼在描述其货币著作时说:"据我看,图像作为一个整体组织在一起。"①不仅协调弗里德曼在各种出版物中的陈述是可能的,而且将这些陈述作为一个整体来看待会产生一些无法从单独考虑每个陈述中获得的洞见。人们多年来一直宣称弗里德曼的著作中存在的矛盾在某种程度上反映了弗里德曼思想的发展。一个突出的例子是,弗里德曼的货币观点直到20世纪50年代初期才形成了可辨认的货币主义形式。其他表面上的矛盾被证明并非如此,而是构成了弗里德曼世界观中兼容的组成部分。

要确定这个世界观,就不能走马观花。弗里德曼的主要著作不仅是,而且应该是我们关注的焦点。但是,关注的焦点不等于隧道视野。如果我们忽略了弗里德曼经典著作中可获得的更加隐晦的材料,那么,我们就错过了大量有血有肉的细节、说明和洞见。正如弗里德曼经常诉之于他的著作目录中不知名的著述所说明的那样,要想获得弗里德曼的概念框架的完整图像就必须广泛研究他的出版物、访谈和其他公开声明。业已指出,考察不知名的著述有助于发掘出一些在他的主要著作中未加以论述问题的观点。正如要把弗里德曼的主要和次要著作放在一起研究一样,因此,他的通俗著作和学术性著作也能够,并应该视为一个整体。弗里德曼的货币经济学观点是一幅精心编织的紧密结合的织锦,每一针都要留心。

弗里德曼的微观经济学(或者他喜欢称之为价格理论)的思想是与他的货币经济学观点保持一致的。但是,他在微观经济学领域的实证经济学并没有,如同他的货币著作一样,构成对经

---

① Instructional Dynamics Economics Cassette Tape 193(June 1976,part 2).

济学主流的挑战。弗里德曼认为，微观经济学理论比宏观经济学理论具有更稳固的基础，而他在前一领域的著作就反映了这种观点。[1]尽管他被视为不完全竞争理论的批评者，但是甚至在这里，他的不同意见在很大程度上相当于抵制这样的观念，即一个详细阐述的不完全竞争理论的出现意味着需要抛弃先前的价格理论躯干。[2]实际上，他关于货币政策如何作用于经济的观点综合了经济学家行所强调的非完全竞争的某些特征，特别是许多厂商都是价格制定者而非价格接受者的观念。

弗里德曼的微观经济学方法的规范方面——他对自由市场的倡导——是他引以为自豪的事情，可以与货币分析分开处理。[3]经济学家可能会并确实接受了弗里德曼关于菲利普斯曲线、货币政策的效力以及基于规则的货币政策框架可取性的许多命题，无须诉之于弗里德曼关于政府在劳动和商品市场上扮演角色的建议细节。弗里德曼对自由市场的倡导和他的货币分析的确在浮动汇率的可取性、反对工资和物价的管制问题上发生交集。此外，他支持货币规则的论据依赖于市场制度的信心，因为他认为规则为私人部门的决策提供了稳定环境。但是，弗里德曼对货币政策所采取的立场相当于承认政府的一个主要任务，因为他一点也不赞同私人部门发行货币的建议，而且认识到政府承担的货币职责超越于货币供给。这一点不仅体现在他和施瓦茨将官方没有在

---

[1] 参见第八章的进一步讨论，约翰·泰勒的引语在该章给出。
[2] 与此相反，关于更强调弗里德曼作为非完全竞争理论的批评者的处理，参见 Laidler（2012）。在下面第四章和第七章，笔者将解释弗里德曼接受垄断竞争理论的主要要素并在其著作中采纳了该理论的原因。
[3] 参见 Taylor（2001, 120）和 E. Nelson and Schwartz（2008a, 2008b）。

1930年救助美国银行的事例引述为一个主要的政策错误，而且体现在他赞成官方在1984年救助大陆伊利诺伊银行的案例之中。

在货币领域之外，弗里德曼很少偏爱政府干预。这种立场部分来自他非常讨厌任何被视为政府"父爱主义"之类的哲学。不过，他倡导自由市场的大量观点都可以视为来自其理论框架。虽然弗里德曼比普通大众和大多数经济学家持有更加自由主义意志论的立场，但是，特别是社会保险和消费者保护这两个例子可以被视为来自一个包含了他所提出的消费函数的基础模型。在该模型中，大部分人口近似于消息灵通和视野很长的家庭。在这样一个环境中，被引用来为强制退休计划和产品安全管制提供理论基础的市场失灵就可能表现不明显。然而，弗里德曼确实承认外部性的存在，在原则上接受它们作为政府行动的基础，尽管在许多情形下依然怀疑政府干预是否能够成功地取得更好的结果。例如，他承认政府在环境保护领域的作用。在这里，弗里德曼在倡导庇古污染税时采取了对经济学家来说的高度传统的立场。在一些领域，比如反托拉斯政策，弗里德曼对政府管制失去了幻想，随着时间的推移采取了更少干预主义的姿态。不过，在医疗保险领域，弗里德曼在20世纪90年代初期确信，他最初所持的自由放任立场是站不住脚的。

本研究的主要目标是提炼和综合弗里德曼的那些包含货币和价格理论问题的概念框架。本书为此要重新整理、解释和协调弗里德曼那分散的著作和声明，用它们来阐述弗里德曼的理论和将其著作置于其他经济学家的著作和历史发展的背景之下。在确定世界观之后，准确描述弗里德曼的活动与影响还需要广泛研究经济文献和历史记录。完成此任务也是本册的目标。总而言之，本研究的目标是构建一个弗里德曼的理论观点和政策结论的综合图像，表明这些理论观点和政策结论是如何影响他与其他经济学家和政策制定者之间的互动，以及是如何形成他对美国经济政策的评论的。

本研究探讨的大部分时期都是介于本章开始的1942年与1995年这两个时点之间。但是，本研究叙述开始的时间早于1942年（具体来说，开始于弗里德曼完成大学本科学习的1932年），结束的时间早于1995年（具体来说，结束于弗里德曼完成其主要研究贡献的1972年）。

20世纪30年代是弗里德曼走进经济学世界的十年，也是他后来的著作详细研究的时期。下一章论述这十年。第三章论述1940—1943年，第四章探讨1944—1950年。这些年份是弗里德曼的思想，特别是有关货币问题的思想转变的岁月。然后，在第五章到第九章中，笔者退一步来分析弗里德曼的经济学框架。这个框架大致出现在1951年，并在弗里德曼的余生成了他研究经济问题的基础。接下来的第三篇包括上册的第十章和整个下册的第十一章到十五章。这一部分讨论美国在1951—1972年间——弗里德曼的"货币主义者时期"的前二十年——的经济辩论以及弗里德曼的参与。

第二章

开始：1932—1939 年[1]

---

[1] 本研究中所表达的观点仅代表笔者本人，不应解释为美国联邦储备委员会或美国联邦储备系统的观点。笔者感谢米格尔·阿科斯塔、威廉·A.艾伦、迈克尔·博尔多、安德鲁·吉芬、道格拉斯·欧文、戴维·莱德勒、安-玛丽·梅伦戴克、杰拉德·奥德里斯科尔、迈克尔·帕尔金、胡里奥·罗腾伯格和拉贯特·苏德（Rajat Sood）对本章初稿的评论，以及里卡多·努涅斯（Ricardo Nunes）对本章论述主题的有益交谈。关于本书完整的致谢名单，参见前言。

第一节　事件与活动：1932—1939年

米尔顿·弗里德曼在1984年参加电视脱口秀节目《多纳休》（Donahue）时，面对着一名演播室观众提出的一个带有敌意的问题。这名观众质疑弗里德曼对大学教育筹集资金提供建议的资格。"我认为你有点落伍了，"这名观众说，"因为当你上大学或者收到奖学金时，更可能的是你的父亲支付抵押贷款，你的母亲待在家里。在当今的经济中，两个人都要工作——只是为了维持生计。"

虽然弗里德曼的面部表情在提问期间显露出愤怒的神色，但是，他在回答时大多保持近乎平静的语调。"首先，你误解了我"，他回答道。"我的父母亲很穷，他们的收入，放在今天，从来没有达到贫困线以上。在我15岁时，我的父亲就去世了。从此，我的母亲靠经营一家很小的零售店铺，维持家庭生计……我从来没有从我的父母亲得到过一分钱。我是靠自己打工读完大学的……我是在1929—1933年，美国历史上最严重的萧条时期上大学的。"[①]

弗里德曼的大学本科岁月是在新泽西的罗格斯大学度过的——他是从1928年，而不是他在电视节目中提到的1929年

---

① Donahue, NBC, April 25, 1984.

开始在那儿学习的。① 获得的学位是文学学士。② 在获得这个学位的大学学习期间，弗里德曼最初主修数学，然后辅修经济学专业，是在1930—1931年上的第一门经济学课程。③ 但是，诚如弗里德曼后来所描述的那样，他曾打算从事涉及"许多复杂数学"的精算研究的职业。④ 当他在1987年回顾这个规划时，带着轻蔑的神情。这种蔑视并不是对经济学以外的其他职业观念的否定性评价。相反，弗里德曼在20世纪80年代曾猜想，他也许会同样喜欢非经济学的职业生涯。更可能的是，弗里德曼对他的早期职业规划的回顾性态度到1987年反映了他对数学复杂性的蔑视。

弗里德曼在罗格斯大学的经历并没有让他偏离数学模型——相反，这种转变是在数十年间发生的——但的确让他从精算师职业转变到经济学家。弗里德曼经常引证来说明让他专注于经济学的老师是罗格斯大学的两位教师——阿瑟·伯恩斯（Arthur

---

① 参见 Friedman and Friedman（1998, 25）。
② 卢贝（Leube）将弗里德曼从罗格斯大学获得的学位描述为"数学与经济学学士学位"，而爱本斯坦（Ebenstein）则说是"经济学学士学位"。但是，这两种学位都不是授予弗里德曼的学士学位的称号。当时的报道和弗里德曼后来的传记资料都证明，这个学位的正式名称是文学学士（New York Times, June 11, 1932; Who's Who, Inc.1976, 1080）。
③ 参见 CSPAN, November 20, 1994（p.6 of hard-copy transcript）; Friedman and Friedman（1998, 29）; 以及 Parkin（1990, 97）。虽然弗里德曼在 Snowdon and Vane（1997, 193）的书中将自己描述为双修数学和经济学专业，但是他在 Friedman and Friedman（1998, 29）中给人留下的印象是，他转修经济学需要放弃数学专业。事实上，弗里德曼在毕业典礼上获得了经济学奖和数学奖——参见下面。这就表明，后一种印象是不准确的。
④ Idea Channel（1987）。不过，在 Friedman（1976b, 434）中，他指出，他在罗格斯大学学习期间考虑过从事两种非经济学的职业道路，即精算研究和数学。

Burns）和霍默·琼斯（Homer Jones）。琼斯在罗格斯大学经济系获得了一份临时教书的工作。[①]

弗里德曼上过琼斯讲授的保险和统计等数门课程。[②] 虽然琼斯很少写出过广受赞誉的经济学学术论著，但是，他可以说帮助塑造了战后的货币主义巨大力量的两个关键要素。第一要素是弗里德曼本人。琼斯是芝加哥大学未毕业的研究生。[③] 因此，他与经济系有关系。弗里德曼认为，是琼斯鼓励他到芝加哥大学读经济学的研究生，并写了一封帮助弗里德曼获得录取的推荐信。[④] 琼斯影响的第二个货币主义机构是圣路易斯联邦储备银行。在琼

[①] 这份教书的工作是如此短暂，以至于琼斯在事实上都没有在美国经济协会1970年和1981年的会员名录的词条中将罗格斯大学的工作列入就业经历（American Economic Association 1970, 218; American Economic Association 1981, 216）。

[②] 弗里德曼在多个场合，如Friedman（1976b, 434）、G. Martin（1983, 52）和Friedman and Friedman（1998, xi, 33）中指出，是伯恩斯和琼斯的教导让他专注于经济学。弗里德曼指出，他上过琼斯讲授的"几门"课程（G. Martin 1983, 52）。

[③] 在弗里德曼加入经济系之后，琼斯只是在1949年才获得芝加哥大学的博士学位（American Economic Association 1970, 218）。诚如杰里·乔丹（Jerry Jordan）在本书的访谈中说："当米尔顿在芝加哥任教时，霍默在他从前的学生指导下写博士论文。多年后，霍默的妻子爱丽丝也在芝加哥的弗里德曼指导下写博士论文。因此，他们是关系非常亲密的老朋友，可以追溯到米尔顿的本科岁月"（Jerry Jordan, interview, June 5, 2013）。实际上，弗里德曼早年在芝加哥大学的不寻常之一是，他一方面在事实上与从前的老师琼斯的关系是处于教师与导师的角色；另一方面，当弗里德曼在1948年成为系里的正教授时，他的地位比包括劳埃德·明茨（Lloyd Mints）在内的同事都要高。明茨在20世纪30年代教过弗里德曼货币经济学课程，但没有获得正教授的职位。

[④] 参见Friedman（1976b, 434）；G. Martin（1983, 53）；以及Friedman and Friedman（1998, xi, 33）。

斯担任研究主管的1958—1971年间，圣路易斯联邦储备银行成为联邦储备系统内货币主义的主要发声之地。① 出于对琼斯扮演的双重角色的肯定，弗里德曼后来在琼斯退休之后两次公开向琼斯致敬。一次是弗里德曼在1976年《货币经济学杂志》上发表的一篇文章，主要论述了琼斯的教学生涯。另一次致敬是弗里德曼在1984年圣路易联邦储备银行会议的午餐谈话中，集中阐述了琼斯在联邦储备系统内对货币政策探讨的贡献。

弗里德曼与阿瑟·伯恩斯的关系也超越了罗格斯大学的求学岁月。实际上，弗里德曼甚至在他的回忆录中将阿瑟·伯恩斯描写成一位在他的大部分职业生涯的"代理父亲"，即使阿瑟·伯恩斯只比弗里德曼年长不到8岁。② 在弗里德曼本科毕业之后，

---

① 琼斯担任圣路易联邦储备银行研究部门主管的时间来自美国经济协会（American Economic Association 1981, 216）。也值得指出，当霍默·琼斯担任联邦存款保险公司的主管时，他鼓励并授权了克拉克·沃伯顿对货币问题的研究。沃伯顿在1974年1月7日致利兰·耶格尔的信中，感谢了霍默·琼斯对他的鼓励。该信存于乔治梅森大学的克拉克·沃伯顿文献中。此外，沃伯顿的儿子，已过世的彼得·沃伯顿（Peter Warburton）在2007年5月27日曾写给笔者一封信说："克拉克总是对他在联邦存款保险公司的前任老板霍默·琼斯将克拉克的研究带到圣路易斯，感到满意。"

② Friedman and Friedman（1998, xi）。在1999年10月的访谈（引自J. Martin 2001, 30）中，弗里德曼对这个描述做了某种限制，说阿瑟·伯恩斯"几乎是代理父亲"。弗里德曼（Friedman 1976b, 433）对这种怪异行为评论说，在大学本科求学期间，他认为霍默·琼斯（1906—1986）比他年长很多，尽管霍默·琼斯当时才24岁。如同弗里德曼基本上承认的（Friedman 1987c; Friedman and Friedman 1998, 29-30），同样的评论也适用于阿瑟·伯恩斯（1904—1987），他在弗里德曼大学本科毕业时还不到30岁。

阿瑟·伯恩斯对弗里德曼生活的影响包括：让弗里德曼作为职员在 1937—1940 年间加入国民经济研究局；从弗里德曼写博士论文直到 20 世纪 40 年代中期与弗里德曼密切交往；从 20 世纪 40 年代晚期到 20 世纪 60 年代晚期断断续续担任国民经济研究局的主管和弗里德曼恢复与该机构的学术联系期间，再一次作为弗里德曼的雇主。再往后，当阿瑟·伯恩斯在 1970—1978 年间担任联邦储备委员会主席而弗里德曼出任联邦储备委员会的学术顾问时，弗里德曼与阿瑟·伯恩斯之间发生了某种职业上的关系。但是，在这些岁月中，弗里德曼与阿瑟·伯恩斯关系的一个更显著的方面是，他在《新闻周刊》专栏和其他公共媒体上严厉批评阿瑟·伯恩斯的货币政策。

一、确定对弗里德曼早期影响的问题

像阿瑟·伯恩斯和霍默·琼斯这样一些在弗里德曼本科教育阶段就存在的人物，让人们禁不住设想，弗里德曼在大学本科时期的活动就全面预示了他后来的货币著作。必须抵制这种诱惑。弗里德曼从 20 世纪 40 年代末期起对货币问题的关注，不仅代表着与先前兴趣的决裂，而且如第一章所指出的那样，也明确反映了在很大程度上不同于 20 世纪 30 年代的观念模式。①

弗里德曼的观点存在断裂必须要做另一个警示说明。那就是，在讨论弗里德曼的老师对他成长为一位经济学家的影响之时，重要的是提防一般化。在先前研究弗里德曼的观点的著作中，在这个问题上的一般化是很流行的。例如，布雷特（Breit）

---

① 参见下面第三章和第四章的详细讨论。

和兰塞姆（Ransom）是最早这样报道的人之一。他们将罗格斯大学和芝加哥大学的许多经济学教师以及弗里德曼被认为从他们每个人获得的特质并列在一起。例如，他们说"从享利·西蒙斯（Henry Simons）和弗兰克·奈特（Frank Knight）那里，他获得了古典自由主义的哲学"。随着岁月的流逝，弗里德曼在向他的老师们表达敬意之时，有时也将他的方法的一些显著特色归于特定老师。但是，在另外一些场合，他则更加慎重地提醒说"没有任何人能准确地说出他的信念和价值观来自何处"。[1] 同样，弗里德曼也评论说，他不能信心十足地说主要是哪些人影响了他的思维方式。毫无疑问，弗里德曼的确受到了许多不同人的影响。但是，按照刚才引证的布雷特和兰塞姆的叙述方式，以为包括弗里德曼在内的任何人仿佛从一个菜单上点菜一样，从某甲获得特征 A，从某乙获得特征 B，和从某丙获得特征 C。这样一种说法用来描述一个现实的人的观念是如何演变的，似乎是不可信的。[2]

试图在弗里德曼的观念与他的老师们的观念之间建立直接联系所产生的许多问题和模棱两可之处，在某种程度上通过提前在我们的故事中考虑雅各布·维纳（Jacob Viner）的事例得以说明。维纳是弗里德曼在芝加哥大学 1932—1933 学年的一位老师。在坚信货币扩张有助于 20 世纪 30 年代的经济复苏和批评

---

[1] Friedman（1967a, 1）.
[2] 除了可疑的行文方式之外，布雷特和兰塞姆（Breit and Ransom 1971, 226）还错误地指出（在后来的版本中没有完全更正）弗里德曼没有上过韦斯利·米切尔（Wesley Mitchell）的课程。这就进一步否定了他们将弗里德曼的特质与他的特定老师的特质相互映射的企图。

凯恩斯的《通论》(*The General Theory of Employment, Interest and Money*)方面，维纳早于弗里德曼。弗里德曼在 1972 年强调了这一点，因为他说，《通论》在 20 世纪 30 年代的影响"对我们这些受过西蒙斯、明茨、奈特、维纳教诲的人"减弱了。① 这些芝加哥大学的经济学家都强调总需求的不足是 20 世纪 30 年代的一个主要问题。因此，就此而言，《通论》并不构成对这种当时盛行在芝加哥大学主要经济学家之间的观点的挑战。这群经济学家与凯恩斯的分歧是，货币扩张是否丧失了作为提供刺激的一种手段的声誉。② 自然地，弗里德曼会认为他的老师们（特别是维纳）完全正确地分析了大萧条。

然而与此同时，似乎不宜得出这样的结论：弗里德曼在学生时代简单地接受了维纳的分析，并在大萧条成为他的一个主要研究兴趣时详细阐述它。与此相反，有证据表明，弗里德曼并非密切关注维纳的货币著述之人。只是在回顾中，弗里德曼才理解了维纳在 20 世纪 30 年代的观点与弗里德曼和施瓦茨在 1963 年的《美国货币史》的观点之间联系的力量。直到 20 世纪 70 年代初期，弗里德曼才重读维纳 1933 年的著作并注意到与《美国货币史》的相似性。这促使弗里德曼评论道，他对"我们（他和施瓦茨）在我们的叙述中没有提到它感到不安"。③

就市场经济的观点而论，维纳与弗里德曼之间的联系并非天衣无缝。维纳和弗里德曼都是亚当·斯密的仰慕者。但是，维

---

① Friedman（1972a, 937）.
② Friedman（1972a, 937）.
③ Friedman（1972a, 941）.

纳对斯密的评论会显著地不同于弗里德曼对斯密的解释。维纳评论说，商人一般而言支持自由市场，但在其经营的行业中想要政府授予的特权。维纳在此预见到了弗里德曼经常对企业界提出的控诉。① 但是，维纳继续说，亚当·斯密也"完全容许这类的矛盾"。与此形成对比的是，弗里德曼认为，除了像高利贷之类的具体问题，斯密对经济问题提出了一个连贯的处理方法。② 同样地，维纳引证了一份主要参考文献来支持斯密并非经济自由主义的倡导者的观点。这样，维纳的著作的观点是与弗里德曼对亚当·斯密的解释不相符合的。③

这些例子表明，弗里德曼的解读很明显导致他在许多重要方面不同意他的老师们提出的解读和观点的。

其实，以笔者之见，把重点主要放在老师的影响上是与书面语言在形成一个研究者的观点中所起的巨大作用是非常不相称的。虽然弗里德曼在美国有线卫星公共事务电视网（CSPAN）的访谈节目中在评估人们的教育过程时将活着的人们所起的作用稍微置于书籍之上，但是，他补充说："书籍影响你。毫无疑问是

---

① 参见例如 Friedman（1984a, 10）。
② 参见例如 Friedman（1976c, 1977a）和 Instructional Dynamics Economics Cassette Tape 122（June 6, 1973）。弗里德曼对斯密思想的讨论主要集中在亚当·斯密 1776 年的《国富论》上。
③ 格罗尼维根（Groenewegen）认为，维纳在研究亚当·斯密的论文中表明了斯密所持的国家对经济"非常广泛的"干预的信念。相比之下，许多人很难相信，弗里德曼对斯密的分析会是如此。有鉴于此，唐纳德·温奇对斯密思想的大量细致考证的研究也值得注意。温奇对斯密的解释在许多方面与弗里德曼的解释是截然不同的。温奇是维纳在普林斯顿大学期间的学生，认为维纳的研究像温奇的研究一样，旨在挑战"斯密作为一位严格有限或最小政府倡导者的传统肖像"。

这样，书籍带来重大改变。"[1] 印刷品在弗里德曼的思想形成中所起作用的一个例子是，弗里德曼在20世纪30年代的一篇论文中写道"我与经济学的同仁们都敬佩庇古教授的著作"，尽管他从未见过庇古。[2]

即使我们按照字面意义理解弗里德曼对他的老师们充满赞誉的感言，我们也不能由此获得确定他所受影响的一个满意根据。1976年，弗里德曼赞扬阿瑟·伯恩斯和霍默·琼斯"引领我进入经济学更广阔的领域，让我对经济理论的美丽与复杂性大开眼界"。[3] 不过，看看他在1967年回忆雅各布·维纳在芝加哥大学讲授经济理论研究生课程时说的："这让我进入了一个从未意识到存在的世界，让我认识到了正式经济理论的美丽与力量。"[4] 关于维纳的引语让人怀疑弗里德曼对伯恩斯和琼斯的赞扬。

伯恩斯和琼斯塑造弗里德曼的经济学的程度也受到安娜·施

---

[1] 弗里德曼评论道，阅读"在我的教育中所起的重要作用与我上学一样"。尽管这些言词是针对弗里德曼的高中岁月所写的，但是，这也构成了他后来所受教育的可信描述。

[2] Friedman（1936, 532）。实际上，弗里德曼从没见过庇古，即使弗里德曼在1953—1954年间访问剑桥大学时也是如此。参见Friedman and Friedman（1998, 53）。

[3] Friedman（1976b, 434）。

[4] 引自Breit and Ransom（1971, 226）。他们的资料来源是弗里德曼在1967年6月22日致他们的一封信。弗里德曼（Friedman 1971a, 247）在维纳的讣告（由弗里德曼所写但未签名，得到证实R. D. Friedman 1976a, 29）中做了类似的评论。弗里德曼也在1949年的一篇论文的致谢（Friedman 1949a, 463）中对维纳的课程表达了敬意，不过具体说明了他从该课程获得的哪些观念。同时，弗里德曼（Friedman 1986a, 83）还赞扬维纳提供了一个比弗里德曼迄今所接触到的更加统一的经济分析框架。

瓦茨对弗里德曼看法的进一步质疑:"只是在研究生阶段,他才发现经济学是一个要征服的帝国。"① 施瓦茨其实应该说"专注于"而非"发现",因为弗里德曼不仅当然在本科阶段学习过经济学,而且将经济学当作一个职业去追求的决定也毕竟根植于芝加哥大学的研究生学习之中。另外,弗里德曼在罗格斯大学的毕业典礼上不仅获得了布拉德利数学奖,而且因在"特定科目的优等成绩"获得了表扬。"特定科目"在这里就是经济学(New York Times, June 11, 1932)。业已指出,弗里德曼赞扬伯恩斯和琼斯让他踏上了经济学的研究生学习之路,而琼斯还帮助他在芝加哥大学的研究生学习获得了奖学金。② 但是,施瓦茨的看法特别值得重视,因为它特别得到弗里德曼的言辞和评论的支持。他说,迟至他的大学本科阶段,"我从未梦想研究经济学"(Philadelphia Sunday Bulletin, March 2, 1975);他也评论道,虽然有霍默·琼斯和伯恩斯的影响,但是,他甚至在1932年依然禁不住想在经济学领域之外获得教育和从事职业。③ 总而言之,这些陈述进一步印证了既不能过分强调阿瑟·伯恩斯和霍默·琼斯在塑造弗里德曼的经济学中所起的作用,也要对接受弗里德曼在后来的岁月中对他们以及其他老师所提供的慷慨的赞扬的每个细节保持警惕。与这种看法相一致,约瑟夫·伯恩斯在2014年12月18日的私人通信中表示,他的父亲在弗里德曼求学于罗格斯大学的岁月时,对弗里德曼的主要影响在于引导他学习经济学,

---

① Schwartz(1998, 5).
② 参见 Friedman(1976b, 434)和 G. Martin(1983, 53)关于弗里德曼的评论。
③ 参见 Friedman(1986a, 82)和弗里德曼在 Hammond(1989, 6)中的评论。

对阿瑟·伯恩斯在这些岁月中塑造弗里德曼对经济学科目的具体观点中所起的作用不以为然。

因此,似乎更富有成效的做法是,与其对每个人的影响做一般性概括,不如在弗里德曼的思想中去确定那些似乎反映了早年老师痕迹的特定的具体问题。本书处理这个问题的一个主要目标就是,要分离出弗里德曼在特定问题上的观点上反映、重复或者在某些情形下反对他早年的老师的观点的情形。为此目的,在我们离开罗格斯大学岁月之前,让我们试着尽可能具体地阐述弗里德曼后来的著作与他的罗格斯大学的老师琼斯和伯恩斯之间的关系。

二、弗里德曼的老师对他所产生的具体影响

就琼斯而言,这种联系很容易查明,因为弗里德曼没有声称琼斯是原创性思想的一个重要来源。相反,弗里德曼认为,琼斯在教学中让他接触到了其他人的著作,具体而言就是弗兰克·奈特的著作。[①] 业已指出,琼斯既非一位多产的创作者,也似乎不是一位特别擅长措辞的著作家。琼斯后来在圣路易斯联邦储备银行的下属杰里·乔丹(Jerry Jordan)在2013年6月5日的访谈中指出,琼斯写的东西通常不好读,以琼斯之名散发出去的东西通常要在出版之前需要银行的其他职员作相当大的调整。不过,杰里·乔丹和其他人就职于圣路易斯联邦储备银行的其他人认为,琼斯定下的基调有助于研究气氛的活跃。琼斯使用的这种方法也明显体现在弗里德曼将琼斯描述为一个广泛阅读并鼓励弗里

---

① 参见 Friedman(1976b, 433–434)和 Friedman and Friedman(1998, 31)。

德曼也这样做的人的言辞之中。同时，弗里德曼和琼斯两人都对货币经济学感兴趣也是在 20 世纪 30 年代之后而非在他们同聚罗格斯大学时期才完全表现出来。如前指出，弗里德曼证实了琼斯实际上是最早为他建立起与芝加哥大学的联系之人。很明显，琼斯先让他接触到芝加哥学派的著作，然后通过与芝加哥大学特别是弗兰克·奈特之间的联系，推动了弗里德曼在 1932—1933 学年到芝加哥大学进行硕士学位的学习。

阿瑟·伯恩斯对弗里德曼研究的确切影响只能依靠推断，因为与琼斯不同，阿瑟·伯恩斯不仅是一位多产的创作者和研究人员，而且其教学的许多内容体现在弗里德曼后来的兴趣和工作之中。约瑟夫·伯恩斯在 2014 年 12 月 18 日的私人通信中这样谈到他的父亲："他在课堂上花费了大量的时间来认真讨论阿尔弗雷德·马歇尔。"约瑟夫·伯恩斯还说，课堂讨论马歇尔的著作包括逐字逐句地分析马歇尔的《经济学原理》(*Principles of Economics*)，而弗里德曼在后来的岁月中多次提及到这本著作。[①]

而且，在罗格斯大学的学习期间，弗里德曼受到了他所谓的"可能是我曾经获得的最好的研究训练"——这种训练以伯恩斯

[①] 约瑟夫·伯恩斯在 2014 年 12 月 18 日的私人通信中指出，他父亲的那本马歇尔的《经济学原理》依然在他的收藏之中，每页都充满了阿瑟·伯恩斯的注解。弗里德曼在 Friedman and Friedman（1998, 30）中指出，是阿瑟·伯恩斯向自己介绍了马歇尔的《经常学原理》。

举办的研讨会的形式，主要是详细研究伯恩斯的博士论文。[1] 另外，伯恩斯和米切尔（Burns and Mitchell 1946）的著作是国民经济研究局分析商业周期方法的典范之作，对弗里德曼和施瓦茨的《美国货币史》和《美国与英国的货币趋势》留下了烙印，包括后一著作确定商业周期的时间和数据转换所采取的方法。

伯恩斯和弗里德曼的另外一个共同点是，两人都是凯恩斯革命的有名批评家。针对本杰明·M. 安德森（Benjamin M. Anderson）的批评（特别是安德森在1929年文章中的批评），伯恩斯在撰写的一篇文章中对货币数量论进行了详细的辩护。当然，伯恩斯在1929年的文章不能算作是对凯恩斯主义运动的批评，因为这篇文章不仅先于《通论》的问世，而且伯恩斯在讨论中实际上将凯恩斯看作数量论的主要倡导者。[2] 但是在后《通论》时代，特别是在伯恩斯担任美联储主席之前，伯恩斯像弗里德曼一样认为，凯恩斯主义之前的经济学分析都值得恢复到经济学家关于产出和价格决定的思想中。与弗里德曼联系在一起的一个说法——虽然所有经济学家都使用凯恩斯主义的语言，但他们并不必然接受以《通论》为依据的那种类型的凯恩斯主义思想的经济

---

[1] 根据罗丝·弗里德曼的描述，伯恩斯的研讨班只有三位学生；根据弗里德曼夫妇（Friedman and Friedman 1998, 30）的回忆录，这个班最后只有弗里德曼和另外一个同学。尽管博士论文被拿来当作一种学习工具，但是，弗里德曼（Friedman 1986a, 81）指出，伯恩斯其实在此期间依然在完善他的博士论文。这本博士论文后来在1934年出版，弗里德曼与施瓦茨引用了这个著作。

[2] 参见 Burns（1929, 562）。关于弗里德曼将凯恩斯直到1936年、也许在1936年之后确认为数量论的理论家的看法，例如参见 Friedman（1972a, 933）和 Wall Street Journal, August 31, 1984。

分析——更有可能是他援引伯恩斯（Burns 1947）的。①

虽然有这些类似之处，但是，伯恩斯和弗里德曼在各自大量的著作中都呈现出显著不同的风格与主旨。弗里德曼的写作风格与伯恩斯的写作风格非常不同。②而且，虽然弗里德曼在国民经济研究局委托的项目中大量使用了伯恩斯和米切尔的方法，但是，弗里德曼的许多统计学方法却不是来自伯恩斯的研究。在经济理论方面，一些评论家认为伯恩斯和弗里德曼都不是理论家，都没有经济模型。③然而，这种描述对两位经济学家都不公正。他们每个人都有理论框架，但是，他们各自的框架并不相同。伯恩斯在20世纪40年代以及后来的数十年都批评凯恩斯主义。但是，他并不认同弗里德曼倡导的货币主义立场。尤其是，第十一章和第十五章将要证明，到20世纪60年代末，伯恩斯已经吸收和接受了弗里德曼提出的许多但并非全部观点的有效性。伯恩斯

---

① 弗里德曼在20世纪60年代提出这个说法的。参见Friedman（1968d, 15）和他发表在Time magazine（February 4, 1966）的信件。另参见下文第十二章。
② 像他写的其他许多著作一样，阿瑟·伯恩斯在这部著作中将"诚然"与"的确"同义词使用。弗里德曼很少在这个意义上使用"诚然"，引用他人的除外。弗里德曼这样使用这个词的一个罕见例子是在《新闻周刊》上的文章。
③ 就阿瑟·伯恩斯而言，这种描述通过佳林·库普曼斯（Tjalling Koopmans）对阿瑟·伯恩斯和米切尔的商业周期研究的评论性文章"没有理论的测量"而变得众所周知。就弗里德曼而言，参见例如艾伦·梅尔策关于弗里德曼"从没有提出一个模型"的说法。只要梅尔策的立场是弗里德曼没有将他的各种经济思想整合进一个正式模型，笔者不会质疑他的这种论断。但是，本书将要论证，弗里德曼也曾指出，一个详细阐述的隐含模型构成了他在货币主义时期的著作的基础。

后来将他的专业方向描述为"商业周期理论",并认为商业周期理论不同于凯恩斯主义和货币主义的理论。

弗里德曼确实看起来将伯恩斯的理论框架中的某些要素吸收进自己的信念系统之中。特别是,弗里德曼采纳的产出动态的固有持久性概念是来自国民经济研究局关于商业周期研究的一个发现。① 而且,弗里德曼也持有伯恩斯关于总需求行为中长期利率比短期利率更加重要的信念。当他们的框架在20世纪70年代差异如此之大时,这种信念的一致性在伯恩斯和弗里德曼两人之间是非常罕见的。②

至于弗里德曼称伯恩斯为他的"代理父亲"的话,这很大程度是弗里德曼的事后描述。伯恩斯是弗里德曼的知心朋友和恩师,很明显在研究和职业方面向弗里德曼提供了重要的建议。他们之间的面对面的交流甚至在罗格斯大学的岁月之后都还依然频繁,即使两人的通信也很多。但是,赋予伯恩斯"代理父亲"的身份似乎夸大了他对弗里德曼的影响。即使在20世纪30年代,两人的观念也差异甚大。例如,伯恩斯终生都有强烈的宗教信仰,而弗里德曼则在青少年的早期放弃了宗教信仰,并

---

① 参见第五章。
② 特别参见 Friedman(1976d)。伯恩斯强调长期利率的众多文献之一是 Burns(1977a, 724)。

从没有再信奉过这些信仰。[1] 伯恩斯的儿子约瑟夫·伯恩斯和安娜·施瓦茨这两位最能观察阿瑟·伯恩斯和弗里德曼之间关系的人，并不认为"父亲–儿子"类型的关系是看待他们之间的互动行为的自然方式。约瑟夫·伯恩斯在阿瑟·伯恩斯活着的时候曾与弗里德曼有多次交谈，但在本书的访谈中却记不起弗里德曼曾说过阿瑟·伯恩斯是他的"代理父亲"的话。而安娜·施瓦茨曾对笔者提及，另一个人才真正是弗里德曼的"代理父亲"，那就是弗里德曼在1938年与罗丝·迪莱克特（Rose Director）结婚之后的内兄阿伦·迪莱克特（Aaron Director）。施瓦茨在2009年9月18日的谈话中谈到阿伦·迪莱克特："他才真的是'家长'，他们（米尔顿·弗里德曼和罗丝·弗里德曼）都非常钦佩他。"

三、研究生学习

在罗格斯大学岁月之后，弗里德曼教育的下一个阶段是在芝加哥大学开始经济学的研究生学习。弗里德曼多次讲述过，他面对着芝加哥大学经济学专业和布朗大学数学专业研究生录取通知书之间的选择，每份录取通知书都将支付学费作为录取条件之

---

[1] 参见下一章对弗里德曼和宗教的更多讨论。伯恩斯的宗教信仰记录在他担任美联储主席时的新闻简报之中（例如 Time, December 26, 1977）。伯恩斯的儿子约瑟夫在2013年9月12日的访谈中这样回忆他的父亲："他很虔诚，经常阅读《圣经》，对《圣经》非常熟悉。我想，他在夜里读《圣经》。尽管他不常去犹太教会堂，但是，他会在圣洁日去，在一年中也许还会做一两次演讲。但我想，他的虔诚有他自己的方式，非常个人的方式。"

一。① 不过，弗里德曼在讲述他如何权衡这两种选择时的说法并不一致。他在 20 世纪 80 年代中期回忆说，他的决定"接近于抛硬币"。但是，他的回忆录表明，他选择经济学而放弃数学是意料之中之事。② 一个更明确的并在米尔顿·弗里德曼和罗丝·弗里德曼的叙述中得到强调的事实是，大萧条的来临在促使弗里德曼相信经济学是他希望从事的领域之中起着重要的作用。③

上文强调的谨防一般化也同样适用于确定芝加哥大学对弗里德曼影响的问题。大量的证据表明，弗里德曼的思想在他完成芝加哥大学的课程学习之后经历了相当大的变化。但在得出这个结论之前，我们需要努力弄清楚弗里德曼从 1932 年起在芝加哥大学以及其他地方的活动。

弗里德曼从 1932 年到 20 世纪 30 年代末期的活动轨迹相当复杂，因为他去芝加哥大学上学，然后离开、返回和再离开，并相应地到哥伦比亚大学上学，然后离开和返回。尽管如此，弗里德曼在 1933 年至 1935 年间的地点和活动可以简要地叙述如下：① 1932—1933 学年，在芝加哥大学进行经济学的研究生学习，

---

① 例如参见 G. Martin（1983, 53）；CSPAN, November 20, 1994（p.7 of hardcopy transcript）；以及 Friedman and Friedman（1998, 33）。后面这份参考文献提及，布朗大学的录取通知书说的是在应用数学专业学习。
② 分别参见 Friedman（1986a, 82）和 Friedman and Friedman（1998, 33）。
③ 关于大萧条是促使弗里德曼学习经济学的一个因素的事实，例如参见 R. D. Friedman（1976a, 28-29）；Friedman（1986a, 82-83）；以及米尔顿·弗里德曼在有线卫星公共事务网的谈话（CSPAN, November 20, 1994, p.7 of hard-copy transcript）。相比之下，在 Parkin（1990, 97）中，弗里德曼甚至将他在 1930 年在本科阶段开始学习经济学归因于想理解正在出现的经济衰退。

并以1933年获得文学硕士（AM）告终；① ② 1933—1934学年，获得哥伦比亚大学的研究生奖学金，并在该校进行经济学博士的课程学习；③ 1934—1935学年，作为经济系教授亨利·舒尔茨（Henry Schultz）的研究助理返回芝加哥大学。

在这些事情发生五十多年之后，虽然有多次书面记载弗里德曼的职业生涯，但是，对这个时间顺序的报道很少有完全正确的。② 例如，《纽约时报》在1970年1月25日对弗里德曼的简介，就根本没有提到哥伦比亚大学。这个简介给人留下的印象是——尽管没有实际上这样说——弗里德曼在20世纪30年代中期从芝加哥大学获得了博士学位。③ 但是，如果这个说法夸大了弗里德曼与芝加哥大学的关系，那么其他报道则贬低了这种关系。希尔克（Silk）在一篇关于弗里德曼的长篇传记文章中明确说，弗里德曼是一位哥伦比亚大学的博士研究生，从而通过另一个遗漏造

---

① 按照芝加哥大学的习惯，该硕士学位的名称是AM而非MA。事实上，校友刊物《芝加哥大学杂志》——（University of Chicago Magazine）通常将弗里德曼在学的年份称为"米尔顿·弗里德曼，AM'33"。弗里德曼有时使用更传统的"MA"表示他的学位，如1970年美国经济协会的会员名录和其他地方关于他的条目。不过，在弗里德曼提供的一些其他自传性简介中，他使用"AM"名称。尽管有这些缩写的差异，芝加哥大学的该学位的全名是与其他大学使用的完全相同：文学硕士（例如参见Friedman 1933）。

② 正确描述这个年表的一个记录是罗丝·弗里德曼在一个名气不大但具有古老名称的期刊《东方经济学家》（Oriental Economist）上对她丈夫的简介。从1986年开始，《东方经济学家》改名为《东京今日商业》（Tokyo Business Today）。

③ 同样，霍克洛姆（Heukelom）在描述弗里德曼在1950年之前的工作时声称，他"自从20世纪30年代以来一直在芝加哥大学"。

成了困惑。虽然希尔克提到，弗里德曼在1932—1933学年结束之后离开了芝加哥大学，搬到了哥伦比亚大学，但是，他没有提到弗里德曼在1934—1935学年返回芝加哥大学。[①]

弗里德曼在20世纪七八十年代提供的传记材料中，通过大量的错误和遗漏早年的活动而增加了混淆。例如，他在1976—1977年的《美国名人录》(Who's Who in America)的词条中正确地描绘了自己在1933年从芝加哥大学获得文学硕士，但说自己在1933—1937年间在美国国家资源委员会担任助理经济学家。[②]另一方面，弗里德曼在1970年《美国经济协会会员名录》(American Economic Association Directory of Members)和1986年《经济学名人录》(Who's who in Economics)的词条中对他在20世纪30年代的活动提供了正确的但不完全的信息。这两个词条都正确地描绘了弗里德曼在1935—1937年间在国家资源委员会工作的时间，但都将这份工作列为他的第一份经济学家工作，遗漏了他在1934—1935年在芝加哥大学作为研究助理的工作以及1933—1935年间他的活动的全部实际信息。[③]

作为现代文献的一个早期例子，沃尔特斯在《新帕尔格雷夫经济学大辞典》的弗里德曼传记词条中记录了弗里德曼

[①] 同样的情况也存在于G. Martin (1983, 49)和Leube (1987, xiv)的简略传记之中。后面这篇文献也将弗里德曼在哥伦比亚大学上课的一年错误地当作1934日历年而非1933—1934学年。

[②] Marquis Who's Who (1976, 1080)。这可能是印刷上的错误。如果真是这样，那么，这个错误产生的混淆在这个词条更详细地描述弗里德曼在20世纪30年代的其他活动的情况下本来是可以避免的。

[③] American Economic Association (1970, 143)和Blaug (1986, 291)。

在1934—1935年返回芝加哥的情况。① 虽然被20世纪30年代到80年代之间出现的不准确报道所模糊，但是，弗里德曼在1934—1935年身居芝加哥大学的事实，碰巧在亨利·舒尔茨（H. Schultz 1938, xi）的致谢中可以找到。

证明弗里德曼在20世纪30年代中期在芝加哥大学的一个经久不衰的证据是经济系的弗兰克·奈特根据主要论文选编的一本

---

① 沃尔特斯在初稿中认为弗里德曼在1932—1935年间在芝加哥大学，遗漏了弗里德曼在1933—1934年间在哥伦比亚大学的情况。在安娜·施瓦茨于1985年6月10日致沃尔特斯的信中对此进行了校正之后，沃尔特斯提供了这样的信息。即使在发表的版本之中，沃尔特斯也误导了读者，因为他指出，弗里德曼拥有哥伦比亚大学的学生身份只限于1933—1934学年。在这样描述弗里德曼的活动时，沃尔特斯就忽略了1937—1940年间弗里德曼与哥伦比亚大学之间的学术联系以及最终使弗里德曼在1946年获得哥伦比亚大学的博士学位所从事的工作。但是为了对沃尔特斯公平起见，需要指出的是，罗丝·弗里德曼在弗里德曼夫妇（Friedman and Friedman 1998, 101）的回忆录中强烈反对将弗里德曼自1933—1934学年起归类为哥伦比亚大学学生的说法。她也许是根据弗里德曼的博士生导师西蒙·库兹涅茨（Simon Kuznets）在这些年在国民经济研究局工作而没有在哥伦比亚大学正式工作的关系的理由，没有将1937—1940年间算入。另一种可能是，罗丝·弗里德曼也许像弗里德曼有时所做的那样，将"研究生学习"和博士论文撰写的工作区分开来。在弗里德曼看来，研究生学习显然包括课程学习和参加博士资格考试，也只有研究生学习活动才明显对应着"学生"的身份。另外，弗里德曼也许没有将自己在1937—1940年间看作是一位学生，因为他在20世纪30年代末跟着库兹涅茨做着带薪的工作。
以笔者之见，根据日常术语的习惯，弗里德曼在完成哥伦比亚大学的博士论文的整个期间，当然包括在1940年之前住在校园内或者附近的岁月，应被视为哥伦比亚大学的学生。因而，贝克尔认为，在20世纪30年代中期到40年代中期，弗里德曼的一项主要活动是他"完成了在哥伦比亚的学习"。这个描述在笔者看来是非常准确的，即使这是罗丝·弗里德曼明显要反对的说法。

书。这本书出版于1935年，是由弗里德曼和另外几位研究生学生合编的。[①] 弗里德曼在1998年的回忆录中进一步详细说明了他在1934—1935年芝加哥大学的活动。除了作为舒尔茨的助手，他还上了在撰写芝加哥大学博士论文之前必须完成的所有剩下的必修课程。[②] 其实，截至1937年，弗里德曼依然认为他走在获取芝加哥大学博士学位的路上，因为他这样描述博士论文的进展："商品库存的经济理论，1937年，芝加哥或哥伦比亚"（American Economic Association 1937, 639）。

总之，虽然弗里德曼在多个连续的学年并不身居芝加哥大学，只获得了芝加哥大学的硕士学位而非博士学位，但是，他可以准确地说他是一位芝加哥大学的博士研究生，是一位有时称作"完成了所有学业但博士论文之外"的博士研究生。

与此相反的普遍看法是，弗里德曼作为学生只在芝加哥大学待了一年，他的学习并不包括博士论文课程。这种看法可能在弗里德曼多年后在芝加哥大学的货币传统上讲话时引起的强烈不满中发挥了作用。在这场就经济实质问题的辩论中，弗里德曼对芝加哥大学传统立场的解释遭到了唐·帕廷金（Ton Patinkin）的质疑。争论的一个原因是，弗里德曼的批评者认为，他没有资格直

[①] Friedman, Jones, Stigler, and Wallis（1935）。弗里德曼的合编者声誉足以使Congdon（1978, 15）声称，弗里德曼"在20世纪30年代的芝加哥知名度很高"。这个评价似乎有点夸大其词。

[②] 罗丝·弗里德曼在她流传范围较小的文章中也提供了这一信息。虽然弗里德曼在回忆录中的叙述在许多方面澄清了他在20世纪30年代的活动，但是，它却在一个问题上增加了困惑。因为罗丝·弗里德曼（Friedman and Friedman 1998, 50）说，米尔顿·弗里德曼在"1935年夏天"从哥伦比亚大学返回芝加哥大学学习。这应该是1934年。

接谈论芝加哥大学的货币传统。而其他人对他有芝加哥大学博士学位的误解又增加了他讨论1946年之前芝加哥大学货币经济学的分量。①

弗里德曼其实并未获得芝加哥大学的博士学位，但是，他在芝加哥大学的经济学训练远比只有一个硕士学位的人要多。虽然在整体上都划分为研究生并经常在教师和课程材料上相互重叠，但是硕士研究生和博士研究生并不以彼此之间享有深厚的友情而著称。非常可能的是，就他在芝加哥大学的货币经济学传统上进行权威性讲话的资格而言，弗里德曼在芝加哥只接受了硕士研究生教育的错误观念造成了他所面对的怀疑主义的高涨。②

当1938年6月与罗丝·迪莱克特结婚时，弗里德曼在经济学的硕士研究生和博士研究生中建立了友好的关系。罗丝·迪莱克特是弗里德曼在1932—1933学年的芝加哥大学研究课程的同

---

① 虽然弗里德曼在芝加哥大学有一些博士课程的学习，但是，他的证书确实不如帕廷金的证书直截了当。1986年《经济学名人录》的词条（Blaug 1986, 665）上写着帕廷金："1922年出生于美国的伊利诺伊州芝加哥市……从芝加哥大学在1943年获得文学学士学位，1945年获得文学硕士学位，1947年获得博士学位。"
② 在这一点上，值得注意的是，帕廷金（Patinkin 1981a, 3）既强调弗里德曼在芝加哥大学的证书只有1933年的硕士学位证，又错误地说弗里德曼"返回"芝加哥大学只是在他1946年成为经济系的一名教员之后。

班同学，但她并未完成博士论文。① 相比之下，弗里德曼在1938年已经开始在哥伦比亚大学进行博士论文的写作，并同时在该校

---

① 罗丝·弗里德曼并未返回去进行研究生学习，尽管弗里德曼夫妇的回忆录（Friedman and Friedman（1998, 572）指出，她后来获得了佩珀代因大学（Pepperdine University）的荣誉博士学位。罗丝·弗里德曼的在将弗里德曼（Friedman 1962a）的著作组织成可出版的形式方面工作非常重要。她后来与弗里德曼合著了多本通俗书籍，并对弗里德曼的其他公共政策著作做出了大量无名的、得到他在回忆录中所承认的贡献。此外，她关注并分担他在教育改革等问题方面的活动。但是，证据表明，罗丝·弗里德曼并不密切关注弗里德曼的经济研究。例如，她对弗里德曼将数学和统计学应用于经济问题研究的描述在1976年谈到这个问题时并不准确，至少落后十五年以上（Rose D. Friedman 1976a, 28；另参见 Walters 1987, 423。后者准确地指出，弗里德曼在20世纪40年代之后的研究生涯中并未集中关注统计学在经济学中的应用）。她对弗里德曼的通货膨胀的货币观点提出的问题（Instructional Dynamics Economics Cassette Tape 127，August 15, 1973），尽管在访谈中是敏锐的和合适的，却是初级的。她关于保罗·萨缪尔森是弗里德曼在经济学界的主要对手的说法（爱本斯坦不加鉴别地接受了这种说法，参见 Ebenstein 2007, 156）似乎不准确，因为萨缪尔森在20世纪六七十年代的凯恩斯主义与货币主义在研究文献的大量重要争论之中并未参与。另一方面，就弗里德曼的货币著作而言，当然是安娜·施瓦茨一直在场，也是合作的对象，尽管她居住在另一个城市（参见第四章）。
以上的描述，尽管是基于其他的资料来源，但似乎对笔者而言是与弗里德曼对同他妻子的合作的简要描述是一致的（Friedman and Friedman 1998, xii）。参见下列第十一章的进一步论述。

兼职教课。① 他在华盛顿特区的国家资源委员会工作了两年。如下所述，这个委员会是一个新政机构，弗里德曼在这个委员会的工作就是估算消费者支出。继该委员会的工作之后，弗里德曼从1937年开始就职于纽约市的国民经济研究局。实际上，他在国民经济研究局的大部分工作是以协助西蒙·库兹涅茨的方式完成哥伦比亚大学的博士论文。本章末尾将讨论他的博士论文。

四、芝加哥大学与弗里德曼思想的形成

随着弗里德曼在20世纪30年代的活动年表得以展示，现在值得花更多一些时间来论述他在完成本科教育之后的活动在形成他后来岁月的货币主义和市场经济学中所起的作用。基本的结论

---

① 1986年《经济学名人录》的弗里德曼词条（Blaug 1986, 291），列举他在1937—1940年间的工作包括国民经济研究局的职位和哥伦比亚大学的兼职讲师职位。同样，美国全国广播公司在弗里德曼的自传信息中列举了他是"哥伦比亚大学的一位兼职讲师"。另参见Friedman(1970g, 434; 1971f, i; 1977b, 11; 1986a, 92)。
这条信息意味着，在弗里德曼的一些公开简介中对他的教学生涯的论述是不准确的。《纽约时报》在弗里德曼的简介中关于他在1940年接受威斯康星大学的职位之前没有教过学的说法是不准确的。同样，梅德玛（Medema 2007, vii）关于弗里德曼在1935—1946年间的大部分时间都处于学术界之外的说法，很明显是把1937—1940年和1943—1946年算作非学术性的工作，尽管他在这两个时期都在哥伦比亚大学有学术职位。必须要补充的是，如莱德勒指出，国民经济研究局在弗里德曼早年就职于该局期间与哥伦比亚大学存在很强的联系，更不用说阿瑟·伯恩斯和韦斯利·米切尔在两个机构任职。那么，弗里德曼从1935—1946年的十二年间总计有七八年的时间在大学教书或者其他方面的学术联系。因此，希尔克（Silk 1976, 54）很正确地将弗里德曼在1935年的行动归类为只是一次"学术界的暂时离别"。

与业已指出的罗格斯大学的岁月对弗里德曼的影响相似：这种影响不是决定性的或者一目了然的。这是因为弗里德曼在1940—1948年间持有的货币分析领域的思想与他从20世纪40年代晚期起所持有的思想截然不同。这种差异如此之大，以至于我们无任何理由相信弗里德曼后来的为人所熟知的思想是由1933—1939年间他所学的经济学决定的。

为此，人们不得不在两方面进行权衡：一方面，弗里德曼说过，"很少有人在25岁之后会改变他们的基本哲学"；另一方面，大量的证据表明，这种说法不适用于他的思想发展。[①] 确切地说，弗里德曼后来数十年的活动让大家所熟悉的他所采纳的思想只是在20世纪30年代之后才变得可辨识。追溯他在20世纪30年代的活动来预期他后来的著作，是没有给他后来的研究以及其他人的研究在重塑其思想中所起的作用给予足够的肯定。笔者在1991年要弗里德曼解释他在20世纪80年代的前半期和后半期的分析差异时，他回答说，这种差异反映了他的思想"随着我与数据更多地打交道和阅读其他人所做的研究"带来的发展。[②] 同样，弗里德曼在1970年参加"会见新闻界"节目时谈道："我从那时起回过头去看看过去的许多经验"，并从这个角度去评估近

---

① 同样，弗里德曼在1982年说，"人们在25岁之后很少改变观念"（Friedman 1982a, 12）——尽管他在另一处将年龄的断点设定为"25岁或30岁"。这条经验法则与曼昆（Mankiw 1986, 141）所说的很少有人在26岁之后改变他们关于货币政策效应的观点的说法存在某种类似之处。曼昆大概对他的经验过度一般化了，认为这一年龄相当于研究生毕业的年龄。弗里德曼在研究生毕业时接近28岁，但他的货币观点则大致形成于38岁。

② 摘自弗里德曼在1991年7月16日致笔者的一封信。

年来的货币关系。①

在1970年之前的时期，弗里德曼接触的证据也是理解他在货币问题上的思想发展的一个关键因素。特别是，弗里德曼赞同货币主义的观点——从20世纪50年代早期起的一个明确的著述特征——反映了他在20世纪50年代比20世纪40年代更加熟悉货币、产出和价格之间关系的经验证据。将弗里德曼战后的思想归因于他在20世纪30年代所学的东西无疑忽视了这个关键点。

其实，如施瓦茨所指出的那样，有大量的根据——将在下文章节详细论述——表明弗里德曼转向货币主义和倡导市场经济学是对经验证据和研究发现的反应。这些经验证据包括历史证据以及第二次世界大战和战后早期的经验所产生的新证据，研究发现包括他本人的研究发现以及其他人对他的著述所从事的研究发现。因此，那种将弗里德曼在战后的货币和市场的思想当作本质上注定的（由他的教育和早期职业锁定的）说法，是不恰当的。

因此，虽然理解弗里德曼在20世纪30年代的活动与其后来著作之间的紧密联系可能非常吸引人，但是，这不是本书所采取的视角。简要列举弗里德曼思想中的特定要素会强化这种看法：

第一，如上文指出，弗里德曼在罗格斯大学的经历无疑让他远离了非经济学的职业追求。但是，这并不足以阻止他在早期研究生涯中花费了大量的时间进行毫无经济内容的数理统计学习。

第二，弗里德曼在芝加哥大学接受的教育和卓越的训练，无疑将他引向经济自由主义。他后来也肯定芝加哥大学的教育在此

---

① Meet the Press, NBC, June 28, 1970, p.3 of transcript.

中扮演的角色。[1]但是，在20世纪40年代早期之前，他似乎比芝加哥学派的典型看法更加支持公共部门的作用。

第三，至于货币问题，弗里德曼在1932—1933年间在芝加哥大学的劳埃德·明茨讲授的一门课上学过货币理论。[2]但是，这门课程不能被视为对弗里德曼的货币思想有决定性的影响。因为明茨在课堂上强调数量论并不足以阻止弗里德曼，如我们在下一章将看到的那样，在20世纪40年代早期的著述中对数量论持强烈的消极看法。

第四，另一个货币经济学的例子是100%的银行准备金制度的建议。像芝加哥大学的老一代的主要经济学家一样，弗里德曼也是这种制度安排的倡导者。但是，他支持100%的准备金主要依赖的论据明显不同于他的前辈们提出的论据。本章的第三节在讨论亨利·西蒙斯的货币经济学时会论述这些差异。

第五，弗里德曼在1935—1937年的华盛顿特区工作期间对消费的研究让他熟悉了数据的收集和整理。但是，他关于消费函数的持久收入观点还不明显，因为他在1939年详细撰写的消费著作依然认可持久收入假说之前的、凯恩斯的《通论》所体现的

---

[1] 参见Friedman（1976e, xxi）。另参见弗里德曼的评论（Margin, January 1986, 4）。
[2] 参见罗丝·弗里德曼的评论（Friedman and Friedman 1998, 38）。关于米尔顿·弗里德曼和罗丝·迪莱克特所上的货币理论课程的细节，参见Leeson（2003a）和Steindl（2004）。虽然斯坦德尔（Steindl）的论文有一个宽泛的标题"弗里德曼与20世纪30年代的货币"，但是它主要关注弗里德曼在芝加哥大学所接受的货币问题的教育，而不关心弗里德曼当时对20世纪30年代的货币发展所持有的看法。

消费函数。①

第六，弗里德曼曾说弗兰克·奈特"对我的基本哲学可能有最大的影响"，并推荐奈特在1933年出版的解释市场经济优越性的《经济组织》(*The Economic Organization*)一书。但是，鲍莫尔（Baumol 1983, 1081）有理由认为，将弗里德曼视为奈特的一名弟子"不太合适"。弗里德曼与奈特在市场经济学的许多领域都存在分歧。②弗里德曼自己暗示，就哪些是国家干预经济的合适领域而言，他与奈特的观点不同。③而且，弗里德曼明显拒绝了奈特的资本理论的一个主要方面，抛弃了奈特对风险与不确定性的区分。④

第七，弗里德曼的芝加哥大学背景无疑让他很容易接受芝加哥学派的成员（例如Viner 1936，特别是Knight 1937）在评论《通论》时所表达的观点，即认为凯恩斯以总需求不足来解释大萧条的观点取得了理论突破的说法是不恰当的。⑤但是，奈特等评论者最初采取的立场——凯恩斯的论点中存在根本性的错误——明显地不是弗里德曼所采纳的立场，因为弗里德曼在20世纪40年代初阐释了一些更加强硬的凯恩斯主义思想。虽然弗

---

① 弗里德曼在1937年离开了消费者购买研究的项目。他后来指出，他此后没有参与任何的数据工作。另外，弗里德曼直到1938年才买了一本《通论》（参见Snowdon and Vane 1997, 194）。因此，1939年关于消费支出的最终报告在多大程度上反映了弗里德曼的思想还不清楚。但是，弗里德曼对1939年出版的报告感到足够的满意，以至于在1941年财政部的员工备忘录中引证了它，并在战后的正式文献目录中将其列入。
② 例如参见Patinkin（1973a）和Rayack（1987, 108-109）。
③ 参见Friedman（1976b, 434）和Friedman and Friedman（1998, 32）。
④ 参见第四章。
⑤ 这是弗里德曼在回顾性叙述中所强调的观点，例如Friedman（1972a, 937）。

里德曼在战后时期直言不讳地批评《通论》的观点，但是他依然认为凯恩斯对深度衰退提供了一个先前文献不存在的条理清晰的理论解释。更准确地说，弗里德曼的立场是，他认为凯恩斯强调绝对流动性偏好的解释，在实证上不具有说服力。[①] 鉴于弗里德曼在20世纪50年代早期才成为一名货币主义者，因此，认为弗里德曼仅仅是回到20世纪30年代他在芝加哥大学被传授的内容的说法是错误的。相反，他转向货币主义是基于他对经验证据的研究，以及他对包括费雪和庇古这类从未谋面的货币经济学家在内的大量文献著作的重新思考。[②]

以上列举的最后一条提出了一个在本书早前强调并在下面两章中很重要的一个问题，那就是弗里德曼在他学生岁月很久之后才对自己的思想进行根本性的重新考虑。弗里德曼在1948—1951年间对他的思想，特别是关于货币经济学的思想的重构的程度，很难被夸大。从这种重构中产生的思想并非如帕廷金这类的批评家所宣称的那样，是对《通论》的货币分析方法的微小变化。不过，弗里德曼从1951年起所持的立场也与20世纪30年代芝加哥大学的货币分析不相符合。因此，虽然弗里德曼说"对我主要的影响无疑是来自芝加哥大学"，但是，即使在20世纪40年代晚期之后信奉数量论，他也不赞同芝加哥大学经济系的教师在20世纪30年代所持有的许多具体观点。

[①] 特别参见 Friedman（1970a, 1970b, 1972a）。弗里德曼区分了凯恩斯在分析衰退时对需求不足的强调（弗里德曼认为这个强调是正确的但并非专属于凯恩斯）和凯恩斯在分析货币政策无效时提出的论据（弗里德曼认为这是凯恩斯的特殊贡献，但在实证上是不正确的）。
[②] 关于费雪的著作给弗里德曼留下的印象，参见第六章的论述。

五、开始参与学术争论

在 20 世纪 30 年代这个离刚才提到的思想重构还有一段时间的时期，弗里德曼对经济问题的立场远非如今所视为经过充分考虑过的立场。不过，如马上要论述的那样，弗里德曼在 20 世纪 30 年代的后半期以论文发表的形式精力充沛地参与了许多经济学争论。

弗里德曼第一次以一篇应用价格理论领域的文章参与了争论。这篇文章，以《论庇古教授从预算数据测量需求弹性的方法》为题，在弗里德曼 23 岁时发表在 1935 年 11 月的《经济学季刊》(*Quarterly Journal of Economics*) 杂志上。① 很明显，弗里德曼在撰写此文时因感冒卧病在床。② 弗里德曼撰写此文的动力来自他担任亨利·舒尔茨的研究助理，而舒尔茨当时正在写作专著《需求的理论与测量》(*The Theory and Measurement of Demand*)。③ 舒尔茨在论述过程中勾勒了一个估算阿瑟·庇古在 1910 年的一篇文章中提出来的需求弹性的方法。弗里德曼被调

---

① 虽然弗里德曼发表研究著作的生涯很长，但是一些资料来源甚至错误地进一步将发表时间提前。沃尔特斯（Walters 1987, 422）将 Friedman（1935a）列为在 1934 年出版，而 1987 年出版的《弗里德曼文萃》在正式的弗里德曼文献目录中也如此列举（Valentine 1987, 529）。相应地，弗里德曼在起草质疑庇古的文章时不太可能是 21 岁，如一篇简介所声称的那样。他将撰写批评文章的日子定在 1934—1935 学年，这意味着在他写此文的时候可能 22 岁。
② 参见 New York Times, January 25, 1970, 23；以及 G. Stigler（1988, 24）。
③ 因此，弗里德曼在此文的末尾署名芝加哥大学。这篇文章的第 159 页指出，他为舒尔茨（H. Schultz 1938）研究著作的工作导致了他对庇古的批评。

来批判地审查庇古的方法。[①] 弗里德曼表明，庇古用以获得两种商品的需求价格弹性的比率的简洁表达式的方法"或者不正确，或者用处不大"。[②]

六个月之后，针对弗里德曼评论的后续文章以专题论文集的形式再次发表在《经济学季刊》上，包括庇古和弗里德曼的两篇短文，以及作为第三方仲裁者被卷入争论的尼古拉斯·乔治斯库-勒根的一篇长文（Georgescu-Roegen 1988, 27）。有必要谈谈这个专题论文集的标题《货币的边际效用和需求弹性》。如果要想确定弗里德曼最早在货币经济学领域发表著作的时间，通读弗里德曼文献目录中的论文标题目录就可能得出他最早在 1936 年的这个专题论文集中发表这样的文章的结论。毕竟，这个专题论文集包含了"货币"的字眼，而"货币的边际效用"确定无疑是货币经济学中流行的术语。事实上，鲁格（Ruger 2011, 26）就得出了这种结论，认为这个专题论文集标志着弗里德曼进入了货币领域。

但是，这样的结论是错误的。当然，问题是经济学在多重意义上使用"货币"一词。弗里德曼在 1968 年参加电视节目指出"'货币'在这儿的意思是货币数量而非收入"时，就澄清了他的论述。[③] 但是，1936 年的专题论文集中的"货币"是指收入。特别是，这次讨论遵循马歇尔采纳的财富或收入的边际效用的用法，即在现代的惯用法中对应于用 λ、U_C 或者 $U'(C)$ 表示的变

[①] Friedman（1935a, 151）指出，他的批评集中关注庇古这篇文章的修订版（Pigou 1932）。

[②] Friedman（1935a, 153）.

[③] Firing Line, syndicated January 8, 1968，p.2 of transcript。Friedman（1961a, 259）作了同样的区分。

量。在这种语境中,"货币的边际效用"就不是表示实际货币余额的边际效用——该变量经常表示为 U'(M/P)或 $U_{M/P}$。用以表示消费或财富效用的"货币的边际效用"的术语直到1936年的专题论文集问世很久之后才变得不流行。这个术语的改变大部分应该归功于唐·帕廷金的《货币、利息与价格》(*Money Interest and Prices*)一书。帕廷金在书中说:"马歇尔的'货币的边际效用'……更恰当的名称是'货币收入的边际效用',或者更加准确的名称是'货币财富的边际效用'"。①

到20世纪70年代,弗里德曼在指导的一篇出版的博士论文中将"λ 有时被称作货币的边际效用"的用法归入"错误"之列。② 弗里德曼在20世纪四五十年代的价格理论讨论和《价格理论》的第一版中在马歇尔的意义上使用"货币的边际效用"这个短语。③ 但是,鉴于该术语在货币经济学的使用所造成的紧张局

---

① Patinkin(1965a, 114)。Markowitz(1952, 151)也是一篇表明对术语"财富的效用"的明确偏爱多于"货币的效用"和"收入的效用"的早期文献。阿诺德·哈伯格(Arnold Harberger)的著作也表现出远离马歇尔的术语的特色。哈伯格在1947年上过弗里德曼的"价格理论"课程,后来经常讲授价格理论。作为芝加哥大学经济系的一名教师,他在一年中讲授价格理论课程的时间不同于弗里德曼的课程。Harberger(1954, 82)使用马歇尔的"货币的边际效用"术语,但在随后的四分之一世纪中,哈伯格转而使用"财富或收入的边际效用"的术语(Harberger 1978, S111)。
② 参见 B. Klein(1974, 933)。克莱因在严格意义上的博士论文指导中给出了类似的告诫(B. Klein 1970, 10)。
③ 例如参见 Friedman and Savage(1948, 280, 283, 294);Friedman(1949a, 477);1950年2月27日弗里德曼致乔治·斯蒂格勒的信件(Hammond and Hammond 2006, 109, 110, 111);以及 Friedman(1962b, 68)。

面，他在 1976 年的《价格理论》修订本增补的一个脚注中指出，"货币的边际效用"术语在货币经济学语境之外使用时具有误导性，应该专门留作指持有现金余额的边际效用。[1] 但是，1936 年的短暂争论无论如何没有让弗里德曼开始在货币经济学中发表论著。这些论著的发表要到 20 世纪 40 年代才开始。

虽然庇古拒绝对弗里德曼的批评进行详细的回复，反而声称弗里德曼的批评是误解所致——弗里德曼的简短回复表明这种说法是不准确的——但是乔治斯库-勒根确实对弗里德曼的论点进行了详细的分析。乔治斯库-勒根的结论是，虽然弗里德曼确实证明庇古的结论不具有一般性，但是，弗里德曼的结论并不是对庇古获取弹性的方法的毁灭性批评。在某种程度上说，庇古的方法依然可被视为一种近似的方法。[2]

弗里德曼对庇古的批评在 20 世纪 30 年代后期随着亨利·舒尔茨的专著的出版受到了更多的注意，因为该著作包括了对庇古方法的阐释和弗里德曼的批评的内容（H. Schultz 1938, 110–11）。弗里德曼在 1988 年谈到舒尔茨："他的《需求的理论与测量》是一本伟大的著作——即使我没有写的部分也如此"（Hammond 1992, 98）。从这个陈述可以推断，弗里德曼暗示他对舒尔茨的研究协助逐渐变成了对舒尔茨专著的大量代笔工作，而他与庇古之争占据如此重要的位置也反映了这种代笔。不过，舒尔茨明确在著作后面的《相关需求的特殊理论》和《相关需求的一般理论》

---

[1] Friedman（1976a, 38）。《价格理论》这个版本的第 15 页确实用了旧的术语，并指出这是马歇尔的用法。不过，第 75 页在使用旧的术语时没有任何提示。

[2] A. Brown and Deaton（1972, 1205）对庇古的方法提出了相似的辩护。

连续两章中以合著的形式承认了弗里德曼的贡献:"我非常感谢米尔顿·弗里德曼先生在准备和写作这几章中所提供的宝贵的帮助。"[1] 其实,肯尼思·阿罗回忆了一次与艾伦·沃利斯(Allen Wallis)的交谈。沃利斯指出,弗里德曼主要负责写了主要的理论部分,并继续说,"他(弗里德曼)十分怀疑舒尔茨是否曾经理解它们"。[2] 有大量的理由相信,弗里德曼没有写舒尔茨著作

---

[1] H. Schultz(1938, 569)。不过,不仅这几章大都是采取第一人称单数撰写的,如第 602—603 页,而且弗里德曼在该著作的扉页上没有得到正式的合著署名的声誉。虽然得到了致谢,但是,弗里德曼对该著作的贡献明显没有得到足够清晰的说明。芝加哥大学的《价格理论》课程的一名先前的学生在 1966 年写了一本书,特别地利用和引用弗里德曼在价格理论领域的著作来探讨亨利·舒尔茨(Schultz 1938)没有提到弗里德曼的"开创性研究"。

就弗里德曼而言,他参与舒尔茨著作的写作并没有阻止他在多年后指出,舒尔茨"在《需求的理论与测量》中对无差异分析做了精彩的表述"。

[2] 2013 年 12 月 7 日笔者对肯尼思·阿罗的访谈。阿罗的话意味着,舒尔茨对技术问题的掌握没有给弗里德曼留下什么深刻的印象。马克·纳洛夫的父亲非常了解舒尔茨。在战后数十年中与马克·纳洛夫的多次交谈中,弗里德曼回忆了他与舒尔茨在一起工作的情况。纳洛夫在 2014 年 9 月 9 日的私人通信中回忆说:"他说,舒尔茨在撰写他的不朽的《需求的理论与测量》时不断地把事情弄错了。虽然弗里德曼把自己描绘成为一个性急的孩子……并相当粗鲁地批评舒尔茨,但是,舒尔茨是一个酷爱真理之人。弗里德曼说,虽然当时他相当鄙视舒尔茨,但在后来的生涯中他逐渐钦佩舒尔茨把事情做对的执着追求。他弗里德曼会认真地考虑任何一个不管多愚蠢的问题和观念,而不会立即抛弃它。他从舒尔茨那里学到了这一点。"

弗里德曼对舒尔茨的否定性评价得以出版的早期例子是 Reder(1982, 4)。他探讨了弗里德曼对舒尔茨的技术能力的较低评价。弗里德曼后来公开说舒尔茨不是"太聪明"(Hammond 1992, 98)。关于弗里德曼对以上提到的问题的相关评论,另参见 Hammond(1989, 14-15)。

中关于弗里德曼在 1935 年对庇古批评的部分，因为这部分叙述是该书较早写作的一部分，且不同于弗里德曼的写作风格。①

让一个刚满 26 岁的人陶醉的是，自己的研究不仅在一本主要的经济学著作之中得到详细的探讨，而且被该著作描述为超过像庇古这样的学术界巨人。②但是，弗里德曼在 1935—1936 年与庇古的争论中采取的立场并非他后来完全引以为豪的立场，因为这种立场与他后来的经济研究方法相冲突。乔治斯库-勒根分析清楚地表明，弗里德曼证明了严格应用庇古方法的不正确性。不过，弗里德曼的批评并没有削弱庇古的方法作为一个合理近似的地位。③迟早，弗里德曼会有理由重新思考他对庇古的分析提出挑战的优点，因为他最终在货币研究中大量使用近似方法，并逐渐将依赖于精确参数约束的理论发现和研究者对特例的集中关注经常视为缺乏实用价值。④

弗里德曼一旦采取了这种视角，就几乎不会嫉妒经济学家使用近似的方法。相反，他的经济分析方法越来越与"近似是科

---

① 特别是，舒尔茨在论述弗里德曼在 1935 年的批评时在第 111 页用了弗里德曼很少使用的词语"理论基础"（rationale）——弗里德曼少数几次这样使用这个词的例子，包括 1969 年 5 月 5 日他在《新闻周刊》的专栏文章。另外，Hendry and Morgan（1995, 34）基于舒尔茨在 1938 年之前的著作，并特别援引舒尔茨倾向于将估计的关系当作在测量误差不存在的情况下完全成立的关系时指出，"舒尔茨不擅长统计学"。舒尔茨 1938 年的专著包含了许多这类的话，这就进一步增加了该著作的文本，除了明确合著的章节，唯一出自舒尔茨之手的可能性。
② H. Schultz（1938）出版于 1938 年 7 月，弗里德曼在该月末满 26 岁。
③ 同样，A. Powell（1966, 668）认为，Friedman（1935a）关注庇古方法的"精确含义"。
④ 例如参见 Friedman（1970c）。

学的灵魂"的格言一致。① 弗里德曼坚决认为，如果有很强的经济学基础，精确参数的约束就是合适的。对需求函数施加齐次性约束就是如此。在这点上，他无疑会认为，名义货币余额需求的价格水平的齐次性就是一个有理论基础的重要约束。但是，在另一方面，他对模型的参数化采取了实用的方法，主要的目的是让分析变得一目了然。例如，他基于合理近似的理由设定实际货币余额需求的实际收入弹性为1，即使数据表明这个约束被正式拒绝。② 因此，虽然（或者正如弗里德曼在 1935 年的处女作大多数时候拼写的该单词"虽然"）弗里德曼对庇古的批评在形式上是正确的，但是他后来的经济研究方法会对这个批评的经济实质产生怀疑。

弗里德曼偏离构成他在 20 世纪 30 年代的价格理论研究基础的视角的另一个迹象是，他在舒尔茨 1938 年的专著以弗里德曼与舒尔茨为名合著的章节之一中提到了他在 1934 年 1 月题为《无差异曲线的拟合作为推导统计需求曲线的一种方法》的文章。③ 结果，这篇文章似乎从没有得到发表。弗里德曼后来对这篇文章所报告的研究价值的否定性看法的洞见来自他在 1967 年的评论："经济学家不能仅仅靠边站，迷失在无差异曲线之中。他们的思想的确会产生实际后果。当事情不对头时，他们要无保留地说出来。"（Fortune, June 1, 1967, 148）。

---

① 特别是 P. Phillips（1991, 458）评论说："通常来说，近似是科学的灵魂。"
② 例如参见 Friedman and Schwartz（1982a, 210, 214-215, 354）和 Friedman（1988a, 225）。
③ 这篇 1934 年独撰的文章不要与后来基本上全部是文字的无差异曲线分析的文章相混淆。

弗里德曼对经济学看法的改变，以及随之而来的对最早发表著作的看法的转变，反映在这个事实之中——他的1935年的论文以及1936年的续篇没有在任何一本他的文集中得到重印，也没有出现在他为1986年《经济学名人录》撰写的弗里德曼条目的代表作目录中。[1] 而且，这些文章对该研究领域的影响是逐渐减弱的。一个例子是，1972年一本题为《现代需求理论的演变》（*The Evolution of Modern Demand Theory*）的文集编入了弗里德曼在1949年论述马歇尔需求曲线的一篇文章而非1935年的文章。[2] 保罗·萨缪尔森在《经济分析基础》（Samuelson 1947, 180-82）中论述了弗里德曼对庇古的批评性分析，但质疑弗里德曼批评的重要性。

弗里德曼在后来不太可能对萨缪尔森的看法存在较大的分

---

[1] 同样，贝克尔虽然明确集中关注弗里德曼对微观经济学的贡献，但也在评价时忽略了弗里德曼在1935—1936年间发表的著作。

[2] Ekelund, Furubotn, and Gramm（1972a）。这本文集在第95—116页包含了一个文献目录，也在第98页援引了Friedman（1949a, 1957a, 1962b）和Friedman and Savage（1948），但没有引用弗里德曼在1935—1936年的论文。

歧。① 其实，弗里德曼在战后时期致信庇古，说他在批评时表现了"年轻人的轻率"。② 另外，他也向乔治斯库-勒根承认庇古的主要论点。当弗里德曼在芝加哥大学一次聚会上介绍乔治斯库-

---

① 卢卡斯指出，萨缪尔森的论述是萨缪尔森与弗里德曼存在分歧的一个例子。但是，卢卡斯在选出《经济分析基础》的一个段落作为萨缪尔森挑战芝加哥大学的思想的例子之时，似乎采取了某种讽刺的观点。特别是，卢卡斯的论述可能旨在强调，在考虑到他们在学术界后来的活动特别是他们两人作为辩论对手所获得的声誉时，萨缪尔森对弗里德曼著作的早期探讨就变得越来越引人注目。当萨缪尔森或许在写作《经济分析基础》之时，弗里德曼还未成为芝加哥大学经济系的一名教师，而萨缪尔森在芝加哥大学作为一位学生待的岁月比弗里德曼还多。弗里德曼在1969年的评论中强调了萨缪尔森长期浸染在芝加哥大学的课堂上："萨缪尔森教授和我都从芝加哥大学获得了学位。实际上，他获得了两个，而我只获得了一个"（引自 The Great Economics Debate, PBS, WGBH Boston, May 22, 1969）。弗里德曼在此可能是指萨缪尔森获得了硕士学位。如下面第四章指出的那样，芝加哥大学的高年级本科生通常会在那个时代继续学习获得硕士学位。另一方面，他也可能是将萨缪尔森在1961年5月4日从芝加哥大学获得的法学荣誉博士学位算在内。参见 https://convocation.uchicago.edu/traditions/honorary-degree-recipients/past-honorary-degree-recipients/。因此，这些因素意味着，萨缪尔森不太可能在写作《经济分析基础》时将弗里德曼视为芝加哥学派的代表。
Ebenstein（2007, 138）在援引卢卡斯的论述时想当然地认为弗里德曼会坚持他在1935年论文中的观点。这个假定既与弗里德曼在1936年后对该问题的声明相反，也与此处的解释相反。
② Friedman and Friedman（1998, 53），引自弗里德曼在1953—1954年访问剑桥大学期间与庇古的通信。

勒根时，他说乔治斯库-勒根是唯一证明他错误的经济学家。①

弗里德曼否定了他的早期著作的精神而非字面含义的事实，以及这些著作与他后来的兴趣之间的距离，都显示出研究 20 世纪 30 年出现的主要政策问题的困境。弗里德曼在 20 世纪 30 年代发表的抽象价格理论著作与当时普遍存在的严重的国家经济问题迥然不同。弗里德曼后来对经济学界在 20 世纪 30 年代行为的批评——即对当时最严重的经济问题的关注不够——适用于他在 20 世纪 30 年代中期发表的著作，以及他在 1933 年论述铁路收益的硕士论文。②这个批评凸显了这些著作与他在 1932 年从事经济学的研究生学习的主要动机——如上指出，就是深刻理解国家的紧迫经济问题——之间的差异。③

弗里德曼在 20 世纪 30 年代的另一篇文章是在 1938 年发表的一篇批评需求曲线估算方法的文章。该论文的视角大都与后来弗里德曼的视角保持一致，尽管其研究对象与他后来的著作迥然

---

① Georgescu-Roegen（1988, 27）。这次聚会可能发生在 20 世纪 60 年代晚期。根据乔治斯库-勒根的描述，他似乎报告了 Georgescu-Roegen（1970）这篇论文。
但是，弗里德曼对他早期著作的重新思考，并没有阻止后来在相关研究领域工作的研究者了解它。在援引 Friedman（1935a）之时，A. Powell（1966, 668）感谢弗里德曼让他注意到这篇 1935 年的文章。
② Friedman（1933）。这篇论文是弗里德曼在读本科时写的材料的一个修改版本。
③ Friedman and Schwartz（1963a, 411）和 Friedman（1962c, 20）批评 20 世纪 30 年代初的经济研究文献不关注正在发生的经济和金融危机问题。在《财富》杂志上，弗里德曼称赞弗里德里希·哈耶克，因为他暂停了资本理论的研究，写了一本与政策更加相关的著作《通往奴役之路》（Hayek 1944）。

不同。这篇分析文章的主旨——获得表面上经济学可解释的但在事实上归因于统计性偏差的结论,在此情形下具有数据过度平滑的危险——一直坚持到弗里德曼在20世纪90年代写的最后一篇重要的研究论文。[1]而且,1938年这篇文章的语调也预示着弗里德曼后来的著作。虽然弗里德曼在1935—1936年对庇古的批评小心翼翼地表明他是如何高度评价庇古的,但是,他在1938年针对E.J.布罗斯特(E.J. Broster)的批评文章更加显示出弗里德曼在后来的辩论中的好斗性:"很明显,布罗斯特先生的技术在推导统计需求曲线时毫无价值。因为甚至在数据不存在'实际'需求曲线和即使存在需求曲线但也会扭曲它的情况下,这个技术也会产生'好的'结果。"[2]

六、国家资源委员会

在事情过去五十年之后的20世纪80年代中期,弗里德曼指出,他的第一份工作得益于"新政"。[3]在1935—1937年间,他

---

[1] 这篇文章有充分的理由被认为是弗里德曼对研究文献所做的最后的一篇实质性贡献。这篇1992年的文章强调,最小二乘法估计的统计性质而非经济现象可能是跨国经济增长文献中报告的研究结论的原因。事实上,该论文在强调流行的"回归谬误"时提供了一个比Hotelling(1933)更近的实例,而弗里德曼在1992年的论文中对霍特林的这篇文章表达了敬意。参见S. Stigler(1996)对霍特林论文的论述以及对回归谬误的证明。

另一方面,弗里德曼在1938年对数据采取移动平均的批评,与他后来作为贯彻国民经济研究局统计方法的一部分采取这种做法非常不协调。

[2] Friedman(1938a, 454)。

[3] Friedman(1986c, 8)。

在华盛顿特区作为国家资源委员会的助理经济学家工作。在这个与新政相关的联邦政府新设立的机构中，他的研究主题更加接近于他后来的研究，因为他在该机构的职责是研究消费支出。[1]弗里德曼的具体任务是为国家资源委员会工业部门的消费研究人员小组工作。[2]这个工作组收集的调查资料在1939年产生了一本政府出版物《美国的消费支出：1935—1936年的估算》。[3]过分夸大弗里德曼在这个项目中的作用是错误的。这个项目事实上是在希尔德加德·尼兰而非弗里德曼的领导下进行的。[4]与弗里德曼的次要角色相一致，他的名字在1936年一篇宣布消费支出研究计划的文章的作者名单中排在最后，而不是按字母顺序排列。[5]萨缪尔森在1941年援引该项目的著作时引用为一个"国家资源委员会和工程振兴局的研究"，没有提到弗里德曼或者其他作者的名字。[6]

萨缪尔森的引用惯例强调了这本著作是委员会的产物这一事实。在后来的数十年间，弗里德曼非常不情愿将他的名字添加在请愿书或者委员会报告这些出自多人之手的产物。反之，当他在战后时期任职于政府机构的委员会时，如他在征兵制委员会和货

---

[1] 参见 Friedman and Friedman（1998, 60-61）中弗里德曼对这一时期的论述。
[2] 这个附属机构的名称来自 Kneeland, Schoenberg, and Friedman（1936, 140）。在 Kneeland et al.（1939, iv）中，弗里德曼被列为国家资源委员会的"技术人员"，由尼兰负责管理。
[3] Kneeland et al.（1939）。
[4] 例如参见 Friedman（1952a, 9）中弗里德曼的序言。
[5] Kneeland, Schoenberg, and Friedman（1936）。
[6] Samuelson（1941, 250）。

币统计调查委员会所做的那样，他主导了委员会议程，以至于委员会的最终报告大部分读起来像是弗里德曼独撰的作品。不过，1939年的报告更明显是合作的产物。而且，国家资源委员会展开的消费者调查工作不同于后来委员会的工作在于基本上是实况调查：数据资料的报告是由政府职员撰写的，而不是由政府委托的外部专家就政策处方撰写的。与后来任职的委员会还有一点不同的是，弗里德曼在报告完成前就离开了该项目。

如上指出，重要的是不要将这本出版物看作是迈向20世纪50年代的消费函数理论的重要一步，在其中弗里德曼是首要的贡献者。弗里德曼的妻子在20世纪40年代的著作是一个比国家资源委员会出版的任何著作都更重要的预示了20世纪50年代包括米尔顿·弗里德曼在内的研究的先例。这一事实反映在弗里德曼和弗兰科·莫迪利安尼（Franco Modigliani）在战后的著作中对布雷迪和罗丝·弗里德曼（Brady and R. D. Friedman 1947）著作的引用中。[1] 弗里德曼和他的国家资源委员会在消费支出项目上的同事无疑地没有预见到持久收入假说。相反，弗里德曼在1935年写的与这个项目相关的一篇文章中，阐述了偏好即效用函数的设定随着收入的改变而改变的观点。这与持久收入假说关于家庭的偏好随着收入的变化而保持稳定的预测刚好相反。[2] 另外，1939年对国家资源委员会的消费者调查研究的官方评论指出，"储蓄率似乎随着总收入的增加而增加"。

---

[1] 例如参见Friedman（1957a, 4）和Modigliani（1986a, 298），后者提到"多萝西·布雷迪和罗丝·弗里德曼（Dorothy Brady and R. D. Friedman 1947）的开创性贡献"。

[2] 参见Friedman（1952a, 11）的论述。该文的第9页指出是在1935年写的。

如果不在此提一提安娜·施瓦茨在2010年年末向笔者强调的弗里德曼在20世纪30年代消费研究的一种情况，就是一种疏忽。① 施瓦茨说，甚至在她与弗里德曼合作之前，他以与女性一起工作而闻名。弗里德曼在1965年评论说："此外，我是一位女性主义者。"② 他与女性合著的最初两本书《美国的消费支出》（1939）和《预防通货膨胀的税收》（1943）证实了这一点。③

七、实证分析与哥伦比亚大学

即使在国家资源委员会工作之前，弗里德曼也认为自己是数据导向的。这归功于他在1933—1934年间在哥伦比亚大学的研究生课堂"大量使用统计和经验证据"。④ 弗里德曼关于哥伦比亚大学比芝加哥大学更少理论导向的看法可能主要是基于韦斯利·米切尔在哥伦比亚大学的存在。弗里德曼虽然在回忆录中说他很欣赏米切尔的商业周期课程，但批评米切尔在他的其他教学课程中对经济理论的阐述。在米切尔去世后，弗里德曼亲自担负起为构成米切尔那些数据导向的出版著作的基础精心构建出一个

---

① 2010年10月4日在纽约城市大学与安娜·施瓦茨的午餐交谈。
② Friedman（1965, 9）。十多年之后，当社会对女人在工作场所的看法与他长期持有的立场更加靠近时，弗里德曼公开声明："我认为，女人应该能够在公平和平等的基础上与任何人竞争"（Dinah! March 30, 1977）。
③ 参见下一章对第二本书的讨论。
④ Friedman（1986a, 85）。另见 Friedman and Friedman（1998, 48）中弗里德曼的评论；类似的评论，参见 R. D. Friedman（1976a, 31）。

理论的责任。① 但是，那种认为弗里德曼在 1933—1934 学年的课程中接触的经济学缺少理论内容的说法则是不正确的。这样做则是对弗里德曼视为在这一年对他最有影响的哈罗德·霍特林这样的人物显得不公正。②

肯尼思·阿罗是哥伦比亚大学的研究生班后几届的一员，在 2013 年 12 月 7 日的访谈中谈到霍特林时，肯尼思·阿罗说："你知道，他是一位理论家、经济学家以及统计学家。实际上，他是一位非常优秀的经济学家。"弗里德曼本人也在多个场合指出，霍特林是一位"数理经济学家"，而不仅仅是一位统计学家。③ 而且，弗里德曼强调了霍特林理论贡献中的经济实质。在 1973—1974 年石油输出国组织（OPEC）的第一次石油价格冲击之后，罗丝·弗里德曼和米尔顿·弗里德曼都指出了霍特林在 1931 年关于自然资源使用研究的相关性。④ 虽然很少在书面中予以提及，但是，弗里德曼非常熟悉霍特林在 1929 年提出的一个零售商-消费者行为理论的研究，并对其广泛的应用性印象深刻。

---

① 参见 Friedman and Friedman（1998，44–45）关于米切尔的课堂论述。关于弗里德曼对米切尔的基础性理论框架的研究，参见 Friedman（1950a）。
② 在 Friedman and Friedman（1998，44，46）中，弗里德曼认为霍特林比哥伦比亚大学的任何其他人对他的影响都要大。
③ 例如 Milton Friedman Speaks, episode 9, "The Energy Crisis: A Humane Solution," taped February 9, 1978。
④ 参见 Milton Friedman Speaks, episode 9, "The Energy Crisis: A Humane Solution," taped February 10, 1978, p.8 of transcript, 以及 R. D. Friedman（1976a, 31）。弗里德曼在后来讨论 Hotelling（1931）是在 Friedman and Friedman（1998, 44）之中。这时，霍特林 1931 年的论文也在主要的研究著作中得到引用（Stokey, Lucas, and Prescott 1989, 7）。另见 Silk（1976, 53）。

弗里德曼认为，这个研究有助于解释不同政党倾向于提出相似的政策主张的现象。①

不过，弗里德曼通过霍特林不断接触统计理论，以及与他在国家资源会委员的工作相关的统计学应用。这就促使他越来越对数理统计感兴趣，并对统计理论做出了重要的贡献。弗里德曼在1937年12月发表在《美国统计协会会刊》(*Journal of the American Statistical Association*)上的文章，"在方差分析中使用排名来避免隐含的正态性假设"，引入了在众多统计学教材中众所周知的"弗里德曼检验"。《洛杉矶时报》(*Los Angeles Times*)报道，以弗里德曼检验命名的检验包含在统计软件包中，作为软件包自动程序的一部分来产生检验统计量。弗里德曼在回忆录中对此事感到自豪。②

弗里德曼检验在统计学教材中得到大量的论述，并嵌入了现在的统计软件。不过，在经济学研究文献中，它很少为人所知，也很少为人所用。③ 虽然这个检验确立了弗里德曼作为一位数理统计学家的名声，但是，他的统计检验著作再一次让他在20世纪30年代的活动陷入了与他后来的研究很少相关的领域。确实，由于弗里德曼检验不是为时间序列数据设计的，而弗里德曼在战

---

① 弗里德曼详细讨论了霍特林1929年的分析（Instructional Dynamics Economics Cassette Tape 18, March 1969; Instructional Dynamics Economics Cassette Tape 103, July 12, 1972）。关于霍特林的理论用于政党行为的讨论，参见 Mirrlees（1989, 87）；对霍特林模型（Hotelling 1929）的阐述，参见 McCloskey（1985, 411–414）。
② Friedman and Friedman（1998, 69）。弗里德曼在讨论中指出，他"几年前"发现弗里德曼检验嵌入了统计包的例行输出。他也许是从《洛杉矶时报》1986年12月刚才提到的文章中了解到此事。
③ 一个例外是，参见 G. Reid（1990）。

后时期的量化经验研究主要是时间序列分析，因此，几乎不可能在弗里德曼20世纪30年代的统计检验著作和他后来的研究著作之间实现协调。他的统计著作为他的经济研究留下主要印象的部分，如贝弗里奇和纳尔逊（Beveridge and C. R. Nelson 1981）所强调的那样，是持久性与暂时性序列的分解。但是，这项贡献只是弗里德曼从1937年开始与西蒙·库兹涅茨研究专业人士收入的"副产品"。本章后面将对此进行论述。

弗里德曼在1932—1939年间从事的活动是到目前为止仅仅一带而过地论述的国家背景下发生的：1930—1933年间的银行灾难——弗里德曼将此描述为货币体系的近乎崩溃，或者简单地说就是货币体系的崩溃——接着是新政。第二节"问题：1932—1939年"会讨论弗里德曼对这些事件的看法。这里要讨论的弗里德曼的观点，不是随着20世纪30年代随着形势的发展他所持有的观点，而是与他在1951—2006年的货币主义时期所倡导的观点大致相吻合。这种探讨方法不仅反映出弗里德曼对20世纪30年代经济事件的大部分分析都是写于战后时期的事实，而且反映出他在后一个时期的陈述表达了他对20世纪30年代的事件的最终观点的考虑——这是随着他在1948—1951年间划时代的重新思考货币问题之后获得的观点。不过，本书将指出，弗里德曼在1951—2006年间对20世纪30年代的事件的观点与他在20世纪30年代期间持有的观点之间存在一个明显断裂的情形。[①]

---

① 虽然社会保险是一个新政措施，但是，弗里德曼主要是在战后的经济环境而非论述20世纪30年代的环境中来分析它。因而，对弗里德曼的社会保险思想的论述要留待第十三章。

第二节 问题：1933—1939年

弗里德曼在战后将他自己与"那些想保存新政的人"相对比。他会悲叹罗斯福政府开创了一个"政府积极干预"经济的时代。① 不过，弗里德曼并不是一个对新政引入的措施采取无限制批评的人。其实，他将富兰克林·德拉诺·罗斯福列为对世界文明做出积极贡献的历史伟人之一（G. Martin 1983, 56），而罗斯福在战争时期的领导力明显并非弗里德曼提出这种看法的唯一根据。当弗里德曼在1979年被问到罗斯福在1932年的总统选举中获胜是否是一个可喜的发展阶段时，他回答说，很难对此做出回答，因为罗斯福对经济政策的改变存在某些好的和某些不好的方面。②

按照弗里德曼和施瓦茨对20世纪30年代的叙述，新政好的方面和不好的方面可以直接分开：经济改革对货币政策和货币安排的积极影响，以及弗里德曼与施瓦茨视为罗斯福政府采取的经济变革措施对美国的总供给状况的消极影响。③ 现在依次讨论这

---

① Friedman and Friedman（1980, 93）。另参见弗里德曼在1977年5月12日致老威廉·E·西蒙（William E. Simon, Sr.）的信，此信保存在拉法耶学院特藏馆的西蒙文献中。
② Donahue, NBC, September 6, 1979。另参见 Friedman and Friedman（1985, 70）。他们说，为了缩小政府的作用，没有必要回到1920年之前。
③ 那些倾向于认为弗里德曼全面反对新政措施的作者没有做这种区分。例如，丹尼尔·琼斯（D. Jones 2012, 202）指出，弗里德曼和施瓦茨认为罗斯福政府通过"经济管制和价格控制"让大萧条"更糟"——这个描述没有在"经济管制"中区分货币措施和供给侧措施。按照弗里德曼和施瓦茨的叙述，我们将看到存款保险的问世无疑地改善了事态。

两类变革。

一、新政：货币改革

弗里德曼后来回忆，他在1933年的信念是经济形势危险万分，政府必须介入。[①]这并非弗里德曼在此后数年中背离的立场。虽然弗里德曼到1987年认为政府要为经济崩溃负责，但是他指出，在罗斯福政府就任之时经济所处的状态中，政府采取协调一致的措施正当其时（Idea Channel，1987）。[②]

弗里德曼基本上赞同新政在应对美国银行体系危机在1932—1933年的最后阶段引入的货币和银行业改革。这些改革措施包括引进存款保险，通过复兴金融公司来调整银行体系的资本结构。根据1933年3月的《紧急银行法》（Emergency Banking Act）的明确授权，复兴金融公司有权向银行注入资本。[③]

弗里德曼多年来一直赞同银行改革，但是，他与施瓦茨的研究改变了他看待这些改革的视角。他逐渐将新政的银行改革所产生的稳定效应，看作是主要源自它们扭转了包括现金和银行存款在内的货币存量的前期下降的方式。新政许多关键的金融改革都被视为具有此效应，但是，弗里德曼和施瓦茨最为强调的改革则是存款保险的引入。他们称之为"银行体系源自1933年的恐慌

[①] Friedman and Friedman（1998, 59）。
[②] 因此，弗里德曼放弃他最初关于政府应该介入的观点的说法（Ruger 2011, 15）是不正确的。另参见Fried- man and Friedman（1980, 94）承认罗斯福政府在稳定形势方面取得的成就。
[③] 参见Friedman and Schwartz（1963a, 331）和Meltzer（2003, 368）。

的最重要的结构性变革"。① 弗里德曼多年来重复阐述的一个看法是，美国最重要的货币改革举措不是1913—1914年创建的联邦储备系统，而是1933年创建的联邦存款保险公司。② 这种看法导致他在1962年说，"如果胡佛在1929年继承了目前的金融结构，我们就不会有大萧条"。③

存款保险结束了导致货币存量收缩的银行挤兑。转换成现金的家庭货币持有量现在流回商业银行，终止了弗里德曼和施瓦茨所谓的"银行体系在邪恶的反转中赫赫有名的多重扩张过程"。④ 家庭货币流量的方向反转意味着给定高能货币的银行准备金存量的增加，从而消除了货币收缩的一个主要来源，以及在实际上创造了银行存款和整体的货币存量反弹的有利条件。

存款保险也意味着1933年之后更加稳定的货币环境。存款保险不仅让个别银行的挤兑发生的可能性更小，而且让个别有困难的银行更不容易引起广泛的银行业问题。此后，在危机时从一家银行的提款将主要采取向其他商业银行转移资金的方式，而不是将存款转换为现金。因此，这次改革就增加了现金存款比率的稳定性。这进一步意味着货币存量具有了更大的内置稳定性。弗

---

① Friedman and Schwartz（1963a, 434）.
② 例如参见 Friedman（1957b, 75-76; 1960a, 21; 1962c, 23）和 Friedman and Schwartz（1963a, 442）。弗里德曼的这个看法也在报刊文章中得到报道，例如1955年3月《财富》杂志一期的194页（参见 Mulcahy 1957, 92）和 San Jose Mercury News, February 12, 1979。
③ 引自弗里德曼的评论：The American Economy, Lesson 48: Can We Have Full Employment without Inflation?CBS College of the Air, filmed circa June 5, 1962。
④ Friedman and Schwartz（1963a, 346）.

里德曼和施瓦茨批评美联储在 1930—1933 年间的表现的一个原因是，当局没有增加足够规模的高能货币，以便满足美国家庭以现金形式持有更多货币的愿望。因而，现金的激增降低了银行准备金的存量，从而促使货币存量的全面下降。①

存款保险大幅度降低了需要弗里德曼和施瓦茨所倡导的那类美联储干预的可能性。因此，存款保险的问世不仅促进了银行存款在 1933 年的反弹，而且安置了一个更加有利于未来货币稳定的制度环境。由此得出，新政改革建立了一个更加稳定的货币创造制度。如弗里德曼和施瓦茨指出的那样，即使这些改革在政策制定者继续——如他们在 1929—1933 年的大萧条中所做的那样——贬低货币政策对经济活动行为的重要性的环境中运行，事实也是如此。②

弗里德曼与施瓦茨对新政的国内货币改革进行批评的方面有：新政禁止对活期存款支付利息，以及引入了商业银行定期存款利率的上限。依他们之见，这些措施反映出政策制定者对金融崩溃原因的错误诊断。具体来说就是 20 世纪 30 年代的银行倒闭主要来自争夺存款的激进银行可能产生的不良贷款的错误的信念。③ 但是，弗里德曼并未探讨这些值得重视的禁令对 20 世纪 30 年代这十年的影响。他不仅认为银行的收益如此微薄以至于对活期存款支付的利率无论如何都可能较低，而且认为定期存款

---

① Friedman and Schwartz（1963a, 441）.
② 参见 Friedman and Schwartz（1963a, 420）。
③ Friedman and Schwartz（1963a, 443-444）。另参见 Friedman（1970d, 18）：在此处的论述中，弗里德曼指出了 1963 年之后的研究支持了弗里德曼和施瓦茨所表达的怀疑主义，包括 Cox（1966）。

利率上限在20世纪30年代不具有约束力，也在20世纪60年代之前的很长时期几乎不具有约束力。[1] 弗里德曼也在很大程度上相信，银行除了也许在短期之外，能够通过多种补偿存款的间接办法规避利率上限。[2]

这些考虑的因素意味着，虽然弗里德曼反对主要体现在联邦储备委员会Q条例，中的利率上限——因为这是一个"政府在没有必要干预的情形下进行干预"的实例，但是他认为Q条例的实际影响在开始时非常有限。利率上限在弗里德曼对货币总量行为分析中真正起主要作用的时期只是弗里德曼和施瓦茨的《美国货币史》在1960年之后的时期。[3]

新政在国际方面采取的行动措施包括在1933年3月对美国公民使用黄金施加的限制，在1933年4月和12月扩大黄金使用的限制，1933年的大部分时间中汇率的灵活性，然后是铭刻在1934年1月每盎司黄金的固定价格为35美元的美元贬值。由于这些措施让美联储更直接地对货币存量施加控制，因此，它们也有助于货币稳定。[4]

---

[1] 参见弗里德曼的评论：Instructional Dynamics Economics Cassette Tape 4（November 1968）and Friedman（1970d, 15–16）。定期存款利率上限在1936年1月1日被固定下来，这个上限在1962年之前只在1957年1月1日提高过（McKinney 1967, table 1, p.74）。另参见 Friedman（1962c, 26）。
[2] 参见 Friedman（1969a, 42）和 Friedman and Schwartz（1963a, 444–445; 1982a, 259–271）。从1969年起，弗里德曼在论述此问题时部分地利用了他指导的克莱因的博士论文（B. Klein 1970, 1974）。
[3] Friedman and Schwartz（1963a, 445）的讨论指出事实如此。
[4] 参见 Friedman and Schwartz（1963a, 462–465, 469, 699）。

弗里德曼与施瓦茨争论说，即使在1933年前的安排下，美国的国际义务也不会阻止美国当局在确定美国货币存量方面享有相当大的自主权。他们尤其指出，美联储在20世纪20年代阻止了美国的国际收支失衡直接变成货币存量的一部分。[1]与《美国货币史》的叙述相一致，弗里德曼承认，"保住黄金的愿望"有助于解释美联储在1929—1933年间的行为。[2]但是，他与施瓦茨争辩说，除了国内货币紧缩，美国在20世纪30年代早期还有其他的政策选择。[3]

美国在1933—1934年间对国际货币安排的变化让美国货币当局，不管美国的国际义务和美国的国际收支情形如何，更明确地管控美国国内的货币状况。新政在1933年最初的货币措施与支持银行准备金和货币存量的黄金流入有关。[4]但是，新政在1933—1934年的变革的长期影响在于将货币存量的变化与国际支付流动分离开来。正如弗里德曼暗示的那样，自此以后，美联储的公开市场购买就担负起了在罗斯福政府早期由黄金流入创造货币基数的功能。根据这种观点，美国政府从20世纪30年代中

---

[1] 另参见Friedman（1957b, 98）; Cagan（1965, 254-55）以及Bordo, Choudhri, and Schwartz（1995, 486-487）。

[2] 参见弗里德曼的评论：The American Economy, Lesson 41: How Important Is Money?CBS College of the Air, filmed June 4, 1962。

[3] 例如参见Friedman and Schwartz（1963a, 360, 396）. 另参见Meltzer（2003, for example, 277, 504）。详细探讨这个问题超出了本书的范围。Eichengreen（1992）提出的观点认为，1933年之前的国际义务对美国货币政策的约束力比弗里德曼与施瓦茨指出的要强得多。

[4] 例如参见Friedman and Schwartz（1963a, 699）; Friedman（1960a, 41; 1966a, 22, p.102 of 1968 reprint）; 以及C. Romer（1992, 759, 773; 1993, 35）。

期起将黄金的价格钉在 35 美元/盎司的做法类似于一个商品价格支持项目,而非决定美国货币政策立场的制度安排。①

就弗里德曼和施瓦茨而言,货币存量在 1933 年的增加和美国货币政策的自主权在 1933 年之后的确立,构成了新政时代国际经济政策变革的最重要内容——在重要性上远超过美元贬值所引起的在价格水平方面的任何变革。弗里德曼和施瓦茨指出,贬值被明显设计来提高价格。但是,弗里德曼得出结论说,贬值对价格的影响相当有限,而且不涉及某些形式的一价定律所预想的全国价格水平的广泛上升。② 我们将在下文中看到,弗里德曼也不接受美国价格水平的大幅度上升是成功的货币刺激的必要组成部分的观念。

美国在 1933 年的国内和国际货币安排的变化伴随着货币增长——不管是用 M1 或 M2 测量——以及名义和实际收入增长的大幅度反弹。表 2.1 记录了这些模式。在该表中,年平均的使用意味着货币和经济反弹都发生在 1934 年。

表 2.1　1929—1936 年间的货币存量、名义收入、实际收入和价格行为

年份	项目					
	以年度平均数据计算的变化率(%)				
	M1	M2	名义 GNP	实际 GNP	GNP 缩减指数
1929	0.4	0.2	6.4	6.6	−0.1

---

① 参见 Friedman(1960a, 81; 1961h, 74; 1962a, 58)和 Friedman and Schwartz(1963a, 472, 487)。
② 分别参见 Friedman and Schwartz(1963a, 469)和 Friedman(1984b)。

续表

年份	项目				
	以年度平均数据计算的变化率（%）				
	M1	M2	名义 GNP	实际 GNP	GNP 缩减指数
1930	−4.0	−2.2	−12.3	−9.6	−3.1
1931	−8.0	−7.7	−16.1	−7.7	−9.1
1932	−11.8	−16.5	−23.4	−13.8	−11.1
1933	−5.2	−11.7	−4.3	−2.2	−2.1
1934	13.3	8.4	16.9	7.6	8.6
1935	18.2	15.1	11.1	8.8	2.1
1936	13.8	11.9	14.2	13.7	0.4

资料来源：根据 Balke and Gordon（1986）年度数据表格计算。

货币的快速扩张基本上与弗里德曼在成为一个货币主义者之后为 1933 年美国经济面临的这类情形开出的处方保持一致。对弗里德曼而言，美国刚经历了严重的货币与经济收缩的事实意味着，他支持的 M2 每年大致稳定地增长 3%～5% 的货币政策不应该立即被采纳。在很大程度上，他相信这个固定的货币增长率应该从较高的增长率开始逐渐实现。如果放任货币收缩发生，那么，货币收缩之后要紧跟着货币快速增长的追赶时期。

上面对弗里德曼观点的描述不同于莫迪利安尼的描述。莫迪利安尼认为，在货币主义者的处方中固定货币增长规则允许的"唯一例外"是，经济处于高通货膨胀的情形之中。莫迪利安尼的描述是不准确的，因为弗里德曼在支持固定货币增长规则的一个最早陈述之中指出，在深度衰退之后不适合立即启动固定增长率。① 弗里德曼在1972年详细阐述了这一点。他当时说，从像1933年那样的最初状况启动的货币增长政策应在转入稳定增长率之前包括一个货币快速增长的追赶时期。② 弗里德曼在1975年的一个"漂亮得体的陈述"中这样表达了他的观点：在走向与长期无通货膨胀的经济增长率保持一致的货币增长率的过渡期，如果经济是处于资源闲置的状态，那就应该允许高于正常货币增长的一个时期存在。③

体现在这些陈述中的渐进主义方法可以被视为附加预期的菲利普斯曲线分析的一个反映，而菲利普斯曲线分析当然是弗里德曼框架的一个基本成分。④ 当预期菲利普斯曲线主导通货膨胀动态时，在快速经济增长的同时弥合产出缺口可能有助于实现通货膨胀的目标，因为弥合产出缺口有助于消除紧缩的预期或者低于通货膨胀目标的预期。预期的菲利普斯曲线分析也与探讨新政的供给方面相关，现在转向这方面的论述。

---

① 参见弗里德曼在1959年5月25日联合经济委员会的证词（Joint Economic Committee 1959a, 619）。这个说明与弗里德曼在大致同一时间的陈述（Friedman 1958b, 256; p.187 of 1969 reprint）相一致，但更具体。他在此说，他反对精确的稳定性政策的做法并不等于"在面对主要的问题或者不纠正过去的错误时采取不负责任的措施"。
② Friedman（1972a, 913）。弗里德曼阐述固定货币增长规则的这方面内容很少得到他人的注意，一个例外是 Keller（1977, 151）。
③ 另参见 Friedman（1973b）。注意，弗里德曼的这个观点并不支持货币政策的行动要适应估计的产出缺口水平的安排。Friedman（1972a）的探讨暗示和 Orphanides and Williams（2013）强调，基于增长率的政策规则也可能适应初始状态存在资源闲置的情形。
④ 关于这一点，参见下面的第七章和第十三章，以及下一部分的论述。

二、新政：供给侧

弗里德曼在对大萧条之后美国的经济表现进行回顾时指出，从 1933 年起"名义总需求就存在大规模的扩张"。① 表 2.1 的名义 GNP 数据明确地指出了这一点。弗里德曼表明，货币行为的变化，即从货币数量明显的负变化率到强有力的正货币增长的变化，是导致这一现象的原因。他评论说，"扩张性的货币政策"是"真正推动我们走出" 1933 年低谷期的原因所在。② 相信货币增长与名义收入增长之间存在联系的原因将在下面讨论。但是，在走向这个真正关于总需求决定的讨论之前，首先考虑与 20 世纪 30 年代总供给状况相关的问题，特别是让我们考虑从 1933 年起出现的美国名义收入的增长是如何在实际总产出的增长和价格水平的变化之间划分的问题，是有用的。

20 世纪 30 年代的名义收入增长的分解具有不同寻常的特征。弗里德曼与施瓦茨指出，名义收入增长与实际收入增长总体而言

---

① Friedman（1976a, 237）.
② 豪斯曼（Hausman 声称，弗里德曼和施瓦茨并未将 1932 年之后的复苏归因于货币扩张；相反，他认为克里斯蒂娜·罗默是第一个提倡这种观点的人。但是，豪斯曼的解释与《美国货币史》的文本证据直接相矛盾，特别是与弗里德曼和施瓦茨表达的看法相矛盾。弗里德曼与施瓦茨在这个论述中明显表明，从 1933 年 6 月到 1936 年 6 月这三年的快速货币增长支撑着这些年的经济扩张。不过，虽然他们强调货币收缩的结束是影响经济收缩结束的一个因素，但是他们承认，在经济收缩之后即从 1933 年 3 月开始最初复苏的几个月中扩张的活力主要反映了流通速度的上升。如下文论述亨利·西蒙斯时将要讨论的那样，弗里德曼和施瓦茨将流通速度的上升归因于新政改革引起的对美国银行体系信心的增强。

在不同年份中具有同步移动的倾向——这一现象是与存在货币政策对实际产出的短期影响是一致的。① 实际收入增长与名义收入增长的同步移动也是20世纪30年代复苏的一个特征。但是，表2.1的年平均数据的一个反常特征是，1934年名义收入增长的最初反弹的大半都为价格的上升所吸收。实际上，虽然名义收入增长在1934年达到峰值，但实际收入增长最强劲的（13.7%）一年是在实际收入增长占了名义收入增长大部分的1936年。

1936年可能出现实际产出的两位数增长的这一事实提出的问题是：即使名义GNP增长率与表2.1所示的名义GNP增长率没有什么不同，前些年的实际产出的复苏是否会得到改善。对这个问题的争论可以视为对罗斯福政府采取的供给侧措施对实际增长影响的辩论。在这场争论中采取的多种立场可以分为三种基本的观点：弗里德曼和施瓦茨采取的货币主义看法，科尔和奥哈尼安（Cole and Ohanian 2004, 2013）采取的真实商业周期理论（RBC）导向的解释，以及艾格特松（Eggertsson 2008, 2012）采取的新凯恩斯主义视角。近年来的文献对后面两种观点进行了比较。本小节的目标就是要表明，弗里德曼和施瓦茨的观点是一种既能包含了其他两种观点的部分想法又能保持独特特征的一种可靠替代。

货币主义、真实周期理论和新凯恩斯主义这三种思想流派在一些主要问题上存在某种共识。他们一致同意，从1933年起采取那些提高美国的工资和物价以及控制美国主要经济部门的重要产出部分的措施，都具有对工资和物价产生上涨压力以及对美国

---

① Friedman and Schwartz（1963a, 678）.

潜在的总产出施加下降压力的效果。弗里德曼和施瓦茨等人引述的罗斯福政府早期实施的具有此类效应的具体措施,包括:制定《全国工业复兴法》(National Industrial Recovery Act)、《古费煤炭法》(Guffey Coal Act),以及农业生产控制和价格支持等。[1]因而,对这一时期的各种研究取得的广泛共识是,虽然存在美国最高法院的裁决正式放松了构成这些工业政策措施基础的某些立法的事实,但是,由于罗斯福政府采取的新措施取代了被裁决为违背宪法的行动措施,对生产的限制以及官方对高工资和高价格的刺激在这些裁决之后继续进行。[2]

根据他后来的回忆,弗里德曼甚至批评新政在20世纪30年代提高工资和成本的管制措施。[3]他最早在1948年公开批评农业价格支持和其他卡特尔化的措施。他在多个场合重复了这些批评。例如,弗里德曼在1970年的讨论中批评了美国国家复兴管理局和"《农业调整法》(Agricultural Adjustment Act)及其后续法案"。[4]但是,只有《美国货币史》才在货币主义框架之内对罗斯福政府的供给侧措施或工业政策展开了批评。弗里德曼和施瓦茨对罗斯福政府在20世纪30年代对供给侧实施的变革的货币主义分析与新凯恩斯主义分析和真实商业周分析形成了对比。新

---

[1] Friedman and Schwartz(1963a, 465, 498).
[2] 例如参见 Roose(1954, 61, 144);Weinstein(1980);Hanes(2013);and Cole and Ohanian(2013, 4)。此外,Friedman and Friedman(1985, 12)也是回顾20世纪30年代的著作之一。他们指出,被宣布为无效的新政措施以不同的形式得以恢复。
[3] Friedman and Friedman(1998, 59).
[4] Friedman(1970, 87).

凯恩斯主义的分析认为，这些措施对经济活动提供了货币政策不能提供的刺激，而真实商业周期分析则认为，不管货币政策如何，这些措施都是紧缩性的。

虽然下文的讨论会相当详细地区分弗里德曼和施瓦茨的论述与其他两个竞争理论的论述，但是，这里简要地总结弗里德曼与施瓦茨论述的主要思想。这些主要思想阐述如下。货币增长或者 M2 类型的总量增长在 20 世纪 30 年代从负的变化率到正的两位数的增长率的变动，为名义收入增长的同步变动创造了条件。随着名义国内生产总值增长也随之反弹，问题依然是反弹在多大程度上采取产出增长的形式，多大程度上采取通货膨胀的形式。弗里德曼和施瓦茨的观点是，如果美国联邦政府的工业政策在 1933 年和 1934 年没有推高支出增长中的通货膨胀成分，那么，观察到的名义收入增长的大部分在这些年份中采取实际增长的形式，较小部分采取通货膨胀形式。下面我们将要具体阐述货币主义观点，以便表明它与新凯恩斯主义和真实商业周期观点之间的差异。

三、一个菲利普斯曲线视角

复苏的每一种解释都可以从新凯恩斯主义的菲利普斯曲线角度看待。如第七章要讨论的那样，虽然在弗里德曼的框架中价格设定方程不完全同于新凯恩斯主义的菲利普斯曲线，但是两者对通货膨胀行为都具有足够的共识，因而借用新凯恩斯主义的菲利普斯曲线来探讨无损于弗里德曼与施瓦茨对复苏的论述。这里考虑的菲利普斯曲线采取式（2.1）的形式：

$$\pi_t = \beta E_t \pi_{t+1} + \alpha (y_t - y_t^*) + u_t \tag{2.1}$$

在方程式（2.1）中，π_t 是 t 期的通货膨胀，y_t 是 t 期实际产出的对数，y_t^* 是 t 期潜在产出的对数，β 等于或接近于 1，α 严格为正，而 u_t 是"成本推动"的冲击。给定预期的未来通货膨胀 $E_t\pi_{t+1}$ 和产出缺口的当期价值，成本推动的冲击会提高 t 期的通货膨胀。[1] 假设 u_t 遵循一阶自回归过程，自回归系数的范围为 $0 \leq \rho_u < 1$。

对于大多数分析通货膨胀的历史发展状况而言，货币主义、真实商业周期理论和新凯恩斯主义的假说都可以说持有通货膨胀是一种货币现象的观点。我们能够将这种共识表示为 $E[u_t]=0$ 的约束条件，即通货膨胀具有可忽略的持续性（$\rho_u = 0$）和 α 是正数。真实商业周期理论与货币主义和新凯恩斯主义这两种论述之间的差别于是可以归结为 α 数值大小的差别，而货币主义和凯恩斯主义假说通过设定 α 严格为正且有限来考虑价格的渐进调整。不过，20 世纪 30 年代的特殊环境实际上意味着，真实商业周期理论的论述与货币主义和新凯恩斯主义的故事之间存在进一步的差别。

真实商业周期理论的论述对以上的菲利普斯曲线的约束条件与真实商业周期理论对其他时期的分析适用的约束条件完全相同：对所有的 t 时期 $u_t = 0$ 和 $\alpha = \infty$。在这些约束条件之下，价格具有完全的弹性，产出与潜在产出重合的真实商业周期理论的主要命题有效。在这种情形下，罗斯福政府的供给侧措施无疑会减少实际的产出。

---

[1] 关于背景和推导，参见 John Roberts（1995）；Clarida, Galí, and Gertler（1999）；Woodford（2003）；and Walsh（2003）。

虽然货币主义假说和凯恩斯主义假说在许多方面都互不相同，但是，它们在分析20世纪30年代时都对以上的菲利普斯曲线施加了同样的约束条件。两个假说都设定 $0 < \alpha < \infty$，因此价格逐渐进行调整和货币政策行动影响产出的短期行为。而且，对1933—1937年的复苏而言，两种假说都设定 u_t 的平均数为正且序列相关系数也为正（$0 < \rho_u < 1$）。

值得强调的是，弗里德曼对1933—1937年的价格行为的分析与他对几乎任何其他历史时期的分析是如何的不同。弗里德曼的观点是，"几乎所有的通货膨胀都是需求拉动的"。他认为，大多数所谓的成本推动的通货膨胀都是需求拉动通货膨胀被误判的结果。[1] 但是，弗里德曼不断地将1933—1937年的时期挑选出来作为这个一般通则的例外。[2]

弗里德曼在上面对这一时期特殊性的强调就相当于认为，式（2.1）中成本推动的冲击为正且具有持续性。确实，弗里德曼将罗斯福政府的供给侧措施的后果之一视为潜在产出的减少，而非像式（2.1）中 u_t 那样在给定产出缺口下提高通货膨胀。但是，他对潜在产出的下降的接受在本质上并未使他处理20世纪30年代的发展状况迥异于其他历史时期的论述。因为潜在产出的下降可以被视为导致过度需求的一个因素，因而是需求拉动通货膨胀的一个来源。

---

[1] 弗里德曼在《商业周刊》上简要地表达了他的观点（Newsweek, September 28, 1970）。
[2] 例如参见弗里德曼的评论（Ketchum and Kendall 1962, 52; The Times, August 29, 1973）以及讨论（Friedman and Schwartz 1963a, 498; Friedman 1966a, 22; p.102 of 1968 reprint）。

因此，弗里德曼乐于承认，潜在产出的变化可能是数量理论框架中价格水平变化的一个来源。① 但是，20世纪30年代弗里德曼的价格水平行为的讨论中不同寻常的地方在于他对成本推动冲击的重视。弗里德曼一般认为，导致高价格的自主力量可能只是通货膨胀暂时性波动的一个来源。即这些力量在取平均之后为零，在无货币宽松之时不可能成为持续的通货膨胀或者通货膨胀预期的一个来源。不过，他把1933—1937年间美国的发展状况作为一个例外来叙述。弗里德曼认为，这一时期的特征是政府协调一致的措施。这些措施相当于一系列对价格水平和通货膨胀的正冲击——在给定产出缺口条件下对通货膨胀和通货膨胀预期施加上涨压力的冲击。

艾格特松（Eggertsson 2008, 2012）对20世纪30年代的新凯恩斯主义叙述与前一段描述的弗里德曼的观点完全一致。但是，在供给侧措施是否有助于实际产出方面——与潜在产出相反，因为无人否定罗斯福政府的工业政策措施对潜在产出的不利影响——他得出了与弗里德曼和施瓦茨完全相反的结论。

四、货币主义与凯恩斯主义的叙述

因此，现在该是讨论新凯恩斯主义和货币主义对新政时代的

---

① 除了其他参考文献，参见Friedman and Schwartz（1982a, 57）。在弗里德曼的大量实证研究中，这一点是通过在每单位产出的货币表示的货币序列中使用货币与价格的对比或者货币增长与通货膨胀的对比来表达的。关于弗里德曼采用这种做法的早期例子和报告，参见Friedman（1958b, 247; p.177 of 1969 reprint）; The American Economy, Lesson 41: How Important Is Money? CBS College of the Air, filmed June 4, 1962。

供给侧措施叙述的分歧的时候了。这两种叙述一致认为，这些措施意味着一系列的正向成本推动的冲击——那就是在上面的菲利普斯曲线中 u_t 取正值——因而推高通货膨胀。但是，它们在这些通货膨胀压力是否最终刺激实际的总需求方面存在分歧。

新凯恩斯主义的观点是，当短期名义利率的预期路径是水平的且处于低水平时——20 世纪 30 年代可能就是这种情况——系统性地提高通货膨胀率以及预期通货膨胀路径的那种新政类型的工业政策措施无疑会刺激实际总需求以及产出。因为在新凯恩斯主义的基本框架内，对实际支出决策至关重要的变量是实际短期利率的预期路径。预期通货膨胀的上升会降低短期的实际利率路径，因而在这个框架内，它必然增加实际支出。[1] 但是，如果降低名义短期利率预期路径的空间被耗尽，货币政策就在这条新凯恩斯主义的基准线上无法对名义或者实际总需求提供刺激。由此，诉诸工业政策这样的非货币措施来刺激支出就显得必不可少。

与此相反，货币主义者的观点是，一旦不再可能降低短期名义利率的预期路径，货币政策刺激名义或实际总需求的空间就不会被耗尽。而且，货币主义者也不接受这样的观点：将通货预期提升到高水平——这与简单地去除通货紧缩预期相反——并不是在一个名义短期利率处于下界水平的情形中促进复苏的货币政策措施的一个必要组成部分。

---

[1] 通货膨胀预期有助于 1933—1937 年间产出的观点也在老凯恩斯主义者阿巴·勒纳（Abba Lerner）在与弗里德曼的辩论中得到表述（Ketchum and Kendall 1962, 57）。此外，托宾指出，凯恩斯在名义利率很低时关于如何刺激经济的建议忽略了增强通货膨胀预期。另参见本节末尾引用托宾 1989 年的话。

为了详细阐明这种货币主义的观点，有必要分两阶段进行。第一阶段讨论弗里德曼与施瓦茨将工业政策措施视为有害于实际产出复苏的观点。这一阶段的讨论暂时假设提升名义货币增长会提高名义收入增长，即使主要的名义短期利率的路径被冻结。对预期这种结果的理由的概述将推迟到第二阶段讨论。

业已指出，弗里德曼在表 2.1 中将名义收入的快速增长归因于货币的快速增长。① 他强调，货币增长的上升即使没有工业政策措施也会发生，而这些措施反而是 1933 年货币改革的结果。②

当高速的货币增长不管工业政策的进展状况如何都会出现这个事实与名义收入增长的激增来自货币增长的好转的假设相结合时，自然会得出工业政策行动妨碍经济复苏的结论。给定名义收入增长，直接提升通货膨胀的措施给实际收入的增长留下更少的空间。弗里德曼与施瓦茨争论说，这种对产出增长的下降压力确实就是 1934 年高通货膨胀复苏的一个特征。根据这种解释，新政的供给侧措施阻止了 1934 年成为像 1936 年这样通货膨胀只占快速的名义收入增长很小一部分的年份。弗里德曼与施瓦茨的论点是，价格措施是反生产性的，即价格措施倾向于去除那些来自货币存量扩张对实际产出的刺激措施。他们指出，这个论点也被鲁斯（Roose 1954, 143–144）提出过。这个观点的其他倡导者包括阿尔伯特·哈特（A. Hart 1948, 323）和迈克尔·温斯

---

① 名义收入的增长其实快于货币增长的事实将在下文讨论亨利·西蒙斯时继续谈。
② 特别参见 Friedman（1966a）。

坦（Weinstein 1980）。① 博尔多、埃尔奇和埃文斯的研究（Bordo, Erceg, and Evans 2000）也与货币主义的立场一致。基于名义刚性条件下的定量商业周期模型得出的结论，博尔多、埃尔奇和埃文斯指出，新政的供给侧改革在恢复实际产出方面相当微弱，还不如没有这些改革。

当以这种方式阐述货币主义者对20世纪30年代复苏的叙述时，人们就可以看出这种叙述与真实商业周期理论的叙述在工业政策措施对产出的影响方面具有一致性。虽然货币主义的叙述认为而真实商业周期理论的叙述不认为货币政策对产出具有短期效应，但是两种叙述都认为，产出在没有工业政策冲击的条件下会更高。在真实商业周期理论的故事中，这是因为由工业政策引起的潜在产出的下降当然会降低实际产出。另一方面在货币主义者的故事中，这是因为由工业冲击引起的通货膨胀会吸收名义收入增长，因而会减少新政时代的货币扩张所蕴含的对实际产出的刺激。关于新政政策组合的这个论据无疑构成了弗里德曼在2003

---

① 查尔斯·金德尔伯格（Charles Kindleberger 1986, 200）说："《国家工业复兴法》被20世纪80年代的货币主义者视为，解释1933年之后的货币供给的扩张为什么会导致价格和工资的上升而非失业的大幅度下降的一个主要部分。"在这点上，金德尔伯格引用了20世纪80年代的大量参考文献，但不包括弗里德曼或施瓦茨的任何文献。但是，如在这里论述过的那样，"20世纪80年代的货币主义者"对20世纪30年的经济发展状况的解释已经是他们叙述的一部分（Friedman and Schwartz 1963a; Friedman 1966a）。
关于罗斯福政府的工业改革有损于产出的观点在20世纪30年代也是由凯恩斯倡导。凯恩斯反对的理由在细节上不同于后来货币主义叙述中的反对理由，但是，两者一致认为改革降低而非提高实际总需求。参见Winch（1969, 233-234）和Skidelsky（1992, 493）。

年评价的基础:"新政妨碍了收缩的复苏,延长并增加了失业。"①与这种评价一致,弗里德曼在2002年11月芝加哥大学举行的弗里德曼研讨会上与奥哈尼安讨论科尔与奥哈尼安对新政工业政策的研究时,对该研究表示了一定程度的赞同。②

现在我们来集中讨论货币主义与凯恩斯主义立场的分歧。为此,让我们现在进行第二阶段的讨论,以便探讨在货币主义观点中刺激名义货币增长的政策往往会促进名义收入的更强劲的增长的原因。

首先需要强调的是,货币主义的传导观不是基于货币存量在决定名义或实际支出中的直接作用。相反,货币主义的观点像新凯恩斯主义的叙述一样依赖于利率传导渠道。这两种叙述都认为,1933年的制度变迁在刺激实际产出方面取得了成功,因为这些措施降低了实际利率。但是,除此之外,货币主义观点就与新凯恩斯主义的框架分道扬镳了,因为在货币主义的叙述中,将预期通货膨胀提高到正常水平之上对于降低实际收益是无关紧要的。这种观点的依据是货币主义的这个主张:即使名义短期利率处于下界和降低所有未来的无风险利率的空间都被耗尽,货币政策依然存在对重要利率施加下降压力的空间。在货币主

---

① 引语来自弗里德曼的签名(Jim Powell 2003),而签名出现在该书的封底上。
② 奥哈尼安在2013年9月26日的访谈中回忆说:"我认为,这篇研究符合他谈论的主题,因为任何仔细研究过那段时期的人都会看到,大多货币供给的测量指标都在显著扩张,但是劳动投入至少没有大量恢复。于是,他确实感到这个问题有趣。他被吸引了。他问了许多像这样的细节问题:你从哪儿获得的这些工资数据?你从哪儿获得的这些价格数据?"

义的叙述中，许多收益对总需求来说很重要。这种叙述认为，当短期无风险利率接近于零时一些名义收益率依然为正的这个事实意味着，继续存在货币存量扩张以降低实际和名义收益的空间。

弗里德曼与施瓦茨将扩张货币供给的措施而非减少潜在的产品和服务供给的措施视为可能并应该刺激总需求的工具。他们争辩说，即使政策制定者面临无风险资产的短期名义利率为零的限制，情形也是如此。在20世纪30年代的环境中，那些可能会受到下降压力的收益率是依然为正的主要利息率，如私人部门发行的短期票据的收益率、政府和非政府的长期证券收益率。弗里德曼与施瓦茨将1929—1933年的货币收缩视为通过证券投资组合余额的逆向效应提高了风险溢价和期限溢价。货币扩张预期会有相反的效应。[1]诚然，这种传导机制的观点在弗里德曼与施瓦茨合著的其他著作中比在《美国货币史》中得到更清晰的阐述。[2]但是，《美国货币史》中阐述的这个观点可以被视为构成了20世纪30年代叙述的基础。

即便如此，弗里德曼的框架也承认，消除通货紧缩预期是新政改革的一项重要稳定措施。弗里德曼在著述中反复强调通货紧缩对产出稳定性的潜在破坏性影响。[3]其实，弗里德曼与施瓦茨在《美国货币史》中指出，美国在第一次世界大战（以下简称"一战"）之前的1879—1914年时期的显著正向经济增长

---

[1] Hanes（2013）提供了新政时期的货币行动确实降低了期限溢价的证据。
[2] 特别是Friedman and Schwartz（1963b, 1982a）。
[3] 除了接下来的论述外，参见下第三章和第八章的相关论述。

在 1879—1897 年这最初 18 年时间里具有平均每年在 1% 以上的通货紧缩的特征。① 不过，他们也指出，这个较早的时期也包括 1893—1896 年间的萧条的经济活动和通货紧缩。有证据表明，1897—1914 年间年均 2% 的通货膨胀状况比 1879—1897 年的通货紧缩时期对经济增长更好。②

而且，虽然 1879—1897 年的通货紧缩时期的事后实际利率较高，但是，弗里德曼与施瓦茨认为，事前实际利率要明显低于事后利率。③ 在他们所谓的"（19 世纪）90 年代早期的伟大的货币不确定"时期，白银运动即使在美国经济遭遇通货紧缩时也促进了长期通货膨胀的预期。④ 这些限定性条件意味着，19 世纪晚期的经验事实上对预期通货紧缩并非无害于产出的观点没有提供

---

① Friedman and Schwartz（1963a, 91）。美国在这一阶段的经验明显构成了弗里德曼对轻微通货紧缩评论的基础（Friedman 1958b, 253 [pp.183–84 of 1969 reprint]）。另参见 Snowdon and Vane（1997, 200），弗里德曼在此评估了美国在 1879—1896 年和 1896—1913 年两个时期的表现。
② 参见 Friedman and Schwartz（1963a, 139），第二点在他们书的 91 页和 93 页。
③ Friedman and Schwartz（1963a, 92）。
④ 参见 Friedman and Schwartz（1963a, 92–93; quotation from p.93）。另参见 Friedman and Schwartz（1963a, 104）关于"1891—1897 年之间的不安岁月"，弗里德曼强调的这个短语引用在 Friedman（1990b, 1175; 1992c, 76）。弗里德曼和施瓦茨将直到 1896 年的 19 世纪 90 年代视为在总体上具有预期正向通货膨胀趋势的特征。只要这种状态占据主导，这种预期就可能有助于实际产出在此期间总体上增长，尽管 1893—1894 年和 1896 年遭遇了通货紧缩。

有效的证据。①其实，弗里德曼在《美国货币史》之后的著作重申了长期的通货紧缩事实上有害于经济的观点，尽管在原则上经济人会适应这种东西。回到19世纪，他争辩说，如果银本位制的推进得到认可，那么价格水平会更加稳定，通货紧缩的预期会进一步被防止，产出的路径会更加平稳，以及19世纪晚期的主要产出收缩会得以避免。②《美国货币史》的叙述与预期通货紧缩有害于产出相一致的事实，在博尔多、乔杜里和施瓦茨（Bordo, Choudhri, and Schwartz 1995）和罗默夫妇（Romer and Romer 2013a）这些学者探讨弗里德曼和施瓦茨对20世纪30年代早期的收缩中得到强调。③

因而，通货紧缩预期的终结在弗里德曼和施瓦茨叙述20世纪30年代的复苏中占有重要地位。这一点构成了他们与艾格特松（Eggertsson 2008）概述的新凯恩斯主义观点的共识。但是，如果人们接受货币主义的这种观点，即无风险的短期利率并非出现在IS方程式中的唯一收益率，那么，预期渠道并非在一个类似于美国经济在1933年初面对的环境中提供货币刺激的一种最重要手段。即使在短期无风险利率接近其下限和通货膨胀预期不高于与价格稳定一致的通货膨胀率的环境中，名义货币的扩张通过对一系列的依然高于其下限的名义利率施加下降压力，能够刺

---

① Bordo and Redish（2004）强调，美国在19世纪晚期的通货紧缩不能被视为"有利于"经济活动，尽管通货紧缩与连续为正的经济增长同时发生。
② 参见 Friedman（1990b, 1175–1176; 1992c, 76）。
③ 具体而言，这两组学者都指出了通货紧缩在推升实际利率中的作用。另参见 Bordo and Landon Lane（2010, 39）。

激名义和实际的总支出。

因此,当从弗里德曼和施瓦茨的视角来看待20世纪30年代时,主要的思想就是消除经济中的通货紧缩预期的政策对复苏是必要的,但是在实际上推动快速的通货膨胀政策却不是必要的。如果允许预期的通货紧缩发生,那么所有的实际利率都会提高,但是,主要的实际利率在不诉诸通货膨胀的情况下会下降。这些收益率的下降压力越大,名义货币存量的增加就越是转化为实际货币存量的扩张。在这种情形下,价格上升并非货币扩张的合适替代品。在面临名义货币存量不变的条件下,价格水平的上升不可能对实际的总需求提供刺激。当名义货币存量增加时,价格水平的上升对于货币扩张对实际支出施加扩张效应并非必须。其实,价格上升可能会通过控制实际货币存量的增加而减少这些效应。从这个角度看,20世纪30年代的工业政策措施通过增加任何给定的名义货币存量,具有减少实际货币存量增加的有害效果。

一些证据表明,货币传导机制的多重收益观是理解20世纪30年代复苏的一个重要部分。尤其是,多项研究通过简化形式的回归方程将20世纪30年代的产出行为或者名义支出行为与货币总量行为联系起来,发现了显著的关系。例如,麦卡勒姆（McCallum 1990b,9）在名义GDP增长率对M1增长率的三个滞后变量从1921年一季度到1941年四季度的回归中发现,滞后一个季度的M1增长率的系数在统计上显著且有相当大的正值。伯南克（Bernanke 1982, 148）也使用从M1构造的货币增长率的测量指标,在工业产出的增长率回归结果中报告了"支持弗里德曼与施瓦茨关于货币是大萧条中产出变化的一个重要来源的观点"的证据。①伯南克也在估计方程中指出，在包括新政时期的1919年1月—1941年1月的样本中货币增长项的系数比在1921年1月—1933年1月的新政开始前的小样本中货币增长项的系数更大，也更加显著。同样，博尔多、乔杜里和施瓦茨（Bordo, Choudhri, and Schwartz 1995, 494–95）的研究发现，M2增长率在两次世界大战期间非常显著地预测了产出的行为。

相反，艾格特松（Eggertsson 2008, 1477）争辩说"当时货币供给的变化并不能解释1933年经济的转折点"。但是，艾格特松在研究中似乎是将货币界定为货币基数而非M1或M2，因此，他对货币总量行为的描述就无力批评货币主义对20世纪30年代的描述。而货币主义者在叙述中反而强调包括存款在内的货币总量。②因此，当M1或M2被当作货币供给的测量指标时，艾格

---

① 按照Barro（1977）的方法，伯南克（Bernanke 1982, 146）实际上不是用M1增长率而使用"货币冲击"来测量货币项，而货币冲击界定为货币增长率对其滞后项、通货膨胀和工业产出的回归的残差。但是，Bordo, Choudhri, and Schwartz（1995）的研究发现，在两次世界大战期间用M2测量的货币增长率并不能很好地被前期价格和产出行为解释。这个研究发现与两次世界大战期间M1和M2展示出相似运动的事实相结合，就暗示伯南克如果仅仅使用M1增长率作为回归量会得出相似的结论。

② 货币当局在20世纪30年代只影响货币基数而并非像M1或M2这样的总量的说法也不可信。业已指出，1933年新政就是一个政策变迁导致美国商业银行准备金和包括存款在内的像M1或M2这样的货币总量增加的一个实例。20世纪30年代早期发生的银行恐慌以及货币基数和商业银行准备金的反向运动这类相关现象意味着，当这十年作为一个整体考虑时，货币基数的增长率与包括存款在内的货币总量增长率存在较低的简单相关关系。但是，麦卡勒姆的研究表明，一旦加入一个恐慌的代理变量，货币基数的增长率与M1的增长率在20世纪30年代的显著关系会再次出现。

特松（Eggertsson 2008, 1477）关于在经济中"货币供给在转折点附近没有变化"的观点并不正确。①将货币转向与经济转向连接起来的时间证据在前一个段落讨论的简化形式的计量经济估计中得到支持。

关于货币与产出模式的简化形式的证据似乎与弗里德曼和施瓦茨强调的普遍传导机制相一致。这个证据表明，增加货币存量的措施在新政的岁月不仅能够而且的确对实际和名义总支出提供了刺激。相反，将工业政策作为总需求扩张的根源忽视了增加货币数量的措施的重要性。因为工业政策刺激了总需求的说法忽略的要点是，伴随着工业政策措施出现的价格上升对主要名义利率具有降低那种快速的名义货币增长会施加的下降压力的效应。

而且，弗里德曼和施瓦茨对供给侧维度的叙述也对货币主义对1933年之后复苏的解释与强调1936年退伍军人津贴的作用的阐述之间的关系提供了深刻的理解。具体而言，莱斯特·特尔泽（Telser 2003）和豪斯曼（Hausman 2016）都指出，随着退伍军人津贴而来的是美国的实际产出增长在1936年得以加强。这两者的研究都间接表明，这种财政政策措施而非货币政策是1936年产出增长的根源（在表2.1中，产出出现了明显的急剧增加）。

---

① 在Friedman and Schwartz（1970a, 29）的研究中，M1和M2序列，以及包括储蓄机构持有的存款的M3总量，都在1933年4月有一个谷底，并在1933年的其余时间温和回升，接着是下一年的快速增长。《美国货币史》使用的货币总量的加总在某种程度上不同于弗里德曼和施瓦茨（Friedman and Schwartz 1970a）选用的M2序列的加总。因为《美国货币史》的货币总量从1933年4月开始上升一直到1933年12月的时间长于Friedman and Schwartz（1970a）中M2序列的时间。参见Friedman and Schwartz（1963a, 429, 432−433, 714）。

莱斯特·特尔泽与弗里德曼就这个主题广泛交流过。毫不奇怪，弗里德曼将退伍军人津贴视为影响经济扩张的一个因素，但认为这主要是通过它作为对货币增长施加上涨压力的一个来源的地位实现的。他认为，退伍军人津贴会导致联邦政府的赤字开支高企，而美联储会通过货币创造来调节这种支出。实际上，萨金特和华莱士（Sargent and Wallace 1973, 1044）本着这种精神在更早就指出，退伍军人津贴是导致货币存量一劳永逸地增加的一个因素。

由于退伍军人津贴伴随着货币创造，这也就难怪弗里德曼认为这种津贴是通过货币效应来影响总需求，而不接受这是一个在给定货币政策的条件下财政政策对总支出影响一个例子。我们再次通过考虑一个简化情形来理解他的观点。在这种情形下，名义收入路径为决定货币数量的政策以及决定流通速度的大致独立的因素所确定，而短期名义收入分解为依次受到供给侧因素严重影响的产出与价格两部分。[1] 从这个角度看，1936 年的名义收入增长率大致与 1934 年和 1935 年的平均增长率大致相同的事实，以及从 1934—1936 年的整个时期都是货币数量快速增长的事实都表明，退伍军人津贴对 1936 年的名义收入增长几乎没有独立的影响。实际收入在 1936 年的加速增长而没有相应的名义支出增长的事实就支持这样一种观点，即实际支出的增强不是来自货币或财政政策的变化，而是来自更好的总需求状况。随着与新政供

---

[1] 例如参见 Friedman and Schwartz（1982a, 343）。因为简化形式的证据大致表明，这种近似对于理解 20 世纪 30 年代的经济波可能有用。参见 McCallum（1990b）。

给侧措施相关的价格冲击的逐渐减弱，1936年的实际收入增长就构成了名义支出的大部分增长。

如果我们考虑更多的结构并考虑一个名义收入与其实际收入和价格的组成部分同时决定的情形，那么，对退伍军人津贴会得出同样的结论。特别是，我们考虑这种情形：实际总需求由一系列的实际收益率驱动，以及如先前勾勒的货币主义传导机制一样，对应于这些实际收益率的名义收益率受到M2的实际存量余额的影响。在这些条件下，很有可能1936年的实际收入增长与1934—1935年的情形相比会得到强化，因为这一年主要价格水平冲击的缺失会让1936年的名义货币存量扩张更多地转换为实际货币存量。进而，实际货币存量的快速增长会对名义收益率以及实际收益率施加更大的下降压力，而实际收益率的降低有助于增加实际总需求。

不管是在货币与名义收入的简化版本还是在以证券投资组合余额效应为特征的更多结构的版本之中，货币主义故事的最重要的因素都是一样的。货币主义的叙述强调，退伍军人津贴对名义货币存量提供了上涨压力，因为伴随着津贴的高水平赤字支出被货币化了，因而让自从1933年来被观察到的货币的快速扩张得以继续。退伍军人津贴刺激产出，但是按照货币主义的叙述，这种刺激应该主要被视为通过增加货币存量发挥作用。实际货币存量也得以扩张，因为不再有大规模的价格水平冲击来阻止名义货币的增加被反映在更高的实际货币存量之中。根据这种观点，实际GDP增长的加强反映了收益率对实际货币存量刺激的影响。人们不需要将退伍军人津贴单独指出来作为刺激总需求的一个来源。

关于弗里德曼对新政的供给侧变革的观点可以通过考虑詹姆斯·托宾在1989年提出的一种说法加以总结。托宾陈述说，"罗斯福政府在20世纪30年代的一个主要目标是推动价格的上升并阻止通货紧缩……它起作用了，阻止了物价的严重下滑。"[①] 对弗里德曼而言，这部分新政政策对复苏所做的无可置疑的贡献来自它们"阻止通货紧缩"的部分。"推动价格上升"的措施是否有益于产出，总体而言在弗里德曼的视野中则更成问题。

第三节 人物：1932—1939年

一、亨利·西蒙斯

亨利·西蒙斯在1927年加入芝加哥大学，同时研究法律和经济学。向弗里德曼讲授货币理论课程的教师不是他，而是劳埃德·明茨。弗里德曼确定西蒙斯的货币著作的写作年代，大多数

---

① 托宾在1989年11月9日银行、金融与城市事务委员会的证词（Committee on Banking, Finance and Urban Affairs 1990, 44）。

是从1933年弗里德曼在芝加哥大学开始学习之后的时期。[1] 一旦西蒙斯将研究重心转移到货币问题时，他在1946年去世之前逐渐成为芝加哥大学货币思想的主要代表。这种地位促使弗里德曼在1967年将"亨利·西蒙斯的货币理论与政策"的讲座献给他，而弗里德曼以"我的老师和朋友，更重要的是我的思想的塑

---

[1] Friedman（1967a, 2）。与此相反，范奥弗特韦德（Van Overtveldt 2007, 161）推测，在罗丝·弗里德曼赞扬劳埃德·明茨的讲课时（Friedman and Friedman 1998, 38），米尔顿·弗里德曼在后期贬低了西蒙斯对芝加哥大学的货币思想贡献的重要性。当西蒙斯并非教授米尔顿·弗里德曼货币理论的教师时，从《两个幸运的人》没有对西蒙斯的教学进行赞扬来推测其重要性似乎具有误导性。西蒙斯在1932—1933学年弗里德曼的课程教师中根本没有什么名气。两人反而是通过其他手段，包括西蒙斯与大学研究生的直接交流来相互了解的（参见弗里德曼的评论 Hammond 1989, 6；以及 Taylor 2001, 111）。范奥弗特韦德认为弗里德曼在后期对西蒙斯的货币著作评价不高的推论会进一步因他未能引用弗里德曼对此的众多论述而无效。这样的论述包括：弗里德曼在1976年1月的银行、货币和住房委员会（Committee on Banking, Currency and Housing 1976a, 2157）中指出，西蒙斯是倡导100%准备金安排的先行者；弗里德曼在1982年（Friedman 1982b, 100）指出，西蒙斯确定了货币政策规则的"基本问题"；弗里德曼在1975年（Friedman 1975a, 177-178）将自己描述为西蒙斯的追随者之一，并承认西蒙斯是中央银行透明性的改革者。弗里德曼也在20世纪70年代的盒式磁带评论的系列中赞扬西蒙斯，包括 Instructional Dynamics Economics Cassette Tape 110（November 1, 1972）和 Instructional Dynamics Economics Cassette Tape 146（May 20, 1974），以及在20世纪80年代有 Friedman（1985e, 17; 1986b, 54）。此外，弗里德曼在评论其他人的研究时强调了西蒙斯著作的重要性，例如在1981年6月23日回应罗伯特·霍尔的一篇稿子时致霍尔的信中就是如此（罗伯特·霍尔提供了此条信息）。

造者"来纪念西蒙斯。① 在 1967 年之后的研究和声明中，弗里德曼明显地重申了西蒙斯的著作与他的著作之间的联系。并非如有人声称的那样，弗里德曼在后期的货币著作中不再提到西蒙斯或者在他对芝加哥大学的货币思想的简短回忆录的描述中遗漏了西蒙斯。②

弗里德曼受到西蒙斯的影响无疑是存在的，并且这种影响不断得到弗里德曼的承认。但是，分歧之处在于弗里德曼与西蒙斯在货币问题上存在的连续程度。一整套专门文献发展起来论述弗里德曼担负起前弗里德曼的芝加哥学派的责任的程度，特别是为西蒙斯担负起论述货币理论和政策问题的责任的程度。在这点

---

① Friedman（1967a, 1）。弗里德曼并不以"同事"的身份来描述西蒙斯，因为西蒙斯在弗里德曼 1946 年成为经济系的教职之前不久就去世了。参见第四章。

另一方面，值得注意的是弗里德曼以"老师"的身份来描述西蒙斯与他的关系，尽管弗里德曼从未正式上过西蒙斯的课。弗里德曼使用这个称呼表明了西蒙斯与学生们之间的友谊。西蒙斯的过早去世和弗里德曼后来的声誉意味着，西蒙斯与弗里德曼之间的交往一定是西蒙斯职业生涯中最值得注意的一方面。这在 1979 年一家报纸在讨论西蒙斯的劳动市场思想时把他看作"米尔顿·弗里德曼的老师"一事中得到证明（Daily Telegraph, February 12, 1979）。

西蒙斯的另一位学生乔治·斯蒂格勒在 20 世纪 60 年代初制作了一套经济学大师的明信片来向他致敬。在这套包括马歇尔、李嘉图、穆勒等人的肖像系列之中，西蒙斯被当作芝加哥大学的代表（Stephen Stigler, interview, November 6, 2013）。

② Van Overtveldt（2007, 161）错误地宣称，弗里德曼夫妇在 1998 年的回忆录中在 20 世纪 30 年代芝加哥大学的货币思想的语境中没有提到西蒙斯。米尔顿·弗里德曼的确在他们的回忆录的第 41 页的这种语境中提到了西蒙斯，但在回忆录的索引词条中没有提到西蒙斯。另参见上面的论述。

上，帕廷金（Patinkin 1969, 1979）质疑弗里德曼在表述货币数量论时对货币需求的强调是否可以视为西蒙斯框架的一种发展。这种专门文献是两册分析和阅读文集的主题（参见 Leeson 2003b, 2003c），但其中许多有文献支持的辩论与本书有所偏离。因此，接下来的论述既不涉及这些争论，也不打算对西蒙斯的货币思想进行全面描述：在这点上参见乔治·塔弗拉斯和洛科夫（Rockoff 2015）的著作。相反，这里将集中论述西蒙斯的货币改革建议，而弗里德曼在 1967 年的讲座中将它列为他与西蒙斯的分歧之一，并在结论中称它为"大都是无关的和错误的"。①

让我们特别从西蒙斯和弗里德曼关于 100% 法定准备金的观点开始讨论。两人都支持这种制度变迁，但是 100% 的准备金建议在弗里德曼 20 世纪 50 年代之后的货币改革议程中不再居于中心地位。而且，他对 100% 的准备金的倡导是建基于不同于西蒙斯支持的金融中介视角之上的。碰巧，弗里德曼在讨论约翰·肯尼思·加尔布雷斯提出的一种政策建议时所做的相关评论，简明地表达了 100% 的法定准备金在弗里德曼的改革建议中所起的作用："你可以去掉它，他的立场保持不变。"②

西蒙斯并非最先提出 100% 的法定准备金方案之人，在 20 世纪 30 年代之前这类方案的各种变体都曾提出过。而且，芝加哥大学之外的人，包括劳克林·居里（Lauchlin Currie）和耶鲁大学的欧文·费雪（Irving Fisher 1935）也在 20 世纪 30 年代提出过此种方案（参见 Sandilands 1990, 52; Laidler 1993a, 1095; and

---

① Friedman（1967a, 2）.
② Friedman（1977b, 33）以及 Friedman（1978a, 65）。

Laidler 1999, 240-241）。但是，西蒙斯明显是通过 1934 年的著作，以及与芝加哥大学的其他经济学家在 1933 年签署的联合声明，成为这种改革的主要倡导者之一。[1] 100% 法定准备金的芝加哥大学变体获得了"芝加哥计划"的标签（A. Hart 1935）。弗里德曼在战后的著述中提到这建议时偶尔也用这个术语。[2]

弗里德曼在政策规则的早期著作中将西蒙斯的 100% 准备金建议置于显著的位置。特别是，弗里德曼在 1948 年为美国倡导的一揽子改革方案的"一个经济稳定的货币与财政框架"文章中，采纳了 100% 法定准备金的举措。[3] 而且，弗里德曼倡导这种举措的主要理论依据与西蒙斯和其他人倡导的相同。这个理论依据是，100% 的法定准备金安排会消除货币当局对货币基数采取的行动与商业银行总存款行为之间的任何滑动。弗里德曼在 1948 年的一揽子方案也反映出西蒙斯立场的其他方面。正如弗里德曼后来指出的那样，西蒙斯像凯恩斯（Keynes 1936）一样认为，私人部门将短期证券和货币余额大致视为可交换的资产。[4] 将短期证券视为与货币类似的资产的观念促使西蒙斯建议消除国库券作为一种公共债务的工具，并将政府的有息负债局限于永久性债券类型的债券。[5] 弗里德曼在 1948 年的改革议程中沿

---

[1] Simons et al.（1933）。该声明在 Chapin（1959）和 Friedman（1967a, 2）得到引用和提及。

[2] 例如 Friedman（1960a, 66）。

[3] 参见 Friedman（1948a）。为了反映这种联系，美国经济协会在一本文集中紧靠着翻印了 Simons（1936）和 Friedman（1948a）（Lutz and Mints 1951）。

[4] Friedman（1967a, 5, 8）。

[5] 参见 Friedman（1967a, 3）。

用了这个模板,因为他在 1948 年的文章中建议,未偿还的政府债务存量应完全转换为永久性债券。①

但是,弗里德曼在 1948 年的建议证明是他与西蒙斯的框架一致性的顶点。如笔者业已强调过,并将在第四章详细讨论的那样,弗里德曼的货币思想在 1948—1951 年间经历了一个重大的变化。这种思想的转变后来改变了弗里德曼关于美国的货币安排和政策行为的最优规则的适当改革的视野。

一旦弗里德曼对规则的思想发生了改变,100% 的法定准备金在他的改革议程中的重要性就降低了。弗里德曼对 100% 的银行准备金制度的倡导并非他在 1951 年之后的货币经济学的一个关键成分。因此,随着弗里德曼从 1951 年起成为一位主要的货币主义者,将 100% 的法定准备金视为货币主义立场的基石就不恰当了。威廉姆森(Williamson)和奈特以抛弃 100% 的银行准备金制度作为他们的货币分析方法的一个卖点,并将这个"新货币主义"与 100% 法定准备金占有重要地位的"老货币主义"并列。因而,这种做法是一种误置。②

弗里德曼在开始倡导固定的货币增长规则之后,经常提出不包括 100% 的银行准备金制度的这种规则作为改革的必要组成

---

① 尽管正如西蒙斯在他之前所做的那样,弗里德曼在 1948 年将永久性债券视为一种非货币工具,但弗里德曼也希望它们最终被废除,以便让基础货币成为政府债务的唯一形式。
② Williamson and Wright(2011)对 100% 银行准备金制度的批评尽管大都正确,但并不新颖,也不是源自他们引用的文献。实际上,同样的批评成为教材讨论的一部分已经有三十多年了(参见 Mishkin 1989,383)。

部分。① 实际上，他具体地说，100% 的准备金不如他建议的其他改革措施来得必要。② 弗里德曼强调的一个关键特征是，在信贷市场面临破坏的情况下确保货币存量得以维持的货币政策安排的实现。如同弗里德曼甚至在 1960 年的《货币稳定计划》(*A Program for Monetary Stability*) 中强调的那样——在此计划中，他提出的改革一揽子方案确实包括 100% 的准备金——100% 法定准备金并非实现这些制度安排的必要组成部分。③

这种立场与西蒙斯对 100% 的法定准备金制度的强调形成了鲜明的对比。弗里德曼最终贬低 100% 的准备金方案的重要性的原因有两方面。第一，弗里德曼从 20 世纪 50 年代起与西蒙斯在货币控制工具的立场方面发生了分歧。第二，弗里德曼在传导机制方面形成了一种不同于西蒙斯的观点，促使他偏离了西蒙斯关于货币当局需要实施一定程度控制金融中介的立场。现在来详细阐述各点。

关于货币控制，弗里德曼和西蒙斯都认为，存款创造过程中潜在的不稳定性需要用政府行动来抵消或者控制。但是，如上所指，弗里德曼和施瓦茨认为，与现金—存款比率相关的不稳定性已经随着存款保险的到来得到大幅度缓解。弗里德曼强调，公开市场操作可以实现维持货币存量的目标，私人部门产生的货币乘

---

① 米尔顿·弗里德曼提倡，美联储通过估算需要实现的 M2 设定目标的公开市场购买量，然后按此量购买来击中这个目标。
② 参见 Friedman (1967a, 3-4)。同样，Lucas (1980a, 200) 在解释弗里德曼的固定货币增长规则时，认为它是没有强制实施 100% 的法定准备金的这种规则的变体。
③ Friedman (1960a, 68).

数变动不仅可以而且能够被公开市场操作所抵消。[1] 确实,《货币稳定计划》没有否认 100% 准备金制度的必要性, 但是, 法定准备金的变动所实现的任何东西没有公开市场操作所不能完成的。

而且, 依弗里德曼之见, 法定准备金的改变在效率上不如公开市场操作。后者影响所有的存款机构, 包括那些不受法定准备金约束的存款机构。法定准备金制度甚至在影响那些受制于法定准备金的机构的行为时也是一种笨拙的政策工具。不同的法定比率适用不同类型的银行存款的事实是复杂性的一个源泉。[2] 无论如何, 诚如弗里德曼所说, 美联储在大部分时间中的日常事务就是利用公开市场操作来缓解法定准备金的改变所产生的银行准备金的压力。[3]

出于这些原因, 弗里德曼认为, 需要通过对所有的存款制定统一的和长期不变的法定准备金来"理性化"它。[4] 但是, 他所提倡的这种简化的法定准备金并不必然意味着 100% 的强制性准备金制度。其实, 认识到弗里德曼提出了 100% 的银行准备金制度的其他选择是不够的。《货币稳定计划》承认, 零法定准备金

---

[1] 例如参见 Friedman and Schwartz（1963a, 294 and chapter 7）和 Friedman（1974a, 22）。在这点上的一个早期陈述是弗里德曼在联合经济报告委员会（Joint Committee on the Economic Report 1952d, 1300）中的评论:"美联储已经拥有通过公开市场操作来控制货币量的巨大权力。"

[2] 参见 Friedman（1974a, 1982b）。

[3] Newsweek, January 8, 1979。Meltzer（2001a, 25; 2009a, 170, 199, 566; 2009b, 897）表达了相似的看法。这些描述指的是战后的做法。明显不属于此种情形的、不久要讨论的一个例子是, 美联储在 1936—1937 年通过提高法定准备金的方式来抵消法定准备金改变的影响。

[4] Friedman（1974a, 23）.

正如100%法定准备金所能做的那样能够实现货币控制。在这个说明和后来的论述中,弗里德曼认为零和100%的两种选择措施都具有同样的吸引力。①在这点上,弗里德曼在1992年1月22日的访谈中断言:"你应该让法定准备金或者为零或者为100%,两个极端情形都合情合理。"

因此,很明显,虽然弗里德曼关于从根本上全面改革货币的见解包括向100%法定准备金的转变,但是,他经常在作政策建议时将部分准备金制度的延续视为当然。100%法定准备金方案并非弗里德曼关于货币控制的主要立场,而这个方案却是西蒙斯的改革建议的核心。

西蒙斯与弗里德曼在100%准备金方案方面的第二点差异与他们不同的金融中介视角有关。如上所述,西蒙斯认为,银行活期存款与短期证券对持有者而言大致具有同样的功能。相比之下,弗里德曼从20世纪50年代起就认为,利用国库券取代准备

---

① 参见 See Friedman(1960a, 108)和 Friedman(1978b),后者提出这两个极端情形是两种可取的选择。Friedman(1960a)支持零法定准备金的论述在随后的文献中很少注意到,一个例外是 White(1987, 342)。对这些段落的最近引用,参见 E. Nelson(2011, 10)和 Sargent(2014, 148)。弗里德曼在论述中说,是加里·贝克尔促使他讨论这种安排的优点。大致在这些论述的时间,贝克尔就此问题写了一篇文章 Becker(1957a)(Rockoff 1975),并最终在怀特编辑的一本书中得以正式出版(参见 Becker 1993)。另参见约翰·B. 泰勒在2014年9月2日的经济学博客上论述贝克尔的文章时所做的评论。联邦储备委员会在2020年3月规定法定准备金为零。
不同于后来对零法定准备金安排的讨论,弗里德曼在1960年的讨论中存在的一个问题是,这次讨论把零法定准备金建议当作包括取消逻辑上分开的银行监管和存款保险建议在内的一揽子方案的一部分。

金的公开市场销售是一种去货币化的操作，而伴随着这种操作而来的银行存款的收缩极大地减少了非银行私人部门的流动性。如果利率允许波动，私人部门不会将国库券或商业票据视为货币的等价物。事实是，这些证券在到期日之前不按面值赎回就会破坏这些票据与货币的等价性。这意味着，对货币存量的控制而非对所有短期金融资产的控制是政策制定者控制总需求的关键。[1]

这种不同的资产结构观念导致西蒙斯和弗里德曼在需要何种控制权来确保货币政策的有效性这个问题上显现出明显的差异。对西蒙斯而言，货币当局的有效控制不仅需要控制货币存量，而且还要阻止财政部和私人部门发行短期证券的一切必要手段，因为他认为这些证券在事实上是货币。因而，西蒙斯的一揽子改革方案不仅包括100%法定准备金，而且还要禁止财政部和私人部门发行短期证券。为此，西蒙斯倡议，"废除所有专门机构的大规模短期融资的安排"和禁止商业银行的短期贷款，补之以"严格限制公司的借款权力"。[2]

西蒙斯拥有自由市场倡导者的名声。这种地位不仅反映在《芝加哥大学杂志》在1946年7月关于西蒙斯是"经济自由事业"的喉舌的评论之中，而且反映在阿伦·迪克莱特关于西蒙斯在他

---

[1] 例如，在动态经济学的教学中，弗里德曼引用了这些工具的市场价值具有波动性是区分国库券和商业票据与货币的依据这个事实。

[2] Simons（1936, 16-17），reprinted in Simons（1948, 171）.

去世之际正在崛起为芝加哥学派的新领导者的说法之中。[1] 不过，西蒙斯支持市场经济学的建议主要涉及非金融部门。在金融领域，他的处方不同。西蒙斯设想，政府应在严格限制私人部门在信贷市场的活动范围的制度安排环境中实施货币控制。

西蒙斯在信贷市场上的立场与弗里德曼从 20 世纪 50 年代起的立场形成了鲜明的对比。弗里德曼放弃了在 1948 年提出的终止国库券的发行和从市场收回现有的票据存量的建议。弗里德曼对 100% 法定准备金的支持确实等于在提倡一个商业银行不能使用存款负债来作为向私人部门贷款的资金来源的制度。但是，他并无兴趣对私人的借货期限施加广泛的附加限制措施。弗里德曼确实不同意西蒙斯关于禁止私人短期证券市场的倡议。虽然他们都尽可能相信非金融部门的自由放任安排的可取性，但是，弗里德曼不同意西蒙斯对信贷市场提出的反自由市场处方。[2]

---

[1] 参见 Director（1948，v）。也许不希望显得狭隘，迪莱克特认为西蒙斯正在崛起为"自由经济学派"的"领导者"而非"芝加哥学派"的"领导者"。迪莱克特认为，西蒙斯继承的芝加哥学派的"领导者"大概是弗兰克·奈特。保罗·萨缪尔森在 1972 年 7 月 31 日的《新闻周刊》上确认奈特是 20 世纪 40 年代芝加哥学派的"领导者"。在 1976 年（Newsweek, October 25, 1976a），萨缪尔森补充说，奈特应该被算作芝加哥学派的创始人。

[2] 弗里德曼在讨论西蒙斯的思想时对自由放任的强调（Friedman 1967a）表明，西蒙斯和弗里德曼都倡导非金融经济中的自由市场安排，而这些安排意味着一种尽可能充满竞争的制度。因此，切里耶尔（Cherrier）错误地推断，由于西蒙斯反对企业和劳工的垄断行为，因而弗里德曼认为西蒙斯持有强烈的自由市场立场的看法是错误的。相反，如本书指出的那样，尽管弗里德曼不再对反托拉斯措施被当作一种阻止垄断行为的手段抱有幻想，但是，他和西蒙斯都相信垄断行为的不可取性，以及他们的自由市场观与一种没有这类行为的环境相符合。弗里德曼与西蒙斯关于自然垄断，即垄断行为不可避免的情形的比较，将在下面第四章论述。

这样，弗里德曼认为，一个包括信贷市场在内的理想经济要有他所谓的"自由灵活的私人市场"。① 为此，他寻求减少政府对私营公司发行证券的管制。② 弗里德曼进一步相信，如果对私人部门发行债务和权益证券的授权范围施加严格的限制，这"将有极大的可能性降低经济的生产力和效率"。③ 更一般地，弗里德曼倡导减少"政府对借贷的干预"。④

弗里德曼对自由市场的倡导并不是基于信贷市场总是被指望运行正常和运转稳定的观念。相反，弗里德曼认为，信贷需求函数呈现出相当不稳定的倾向。⑤ 他对证券市场自由放任的倡导反而是来自他对管制会消除信贷体系的不稳定性和失灵的怀疑。依他之见，当局优先要做的事情是创造一个信贷市场的不稳定性不会波及货币存量的波动性的安排。如上指出，弗里德曼的100%准备金制度的一个主要吸引力在于，它会自动将存款的创造与信贷市场的发展状况分离开来。⑥ 弗里德曼认为，这种分离是货币政策的一项重要职能，即使没有100%的准备金也是如此。更重要的是，甚至在零或部分法定准备金制度中，当局有权进行足够

---

① 引语来自 Friedman（1980a, 61; also p.61 of 1991 reprint）。
② 例如参见 Friedman（1978a, 3）和 Friedman and Friedman（1980, 66）。弗里德曼建议，这种管制的减少让小公司发行证券更容易（Milton Friedman Speaks, episode 15, "The Future of Our Free Society," taped February 21, 1978, p.4 of transcript）。
③ Friedman and Schwartz（1963a, 247）.
④ 参见 Friedman（1967a, 4）；另参见 Friedman（1995, 167-168）。弗里德曼在后来的岁月中对这种立场所表达的主要限制是，他看到了商业银行法定资本金的优点。另参见 E. Nelson（2013a）。
⑤ 参见第六章和 E. Nelson（2013a）。
⑥ 例如参见 Friedman（1948a, 247）。

规模的公开市场操作，以便将货币存量与信贷量的暴跌隔离开来。弗里德曼指出，美联储本应该这样做，但在1929—1933年间以及20世纪80年代的信贷管制时期没有这样做。

现在让我们暂时离开法定准备金的问题，转向弗里德曼和西蒙斯在目标建议方面的另一个分歧。西蒙斯支持当局利用对货币存量的控制来钉住一般物价指数目标的制度。[1] 弗里德曼在货币主义岁月的早期做出过类似的建议，直到1956年他转向固定货币增长规则为止。在20世纪90年代和21世纪初，他又一次接受价格稳定的直接目标，但并没有完全否定固定货币增长规则。不过，弗里德曼在他活跃时期采取的立场是，由于缺乏货币政策与经济之间的中短期关系的知识，要货币当局对价格水平的结果负责是不恰当的。依他之见，这种模型不确定性的考虑和中央银行责任的需要反而表明固定货币增长规则作为合适政策的可能性。

针对这种建议，弗里德曼的批评者会当面引用西蒙斯所强调的"流通速度方面的急剧变动"的现实的话，而弗里德曼在1967年的讲座中引用过这个引语。[2] 弗里德曼承认，西蒙斯最为

---

[1] 在美国经济学家中，使用货币政策来稳定美国的物价水平的前期著名倡导者是欧文·费雪（Irving Fisher 1911a）。阿瑟·庇古在一篇弗里德曼早期阐述过的文章中强调，费雪与其他经济学家与众不同的地方在于，提出以物价水平的稳定而非汇率的稳定作为货币政策的目标。强调国内总量而非汇率是货币政策的合适目标的做法是西蒙斯和弗里德曼坚持费雪的方法的一部分。

[2] 弗里德曼在西蒙斯的讲座中两次引用这个短语（Friedman 1967a, 7, 12）。货币主义的批评者使用西蒙斯的引语的例子，参见Miles（1984, 107）。

关注的时期，即20世纪30年代确实具有流通速度大幅度波动的特征，但是，弗里德曼并不认为这段时间的经验是强烈反对货币存量固定增长的根据。

美国1929—1933年确实经历了流通速度的急剧变动。弗里德曼和施瓦茨报告，他们测量的货币存量的流通速度下降了29%。① 不过，弗里德曼与施瓦茨对这一时期货币流通速度下降的解释并未对隐含在西蒙斯拒绝固定数量规则的立场提供支持。这种立场也就是，大幅度的货币流通速度波动与大幅度的货币存量波动的方向相反，这样就会瓦解货币量的变化与名义收入变化之间的联系。在某种程度上说，弗里德曼与施瓦茨认为重要的是，家庭对持有实际货币的需求部分地来自货币作为一种紧急资金来源的地位。因而，对实际货币余额的需求就是经济不确定性的增函数。由此得出，1929—1933年间的货币收缩或名义货币的减少引起了经济收缩，而不确定性引起的货币流通速度的下降又增强了经济收缩的深度，结果是欲求的和现实的实际货币余额的增加。

根据这种解释——这种解释后来得到克里斯蒂亚诺、莫托和罗斯塔诺（Christiano, Motto, and Rostagno，2003）利用定量的动态一般均衡分析法对美国大萧条研究的支持——货币流通速度的急剧收缩就相当于货币收缩的扩散而非否定固定货币增长规则的稳定性质。这种扩散也意味着，虽然货币供给的增加和通货紧缩在原则上会增加实际货币存量，因而两者都可能是刺激总需求的

---

① Friedman and Schwartz（1963a, 352）。参见R. G. Anderson, Bordo, and Duca（2016）对1929年以来经济衰退和金融危机中美国M2流通速度行为的研究。

一个来源，但是，只有货币供给增加才能被期望具有刺激作用。通货紧缩不是通过对实际货币余额的影响来增加实际支出，而是可能诱发这样的经济萧条，以至于实际货币需求的增加吞没了随之而来的实际货币供给的增加。弗里德曼与施瓦茨相信，恰好是后一种情境反映了1929—1933年的时期：伴随着货币收缩而来的实际货币余额的增加在该时期就是货币从紧而非宽松的信号。①

确实，弗里德曼与施瓦茨相信，货币收缩可能会导致更大幅度的货币流通速度的下降，要不是银行倒闭的事实削弱了银行存款的信心和限制了私人部门增加货币余额持有量的倾向。他们提到加拿大就是一个在20世纪30年代初期避免了银行大规模倒闭的例子。对加拿大而言，不存在来自银行倒闭对实际货币需求的负面影响抵消来自不确定性增加对货币需求的正面影响的问题。② 与这种推理相符，加拿大的货币流通速度在1929—1933年间下降的幅度比美国下降的41%还要大。③

弗里德曼与施瓦茨认为，美国在大萧条时期所经历的货币流通速度下降的现象是在历史上其他时期在较小规模上被他们视为不断发生的现象的一部分。通常，货币流通速度的行为方式不会

---

① 这种解释也反映了如上指出的这个事实，即弗里德曼认为通货紧缩在实际上可能是经济稳定的一个阻碍因素。
② 弗里德曼与施瓦茨提出的另一个稍微不同的例子是英国（Friedman and Schwartz 1982a, 159, 168, 609）。英国在20世纪30年代既没有美国式的近乎金融崩溃，也没有美国那样规模的经济崩溃。与此相符，并与弗里德曼和施瓦茨对加拿大和美国的货币量和流通速度的发展状况的解释相一致，英国在20世纪30年代初的货币流通速度下降幅度都要比美国和加拿大小得多。
③ Friedman and Schwartz（1963a, 352）.

造成名义收入的波动与货币的波动截然不同。相反,弗里德曼与施瓦茨发现的常态是,名义收入与货币存量在同一方向上运动,货币流通速度所起的作用就是增强名义收入的运动。或者,诚如弗里德曼在《美国货币史》出版不久之后所说:"一般而言,流通速度具有与货币数量同方向而非反方向运动的趋势。"①

这种货币流通速度行为增强而非妨碍货币存量行为的过程,也在20世纪30年代的复苏阶段得到证明。麦卡勒姆的研究发现,虽然货币增长在解释20世纪30年代的名义收入增长行为时非常显著,但是考虑到随着新政的银行改革付诸实施而带来的1933年二三季度流通速度转向更高水平的话,货币增长项的显著性会进一步增加。②新政时期的货币流通速度的增加是与不确定性的下降以及弗里德曼和施瓦茨关于货币流通速度的运动大致可以被视为由先前的货币改革"所引起"的概括相符合。③

因此,货币流通速度大幅度变动的事实在货币主义者的分析

---

① Friedman(1964a, 1222)。另参见 Friedman(1967a, 12)。
② 流通速度的增加也在贾利勒和卢阿(Jalil and Rua 2015)的分析中占有重要地位。虽然他们指出他们的叙述在很大程度上与"数量论对事件的解释"相符,但是,这两位作者强调了他们的叙述与《美国货币史》的叙述不同。这种不同来自贾利勒和卢阿指出的一个事实,即价格的上升而非银行改革以及伴随银行改革而来的不确定性的下降是造成1933年的流通速度陡升的一个原因。不过,Jalil and Rua(2015, 40)承认,价格的上升在伴随1933年流通速度加快而来的名义收入的增加中显得不特别重要。
③ Friedman and Schwartz(1982a, 19, 342)。货币扩张引起流通速度的增加还有另一个渠道,尽管这个渠道在研究20世纪30年代的美国货币关系中不十分重要。这就是正向的货币增长趋势通过诱发通货膨胀和利率的费雪效应来引导流通速度的走向。

中得到认可。但是，这种分析进而争辩说，即使流通速度存在这样的变动，货币因素是商业周期波动的一个重要来源的观点依然正确。在20世纪30年代，货币改革不仅为名义货币的创造提供了更稳定的条件，而且为私人部门将货币飞快地转换为其他资产提供了所需要的信心，从而减少了实际货币余额。[1] 总而言之，对弗里德曼来说，大萧条时期流通速度急剧变动的事实并不是反对对大萧条的非货币解释的证据，也没有为反对固定货币增长规

---

[1] 20世纪30年代说明了任何对商业周期中名义与实际货币余额之间的关系做出一般性陈述存在的问题。名义货币的变动影响实际利率和实际产出的短期行为的原因恰恰是，实际货币余额在短期内具有与名义余额同方向运动的趋势。可能正是基于这种考虑，弗里德曼在他的一些后期著作中研究货币与产出的关系时使用实际货币存量。实际货币余额也被梅尔策（Meltzer 2001b, 2003）和其他人用作短期货币条件指数。注意，这种做法绝不意味着接受有重大影响的庇古-帕廷金实际货币余额效应。相反，这种做法是与实际货币余额的变化量仅通过利率的反应才对产出有影响的观念相一致。

但是，正文中对实际货币余额与名义货币余额之间的短期关系进行讨论的另一方面是，实际货币需求依赖于预防性因素，而名义货币的收缩会造成经济混乱，进而会引起欲求的实际余额的增加。即使面对名义货币存量的收缩时，更高的实际货币余额也可能随时间的推移通过价格水平的下降压力而获得。

因此，货币政策的非中性意味着，名义和实际货币余额之间的关系存在两个不同的重要方面，从而导致解释实际货币余额的复杂性。基于这种考虑，利用实际货币余额来作为表现货币存量行为的指标的做法就受到 Karnosky（1974a）、Schwartz（1981）和 Friedman（Instructional Dynamics Economics Cassette Tape 56, August 6, 1970, and Tape 140, February 20, 1974; and The Times, May 2, 1977）的批评。这方面的考虑意味着，如艾格特松（Eggertsson 2008）那样，专门研究实际M2的行为来作为反对货币主义者对20世纪30年代的解释的证据的做法是不恰当的。

则提供合理的依据。

但是，弗里德曼对100%法定准备金的提倡容易受到批评的一个重要方面是，他提倡的规则，用上面引用的西蒙斯的短语说，会引起"流通速度的剧烈变动"。弗里德曼和西蒙斯似乎对100%的法定准备金制度可能会促使存款替代品创造的范围没有充分领会。对100%准备金安排进行批评的人，如施莱辛格（Schlesinger 1960）、米什金（Mishkin 1989）、本斯顿和考夫曼（Benston and Kaufman 1993）以及劳伦特（Laurent 2000）强调说，虽然100%法定准备金会将银行作为向私人部门融资贷款的一种发生所发行的固定面值负债视为非法，但是，它可能会对不受管制的中介机构提供新的激励来如此这样做。[1] 因而，通过100%法定准备金提供的货币控制可能是虚幻的。由于与经济相关的货币存量可能要包括不受管制机构的负债，因此，官方控制的货币存量可能是一个货币流通速度具有相当大不稳定性的序列。

弗里德曼认识到，金融中介机构有规避法定准备金以及其他对它们的活动进行直接管制的措施的动机。[2] 他继续承认，银行是金融中介的一个"高效合理的机制"（Instructional Dynamics Economics Cassette Tape 16, February 1969）。正是基于这个制度事实，才促使本斯顿和考夫曼（Benston and Kaufman 1993, 42-44）争辩说，强制实施100%的准备金制度会导致不受管制的类

---

[1] 这些作者中的许多人，在他们的其他著作中，采纳了货币主义者的传导机制和货币政策的思想。这个事实着重指出，对100%准备金的支持是与货币主义分开的。

[2] 参见Friedman（1971b, 17）关于法定准备金和Friedman（1957b, 86-87, 102）关于金融机构规避更广泛的管制的动机的论述。

银行机构的存贷活动的激增。

弗里德曼认识到，美国现存的部分法定准备金安排制度已经产生了这些规避方式，而这样的规避方式又催生了那些不包括在美国官方的货币总量之中的类存款的资产。然而，他似乎没有完全面对这种认识与他偶尔提倡100%法定准备金之间的张力。也许可以说，自弗里德曼从1960年起就一并提出100%法定准备金建议和银行准备金获得利息的建议以来，他设想的改革会抑制规避法定准备金的动机。但是，一个由对银行准备金支付利息和100%法定准备金组成的制度依然可能包含着避开这些规定的大量激励。银行中介经常参与支配收益率曲线，并向具有风险的、经过银行筛选过的私人企业项目贷款。在100%准备金制度中，银行的准备金余额赚取无风险资产的利率。这可能会造成银行的投资组合收益率要低于他们将存款负债作为私人贷款融资所获得的收益率。

弗里德曼在20世纪八九十年代继续支持100%法定准备金。例如，他在1981年4月说："如果我真的像我希望的那样激进，我就会废除部分银行准备金制度，建立一个100%的准备金制度。"而在1992年再版《货币稳定计划》的序言中，他重申了100%法定准备金的优点。① 但是，更可能的是，100%法定准备金改革在实践中不可行，因为它无法实现改善货币控制的预期目标。弗里德曼并未明确地在著作中接受这个要点。不过，与

---

① 参见Friedman（1981a, 10）and Friedman（1992b, x-xii）。大致在这两个陈述期间，为了回应霍特森（Hotson 1985），弗里德曼在1986年2月3日致约翰·霍特森的信中，再次重申了对100%准备金制度的支持。该信得到详细的引述（R. Phillips 1995, 174; Hellyer 2010, 180）。

西蒙斯不同的是，他的确承认，100%准备金方案的几个主要目标，特别是中央银行控制银行存款和隔离开货币存量与信贷市场的扰动的目标，可以借助其他手段加以实现。考虑到这些承认的因素，弗里德曼强调的要点是，采纳100%的法定准备金并非必要的改革。

在结束本小节之前，我们讨论一下另一个在20世纪30年的经验提出的与法定准备金相联系的问题——即美联储在1936年和1937年提高法定准备金的行动的效应问题——是合适的。"美联储提高法定准备金造成美国在1937年和1938年的货币状况更加紧缩，从而助长了经济衰退"的说法几乎毫无争议。这是《美国货币史》的观点，梅尔策（Meltzer 2003, 518–521）也得出了相似的结论。相比之下，古德哈特（Goodhart）对此表示怀疑，然后指出商业银行可能不理会法定准备金的增加。哈奈斯（Hanes 2006, 189）尽管强调另一项美国货币行动，即伴随着美国财政部出售其黄金持有量而来的商业银行准备金的减少，是影响20世纪30年代货币和经济收缩的一个重要因素，但也得出结论说，在造成20世纪30年代晚期美国经济衰退的条件中"法定准备金并不重要"。

表2.2对1936年和1937年法定准备金的增加可能相当于货币的显著收缩的说法提供了一个直截了当的证明。该表提供了1933年之后的复苏时期的M2增长率和名义收入增长率与两个货币基数增长率测量指标之间的相关系数。其中一个测量指标对法定准备金的变化进行了调整，另一个测量指标则没有进行这种调整。尽管这两个货币基数系列是从现金和银行准备金的稍微不同的定义中推导出来的，但是，它们在20世纪30年代，除了1935—1938年，都具有基本相同的增长率。因此，这两个系列

的重要差异主要反映了1936年和1937年法定准备金的增加。

表2.2　1934—1941年货币基数的增长率与当期和未来的名义收入增长率和货币增长率之间的相关系数

	1934—1941年行变量与下列变量的相关系数			
	货币基数增长率（对法定准备金的变化未进行调整）		货币基数增长率（对法定准备金的变化进行了调整）	
	同一年	前一年	同一年	前一年
名义GNP增长率	−0.08	0.41	−0.17	0.73
M2增长率	0.45	0.47	0.28	0.87

注：名义GNP和M2是从巴尔克（Balke）和戈登（Gordon）的年度数据表中获得的。未对法定准备金的变化进行调整的货币基数的年平均值是从本内特·麦卡勒姆的高能货币的季度平均序列中计算得出的，后者又是从米尔顿·弗里德曼和安娜·施瓦茨的数据中导出的。对法定准备金的变化进行调整后的货币基数的年平均值是从圣路易斯联邦储备银行的调整后的货币基数序列获得。这个数据可从圣路易斯联邦储备银行FRED入口链接得到。在所有情形下，增长率都是从年序列的水平值计算得出的。

该表显示，M2增长率和名义收入增长率都与调整后的同一年和前一年的货币基数增长率明显地更加相关，而与未调整后的系列不那么明确地相关。这个研究发现否定了古德哈特（Goodhart）对法定准备金变动所提出的乐观解释。该解释基本上依赖于商业银行的行为，特别是存款创造的行为对法定准备金的增加呈中性。这种中性成立的一个条件是，法定准备金的增加对商业银行不具有约束力，因为20世纪30年代末期的银行不在乎将他们持有的大量准备金余额算作超额准备金还是法定准备金。M2在法定准备金增加的情况下出现收缩的事实与这种观点

不相符，因为货币收缩意味着法定准备金的增加会促使银行部门缩减开支。① 同样地，伴随法定准备金的增加而来的名义收入增

---

① 赫什（Hirsch）和德马奇（de Marchi）将法定准备金增加之后高能货币的增加即未调整货币基数的增加，描述为不利于《美国货币史》关于法定准备金增加等于紧缩政策的解释的证据。但是，这种描述表现出对法定准备金增加的误解。伴随法定准备金增加而来的商业银行准备金总量的增加与法定准备金增加是一种真正的紧缩政策相符合的条件是，银行准备金的增加与法定准备金的增加相比很小。确实，这个条件在1937年得到满足，因为调整后的货币基数即使在高能货币或未调整的基数增加的情况下减少了。赫什和德马奇也将20世纪30年代"银行有意地积累超额准备金"的观念描述为弗里德曼和施瓦茨的一种"信仰"。但是，这实际上是一个体现在超额准备金定义中的老生常谈，无须"信仰"就可以接受它。相反，真正的问题是蓄意地积累准备金的动机是什么。
法定准备金的增加造成商业银行的资产负债表收缩的观点在 Telser（2001）和 Cargill and Mayer（2006）分析1936—1937年间作为联邦储备系统成员的商业银行的行为时得到证实。这两个研究的第一个将其研究结果解释为与弗里德曼和施瓦茨（Friedman and Schwartz 1963a）关于法定准备金的增加对经济产生紧缩效应的观点相矛盾。但是，特尔泽得出这种判断的依据是并不存在伴随法定准备金的增加而来的银行贷款的减少。然而，弗里德曼和施瓦茨关于波动性的观点是建基于货币与经济而非银行贷款与经济的联系之上的。因为要法定准备金的增加产生货币收缩的结果并不需要银行贷款的减少。相反，它只要求银行总资产的减少即可，而银行资产的收缩反过来会对银行的存款施加下降的压力。特尔泽的分析证实银行收缩资产以应对法定准备金的增加，因为他报告说成员银行逐渐减少了国库券的持有量。
此外，需要指出的是，Calomiris, Mason, and Wheelock（2011）提出的法定准备金的增加依然让法定准备金无法满足商业银行对总准备金的需要的观点并不具有他们声称其研究结论所具有的含义，即法定准备金的增加并未减少货币存量。因为要法定准备金的增加对商业银行的存款具有紧缩效应所需要的条件是，法定准备金的增加让商业银行持有的预防性准备金，与他们的法定准备金相比，远小于他们希望持有的具有缓冲效果的预防性准备金。这个要点构成了 Friedman（1960a, 46; 1961c, 181）和 Friedman and Schwartz（1963a, 348, 461, 532）讨论的基础。

长率的下降似乎也与法定准备金的变化无害的观点不相符。

法定准备金可能有中性效应的情形是,未调整货币基数的增加量抵消了法定准备金的增加对货币量的影响。但是,调整后货币基数的下降和 M2 的收缩都提出了不利于此种情形的证据。

表 2.2 也与哈奈斯(Hanes 2006)拒绝考虑 1936—1937 年的法定准备金的变化的结论不一致。如果法定准备金的增加没有影响,那么,调整后的货币基数的增长率与 M2 增长率和名义收入增长率的相关系数不应比未调整货币基数的增长率与 M2 增长率和名义收入增长率的相关系数更大——然而,它确实更大。因此,法定准备金的变化似乎的确在货币量的重新收缩和随之而来的 1937—1938 年的经济衰退中起到了重要的作用。认识到这个行动的重要性不要被视为否认该时期存在其他紧缩性的货币政策行动。正如哈奈斯(Hanes 2006)所强调和弗里德曼也指出的那样,美国财政部在 20 世纪 30 年代末期更是主导了商业银行准备金的运行情况,因为财政部对黄金流入的冲销减少了准备金存量。① 不过,法定准备金的增加明显强化了这种紧缩措施。

二、西蒙·库兹涅茨

多年来,一些更多地出于本能对凯恩斯革命进行批评的人会对经常提出的这种说法感到愤怒:凯恩斯的《通论》开创了国民收入核算的研究,或者是国民收入核算研究的主要推动

---

① 关于弗里德曼对黄金操作的重视,例如参见 Friedman and Schwartz (1963a, 510, 544-545; 1963b, 52)和 Friedman (1960a, 20; 1984c, 25)。

力。① 例如，亨利·赫兹利特（Henry Hazlitt）这位在弗里德曼之前的《新闻周刊》的经济学专栏作家，在20世纪50年代晚期写了一本批评《通论》的著作。在这本书中，他以"纯粹的幻想"为由拒绝了"凯恩斯创造了'国民收入'的概念"的观念（Hazlitt 1959, 409）。大致在同一时间，克拉克·沃伯顿（Clark Warburton）——一位将在下一章详细讨论的经济学家，他在关于货币政策和批评凯恩斯的许多著述中预示了弗里德曼——表达了相似的意见。他（Warburton 1958, 211）评论说："在美国，国民收入和产出表的理论和方法至少……与该领域在《通论》发表之前的经济思想和著作密切联系的程度远胜于凯恩斯及其追随者的著作。"与赫兹利特一样，沃伯顿接着引述20世纪30年代晚期的著作，主要是西蒙·库兹涅茨的著作，特别是库兹涅茨在1937—1939年间出版的国民经济研究局会议系列《收入与财富的研究》的一至三卷。②

不过，弗里德曼在讨论这个主题时则更加慎重。"对国民收入估计的重视"，他在1961年写道，"尽管不是其最初的发展，

---

① 这种说法以及接着的举例，参见 Listener（London），January 5, 1978。
② 参见 Conference on Research in National Income and Wealth（1937, 1938, 1939）and Warburton（1958, 212）。沃伯顿本应引用但却没有引用的另一本经典著作是库兹涅茨1937年的《国民收入与资本形成：1919—1935》。此外，帕廷金（Patinkin 1982, 130, 235, 244）指出，Kuznets（1934）这个国民经济研究局与政府合作的产品，是对国民收入初步估计的一个早期来源。弗里德曼在回忆录中对此进行了强调（Friedman and Friedman 1998, 68）。Patinkin（1982, 244-245, 251-260）强调，英国在两次世界大战期间对国民账户进行的研究早于《通论》。不过，帕廷金也认为，凯恩斯革命以及特别是第二次世界大战产生的对经济政策的需求推动了英国从1941年起出版国民收入的官方估计著作。

主要来自凯恩斯对经济理论的革命"。① 弗里德曼慎重的反应值得注意,不仅是因为它来自这位到1961年已是凯恩斯革命的批评者之手,而且是因为弗里德曼进一步有贬低凯恩斯主义对国民收入核算的发展提供了推动力的动机。在20世纪30年代后期,弗里德曼曾是库兹涅茨这位国民账户开拓者的一位学生和助手。库兹涅茨分派给弗里德曼的一些研究任务包括国民账户的汇编。事实上,克拉克·沃伯顿在以上讨论中引用的三卷国民经济研究局在20世纪30年代末出版的国民账户资料,不是由别人而正是米尔顿·弗里德曼编辑的。②

弗里德曼最早的出版物之一是他在20世纪30年代居住在华盛顿特区时期发表的一篇对库兹涅茨著作的肯定性评论——该评

---

① 同样,奥托·艾克斯坦(Otto Eckstein)在平衡凯恩斯和库兹涅茨的贡献时说,正是"库兹涅茨—凯恩斯—丁伯根"集体将"收入支出法"引入计量经济模型。艾克斯坦的这种表述明显是一种赞扬库兹涅茨引入国民收入核算的手段。不过,"收入支出法"成为弗里德曼特别地与凯恩斯主义的经济分析而非与国民收入核算本身使用相联系的一个术语。

② 参见 Conference on Research in National Income and Wealth(1937,1938,1939)。弗里德曼提到他在国民经济研究局关于国民账户的早期出版物中作为编辑的作用(Hammond 1992, 106 和 Friedman and Friedman 1998, 70, 619)。1939年这卷的前言文本证实了弗里德曼是一位编辑,尽管扉页并没有给予他正式的"编辑"荣誉。Silk(1976, 55)认为弗里德曼只编辑了后两卷,但是第一卷的序言在第18页说,"报告和讨论的编辑由米尔顿·弗里德曼所做"。也要注意,不管是否给予荣誉,"编辑"不同于"作者",因此,正如 Ebenstein(2007, 283)认为的那样,将"《收入与财富研究》的合著者"这个大名给予弗里德曼是不合适的。弗里德曼在正式的传记中更准确地将他描述为该系列的1937—1939年多卷的"编辑和小部分的贡献者"。弗里德曼作为受人尊敬的作者对第一卷的贡献只有三页,参见 Friedman(1937b)。

论是弗里德曼在《政治经济学杂志》上发表的第一篇文章。[1] 不过，根据弗里德曼的回忆，他在此时还不认识库兹涅茨，可能直到1937年初才见过他。[2] 从这时开始直到1940年，弗里德曼以国民经济研究局带薪助理与在事实上是库兹涅茨的博士研究生的双重身份，与库兹涅茨一起工作。[3] 因此，弗里德曼发现他几乎一开始就参与了经济学的一个重大突破，那就是发展国民收入核算。库兹涅茨在1941年的著作《国民收入及其组成部分：1919—1938》(National Income and It's Composition,1919—1938)中感谢弗里德曼在这项工作中提供的帮助。在该书中，库兹涅茨在第29页中指出"我特别得益于米尔顿·弗里德曼的评论"。此外，库兹涅茨在第441页的论述中指出了弗里德曼所做的计算。[4]

与上面引用的说法一致，国民账户的研究在《通论》问世之前就已经启动。而且，国民账户的研究不是一个单独受到凯恩斯的经济分析影响的研究领域。毕竟，国民收入账户对交易方程式

---

[1] Friedman（1935b）.
[2] Friedman and Friedman（1998, 68）.
[3] 业已指出，弗里德曼在后期的叙述中强调他在1937—1949年时期作为在职研究员的身份。而且，弗里德曼（Friedman 1986a, 85）描述的情形是，库兹涅茨雇用他研究库兹涅茨的项目。但是，弗里德曼在从事这项工作时基本上就是在写他的博士论文。
[4] 此外，一份对美国财政政策所做的早期研究（A. Hart and Allen 1941, v）感谢弗里德曼在"在税收估计中使用国民收入数据"提供的建议。由于这次提到弗里德曼，弗里德曼的名字因而出现在该书的索引中，与凯恩斯的索引条目同样都在第274页。凯恩斯与弗里德曼的名字同时出现在印刷品的同一页的另一个早期例子是马克卢普（Machlup 1943, ix）在序言的一段中，感谢凯恩斯著作提供的启发和弗里德曼在马克卢普撰写过程中提供的具体评论。

的收入形式（即 $MV = Py$ 的右边组成部分）提供了衡量。在成为货币主义者之后，弗里德曼指出，国民账户的发展是支持交易方程式的收入形式胜过交易形式的一个论据。[1]

尽管如此，弗里德曼关于凯恩斯革命是国民账户研究的一个主要催化剂的评价似乎是恰当的。这与伯恩斯（Burns 1952a, 6）关于凯恩斯革命是"将经济理论的研究重点从价格领域转移到收入领域的最重要的单一因素"的评价相符。随着研究重点的转变，对收入流的详细衡量就变得更加紧迫。而且，凯恩斯革命推动了综合国民账户的研究，因为凯恩斯强调总支出在其组成部分中的分类。[2]

实际上，这种支出分类的研究是启发弗里德曼后来对消费进行研究的主要证据。库兹涅茨在20世纪40年代关于消费与收入的比率在美国的历史上呈现相当大的稳定性的研究发现，对弗里德曼的研究产生了深远的影响。该发现与《通论》关于这一比率随着国民收入的增加而下降的假说形成了对比。因此，对凯恩斯原创性的消费函数的怀疑有助于促进弗里德曼发展持久收入

---

[1] 例如参见 Friedman and Schwartz（1982a, 21–22）。与交易方程式的交易形式 $MV = PT$ 相对的收入形式是庇古（Pigou 1917）提出来的——弗里德曼在1932—1933学年上芝加哥大学的货币理论课程时研读过这篇文章（参见 Leeson 2003a, 509）。

[2] 例如，唐·帕廷金指出，《通论》具有"集中研究国民收入的大小及它们之间的函数关系"的特征。

假说。①

不过，在20世纪30年代晚期，消费行为的问题并未居于弗里德曼研究计划的中心。其实，当他的工作地点从华盛顿特区的国家资源委员会搬迁到纽约市的国民经济研究局时，弗里德曼的研究重心偏离了消费领域。他在20世纪30年代末期从事的国民收入核算研究只是这些年间研究的一个附属部分。他从国民账户研究中获得专门知识在多年内一直对他都很有用，因为作为一名财政部的雇员，他担任了美国参议员罗伯特·塔夫脱（Robert Taft）这方面主题的非正式顾问（Chicago Tribune, November 28, 1976）。② 但是，从1937年9月开始在国民经济研究局工作到1940年因新职离开，弗里德曼主要关心的问题是推进一个他从

---

① 弗里德曼在他的消费函数著作的开头就强调了库兹涅茨的研究发现，引用了库兹涅茨后来对其研究发现的总结。不过，在这点上更标准的参考（例如参见 Blaug 1990, 36）是 Kuznets（1946），尽管 Modigliani（1975a, 3）在同一点上引用了 Kuznets（1942）。早在1950年的一本可能受到库兹涅茨研究成果影响的教材指出，凯恩斯过于自信他在《通论》中提出的消费与收入关系的假说在经验上的正确性。我们将看到，弗里德曼在20世纪50年代提供的解决办法就是进行重新表述，以便肯定消费与收入之间的稳定关系的观点，但一个重要的限制性条件是必须重新界定收入的概念。
② 通过这次交往，弗里德曼与罗伯特·塔夫脱这位著名的共和党参议员建立了密切的关系。但是，在1940—1941年的交往期间，他们在支持美国参与第二次世界大战的理由上的意见不合。弗里德曼在此事大约三十年之后回忆说，"我个人恰好在那时是一位干预主义者。我不同意鲍勃·塔夫脱的观点"（NET Journal Presents Conservative Viewpoint, PBS, May 4, 1970）。

库兹涅茨手中接过来的项目。[1] 与库兹涅茨的其他研究一样，这个项目涉及收入数据的研究。不过，这项研究不仅与国民支出总量的研究相去甚远，而且也与凯恩斯主义的或数量论类型的总行为理论相去甚远。相反，弗里德曼和库兹涅茨的项目是研究微观经济数据——这是一个在20世纪30年代末流行的，但在它出现之后弗里德曼也不喜欢的术语。

弗里德曼在库兹涅茨指导下进行了专业人士收入的研究。该项研究对这种说法提供了一个反例——这种说法在弗里德曼的货币主义时期通常得到大力宣扬——不管他往哪儿看，他看到的都是完全竞争，他既没有兴趣也没有理解在商品和服务定价之中垄断势力行使的范围。尽管从表面上看该项目研究医生、注册会计师、律师和咨询工程师等专业人士收入的行为，但是，从该项目研究中得出的结论让弗里德曼在接手该项目之后对医学界在事实上采取了批评的态度。弗里德曼在比较各专业人士的收入时表明，医疗行业的进入障碍提高了医生的收入。该研究最终专注于医疗保健成本的事实意味着，弗里德曼对这个主题的兴趣介于他的职业生涯的两端。一方面，他在20世纪三四十年代对成本压力的研究由医疗保健市场的供给方面引起；另一方面，他在20

---

[1] Friedman and Friedman（1998, 69）记录了1937年9月的到达日期。弗里德曼从事经济学职业的漫长生涯可以从以下事实获得些观念：①弗里德曼最著名的国民经济研究局的著作（Friedman and Schwartz 1963a）是在他最初加入研究局之后的二十五年以上才出版的；②弗里德曼活着看到，并且通过书信评论了发表在《货币经济学杂志》上的弗里德曼和施瓦茨著作（Friedman and Schwartz 1963a）的三十年回顾；③其中一篇评论（Lucas 1994b），是罗伯特·卢卡斯写的——他在弗里德曼第一次到达国民经济研究局的1937年9月出生。

世纪 90 年代和 21 世纪的最初十年对医疗保险的研究，由医疗保险市场的需求方面引起。①

弗里德曼与库兹涅茨著作的一个版本在 1939 年问世。采取的形式是一个冗长的——16 页、双列排版和小号字印刷——研究报告，发表在 1939 年 2 月 5 日《国民经济研究局简报》（*National Bureau of Economic Research Bulletin*）的合刊上。② 弗里德曼与库兹涅茨著作的这个转眼即逝的版本变得默默无闻，很少有人在公开发表的讨论专业人士收入的研究中引用它或提到它。然而，这份出版的小册子成了弗里德曼的研究在众多场合中登上新闻头条的第一次，因为《纽约时报》在库兹涅茨和弗里德曼发布这个 1939 年版本的著作之时于 1939 年 2 月 5 日提供了一篇新闻报道。③ 这份 1939 年的研究著作也在一份杂志的书评栏目中获得了一个条目的位置，好像这份小册子有权被当作一本书似的（University of Chicago Press 1941）。弗里德曼本人在他的一些当时发表的著作中也引用了库兹涅茨与弗里德曼的这份 1939 年的小册子。④

这份 1939 年报告的标题是"独立专业人士的收入：1929—1936 年"（*Incomes from Independent Professional Practice, 1929—1936*）。这个标题与后来弗里德曼和库兹涅茨未删节的著作的不同

---

① 例如参见 Friedman（2001）。
② Kuznets and Friedman（1939）。
③ 这不是弗里德曼第一次在报纸中获得报道。弗里德曼在 19 岁时第一次被《纽约时报》报道，因为他在罗格斯大学的优秀学生参与的雅各布·库珀（Jacob Cooper）逻辑奖大赛的考试中获得了第 2 名，并获得了大学颁发的 200 美元奖金（New York Times, April 25, 1932）。
④ Friedman（1939, 136）.

之处在于，后来的著作在标题上去掉了时期，并将"收入"改为单数。① 尽管国民经济研究局的报告将库兹涅茨列为第一作者，但是，国民经济研究局在序言中指出，弗里德曼从1937年起负责该项目的研究，而库兹涅茨正忙于其他研究工作。实际上，这项研究的1939年版本和后来的版本基本上都是弗里德曼的作品。弗里德曼在后来回忆说，他接受这项研究的结果是"全部重写了手稿"。② 在1941年加入国民经济研究局的安娜·施瓦茨指出："弗里德曼基本上彻底改写了他与库兹涅茨准备的手稿，以至于我要说，这与其说是库兹涅茨的著作，不如说是弗里德曼的论文。"③

弗里德曼的贡献也明确体现在该研究的最终版本的可读性上，而该研究的著作版本在1945年出版。④ 该著作的可读性不是来自作者表述的简洁性，因为这本书长达六百多页。可以预料，该著作的篇幅遭到了评论者的批评。《美国经济评论》上的一篇书评（Yntema 1946, 682）对"从一个如此狭小的主题编造出如此巨大篇幅的一卷著作"表达了保留意见。

在漫无节制的分析过程中，弗里德曼与库兹涅茨的这本著作

---

① 弗里德曼在一些自传的著作列表中引用1945年的未删节版本的著作时错误地保留了复数形式（例如NBC 1946a, i）。另一方面，Mayer（1972, 82）在提到弗里德曼与库兹涅茨的"著名研究"时都在收入和人士上添加了复数"s"。
② Friedman and Friedman（1998, 71）。
③ E. Nelson（2004a, 399）。但是，Weyl（2012）提出，库兹涅茨的一些背景因素也可能会促使他对医学界的准入采取批评的视角，这构成了Friedman and Kuznets（1945）的基础。
④ Friedman and Kuznets（1945）。

表现出弗里德曼的言谈方式的许多标志性特征，包括频繁使用短语"自由选择"。该书第129页对亚当·斯密的引用也体现出弗里德曼可辨识的风格。另一方面，该书在第159页对"假设的现实性"需要的强调表明弗里德曼的经济学方法论依然还未成型。而且，如同一些读者所强调的那样（Muttitt 1948, 538），弗里德曼与库兹涅茨的研究是建立在分析问卷调查的反馈意见的基础之上的。弗里德曼后来对从研究问卷调查的证据中获得结论的做法持怀疑态度。这种怀疑态度促使他在20世纪50年代早期对以问卷调查为基础的证据进行了尖刻的批评。① 不过，为公平起见，他后来的这种怀疑态度可以被解释为谨慎地使用这类证据的一个告诫，而非严格反对使用这种证据。弗里德曼与库兹涅茨的著作为什么最终如此冗长的一个原因是，因为他们尝试全面研究这些调查数据中可能存在的偏误。可能更重要的是，弗里德曼对问卷调查的怀疑集中在经济学家用它们来推断出影响代理人决策的原因。这种批评不适用于依靠问卷调查来提供数量信息的做法，而这是弗里德曼与库兹涅茨的著作主要关心的问题。②

就《独立专业人士的收入》对经济学文献的持久影响而言，有两点值得注意。第一，该著作采纳了持久性与暂时性收入的区分。这种区分在弗里德曼的消费著作中十分重要。后面的章节特

---

① 参见 All Participants（1951, 251）and Friedman（1949c, 198–199; 1952c, 457; 1953c, 31）。另参见弗里德曼在1979年的评论（Anderson 1982, 201–202）和1987年的评论（Nightline, ABC, November 6, 1987, p.34 of transcript）。

② 戴维·莱德纳在2014年11月6日的私人通信中强调了弗里德曼对问卷调查这方面的态度。

别是下面的第三章和第五章将对此进行论述。

　　第二，该著作强调并发展了人力资本的概念。"人力资本"的概念和术语并不是弗里德曼与库兹涅茨最先提出来的。布劳格（Blaug 1976）强调，人力资本概念在早期经济学著作中非常流行，同时"人力资本"术语与现代用法基本相一致的使用方式出现在20世纪40年代之前的一些文章中。例如，哈罗德·博格（Harold Boag）1916年1月发表在《皇家统计协会杂志》（*Journal of the Royal Statical Society*）上的一篇文章"人力资本与战争成本"的第7页指出，"政治经济学家经常争论的一个估价问题是体现在一个国家工人身上的技能与知识的资本形式问题"。尽管如此，弗里德曼与库兹涅茨的著作的贡献在于，将人力资本的研究转变为经济学的系统性研究。在《独立专业人士的收入》出版之前，弗里德曼在1943年的支出税文章中正式使用了"人力资本"的术语。① 他有理由说，他与库兹涅茨的这项研究是人力资本领域"最早的经验研究之一"。② 安娜·施瓦茨（Schwartz 1992）相信，弗里德曼对人力资本文献具有巨大的影响。也许最令人惊奇的是，保罗·萨缪尔森（Newsweek, October 25, 1976a）给予了弗里德曼相似的评价。他评论说，"弗里德曼（与1971年

---

① Friedman（1943a, 58）。
② 参见Friedman and Friedman（1998, 71）。不过，弗里德曼也承认，他们著作中的处理方法（Friedman and Kuznets 1945）已经被后来的人力资本文献所取代。在《资本主义与自由》的叙述中，弗里德曼（Friedman 1962a, 101–102）不仅改写了Friedman（1955b）的部分内容，而且在引用时将Friedman and Kuznets（1945）的估计用Becker（1960）和T. Schultz（1961）代替。

的诺贝尔经济学奖得主西蒙·库兹涅茨）最先分析和测量了我们在医疗和其他教育上的投资，以及该项投资所产生的利息收入这种'人力资本'"。

弗里德曼与库兹涅茨的著作也对人力资本理论做出了贡献。布劳格（Blaug 1976, 827）认为，他们的研究提供了人力资本"这个新理论的一些关键要素"。即便如此，人力资本的新理论主要由紧跟弗里德曼与库兹涅茨的著作之后的其他人所发展。特别是，布劳格突出了西奥多·舒尔茨（*Theodore Schultz*）和加里·贝克尔的贡献。卢卡斯（Lucas 1988a）在论述人力资本并将其加入他的经济增长模型时引用的正是他们的著作。[1] 其实，贝克尔（Becker 2007, 182–83）在评价弗里德曼与库兹涅茨这卷著作时侧重于引入持久性与暂时性收入的分类，尽管他在论述中也的确承认该著作是一本分析人力资本的早期著作。[2]

弗里德曼在1986年《经济学名人录》的词条中将"资本理论"列为他的研究领域之一，尽管在他心目中的资本理论主要是他的《价格理论》教材中的资本理论或利息理论而非人力资本研究。在1981年被要求预测未来的诺贝尔经济学奖得主时，弗里德曼预测贝克尔的人力资本理论的研究会让贝克尔获奖。实际上，贝克尔的确在1992年获得了此奖。[3]

在战后，弗里德曼在芝加哥大学的价格理论课程和偶尔在各

---

[1] 帕廷金同样将这两人列为芝加哥学派对人力资本理论的贡献者。在该著作的一个段落中，他似乎奇怪地将"人力资本"术语的起源归因于贝克尔和舒尔茨。
[2] 也承认，弗里德曼与库兹涅茨的这项研究"极大地影响我的思想"。
[3] 参见 Wallechinsky, Wallace, and Wallace（1981, 417–418）。

种经济学问题的讨论中回到人力资本的主题。例如，在1973年的英国广播电台的采访中，弗里德曼评论说，建议对资本征税的一个"很大误解"是忽视了一个关键事实——"大多数资本都是人力资本"。① 近年来，总资本存量的这个性质在最优税收文献中被加以强调。例如，拉里·琼斯和鲁道夫·马努埃利（L. Jones and Manuelli 2001）在加入人力资本分析之后重新考虑了对人力资本征税的结论。②

《纽约时报》在对弗里德曼与库兹涅茨这项研究的1939年版本的报道中，将这本小册子列为"西蒙·库兹涅茨和米尔顿·弗里德曼博士"著，发现了该著作引起争论之处。尤其是，《纽约时报》的报道在指出两位作者明确地说他们并不认为医生们蓄意地通过限制医疗行业的准入来提高他们的收入之后，继续从报告中引用了一个恰好带有这种结论的段落。

同样的结论在弗里德曼与库兹涅茨这项研究的1945年版本中得以明确公布，尽管夹杂在该书的大量技术材料之中，包括一个不少于75页的以"商务部样本的可靠性"为标题的技术材料。该研究的概要以及国民经济研究局的官员们在出版前对它的反应都被很好地浓缩在《商业周刊》的这种评论之中：弗里德曼与库兹涅茨这项研究的未删节版本的发布"被推迟了四年，因为他（弗里德曼）冒失地说，医生的高收入可能反映了蓄意限制行

---

① 弗里德曼在英国税收政策的讨论明确提出对财富征税时强调了这一点。在英国这场辩论的后来阶段，Kay and King（1978, 74）利用弗里德曼提出的反对意见同样争论说，财富税是不可行的。
② 另参见 Manuelli and Seshadri（2014）对不同国家的人力资本存量的最近估计。

业准入的努力"。① 弗里德曼在回忆录中指出，弗里德曼与库兹涅茨的这项研究到1941年"基本完成"，尽管这个陈述不是在暗示1945年发表的版本等同于1941年的手稿。② 相反，如弗里德曼所承认的那样，在国民经济研究局的董事会中一位医药官员针对初稿中含有责难医疗行业的惯例提出反对意见之后，他与库兹涅茨为了弱化这些论述进行了多次重写。这位官员的最初反对意见出现在1941年10月，而后业重写则花了随后的三年时间。③

这本著作的延迟发表也推迟了弗里德曼获得博士学位的日期。弗里德曼通往经济学博士学位之路表明了大学在这些年中对博士论文的出版规定所采取立场的变化。现在，研究著作只有在被当作博士论文的组成部分之后才能出版，而这些著作的最受鼓励的出版形式则是发表在研究杂志上的论文。但是，弗里德曼在学生时代所面临的规定则是，在授予博士学位之前博士论文必须以著作的形式出版（Silk 1976, 60; Margin, January 1986）。在这种情形下，弗里德曼将他与库兹涅茨在1945年出版的著作的一部分当作他的博士论文。这篇论文因而构成了哥伦比亚大学在

---

① Newsweek, October 25, 1976b, 89.
② Friedman and Friedman（1998, 71）。罗丝·弗里德曼（R. D. Friedman 1976b, 19）同样说"这项研究在1941年完成"，而希尔克（Silk 1976, 59）的说法相似但更加肯定。Friedman and Kuznets（1945，x）更准确地指出，该著作的分析在1941年完成，随后则对手稿进行修改。弗里德曼（Margin January 1986, 4）则说他真的在20世纪30年代末完成了这项工作。弗里德曼的这个说法可能是指1939年2月发布研究成果的摘要而不是指1939年完成了弗里德曼与库兹涅茨这个手稿的完整版本。
③ 参见 Friedman and Friedman（1998, 74-75）。罗丝·弗里德曼（R. D. Friedman 1976b, 19）在前面的叙述中没有详细指出这个纠纷。相反，她仅仅将延迟出版归咎于战争。

1946年授予弗里德曼经济学博士学位的基础。[1]尽管在长期的修改过程中通过增加限制性条件缓和了立场，但是，诚如安娜·施瓦茨所说，"弗里德曼与库兹涅茨的最初立场无疑依然存在于出版的版本之中"。[2]

在回忆录中，弗里德曼感谢韦斯利·米切尔这位国民经济研究局当时的主管，在引导《独立专业人士的收入》的研究安然度过评审过程中出现的各种争论和出版提供的帮助，因而让他获得了博士学位。[3]但是，事情则更加复杂，因为阿瑟·伯恩斯的通

---

[1] 在指出弗里德曼于1946年获得博士学位之后，Breit and Ransom（1971, 226）说，该论文的"扩充版后来与西蒙·库兹涅茨出版"于1954年的著作中。这一说法有几个混淆之处。第一，该著作出版于博士论文之前。实际上，如此处指出，出版是弗里德曼的论文得以承认的一个条件。第二，这本著作是与库兹涅茨合著的，尽管他在手稿中的投入随着时间的流逝而减少。第三，1954年的著作是1945年版本的重印本。1954年的重印本这个事实也说明它来自弗里德曼与库兹涅茨1945年的著作，而这个重印本也在国民经济研究局的网站上多年来列为1954年的出版物。

就弗里德曼而言，他在向《1972—1973中西部名人辞典》和《1976—1977美国名人辞典》提供的条目中，将Friedman and Kuznets（1945）的出版日期列为1946年，从而将他的博士学位获得日期与该著作的出版年份相混淆（Marquis Who's Who 1972, 249; 1976, 1080）。《财富》杂志对弗里德曼的简介（Fortune June 1, 1967, 132）犯了同样的错误。

[2] E. Nelson（2004a, 401）。

[3] 关于弗里德曼对米切尔的评论，参见Friedman and Friedman（1998, 75）。米切尔在1945年辞去国民经济研究局研究主任的职务，由阿瑟·伯恩斯继任。

信档案表明，米切尔对弗里德曼的论点持严重的保留态度。①事实上，在弗里德曼于20世纪70年代的一次联邦储备委员会的顾问会议上对伯恩斯的货币政策做了一个令人沮丧的批评之后，伯恩斯苦笑着对委员会理事这些他的下属员工和同事说，也许他应该听从米切尔的建议，不该通过弗里德曼的博士论文（John Scadding, interview, January 7, 1992）。

弗里德曼对弗里德曼与库兹涅茨研究项目的被推迟出版和被部分地禁言的不满，可能促使他在后来的岁月中特别重复和强调弗里德曼与库兹涅茨研究中具有争论性的结论。例如，当他在1951年的一项研究中对工会的数据进行研究时，弗里德曼评论说，数据的缺陷在于没有将美国医疗协会划分为工会。②他在1962年的《资本主义与自由》中利用他的论文对医疗行业的限制性惯例的研究来反对医疗许可证。正是《独立专业人士的收入》与《资本主义与自由》之间的这种联系促使伯南克（Bernanke 2004, 207）这样评论，"米尔顿从来不是政府对各行业进行许可证管理的超级粉丝。"

---

① 米切尔对该论文的保留意见是约瑟夫·伯恩斯在2013年9月12日的访谈中对笔者透露的。约瑟夫·伯恩斯也在杜克大学的阿瑟·伯恩斯档案存放了一封米切尔在1945年8月27日致伯恩斯的信。在这封信中，米切尔陈述了他对弗里德曼在论文中所采取方法的担忧。这封信表明，米切尔的这些担忧在下面讨论的C. 雷诺·罗伊斯（C. Reinold Noyes）对弗里德曼与库兹涅茨著作的批判中得以证实。
② Friedman（1951a, 215）。弗里德曼同样在1969年的电视访谈中说："我经常乐于问人们：'在美国，势力最强大的工会是哪个？'几乎没有任何人给出了正确的回答，那就是美国医疗协会"（Speaking Freely, WNBC, May 4, 1969, p.34 of transcript）。

关于弗里德曼对许可证管理的立场，威廉·鲍莫尔在 2014 年 1 月 23 日的访谈中评论说：

> 好吧，米尔顿在许多这类事情上常走极端。我曾碰到一位律师，他在米尔顿是证人时盘问过他。于是我说："你知道，他是一个很棒的辩手，你盘问他一定很糟吧？"这位律师说："根本不难。我只是问他'弗里德曼教授，您认为应给医生发许可证吗？'，他只是简单地说'当然不是'。"他接着问了两三个这种问题。最后，律师说，"我只得对他说'谢谢，先生。没有别的问题了'。"

在 20 世纪 70 年代的录音带和录像带系列中，弗里德曼像他前几十年做的那样批评医疗行业。他在《自由选择》的著作版本中再次批评医疗行业，引用弗里德曼与库兹涅茨的研究著作，并指出该研究的论点依然有效。[1] 不过，到 20 世纪 90 年代，弗里德曼相信，美国医疗协会限制供给的权力已经大幅度下降。[2] 业已指出，他在此时在他的公共政策研究中侧重于医疗保健市场的需求方。

---

[1] Friedman（1962a, 149-160）; Instructional Dynamics Economics Cassette Tape 113（January 17, 1973）; Milton Friedman Speaks, episode 10, "The Economics of Medical Care," taped May 19, 1978; Milton Friedman Speaks episode 13, "Who Protects the Worker?," taped September 29, 1977, p.11 of transcript; Friedman and Friedman（1980, 238-239 and 324）。Friedman（1986a, 85）同样指出，弗里德曼与库兹涅茨的结论可能依然成立。

[2] Friedman and Friedman（1998, 72）.

弗里德曼与库兹涅茨著作的难以控制的篇幅并不完全是弗里德曼造成的。作为促成《独立专业人士的收入》出版的妥协的一部分，作者的结论章后面是 C. 雷诺·罗伊斯的 6 页"董事会成员的评论"，而他则是国民经济研究局中阻止批准 1941 年报告的董事会成员。这份批评性评论开头就说（Noyes 1945, 405）："关于这份研究提出的某些论点的科学正确性，我必须提出某些保留意见。"评论就此展开。国民经济研究局在出版弗里德曼的著作时必须发表比通常的免责声明更多的内容的事实是未来事情的征兆。弗里德曼和施瓦茨在 1963 年出版《美国货币史》时，直言不讳地将美联储在 20 世纪 30 年代初期的货币政策描述为"不恰当"。这再一次促使国民经济研究局在该书的结尾处插入一个"董事会成员的评论"，从而在研究局与弗里德曼之间建立公开透明性。[①]

弗里德曼全神贯注于经济研究问题的政策含义的倾向与研究局的传统相冲突。[②] 根据国民经济研究局的规定，他不能在研究局的项目研究中加入政策处方。但是，这种规定让弗里德曼有相当大的自由在报告结论时带有明确的政策含义。弗里德曼也可以在国民经济研究局之外的其他渠道发表著作，以国民经济研究局的名义引用他的研究发现，以便作为强硬的政策处方的依据。他在《资本主义与自由》讨论许可证和在《货币稳定计划》——还引用了当时即将出版的《美国货币史》——中倡导固定货币增长

---

① 参见 Friedman and Schwartz（1963a, 407-419）一节的标题"为何货币政策如此不恰当？"。至于该书的"董事会成员的评论"，参见 Hettinger（1963）。
② 以及接下来的论述，另参见 Hammond（1996, 56）。

规则时正是这样做的。①

随着弗里德曼在20世纪60年代晚期的声誉的增长，以及弗里德曼的大名可能会使国民经济研究局相形见绌或者等价于研究局的声誉时，这种情形固有的紧张就放大了。这是一个国民经济研究局公开进行斗争的一个问题，因为约翰·梅耶（John Meyer）这位国民经济研究局当时的研究主管在1967年敦促研究局不要"只是因为弗里德曼强硬发声"就与弗里德曼等同起来。②国民经济研究局的目标是将经济学家按照特定领域的专业技能分类，坚持不做政策建议。这与弗里德曼在其附属机构中的存在令人不安地纠缠在一起，因为他似乎对几乎任何事情都持有强烈的看法，并通常被发现在全国媒体上就跨越多个经济学领域的问题发表观

---

① 由于没有明确地建议它，弗里德曼与施瓦茨也能够在《美国货币史》的讨论中对固定增长规则作为一种政策选择偷偷地表示赞成。此外，他们能够通过表达技术性的保留意见来批评法定准备金这种货币政策工具。
关于弗里德曼与施瓦茨后来的著作《货币趋势》，亨得利评论说，"弗里德曼与施瓦茨从他们的研究中立即得出了主要的政策含义"。这促使哈蒙德（Hammond 1996, 198）尖锐地指责说这是一个"误读"，理由是"弗里德曼与施瓦茨在该书中根本就没有得出政策含义"。不过，亨得利的说法是正确的，而他基本上后来重复了这种说法。弗里德曼与施瓦茨在他们的著作中并没有明确引出政策含义，但是，他们在各种著述和声明中利用了《货币趋势》的研究发现来引申出政策含义。例如，弗里德曼在对英国提出货币政策建议时不仅指出他"大量"利用了他的《货币趋势》在内的研究发现，而且继续认为《货币趋势》的材料对他支持撒切尔政府的经济战略"最为相关"。另外，他在1980年8月6日伦敦的《每日快报》上支持撒切尔政府的战略时顺便提到了《货币趋势》中的研究结论。
② Business Week（May 6, 1967, 120）.

点和政策建议。弗里德曼采取的方法与国民经济研究局的敏感性之间的冲突一直持续到1981年弗里德曼的名字从国民经济研究局的名单中移除时为止。

贝克尔（Becker 2007, 183）认为，伴随着《独立专业人士的收入》出版的"董事会成员的评论"在很大程度上是无关紧要的。[1] 对20世纪30年代晚期的弗里德曼而言，弗里德曼与库兹涅茨的著作似乎也同样可以这么说。弗里德曼清楚地认识到，弗里德曼与库兹涅茨著作的研究主题，用他在1938年与他的未婚妻在通信中的话说，就是被"这倒霉的欧洲局势"弄得相形见绌。[2] 弗里德曼悲观地看着主要的民主国家在20世纪30年代的大部分时间中面对德国的行为时表现出来的无所作为。这种无所作为，用弗里德曼后来的评论说，导致了"熟悉的惨痛结局"。[3]

---

[1] 另参见Becker（1991a, 140）。不过，关于读者的评论得到更好处理的讨论，参见R. L. Anderson（1946, 400）和Arrow（1963, 955）。阿罗在本书于2013年12月7日的访谈中补充说，他相信"弗里德曼与库兹涅茨著作中过分渲染"的医疗行业是垄断的观点是有缺陷的，因为它忽视了医疗保健供给特有的制度特征。"我认为，这代表了任何形式的垄断的观点，无论如何都是不恰当的。"

[2] 米尔顿·弗里德曼在1938年3月17日致罗丝·弗里德曼的信，引自Friedman and Friedman（1998, 77）。

[3] NBC（1954, 8）.

第三章

国内前线的经济政策：1940—1943年[1]

---

[1] 本研究中所表达的观点仅代表笔者本人，不应解释为联邦储备委员会或联邦储备系统的观点。笔者感谢米格尔·阿科斯塔、威廉·A.艾伦、艾伦·J.奥尔巴赫、安德鲁·吉芬、戴维·莱德勒、安-玛丽·梅伦戴克、迈克尔·帕尔金，以及已去世的胡里奥·罗腾伯格对本章初稿的有益评论，以及罗伯特·巴罗对本章论述主题的有益交谈。关于本书完整的致谢名单，参见前言。笔者遗憾地指出，自本章的研究开展以来，笔者曾访谈过并在本章加以引用的戴维·梅塞尔曼和利兰·耶格尔已去世。

第一节　事件与活动：1940—1943 年

弗里德曼在 1940—1941 学年开始时作为一位经济学访问教授加入威斯康星大学经济学系。[①] 在该学年结束之后，弗里德曼离开了威斯康星大学。弗里德曼的离开是伴随着威斯康星大学拒绝向他提供一个永久职位之后发生的。弗里德曼夫妇在回忆录的第六章广泛描述了导致这次决定的事件。鉴于现有详细的讨论和弗里德曼离开的原因不涉及经济学主题的事实，这里无必要详细论述这一时期。不过，由于威斯康星大学事件导致弗里德曼职业方向改变的重要性，仍有必要做简要的论述。只是在弗里德曼离开威斯康星大学之后，他才真正开始习惯于就国家的经济政策和宏观经济学撰写文章和评论——他从没有放弃这一活动。

弗里德曼离开威斯康星大学的部分原因是他试图改变该大学的统计学教学，从而引发了其他教师的不满。[②] 如下面将论述的那样，那种认为弗里德曼在 20 世纪 40 年代初离开了经济学和只专注于数理统计学的说法是不准确的。即便如此，贝克尔（Becker 1991a，138）关于弗里德曼甚至到 20 世纪 40 年代中期在经济学界都还不十分为人所知的描述还是有可取之处，尽管贝

[①]　这是弗里德曼在《1976—1977 年的美国名人辞典》关于他的词条中对这个职位列出的职称（Marquis Who's Who 1976, 1080）。
[②]　例如参见罗丝·弗里德曼的叙述（Friedman and Friedman 1998, 100）。

克尔在这一点上暗示弗里德曼没有发表过多少东西的说法肯定是不正确的。不过，弗里德曼特别是通过他在1937年关于排名分析的文章，在20世纪40年代开始之际就闻名于统计学界。因而，保罗·萨缪尔森（Newsweek, October 25, 1976a）指出，弗里德曼在他职业生涯的早期"在统计学和数理经济学就成名了"。同时，安娜·施瓦茨回忆她在1943年纽约市第一次见到弗里德曼的情形时说："在那时，弗里德曼被视为一位统计学家，而非一位特别有前途的经济学家。"[1] 证明弗里德曼在20世纪30年代末的统计学界获得了一定的知名度在于他得到了著名统计学家杰西·纽曼的书面承认的事实。纽曼在1938年的一篇文章的开头就指出，他最近的研究受到"米尔顿·弗里德曼先生"在1937年4月会议上所提出的样本问题的激励。[2]

这些评论突出了弗里德曼在20世纪40年代要穿行的距离。到这十年结束时，他对统计学的兴趣基本上已经消失了，对数理经济学在很大程度上也是如此。弗里德曼在1970年将保罗·萨缪尔森说成是一位"数理经济学家"之时，无疑意识到这个称号不再适用于他自己。[3] 不过，弗里德曼在1940—1941年对统计学研究的浓厚兴趣反映在革新统计学教学的热情上，他的这种努

---

[1] 引自 E. Nelson（2004a, 401）。与施瓦茨的描述相符，一篇发表在统计学杂志上的评论弗里德曼和库兹涅茨（Friedman and Kuznets, 1945）著作的文章将读者熟悉弗里德曼1937年关于排名的论文视为理所当然。参见 R. L. Anderson（1946, 399）。

[2] Neyman（1938, 101）。弗里德曼提出的问题重印在 Neyman（1952, 127）。

[3] Newsweek, November 9, 1970; and Instructional Dynamics Economics Cassette Tape 60（November 5, 1970）。

力很明显让威斯康星大学的一些统计学教师感到不满。

弗里德曼离开威斯康星大学的另一个明显的原因是反闪米特主义。[1] 弗里德曼在青少年时期就对犹太教和宗教失去了兴趣，并在成年时期热情地庆祝圣诞节。[2] 不过，他说他自己有"塔木德思维"。[3] 他引以为自豪的是，他终身与犹太社区保持着密切

---

[1] 罗丝·弗里德曼在回忆录（Friedman and Friedman 1998）的第六章用了大部分篇幅描述了他们在威斯康星大学的体验，在她叙述的第100—101页上提到了反闪米特主义是弗里德曼离开的一个原因。这一段也论述了威斯康星大学的一些同事抵制弗里德曼提出的对统计学教学的改变，如 S. Stigler（2007, 8）所说的那样。弗里德曼在这一时期遭遇的反闪米特主义也在其他许多叙述中得以提及。一些早期的如果不是具体的叙述包括 New York Times, January 25, 1970, 80; Breit and Ransom（1971, 227）; Silk（1976, 59）; 以及 Los Angeles Times, December 14, 1986, 16。

[2] 在1978年发行但在1977年末录制的《动态经济学教学盒式磁带》第215盘中，当弗里德曼的妻子对捐款者说"祝你们圣诞节快乐快乐"时，他说，"祝我圣诞快乐"。弗里德曼从1972—2006年的秘书格罗丽娅·瓦伦丁在2013年4月1日的访谈中回忆说，"他们无疑会庆祝圣诞节，我们每年都从弗里德曼夫妇收到圣诞节礼物。"安娜·施瓦茨在2009年9月18日的一次谈话中对笔者说，弗里德曼会庆祝圣诞节和复活节，而且弗里德曼曾告诉她，他在十一岁之后就不再对犹太教感兴趣了。在其他地方，他给出停止宗教信仰的具体年龄是大约十二岁（Friedman and Friedman 1998, 23），"十二三岁"（G. Martin 1983, 55），或者直到十三岁之前都是"宗教虔诚的"（California, October 1984, 163）。不过，诚如施瓦茨指出，成年时期的弗里德曼是将圣诞节当作一个世俗的节日而非宗教节日来庆祝的；他是一位不可知论者（G. Martin 1983, 59; Friedman and Friedman 1998, 23）。

[3] Friedman（1972a, 936）.

的联系，包括 1933—1945 年的恐怖岁月时期。① "他与犹太人的宗教信仰方面联系不多"，列奥·梅拉米德回忆说。梅拉米德是在 20 世纪 30 年代逃离纳粹迫害的难民，在战后时期成为弗里德曼的密友。不过，梅拉米德在 2013 年 6 月 9 日的访谈中补充说，"很显然，他知道自己是犹太人，他很看重这一点。" 弗里德曼认为，欧洲在 20 世纪三四十年代发生的重大事件对美国战后流行和容忍反闪米特主义的减少产生了效果。② 然而，与此同时，反闪米特主义依然在美国很流行，弗里德曼也因此将反闪米特主义当作他在 20 世纪三四十年代获得就业机会的一个障碍。弗里德曼蔑视那些将他滑稽地描绘为看不到公共部门的任何善的人，在 1998 年的回忆录中赞扬联邦政府机构在 20 世纪 30 年代到处流行歧视之时向犹太人提供了就业机会。③

一、弗里德曼战时的活动

随着威斯康星大学的工作任期在 1941 年的结束，弗里德曼要寻找一份新工作。他从财政部找到了一份工作，并在 1941 年 12 月美国加入第二次世界大战之前在华盛顿特区安顿下来了几个月。由于过去的许多叙述在这个问题上提出了错误的看法，因此，在详细讨论弗里德曼在财政部的经历之前，我们需要简要地

---

① 例如，弗里德曼在 1977 年评论说，"显然的，我最亲近的团体是犹太人"（Milton Friedman Speaks, episode 1, "What Is America?" taped October 3, 1977, p.27 of transcript）。
② 弗里德曼在 1996 年 4 月 18 日在克莱蒙特·麦肯纳学院的讲话，于 1996 年 12 月 26 日在有线卫星公共事务网播放。
③ Friedman and Friedman（1998, 58）。

描述他在二战中的活动。爱本斯坦不加批判地引用了最初来自里森（Leeson 1998）的一个关于弗里德曼的陈述："在大部分的战争时期，他至少唯一关注的是数理统计学。"[1] 这种说法与弗里德曼在战争期间的活动记录如此严重不符，以至于必须将其当作夸大其词。接受这种夸大其词的正确性就等于将讨论置于错误的基础上。在 1941 年 12 月到 1945 年 8 月美国参与战争的时期，弗里德曼相继地从 1941 年到 1943 年早期在美国财政部工作，然后从 1943 年 3 月到 1945 年夏天在哥伦比亚大学的统计研究小组工作。[2]

在财政部，弗里德曼的工作是研究经济问题，具体而言就是分析税收结构和通货膨胀。[3] 尽管弗里德曼在 1943—1945 年

---

[1] 里森的句子最初出现在 Leeson（1998, 70）之中。艾本斯坦在引用时省略了"至少"。

[2] 弗里德曼将 1943 年 3 月确定为在统计研究小组工作的第一天（Friedman and Friedman 1998, 125）。

[3] 弗里德曼在 Friedman（1986a, 86）中是这样说的：他在战争的头两年从事税收政策的工作，在战争的后两年从事数理统计工作。他的这个说法似乎将他在财政部工作的整整两年，包括 1941 年 12 月之前的时期，算作战争时期。从美国财政部的角度看，1941 年 12 月之前的时期肯定要算作战时状态时期。即使美国实际的国防开支从 1940 年的相对较低的水平开始（弗里德曼在 1983 年 4 月 18 日的《新闻周刊》中指出了这一事实），美国的国防开支计划在 1940 年急剧增加，导致 1941 年的支出大幅度上升。弗里德曼和施瓦茨（Friedman and Schwartz 1963a, 557）认为，美国的资源从非国防转移到国防用途从 1940 年初就开始迅猛地增加。与这个说法一致，对美国财政政策冲击的研究将整个 1940—1945 年的时期当作美国的第二次世界大战时期（参见 Ramey 2011; and Barro and Redlick 2011; 另参见 Seater 1993, 173 在 1941 年的增加）。因此，弗里德曼是在美国的国防活动进入战争模式之后但在正式参战之前加入财政部的。在讨论弗里德曼的财政部岁月时要做这样的区分（E. Nelson 2009a, 469）。

的工作期间实际上主要在统计领域从事工作，他的部分工作也闯入了冶金学领域，但是，在此期间他并没有远离经济学。远非如此。他继续修改他的博士论文，并偶尔在财政部担任顾问。[1] 他发表了一篇书评，而布鲁纳和梅尔策（Brunner and Meltzer 1993, 18）认为这是弗里德曼第一次挑战凯恩斯经济学。[2] 此外，如下面要论述的那样，弗里德曼在1943年6月参加了一场讨论通货膨胀的电台节目，从而进入了在全国范围内就经济问题进行大众辩论的领域。[3]

因此，数理统计学是弗里德曼在大部分的战争岁月中所唯一关心的问题的说法不是一个描述他的战时活动的富有成效的方式。相反，弗里德曼从1941年12月到1945年间的战时活动的不同寻常之处在于其异质性。除了两份连续的工作和涉足广播节目，他还发表了几篇期刊论文。这些论文中最著名的是在《美国经济评论》发表的通货膨胀与税收的文章。[4] 他也与艾伦·沃利斯在一本书中写了一章无差异曲线的实证分析的文章。[5] 他于1943年撰写了他的第二本著作《以税收抑制通货膨胀》

---

[1] 参见罗丝·弗里德曼的评论（Friedman and Friedman 1998, 147）。
[2] 这就是下一章要讨论的 Friedman（1944）。
[3] 如果考虑1939—1945年的第二次世界大战的整个时期，弗里德曼从1939—1941年间的额外经济学活动应加入这个名单，包括博士论文写作、哥伦比亚大学和威斯康星大学的任教，而在威斯康星的大学的任教则包括1940年上的商业周期课程（National Review, June 16, 1989a, 25）。Steindl（2004, 522）讨论了商业周期课程，但给人的印象是此前在书面上提到这门课程的只有 Hammond（1996, 48–50），因而忽略了弗里德曼本人在1989年论述这门课程的事实。
[4] Friedman（1942a, 1943a）.
[5] Wallis and Friedman（1942）.

（1943），① 然后写的是前一章讨论过的、1945 年出版的第三本著作《独立专业人士的收入》。②

弗里德曼在 1942 年和 1943 年发表在《美国经济评论》上的文章出自他在财政部工作的时期。下面讨论他在税务研究分部担任首席经济学家的工作。

二、弗里德曼在美国财政部的工作

弗里德曼将他在财政部工作的时期描述为他的"第一次真正参与政府政策"的时期（Chicago Tribune, November 28, 1976）。他当然从 1935 年到 1937 年在国家资源委员会工作过，但是，那项工作基本上是一个应用研究职位。相比之下，他在财政部的工作，尽管如弗里德曼所承认的那样是一个"低级"职位，却是日常参与国内政治辩论的重大问题，并要求他与国会议员们保持经常的联系。③ 他也潜心研究通货膨胀、税收和财政政策这些他在终生研究的主题。

弗里德曼被分派到税收政策的敏感领域就意味着，他所工作的财政部下属部门存在重大的国会利益。如同第一章所指出的和下面将要继续讨论的那样，弗里德曼在 1942 年间在许多国会委

---

① 这是下面要论述的 Shoup, Friedman, and Mack（1943）。
② 即 Friedman and Kuznets（1945）。一些数据库（比如 Library of Congress 1942, 24）也将 1942 年 2 月发表在《国际劳工评论》的联合署名文章"美国的消费支出、通货膨胀与雇佣劳动者"列在这一时期弗里德曼的名下。不过，这种列法是错误的，因为该论文实际上是奥托·南森与弗里德曼几乎同姓的米尔顿·弗里德合著的（Nathan and Fried 1942）。
③ 关于引语，参见 Friedman and Friedman（1985, 53）。

员会作证。当他在财政部的工作即将要结束之际,弗里德曼的名字再次出现在1943年1月8日的国会听证会上,因为他所在的税务研究分部的主任罗伊·布劳(Roy Blough)被要求解释该部门的职能。罗伊·布劳要一个一个地念他的技术人员的姓名,并解释每个人在财政部工作的资格。罗伊·布劳所面对的提出问题的语气表明,在财政部的税务研究部门工作的各项必备条件中,经济学训练并不重要。相反,罗伊·布劳的对话者似乎强势认定,从商经验至关重要。当罗伊·布劳简要介绍他的下属职员的情况时,佐治亚州的众议员马尔科姆·泰伯(Malcolm Taber)不断地问:"他曾有过从商经验吗?"[1] 轮到弗里德曼时,布劳还没等到问询他的雇员的从商经历时,就自觉地说,"他有一些从商经历。他来自一个零售商家庭,我认为,他所拥有的经验就是经营那个零售店。"布劳回到弗里德曼的青少年时代帮助他的父母经营杂货店来确定他的"从商经验"!

在后来的岁月中,弗里德曼会猛烈批评从商经验让一个人有资格以权威的话语谈论经济政策的假定。在1975年参加的一档电视节目上,当一位观众质疑他是否有从商经验时,弗里德曼毫不客气地回答说:

> 我要问问这位绅士,你是否认为一位医生不能对癌症开药方,除非他得了癌症……经济学是一门科学和一个学科,

---

[1] Committee on Appropriations(1943, 463)。在描述他的员工背景时,布劳有必要补充说:"几乎所有的人都结婚了,是有家室的人。"

我们总有些东西要说，不管我们是否是商人。①

弗里德曼几年之后补充说："每个商人都要经手美元，因此他相信他就是一位经济学家。"② 但是，对弗里德曼而言，分析国民经济与分析或经营一家企业要利用不同的技能。③ 因此，商人并非经济专家。反之，国民经济行为的专业知识也不意味着企业分析的专业知识。弗里德曼在 1979 年被要求解释凯玛特（K-Mart）的崛起时回答说，"我不是商业专家"。④ 此外，弗里德

---

① Donahue, NBC, September 30, 1975。弗里德曼也在回应中说："碰巧，我有一些从商经历，但这全然无关。"不清楚弗里德曼在此处想到的是什么经历。也许，他是指少年时期在他的家庭零售店铺工作的经历，犹如布劳在 1943 年援引的那样。弗里德曼在心中想到的另一种可能是他在成年时期在各种企业进行的投资。格罗丽娅·瓦伦丁在 2013 年 3 月 24 日的个人通信中提出了另一种可能：弗里德曼可能是指他在本科生时从事的活动，包括给高中生补课、参与服装销售和二手书销售，犹如弗里德曼所描述的那样（Evers 1990, 50；Friedman and Friedman 1998, 26-27）。弗里德曼在罗格斯大学的岁月的另一个收入来源，尽管不容易被算作从商经历，是在一家校园的餐馆当服务员。他在 1993 年回忆了这项工作（Australian Business Monthly, October 1993, 54）。他也为一份学生报纸担任过无薪的文字编辑：例如参见 New York Times, July 26, 1964, F13; and Rutgers magazine, Fall 2006, 26。

② G. Martin（1983, 60）。

③ 至少在这个主题上，弗里德曼的观点与保罗·克鲁格曼（Paul Krugman）相同。克鲁格曼在 2012 年 1 月 13 日的《纽约时报》的一个专栏中说："美国事实上并非一家公司。制定好的经济政策根本不是像公司利润最大化一样。"同样，克鲁格曼最近在 2014 年 11 月 3 日的《纽约时报》上声明："经商的成功似乎并不会对经济政策传递特殊的见解"。

④ 弗里德曼在此处不愿意发表意见部分地反映了他对凯玛特的崛起缺少专业知识，但也可能反映了他并没有保持早年对工业组织或厂商理论文献的兴趣的事实。

曼称之的"商业与经济学的混淆"造成了一个严重的问题，即公司管理的原理被错误地用在经济政策上。[1] 在晚年，弗里德曼在国际经济学的语境中反复强调这个问题：他不仅批评将不同的国家比作竞争性的厂商的分析，而且批评将竞争性、损益表这些概念应用到国家贸易绩效的分析。[2]

证明弗里德曼符合政府工作条件的需要不会再出现了，因为财政部的工作是弗里德曼在政府的最后一个全职工作。[3] 尽管他后来说他在那时期财政部的工作"特别吸引人"（Margin, January 1986, 4），并认为财政部的工作让他深入理解了立法草案演变为国会通过的法案的过程，但是，弗里德曼有必要提到"华盛顿格外强烈的政治氛围"以及他所认为的华盛顿特区的非现实性氛围和缺乏时间的观念。[4] 他将 1943 年离开财政部的原因之一列为希望避免停留的时间过长而染上了"波托马克热"。[5] 弗里德曼先前的一位学生威廉·吉布森在 2013 年 3 月 7 日的访谈中回忆说，当他在 20 世纪 70 年代初有机会在华盛顿工作时，弗里德曼说"每个人都应在华盛顿待上一年"——而吉布森对此话的理解

---

[1] 关于引语，参见 Friedman（1982c, 55）。
[2] 例如参见 National Review, June 16, 1989a。
[3] 有些叙述将弗里德曼在 1943—1945 年间在统计研究小组的工作划分为政府的工作。如下一章要论述的那样，这种划分是不准确的。如果弗里德曼在统计研究小组是一个政府雇员，那么，他就不可能在公开声明中就政策问题阐述自己的观点，诚如他在 1943 年 6 月的电台节目中所做的那样。
[4] 参见他在 1977 年 1 月 10 日和 1982 年 5 月 31 日《新闻周刊》上的专栏文章。
[5] Friedman（1986a, 86）.

是人们不要在华盛顿待一年以上。弗里德曼本人同样回忆,曾告诉学生们不要在华盛顿待的时间超过一年。

弗里德曼的情形是,他在还差几个月满两年之前就离开了美国财政部。他在战后数十年中曾拒绝了作为一位全职的正式顾问返回华盛顿的邀请。"米尔顿从来不想要一个政策的职位",安娜·施瓦茨回忆说。[1] 弗里德曼在战后时期拒绝在政府任职的机会包括经济顾问委员会成员的邀请,至少其中的一个邀请是在艾森豪威尔政府时期发出的。

除了他不喜欢再进入华盛顿的氛围之外,另一个因素促使他后来不愿意在政府任职。他在成名之后得出结论说,他作为一个局外的评论者对政策制定者会施加更大的影响力。"我相信我在外面更有用。"他在1984年声明。实际上,弗里德曼在20世纪六七十年代的一位学术同事罗伯特·戈登在2013年3月21日的访谈中这样说,米尔顿·弗里德曼在战后对国家政策"拥有他确实拥有的影响力的事实"证实,"你经常通过远离华盛顿就可以拥有更多的影响力,成为一个受人尊敬的知识分子的代言人。"

寻求一个选举职位的想法同样对弗里德曼没有吸引力。比尔·西蒙在2002年的加利福尼亚州州长竞选中让弗里德曼担任他的经济顾问,在2015年9月25日的访谈中这样说:"我记得我曾问过米尔顿一次'你曾经想过竞选公职吗'?他说'没有这样的想法。我想,我的服务真的就是供给人们要用的思想,然后就祈祷,如果他们当选了,他们就要在实践中兑现他们在竞选期

---

[1] E. Nelson(2004a, 404)。

间所做的承诺'。"[1]类似地，赫伯特·格鲁贝尔曾是弗里德曼在芝加哥大学的同事，参与了加拿大联邦政治。他在 2015 年 5 月 25 日的私人通信中回忆说，弗里德曼"专注于通过让接受了他的思想的学生成为教授或者政府、企业和媒体的雇员，来扩大他对经济思想和政策的影响力"。

三、弗里德曼信奉自由市场经济学

战争岁月不仅形成了他将发挥作用的观点，而且也见证了弗里德曼关于政府在经济中扮演适当角色的观点的变迁。弗里德曼在回顾中评论说，在上研究生前"我是温和的社会主义者"，然后通过 1932—1933 年从芝加哥大学的老师们那里了解到让他信服的自由市场思想的优越性。[2]不过，弗里德曼的回忆录暗示，他的观点的另一个变化随之发生了。从 20 世纪 30 年代中期到晚期，弗里德曼赞成大量扩大与新政相关的国家对经济的干预。[3]如同前一章详细论述的那样，弗里德曼——包括作为一名著名的自由市场倡导者的岁月——总是赞成体现在新政中的部分改革。但是，他对新政一揽子改革方案的总体支持程度在 20 世纪 30 年代的后半期可能达到顶点。

在 20 世纪 40 年代早期，弗里德曼回到了自由市场的立场，

---

[1] 弗里德曼更早的有案可查的话是："我既无兴趣也无欲望去竞选公职"Friedman（1965, 8）。
[2] Friedman（1976e, xxi）。另参见上一章。
[3] 特别参见 Friedman and Friedman（1998, 60-61）。另参见 1976 年 8 月 23 日的《华尔街日报》，弗里德曼在此似乎指出，他在 1935—1937 年的政府雇员时期支持政府对经济的干预。

并从未放弃过。弗里德曼的再次皈依之所以追溯到这一时期，是因为当他读到哈耶克1944年的《通往奴役之路》之时，据他自己所说，他已经信服一个相对自由放任经济制度的优越性。① 实际上，在20世纪40年代初到中期的公开记录充斥着弗里德曼返回到自由市场立场的证据。② 举两个例子。弗里德曼在1943年初发表在《美国经济评论》上关于支出税的文章中陈述道，税收的一个优良性质是"将政府干预具体经济制度的作用最小化"。弗里德曼与库兹涅茨在《独立专业人士的收入》一书中陈述了指导他们的框架："这种方法认为，专业活动发生在一个最好被描述为自由企业制度的经济之中。在这种制度中，产品的生产和收入的分配主要通过非个人的市场机制来调节。"③

战争的经历对其他许多人的政府观产生了不同的影响。战时状态的措施将美国从经济的萧条状态中拉出来，造成了产出的大幅度扩张，以至于阿尔文·汉森（Alvin Hansen 1951a, 3）谈

---

① Friedman（1976e, xxi）.

② 与此相符——尽管可靠性不如当时的记录，因为弗里德曼后来的记忆不完整——弗里德曼说，到1941年，他朝着自由市场思想"已经走了很长的一段路"。

伯金（Burgin）声称，弗里德曼在20世纪50年代初就政府作用的问题进行著述时"鹦鹉学舌般地重复"了哈耶克的思想。但是，这种轻蔑的刻画忽视了弗里德曼甚至在哈耶克1944年的著作出版之前的财政部的岁月时期，对自由市场思想的倡导。而且，伯金的这种说法也是错误的：弗里德曼直到20世纪50年代初倡导的自由市场观比他在《资本主义与自由》中提出的自由市场观带有更多的限制性条件。后面的一些章节会指出一些证明伯金这个论点的错误以及质疑伯金在叙述中提出的其他论点的文本证据。

③ 引语分别来自Friedman（1943a, 62）和Friedman and Kuznets（1945, v）。

到美国经济时说:"它在第二次世界大战中的表现惊艳了整个世界。"在1980年的《自由选择》(*Free to Choose*)著作版中,弗里德曼夫妇承认,随着大萧条岁月而来的在1941—1945年联邦政府大量管制期间观察到的美国经济的增长趋势,增加了社会赋予国家在经济事务中永久性地扮演更大角色的意愿。①

不过,在解释战时经济的优势时,弗里德曼援引的是伴随战争而来的货币状况的改变,而拒绝了将经济扩张追溯至财政政策的内在力量的各种解释。他认为,战争努力的成功不是证明了政府严重干预经济的普遍有效性,而是证明了在整个社会有一个共同目标时中央计划经济的可行性。但是,他相信,这种战时状态不可能转移到和平时期的状态,因为在和平时期,社会不可能像全面战争时期那样团结起来追求一个单一的主导目标。②

弗里德曼重新质疑政府干预经济的一种表达方式就是反对战时的价格管制。他在1942年参加了国会关于通货膨胀与税收的听证会,并在1942年5月向众议院筹款委员会提交了一份独撰的相关主题的备忘录。③在这份备忘录中,弗里德曼比较了税

---

① Friedman and Friedman(1980, 94).
② 参见 Friedman and Friedman(1980, 94-95; 1998, 145)。
③ Ruger(2011, 202)认为,这份证词是可以在胡佛研究所的弗里德曼文献档案中找到的未发表的声明,今天也可以在网站上找到这份建议。但是,这份文件(Friedman 1942b)其实在财政部以建议系列的形式出版,很长时间以来都可以公开找到,并以著作的形式存放在多个美国的图书馆中。
弗里德曼在这个系列中的文件是一份书面建议。不过,弗里德曼(Newsweek, August 30, 1971;另参见 Friedman and Friedman 1998, 112)指出,他也向同一个委员会口头报告过这些材料。

收和其他控制通货膨胀的方法，将价格管制列入"目前正在使用的最重要的其他方法"。① 鲁格（Ruger 2011, 22, 34）将弗里德曼在1942年提交的备忘录中提到的价格管制是一种反通货膨胀的工具的说法解释为弗里德曼支持战争时期"反自由主义的政策处方"。② 但是，美国早已在1942年5月就引入了价格管制，并在当月就大范围实施（P. Evans 1982a, 955）。而且，早在1942年4月就宣布了5月要扩大价格管制的范围。③ 鲁格从弗里德曼在1942年5月作为一位美国政府的代表所做陈述中指责他对管制的个人支持的做法，给人留下的印象似乎是，政府雇员在以官方的名义撰写或者作证时有公开批评政府政策的自由。他们并没有这种自由。事实上，如果弗里德曼在他的国会建议中公开反对价格管制，这种表达方式将会是辞退他的理由。④

弗里德曼在1942年5月的建议中采取的另外一种策略是贬低管制在政策形成中的作用。他陈述道："如果不额外征税……价格的压力如此之大，以至于让直接的物价管制和配给无法实施。"他警告说，在需求过剩的情形下强制实施管制会促进违法

---

① Friedman（1942b, 172）.
② 本章下一节将要讨论鲁格所说的弗里德曼在1942年反市场立场的证据——支持高税收——的另一份文件。可以自信地说，弗里德曼支持战时的高税收，与鲁格的说法相反，并不是弗里德曼的市场观在20世纪40年代初到晚期变化的很好的证明。这种信心的根据在于这样一个事实，弗里德曼也支持朝鲜战争时的高税收：参见下一章和第十章。
③ Friedman and Schwartz（1963a, 557）认定美国全面实施物价管制的时间是"1942年年初"。
④ 如同弗里德曼在20世纪70年代所说，"任何在体制内的人，我并不是在批评他们，都不得不根据政府的政策来调整他们所要说的话"（Chicago Tribune, November 28, 1976）。

活动和地下经济。① 而且，他在1942年5月的听证会上与国会议员的互动之时——没有记录在出版的证词中但得到弗里德曼后来的叙说——敦促废除工资与价格管制。② 在此之前，弗里德曼及其合作者在1941年传阅受限的备忘录中争论说，耗尽总需求是稳定物价的一种"有效"方式。与价格管制相反，这种方式是"在可接受的政府职能的框架之内"运行的。③

在经济学研究期刊上，弗里德曼可以更加自由地写作。他在1942年《美国经济评论》上的文章明确反对管制："价格体系似乎是一种配置有限资源来生产民用物资的具有最少不良后果的方法。"④ 弗里德曼立即引述了管制会扭曲相对价格结构的可能性。

一旦离开财政部，弗里德曼就自由地公开反对管制，并在1943年6月美国全国广播公司的一个电台节目的大庭广众之下这么做。在芝加哥大学圆桌会的电台广播系列节目中，问答小组成员既包括芝加哥大学的教师，也包括特邀嘉宾。在1943年6月的节目中，特邀嘉宾是当时就职于哥伦比亚大学的弗里德曼，而芝加哥大学的代表则是乔治·斯蒂格勒这位当时在经济系的访

---

① 弗里德曼在1975年1月1日的《动态经济学教学盒式磁带》第161集上说，杰拉尔德·福特总统并不能阻止预算赤字增加的压力但可以将这种压力导向危险最小的方向。
② 弗里德曼在1971年8月30日的《新闻周刊》上回忆了此事。
③ 希尔克在弗里德曼的战时管制立场上前后不一致。他首先说，"弗里德曼私下反对管制"，但接着说弗里德曼的战时观点未知。但是，这儿引述的材料表明，弗里德曼在20世纪40年代反对管制的确是有案可查的。他的这一反对态度是与他作为财政部官员在证词陈述中贬低管制作为一种反通货膨胀措施的作用是一致的。
④ Friedman（1942a, 319）.

问教授。①

在问答小组讨论中，弗里德曼强调说，给定政府有权使用与国防努力相关的资源，市场应配置消费品，而总支出的管理应该是一种用来控制价格压力的办法。他争辩说，经济政策不要依赖价格管制来"专注于症状"，而要"追根溯源，消除过剩的购买力"。②

此次参加美国全国电台节目是弗里德曼第一次面对一般观众倡导市场解决方案的尝试。因此，克鲁格曼提出（Krugman 2007）而得到鲁格附和（Ruger 2011, 127）的说法，即弗里德曼只是在1946年开始这样做（连同弗里德曼与乔治·斯蒂格勒出版的小册子《屋顶还是天花板？》），是不正确的。③

---

① 参见 NBC（1943, i）。
② NBC（1943, 8, 10）。
③ 大致在这本1946年的小册子出版之时（Friedman and Stigler 1946），弗里德曼也在其他大众媒体，包括继续参加芝加哥圆桌会议上批评管制措施（NBC 1946a, 7—8）。

这些例子也表明，弗里德曼在晚年提出的说法（Reason, June 1995, 34），即他是在1947年第一次参加朝圣山协会的会议上才开始郑重地涉足政策问题，应该被视为错误的。实际上，1995年的这种说法与弗里德曼在1947年之前的活动记录和前面引用的他在1976年所做的关于财政部的工作让他参与政策问题的评论相矛盾。因此，尽管弗里德曼在1995年的陈述被伯金视为是正确的，但是，像他从20世纪70年代起提供的其他回忆材料，特别是他在1977年搬迁到加利福尼亚州之后所做的回忆一样，这个陈述证明了他对早期职业生涯，特别是关于事件的年代顺序进行回忆的模糊性。

弗里德曼在20世纪90年代中期所做的另一个陈述不仅进一步损害了他在1995年6月《理性》上的陈述，而且强化了对他晚年回忆准确性的怀疑。在《胡佛文摘》（Hoover Digest no.）上，弗里德曼十分赞同他在美国财政部是一位"政策制定者"的说法，然而他确定无疑不是政策制定者。

四、税收代扣

据说，弗里德曼战时的活动，尽管是无意识的，引导美国远离了私人企业经济的方向。这种说法的一个方面涉及，在联邦政府突然转向从源扣缴的所得税征收制度时，他是参与者之一。应该强调的是，弗里德曼只是一位低级职员，并非财政部在这一领域工作的主要公共发言人。[1] 这一角色却是由财政部部长的税收顾问兰道夫·保罗担任。[2] 诚如罗伊·布劳在描述1943年年初他作证时的情形一样，税务研究分部并不做政策决定，而政策决定是由财政部部长及其特别的税收顾问兰道夫·保罗做出，弗里德曼"不是这样的一个税收决策人，而只是一位经济学家"。[3]

如第一章指出，弗里德曼参与了代扣制度的设计。他在这项制度倡议中的具体工作包括访谈那些实施预扣制度国家的现任和前任税务人员，写一篇批评拉姆尔预扣计划的评论，设计一种税收预扣的替代方案，以及就这些问题在国会作证。[4] 在回忆录中，弗里德曼将他在形成代扣制度中所起的作用，正如他现在看到的那样，视为他的一种过失。他这样说，"我正在帮助研发一种机

---

[1] Breit and Ransom's（1971, 226）关于弗里德曼在第二次世界大战中是"支持税收预扣的主要代言人"的说法是不正确的。
[2] 参见 Committee on Finance（1942a）和 Friedman and Friedman（1998, 115, 121）。
[3] 引自1943年1月8日罗伊·布劳的证词（Committee on Appropriations 1943, 457, 463）。
[4] 参见 Friedman and Friedman（1985, 53）和 Friedman and Friedman（1998, 119–123）。除了1942年8月19日在第一章中讨论的作证外，弗里德曼在三天后的8月22日这个周六返回到同一下属委员会作证（Committee on Finance 1942b）。

器，它能允许政府成为我将来要严厉批判的样子——过于庞大，过于干预，对自由有着毁灭性的影响"。[①]

这样的看法反映了这一事实：在战后时期，弗里德曼认定，全社会最可能容忍的税收就是那些部分地隐蔽、不涉及纳税人有意识地支付的税收。而且，从20世纪60年代早期起，他将财政政策制定的过程视为一个税收收入水平大致决定政府开支水平的过程。根据这种"饿死野兽"的观点，一个更加高效的征税制度很可能意味着更高的政府开支。从这些观点得出的结论是，税收代扣促进了政府的增长——这是弗里德曼早在1967年就表达过的结论。

弗里德曼在回忆录中的供认得到大量引用，特别是自由派批评家的引用。不过，弗里德曼对自己参与的后悔不至于发展到希

[①] Friedman and Friedman（1998, 123）.

望没有引入代扣制度这个地步。[1] 如同他在1942年作证中所说的那样，引入一般所得税代扣制不等于是联邦政府第一次使用代扣制，因为代扣制已经在社会保险税征收中存在了。而且，甚至在20世纪80年代中期讨论将代扣制度延伸到所得税缴纳时，他也

---

[1] 阿米提·什莱斯（Amity Shlaes）在1995年4月15日的《华尔街日报》上说："后来（即1942年之后），弗里德曼先生要求废除代扣制度。"废除所得税代扣制度蕴含在弗里德曼多年来支持的一些所得税改革建议之中——毕竟他偏爱的一种税收是支出税——但并非所有的税收改革建议中。而且，弗里德曼的确在Friedman and Friedman（1998）的陈述中没有呼吁废除代扣制度，而这个回忆录是什莱斯所信任的。同样，尽管斯库森（Skousen）在介绍代扣制度之前陈述说"弗里德曼犯了他职业生涯中最大的错误"，但是，这种描述不是弗里德曼所说的。在1995年6月《理性》杂志对弗里德曼的访谈。在这次访谈中，弗里德曼实际上是这样说的，代扣是一种"必要"的措施，他不会为此道歉。值得指出的是，什莱斯和斯库森在写到经济学家时，基本上都是从经济学研究领域之外的观点而不是从该领域之内的观点来写。因此，他们也许不会充分领会成名的经济学家在谈论他们著作的永恒部分时具有轻松忏悔、内疚或者道歉的倾向。例如，在一个笔者参加的研究会议上，约翰·泰勒"忏悔"他建议基德兰德（Kydland）和普雷斯科特（Prescott）1982使用"校准"的术语，而戴维·亨得利则后悔使用了术语"纠错机制"（分别是2000年8月17日在渥太华举行的加拿大银行的研讨会和1996年11月匹兹堡举行的卡内基-罗切斯特会议）。弗里德曼在1977年为创造了M1和M2这样的术语而道歉时也是如此行为的（参见第十章），而约翰·希克斯在多个场合后悔说提出了IS-LM框架。

无论如何，当讨论弗里德曼对美国政策的公开干预时，引入预扣制度要被排除在他所犯的最大错误的资格之外，因为弗里德曼在1964年《美国民权法案》通过时就反对它。当时，政治两端的许多其他人都反对此法案，而弗里德曼不同于此法案的许多其他反对者在于，他支持该法案的目标。尽管如此，他对该法案的反对（第十二章进一步讨论）称得上是一个弗里德曼站在历史错误一边的明显错误。

表现出自豪感。在这次后来的讨论中，弗里德曼申明，所得税代扣的做法证明了他关于所得税代扣在行政上的可行性的观点的正确性，而国内税务总署则持反对立场。① 不管弗里德曼如何认为代扣制在多大程度上是政府规模增加的一个原因，废除代扣制在他提议削弱公共部门角色的措施当中并不显眼。他也没有努力促成代扣制的废除。取而代之的是，弗里德曼强调，减税和联邦预算的宪法限制是财政政策安排的关键变革。

当美国全国广播公司的埃德温·纽曼（Edwin Newman）在1969年直截了当地问他是否"自此后悔"参与引入代扣制时，弗里德曼的回答远非一个明确肯定的"是"：

> 哈哈，这是一个非常非常难的问题。我想，代扣在战争期间对于提高税收是绝对必要的，我们确实做到了。但是，我的确也相信，要不是代扣让缴税在很大程度上感觉不到疼痛，今日我们所有的税收水平也不可能这么高。因此，对于我（大笑）做的是好事还是坏事，我感到五味杂陈。我不怀疑，从短期角度看，它是有益的。（Speaking Freely, WNBC, May 4, 1969, pp. 38–39 of transcript）

类似地，当在20世纪90年代中期再一次面对代扣问题时，弗里德曼陈述道，他不会就他参与引进代扣税款的事道歉，并重

---

① 弗里德曼在1942年8月22日的证词和弗里德曼夫妇的评论，分别参见：Committee on Finance（1942b, 136）和 Friedman and Friedman（1985, 53）。

申该措施是必要的。在1996年的中期,他再一次为代扣制的引入是一种正确的战时行动的观点辩护,但同时说,由于其作为一种非透明形式的税收地位,代扣制在和平时期具有"非常不良的后果"。[1]

值得强调的一点是,对所得税代扣的批评主要基于自由论者的或者政治经济学的观点。根据这些观点,代扣所产生的征税效率的改进促进了整体税收水平和政支出的增长这个副产品。但是,不仅支持代扣的经济理由曾经是、现在依然是合理的,而且如今很多经济学家可能也会强烈地支持代扣。代扣制的一个显著优点是,它让税收收入对经济状况高度敏感,从而让财政的自动稳定器运行。弗里德曼在20世纪50年代中期就强调了代扣制的这层含义,因为他指出,随着代扣制"彻底地改革了"征税的方法,美国如今的"税收缴纳对经济状况的变化表现出大幅度增加的敏感性"的特征。[2] 即使他在后来的岁月中贬低财政赤字的重要性时,他也继续将税收收入对商业周期的敏感性视为一种理想的状态。[3]

税收代扣的出现带来了一种让弗里德曼感到十分满意的副产品,那就是它为弗里德曼在战后提出的消费行为的持久收入观点提供了支持。弗里德曼在1972年考虑了纳税人的这种情形:他们的可支配收入被多缴纳的联邦税收暂时压低,但他们可以期望下一年以税收返还的形式将它要回来。弗里德曼争辩说,这些纳

---

[1] 参见弗里德曼在1996年6月30日的评论(O'Driscoll et al.1997, 8)。
[2] Friedman(1954a; p.84 of 1968 reprint)。
[3] 参见Friedman(1954a);关于他后来肯定税收收入对商业周期敏感性的可取性,参见Friedman and Friedman(1985, 60)。

税人"像没有被过度扣留税款一样继续他们的开支",因为"人们只是机械的、愚蠢的傻瓜,美元进入口袋就花,美元不进入口袋就不花的傻瓜的这种观点,简直与长期中消费支出的事实不相符"。[①] 相反,消费者在面对由代扣程序的变幻莫测引起的可支配收入的变化时似乎在平滑他们的消费。

第二节 问题:1940—1943年

一、为二战买单

控制通货膨胀是弗里德曼从1941—2006年的65年著述岁月中一个反复出现的主题。他最早就这个主题进行著述的作品是在他就职于美国财政部的岁月时期写的。除了前面讨论过的1942年5月写的备忘录,弗里德曼在1941年与财政部的一位雇员合作撰写了一份传阅范围受限的备忘录,在1942年独撰了一篇期刊论文,以及与他人合著了在1943年出版的著作《以税收

---

① Instructional Dynamics Economics Cassette Tape 103（July 12, 1972）。尽管这段评论意味着纳税人在作年内的支出决策时在很大程度上不理会代扣的存在,但这也等于是对弗里德曼关于周期性的敏感税收制度有助于经济稳定的观点施加了进一步的限制性条件。不过,这两种观点并不存在根本上的矛盾。根据持久收入理论,在作支出决策时假装没有注意到可支配收入的短期波动的消费者并不会同样地忽视持久收入的波动,而税收代扣制度使收入对暂时性的和持久性的收入都更加敏感。

抑制通货膨胀》。[1] 尽管控制通货膨胀是弗里德曼的一个持久兴趣，但是，他在这些年中研究这个主题的方法却经历了深刻的变化。这些变化在对比弗里德曼当时关于如何为美国在第二次世界大战中的国防开支买单的观点与他后来的战时财政的观点之中反映出来。

但是，弗里德曼在20世纪40年代早期之后所经历的观点的所有变化之中，他关于战时财政观点的一些基本思想依然未变。这包括通货膨胀是一种要在平常时期完全避免的坏的税收形式；战争因素确实为通货膨胀超过和平时期的常态提供了某些理由，因而通货膨胀就成了将资源从消费品部门转移到国防部门的一种工具；由于通货膨胀对市场制度的高效运转施加的障碍，战时允许的通货膨胀水平应该被控制在较低的个位数范围之内，不超过5%；在面对总需求的战时压力时，物价管制掩盖而非消除了通货膨胀压力，因此对经济运转的破坏性要比公开的或没有受到压制的通货膨胀要大得多。

但是，除了这些基本信条不变，弗里德曼在第二次世界大战时期持有的通货膨胀观点与他在战后时期持有的通货膨胀观点截然不同。这些差异将通过先讨论弗里德曼战时的观点，然后讨论他的战后的观点的方式充分揭示出来。下面的论述将沿着这种思路进行，然后将弗里德曼在这两个时期的观点与现代公共财政文献中流行的观点进行比较。

---

[1] Shoup, Friedman, and Mack（1941）；Friedman（1942a）；以及 Shoup, Friedman, and Mack（1943），后者包括 Friedman（1943b）。

二、弗里德曼在二战时的观点

根据弗里德曼后来的记述,他在财政部的同事和领导将他归入"不切实际的理论家"的类型。[①]情况就是这样,他是一位凯恩斯主义的理论家,因为他在很大程度上接受了《通论》的理论贡献。[②]特别是,他欣然接受这本书对货币政策效力的否定以及对财政政策的强调。凯恩斯的观点如此明显地体现在弗里德曼在20世纪40年代早期的著作中,以至于像戴维莱德勒(Laidler 2012)这样的货币主义者在与弗里德曼的后来的著作相比较时都感到大为惊奇。弗里德曼在20世纪40年代初期与凯恩斯主义的一点分歧似乎明显表现在,他在加入财政部时在一篇书评中对丁伯根(Tinbergen 1939)的计量经济模型进行了批评。[③]但是,与

[①] 参见 Newsweek, July 24, 1978;以及 Friedman and Friedman(1985, 53)。
[②] 斯库森引用弗里德曼在通信中所说的话:"从相信政府干预相对于自由市场的优越性的意义上来说,我从来就不是一个凯恩斯主义者。"这个陈述与本章的描述并不矛盾。弗里德曼在20世纪40年代信奉凯恩斯主义对国民经济数量分析的方法与他返回来强烈赞同使用价格制度和其他市场机制来进行资源配置的做法相一致。而且,弗里德曼(Friedman1948a)随后在20世纪40年代对积极反周期性(尽管是以规则为基础)的财政政策的倡导,是与指导政府开支整体水平的积极政策的建议分开的,这个水平保持稳定的强制命令除外。因此,弗里德曼并不认为需要详细的经济计划和一个和平时期的规模庞大的公共部门——一些凯恩斯主义者在他们的政策建议之中包括这些要素。不过,本章的论述表明,弗里德曼在财政部任职期间在国民收入的决定和通货膨胀问题上是一位凯恩斯主义者。因此,斯库森推断弗里德曼"从来不相信凯恩斯主义者的思维方式"的说法是不正确的。同样,切里耶尔(Cherrier 2011, 345)关于弗里德曼在20世纪40年代对凯恩斯主义有"惊人的免疫力"的说法也无疑是不正确的。
[③] 参见 Friedman(1940)。

卢卡斯（Lucas 1996, 669-670）批评丁伯根忽视了凯恩斯之前的货币理论的洞见相反，弗里德曼当时对丁伯根方法的批评侧重于丁伯根的模型选择标准，而非丁伯根当作框架的凯恩斯理论。①

在后来的数十年中，弗里德曼对他在20世纪40年代初的大量著作以及将凯恩斯经济学想当然地视为正确性的程度表现出鄙视的态度。戴维·梅塞尔曼曾是弗里德曼在芝加哥大学的一位学生。当他在20世纪60年代前半期在联邦政府工作时，弗里德曼拜访了他。梅塞尔曼偶然翻到了一份弗里德曼在20世纪40年代初在财政部的备忘录，"我将备忘录给他看，他不想谈论它。这份备忘录相当凯恩斯主义。他表现得好像它是他的早期生命中不想被触摸的一部分"（David Meiselman, interview, April 30, 2013）。②

在这次谈话之后的几年，弗里德曼公开提及这个话题，而这次却是侧重于他在20世纪40年代初出版的著作。"27年前，我

---

① 弗里德曼在书评中的一些观点与凯恩斯评论丁伯根著作的一些观点相同的事实表明，弗里德曼对丁伯根的批评就其实质来说不等于对凯恩斯方法的批评。在该事件半个世纪之后得到弗里德曼的赞成性引用的凯恩斯评论，是比弗里德曼的评论更著名的对丁伯根和计量经济学的批评。然而，帕廷金指出，凯恩斯在20世纪40年代否定了他对计量经济模型建构的大多数批评。

② 大致在这时，弗里德曼在其中一篇文章之前的作者介绍中只列举从Friedman（1953b）开始的著作。Shoup, Friedman, and Mack（1943）以及其他1953年之前的著作通过陈述著作目录中列举的只是他的"最近"著作而拐弯抹角地提到（Friedman 1964g, 162）。但是，1964—1965《美国名人录》的词条，如同前几年的词条一样，在较长的出版物目录中的确包括了他在1943年与舒普和马克合著的著作（Marquis Who's Who 1964, 695）。

是一本题为《以税收抑制通货膨胀》著作的合著者",他在1969年的麻省理工学院面对听众说。"因此,你们可以看到,在年轻的时候,我也被凯恩斯革命所蒙骗,以至于相信财政政策是控制总需求的关键"。类似地,弗里德曼在回顾中批评他在《美国经济评论》上发表的通货膨胀论文。"在1942年发表的通货膨胀缺口的评注文章中",弗里德曼在1971年11月的谈话中评论道,"我根本就没有提到货币数量或者货币因素!"① 在三十年之后的21世纪之初,弗里德曼依然对他战时的经济分析进行自责:"我回头看着说,我究竟是怎么那样做的呀?"② 为了有意地回应保罗·萨缪尔森就他在凯恩斯主义之前时期的思维方式做出回顾性的裁决时,弗里德曼又一次宣称,他年轻时的自我是一个笨蛋,以至于接受早期凯恩斯主义关于财政和货币政策的思想。③

弗里德曼在1994年的一次电视访谈节目中试图刻画他在战时的思想。"我在财政部工作时基本上是一个凯恩斯主义者",他评论说,"因为我相信,控制通货膨胀的方法就是控制政府支出。我几乎没有关注货币"。④ 这次回忆在某种程度上不足以准确地概括弗里德曼在1941—1943年间所采取的立场。面对美国的国防需要,"控制政府开支"不是一项选择。政府开支的上升趋势

---

① Friedman(1972b, 183),提到的是 Friedman(1942a)。
② Taylor(2001, 118)。
③ 引自弗里德曼的评论:The Great Economics Debate, WGBH Boston, May 22, 1969
④ CSPAN, November 20, 1994, p.15 of hard-copy transcript。弗里德曼是在撰写他回忆录的早期部分时做出这些评论的。他在出版的回忆录(Friedman and Friedman 1998, 112)中,论述了他在重新发现他在财政部撰写的材料充满了"彻底的凯恩斯主义"特点时的惊讶。

已经给定。弗里德曼及其同事在这一时期忙碌的任务却是确保税收跟上政府开支的步伐。

正是在这里,凯恩斯对弗里德曼的影响表现出来。在20世纪40年代的著述中,包括研究期刊上的著述,他反复陈述说,赤字支出对名义和实际总支出都有重要影响。弗里德曼在1982年争辩说,他从未争论过在货币政策给定的情况下,财政政策对周期性波动很重要。① 弗里德曼在战时对国民收入和通货膨胀波动的分析证明这种说法是错误的。实际上,这些著述有助于凸显弗里德曼的思想在战后,特别是如下一章将要论证的那样在1948—1951年间,经历了多大的变化。有时,弗里德曼会更加谨慎地描述他的思想的演化。例如,他在1968年晚期说:"我们也发现,税收的增加对通货膨胀的影响可以忽略不计。我相信这一点已经二十年了。"但是,如同我们刚才看到的,在其他场合,他在许多明确的陈述中忽略了他在20世纪40年代晚期之前所采取的立场。因此,在解释弗里德曼在后来对他的思想演化所做的叙述时,提醒一下,在这些叙述中,"我从没有……"往往意味着"自1951年以来,我从没有……"。②

弗里德曼从20世纪40年代早期起鼓吹财政政策重要性的例

---

① 参见 Friedman(1982c, 54)。弗里德曼同样在1980年英国电视节目上说:"我从未争论说,赤字是通货膨胀的原因,除非赤字是通过印钞来融资的"(Free to Choose, UK television version, "How to Cure Inflation," debate portion, BBC2, March 22, 1980, p.14 of transcript)。

② 除了正文中的例子,弗里德曼以这种方式陈述的另一个突出例子是,他否认(Friedman 1972a, 947; 1976f, 317)他曾经相信财富效应在经验上是短期货币政策传导机制很重要的一部分。在20世纪40年代末和50年代的前半期,弗里德曼确实似乎认为实际余额效应相当大。

子太多了。他在 1941 年陈述说："防止生活成本的大幅度上升因而是公平分配国防负担的一个先决条件，而这是现今财政政策的一个主要目标。"[1] 在 1942 年 8 月的国会证词中，他谈到对"充分的和灵活的财政政策"的需要。[2] 在 1943 年参加的电台节目中，弗里德曼说对通货膨胀的"基本解决方案……就是强有力的财政政策"。一点也不奇怪，弗里德曼在 1953 年的文集《实证经济学论文集》（*Essays in Positive Economics*）只重印了一篇 1945 年之前的文献——甚至这篇文章，即 1942 年论通货膨胀缺口（即名义总支出超过与物价稳定相符的支出水平的差额）的文章，也因为弗里德曼在这本 1953 年出版的文集中对它的修改而变得臭名昭著。[3] 这篇通货膨胀缺口的论文与其他五篇论文一起出现在 1953 年文集中的"货币理论与政策"部分。为了文集完整起见，弗里德曼在缺口论文中插入了一些新段落，以便该论文算得上——因为 1942 年的原始版本算不上——货币理论的一次练习，也与弗里德曼最近的货币主义思想保持一致。[4] 他在该论文的开头就指出原始版本存在"严重的遗漏错误"（即遗漏货币的错误）。连同新材料一起，

---

[1] Shoup, Friedman, and Mack（1941, 12）。
[2] 参见他在 1942 年 8 月 19 日的陈述（Committee on Finance 1942a, 63）。
[3] Friedman（1953f, 251, 253）。弗里德曼也在 Friedman（1972b, 183）和 Friedman and Friedman（1998, 113）提到 1953 年的插入。
[4] 除了被修改的 1942 年的文章，Friedman（1953b）在文集中收录的最早的文章就是将在下一章讨论的 1946 年对奥斯卡·兰格（Oskar Lange）的评论文章。文章归入"方法评论"部分的文章之一，而非归入"货币理论与政策"部分的文章之一。但是，一份美国经济协会的文献目录（H. Smith 1951, 473）将 Friedman（1946）视为一篇对货币文献的贡献，特别引用了该论文对价格刚性的论述。

弗里德曼加入了一个自责的脚注。他在该脚注的结尾说："我相信，新材料表明，以前版本对货币效应的遗漏是一个不会被原谅的严重错误，但也许可以由那时流行的凯恩斯主义气息得以解释。"[1]

格罗斯曼和范·海克（Grossman and Van Huyck 1986, 21）的讨论显示了弗里德曼在1953年加入的额外段落所造成的论述通货膨胀的实质的改变。这两位作者将弗里德曼1942年的论文看作一个"旧策略"的事例，该策略"将预期的通货膨胀率Ep视为一个政策变量，并假设政府以证明Ep的选择是正确的通货膨胀率来发行货币"。[2] 只有在考虑1953年对该论文的增补之后，他们对弗里德曼"策略"的描述才适用于1942年的论文。但是，这种描述并不适用原始的未经修改的论述，因为政府的货币发行在该论述中根本不重要。[3] 弗里德曼在20世纪40年代早期意识到通货膨胀在给政府提供收入来源中可能起到的作用，但是，这不是他在1942年的论文中所关注的问题。而且，弗里德曼在20世纪40年代早期为止认为，政府可以可靠地影响通货膨胀的总需求工具是财政政策而不是货币政策。

在20世纪40年代早期弗里德曼的所有著述中，只有一篇1940年的书评可以真正地被提出来作为一篇从1944年起就在他的著作中盛行的批评凯恩斯主义的前兆，因为他在这篇书评中对

---

[1] Friedman（1953f, 251, 253）。该脚注被大量提到（例如Butler 1985, 9）和被引用（例如Barro and Fischer 1976, 134；以及Silk 1976, 65）。

[2] 这两位作者在这点上也引用了Friedman（1971c）。

[3] Burmeister and Phelps（1971, 155）也将弗里德曼的通货膨胀缺口的论文作为一篇对最优货币政策有贡献的早期文献加以引用。但是，他们引用的是该论文的更恰当的1953年版本。

丁伯根试图创建一个凯恩斯主义的计量经济模型表示了怀疑。①但是，业已指出，这篇评论作为一篇反凯恩斯主义的论文的地位很微弱，因为这篇书评的内容与其说反映了弗里德曼作为一位凯恩斯主义的怀疑者的面目，不如说反映了他深厚的统计学背景。与后来的许多统计学家的评论一样，这篇评论尖锐地批评计量经济学家建构结构模型的方法。②弗里德曼大致在写这篇书评时在其他地方表达的思想是凯恩斯主义的。如前一章所述，他的第一本著作，即1939年出版的关于消费行为的联合署名报告，就反映了《通论》的思想。另外，弗里德曼在20世纪40年代上的一门课中"一个学期接着一个学期"地投入到凯恩斯假定的讲授。

因此，弗里德曼到美国财政部工作时就具有了凯恩斯主义的视野。然而，弗里德曼在财政部的工作无疑会强化他的凯恩斯主义思想。诚然，美国经济政策的反周期作用的观念并非20世纪三四十年代的创新。就货币政策而言，弗里德曼与施瓦茨在《美国货币史》中强调，美联储在20世纪20年代的目标陈述中，就将最小化周期性波动当作一项责任纳入其中。③

---

① 这就是将在下章讨论的 Friedman（1940）。
② 罗伯特·拉什在讨论计量经济学模型的建构者为得到他们偏爱的设定而遵循评判的惯例时，认为这些惯例"得到模型制造者的强有力辩护，但遭到统计学家强有力的批判"。弗里德曼在1940年对计量经济建模的批判，可以被视为统计学家提出批判的一个早期例子。
③ 在1972年2月7日《新闻周刊》的专栏文章中，弗里德曼将美联储的初步稳定目标追溯至1914年。相反，詹姆斯·托宾在1989年11月9日的证词中竟然这样说到美联储，"当它在1913年创建之时，当时没有人对联邦稳定政策或需求管理这样的事情存在任何一点观念"，并指出截至1935年，这种情形依然如此。

弗里德曼在1982年补充说,他一生中的每一次衰退都促进了利用政府开支项目来创造就业的需求。[1]但同时,弗里德曼强调新政在扩大政府承担经济责任的趋势中的重要性,以及凯恩斯革命在为财政政策导向的需求管理制度提供正式理论依据中的重要性。根据一位在美国财政部工作的、其任职时期包括弗里德曼在财政部岁月的经济学家的叙述,财政部的思维方式在20世纪30年代中期之后从公共财政因素主导财政政策的观点转变为信奉财政政策是一种总需求管理工具的观点,而"凯恩斯的思想得到快速的接受"。[2]弗里德曼在这种思维方式的转变变得根深蒂固之后才来到财政部工作,并在后来的回忆中说"没有人不受我们呼吸的知识氛围的影响"。[3]

详细阐述财政政策是一个需求管理的工具的任务在1941年由财政部税务研究分部的弗里德曼及两位同事卡尔·舒普(Carl Shoup)和露丝·马克(Ruth Mack)去做。他们面对的经济状况不是《通论》集中关注的萧条状况,而是需求过剩所引起的通货膨胀的出现。在这点上,他们在1941年10月的第一份报告中说:"美国的生活成本在过去数月中上升的速度与第一次世界大战期间上升的速度几乎一样快。"[4]

---

[1] Friedman(1982c, 60)。
[2] 作此判断的人是亨利·C. 墨菲(Henry C. Murphy),他从1935年到1948年是美国财政部的一位经济学家。
[3] 引语来自 the filmed portion of episode 2, "The Tyranny of Control," of the US(PBS)version of Free to Choose, January 19, 1980, p.2 of transcript。它也出现在 Listener, March 27, 1980, 393。
[4] Shoup, Friedman, and Mack(1941, 1)。

他们建议的政策措施尽管是凯恩斯主义的，但是反映出经济过热的状况，因而与萧条状态下开出的政策处方在信号上是不同的。这份分析报告以及联邦政府从1941年起在很大程度上实施的实际政策，都代表了美国的经济官员在早期有意识地应用凯恩斯主义原理的努力。这种战时的凯恩斯主义政策的经历似乎与弗里德曼在后来叙述中列出的年表相冲突，因为他将实施凯恩斯主义政策的压力追溯到二战刚刚开始的时候，并且认为《1946年就业法案》代表了这种朝向凯恩斯主义政策的运动。[1] 但是，在这些回忆中，弗里德曼可能想到的是，政策制定者在失业可能会增加到一定水平之上时希望使用受到《通论》启发的扩张政策。[2] 随着美国的总需求压力在1940年和1941年不断增加，政策制定者面临的任务之一就不是预防需求的不足，而是要找到一种控制总需求同时又促进资源转移到国防部门的方法。

弗里德曼及其合作者使用的凯恩斯分析的方法，与其说是《通论》中的方法，不如说是凯恩斯在一本书中提供的方法。在《如何为战争买单》(How to Pay for the War)中，凯恩斯提供了一种直接与战时的需求过剩状况相关的分析方法。弗里德曼似乎直到1983年才引用这本书。舒普、弗里德曼和马克在1941年的备忘录和1943年的著作中没有引用这本书，以及弗里德曼在1942年的通货膨胀缺口的论文中也没有提到凯恩斯这本著作(Keynes 1940)，似乎让弗里德曼在担任美国财政部的经济学家

---

[1] Friedman and Friedman (1980, 94).
[2] 这些建议并非在字面上取自《通论》。至于在讨论中强调凯恩斯在《通论》之外的其他地方提出这种政策建议（如公共工程项目），参见Patinkin (1982, 7)。

时实际上是否熟悉凯恩斯的这本著作的问题悬而未决。

  重要的证据表明，弗里德曼的确在《如何为战争买单》出版不久后阅读过它，并有意识地在他的分析中步凯恩斯的后尘。得出这个结论的一个间接证据来自弗里德曼有使用他从所阅读书籍中不知不觉学会的说法的倾向。例如，雅各布·维纳在著作《多国经济中的美国》（*The United States in a Mulit-national Economy*）中使用的表达方式"只提最显著的事例"可能就留在了弗里德曼的意识里。弗里德曼后来在他与梅塞尔曼撰写的一篇论货币和财政政策的论文的早期草稿中就重复了维纳的措辞方式。[1] 同样，弗里德曼在1950年的电台节目中说"你需要的不仅仅是模糊的概括"之时，他也许在无意识中正在转述凯恩斯曾说过的一段话——"如果我只是笼统地说，我就没有给读者足够想要的东西"。[2]

---

[1] Friedman and Meiselman（1959, 10）.

[2] 凯恩斯的话最初以文章的形式出现在《时代》杂志上，诸如此类的文章是凯恩斯对通俗或半通俗出版物所做的众多贡献之一。凯恩斯生涯的这方面在弗里德曼的著述中都有一个对应的部分。帕廷金（Patinkin 1984, 99）指出了这种相似性。

弗里德曼评论说，凯恩斯是全国名人，而这一点他与凯恩斯相似。实际上，弗里德曼在20世纪40年代大量研究过的几位经济学家，包括凯恩斯、庇古、马歇尔和欧文·费雪，都在研究期刊之外的其他平台深入探讨经济学。这不仅包括通俗写作，而且包括国会建议或对立法机构的证词。当然，弗里德曼在早期阶段就通过财政部的工作从事国会作证这一活动。伯金因忽视了这些先驱，就宣称弗里德曼在决定为普通大众写作时偏离了学术界的惯例。像其他人一样，伯金在暗示弗里德曼为普通大众讲述经济学始于1946年他与乔治·斯蒂格勒的书时，忽视了弗里德曼在1946年前首次登台的是参加电台节目的讨论这个事实。帕廷金在1984年指出，弗里德曼和凯恩斯都使用这种平台。

其他证据证实，尽管在弗里德曼的著述中缺乏直接引用凯恩斯的证据，但是，弗里德曼在1942年和1943年分析"通货膨胀缺口"的文章中意识到，他信奉凯恩斯在《通论》之后提出的某些思想，特别是通货膨胀的思想。弗里德曼在《以税收抑制通货膨胀》的贡献中表明，他紧跟英国的发展动态。这与他后来关于英国在当时依然是世界的经济研究中心的评价是一致的。[①]

　　具体来说，弗里德曼在该书他独撰的那章中论述了"最近英国围绕所谓的'通货膨胀缺口'讨论的货币政策"，并从这个角度讨论了英国经济学家弗兰克·佩什（Frank Paish）对英国的缺口的估计。[②] 弗兰克·佩什在文章证明确提到了凯恩斯在1940年的著作中提出的凯恩斯计划。实际上，在一本论美国战时财政的专题论文集上的一篇文章陈述道，"现在整个世界都知道"凯恩斯计划。[③] 而且，弗里德曼在1943年贡献的那章的参考书目中引

---

① 参见弗里德曼的评论：Instructional Dynamics Economics Cassette Tape 17（March 1969）和 Snowdon and Vane（1997, 204）。
② Friedman（1943b, 131）。
③ Comstock（1942, 99）。此外，1941年的一本名为《为国防买单》的著作（A. Hart and Allen 1941）有一章论述凯恩斯计划。尽管弗里德曼不是该书的撰写者之一，但是，该书论述的主题，即财政政策、通货膨胀控制和国防开支之间的互动，是与他在财政部分派来分析的主题是相同的。而且，他确定无疑地熟悉这本书，因为该书出版于1941年9月，而联邦储备委员会的图书馆将1941年9月列为购买日期。正如前一章指出，该书的前言感谢弗里德曼（他留的是威斯康星大学的工作单位）对该书的内容提供的建议。因而，Shoup, Friedman, and Mack（1943, vi）将哈特包括在他们著作的致谢之中，而弗里德曼在为该书贡献的那章中引用了 A. Hart and Allen（1941）（参见 Friedman 1943b, 127）。

用了英国财政部部长金斯利·伍德（Kingsley Wood）在1941年的英国下议院就通货膨胀缺口所做的演讲。[①] 这份阐述1941年英国预算的演讲，甚至在那时都众所周知大部分是凯恩斯起草的。因此，奥肯（Okun）在回忆中将通货膨胀缺口的方法追溯到凯恩斯的分析，并将《以税收抑制通货膨胀》视为凯恩斯的分析方法的一个"重要应用"的看法是完全恰当的。

通货膨胀缺口分析的某些内容对后来的弗里德曼来说并非尴尬的来源。与弗里德曼后来对凯恩斯这本"重要的小册子"《如何为战争买单》的赞扬相一致，20世纪40年代的通货膨胀缺口分析的部分内容贯穿到了他后来的著作之中。像他后来的货币主义自我一样，战时的弗里德曼强调通货膨胀的需求拉动性质以及随之而来的控制通货膨胀的关键在于需求管理计划的观念。在这个计划中，政策制定者确保名义支出的路径接近于实际支出的可行路径。

诚然，凯恩斯和弗里德曼在20世纪40年代通货膨胀缺口的分析中强调产出的充分就业上限，高于此限的所有名义支出基本上都要立即转化为通货膨胀。[②] 相比之下，弗里德曼在战后数十年中逐渐认为，需求过剩情形可以被表述为产出在短期内高于正常的部分。不过，由于改进通货膨胀分析方法是弗里德曼和战后那些接受原初的非扩展的菲利普斯曲线方法的凯恩斯主义者的共识，因此，最大产出概念的使用并不构成在回顾中以蔑视的态度

[①] Friedman（1943b, 131）。阿尔伯特·哈特与爱德华·艾伦在论战时财政政策的著作中也引用了这个演讲（A. Hart and Allen 1941, 224）。

[②] 参见凯恩斯关于在战时充分就业的条件下存在"一个固定的最大产出"的论述。

对待战时分析的货币主义者弗里德曼的一个强有力基础。

尽管如此，弗里德曼在回顾中对20世纪40年代的通货膨胀分析做出否定性判断的依据和在1953年判断该分析苦于遗漏错误的理由，在于他在战时的著述中对货币和财政政策所赋予的角色。

问题的核心是，弗里德曼在20世纪40年代的通货膨胀缺口分析中将财政赤字视为总需求的一个当然的刺激物。在这种分析中，调节性的货币政策立场并非赤字支出导致名义总需求增加的序列的一个关键部分。因此，在弗里德曼的战时分析中，较低的赤字支出对控制通货膨胀的压力具有紧缩银根所不具有的重要性。具有讽刺意味的事实是，凯恩斯的原理是在战时状况之下被引入美国的。凯恩斯的思想后来经常被认为是使赤字支出在美国变得可以接受。但是，凯恩斯政策在美国财政政策中的早期应用，包括弗里德曼的应用，都是在战时环境中朝着增强赤字的控制方向进行的——这种环境迄今为止在美国的政策实践中被视为适合大规模的赤字支出的。

弗里德曼的凯恩斯主义不仅体现在他对财政政策的有效性的信念之中，而且反映在他对货币政策可能具有的有效性的不理不睬之中。在形式上，《通论》集中主张货币政策在大萧条状况下的无效性——在这种环境中，凯恩斯假设，长期利率这个被假设为货币政策影响经济的关键变量可能达到下限，因而货币存量的增加不会成功地刺激支出，即经济处于流动性陷阱之中。在回忆中，弗里德曼将早期凯恩斯主义解释为将"货币不重要"的结论外推到大萧条情形之外的环境中。依他之见，凯恩斯主义者通过两种方法中的任何一种都可以更加全面地漠视货币政策的重要性。一种方法是推断总需求大部分或者全部无利率弹性——凯恩斯在《通论》中有点相信这种可能性。① 另一种方法是指出，流动性陷阱隐含的最低长期利率即使在经济不处于萧条状态时也有效。②

在20世纪40年代初，弗里德曼对货币政策的分析密切地持有一种流行于当时大量的其他凯恩斯主义文献中的漠视语调。他在1943年的《以税收抑制通货膨胀》这本书的独撰的一章——写于他在财政部工作时期中，绘制了美国在1899—1929年间的名义货币存量增长率与名义收入增长率的图形。③ 对现代读者而言，弗里德曼在这篇论文用的散点图表明，货币增长率与收入增长率的关系是明显正向的，并根据变化率数据的标准是相当紧密的。但是，这不是弗里德曼在他的1943年论文中所做的判断——他在这篇论文中得出的结论反而是这种关系是"极度不稳定的"。④

对于弗里德曼置之不理货币与收入的关系，有两个要点需要指出。这两点与他后来的观点形成了鲜明的对比。

第一，由于他考虑的是1929年之前的数据，因此，他反对货币有用性的见解适用于一个比大萧条状况更广的环境。人们不能争辩说，弗里德曼在20世纪40年代对货币政策的怀疑只适用于大萧条的情形。

---

① 参见Patinkin（1976a, 104-105）的讨论。
② 至于弗里德曼讨论甚至在大萧条情形之外凯恩斯主义者关于货币政策影响总需求的范围的悲观主义，参见Friedman（1968b, 2）和Friedman and Schwartz（1982a, 55）。
③ Friedman（1943b, 121）.
④ Friedman（1943b, 119）.

第二，通过指出美联储在战争期间特别是从1942年起的战争期间钉住了短期和长期利率的事实，是不可能拯救弗里德曼在20世纪40年代对财政赤字的强调的。正如下一章将要详细论述的那样，利率钉住似乎证明了一些关于货币总量作为指标的价值的怀疑是正当的，因而无疑会促使对货币基数作为指标价值的怀疑。理由是，利率钉住通过让其他资产成为货币的近似替代品而模糊了基础货币和其利率受到钉住影响的其他资产的区别。而且，诚如在IS-LM和现代经济分析中所强调的那样，利率钉住通过创造货币政策自动调节赤字支出——预算赤字导致货币创造的条件，倾向于紧缩和放大财政赤字与总支出之间的关系。[1] 在这些条件下，货币主义的通货膨胀控制观会强调紧缩赤字支出，因为这种处方提供了一种限制货币增长的手段。[2] 但是，人们不能争论说，这种观点构成了弗里德曼在1943年强调赤字控制的原因，因为他的分析拒斥了货币与收入的关系，以及不可避免地拒斥了构成了货币主义视角基础的货币增长与通货膨胀之间的关系。此外，弗里德曼没有看到，一个财政政策是通货膨胀的主要推动力的情境只有在利率钉住条件下才会成立。相反，他提出，财政政策导向的方法是研究通货膨胀的一般分析方法。因而，弗里德曼在这时没有看到，货币政策对赤字支出的反应在决定赤字支出是否提高物价水平方面具有决定性的作用。

---

[1] 这个结论来自标准的IS-LM分析。在这种分析中，钉住表示为水平的LM曲线。Christiano, Eichenbaum, and Rebelo（2011）在一般均衡框架下得出了同样的结论。

[2] 这是弗里德曼在朝鲜战争期间继续强调赤字控制时应考虑的方式，尽管他转向了货币主义的观点。参见下一章和第十章。

三、弗里德曼后来的战时财政观

弗里德曼在后来的分析中得出了什么样的战时财政观呢？首先，为了回答这个问题，值得引用查尔斯·金德尔伯格这位弗里德曼的批评者就这个主题所说的一段挑衅性的话：

> 我不清楚这个评论是否书面发表过，但是口头传统认为，弗里德曼曾说，美国可能会采取均衡的货币量、平衡的预算和固定的价格水平来为战争融资。（Kindleberger 1985, 291）

金德尔伯格承认，弗里德曼实际上可能并没有说出这些归之于他的话。但是，这种说法，即使金德尔伯格没有给出来源，也提供了一个展示弗里德曼后来，即1950年之后的货币主义时期的战时财政观的有用的依据。

金德尔伯格正确地指出，弗里德曼在货币主义时期认为，价格水平的稳定性在战争条件下可以实现。特别是，弗里德曼认为，一个通过货币政策可以实现的状态就是以上金德尔伯格引语中给出的预算平衡条件不是稳定价格水平的一个绝对必要条件。不受货币创造调节的赤字开支通过提高持有货币的机会成本以及随之而来的流通速度会对物价水平施加向上增长的压力。但是，即使这样，用金德尔伯格的术语说，适当选择的"均衡"货币存量在原则上会产生一个固定的价格水平。

但是，弗里德曼对当局微调技能的怀疑导致他认为，当局不可能计算那种刚好能实现价格稳定性的适当的货币存量水平。这些怀疑促使他从20世纪50年代后期起带着怀疑的眼光看待那些设计来抵消货币流通速度的变化对名义收入和价格产生影响的货币政策方案。但是，与他的战时著述相反，后期的弗里德曼的确认为，货币政策不管财政赤字的行为如何都有能力主导通货膨胀行为。因此，弗里德曼的战后立场比金德尔伯格所猜想的更强，因为金德尔伯格将弗里德曼的立场表述为财政平衡对固定价格水平可能是必要的，而弗里德曼则认为，价格水平的稳定即使在大规模的预算赤字的条件下都是可能的。从这个观点出发，弗里德曼在1970年陈述说："就其本身而言，财政政策对通货膨胀是不重要的。"①

弗里德曼认为，在面临预算赤字的情况下价格水平稳定甚至在战争时期在原则上都是可以实现的。根据这个事实，弗里德曼究竟指定的合适的战时经济政策是什么呢？他会认为赤字开支在战争条件下合适呢，还是高于正常的通货膨胀在战时是合适的呢？这些问题将在下面论述。

就赤字许可的问题而言，弗里德曼从早期阶段开始就倡导允许预算赤字随周期变化的原则，并继续在后来的岁月中将此视为一个有价值的原则。②但是，这样一个原则并未指出赤字开支在战时的可取性。尽管如此，弗里德曼基于其他两方面的考虑，逐渐对甚至在经济扩张的条件下容许暂时的赤字开支持更加积极的

---

① Friedman（1970a, 24, point 9; p.16 of 1991 reprint）.
② 除了本章前面在论述代扣制时引用的著述，参见 Friedman（1948a）对预算赤字的周期性变化的支持，尽管仍然处于前货币主义时期；关于他晚年重申这一同样的原则，例如参见 Friedman（1979, 412）和 Friedman（1980a, 61; p.60 of 1991 reprint）。另参见下一章。

态度。第一，如指出的那样，他相信，货币政策即使在不平衡预算存在的条件下都可以确保较低的通货膨胀。第二，根据20世纪60年代采纳"饿死野兽"的观点，弗里德曼逐渐认为，税收增加会导致滞后的政府支出的永久性增加。因此，税收的增加只能暂时性地降低赤字，并依据弗里德曼的观点，会导致国家支出达到永久性的过高水平。单是这个因素就会支持战时的赤字财政，因为它暗示，以增加税收的方式为战时开支融资会导致和平时期永久性的更高开支，可能在非国防开支类别中如此。

虽然弗里德曼对预算赤字采取了更为乐观的态度，但是，他在20世纪80年代对通过宪法修正案强制实施事前预算平衡的目标的建议表示支持。他对提议的修正案支持的依据是，由于它包含的条款让使用增税作为一种实现平衡的方法变得困难，因而该修正案在实际上起着限制联邦开支增长的作用。[1] 这个提议的修正案的形式，与弗里德曼支持这个和相关的建议所撰写的东西，清楚地显示了他后期关于适当的战时财政政策的观点。在这些著述中，弗里德曼认为，美国在20世纪30年代之前的历史的特征是"不成文的宪法禁止赤字预算"。[2] 但是，以这种方式描述历史记录时，弗里德曼可能在心中想到的只是和平时期，因为即使在20世纪30年代之前，美国财政部承认赤字支出在战争时期都

---

[1] 参见 Friedman（1979, 412–413; 1982c, 62）和 Friedman and Friedman（1985, 60）。
[2] Friedman（1979, 412）.

是必要的。① 弗里德曼在 20 世纪 80 年代支持的平衡预算修正案明确考虑到了在战争时期的赤字开支。因此，弗里德曼在他晚期的著作中的确承认战争时期的大规模赤字支出的可取之处。② 这与他在二战时期采取的立场形成了对比，因为他当时敦促在可行的范围内要尽量避免赤字融资。③

赤字支出在战争时期的可取性也是现代的公共财政和税收平滑文献中的一个主要思想。这个思想是由巴罗提出，以及由巴罗（Barro 1986）、波恩（Bohn 1998）、奥哈尼安（Ohanian 1998）等

---

① 亨利·C.墨菲回忆说，截至1935年，美国财政部的流行观点是，预算"要在和平时期的每一年尽可能达到平衡"。类似地，阿尔文·汉森（Hansen 1951a, 520）评论说，在 20 世纪 20 年代，财政政策"受到所谓的'健全财政'信条的限制"。

② 弗里德曼帮助起草的，于 1979 年 1 月 30 日发布的限制政府支出的宪法修正案倡议，并没有明确将战争作为豁免的理由。它反而陈述说，如果总统宣布紧急状态，那么，国会两院的三分之二多数就可以授权高于修正案上限的支出（参见 Friedman and Friedman 1980, 313）。但是，在该修正案的提议准备阶段，弗里德曼表示，战争状况确实证明了赤字支出正当性。他陈述道："该修正案也必须要有一个紧急状态条款。毕竟，如果你卷入了一场战争或者一些其他极度紧急的情况你不必墨守成规。"这就重申了弗里德曼先前在 1970 年陈述的看法，他当时说："你不可能负责地在极度紧急的情况下将政府的手捆绑起来——如果你面临另一场二战的话。"

弗里德曼在 20 世纪 80 年代倡导的平衡预算修正案确实明确指出，战争是赤字支出许可的情形（参见 Friedman and Friedman 1985, 59）。

③ Shoup, Friedman, and Mack（1941）在珍珠港事件之前所写并以美国不会全面参战的假设为条件，设想了未来时期可行的平衡预算。但是，一旦联邦支出随着美国全面动员的展开而再一次急剧上升，弗里德曼可能认识到，一些赤字支出是不可避免的。尽管呼吁在战争中增税，但是，甚至凯恩斯都承认，英国完全依靠税收来为战时的政府开支融资"在实际上是不可能的"。

人应用于美国数据。① 正如这些文献所强调的那样，大规模的战争是与高水平的赤字支出相联系的事实可被视为一件好事——这是对这些原则的实际应用，即只有政府开支的永久性增加部分才应该靠增税的方式融资，以及税率表在面对公共支出暂时性变化的情况下应保持稳定。

在这一点上，库利和奥哈尼安以及奥哈尼安（Ohanian 1998）严重批评凯恩斯对战时税收措施的倡议。他们中的一些批评集中于凯恩斯在这本著作推荐的具体税收，而非弗里德曼赞同的赤字支出的通货膨胀缺口分析。但是，奥哈尼安（Ohanian 1998）的批评也适用于凯恩斯分析中的后一个部分。按照奥哈尼安的评估，美国在二战时期对赤字财政的依赖太少，而美国在一战时期的做法的主要特征是对国防支出进行更加适当的融资。在这里，奥哈尼安的研究发现与弗里德曼在战争时期的分析之间的冲突就出现了。如业已指出的那样，因为依靠当年的税收来为战时开支融资是弗里德曼在20世纪40年代采纳的凯恩斯（Keynes 1940）建议的关键要素。②

正如我们看到的那样，晚年的弗里德曼变得不太担心暂时性的预算赤字，更是接受了战时赤字支出的必要性。而且，现代文献已经凸显了战时赤字支出的可取性，并在这样做时部分诉之于弗里德曼会赞成的论据，包括那些强调稳定税率表的可取性的论据。因此，诚如后来的文献所做的那样，能得出晚年的弗里德

---

① Barro（1986, 361）反过来将税收平滑的思想追溯到 Pigou（1928）。
② 为了这里讨论的目的，凯恩斯所建议的强制私人储蓄或强制对政府的贷款都被视为税收。实际上，Cooley and Ohanian（1997, 444）给这些措施贴的标签是"税款"，从而强调了这些措施的类似税收的特征。

曼会在第二次世界大战期间支持比实际发生的赤字融资规模更大和税收依赖更少这样的结论吗？恰当的回答可能是否定的。原因是，尽管弗里德曼的战时赤字支出的观点变化很大，但是他关于战时通货膨胀的可取性的观点不会经历较大的变化，以及他的通货膨胀和通货紧缩的观点依然会不同于公共财政文献中所表达的观点。

与他的赤字支出的观点相反，弗里德曼关于将通货膨胀作为一个融资战时支出的方法的观点多年以来都呈现出相当大的连续性。他在1983年赞许性地引用了凯恩斯（Keynes 1940）的陈述——尽管通货膨胀是一种为政府支出融资的方法，但这是"最坏的解决方法"。[1] 在1940年与1983年间，弗里德曼多次直言不讳地说通货膨胀具有一种特别的破坏性税收的地位。他在1943年写道，一旦通货膨胀达到一定的水平，它就会与"有效利用产出去支持战争目的"不相符的方式扭曲资源配置。[2] 在20世纪40年代和后来的数十年中，弗里德曼多次强调价格管制不仅不能消除这些扭曲，而且反而会导致被压制的通货膨胀。弗里德曼认为，这种被压制的通货膨胀对资源配置的扭曲比公开的通货膨胀"具有大得多的危害性"。[3]

---

[1] Economist, June 4, 1983（37），引用 Keynes（1940, 51）。
[2] Friedman（1943a, 51）.
[3] Friedman（1966a, 39; p.120 of 1968 reprint）。另参见 NBC（1951b, 11），Friedman（1958a, 21–22），以及 Instructional Dynamics Economics Cassette Tape 28（June 12, 1969）。

诚然，弗里德曼的理想是零通货膨胀。① 沿着这样的思路，他曾说，他宁愿回到一个 3% 的通货膨胀都被视为"可怕"的世界。但是，他承认，通货膨胀率开始产生严重无效率之时的水平稍微高于低个位数水平。他评论说，通货膨胀率在 2% 到 3% 的范围之内就相当于合理的价格稳定，但并不等于对合同的指数化存在大量激励的通货膨胀率。②

正是应在这样的语境中来看待弗里德曼关于通货膨胀在战时财政中的作用的观点。在以公共财政为基础的分析中，巴罗（Barro 1986, 362）陈述道，"似乎没有理由要给予通货膨胀税特别的待遇。"这种观点与弗里德曼的观点形成了对比。无可否认，弗里德曼易于接受这样的观念，即由于战争状态意味着资源无论如何都不得不被转移到公共部门，通货膨胀就可能是一种被用来为战争开支融资的税收。例如，在 1965 年给联邦储备委员会的备忘录中，弗里德曼承认，通货膨胀"一般而言是战时税收的一个有益组成部分"。③ 但是，与大多数其他税收相比，它不是税收的一个重要组成部分。在战争期间和战后时期，弗里德曼都认同凯恩斯关于高通货膨胀是一种特别的扭曲性税收的观点。因

---

① 例如参见 Friedman（1984c, 37）和弗里德曼的回应 Snowdon, Vane, and Wynarczyk（1994, 176）。
② 据说，凯恩斯也持有通货膨胀超过 3% 时就会造成扭曲的观点；还据说，凯恩斯曾说过，2.5%~3% 的通货膨胀率是合适的（参见 Horne 1989, 70）。
③ 参见 1965 年 10 月 7 日给联邦储备委员会的备忘录：Friedman（1968a, 139）。同样，Friedman（1960a, 93）指出，在战争状态下允许高速的货币增长可能是有益的。另参见 Friedman（1963c, 17; p.38 of 1968 reprint）。

此，即使在战时，通货膨胀都不应该达到会产生巨大的经济代价的水平。

这条命令对弗里德曼而言就意味着，在政策上，避免将通货膨胀提高到高个位数以上的水平。因此，他与他的财政部同事在1941年争辩说，尽管通货膨胀在将资源从家庭部门转移到国防部门的使用中"也许发挥作用"，但是，靠通货膨胀来达到这个目的应该受到限制，而经济政策应寻求"预防物价的大幅度变化——比如每年5%或者5%以上的上升"。[1] 如果有什么不同的话，被弗里德曼视为价格大幅度变化下限的通货膨胀率会在未来的一些年份下降1%～2%。这让他更倾向于容忍不超过大约3%的通胀率，抵制那些依靠大规模的货币创造来为战争融资的建议。

弗里德曼始终如一地反对战时通货膨胀还有另一层含义，那就是相信通货紧缩的代价。再一次，这种观点与那种建议战时通货膨胀之后就是通货紧缩的公共财政文献形成了对比。这些文献大量使用预期的通货紧缩无代价的弹性价格分析。例如，奥哈尼安（Ohanian 1998, 65）判断，美国在20世纪40年的物价水平模式——价格指数出现了永久性向上移动——比在一战期间及其之后的物价水平模式更不可取，因为这一阶段的战时通货膨胀紧跟着的是"让经济通货紧缩回到战前的物价水平"的政策。同样，巴罗（Barro（1979b，20）陈述道，"似乎不存在基于商业周期的原因反对……系统的，以及预期的通货紧缩。"一个价格有黏性和物价水平的预期下降没有或者不可能完全嵌入金融和非金融交易合约的框架，为反对系统性的通货紧缩政策提供了依据。

---

[1] Shoup, Friedman, and Mack（1941, 13）.

而这样一个框架构成了弗里德曼反对通货紧缩的基础。在战争岁月中，他的观点是，价格具有相当大的下降刚性，产出在通货紧缩存在的情况下可能被永久性地压低。后来，弗里德曼逐渐认为，价格在两个方向上都具有暂时的黏性，而这种黏性导致产出在短期偏离了其潜值。尽管不能将两者等同起来，但是，他的战时和战后的名义刚性观都蕴含着通货紧缩并非无成本，而且旨在压低物价水平的政策与稳定的产出模式不相符。根据这种见解，正如第一章所讨论的那样，他在财政部的部分战时分析是旨在预先阻止战后的经济衰退。他在 1943 年写道，在战后需要确保产出等于其潜力。[1] 这种观点必然会导致强烈反对战后的大规模通货紧缩。结局是，公共财政文献提出的通货膨胀之后是通货紧缩的建议在弗里德曼在战争期间使用的和战后大量修改的分析框架之中都不是一个可取的建议。

前面的讨论得出的结论是，弗里德曼的货币主义立场并没有使他大幅度远离他在战时持有的避免大规模赤字的立场。正如刚才指出的那样，弗里德曼认为，通货膨胀和通货紧缩都比公共财政文献所认为的成本更加高昂，因此他想两者都避免。他后来的通货膨胀观确实与他战时的观点截然不同，因为他逐渐将控制货币增长视为避免通货膨胀的中心。但是，将这个原则应用到二战的状况依然会导致他对限制赤字的支持，因为二战期间生效的钉住利率的货币政策体制意味着，控制货币增长需要以赤字限制为条件。

---

[1] Friedman（1943a, 57）。另参见本章后面对克拉克·沃伯顿的通货紧缩观的论述。

这样，我们就回到了我们开始的地方：尽管在战后他的观点发生了重大的改变，但是，后来的弗里德曼依然支持为暂时性的战时开支进行大规模的税收筹资。他在1970年陈述说，继续坚持战争状态下的最高所得税税率与和平时期的适当税率相同的主张是"一个错误"（Chicago Daily News, July 29, 1970, 4）。1995年，弗里德曼指出，需要征收非常高的税率（税收收入）来帮助二战筹资（Reason, November 1995）。这种说法必须要与弗里德曼关于税收平滑的一些陈述——尽管是在和平环境下所做的——进行权衡。比如，他在1972年评论说，"我们应该设置我们的税率，确保税率的稳定"，以及政府开支应该与长期收入行为而非当期收入保持一致。[①] 一旦成为货币主义者，弗里德曼就认为，对二战情形的理想财政政策反应不仅可能会涉及更大规模的赤字，以便促进税率表更加稳定——这意味着某种程度的税收平滑。[②] 而且这种反应也涉及将通货膨胀保持在个位数水平的非调节性货币政策。与公共财政文献相反，他不会建议战时预算赤字货币化。

根据弗里德曼后来的框架，为了确保货币存量的控制以及价

[①] Firing Line, PBS, January 5, 1972, p.10 of transcript。在这个参加的电视节目中，弗里德曼对家庭按照持久收入来消费和政府按照长期税收来开支进行了类比。

[②] 罗伯特·巴罗在2013年6月1日与笔者的私人通信中强调，税收平滑的方法尽管间接指出二战的国防开支应主要依赖于赤字融资，但是与大幅度增加税收收入与募捐的方式并非不相符。因而，巴罗并不认为弗里德曼在1995年11月《理性》杂志上发表的信件的思想以及弗里德曼对代扣税的支持是与税收平滑的视角不一致。但是，如正文中所指出的那样，弗里德曼的观点在主要的方面与奥哈尼安（Ohanian 1998）在对二战的预算管理进行税收平滑的分析时提出的战时筹资的一揽子方案不相称。

格的稳定,一旦发生货币当局实施钉住政策的情况下,赤字控制是必要的和可取的。[1] 他的结论是,即使在战争时期,低通货膨胀毫无疑问都是可取的。因而,公共财政文献高度依赖于战时的通货膨胀税和战后的通货紧缩的思想对他没有吸引力。

但是,在不同的税收之间选择时,几个百分点的价格上升作为一种资源转移的措施对弗里德曼具有某些吸引力。实际上,甚至在一个和平的环境中,弗里德曼评论说,尽管通货膨胀是一种"非常不可取"的税收,但是,如果对产出的生产者征收额外的税收是增加税收收入的唯一选择,那么也存在支持温和通货膨胀的情形。弗里德曼的理论依据是,通货膨胀是一种隐性的支出税收。不过,在他讨论的语境中,他考虑的两种税只是产出税和通货膨胀税。[2] 正如下一小节所讨论的那样,弗里德曼偏爱直接对支出征税而不是诉之于通货膨胀来这样做。

到头来,二战的主要特征是显性税收的大幅度增加和通货膨胀税的大量使用。《美国货币史》认为,48%的战时开支是由普通税收筹资的。[3] 伴随这种收入增加而来的是税率的强劲增长。例如,乔因斯(Joines 1981,table 2)估计,劳动收入的边际税

---

[1] 甚至早在1948年——在他认识到对和平时期的赤字进行货币化有好处的思想阶段——弗里德曼认为,发行长期政府债券来为开支筹资对无通货膨胀的战争融资是必要的。参见 Friedman(1948a, 247, 250)。这种观点是基于不存在钉住利率政策的,因为这样一种政策可能会导致美联储购买债券。

[2] 这同样适用于 Friedman(1951c, 187)的讨论。在这篇文章中,弗里德曼同样表达了高水平的通货膨胀也许比某些类型的显性税收的增加要好的观点。

[3] Friedman and Schwartz(1963a, 571)。

率从1940—1945年几乎翻了一番。

图3.1对比绘制了二战期间通货膨胀税的两个方面的图形：图3.1（a）的货币增长率和图3.1（b）的通货膨胀率。

图3.1（a）表明，M1和M2的增长率在战争期间达到两位数的高水平，每个序列在1942—1945年间大约平均为20%。图3.1（b）绘制了创纪录的通货膨胀：巴尔克和戈登（Balke and Gordon 1986）的国内生产总值（GNP）紧缩指数，以及对战时价格管制调整后的紧缩指数序列的增长率。后一序列是由弗里德曼与施瓦茨在他们1982年的《货币趋势》（*Monetary Trends*）中构建的，旨在与测量的价格水平具有相同的平均增长率。但是，他们的调整重置了随着时间的变化出现的价格增长模式，旨在以某种方式显示被战时管制掩盖的通货膨胀压力。[1] 其实，对管制的调整将1946—1947年观察到的两位数通胀率移动回到1942—1943年间的水平。因而，弗里德曼和施瓦茨的调整可能将通货膨胀高峰在时间上后移太多。但是，该调整表明的基本信息——实际的通货膨胀高峰是在战争期间而非战后——可能是稳健的。[2]

---

[1] 弗里德曼与施瓦茨使用的是净国民收入（NNP）紧缩指数，但是在1938—1950年间它的平均增长率与巴尔克和戈登的GNP紧缩指数序列非常相似。

[2] 米尔顿·弗里德曼和安娜·施瓦茨假设在对价格管制进行价格调整后的时期，名义收入增长率和通货膨胀率之间是一个静态的关系。正如爱德华·纳尔逊所讨论的那样，更现实的假设是，通货膨胀滞后于名义收入增长率。在这种假设下，对价格管制的调整可能导致通货膨胀高峰出现在战争后期而非在1942—1943年。

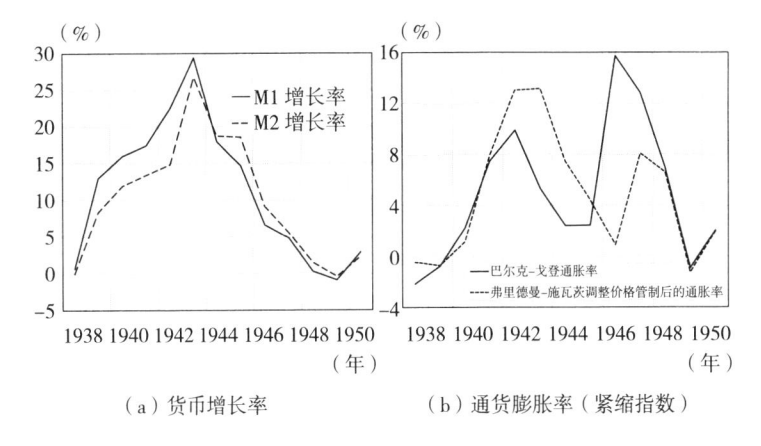

图3.1 第二次世界大战中的货币增长率和通货膨胀率

资料来源：M1、M2和国民生产总值的紧缩指数来源于巴尔克和戈登（Balke and Gordon 1986）的年度数据表格。价格管制调整后的通货膨胀率的计算来源于弗里德曼与施瓦茨（Friedman and Schwartz 1982a）的美国价格管制调整后的价格水平序列。

货币增长率和通货膨胀率的行为表明，尽管有正式税收在增加，美国政府对通货膨胀税的依赖仍是巨大的。

弗里德曼相信，爱国主义降低了价格管制不得不控制的通货膨胀压力。随着为国防开支的货币融资的爆发和美国经济转移到战时体制，名义总支出必然会激增。但是，家庭在购买物品时一定程度的自愿克制，与私人部门对低票息战争债券的较高认购率一起，让名义总支出的增加低于本应该增加的程度。因此，在为国防开支的扩张融资时，美国能够依赖货币创造，却避免了通常与货币创造相联系的大量通货膨胀。

四、支出税

1943年3月，弗里德曼在《美国经济评论》上发表了一篇题为"作为战时财政措施的支出税"的文章。在这篇文章中，他坚持主张，消费支出税是一种控制通货膨胀压力的手段。这篇论文从形式上说是艾伦·沃利斯在1942年9月的《美国经济评论》上就该问题所发表论文的续篇，而弗里德曼的论文附有一个标准的免责声明，"本论文表达的观点是作者本人的个人见解，并不必然反映了财政部的观点"。①

这样，从表面上说，弗里德曼的论文只是一篇在研究论坛上交流观点的文章。但是，这篇论文所表达的内容实际上有助于在推动财政部在美国引入支出税方面形成理论依据。这次的努力没有成功（Prest 1956, 36）——"它没有任何进展"，弗里德曼在50年后回忆说（CSPAN, May 7, 1993）。支出税倡议的失败无疑是一个因素，促使弗里德曼将他在美国财政部工作的时期描述为一种打消了他关于充分论证的备忘录就为税收改革提供了决定性理由的念头的体验（Instructional Dynamics Economics Cassette Tape 23，April 1969）。

弗里德曼在他后来的文集著作中从未重印过这篇1943年的文章，也许是因为该论文在正文和标题上都参照的战争状态减少了该论文对战后读者的相关性。尽管如此，该论文仍以带有弗里德曼后期著述的许多特点著称，如相当重视依赖市场力量的需要。如前指出，尽管弗里德曼承认爱国主义是一个促进资源转移

---

① Friedman（1943a, 50）.

到政府用途的因素，但是，他不怀疑价格信号传递的需要，而正是价格信号产生了与大规模的国防开支一致的支出和供给模式。由于消费者在支出税下有动机将支出推迟到战后，因此，弗里德曼建议的支出税是一种促进急需的需求调整而无须诉之于像配给这样的直接实物管制。

这篇文章没有提到凯恩斯或者他的著作，但是，弗里德曼明确建议，支出税是对凯恩斯（Keynes 1940）提议的家庭对政府的强制性"贷款"——也就是说，缴纳的税款在战后通过退税的方式返还——的一种替代方案。弗里德曼抵制这个建议，认为它在行政上行不通，不可能成功地限制开支。[1]

库利与奥哈尼安（Cooley and Ohanian 1997）后来对凯恩斯的这个方案提供了更强烈的指控。他们指出，强制性的贷款安排在英国部分地实施时对供给侧产生了严重的不利影响。弗里德曼在1943年的论文中对供给方的分析时承认了激励的重要性。他争辩说，"支出税有助于总产出最大化的方式是让收入作为一种安排资源使用的工具有效运转"，以及减少了依赖所得税的需要。[2]弗里德曼坚持说，税后收入甚至在战时都是私人部门的供给决策的重要推动力。这种看法体现在他的评论中："必须使用一些工具来激励个人工作，更加努力地长时间地工作，从一种类型的工作转换到另一种类型的工作。"[3]这段评论预示了他在价格理论课程和教材中的评论（第一章论述过）。弗里德曼在该评论中指出，

---

[1] Friedman（1943a, 52, 60）.
[2] Friedman（1943a, 62）.
[3] Friedman（1943a, 55）.

美国在二战期间非军事部门的劳动力供给增加的一个原因是，家庭对暂时性的高工资做出了反应。

支出税论文也包含了弗里德曼论消费的著作的一个早期提示，因为这篇论文暗示，家庭支出与财富而非收入更紧密相关。"拥有巨大财富的个人会比拥有同样收入但更少财富的个人有能力和意愿维持较高水平的开支，或者是因为他面临的储蓄压力小，或者是因为他可以利用他的资本。"① 从这个角度看，弗里德曼赞成支出税的部分理论依据是消费行为的持久收入观，尽管还没有这样称呼。这种观点与弗里德曼在同年出版的《以税收抑制通货膨胀》中对消费和当期收入关系的可靠性所表达的信心形成了鲜明的对比。② 这也与弗里德曼在1942年就税收代扣在国会证词中的分析基础相冲突。③

但是，那种认为弗里德曼到1943年为止就完全地和不可逆转地是持久收入假说的支持者的说法是错误的。相反，正如下一章要讨论的那样，弗里德曼在1946年参加的一个电台节目中所说的话，似乎重申了可支配收入的短期波动在家庭的支出决策中起着强有力作用的观念。更准确地说，弗里德曼的思想处于演变之中。他在1943年对持久收入类型的论据的依赖也许表明，他接触到或者试图解释库兹涅茨（Kuznets 1946）在出版的著作中所报告的关于美国的稳定消费与收入比率的研究发现。但是，在20世纪40年代末期，弗里德曼可能回到了更传统的凯恩斯消费

---

① Friedman（1943a, 60）。
② Friedman（1943b, 120）对比分析了他所称的货币与收入之间的不稳定关系和他所谓的消费与收入之间"具有更大规律性"的经验关系。
③ 参见第一章。

函数,因为他愿意接受阿尔文·汉森提出来试图协调库兹涅茨的研究发现与凯恩斯的边际消费倾向递减的消费函数的论据。[①] 如果是这样,弗里德曼就可能暂时没有考虑那些将指向持久收入假说的论证思路。无论如何,随着他全神贯注于其他领域的研究和政策议题,弗里德曼在 20 世纪 40 年代剩下的时间中没有多少机会来详细阐述他的总消费行为的思想。不过,弗里德曼在 1951 年就回到消费函数的问题。

弗里德曼在援引艾伦·沃利斯的论文时承认,早在他之前就已经有支出税文献了,并指出"C.A. 乔丹(C. A. Jordan)、欧文·费雪等人"已经为和平时期的状况提出了支出税的建议。[②] 在弗里德曼之后,大量的支出税文献就出现了,在英国尤其如此。在这些后来的文献中,卡尔多(Kaldor)像弗里德曼一样,在支出税的倡议中尤其强调了现在被称为消费决策的某种形式的持久收入观。尽管支出税文献迅速增加,但是,查看这些文献的参考书目习惯表明,弗里德曼 1943 年在《美国经济评论》上发表的文章,虽然偶尔被援引,却不被认为是在二战后数十年内的

---

① 特别是,弗里德曼可能接受了将在本章后面要讨论的阿尔文·汉森在 20 世纪 40 年代中期提出的论据。他也可能在这时期赞成对凯恩斯消费函数进行比持久收入假说所蕴含的更少根本性的修改。
② Friedman(1943a, 61)。

基本参考文献。① 这种做法部分反映出，弗里德曼在1943年的论文中以持久收入假说来作为支持支出税的基本理由在某种程度上迷失在只适用于战争状态的论文论据之中。不过，最近数十年来，弗里德曼的这个研究得到了更多的赞扬，诚如迈克尔·波斯金在2013年7月3日的访谈中所说："对于我这一代以及年纪更大的公共财政的职业经济学家而言，他在二战时期的财政部工作期间就消费税以及支持消费税的理由写过一篇高度有影响力的论文。"

就弗里德曼而言，他在战后对支出税的辩论采取了袖手旁观的态度，但转向了其他税收改革建议，特别是与单一所得税相联系的税收改革建议。但是，弗里德曼偶尔对这个问题的关注表明，他没有放弃支出税的优越性的信念，并认为它是和平时期一个重要的税收改革。他承认，他的著作是"为战时写的，但自1942年以后，

---

① 例如，在Kaldor（1955）之后在英国出现的大量研究支出税的讨论都没有在该领域提到弗里德曼的这篇论文。Skidelsky and Skidelsky（2013, 206）在最近的讨论中延续了这种做法，并陈述说"在卡尔多之前支出税有许多著名的支持者"，尽管他们只列举了约翰·斯图亚特·穆勒和欧文·费雪。同样，Kay and King（1978, 74）在倡导支出税的主要人物中只列举了"霍布斯、穆勒、费雪以及最近的卡尔多"。然而，默文·金（Mervyn King）在其他地方（New Statesman, April 13, 1979, 508）只将卡尔多（Kaldor 1955）列为主要的参考文献，但补充说："其他一些著名的经济学家在卡尔多之前就建议过这个想法。"
但是，这种做法不是英国在讨论中所独有的。例如，Auerbach and Hassett（2015, 41）陈述道，"在支持消费税（例如Kaldor 1955）的一些早期论据隐含的假设是，消费税能够透露出来自租金、遗产、变相劳动所得等现有的财富来源的信息"。这条论据其实同时明确地存在于Kaldor（1955）和Friedman（1943a）之中，尽管这两位作者对前者著作的引用有助于突出持有不同政治观点的经济学家曾提出过该论据的论点。

我就支持对消费而非收入征税"（Reason, November 1995）。①

诚如这个引语表明，与他在二战时期提出的众多其他财政政策的思想截然不同，弗里德曼在这事50年后愿意继续支持支出税的倡议。实际上，他远非否认这个建议，而是将它与他晚年倡导的单一税联系起来。在1993年5月国会共和党议员的一个务虚会的发言中，弗里德曼说，"我的理想制度中的单一税不是收入而是支出的单一税"，实施的方式是用"现在的所得税表。但是，允许你扣除所有的资产增加额……减去所有的负债增加额"。②

第三节　人物：1940—1943年

一、阿尔文·汉森

依弗里德曼之见，哈佛大学的阿尔文·汉森是"凯恩斯思想在美国的主要宣传者"。这是20世纪40年代以来广泛认同的看法。③尽管直到1953年才以《凯恩斯学说指南》（*A Guide to*

---

① 弗里德曼对支出税的倡导也不同于美国财政部在战时的官方立场，因为后者并没有考虑用支出税来取代所得税（Prest 1956, 36）。
② 在更后来的一个场合，弗里德曼在2005年3月31日出席联邦税收改革的总统顾问小组会议时倡导一个主要由单一的支出税构成的税收制度。
③ 参见 Friedman（1972b, 184）；另参见 Friedman and Schwartz（1982a, 207）和 Friedman and Friedman（1998, 223）。其他人的相似看法包括：西摩·哈里斯（Seymour Harris）在编者导言中认为汉森是"美国最杰出的凯恩斯主义者"（Alvin Hansen 1953, xi）；托宾（Tobin 1987a, 95）评论说，汉森是"凯恩斯在美国的主要信徒和阐释者"；西姆斯（Sims 2012, 1187）谈到"美国的主要凯恩斯主义者是阿尔文·汉森"。

Keynes）这个标题出版了一本著作，但是，汉森到那时已经负责解释、应用和发展凯恩斯的著作十几年了。弗里德曼相信，汉森在影响美国经济学家关于《通论》的见解方面起着主要作用的一个原因是，汉森在1936年就是一位久负盛名的经济学家了。实际上，弗里德曼与施瓦茨在《美国货币史》中对汉森的绝大多数引用都是他的1932年的商业周期的著作。① 在弗里德曼看来，凯恩斯革命在美国是从这样一个事实——像汉森这样知名的人物在经历了最初的怀疑之后于20世纪30年代末期"突然皈依"了凯恩斯主义——中获得声望和信任的。部分出于这个原因，弗里德曼认为，汉森在改变美国学术思想方面起到了"非常重要"的作用。② 实际上，汉森对经济学家对凯恩斯革命的看法的影响在整个经济学界要比他所在的系要大得多。罗伯特·索洛在20世纪40年代先是哈佛大学的本科生接着是研究生。他说，将哈佛

---

① 阿尔文·汉森（Alvin Hansen 1932）在 Friedman and Schwartz（1963a, 306, 409）中被引用。

② 参见弗里德曼的评论（Snowdon and Vane 1997, 194-195），引语分别来自第195页和第194页。弗里德曼指出，汉森和善的性格也是他发挥影响力的一个因素。在本书于2013年11月12日的访谈中，乔治·考夫曼指出，弗里德曼在战后的成功部分地反映了同样的现象。"我对弗里德曼的看法是，他是一个可爱的人。当我去俄勒冈时，他给我写了一份推荐信，他对我很好。他对所有人都很好。我总是告诉人们，如果他不是这样好的一个人，他可能就不会有他所拥有的影响力。"

尽管如此，汉森和弗里德曼都有尖刻的一面。他们对批评者的公开反驳的许多内容都证明了这一点。就弗里德曼而言，本内特·麦卡勒姆在1994年8月对笔者说，弗里德曼的确是一个可爱之人，但是，当你与他发生争执时，他就不那么可爱了。

大学当作当时美国凯恩斯主义的中心是"绝对错误的"。[1]但是，汉森通过在20世纪40年代和50年代早期大量著述凯恩斯经济学，对哈佛环境之外的经济观点产生了深刻的影响。

回想起来，汉森也许作为一位凯恩斯著作的发展者，而不是阐释者和宣传者，被低估了，因为汉森在将《通论》中的思想转变为一个清晰、可用的形式模型中起到了非常大的作用。许多经济学家，包括罗伯特·卢卡斯、本内特·麦卡勒姆、查尔斯·普洛瑟和保罗·萨缪尔森都指出，正是凯恩斯思想的数学形式发展才让凯恩斯经济学在经济学界真正地流行起来——弗里德

---

[1] 在这个评论之后，罗伯特·索洛在2013年12月2日的访谈中细说道："首先，在我本科生的时候——这是在战前——凯恩斯经济学是禁止的。系里拒绝正式承认它。"索洛继续说，在战后的早期情况依然如此。"当我1945年从军队返回校园时，我上了货币银行学的课程。这就是宏观经济学课程，研究生和本科生一起上。约翰·威廉姆斯（John Williams）做一些讲解，阿尔文·汉森做一些讲解，根本就没有讲过凯恩斯经济学。只是在汉森举办的——当然，约翰·威廉姆斯在时就是汉森和约翰·威廉姆斯一起举办的著名的财政政策研讨班上，很明显，研究生们在那儿能谈论凯恩斯经济学。但是，除了这个研讨班，我根本不认为哈佛大学是凯恩斯经济学的中心。劳埃德·梅茨勒（Lloyd Metzler）走了，吉姆·托宾走了。真的只留下汉森，接着在那个高级研讨班上只有他，然后是约翰·威廉姆斯的加入。"萨缪尔森在1976年表达过相关的看法（Samuelson 1976, 24, 26）。
不过，汉森讲授的凯恩斯经济学在哈佛大学的研究生课程中颇有名气。在20世纪50年代末，戴尔·乔根森是上汉森课程的最后一批学生之一，而汉森的课程大量地使用了阿尔文·汉森1953年的著作（Dale Jorgenson, interview, September 12, 2014）。

曼也对此观点表示了赞同。① 尽管卢卡斯认为约翰·希克斯和弗兰科·莫迪利安尼是"向我们表明如何从凯恩斯的《通论》混乱不清之中提炼出可理解的方程组"的经济学家，但是，汉森也在这点上做出了贡献。其实，汉森的著作可视为对凯恩斯思想的更纯净提炼。约翰·希克斯的 IS-LM 分析并非凯恩斯固有的思想，因为这个分析在决定名义总需求时让货币政策居于财政政策之上，以及允许"古典二分法"作为特例出现的实际和名义变量由不同的力量决定的结论。相比之下，汉森详细阐述了收入支出模型，突出了财政乘数的重要性，抽掉了价格水平的运动。弗里德曼正是将这个收入支出模型具体等同于凯恩斯主义。②

为了对凯恩斯经济学进行辩护，汉森与弗里德曼继承其事业的多位经济学家展开了书面交锋。阿尔文·汉森在 1946 年的讨论文章就是明证。在回应弗里德曼从前的老师劳埃德·明茨时，汉森一开始就表明，他认为，明茨和亨利·西蒙斯对货币政策太

---

① 参见 Samuelson（1946, 188）；Lucas（1994a, 2004）；查尔斯·普洛瑟的评论在 Snowdon, Vane, and Wynarczyk（1994, 285）；以及本内特·麦卡勒姆在 Backhouse and Salanti（2000, 86）和 McCallum（2014）。萨缪尔森以及刚提到的其他人也认为，凯恩斯之后的研究者提供了一个比《通论》中存在的更加内在一致的模型。罗伯特·索洛在 2013 年 12 月 31 日的本书访谈中也对此表示赞同。另参见弗里德曼在听到普洛瑟关于这个问题的看法时的良好反应（Snowdon and Vane 1997, 195）。
② 例如，弗里德曼和梅塞尔曼（Friedman and Meiselman 1963, 187）认为，阿尔文·汉森（Alvin Hansen 1951a）的《商业周期与国民收入》的部分内容是他们刻画与数量论相对的简单的收入支出理论的基础。同样，凯恩斯的一位批评者声称，"汉森等人详细阐述的……收入支出模型是用来解释凯恩斯的"（Listener, January 5, 1978）。萨缪尔森关于汉森的贡献也表达了相似的看法。

过信任了。西蒙斯在与凯恩斯的通信中认为，鉴于汉森正在传播"极端的'美国式凯恩斯主义'"，他倾向于"激烈地反对汉森"（Patinkin 1979, 232）。① 随着西蒙斯的离世，阿瑟·伯恩斯在1947年崛起为凯恩斯主义运动的新批评者，而汉森在当年就发表了多篇文章来对伯恩斯进行强有力的回击。②

尽管弗里德曼与汉森确实相识，共同参加过各种会议，包括1951年举行的两个通货膨胀论坛，但是，弗里德曼崛起为一名凯恩斯主义经济学的批评者的时间太晚，以至于他与汉森之间没有发生直接的、书面的重要交流。③ 此外，他们两人都在1951年被一个学术期刊邀请参加货币政策研讨会。但是，这一次也没有直接交流的书面记录，因为弗里德曼反而被指定为汉森的哈佛大

---

① 关于西蒙斯批评汉森的书面例子，参见 Simons（1942）。这篇文章含有西蒙斯的宣言，"我要埋葬汉森——尽管恭敬而绝望地"（Simons 1942, 162）——《财富》杂志（Fortune June 1, 1967, 132）后来用这句话的第一部分来总结西蒙斯的立场。
② 参见 Alvin Hansen（1947b; 1947c, 143）。这两篇文章讨论了伯恩斯（Burns 1946），而第二篇文章认为伯恩斯犯了"许多基本错误"。
③ 具体而言，这是将在第十章讨论的1951年4月在硫磺泉镇举行的通货膨胀会议和全国计划协会在1951年10月新泽西的普林斯顿主办的会议（参见 Joint Committee on the Economic Report 1952a, 1297）。在前面提到的汉森1951年的著作《商业周期和国民收入》的索引中，有一个弗里德曼词条。但是这个词条不是指米尔顿·弗里德曼，而是指罗丝·弗里德曼，汉森（Alvin Hansen 1951a, 168）援引了她与多萝西·布雷迪（Brady and Friedman 1947）论消费的著作。关于当时货币政策研讨会的论述，参见 Harris（1951）；Friedman（1951c）；以及 Alvin Hansen（1951b）。

学同事西摩·哈里斯的讨论人。①

  弗里德曼在著述中也没有详细批评阿尔文·汉森的著作，但是，汉森在弗里德曼的研究成果中起着不同的作用。弗里德曼始终如一地认为汉森是凯恩斯主义经济学的一位主要权威，但是，他提到汉森的名字的语境也在经历明显的变化。这与弗里德曼的思想变化相类似。当弗里德曼在20世纪40年代初分析财政政策时，汉森的著作被当作财政问题的主要参考书目，犹如弗里德曼在《以税收抑制通货膨胀》中引用的那样。②特别是，汉森的财政政策的研究著作——亨利·西蒙斯以蔑视的态度对待这本书——在弗里德曼1943年的分析著作中被恭敬地但简短地提到。但是，在20世纪40年代之后——实际上一直到20世纪八九十

---

① 诚如下一章论述的那样，弗里德曼是在他的思想被概括为与他后来紧密相连的常见的货币主义思想之后不久撰写的这个评论（Friedman 1951c）。他在这篇文章中肯定了货币政策行动，而非财政政策或收入政策的使用，在抗击通货膨胀中的恰当性。但是，弗里德曼在论述中淡化了与凯恩斯主义者西摩·哈里斯的货币政策观点的对比，突出了西摩·哈里斯论文中所承认的货币政策的有效性和先前货币政策存在的问题，并将西摩·哈里斯打扮成为一个认为用货币措施抗击通货膨胀是可取的但却不可能发生的人。
在这样做时，弗里德曼掩盖了他与西摩·哈里斯之间的众多分歧，而西摩·哈里斯的货币政策和经济结构思想与阿尔文·汉森的几乎相同。联邦储备委员会的高级官员拉尔夫·杨（Ralph Young）在1963年10月给美联储主席威廉·麦克切斯尼·马丁（William McChesney Martin）的一份备忘录中，直率地讨论了西摩·哈里斯在这些问题上的观点。拉尔夫·杨写道，西摩·哈里斯长期持有"货币政策相对不重要和无效"的观点，但在20世纪50年代和60年代初修正了他的观点，却依然对货币政策应是控制通货膨胀的关键的观点持批评态度（Young 1963, 3）。

② 参见Friedman（1943b, 117）。

年代——弗里德曼将汉森作为凯恩斯主义经济学的极端例子加以引用。① 事实上，这些引用证明，早期凯恩斯主义真的是如弗里德曼所说的那样强硬。② 汉森在著述中讨论财政和货币政策时，提供了一个弗里德曼可以利用的强硬的凯恩斯主义陈述的宝库。

就财政政策而言，汉森在 1941 年的著作《财政政策和商业周期》(*Fiscal Policy and Business Gyles*) 中的一段话提供了汉森观点的一个概况："财政政策的新目标"是"旨在确保生产要素的充分使用"。在汉森的著作出版之时，弗里德曼非常可能赞同这种看法。但是，即使在 20 世纪 40 年代早期，弗里德曼非常可能对汉森的下一个句子持保留态度——如果它旨在应用于和平时期的状况的话——"这个政策涉及政府开支的大规模扩张"(Alvin Hansen 1941, 117)。刚才引用的这个 1941 年的陈述支持了弗里德曼后来的看法，"赤字……是经济扩张的一种方式"的观点有助于促进"政府支出的大规模增长"。③ 如弗里德曼所承认的那样，即使凯恩斯主义的分析指出适当规模的减税与公共支出的增加都能对国民收入提供同样数量的刺激，情形也是如此。④

阿尔文·汉森支持财政政策的基础是他对凯恩斯消费函数的重视。特别是，汉森争论说："我多年来的信念是，凯恩斯的

---

① 例如参见 Friedman (1980b, 502, 511) 以及前面引述的著作。
② 例如参见 Friedman and Schwartz (1982a, 207)。
③ 引自弗里德曼在 1979 年 5 月 17 日的证词 (Committee on the Judiciary 1980, 149)。
④ 例如参见 Friedman and Heller (1969, 74)。但是，诚如弗里德曼所承认的那样 (Friedman 1962a, 75—76)，汉森提出的和不久要讨论的这个"长期停滞"说为政府支出是一种提供财政刺激的手段确定了一个强有力的假说。

《通论》的伟大贡献就是明确而具体地阐述了消费函数。"即使在批评凯恩斯主义经济学的岁月中，弗里德曼也不会完全地质疑凯恩斯消费函数贡献的重要性。弗里德曼认为，他在1957年提出的消费函数，也只是《通论》对消费支出分析的一种改进而非彻底的反驳。但是，碰巧的是，弗里德曼的改进正好消除了汉森极力强调的凯恩斯消费函数的这个性质——这就是随着家庭收入的增加，边际消费倾向会下降的观念。汉森在1941年的著作中有一个展示收入和消费的假设值的图和表格，旨在突出消费函数这方面的性质。在这些表格中，随着假设的收入从56增加到80，消费与收入的比率从1.036下降到0.925。

后来——实际上在弗里德曼出版持久收入的主要著作之前，但紧跟在广泛讨论库兹涅茨关于消费函数比率的研究发现之后——汉森似乎就在弱化他的立场，因为他承认消费和收入在长期中具有同比例变动的可能性。[①] 然而，汉森在中期和长期的政策分析中同时倡导老式的凯恩斯消费函数。在这种倡导的过程中，汉森逐渐被弗里德曼等人认为提出了所谓的"消费不足"或者"节俭悖论"的假说，而汉森则将其称为"长期停滞"

[①] Alvin Hansen（1953, 76-77）。汉森也使用这样的论据，即消费与收入比率随时间的变化而出现的观测到的稳定性反映了其他因素的稳定化效应，以及如果没有其他因素的影响，消费与潜在收入就不能保持同步。实际上，这等于在说，边际消费倾向递减的消费函数的确是美国数据中的基本结构关系。根据这种论点，因为财政当局实施的抵消行动，家庭偏好对支出施加的下降压力在美国数据中是不可测的。

假说。①

根据长期停滞的观点，一旦经济回归到和平时期的状态，政策制定者面临的困境是一个总需求长期较低的情形。这个观点指出，美国的实际国民收入上升路径的前景可能受到实际收入的增加不会促进维持经济扩张数量所需的实际支出的额外流动的威胁。在这种情境中，就需要汉森建议的政府支出的"大幅度增加"，因为通过公共部门开支的介入，公共部门就能将经济移动到持续高水平的经济活动。1940年，弗里德曼在商业周期课程中花了很多时间来讲授长期停滞假说。但是，在战后不久，长期停滞假说就成了一种广受批评的凯恩斯主义思想。我们将看到，弗里德曼到20世纪40年代结束时也展开了对它的批判。

至于货币政策，阿尔文·汉森对《通论》的解释思路与弗里德曼阐释的高度相符，因为他在货币主义时期力求概括出凯恩斯的主要观点。汉森认为，凯恩斯"高度依赖于流动性偏好分析，由此得出经济不会趋于充分就业"。这个观点与弗里德曼在四分之一个世纪之后表达的观点高度一致："当凯恩斯必须一再正视是什么因素恰好阻碍充分就业的均衡时，他最终的辩护思路就是

---

① 另一个早期的研究是 Lange（1939）。在这篇著作中，兰格主要论述了他称之为一个"广泛持有"的观点——"美国经济失去了扩张的动力，达到了或多或少永久停滞的阶段"，并继续赞同这种观点。
由于停滞假说的一根支柱是，货币政策没有能力对需求提供抵消消费不足的刺激，长期停滞观就可能被视为汉森和《通论》否定货币政策有效性一部分。此外，凯恩斯所描述的流动性陷阱相关的情形经常与长期停滞也占优势的情形相符。弗里德曼恰当地认为，凯恩斯和汉森与长期停滞观相关联。

绝对流动性偏好。"① 实际上，弗里德曼在货币主义时期反复阐述的凯恩斯立场是一个反讽，因为尽管弗里德曼的货币政策思想与像托宾和帕廷金这样的后期凯恩斯主义者的思想相比，更是截然不同于像阿尔文·汉森和罗伊·哈罗德这些早期凯恩斯主义的思想，但是，弗里德曼对凯恩斯所说的解释与汉森和罗伊·哈罗德的解释非常相似，并偏离了与弗里德曼同代的许多凯恩斯主义者的视角。②

弗里德曼与汉森的分歧——一旦弗里德曼成为一名货币主义者——不在于他们对凯恩斯关于货币政策所说的解释，而在于评估凯恩斯的立场与经验的一致性。与弗里德曼和施瓦茨对大萧条的叙述相反，汉森认为，20世纪30年代的经验证实了凯恩斯关于流动性陷阱的情形。

汉森也没有随着时间的流逝软化他的立场。弗里德曼逐渐认

---

① Friedman（1972a, 942）。
② 弗里德曼对凯恩斯的解释占了 Friedman（1963a, 1970a, 1970b, 1972a）的很大篇幅。正如第十四章讨论的那样，这尤其证明了弗里德曼在1970—1972年的《政治经济学杂志》上与他的批评者交锋的一个主要方面。在这点上，利特尔博伊（Littleboy 1990）的分析值得注意。这个研究对凯恩斯的不同解释进行了广泛的分析，而利特尔博伊关注的一个问题是文献中对凯恩斯赞同流动性陷阱的观点所表达的反对程度。在判断凯恩斯"如果遭到逼问"而愿意依靠陷阱论据来反对货币政策的有效性时，利特尔博伊（Littleboy 1990, 189）得出的结论与弗里德曼的结论非常相似。
弗里德曼对凯恩斯总供求思想的描述与凯恩斯的传记作者罗伊·哈罗德的解释相符这种看法在 E. Nelson and Schwartz（2008a）中得到讨论。另参见 Tavlas（1989）、哈罗德（Harrod 1937, 1951）对《通论》的讨论以及《新政治家》（New Statesman, December 5, 1969）。关于弗里德曼对凯恩斯思想的更多解释，参见 E. Nelson（2009a, 2009b）。

为，美国在战后初期的经济思想的一个主要特征是，最早激发了一场信仰货币政策的复兴。① 汉森在 1949 年出版的《货币理论与财政政策》(*Monetary Theory and Fiscal Policy*) 这本著作的标题看起来像是对这个潮流的让步。但是，这本著作的内容所指却不同，而弗里德曼在该书出版 20 年之后认为，该书是一个曾经是凯恩斯主义货币分析一部分的极端思想的证明。② 汉森这本书的编者导言认为，该书的一个优点是"与现代许多的著作不同……该书避免了对货币重要性的过分强调"。③ 其实，过分强调货币并非汉森的著作可能要受到指责的地方，因为这本书在第 6 页上争辩说，"货币数量也许实际上影响收入水平，但这种联系是微弱的"。④ 而且，汉森在第 191 页中指出，20 世纪 30 年代是流动性陷阱的一个"巨大实验证明"，并在 194 页中指出，由于货币控制对一个范围广泛的利率值而言是一个无效的工具，因此，"财政政策以及紧急状态下的直接管制却是控制周期的合适工具"（原著强调）。

阿尔文·汉森对货币的轻视并不能归结为"利率与货币"的问题。汉森在宣布凯恩斯革命取代了"利率应作为稳定周期的一个手段而变化的公认信条"时，他采取的立场是与任何倡导货币

---

① 例如参见 Friedman (1964b, 1972b, 1975a) 和 Friedman and Schwartz (1963a, chapter 11)。另参见 Fischer (1975) 和 Barro and Fischer (1976)。
② Friedman (1980b, 502, 511)。Friedman and Schwartz (1970a, 101–102) 更早地援引 Alvin Hansen (1949)，因为它是一本汇编货币存量数据的研究著作。
③ 参见西摩·哈里斯在该书导言的第 9 页 (Alvin Hansen 1949)。
④ Alvin Hansen (1953) 也如此。Sims (2012, 1187) 将此作为蔑视货币政策的著作挑选出来。

政策重要性的立场不相符的。① 尽管汉森倾向于以利率政策而非货币总量来表示货币政策，但是他对开支决定中利率的重要性置之不理，因为他认为消费和投资都是高度利率无弹性的。

因此，弗里德曼认为，阿尔文·汉森像凯恩斯一样，信奉 IS 曲线是垂直的退化情形。IS 函数的这个感觉性质提供了相信货币政策无效性——这已经被确定为适用于凯恩斯的流动性陷阱的结论成立的情形——在更一般情形下成立的根据。诚如弗里德曼所说，货币政策在凯恩斯的观点中"两次被诅咒"。② 在这点上，弗里德曼在晚年反复引用的汉森的一本著作是 1945 年的专题论文集《为美国繁荣融资》(Financing American Prosperity)。弗里德曼评论说，汉森在对储蓄和投资决定的长篇论述中，找不到"需要使用'利率'的词语或者任何类似利率的词语"。③ 弗里德曼后来承认，汉森的确在同一页的后面一段提到了利率，但只是在一个证实了利率无关性的语境中提到的，因为汉森写道，"理论分析和实际案例研究都表明，企业的实际投资数量几乎不受利率的影响"。④

诚如弗里德曼也指出的那样，结果自然是阿尔文·汉森认为，货币政策对总需求几乎没有影响，除非有将利率移动到非常高水平的政策。⑤ 在这点上，汉森在著作《经济政策与充分就业》

---

① 相比之下，利率的调整或变动对弗里德曼后来提倡的那种货币增长规则和基于维克赛尔和新凯恩斯主义原理的分析提出的利率规则都很重要。
② Friedman（1968b, 2）。诚如业已讨论的那样，弗里德曼到 1943 年为止似乎赞同垂直的 IS 曲线的观点，因此，他是货币政策的第二个"诅咒"形式的信奉者。
③ Friedman（1968b, 4）。
④ 参见 Alvin Hansen（1945, 250-255）和 Friedman（1972b, 184）。
⑤ 参见 Friedman and Schwartz（1963a, 624），援引的是 Alvin Hansen（1951b）。

(*Economic Policy and Full Employment*)的一个题为"利率政策"短章的第 148 页中宣称:"现代经济分析赞成维持低利率。"汉森在补充这个评论时准确地指出,"这也是所有现代民主国家所宣布的政策"。这种廉价货币的政策,以及弗里德曼对它的斗争,将在下一章讨论。

业已指出,阿尔文·汉森与弗里德曼只是在货币政策问题上有一点一对一的对抗。到弗里德曼专注于货币政策时,汉森已经做出了许多重要贡献。到弗里德曼最著名的研究成果在 20 世纪 60 年代出版时,汉森已成为哈佛大学的名誉教授了。弗里德曼的确在 20 世纪 60 年代初邀请汉森到他的货币研讨会演讲。但是,在汉森演讲之前——汉森在这次演讲中肯定了凯恩斯分析的正确性——弗里德曼对学生表示,出于对汉森高龄的尊重,这次研讨会的讨论不需要像往常那样积极。这个策略是与弗里德曼在著作中对汉森的典型做法是一致的。在这些著作中,汉森不是被视为一位当代的辩论者,而是视为上一个时代的经济学共识的代言人。

讨论一下弗里德曼对阿尔文·汉森其中最后的一次引用是有益的,因为这次引用充分揭示了凯恩斯主义和数量论之间的基本的但在某些方面令人惊讶的差异。在 1982 年的《货币趋势》中,弗里德曼与施瓦茨引用汉森的话说:"我认为,在彻底地从我们的词汇表中消除'流通速度'这个词后,我们应该做得很好。"[①]汉森的立场让人惊讶的一面是,以早期的凯恩斯—汉森形式出现的凯恩斯主义似乎将流通速度置于舞台的中央。毕竟,凯恩斯主

[①] Friedman and Schwartz(1982a, 207)。另参见 Alvin Hansen(1953, 188)和 Keynes(1936, 299)。

义的标志就是强调那些改变货币数量的政策是一种影响国民收入的无效工具的情形。但是，正是汉森和其他凯恩斯主义者敦促在分析中不要提到流通速度。相比之下，正是数量理论家，特别是货币主义鼎盛时期的数量理论家高度重视流通速度的行为。

流动速度的分析是弗里德曼货币著作的一个基本组成部分。诚如他在 1964 年所说："我集中研究了流通速度的行为……我研究了它的长期和周期性行为，并尝试提出一些理论来解释流通速度的行为为什么如此。"[①] 与这个描述一致，弗里德曼与施瓦茨的《美国货币史》在一章的标题上有"流通速度"，而《货币趋势》则在两章的标题上有"流通速度"。

要理解为什么凯恩斯主义者认为流通速度经常主导了收入波动却避开提到流通速度的分析，以及为什么数量理论家强调货币却集中研究流通速度的问题，取决于这两个思想派别对流通速度行为所赋予的结构重要性。

凯恩斯主义，特别是汉森的收入支出形式的凯恩斯主义认为，货币（M）与流通速度（V）的划分对研究名义收入的波动没有任何益处。在汉森式的框架中，名义支出的某些类别，比如政府采购，通过凯恩斯乘数，会进一步促进支出的流动，然而货币存量的行为在收入的这种行为形成中几乎起不到任何重要作用。货币存量与收入的比率，或者这个比率的倒数（流通速度）因此就不是研究支出行为的有用变量。

阿尔文·汉森是这样描述这个结论的："在收入理论中，M

[①] Friedman（1964a, 1222）。弗里德曼一开始就认为，他与施瓦茨的项目需要研究流通速度：参见下一章。

和 V 被认为是随着总支出的变化而变化。"尽管汉森的表述可能另有所指,但是,凯恩斯主义的叙述真的不是以内生货币故事为中心的叙述。因为汉森会争辩说,即使货币在乘数变化的过程中保持不变,结果都会产生相同的名义支出路径:不变的货币存量只是增加了可能归之于流通速度的收入变动额。[1] 弗里德曼与施瓦茨称汉森和《通论》的流通速度观点为"鬼火"。[2] 罗伯特·索洛也敏锐地观察到早期凯恩斯主义的立场:这种观点认为"流通速度没有结构"。[3] 相比之下,弗里德曼和其他持有货币主义观点的人争辩说,流通速度由结构关系支配。而且,用货币存量的变动来理解国民收入的波动和将流通速度的波动视为增强了而非抵消了货币的运动是非常可能的。[4] 流通速度行为假设的稳定性意味着,货币与收入的比率是货币主义分析的一个关键变量,而该比率在凯恩斯主义分析中则不具有这样的地位。[5]

因此,贬低货币作用的分析也是一种避免明确地考虑流通速度的分析。这不仅在早期的凯恩斯主义分析中是如此,而且在大

---

[1] 另参见 Modigliani(1986b, 12)的讨论。
[2] 参见 Friedman(1968d, 11; 1970a, 13 [p.6 of 1991 reprint]; 1980b, 502)和 Friedman and Schwartz(1982a, 207)。
[3] 参见他的评论(Klamer 1983, 135)。
[4] 前章讨论的一个例子是 20 世纪 30 年代的情形。
[5] 参见 Friedman(1976f, 316)。从对流通速度的关注中就产生了弗里德曼与梅塞尔曼(Friedman and Meiselman 1963)从乘数与流通速度相对稳定性角度比较凯恩斯主义和货币学派差异的论文。其实,弗里德曼(Friedman 1971d, 330)甚至认为,货币主义观点意味着"名义变量是由流通速度所决定"——他的意思,不是流通速度完全主导了货币作为名义收入变动的来源,而是流通行为中存在的结构允许用货币来预测名义收入的行为。

部分非凯恩斯主义分析中也是如此，在20世纪30年代美联储流行的分析经济波动的大部分非货币主义方法中更是如此。因而，弗里德曼和施瓦茨在研究了20世纪三四十年代可获得的美联储内部文件之后对货币政策讨论进行责备的一点是，"我们注意到只有一次明确地讨论货币量和货币流通速度"。①

诚如前面的论述所指出，汉森的观点与弗里德曼在货币主义时期在多个领域倡导的观点形成了明显的对比：财政政策的作用，货币政策的作用，消费函数，IS函数以及货币需求或流通速度函数。事实上，在如此众多领域的不同之中，很容易忽视另一个依然将汉森持有的观点与弗里德曼的观点区别开来的关键性议题，那就是价格制定和总供给。

在汉森去世后，为了表达敬意，保罗·萨缪尔森说："汉森是最早觉察出——不少于30年前——没有任何混合经济能同时拥有充分就业、稳定的价格水平以及自由市场的工资和价格决定的人之一。"②因此，汉森的著作有助于确定总供给过程中的经济

---

① Friedman and Schwartz（1963a, 523）.
② Newsweek, June 16, 1975。萨缪尔森（Samuelson 1976, 30-31）作了相似的陈述。在后一个陈述中，萨缪尔森指出，汉森到1945年为止信奉这个观点，尽管萨缪尔森没有提供具体的参考资料。萨缪尔森也许想到的是汉森（Hansen 1947a, 236）著作中的这样一些段落。在这些段落中，汉森用文字描述了在失业率稍微高于充分就业水平之上的区域成立的、向下倾斜的菲利普斯曲线。阿尔文·汉森后来的一本著作（Alvin Hansen 1957）被摘录在奥肯（Okun 1972a）文集中的一节，奥肯将此题名为"失业与通货膨胀的困境"。但是，阿尔文·汉森（Alvin Hansen 1957）著作的最近日期表明，它并非萨缪尔森在1975年回顾中所指的那本著作。此外，阿尔文·汉森（Alvin Hansen 1957）所讨论的，比如第43-45页的内容，主要不是关于通货膨胀与失业的权衡，而是关于最大的经济增长与零通货膨胀的追求之间的可能冲突。

行为的两个显著特征：通货膨胀与失业在长期中的负向关系（即永久性的非垂直——特别是永久性的向下倾斜——的菲利普斯曲线），以及在描述通货膨胀行为的方程中平均值为正的成本推动项（意味着企业成本具有内在上升的趋势，并对价格趋势施加向上增长的压力）。诚如后面的章节要探讨的那样，弗里德曼在20世纪六七十年代讨论货币政策时，会向强调通货膨胀行为这两个特征的经济学家挑战。他在这些辩论中的对手就是包括萨缪尔森在内的倡导凯恩斯主义立场的汉森的继承者。

二、克拉克·沃伯顿

绝大多数人只有在熟悉了米尔顿·弗里德曼的货币经济学思想之后才可能偶然碰到克拉克·沃伯顿之名。当他们确实读了沃伯顿的著作，或者其他人对它的讨论，特别是托马斯·卡吉尔、博尔多与施瓦茨的讨论之后，很少有人不会被沃伯顿在货币政策问题上预示了弗里德曼著作的程度所触动。在解释大萧条、倡导固定货币增长和其他几个问题上，沃伯顿这位联邦存款保险公司的经济学家，在战争期间和战后早期采取的立场，正是弗里德曼在1948年之后才开始采取的立场。[①] 他的著作很好地证明了菲利普·卡根（Phillip Cagan）的回顾性评价的正确性：弗里德曼与

[①] 这里讨论的其他问题包括货币与信贷的严格区分，而弗里德曼与施瓦茨（Friedman and Schwartz 1963a, 448）在这点上特别承认沃伯顿是先驱。但是，他们就这个议题对沃伯顿著作的承认却凸显了《美国货币史》没有讨论劳克林·居里对货币与信贷区分的强调。梅尔策（Meltzer 2003, 30）争论说，居里才是引起这个区分成为美联储政策分析的一个重要组成部分。关于居里的讨论，参见下面第十一章。

施瓦茨的项目是"沃伯顿著作的延伸"。① 这些著作也构成了弗里德曼与施瓦茨在《美国货币史》的开头所写的经常被引用的陈述的基础:"当我们得出某个看起来新颖而具有原创性的结论时,我们经常发现他早就得出这个结论了。"② 这种程度的赞扬一般是弗里德曼留给从前的老师和在货币领域像休谟、杰文斯和费雪这些受人尊敬的先驱的。

沃伯顿在二战时期关于通货膨胀的著作让弗里德曼在当时就同一主题所写的著述相形见绌。③ 沃伯顿在 1943 年和 1944 年的《美国经济评论》上发表的三篇通货膨胀缺口的论文是就该主题所发表的一系列论文的组成部分。④ 当然,弗里德曼在 1942 年的论文也是其中之一。与弗里德曼的论文相反——沃伯顿没有提到弗里德曼的论文——沃伯顿毫不含糊地将货币数量作为决定通货膨胀路径的核心因素。沃伯顿在 1944 年的文章——尽管在形

---

① Cagan(1987,p.196 of 1989 reprint)。
② Friedman and Schwartz(1963a, xxii)。这句评论是跟在作者感谢沃伯顿对《美国货币史》"对几稿的详细和有价值的评论"之后说的。沃伯顿也在整本书的正文中多次被提到,这体现在该书的姓名索引中他占了三行条目这个事实之中。其中的一个条目不完整,没有将弗里德曼和施瓦茨在序言中提到的沃伯顿算入在内。卡尔·布鲁纳和艾伦·梅尔策在分析美联储的策略时进行了相似的赞扬:"我们非常感谢克拉克·沃伯顿。他对美联储政策及其后果在出版著作中的描述在多方面都是独特的。我们经常振奋地发现,当我们得出美联储程序的原因的解释时,他早就得出了同样的解释"。
③ 接下来的论述将集中在沃伯顿在战争岁月中的分析及其与弗里德曼著作的关系。Bordo and Schwartz(1979, 1983)和 Cargill(1979, 1981)更广泛地论述了沃伯顿的贡献。
④ Warburton(1943a, 1943b, 1944)。

式上是一个长篇的论文,却是对恩斯利和古德(Ensley and Goode 1943)对他著作的批评性评论所做的回应——更是值得注意。在这篇文章中,正如弗里德曼在20世纪五六十年代所做的一样,沃伯顿对通货膨胀同时进行了以数量论为基础的分析和凯恩斯主义类型的收入流分析,并认为两种方法的成败取决于哪一种方法在经验上被证明有用。正如弗里德曼后来所论证的那样,沃伯顿相信,货币与支出的关系在战时比凯恩斯消费函数更具有弹性。[1]在总结他在战争早期的分析时,沃伯顿挑衅性地说:

> 这些事实与货币数量论完全一致。货币数量论是这样一种信念,价格水平的变化主要由相对于货币需求而言的货币数量的变化决定……在他们的周围观察到这些事实的现代经济学家没有任何理由像恩斯利和古德先生(Ensley and Goode 1943, 897)描述的那样否定这个老派的理论,诚如现代医生没有任何理由抛弃同样老式的疾病通过感染和传染而传播的理论一样(Warburton 1944, 323-324)。

在几个段落之后,沃伯顿额外补充说,"造成20世纪30年代早期大萧条的原因就是货币不足"。

沃伯顿的工作单位在1946年的著作(Warburton 1946a)中被列为"联邦存款保险公司的研究与统计分部"。沃伯顿的其他

---

[1] 弗里德曼对这点的倡导非常著名(Friedman 1952b)。沃伯顿对这个问题的分析,像弗里德曼的分析一样,证明了前面在讨论阿尔文·汉森时提到的数量论的方法将流通速度视为一个关键结构变量的事实。

几篇文章只是将他的工作单位写成"华盛顿特区"或"联邦存款保险公司"。诚如利兰·耶格尔（Yeager 1981）指出的那样，沃伯顿在联邦存款保险公司的工作造成他对研究文献的贡献范围受限。一方面，联邦存款保险公司的研究传统不如像美联储这样的机构深厚。[1] 另一方面，沃伯顿对货币的研究——尤其涉及大萧条——是一个骚动的根源。因为沃伯顿毫不含糊地指责 1929—1933 年的货币政策，而美联储在对大萧条的叙述中直到 20 世纪 40 年代之后才接受了这个指控。沃伯顿的熟人利兰·耶格尔在 2013 年 8 月 8 日的访谈中回忆说，沃伯顿"感觉到，他的著作，尤其是批评美联储的著作——当然，他的著作是相当隐晦地批评美联储的——是不受欢迎的，或者令人讨厌的……他曾提到这一点：他确实感觉到被禁止或被限制发表了几年"。[2] 因此，尽管沃伯顿提出的对立的货币观让沃尔特斯谈到"不可压制的克拉克·沃伯顿"，但是，沃尔特斯贴的这个标签就沃伯顿的出版记录而言是不完全准确的，因为在雇主的禁令下他的发表被扼杀或压制。

---

[1] 尽管弗里德曼批评美联储研究人员的大量分析，但是，他在 1992 年的访谈中指出，他们"对货币分析和理论的重要贡献可以追溯到 20 世纪 20 年代"（Levy 1992, 8）。另参见 Friedman（1960a, 93）。但是，他在其他场合强调，美联储在 20 世纪 20 年代与 60 年代之间的研究声誉处于一个间歇期（例如参见 Friedman 1976b, 435 和 Instructional Dynamics Economics Cassette Tapes 12, January 1969, and 62, December 3, 1970; 另参见 Newsweek, March 1, 1971）。到 20 世纪 40 年代末为止，联邦储备委员会（当时也有，以后仍然有一个部门叫研究与统计分部）在政府机构中的表现不同寻常，因为它的研究人员将研究发表当作他们常规工作的一部分（参见 Bach 1950, 124）。

[2] 利兰·耶格尔回忆，这个言论禁止令在艾森豪威尔政府时期签发——这个年代与里森确定的 1953 年相符（Leeson 2003d, 286）。

利兰·耶格尔的立场是，尽管弗里德曼与施瓦茨在《美国货币史》承认了沃伯顿的贡献，但是，"我认为，他应该比他所得到的荣誉值得更多的肯定"。耶格尔在2013年8月8日的访谈中补充说，"我曾有一次，也许多次问过他一个明显的问题，他是否感到他领先于弗里德曼与施瓦茨。而'领先'是我用的词汇，而非他的词语。他的确承认，在弗里德曼明显对这些问题感兴趣之前，他就在这个领域沿着同样的思路一直在研究。他也许对弗里德曼没有给他足够的肯定感到遗憾，尽管弗里德曼无疑提到了沃伯顿。但是，沃伯顿似乎对此根本就没有愤愤不平，却认为这样的事情总是难免的。"

在雇主签发禁言令之前，如前指出，沃伯顿已经撰写了大萧条和战时通货膨胀的原创性论文。但是，沃伯顿在战后提出的货币政策建议则更有问题。在1946年7月的手稿"战时货币扩张对战后价格水平的影响"中，沃伯顿从一个今天依然会引起共鸣的评论——价格水平的控制是"货币政策的基本职能"开始论述。但是，他接着提出了一个从现代的角度看让人震惊的建议，那就是货币当局应该通过深思熟虑的通货紧缩政策来设法收回战时的物价上涨。

在战后实行有管理的通货紧缩建议取决于一个可疑的假设，即回到"正常的"价格水平是可取的。弗里德曼甚至在1946年是否会赞同这个建议非常值得怀疑。相反，诚如前一章和本章第二节指出的那样，弗里德曼似乎在他的职业生涯的早期就得出了通货紧缩是有代价的观点并自此以后坚持这种观点。尽管弗里德曼在1946年4月参加的电台节目中确实说过，"如有可能"就要将货币存量从现有的水平降低，但他是在讨论降低通货膨胀的措施的语境中提出这个建议的。这个建议提出来不是为了在事实上产生通货紧缩。① 在 1946 年声明之后的几年内，弗里德曼越来越明确地宣布，诱发一场大规模的通货紧缩的政策在实践上是不可取的。到 1949 年，他公开批评通货紧缩的路径，并在 20 世纪 50 年代初谈到"通货膨胀与通货紧缩这对孪生罪恶"。②

业已指出，弗里德曼到这时已经得出这样的结论：即使通货紧缩的管理可以在理想化的条件下产生某些益处，但是，产出的代价可能在实践上来自这种通货紧缩的尝试。这依然是弗里德曼在战后数十年中持有的观点。③ 甚至弗里德曼在 1984 年对通货紧缩有利的陈述——经济可能会在 1%～2% 的通货紧缩情形下平滑地运转——也是与他对零通货膨胀率偏爱的重申一起做出的。而且，他在 1984 年的评论是紧跟在他指出 20 世纪 30 年代高水平的通货紧缩率所造成的危害的评论之后而来的。④

---

① NBC（1946a, 12）。全面讨论弗里德曼的通货膨胀观的演变要推迟到第四章和第七章。但是，怀疑 1946 年的广播评论是建议通货紧缩的一个主要原因是，那时测量的通货膨胀大幅度超过一般的货币增长率可能让弗里德曼相信，只需要降低货币存量就能实现价格的稳定。回想起来，诚如图 3.1 指出，大部分测量的差异似乎只是反映了价格管制的取消。同样地，弗里德曼在 1951 年的广播（NBC 1951a, 6）中说，美联储应该从 1950 年 6 月开始的时期减少足够数量的货币存量来保持价格的稳定。
② 参见 Friedman（1949b, 954）；引语参见 Friedman（1951a, 233）。
③ 参见前一章。
④ 至于弗里德曼关于温和的通货紧缩与实际经济的满意表现相容的评论，参见 House Republican Research Committee（1984, 44）；至于他无论如何都建议零通货膨胀的说法，参见 House Republican Research Committee（1984, 42, 44）。这些评论是在 1984 年 7 月做出的。弗里德曼在 1984 年 6 月末对 20 世纪 30 年代早期急剧的通货紧缩率进行了令人不愉快的回忆（参见 Heller et al.1984, 47）。

为了对沃伯顿公平起见，应该指出的是，他在1946年的建议中强调提议的通货紧缩要逐步推行，以便最小化对实际产出的破坏。而且，沃伯顿对存在一个经济会回归的正常价格水平的观念的忠诚是经济学家和普通人似乎发现很难摆脱的观念。诚如下文第十章论述的那样，这种观念的某些残余依然游荡在弗里德曼对美国货币状况的讨论之中，一直持续到20世纪60年代。

抛开具体的政策建议不谈，沃伯顿在著作中表述的基本货币分析与弗里德曼的分析存在众多相似之处，以至于更容易关注他们的差异。本章余下的论述将突出沃伯顿的分析与弗里德曼货币主义之间的两个差异。①

首先值得指出的是，为什么本书的分析不接受卡吉尔指出的一种差异。卡吉尔争辩说，在进行货币分析时沃伯顿确实使

---

① 沃伯顿的分析如此清晰地预示了弗里德曼的著作，以至于重要的是不要夸大沃伯顿领先的时间。耶格尔（Yeager 1981, 280）就是通过这样的说法夸大的一个例子："我记得沃伯顿大概在1953年对我说，他最近听说弗里德曼正转向货币研究。"弗里德曼绝不是只在1953年才转向货币研究。实际上到1953年，弗里德曼利用他与安娜·施瓦茨的著作，已经发表了货币关系的最初研究成果（参见Friedman 1952b）；利用数量论分析在国会作证（Joint Committee on the Economic Report 1952b, 1952c）；他已经敦促美联储在1950年和1951年取消最引人瞩目的长期债券利率钉住制（例如Friedman et al.1951）。正如本书反复强调的，弗里德曼经过从1948年开始的一个转折期之后，到1951年在他的著作中已经成为一名知名的货币主义者了。其实，他在货币主义时期最早的著作之一（尤其是Friedman 1951f）得到沃伯顿的引用（Warburton 1952, 500），而沃伯顿到那时正与弗里德曼就货币问题通信（例如参见Leeson 2003d, 286; Lothian and Tavlas 2018；以及存放在乔治·梅森大学的克拉克·沃伯顿文献中的弗里德曼与沃伯顿的通信）。

用了交易方程式,现代货币主义却没有使用交易方程式。① 流通速度在弗里德曼以及布鲁纳和梅尔策(例如他们的1963年的论文)的著作中经常被谈到。因此,卡吉尔的描述以笔者之见是不成立的。诚如前面在论述阿尔文·汉森时指出,明确分析流通速度的行为贯穿于整个数量论文献之中,包括货币主义的文献。这个事实在弗里德曼关于财政政策可以借助于流通速度的隐含行为来"用货币主义的术语"进行分析的评论之中得以体现。② 当然,弗里德曼在他1956年对数量论的"重述"中并没有明确写出方程式 $MV = Py$ 或者它的其他形式。③ 但是,他在1956年之前和1956年之后的许多其他著作中写出了这个方程式,包括1952年向国会提交的货币数量论的建议和1968年与1974年为百科全书

---

① 具体而言,卡吉尔(Cargill 1979, 444)断言:"沃伯顿使用了数量论的交易方程式形式作为他的框架,而当今的货币主义者抵制这种表述。"
② Friedman(1972a, 915)。
③ 梅林(Mehrling 2014, 182, 184)争论说,"萨缪尔森从经验中了解到,古典的交易方程式 $MV = Py$ 对货币的作用提供了一种过分简化的观点"。这是在谈到"萨缪尔森在1947年抛弃了简化的数量方程式而弗里德曼在1956年的'重述'中复活了数量方程式"之前说的。但是,与梅林的描述相反,弗里德曼(Friedman 1956a)并没有在分析中使用交易方程式。同样,本节正文要挑战的卡吉尔的观点——即现代货币主义者并未使用交易方程式——可能得到正当辩护的条件是弗里德曼(Friedman 1956a)的文章被用作货币主义立场的唯一表述。

撰写的数量论词条。①

弗里德曼与交易方程式的密切关系也从他对《1987年新帕尔格雷夫经济学大辞典》的两个词条贡献中体现出来。他在货币数量论词条中使用交易方程式作为一种组织论述的方式。他对《新帕尔格雷夫经济学大辞典》的另一个贡献是论西蒙·纽科姆（Simon Newcomb）的词条。弗里德曼认为，纽科姆更应被承认为一位创建了交易方程式的经济学家。《新帕尔格雷夫经济学大辞典》中的纽科姆词条反映了弗里德曼对编辑的建议。在这次建议之后，弗里德曼自告奋勇地写了纽科姆词条。② 弗里德曼也对博尔多（Bordo 1987）在《新帕尔格雷夫经济学大辞典》上的交易方程式词条很热心。

在依赖交易方程式表述货币数量论时，弗里德曼当然不会认为，在不对与货币存量一起出现在方程式中的变量行为施加约束条件时就能从交易方程式推导出数量论的结论。③ 不过，沃伯顿也不会这样认为。诚如布鲁纳（Brunner 1960, 606）所说："甚至

---

① 参见 See Joint Committee on the Economic Report（1952c, 743）和 Friedman（1968c, 1974b）；其他例子包括 Friedman（1970b, 1973b）和（在卡吉尔的论文撰写之后出版的著述）Friedman and Schwartz（1982a），Friedman（1987a, 1992c）和弗里德曼在1989年7月5日和2003年8月19日在《华尔街日报》上发表的文章。弗里德曼赞成用交易方程式来组织分析的说法也得到这个事实的证实：在2005年11月罗伯特·戈登的网页上有一张他的小轿车牌照的照片，写的是"MV·PY"。
② 参见 Friedman（1987a, 1987e）。纽科姆的贡献也在伯恩斯讨论货币数量论时得到强调（Arthur Burns 1929）。
③ 例如参见 Friedman（1973b）。另参见 Patinkin（1995, 123）和 McCallum and Nelson（2011, 99）等关于交易方程式与货币数量论之间关系的最近讨论。

最粗糙的数量论都比任何数量方程式重要。"①

因此，必须从其他地方来寻找弗里德曼与沃伯顿的主要差异。对笔者而言，有两个这样突出的差异。第一个差异是，弗里德曼比沃伯顿更愿意详细地解释传导机制。这个差异体现在他们对总需求和总供给的分析之中。在总需求方面，弗里德曼详细阐述了他对 IS 方程的设定，而沃伯顿没有提供相应的明确说明。弗里德曼对多重利率观的传导过程的阐述（参见第六章）比沃伯顿的一般处理方式更加明确。相反，沃伯顿侧重于货币与收入的比率趋于静态的家庭行为而没有详细阐述支出对货币注入的调整过程。因此，沃伯顿可以被视为比弗里德曼在更大程度上依赖于私人部门行为的"高度抽象的假设"。当然，弗里德曼在大部分研究中都没有为他的模型提供严格的微观基础，同时他对总需求行为大量理论分析都是文字性的。尽管如此，但是弗里德曼对总需求决定的理论分析还是要比沃伯顿的论述要更加详细和准确。②

---

① 根据博尔多和施瓦茨（Bordo and Schwartz 1979, 51），沃伯顿与弗里德曼的另一个所谓的差异是，前者忽略了价格上升是一种可能弥合由过剩货币所产生的通货膨胀缺口的方式。但是，沃伯顿似乎不可能没有发现这个基本要点，尽管博尔多和施瓦茨明显关注的这个段落（Warburton 1943a, 368）可以被解释为包括了他们所引用的错误。不过，对这个段落的另一种解释是，沃伯顿正确地论证说，如果过剩的购买力来自货币存量的持续不断地增加，那么一次性的价格水平上升并不能消除它。
② 尽管沃伯顿（Warburton 1946b）的文章由美国经济协会重印在《货币理论选读》的一节题为"货币、利率与就业"（Lutz and Mints 1951, part 3）之中，但沃伯顿的这篇论文主要是论述货币与总体的经济活动而非论述利率。

在总供给方面，沃伯顿并没有提出一个类似自然率假说这样的东西。[1]但是，当沃伯顿在1944年的一篇文章中说明了价格通过产出缺口渠道对货币存量的变化进行调整的运行机制之时，他因而确实在他的著作中引入了菲利普斯曲线分析的基本形式。而且，沃伯顿在1946年对快速通货紧缩的警告似乎指出，确保预期通货膨胀与实际通货膨胀相符有助于最小化产出缺口的波动——这个观点与弗里德曼和菲尔普斯提出的附加预期的菲利普斯曲线一致。[2]不过，沃伯顿没有将价格调整的思想像弗里德曼在1967年担任美国经济协会主席的就职演讲中那样整合起来。[3]

另一方面，沃伯顿比弗里德曼更加关注货币供给过程的具体细节的阐述。弗里德曼与沃伯顿都突出了准备金创造与货币创造之间的联系，而沃伯顿（Warburton 1943b，609）则陈述说商业银行家的"决策受到准备金头寸的深刻影响，有时几乎完全受准

---

[1] 即使如此，沃伯顿似乎通过与弗里德曼通信，和弗里德曼一起共同享有弗里德曼关于菲利普斯曲线的思想的荣誉。参见1968年1月沃伯顿给弗里德曼的信中的引述（Leeson 2003d, 286）。但是，从引用的材料来看，不能确定的是，沃伯顿会将弗里德曼（Friedman 1968b）演讲草稿中菲利普斯曲线的材料归类为两人会赞同的一系列观点。他可能会指出弗里德曼演讲中的其他内容——比如对早期凯恩斯主义的货币政策观的批评或者对货币增长规则的倡导——毫无争议的是他预示了弗里德曼。此外，应该指出，在沃伯顿这封信引用的接下来的部分中（Leeson 2003d），沃伯顿强调了他和弗里德曼对先驱们的感激，因而远离了弗里德曼特别追随他的观念（乔治·梅森大学克拉克·沃伯顿文献中的信件复印件）。

[2] 就弗里德曼而言，他将预期的菲利普斯曲线的思想追溯到大卫·休谟。参见下列的第十三章。

[3] 也就是说，弗里德曼通过自然率假说使他看上去与众不同，而弗里德曼关于自然率假说的最著名阐释是在Friedman（1968b）之中。

备金头寸的支配"。但是——鉴于他在联邦存款保险公司的工作，这是适当的——沃伯顿更倾向于详细论述银行管制而非法定准备金是影响货币乘数（即是说，货币存量与货币基数的比率）行为的一个因素，并具体论述存款与准备金比率的行为。

这并不是说弗里德曼在他的研究中缺少对货币乘数与管制政策之间联系的论述。实际上，在1948年与施瓦茨开始研究时，弗里德曼将"银行的状况"列为他们研究项目的一方面（American Economic Association 1948, 64）。因此，这个研究项目表明，弗里德曼与施瓦茨在他们论述大萧条时认识到了管制政策与乘数之间的联系。他们认为，管理者强制实施的严格的按照市值计算的规则是商业银行在面对大幅度的债券价格下降时，为什么被迫大规模地减少包括贷款与证券在内的盈利资产的持有量的一个原因。[1]

不过，沃伯顿在他的著作中对这方面的乘数决定进行了更详细的论述。尽管他继续强调银行准备金存量是存款创造的一个因素，但是他也指出："银行监管官员无疑通过他们使用的标准来检查银行的投资组合和判断银行资本的充足性，特别是在危机期间暂时放松惯性标准的情况下银行资本的充足性，从而对银行的信贷量以及流通手段的数量产生某些影响。"[2] 沃伯顿将他1951年发表的评论放在1966年他的论文集《萧条、通货膨胀与货币政策》（*Depression, Inflation, and Monetary Policy*）的结尾部分。

---

[1] 参见 Friedman and Schwartz（1963a, 355-356）和 Friedman（1970a, 16-17; pp.9-10 of 1991 reprint），以及 Despres et al.（1950, 532）。另参见 E. Nelson（2013a）的讨论。

[2] Warburton（1943b, 610）。

在这个评论中,沃伯顿指出,银行的法定股权资本可取的一个原因是,预先阻止银行倒闭带来的货币扰动。[1] 尽管这不是非常详细,但是,沃伯顿对银行管制和银行股本作为决定货币乘数的因素的论述,还是要超过在弗里德曼的主要著作中可以找到的论述。在这些论述中,沃伯顿预示了卡什亚普和斯特恩(Kashyap and Stein 2000)这样的现代研究。这些现代的研究认为,银行资本是影响银行总资产持有量的决策的一个至关重要的因素。[2]

尽管在战争期间和战后时期,沃伯顿在主要的经济学杂志上发表了大量的文章,但是他却发现,用布鲁纳和梅尔策的话说,他的著作被学术界"大都忽视"或"不予理睬"。[3] 弗里德曼与施瓦茨的《美国货币史》的问世不仅促进了对沃伯顿著作的相关

---

[1] Warburton(1951, 340; p.414 of 1966 reprint)。
[2] 尽管 Kashyap and Stein(2000)集中关注商业银行的资产负债表的资产一边,但是,他们的结论支持银行资本对货币乘数值有影响的观念。Congdon(1994, 18; 2011, 378; 2014)也强调了银行资本在货币供给决定中的作用。不过,康登的研究不同于弗里德曼和沃伯顿的著作,因为康登淡化了商业银行的准备金在银行的资产负债表规模决策方面所起的作用。
[3] Tavlas(1989, 237)给出了相似的评价。

兴趣，也推动了前面提到的 1966 年的沃伯顿论文集的出版。[①] 不过，这本著作并非收集了全部作品的全集，而只是沃伯顿全集中的一部分。正如副标题"选集：1945—1953 年"所反映的，这本著作侧重于从 20 世纪 40 年代的后半期挑选论文材料。在这一时期，沃伯顿在货币研究领域的活动达到顶峰。

巧合的是，诚如沃伯顿的货币著作在 20 世纪 40 年代末期达到顶峰一样，弗里德曼在货币问题方面的思想也在同一时期经历深刻的转变。这种转变的结果是，到 20 世纪 50 年代初，弗里德曼果断地摆脱了他在战争岁月的余下年份中忠诚地坚守的凯恩斯主义思想，并随时准备作为货币数量论的主要辩护

[①] 同样，在 1964 年 1 月 11 日一封给《商业周刊》的信中，弗里德曼说："就货币供给与商业周期的关系而言，他是建立在比如说克拉克·沃伯顿博士在 1950 年之前提出的大量证据基础之上的。"
沃伯顿在弗里德曼与施瓦茨（Friedman and Schwartz 1963b）的论文提交给卡内基理工学院时担任这篇论文的讨论者。他的简短讨论稿是 1962 年寄出的，但发表的版本是在 1963 年（Warburton 1963）。在讨论稿中，沃伯顿在语气上就事论事，接受了弗里德曼与施瓦茨的研究发现，但不带任何激情。这看似一种厌烦的反应，因为他采取的立场是，弗里德曼与施瓦茨报告了他赞成的规律，但他觉得这些规律应该已经是众所周知的。这种反应与前面引述过的，利兰·耶格尔在访谈中所描述的沃伯顿对弗里德曼研究的看法是相符的，也与托马斯·卡吉尔在交谈中所说的沃伯顿对弗里德曼与施瓦茨的著作引起广泛关注的反应是相符的（Cargill 1981, 90）。
沃伯顿在 1963 年对他的著作得到承认的幻灭的另一条线索是这样一个事实：当他得到在主要的杂志上获得再发表的机会时，沃伯顿只提交了短短的两页评论，根本就没有引用他先前的著作。沃伯顿在 1963 年的评论也似乎是匆促完成的，因为这篇文章在一个地方粗心地将弗里德曼与施瓦茨（Friedman and Schwartz 1963b）的著作称为弗里德曼独撰的文章。

者承担起沃伯顿的责任。从1944—1950年这些至关重要的岁月——弗里德曼的思想也在此期间发生了转变——将在下一章讨论。

第四章

货币改变一切：1944—1950年[1]

---

[1] 本研究中所表达的观点仅代表笔者本人，不应解释为联邦储备委员会或联邦储备系统的观点。笔者感谢米格尔·阿科斯塔、迈克尔·博尔多、道格拉斯·欧文、戴维·莱德勒、安-玛丽·梅伦戴克、杰拉德·奥德里斯科尔、迈克尔·帕尔金，以及已去世的胡里奥·罗腾伯格对本章初稿的有益评论，以及罗伯特·卢卡斯和迈克尔·伍德福德（Michael Woodford）对本章论述的一些主题的有益讨论。关于本书完整的致谢名单，参见前言。笔者遗憾地指出，自本章的研究开展以来，笔者曾访谈过并在本章加以引用的六位访谈者，肯尼思·阿罗、威廉·鲍莫尔、卡尔·克莱斯特、安东尼·杰伊爵士、戴维·梅塞尔曼和理查德·穆斯已去世。

第一节 事件与活动：1944—1950年

1943年初，弗里德曼离开了美国财政部，搬到统计研究小组工作。[①] 统计研究小组的业务主要是承包政府的项目，涉及接触保密的军事信息。[②] 统计研究小组反映了其活动与战争相关的性质，因而在战争结束后就只剩下了骨干员工，弗里德曼不在其中。[③] 尽管如此，弗里德曼从财政部搬迁到统计研究小组就相当于返回到学术职位。统计研究小组是哥伦比亚大学的一个组织，而非一个政府单位。因此，战时统计研究小组研究成果的两本著

[①] 弗里德曼在1976—1977年的《美国名人辞典》的词条（Marquis Who's Who 1976, 1080）中将他的职位列为哥伦比亚大学战争研究分部统计研究小组的副组长；另参见 Friedman and Friedman（1998, 125）。统计研究小组的研究组长是弗里德曼在1942年的合作者W·艾伦·沃利斯。沃利斯从1933—1935年也是芝加哥大学的一名学生（American Economic Association 1970, 459），因而他与弗里德曼在1934—1935年间都在芝加哥大学。在此期间，他们帮助编辑了向弗兰克·奈特致敬的文集。

[②] 例如参见 Walters（1987, 422-423）和 Friedman and Friedman（1998, 125, 133）。

[③] 沃利斯（W. A. Wallis 1947, vii）陈述道，该组织在1945年9月30日解散，除编辑统计研究小组提供的不保密的研究成果部分的两本著作之外都停止运营。

作，都在扉页上印有"哥伦比亚大学统计研究小组"的字样。[1]弗里德曼在统计研究小组的工作期间，于1944年5月在《经济与统计评论》(*Review of Economics and Statistics*)杂志上发表了

---

[1] 参见 Eisenhart, Hastay, and Wallis（1947）和 Freeman, Friedman, Mosteller, and Wallis（1948）；另参见 Friedman（1946, 613）。弗雷泽（Frazer 2002, 271）关于弗里德曼在"美国政府战时的统计研究小组"工作的说法因而是不准确的；爱本斯坦（Ebenstein 2007, 44）的提法"统计研究小组，一个战时政府研究实体"也是完全不准确的。类似地，诚如第二章指出的那样，梅德玛（Medema 2007, vii）关于弗里德曼"从1935年到1946年的大部分时期"都是"处于学术界之外"的说法给人留下错误的印象，而《格拉斯哥先驱报》在1982年7月30日的简介中关于弗里德曼在政府机构工作了10年时间的说法也是如此。弗里德曼从1935年到1946年在学术机构的工作时间大致占三分之二，包括1943—1946年在统计研究小组单位的工作，而米德玛错误地认为统计研究小组的工作是一个学术界之外的职位。

在这点上值得指出，弗里德曼（Friedman 1953b）在著作的封面上将哥伦比亚大学列为弗里德曼曾"进行过各种教学和研究工作的关联"机构之一。在不同时间，弗里德曼确实是哥伦比亚大学的教师和带薪研究员。

一篇仅仅带有"哥伦比亚大学"工作单位的非常著名的书评。[1]

弗里德曼在这篇对奥斯卡·L.奥尔特曼（Oscar L. Altman）所著《储蓄、投资与国民收入》（*Saving, Investment, and National Income*）的影响深远的评论中，第一次以凯恩斯主义经济学批评者的身份烙下了一个标记。更可能的是，他在半个世纪之后还记得这是一篇"严厉批评凯恩斯主义分析"的评论。[2] 弗里德曼从第一段话开始就将他与凯恩斯革命拉开了距离，因为他在评论中将该书定为"阐述最近一些年非常流行的凯恩斯主义的储蓄与投

---

[1] 弗里德曼在弗里德曼与库兹涅茨（Friedman and Kuznets 1945）著作扉页上的工作单位却只是列为国民经济研究局，而他的名字也列在该书的国民经济研究局"研究人员"页之中。尽管该著作是国民经济研究局的产物，但是，弗里德曼在彻底离开研究局的情况下并不被允许使用国民经济研究局作为学术联系的工作单位。例如，在1982年弗里德曼与施瓦茨的著作《货币趋势》之中，由于弗里德曼在1981年永远地离开了国民经济研究局，因而国民经济研究局的工作单位并没有与弗里德曼的名字一起出现。弗里德曼与施瓦茨（Friedman and Schwartz 1986a, 199）在1986年的著作中将他们列为国民经济研究局的现任研究员，但这是一个错误。弗里德曼能在弗里德曼与库兹涅茨（Friedman and Kuznets 1945）的著作上被确定为国民经济研究局的研究员，是因为他在1940年与1945年之间依然与国民经济研究局存在正式的隶属关系，尽管形式上离开了该组织（Friedman 1946, 613; Europa Publications 2003, 567）。这就解释了为什么尽管弗里德曼在1976—1977年的《美国名人辞典》中将他作为一名国民经济研究局研究员的时间列为1937—1946年以及1948年之后，但是，在布劳格（Blaug, 1986, 291）的著作中，弗里德曼却将他在国民经济研究局担任研究员的时间局限在1937—1940年和1948—1981年间。在后面一个条目中，弗里德曼明显是将他列举的年份限制在他是国民经济研究局的带薪雇员的时期之内。

[2] 参见 Snowdon, Vane, and Wynarczyk（1994, 173）。

资理论"。① 弗里德曼在 1970 年评论说，凯恩斯主义分析的吸引力之一是，在进行相关工具的一些训练之后，它就对国民收入决定的分析提供了一个直截了当的、机械的和应用广泛的手段。② 他在 1944 年的书评中做了同样的评论。在利用凯恩斯的工具陈述了一个问题之后，弗里德曼写道，"它只需要转动把手……应用适当的乘数，答案就出来了。而且，这个答案似乎确定无疑，并规定了明确的行动"。③

弗里德曼的结论是，奥斯卡·L. 奥尔特曼的著作没有任何证据直接证明它的"中心论点，即事前投资是在短期和长期中决定总收入水平和就业的主要动态变量"。④ 大约 20 年之后，在与梅塞尔曼论证说依然对凯恩斯的支出乘数"几乎没有任何系统性的尝试来评估相关的经验证据"之时，他有必要将对奥斯卡·L. 奥尔特曼的批评应用于整个经济学界。⑤ 但是，弗里德曼在 1944 年提出的批评与 1963 年所做的批评之间的主要差别在于，他在作后一个陈述时已经实践了"理论只能用理论来击败"的格言。⑥ 为此目的，这后一篇著作提出以货币数量论来替代凯恩斯主义的乘数理论来决定国民收入。相比之下，弗里德曼在 1944 年批评凯恩斯主义经济学时除了略提一下流动性偏好之外，根本就没有对货币进行论述。

---

① Friedman（1944, 101）.
② Friedman（1970b, 207）；另参见 Friedman and Schwartz（1982a, 43）。
③ Friedman（1944, 102）.
④ Friedman（1944, 102）.
⑤ Friedman and Meiselman（1963, 169）。
⑥ Friedman（1968d, 10）and Wall Street Journal, April 26, 1984。在其他场合，弗里德曼做出了类似的评论：只能用候选人来击败候选人（例如 M. Anderson 1982, 202）。

他那时对凯恩斯主义产生了怀疑,但还未成为货币主义者。

一、弗里德曼对回归分析的看法

弗里德曼在统计研究小组期间的研究工作在美国统计协会于 1949 年 12 月任命他为会员的过程中起到了作用。统计研究小组的工作在表彰弗里德曼的会员资格的后半部分中是这样总结的:"米尔顿·弗里德曼这位经济学家,不仅熟练地将定量的和其他方法应用于经济科学,而且在战时紧迫性的召唤下协助设计了冶金实验,参与了武器和战术的设计。"[1] 主要是与武器设计相关的这项工作构成了弗里德曼后来将他在统计研究小组的任务总结为"战争研究"的原因。[2] 这种工作包括抽样检验的设计。统计研究小组在这一领域的研究有助于向军方提供一种高效检测弹药供应不合格率的方法。统计研究小组的其他工作包括参与设计防空炮弹和炸弹引信。在此过程中,军事人员与弗里德曼接触,寻求建议。[3] 不过,与弗里德曼在冶金学领域的工作相联系的一件事件,根据他后来的叙述,对他从事经济学的方法产生了持久的重要影响,因为这个事件在形成弗里德曼对计量经济模型的看法中起到了所谓的作用。

---

[1] American Statistical Association(1950, 271)。
[2] Friedman(1946, 613)。
[3] 参见 Walters(1987, 423);Olkin(1991, 125);以及 Friedman and Friedman(1998, 134-137)。弗里德曼对美国战争事业的另一个贡献在斯皮尔斯(Speers 1982, 12)所提到的"米尔顿·弗里德曼是美国在二战中一位伟大的密码破解员"中似乎得以展示出来。不过,这种看法只是混淆了米尔顿·弗里德曼与密码破译员威廉·F.弗里德曼的名字的结果。

诚如弗里德曼后来回忆说，在 1944 年或 1945 年，他负责帮助设计那种在热压下能迅速恢复的合金。弗里德曼用来指导他设计合金的依据就是以合金碎裂的时间为因变量的多元回归。弗里德曼研究发现，尽管回归结果具有很强的解释力"并满足我所知道的所有其他检验统计量"，但是，根据他的建议生产的合金被证明极容易受到加热的影响。[1] 弗里德曼声称，这次经验让他确信，是样本外预测效果而非样本内的拟合度是模型成功的真正标准。[2]

弗里德曼在其中一个场合的讲述中，将这次经验总结为"一个多元回归的警世故事"。[3] 但是，有大量的理由相信，这次经验对弗里德曼对计量经济学的看法的决定性影响要比他后来回忆的要小得多。事实上，这次事件并没有成为一个特别惹人瞩目的轶事，因为其他人也在出版的著作中讲述了多元回归分析的相似故事。[4] 无论如何，这件事不可能真的导致弗里德曼对多元回归

---

[1] 引自弗里德曼的结束语：Friedman and Schwartz（1991, 48）。
[2] 参见弗里德曼的评论：Friedman and Schwartz（1991, 49）。
[3] 引语来自弗里德曼在 Friedman and Schwartz（1991, 48）中的补遗。
[4] 例如，伯曼回忆 Burman（1969, 154）说："但是，即使我们发现一个回归的 R2 高达 0.9，在缺乏任何因果解释的情况下，我们最好对其未来的效果持怀疑态度。举例说，我在多年前发表了一个变量有 20 个观测值的回归结果，相关系数的平方为 0.995……然而在后来几年，这个方程式的预测误差变得越来越大，最后只好放弃它。"此外，时间序列统计学家奥利弗·安德森（Oliver Anderson 1976, 488）评论说："每个人都知道，过去的拟合优度并非预测与未来结果之间一致性的质量标准。"构成弗里德曼的轶事基础的回归分析传达的基本信息如此熟悉，以致当时担任弗里德曼与施瓦茨（Friedman and Schwartz 1991）的著作的编辑本内特·麦卡勒姆向弗里德曼建议，从论文的最终版本中删除这件轶事，但该建议没有被接受（Hammond 1996, 206；另外，笔者在 20 世纪 90 年代中期与本内特·麦卡勒姆交流过此事）。

产生了诚如他所声称的怀疑态度。[1]因为，弗里德曼在1940年对丁伯根的计量经济模型进行评价时，就已经公开发表了他对多元回归分析的怀疑以及需要样本外验证的信念。[2]这个评论显示，弗里德曼早期对多元回归的热忱——例如他在1935年的评论中认为，多元回归分析具有"极大的可能性"被推广到大范围的经济议题之中——随着他在20世纪30年代的剩余时期在统计和经济研究领域获得经验的增加，已经被一种厌倦的感觉所取代。[3]

事实上，弗里德曼在1991年说他从统计研究小组的经验中所学到的主要思想——"任何假说都必须用获得回归结果时使用的或者可获得的数据以外的数据或非定量的证据进行检验"——已经体现在他1940年的意见之中："丁伯根没有试图决定，他的方程式是否与被转化之外的数据一致。"[4]

在戴维·亨得利和尼尔·埃里克森（Hendry and Ericsson 1983）批评他与施瓦茨的实证著作之后，合金轶事在20世纪80年代就一直萦绕在弗里德曼的心头。例如，弗里德曼在1985年的一次谈话中就讲了这个统计研究小组时代的故事。[5]从晚年的

---

[1] 参见他在 Friedman and Schwartz（1991, 48）中的评论。
[2] 弗里德曼当时提到，韦斯利·米切尔提出了类似的观点（Friedman 1940, 659）。
[3] 关于引语，参见 Friedman（1952a, 14）。Friedman（1952a, 9）指出该评论是在1935年写的。
[4] 引语分别来自弗里德曼的评论：Friedman and Schwartz（1991, 49）和 Friedman（1940, 659）。
[5] 参见 Friedman（1986a, 87-88）。弗里德曼又在 Friedman and Schwartz（1991）著作独撰的补遗中，以及 Friedman and Friedman（1998, 142-144）和 Taylor（2001, 122）中讲述了这个故事。

立场来重构这个故事，弗里德曼似乎夸大了统计研究小组的事件在形成他的计量经济学思想中所起的作用。即便如此，尽管合金轶事不是标志着弗里德曼对多元回归分析怀疑的开始，但是，它可能决定性地证实了他先前的怀疑。当然，弗里德曼毫无疑问在战后时期对多元回归分析没有好感——这种态度体现在他关于"回归越复杂，我就越怀疑"的宣言之中。①

这种多变量分析的看法不仅在弗里德曼的实证著作中得以证实，而且渗透在他的理论研究强调经济结构关系的简要性中得以证实。关于后者，弗里德曼在战后数十年中提出的对消费函数和菲利普斯曲线的理论改进让这些理论作为结构关系具有更强的可辩护性，然而这样做时又不会在设定中增加大量的变量。在实证方面，他在与梅塞尔曼的著作中试图将凯恩斯主义和数量论模型归结为可用两个变量的单一方程式来表述的假说。弗里德曼对计量经济模型建构的怀疑态度，也导致他在一些交往之后与芝加哥大学的考尔斯委员会（Cowles Commission）在 20 世纪 40 年代晚期和 50 年代早期的主要研究项目保持了距离。②

弗里德曼最初似乎很自然地参与了考尔斯委员会活动的原因之一是，他在统计研究小组期间加深了统计学的研究。特别是，弗里德曼在形成序贯分析和就这个主题撰写的一本著作《抽样检验》中起到了关键的作用。尽管该著作出版于 1948 年，但是，它体现了早些年的研究，而该书的导言则是艾伦·沃利斯在

---

① Friedman and Schwartz（1991, 49）。关于沿着类似的思路进行的更早陈述，尽管侧重于多元回归的可解释性问题而非脆弱性问题，参见（1960b, 191–192）。
② 例如参见 Hammond（1992, 109）。另参见下列第十章的广泛讨论。

芝加哥大学的新基地撰写的，标明的日期是1946年12月。① 弗里德曼和艾伦·沃利斯都在封面页上列为作者与编者之一。尽管没有列在封面页，但是，莱昂纳德·吉米·萨维奇（L. Jimmie Savage）——他与弗里德曼的后来的著作将在下文讨论——在艾伦·沃利斯的导论中被确定为该书的另一位作者，犹如戴维·H. 施瓦茨（David H. Schwartz）是另一位作者一样。由于戴维·H. 施瓦茨是该著作的撰稿人之一，因此，艾伦·沃利斯在导论中偶尔使用"弗里德曼与施瓦茨"的短语，比该短语成为弗里德曼与安娜·施瓦茨合著的简略表达方式早了很多年。

二、弗里德曼的统计分析位置

弗里德曼正是基于序贯分析的著作，而非他在经济学中的统计研究或者他提出的排名检验，才导致他的名字在1970年举行的一个统计学历史的主要会议上被提起。在这次会议上，杰西·内曼（Jerzy Neyman 1971, 6）指出，沃尔德（Wald 1947, v, 2）在担任统计研究小组的顾问——该行动促成了一系列事件，如沃尔德在1943年就该主题写了一份保密的备忘录，然后在1947年在该领域发表了一篇重要的专题论文——时对弗里德曼

---

① W. A. Wallis（1948, ix）。沃利斯与弗里德曼一样，从1946年开始成为芝加哥大学的教学人员；艾伦·沃利斯则是在商学院，最初被任命为统计学与经济学教授。参见American Economic Association 1970, 459。如前指出，包括统计研究小组其他研究成果的另一本著作于1947年出版，而这一著作的导言上写的日期则是1947年1月（W. A. Wallis 1947, x）。弗里德曼为1947年的著作撰写了三章，其中两章独撰，但是与《样本检验》相反，他并非署名的合编者。

与艾伦·沃利斯强调序贯分析的重要性给予了肯定。[1]到1945年5月为止，弗里德曼计划将序贯分析作为他在战后时期的主要研究活动，并在明尼苏达大学找工作时将他在该主题上授课的能力包括在证明信中。弗里德曼确实获得了明尼苏达的职位，但是，他对序贯分析的兴趣证明是不持久的。其实，我们会看到，即使统计理论在弗里德曼的战后早期的经济研究中占有重要地位，但是他在回顾中认为，他对整个数理统计领域的兴趣和天赋都随着他在统计研究小组工作的结束达到了顶峰，后来不断地下降。[2]

三、加入芝加哥大学经济系

记录校友的《芝加哥大学杂志》在1946年1月的这期指出，弗里德曼最近离开了哥伦比亚大学，接受了明尼苏达大学的一个职位。五个月之后，这份杂志提供了最新消息："米尔顿·弗里德曼，1935级文学硕士（实际为1933级），明尼苏达大学经济学和统计学副教授，已成为芝加哥大学经济系的副教授"。[3]这

---

[1] 不仅是统计学家，而且著名的经济学家都特意指出了这种联系。例如，在2014年1月24日本书访谈中，托马斯·萨金特评论说，"如果你阅读亚伯拉罕·沃尔德的序贯分析著作，他感谢弗里德曼向他推荐的问题"。保罗·萨缪尔森也在1976年《新闻周刊》论弗里德曼的专栏文章中提到了这个致谢（Newsweek October 25, 1976a）。
[2] 参见弗里德曼对这种看法的评论（Friedman and Friedman 1998, 145）。Silk（1976, 67）大概基于从弗里德曼获得的信息以及依靠弗里德曼在1976年11月致斯蒂芬·斯蒂格勒的信（引自 S. Stigler 2007, 10）也较早地作过相似的评论。
[3] 《纽约时报》因被弗里德曼在统计领域的持续发表所误导，在1947年9月5日误称，弗里德曼是芝加哥大学统计学副教授。

条信息也指出,弗里德曼的任命在接下来的秋季学期生效。因而,在明尼苏达大学工作了一个学年之后,弗里德曼则在1946年后半期转到芝加哥大学经济系。

就这样,弗里德曼重返了芝加哥大学经济学舞台这个竞争激烈的世界。罗伯特·卢卡斯在20世纪六七十年代分别是芝加哥大学经济系的博士生和教授,并以这两种身份与弗里德曼在芝加哥大学有过交往。他评论说:"他的举止非常礼貌。"[1]如果这种评论似乎与弗里德曼咄咄逼人的形象总体上非常不相符,那么协调的方式可以这么说:第一,芝加哥大学好斗的氛围可能意味着界定礼貌的标准相当低;第二,卢卡斯了解的弗里德曼只是在乔治·斯蒂格勒加入芝加哥大学之后的弗里德曼。[2]虽然乔治·斯蒂格勒善于说令人泄气的俏皮话的天赋提高了芝加哥大学的机智风趣水准,但是,它额外的影响可能依然是降低了礼貌界定的标准。[3]

---

[1] Sanderson(2012,8).
[2] 乔治·斯蒂格勒在1958年加入芝加哥大学的教学队伍(American Economic Association 1970, 424),作为经济系和商学院的一名教师(G. Stigler 1988, 157)。诚如下面将叙述的那样,乔治·斯蒂格勒错过了从弗里德曼在1946年加入经济系以来的一段共事的时间。
[3] 阿诺德·哈伯格在2013年4月12日的访谈中对芝加哥大学经济系在讨论中获得的斗士声誉进行了评论。他说:"我要说,那个时代的伟大角斗士当属乔治·斯蒂格勒,他可以从任何角度进行刻薄的评论。"斯蒂芬·斯蒂格勒在2013年11月6日的访谈中评论说:"我的父亲在系里反应出奇地快——有时远比他真正想要的反应还快,因为有时这种快速的反应会伤害那些没有打算伤害的人。"相比之下,"米尔顿·弗里德曼有幽默感,但反应快真的不是他的专长。他的专长是他比大多数人都更快地弄清楚争论的实质和特定假设的含义。这一专长给他在不同类型的辩论和谈话中提供了不可思议的帮助。"

同样，弗里德曼通常对大众成员很礼貌——这种礼貌的一种表现方式是他甚至在成为名人之后保持着亲自回信的习惯——以及博士研究生们指出他在时间方面的慷慨大方。[1] 弗里德曼本人回忆，当他是经济系的一名教师时，芝加哥大学具有"高度的社团氛围"。[2] 但是，他也逐渐观察到，芝加哥学派的一个特征是，该学派的成员并没有把他们自己当回事。这种无礼的态度体现在经济系的教师们可能采取法庭的方式对各自的著作吹毛求疵——大量的事例都证明了这种情形，而弗里德曼则在论文的致谢词中感谢读者的"批评"，好像这个词与"评论"是同义词一样。[3]

这种批判性的态度不仅在经济系成员彼此之间的交往中体现非常明显，而且在经济系成员与芝加哥大学之外的经济学家交流

---

[1] 关于弗里德曼在通信中对普通人的平易近人，例如参见 Meltzer（2011）。关于弗里德曼以非技术的方式与经济学家之外的大众通信的平易近人行为被视为居高临下态度的负面观点，参见保罗·萨缪尔森在 Silk（1976, 52）中的评论。另一种观点是，弗里德曼在对经济论点进行非技术性的解释时总是触及问题的核心。下列第十四章将从这个角度来比较弗里德曼与萨缪尔森在《新闻周刊》上的专栏文章。

至于弗里德曼对学生的平易近人，萨姆·佩尔兹曼在论述 20 世纪 60 年代初乔治·斯蒂格勒当他的导师的经历时提供了一些看法："我们相处得很好，但他（艾伦·斯蒂格勒）是这样指导的：……我的工作做完了。我告诉你问题所在，你出去解决它。但是，弗里德曼确实提供一些有用的建议。他说，'为什么你不想这样做而要那样做'，诸如此类的话。这证明对我非常有帮助"。同样，莱斯特·特尔泽在 2014 年 11 月 5 日的私人通信中回忆说，弗里德曼是他在 20 世纪 50 年代中期的博士论文指导老师之一，会一行一行地仔细阅读莱斯特·特尔泽的论文初稿，并对莱斯特·特尔泽说这是韦斯利·米切尔对弗里德曼的博士论文所采取的做法。

[2] Friedman and Friedman（1998, 212）.

[3] 例如参见 Friedman（1957a, x; 1968a, iv; 1968b, 1）。

时也表现明显。弗里德曼在加入芝加哥大学的教师之前并非一个畏首畏尾的人。其实，尼古拉斯·乔治斯库-勒根，这位弗里德曼在1935—1936年第一次书面交流时的对手之一，认为早期交流就是一个体现了"不管你与他有多小的分歧，米尔顿·弗里德曼都要打败你"的典型事例。① 弗里德曼在1946年之前所写的著作包括了许多尖酸的批评。在前面提到的书评中，他评论说奥斯卡·L.奥尔特曼应用的凯恩斯主义分析难以置信地简单，简单得难以置信。② 第二章曾指出，弗里德曼在20世纪30年代中期与亨利·舒尔茨一起工作时对他的粗暴态度。

但是，弗里德曼在芝加哥大学担任教师的岁月中说话越来越尖刻，而他在书面上的尖刻言论录与日俱增。"他无疑是一个好人"，卡尔·克莱斯特这位1946—1950年间在芝加哥大学就读的研究生和1955—1961年间在经济系工作的教师评论说。"甚至在与他有分歧的人进行争论时……他在智力上都是无情的，但不是人身攻击。"③ 与这个描述相符，《新闻周刊》在弗里德曼的三十年芝加哥岁月结束之际的简介中将他描述为"总是怡然自得，充满机智和彬彬有礼"和"刁钻苛刻"的。④ 在此背景下，

---

① Georgescu-Roegen（1988, 27）.
② Friedman（1944, 101）.
③ 卡尔·克莱斯特在2014年7月3日的私人通信。卡尔·克莱斯特在芝加哥大学岁月的信息是从美国经济协会（American Economic Association 1981, 96）以及笔者对他在2013年5月1日的访谈中获得的。
④ 这个简介是《新闻周刊》的副编辑拉里·马茨（Larry Martz）写的。罗丝·弗里德曼（Rose Friedman 1977b, 26）认为，这个简介准确描述了她的丈夫。《时代》杂志在同一时期的弗里德曼简介（Times, October 25, 1976）中同样指出了弗里德曼的"尖酸特征"。

弗兰科·莫迪利安尼在1977年1月参加一场与弗里德曼的公开辩论之前，做了充分的准备。"我知道他不屈不挠，思维敏捷，视险如夷。"①

弗兰科·莫迪利安尼的评论清楚地表明，弗里德曼在芝加哥大学工作期间就以书面的和口头交流中的尖刻评论著称。下面的例句表达了这些评论的某些特色：

> "我很享受这次阅读，我高兴地向你汇报，依我之见，该文的结论完全是错误的。"[1971年8月6日就费希尔·布莱克的论文在给费希尔·布莱克（Fischer Black）信中的评论，引自 Mehrling 2005, 155]

> "因此，他们（美联储）在过去经常说他们所要做的事情，与他们实际所做的事情，是有很大差异的——这不是因为他们不诚实，而是因为他们无能。这是完全不同的事情。"（1974年1月16日《动态经济学教学盒式磁带》第138集）

> "我没有读过或看过他的论文，也不了解他的估计方法，但是，我自信地说，他向你提出的建议是不好的建议。"（1976年9月27日与联邦储备委员会官员就巴赫委员会的

---

① 弗兰科·莫迪利安尼在1982年的评论（Klamer 1983, 120）中回顾了1977年的弗里德曼与弗兰科·莫迪利安尼的这场辩论。布里坦（Brittan 2005, 294）报告说，早在1953—1954年，弗里德曼是"我所见过最善于奚落的人"。

通信，联邦储备委员会的记录）

"从不缺少提出的建议。问题是，它们都是错误的。"（1981年9月21日《新闻周刊》）

"不管我们的对外政策是否明智，我不是专家。坦率地说，你也不是。"［1984年4月25日在美国全国广播公司的《多纳休》节目上对菲尔·多纳休（Phil Donahue）所说的话］

"那么，我相信你完全前后不一致。"［1989年12月7日在美国广播公司的《大卫·布林克林的一周》（*This Week with David Brinkley*）节目上对乔治·威尔（George Will）所说的话，副本第6页］

"该问题只是反映了对事实所是的误解。"（1996年11月21日在印第安纳大学的演讲，1996年12月1日在美国有线卫星公共事务网播出）

四、弗里德曼与乔治·斯蒂格勒的小册子

围绕与乔治·斯蒂格勒合著的小册子《屋顶还是天花板？》的出版与发行所获得的经验，为弗里德曼进入芝加哥大学好辩的氛围做好了准备。这本小册子正是弗里德曼于1946年8—9月

搬迁到芝加哥时付印的。①

正如马上要讨论的那样，到那时，弗里德曼与乔治·斯蒂格勒分析的内容在这本小册子的作者与出版社之间产生了争端。即使将争端的这方面搁置不谈，但是，这本小册子因倡导废除房租管制而必然会引起轰动。这本小册子对房租管制的立场延续了弗里德曼在战争时期所持的对工资和物价管制的强烈反对的立场。但是，这个争议的问题不能——而在20世纪70年代之后讨论物价与工资管制经常会——归结为赞成价格管制的经济学家以外的人士与反对价格管制的经济学界之间的分歧。或多或少地说，凯恩斯革命带来的不仅是强调需求管理，而且是赞成工资与物价管制。② 这种管制的情形源自嵌入在《通论》之中但在1936年之后得到凯恩斯和其他人所特别强调的一个观念，即总需求的控制不足以确保价格稳定。根据凯恩斯主义方法所赞成的成本推动观，自发的力量会引起工资与价格的螺旋式上升，而工资与物价的直接管制或者其他形式的收入政策可以被用来约束这些力量。沿着这些思路，阿尔文·汉森（Alvin Hansen 1947a，314）写道，美国最近观察到的温和工资增长"要不是持续的价格管制，可能永远无法实现"。

---

① 参见 Hammond and Hammond（2006, 32, 41）。
② 实际上，保罗·萨缪尔森在希尔克的引用（Silk 1976, 71）中这样说，《屋顶还是天花板？》的论点让经济学家感到"愤怒"的事实"向你表明，在战后时期我们的心态所处的位置"。其实，萨缪尔森在对希尔克说话那时，并不是处于理想位置来谈论经济学家从1946年以来所穿行的距离，因为萨缪尔森在20世纪70年代初支持工资与物价管制，并且是美国在1971年8月强制实施的工资与物价冻结的著名支持者。参见第十五章。

弗里德曼和乔治·斯蒂格勒与这种思想决裂。他们的论证思路——弗里德曼在后来的著作中多次重述和详细论述——就是诉诸价格管制，包括房租管制。而价格管制则意味着"以笨拙的和无效的方式来对付通货膨胀的症状和结果"而非总需求过剩这个原因。[1]

因此，随着对通货膨胀的关注作为维持房租管制的依据被摒弃，弗里德曼和乔治·斯蒂格勒的小册子的大部分内容都集中论述房租管制的废除所导致的住宅部门租赁供给的增加。房租管制意味着房客的租赁成本会上升吗？"绝对是！"弗里德曼在这本小册子发行数月后参加的电台节目中回答说。但是，他强调，伴随高房租而来的住房供给增加为低收入家庭提供了获取住房的途径。

虽然弗里德曼和乔治·斯蒂格勒对房租管制的不可取性达成了共识，但是，这本小册子的编辑和出版社与著者对草稿的看法不一致。他们对弗里德曼和乔治·斯蒂格勒的这段陈述极为不满："像我们这些人会希望未来能比现在更加平等……很显然，直接从根源上去解决现存的收入与财富的不平等问题，优于分配那成百上千种构成我们的生活水准的商品和服务。"[2] 在作者与想删掉这段陈述的编辑之间发生的言辞激烈的通信，占据了哈蒙德夫妇编辑的弗里德曼与乔治·斯蒂格勒通信集这本著作的很大篇幅。[3] 结果，这个段落伴随着编辑的免责声明在弗里德曼与乔

---

[1] Friedman and Stigler（1946; p.173 of 1991 reprint）.
[2] Friedman and Stigler（1946; p.172 of 1991 reprint）.
[3] 弗里德曼在 1968 年 10 月庆祝编辑伦纳德·里德（Leonard Read）的聚会这个早期场合的致辞中提到了这些交流，而弗里德曼早已与他和解了。参见 Friedman（1968i, 23）.

治·斯蒂格勒的著作中得以通行发表。这段话后来成了自由意志论者在多年后以此作为弗里德曼不是他们一伙人之一的证据。

弗里德曼在1946年为了保留这段话在小册子中的出版经历了艰辛,并因此激起自由意志论者的强烈抵制。但具有讽刺意味的是,这段陈述中表达的观点并非弗里德曼在20世纪70年代可能会重申的观点。实际上,在1974年的一个电台节目中,弗里德曼陈述道:"我认为,美国和英国的经济不平等是高度可容忍的。"①

依弗里德曼之见,促使他修正看法的环境变化,主要不是来自英美两国在20世纪40年代到70年代之间所实施的税收和福利政策。相反,弗里德曼争论说,美英两国在战后数十年的税收政策已经导致了财富的"大规模重组",但并非明显导致了更加平等的财富再分配。②他继续争辩说,税收政策已经被引向了不可能通过社会愿望理性化地再分配财富的方向。改变他关于更大

---

① Vaizey(1975, 76)。另参见 Listener, May 30, 1974, 690。重要的是不要夸大这里的立场与弗里德曼和乔治·斯蒂格勒在1946年所持立场之间的差异。他们这个具有争议性的段落并没有要求全面改变收入分配。实际上,弗里德曼在20世纪40年代的其他著作中强调了高度再分配性的政府政策可能产生的经济危害,采取的形式是抑制生产性资源向市场的供给。特别参见前一章论述的弗里德曼(Friedman 1943a)的支出税论文,弗里德曼(Friedman1947)对兰格与勒纳建议的批判(将在本章最后一节论述),以及他早期关于高边际税率的各种讨论(也在本章最后一节论述)。

② Free to Choose(US version), PBS, episode 5, "Created Equal," filmed portion, broadcast February 15, 1980, p.2 of transcript。这个片段的拍摄部分被改变成了一篇发表的文章(Listener April 10, 1980;参见第457页的引用)。

的收入平等是否是必要的观点的一个更重要的因素是在战后时期的绝对收入的上升。随着收入的不断增长,美国官方定义的贫困线以上的最低收入开始超过弗里德曼所说的他的家庭在他儿童时期所挣收入的水平。在他的回忆中,他的儿童时期只是他的家庭遭遇经济困难的岁月,而非反映普遍的彻底贫困的时期。①

因而,弗里德曼逐渐认为将低收入与贫困区分开来是有用的。根据这种区分,他认为,政府政策的作用就是补贴低收入家庭而无须使用官方定义的贫困标准。② 与此相联系,他将注意力放在美国政府提供的,旨在减轻贫困的家庭绝对最低收入的优点上,而不是赞成减少收入不平等的广泛建议。③ 但是,这并不是说,弗里德曼从支持广泛的收入再分配转向关注贫困的行动是与自由意志论者修补裂痕的转变。相反,弗里德曼在 20 世纪 60 年代提出的负所得税建议中认为,负所得税提供了最低保障收入,具有减轻贫困的功能。他再一次激怒了自由意志论者。

五、弗里德曼与大众辩论

诚如前一章指出,弗里德曼并非在《屋顶还是天花板?》经历中才首次向普通大众倡导市场解决方案的,因为他早在 1943

---

① 参见第一章以及弗里德曼的评论 CSPAN(November 20, 1994,p.11 of hardcopy transcript)。《纽约时报》(New York Times January 25, 1970, 80)认为,弗里德曼成长的家庭是"赤贫的"。
② Friedman(1965a, 7)。
③ 参见弗里德曼在演播室辩论部分中的评论:Free to Choose(US version),episode 2, "The Tyranny of Control," PBS, broadcast January 19, 1980,p.9 of transcript; and in Vaizey(1975, 72, 74)(另参见 Listener, May 30, 1974, 689, 690)。

年全美广播公司的一个电台系列节目《芝加哥大学圆桌讨论》作为特邀小组成员就已经这样做过一次了。弗里德曼在1968年回忆，他"从前"是电台辩论的常客。他在这里回忆的是他从1946年起在这个圆桌讨论系列节目上做常邀问答小组成员的时期。①

弗里德曼在1946年12月最初作为参加这个节目的常客时，不仅推出了他与库兹涅茨研究人力资本的著作，而且显示了他作为自由市场主义者的地位。弗里德曼在对小组讨论的贡献中使用了"人力资本"这词，并阐述说"让我们真正变得富裕的东西——伟大的重要的财富——就是我们人力资源的财富，我们的技术、技能和专门知识的财富。弗里德曼认为，他对人力资本的重视就是强调教育与培训的重要性，而不是表明扩大公共部门作用的可能。相反，他在第8页指出，19世纪是"西方世界的经济福利得到巨大发展"的时期，因为以民主、自由市场和国家的

---

① 引语来自 National Educational Television's Great Decisions 1968 #7: The Dollar in Danger, WETA, March 17, 1968，p.9 of transcript。尽管芝加哥大学的圆桌会议电台辩论在 Friedman and Friedman（1998, 189, 622）中提到，但在 E. Nelson（2012a, 2013a）之前的研究文献都似乎没有对此研究过。弗里德曼在回忆录中对这个节目的叙述是模糊的，而他自信地但错误地说他只是从1946年12月才开始参加这个系列节目的。除了正文中提到的例子，在1998年之前提到弗里德曼参加电台系列节目的文献包括 Holden（1984, 258），而它重印了一份公开发表的弗里德曼的简介（Observer, February 17, 1980, 35）。

有限作用为导向的框架容许发展人力资本的机构出现。[1]

弗里德曼关于促进市场而非增大国家的作用是经济进步的关键的信念，在1947年他与乔治·斯蒂格勒对英国和法国之旅中得以增强。当时，英法两国的政府比美国政府在经济中承担了更大的作用。[2]

六、决策理论的研究

弗里德曼在芝加哥大学经济系聘任的是副教授，在1948年

---

[1] 伯金（Burgin 2012）争论说，弗里德曼在《资本主义与自由》及其之后所表达的19世纪自由放任时代的观点与他在战后初期表达的观点之间形成了鲜明的对比。特别是，伯金声称，弗里德曼对自由放任时代持有的立场从高度摇摆不定转变到近乎无条件的赞颂。不过，伯金的结论是站不住脚的，因为根据伯金的说法，弗里德曼对19世纪论述的要点在弗里德曼后来对此的论述中是不存在的，但事实是，这些要点存在于弗里德曼后来的陈述之中。相反，弗里德曼在后来的分析中对自由放任时代的赞扬却存在于他在战后初期的相应评论之中。尤其是，弗里德曼并不只是在早期认为政府提供一个比19世纪可获得的更好的福利保障网是可取的。在20世纪70年代，弗里德曼说，"我无疑会同意，19世纪不是乌托邦。但是，我们必须从19世纪的角度而不是我们时代的角度来看待它……我们是站在19世纪的肩膀之上的"（The Jay Interview, ITN, July 17, 1976）。相关的评论出现在《自由选择》拍摄部分的弗里德曼的叙述中：Free to Choose（US version），episode 1, "The Power of the Market," PBS, broadcast January 12, 1980, p.1 of transcript; 以及 Friedman and Friedman 1985, 70。而且，弗里德曼对19世纪所取得的生活水准上升的赞扬是他在讨论中反复出现的一部分。正文中刚引用的他在1946年的评论在数十年后弗里德曼的评价中都还有回音（例如 Friedman 1976, 5-6; pp.62-65 of 1983 reprint）。

[2] 爱德华·纳尔逊（E. Nelson 2009b, 473）研究了弗里德曼在20世纪六七十年代对这次旅行的回忆性叙述。广泛论述弗里德曼在英国和欧洲大陆的活动，包括他参加朝圣山会议的各种访问活动，超出了本书的范围。

晋升为正教授。[1] 最初任命的职位是在乔治·斯蒂格勒这位他在明尼苏达大学的同事被否决之后决定的。影响后一决定的理由是，乔治·斯蒂格勒被认为太注重经验了。因此，弗里德曼明显被雇用是基于这样的信念，像他的大部分迄今为止的研究一样，他将专注于理论。众所周知，弗里德曼在这个方向上并没有持续多久。他在战后数十年中撰写了大量的经验著作。经济学家们的最终看法是，用迈克尔·埃文斯（Michael Evans）简洁表达的话说，弗里德曼"过去是，事实上现在依然是，至高无上的经验主义者"。不过，弗里德曼在芝加哥大学任命之时以及后来的数年之内，在研究计划中主要关注理论。这似乎与他和艾伦·沃利斯在 1942 年提出的行动纲领相一致：未来的研究需要在消费行为

---

[1] 这种职称顺序解释了弗里德曼在给出的不同列表中关于芝加哥大学的相继工作职称的一些差异。他在 1976—1977 年的《美国名人辞典》和 1986 年的《经济学名人录》的更完整的列表中，正确地列出他在 1946—1948 年间是副教授职称以及自此之后的正教授职称。但是，弗里德曼在 1970 年美国经济学协会会员名录上提供的是从 1946 年以来的教授职称，没有区分副教授和教授的任期（American Economic Association 1970, 143）。另一方面，1981 年的会员名录（American Economic Association 1981, 153）列出的是他从 1948 年以来是芝加哥大学的教授，而没有指出他从 1946 年到 1948 年间就已经是经济系的教师。有一次，贝克尔（Becker 1991a, 146）同样错误地指出弗里德曼只是在 1948 年才加入经济系的。

弗里德曼只是在 1948 年才成为正教授的事实，也让我们在按字面意义接受罗丝·弗里德曼（Rose Friedman 1976c, 21）的这种描述——弗里德曼在 1946 年的聘任是"接替雅各布·维纳"——前三思而行，因为维纳在离开芝加哥大学时当然是正教授。弗里德曼正如维纳在离开前一样讲授研究生的价格理论（Hammond 1999, xii），但并非接替维纳在经济系等级中的职称。

问题上"集中一些重型理论大炮"。①

沃利斯与弗里德曼具体说的是要研究无差异曲线。但是，弗里德曼在 20 世纪 40 年代末期应用的"理论大炮"却是效用函数的议题。弗里德曼最终与萨维奇合写的论文，比他在 20 世纪 50 年代之前所写的任何东西都更能让他在经济学家中名声大噪，尽管这些论文与弗里德曼在 20 世纪 50 年代中期之后的主要研究毫不相关。

依照默文·金的看法，"将经济理论严格推广到不确定性的世界是由肯尼思·阿罗（Arrow 1964）和德布鲁（Debreu 1959）提出的"。但是，当弗里德曼与萨维奇在 20 世纪 40 年代末期进行合作研究时，他们可能认为，他们做出了默文·金所认为的只是从 20 世纪 50 年代末期开始的研究努力。弗里德曼与萨维奇在合作中，以冯·诺依曼和摩根斯坦（von Neumann and Morgenstern 1944）的著作为基础，将效用分析应用于随机环境。不过，默文·金对文献的解释可以这样辩护，因为正是肯尼思·阿罗与德布鲁的贡献，而非冯·诺依曼和摩根斯坦或者弗里德曼与萨维奇的贡献，将不确定性置入了一般均衡框架。当摩根斯坦在 1971 年谈到过去"几十年"效用分析出现了"几乎爆炸性的发展"——绝大多数都是在他与冯·诺依曼的著作以及弗里德曼与萨维奇的著作之后出现——之时，他可能会承认阿罗与德布鲁的著作的重要性。②

弗里德曼与萨维奇的著作以论文的形式发表在 1948 年的

---

① W. A. Wallis and Friedman（1942, 189）.
② Morgenstern（1972, ix）.

《政治经济学》杂志上,以及1952年的续篇发表在同一杂志上。[1]他们关注的问题是,将"涉及风险的选择",特别是包括保险与赌博的活动,纳入一个家庭预期效用最大化的框架之中。这篇1948年的论文本质上是一篇理论文章,虽然只出现了几个编号的方程式。尽管他们对现有的彩票和保险安排提供了一些动机方面的信息,但是,这篇论文却不是对消费行为的应用研究——这一事实与弗里德曼后来的评论相符,即他从1937年直到20世纪50年代研究消费期间根本就没有研究过消费数据。[2]

这篇论文要协调赌博活动与最大化家庭行为的问题反映出赌博与序数效用分析的不一致,因为边际效应递减意味着家庭要在美元结果为正的概率是50对50的情形下不选择赌博。然而有证据表明,家庭确实在这种概率或者更差的概率的情形下参与赌博。弗里德曼与萨维奇提出的协调办法是,边际效用递减并非效用函数的一个整体性质,而效用函数反而包含一个边际效用递增有效的区域。[3]

就弗里德曼与萨维奇的著作旨在拓宽正统经济学工具,特

---

[1] Friedman and Savage(1948, 1952a)。当这些论文发表时,弗里德曼与萨维奇都在芝加哥大学。他们早先合作的著作(Friedman and Savage 1947),尽管是以芝加哥大学的名义发表的,但反映了他们在统计研究小组中的合作。

[2] 参见 Friedman(1957a, ix)。

[3] 除了 Friedman and Savage(1948, 1952a),参见对弗里德曼与萨维奇著作的阐释(Friedman 1962b, 68-73)。保罗·萨缪尔森对弗里德曼与萨维奇著作的高度凝练的概括(Newsweek, October 25, 1976a)是,它提供了这类问题的答案:"如果通过保险降低风险的方式会获益,怎么能同时通过对成功概率小的下注来增加风险的方式获益呢?"

别是效用理论的应用范围而论，它预示了弗里德曼后来关于厂商和家庭的广泛行为都适合于标准的经济分析，特别是马歇尔的需求方法的观点。实际上，弗里德曼与萨维奇在对鲍莫尔（Baumol 1951）的批判进行回应的1952年续篇中，为预期效用方法进行了严谨的辩护，而对他们1948年方法的拓展进行辩护只在讨论中起到了辅助的作用。诚如弗里德曼所强调的那样，弗里德曼与萨维奇的著作对经济学正统理论的肯定——这样做时就与芝加哥大学思想的一部分决裂了——的另一方面就是摒弃了弗兰克·奈特所提出和主张的风险与不确定性概念的区分。[1] 其实，弗里德曼对奈特不确定性的摒弃，不仅与芝加哥大学前一代的一位主要经济学家形成了对比，而且也造成了他有别于芝加哥大学几位后来相当重视奈特不确定性概念的经济学家，包括莱斯特·特尔泽、理查德·波斯纳、拉斯·彼得·汉森。[2]

这些经济学家中的最后一位曾多次讨论过弗里德曼的不确定性方法，包括在他和托马斯·萨金特中的讨论。拉斯·彼得·汉森与托马斯·萨金特强调，构成这篇价格理论著作基础的决策理

---

[1] 弗里德曼强调了弗里德曼与萨维奇的论文和奈特的观点之间的不一致之处（Hammond 1989, 20），并指出（Friedman 1976a, 84, 282），他相信预期效用方法，特别是萨维奇（Savage 1954）发展的预期效用方法，满意地解决了随机问题，而无须奈特的风险与不确定性的区分。佩洛尼（Pelloni 1987, 1996）强调了弗里德曼对风险与不确定性区分的摒弃。弗里德曼方法的这一方面已经受到其他评论者的关注，包括 Blatt（1983, 266）。但是，奇怪的是，佩洛尼（Pelloni 1996）并没有引用弗里德曼与萨维奇合作的任何著作。

[2] 例如参见 Telser（2007, 79）；Posner（2011）；以及 Lars Hansen, Thomas Sargent, and Thomas Tallarini（1999）。

论的贝叶斯方法也体现在弗里德曼后来的货币政策规则的方法之中。模型不确定性更是弗里德曼主要反对积极稳定政策的一个原因。面对不确定性，弗里德曼在20世纪50年代初期论破坏稳定政策的著作中采纳了汉森与萨金特（Hansen and Sargent 2014, 5）所称的"弗里德曼的贝叶斯决策规则"。①

同样，弗里德曼从20世纪50年代晚期开始对固定货币增长规则的倡导来自模型不确定性的考虑——参见第八章——尽管它并非来自在不确定性下政策制定的正式分析。诚如拉斯·彼得·汉森和托马斯·萨金特所强调的那样，即使贝叶斯方法对他的决策理论和政策规则的观点有影响，要说弗里德曼完全接受贝叶斯技术也是一种夸张。特别是，尽管——诚如本章之前所指出——弗里德曼对计量经济学主流做过许多质疑的评论，但是，他并没有在他的经验著作中系统性地采用贝叶斯方法。②

截至20世纪50年代，弗里德曼与萨维奇的著作就被视为开创性的研究。这种看法反映在弗里德曼获得克拉克奖——本章末尾要讨论——和弗里德曼与萨维奇1948年的论文在1952年美国经济协会的专辑《价格理论选读》（Boulding and Stigler 1952）中

---

① 前面提到的佩洛尼（Pelloni 1987, 1996）的论文强调了弗里德曼的概率方法与贝叶斯的概率方法之间的相似性。这种相似性早在佩洛尼之前的文献中就受到了关注。例如参见罗伯特·卢卡斯在下面指出的评论（Klamer 1983; Zellner 1984, 307）。

② 特别是，尽管弗里德曼与施瓦茨（Friedman and Schwartz 1991）在讨论中，像弗里德曼追溯到1940年的其他著作一样，对与贝叶斯文献中许多相同的计量经济学做法表达了担忧，但是弗里德曼（Friedman 1991b, 36）承认，他对回归分析的使用经常偏离他对标准的计量经济学做法进行批评所蕴含的约束性规定。

得以重印。实际上，尽管弗兰克·哈恩（Frank Hahn）不赞同弗里德曼的许多著作，特别是货币经济学方面的著作，但对弗里德曼与萨维奇的这些论文赞不绝口。①

但是，弗里德曼与萨维奇的合作著作是否对经济学文献留下了明显的持久的印记却是值得怀疑的。弗里德曼在后来并不把"风险条件下的效用最大化"这个术语完全归功于他自己。②本着这种精神，一些研究者认为，弗里德曼与萨维奇的著作是将效用的研究与统计理论联系起来的研究的一部分，因而建立了这种在动态最优模型中常规使用的预期效用最大化的方法。③但是，很少有人在这种语境中引用他们的著作，而预期效用理论的发展普遍归功于冯·诺依曼与摩根斯坦，然后是阿罗和德布鲁提供了将该理论应用于随机一般均衡模型所必要的许多工具。而且，萨维奇独撰的主观概率的著作（Savage 1954），包括其中提出的公理，被认为是比弗里德曼与萨维奇合著的著作或者弗里德曼在20世纪50年代早期独撰的有关效用的著作，对冯·诺依曼与摩根斯坦的预期效用理论更基础性的一般化。④弗里德曼在《价格理论》

---

① 参见 Hahn（1954）和本章末尾的讨论。
② Friedman（1964c）。
③ 此外，Ekelund, Furubotn, and Gramm（1972b, 82）认为，弗里德曼与萨维奇的著作（Friedman and Savage 1948）是冯·诺依曼与摩根斯坦（von Neumann and Morgenstern 1944）之后"对该领域的主要贡献"之一。而且，为了对弗里德曼作为一位阐释者的技能表示尊敬，他们在对冯·诺依曼与摩根斯坦的预期效用理论进行概括性总结时引用的是弗里德曼与萨维奇（Friedman and Savage 1948, 287-288）的论述而非冯·诺依曼与摩根斯坦的论述。
④ 特别是 Friedman（1953e）。另参见 Friedman（1955c）。

中对文献的论述似乎接受了这个事实。[1] 弗里德曼是萨维奇的主观概率概念的支持者，但不是萨维奇这本纲要的合作者。[2]

此外，后来对那些适用于弗里德曼与萨维奇扩展的效用理论的具体活动——赌博——的研究，总体上否定了弗里德曼与萨维奇的建议。一个早期的批评出自哈里·马科维茨之手，他当时刚完成芝加哥大学的研究生学习不久。尽管他批判了弗里德曼与萨维奇的方法，但是，马科维茨在分析中采纳了弗里德曼与萨维奇关于在不同区域设定凹性和凸性效用函数的基本方法。不过，后来的文献表明，对赌博现象的解释需另觅出处。这正是贝利、奥尔森和旺纳科特（Bailey, Olson, and Wonnacott 1980）在批判弗里德曼与萨维奇的著作时特别清楚地传达出来的深意。尽管这篇1980年的批判文章受到哈特利和法雷尔（Hartley and Farrell

---

[1] 特别参见 Friedman（1976a, 82）。按同样的方式对萨维奇的论述，参见 Rachev, Stoyanov, and Fabozzi（2008, 140）和 Sugden（2004, 726-730）。
[2] 例如，罗伯特·卢卡斯说（Klamer 1983, 40），弗里德曼"深受萨维奇以及贝叶斯概率的这种思考方式的影响。因而，当我谈论人们'了解'一个概率的时候，他不知所云"。同样，克莱因（B. Klein 1978, 87）报告说，弗里德曼敦促他"以纯粹主观（萨维奇）的方式看待概率"。关于证实这些对弗里德曼观点的论述的评论，参见 Friedman and Schwartz（1982a, 557, 629-630）以及弗里德曼的评论（Snowdon and Vane 1997, 199）。弗雷泽（Frazer 1988a, 135; 1988b, 798）也引用了弗里德曼对萨维奇的概率观的赞扬。但是，弗雷泽并没有指出引用的来源，也许是来自与弗里德曼的对话。西姆斯是萨维奇立场的另一个信徒。他说（Sims 1982, 317）："诚如 L. J. 萨维奇在著作中阐释的那样，对概率的人格主义解释让我信服。"

值得指出的是，尽管弗里德曼在原则上支持萨维奇对概率的主观解释，但是，他偏爱在一个抽象掉个体预期差异的高度聚合模型的语境中分析财政和货币问题。

2002）的质疑，但是，后者在研究中也否定了弗里德曼与萨维奇所提出的对赌博的解释。后来对赌博的研究基本上不采用弗里德曼与萨维奇的方法这个事实也在"超级明星"的文献中得以证明。在这类文献中，例如罗森（Rosen 1981）、墨菲与沃尔夫森（Murphy and Wolfson 2013）在论文中都承认但又摒弃了弗里德曼与萨维奇的赌博解释。[1]

"非常巧妙，"肯尼思·阿罗在回忆弗里德曼与萨维奇的方法时说，"改变斜率，你就可以获得边际收益递增和边际收益递减。"不过，阿罗在 2013 年 12 月 7 日的访谈中断言，弗里德曼与萨维奇合写的著作在影响力和重要性方面都比不上萨维奇其他的效用著作。[2] 尽管弗里德曼与萨维奇的合作研究没有变得默默

---

[1] 罗森（Rosen 1981, 847）引用弗里德曼（Friedman 1953e）作为假说的来源，而墨菲与沃尔夫森（Murphy and Wolfson 2013, 3）则引用了 Friedman and Savage（1948）。尽管墨菲与沃尔夫森紧接着将其称作"弗里德曼假说"。这也许是基于这样的事实，即在两位作者中，弗里德曼的声誉最终凌驾于萨维奇之上。
影响人们接受弗里德曼与萨维奇建议的一个可能的原因是，他们假定的家庭效用函数的凸性区域可以被视为一种很容易产生"风险喜爱"行为的非常正式的假设。在这点上，对弗里德曼与萨维奇建议的反应类似于学术文献对基德兰德与普雷斯科特（Kydland and Prescott 1982）试图通过将存货直接放入生产函数的方式来解释存货与产出的相互作用的反应。 不过，参见 Gregory（1980）和 Rosen（1997, 190）讨论如何从对消费偏好的一个更基本的分析推导出弗里德曼与萨维奇的设定。

[2] 阿罗与普里布施（Arrow and Priebsch 2014）甚至在具体探讨预期效用理论与博彩兼容性的问题时，引用的是 Savage（1954, 1972），而非弗里德曼与萨维奇合写的文章。

无闻，但也没有被公认为预期效用领域的基本参考文献。[1]

在宏观经济学领域，弗里德曼与萨维奇提出的一般化效用函数基本上没有什么影响。设定一个偶尔带有凸性的效用函数的观念根本就没在主流研究中流行开来。代表性的经济人有一个整体性的凹性效用函数的条件贯穿在宏观经济理论之中——基本上是一个必要条件——而偏好处于严格的凹区域之外的实证研究结果不仅被视为是不可解释的，而且被视为是反对代表经济人的预期效用框架的证据。[2] 不过，人们可以将爱泼斯坦与奇恩（Epstein and Zin 1989）的著名论文——他们提出了一个高风险厌恶与高跨期替代并存的效用函数——视为在某些方面与弗里德曼与萨维奇的方法存在相似之处：这两组作者都提出了一个在正常条件下不容易被单一函数囊括的两个性质的效用函数。但是，爱泼斯坦

---

[1] 弗里德曼在课堂讲授凹性效用函数和凸性无差异曲线的标准情形时，有一次的讲解与弗里德曼和萨维奇的修正具有相似之处。达德利·华莱士曾是20世纪50年代中期弗里德曼的价格理论班的学生。他在2015年7月20日的访谈中回忆说："我记得，有一次上课，他想谈谈无差异曲线，在黑板上画了一个图——一个凹向原点的无差异曲线图。我们都看着这个图，然后相互看着，摇了摇头。但是没有人有胆量举手。然后，他终于意识到画错了，看着我们说：'为什么没有人说呢？'唉，我们没有说，是因为我们们被他惊傻了。"

[2] 例如参见 Mankiw, Rotemberg, and Summers（1985, esp.241）和 Eichenbaum, Hansen, and Singleton（1988, 64）。
同样，处于微观经济学与宏观经济学交叉之处的社会福利和公共财政领域，家庭效用函数的整体凹性依然是基准。在这点上，非常重要的是，阿诺德·哈伯格——对弗里德曼的研究并不陌生——评论说，"收入的边际效用递减的观念贯穿于古典和新古典经济学文献之中"，并进而指出这种观念依然得到普遍接受（Harberger 1978, S110-S111；引自第110页）。

与奇恩的效用函数比弗里德曼与萨维奇的设定在宏观经济学中明显更有用。与这个评价相一致,约翰·泰勒(John Taylor 2001, 101)将弗里德曼与萨维奇的著作归入弗里德曼的数理统计学而非经济学的贡献之中。①

在晚年,弗里德曼将他们的合作论文大部分归功于萨维奇,并认为萨维奇"真是一位天才"。没有萨维奇,他不可能写出他们合作那样的作品(参见 Hammond 1989, 44)。②"我与萨维奇有很多交流——好吧,交流也许是一个不合适的词,"肯尼思·阿罗在 2013 年 12 月 7 日的访谈中对他在 20 世纪 40 年代末芝加哥大学时期的情况评论说,③"我只是倾听、钦佩它,知悉它的情况(萨维奇正在进行的研究)。但是,我在那时非常了解萨维奇。我们是好朋友。我听说他在发展这些理论,我着实吃了一惊。"

阿罗在 2013 年 12 月 7 日的访谈中认为,20 世纪 40 年代末到 50 年代初正是他、弗里德曼、萨维奇,以及威廉·鲍莫尔、莫里斯·阿莱(Maurice Allais)等其他人都在"从事不确定性研究"的时期。在这一时期之后,不确定性继续在弗里德曼对经济问题的分析中占据重要的作用。他坚持要求,在消费函数中引入持久性收入与暂时性收入的区分,在菲利普斯曲线中用通货膨胀

---

① 另一篇将弗里德曼和萨维奇的著作看作数学贡献的文献是 Feibes(1974, 104)。但是,关于后来讨论该著作对效用理论的贡献,参见 Forbes(2009, 29)以及以上提到的 Hartley and Farrell(2002)论文。
② 在 Taylor(2001, 115)中,弗里德曼对萨维奇和他合写的著作做出了相似的评论。
③ 阿罗在芝加哥大学的职称包括在 1948—1949 年间任经济系的助理教授(American Economic Association 1970, 13)和在 1947—1949 年间任考尔斯委员会的副研究员(根据 American Economic Association 1981, 44)。

与预期通货膨胀之差取代通货膨胀，在名义利率决定中强调通货膨胀预期的作用，以及将自然失业率界定为一个富有价格弹性经济的随机结果，以便将重要的随机因素加入到关键的宏观经济关系之中。① 诚如下文和第八章讨论的那样，不确定性也影响了弗里德曼的政策建议。

而且，不确定性的主题有助于弗里德曼的货币理论的形成。他的论点是，不求助于不确定性就不可能对正向的实际货币余额需求进行理性化。② 另外，弗里德曼相信，不确定性的波动是实

---

① 因此，后来的著作与哈恩的陈述相违背（Hahn 1954, 400）："预期，尤其是破坏稳定性那种预期，在弗里德曼教授所写的任何东西之中或者遭到忽视或者不受重视。"哈恩这里具体指的是弗里德曼（Friedman 1953b）著作中的论文。但是，他对这个专题论文集的概括是成问题的，因为首篇论文（Friedman 1953c）在近年来被认为提出了代理人会收敛于理性预期均衡的一种论证思路（参见 Blume and Easley 2006；以及 Cogley, Sargent, and Tsyrennikov 2014）。另参见下列第十五章关于弗里德曼与理性预期革命的关系以及他对理性预期革命看法的讨论。

② 参见 Friedman（1969a, 3）和 Friedman（1972a, 923）。一个更标准的陈述是，正向的货币需求需要摩擦而非不确定性本身（例如参见 Wallace 1977）。在一个非随机的模型，例如效用函数中使用货币或者购买时间技术的模型中，推导出货币需求函数是可能的（例如参见 McCallum and Goodfriend 1987; Lucas 1988b; McCallum 1990c；以及 Walsh 2003），而这些证明似乎与弗里德曼所说的相矛盾。弗里德曼在面对这些证明时的一个可能合理的回应是，非随机的购物时间技术代表的是包含随机因素的收支安排。为了支持这种猜想，特别参见 Friedman 1977d, 409。

际货币需求量变动的一个重要根源。[1]弗里德曼在1992年1月22日的访谈中对笔者所说的就是这种立场的一个范例:"我绝对相信,不确定的程度是影响货币需求的一个非常重要的因素。"这种信念引导弗里德曼寻找经济不确定性的代理变量。他在1983年9月1日的《华尔街日报》上就搜寻的结果所做的评论,让人对他所处时代充满了同情:"不幸的是,我从没有为不确定性程度找到一个良好的实证代理变量,因而我就无法估计这个因素的数量重要性。"随着尼古拉斯·布鲁姆(Nicholas Bloom)及其合作者提出了不确定性的可操作的实证测量方法,这个空白在

---

[1] 特别是,弗里德曼与施瓦茨(Friedman and Schwartz 1963a, 1982a)强调指出,与大萧条和战争相关联的不确定性是货币需求增加的一个根源。20世纪30年代的不确定性与流通速度的关系在前面第二章论述过。至于战争,弗里德曼指出,一战与二战开始时价格下降的压力是不确定性增加货币需求的"最极端证据"(Milton Friedman, interview, January 22, 1992;另参见 Friedman 1956a, 9, point 6)。而且,弗里德曼与施瓦茨(Friedman and Schwartz 1963a, chapter 12)认为,信心的提升即不确定性的减少是美国在战后数十年内流通速度增加的一个根源。另参见 Friedman(1968c, 440),Friedman(1983a, 1984d),以及 Newsweek, October 16, 1972:在这些例子中,弗里德曼认为,不确定性是战后时期流通速度变化的根源。E. Nelson(2002b)和 S. Hall, Swamy, and Tavlas(2012)进一步讨论了弗里德曼关于货币需求与不确定性程度之间关系的重视。

弗里德曼认为信心是一个性状良好的货币需求函数的一个参数这个事实,就证明了帕廷金(Patinkin 1982, 178)试图区分弗里德曼的流通速度观点与英国剑桥学派在两次大战之间的观点是错误的。帕廷金指出,剑桥学派的观点强调信心的变化是影响流通速度的一个因素。因此,帕廷金声称,剑桥学派"认为,流通速度不是……一个稳定的函数"。如果信心或不确定性是稳定货币需求函数的一个参数,那么,帕廷金的推论就不成立。

近年来就得到了填补。①

但是，真实的情况是，弗里德曼在结束了效用函数的研究之后，对不确定性形式化建模的兴趣下降了。除了消费著作，他在明确提出的模型中几乎没有直接加入随机项。弗里德曼对不确定性正式研究的远离体现在1972年的评论之中：不确定性"理所当然贯穿于我的分析之中"，即使分析之中不包含扰动项。②

弗里德曼在20世纪40年代末到50年代初的效用研究也对他后来公共政策问题的讨论没有什么明显的影响。他不愿意从他的效用研究中引出政策含义，因为他在1964年说，效用研究采取"完全抽象的分析"形式，很难直接用来进行政策讨论。③

为了确定弗里德曼的效用研究对他后来著作持久影响的主要

---

① 例如参见 Baker, Bloom, and Davis（2013）。
② Friedman（1972a, 923）。另参见 Friedman and Schwartz（1982a, 60-61）。他们提出了一个没有显性冲击项的预期菲利普斯曲线，尽管周围的讨论都是以该方程受到扰动影响的观念为条件的，而且预期值与实际值并不重合。
③ 在这个评论中，弗里德曼（Friedman 1964c）对这种观念进行了强烈的反驳：他关于风险与收入分配的论文（Friedman 1953e）应该被视为一篇反对公共部门对穷人进行福利支持的论文，这篇论文的理由据说是"贫穷只是一个选择问题"，诚如塞利格曼（Seligman 1964, 12）这样描述弗里德曼论文的立场那样。其实，诚如已经指出的那样，弗里德曼对政府提供的最低保障收入的支持让他有别于自由意志论者。
弗里德曼愿意接受他的（Friedman 1953e）论文的观点的一种解释是，政府广泛存在的税收和转让措施反映了公众预防完全由市场运行所决定的收入分配结果的欲求——社会认为这种结果是不可接受的。但是，弗里德曼补充说，他认为政府对收入分配过程的干预到1977年已经"远超出"公众欲求可能被理性化的程度。参见 Financial Times, January 6, 1977。另参见 Friedman（1962a, 163）。

成分，人们不需要考虑弗里德曼与萨维奇论文的具体细节，而是需要考虑这些论文对经济分析所采取的总体态度。业已指出，弗里德曼与萨维奇的论文与弗里德曼后来的研究，包括他用马歇尔的工具对工会的研究，《价格理论》对各种问题的许多分析方法以及《自由选择》的分析，都在方法上共同认为私人部门的非常广泛的活动都是追求自利的最优化行为的结果。①

当然，犹如赫什与马尔奇（Hirsch and de Marchi 1990）所强调的那样，弗里德曼批评19世纪和20世纪初价格理论的某些方面。但是，弗里德曼的许多批评实际上也意味着，经济学家低估了私人部门使用那些基于效用最大化的正统经济理论方法进行分析决策的类型。②将经济分析推广到传统市场活动之外的领域在弗里德曼自20世纪50年代早期之后的主要研究思路中并不显得特别重要，这类研究相反与其他研究者的关系更加密切。弗里德曼对这样一些研究者直言很钦佩，包括加里·贝克尔以及公共选择理论（即政治的经济分析）的主要贡献者。但是，与这类著作相关的方法广泛存在于弗里德曼的大量教学与通俗写作活动

---

① 例如参见 Friedman（1976a, 2）关于经济分析的广泛应用以及 Friedman and Friedman（1980, 25–27; 1998, 210）关于在应用经济分析时需要广泛定义自利与市场。按照同样的思路，弗里德曼在1976年的一次电视采访中说："我并不认为，'市场'局限于狭隘的经济领域，而是与自愿活动有关"（The Jay Interview, ITN, July 17, 1976）。

② 一位研究弗里德曼著作的专家（Frazer 1994, 1997）强烈反对弗里德曼是一位采用效用最大化刻画私人部门行为的倡导者的观念。但是，存在大量的证据，更不用说弗里德曼自己的言论支持他赞同预期效用思想的观念，因而弗雷泽提出的错综复杂的替代性解释并非特别值得注意。

之中。①

弗里德曼与萨维奇的论文与这种方法确定无疑秉持的是同样的精神。他们在前言中说，他们的论文是"正统效用分析的一个相当简单的推广"，旨在将家庭最优化方法应用于此前被认为很难与标准经济建模相协调的赌博等领域。② 依他们之见，他们的扩展考虑了被观察到的行为"与经济理论主体"之间广泛的一致性。③ 弗里德曼与萨维奇强调了私人部门的行为可以被视为"好像是"效用最大化的结果的观念（包括使用了术语"好像是"）。④ 这种方法预示了弗里德曼在 1953 年关于方法论的论文。实际上，弗里德曼与萨维奇的论文包含了一个"台球"类比的陈述，弗里德曼后来将此再用于他的方法论专题论文之中，由此激发了读者的想象力。⑤ 这种通过类比的论证思路就是，即使代理人在事实上没有进行正式的数学优化活动，将优化行为归之于代理人的做法是合理的。

---

① 弗里德曼对公共选择理论的支持以及在他的讨论中部分地并入公共选择分析，出现在他生涯的晚期阶段，大致说来从 1973 年起。参见下列的第八章。
② Friedman and Savage（1948, 279）.
③ Friedman and Savage（1952a, 474）.
④ Friedman and Savage（1948, 287, 298, 303）.
⑤ 也就是说，在一场台球或斯诺克台球比赛中，一位熟练的台球手对准确行动路线做出的判断就像出自正式的最优化活动的判断一样，尽管这位台球手在做出判断时没有做出与正式的最优化相关的数学计算。台球类比出现在 Friedman and Savage（1948, 298）和 Friedman（1953c, 21）之中。弗里德曼在 1948 年夏天撰写了方法论文章的一个初稿（Hammond and Hammond 2006, 9）。

七、马歇尔需求曲线的研究

与萨维奇的研究同时进行的，还有弗里德曼在20世纪40年代晚期对价格理论研究的另一个要素，即对产品需求曲线的建模研究。这个研究以"马歇尔需求曲线"的论文形式在1949年再次发表在《政治经济学杂志》上。尽管弗里德曼在论文中对论点的阐述是冗长的，还伴随着引自马歇尔的文本证据——弗里德曼相信是马歇尔提出了这个论点——但是，论文传达的基本主旨却是简单的：个人物品的需求曲线应被视为基于不变实际收入假设。这与名义收入保持不变的情形形成了对比：在名义收入不变的情形下，物价的变动会改变消费者价格指数的整体数值，因而必然会改变实际收入。弗里德曼提出的对需求曲线的不变购买力解释，旨在协调马歇尔著作中对需求曲线的各种论述。这就与现有文献提供的解释形成了对比，因为弗里德曼说，现有文献指责马歇尔犯有"逻辑不一致和数学错误"。[1] 这种解释也将马歇尔对消费需求的处理与尤金·斯勒茨基（Eugen Slutsky）的著作保持一致。[2]

---

[1] Friedman（1949a, 463-464）。这个评论对本书特别贴切。紧跟着本章后面的几章要论述弗里德曼的框架，并表明，那些指责弗里德曼在大量的表述中存在理论不一致的说法有助于一种根本不存在不一致性的直截了当的解释。

[2] 一个术语问题也值得一提。如同第二章讨论的那样，弗里德曼在论文（Friedman 1949a）中的命名法，产生了一些与术语"货币的边际效用"相联系的许多尖锐的问题。追随马歇尔，弗里德曼用这个词指称通常被称作收入或财富的边际效用的东西（Friedman 1949a, 477, 479, 484, 494）。但是，在同一篇文章中，弗里德曼使用了"货币的购买力"这个短语（例如pp.465, 480, 481, 483）。在这个例子中，"货币"确实是指称（名义）货币。

作为对阿尔弗雷德·马歇尔著作的一种解释，弗里德曼的论文依然是值得商榷的。弗里德曼报告说，阅读过他的草稿的大多数同事都不赞同他的解释——包括乔治·斯蒂格勒，他也对发表的版本不信服。[1] 同样，鲍莫尔（Baumol 1954）和奥尔福德（Alford 1956）提供了有说服力的文本证据来反对弗里德曼对马歇尔的解释。[2] 因此，在对马歇尔欲表达的意义的争论之中，弗里德曼可能败给了他的批评者。

但是，不管它是否是马歇尔的一种正确表述，弗里德曼的建议确实——诚如该论文也论证的那样——为需求分析提供了一

---

[1] 参见 Friedman（1949a, 463）对许多读者都对他先前的草稿不信服的承认。Hammond and Hammond（2006, 11）给人留下的印象是，弗里德曼在论文发表之时获得了斯蒂格勒对他的论点的支持。但是，这种说法忽视了这样的事实：在反驳弗里德曼对马歇尔的解释时，鲍莫尔（Baumol 1954, 463）感谢斯蒂格勒在他批判弗里德曼的立场时提供的文本证据。

一个有争议的问题是，哪个文本是马歇尔思想的权威性陈述。虽然在论述时从马歇尔的《经济学原理》的最终版本（Marshall 1920）进行了摘引，但是，弗里德曼将这个文本与早期的版本相核对（Friedman 1949a, 490），并指出他不那么重视马歇尔晚年的著作，从而猜想马歇尔的思想已经变得混乱了（Friedman 1949a, 494）。Alford（1956, 44）对这个看法表达了异议。

[2] 在断言弗里德曼（Friedman 1949a）"几乎没有引起最初的评论，除了罗杰·奥尔福德（Roger Alford 1956）的评论"时，弗雷泽（Frazer 1994, 13）忽略了贝利（Bailey 1954）对该文的批判（侧重于设定的有用性而非学说起源），以及忽视了体现在评论弗里德曼（Friedman 1953b）这本包含着重印这篇文章的著作的大量评注这个事实。贝利（Bailey 1992, xiv）对这个问题的评价截然不同于弗雷泽的评价，甚至比弗雷泽的评价更权威。贝利将"马歇尔的需求曲线"一文称作"弗里德曼的著名论文"以及将补偿性需求分析与总消费行为理论联系起来的最具权威性的文献。

个自身有用的框架。特别是，与科兰·耶格尔关于在弗里德曼建议的需求函数与那些并不用实际价值设定的需求函数之间的取舍"不涉及实质性问题"的观点相反，弗里德曼的建议明确区分了货币理论与那些被弗里德曼视为可以在"非货币环境"中分析的问题。[1] 弗里德曼提出的设定更是允许讨论那些与货币理论分开的相对价格行为——他认为这项工作对他所称的价格理论至关重要，而其他人在他的反对下开始称之为"微观经济学"。因此，在分析特定产品的需求时，这种区分就允许价格水平被视为一个"比例系数"而非其运动自动改变实际收入的变量。[2]

同时，弗里德曼对需求函数的分析还有一个宏观经济学的维度。这与他的评论相符："尽管价格理论与货币理论可以分离，但他们本质上不是独立的。"[3] 他提出的家庭行为函数以实际价值表示的设定，允许对实际与名义变量之间的相互作用进行研究。[4] 考虑实际与名义的互动不仅不要求实际与名义变量被视为本质上同一个变量——诚如凯恩斯主义的分析在20世纪40年代将价格水平视为冻结的或外在给定的，而且也不要求需求函数混合名义与实际变量——诚如其他人在解释马歇尔框架时所要求的

---

[1] Friedman（1954b, 262）.
[2] Friedman（1954b, 262）.
[3] Friedman（1949a, 476）。另参见 Becker（2007, 181），他强调了弗里德曼观点的这一面。
[4] 再次参见 Friedman（1949a, 476）。

那样。① 更准确地说，如果家庭对资产和物品的需求体现在一个用实际价值表示的函数中，物价是内生的但在短期内并不具有完全的弹性，以及政策制定者的行为设定了名义货币的路径，那么这样一个模型就为研究实际与货币的互动提供了一个设定。

正是在这种背景下，弗里德曼后来将货币需求函数描述为实际购买力的需求，以实际规模变量和实际机会成本变量为参数。② 这种观点也与弗里德曼长期对相对价格在私人部门的支出和生产决策中的作用，以及对通货膨胀和价格管制通过在相对价格结构中创造的扭曲所产生的严重成本代价的强调相一致。③ 弗里德曼设法找到一个协调价格理论与货币理论——但在某种程度上前者的研究无须考虑名义价格——的方法的努力，得到唐·帕

---

① 罗杰·奥尔福德在 2014 年 1 月 23 日访谈中指出，包括奥尔福德（Alford 1956）在内的其他人支持这种解释的原因在于这样一个事实："马歇尔的整体方法是，他处理的是非常微小的个体商品，因而在一种商品价格变动的情况下沿着需求曲线的实际收入移动总是可以忽略不计的"，从而就很少会出现名义收入与实际收入的区分。奥尔福德回忆说，当他在 1953—1954 学年间草拟对弗里德曼（Friedman 1949a）论文的批评时，弗里德曼"正在那时访问剑桥大学，我寄给他一份草稿，他回信了，自然是不同意它。但是，弗里德曼的这封信有好几页。你知道，鉴于他是一名著名的访问学者而我则是伦敦经济学院的一个无名小人物的事实，他的考虑的确非常周到。"
② Friedman（1956a）。从货币需求理论的角度看，名义利率和通货膨胀当然可以被视为"实际"机会成本变量，即不以美元或其他名义单位测量的变量。
③ 例如参见 Friedman（1974c; 1977e; 1980a, 56, paragraph 4, p.50 of 1991 reprint）。弗里德曼曾在财政部时期撰写的一份备忘录（Friedman 1942c）以及发表的税收著作中，早就指出了通货膨胀通常会破坏相对价格的结构。另参见下文第七章关于弗里德曼的总供给框架的论述。

廷金的赞许。帕廷金进行了一项更严谨的工作，试图将两者综合起来——这项工作在他 1956 年出版的著作《货币、利息与价格》中达到顶峰。① 尽管对弗里德曼解释马歇尔的贡献表现很冷淡，但是，帕廷金的著作与弗里德曼的基本方法保持高度的一致。按照弗里德曼的方法，私人部门的决策被视为以实际价值表示的问题的结果，而货币当局的行为有助于确定名义变量。②

八、货币分析

弗里德曼在 20 世纪 40 年代晚期不可能不会对价格理论与货

---

① "价值理论"是价格理论的另一个称呼，但是，就弗里德曼而言，它也许比价格理论的另一种称呼"微观经济学"更少具有吸引力。因为尽管"价值理论"在主流经济学文献中有一个很长的传统，但是，它也在马克思主义经济文献中居于主导地位。尽管里森（Leeson 2000a, 99）认为，"许多芝加哥经济学家"都偏爱"价值理论"的称呼而非微观经济学的称呼，但这不应视为是弗里德曼偏爱的标签。例如，在 Taylor（2001, 111）中，弗里德曼特别赞同"价格理论"的术语，而且"价格理论"也是芝加哥大学经济系研究生微观经济学课程的正式名称。
或许，"价值理论"是一个更宽泛的术语，因为它可以涵盖价格理论之外的分配问题。但是，弗里德曼（Friedman 1962b）的价格理论著作仅仅在价格理论的名义下就处理了分配问题。在一次将分配问题与价格理论区别开来的场合中，弗里德曼避免使用"价值理论"的术语，称之为"价格理论……与资源的配置"（G. Martin 1983, 61）。
就出版社而言，它将弗里德曼的《价格理论》著作称之为"一本价值与分配理论的严谨教材"。参见 Friedman（1969b）封皮上的阿尔丁出版公司的出版广告。这一描述可能改编自弗里德曼《价格理论》讲稿中但在著作版中被删除的一个段落。这个段落表明，"价格理论"包括价值理论与分配理论。

② 帕廷金（Patinkin 1973a, 794）同样在著作中赞成需求分析的不变实际收入方法，并像弗里德曼（Friedman 1949a）一样，认为这种方法与雅各布·维纳的价格理论学说保持一致。

币理论的综合感兴趣。因为正是在战后初期的这些岁月中,他在这两个领域都投入了精力,然后在他后来所描述的"主要在货币领域从事研究"的环境中安心研究。①

在1948年6月发表在《美国经济评论》上的"一个经济稳定的货币与财政框架"一文中,弗里德曼倡导美国采取100%的法定准备金制度。他进而敦促美国政府采纳周期性调整的平衡预算,随之而来的周期性赤字和盈余要货币化。②

这篇文章明确地标志着弗里德曼永久性地进入货币经济学。但是,不要认为这篇论文阐述了货币主义立场。菲利普·卡根(Phillip Cagan)后来将弗里德曼这篇1948年的论文描述为货币主义文献的一部分。③但是,安娜·施瓦茨却不这么认为。④ 詹姆斯·托宾敏锐地观察到,弗里德曼"在他完全变成货币主义者之前"撰写了1948年的这篇论文。⑤ 诚如下面要详细论述的那样,这篇1948年论文倡导的规则与弗里德曼后来提出的固定

---

① Friedman(1976b, 435)。类似地,弗里德曼(Friedman 1972d, 38)陈述道,他"在多年中的主要学术兴趣集中在货币在经济中的作用"。
② 在发表之前,弗里德曼于1947年9月17日计量经济学会在华盛顿特区举行的一次会议上提交了这篇论文(Econometric Society 1948, 106–107)。
③ Cagan(1987, p.195 of 1989 reprint)。
④ 在E. Nelson(2004a, 401)中,施瓦茨赞同并详细说明了笔者关于弗里德曼到1948年为止并非货币主义者的看法。
⑤ 参见Samuelson(1997, 155)对弗里德曼这篇1948年的论文的相似评价。

货币增长率的建议形成了对比。[1] 但是，这种差异并不是将这篇1948年的论文置于货币主义文献之外的依据。因为诚如弗里德曼后来所指出的那样，货币理论并不必然导致一个人赞同固定货币增长建议。[2] 实际上，在20世纪50年代初，弗里德曼一边继续倡导1948年的规则，一边也赞美货币数量论的优点，利用他与施瓦茨的早期研究发现来支持数量论。[3]

实际上，否认1948年论文持有货币主义立场的依据恰恰是因为它没有使用货币主义理论。[4] 相反，这篇1948年的论文认

---

[1] 澳大利亚储备银行的主席伯尼·弗雷泽（Bernie Fraser）在1994年的一次演讲中说："货币政策的唯一职责就是实现设定的货币总量增长率的观念源自旧货币数量论，而弗里德曼在1948年的著名论文中复活了这一理论"（Fraser 1994, 20，原文强调）。这种陈述可以被视为这样的说法，Friedman（1948a）是弗里德曼在货币主义文献中的第一篇论文，或者这篇1948年的论文倡导固定货币增长率。后一种说法肯定不正确，笔者将论证前一种说法也不正确。

[2] 参见Friedman（1983a, 2-6; 1984e）。弗里德曼明确否决了将货币主义等同于固定货币增长规则的做法，并实际上认为具体的建议并非货币主义的一个不可或缺的部分。同样，萨缪尔森（Samuelson 1970b, 38）认识到，弗里德曼关于经济结构特别是总需求决定的思想是与他的固定货币增长的政策建议相分离的。

[3] 例如，在他与施瓦茨研究的"副产品"以Friedman（1952b）的形式发表的同一年，弗里德曼也在国会的作证和向国会提交的建议中倡导货币数量论和1948年的政策规则（特别是Joint Committee on the Economic Report 1952c, 745）。

[4] 一旦从这个角度看，这篇论文就可被归入美国经济协会的《货币理论选读》专辑的凯恩斯主义贡献之一（Lutz and Mints 1951）。沃伯顿在同一卷中重印的文章（Warburton 1946b）在20世纪40年代重印的文章中最有资格被称为货币主义文献的先驱。也出现在选读中的莫迪利安尼的文章（Modigliani 1944）也是如此，因为诚如弗里德曼（Friedman 1977c, 12）在后来评价说，它"无疑有资格在所谓的货币主义结构中被称为一篇重要的论文"。

为，政策诱致的货币数量变动通过赤字开支的财政乘数效应而非收益率的反应来对经济产生影响。[1] 而且，这个分析也缺少弗里

---

[1] 关于货币政策影响总支出的财政乘数观不仅与弗里德曼后来的著作，而且与沃伯顿在 20 世纪 40 年代的著作形成了对比。

另一篇在 20 世纪 40 年代正在撰写的，并像沃伯顿的著作一样强调货币本身重要性的著作——尽管是在弗里德曼明显改变了他的思想之后才出版的——出自斯坦福大学的爱德华·肖（Edward Shaw）。肖在这篇货币论文写于 1950 年 3 月的前言中陈述道（Shaw 1950, vii）："不幸的是，货币管理并不特别令人满意，货币的扰动产生了严重的经济不稳定性。创造和退出货币的货币制度在加重我们国家的就业和实际收入水平的起伏中有一个可悲的记录。"此外，肖（Shaw 1950）在著作中包括了利率决定的数章并在第 247 页评论说，"当局也许低估了支出对利率的敏感性，夸大了利率变动对财政部再融资和总体经济稳定性的风险。"

这样，肖的记录表明，他从 20 世纪 50 年代开始就在倡导货币与货币政策的重要性。其实，哈里·约翰逊（Harry Johnson 1976a, 298）指出，肖在 20 世纪 50 年代作为一位货币主义者的与众不同的立场就是在研究中独立于并经常不赞同弗里德曼的立场。不过，到 20 世纪 50 年代末，肖已经如此怀疑货币政策的有效性，以至于弗里德曼与施瓦茨（Friedman and Schwartz 1982a, 207）将 Gurley and Shaw（1960）列为否定货币重要性的文献之一。在这种背景下，肖继续对弗里德曼的货币经济学持强烈的保留态度。当斯坦福大学经济系在 1964 年提议向弗里德曼提出一个工作机会时，肖告诉他的同事们，他不会阻止这个邀请，但他对弗里德曼的研究并不是特别热心；而且，如果弗里德曼加入，他不愿意继续讲授货币经济学（Marc Nerlove, interview, September 18, 2013）。

但是，诚如前面提到的那样，肖转向对货币总量的怀疑态度并非如弗里德曼与施瓦茨所暗示的那样彻底。肖（Shaw 1964）在一本论货币政策的著作中撰写了一篇文章。在这篇文章中，虽然考虑了货币重要性的各种观点，但是，肖似乎赞成固定货币增长的政策建议（特别参见 Shaw 1964, 77, 90）。另参见 Tobin（1963b, 410）。同时，肖对弗里德曼著作的矛盾心理也明显体现在这个事实之中：肖只在该文的一个表格的脚注中引用了弗里德曼，将 Friedman and Schwartz（1963a）作为数据的来源（参见 Shaw 1964, 93）。

德曼从20世纪50年代起强调的货币政策传导的多重利率渠道，因为弗里德曼明确说，他在至关重要的方面不依赖于"相对价格与利率的变动"。[1]不过，就弗里德曼而言，1948年的论文确实承认了货币融资赤字比发行长期证券融资的赤字对支出有更大的影响。[2]实际上，这个特征并不表示与《通论》类型的凯恩斯主义有什么区别，因为这种类型的凯恩斯主义承认货币与长期债券性质的区别。但是，早期的凯恩斯主义分析在债券是短期证券的情况下避免讨论货币与债券的区分。按照这种分析的精神，弗里德曼在1948年的讨论中没有明显区分货币与其他短期金融资产，而他在后来研究赤字支出的著作中做出了这种区分。[3]更准确地说，弗里德曼在1948年提出的规则可以被视为旨在通过确保赤字的货币化而非发行长期债券融资的方式来最大化财政乘数的数值。[4]这个建议背后的潜在观点是，可以依靠货币存量的增加来

---

[1] Friedman（1948a, 259）。那种认为弗里德曼在1948年对利率渠道的抽象而非以具体利率作为指标，与他后来对货币的强调是一致的说法，是不准确的。正如第六章所讨论的那样，这种强调是基于货币政策是通过对利率的多重性影响来对经济产生影响的观点的。
[2] 参见Friedman（1948a, 250-251, 257）。
[3] 正是由于这个原因，笔者甚至不像塔夫拉斯（Tavlas 1977a, 69）那样，将这篇1948年的文章解释为对货币化的赤字比"发行有息证券"融资的赤字更具有扩张性的承认。弗里德曼并没有在1948年明确指出货币化的赤字比发行短期证券融资的赤字更具有扩张性。不过，这里的分析支持塔夫拉斯的这个论点：弗里德曼在1948年文章中的分析依赖于一个不同于弗里德曼从20世纪50年代起就倡导的多重收益率机制的传导机制。
[4] 例如，弗里德曼（Friedman 1948a, 257）在讨论中支持这样的观点：赤字支出不管货币政策如何都会增加收入，而这种影响不依赖于利率的反应，尽管货币化的赤字会增加赤字支出的刺激效应的部分原因在于货币化对长期利率产生了下降的压力或者减少上升的压力。

对名义支出施加强有力的影响，条件是它们通过财政政策行动而非其他手段进入流通。①

九、货币化规则

随着构成弗里德曼的 1948 年论文基础的政策传导的深刻见解这样勾勒出来，我们现在来讨论这同一篇论文所提出的政策规则的一些特征。由于弗里德曼在 1948 年强调的规则的内容之一——100% 法定准备金——已经在第二章讨论过，接下来的论述将集中在该规则的其他方面。

加里·史密斯（G. Smith 1982）和布莱恩特（Bryant 1995）都指出，弗里德曼对固定货币增长规则的倡导说明了他完全改变了 1948 年的立场。布莱恩特精辟地评论说："在 1948 年，弗里德曼大体说，债券应维持稳定，货币应该与赤字一起来回蹦跳。在 1960 年，弗里德曼说，货币应该稳定，债券应该来回蹦跳。"②加里·史密斯指出，这个对比证明将弗里德曼在 1948 年的建议称作"债券主义"而非货币主义是正确的。但是，有两点原因说明这不是一个非常有吸引力的术语。第一，接受"债券主义"的术语就相当于将"货币主义"与固定货币增长规则等同起来，然

---

① 这样，弗里德曼在 1948 年的立场就与他在货币主义时期对第一轮效应的重要性的否决相矛盾（例如 Friedman 1972a, 917 and 921-923; Friedman and Schwartz 1982a, 29-31；以及 Friedman 1987a, 10）。另参见第六章。
② 布莱恩特指的是 Friedman（1960a）。事实上，弗里德曼对固定货币增长规则的倡导早在 1960 年之前就开始了——具体来说就是 1956 年。参见第八章。

而它们并不等同。第二，由于该建议涉及了让货币成为政府发行的唯一资产，因此，称1948年的建议是"债券主义"是不恰当的。实际上，1948年的这个建议设想废除政府债券！弗里德曼希望终止所有债券的发行，退还现有的公共债务，尽管他允许将现有的债务作为一种过渡措施转换为永久债券。①

因此，弗里德曼在1948年拟定的一系列安排就是最终废除政府债券，并以货币发行来取代债券发行。相比之下，在弗里德曼后来的固定货币增长建议中，货币与债券都没有从政府发行的工具清单中消失。

弗里德曼在1948年的论文中使用了他很少使用的术语"货币化"。而该用法表明，这个术语可能最好用来指1948年的规则而非"债券主义"，因为这个1948年的框架涉及货币政策的（赤字）"货币化"规则。因此，在下面的论述中提到弗里德曼1948

---

① 萨金特（Sargent 1982a, 107）陈述道，1948年的建议本质上是一个禁止政府发行长期债券的法令。但是，萨金特没有提供一个参考文献引用。从他整个的讨论来看，他所指的弗里德曼的建议是1949年的倡议，尽管1948年论文的建议似乎是萨金特所指的建议。弗里德曼在1948年的建议更应被恰当地视为政府进入一个不发行任何具有到期日的新债券情境的建议，即除了发行货币之外不发行债券。尽管货币从形式上讲是政府的负债，但是依弗里德曼之见，货币在实际上不是政府的负债——例如参见 Friedman 1974b, 352; Friedman 1980a, 58, paragraph 14; p.54 of 1991 reprint; 以及 Friedman 1984c, 59。如前指出的那样，弗里德曼在1948年的建议允许政府一次性发行特定的长期债券即永久债券，作为一种终结那些立即货币化会损害稳定目标的中短期债券余额的手段（参见 Friedman 1948a, 251）。这种固定总额的永久债券会随着经济沿着非通货膨胀的增长路径的进步而变为名义国民收入的一个微不足道的部分。

年的建议时，术语"货币化规则"将用作一种速记法。

弗里德曼在1948年对货币政策规则所采取的方法预见了他后来著作的一个重要方面在于，它摒弃了依靠预测提出政策建议的方法。"到目前为止，任何对经济活动预测的尝试都遭遇了失败"，他在同一年的另一篇文章中写道。[1] 本着同样的精神，这篇论规则的1948年文章阐述说，预测者的糟糕记录表明，"无须争论，最好避免预测，取代的方法就是依靠对当前环境尽可能快的评估。"[2] 弗里德曼在1949年的电台节目中重复了这个观点。他说："任何后果取决于预测能力的政策都不是应该采纳的政策。"[3] 弗里德曼在1948年的论文所表现的一个相关特征就是强调货币政策效应的滞后。实际上，这篇1948年的论文包含了弗里德曼著名的短语"长期、多变的滞后"。[4] 于是，相机抉择政策因缺乏滞后的必要知识所面临的问题，是弗里德曼的同事劳埃德·明茨在论货币理论与政策的著作中高度赞扬弗里德曼的一点。[5]

尽管弗里德曼提出了采纳货币化规则的理由，但是，它很容易受到判断失误的影响。货币化规则需要估计充分就业的收入水平，作为确定周期性调整的预算平衡过程的一部分。用弗里德曼后来的话说就是，货币化规则需要估计"与合理的充分就业相符的假定收入水平"。[6] 在1948年论文中提出这个建议时，弗里德

---

[1] Friedman（1948b, 141）.
[2] Friedman（1948a, 255）.
[3] NBC（1949, 4）.
[4] Friedman（1948a, 254）.
[5] 参见 Mints（1950, vii, 138）。另参见 Patinkin（1969, 52）和下一节。
[6] Friedman（1951f, 228）.

曼指出，用长期收入作为标准会减少估计的问题。① 大约在同一时期，他陈述说，"预测短期运动"更是个问题。② 因此，弗里德曼大概会认为，专注于长期目标会让他的规则免于他对阿巴·勒纳（Abba Lerner）以充分就业目标为导向的财政政策建议所做的批评。③

但是，在数年之内，弗里德曼就避免提出以实际或潜在的收入水平为导向的政策建议。相反，他会侧重于依赖长期经济增长估计的安排，比如固定货币增长规则。就弗里德曼而言，这些后来的建议和他在 1948 年提出的货币化规则都没有否认充分就业和价格稳定是经济政策的合适目标。这些目标在实践中是联邦政府存在已久的目标，而它们作为目标的地位在《1946 年就业法案》中已经正式化了。弗里德曼在很大程度上认为，这些终极目标的追求最好在一个以规则为基础的框架下由政策制定者去处理。在1948 年之后，他补充大的条件是，在实践上，最成功的政策规则也许就是在政策工具与最终目标之间保持一定距离的政策。④

---

① Friedman（1948a, 250）.
② NBC（1949, 3）.
③ 关于强调弗里德曼（Friedman 1947）对勒纳建议的这方面批评的观点，参见 Orphanides（2003, 636）。
④ 在这点上，他明确规定，规则要采取增长率的形式——弗里德曼方法的这方面内容在 Orphanides（2003）中得以强调，并在下列第八章论述。哈蒙德（Hammond 2011a, 643）声称，在讨论中"通常忽略"了促使弗里德曼提出政策建议的一个因素是对不确定性的强调。但是，哈蒙德忽视了最近几篇正好强调弗里德曼的政策建议这方面内容的货币政策研究文献，包括 Orphanides（2002, 2003）；Orphanides and Williams（2002）；Lars Hansen and Thomas Sargent（2011）；以及 E. Nelson（2004b, 2008a）。

弗里德曼为他在 1948 年的论文中共同创立的充分就业或结构性预算盈余的概念而自豪。但是，诚如他变动的规则观表明的那样，他对于政策决定以这个财政概念为基础的热情在后来的岁月中减少了。[1] 在 1979 年，他陈述说，"周期性的平衡预算"在原则上是可取的，但是并不能当作财政当局的立法或宪法指令的依据，因为它太容易受到法律漏洞的影响了。[2] 与他在 1948 年的建议相似，弗里德曼在货币主义时期支持"在高水平就业时的平衡预算"的努力（Newsweek, October 17, 1966, 斜体是原著强调）。[3] 但是，他尤其在 20 世纪 80 年代期间对结构性预算赤字的默认，表明他不再像从前那样至少对中短期的周期性预算平衡那么高度重视。特别是，当莫迪利安尼在 20 世纪 80 年代中期说可以为所谓的周期性平衡预算找到很好的理由时，弗里德曼在通过限制公共开支（他偏爱的路径）和增加税收（他反对的办法），并相信这种办法最终会导致政府开支的增加——来实现这种平衡之间做了区分。

弗里德曼在 1948 年提出的建议和在后来讨论财政政策时重

---

[1] 参见他的评论：Friedman and Heller（1969, 52, 85）。在那个场合，弗里德曼相信经济发展委员会（Committee for Economic Development 1947）独立提出了同一个概念。同样，弗里德曼（Friedman 1948a, 249）指出，经济发展委员会的研究与拉姆尔和桑尼（Ruml and Sonne 1944）的研究像他一样提出了周期性平衡预算的概念。

[2] Friedman（1979, 412）.

[3] 另参见弗里德曼的评论：Newsweek, January 31, 1972（75），excerpted in Friedman（1972d, xvi），and those in Firing Line, PBS, January 5, 1972, p.10 of transcript.

申的建议就是税率表的稳定。①他在20世纪七八十年代对这个建议补充了正式约束公共支出的提议。虽然弗里德曼最初将开支限制视为1948年的建议间接隐含的措施，但是，他在后来的建议中要求这种限制成为一个明确的法令。虽然有这些连续的因素存在，但是，被弗里德曼视为通过财政政策可实现的美国经济的稳定化程度在1948年之后急剧下降。这种变化体现在他的1979年的陈述之中，"就个人而言，我认为财政政策不是一个经济稳定的理想工具"。②

弗里德曼最终放弃财政政策作为稳定政策的一种主要工具的部分原因是，他逐渐认识到，给定货币政策，赤字开支不是一个影响总需求的强有力手段。测量弗里德曼从20世纪40年代晚期到1951—2006年间对这个问题的思考走了多远的距离可以由1949年他对货币化规则批评的回应来说明。在回应过程中，弗里德曼指出，随着所得税重要性的增加和代扣制的引入，财政政策的自动灵活性也会增加。他宣称，预算赤字对经济状态自动反应程度的增加是在影响稳定政策的制度安排中"近年来到目前

---

① 例如，弗里德曼1962年陈述说，税收"不应为抵消周期性运动而改变，而只应为政府的措施筹集更多资金而改变"（The American Economy, Lesson 48: Can We Have Full Employment without Inflation? CBS College of the Air, filmed circa June 5, 1962）。
另外，参见弗里德曼在1980年对一份英国经济政策的备忘录中的相似评论（Friedman 1980a, 61; p.60 of 1991 reprint）。弗里德曼这个1980年的财政政策评论与弗里德曼1948年的观点之间的连续性也受到戴维·史密斯（D. Smith 1987, 13）的注意，尽管戴维·史密斯没有明确援引这个1980年的备忘录，并且还稍微引述错了。

② Friedman（1979, 413）.

为止最重要的变化"。① 他接着引用马斯格雷夫与米勒（Musgrave and Miller 1948）的估计，指出自动稳定器"可能会抵消总需求变化的四分之一或三分之一"——与弗里德曼后来的观点相比，这是一个极不寻常的估计。

弗里德曼不加批判地援引财政稳定器对总需求影响的很大估计值已经不同寻常。当人们考虑到他这次没有指出这种效应的大小取决于财政赤字的货币宽松程度时，这种引用就更不寻常。② 同样值得注意的是，弗里德曼援引的是财政政策改革而非货币政策安排的改变，比如开始实施的债券价格钉住政策，来作为近年来稳定政策的主要变化。他在做出这一评估时根本就没管这个事实：到 1949 年——可能反映了他与安娜·施瓦茨的早期著作——弗里德曼已经认为，货币的不稳定性对美国经济波动的历史重要性远超过财政政策的不稳定性。③

1948 年论文至关重要的一点是，它将货币经济学确定为弗里德曼长期专业研究的领域，并将他与货币政策规则的倡导联系在一起。但是，这篇论文的理论分析，像他在 1949 年对此文批评的回应文章一样，几乎没有一点与众不同的货币主义因素，但确实有一些明显的非货币主义因素。

根据这种解释，弗里德曼在 1948 年的论文因而就不是货币主义文献的一部分。不过，这篇文章确实毫无疑问有资格作为另

---

① Friedman（1949b, 953）.
② 弗里德曼在1954年一次发表的讲话中基本上重复了这些估计（Friedman 1954a; p.85 of 1968 reprint），但是在一个允许将预算赤字的大幅度变化被视为通过货币存量的影响来施加稳定效应的环境中讲的。
③ Friedman（1949b, 954）.

一文献，即芝加哥大学经济学家对货币政策规则支持的文献的一部分。尤其是，在论证货币规则的可取性时，弗里德曼在1948年的论文是继承了亨利·西蒙斯的传统，因为他在这篇文章中多次援引西蒙斯。但是，诚如第二章指出的那样，弗里德曼与西蒙斯作为芝加哥大学经济系的教师并没有交集。弗里德曼在西蒙斯去世后的两个多月才在1946年8月末加入经济系。G.沃伦·纳特（G. Warren Nutter）是1946年的研究生新生，在本科时已经见过西蒙斯，并期望跟随他做研究。然而，G.沃伦纳特是弗里德曼指导的第一位写博士论文的学生。他的论文"美国企业垄断范围的定量研究（1899—1939年）"在1949年被接受为他的博士学位论文，并在1951年在较短的标题下以著作的形式出版。

十、弗里德曼的教学与垄断观点

G.沃伦纳特的论文主题促使人们意识到，弗里德曼在芝加哥大学的早期岁月依然将研究兴趣高度集中于价格理论。这种研究方向也反映在前面讨论过的弗里德曼与萨维奇的研究以及马歇尔需求曲线的分析之中。这进一步在弗里德曼在芝加哥大学经济系第一年讲授的研究生课程是价格理论这个事实中体现出来。他继续讲授这门课程到20世纪60年代中期，并在20世纪70年代再次讲授过一段时间。

弗里德曼在讲授价格理论课程的同时结合货币经济学研究的做法，一旦出现，就出乎学生们的意料。但是，学生们感到惊讶的原因却随着时间的变化而不同。在后来的岁月中，弗里德曼在货币经济学的赫赫名声是让学生们惊讶于他讲授价格理论的原因。但是，在早期岁月中，学生们惊讶的不是弗里德曼选择讲授的课程，而是弗里德曼选择的研究。尽管在系里的早期有像 1948 年论规则的论文那样的发表，但是弗里德曼在这些年被广泛地认为在价格理论的相关领域进行研究。例如，邹至庄从 20 世纪 50 年代初期开始是芝加哥大学的一位研究生，"有点惊奇地"发现弗里德曼投入货币问题的研究之中。由于他熟悉弗里德曼与萨维奇的论文，在芝加哥大学上过他们两人的课，因此邹至庄对弗里德曼的看法是，他"将他视为一位价格理论家"。

实际上，弗里德曼在参与研究货币领域的早期岁月，将相当多的时间投入到价格理论的研究之中。在 20 世纪 50 年代中期之前，他持续发表决策理论的论文就是这种努力的体现。在 20 世纪 40 年代末期，他甚至还想撰写一篇弗里德曼与库兹涅茨研究著作的续篇，建议卡尔·克莱斯特进行扩展性研究。[①] 而克莱斯特在弗里德曼加入经济系教师队伍的同一年成为该系的研究生。克莱斯特在 2013 年 5 月 1 日的访谈中说，"我对此一点都不感兴趣，那次谈话没有任何成效。"在后来的数年，货币研究占据了弗里德曼的大部分时间。随着他结束了对数理统计学的研究，他也在很大程度上离开了价格理论研究的领域。[②]

从这种研究选择的角度看，弗里德曼在 20 世纪 50 年代初之

---

① 提议的扩展性研究涉及的是对弗里德曼与库兹涅茨（Friedman and Kuznets 1945）使用数据的再抽样，以便比弗里德曼与库兹涅茨的抽样程序具有更明显的随机性。
② 不过，弗里德曼在 20 世纪 50 年代中期之后作了一些紧跟微观经济学文献的努力。这从他离开价格理论研究很久之后，人们在发表的微观经济学文章的致谢中提到他的名字这个事实就可以得到说明（例如参见 Sen 1970, 152）。

后对价格理论的影响不是体现在他的研究论文之中，而是体现在他的价格理论课堂笔记之中。这些笔记得到很好的记录，部分是因为价格理论课堂笔记的一个版本以弗里德曼的名义出版了——弗里德曼在1962年出版时进行了修改，但主要反映了他在20世纪50年代初的课堂教学。① 此外，一位名叫柯克·约翰逊（Kirk Johnson）的学生，在1947年弗里德曼第一次讲授的价格理论课程所作的课堂笔记，也在最近得以出版。

这两个课堂记录表明，弗里德曼讲授的大量内容都是传统的微观经济学理论。他在价格理论课程中更是没有提出自由市场的宣言。诚如阿诺德·哈伯格这位第一批上这门课的学生之一，在2013年4月12日的访谈中回忆说，课程的内容"并非课堂上的《自由选择》"。② 当然，弗里德曼对自由市场的热情在学生中是众所周知的。"是的，那是非常清楚的"卡尔·克莱斯特这位价格理论第一届的学生在2013年5月1日的访谈中回忆说。"我不清楚他什么时候获得这些思想的，但当我在1946—1947学年上他的课时，它们就非常显而易见了。"但是，弗里德曼在讲授价格理论时体现这些思想的方式主要是通过强调观点迥异的经济学家都会赞同的方式。例如，邹至庄在2013年7月1日的访谈中回忆说，在弗里德曼的讲课中，"他指出，价格管制没有任何好处"——尽管从《屋顶还是天花板？》的反应中可以证明这在1946年确定无疑是一个有争议的立场，但是当邹至庄在20世纪

---

① 参见 Friedman（1962b）。
② 同样，在20世纪50年代期间上过价格理论班的理查德·穆斯（Richard Muth）评论说："我记不起他在课上兜售自由市场思想。课程几乎全是技术性的"。

50年代初上价格理论课程时就不那么富有争议了。

这个主题也明显出现在弗里德曼1974—1975学年这个倒数第二年讲授价格理论课程之中。诚如该班的一位名叫威廉·杜根（William Dougan）的学生在2013年9月19日的访谈中回忆说，美国政府对价格和石油配给的继续管制在课堂上遭到弗里德曼的批判。但是，与弗里德曼早年的价格理论课程一样，这些后来的课程并没有被铭记为具有热情地倡导自由市场的特色，尽管对自由市场的倡导到20世纪70年代在他的《新闻周刊》专栏上已经变得司空见惯。弗里德曼似乎不仅不愿将该课程当作一个自由市场的平台，而且诚如1974—1975年价格理论班上另一名叫肯尼思·克莱门茨（Kenneth Clements）的学生所相信的那样，学生们不能容忍不是由直接的经济分析构成的课程。因此，弗里德曼在价格理论的教学中提供的大部分经济分析都可被在适当的政府作用上相互争论的经济学家接受。实际上，在20世纪70年代的伦敦经济学院共同为研究生讲授微观经济学课程中，理查德·莱亚德（Richard Layard）和艾伦·沃尔特斯（Alan Walters）尽管对弗里德曼倡导的自由市场观点的优点问题上争论不休，但都在他们的讲课中严重依赖弗里德曼的《价格理论》教材，并在一本出自他们讲课的著作中广泛引述弗里德曼的《价格理论》教材（Layard and Walters 1978; Lord [Richard] Layard, interview, February 7, 2014）。

卡尔·克莱斯特在2013年5月1日的访谈中回忆了弗里德曼第一年讲授价格理论课程时的情景："这是一门讲授课程，没有很多的讨论，尽管你可以提问和得到回应。"

在以后的岁月中，随着弗里德曼发展出一种以班级成员回答问题为主的课程教学方式,学生的课堂参与增加了。按照阿诺德·哈伯格的看法,这种后来的方式让价格理论班无法有效展示弗里德曼的教学。因为在哈伯格看来,弗里德曼依靠学生去阅读他过去讲义的印刷版,而不是他在课堂上通读这些材料,从而将每节课当作确保学生吸收讲义的一种方式(Arnold Harberger, interview, June 24, 2013)。当弗里德曼在该班的早期与学生交流时,他会按照那时的礼仪,称呼每位男生为某某"先生"。这一习惯直到20世纪60年代都在他的课堂和研讨班上得以继续保持(Sam Peltzman, interview, March 1, 2013; William Gibson, interview, March 6, 2013)。这种做法也是芝加哥大学经济系的教师们直到20世纪60年代至少在正式会议上对彼此使用的称呼方式。[1]

戴维·梅塞尔曼是20世纪末期价格理论班的另一位学生和弗里德曼后来的合作者。他在2013年4月30日的访谈中回忆说:"他是一位了不起的老师,讲课非常有效,我不觉得课堂难懂。他的讲解简单,直截了当。他举的例子非常精彩,对我影响很大。我记得,他在我上这门课的第一学期举行了一次期中考试,他会仔细阅读它们(已完成的考试试卷),并纠正我的英语。

---

[1] 阿诺德·哈伯格在2014年6月30日的私人通信中回忆了他在系里担任教师时期的情形:"我们都以遵守礼仪规则而自豪。比如说哲学博士、文学博士、法学博士,等等,总是被称呼为先生、太太、小姐或后来的女士——从未被称为'博士'。这种形式是专为医生和牙医保留的。"
斯库森(Skousen 2001, 391)已经正确地指出了芝加哥大学这一惯例,并接着确定地说,弗里德曼可能从不会在一本出版著作的封皮上的名字前加上"博士"的字样。斯库森的这个说法是错误的,因为在《美元与赤字》的平装本版本(Friedman 1968e)的封皮上印有"米尔顿·弗里德曼博士著"的字样。

我当时使用单词'影响'而非'效果'。他在写作方面总是那样认真。"[1]

弗里德曼《价格理论》课程的出版版本,以及弗里德曼对G.沃伦·纳特的指导清楚地表明,对垄断的阐述是弗里德曼的价格理论分析的一部分,尽管他的批评者后来认为他普遍地应用完全竞争的假设。就垄断的后果以及对垄断的适当政策反应而言,弗里德曼与乔治·斯蒂格勒——他仍然与弗里德曼在1946—1957年间保持密切的联系,尽管他们分属于不同的大学——确实都在20世纪40年代末期的垄断问题立场上经历了知识上的变化。但是,那种认为弗里德曼与乔治·斯蒂格勒拟定出一个共同的立场的说法似乎不恰当,因为与这种看法一致,斯蒂芬·斯蒂格勒在2013年4月30日的访谈中认为,他的父亲关于垄断观点的演化主要来自独自性的研究而非与弗里德曼的交流。这里将要论证的观点是,弗里德曼在20世纪40年代末至50年代初对垄断所采取的观点中最重要的变化就是垄断势力的宏观经济后果的观点。特别是,弗里德曼不再认为垄断的存在是相信通货膨胀的成本推动观的合理依据。

因此,尽管切里耶尔正确地指出了弗里德曼逐渐贬低了垄断势力对美国经济行为的额外影响,但是,正如切里耶尔所做的那样,推断弗里德曼否认垄断的存在则是不准确的。相反,弗里

---

[1] 直到弗里德曼在芝加哥大学的最后一年,他在对学生的评论中都坚持了这一点。弗里德曼的一位学生乔·安娜·格雷(Jo Anna Gray)在1976年完成了他的论文。弗里德曼对她的论文写了一封赞扬信,但是,正如格雷在2013年8月8日的访谈中回忆,这封信补充说,"他希望坚持的一件事情是,我学到了'效果'和'影响'之间的差别。"

德曼在1945年之后持续肯定弗里德曼与库兹涅茨的研究结果就证明了他承认垄断的存在。而且，他对G.沃伦纳特著作的讨论也证明了这一点，因为弗里德曼注意到G.沃伦纳特的研究结果：尽管美国经济中的垄断并非不存在，并且根据某些标准随着时间的推移而上升，但是，垄断的程度并没有表现出明显的上升趋势。[①] 切里耶尔论述的另一个问题是，她从一个正确的陈述——弗里德曼从20世纪50年代初就指出，他相信经济会趋于充分就业的状态——跳到了一个错误的结论——这种信念等于弗里德曼否定了不完全竞争的存在。实际上，完全竞争并非产出在长期中收敛于自然水平的一个必要条件。例如，在以垄断竞争为特征的现代新凯恩斯主义最优模型之中就会出现这种收敛。[②] 这些模型得出的典型结论是，不仅厂商拥有定价权力倾向于降低充分就业的产出，而且这种扭曲不会阻止价格在长期中的灵活性以及由此而来的经济向充分就业的收敛。因此，这个结论就与弗里德曼从20世纪40年代末起在他的著作中对经济结构持有的观点高度一致。

　　暂不考虑垄断的宏观经济后果，弗里德曼在这些年所经历的垄断观点的主要变化就是，他逐渐相信垄断或生产者的卡特尔

[①] 参见 Friedman（1952d, 13—14）。在《资本主义与自由》中，弗里德曼（Friedman 1962a, 122）在这点上援引了 Nutter（1951）和 G. Stigler（1949）。

[②] 特别是，Blanchard and Kiyotaki（1987, 647）评论说，单是垄断竞争的存在——也就是说，没有价格黏性等其他模型特征——"不足以解释为什么名义货币的变化会有实际效应"。而且，一旦引入价格黏性，垄断竞争的存在并不能阻止货币政策对产出的效应随着时间的推移而逐渐消失。与此相关的评论与结论，另外参见 McCallum（1989a, 235）；Rotemberg and Woodford（1999a, 72）；以及 Woodford（2003, 152）。

势力随着竞争者在时间推移中的出现会被侵蚀，除非垄断势力得到国家的有意或无意的支持。[1] 人们可以看到，有几方面的新情况引起了弗里德曼立场的变化，包括：作为罗斯福政府工业政策的组成部分，美国的主要部门当时出现了科尔和奥哈尼安所称的"卡特尔化"的近期经验；医疗行业被弗里德曼视为的垄断地位，在他看来，在美国政府对医疗许可证的支持下得以加强；以及前面提到的G.沃伦·纳特的研究发现，即尽管存在像这种增强私人部门的垄断行为的力量存在，但是，美国经济中的垄断势力总体而言并没有明显增加。[2]

弗里德曼关于市场力量趋于侵蚀垄断的立场在20世纪50年

---

[1] 例如参见弗里德曼的评论：Friedman（1951a, 214; 1962a, 125−127, 129; 1962b, 161; 1976a, 165）; Friedman and Kristol（1976, 40）; Ketchum and Strunk（1965, 55）; The Jay Interview, ITN, July 17, 1976; Milton Friedman Speaks, episode 1, "What Is America?"（taped October 3, 1977, pp.23−24 of transcript）; Milton Friedman Speaks, episode 9, "The Energy Crisis: A Humane Solution"（taped February 10, 1978, p.32 of transcript）; Newsweek, May 5, 1980; and Chicago Tribune, July 20, 1980, 21。

在采取私人市场的活动不拥有更大程度垄断化的内在趋势的立场时，弗里德曼再一次与弗兰克·奈特决裂。帕廷金（Patinkin 1973a, 799）提到奈特的观点是产业的市场力量具有集中的趋势。不过，弗里德曼的立场与奈特时代芝加哥大学的另外一名著名经济学家奥斯卡·兰格（Oskar Lange）最终表达的观点一致，尽管他的市场观实际上与弗里德曼的市场观截然不同。因为兰格（Lange 1970, 4）争辩说："只有国家干预才能造就资本主义融合的垄断条件。"

[2] Van Horn（2009, 219−220）反而指出，弗里德曼关于市场力量是一个逐渐削弱垄断的主要因素的观点并非出自实证研究结果。这种解释是不恰当的，因为弗里德曼的博士论文和他指导的第一篇博士论文都是关于垄断的经验研究，而它们可能在弗里德曼立场的改变中起到了重要作用。而且，他还引用证据来支持他的立场改变。

代初就确立起来。但是，这种立场的重要性在后来通过他在20世纪70年代中期草率地预测欧佩克卡特尔即将崩溃，以及在他后来争辩说美国联邦政府的能源政策是在支持卡特尔的观点中，才显著地表现出来。

弗里德曼关于存在可以逐渐削弱垄断的市场机制的信心的增强并没有让他一开始就放弃对反托拉斯法的支持。显然，他继续相信，就生产者而言，这些法律促进了有助于逐渐削弱垄断和厂商的其他形式的市场力量的那种行为。但是，弗里德曼对反托拉斯反的总体态度最终从支持转变为反对——他对规制俘获理论的接受强化了这种转变。[1] 弗里德曼逐渐认为，反托拉斯法是阻止创建垄断的错误方式，而且在自然垄断的情形下，不受管制的垄

---

[1] 例如参见 Friedman（1950b, 7; 1970g, 435–436, 441; 1972c, 23）; Newsweek, August 26, 1968; Newsweek, December 1, 1969; New York Times, November 24, 1971; Playboy（February 1973, 56）(as reprinted in Friedman [1975e, 12–13; 1983b, 24–25]）; 和弗里德曼的评论: Milton Friedman Speaks, episode 12, "Who Protects the Consumer?"（taped September 12, 1977, pp.9, 11, and 19 of transcript）。

巴兰（Baran1963, 594）在评论《资本主义与自由》时认为，管制俘获观点在该书中得到论述。实际上，该观点在那里只是简要地提及（参见 Friedman 1962a, 128），而弗里德曼在1963年强调了此点（Gazette-Telegraph, December 18, 1963; 另参见 Friedman 1955e, 362）。不过，对笔者而言，前一段引用的1970年的著作表明，弗里德曼在晚年的分析中对管制俘获的强调不断增多。

断可能优于受管制的垄断。[1]诚如弗里德曼后来指出的那样，这种观点的转变是渐进的。[2]但是，这种演化在20世纪40年代末重新考虑垄断的宏观经济后果的进程中并没有完成。相反，在20世纪40年代末和50年代初，弗里德曼都表达了对反托拉斯

---

[1] 关于不应该管制自然垄断的观念，参见 Friedman（1962a, 128）按照这些方式有保留的建议以及弗里德曼的确定无疑的陈述（Playboy February 1973, 58, as reprinted in Friedman [1975e, 14–15; 1983b, 27]）。弗里德曼也明显转向反对自然垄断的国有化（除了像发行货币这种特殊领域）：因为尽管弗里德曼（Friedman 1955e, 362）注意到但没有接受西蒙斯关于自然垄断应该国有化的立场，但是，罗丝·弗里德曼（R. D. Friedman 1976a, 30）明确评论说，米尔顿·弗里德曼反对西蒙斯的这个立场。

[2] 参见弗里德曼的评论（Cabral 2000, 10）。凡·霍恩（Van Horn 2009, 219–220）阐述了一种相反的解释，即弗里德曼早在1951年就放弃了对反托拉斯法的支持，但是，凡·霍恩的论述混淆了弗里德曼关于垄断的宏观经济后果的观点与弗里德曼关于垄断对资源配置扭曲的观点。根据本书的解释，只是弗里德曼的前一个观点才在20世纪50年代初经历了急剧的变化。凡·霍恩的相反解释与弗里德曼在20世纪50年代继续支持反托拉斯法相矛盾。特别是，凡·霍恩暗示弗里德曼在1951年就反对管制私人垄断的观点似乎与弗里德曼（Friedman 1950b, 7; 1952d, 16–17）支持消除垄断的措施不相符。

法的支持。① 他在 20 世纪 60 年代继续这样做。② 甚至在 20 世纪 70 年代中期对反托拉斯的立场变得更加消极时，弗里德曼还是指出，限制贸易——他认为这是"反托拉斯法中什么是非法"的焦点——的合约应该依然没有法律地位："我认为，限制贸易的

---

① 例如参见 New York Times, January 11, 1948; and Friedman（1952d, 13）。马丁·贝利（Martin Bailey）——在当时是弗里德曼在芝加哥大学经济系的年轻同事和货币经济学家同行——在1958年的国会证词中表达了与弗里德曼基本一致的立场——也就是说，垄断厂商扭曲资源配置，但是这些厂商的定价决策确实对市场力量做出反应。在1958年5月13日向联合经济委员的证词中，贝利否决了通货膨胀的成本推动观，在这一点上明确提到了弗里德曼会（Friedman 1958b），同时基于微观经济效率的目标也肯定了对反托拉斯法的支持（Joint Economic Committee 1958a, 51, 53）。赞成贝利与弗里德曼到20世纪50年代末期具有共同的垄断观的理由，远比通常所认为的弗里德曼在那时的垄断观与芝加哥大学的其他经济学家，比如说侧重于研究产业组织而非宏观经济学的斯蒂格勒或阿伦·迪克莱特的垄断观相一致的理由更充分。

② 参见 Friedman（1962a, 116, 132, and esp.199）。伯金（Burgin 2012, 171）在没有提供资料来源的情况下声称，弗里德曼在20世纪50年代初对《谢尔曼反托拉斯法》的支持在20世纪50年代就放弃了，但是这个时间与弗里德曼（Friedman 1962a, 199）对谢尔曼法案的支持态度相矛盾。弗里德曼到20世纪60年代末为止依然支持反托拉斯法，因为他在1969年5月的电视访谈节目（Speaking Freely, WNBC, May 4, 1969, p.16 of transcript）中和参加麻省理工学院的辩论中都这样做。弗里德曼说："我和保罗（萨缪尔森）都同意，我们应该强力执行反托拉斯法"（The Great Economics Debate, WGBH Boston, May 22, 1969）。同样，弗里德曼在1970年6月的一次电视小组讨论中说，"我强烈支持反托拉斯法"（NET Journal Presents Conservative Viewpoint, PBS, May 4, 1970）。另参见弗里德曼支持政府"起诉违反反垄断法的行为"的做法的评论（Playboy February 1973, 74, reprinted in Friedman 1975e, 37 [1983b, 57]）。他的观点的转折点最好确定在1973—1974年。

合约不应该在法庭中得到执行。"①

一个与理论领域而非政策更相关的厂商行为问题就是张伯伦（Chamberlin）关于垄断竞争思想的优点的问题。弗里德曼在1941年对一本垄断竞争的著作写了一篇批判性的评论，并继续在1947年的价格理论班和1953年的方法论文章中批判这个理论。② 有的叙述，比如希尔克和戴维·莱德勒的叙述，认为拒斥垄断竞争理论是弗里德曼经济学框架的基石。③ 但是，弗里德曼批判性评论的细节表明，他的质疑侧重于该理论所称的创新而非垄断竞争分析中提出的基本思想。尽管他逐个地批判垄断竞争理论的模糊定义，但是，他并没有否认该理论关于许多厂商实际上通常处于垄断与完全竞争情形之间的连续体的基本思想。④

---

① The Jay Interview, ITN, July 17, 1976。与这个1976年的评论相符，弗里德曼在1976年版的《价格理论》教材中保留了初版的这个陈述："自由企业"不应该意味着授予厂商"阻止其他人建立企业"的特权（Friedman 1962b, 8; 1976a, 7）。
② 也就是第九章讨论的 Friedman（1953c）。
③ 有些研究者走得更远。例如，里森（Leeson 1996, 5）陈述道，"用弗里德曼的《价格理论》（Price Theory 1962[b]）受训练的一位学生，依然不知道垄断竞争革命"。这个陈述当然不正确。弗里德曼（Friedman 1962b, 265–66）列举的选读文献包括张伯伦的《垄断竞争理论》（Chamberlin 1933）和罗宾逊的《不完全竞争经济学》（Robinson 1933），以及 G. Stigler（1949）和 Triffin（1940）。
④ 希尔克（Silk 1976, 29）声称，弗里德曼对垄断竞争的批判出自强制推行"自由放任学说"的愿望，但是，这种说法直接遭到这个事实的反驳，即弗里德曼是在支持反托拉斯法和并指出医疗界应该被视为一个垄断团体时展开对垄断竞争理论的批判的。实际上，弗里德曼与垄断竞争理论的一位建筑师爱德华·张伯伦在1950年的一次工会会议上被记录都同意"公司权力必须受限于公共福利"的原则（Wright 1951, 379）。

实际上，弗里德曼在货币主义时期赞同的厂商观点——他在 1967 年美国经济协会主席的演讲中非常清楚地阐述了这种观点——包含一些内在于垄断竞争安排的关键特征：彼此竞争的多个厂商拥有一定的定价权，以及拥有所必需的手段和动机在短期内改变价格高于边际成本的加成。[1] 另一个显著的事实是，霍特林模型诚如第二章讨论的那样，弗里德曼实际上相当重视这个模型——可以被解释为一个垄断竞争模型。

弗里德曼在 1941 年的书评和方法论论文中并不赞同纯粹竞争是一个基准假设。实际上，他采取的立场是，马歇尔在《经济学原理》中阐述的厂商经济学可以应用于纯粹的完全竞争基准之外的情形。[2]

因此，弗里德曼对垄断竞争理论的批判性评论的事实并不意味着，他是在提倡完全竞争框架提供了一个分析多厂商行业的唯一正确的方法。他的评论表明，他明确抵制需要扔掉先前存在的经济分析框架的观念。[3] 但是，这些评论并不意味着反对将厂商描述为从事垄断与竞争的混合行为。其实，在 20 世纪 90 年代回顾时，弗里德曼似乎对垄断竞争的思想被融入标准微观经济理论的方式感到满意。[4] 碰巧，宏观经济学使用垄断竞争的方式不再

---

[1] 参见第七章对 Friedman（1968b）这方面内容的讨论。
[2] 参见 Friedman（1941, 390; 1953c, 34）。
[3] 这种观念在 20 世纪 40 年代很流行。例如，Shove（1942, 319）争辩说，大企业布阵相互对抗的情形的出现，"比起其他任何事情来都让（马歇尔的）理论分析不适用于当今的世界"。
[4] 参见他的评论：Snowdon, Vane, and Wynarczyk（1994, 172）和 Snowdon and Vane（1997, 203）。

强调或者删除了弗里德曼最质疑垄断竞争理论的那些方面。①

乔治·斯蒂格勒更加彻底地反对出现的垄断竞争理论。但是，诚如业已强调的那样，乔治·斯蒂格勒在总体上的价格理论思想以及特别是对垄断竞争思想的反对，不应视为与弗里德曼完

---

① 特别考虑下列情形：
（a）特别是在迪克西特和斯蒂格利茨（Dixit and Stiglitz 1977）著作——一个其分析在宏观经济建模中大量使用的微观经济学研究论文——之后，垄断竞争理论实际上以这种方式在发展：它现在主要是基于代表性厂商的边际成本导向的分析，非常像马歇尔的分析。特别参见 Rotemberg and Woodford（1999b）使用垄断竞争的宏观经济分析。值得注意的是，迪克西特和斯蒂格利茨论文的一位著者曾说，弗里德曼的《价格理论》教材"依然非常值得一读。它将我引入了实际可应用的微观经济理论"（参见 Dixit 2014, 119.）。
（b）哈科特（Harcourt 1977, 137）认为，"马歇尔关于经济或产业是代表性厂商的大规模复制的观念"是在后来的微观经济学文献中受到挑战的一个观点。但是，诚如（a）所蕴含的那样，垄断竞争在当代微观经济学中的应用大体上证明了这个"马歇尔观念"是正确的。
（c）弗里德曼（Friedman 1953c）质疑垄断竞争理论的一个特点是，产品差异性是否如其支持者所指出的那样在理论上起着巨大的作用。与这种质疑相一致，在宏观经济学中使用垄断竞争的人倾向于淡化产品差异性的重要性。例如，奥利弗·哈特（O. Hart 1982, 110）陈述说，"本研究不强调产品差异性"。但是，在基于 Calvo（1983）定价框架的研究中，产品差异程度通常被视为表面特征，其存在主要被当作每个厂商都拥有某些市场力量的一种手段。

全相同。①

沃尔特斯对弗里德曼的价格理论班的评论可以作为讨论弗里德曼早年在芝加哥大学经济系的其他教学活动的有用起点。沃尔特斯认为，弗里德曼是为"芝加哥大学研究院"教学。这种表达问题的方式容易引起误解，因为"研究生院"术语更自然地适用于在当时被称为芝加哥大学商学研究院这样的机构，而不是弗里德曼工作的经济系。后一机构通常不被称为研究院。其实，阿诺德·哈伯格在2014年6月27日的私人通信中评论说："以我在1946—1949年作为学生以及在1953—1981年作为教师的经验而言，它总是被称为'系'。我不记得曾经有系被称作研究院的情况。"

弗里德曼不是商学院的教师，尽管偶尔有叙述错误地认为他是商学院的教师。② 即便如此，大量的商学院学生上过弗里德曼

---

① 像弗里德曼一样，斯蒂格勒争辩说，马歇尔的分析可适用于垄断竞争被视为适当假设的环境之中（讨论参见 Schmalensee 1983, 79）。但是，甚至不应夸大弗里德曼与斯蒂格勒在这个领域中的总体一致性，因为诚如前面所指出的那样，他们在解释马歇尔的恰当性问题上存在分歧。有两篇文献间接显示弗里德曼对垄断竞争方法缺乏广泛的批评。这两篇讨论都淡化弗里德曼与斯蒂格勒贡献的区别。首先，里森（Leeson 1996, 5）在同一个句子中引用弗里德曼与斯蒂格勒关于垄断竞争的论述，认为它们反映了同一个立场。其次，哈蒙德（Hammond 1996, 36-39）广泛引用斯蒂格勒的著作——哈蒙德暗示，斯蒂格勒的著作与弗里德曼对垄断竞争理论所应该说的话密切相符，如果他在该问题上更加广泛地写作的话。
另参见第九章对弗里德曼与斯蒂格勒关于微观经济学的不同看法的讨论。
② 例如，一篇在《华尔街日报》上论商学院的文章（Wall Street Journal May 18, 1981, 29）称弗里德曼是"该学院的一位前教授"。

的经济学课程，而弗里德曼也与商学院的许多教师具有密切的关系。[1] 此外，本书将使用"芝加哥经济学派"这个短语来包括经济系和商学院的教师。[2]

尽管沃尔特使的术语存在问题，但是，他正确地传达了经济系的教学侧重于研究生课程的观念。实际上，在弗里德曼作为芝加哥大学一名教师的时代，本科生教学与研究生教学存在明显的区分，因为大学分管本科生的部分被称作"本科部"（college），并与像经济系这样的大学系是分开的。特别是，在弗里德曼被雇用的早期，诚如阿诺德·哈伯格在2013年12月9日中回忆说，本科生的训练采取"那种授予哲学学士学位的疯狂制度"的形式。构成这种学位基础的课程侧重于讲授名著。"很明显"，哈伯格指出，"孩子们在这儿获得的经济学是有限的，也非常不同"。因此，尽管从这个如此有声望的大学获得了学位，但是，"他们带着人们很不理解的本科学位毕业，这对我们的学生是有些不利的"。

芝加哥大学的本科生课程在这些年中来经历了多次改革。在20世纪70年代，本科的经济学教学分派给具体的学院和该学院的教师与大学的其他学院的教师不交叉的制度安排，基本上逐

---

[1] 关于前一点，《华尔街日报》（Wall Street Journal October 30, 1973, 1）指出，尽管弗里德曼的课程是经济系开设的，但是"商学院的许多学生也来上课"。这些参加听课的人包括本书访谈的四位商学院的毕业生：约翰·古尔德（John Gould）、约翰·保卢斯（John Paulus）、查尔斯·普洛瑟和戴维·兰森（David Ranson）。普洛瑟在2015年4月2日的访谈中指出，经济系开设的价格理论课程是商学院博士学位课程所规定的标准课程的一部分。
[2] 这与标准用法一致。例如参见 Emmett（2011, 95）。

渐终止了。从那时起,大学各系的教师越来越多地讲授本科的课程。哈伯格说,人们已经明确意识到,"我们是没有人追随的领导"。对于现代的芝加哥大学而言,诚如斯蒂芬·斯蒂格勒在2013年11月6日的访谈中说,"本科部作为独立学院的观念如今都被忘记了,大学里的几乎每一个聘任都是与学院共同进行的"。

但是,在弗里德曼作为芝加哥大学经济系教师的整个时期,本科部的教学与研究生教学的区分还是盛行的。[1] 这种区分的结果是,弗里德曼在他的职业生涯中几乎没有教过本科生的课程。[2]

不过,甚至在弗里德曼作为芝加哥大学教师的时期,本科教学与研究生教学的区分不是完全清晰的。一方面,经济系和本科部会共同聘用一些教师,特别是助理教授,因此,他们会共同讲授本科和研究生的经济学课程。[3] 另一方面——与弗里德曼的情

---

[1] 当然,在美国的日常用语中,并与芝加哥大学的传统用法相反,"学院"(college)通常被用作——尽管不那么正式——"大学"(university)的同义语。遵循这种惯例,有一本小传将弗里德曼描述为"大学教授"(Clark and Cohen 1963, 543)。无须说,弗里德曼本人经常这样使用"学院"一词,因为他指出自己的主要职业就是"大学教师"(Idea Channel, 1987),并用"大学教授"来描述他的职称(Listener, May 30, 1974, 690)。

[2] 但是,弗里德曼确实对本科部的经济学教学做过一些非正式的贡献。例如,他在1957年初提供了一份他写的分析印度经济的打字稿,本科部将它收入了一本选读作品之中。这篇分析文章后来经过适当的修改之后发表在伦敦公共事务期刊《文汇》(Encounter)上。参见 Friedman (1957c, 1957d)。

[3] 在本书访谈的芝加哥大学经济系教师之中,威廉·德瓦尔德和罗伯特·戈登就是其中的两个例子。他们回忆说,他们在大学任教时讲过本科生的课程。

形更相关——芝加哥大学在20世纪四五十年代的高年级本科生课程在事实上是研究生课程,而这些高年级本科生课程事实上是由经济系的教师,包括资深教师讲授的。正是在这种背景下,弗里德曼在20世纪40年代末期到50年代初期在与他关系如此密切的货币领域讲授本科生课程。[1]

弗里德曼后来给人留下的印象是,他在讲授价格理论的那些岁月之时没有讲过其他课程。[2]但是,在20世纪40年代末到50

---

[1] 弗里德曼在芝加哥大学早期讲授的这门课程基本上没有在回忆录中论述,但是在罗丝·弗里德曼早先提到"本科生的货币理论课程"中得到短暂的承认(R. D. Friedman 1976c, 21)。这门本科课程也被哈蒙德(Hammond 1999, xl)和鲁格(Ruger 2011, 29)提到。不过,鲁格认为,弗里德曼很少教本科生的课程表明他对本科生缺少兴趣。在做出这种推论时,卢格忽略了经济系在弗里德曼时代主要是一个研究生教学的机构这个事实。
也存在直接的反例与鲁格关于弗里德曼对本科生态度的描述相矛盾。托马斯·坎贝尔是20世纪70年代早期芝加哥大学的一名本科生。诚如坎贝尔在2015年8月19日本书的访谈中谈到,弗里德曼被分派给他当指导教师,期望坎贝尔在完成本科学业之后继续在芝加哥大学进行研究生学习。此外,在笔者是一名本科生时,他在1991年第一次与弗里德曼在通信中讨论货币问题。

[2] 特别参见 Friedman(1976a, vii)。不过,弗里德曼(Friedman 1969c, 129)确实暗示,他在20世纪60年代中期讲过多门课程。这时,他实际上根本就没有讲授价格理论课,而是在一年的不同学期讲授货币理论和商业周期的研究生课程。
另一个复杂的问题是,价格理论的研究生课程被分为不同的部分,每一部分构成一个学期。因此,弗里德曼通常讲授两个学期的价格理论就被正式认为是两门课程,犹如罗伯特·卢卡斯所描述的那样(McCallum 1999b, 281)。在1973—1974学年,弗里德曼在生病之后只讲授了价格理论课程的第一个学期,即1973年的秋季课程(Charles Plosser, personal communication, April 13, 2015)。

年代初期流行的情形表明,这种二分法并非总是成立,因为他在一个学年的不同学期讲授货币理论与价格理论课程。

马克·纳洛夫在20世纪50年代初期上过弗里德曼的货币银行学课程。到此时,正如下文将看到的那样,弗里德曼越来越潜心于货币经济学领域,并向体现在他当时和后来研究的货币主义思想靠拢。在回顾这些新情况时,纳洛夫在2013年9月13日的访谈中说,这门课程"基本上是弗里德曼的货币经济学。他无疑是我在任何地方和任何时间曾经见过的最好的老师。他绝对是一流的"。

比纳洛夫早几年,凯西·阿克希尔罗德,当时叫凯西·波多尔斯基(Kathy Podolsky)在1944—1950年间是芝加哥大学的本科生和研究生,也上过弗里德曼的货币银行学课程。[1] 她突然说她对芝加哥大学经济系的一些主要成员,比如格雷格·刘易斯(Gregg Lewis)和弗兰克·奈特的印象很好。但是,他曾经和现在依然是对弗里德曼的印象极其不好。特别是,她回忆说,弗里德曼在货币银行学课上不允许学生对他的立场有任何偏离,"他鼓吹他的立场"。如果"你无论如何偏离了他的立场",弗里德曼可能会做出尖锐的回应。[2]

也许让人感到惊讶的是,弗里德曼在讲授这门课程时给人留下了不妥协立场的印象,因为他的货币思想在20世纪40年代的后半段正经历一个重大的变化。

---

[1] 2013年4月25日和2014年6月26日笔者对凯西·阿克希尔罗德的访谈。
[2] 2013年4月25日笔者对凯西·阿克希尔罗德的访谈。

第二节 问题：1944—1950年

一、冉冉升起的货币主义者

弗里德曼在1944—1950年间的数次探讨明显地表明他向货币主义的转变。他在1944年对凯恩斯主义的批判已经指出过，尽管该批判没有采取强调货币数量重要性的形式。但是，后来数年的其他探讨采取了这种形式，而本节就讨论这些研究。这些材料反驳了文献中流行的这种观点，即弗里德曼最早的货币主义著作是在1956年货币数量的"重述"中才出现的。[1] 而且，这也反

---

[1] 关于这种说法，例如参见 Cross（1984, 79）, Eshag（1983, 65）, 以及 D. Smith（1987, 13-16）。此外，弗雷德曼（Freedman 2008, chapter 10）在哈里·约翰逊（Harry Johnson 1971a）及其其他文章（reprinted in Leeson 2003b, 2003c）的基础上提出的论点是，弗里德曼选择了通过诉诸芝加哥大学的货币传统来重启数量理论的策略。这个论点是基于弗里德曼对数量论的倡导始于 Friedman（1956a）这一错误的假设。这类论点典型地反映了对弗里德曼的整体出版著作研究的不充分，特别是没有（下文将继续讨论）考虑文集之外的其他著述。即使这样，这种论点需要忽略 Friedman（1952b）——这是1956年前肯定数量论的论文（重印在 Friedman 1969b）——和 Friedman（1953c, 42）——在该文中，弗里德曼认为，数量论是一个包括费雪和凯恩斯都有贡献的思想体系，在决定主要的经济量方面依然是一个正确的观点。弗雷德曼对弗里德曼货币著作论述的一些看法，可以通过考虑下列这个论点得到说明：弗雷德曼（Freedman 2008, 243）认为，弗里德曼"始终拒绝承认凯恩斯特别是他最有影响力的著作《通论》任何显著的原创性"，尽管事实上弗里德曼对凯恩斯有记录的陈述包括弗里德曼（Friedman 1972a, 908）这样说，《通论》提出了一个"新颖的、大胆的和富有想象力的假说"。
正如将要讨论的，哈里·约翰逊在他后来的著作（Nobay and Johnson 1977, 477）中承认，弗里德曼的货币主义著述早于1956年。

映了本书反复强调的一点：从1948—1951年的岁月中，弗里德曼的货币经济学思想经历了一次剧烈的转变，从中诞生了他那常见的货币主义立场。

下面要讨论的研究目录不包括弗里德曼对凯恩斯消费函数的批评。分析弗里德曼消费思想的发展要推迟到下一章。下列的讨论侧重于弗里德曼具体论述货币政策和通货膨胀的著作。

在1946—1950年时期，弗里德曼明确地支持用货币政策来控制通货膨胀。在1946年4月的电台讨论中，弗里德曼呼吁，采取"任何必要的措施来阻止目前大规模的货币供给和存款超过目前水平的上升"，并补充说，"限制货币供给是一个没有受到应有注意的主题"。[1] 在同一年与乔治·斯蒂格勒的小册子中，弗里德曼将"控制货币存量"列入"抗击通货膨胀的基本武器"之一，尽管他们也将重税和政府支出的减少列为这类的武器。[2]

在1947年12月的另一次电台节目中，弗里德曼陈述说，"没有征收更高的税收意味着，我们通过增加货币供给来为战争筹资"，而现在的任务就是要"预防货币总量的进一步增加"。根据弗里德曼在他与施瓦茨的《货币趋势》等著作中对20世纪40年代的回忆，他在1946年和1947年呼吁采取对付通货膨胀的行动的紧迫感似乎有些做得过分了，因为在战后初期测量的高通货膨胀率可能在很大程度上反映了在官方的价格管制取消之后战时通货膨胀压力的突然释放。实际经济活动的测量指标——以及最可能是通货膨胀压力的真实程度——在战后初期表现很脆

---

[1] NBC（1946a, 12）.
[2] Friedman and Stigler（1946，p.173 of 1991 reprint）.

弱。① 但是，这个主要思想——如果有通货膨胀问题，那么就应该使用货币政策——确实持续存在于弗里德曼 20 世纪 40 年代中期的分析之中，尽管货币政策在这种环境中依然被他视为限制总需求的众多工具之一。

到 1948 年初，弗里德曼的思想更明确地转向用货币政策来控制通货膨胀。他和芝加哥大学的几位同事，包括阿伦·迪莱克特、弗兰克·奈特、格雷格·刘易斯、劳埃德·明茨和艾伦·沃利斯，在 1948 年 1 月 11 日向《纽约时报》写了一封名为"控制价格：管制货币供给来阻止通货膨胀的呼吁"的信。这封信说，"不伴随明显的货币供给增加而来的总物价水平的明显增加是一个罕见的（如果不是不存在的）现象"。

弗里德曼对构成了这个宣言的基础的货币数量论的接受以及对这一理论的高度敬重都明显体现在 1948—1950 年间的其他著述和声明之中。希尔克在一篇分析中争辩说，直到 1951 年 8 月在《经济与统计评论》上发表的评论之后才有证据表明，弗里德曼"返回到了货币数量论"。② 不过，这种说法不正确。希尔克

---

① 弗里德曼与施瓦茨（Friedman and Schwartz 1963a, 580）评论说，在 1947 年，评论员们关注的问题不恰当地集中在通货膨胀而非经济衰退上。因此，这一评论可以部分地被视为是对弗里德曼先前分析的批评。不过，弗里德曼与施瓦茨（Friedman and Schwartz 1963a, 585）在 1963 年关于较低的货币增长在 1946 年和 1947 年更优的看法表明，他们还没有得出他们在 1982 年（Friedman and Schwartz 1982a）得出的那些年中测量的通货膨胀被过分地夸大的结论，依然更没有得出通货膨胀比名义收入增长对货币政策反应的时滞更长的观点——正如第十五章表明，该观点从 20 世纪 70 年代初起就在弗里德曼的著述中牢固地确立起来。

② 这篇 1951 年 8 月的文章是指 Friedman（1951c）。

的分析是一个在确立弗里德曼思想的年代顺序时过度依赖弗里德曼文集中的文章所产生的解释错误的例子，并以不考虑弗里德曼那些非重印的文章为代价。[1] 弗里德曼到1951年8月已经返回到了数量论。他到1950年为止确定无疑是一个数量理论家。[2]

---

[1] 进一步讨论过度依赖弗里德曼文集来收集他的观点所经常产生的问题，参见 E. Nelson（2012a）。随着像 Leeson and Palm（2017）这样的概论的进一步出现——这些概论扩大了弗里德曼文集中可获得的著述数量，这些问题逐渐减少。

[2] 这个来自本章分析弗里德曼在1950年间的声明的结论，也得到布鲁纳关于他在1950年与弗里德曼讨论的叙述的支持（Brunner 1980a, 404）。弗里德曼到这时是一位货币主义者的结论也与塔夫拉斯（Tavlas 1977a, 69-70）的分析相符，因为他不像希尔克（Silk 1976）那样并与此处提供的解释一致，认为弗里德曼在1951年的《经济与统计评论》上的文章是弗里德曼的货币主义著作整体的一部分。本书的分析探讨了弗里德曼在1948年与1951年之间的陈述（Friedman 1948a; Friedman 1951c），因而比塔夫拉斯（Tavlas 1977）更详细地追溯了弗里德曼在此期间的思想进展。

诺贝和约翰逊（Nobay and Johnson 1977, 477）引证 Friedman（1952g），将弗里德曼的货币主义著述追溯到1952年，并说他们从而"在现在默默无闻的一卷著作的一篇文章中追溯到了弗里德曼的货币主义'起源'"。弗里德曼那篇论文的内容确实很重要，但是，诺贝和约翰逊所忽略的是，弗里德曼这篇1952年"默默无闻"的论文实际上是弗里德曼1950年的论文（Friedman 1950a）稍微编辑过的重印版，而这篇文章发表在约翰逊后来担任编辑的《政治经济学杂志》上。

盖尔（Gale 1982, 7, 24）准确地将弗里德曼对数量论的倡导追溯至20世纪50年代初。但是，盖尔猜测，弗里德曼对这个理论的兴趣是由朝鲜战争的通货膨胀引起。尽管这个猜测从弗里德曼在1951年和1952年发表的论货币的著名论文角度可以理解，却得不到整个文献证据的支持。这些文献证据表明，弗里德曼关于货币政策是控制通货膨胀的关键的观点在二战之后不久就已经非常明显了。

在讨论中将弗里德曼的货币主义著述准确地追溯到20世纪50年代初期的一本罕见的教材是 Amacher and Sweeney（1980, 249）。

这一事实在他1975年的回忆中得到证实：在四分之一个世纪之前，他在货币问题上是"流行的正统学说的一小群异议者"之一。①

更重要的是，弗里德曼到1950年的著述、行动和声明的记录都证实，他忠于货币数量论都早于1951年，更不用说1956年了。他在20世纪40年代末到50年代初讲授货币银行学课程必然需要关注货币理论的论文。弗里德曼对马歇尔思想的研究也要朝着这个方向研究，因为他论马歇尔的论文包括对马歇尔描述整个经济行为的方法的赞扬，而马歇尔用数量论解释整个经济行为的价格水平。②相反，在一篇未重印在文集中的1950年的文章之中，弗里德曼批评韦斯利·米切尔的早期著作包含了"对刻板形式的（数量）理论的一点也没有经过深思熟虑的攻击"。③

弗里德曼在1950年5月美利坚大学的一次会议上的声明是另一个支持数量论的证据："经济学家在一百多年前就知道……通过印制和支出足够的货币，你可以生产任何期望水平的经济

---

① Friedman（1975a, 176）。这一评论可以被视为弗里德曼（Friedman 1972b, 187）将货币数量论的复兴追溯到在20世纪50年代中期"开始出现的一系列理论文献"说法的一种澄清。弗里德曼关于货币需求的理论著作确实只是出现在20世纪50年代中期，但是他到那时已经发表了支持推动总需求和通货膨胀的力量的货币观的分析性和经验性的著作。

② Friedman（1949a, 475）。这段内容表明，诚如哈蒙德（Hammond 2011a, 654）所做的那样，得出这种结论是不恰当的：阅读货币理论在他与施瓦茨开始他们的国民经济研究局的项目之前不是弗里德曼活动的一部分。业已指出，弗里德曼在此期间讲授一门货币理论课程的事实进一步反驳了哈蒙德的论点。

③ Friedman（1950a, 474）.

活动。"① 尽管弗里德曼将这个命题视为所有经济学家的共同立场，但是，它只是争论的观点之一。在这场争论中，弗里德曼在1949年将它描述为"另一个货币理论的最新发展"——理论是指凯恩斯主义的货币政策立场和旧的数量论观点。② 凯恩斯主义的立场是，深度衰退的状态至少让货币创造作为一种刺激经济的手段无效。弗里德曼自信地支持相反的立场，不仅证实他到1950年已经与数量理论家共命运，而且表明他既主张货币政策要为美国进入大萧条负责——马上要讨论——又相信货币政策本身可以让大萧条状况一旦出现时复苏经济。

对大萧条的研究当然在弗里德曼于1948年参与的一个主要项目中占有重要地位。在致信给《纽约时报》的几个月内，弗里德曼恢复了与国民经济研究局的学术联系，与安娜·施瓦茨一起参加了该局研究货币的项目。哈蒙德确认，弗里德曼与施瓦茨开始这个项目的通信时间是1948年3月。弗里德曼最早公开表明他参与这个项目的是，他在大约1948年中期写的、列入1948年美国经济协会的会员名录上的研究兴趣为"货币供给的周期行为、它的周转率和银行状况"。这个措辞与国民经济研究局在1948年5月出版的年度报告中正式描述的弗里德曼领衔的项目

---

① All Participants（1951, 241）。弗里德曼在1949年的一次电台节目中也作了类似的评论。他陈述说，经济学家已有一个世纪就知道"通过印制足够的货币，支出足够的货币，我们就可以创造任何水平的活动或者提高任何我们希望的价格"（NBC 1949, 16）。在那个场合，弗里德曼的一位答问小组成员同行罗伊·布劳（Roy Blough）正确地插话说，20世纪30年代在这点上造成了经济学家的分歧。
② Friedman（1949a, 476）。

的措辞是保持一致的。①

国民经济研究局在1949年的年度报告中详细说明了弗里德曼参与的项目。作为"商业周期小组于1948年启动的三个新研究"之一,"米尔顿·弗里德曼开始系统性研究自内战以来货币供给的周期性行为、它的周转率以及与此相关的美国银行业的变化"。这个叙述不怎么关注安娜·施瓦茨,因为她在弗里德曼加入该项目时已经在国民经济研究局从事货币主题的研究了。② 施瓦茨指出:"当我在1941年到国民经济研究局工作时,只有货币是还没有分派给任何人的部门。于是,我的第一项任务就是看我们是否能够编出一本美国货币著作。"③ 因而,施瓦茨就在国民经济研究局负责研究商业周期领域。于是,在数年之后,诚如施瓦茨回忆说,"阿瑟·伯恩斯对我说,'如果米尔顿·弗里德曼加入这个货币项目,你觉得怎样?'我说,'太好啦'。"④ 当《美国货币史》最终在1963年问世时,弗里德曼与施瓦茨在序言中给予了施瓦茨在1948年之前就该项目做的工作应有的承认,陈述说"与本研究直接相关的第一个产品"是与施瓦茨合写的一篇国民

---

① 另参见 Hammond(1989, 47)。
② 国民经济研究局1948年的年度报告也在提到弗里德曼加入该项目时再次没有提到施瓦茨(Burns 1948, 22;以及 Abramovitz 1948, 36)。
③ 2003年4月21日对安娜·施瓦茨的访谈,发表在 E. Nelson(2004a, 400)。
④ E. Nelson(2004a, 401)。

经济研究局1947年的论文。①

根据弗里德曼后来的叙述,他在这个项目的部分职能是与施瓦茨的历史专业知识实现互补。② 他到那时为止的大部分理论研究内容让他成了增强该项目分析内容的一个自然选择。

安娜·施瓦茨与弗里德曼的合作大部分是通过通信进行的。不过,当弗里德曼在纽约市之时,他们会偶尔会面。施瓦茨在2003年4月21日的访谈中回忆说:"我总是想着米尔顿的是。有些事困扰着你,你试着告诉他,不知怎么的这事看起来不太对,然后他会说:'你真正想问我的问题是这个。'接着你就会自言自语:'是呀——这就真的是让你感觉不对劲的地方,他真的澄清了问题所在。'因此,跟他说话和审查我们所做的以及有待做的事情,总是一点都不费劲的。"③

弗里德曼在参与这个项目时,就已经比多年前更加重视货币政策的重要性了。然而,这种说法也是不正确的,正如切里耶尔所说,"弗里德曼在开始研究美国货币史时,对美联储在大萧条中的作用已经在头脑中有了一个清晰的图像"。切里耶尔支持

---

① Friedman and Schwartz(1963a, xxi)。这两位作者援引了Schwartz and Oliver(1947)。这是安娜·施瓦茨为国民经济研究局的各种工作论文系列撰写的第一篇论文,列为国民经济研究局技术论文第4号。它证明了施瓦茨职业生涯的持续时间之长,因为她在一生中,为这个系列最后供稿的国民经济研究局工作论文第17984号的时间是65年之后,即她去世前的几个月(Bordo, Humpage, and Schwartz 2012)。
② Friedman(1989, 249)。
③ 弗里德曼在这些年参与的会议和研讨会中也表现出同样的品质,尽管形式上带有更多的责备。Gordon and Hall(1980, 3)指出,弗里德曼的一个特点就是"当他对模糊不清的评论感到不耐烦时,他就会打断,清晰地重新表述要点"。

这种说法所提供的证据是弗里德曼在1947年朝圣山学会的开幕式上讲的话。在这个场合，弗里德曼说："美联储政策所犯的一个大错就是1931年的错误。"[1]但是，弗里德曼与施瓦茨的叙述对大萧条的最终解释并没有将1931年的贴现率的上升视为一个关键错误。当然，在20世纪40年代末期及其之后，弗里德曼都认为贴现率的上升是一个反常的而且非常有害的政策行动。他在20世纪40年代末美国的各种论坛上就此问题所做的评论就是公开的证据。例如，他在1949年的《美国经济评论》上评论说，"总体而言，相机抉择的行动是破坏稳定的，最显著的例子就是1931年秋天采取的通货紧缩的猛烈行动"。[2]而且，在1949年2月的电台节目中，弗里德曼谈到，贴现率的上升是美联储"必须为衰退陷入如此之深承担大部分责任"的原因。在同一个节目中，弗里德曼认为，经济的"真正麻烦"不是始于1929年的股市崩溃而是始于1931年的贴现率上升。

相比之下，弗里德曼与施瓦茨在《美国货币史》中的最终叙述，尽管继续贬低1929年崩溃的重要性，但是将其看作美联储让美国银行在1930年12月破产的转折点。对美联储在1931年提高贴现率的批评在弗里德曼与施瓦茨开始其项目时是非常普遍

---

[1] 引自Cherrier（2011, 353）。
[2] Friedman（1949b, 950）.

的。例如，参见阿尔伯特·哈特在教材中的论述。[1] 弗里德曼与施瓦茨的分析进而扩大了美联储的罪责，认为该央行的最严重错误始于1930年，而这些错误是将衰退转变为萧条的原因。贴现率的上升依然是最容易援引的事例。通过明确的政策紧缩，该事件以"言简意赅"的形式简要地概括了美联储的错误，而弗里德曼则在《花花公子》杂志的访谈中以这种方式援引了贴现率的上升（Playboy, February 1973, 53）。[2] 不过，在《美国货币史》的叙述中，尽管1931年贴现率的上升是美联储积极地采取通货紧缩政策的突出事例，但是，美联储早期的无所作为才是导致银行像

---

[1] 类似地，阿尔伯特·哈特（A. Hart 1953, 305）陈述道："永远不要忘记，20世纪30年代的大萧条是以一个世纪最大的货币紧缩，即1931—1933年的货币紧缩为标志的。"哈特然后具体地区分了1930年的货币政策——他指出其恰当性仍是一个值得争论的问题——和"1931年采取的纯粹是自杀性的紧缩货币的政策"。哈特的论文主要写于1949年年初：参见 A. Hart 1953, 303。

[2] 参见 Friedman（1975e, 5; 1983b, 14）。

多米诺模式一样倒闭的关键。①

然而，这种叙述在20世纪40年代晚期还处于初始阶段，而弗里德曼与施瓦茨最初的主要任务就是进行实地调查。当时的背景是，弗里德曼拥有相关的理论背景，正在芝加哥大学讲授货币银行学课程，以及研究货币思想作为其研究的一部分。弗里德曼与施瓦茨甚至在他们的早期研究中所发现的研究结果对进一步提高弗里德曼赋予货币的重要性有影响。而且他在1949年的一个备忘录中指出，他们当时的结果似乎指出，"货币因素在产生周期性波动中所起的作用"比人们通常认为的要大得多。

弗里德曼的观点在20世纪末期朝着货币主义方向转变过程的另一部分是，他在更大程度上让价格水平成为一个内生变量。正如第七章要详细讨论的那样，弗里德曼甚至在20世纪40年代

---

① 用安娜·施瓦茨的话说，大萧条时期的货币收缩是"美联储行动或不行动的结果"（Schwartz 1981, 31）。同样，弗里德曼（Friedman 1954a; p.81 of 1968 reprint）虽然没有具体提到美国银行的破产，但将美联储从1929—1931年的政策描述为"主要是被动的"。然而，弗里德曼在1956年的一次叙述中侧重于美联储在1931年采取的措施，没有提到美国银行（参见Friedman 1957b, 97）。类似地，弗里德曼（Friedman 1957f, 72）在总结美联储在1929年与1933年之间的政策时，将美联储在1931年之前的行动不再视为"重要的失败"——意指按照错误的方向采取行动。但是，他在评论中确实表达了美联储在1931年之前的被动性问题，说它在早期"做得太少了"。

这些描述反映了这一现象，（至少排除像100%法定准备金这样的假定安排）政策制定者对商业银行总存款的维持要求采取像协调一致的公开市场购买政策这样的大规模的政策倡议。即使政策制定者的任务——诚如他们在弗里德曼的固定货币增长规则中承担的任务那样——是产生非经济状态函数意义上的"被动"的货币存量行为，情形依然如此。

早期就在他的一些研究中,假定在产出低于充分就业水平的产出时存在价格与实际总需求之间的连续关系。这种立场与凯恩斯主义的早期文献将价格视为在达到充分就业之前对总需求不敏感的立场形成了对比。而且,弗里德曼在 20 世纪 40 年代末期与经济学家的其他人一道,在他的分析中并入了"过度充分就业"或"过度就业"的概念。[1]对这些概念的承认意味着,充分就业的产出并不构成产出的上限。相反,总需求过剩可能会产生高于正常水平的产出与通货膨胀。

弗里德曼在 20 世纪 50 年代的著作中将此观念扩展并入了垂直的长期菲利普斯曲线。然而,与此同时,弗里德曼已经转而否决成本推动的因素是持续的通货膨胀压力的根源的观点。尽管弗里德曼与乔治·斯蒂格勒在 1946 年的小册子中否定了房租管制是一种反通货膨胀的措施,但是,他们依然相信工资与物价螺旋式上升的通货膨胀理论。同样,在 1948 年论规则的论文中和在同一年与许多经济学家同行的联合声明之中,弗里德曼承认成本推动的因素是驱动工资上涨的一个因素。[2]但是,在 1950 年 5 月的一次会议的评论中,弗里德曼说:"我在这个问题上的观点已经在过去数年改变了很多。"[3]他对成本推动影响的否定,也明显体现在他关于汇率贬值——他在 1950 年提倡浮动汇率制,但发表于 1953 年——可能会诱发工资与物价的自我维持的螺旋式上升这个命题的否定之中。

---

[1] Friedman(1948a, 261)使用了后一术语。再次参见第七章的进一步讨论。
[2] 参见 Friedman and Stigler(1946, p.173 of 1991 reprint)和 Friedman(1948a, 253)。
[3] Friedman(1951a, 228).

对成本推动观的否定，不仅与弗里德曼之前的立场形成了对比，而且与他的老师兼同事劳埃德·明茨的观点不同。明茨在20世纪40年代是为数量论辩护的先锋，并在这方面出版了两本经久不衰的、可读性强的著作。[1]但是，明茨也在这些著作中对支出与通货膨胀决定的非货币观做出了许多让步——这些让步远比弗里德曼与其他人后来的货币主义文献所给予的让步多得多。这些让步包括明茨在解释价格水平波动时诉诸货币力量与成本推动因素。相比之下，弗里德曼从1950—1951年的货币主义时期起就强调，成本推动因素对通货膨胀的影响是短期的。

正如前面第二章所讨论的和第七章与第十章将要继续讨论的那样，弗里德曼到1950年所形成的观点就是，在价格调整方程或菲利普斯曲线方程中成本推动冲击项被假定为零均值。因此，弗里德曼从20世纪50年代初开始的立场就是，成本推动因素本身只有零均值，一个部门的工资或价格上升压力会"被其他部门的价格与成本下降所抵消"。[2]在面临工资和价格正向冲击的情形下，通货膨胀所表现出的持续上涨倾向就反映了货币当局对冲击的调节。根据弗里德曼这种修正的观点，成本推动因素在没有货币扩张——或者在成本推动的负向力量的情形下货币紧缩——

---

[1] 明茨也在本章论述的时期之内继续为研究生讲授货币理论，但在将著作材料转变为有趣的课程方面做得非常不成功。"他的课程有点无聊"，那时的一位研究生阿诺德·哈伯格在2013年5月2日的访谈中回忆说。哈伯格特别在援引明茨关于开放经济的洞见时补充说，明茨的著作"我想，比人们所认识的要好"。

[2] 弗里德曼在1952年3月25日联合经济报告委员会的证词（Joint Committee on the Economic Report 1952c, 736）。另参见第七章、第十章和第十五章。

的情况下并不会改变长期通货膨胀预期。

前面对弗里德曼货币主义思想形成的论述侧重于他的经济结构思想的发展而非规则思想的发展。这种选择部分地反映出了这个事实：正如之前指出的那样，弗里德曼对货币理论与规则——包括他从1956年起就支持的固定货币增长规则——的倡导的区分。这也反映了弗里德曼早在他的货币主义立场成熟之前就已经在倡导规则（具体说就是货币化规则）这个现实。不过，弗里德曼支持规则的论据确实部分地取决于一个强有力的理论原因，特别是稳定政策可能会导致经济不稳定的可能性。[①] 在1947年评论阿巴·勒纳的《管制经济学》(The Economics of Control)的一篇文章中，弗里德曼说，在缺乏经济状态和主要结构关系的精确知识的情形下，"政府抵消周期性波动的尝试可能很容易加剧而非减弱这些波动"。[②]

而且，诚如上文所注意到的那样，弗里德曼在1948年创造了与这个论点相关的"长期、多变的滞后"这个短语。他在1951年以法语发表并在1953年以英语出版在《实证经济学论文集》中的一篇文章中，形式化了他关于破坏稳定性政策的论点。[③] 这是弗里德曼的一篇对货币政策有重要贡献的文章，甚至像唐·帕廷金这样严厉的批评家都高度评价此文。帕廷金不得不提到"弗里德曼对滞后的基本问题的原创性贡献"，尽管帕廷金

[①] 除了不稳定性论据，弗里德曼支持固定货币增长规则的论据还受到许多额外的理论命题的激发，特别是货币数量论的长期预测方面的激发。参见第八章的进一步讨论。

[②] Friedman（1947, 414）.

[③] 参见 Friedman（1953d）。

特别援引弗里德曼的稳定性政策的论文是"对宏观经济政策分析最重要的贡献之一"。米尔顿·弗里德曼的另一位批评家本杰明·弗里德曼同样提到在稳定性政策论文中阐述的"米尔顿·弗里德曼的经典论据"。

因此,弗里德曼在许多方面的分析在20世纪40年代末期浓缩成了与他关联的货币主义立场。

二、反对廉价货币的改革运动

阻止货币过度扩张的必要性使弗里德曼在1948年到1950年间忙于探讨当前的货币政策。美联储自1942年以来就实施了一项"廉价货币"的政策。该政策最初涉及的是将一系列利率钉住不同到期日的政府债券,但在战后初期演变为维持长期国库券利率2.5%的上限,参见图4.1。①

弗里德曼在1982年回顾廉价货币时期之时争辩说,美联储从没有清楚地阐述过该政策的理论根据。② 他提出这样的抱怨,真有点让人迷惑不解。因为他与施瓦茨确定无疑能够利用美联储的公共声明来确定美联储政策——或者自从美联储事实上隶属于

---

① 英国也实施了廉价货币政策。爱德华·纳尔逊讨论了弗里德曼关于英国的廉价货币经验的看法。
② Friedman（1982b, 104）。具体而言,弗里德曼不接受真实票据学说可以理性化利率钉住政策的观念,因为弗里德曼与施瓦茨（Friedman and Schwartz 1963a）强调,该学说自从联邦储备系统创立以来就被美联储的政策制定者所拥护。因此,他对真实票据学说的解释不同于Sargent（1979, 92-95）,Patrick Minford（in the Banker, July 1979, 30）和Humphrey（1982a, 3）的解释,因为这些人将利率钉住视为源自真实票据学说的政策建议。

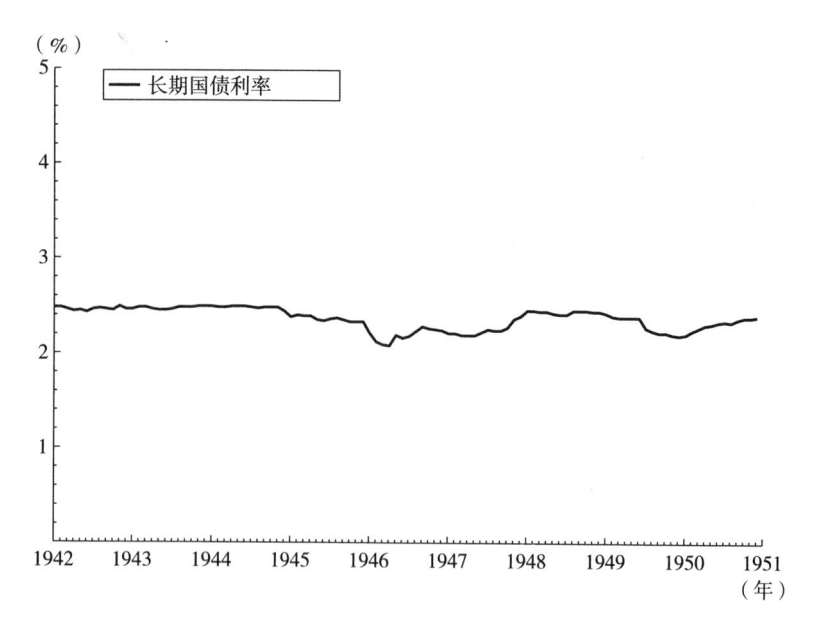

图4.1 1942年1月—1950年12月美国长期国债利率

资料来源：美国联邦储备委员会（Board of Governors of the Federal Reserve System 1976，table 12.12）。

财政部以来的财政部——美联储政策——的依据。弗里德曼可能觉得，美联储没有对钉住政策的分析基础给出一个与美国联邦储备委员会在1923年的著名的年度报告中就经济稳定政策给出的官方声明相提并论的那种系统性官方声明。[1]

阿尔文·汉森这个在政府之外但有影响力的名人提出了廉价货币政策两点依据。阿尔文·汉森为该政策阐述的第一点根据是，二战后时期的私人部门支出容易变得疲软——这部分反映了阿尔文·汉森所称的长期停滞危险——而较低的长期利率可以对

---

[1] 参见 Federal Reserve Board（1924）。

需求的维持做出一点小的贡献。第二点根据是，刚性的债券价格促进了稳定政府债券市场的可取目标。这种稳定性不仅有助于当局首次发行新证券，而且据说通过防止私人部门——这里包括商业银行和非银行的私人部门——持有的主要资产免受价值大幅度波动的影响来促进经济稳定。这两个论据都促使阿尔文·汉森得出这样的结论："在战后的岁月通过调整利率来控制周期被视为是不可接受的"，因而强制实施债券价格钉住的政策就更可取。

弗里德曼与施瓦茨在叙述美国政府的债券价格钉住政策时都认可这两点理论依据是影响该政策实施的因素。[①]当时美联储的官员也阐述过这些理论依据。在这两条依据中，第一条依据与凯恩斯主义赋予货币政策有限作用的立场相一致。在英国开始实施廉价货币政策之后——尽管最初集中在期限结构的短期这一端——凯恩斯在1933年致罗斯福总统的一封信中向美国建议债券利率钉住政策。[②]凯恩斯在《通论》中重复了长期利率钉住的建议，尽管他当时对这个建议进行了限制，并争论说，非政策性力量会对长

---

① 关于支持总需求的依据，参见 Friedman and Schwartz（1963a, 700）；关于避免私人部门持有的政府债券价值的波动的依据，参见 Friedman and Schwartz（1963a, 621）以及弗里德曼在其他地方的评论，包括1948年1月11日《纽约时报》的评论。

② 参见 Congdon（2011, 386, 418）。凯恩斯对长期利率管理和在经济疲软条件下抑制长期利率的上升的支持贯穿在他的《货币论》（Keynes 1930）之中，并且是《通论》的一个附带主题。凯恩斯在这个领域的建议得到了广泛的讨论（Brothwell 1975, 13; Meltzer 1992, 158; P. Turner 2011；以及 Meiselman 1962, 38），而最后一篇著作是弗里德曼指导的博士论文。弗里德曼亲自提到过凯恩斯关于长期利率管理的观点（Friedman and Meiselman 1963, 168 和 Friedman 1972a, 942）。

期利率设置一个下限，从而限制中央银行降低它的企图。[1]

尽管弗里德曼不满美国官方缺乏钉住债券价格的理由，但是，他实际上多次认为，战后的廉价货币政策源自凯恩斯的理论。例如，他指出该政策的出现"部分地受到凯恩斯思想的影响"。[2] 而且，美联储在主席马里纳·埃克尔斯（Marriner Eccles）领导下实际上在20世纪40年代听从凯恩斯的建议的事实，可能在支持弗里德曼后来的评论中起着重要作用："我相信，埃克尔斯在后来被称为凯恩斯主义政策的发展中起着比凯恩斯或者任何他的信徒都远大得多的作用。"[3] 但是，从梅尔策引用的内部材料

---

[1] Keynes（1936, 207）。另参见 Friedman（1967a, 7-8）和 Friedman（1972a, 942）。

[2] 1959年5月25日的证词（Joint Economic Committee 1959a, 607）。另参见 Friedman and Schwartz（1963a, 533, 626）以及尤其参见 Friedman（1963a, 6; 1964e, 8 [p.262 of 1969 reprint]; 1968a, 12; 1968b, 2; 1970a, 13-14 [pp.7-8 of 1991 reprint]; 1972b, 185, 192; 1973b, 5; 1975a, 176）。同样，达西（Dacey 1947, 60）在具体谈到英国的情形时说，"凯恩斯主义的分析是整个廉价货币政策的基础"。另参见（1971, 59-60）的类似评论。此外，哈洛韦尔（Hallowell 1950, 67-68）列出了美国货币当局理性化廉价货币政策的声明。总之，弗里德曼（Friedman 1982b）关于美国政策没有得到官方合理的解释的猜测似乎是没有足够根据的。

[3] 引自弗里德曼1983年7月22日的信件（Israelsen 1985, 362）。埃克尔斯的财政政策观点与凯恩斯的观点相似也是一个事实（参见 Fortune, March 1955, 189, reprinted in Mulcahy 1957, 90; Friedman and Schwartz 1963a, 534; Meltzer 2003, 477）。其实，弗里德曼（Friedman 1970e, 12）争辩说，"埃克尔斯是这个政府注资项目的首要倡议者，他在阅读凯恩斯的著作之前就最先提出了这个建议"。埃克尔斯公开他的财政政策观点的例子就是他在1944年的一次演讲中对战后状况前景的描述。那次讨论比较了货币政策在支出方面的"有限"权力与财政政策"更加直接与强有力的"效果（Eccles 1944, 233）。

330

来看，廉价货币政策的第二条具有更少凯恩斯主义性质的理论依据——基于债务管理的考虑——是埃克尔斯在战后初期支持廉价货币政策的原因。提供一个有助于债务再融资环境的愿望也在美联储描述其政策的公开声明中起着重要的作用。①

如果弗里德曼对官方支持廉价货币政策的想法缺少明确的阐述感到不满意，那么在权威性声明表明该政策无限期地维持时，他不能抱怨缺少材料。"我没有随身带我最喜爱的引文，"弗里德曼在1970年2月的一次在佛罗里达的谈话中说，"联邦储备委员会研究分部的主管伊曼纽尔·戈登威泽（Emmanuel Goldenweiser）在1944年做了一次演讲，现在听起来有点怪怪的。他说，高利率时代如何已经过去了，在任何可以预见的未来我们都要坦然面对2.5%的货币利率。"②戈登威泽在1944年11月所做的那次演讲，就是弗里德曼在包括《美国货币史》和1967年美国经济协会主席的演讲中关于廉价货币心态如何变得如此根深蒂固的一个反复援引的事例。③

---

① 例如参见1945年联邦储备委员会的年度报告，引自Meltzer（2003, 641）。
② Friedman（1970e, 14）。
③ 参见Friedman and Schwartz（1963a, 626）和Friedman（1968b, 3-4）。弗里德曼也引用了戈登威泽的讲话（Friedman 1964b, 3; p.71 of 1969 reprint）。弗里德曼的后两篇文章也重印在1969年的《最优货币数量论文集》之中。哈恩（Hahn 1971, 79）指出，在弗里德曼的这本著作中，"可怜的戈登威泽先生被证明作了些听起来像凯恩斯主义的不明智的声明"。弗里德曼在1971年11月美国哲学协会的一次谈话中再次详细援引了戈登威泽的讲话，以此证明20世纪40年代中期廉价货币学说所处的地位（参见Friedman 1972b, 184），并在1972年的霍洛维茨（Horowitz）讲座中再次引用戈登威泽（Friedman 1973a, 5）。

弗里德曼的职业生涯具有反讽的一点是，他开始与他人联合研究货币存量行为的时期，就是20世纪40年代末债券利率钉住政策造成货币与非货币资产的区别比通常更加模糊的时期。实际上，弗里德曼与施瓦茨对廉价货币政策至少对整个期限结构的效应总结如下："这个支持政策将所有的证券都转换成等值的货币。"[1] 同样，弗里德曼在1960年4月的一份备忘录中承认，对20世纪40年代末货币增长的解释因债券利率钉住政策的事实而变得复杂。[2]

但是，《美国货币史》将货币存量——在弗里德曼与施瓦茨的用法中就是M2类型的总量——而非货币与债券之和，视为分析货币状况的相关总量。这可能反映了钉住政策让债券在某些方面等价于货币而在其他方面不等价于货币的看法。不过，弗里德曼与施瓦茨将钉住政策视为让债券等价于货币的背景是在探讨商业银行将债券视为基础准备金的背景下进行的。[3] 对于企业和家庭而言——弗里德曼与施瓦茨的M2序列被视为货币余额的测量指标的非银行机构——完全将货币与债券等同则不那么明显，而弗里德曼与施瓦茨在《美国货币史》中将M2而非M2加债券甚至在钉住政策期间视为恰当的货币总量。

毫无疑问，货币与经济在钉住政策期间之间的关系具有某些不稳定性。例如，汉堡（Hamburger）在解释名义收入变动时谈到"货币变量在1948—1952年间的表现较差"。罗伯特·戈登提供的证据表明，在1954年之前的样本中，货币增长与实际产出增长

---

[1] Friedman and Schwartz（1963a, 563）。另参见 Friedman（1960a, 108）。
[2] Friedman（1960c）。
[3] 巴赫（Bach 1950, 46）同样侧重于钉住安排让银行持有的债券等价于银行准备金的后果。

之间的关系很微弱。弗里德曼在1984年指出，朝鲜战争期间伴随着"流通速度的不同寻常的大幅度波动"。[1] 显然，除了债券价格钉住，其他一些因素也在20世纪40年代到50年代初让货币与经济之间的关系变得松弛。而且，这些因素在这点上似乎比钉住政策在数量上更加重要。例如，债券利率钉住政策在1942年的启动就其本身而言应倾向于推动流通速度的上升，因为钉住政策赋予那些不包括在M2部分中的主要资产越来越多的准货币性质。[2] 然而，弗里德曼评论说，M2的流通速度"在二战期间和战后不久急剧下降"，然后在这十年的后期急剧上升（见图4.2）。[3]

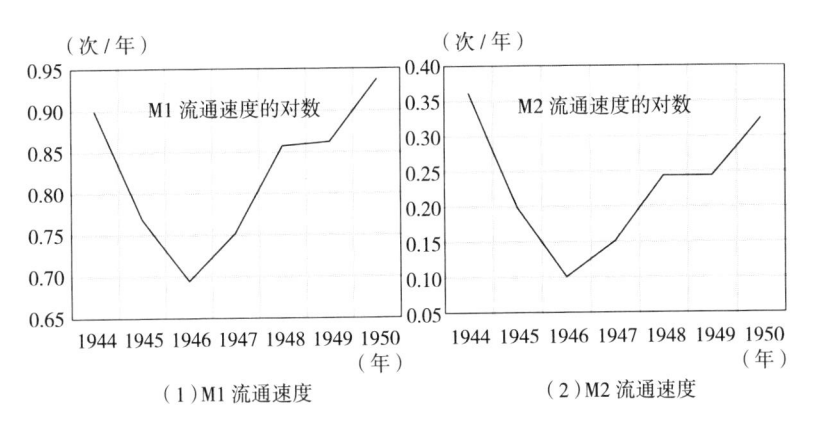

(1) M1 流通速度

(2) M2 流通速度

图4.2　1944—1950年美国货币流通速度

资料来源：根据Balke and Gordon（1986）的年度数据表计算。

---

[1] Friedman（1984c, 34）.
[2] 不过，就钉住政策的开始标志着向比先前流行的名义利率更低的环境转变而言，债券的准货币特征增加所产生的流通速度增长的压力在某种程度上被转向持有货币更低的机会成本的下降压力所抵消。
[3] Friedman（1971e, 152）.

1950年朝鲜战争的开始是另一个流通速度的异常行为不能直接归因于债券价格钉住政策的事例。货币总量在朝鲜战争的早期静止不动。但是，随着消费者的恐慌性购买提供了商品价格向上增长的压力的一个源泉时，名义收入出现了一个短期的激增。弗里德曼与施瓦茨以及其他货币主义者都将流通速度伴随的向上移动解释为预期未来的通货膨胀和战时短缺的一种表现。①

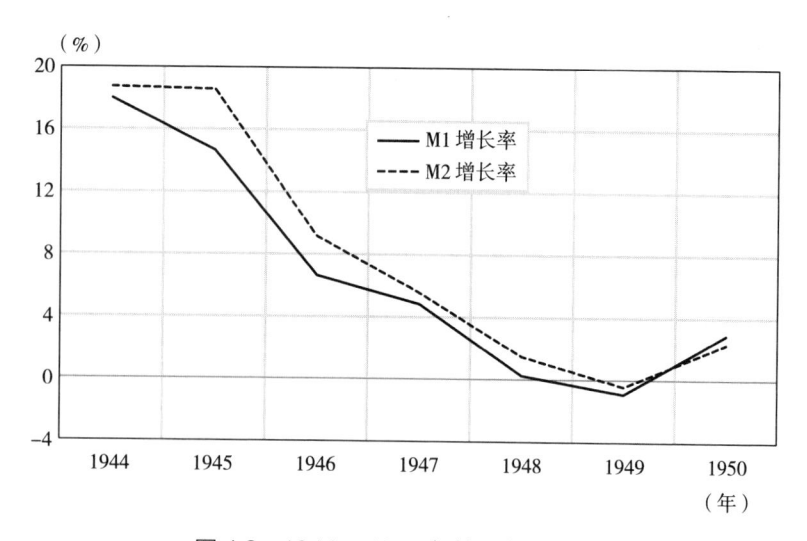

图4.3　1944—1950年美国货币增长率
资料来源：根据Balke and Gordon（1986）的年度数据表计算。

弗里德曼在20世纪70年代认为有必要进一步探讨这一时期。当他的一篇陈述了"通货膨胀在任何地方永远都是一种货币

---

① 参见Friedman and Schwartz（1963a, 611）和Friedman（1973a, 24; 1973b, 8; 1982b, 104）。对于其他货币主义者提出类似解释的叙述，例如参见Cagan（1974, 1; 1979a, 3-4, 97）和Meltzer（2003, 632）。

现象"的文章在 1975 年重印时，弗里德曼在该文补充的一个脚注中承认，朝鲜战争的开始是一种例外。① 在 20 世纪 80 年代晚期，他再次返回到这段时期，将朝鲜战争描述为"我所知道的没有伴随着货币快速增长的唯一一个主要通货膨胀时期，因而至少在初期可以被视为流通速度自动增长的结果"。② 但是，弗里德曼在 1989 年 7 月 5 日的《华尔街日报》上争辩说，这一时期流通速度的增加最好被视为货币持有者将货币转换成物品的尝试。因此，流通速度在 1950 年的上升并不是反映了货币持有者将货币转换成债券这种债券价格钉住政策预测的结果。如同二战的情形一样，朝鲜战争的来临是货币与名义收入之间的关系变得比通常更复杂但就其本身而言主要不是由钉住政策引起的一个例子。

但是，朝鲜战争的爆发确实让预测债券利率钉住政策持续实施的后果变得更加容易。从 1946 年到 1950 年的岁月中，美联储对钉住政策的忠诚并不意味着持续的需求过剩的状态。总体而

---

① 参见 Friedman（1975b, 115）。弗里德曼是在广泛地重新研究了朝鲜战争时期的流通速度行为之后才在修改中这样说的。关于这种重新研究的讨论，例如参见 Instructional Dynamics Economics Cassette Tape 119, April 25, 1973 和 Newsweek, August 6, 1973。不过，存在争议的是，"通货膨胀在任何地方永远都是一种货币现象"的命题是否实际上需要对朝鲜战争期间陈述的修改。20 世纪 50 年代初的流通速度突然增加对应于一次性的价格水平上升，而弗里德曼和其他货币主义者经常在一次性的价格水平上升与通货膨胀之间做出区分。例如参见弗里德曼的评论（Newsweek, April 24, 1978）和讨论（McCallum 1990c, 966 和 Meltzer 2003, 632），以及下一节讨论保罗·萨缪尔森时的论述（Despres et al.1950）。
② Friedman（1988a, 229）。另参见弗里德曼在 1987 年安娜·施瓦茨的纪念文集中关于大会评论的总结（Bordo 1989a, 78）。

言，名义和实际收入都在战后初期显著地增加，而弗里德曼则在1950年将1945年到1949年之间美国经济发展状况的"本质特征"描述为强劲的名义总需求所产生的一种"相当大的通货膨胀压力"。[1] 特别是，私人部门的支出在战后呈现出相当大的恢复力，以至于弗里德曼在1948年写道，"我不相信当今被如此广泛接受的长期停滞或经济成熟学说"。[2] 当弗里德曼在写下这些言辞之时，对长期停滞观的否定性评价越来越普遍，而他关于停滞观获得广泛支持的看法很快就变得过时。在20世纪40年代末期，长期停滞观是经济学家所抛弃的最早一批凯恩斯主义思想之一——至少作为主要经济体可能面临的状态的描述是如此。[3]

尽管经济在整体上呈现增长，但是，战后初期的岁月——

---

[1] Friedman（1951a, 229）。

[2] Friedman（1948a, 262）。弗里德曼对长期停滞表达出怀疑态度的另一次是Friedman（1948b, 141）。

[3] 诚如前一章指出的那样，长期停滞理论尽管是由阿尔文·汉森提出的，但在凯恩斯的《通论》也可以找到。在这点上，值得注意的是，甚至在20世纪30年代时期凯恩斯的思想在战后的理论化和政策制定方面都比在美国更加流行的英国，长期停滞理论作为《通论》的内容之一甚至到20世纪50年代就被广泛地抛弃了。例如，《金融时报》在1955年5月23日提到"凯恩斯对过度储蓄的片面的恐惧"，在1956年10月15日提到"凯恩斯对投资机会下降的难以置信的、目光短浅的预测。"
乔治·斯蒂格勒评论说（American Bankers Association 1963, 110）："依然没有任何人能完善20世纪30年代末期的停滞理论。"但是，在斯蒂格勒评论的大约50年之后，长期停滞论——不是作为20世纪40年代而是作为最近数十年私人部门潜在行为的描述——实际上被萨默斯（Summers 2015）复活了。Eggertsson and Mehrotra（2014）对该论点进行了形式化；但另参见约翰·泰勒在2014年1月日《华尔街日报》上的文章对萨默斯解释的否定性看法。

诚如弗里德曼与施瓦茨后来要指出的那样——是以偶尔中断总需求强劲的上升压力为标志的。[1]而货币政策在强化下降压力之中起着一定的作用。诚如弗里德曼与施瓦茨所说的那样，政策制定者在整个钉住政策期间都放弃了货币存量的控制。[2]但是，这种调节政策对经济状况的影响随着时间的流逝而变化，诚如呈现实际与名义 GNP 增长率的图 4.4 和呈现消费者价格指数（CPI）通货膨胀率的图 4.5 所示。在二战后的初期，固定债券利率的政策意味着，政策制定者在各时期连续调节总需求和通货膨胀的上升与下降的压力。有时，钉住政策意味着限制性的货币政策，实现较低的或者负数的货币增长。特别是，名义收入和 M2 都在 1949 年下降了。[3]

但是，正如指出的那样，朝鲜战争的爆发改变了形势。战争活动相当于对利率施加持续的上涨压力。因此，随着 1950 年返回到战时状态，诚如弗里德曼后来所说，政策制定者只要维持债券利率钉住政策就将不得不允许货币无限期地按照通货膨胀率增长的情境出现了。[4]弗里德曼在 1951 年 2 月的参加节目中恳求，为了"恢复对货币供给的控制"，钉住政策必须放弃。

弗里德曼最早在 1948 年公开反对廉价货币政策。在前文提到的 1948 年 1 月 11 日致《纽约时报》的信中，他与同事们呼吁，

---

[1] 参见 Friedman and Schwartz（1963a, 577-78）。另参见 Friedman（1960a, 22）和 Meltzer（2003, 631）。
[2] Friedman and Schwartz（1963a, 585）。另参见他们在第 605 页的讨论。
[3] Friedman and Schwartz（1982a, 125）。
[4] Instructional Dynamics Economics Cassette Tape 179（October 1975, part 3）。

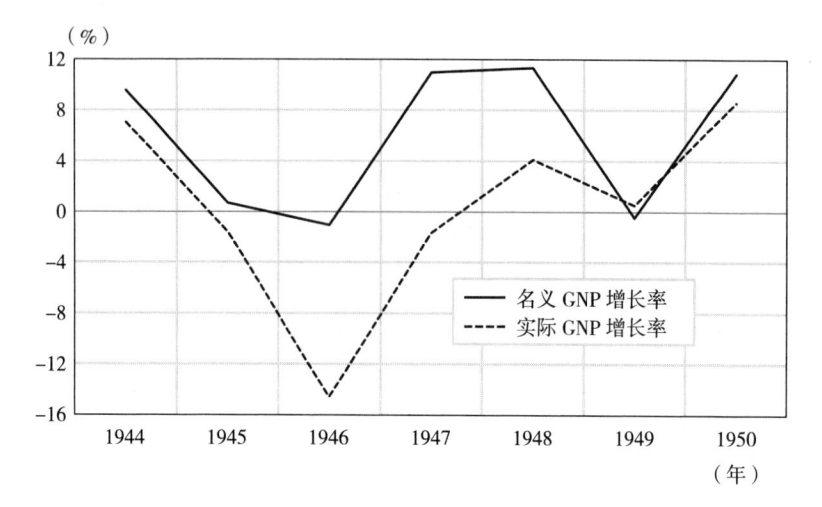

图 4.4 1944—1950 年美国名义和实际国民生产总值增长率
资料来源：根据 Balke and Gordon（1986）的年度数据表格计算。

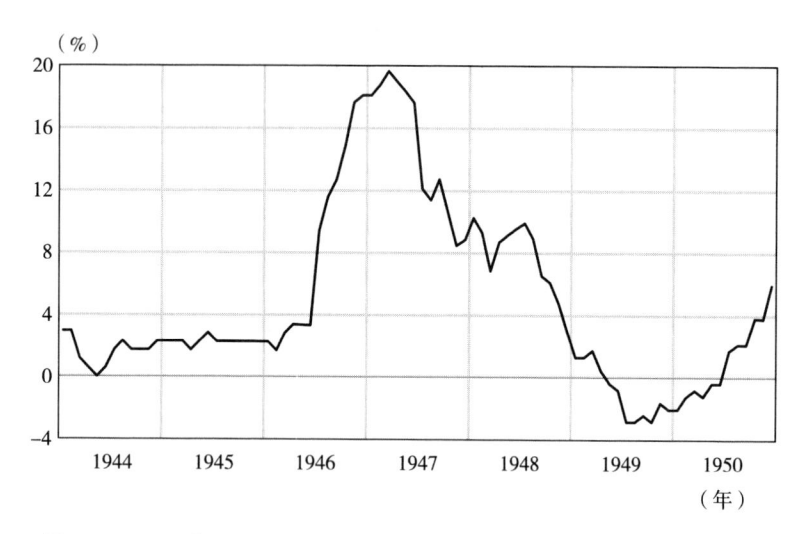

图 4.5 1944 年 1 月至 1950 年 12 月 CPI 通货膨胀率（12 个月平均）
资料来源：根据圣路易斯联邦储备银行 FRED portal 的消费者价格指数序列（未经季节调整）计算。

"为了相当理想地控制一般物价水平",美联储与财政部要重新坚持控制货币存量。1948年间的事件似乎消除了支持废除钉住政策理由的紧迫性,因为当年的通货膨胀下降了,与此同时货币增长率变为负数。[1] 随着朝鲜战争的到来,通货膨胀与高速的货币增长是钉住政策后果这样的情形再一次出现了。

在这种背景下,弗里德曼和一群芝加哥大学的同事在1951年1月发表了"当前货币政策的失败"的宣言,再次呼吁废除债券价格钉住政策。[2] 这个宣言的作者承认,美联储已经采取了像提高法定准备金这样的行动,表面上的目的在于限制货币增长。[3] 但是,这些作者指出,繁重的法定准备金无法有效实现货币存量的较低增长,因为持续的利率钉住政策会让美联储向商业银行提供足够的额外准备金,以便抵消法定准备金提高对银行流动资金状况的影响。[4] 通过专注于一个证券市场价格的稳定性,

---

[1] 通货膨胀在1948年间的放缓和四季度平均的通货膨胀率确定无疑的下降,部分地反映了价格管制的取消刺激了1948年初的通货膨胀解读,诚如梅尔策(Meltzer 2003, 631)所强调的和弗里德曼(Director 1952, 176)所提到的那样。这与弗里德曼和施瓦茨(Friedman and Schwartz 1982a, 102-7)的看法有点相反,因为他们将美国1947年的价格指数视为没有管制产生的扭曲的价格指数。这种处理方式也许应被视为一种简化,以便反映他们对年度数据的使用。
[2] Friedman et al.(1951)。这个声明在1951年2月2日的联合经济报告委员会的听证会上被提到,并附加在记录之中。
[3] 联邦储备委员会在1950年12月就采取了这一政策(Meltzer 2003, 697)。
[4] 也就是说,钉住政策意味着,与1936—1937年提高法定准备金的情形相反,美联储将准备金存量提得足够高,从而通过法定准备金的转移来让调整后的货币基数——即对法定准备金变动修正后的货币基数——保持不变。

弗里德曼与他的同事们争辩说，货币政策就以牺牲美国商品与服务的总体价格水平的稳定性为代价。这也是联邦储备系统内部的主要人物得出的结论，而债券利率钉住政策的战斗也就接近了尾声。

第三节　人物：1944—1950 年

一、保罗·萨缪尔森

保罗·萨缪尔森到 1946 年年末在经济学界已经建立起了足够的声望，于是芝加哥大学邀请他担任经济系的一名教授。但是，这次邀请遭到了弗里德曼的反对。虽然弗里德曼和萨缪尔森从 20 世纪 30 年代中期——当时萨缪尔森是芝加哥大学的一位知名的本科生——以来就是萨缪尔森后来所称的"好朋友"，但是已经非常明显的是，到 1946 年，他们已在许多问题上互相发生争执了。①

他们各自持有的观点继续在 1946 年之后演变，但并非以促进两人之间的观点一致的方式出现。在 1962 年与弗里德曼共同参与的电视节目中，萨缪尔森说，"我们无疑是在同一所大学接受的训练，上同一批教授的课，我们是老朋友"，还有"成千上万的事，我们可以在这儿谈，并达成一致"。但是，他补充说，

---

① 萨缪尔森的引语来自 Newsweek, October 25, 1976a。萨缪尔森（Samuelson 1971, 8）具体将他与弗里德曼的友谊追溯到 1934 年。此外，萨缪尔森（Samuelson 1973b, vii; 1983a, xi）将弗里德曼描述为"一位老朋友"。萨缪尔森也写过，弗里德曼应被列为世界的第八或第九奇观，可能要排在大峡谷之前（Financial Times, June 14, 1967）。

"我们不能突然冒出完全相同的见解"。[1] 弗里德曼在晚年谈到"将保罗与我对经济世界的解释区分开来的主要特征"时，会强调后一点。[2]

前面的引语表明，弗里德曼是如何看待他与萨缪尔森的关系的：他们具有截然不同的世界观。但是，笔者不赞成萨缪尔森与弗里德曼在学术界是凯恩斯主义和货币主义观点的主要代表的观念。他们也许在大众辩论中起到这些作用。但是，萨缪尔森在学术界参与凯恩斯主义与货币主义争论的程度太不重要，以至于他不能被认为是弗里德曼的主要凯恩斯主义者对手。即便如此，由于萨缪尔森和弗里德曼分别被视为麻省理工学院和芝加哥大学的最重要的经济学家，而且两人是同一代人，因此，两人经常被进行比较的说法依然是真的。并非不准确地说，大部分的经济学家都在弗里德曼或萨缪尔森谁是最好的经济学家的问题上都有所偏袒。的确，艾伦·布林德，一位麻省理工学院在20世纪60年代末到70年代初的研究生，在2013年12月6日的访谈中回忆说："你可以说，在芝加哥大学和麻省理工学院之间，更加具体来说是米尔顿·弗里德曼与保罗·萨缪尔森之间存在大量的智力竞争。因此，你知道，每一个人心中的问题是，谁是在世的美国最伟大的经济学家……如果你问我这个问题：……谁是——比如说——20世纪下半叶美国最伟大的经济学家？我会毫不犹豫地说是保罗·萨缪尔森。"

---

[1] The American Economy, Lesson 48: Can We Have Full Employment without Inflation? CBS College of the Air, filmed circa June 5, 1962.
[2] 来自2002年5月17日米尔顿·弗里德曼致笔者的电子邮件。

追随弗里德曼和萨缪尔森的一代研究人员能够综合他们各自贡献的部分,并达成一个折中方案。艾伦·布林德就是如此。尽管在许多问题上更接近萨缪尔森而不是弗里德曼的观点,但是,布林德从忠于萨缪尔森和索洛永远向下倾斜的菲利普斯曲线转变到接受弗里德曼和菲尔普斯类型的垂直的长期菲利普斯曲线。①与布林德同时代的一些经济学家与弗里德曼和萨缪尔森都有广泛而友善的交往经历。罗伯特·霍尔在2013年5月31日的访谈中说,在他之前的一代宏观经济学的"五位巨人",萨缪尔森、莫迪利安尼、索洛、托宾和弗里德曼,"远在我获得博士学位之前,我私下都非常了解他们"。

以同样的态度,杰里米·西格尔在2013年9月17日的访谈中回忆说,他的献词写的是:"献给我的老师保罗·萨缪尔森和献给我的恩师、同事和朋友米尔顿·弗里德曼。"杰里米·西格尔补充说:"他们两人都对我的生命有很大的影响,我非常尊重作为一名知识分子的萨缪尔森——他是不可思议的。但是就情感上的更紧密联系和对我的生命的影响而言,我无疑是更偏爱米尔顿·弗里德曼。因此,我想,那个献词很好地总结了这一点。"

但是,在他们活动的鼎盛时期——从20世纪40年代直到20世纪80年代初——弗里德曼和萨缪尔森通常被视为对立阵营的代表。

爱本斯坦在注意到弗里德曼与萨缪尔森之间有意识的竞争时正确地指出,绝大多数经济学家可能会认为保罗·萨缪尔森的地位远排在弗里德曼之上。不幸的是,爱本斯坦也猜测——爱本斯

---

① 参见 E. Nelson(2008b, 1793)和下面第十三章的论述。

坦将此视为确定的——弗里德曼与萨缪尔森内心深处的想法，断言各人无疑都将自己视为他那一代的最好的经济学家。弗里德曼似乎不太可能认为自己是比萨缪尔森更好的经济学家。萨缪尔森在多个领域做出了基础性的贡献，以至于他有资格被称为经济学之父，而这是弗里德曼不会宣称的。马克·格特勒在2014年9月26日的访谈中回忆说，当他从1973年到1978年就读于斯坦福大学的研究生期间，学生们的感觉是萨缪尔森和阿罗，只限于他们，创建了现代经济学。这种感觉反映了这样的现实，尽管弗里德曼对经济学的贡献令人生畏，但是它们还是不如萨缪尔森的贡献的范围广。

鉴于这一现实，弗里德曼可能会同意萨缪尔森是他们这一代人中最好经济学家的普遍的看法。弗里德曼也许自认为稍微胜过萨缪尔森的地方是基于不同的标准。他们每人的著述都展示了清晰而又不同的经济模型。[①]笔者估计，弗里德曼会对萨缪尔森保持最好的经济学家的称号而他被认为比萨缪尔森提出了一个更好的经济模型的事态感到满意。

---

① 哈蒙德（Hammond 2011a）却认为，萨缪尔森没有提出一个具体的经济模型，并以此与他认为提出具体经济模型的弗里德曼和施瓦茨进行对比。但是，哈蒙德引述的不过是一小部分萨缪尔森的文献，没有引用萨缪尔森在《新闻周刊》和类似媒体上发表的经济评论文章。如同弗里德曼的情形一样，这些评论充实了萨缪尔森关于经济世界的观点的细节。纳尔逊（E. Nelson 2004b, 2005a）提出了这个观点。
这种观点与罗伯特·索洛在2014年11月13日的私人通信中的回忆相符："我记不清多少次我听萨缪尔森确切地谈起'我头脑中的模型'，我相当清楚他心中的模型。他也说过，他头脑中的模型太难以捉摸，无法直截了当地陈述出来，或者说过他知道什么时候不应用这个模型。"

弗里德曼和萨缪尔森的不同经济模型反过来反映出各自不同的思想——这种思想的不同，正如指出过的那样，早在1946年就存在，但在1946年之后随着他们的观点在多方面出现的分歧而迅速增加。正当经济学界——部分是因为萨缪尔森（Samuelson 1947）高度有影响力的《经济分析的基础》（*Foundations of Economic Analysis*）所刺激——在20世纪40年代晚期至50年代初大规模地进入数学的严谨之门时，弗里德曼却在离开它。在20世纪40年代的时期，弗里德曼与萨缪尔森都在阐释货币政策的效力，但是，弗里德曼阐释货币政策的效力更大，也更加迅速。他们在市场的作用上的分歧也在早期阶段变得明显起来。

正如弗里德曼在后来有必要评论说，萨缪尔森的教材《经济学：一个导论性的分析》（*Economics:An Introductory Analysis*）在1948年的第一版中对货币政策的有效性的评估是明显悲观的。[1] 根据萨缪尔森的观点，大萧条的经验让"那些认为货币数量的增加会确保复苏的人"感到失望。在题为"货币控制商业周期的不足性"的一节中，萨缪尔森开头就陈述道："今天，很少有经济学家会认为美联储的货币政策是控制商业周期的万灵

---

[1] 参见第一章以及弗里德曼的评论：Firing Line, syndicated January 8, 1968, p.2 of transcript。另一篇早期论述萨缪尔森在教材的各版本中不断增加货币政策的重要性的文章发表在1970年1月25日的《纽约时报》上。该文在《纽约时报》的第83页指出，这种不断增加的重要性标志着弗里德曼影响力的增加，但是错误地暗示萨缪尔森没有在他的教材中承认弗里德曼，正如爱本斯坦（Ebenstein 2007, 156）所做的那样。实际上，甚至在20世纪60年代开始之际，萨缪尔森（Samuelson 1961）两次谈到了弗里德曼。两次都很恭敬，一次在第253页提到弗里德曼的消费著作，一次在第315页称他为货币权威。

药。"① 以这种方式开始讨论是无懈可击的。特别是,弗里德曼甚至在成为货币主义者之后也不会对这种开场白有分歧。其实,弗里德曼会这样写:"货币政策并非医治我们所有疾病的万灵药"。② 但是,萨缪尔森的论述不仅继续怀疑货币政策降低利率的能力,而且怀疑在利率降低之后能够实现什么目标,并陈述说"投资可能对利率无弹性",尤其是在萧条中如此。接着,货币政策的无效性在下一页延伸到繁荣状况。

这些观点与弗里德曼在 20 世纪 40 年代早期所表达的货币政策观点没有很大的不同。但是,弗里德曼关于货币政策的观点,正如本章早些时候论述的那样,自从 20 世纪 40 年代早期以来就在演变。因此,他与萨缪尔森的观点差异就出现了。在 1946 年的一封信中,弗里德曼已经使他自己有别于像萨缪尔森这样的凯恩斯主义者了。③ 而且,萨缪尔森大约在 1948 年 4 月的教材的第一版中关于货币政策的陈述与弗里德曼在 1947 年 1 月给《纽约

---

① Samuelson(1948, 353)。由于很明显地依赖于论述萨缪尔森教材的二手资料来源,因而爱本斯坦(Ebenstein 2007, 156)给人留下的错误印象是,这段话只来源于 20 世纪 50 年代的萨缪尔森的《经济学》教材。
② 类似地,弗里德曼在 1959 年 5 月作证中说,他提出的固定货币增长建议"不会是万灵药"(Joint Economic Committee 1959a, 612)。 Skousen(2001, 392)和 Ebenstein(2007, 156)提出弗里德曼会质疑萨缪尔森关于货币政策并非万灵药的陈述的说法,因而必须被认为是不正确的。货币政策并非万灵药的观点是无可争议的,该观点不应被视为等价于否认货币政策影响总需求。与弗里德曼的忠告一样,美联储主席伯南克在 2012 年 9 月的新闻发布会上说"我曾多次说过,货币政策并非万灵药"(Bernanke 2012a, 8)。
③ Hammond and Hammond(2006, 46).

时报》编辑的一封信中的货币政策论述形成了对比。①

萨缪尔森的货币政策思想在1948年之后经历了相当大的变化。这种变化不仅体现在教材的修订上，而且反映在坦率地承认观点的变化之中。在回顾20世纪30年代晚期和40年代之时，萨缪尔森这样说，"作为一个经历过这些岁月的人，我可以证明经济学家是如何丢掉货币的"，因此，"我这一代的经济学家不得不设法忘记货币政策领域中的许多东西"。②

在1962年写的但在第二年发表的一个评论中，萨缪尔森在他当时的观点与他先前著述中表达的观点之间拉开了距离。他说："与当代许多经济学家的意见和我自己先前的一些看法相反，我相信，货币和信贷政策在刺激、稳定或压制现代经济方面有很大的潜力。"③ 到这个阶段，萨缪尔森在教材中以专题的形式论述为何"货币政策确实对总支出有重要影响"。④ 但是，萨缪尔森对货币政策力量的尊重依然在他与弗里德曼之间留下了巨大的差异。这种差异反映在萨缪尔森1984年的评论之中，"我成为一名货币主义者之日就是我举止失常之时"。

---

① 萨缪尔森（Samuelson 1948, vii）在序言结尾处签名的日期是1948年4月。
② 引语分别来自 Samuelson（1971a, 11）和 Samuelson（1960, 267）。
③ Samuelson（1963a, 15）。爱本斯坦（Ebenstein 2007, 156）关于萨缪尔森未承认过他已经改变了观点的说法因而是不正确的。实际上，《商业周刊》（Business Week November 23, 1963, 108）凸显了萨缪尔森这条引语，作为萨缪尔森明确放弃他的先前观点的证明。这篇文章也将这种变化归之于弗里德曼的影响。另参见第十章。
④ Samuelson（1961, 315）。另参见 Blinder（1986），Patinkin（1983），Wallich（1983），以及《华尔街日报》1984年12月10日讨论萨缪尔森教材中货币政策论述的演变。

到1950年，弗里德曼与萨缪尔森在货币问题上的一致程度足够让他们同时签署一份货币政策作用的经济学家声明。① 他们能签署这份声明，其中的一个原因是弗里德曼在这个阶段依然倡导他在1948年提出的规则，因而能够与他后来不愿支持的观点相关联，比如"财政和货币政策……事实上紧密相连，一个的决策必然会影响到另一个"。后来，弗里德曼会承认债务管理与货币政策具有紧密的联系，但是他坚持说，除了极端情形，财政和货币政策无须紧密关联。②

事实上，萨缪尔森是弗里德曼1948年规则的批评者。不过，萨缪尔森批评的焦点在于该规则必然包含财政政策的刚性。萨缪尔森觉得弗里德曼的建议，即允许税收收入和转移支付随着商业周期而自动变化但不允许政府采购随着周期而变动的建议，是次优的和非严格论证的。在1967年的国会证词中，萨缪尔森称赞了这个事实，即弗里德曼关于采购不应周期性变动的建议，尽管曾经很重要，但是"自此却在无人注意的情况下幸福地消失"。③

---

① 很明显这是里森（Leeson 1997a, 142）在提到"美国经济协会公共问题委员会1950年的报告"时所指的报告。不过，里森实际上并没有引述这份报告，而只依靠二次引用，并说到这份报告，"保罗·萨缪尔森是一位合著者，而米尔顿·弗里德曼是异议者"。然而，弗里德曼和萨缪尔森实际上都是这份报告的责任作者，而弗里德曼的异议（下文将描述）尽管很重要，但不能将他与整个报告分离开来。准确地说，这个异议仅限于第7节的一个长脚注（Despres et al.1950）。
② 例如参见他的评论 Friedman（1980a, paragraphs 11 and 19，pp.57 and 59; pp.53 and 56 of 1991 reprint）和 Friedman（1987b）。另参见第八章。
③ 引自萨缪尔森在1967年6月29日的证词（Joint Economic Committee 1967a, 166）。萨缪尔森（Samuelson 1953, 561-562）早就批评过弗里德曼（Friedman 1948a）关于禁止政府采购周期性变动的提议的推理。

相比之下，萨缪尔森发现，弗里德曼1948年的规则令人愉快的地方就是货币和财政政策应协调的观念。

弗里德曼和萨缪尔森能够支持1950年的货币政策声明的另一个原因是，尽管该声明认为债券价格的钉住政策在20世纪40年代推动了通货膨胀，但是它并没有强烈建议废除这种钉住制。① 不过，该声明赞成成本推动的通货膨胀的概念对弗里德曼而言太难以接受，因为如同我们已看到的，他到1950年就已经不接受这个概念了。② 弗里德曼主要反对的是："如果财政与货币政策能阻止货币总需求的急剧上升或下降，它们也由此会阻止工资和物价的普遍下降或上升发展为螺旋式的和累积性的下降或上升。"③ 弗里德曼同样与其他建议政府以控制通货膨胀为目的对劳

---

① 参见 Despres et al.（1950, 528-529）。
② 该联合声明指出（Despres et al.1950, 536），"成本的上升而非过度需求引起的通货膨胀让财政政策和货币政策陷入了一个非常严重的两难境地"。
③ Despres et al.（1950, 535）。这里，"货币需求"指的是名义支出。弗里德曼在这个问题上逐渐引入这个关键句子的讨论非常不清楚，因为他承认垄断压力会推动成本的上升，由此让总需求政策在同时实现充分就业与物价稳定方面变得"非常无效"。相比之下，他更熟悉的立场——至少不考虑美国在1933—1937年间的特殊情形是，市场扭曲会提高自然失业率但不会导致与价格稳定不相符的充分就业（在失业率等于自然失业率的意义上）。弗里德曼在1950年谈到的政策无效性也许表明，他关于长期通货膨胀与失业之间权衡的观点依然在演变。但是，如果我们认为它是指特定部门中垄断力量的增加，可以与他后来的立场相协调。在标准的货币主义分析之中，这种增加可以被视为价格水平冲击的一个来源——这甚至在弗里德曼的货币主义框架之中都产生了短期失业与通货膨胀之间的权衡——以区别于持续的通货膨胀（例如参见 Friedman and Schwartz 1963a, 498-499; Friedman and Friedman 1985, 83-84 and 90; L. Ball and Mankiw 1995；以及通货膨胀分析 Meltzer 2009a, 2009b）。参见第七章的进一步讨论。

动与产品市场进行干预的经济学家决裂。收入政策问题上的分歧是弗里德曼与萨缪尔森在后来三十年的政策分歧中一个反复出现的特征。

萨缪尔森在 1946 年拒绝了芝加哥大学的聘请。据称，他做出这个决定的部分原因是，他想避免花大量时间与弗里德曼争论。[①] 结果是，萨缪尔森留在麻省理工学院确实免去了与弗里德曼每天的争辩，但是与弗里德曼正面交锋依然构成了萨缪尔森的大部分活动。"他们永远都是处于一种争论的状态"，罗伯特·索洛在 2013 年 12 月 2 日的访谈中回忆说。

然而，正如前文所强调的那样，将萨缪尔森视为弗里德曼在经济学界的主要对手是不正确的。许多经济学家可能都比萨缪尔森对这个身份声称拥有更大的权利，因为他们在 20 世纪六七十年代在弗里德曼专业研究的领域参与了更多的争论。特别是，詹姆斯·托宾和弗兰科·莫迪利安尼是弗里德曼在这些辩论中的凯恩斯主义对手。在较小程度上，沃尔特·海勒（Walter Heller）

---

① 参见 Silk（1976, 18）。希尔克将加入芝加哥大学的聘请时间确定为 1948 年，但是通信（Hammond and Hammond 2006, 46）表明，这次聘请出现的时间更早（在 1946—1947 学年）。

也是这样的对手。①

但是,萨缪尔森不仅在《经济分析基础》所做的"弗里德曼先生的陈述似乎不正确的"评论为他与弗里德曼的交锋定下了基调,而且在各种论坛中与弗里德曼战斗。② 弗里德曼与萨缪尔森在 1952 年与 1975 年同时出现在国会的货币政策委员会上,从 1962 年开始直到 20 世纪 90 年代多次在电视上相互辩论,以及从 1968 年到 1977 年在一系列经济事件的录音带讨论中担任定期评论员。③ 此外,他们在 20 世纪 60 年代访问大学校园时在两个

---

① 这些人而非萨缪尔森在莫迪利安尼与安多(Modigliani and Ando 1965)、弗里德曼与梅塞尔曼(Friedman and Meiselman 1965)以及弗里德曼与海勒(Friedman and Heller 1969)之间就货币与财政政策展开了公开的辩论,以及在罗伯特·戈登(R. Gordon 1974a)之中就货币主义展开了交锋。当然,弗里德曼关于菲利普斯曲线的研究本质上就是对萨缪尔森与索洛(Samuelson and Solow 1960)的挑战,但是,萨缪尔森主要将反击留给其他人,包括索洛(Solow 1969)。关于这些问题另参见第十二章至第十四章的讨论。

罗伯特·戈登评论说,萨缪尔森在凯恩斯主义与货币主义论战中所起的较小作用是反对邀请他参加 1972 年《政治经济学》杂志就弗里德曼的货币框架进行辩论的一个因素。这次辩论后来集结在 R. Gordon(1974a)之中。参见第十四章。

尽管如此,萨缪尔森对货币主义作了许多评论。后面的章节会对此进行讨论。

② 引语来自 Samuelson(1947, 182)。这是萨缪尔森探讨弗里德曼(Friedman 1935a)对庇古的批评。但是,正如第二章讨论的那样,弗里德曼到 20 世纪 50 年代看起来不再支持那篇批评的精神。

③ 关于 1962 年的同时参与(这是 1962 年 11 月 30 日《美国经济》的一个片段),参见 Coleman and Alexander(1962, 72-73)以及本书其他地方关于这次交锋的讨论。后来的共同参与包括 MacNeil-Lehrer NewsHour, PBS, August 27, 1990;以及 Wall Street Week, Maryland Public Television, February 21, 1992。

人的街头表演中正面交锋，而这种类似交锋的方式就是 1980 年的一本著作《米尔顿·弗里德曼与保罗·萨缪尔森对美国政策经济责任的讨论》(*Milton Friedman and Paul Samuelson Discuss the Economic Responsibility of Government*) 的依据。[1]

最重要的是，两人从 1966 年到 1981 年同为《商业周刊》经济学专栏作家的事实表明，在公众的视野中他们在经济问题上就是地位相当的人。正是在《新闻周刊》专栏中，弗里德曼在 1970 年 11 月 9 日的评论中说，"保罗·萨缪尔森与我在公共政策问题上经常存在强烈的和公开的分歧"。[2]

"我认为他们的关系相当始终如一，"罗伯特·索洛在 2013 年 12 月 2 日的访谈中评论说，"他们提防着对方，都决定遵守学术礼节。他们确实这样做了。"同样，弗朗西斯·巴托尔在 2015 年 1 月 6 日的访谈中评论弗里德曼与萨缪尔森的关系"在表面上很多是参议员的礼遇惯例"。

威廉·鲍莫尔在 2014 年 1 月 23 日的访谈中评论说："我认为，萨缪尔森真的非常不赞同弗里德曼所做的任何事情。但是，他不想就此展开争论，因此，每当他批判弗里德曼的观点时，他就对我说，'但保密，你自己知道就行啦'。"[3] 但是，萨缪尔森不可避免

---

[1] Friedman and Samuelson (1980)。威廉·普尔在 2013 年 3 月 25 日本书的访谈中回忆了早期的"街头表演"辩论。

[2] 另参见 Friedman and Friedman (1998, 357)。

[3] 在弗里德曼去世之后，萨缪尔森在与劳伦斯·萨默斯的通信中做出过类似的告诫，告知萨默斯关于他对弗里德曼的宏观经济学评价很低的看法"只供你阅读"(Wall Street Journal, September 14, 2013)。但是，与许多弗里德曼在经济学界的批评家一样，萨缪尔森认为弗里德曼的持久收入假说是一个例外，并视之为一个非常有价值的贡献。参见 Newsweek, October 25, 1976a，以及下一章。

地在许多场合，包括前面提到的各种论坛上，公开批评弗里德曼。

而且，萨缪尔森是弗里德曼著作的热心读者。实际上，在晚年的一次访谈中，萨缪尔森大胆地宣称，"我认为，除了我，世界上没有任何人读过米尔顿·弗里德曼的每一篇著作"。[1] 但是，考虑到弗里德曼的著述如此之多，传播渠道如此之广，这个观点很难按照字面意思来接受。[2] 笔者的猜测是，萨缪尔森的确阅读了弗里德曼在芝加哥大学时期——萨缪尔森称这一时期是他们两人"交换再版书籍与研究备忘录"的时期——著作的很大一部分，但对弗里德曼在1977年之后的出版物不完全熟悉。[3] 在问到萨缪尔森的这种说法时，罗伯特·索洛在2013年12月31日的访谈中指出，萨缪尔森可能不会特意地追查弗里德曼经典中的每一篇作品。

不过，萨缪尔森在晚年的访谈中的另一种说法则更值得商榷。萨缪尔森声称，弗里德曼从未"在他整个的人生中承认过任

---

[1] Horn（2009, 49）.

[2] 但是，萨缪尔森确实在1968—1977年间定期订阅《教学动力学》录制的弗里德曼的评论。尽管这些磁带可以公开订阅，但是，这些磁带高昂的订阅费和缺少宣传意味着，这些磁带流传范围有限。萨缪尔森（Samuelson 1969a, 8）指出，除他以外，很少有经济学家实际上接触过它。毋庸置疑，萨缪尔森的确阅读过弗里德曼的大量声明和著述。实际上，业已指出，萨缪尔森对弗里德曼的思想精通在萨缪尔森区分货币理论与货币政策建议之中就变得十分清楚，而弗里德曼本人强调这种区分。相比之下，帕廷金（Patinkin 1995, 127）在声称货币主义主要是讨论具体的政策建议并与此相联系之时，就表明他不熟悉这种区分。

[3] 萨缪尔森的引语来自 The American Economy, Lesson 48: Can We Have Full Employment without Inflation? CBS College of the Air, filmed circa June 5, 1962。

何一个错误"。弗里德曼在这些年间的陈述——包括一些在公开记录中很容易获取的弗里德曼的著述——与这种说法相矛盾。下列摘录的引语就说明了这一点:①

1945 年:"我们最初对样本的分析在后来被判断是错误的。"②

1963 年:"［在《消费函数理论》(*A Theory of the Consumption Function*) 的一个段落中］这个陈述的结论是错误的,是混淆了存量与流量的间接结果。"③

1964 年:"我感谢里伯(Rieber)让我理解了这些问题。"④

1969 年:"正如戴维·莱德纳在此文发表后向我指出,这个段落(在一篇弗里德曼的 1959 年的文章之中)包含了一个错误,是一个混淆了函数与导数的常见错误。"⑤

1973 年:"于是,我判断我上次所说的话在某种程度

---

① 弗里德曼愿意承认错误的另一种表达方式是他在回应评论时对论文修改的兴趣。安娜·施瓦茨在 2010 年 10 月 14 日与笔者交谈时指出了这一点,说弗里德曼将草稿视为总是能够通过重写以得改进的。施瓦茨在与笔者早先的一次谈话中说:"与弗里德曼一起工作,我可以批评他所做的事。对他说'这不清楚'或者'从你写的前面几页得不出这样的结论'是没有问题的。但是,你不能这样批评阿瑟·伯恩斯"(E. Nelson 2004a, 405)。这种方式也可以与萨缪尔森(Samuelson 1983b, 11)所承认的"我是第一稿的俘虏"的说法进行对比。
② Friedman and Kuznets (1945, 305).
③ Friedman (1963b, 12).
④ Friedman (1964d, 513).
⑤ Friedman (1959a) 在重印时在 Friedman (1969b) 中补充了一个脚注,即第 119 页的脚注 4a。

上具有误导性,我真的应该出尔反尔,收回我当时说的某些话。①"

1974年:"我接受评论中的含蓄批评。"②

1974年:"我认为是正确的说法看来是明显错误的。"③

1975年:"我的分析不完整,我的最终结论是错误的。"④

1975年:"请允许我从忏悔过去的错误开始吧。"⑤

1977年:"我那个陈述是错误的。"⑥

1982年:"我弄错了。"⑦

1983年:"米尔顿·弗里德曼对《华尔街日报》1983年9月1日上的一篇文章中的错误深表遗憾。"

1984年:"(在 GNP 预测上)我现在错了,绝对错了。我对我的错误没有一个好的解释理由。"⑧

1991年:"首先,我必须供认你的第一点所包含矛盾的罪行。"⑨

1998年:"我的隐性预测……是根本错误的。"⑩

2006年:"你是正确的,我是错误的。"⑪

---

① Instructional Dynamics Economics Cassette Tape 120 (May 11, 1973).
② Long-Term Solutions to the Energy Crisis, January 24, 1974.
③ Instructional Dynamics Economics Cassette Tape 149 (June 26, 1974).
④ Newsweek, June 23, 1975.
⑤ Instructional Dynamics Economics Cassette Tape 168 (June 1975, part 1).
⑥ Instructional Dynamics Economics Cassette Tape 206 (January 1977).
⑦ Friedman (1982d, 404).
⑧ 威廉·格雷德在1984年7月19日的访谈,引自 Greider (1987, 543)。
⑨ 1991年7月16日米尔顿·弗里德曼致笔者的信。
⑩ Friedman and Friedman (1998, 327).
⑪ 2006年4月13日米尔顿·弗里德曼致笔者的电子邮件。

以上摘取的样本涵盖了从20世纪40年代到21世纪10年代的每个十年，除了20世纪50年代。但是，20世纪50年代的特征是萨缪尔森无疑所熟悉的弗里德曼承认错误的时代。在1952年对效用论文的一个续篇中，弗里德曼与萨维奇承认，"在我们先前的论文中……有一个错误"。[①] 其实，当他们在1948年的原文得以在1952年美国经济协会的《价格理论选读》中付印时，他们对这篇文章进行了修改，纠正了他们的假设所隐含的偏好设定性质的描述。一个修正描述的脚注写道："在这次重印中，作者修改了第二点……对于原文第二点不恰当的事实，我们感谢保罗·萨缪尔森的指点。"[②]

　　因此，可以看到，与萨缪尔森的说法相反，弗里德曼承认

---

① Friedman and Savage（1952a, 467）.
② Friedman and Savage（1952b, 71）。也许认识到再版包含了这个修改，贝克尔（Becker 1964, 56）援引的是该论文的重印版而非1948年的原版。不幸的是，在弗里德曼去世后选择重印他在《政治经济学杂志》上的文章（Friedman 2007）时，使用的是最初带有错误的发表版本Friedman and Savage（1948）作为重印的基础。为了减轻罪责，该选集也包含了 Friedman and Savage（1952a）这篇1948年的错误被指出和修正的文章。
弗里德曼承认前一篇文章中错误的一个重要事例是，弗里德曼在Friedman（1952e）中对Phipps（1952）回应时宣布，他的错误是"一颗哑弹"和"一个不可原谅的错误"（参见 Friedman 1952f, 334, 335）。但是，弗里德曼显现了他后来承认错误的精神（他在 Friedman 1982d 中回应 F. Levin and Meulendyke, 1982），在让步之后接着对菲普斯对该论文的其他批评进行了激烈的反驳。即便如此，弗里德曼在发表 Friedman（1952e）的修改版本时，还是在 Friedman（1953b, 100）中再次感谢菲普斯。而且，Friedman（1954b, 265）指出，在 Friedman（1953b）中发表的版本是 Friedman（1952e）的原文"修改过的形式"。

在他的职业生涯中存在大量的错误。而且,事实情况也是,弗里德曼第一次公开承认的错误就认为是保罗·萨缪尔森本人找到的错误!

那么,为什么萨缪尔森在他长期研究弗里德曼之后还留下弗里德曼从未承认错误的印象呢?可以从安-玛丽·梅伦戴克提供的评论中找到一些答案的线索。她与弗雷德·莱文的著作导致弗里德曼在 1982 年承认以上引用的错误。"承认他是错误的并非他所不能做之事",梅伦戴克在 2013 年 4 月 29 日的访谈中对弗里德曼评论说,而她在 20 世纪 60 年代上过弗里德曼的课。"我认为,他很难说他的基本哲学是错误的。但是,说他的某个分析有错:他会承认'是的'。"对于弗里德曼承认具体错误但经常接着肯定他的更广泛的论证思路,而不是重新考虑他的基本经济框架,保罗·萨缪尔森也许感到不满意。

二、奥斯卡·兰格

作为芝加哥大学经济系的一员,奥斯卡·兰格曾是一本著作的合编者,而弗里德曼在其中发表了他的一篇早期论文。[1]但是,兰格在芝加哥大学的时期与弗里德曼的在那儿的学生时期只是稍微有交叉,并在弗里德曼加入经济系教师队伍之前的 1945 年离开。因此,弗里德曼会表示,他只是略微了解兰格。[2]

尽管如此,弗里德曼的名字还是永久地与兰格的名字联系在一起,因为弗里德曼以兰格分析的主要批评家知名。这个声誉主

---

[1] 这篇论文是 Wallis and Friedman(1942)。
[2] 参见 Friedman and Friedman(1998, 55)。

要源自弗里德曼在20世纪40年代后半叶发表的两篇书评。到那时，兰格已经离开了经济研究的世界，但是，他作为凯恩斯经济学的发展者和作为一个有兴趣将社会主义置于坚实理论基础之上的经济学家，对经济研究留下了烙印。弗里德曼的两篇书评，其中一篇对兰格发展凯恩斯经济学提出异议，另一篇则对兰格的社会主义观点提出挑战。

第一篇评论发表于1946年，主要是对兰格1944年的著作《价格灵活性与就业》（*Price Flexibility and Employment*）进行"方法论的批评"。① 兰格的著作在20世纪30年代晚期到40年代被广泛认为对《通论》思想的形式化提供了帮助，并从中推导出一个可用的方程组。弗里德曼评论的就是这本著作的一部分，但是与他在评论中聚焦于方法论相一致，弗里德曼并没有对凯恩斯主义本身集中火力批判。②

弗里德曼在评论中提出的经济论点，在某种程度上部分地等同于他在这十年的后期形成货币问题思想之后反复阐述的观点。例如，弗里德曼质疑兰格关于理论上最优的货币政策规则可以在实践中实施的后果，因为弗里德曼强调对经济结构知识的匮乏。③ 此外，该评论对一般均衡分析的否定被许多人，包括罗伯

---

① Friedman（1946）.
② 弗里德曼也没有集中质疑兰格（Lange 1944）对古典经济学的批评。后来，阿奇博尔德与李普西（Archibald and Lipsey 1958）在著作中这样做了。近来对兰格批评的讨论体现在McCallum（2001a, 151）——他将这种批评追溯到Lange（1942），这篇文章与W. A. Wallis and Friedman（1942）出现在同一卷著作之中——以及Sargent（1987a, 107-110）之中——他对阿奇博尔德与李普西的反驳提供了一个更加现代的处理方式。
③ Friedman（1946, 622）.

特·索洛，看作是阐述了弗里德曼在后来数十年中会论述的经济建模观。

但是，弗里德曼在主要经济问题上对兰格所做的其他批评之中，提出的观点现在看来完全不像他的观点。随着他的研究计划不断取得进步，他明显地将这些论点看作越来越不重要。特别是，弗里德曼批评兰格在分析中使用单值期望，但他在自己的著作中也出于需要采用这种策略。允许单一日期的期望成为一个向量的做法与他后来只关注少数几个关键变量的信条很难相符。[1] 其实，弗里德曼在 20 世纪 50 年代的研究不仅使用单值期望，而且将这些期望术语重新用可观测数据表达。[2]

最令人震惊的是，弗里德曼批评兰格在分析中没有为货币供给反应方程建模。[3] 但是，弗里德曼后来与安娜·施瓦茨的著作实际上在这个问题上站在兰格一边。弗里德曼与施瓦茨得出结论说，货币安排与货币政策反应函数随着时间的流逝而变化如此之大，以至于数据中持续存在的货币与收入的规律主要源自货币需求关系的存在而非货币供给过程，因此，他们在著作中集中研究货币需求就证明是有根据的。[4]

弗里德曼对兰格的方法论批评已经被解释为，对兰格依靠

---

[1] 例如参见 Friedman（1972a, 908）。
[2] 但是，在讨论理性预期文献中，弗里德曼（Friedman 1978c, R-185）确实将包含多值期望列为一个研究文献应该遵循的方法。另参见 Friedman（1977e, 466）。当然可以反驳说，嵌入理性预期的随机模型确实允许一种形式的多值期望，因为这些模型的期望值对应于概率分布的一阶矩和这个分布通常是非退化的。
[3] Friedman（1946, 615）.
[4] 特别参见 Friedman and Schwartz（1970a, 139–140）。

形式化理论而非经验证据得出经济结构的结论以及政策措施采取的形式的挑战。但是，这种解释并没有很好地概括弗里德曼对兰格的批评，因为弗里德曼承认，兰格对理论本身不感兴趣，而是对其现实世界的应用感兴趣。弗里德曼认为，兰格著作的关键弱点是，兰格没有将他的模型与一系列经验规律相比较。在弗里德曼看来，兰格反而获得了抽象的理论结论，然后仅仅将一丁点儿经验证据当作确立这些结论相关性的依据。[1] 弗里德曼将这种做法贴上一个还在继续使用的"随意的经验主义"的术语。[2] 这个表达超越了弗里德曼对兰格的批评。弗里德曼在后来的研究与通俗著述中都再次使用这个表达。[3] 不过，弗里德曼同时代以及后一代的经济学家，包括弗兰科·莫迪利安尼、乔治·斯蒂格勒、保罗·克鲁格曼、道格拉斯·盖尔、查尔斯·比恩（Charles Bean）、迈克尔·帕金、罗伯特·霍尔、罗伯特·夏默，也都在他们的著作中使用过这个表达。[4] 经济学界之外的大量作家也使用这个表达，以至于到 2018 年 8 月为止，在谷歌书籍数据库的记录中，"随意的经验主义"的点击次数超过 1.1 万次——这些点击的绝大多数讨论都没有提到弗里德曼，更别说兰格了。

也许，兰格在研究中使用随意的经验主义的最佳例子不是出

---

[1] Hirsch and de Marchi（1990, 150）也强调了弗里德曼批评的这方面内容。
[2] 参见 Friedman（1946, 622-625 and 631）。
[3] 例如参见 Friedman（1967a, 13; 1972a, 922）; Friedman and Schwartz（1970a, 141; 1982a, 31）; 以及 New York Times, September 23, 1973（67, 69）（pp.279, 280 of reprint in Friedman 1975e）。
[4] 参见 Modigliani（1986b, 125）; G. Stigler（1960a, 719）; Krugman（1980, i; 1999, 83）; Gale（1982, 138）; Bean（1988, 42）; Parkin（1982, 69）; R. Hall and Milgrom（2008, 1672）; 和 Shimer（1996, 4）。

自弗里德曼评论的这本书，而是在1939年的一篇引起明茨愤怒的文章之中。明茨责备兰格将大萧条及其后果作为支持长期停滞观点的证据。这个批评毋庸置疑会与弗里德曼产生很大的共鸣，因为弗里德曼像明茨一样到1950年就不再考虑长期停滞观了，由此特别不赞成将20世纪30年代当作支持这个假说的一个证据的观念。相反，弗里德曼与明茨已经倾向于认为货币政策要为大萧条负大部分责任。

兰格在很大程度上与凯恩斯主义经济学的著作相分开的另一个主要分支的研究为弗里德曼在以后的岁月中谈到兰格提供了主要的机会。兰格在两篇文章——这两篇文章经过修改后来出版于一本名为《社会主义经济理论》的著作——之中提出了社会主义经济学的理论依据。[1] 弗里德曼在1947年发表的对阿巴·勒纳的著作《管制经济学》的书评中援引了兰格那本书。在很大程度上，兰格与阿巴·勒纳论述的是同一理由，得出的是同样的结论，以至于弗里德曼后来经常称之为社会主义经济运行的"兰格–勒纳"模型。[2] 有一次，他甚至记错了他们在这个主题上合著过的一本书。[3]

---

[1] Lange and Taylor（1938）.

[2] 例如参见 Friedman（1984f, 12–13 and 21）；以及 Wall Street Journal, January 8, 1991。另参见罗丝·弗里德曼在 Friedman and Friedman（1998, 513）之中所指的"社会主义市场经济的兰格–勒纳观点"。

[3] Instructional Dynamics Economics Cassette Tape 132（October 24, 1973）。很明显，弗里德曼将 Lange and Taylor（1938）——正如指出的那样，他在 Friedman（1947, 415）之中引述过它，而这本著作是将兰格和弗雷德·M. 泰勒各自独撰的文章重新编排的一本书——和 Lerner（1944）精简为一本著作。

虽然弗里德曼在1947年的书评中集中于阿巴·勒纳而对兰格一带而过，但是，他的批评对他们两人的分析都适用。在弗里德曼看来，兰格与阿巴·勒纳提出，社会主义政策制定者寻求的生产与资源配置目标最好通过去中心化政策和采纳许多市场经济的政策来实现。特别是，兰格与阿巴·勒纳提出的制度安排包括赋予厂商追求利润最大化的目标和允许厂商的商品价格由自由运行的价格体系决定。但是，厂商或者他们的持股者不允许保留利润，而利润反而要被再分配。弗里德曼认为，这个建议是一个"本质上让社会主义国家玩资本主义的游戏"。[1]

在1947年的评论之中，弗里德曼提出了一个在1980年的《自由选择》中反复出现的论点，认为这个建议因取消了激励而不具有可操作性。他强调说，价格在市场经济中担负着传输信息、配置资源和分配收入的多重功能。[2] 依弗里德曼之见，在兰格-勒纳模式中，国家不顾价格体系通常会产生的收入分配但却试图让价格体系继续执行其他的传统功能。但是，弗里德曼认为，如果价格被剥夺了收入分配的功能，那么，人们为生产产品和服务而提供生产性资源的动机就被取消了，从而导致这种功能的分离不会取得成功。正如他在1943年的支出税建议中所做的那样，弗里德曼强调，如果国家采取重大措施来取代市场机制所

---

[1] Instructional Dynamics Economics Cassette Tape 132（October 24, 1973）.
[2] 关于弗里德曼后来对此点的重新表述，参见 Friedman（1962b, 10; 1976a, 10; 1984f, 9），Milton Friedman Speaks, episode 1, "What Is America?" taped October 3, 1977（p.16 of transcript）; and Free to Choose（US version）, filmed portion of episode 1, "The Power of the Market," PBS, broadcast January 12, 1980，p.5 of transcript。

蕴含的收入分配，那么，工作和冒风险的动力就失去了。

在整个职业生涯中，弗里德曼总是支持政府推行一些再分配政策。① 其实，在 20 世纪四五十年代，他依然赞成累进所得税税率表。诚如我们已经看到的那样，部分原因是，他比后来更加重视财政自动稳定器物的重要性。② 但是，即使在那时，他仍然关注国家在收入领域的干预会达到如此的规模，以至于会严重阻碍努力。他后来在 1968 年 9 月 16 日的《新闻周刊》上警告说，这种政策计划等于"包括大量的收入再分配和急剧减少人们的工作动力的计划"。③ 兰格-勒纳建议以极端的形式典型体现了这种计划。

---

① 这个事实强调了弗里德曼（Friedman 1953e）利用弗里德曼与萨维奇的偏好解释观测的收入差异的有限特征的事实。正如我们已经看到的那样，弗里德曼反对塞利格曼（Seligman 1964）将弗里德曼 1953 年的分析等同于对现有收入分配认同的解释。这个反对的部分原因是，弗里德曼认为他在 Friedman（1953e）之中利用的理论是从对收入分配有重要影响的各种因素中抽象出来的，以及他认为，塞利格曼无论如何都误解了他的理论。但是，弗里德曼反对的另一个因素是，他能够理性化私人部门的效用最大化行为（包括赌博行为）所产生的收入差异并不等于在原则上反对政府以收入再分配为目标的政策。

② 例如参见 Friedman（1954a; pp.84—85 of 1968 reprint）和他的讨论（Joint Committee on the Economic Report 1952c, 745）。但是，即使到这个阶段，弗里德曼还是认为高度累进的税收制度可能会阻止风险投资（Friedman and Savage 1948, 302），并认为高收入等级的边际税率太高，以至于剩不下多少可征税的东西（NBC 1951b, 6）。另参见下一个注释。

③ 弗里德曼即使在支持累进税率表和明确倡导高税收来抑制朝鲜战争的繁荣的背景下，依然在 1951—1952 年呼吁降低边际税率。参见 NBC（1951b, 1）; Director（1952, 18, 96）; 以及弗里德曼在 1952 年 1 月 31 日的证词（Joint Committee on the Economic Report 1952b, 350）。

到弗里德曼对兰格与勒纳的评论发表之时，兰格已经是波兰政府的一名官员。[①]那个政府最终将波兰正式命名为"波兰人民共和国"——这种表达方式，诚如弗里德曼最喜欢的一个电视节目《是，首相》(Yes, Prime Minister)有一次评论的那样。[②]兰格在波兰的官职高和在社会主义思想中的赫赫声名都让他的思想在东欧的国家中有很大的影响力，尽管莱亚德和沃尔特斯指出，即使在这几个国家，兰格提出的制度安排也只是"以非常有限的形式被采用"。

需要说明的是，这些结论似乎证实了弗里德曼对这个观念的怀疑态度：一个带有市场元素的制度可能在兰格对其运行试图强制施加约束性条件之下会取得成功。而且，社会主义经济，不管是否采纳兰格的建议，都证实了弗里德曼提出的另一个观点：静态经济比动态经济——在实践中必然是这种经济类型——更容易

---

① 具体来说，当弗里德曼在1946年9月发表他的评论之时，兰格正在担任波兰驻美国的大使(New York Times, August 18, 1946)。
② 弗里德曼在Friedman and Friedman(1998, 633)之中赞扬了《是的，大臣》和《是的，首相》系列节目——这是安东尼·杰伊(Antony Jay)共同执笔写的剧本，而杰伊则是《自由选择》电视系列节目的一位创作顾问。弗里德曼最初偶然看到《是的，大臣》系列节目是通过该系列节目片段的小说化，而他最初认为该节目是著作改编的而不是反过来的。"我送给米尔顿第一册著作的一本"，安东尼·杰伊爵士在2013年5月29日的访谈中回忆说，"他喜欢它，并认为该书先于电视系列节目。他说，电视系列节目多么好地捕捉到了这本书的精神呀"。具有讽刺意味的是，这个误解与许多人关于《自由选择》系列节目与它的书籍版本的误解相同。弗里德曼后来在《是的，大臣》在美国结集出版时表达了支持(Lynn and Jay 1988)。
关于波兰的正式名称在共产党统治时期是"波兰人民共和国"，例如参见Szyr(1964)。

受到计划的影响。① 正如弗里德曼观察到一样，各个部门的产出份额不断变化的情形就反映了一个"对市场条件积极反应的动态社会"。② 但是，依他之见，依靠计划和"不利用资本主义制度作为决定谁得到什么的方法"的制度正是那种无法实现动态经济增长的制度。③

1951 年，弗里德曼获得了约翰·贝茨·克拉克奖。该奖是美国经济协会为授予年龄在 40 岁以下对经济研究做出杰出贡献的经济学家而设的。弗里德曼现在取得了职业的成就。只有那些在多年前密切关注他的活动和公开声明的人，才会略知他在学术界的地位将要以多么惊人的速度崩溃。

弗里德曼获得的克拉克奖主要是基于他最近发表的理论导向的著作，特别是与萨维奇合作的著作。那篇著作加上他在芝加哥大学的职位，也让他足够知名，以至于在 1950—1951 年版的《美国名人录》中包含了他自己的一个词条。

但是，在这些里程碑事件的数年之内，弗兰克·哈恩认为，弗里德曼的《实证经济学论文集》既没有达到"弗里德曼与萨维奇论效用的著名论文的高标准"，又不满足"与他的（弗里德曼的）名字联系在一起的高标准"。④ 这些判断反映了 20 世纪 50 年代英美学术界对弗里德曼看法的转变。用罗伯特·卢卡斯的话说，弗里德曼"像疯子一样被对待"的说法准确描述了弗里德曼

---

① Forbes, December 12, 1988, 168。另参见 Dolan and Lindsey（1977, 580-89）关于将这个论点应用于兰格建议的讨论。
② Friedman（1957b, 78）.
③ Instructional Dynamics Economics Cassette Tape 132（October 24, 1973）.
④ Hahn（1954, 399, 401）.

20世纪50年代到60年代初所受到的对待。① 不过，当人们考虑到弗里德曼在20世纪50年代初在经济学家中获得的声誉，这种看法似乎是令人震惊的——事实上如此令人震惊以至于经济研究领域之外的人士错误地援引弗里德曼获得克拉克奖的事实，作为支持他在20世纪50年代不可能是经济学界弃儿的证据。②

学术界对弗里德曼态度的转变反映了他对选择研究什么主题以及怎样解决它们的问题上的疑虑。关于怎样的问题，弗里德曼偏离了经济研究中的数学严格性。罗伯特·索洛认为，弗里德曼在1946年对兰格的评论就是这种趋势的信号，并评论说，"确定无疑的是，米尔顿失去了与学术界年轻成员的大量接触，因为他是如此厌恶"正式建模，特别是在宏观经济学和一般均衡背景下的正式建模。③

诚如第三章业已讨论的那样，弗里德曼在1952年谈到"数理经济学"的方式就表明他不打算从事这方面的研究。④ 在1970年，弗里德曼认为"数理经济学家"的称号适合萨缪尔森而非他

---

① 引语来自Klamer（1983, 53）。另参见第一章。
② 参见Ruger（2011, 166）。鲁格正确地暗示，弗里德曼在整个20世纪60年代不是一个被遗弃的人。正如E. Nelson（2004a, 397）和本书后面的章节所强调的那样，1963年是一个改变弗里德曼在经济学界地位的转折点。但是，诚如这里以及E. Nelson（2009a, 2009b）所论证的那样，准确的看法是，弗里德曼从1951年到1963年经历了一个与经济学界相对疏远的时期，而他的货币著作比他在20世纪40年代的著作评价更低。主要的例外是弗里德曼（Friedman 1957a）对消费函数的贡献反应良好。参见下文。
③ 2013年12月2日对罗伯特·索洛的访谈。关于学术界在20世纪60年代支持索洛看法的意见描述，参见Sargent（1996, 540）。
④ Friedman（1952c, 457）.

自己。① 至于研究主题的选择问题，弗里德曼的研究改变如此之大，以至于为他赢得克拉克奖的论文逐渐会被看作不是他的整个著作的代表作。实际上，弗里德曼是这样一个既获得克拉克奖又获得诺贝尔奖，但他的诺贝尔奖的著作基本上是与他的克拉克奖的著作相分开的罕见的例子。弗里德曼本质上两次登上经济学界的顶峰，一次主要是在20世纪40年代，而另一次则开始于1963年。② 当弗里德曼在获得诺贝尔奖时，他获得克拉克奖的著作在重要性方面如此降低，以至于他在1957年论消费的著作在一个简介中被描述为他的"早期著作"和他的"第一个主要的研究"。③

但是，消费函数著作不是导致他的同行认为弗里德曼走上邪路的发展的结果。相反，它被视为是20世纪50年代他所追求的有价值的一部分。被他的同行视为无价值的并促使对弗里德曼做出否定性评价的是他在20世纪50年代集中对凯恩斯主义经济学提出的批判，以及他建立另一个以货币政策为中心的框架的尝

---

① Newsweek, November 9, 1970；以及 Instructional Dynamics Economics Cassette Tape 60（November 5, 1970）。同样，弗里德曼在20世纪80年代初经过芝加哥地区并与芝加哥大学的博士研究生谈话时说，他不是数学家（Sydney Morning Herald, August 12, 1993）。

② 贝克尔（Becker 1991a, 140）只是将第二次视为弗里德曼登上"顶峰"，而贝克尔的解释被爱本斯坦不加批评地接受（Ebenstein 2007, 138）。但是，赢得克拉克奖的成就毋庸置疑有资格被称为登上顶峰。同样，伯金（Burgin 2012, 153）谈到弗里德曼在"个人的和职业的快速上升"中"巩固"他在20世纪60年代作为一位经济学家的声誉。这种做法提出的问题是，为什么弗里德曼在获得克拉克奖之后还需要任何上升。伯金的描述如果使用"重建"而非"巩固"就更值得辩护。

③ Newsweek, October 25, 1976b, 86.

试。学术界在1951年之后面对的这个弗里德曼，用罗伯特·索洛著名的说法就是，已经达到了一个"每一件事物都让米尔顿想起货币供给"的状态，他持有的这种观点被认为完全不同于20世纪三四十年代他二三十岁时作为一位概率导向的微观经济学家所持有的观点。[1] 他迟早会重获他在20世纪50年代之初获得的声望。不过，他首先不得不作为一位堪称不感恩的人搜寻多年。

当威廉·R.艾伦——一位杜克大学经济系的研究生，但在1950—1951学年作为研究生访问奖学金的一部分到芝加哥大学上课——在弗里德曼的办公室会见他时，弗里德曼稍微暗示，他的新研究活动可能会产生强烈的反应。威廉·L.艾伦在2014年3月14日的访谈中回忆说："我回想起，我不知道我的论文主题是否只是因为不重要才是一个空白。他坚持说，一个人永远要选择自己感兴趣的主题，不管它们是否惹人注目，唯一要关心的事就是要将工作做好。"弗里德曼重复这条建议直到他在芝加哥大学的职业生涯结束。本杰明·艾登是该系20世纪70年代初期到中期的一位研究生。他在2014年3月14日的访谈中回忆说，弗里德曼的观点是，一个人应该找到一个问题，"然后研究它，不要担心其他人是否对它感兴趣……这就是我作为一个学生对他的印象"。这种态度也在弗里德曼处于经济学界的荒野岁月之时对他很有用。

弗里德曼的职业轨迹——在克拉克奖和诺贝尔奖的两座山峰之间被一个深凹处所分开——与女演员英格利·鲍曼（Ingrid Bergman）的职业轨迹存在奇怪的相似之处。英格利·鲍曼在20

---

[1] 引自 Solow（1966b, 63）。

世纪四五十年代赢得过两次奥斯卡奖,但在这期间卷入一场婚外情之后就疏远了电影行业。鲍曼在电影节恢复名誉很久之后有理由反省,"幸亏在我的生活中有一个时期每个人都反对我"。[①] 弗里德曼疏远学术界的时期似乎在他心里灌输了类似的态度。诚如他在 73 岁时评论说,"当我处于多数时,我比处于少数时更不安"。从 20 世纪 50 年代初开始,鲍曼与弗里德曼突然都发现他们不受欢迎了。就英格利·鲍曼的情况而言,这种情形出现的原因是爱;对弗里德曼而言,人们可以说它是因为货币。

[①] Photoplay Film Monthly(September 1975), 21.

第二篇

弗里德曼的框架

第五章

弗里德曼的总需求框架：消费和投资①

---

① 本研究中所表达的观点仅代表笔者本人，不应解释为联邦储备委员会或联邦储备系统的观点。笔者感谢戴维·莱德勒和杰拉德·奥德里斯科尔对本章初稿的评论。关于本书完整的致谢名单，参见前言。笔者遗憾地指出，自本章的研究开展以来，笔者曾访谈过并在本章加以引用的加里·贝克尔已去世。

第一节 讨论背景

本书在前四章中已经阐述过的一个主要假设就是，米尔顿·弗里德曼的经济结构观点——特别是在总产出和价格的短期和长期决定方面——虽然在20世纪40年代经历了相当大的变化，但是到20世纪50年代初已经基本上形成，而他在余生中会坚持这种观点。

本书的叙述现在已经到了20世纪50年代的早期。因此，现在是合适的时候来系统地展示弗里德曼在货币主义时期，即大致从1951年起的时期，所阐述的基本经济观点了。

为此，本章和接下来的四章将中断本书按照年代顺序叙述的做法，以便阐述和分析弗里德曼在货币主义时期采纳的经济学框架。本章和接下来的两章探讨弗里德曼关于宏观经济结构的观点。依次地，本章和第六章探讨总需求的决定，第七章探讨总供给的决定。第八章探讨弗里德曼关于政策规则的观点。这些观点虽然在20世纪50年代初仍在变化，但到1956年就已经大致确定下来。第九章不仅阐述那些在前几章的宏观经济讨论中没有涵盖的有关弗里德曼的市场机制观点，而且探讨弗里德曼关于经济研究方法论的观点是如何反映其经济运行的观点，以及两者是如何相互作用的。

本章在概述弗里德曼的总需求框架之前，先在第二节中探讨弗里德曼是否有他自己的与众不同的、统一的经济模型的基本问题。第二节的分析对此问题给出了肯定的回答。然后，第三节列出了第五章至第九章分析弗里德曼的经济框架时采用的一些基本规则，第四节和第五节探讨弗里德曼关于总需求的消费和投资组成决定的思想，以及隐含的投资–储蓄（IS）方程。本章的附录探讨了弗里德曼关于总需求观点的一种可能的、但在本书的分析中未予采纳的表达形式。

第二节　弗里德曼有自己的经济学模型吗？

本书叙述的许多内容，尤其是本章和下一章叙述的内容，都源自并用文献证明的一种观点，即弗里德曼有一个内在一致的、公开阐述的理论经济学框架。[①] 因此，先探讨两种广泛陈述的对立观点是有益的。第一种对立的观点认为，弗里德曼没有模型。第二种对立的观点——它是第一种观点的替代而非补充——认为，弗里德曼的各种观点确实隐含着一个模型，但是，该模型与他的对手（凯恩斯主义者）的模型完全相同。下面将依次探讨这两种观点。

艾伦·梅尔策曾说，弗里德曼"从未提出过一个模型。很明显，他是一个才华横溢的人，他的思想不仅影响了我，也影响了许多其他人，但你永远无法找到或记下这个模型"。不过，梅尔策立刻补充说，他"尝试写下我认为是他们（弗里德曼和施瓦茨）心目中考虑的模型"——从而承认弗里德曼在实证和叙事著作中

---

① 除了本章和下一章的分析，特别参见以上的第一章和第四章。

有一个隐含的模型。① 尽管梅尔策提出来表达弗里德曼观点的模型并非此处使用的模型，但是，梅尔策在这篇 1965 年的文章中认为弗里德曼有一个隐含模型的基本想法也是本书所持的观点。②

诚然，弗里德曼发表的大量分析性著作，特别是货币经济学领域的分析性著作，都缺少一个详细说明的完整结构模型。而且，详细地分析他所撰写的理论著作揭示了构成其货币研究基础的经济学框架的某些内容，但是，这种理论著作会压制其框架的其他内容。例如，弗里德曼在 1957 年的消费函数著作（本章第四节将讨论）中阐明了他的消费与收入之间的关系的观点，但很少分析消费和收入对货币政策的反应，尽管这本著作确实包含了这些问题的信息。同时，他在 1970 年的"货币分析的理论框架"这篇文章中被证明用词不当，因为这篇文章的重点是论述总供给关系，而非凯恩斯主义者与货币主义者就货币传导机制展开大量辩论的总需求领域。③

但是，一旦将他的纯粹口头作品和正式著作结合在一起，弗里德曼的整体著述就比以上提到的具体著作确实对他的总需求和总供给决定的观点提供了一个更加全面的视角。因此，如果将以上艾伦·梅尔策的第一句引言所表达的观点，重新表述为"你永

---

① 梅尔策的引用来自 McCallum（1998, 250）。
② 弗里德曼自己的观点是，他既赞成又反对"梅尔策（Meltzer 1965）就《美国货币史》的基本理论所说"的许多话（Friedman, 1971d, 334）。
③ 不过，R. 戈登（R. Gordon, 1974b ix）指出，弗里德曼从事"理论框架"分析的动机是，弗里德曼需要一篇比表述在 Friedman（1956a）中更加正式地和更加全面地陈述他的货币关系的观点的论文。如第一章已经指出过，这样分析的动机是有根据的。同样的动机驱使本章试图从弗里德曼对货币问题的零散表述中发掘出其理论框架的系统表达。

远不会发现弗里德曼明确写下的完整模型",那么这将更加准确,并且与梅尔策在1965年的文章中表述的观点更加一致。

即使在他的大量口头演讲中,弗里德曼的分析也的确是基于隐含模型。这一观点得到了许多其他评论者的支持——包括那些在其研究中惯于使用正式模型的评论者。例如,罗伯特·卢卡斯和萨姆·佩尔兹曼在20世纪60年代初的研究生学习时期选修了弗里德曼的价格理论课程。他们发现,该课程或隐含地或明确地使用模型,并鼓励课堂成员采取模型框架的思考方式。[1] 就弗里德曼的宏观经济学而言,托马斯·萨金特评论道,"很明显,有些模型构成了他的思考的基础"。[2]

最重要的是弗里德曼本人的证词。弗里德曼和梅塞尔曼在他们共同撰写的著作中所说的话,也适用于弗里德曼和施瓦茨共同从事的货币研究,以及弗里德曼单独撰写的绝大多数材料:那就是他们的著作"隐含了我们的更广泛的模型"。[3] 不过,正如这句引语所暗示的那样,缺乏明确的模型并不意味着弗里德曼没有使用隐含的模型。事实上,他强调说,他的模型导向不甚明确的著作确实有赖于隐含的模型。例如,在他们的货币项目主要使用叙事分析和简化形式的数据分析的情况下,弗里德曼和施瓦茨评论说,"每一项实证研究都建立在理论框架之上"。[4] 另一次,弗里德曼将自己在《新闻周刊》专栏和其中所包含的预测作为他的著作反映了隐含模型的例证。他对此评论道,"我们每个人都要

---

[1] 参见第十一章和第十五章的进一步讨论。
[2] 引自 Klamer (1983, 63)。
[3] Friedman and Meiselman (1964, 371).
[4] Friedman and Schwartz (1982a, 16).

有一个一般的经济模型，以便构成我们在特定时间预测的基础"。

同样值得强调的是，弗里德曼的隐含经济模型不是一个简化形式的模型，而是一个结构模型。他明确表示，即使在他自己不习惯于正式地写下这样的理论时，一个"充分发展的理论仍然是非常需要的"。[1] 他还明确表示，语言分析需要具有内在一致性，才能与数学分析相媲美。[2] 因此，尽管弗里德曼从简化形式的经验研究中看到了好处，但他认为，像国民经济研究局这样的机构所从事的研究，包括他为该组织从事的货币研究工作的一个主要目标是，获得那些有可能表明在一个正式的经济模型中设定适当的结构方程的实证结果。一旦充分准备好这样的证据，那么，经济研究者的工作就变成了"把结构方程组合起来"，形成一个完整的结构模型。[3]

前面提到的第二种对立观点，即弗里德曼确实有模型，但该模型与他的对手（凯恩斯主义者）的模型完全相同，又怎样呢？这一观点就像弗里德曼缺乏模型的说法一样，必须予以摒弃。[4]

---

[1] 再次参见 Friedman and Schwartz（1982a, 16）。
[2] Friedman（1961f, 1052）.
[3] Friedman（1951b, 114）.
[4] 这种观点不仅由批评弗里德曼的凯恩斯主义者所倡导，而且由那些对弗里德曼的政策观点更加友善的一些评论家所主张。例如，伯顿（Burton 1981）赞扬弗里德曼的自由市场和政策规则的观点，同时将弗里德曼的理论框架等同于凯恩斯的理论框架视为一个事实，除了在消费函数中对收入变量的界定。但是，伯顿的描述忽视了弗里德曼和凯恩斯在详细说明总需求行为，特别是在 IS 方程之中对货币政策敏感的利率数量的多处差异。伯顿的分析也是从弗里德曼和凯恩斯一致同意的价格在短期中不具有充分的灵活性的正确前提出发，得出了两位经济学家偏好设定的总价格调整相同的错误推论。

不过，这种观点的广泛流传是可以理解的。有三个主要的因素可以解释这种观点的流行。第一，弗里德曼不愿意写下一个完整的模型——这让他容易受到他没有提供他自己的模型的指责。第二，弗里德曼在1970年的"理论框架"分析文章中似乎认可了先前存在的IS-LM框架。因此，这一事实让人怀疑弗里德曼和凯恩斯主义者在详细说明总需求的决定方面是否存在理论差异。第三，弗里德曼在1976年有一个被大量引用的评论："我仍然相信……我们之间的根本差异是经验上的，而非理论上的"。[①]

但是，经过更仔细地检查，这三个因素都不能合理地证明弗里德曼的模型和凯恩斯主义的模型是相同的结论。关于第一个因素，如前所述，弗里德曼在他的分析中有隐含的模型。本书的分析，特别是本章和接下来两章的分析，揭示了弗里德曼的隐含模型与他同时代的凯恩斯主义者所坚持的模型的差异之处。

至于弗里德曼这篇1970年的"理论框架"的文章，第一章和前面的讨论多次强调指出，"框架"文章没有传达出那些体现在他的整体著述中的经济框架的一些关键内容。确切地说，正如第十四章所详述的那样，弗里德曼在1970年的分析文章中将重点放在详细说明他和凯恩斯主义者在价格调整方面的差异。[②] 这

[①] Friedman（1976f, 315）。在讨论弗里德曼的观点时使用或者转述这个引语的人包括哈恩（Hahn, 1980, 1）。就像本章的分析一样，哈恩的分析对货币主义的显著特征在事实上仅限于实证观点的前提进行了质疑。

[②] 他在IS-LM框架下这样做只是证明了一个事实，即IS和LM方程的使用并不意味着对价格弹性的程度要表明立场，而价格弹性的程度相反地要由菲利普斯曲线的设定给出。参见Patinkin（1990, 123-124）和McCallum and Nelson（1999, 298）的讨论。这些讨论强调，对总需求行为的IS-LM设定的依赖并不涉及固定的或刚性的价格水平假设。

样做时,他就淡化了或没有考虑他的框架与凯恩斯主义者的框架在总需求设定领域的重要区别。尤其像本章后面以及第六章讨论所指出的那样,弗里德曼的总体框架并不必然包含认可总需求的IS-LM基本模型设定。相反地,弗里德曼的框架包含一个多重利率的设定。只有在特殊条件下,他的框架才会缩减为IS-LM基准模型。

关于弗里德曼对他与凯恩斯主义批评者之间的根本差异在于实证而非理论的评述,值得在下面以分条列出的形式发表几点看法。

1. 这条评论应该与在同一组评论中紧随这个句子之后的陈述,"但这并不意味着我们都使用相同的理论",结合起来解读。[①]因此,即使在强调他和批评者之间存在经验差异时,弗里德曼也不承认这些经验方面构成了他和凯恩斯主义者的经济框架之间的唯一差异。

2. 弗里德曼是在对托宾和比特(Buiter)所做的理论分析的回应语境中做出这番评论的,因为他们在这篇文章中认为,与弗里德曼相关的命题仅在非常特殊的情况下被证明成立。在质疑这样的描述时,弗里德曼强调,与他相关的货币观点通常不能被先验的论证推翻,也不能通过证明这些观点恰恰在高度限制性的参数约束下适用于模型来推翻。更准确地说,他在货币问题上的观点有理由被视为来自某些关键的结论和命题在逻辑上不是完全正确但仍然大致有效的一个模型。

3. 尽管弗里德曼承认凯恩斯主义者和货币主义者的观点可能

[①] Friedman(1976f, 315)。

嵌套在一个通用模型中，但他并不认为这就证实了凯恩斯主义者和货币主义者的理论框架没有差异性。就此问题而言，他也不认为将这两个框架纳入一个共同的模型必然是最吸引人的取得进展的做法。[1] 他对采取这种方式区分两种竞争性的理论的有用性持有非常复杂的情感。他对将一个理论中的变量与另一个理论中的变量纳入同一个通用方程的方法持怀疑的态度。[2] 与此相反，他尤其是在实证研究中倾向于将理论视为独立的：不仅每一种理论都强调不同的变量，而且每一种理论模型都要单独估计，然后将它们的预测进行比较。[3] 即使两种相互竞争的观点都认同在一个方程或者模型中出现的一系列变量，但并不能由此得出这两种观点契合同一种理论。相反，在不同参数值之下预测的经济行为可能会出现重大差异，以至于设置另一种参数情境就在事实上等于经济结构的不同设定——因此这种情境适当地被视为与替代理论相关。

可以通过两个例子来说明体现在以上三点看法中的最后一点。考虑菲利普斯曲线 $\pi_t = b\pi_t^e + \alpha(y_t - y_t^*) + u_t$，其中 $0 \leq b \leq 1$，π_t^e 为预期通货膨胀项，$y_t - y_t^*$ 为产出缺口，u_t 为成本推动项。b=1 是该曲线在形式上的极限情况，但该极限情况意味着与设定 b<1.0 所关联的世界观根本不同的世界观。因为 b<1.0 使长期成为可能。在长期中，即使实际通货膨胀与预期通货膨胀重合，不同的通货膨胀率环境意味着不同的且通常为非

---

[1] 他随后在某种程度上对自己这样做时（Friedman, 1970b）所持的保留意见中强调了这一点，参见第十四章。
[2] 特别参见 Friedman and Schwartz（1991, 39）的评论。
[3] 除了 Friedman and Meiselman（1963），参见 Friedman（1976f）。

零的产出缺口值。① 这一结果与在 b=1 的情况下,无论长期通货膨胀率的值如何都会出现长期产出缺口为零的情形截然不同。另一个关键分歧来自这样一个事实,即设定参数 α = 0 和 α 在零附近取较小的正值隐含着不同的通货膨胀行为。在前者的参数化中,通货膨胀是外生的。在后者的参数化中,通货膨胀是内生的,并特别对影响产出缺口的政策敏感。② 因此,即使永久性非垂直的菲利普斯曲线和通货膨胀的纯成本推动观点在原则上可以很容易地归结为菲利普斯曲线的一个特例——菲利普斯曲线也将弗里德曼的设定($b = 1$,$α > 0$)归为另一特例——它们最好被视为不同的通货膨胀理论。每一个特例都可以通过在连续的参数空间中选择特定的参数值来获得。但是,因偏离弗里德曼版本的菲利普斯曲线所产生的经济行为的非连续性,凸显了不同的参数值对应不同的理论选择的事实。与此同时,不同的理论对应着不同的政策处方——这一结论解释了弗里德曼关于政策的分歧可能是依赖对参数的不同定量估计的结果的评论。③

弗里德曼在倡导负所得税时提出了另一个不同的参数设置隐含着不同的理论或经济行为的非连续性的例子。④ 在讨论这个问题的过程中,弗里德曼不得不评论说,"按照 100% 的税率征收正所得税,完全不同于以低于 100% 的部分税率征收正所得税"。

---

① 这个结论还要求 u_t 的均值为零。
② 正如第十章将要探讨的那样,在纯粹的成本推动情境中,u_t 设定的过程不同于弗里德曼的理论,因为弗里德曼的观点所隐含的约束条件包括前面提到的该过程是一个零均值的白噪音过程的必要条件。
③ 参见 Guillebaud and Friedman(1957, vi)。
④ 弗里德曼倡导的负所得税将在第十三章加以详细论述。

他的理由是，前者的税率根本没有提供任何增加生产过程的劳动的激励措施。①再一次在这个例子中，一个参数（在本例中是一个政策参数，即税率）的变化引起了非连续性，即征收100%税率的经济要么不生产国民产出，要么在国民产出为正的情况下，将由不适于标准经济学分析的劳动供给决策所驱动。

综上所述，弗里德曼的经济分析显然是基于一个结构模型；该模型显然是与通常构成凯恩斯主义分析基础的模型不同；弗里德曼和凯恩斯主义的模型在原则上可以被视为更广泛系统的特例的这个事实，显然绝不意味着两种模型是基于相同的理论或者具有相同的政策含义。

随着弗里德曼有一个与众不同的模型的命题现在得以建立，本章余下部分的任务是展示该模型的总需求部分。尽管第一章已经讨论过这项任务所涉及的挑战，但是，考虑到发表在J. 斯特恩（J. Stein）编辑的货币主义会议文集中三篇文章的评论，也许值得强调这一挑战的难度。在其中的一篇文章中，安娜·施瓦茨谈到"弗里德曼已经提出的分析框架"。这一评论与弗里德曼有一个具体的框架的说法是一致的。但是，菲舍尔的文章有根据地评论道，弗里德曼框架的要点分散在许多著述中。菲舍尔还提出，弗里德曼的隐含框架不仅模糊不清，而且可能仍在变化。②本节前面提到弗里德曼对该卷论文集提交的文章，可能

---

① 参见 Friedman（1966f, 2733; p.112 of 1968 reprint）的引用。另参见 Friedman（1968h, 214）。当然，这里提到的观点在20世纪七八十年代引人注目地进入了美国供给学派经济学的讨论，特别是进入了拉弗曲线的争论。
② 参见 Fischer（1976, 322–324）。

促成了最后一篇评论。因为弗里德曼在他的评论中提出了一些看法，一些评论家将其解释为弗里德曼皈依如下观点，即水平的 IS 曲线——即对实际产出的无限利息弹性需求——最好地描述了总需求的行为。①

毋庸置疑，弗里德曼在众多出版物和公开声明中散布的评论阐明了他的框架。也毋庸置疑的是，弗里德曼的框架是随着他的新著述的公开发表而逐渐得到澄清的。尽管这一澄清是通过一点一滴的信息——通过参与一系列不同的论坛，他发挥出他的思想的特定方面——而发生的，但是，本书的论点是，弗里德曼阐述的框架既不含糊，也没有在 20 世纪六七十年代经历重大修改。相应地，基于第四节概述的原因，弗里德曼在 20 世纪 70 年代中期就水平的 IS 曲线的说明既不构成他对该设定的认可，也不表示他在先前的著述中提出的经济观点发生了变化。弗里德曼在 20 世纪 50 年代的著作中已经对总需求的设定进行了广泛的阐述。而且随着 20 世纪六七十年代的发展，他进一步阐述总需求决定的观点的场合出现了。弗里德曼在这些场合充实了自己的观点，但其中隐含的框架在本质上与他在 20 世纪 50 年代期间概述的框架保持一致。

下面很快会转向讨论消费支出这个在总需求中第一个值得探讨的组成部分——弗里德曼在 20 世纪 50 年代乃至任何十年中就该主题做出了最著名的贡献。不过，作为前期的准备工作，先为本章和接下来的三章分析陈述一些基本规则是有益的。

---

① 参见本章第四节的讨论。

第三节 分析的基本规则

指责弗里德曼没有提供一个单一的、自足的和综合的文献来表述其总需求行为的观点的说法,无疑是准确的。但是,通过考察他的大量著作和声明,然后借助于特定的方程表征来形式化在这种考察中得出来的总需求描述,就可以克服单一文献来源缺失的问题。解决此问题正是本章和下一章的任务。

为了提炼出构成弗里德曼贡献基础的正式模型的关键因素,本章从事的工作类似于弗里德曼在 1950 年的一篇论文中使用的方法。在这篇论文中,弗里德曼从韦斯利·米切尔那大都是经验性的著述中推断出构成其基础的理论。[①] 而且,如同在上一章探讨弗里德曼对阿尔弗雷德·马歇尔的评述性著作一样,此处对弗里德曼的著述提供的解释在很大程度上是协调不同的陈述和突出陈述彼此之间的一致性。

这项工作将遵循如下的几条基本规则。

1. 使用理性预期的方法,不将适应性预期视为弗里德曼理论中不可或缺的组成部分。在推导那些描述私人部门行为的特定方程时,弗里德曼在他的一些著作中使用了适应性预期的方法。不过,当弗里德曼第一次使用适应性预期来设定预期行为时,该方法在当时是最好的。因而,不要将弗里德曼采用适应性预期的方法视为反对理性预期方法的例子。在动态的宏观经济模型中应用理性预期的方法是一种在弗里德曼的大部分研究生涯中还不存在的技术。这种技术是在穆斯发表的文章和卢卡斯、萨金特等人在

[①] Friedman(1950a).

20世纪70年代从事货币研究之后才得到采用的。事实上，甚至在理性预期方法取得进展之前，弗里德曼在20世纪四五十年代的多篇著述中，特别是在其微观经济学研究和横截面研究著作中确实在本质上使用了理性预期的方法。而且，弗里德曼在理性预期革命发生之后，在多方面积极倡导在货币研究的动态分析中推进理性预期方法的应用，同时反驳理性预期的概念早在这些新文献出现之前就已经风靡一时的说法。①

根据以上的探讨，下面使用来表述弗里德曼观点的那些方程将在变量的期望值出现的情形中使用理性预期的方法。这一方法不仅是建立在适应性预期或其他类型的非理性预期在弗里德曼的分析中并非必要的主张基础之上，而且是建立在任何在关键方面对理性的偏离都有损于弗里德曼在私人部门的消费、定价和其他决策方面的观点的主张基础之上的。② 而且，利用理性预期的框架来表述一个经济学家的观点——即使该位经济学家的大部分或全部研究都早于理性预期革命——此处对弗里德曼的货币分析所采取的处理方式，非常类似于萨金特、麦卡勒姆和伍德福德（Woodford）在描述克努特·维克塞尔（Knut Wicksell）的货币分析时所使用的处理方式。

无可否认，使用理性预期的方法意味着，下列提出的方程不同于弗里德曼基于20世纪50年代设定动态模型的最好技术所

---

① 参见第十五章。
② 第十五章将用文献证明的这种观点，与弗里德曼（Friedman, 1963b, 3）关于适应性预期的假设是他的持久收入理论的"补充"而非内在组成部分的评论是高度一致的。另参见Friedman（1957a, 143, 225-226; 1961a, 262）的相关评论。

应该写下的方程，如果他被迫明确地展示他的经济模型的话。不过，这样表达的方程不仅试图把握弗里德曼的框架对设定现代宏观经济学模型的含义，而且试图突出弗里德曼的框架与现代新凯恩斯主义的基准模型之间的主要差异。

2. 在支出和投资组合选择（货币和短期证券除外）中考虑的资产将限于一种单一、长期、固定利息的记名证券。弗里德曼在1956年的货币需求函数中加入了两个名义收益率，固定利息证券的收益率和实物资产的收益率，作为机会成本变量。[1] 然而，在本书对弗里德曼的传导机制观点的概述中，货币的替代品将仅包括有息记名证券，而这些证券又依次分为短期证券和固定利息的长期证券这两类资产。正如不久将要讨论的那样，明确考虑两种而不是唯一一种有息证券的做法，是与弗里德曼的大量研究相一致的。然而，本书在家庭投资组合决策中表述资产时略去了实物资产。这样选择的依据在于，不仅直接切入那些突出弗里德曼的分析与新凯恩斯主义基准之间的主要差异的基本方程是合适的，而且在集中关注这些差异时让方程式的参数和变量尽可能精简是合适的。

该方法也与布鲁纳和梅尔策试图通过考虑三种资产来形式化货币主义和IS–LM分析之间的差异时所采取的方法相似。不过，

---

[1] Friedman（1956a; 11）。另参见Friedman（1987a, 9）。从形式上说，弗里德曼在1956年的表述中加入了债券利率、实物资产的真实收益率（或实物资产所有权的真实收益率）和预期的通货膨胀率。但是，可以想象，后面两个序列可以合并为实物资产的名义收益率，如同弗里德曼（Friedman, 1956a, 9）在讨论中所暗示的和弗里德曼与施瓦茨（Friedman and Schwartz, 1982a）所做的那样。因此，下面反对在货币需求函数加入预期通货膨胀参数的理由也可以被视为在方程中加入实物资产的名义收益率的一个批评。

在布鲁纳和梅尔策的分析中，考虑的第三种资产是生产性实物资本存量。加入实物资产的收益率比起在这里去掉实物资本的所有权以及在这里加入多种有息证券，可以说更符合弗里德曼的货币分析。因此，为了捍卫这种选择，这里需要做更多的一些说明。

弗里德曼在1956年的分析中大体表明，预期通货膨胀与记名证券收益率一起作为参数出现在货币需求函数中。预期通货膨胀项存在的理论依据是，不仅可储存的有形财物（如生产性资本或耐用消费品）是持有财富的另一种形式，而且这些财物的收益因而应被视为持有货币的一种机会成本。在某段时间，各种评论家认为，弗里德曼在1956年分析中最重要的贡献是将预期通货膨胀作为参数加入货币需求函数之中。然而有趣的是，弗里德曼并不认为他的货币需求函数的理论著作在这一领域特别具有创新性，并指出凯恩斯已经探讨过这一主题。[①]

尽管在1956年之后的一些研究断言在货币需求函数中加入有形财物的收益作为参数具有理论上的吸引力，但是从基于优化行为模型的视角来看，以这样的方式设定的模型几乎没有什么正当性。[②] 货币是一种耐用品的观念也许是货币需求决策被视为长期的一个原因。但是，这一观念可以被视为将货币需求函数中出现的变量转化为序列的长期平均值，以便在前瞻性模型中，收入和证券利率的预期平均值将出现在函数中。货币是一种耐用品的观念本身并不意味着耐用消费品或实物资本变量的回报出现在给

[①] 参见 Friedman（1972a, 944）。
[②] 如下所示，在货币需求函数中加入长期记名证券的利率也很难与优化模型相协调。不过，合理地解释此项要比证明加入权益报酬率或有形财物的收益率的合理性的困难要少得多。

定的记名证券利率的货币需求方程中。也许将来在对私营部门的投资组合问题进行非常详细和全面的处理时会发现，有形财物的回报率可以严格合理地证明为货币需求函数的一个参数。但是，无论这是否被证明是事实，这样的模型性质明显不是弗里德曼所认为的货币是一种耐用品的明显推论。

也没有令人信服的经验证据支持在货币需求函数中加入有形财物收益的参数。菲利普·卡根诉诸弗里德曼在 1956 年设定的投资组合决策问题来合理化他在货币需求函数中将预期通货膨胀当作机会成本变量的做法。不过，菲利普·卡根的函数设定可以从名义证券而非有形财富是货币的替代品的标准货币需求函数中获得——条件是实际利率的变动对货币机会成本的变动只有轻微影响。[1] 此外，弗里德曼和施瓦茨在《美国货币史》中承认，实证研究没有成功发现预期通货膨胀在美国货币需求函数中作为一个独立的机会成本变量的显著作用。[2] 在 1982 年的《货币趋势》中，他们相反主要依靠名义收入增长而非通货膨胀来暂时衡量实

---

[1] 卡根（Cagan 1956, 31）暗示，他的模型容许这种解释。类似的评论也适用于预期通货膨胀被设定为货币需求函数的唯一参数的其他情形，例如 Harberger（1960）。参见 Wachter（1976, 3）的讨论。另参见 Woodford（2003, 108）的相关分析。
与 Sargent（1987a）一样，McCallum（1989b, 134）和 Robert King and Mark Watson（1998, 1018—1019）的分析，将卡根（Cagan 1956）的货币需求函数解释为名义利率是唯一的机会成本项。

[2] Friedman and Schwartz（1963a, 657）。同样值得强调的是，大量证据在这里所表明的通货膨胀或通货膨胀预期出现在货币需求函数之中的情形，实际上可能反映了货币需求函数缺少短期价格的同质性而非通货膨胀作为机会成本变量的情形。参见 Goldfeld and Sichel（1987）的分析，尽管该分析主要是在后顾性货币需求函数的情形下进行的。

际资产的名义收益率。虽然这一变量在他们估计的美国货币需求函数中符号为负且显著，但无论从绝对值来看还是与估计的名义利率半弹性相比，它的估计斜率都很低。

弗里德曼在1956年的货币需求函数还在机会成本项中加入了权益报酬率。① 但是，一旦考虑到他的其他著述，我们明显可发现在其货币分析的表述中支持加入该变量的理由甚至不如直接加入预期通货膨胀项。弗里德曼非常怀疑股票市场和经济之间的联系。② 这种怀疑态度在很大程度上反映了他对与股票市场相关的变量出现在IS曲线中的怀疑。不过，他在1956年之后也淡化了这些股票市场的相关变量在货币需求方程式中的重要性。在《货币趋势》中，弗里德曼和施瓦茨在考虑了这一变量后选择不在货币需求方程中加入权益报酬率项。后来，当弗里德曼在美国货币需求函数中加入几个与股票市场相关的变量进行估计时，他发现在季度货币需求方程中这些变量只有很小的影响，而这些变量被置入货币需求函数利用年度数据进行估计时的影响则基本上就消失了。③

相比之下，长期证券需求与货币需求之间的关系是弗里德曼在20世纪七八十年代越来越关注的问题。他甚至在1956年的分析中也想当然地认为，固定利率的长期证券对投资组合决策至关重要，而他后来的理论和实证研究表明，短期证券当然也很重要。因此，以下分析中使用的三种资产框架将包括货币、短期名义证券和长期名义证券。

---

① 他在 Friedman（1970b, 204）中的阐述也是如此。
② 参见本章后面和第十四章的讨论。
③ 参见 Friedman（1988a, sections II and III）。

3. 模型将不包括从货币政策到实际国内总产出（GDP）和通货膨胀的滞后项。在分析经济和金融系统之间的相互作用时，斯文森（Svensson）在旁注中指出，他假设实际经济活动的反应是同期的，尽管这些反应"实际上不在本季度发生，而是在未来几个季度期间发生"。斯文森基于简明性的理由来证明这种假设的合理性。

这里采取了大致相同的方法。弗里德曼对经济对货币政策行动的滞后反应的强调，是他关于经济结构和货币政策规则的适当形式的思想的重要组成部分，而下文的第八章、第十章、第十一章和第十二章将探讨政策制定者和经济学界对这些思想的理解。但是在正式模型中表现这些滞后效应超出了本章的范围。因此，货币政策行动影响经济活动的滞后效应并未包含在下面使用的方程式中。[1]

---

[1] 抽象掉滞后来源的决定与弗里德曼（Friedman 1971d, 335-336）的这样陈述相符，即他当时使用的框架没有充分反映出流通速度增长和货币增长在短期内朝相反方向运动的现象，而这种反方向运动的幅度不是标准的利率弹性货币需求函数所能解释的。不过，正如已经指出的那样，抽象掉滞后效应只是弗里德曼（Friedman 1970b, 1971d）在讨论中对总需求框架所做的众多简化之一。

Frydman and Goldberg（2011）认为弗里德的"长期和可变滞后"格言的"可变"方面是支持他相信弗里德曼的总需求行为设定不可归入一个不变概率分布框架的理由，而这种框架既是这里使用的框架也是大多数宏观经济分析的标准框架。然而，应当指出的是，弗里德曼在实证研究中有时满足于使用固定参数和固定滞后来表述货币增长和名义支出增长之间的关系。正如第十三章和第十五章所述，他在使用圣路易斯方程的版本时进行了这样的表述。尽管是以简化的形式，但是，这些表述可以被视为取决于这样的假设：即将经济结构近似地表示为不变概率分布是合理的。

第四节 消费

为了准备展示反映弗里德曼关于支出决定思想的总投资-储蓄（IS）方程，本节和下一节将讨论弗里德曼的消费和投资函数。先应强调两点。

一方面，IS方程与构成它的消费和投资函数一样都是以实际值表示。这似乎与弗里德曼自己的说法不符，比如他部分地认可梅尔策认为他和施瓦茨有一个名义收入理论的说法。难道人们会认为弗里德曼相信一系列的力量决定名义收入，而（比如）菲利普斯曲线然后决定将名义收入分为价格和产出吗？本章附录中提供的答案是，不仅这种看待问题的方式不会产生弗里德曼观点的恰当表述，而且弗里德曼实际上也不认为产出与价格的划分是由完全不同于决定名义收入的力量所决定的。这一答案与麦卡勒姆和纳尔逊的这种观点一致，即弗里德曼和其他人在著作中提出的"名义支出增长是重要的和其决定因素得到很好的理解"的观念是不同于名义收入的增长是在其组成部分之前决定或者分开决定的任何推测。证明这种区别的一个例子是，在面对通货膨胀预期变化改变了名义收入增长的产出增长与通货膨胀的分解时，名义收入增长率和名义货币增长率之间的彼此相关性依然很好。这种情况也许为强调名义收入的数据分析和政策规则提供了有效的支持。然而，这并不意味着货币增长和名义收入增长之间的简化关系是一种结构关系，或IS和菲利普斯曲线不是结构关系。

与此相关的另一方面是，从消费和投资函数为IS方程做准备时，本章的方法似乎与弗里德曼考察总体经济行为所认同的"自上而下"的方法——从总支出预测开始，然后再将预测分解为支出的组成部分——不一致,而这种方法与"自下而上"的方法——即从单个支出类别的预测开始,并将这些预测汇总以获得总支出的预测——完全不同。[①] 不过他对自上而下分析的认同最好被理解为他偏爱支出决定的简化形式而非结构性经验模型的反映,而不是否认人们在写下结构模型时所采用的自下而上方法的有效性和恰当性。

弗里德曼当然不认为自上而下的方法和自下而上的方法在本质上是相互矛盾的。他在1992年1月22日笔者的访谈中指出,艾伦·格林斯潘据说是通过使用和协调这两种方法来进行预测的人。此外,弗里德曼无疑会认为用结构关系来谈论所谓的"消费函数"和"投资函数"的做法是合理的。事实上,他最著名的研究贡献之一就是论消费函数的研究,而现在的讨论开始转向此项研究。

一、消费与收入的关系:持久收入假说

弗里德曼消费决定观点的核心要素当然主要是他在1957年的专著《消费函数理论》中提出的持久收入假说。本书的其他各章会大量讨论这一假说和《消费函数理论》的各方面内容。有鉴于此,本章论述持久收入假说的一个主要目标是涵盖此假说在本书的其他章节中未受太多关注的内容。为此目的——并按照弗里德曼这本著作中"杂录"一章的传统——下列对持久收入假说的

---

① 参见 Friedman(1976f, 316)以及他的评论(Instructional Dynamics Economics Cassette Tape 62, December 3, 1970)。

讨论将被分成若干个主题。①

1. 弗里德曼的持久收入假说的发展。如前两章所述，弗里德曼在20世纪40年代的许多著作中提供了持久收入假说的线索。这些线索中值得注意的是他在1943年论支出税的文章中关于家庭通过将高收入年份所获得收入的一部分储蓄起来以便平滑支出的评论。② 这篇文章实质上也提出了一个持久收入的论点，因为弗里德曼在分析中假设消费取决于财富而非收入。而且正如第二章所讨论的那样，弗里德曼与库兹涅茨在1945年的著作《独立专业人士的收入》中明确使用了持久收入与暂时性收入的区分，尽管不是在消费理论的情形下使用的这种区分。③

当弗里德曼在《消费函数理论》中确实真正地将其持久收入思想应用于消费者的支出行为时，他认为这是他在20世纪30年代为美国政府工作期间开始的消费研究的巅峰之作。不过，正如前几章已经指出的那样，如果认为弗里德曼在早期阶段就确定了持久收入假说并果断地坚持这一假说，则是错误的。相反，他在20世纪30年代末到40年代初的讨论中，使用了家庭支出取决于当期收入和边际消费倾向随着收入的增加而下降的凯恩斯消费函数。而且，正如第三章指出的那样，他甚至在1943年的支出税文章中阐述了持久收入思想之后，在20世纪40年代后期出现了一些倒退。④

---

① "杂录"是Friedman（1957a）第八章的标题。
② Friedman（1943a, 56）。另参见Friedman（1942a, 316）。
③ Friedman（1976a, 288）也提到了资本理论的著作，包括弗兰克·奈特的著作，因为奈特长期以来一直使用持久收入流的概念。
④ 参见Friedman（1943a）的第三章的讨论和弗里德曼后来关于消费的论述。

此外，弗里德曼在20世纪50年代早期和中期对消费进行研究之前的许多年中，既不把消费函数当作主要的研究领域，也不重视对凯恩斯消费函数的批评。① 为了理解这一点，考虑这样一个事实：卡尔·克莱斯特因在美国的计量经济模型中使用了传统的凯恩斯消费函数（即 $C_t = \alpha + by_t + u_t$，其中 $b<1$）而责备自己。② 克莱斯特在1966年的回顾中指出，他应该使用持久收入的设定。不过，当克莱斯特在1949年举行的国民经济研究局会议上提交这篇1951年的研究论文时，指定的讨论者弗里德曼并未在发表的评论中对克莱斯特使用凯恩斯消费函数的做法提出任何批评。③

然而，克莱斯特所谈到的所有用凯恩斯函数进行的计量经济学研究"都大大低估了美国在二战后的消费水平"的情形，可能在促使弗里德曼更多地关注消费函数方面发挥了一定的作用。弗里德曼认为，1951年6月8日的笔记是他能确定的最早记录持久收入假说的文献。④

---

① 然而，弗里德曼坚持认为，他密切关注这几年出现的对消费的经济研究，部分原因是多萝西·布雷迪和罗斯·弗里德曼对这一主题的兴趣（Friedman 1957a, ix）。
② 在这里、本章的其余部分以及第六章中，y_t 表示实际总收入的绝对水平。然而，本书的其余部分遵循的惯例是 y_t 指产出的自然对数。
③ 事实上，还有进一步讨论的余地。虽然弗里德曼承担的角色是这篇论文的公开讨论者，但是，不仅克莱斯特（Christ 1951）的研究是在芝加哥大学完成的，而且弗里德曼是克莱斯特的博士论文答辩委员会的成员，因此这个凯恩斯消费函数出现在弗里德曼部分地审查过和提供正式建议的著作之中。
对于 Christ（1951）更多的讨论以及它在弗里德曼与考尔斯委员会争论中所起的作用，参见第十章。
④ Friedman（1957a, ix）。Friedman（1951d）记录了这一时期的其他相关活动。

弗里德曼具体提到许多人在他思考消费函数时都曾有过帮助。这些人不仅有20世纪30年代研究美国消费数据的同事，而且还有他的妻子罗丝·弗里德曼。正如第二章所讨论的那样，罗丝·弗里德曼曾与多萝西·布雷迪合著过一本对储蓄与收入进行研究的极具影响力的著作。弗里德曼指出，与多萝西·布雷迪和罗丝·弗里德曼的讨论有助于他提出和完善他在著作中概述的理论。①

弗里德曼进一步指出，1951年成为芝加哥大学经济系成员的玛格丽特·里德（Margaret Reid）后来加入了他、多萝西·布雷迪和罗斯·弗里德曼正在进行的消费函数讨论。② 弗里德曼在他的著作中大量援引玛格丽特·里德的研究。里德早期的一项实证研究，即她在1934年的著作《家庭生产经济学》（*The Economics of Household Production*），虽然弗里德曼在著作中没有加以援引，但被广泛视为预见了弗里德曼假说的某些方面，而麦克罗斯基（McCloskey）评论说里德"发明的持久收入"可能

---

① Brady and Friedman（1947）也影响了弗兰科·莫迪利安尼。他不仅认为这是一篇"开创性的论文"（Modigliani 1975a, 3），而且如前所述，他在后来的诺贝尔演讲（Modigliani 1986a）中引人注目地援引了这篇论文。除了刚才提到的莫迪利安尼论文（Modigliani 1975a）外，海因斯（Hynes 1998）是另一篇研究20世纪40年代到50年代初期消费理论发展状况的著作。然而，海因斯的研究对于理解米尔顿·弗里德曼对消费理论的贡献并不十分相关。虽然海因斯特别关注该理论在1952年之前的发展状况，但海因斯并没有援引弗里德曼在1953年之前的任何出版物，除了 Friedman and Kuznets（1945）。正如本书记载的那样，弗里德曼从20世纪30年代到50年代初撰写的其他著作包含了许多与消费研究相关的评论。

② Friedman（1957a, ix）。玛格丽特·里德成为一名经济系成员的日期来自美国经济协会（American Economic Association, 1970, 360）。

是她的著作的一封推荐信。① 米尔顿·弗里德曼和罗·弗里德曼都认为，里德是敦促弗里德曼写出其消费理论的关键人物。② 弗里德曼甚至说，他的著作虽然完全是借他之手所写的，但是里德、布雷迪和弗里德曼夫妇讨论的"共同产物"。③

---

① 或者，这也许是指玛格丽特·里德在1949—1950年间撰写的和莫迪利安尼（Modigliani 1975a, 4）提到的一篇关于持久收入的未发表论文或 M. Reid（1952）。然而，里德的这两篇参考文献都远远出现在弗里德曼与库兹涅茨（Friedman and Kuznets 1945）关于持久收入的讨论发表之后。Mayer（1972, 165）还指出，玛格丽特·里德（Reid, 1952）这项实证研究预见了消费的"全面财富理论"，即弗里德曼的消费理论和莫迪利安尼-安多-布伦伯格（Modigliani-Ando-Brumberg）的消费理论。

② Friedman（1957a, ix）; R. D. Friedman（1976d, 27）.

③ Friedman（1957a, ix）。然而，在某种程度上，玛格丽特·里德在弗里德曼的消费研究中所占据的位置，与克拉克·沃伯顿在弗里德曼的货币经济学中所占据的位置相同。尽管弗里德曼在著作中尤其感谢里德并承认她是先驱，但是，许多人却很少注意到这些致谢。与沃伯顿的另一个相似之处是，里德明显对她有所贡献的研究项目被逐渐视为等同于弗里德曼的程度，而非视为与她自己在内的一群研究者相关的程度感到有些不满。弗里德曼在20世纪50年代初的研究生菲利普·卡根是另一个对持久收入的消费研究唯一归之于弗里德曼可能感到失望的人。卡根在1971年波士顿联邦储备银行会议论文集的公开评论中不同寻常地提醒人们注意，弗里德曼在《消费函数理论》中报告的时间序列回归是他在当研究助理时做的。具体来说，卡根写道："你可以在持久收入函数的图表中看到我为米尔顿·弗里德曼的消费函数研究所拟合的这个回归"（Cagan 1971, 225）。弗里德曼在 Friedman（1957a, x）中承认菲利普·卡根和加里·贝克尔为这本著作所计算的回归结果，并且在《消费函数理论》第145页中也对卡根在时间序列回归方面所做的工作给予了非常慷慨的感谢。然而，根据弗里德曼和贝克尔的评论（Friedman and Becker, 1957, 66-67; 1958a, 546），人们可以认为回归工作是由弗里德曼或贝克尔而不是卡根所做的，而弗里德曼-贝克尔讨论的措辞可能在卡根后来坚持认为是他拟合了回归的说法中发挥了某种作用，那是可以理解的。

弗里德曼认为，他的持久收入理论是从"消费者行为的纯理论"推导出来的，因而在这一点上不同于凯恩斯主义的宏观经济消费理论。[1] 然而，他的持久收入理论和几乎同时出现的消费的生命周期理论在一个重要方面，与传统微观经济理论关于消费与储蓄的区分分道扬镳。正如默顿（Merton）指出的那样，尽管它们都是基于最优化行为，但是"当时储蓄的微观理论是纯静态模型，而储蓄只是被视为消费者可以从当期收入中购买的众多商品之一"。弗里德曼在 1955 年《美国经济评论》上发表的一篇名为"莱昂·瓦尔拉斯及其经济体系"的文章的一段中，将这一批评应用到了瓦尔拉斯的著作中。弗里德曼评论说，莱昂·瓦尔拉斯"屈服于将'储蓄'当作消费品并仅仅机械地将适用于消费品的形式分析延伸到储蓄的诱惑，而这种诱惑已经夺走了这么多普通人的生命"。[2] 在阐明了与他当时在消费著作中所倡导的观点可媲美的观点之后，弗里德曼接着争辩说，储蓄不应被视为一种为欲望而欲望的产品，而应被视为一种有助于实现未来消费流的变量。[3] 正如弗里德曼在 1957 年的著作中所说，这个动机与消费和持久收入保持同步的家庭欲望结合在一起就意味着储蓄量是一种"残差"，而其变动主要来自家庭收入的暂时性部分的波动。[4]

2. 该假说的最初形式。弗里德曼的《消费函数理论》将家庭的消费支出 C 和收入 y 分解为暂时性和长期（或"持久"）两部

---

[1] Friedman（1963b, 3）.

[2] Friedman（1955g, 907）.

[3] Friedman（1955g, 908）.

[4] Friedman（1957a, 28）。类似地，Tobin and Buiter（1980, 83）评论说，弗里德曼的消费理论必然蕴含着家庭储蓄行为的波动性。

分：$C_t = C_{TR,t} + C_{P,t}$ 和 $y_t = y_{TR,t} + y_{P,t}$。弗里德曼进一步假设 $C_{P,t}$ 由方程 $C_{P,t} = k(r_t, w_t, u_{CP,t}) \cdot y_{P,t}$ 驱动。[①] 也就是说，持久消费假设按比例依存于持久收入，但是这个比例关系的变动受到利率变化、使用人力资本所获得的未来收入所表示的那部分持久收入的问题以及残差 $u_{CP,t}$ 的影响。

这一设定似乎只是为不可观测的变量 $C_{P,t}$，而不是观察到的变量 C_t 产生一个方程式。但是，由于弗里德曼进一步假设暂时性消费随机变化且与暂时性收入无关，因此在重新定义残差项后，$C_{P,t}$ 的方程就变成了 C_t 的随机方程形式 $C_t = k(r_t, w_t, u_{C,t}) \cdot y_{P,t}$。将 r_t 视为实际利率向量并控制 w_t 项，该条件意味着可以采取对数线性化方程 $\log C_t = \log E[k] + \log y_{P,t} - \tilde{b}' r_t + u_{C,t}$，其中 $\tilde{b}$ 是系数向量。

然而，正如下文讨论的那样，后来研究者的理论发展状况表明，$C_t = f(y_{P,t}, \cdot)$ 并非现代经济模型表述持久收入假说的理想形式。而且，弗里德曼建议用实际收入的观察到的时间序列来推导 $y_{P,t}$ 的方法，也通常不是现代模型测量持久收入的恰当方法。

3. 经验证据。《消费函数理论》的封面文字在谈到弗里德曼和持久收入假说时说，他"用大量的统计资料来检验该假说"。弗里德曼自己承认，他在这本书中的实证分析中并没有高度依赖

[①] 例如参见 Friedman（1957a, 26, 228）。在这本著作和其他阐述该假说的著述中，弗里德曼基本上没有使用明确的时间下标。因此，当这些下标也可能表示分析中的总时期或最后时期时，他就不会面临下标 t 或 T 表示"暂时性的"符号冲突的明显可能性。鉴于这种冲突，此处使用 TR 表示"暂时性的"。

正式的统计检验。[1]他在这本著作的统计研究中大量使用了一种反向回归技术,而这种技术在20世纪60年代的主流计量经济学研究中既没有得到广泛应用,也没有得到广泛重视。但是,弗里德曼在这本著作中提供的大量横截面和时间序列研究清楚地表明,持久收入假说的含义确实是根据该著作中广泛的经验证据来判断的。

麦基(Mäki)在充满敌意的回顾中认为,弗里德曼避而不谈那些与持久收入假说相反的证据。事实上,弗里德曼在对《消费函数理论》的一些早期回应中就更加深刻地表达了他对这种研究结果展示方式的解释。[2]不过,与麦基的观点不同,一种更为公平的和持久的、主要由宏观经济研究领域工作的经济学家普遍持有的观点是,不仅弗里德曼的著作提供了广泛的证据来支持他的假说,而且他对证据的概述方式允许其他研究人员进行大量的审查,还有他对经验证据的评估在很大程度上得到了证实。关于审查问题,沃尔特斯着重指出,弗里德曼的研究包括尝试找到不利于其假说的证据,以及建议后来的研究人员如何尝试这样做。此外,弗里德曼亲自——远远超过弗里德曼与施瓦茨的《美国货币史》的审查——将其消费函数的著作在出版之前提交给经济学界进行了广泛的审查,并回应了对其研究结果的质疑。特别是,弗里德曼不仅在出版之前在研讨会和其他论坛上对他的消费函数的著作进行了介绍,而且在该著作出版的同时和出版之后就他的研

---

[1] Friedman(1957a, ix)。
[2] Lydall(1958, 564)特别指出,弗里德曼发现持久收入方法"在某些情况下效果良好,而在其他情况下效果不佳。如果效果良好,弗里德曼声称支持了该假说;如果效果不佳,他倾向于怀疑数据的有效性"。

究结论展开了多次的书面论战。① 其中的一次交锋发生在 1955 年。当时詹姆斯·托宾在弗里德曼以简要形式报告他的论点时担任评论人。作为交流的一部分，他要对收到的一章草稿进行评论和提出修改意见。②

从这些交锋和其他人对弗里德曼著作的审查来看，大多数人认为，在现有相互竞争的假说中，持久收入假说对消费与收入的数据模式提供了最合理的解释。③ 这一看法不仅仅体现在弗里德曼的同事或学生的评论之中。例如，罗伯特·卢卡斯在 2013 年 3 月 12 日的访谈中评论说，他认为《消费函数理论》是"一本如此漂亮的著作"的一个原因是，它的"结论好得惊人，而弗里德曼甚至做出的预测后来得到了证实——这对经济学家而言是一

---

① 关于 1957 年以前介绍此书的情况，见第十章。弗里德曼对其消费著作批评者的书面回应有 Friedman（1957e, 1958h, and 1963e）。Friedman（1963b）最初写于 20 世纪 50 年代末（Friedman 1963b, 4），不仅在应对出版后的反馈意见时对该假说进行辩护，而且也纠正了最初论述中出现的一些错误。

② 参见 Friedman（1957a, x）、Friedman（1958h）和 Tobin（1958b），后两篇文章是他们在 1955 年交锋的书面版本。
Hirsch and de Marchi（1990, 260）指出，人们在 20 世纪 70 年代感到"奇怪的是，弗里德曼允许自己卷入与托宾的辩论"。这种说法本身就很奇怪。弗里德曼与托宾的辩论不是他在 20 世纪 70 年代卷入的。如前所述，他在 20 世纪 50 年代就与托宾就消费问题展开了辩论。如第十二章所述，他与托宾就货币问题从 20 世纪 60 年代前半期开始展开了多轮的辩论。

③ Mayer（1972）争辩说，弗里德曼报告的那些支持他的消费函数的任何研究发现很容易做出一些其他解释。但是，持久收入假说和其他一些假说都能解释特定数据的规律性的观点，是不同于另一个特定的消费假说比持久收入假说更好地匹配所有数据规律性的观点。梅耶的批评——麦基（Mäki 1985）的评论广泛依赖于此——并未证实后一种观点。

件相当令人兴奋的事情"。① 那些大力支持麻省理工学院与弗里德曼展开宏观经济辩论的评论者也表达了这种看法。例如，多恩布什和菲舍尔在谈到持久收入行为时指出："弗里德曼表明，这一含义得到事实的证实。"此外，保罗·萨缪尔森先写道"我羡慕弗里德曼博士在持久收入分析领域的贡献"，然后在1976年的《新闻周刊》上评论说持久收入假说"经得起对手的攻击"。萨缪尔森由此认为，这一结果提供了弗里德曼理应获得诺贝尔经济学奖的理由。

萨缪尔森的溢美之词证明了《消费函数理论》在许多一流的凯恩斯主义者中所获得的反响。正如本小节第6点所讨论的那样，尽管早期的一些解释认为他的著作是在批评凯恩斯主义经济学，但是这本著作实际上毋庸置疑地不属于批评著作之列。相反，它不仅可以被视为是对凯恩斯主义理论的一个贡献，而且可以被视为是对改进凯恩斯主义模型设定的一个建议。与此种看法相符，持久收入的思想尽管最初引起了争论，但很快就并入了凯恩斯主义主流思想了。

尤其是，弗里德曼的著作在那些过去是和依然激烈反对他的货币研究的人物中广受欢迎。事实上，加里·贝克尔在20世纪50年代作为芝加哥大学研究生的时期曾与弗里德曼进行过密切

---

① 类似性质的评论包括芝加哥大学商学院的阿诺德·泽尔纳（Arnold Zellner 1984, 30）的评论：不仅弗里德曼阐明了他的消费理论可以被检验的多种方式，而且后来的文献"进行了许多检验，其中大多数检验结果符合他的预测"。另一个例子是弗里德曼以前的学生约翰·斯卡丁所说的，"消费函数的持久收入假说……得到了大量其他证据的支持"（Scadding 1979, 14）。

的合作。他认为,弗里德曼的消费函数研究有助于让弗里德曼从1951年之后因被他的同行视为过于强调货币的作用而发现自己处于声誉的低谷期中逐渐摆脱出来。贝克尔在2013年12月13日的访谈中评论说,弗里德曼的名声"尤其是在消费函数的著作发表之后"开始从低迷中走了出来。贝克尔补充道,《消费函数理论》"是一本非常有影响力的著作。我认为那本著作提高了他的声望"。

然而,声誉的恢复只是局部性的。弗里德曼的批评者经常把他看作是一个具有双重人格的人,因而他论述货币关系的著作就远不如他的消费研究著作那样有价值。[①] 在1963年弗里德曼与施瓦茨的《美国货币史》问世之前,情况尤其如此。因为《美国货币史》证明,弗里德曼的货币思想比先前所认为的体现了更深入的研究和更多的文献证据。然而,甚至在《美国货币史》出版之后,弗里德曼在货币领域的研究活动以及他关于市场制度的著作,经常产生截然不同于他的消费研究所引起的看法。罗伯特·霍尔在2013年5月31日的访谈中评论说,他在20世纪60年代中期在麻省理工学院的研究生学习期间,"流行着一种说法:存在两个弗里德曼。一个是麻省理工学院以怀疑眼光看待的自由市场斗士的弗里德曼,另一个是写了一本备受推崇的消费著作的弗里德曼"。

就弗里德曼而言,他认为《消费函数理论》是他最好的一项

[①] 正如索洛(Solow 2012, 43)在讨论弗里德曼的研究时清楚地表明的那样,对弗里德曼的这种看法在一些凯恩斯主义者中并未消失。

研究。① 不过，与他的批评者不同的是，他并不认为他的消费研究和货币研究在质量上存在数量级的差异。他承认消费函数研究是一个独立于货币研究的项目。② 但是，弗里德曼在其货币著作中引用《消费函数理论》以及在货币著作中使用持久收入的概念就表明，他不认同一些凯恩斯主义者所暗示的在这两种研究工作之间存在的分离程度。③

总之，弗里德曼成功地说服了经济学界关于持久收入假说的正确性。这一成就部分地反映了他所提出的证据经受住了20世纪50年代的批评这个事实。

即便如此，弗里德曼所提出的支持持久收入假说的大量证据都不足以成为支持现代形式的持久收入假说的有效证据的一部分。一些更加简单的证据也许仍然适用。例如，作为支持持久收入假设的一个论点，科克兰（Cochrane）证实了消费与收入的比

---

① 例如参见弗里德曼的评论：Margin（January 1986, 3）; CSPAN, November 20, 1994（p.9 of hard-copy transcript）; Reason（June 1995, 38）; Friedman and Friedman（1998, 222）; 以及 Taylor（2001, 116）。

② 例如参见 Friedman（1956a, 19; 1961a, 261）and Friedman and Schwartz（1982a, 38）。然而，这两个研究项目都是弗里德曼与国民经济研究局合作的一部分。
与此相反，乔治·斯蒂格勒（Stigler 1988, 155）将消费函数研究归入弗里德曼的"货币经济学"研究的一部分。这种提法可能是使用"货币分析"或"货币经济学"代替"宏观经济学"的惯例——弗里德曼毋庸置疑会遵循这种惯例——的一个例子。然而，这也可能反映了这样一个事实，即斯蒂格勒并没有声称自己对整个的宏观经济学领域或者弗里德曼特别研究的宏观经济学非常熟悉。

③ 弗里德曼在其货币研究中引用了 Friedman（1957a），例如参见 Friedman and Schwartz（1982a, 173），以及 Friedman（1959a）和他后来的货币研究中对持久收入概念的大量使用。

率在美国的长期数据中保持稳定而没有出现下降这个事实——这是促使弗里德曼研究的一个重要原因。但是，我们必须指出，弗里德曼著作中的时间序列回归研究不在支持持久收入假说的有效证据范围之内。为什么呢？因为该著作使用了适应性预期的假设。因此，家庭尽管在假说中被视为关注未来，但被模拟为通过使用近年收入的固定加权总和来估计长期收入。因而，表面上的前瞻性消费函数在实践中变成了向后看的函数。

正如穆斯所证明的和第十五章将要讨论的那样，后一种设定并不必然违反理性预期。如果向后看的函数类似于驱动持久收入的时间序列过程的最优预测，那么这种设定就不会如此。但是对大多数经济环境而言，弗里德曼赖以产生其持久收入序列的向后看（大约三年）的单变量方程并不符合理性预期假设。而且，人们无论如何在将消费函数放入宏观经济模型时，不要像弗里德曼本质上所做的那样先验地强加那种预期的函数。相反，人们会允许这种函数从模型的理性预期解中出现。

的确，即使在理性预期时代，一些经验建模者基于最终的消费函数体现了实证研究中的良好性质，而在实际上信守弗里德曼最初阐述的计算持久收入的方法。例如，卡罗尔和萨默斯（Carroll and Summers 1991）、贾斯特等人（Juster, Lupton, Smith, and Stafford 2004, 10）以及恩金等人（Engen, Laubach, and Reifschneider 2015, 16）在提倡家庭不以完全前瞻性的方式行动的模型设定时都诉诸弗里德曼的研究。[1] 然而，在大多数情况下，理性预期标准是支配着宏观经济建模的最好做法。这种情况意味着，从现代研究的角度看，弗里德曼计算持久收入的向后看的公式就不再被视为恰当的公式。由此类推，弗里德曼那些支持持久收入假说而依赖此公式计算的时间序列证据，就不能被视为支持其消费理论的持久证据。

正如第十五章将讨论的那样，弗里德曼在利用横截面数据对持久收入假说进行的一些研究中实际上使用了理性预期。因此，他支持该假说的这部分证据可以免于那些适用于他的时间序列研究的批评。但是，弗里德曼的横截面证据甚至也不能被认为是支持那些使用持久收入假说的持久证据。这种看法的原因在于，弗里德曼提出的方程 $C_p = ky_p$——他认为该方程描述了持久收入假说的结构关系——存在问题。因为完全撇开他对预期的处理不谈，弗里德曼支持持久收入假说的理由不能被视为直接适用于现代经济分析的一个重要原因是，他在详细说明家庭支出的决定时使用了非常正式的假设。特别是，肯尼思·阿罗在 2013 年 12 月 7 日和劳伦斯·克特里考夫在 2015 年 5 月 26 日本书的访谈中着

---

[1] Carroll and Summers（1991, 335）甚至说："米尔顿·弗里德曼在讨论持久收入假说时，明确摒弃了消费者的视野会触及终生的观念。"由于弗里德曼提出了在时间序列数据中计算持久收入的方法，因此，他们对弗里德曼立场的描述在字面上是准确的。但是在笔者看来，卡罗尔和萨默斯的描述似乎混淆了与弗里德曼的消费设定相关的两个不同问题：(a) 代表性家庭的持久收入是否相当于可能具有无限期的终生收入的概念；(b) 持久收入的测量在操作时是否是在理性预期假设下产生的。下文认为，弗里德曼赞同（a），尽管他的时间序列研究一般而言与（b）不相符。

重指出，与弗兰科·莫迪利安尼的生命周期理论著作相反，弗里德曼并未从效用最大化问题中推导出他提出的消费函数。① 相反，弗里德曼的消费研究将消费与收入关系作为理论的原始组成部分，而不是从最优化问题中推导出这种关系。

因此，尽管弗里德曼对凯恩斯最初的消费函数进行了修改，但他的著作还是受到了阿维纳什·迪克西特针对传统凯恩斯主义消费分析的许多转化形式提出的那种批评：这是"一种并非基于严格表达的临时修改"，从而意味着一种"更严格的表述显然是必要的"。由此推断，弗里德曼引证来支持持久收入假说的经验证据就等于支持一个特设方程的证据，尽管这个方程严重受到理论观点的影响。由于现代宏观经济学的最佳做法是从形式优化分析中推导出描述私营部门行为的方程式，因此，不仅弗里德曼最初设定的持久收入方程不可能得到认同，而且他提出的有利于该方程的证据也相应地变得毫无意义。然而，构成弗里德曼消费方程基础的基本思想似乎经得起最优化分析的严格论证。弗里德曼的著作提出了有吸引力的消费行为思想但只是严格地实现了这些

---

① 这一批评可能也支持了克鲁格曼（Krugman 2007, 27）的评论，即安多和莫迪利安尼的生命周期理论（见 Modigliani and Ando 1957 和 Ando and Modigliani 1963；另参见 Modigliani and Brumberg 1954）比弗里德曼的持久收入研究"更加关注理性行为的思考"。由于弗里德曼在一些著作中使用了理性预期，因此，如果克鲁格曼使用"最优化"以取代"理性"一词，那么他的观点会更加清晰。虽然"理性"和"最优化"在宏观经济学中有时被认为是彼此意指的（例如参见 Sargent 1987a, xxi），但是在比较弗里德曼和莫迪利安尼的消费研究时区分这两个概念是有用的。弗里德曼的消费研究不是基于最优化的，但有时使用理性预期，而莫迪利亚尼的生命周期研究是基于最优化的，却比弗里德曼的持久收入研究较少使用理性预期。

思想的一部分，这一事实留下了一个有待填补的空白。正是在这种背景下，持久收入假说的现代最优化形式出现了。

4. 前瞻性的现代形式。罗伯特·霍尔在分析一个家庭效用最大化的无限期模型的基础上，推导出一个家庭的消费购买取决于这些购买在下期的系数为1的期望值的条件。在其对数形式下，这个一阶条件——消费的欧拉方程——为新凯恩斯主义的基准模型中描述实际总支出行为的方程提供了基础。事实上，当实际利率允许变动时——而罗伯特·霍尔在分析中不允许利率的变动——这个欧拉方程基本上就相当于新凯恩斯主义的无资本模型中使用的直至冲击项的最优化IS方程。①

罗伯特·霍尔明确提出，这个方程是持久收入假说在随机环境中的一个应用。然而，他的论文标题和文本都表明，他正在描述他的著作与弗里德曼和安多及莫迪利安尼和布伦伯格的消费理论之间存在的渊源关系。然而，其他人更加直截了当。这些研究者将霍尔及欧拉消费方程与弗里德曼持久收入理论而非20世纪50年代的这两种消费理论具体地联系起来。例如，罗伯特·金（Robert King）在讨论真实商业周期模型的最优化消费者行为时引用了弗里德曼的消费函数著作，而巴罗和罗伯特·金则评论说罗伯特·霍尔"清晰阐述"了弗里德曼的持久收入假说。

如上所述，霍尔在分析中采用的消费函数形式是 $\log C_t$ 取决于其预期的未来值 $E_t \log C_{t+1}$ 以及其他变量。在这种方法中，消费

---

① 这种新凯恩斯主义IS方程的文献主要出现在20世纪90年代。然而，代表性家庭消费的一阶条件被明确称为IS方程并放入IS-LM系统的早期例子包括 Koenig（1987）和 McCallum（1989b, 102-107）。

和长期预期收入流之间的联系被嵌入消费者最优化问题的预算约束中，而不是明确出现在最优化产生的方程中。而且，消费的平滑性概括在这样的结论中：在某些约束下，消费的预期百分比变化是恒定的，而非像弗里德曼的方程一样处于一种将消费与一个平滑但不断变化的变量联系在一起的结构关系之中。

存在一些争议的问题是，霍尔推导的欧拉方程是否真的应该被视为弗里德曼的消费函数研究的一种遗产。劳伦斯·克特里考夫在2015年5月26日本书的访谈中指出，罗伯特·霍尔的研究和弗里德曼的著作之间的联系是微弱的，而霍尔本应强调他推导出的消费行为是拉姆齐模型所隐含的。[①] 然而，许多其他研究者，包括上面提到的罗伯特·巴罗和罗伯特·金，都表达了相反的观点。萨金特在评论中就霍尔和弗里德曼的消费行为设定之间的联系作了一个最有力的陈述："霍尔的模型准确地表达了弗里

---

① 一个类似的观点明显构成了卡罗尔和萨默斯（Carroll and Summers 1991）讨论霍尔著作的基础（特别参见他们在第308页、第318—319页和第336页的讨论，以及他们对拉姆齐模型和他们所描述的弗里德曼研究结果之间的对比）。
这个事实对这种观点提供了某些支持：Blanchard and Fischer（1989, 37）在详细讨论他们所谓的"拉姆齐无限期限最优化模型"时并没有提到弗里德曼的著作。不过，拉姆齐模型的这种讨论是在考虑经济增长而非消费的背景下进行的。布兰查德和菲舍尔在他们后来的著作中求助于罗伯特·霍尔（Hall 1978）对消费者行为的设定时，确实提到了该设定与弗里德曼的消费理论所共有的性质。尽管《消费函数理论》没有出现在布兰查德和菲舍尔的参考书目中，但是他们显然有意引用此著作，因为他们在第287页讨论持久收入假说时对Friedman（1956a）的引用，显然意在引用Frideman（1957a）。

德曼在最初的消费函数著作中就存在的消费平滑思想。"① 还有一些研究者在使人们关注弗里德曼和霍尔方法之间的相似性时不是明确地提到弗里德曼,而是在讨论无限期模型中的消费行为时使用"持久收入"的术语。这样的例子包括克鲁塞尔(Krusell)和史密斯将无限期最优化模型的消费决策描述为"经典的'持久收入'行为"。而且,克鲁塞尔和史密斯和科克兰都将嵌入这种消费行为的方程系统称为"持久收入模型"。

本书采取的立场是,弗里德曼的持久收入理论与现代优化模型的消费行为之间存在紧密的联系。尽管弗里德曼在20世纪50年代的研究中提出的持久收入消费方程尚未得到现代模型的证实,但是,持久收入假说得到了这样的验证。欧拉方程是弗里德曼持久收入思想的一种真实表达,因为该方程描述了一个代表性家庭的跨期行为在给定的实际利率路径下所导致的预期消费的平滑曲线。② 而且,在弗里德曼和罗伯特·霍尔的消费行为思想中,家庭长期收入的永久性变动而非收入状况的跨期重新安排,提供了消费水平变动的收入来源。弗里德曼在描述他的理论时所做的关于储蓄的变动是为了"'平滑'支出流"的评论,一直延续到现代消费理论。③

---

① Atkeson, Chari, and Kehoe(1999, 3)在评论"最近的经济理论"的模型特征是"储蓄率不是固定的而是消费者在最大化跨期消费的效用时选择"的结果时,也阐明了弗里德曼与罗伯特·霍尔方法的共同之处。
② 欧拉方程和弗里德曼消费理论的这一共有性质,在萨金特(Sargent 1987c, 4)以及前面提到的萨金特(Sargent 1986)的文章中都得到了强调。
③ Friedman(1957a, 7)。相反,Friedman(1976a, 60)认为储蓄有助于"平滑收入流"。他在这里可能是指"平滑支出对收入流的反应"。

诚如上文所论证的那样，如果欧拉方程确实是将持久收入假说纳入现代框架的合适工具，那么支持该假说的相关经验证据必须被视为是支持欧拉方程的相关经验证据，而不是支持和反对弗里德曼最初方程的证据。欧拉消费方程的结论是什么呢？就美国的总量数据而言，结论似乎是，这个方程似乎表现良好，可以作为一个有用的基准。

约翰坎贝尔和格里高利·曼昆的研究就欧拉方程的表现给出了一些最不利的研究发现。这些研究者认为，大约一半的美国家庭的行为与持久收入假设不符。然而，其他研究人员争辩说，与坎贝尔和格里高利·曼昆的估算相比，持久收入假说所暗示的消费行为的经验偏差在数量上要小得多。根据这一替代观点，虽然该假说严格说来在经验上没有被接受，而且像坎贝尔和格里高利·曼昆所偏爱的那样，家庭支出决策对当前收入过度敏感的设定在许多情况下并非必要，但是持久收入假说通常是一种可接受的近似。卡巴莱罗（Caballero）在总结这一观点时指出，持久收入假说"在美国的数据中不成立……但它几乎是成立的！"[1]应该指出，卡巴莱罗的陈述只与排除耐用品支出的消费者支出序列有关。但是，这一限制性条件突出了欧拉方程的方法和弗里德曼著作之间的渊源，因为排除耐用品支出是弗里德曼阐述持久收入假说的关键部分（见下一小节）。

持久收入假说的最优化形式不仅将该假说置于更坚实的理论基础之上，而且一旦该假说置于这种形式，就在时间序列情形中与传统的凯恩斯函数具有了更强对比的可能性。阿罗和库尔兹

---

[1] 类似的评论参见 Cochrane（1994, 242）。

（Kurz）有必要指出，"当弗里德曼明确使用时间序列分析时，'持久收入'只是大约三四年前收入的平均值"。[1] 但是，当持久收入假说明确使用前瞻性的形式时，事实通常不再是如此。这种前瞻性的形式还有一个吸引人的特点就是，它必然包含那些可能有助于解释与持久收入假说的1957年版本不一致的证据的消费者行为模式。例如，戴南（Dynan）等人的研究发现，美国富裕家庭的储蓄率高于贫困家庭——这一结果可能与采用收入的后向平均值来衡量持久收入的持久收入假说不一致。但正如戴南等人所承认的那样，他们的研究结果可能与优化模型中的持久收入假说不矛盾，因为较高的储蓄率可能代表一种遗赠动机。这一问题反过来又与构成持久收入假说基础的期限是多长的问题有关。现在开始讨论这个问题。

5. 消费者的规划期限与生命周期模型的比较。尽管罗伯特·霍尔在家庭拥有无限期限的情况下推导出了他的消费方程，但是对于弗里德曼所表述的持久收入假说是否同样可以这样说的问题则存在着不同意见。例如，梅格希尔（Meghir）对持久收入假说进行回顾时认为，弗里德曼对消费者决策所用的期限没有明确表明立场。

不过，下面将会论证，尽管弗里德曼没有使用明确的无限期模型，但认为他的分析没有解决期限问题则是不正确的。沃尔特斯、尼尔斯·泰格森和迈克尔·帕尔金都认为，弗里德曼赋予消

---

[1] 甚至国民经济研究局在总结弗里德曼的著作时都承认，一旦使用时间序列，他的理论就变得"非常类似"于那些先前存在的，从习惯形成的假设中推导出的关于消费依赖于滞后消费的理论（Fabricant 1958, 3）。另参见 Modigliani（1975a, 16）。

费者无限的期限。这些对弗里德曼消费框架的解释是恰当的,理由如下。

泰格森在前面提到的研究中对比了弗里德曼理论与莫迪利安尼-布伦伯格和莫迪利安尼-安多的消费生命周期理论的无限期限特征。后者经常与弗里德曼的理论相提并论,并且经常被描述为可与之互换。[①] 在这一点上,菲利普·库珀作为20世纪60年代晚期在麻省理工学院与莫迪利安尼一起从事研究的一位研究生,在2015年9月17日的访谈中回忆他的学生时代时说:"我经常在想,他(莫迪利安尼)所谈论的东西……和弗里德曼的消费和收入方法之间的真正区别是什么呢?但在那个地方,如果你说'好吧,难道这两种方法不是很相似吗?',这肯定是异端邪说。"

正如库珀所言,莫迪利安尼会为他和弗里德曼的消费理论相同的说法而生气。他承认这两种理论彼此"有许多相似之处",但他也尽心竭力地区分它们。莫迪利安尼所称的两种理论之间的一些区别——例如它们对稳态储蓄率和稳态增长率之间关系的预

---

① 将生命周期假说和持久收入假说放在一起考虑的倾向可以追溯到1957年。当时莫迪利安尼和安多(Modigliani and Ando, 1957)和弗里德曼(Friedman 1957e)在同一期刊的同一期上紧挨着发表,而弗里德曼(Friedman 1957e, 125)将生命周期和持久收入的框架称为"相关的理论"。

测——是值得怀疑的。[1] 不过，消费者的时间界限确实是两种理论存在差异的一个重要问题。在弗里德曼首次阐述了持久收入假说后不久，莫迪利安尼就对这两种理论之间的差异给予了突出而合理的强调，并在后来的论述中继续强调这一差异。[2] 因此，莫迪利安尼陈述说"生命周期模型……必然包含有限的生命"，而莫迪利安尼则指出弗里德曼框架的一个特点是"在他的估算中，生命的长度被视为是无限的"。

弗里德曼在设定消费者行为时使用了无限期框架的说法，是

---

[1] Modigliani（1975a, 11）指出，生命周期假说虽然隐含着储蓄率在给定的实际收入上升路径下是恒定的，但也意味着在长期增长率上升的条件下储蓄率也会上升。他将这一点与弗里德曼的持久收入假说进行对比时利用了弗里德曼（Friedman 1957a, 234）的一个陈述，即给定当期收入，预期收入路径的向上修正可能会降低储蓄率。但是，弗里德曼的这段话实际上并不与储蓄率在稳态增长率下上升的观点相矛盾。相反，它可以被视为描述了截距在收入路径上的持续变动扩散至多期的影响，而不是描述了该路径的斜率变动的影响。事实上，Krusell and Smith（2015）着重指出，储蓄率与增长率之间的正向关系是基于最优化的持久收入假说的现代形式的一种预测。上述任何一点都不是要否认，与弗里德曼对持久收入假说的理解相比，莫迪利安尼更全面地和明确地推断出了他的理论关于储蓄率与增长率之间关系的含义。

[2] 莫迪利安尼在早于巴罗（Barro 1974）将李嘉图等价的思想形式化之前的著作比如 Modigliani（1964a）之中以及在他后来的著作（如 Modigliani and Sterling 1986, 1990）之中对李嘉图等价的拒绝，证明了他所发现的持久收入假说在无限期环境下是有害的事实。
其他人虽然没有明确认为弗里德曼的持久收入理论必然包含一个无限期限的框架，但也承认该理论可以作一个无限期限的解释。例如参见 Tobin and Buiter（1980, 81, 83）和 Blanchard（1985, 224）。

可以从他关于消费者问题的著作中推断而非直接获取的。[1]弗里德曼早期指出,他不会仅仅因为真实的生命是有限的就囿于有限的期限。他评论说,"直觉上的合理性对……期限的长度几乎没有指导作用"。[2]甚至这个评论也要受到这个事实的限制:弗里德曼使用的"期限"一词指的是暂时性收入发生波动的时期,而宏观经济学关于"无限期限"与"有限期限"模型的辩论所使用的"期限"则是指代表性代理人的生命的假设长度。[3]可以从弗里德曼的大量陈述中收集到他关于无限期限的假设(在该词的宏观经济意义上),包括他关于"消费是由相当长期的因素决定的"的评论,以及他的理论旨在考虑持久收入的计算要包括"在未来某个不确定的时间"所产生收入的预期的评论。[4]

最重要的是,弗里德曼在模型中认为家庭在每个时期都遵循相同的消费决策规则——而不是随着退休或死亡时间的临近就改变所遵循的时变支出函数的形式——这一事实意味着他将家庭视为具有无限期的生命。弗里德曼在回应对其理论的早期反馈时承认,该理论不允许持久消费与持久收入的比率随年龄而变化。相

---

[1] 那种认为在 Friedman(1957a, 143-145, 229),Friedman(1963b, 21)和 Friedman and Becker(1957, 67)中出现的无限期时间的积分证明了家庭拥有无限寿命的假设的说法,是很诱人的。然而,这种推断是不恰当的。一方面,这些方程式是持久收入的适应性预期表达式,而这正如前面指出的那样,并非严格意义上的持久收入假说的一部分。另一方面,这些方程式是以连续时间框架写的,而在连续时间环境中的无限多个时期并不必然意味着同一模型的离散时间形式有无限多个时期。

[2] Friedman(1957a, 25)。

[3] 关于他对"期限"一词的用法,参见 Friedman(1963b, 3-4)。

[4] Friedman(1957a, 28)和 Friedman(1963b, 6)。

反，按年龄组测算的储蓄率的变化，主要归因于测算收入与持久收入的偏差。[1]他在著作中表示，他慎重地设定消费函数，以便它"可被视为适用于无限长的期限"。[2]

因此，尽管罗伯特·霍尔认为他的消费方程源于弗里德曼和莫迪利安尼的消费理论，但是，弗里德曼理论可以作无限期限解释的事实，就是将它而非生命周期理论视为与霍尔的理论更加相似的一个原因。弗里德曼的理论被视为与无限期限的家庭有关的看法，也与保罗·埃文斯讨论李嘉图等价时引用《消费函数理论》的做法相一致，因为李嘉图等价的有效性依赖于家庭拥有的无限期限。

弗里德曼的消费者具有无限期限的性质而莫迪利安尼的消费者不具有无限期限的性质，应该被视为弗里德曼方法的优点吗？在现代消费理论出现之前的一些研究表明，这实际上并不是一种优点。例如，哈里·约翰逊争辩说，"安多–莫迪利安尼的模型比弗里德曼的模型更合乎情理"，因为前者的模型具有有限期限的特征。不过，约翰逊是在分析货币政策和其他宏观经济问题中真正广泛使用以无限期期限的代理人为特征的模型之前说这番话的。与生命周期理论相比，弗里德曼的消费方法可以被视为这些模型，包括现代新凯恩斯主义分析中使用的模型的更直接的前身。[3]因此，他使用的无限期限框架可以被视为他分析的一个优

---

[1] Friedman (1957e, 125).

[2] Friedman (1957a, 14).

[3] 即使生命周期假说被嵌入到20世纪六七十年代用于分析货币政策的宏观经济计量模型中，情况也是如此——这一发展反映出安多和莫迪利安尼密切参与了这些模型的构建。

点。然而应该强调的是，有相当多的研究人员偏爱在宏观经济分析中使用有限期限的模型。其中之一就是劳伦斯·克特里考夫在合著的宏观经济学教材中使用了生命周期模型（Auerbach and Kotlikoff 1995）。克特里考夫在2015年5月26日本书的访谈中重申他偏爱安多–布伦伯格–莫迪利安尼处理消费者行为的方法。

还应该提到的是，有限期限模型作为一种分析储蓄决策的方法在货币分析之外的情境中继续受到青睐。在这一点上，安德鲁·阿贝尔在2014年10月14日的访谈中评论说："除了持久收入理论，生命周期模型还有退休和人们为退休而储蓄的观念。你可以更进一步来考虑遗赠和代际转移……这有助于思考社会保障这样的事情。"事实上，正如第十三章所讨论的那样，如果人们认为弗里德曼以无限期限的消费者作为他的基准，那么这就有助于理解弗里德曼和其他人在社会保障政策方面的分歧。

即便如此，事实依然正如后面几章讨论的那样，弗里德曼似乎需要一段时间才能对无限期限消费者假设的所有主要含义应对自如。例如，他在20世纪60年代非常倾向于援引挤出效应论据而非李嘉图等价，作为相信财政赤字和总需求关联不大的主要依据。在20世纪70年代，李嘉图等价在米尔顿·弗里德曼的财政政策分析中占有更加重要的地位，从20世纪80年代起在他的财政政策分析中居于中心地位。

6. 持久收入假说是反凯恩斯主义的吗？在一些陈述中，弗里德曼关于消费函数的研究被描述为强烈地反凯恩斯主义。例如，罗伯特·诺贝和哈里·约翰逊声称，弗里德曼将持久收入而非当期收入加入消费函数的重新设定对"乘数具有影响，因为它成功地处理掉了凯恩斯主义政策思想中的一部分"。像评论家利德尔（Lydall）和计量经济学家杰克·约翰斯顿（Jack Johnston）对持久收入假说最初的强烈反应，证明了一些团体关于弗里德曼的研究是对凯恩斯理论的根本挑战的早期看法。[①] 从某种意义上说，这篇研究确实具有这种挑战的资格，因为它修改了凯恩斯的一个最初方程。但是，业已指出过，弗里德曼的消费研究所受到的大量凯恩斯主义者的热烈欢迎，就表明了需要对持久收入假说的含义进行更细致的解释。

弗里德曼的消费函数可以真正被认为是强烈反对先前的凯恩斯主义观点的一个方面在于这样一个事实：他的研究与消费所占的收入份额随着收入的增加而下降的观点相矛盾。尽管弗里德曼在这方面的分析在他的著作的正文和结论中都得到了强有力的体现，但在某种程度上掩盖在他用线性方程组来对理论的代数表达之中。[②] 以对数线性形式来表达这个假说就会突出这个事实：他的理论确实——而先前的凯恩斯理论没有——意味着消费函数的对数收入项的系数为1，即它意味着消费的收入弹性为1。[③]

[①] 约翰斯顿实际上在1958年连续两期的《经济和统计评论》上对弗里德曼发表了三篇不同的评论：Johnston（1958a）对 Friedman and Becker（1957）进行了评论；Johnston（1958b）质疑弗里德曼关于成本函数的观点；以及 Johnston（1958c）对 Friedman（1957a）进行了评述。Friedman and Becker（1958b）回应了第一篇批评。

[②] 然而，正如他指出的那样，弗里德曼通常在假说的实证处理中使用对数线性方程（Friedman 1957a, 223）。

[③] 在 Liviatan（1963, 53）关于"弗里德曼的基本假设"是持久消费以及实际消费对持久收入的弹性为1的陈述中（另参见 Scadding 1979, 14），弗里德曼（Friedman 1957a）的这一观点就是明确的。Barrow et al.（1997, 104）仅仅说，"收入弹性在大多数消费模型中是1"。他们没有具体提到持久收入假说——可能是因为总收入弹性为1是消费行为的持久收入和生命周期设定所共有的。

在这一参数约束下,家庭自身的行为——即使在没有稳定政策的情况下——也会随着收入的长期增长而让消费与收入保持一致,而凯恩斯、汉森和其他人基于凯恩斯最初的消费函数所表明的"长期停滞"危险就不会出现。在他的结论中,弗里德曼自己强调了其消费函数设定所必然包含的长期停滞假说的不利结果。然而,应该记住的是,经济学界在弗里德曼的著作问世之时已经在很大程度上——根据战后早期的经验证据——放弃了长期停滞观。

弗里德曼在他的著作中也指出,长期停滞已被用来为积极财政政策辩护,包括旨在重新分配高收入家庭收入的措施,因为根据最初的凯恩斯消费函数,高收入家庭的边际消费倾向较低。[1] 弗里德曼评论说,他对消费函数的修改消除了收入再分配政策的这种理由。但是,他也谨慎地指出,收入再分配政策可以基于总需求管理以外的其他理由得到很好的辩护。[2] 事实上,正如第十三章在讨论负所得税时将要表明的那样,弗里德曼在20世纪50年代后继续支持政府主要通过负所得税来实施一定数量的收入再分配。

弗里德曼在著作中讨论之前的实证研究结果的一个领域可以被视为是对凯恩斯主义的批评。弗里德曼对现有的消费函数的经

---

[1] 保罗·萨缪尔森也强调了弗里德曼消费设定的这一含义(Newsweek, 1976a, 10月25日)。此外,这也是弗里德曼在Friedman(1957a)出版几年后接受关于持久收入假说的采访时强调的看法。当时,弗里德曼说:"有人认为,低收入群体比高收入群体花费了更大部分的收入,因此在经济萧条时期要做的事情就是,政府对高收入阶层的人们收入征税并将其分配给低收入阶层的人们。人们认为这将减少储蓄并刺激购买力。这一论点站不住脚"(Cleveland News, 1959年5月25日)。

[2] Friedman(1957a, 236-237).

验估计进行了统计批评。他争辩说，以前的计量经济学研究就家庭的边际消费倾向下降获得了错误的研究结果。他的推理是，由于消费函数中的规模变量应该是持久而非测量的收入，因此在估计消费函数中使用测量的收入序列意味着加入暂时性收入的部分对支出决策无关紧要。他认为，这一部分给估计方程增添了一个变量误差因素，从而会降低收入的估计斜率。[1]

---

[1] 参见 Friedman（1957a, 125-129, 222-223）。这一批评不同于对消费函数估计的批评，因为收入和消费使用类似的来源进行衡量，因此存在共同的测量误差。根据这里的第二种批评，共同的测量误差可能会增加两个序列之间的相关性，从而可能导致从这些数据中得出的估计系数不可靠。与此相关的是，对消费和收入回归可能的一个批评是这两个序列是同时确定的。

弗里德曼当然赞同这两种观点。关于第一种，特别参见 Friedman 1957a, 149; Friedman and Meiselman 1963, 175; 以及 Friedman and Schwartz 1982a, 418。但是，这两种观点都不是 Friedman（1957a）和 Friedman and Becker（1957）的消费研究所高度依赖的。事实上，Friedman（1957a）和 Friedman and Becker（1957）都在回归中大量使用了消费对收入的回归，而一些最终得出的回归估计被认为是有效的。

上述两种观点主要与 Haavelmo（1943）（例如参见 L. Klein 1958, and Hendry 1972）的研究有关。弗里德曼与贝克尔（Friedman and Becker 1958a, 545）正确地断言，他们（Friedman and Becker 1957）关于凯恩斯模型检验的观点与哈维默提出的论点不同。弗里德曼的消费函数研究没有使用哈维默的论证方式从一个事实中得到了最好的说明：Sargent（1978）关注的是将哈维默对消费函数普通最小二乘估计的批评应用到弗里德曼消费函数的估计中。

弗里德曼在 1957 年的著作中没有强调消费和收入同时决定的一个原因是，他过于相信在两个序列同时确定的环境下，以两种方式进行回归（即消费对收入回归，然后收入对消费回归）都提供了获得了所感兴趣的系数（消费对收入的反应）的估计值一种方式。见第十章的进一步讨论。

更加正式的计量经济学研究通过证实弗里德曼所强调的那种测量误差会导致对边际消费倾向的不一致估计,似乎确认了这一批评。[1] 然而,这一结果后来证明并不适用于美国的实际产出和消费数据,因为它是基于这两个序列在水平或对数水平上是平稳的假设。然而,这些序列事实上更适合被视为呈现随机增长的序列。正如斯托克(Stock)所证明的那样,结果就是,当持久收入假说成立时,对数消费和对数收入之间的长期一对一的关系会在大样本的普通最小二乘回归估计中产生,即使回归使用的是测量的收入而非持久收入的估计值。[2] 在这种情况下,普通最小二乘估计的一致性来自一种将对数收入和对数消费联系起来的共同趋势或协整的存在。这种协整性质在影响消费的收入弹性估计方面会超过变量误差因素的影响。[3]

不过,斯托克确实赞同弗里德曼提出的一种形式的批评,因为斯托克表明小于 1 的收入弹性可能在估计小样本的消费函数时出现。特别是,对数消费对对数收入的回归将产生收入弹性的一

---

[1] 例如参见 Goldberger(1964, 283-284);Walters(1968, 250-251);Holmes(1970, 1160);R. J. Wonnacott and T. H. Wonnacott(1979, 257-266);以及 K. Wallis(1980, 13-18)。
[2] 另参见 Crowder, HoJman, and Rasche(1999, 110)。
[3] 这是一个弗里德曼本人认为可能发生在大样本中的现象。另参见 Friedman(1957a, 127)。

致估计量,但在有限样本中获得的估计有向下偏误。[①] 然而,无论是其最初的形式还是经斯托克修改和形式化之后的形式,弗里德曼对消费函数估计的批评并不构成对凯恩斯经济理论的批评——除了它在一定程度上支持持久收入假说关于边际消费倾向不可能随着收入的增加而减少的思想。

我们现在来看上述持久收入假说对财政乘数的规模和可靠性

[①] 正如计量经济学家不得不抱怨的那样(例如参见 Sims 1991, 426; Watson 1988, 408),在讨论计量经济学估计量的性质时"有偏性"经常被误用为"不一致性"的同义词。特别是,标有"变量误差的偏差"和"联立方程偏差"的教材结论通常与不一致性而非有偏性的结论相关。Liviatan(1963, 29, 32)在讨论 Friedman(1957a)时就有这种术语滑动的特点,因为他称弗里德曼的最初结论是发现了先前消费函数估计的有偏性,尽管这个结论实际上显露出不一致性的迹象。这种滑动可能是坏事变好事,因为斯托克(Stock 1988)的分析表明,弗里德曼所强调的不一致性对他所研究的数据实际上不可能很重要,但估计量的有偏性可能是一个重要因素。

对数实际消费和对数实际收入之间协整的可能性,也为弗里德曼在研究消费和收入序列之间的二元关系的著作中采用的方法提供了一些回顾性的支持。Chick(1973, 41)声称,弗里德曼的分析是从"利率不显著的未报告的实证结果"开始进行的。然而,这显然不是弗里德曼的立场。因为正如下文讨论的那样,他同意消费具有利率弹性的观点。《消费函数理论》的开头和结尾章节都有利率在函数中。Modigliani(1975a, 5-6)承认,消费对实际利率的依赖构成了弗里德曼消费理论的一部分。面对利率敏感的消费决策,弗里德曼在 Friedman(1957a)的研究中对二元消费与收入回归的集中关注,可以从协整理论角度事后证明其合理性。如果对数消费和对数收入都是 I(1)序列且是协整的,而实际利率是 I(0),那么许多协整理论表明,在确定消费与收入关系时加入实际利率就不是必要的。因此,这一理论支持了一种处理消费和收入之间关系的方法。用 Friedman and Schwartz(1982a, 173)的话来说,这种方法将注意力局限于"两者共同的系统因素"上。

的影响。弗里德曼在《消费函数理论》的最后一章讨论凯恩斯理论时指出,"我并不认为收入—支出理论（即凯恩斯的理论）"在经验上是有根据的。[1]尽管如此,弗里德曼还是承认,即使他修改了消费函数,构成凯恩斯分析基础的周期波动理论还是可能成立。他对此指出的一个限制条件是,根据他在时间序列中衡量持久收入时所采取的移动平均法,对财政政策行动的乘数效应的估计将低于传统消费函数所隐含的估计。原因是,t年的财政行动对持久收入指标的影响,必然受到该收入序列在t年之前的测量收入有一个较大的组成部分的事实的限制。但是,在一个有先见之明的段落中,弗里德曼承认这一结果与他衡量永久收入的方法有关,而并非持久收入假说本身必然包含的结论。[2]而且,如下文所述,一旦将理性预期用于财政乘数的动态分析,持久收入假说的使用并不一定意味着支出乘数低于与传统凯恩斯消费函数相关的支出乘数。

在消费研究发表的那一年,弗里德曼与加里·贝克尔一起对凯恩斯主义经济学提出了更为公开的批评——这一批评也涉及消费函数。[3]弗里德曼和贝克尔的立场是,消费函数的经验拟合经常被引证来作为凯恩斯主义商业周期理论成功的一部分证据。但是他们主张,这种拟合的大部分并不令人惊讶,因为不仅消费是收入的很大一部分,而且这两个序列也通常是协同变化的。如果收入中的消费部分被排除在外,那么根据消费的随机游走和带漂

---

[1] Friedman（1957a, 236）.
[2] 参见 Friedman（1957a, 238）。
[3] 参见 Friedman and Becker（1957）。

移项的随机游走的表述作为基准来判断，最终的回归量并不能说明令人印象深刻的消费行为。[1] 弗里德曼和贝克尔总结道，从消费函数拟合得出的无效推论，导致经济学家"接受了一种我们的数据并不支持的经济结构特征的设定"。[2]

加里·贝克尔在2013年12月13日的访谈中回忆说，弗里德曼和贝克尔的研究"当时确实让许多凯恩斯主义经济学家感到不安；我的意思是，拉里·克莱因对此发表了一份很长——但相当糟糕——的回应"。弗里德曼和贝克尔对拉里·克莱因的回应对我们目前的目的很重要，因为前面两位研究者着重指出，他们的批评关键不依赖于持久收入假说，而是呼吁更加批判性地审查支持凯恩斯模型的证据。[3] 在采取这一立场时，他们就为后来弗里德曼和梅塞尔曼质疑凯恩斯乘数的经验证据铺平了道路。[4] 但是，弗里德曼—贝克尔的论文和弗里德曼—梅塞尔曼的论文对乘数的批评都不紧密依赖永久收入假说。因此，这些批评在将持久收入假说视为反凯恩斯主义方面并没有提供一个有效的根据。

与弗里德曼在财政和货币政策方面的其他贡献相比，持久收入假说本身对财政乘数意味着什么？如果消费取决于持久收入而不是当期收入，那么与老凯恩斯主义的直觉相反的一些结论确实

---

[1] 参见第十章关于弗里德曼对这些预测基准的兴趣的讨论。
[2] Friedman and Becker（1957, 74）.
[3] Friedman and Becker（1958a, 545–546）.
[4] 弗里德曼和梅塞尔曼的研究将在第十二章中讨论。Bodkin（1995）强调了弗里德曼—贝克尔和弗里德曼—梅塞尔曼贡献之间的联系。然而，与之不同的是，笔者并不认为弗里德曼和贝克尔的论文本身就是对货币主义理论的一个贡献。

有关。① 如前所述，持久收入假说在前瞻性环境下的一个含义是李嘉图等价：对于一个无限期限的家庭来说，在现在和未来之间重新安排税收的时机选择不会影响支出决策。一个与此相关的含义——在学术界广泛讨论李嘉图等价之前就被认为是重要的——是临时的税收增加对消费的抑制效应很小。美国在1968年征收联邦所得附加税的经验，似乎证实了持久收入假说的这一含义。② 持久收入假说具有分离财政政策行动与总支出效果的另一个例子是政府购买永久性增加的情形。在某些情况下，这样的增加促使人们预期税收永久性地提高，从而降低消费，让总需求保持不变。

然而，在更深层次上，持久收入假说不应被视为否定了财政乘数的概念。相反，这一假说有可能详细地解释乘数不为零的情况，从而有助于阐明哪些类型的财政政策行动最有可能对总支出产生影响。例如，罗伯特·金像巴罗一样发现，政府的临时采购可以增加实际总需求。罗伯特·金还表明，由于劳动供给可能会对政府采购做出反应，政府支出的永久性变化在弹性价格模型中可以提高总产出和实际支出，从而修改了巴罗关于政府永久性支出的结论。

一旦在分析中纳入黏性价格和未使用的资源，政府支出的增加在持久收入环境中就会进一步扩大产出提高的范围。在这一点上，托宾指出，如果经济从低于潜在产出的位置开始，那么，与新政府购买项目相关的乘数在前瞻性环境中会因为当期收入对

---

① 接下来对财政行动的讨论假设没有货币政策的配合。
② 参见第十三章。

未来更高的预期收入的反应而扩大。也许是借鉴了托宾的分析，《经济学人》(The Economist)杂志正确地指出，将理性预期而非适应性预期用于"弗里德曼的基本消费模型"将导致更大的财政乘数，因为理性预期扩大了与持久收入估计的修正相关的财政行动的范围。

总体来说，持久收入假说并非在本质上是反凯恩斯主义的。在早期阶段认识到这一点的凯恩斯主义者不仅包括如前所述的麻省理工学院的经济学家，而且包括在第十三章和第十五章进一步讨论其研究的一位凯恩斯主义者罗伯特·艾斯纳（Robert Eisner）。美国西北大学的艾斯纳不仅为弗里德曼的消费理论进行了早期辩护，而且如后面章节讨论的那样也将这一理论用来分析前面提到的1968年的美国联邦所得附加税。[1]罗伯特·艾斯纳认为弗里德曼的消费函数研究"对凯恩斯主义总需求理论做出了重大贡献"，而这一评价是正确的。[2]弗里德曼接受了消费函数的观念及其相关概念，并发展了它们。[3]正如弗里德曼本人指出的那样，持久收入假说并不像他的许多货币研究那样是反凯恩斯

---

[1] 关于弗里德曼对 Eisner（1958）的积极回应，参见 Friedman（1958i）。
[2] 同样，Burton（1981, 57）认为弗里德曼认同并改进了凯恩斯的消费函数概念。
[3] 这种接受持续到1957年之后。例如，Friedman and Meiselman（1963, 172-173）尽管批评凯恩斯乘数的经验重要性，但却使用了"边际消费倾向"和"平均消费倾向"的概念（尽管强调——正如 Friedman1957a 中所表明的那样——边际消费倾向对收入的持续预期变化的依赖）。正如第十二章所述，弗里德曼在采纳这种观点时就与凯恩斯主义的强硬批评者如亨利·哈兹里特（Henry Hazlitt）分道扬镳，因为后者更倾向于彻底否定凯恩斯关键概念的有效性，并回避凯恩斯的术语。

主义的。① 相反，这是一个可以并入凯恩斯主义和货币主义思想的假说。②

7. 持久收入和财富。哈里·约翰逊声称，弗里德曼在发展其消费函数理论时只是将通常所说的"财富"重新贴上了"持久收入"的标签。由于约翰逊提出的这一评论是他高度批判弗里德曼观点的一部分，因此这一主张被当作是一种批评。事实上，约翰逊在讨论中指出，"持久收入"术语的使用是专门设计来制造混乱和掩盖弗里德曼对财富概念的依赖。③ 约翰逊可能是在暗示，要么财富作为凯恩斯主义的最初消费函数的一个参数已经被广泛理解（因此弗里德曼的消费函数只是凯恩斯主义的旧函数），要么"持久收入"并不是一个有用的新概念。

20 世纪 50 年代以前的凯恩斯主义消费函数已有财富参数的观念似乎并没有多少可取之处。托宾指出，"在消费的决定因素中，凯恩斯忽略了与资本收益不同的财富"。因而，克莱斯特等计量经济学建模者表述的凯恩斯主义消费函数只有当期收入是唯一的规模变量。尽管弗里德曼承认凯恩斯的《通论》的一些段落

---

① 他不会去辩驳他的货币研究是批评凯恩斯主义的，包括后者对财政政策的强调。例如参见 Friedman（1968c, 445）提到"数量理论"对没有货币政策配合的财政行动有效性的"负面影响"。

② 一旦考虑这个共同基础，消费行为的设定，比如 Campbell and Mankiw（1990）所设想的——在这种设定中，当期收入在家庭支出决策中发挥着与持久收入计算的权重不成比例的作用——可以被视为具有明显的凯恩斯主义成分，正如 Bernanke（1981, 157）所指出的那样。

③ Eckstein（1983, 83, 92）的讨论就是以更加实事求是的方式提出持久收入与财富是同一概念的观念，而不是作为对弗里德曼批评的一部分的一个例子。

与财富在家庭支出决策中的作用是一致的,但是他强调,凯恩斯没有将这种作用融入该著作中提出的以当期收入—消费函数为特征的核心理论。[1]

关于财富和持久收入的概念是否相同的问题,弗里德曼从一开始就欣然承认,这两个概念几乎可以互换。事实上,在《消费函数理论》的开篇几页中,他为其消费理论提供的理由就是将财富当作规模变量。[2]当弗里德曼将持久收入概念引入消费分析时,他指出这个持久收入系列应该与财富成比例关系。[3]此外,与梅尔策关于"弗里德曼有时将持久收入称为财富"的陈述相一致,弗里德曼多次将术语"财富"和"持久收入"同等使用。[4]

尽管如此,持久收入概念曾经有,并且现在也具有与财富概念不同的用处。其原因在于弗里德曼的这个评论,即持久收入假说表明消费的关键变量是"预期未来收入的贴现值"。[5]这一概念可能与财富的测度相同,但它不必如此。总财富的标准测度——正如弗兰科·莫迪利安尼的消费研究中使用的测度——通常严重依赖于债券和股票等资产存量的市场价值。但是,关于债券,巴

---

[1] 参见 Friedman(1970b, 206)和 Friedman and Schwartz(1982a, 42, 45)。哈里·约翰逊(Johnson 1971b, 26)在 1971 年的另一篇文章中似乎承认,基于财富的消费函数并没有出现在凯恩斯主义的最初版本中,因为他评论说"对于弗里德曼和费雪来说,财富才是消费的基本决定因素"。

[2] Friedman(1957a, 9)。另参见 Friedman(1963b, 5)和 Fama and Miller(1972, 54)。

[3] 参见 Friedman(1957a, 11; 1963b, 7)。

[4] 例如参见 Friedman and Schwartz(1982a, 258);Friedman(1964b, 5; p.74 of 1969 reprint; 1976a, 60; 1987a, 8);以及弗里德曼的评论 Cleveland News, May 25, 1959;以及 Wall Street Journal, April 26, 1984。

[5] Friedman(1963b, 7)。

罗终于用持久收入假说来质疑它们在财富总量中的常规使用,因为巴罗所强调的李嘉图等价意味着政府债券不是净财富。[1]另一方面,股票估值在财富计算中受到怀疑,因为股票价格很可能受到泡沫的推动。正如伯南克和马克·格特勒指出的那样,如果私营部门的支出在资产价格被泡沫抬高时对资产价格变得不那么敏感,那么以市场估值计算的基于财富的消费函数也许就不可靠。

相比之下,弗里德曼提出了一个概念——永久收入——尽管在理论上与财富具有同构性,但它在判断消费行为方面很可能是一个比财富的标准经验测度更可靠的根据。弗里德曼自己承认,他在消费者支出的研究中并没有详细研究以资产为基础的财富总量。[2]相反,他试图直接从收入数据中计算出一个持久收入序列。尽管弗里德曼基于适应性预期这样计算的特殊方法已经被取代,但宏观经济模型仍然提供了计算预期未来收入流的一种方法。因此,持久收入的概念通过质疑基于资产计价的财富估计,并建议将这些测度与更直接的预期长期收入估计进行核对,从而补充了财富的概念。[3]

8. 与欧文·费雪著作的关系。弗里德曼在自己著作的第二章开篇指出,欧文·费雪已经解决了确定性下的消费者决策问题。弗里德曼接着以一个两时期的例子开始分析,而这个例子"本质上与费雪给出的例子相同"。[4]以此为出发点,弗里德曼进

---

[1] 弗里德曼在货币主义时期和大致在提出持久收入假说之前,习惯于认为政府债券是净财富。参见 Friedman(1948a, 259n17)。
[2] 参见 Friedman(1957e, 125)。
[3] Abel and Blanchard(1986)在研究投资驱动因素的背景下提出了一种观点,即直接估计预期收入流可能提供了一种比依赖资产存量的价值更可靠的测度。
[4] Friedman(1957a, 7).

而对费雪研究过的这个问题进行多期随机一般化的描述。罗伯特·卢卡斯在2013年3月12日的访谈中回忆起弗里德曼在第二章、第三章的阐述:"那儿真的有一些与欧文·费雪有关的好理论:你知道,费雪的理论都在那儿。然后是转到随机统计模型的处理——我认为这是一个关于两者怎样联系在一起的难以置信的精致讨论。"

毫无疑问,弗里德曼著作的这种阐述在一定程度上影响了尤金·法玛和米勒的这种说法:他们认为弗兰利·莫迪利安尼和布伦伯格的这篇文章与《消费函数理论》为欧文·费雪对消费者行为已经进行的精致分析提供了更深的基础。[1] 弗里德曼受费雪的影响以及他对费雪方法的继承,也在唐·帕廷金·对弗里德曼著作的第二章开头部分的描述中得到了体现:"当弗里德曼在其《消费函数理论》(1957年)的第一章中提出这一假说时,他说这一切都来自欧文·费雪。"[2]

---

[1] 另见 Becker(2007, 183)的类似评价。
[2] 来自帕廷金在 Patinkin and Leith(1977, 123)中的全体与会者的讨论。帕廷金接着在第124页中指出了弗里德曼的分析在许多重要方面超越了费雪的著作。
在《消费函数理论》发表后不久,国民经济研究局也暗示弗里德曼和费雪的消费著作之间存在联系。国民经济研究局总结弗里德曼著作的部分内容是:"弗里德曼对消费变化的解释主要是根据消费者对收入的预期……自然,预期受到过去发展状况的影响……但弗里德曼的分析引导我们向前看,而不是向后看……很明显,弗里德曼抛弃了将消费者设想为服从当期收入和消费之间的机械联系的观念。这一观念是凯恩斯在1936年阐述的,并在随后几年的经济思想中发挥了重要作用。弗里德曼回到了消费者的计划和决定受到未来、现在和过去影响的这种消费者行为的旧理论。因此他的解释与过去一个多世纪以来经济学家所获悉的消费行为理论是一致的"(Fabricant 1958, 2–3)。

尽管费雪和弗里德曼关于消费研究的联系得到了弗里德曼的承认，并且后来也有许多人指出了这一点，但是一些近期的评论，如戴维·莱德纳的评论，对两者是否存在很大的联系提出了质疑。然而，这些后来的评论所采取的这种立场可能反映了当时从研究文献中获得的证据。这些文献严重低估了那些表明弗里德曼在1957年之前的四分之一个世纪中所接触过的费雪著作的证据数量。[1] 弗里德曼在这些年里潜心研究费雪的著作，强化了《消费函数理论》第二章开篇所说的费雪的著作直接影响了弗里德曼的这本著作的证据。[2]

二、消费者耐用品支出的分类

尽管弗里德曼的《消费函数理论》没有对家庭耐用品的支出进行大量的讨论，但是他对这个问题所说的内容在消费和投资文献中都留下了持久的印记。他关于耐用品支出的要点被浓缩在这本书的索引条目中："耐用品购买，按资本支出处理。"弗里德曼的研究提出，消费函数指的是非耐用品的支出。在这种方法中，耐用消费品的支出不计入消费支出。在理想情况下构建消费总量时，耐用品支出将从总消费的标准测度中扣除，耐用消费品将仅

---

[1] 例如，博尔多和洛克夫（Bordo and Rockoff 2013b）的研究，尽管被Belongia and Ireland（2016, 1224）描述为"全面讨论了费雪对弗里德曼货币经济学的影响"，但实际上并不是对这一问题的全面讨论（尽管它确实涉及了一些非常重要的方面）。博尔多和洛科夫的分析尤其忽略了弗里德曼早期对费雪著作和费雪效应的重要讨论。见下一章。
[2] 同样值得注意的是，Friedman（1943a）——弗里德曼在1951年之前的这篇著作中阐述了持久收入消费理论的梗概形式——指出费雪对支出税措施的倡导早于弗里德曼在其论文中的提倡（Friedman 1943a, 61）。

以"使用价值"或以耐用消费品的净存量推导出来的服务流量的形式进入消费支出。[1]

如果耐用消费品的购买不应算作消费，那应算作什么？弗里德曼关于"我们的理论分析要求将这类物品的购买视为资本交易"的陈述有些模糊不清的地方在于，他打算将这些购买算作储蓄、投资或兼而有之。[2] 该著作中的其他段落澄清了这一问题。弗里德曼肯定地说，他认为耐用消费品应该算作储蓄。[3] 随后的几处分析要么支持耐用消费品支出是储蓄的一种形式的观点，要么至少认为弗里德曼的分析暗示了这一点。[4] 但是，沃利斯等其他人的讨论认为，弗里德曼的分析意味着耐用消费品支出应归类为投资支出的一部分。

事实上，这两种解释都是正确的。将耐用消费品支出与储蓄而非投资支出加在一起则意味着经济中的总支出不等于当期总收入。但是，正如第二章所讨论的那样，弗里德曼的数量理论方法就像凯恩斯主义分析一样，要求保留这些等式。因此，弗里德曼关于耐用消费品支出分类的建议，就相当于这一支出序列同时与储蓄和投资相加的建议。也就是说，家庭在购买耐用消费品时被视为放弃消费并增加储蓄的供给，但是——在将所有这些储蓄资金用于购买耐用消费品时——家庭同时增加了与储蓄增加额相同的投资。这种看待问题的方式与弗里德曼关于"货币主义的观点

---

[1] 例如参见 Friedman（1957a, 28, 40, 214）。
[2] Friedman（1957a, 214）.
[3] 参见例如 Friedman（1957a, 91, 194）。
[4] 前者的例子参见 Boskin（2005），后者的例子参见 Darby（1975, 123）。

是，'储蓄'和'投资'必须更广泛地加以解释"的评论相符。[①]

弗里德曼对耐用消费品的分类被非货币主义者和货币主义者广泛采用。这种高度认可的例子包括戴维和约翰·斯卡丁关于"耐用消费品支出的理论是现代投资理论的一部分"的评论；基德兰德（Kydland）和爱德华·普雷斯科特关于"耐用消费品被视为资本存量的一部分"的陈述；安德鲁·阿贝尔和伯南克则指出，"在经济意义上"，耐用品的支出有助于促进未来消费，尽管国民收入核算规则将该支出完全归类为当期消费。相反，多恩布什和雷诺索（Reynoso）则赞同耐用消费品的购买是家庭增加储蓄的一种手段的观点。

耐用消费品的购买在概念上不同于家庭的非耐用品消费的处理方式，使弗里德曼能够解释在其他情况下被视为与持久收入假说不相符的一个数据特征。这个事实就是家庭收入的意外增加往往会导致他们的当期支出激增，而不是将支出在当期和未来时期中平滑。弗里德曼能够指出，收入的意外增加往往导致支出集中在耐用品的购买上，从而这种模式与他的持久收入理论并不矛盾。[②]类似的评论也适用于现代形式的持久收入假说。在对耐用品与非耐用品进行区分的优化模型中，欧拉方程适用于非耐用品的消费。相反，耐用品支出的最优条件通常与企业投资购买的最

---

① Friedman（1972a, 915）。另见 Friedman and Schwartz（1982a, 262）将耐用消费品称为"消费资本"。
② Friedman（1957a, 28）。另参见 Darby（1975, 123）。

优条件非常相似。①

弗雷德曼（Freedman）等人认为，弗里德曼将耐用消费品支出排除在消费之外的提议是弗里德曼反凯恩斯主义议程的一部分。这种解释掩盖了一个事实，即弗里德曼的提议是被后来的文献采纳的一种分析观点。②在这点上，艾迪和布里顿-琼斯（Britten-Jones）虽然对耐用品支出算作投资有点怀疑，但承认这一论点"在原则上毫无疑问是有根据的"。他们还指出，一些最强有力支持将耐用品支出视为投资的理由——比如罗伯特·希勒——来自现代凯恩斯主义理论。③此外，值得强调的是，弗里德曼对持久收入假说的大部分检验所研究的证据都是基于总消费的标准定义——即包括耐用品的支出——尽管伴随着耐用消费品原则上应区别对待的声明。④

三、非耐用消费品支出的利息弹性

除了将持久收入作为消费函数的规模变量和将耐用品支出排除在消费函数相关的支出以外，弗里德曼的消费函数设置在另一个方面也与凯恩斯主义分析不同。这种差异来源于他关于家庭的

---

① 然而，具有这一特征的模型确实涉及消费支出、耐用消费品支出和实物资本购买之间的三重划分。早期的研究，如收录在 Harberger（1960）中的许多研究也是如此。因此，这些方法涉及比弗里德曼建议所暗示的更精细的私人支出分解。
② 如下文所述，这个观点也是 Tobin（1974b）所坚持并长期并入他的分析的观点。
③ 事实上，Edey and Britten-Jones（1990）并没有引用 Friedman（1957a），也没有将这一特定观点归因于弗里德曼。
④ 例如参见 Friedman（1957a, 91, 126, 194, 214; 1958h, 466）。

非耐用品支出具有明显的利率弹性的观点。

凯恩斯阐述了凯恩斯主义关于非耐用消费品支出的利率弹性的观点。当时他指出，影响利率的措施"只与那些对利率适度变化敏感的因素有关（一个人想要一杯啤酒的欲望不是这样的影响因素）"。早期凯恩斯主义者不会不倾向于极大地同意凯恩斯对此问题的看法。事实上，在凯恩斯写下这句话20年后，约翰·肯尼思·加尔布雷斯对此问题的职业思维有足够的信心，以至于他说，利率对家庭当期收入在储蓄和支出之间分配的影响的可能性"尽管曾经有人指出过，但即使是最坚定的货币政策支持者也不再对此认真地强调"。根据这种看法，就货币政策影响消费而言，这种影响是因为家庭支出流量是由投资支出流量引起而发生的，而后一个流量可能具有利率弹性。①

丹尼斯（Dennis）和莫迪利安尼都认为，货币主义分析提出消费者支出具有利率弹性，从而与原有的凯恩斯主义设定形成了对比。② 如前所述，这确实是弗里德曼货币主义的一个特征。此外，这种关于消费者行为的视角代表了弗里德曼的观点而非早期凯恩斯主义理论所采纳的观点，流行于当今的新凯恩斯主义模型的一个例子。新凯恩斯主义分析中的优化IS方程，是从包括一个描述家庭的非耐用品支出决定的利率弹性函数的方程中推导出

---

① 例如参见 Friedman and Meiselman（1963, 177）; Friedman and Schwartz（1982a, 486）; 以及 Morgan（1969, 46）。当然，在早期凯恩斯主义的许多分析中，甚至投资的利率弹性都受到质疑，萧条状况下尤其如此。见上文第三章，以及本章第五节关于投资的讨论。

② E. Nelson and Schwartz（2008a, 847）也指出了凯恩斯主义者和弗里德曼的观点之间的这种差异。

来的。

鉴于现代宏观经济模型与弗里德曼研究之间的这种渊源，令人惊讶的是，在弗里德曼的著作中——尽管他相信非耐用消费品支出的利率敏感性——但他并没有像人们可能预期的那样引人注目地而且明白无误地大肆渲染他自己和许多同时代人之间的这种差异。当他提到具有利率弹性的私人支出时，他反而常常强调投资支出和家庭的耐用品支出。例如，弗里德曼在 1977 年的一篇《新闻周刊》专栏文章中讨论挤出时提到了这样一种情景，即当政府出现赤字时，"政府获得了本来可以用于建造房屋、工厂或机器的资金"。[①]

尽管如此，弗里德曼关于消费具有利息弹性的观点由来已久。他向这一立场的转变似乎发生在他向货币主义转变的早期阶段。1948 年 9 月在芝加哥大学完成的一篇博士论文归于弗里德曼的观点是，利率是调整储蓄和投资并有助于这两个序列平衡的

[①] 引自 Newsweek, May 17, 1977。这句话在 Friedman and Friedman（1985, 19）中大量重复。另见 Banker（January 1967, 69）；Newsweek, May 12, 1975；以及 Instructional Dynamics Economics Cassette Tape 181（November 1975, part 2）。在所有这些文章的讨论中，弗里德曼比他在 1977 年关于高利率具有抑制私人投资支出的作用的评论要明确得多。在 20 世纪 70 年代末之后，弗里德曼对挤出的提及越来越少了。正如前面指出的那样，他在晚期开始相信李嘉图等价定理，而不是挤出效应，是名义和实际总需求与财政赤字之间关系松散的主要原因。

变量。① 然而，即使是在 1952 年，弗里德曼虽然肯定"信贷政策产生的利率上升将倾向于增加消费者的储蓄率"，但在淡化这一渠道时陈述说，"我想，储蓄率只是对利率上升有轻微反应，企业的厂房支出计划和存货政策的反应要快得多"。② 尽管他在后来的岁月中没有偏离投资支出比消费对利率的反应"更敏感"的传统观点，但是他表示，非耐用品消费支出的利率弹性虽然与投资的利率弹性相比并不强，但从绝对值来看可能相当大。

但是，弗里德曼在他自己的著作和其他公开声明中，不是详细而明确地阐述他关于非耐用品消费支出具有利率弹性的观点，而是在很大程度上让这种观点隐含地出现。例如，从他关于利率与所有通过借贷促进的支出相关的评论就体现了这一点——前提是这一评论要与他关于家庭进入信贷市场提供了一种平滑消费的手段的消费者跨期支出的观点相结合。③ 此外，非耐用消费品具有利率弹性的观点源于这个事实，即弗里德曼认为货币数量论意味着货币政策影响消费者支出，正如它影响其他类别的私人支出

---

① McKean（1948, 101）。另见 Patinkin（1969, 57）。此外，Friedman（1942a, 319）早些时候曾指出，从当期收入中消费的金额可能取决于"相对价格"（因此可能取决于利率），但当时他认为这种可能性是"次要的"。詹姆斯·托宾可能也是在 20 世纪 40 年代末对消费的利率弹性持开放态度的人之一，因为他在 1947 年承认"投资或消费倾向可能对利率敏感"（Tobin 1947, 126）。然而，尚不清楚托宾是否主要将这种消费的利率弹性局限于耐用品支出，因为如前所述，他后来指出耐用品支出是他一直视为投资支出的一类家庭支出（Tobin 1974b, 89）。
② Joint Committee on the Economic Report（1952d, 1019 and 1019-1020）。
③ 第一个评论参见 Friedman and Heller（1969, 54）。

一样。①

然而，弗里德曼偶尔也会明确表达他的观点，即消费和储蓄比人们普遍认为的那样更具有利率弹性。弗里德曼在1953年对其1942年关于通货膨胀缺口的论文进行的修改中所插入了的一段话，就表明了储蓄具有利率弹性。② 这一观点也反映在弗里德曼的《消费函数理论》中，在消费函数的完整理论表达中出现了利率项。③ 此外，弗里德曼在该著作中的正文讨论中陈述说，如果"储蓄所得的利率是储蓄与收入的平均比率的重要决定因素，这一结论与我们先前的理论分析完全一致，但与广泛流行的利率对储蓄影响的见解背道而驰"，那么这就最好地解释了一项研究

---

① Friedman and Meiselman（1963, 176-177）。另见 Friedman and Friedman（1985, 98）的评论，即"消费者和企业的总支出"对货币行动做出反应，和 Friedman and Schwartz（1982a, 620）陈述的"货币扰动将在建筑、其他投资、消费等产出组成部分的反应中产生系统模式"。
② Friedman（1953f, 260）.
③ Friedman（1957a, 26, 222）。此外，在1959年5月25日的《克利夫兰新闻报》的一张图片上，弗里德曼正在黑板上描绘一个看起来是利率弹性的储蓄函数。
在《消费函数理论》发表的同一年，弗里德曼的同事马丁·贝利发表了一份名为"储蓄与利率"的理论文章。这篇文章认为，"从最实际的角度来看……当利率上升时，消费几乎无一例外地会下降"（Bailey 1957, 305）。尽管这是贝利而非弗里德曼的分析和结论，但是贝利在第279页指名感谢弗里德曼的评论。贝利（Bailey, 1992, xiv）还表示，他在1957年论文中的分析受到弗里德曼之前的消费者需求研究的影响。弗里德曼在1968年冬季的研究生课程"收入、就业和物价水平"中将贝利（Bailey 1957）的文章列入消费函数的阅读文献（最后一条信息是由该课程的一位学生安-玛丽·梅伦戴克提供给笔者的）。

的证据。① 几年后，他和梅塞尔曼在概述货币主义者对传导机制的观点后评论说，这一概述相当于"储蓄和投资可能具有高度的利率弹性"的说法。②

尽管弗里德曼相信消费者支出的利率弹性具有相当大的价值，但是他没有明确探讨该弹性的原因可能有两个方面。第一，正如已经指出的那样，弗里德曼是投资支出比非耐用品的消费支出对利率更加敏感的这种传统观点的拥护者。第二，他不愿意谈论"一般"利率弹性或"一般"利率，因为他相信一系列的利率与家庭和企业的支出决策都相关。现在开始转向这种总需求决定的多重利率观的讨论。

四、多重收益渠道

米尔顿·弗里德曼在讨论货币当局的行动与经济中的总支出之间的联系时，经常被指责避免提及利率。斯蒂芬·阿克希尔罗德在20世纪50年代初是弗里德曼的一位研究生，后来长期担任美联储的官员——他经常以官员的身份与他这位从前的老师发生争吵。他众所周知的一个笑话是，对弗里德曼来说，利率渠道是一个无人敢说出来的传导机制（2013年4月24日笔者对斯蒂芬·阿克希尔罗德的访谈）。③

---

① Friedman（1957a, 78）。写完这篇论文后，弗里德曼不仅立即将他的研究转移到另一个主题上，而且正如前面指出的那样，他没有在消费函数的实证估计中加入利率，而是集中关注消费与收入的二元回归。
② Friedman and Meiselman（1963, 221）。另参见 Friedman（1971d, 330; 1972a, 915-916）以及弗里德曼的评论：Instructional Dynamics Economics Cassette Tape 197（mid-August 1976）and in National Review, June 16, 1989a, 25。
③ 另见第十二章引述的罗伯特·所罗门（Robert Solomon）在1965年的评论。

正是在这一背景下,戴维·莱德勒在 1982 年写道,弗里德曼和施瓦茨"因此经常被指责在他们的货币分析中低估了利率的重要性"。[1] 然而,正如莱德勒指出的那样,这本 1982 年出版的而他正在评论的著作——弗里德曼和施瓦茨的最后一本著作《货币趋势》——有助于消除这一观念。《货币趋势》的正文包括弗里德曼和施瓦茨的评论:"利率是一种无处不在又至关重要的现象,它影响经济活动的方方面面。"[2] 碰巧的是,弗里德曼在 1982 年对当代经济评论的时期所作的评论强化了弗里德曼和施瓦茨著作的这个主题思想。弗里德曼尤其在 1982 年初评论说:"什么因素导致了美国经济的这种前所未有的左右摇摆行为呢?立即想到的答案就是利率相应的左右摇摆行为"(1982 年 2 月 15 日《新闻周刊》)。

这些评论反映了弗里德曼的长期观点。[3] 尽管如此,弗里德

---

[1] Laidler(1982, 300)。默文·金(Mervyn King 1994, 264)以莱德勒描述(尽管没有具体提到弗里德曼和施瓦茨的名字)的方式在当代进行了一个评论。他陈述说,"一些认为货币是在经济中起着关键驱动变量的人,有时会忽视利率在传导机制中的关键作用"。值得一提的是,这一陈述是在 20 世纪 90 年代末开始之前的时期所做的,而当时金开始越来越赞成并可能更加深入研究了弗里德曼—施瓦茨和布鲁纳—梅尔策的核心货币主义理论,特别是在传递机制方面的核心理论。

[2] Friedman and Schwartz(1982a, 500)。

[3] 艾伦·梅尔策在前面提到的对弗里德曼与施瓦茨(Friedman and Schwartz 1963a)的书评的评论中明确阐述了这个事实。他说,"无论如何,《美国货币史》的读者非常清楚,弗里德曼和施瓦茨并不否认利率和相对价格变化对……真实量有影响"(Meltzer 1965, 415)。因此,梅尔策将批评集中在他认为该书对名义利率对美国货币需求和供给函数所起作用的低估方面。这一批评提出的问题与这里讨论的问题不同(这里讨论的问题与 IS 方程的设定相关),而这些问题将在下文第十二章和第十三章中讨论。

曼对货币数量的强调，加上人们认为他回避分析利率的突出地位，导致许多评论员认为他相信货币直接加入实际总支出的结构方程（即IS方程）。事实上，一些评论人士甚至认为弗里德曼完全依赖于货币与支出的联系和相信总支出对利率完全缺乏弹性。①

正如本章中的讨论已经指出的那样，这些归因的说法没有充分的根据。关于总支出的利率敏感性，弗里德曼在讨论投资挤出的一些场合明确表示了对其存在的信念。这样的场合不胜枚举。其中包括上面引用的一些，以及他在1975年的评论，即"高利率切断了……需求"。②同样，弗里德曼还认为，伴随着货币扩张的利率降低将"鼓励"商品和服务的支出。③

弗里德曼对总支出利率敏感性坚定信念的另一个常见情形是，他对早期强硬凯恩斯主义观点关于总需求完全缺乏利率弹性的这种变种所进行的批判性讨论。④弗里德曼将这种极端观点与其他人持有的"利率取决于并影响实际量"观点——他把自己视为其中之一——进行对比，而这里讨论的影响包括利率对"通过投资或消费在实体部门支出"决策的影响。⑤

---

① 例如参见Robert Hall（1977, 61）和Laurence Harris in Bankers' Magazine（July 1969, 7-8）。此外，莱斯特·瑟罗（Lester Thurow）（在保罗·萨缪尔森退出后接替米尔顿·弗里德曼作为《新闻周刊》的专栏作家）声称："根据货币主义的碑碣，利率并不重要——只有货币供给的增长率才是重要的"（Newsweek, November 16, 1981）。
② 另参见Friedman（1962a, 83）。
③ Friedman（1970a, 25; p.17 of 1991 reprint）。
④ 例如参见Friedman（1962a, 82; 1968b, 2）。
⑤ Friedman（1966d, 75）.

关于货币本身是否直接出现在 IS 方程中，弗里德曼的立场是它并不直接出现。更准确地说，方程中与货币政策相关的变量是资产价格和收益，而不是货币存量或其增长率。因此，正如第二章已经强调并在下文要详细阐述的那样，弗里德曼在货币主义时期并不认同货币对支出产生直接影响的观点。[①] 然而，他在成为货币主义者之前就非常重视财富的实际余额效应，并由此非常

[①] 特别参见 Friedman and Schwartz（1970a, 126）。另见 E. Nelson（2002b, 2004c）的进一步讨论。

应该提到的是，卢卡斯（Lucas 1977）论文中的一段话确实有助于解释他或许还有他所构建的货币主义理论，都赞同货币直接加入 IS 方程的观点。卢卡斯（Lucas（1977, 11）尤其说，"从丁伯根开始的计量经济学家发现货币因素似乎不是很重要"。他还在脚注中补充道："丁伯根（Tinbergen [1939]）和后来的大多数宏观计量学家一样，利用利率的显著性来检验货币的重要性"。这一脚注可能被认为是在暗示，计量经济学家在 IS 或其他支出方程中加入利率而非货币的做法是错误的。然而，这并不是弗里德曼的立场，因为他的立场是各种实际利率加入 IS 结构方程，但在实践中货币通常比观察到的利率更好地概括了这些利率的行为。从这个角度来看，丁伯根方程可能会因为各种设定误差而受到批评，其中包括依赖于一组过于狭窄的利率和使用名义利率而不是实际利率，但并不是因为它们将货币排除在支出函数之外。

如果卢卡斯（Lucas 1977）的陈述反映了货币明确出现在真实 IS 方程（或者可能是劳动供给方程）中的观点，那么这可能反映了他在早期货币研究（最著名的是 Lucas 1972b）中使用世代交叠模型时产生的直觉。在这些模型中，结构方程可以加入直接货币转移项，而不需要出现明确的利率变量（参见 McCallum 1984a）。然而，即使这是卢卡斯的直觉，这也不是弗里德曼的直觉。不仅世代交叠模型与弗里德曼的经济行为观点截然不同（见第十三章），而且他还批评货币分析中使用这些模型（参见 Friedman and Schwartz 1982a, 37）。还应注意的是，从 20 世纪 70 年代末开始，卢卡斯主要研究无限期模型，而该模型（在可可分离效用函数下）不支持货币直接加入 IS 或供给方程的观点。

重视总需求的确定。他在 1948 年倡导货币化规则时尤其如此。①但是，弗里德曼从 1948—1951 年转向货币主义之时也转而相信货币政策行动所产生的替代效应，并贬低财富效应的重要性。此后，弗里德曼多次表示，他不认为实际余额效应对产出波动很重要。②他承认，关于实际余额效应的早期文献有助于战后对货币兴趣的复活。不过，在弗里德曼看来，这些文献并没有对货币和商业周期之间的关系提供重要见解。③弗里德曼在 1959 年陈述说，"从分析的角度来看，可以将货币数量变化的所有影响视为通过利率变化及其对支出流的进一步影响而发生的"。④

弗里德曼相信利率富有弹性但没有明确的货币项出现于其中的支出函数这一事实，让他愿意接受货币政策如何通过资产价格或利率渠道影响支出的理论描述。例如，他在 1967 年说："如果你想要的话，货币政策总是可以被视为通过利率中介来发挥作用，我对此种观点没有任何异议。"⑤事实上，如上文所述，他在多个场合包括在 1959 年的演讲中，用这些术语阐述了这些问题。⑥更具体地说，弗里德曼承认，货币政策对总体经济的影响，可以认为是中央银行——通过其对货币数量的影响——对名义利

---

① 见上一章。此外，帕廷金（Patinkin 1965a, 637）认为，Friedman（1953f）中关于货币的附加材料包含了对真实余额效应的认识。这可能确实是弗里德曼补充该材料的主要动机，尽管该材料可以与他随后强调的替代效应相协调。
② 尤其参见 Friedman（1972a, 947; 1976a, 321; 1976f, 317）。
③ Friedman（1964b, 3–4; pp.71–73 of 1969 reprint）。
④ Friedman（1960a, 43）。
⑤ Friedman（1967b, 100）。
⑥ Friedman（1960a, 43）。另见 Friedman and Meiselman（1963, 217）。

率的影响的结果。伴随这种影响而来的是一种影响实际利率并由此产生产出和其他实际量反应的暂时能力。[1] 同样，弗里德曼承认，克努特·维克塞尔关于产出与基准值的偏差以及通货膨胀的变化可以追溯到市场利率和自然利率之间的偏差的分析，在抽象层面上是有根据的。[2] 他坚持要求成为这种抽象分析一部分"对维克塞尔而言的小问题"是，市场和自然利率应明确确定为真实利率而非名义利率。[3]

然而，即使充分考虑到实际与名义利率的区别，弗里德曼也不愿意将利率机制视为进行实证研究和分析货币发展状况的有用方式。因为弗里德曼认为，很难将影响总需求变化的利率合并为单一利率——这一点反映在反复使用引号表达"一般"利率一词上。[4] 他的观点是，许多实际利率对支出很重要，而这些不同的利率在短期内往往会彼此显著偏离，尽管它们在较长时期内变得更接近于相等。[5]

此外，弗里德曼担心，有组织的金融市场只记录了影响支出决策的一部分利率的数值。他认为，将公开市场操作与消费和投

---

[1] 参见 Jacobs and Pratt（1968, 43–44）和 Instructional Dynamics Economics Cassette Tape 86（November 20, 1971）。
[2] 莱昂霍夫德（Leijonhufvud 1977, 290）声称，货币主义和以前的经济学传统之间的一个对比是，货币主义者没有"赋予维克塞尔的主题突出的作用"。但他的讨论没有提供证据支持此论断，而 Friedman（1968b）的内容直接反驳了这一论断（莱昂霍夫德没有引用这篇文章）。
[3] Friedman（1968b, 8）。另见下一章对费雪效应的讨论。
[4] 例如参见 Friedman（1951c, 189; 1956a, 4）和 Friedman and Schwartz（1963a, 646; 1982a, 481）。
[5] 例如参见 Friedman（1957a, 120; 1963b, 25; 1992c, 25）。

资支出反应联系起来的大量资产价格调整发生在耐用品市场,因为耐用品市场并不总是存在一个记录相关资产价格变化的、正式和集中的交易市场。① 因此,正如他和施瓦茨在 1963 年指出的那样,与广泛的资产范围相对应,"有必要使'利率'成为一个同

---

① 例如参见 Friedman(1960a, 43; 1961d, 462; 1972a, 909-911, 945)和 Friedman and Schwartz(1982a, 57-58, 486)。
弗里德曼在早期阶段,指出,他对获得单一代表性利率系列机会的怀疑部分源于这样一个事实,即包括银行在内的贷款人通过非价格方法以及明确的加息提高了获得资金的成本(Friedman 1951c, 189)。这仍然是他对银行面对传统障碍时调整客户定金和借款成本的方法的观点。这些传统障碍包括与 Q 条例相关的存款利率上限(例如参见 Friedman 1970d; Friedman and Schwartz 1982a, 260)和不能迅速调整银行利率的非正式安排(与一些商业银行的主要贷款利率如最优利率就是如此,参见 Beaver County Times, January 8, 1969)。然而,大约从 1956 年起,弗里德曼对资产不完全可替代性的强调,改变了他认为单一可观察的利率行为不能概括利率模式的基础。这一信念的基础,从信贷配给的存在转变为他相信重要资产存在价格多样性。

样广泛的，涵盖整个资产范围内的显性或隐性利率的建构"。①

　　本章在表述弗里德曼的观点时，没有考虑对总支出有影响的资产价格包括未观察到的价格的情况。相反，如前所述，用来表达弗里德曼观点的方程式中所考虑的资产仅限于货币和两种有息工具：短期证券和长期证券。这一限制必然意味着弗里德曼总需求框架的某些方面没有在这里得到体现。但是出于同样的原因，目前的分析尊重弗里德曼的规定，即货币主义传导机制的阐述需

---

① Friedman and Schwartz（1963b, 61）。
　弗里德曼与施瓦茨（Friedman and Schwartz 1963b, 59-63）提出的"货币变化传导机制的初步阐述"被公认为是弗里德曼对传导机制最详尽的描述之一。弗里德曼与梅塞尔曼（Friedman and Meiselman 1963, 217-222）对传导机制的阐述——之前在 Friedman（1961a）中以简略的形式出现——补充了弗里德曼与施瓦茨（Friedman and Schwartz 1963b）的阐述。关于这一观点与其他货币主义著作，例如 Brunner（1961a, 1971a）的观点之间的关系，另见第十三章。因此，Friedman and Meiselman（1963）有时被视为货币主义传导机制的关键参考文献；例如，Friedman and Schwartz（1982a, 58-59）; Meyer（2001, 4）; 以及 Goodhart and Crockett（1970, 164）和 Goodhart（1989b, 119）赞赏有加地提到 Friedman and Meiselman（1963）。支持弗里德曼—施瓦茨的论述超过弗里德曼—梅塞尔曼论述的一个原因是，后两位研究者将单一利率观归类为传导机制的一种"信用观点"。因此，它助长了一种错误的印象，即货币传导的单一利率观与一种在分析货币政策时信贷总量而非货币总量至关重要的信念具有内在的联系。尽管弗里德曼确实与那些高度重视贷款或信贷总额的经济学家意见相左，但他们的观点与用单一利率概括货币传导的观点没有必然联系。事实上，通过经常强调银行信贷的非价格配给，这些以信贷为导向的分析者提出了一种可能会阻碍人们关注单一的、观测到的利率的观点。关于将凯恩斯主义的传导机制观点与信贷压力联系起来所涉及的模糊性，另参见 Tobin（1965a, 466-467）, Silber（1969, 82）, 以及 Chick（1973, 41）关于将凯恩斯主义的传导机制观与对信贷强调联系在一起的含糊之处的论述。

要在分析中至少有三种资产。①

本章第三节已经部分地概述了指定两种有息资产，而不是一种有息资产和一种实物资产作为非货币资产的原因。那里的论述解释了将实物资产排除在外的原因。在本章的分析中，值得补充几句来为使用两种不同到期日的债券进行辩护。诚然，弗里德曼在1956年概述的货币需求函数只包括一种债券：长期证券。但是在后来的几年里，他越来越强调需要考虑一种以上的有息证券。弗里德曼在1959年提出货币体系改革的建议时指出，虽然他认为应该大幅削减供购买的政府债券的到期数量，但他希望继续发行两种政府债券：一种短期债券，一种长期债券。② 在关于总支出决定模型的讨论中，他指出，可能值得考虑不止一种名义证券。③ 弗里德曼进一步承认，短期利率是最容易受到政策影响的利率。④ 该利率在他的许多货币分析中也是最有用的，因为研究短期利率行为最容易处理将货币注入的流动性效应和费雪效应视为发生在不同时期的情形。

更重要的是，在用一个将实际短期利率和实际长期利率呈现

---

① 参见 Friedman（1963a, 11）和 Friedman and Schwartz（1963a, 645-646）。正如已经看到的那样，这也是布鲁纳和梅尔策的立场。
② 参见 Friedman（1960a, 63-64），以及弗里德曼在1959年10月30日的联合经济委员会的证词（Joint Economic Committee 1959b, 3024）。这是弗里德曼的《货币稳定计划》提议代表着他与1948年的规则决裂的内容之一。进一步的讨论参见第四章和第八章。
③ 参见 Friedman（1970b, 204; 1987a, 9）和 Friedman and Schwartz（1982a, 40）。Friedman（1956a, 10, point 7 [iii]; 19, point 23）也有类似的评论。
④ 参见弗里德曼1964年3月3日在银行与货币委员会的证词（Committee on Banking and Currency 1964, 1148），以及他在1990年4月5日《华尔街日报》的评论。

其中的 IS 方程表达多重利率渠道时，本章在决定总需求时加入了弗里德曼重视的利率。关于长期利率，弗里德曼指出，"对住房和投资重要的利率是长期利率"。[①] 他显然认为短期利率在支出决策中不如长期利率重要。但是他认为，私人部门在制定和实施有关储蓄和支出的决策时同时利用了短期和长期证券市场。因此，短期利率而不仅仅是长期利率对总支出都重要。[②]

下面在讨论弗里德曼关于投资支出的观点之后，将给出这里提出的具体的多重利率 IS 方程式作为表达弗里德曼观点的一种方法。在这个阶段，还有两点值得说明。

首先，短期利率和长期利率出现在 IS 方程中的分析，本身并不证明使用单一利率来衡量货币政策立场是错误的。特别是，人们可以说当前和预期短期利率的路径总结了货币政策对总需求的影响，理由是货币政策仅通过影响这一路径对出现在 IS 方程中的收益率产生影响。然而，弗里德曼拒绝了这一论点。相反，他认为货币注入影响了短期利率和长期利率，以及货币政策对长期利率的影响表现为短期利率预期路径的变化和投资组合余额对

[①] Friedman（1976d, 131）。这似乎是一种针对美国国情的声明，而不太适用于像英国这样的国家。在英国，至少从 20 世纪 70 年代以来，大量抵押贷款和公司借款都采取了银行贷款的形式，其利率往往在分期付款信用的基础上与短期证券市场利率挂钩。然而，与此相反，应该承认，近年来英国货币当局非常重视刺激和降低固定利率的长期借款的成本。甚至在这一事态发生之前，默文·金（Mervyn King 1994, 263）就指出英国"整个的一系列利率均影响家庭和企业的支出决策"。

[②] 例如，参见 Friedman（1985c, 59）。

期限溢价的影响。①

其次，多重收益渠道本身并不传达货币存量指标的重要性。但是，部分是因为弗里德曼所相信的投资组合余额效应，他主张，多元收益渠道有助于使货币存量或货币增长成为货币政策的最佳指标，尽管货币存量并没有直接出现在 IS 方程中。参见下一章"货币作为货币政策总结"一节的讨论。

第五节　投资

在弗里德曼的研究和教学工作中，很少有商业周期和货币政策分析相关的话题受到他的注意比企业的实物资本投资的活动受到他的注意更少。

这种状况可能部分地反映了国民经济研究局的内部分工。阿瑟·伯恩斯在国民经济研究局分派弗里德曼研究货币方向的那一年，将他自己的研究领域唯一列为"投资的周期性行为"。② 保罗·萨缪尔森回忆，伯恩斯为国民经济研究局的全体员工规定的职权范围就是"尊重事实"。分派给弗里德曼的事实调查任务与货币存量有关，并与另一项消费研究有关。研究投资不是他的任

---

① 关于这一问题，除了下一章中对资产的不完全替代和期限结构的讨论，请参见下文第十一章对操作转折的论述，以及弗里德曼 1966 年 6 月和 1971 年 6 月提交美联储委员会的备忘录中的评论（分别为 Friedman 1968a, 156; 1971g, 5）和 E. Nelson（2009a, 472; 2013a）的分析。在接下来的讨论中，"期限溢价"将与"流动性溢价"和"风险溢价"互换使用，以描述长期利率变动中表示偏离短期利率预期路径的部分。

② 参见 American Economic Association（1948, 28）。

务，而是由伯恩斯和其他负责处理的问题。弗里德曼在后来的一些年月也没有真正将他的研究兴趣多样化到包括投资。

就弗里德曼而言，他确实认为自己对投资理论做了一些可观的分析。例如，1982年的《货币趋势》让读者去查阅弗里德曼的《价格理论》教材第二版第十七章长达40页，关于实物资本的需求和供给的"全面分析"。① 但是，弗里德曼在这样援引这种材料时是自以为是的。援引的《价格理论》章节在资本需求方面根本不是一个完整的分析。该章节着重关注资本市场的供给方面，以及与资本理论相关的概念的定义。本章剩下的分析大多都集中在住房市场，而不是企业的资本存量。

《价格理论》的讨论有助于澄清弗里德曼如何在一个重要方面看待投资决定的。弗里德曼在写下的投资函数中设定的参数包括财富和代表性利率。② 当然，一旦人们认识到，"财富"对弗里德曼而言相当于预期的未来收入流，并在理想情况下不是通过评估净资产存量的价值来衡量，那么，这些参数与弗里德曼的消费函数中的参数是相同的。许多经济学家多年来一直在猜测，弗里德曼关于消费的持久收入假说可以延伸至企业投资，由此许多与持久收入假说相关的命题（例如，私营部门的决策可能对暂时

---

① Friedman and Schwartz（1982a, 485）。同样，弗里德曼在1968年冬季课程"收入、就业和价格水平"关于"投资函数"的阅读资料中，包括了《价格理论》第一版（Friedman 1962b）的第244—263页（信息来自安-玛丽·梅伦戴克）。

② Friedman（1976a, 312）.

的税收变化不敏感）也适用于投资，而不仅仅是消费。① 弗里德曼设定的投资函数清楚地表明，它也持有这种观点。因此，罗伯特·金和亚历山大·沃尔曼（Alexander Wolman）关于"在投资决策中集中强调预期"是弗里德曼框架的一部分的陈述就有了一个坚实的基础。② 与这种描述相一致的还有弗里德曼关于企业的决策考虑到了预期未来多年会盛行情况的大量陈述。③

关于未来经济活动的预期影响着今天的投资决策的观点本质上与成熟的凯恩斯主义投资观点基本一致。部分出于这个原因，

---

① 尤其参见 Eisner（1967）。阿瑟·伯恩斯在 1970 年 2 月 18 日就任美国联邦储备委员会主席后不久发表的国会证词中，对这一话题发表了另一项值得注意的评论。在评论短期增税不会对企业的资本支出产生什么影响后，伯恩斯指出，这一发现"与关于什么是凯恩斯主义或非凯恩斯主义的各种争论无关。考虑一整套税收措施中的时间因素仅仅是一种良好的经济常识，或者如果你愿意的话，也可以说是良好的凯恩斯主义"（见 Joint Economic Committee 1970c, 178）。最后这一评论可以被视为在暗示弗里德曼的持久收入假说是对凯恩斯主义经济学的贡献，而非对它的批判——正如上文讨论的那样，这一观点有相当的根据。或者，伯恩斯可能暗示，战后经济学家甚至在他们接受预期在消费决策中的类似作用之前，已经广泛接受了预期在投资决策的作用。

② 此外，弗里德曼（Friedman 1970b, 222）称赞了其他人努力将预期纳入投资分析的研究，并在这点上援引了 L.Marins（1954）。即便如此，正如已经指出的那样，弗里德曼似乎没有密切关注现代的投资理论。例如，萨金特（Sargent 1987a, xxi）将乔根森和卢卡斯列为在理性预期革命前夕对投资理论做出贡献的研究者，但弗里德曼并未将 Jorgenson（1963）、Lucas（1967）或类似文献列入 1976 年版《价格理论》关于投资的阅读清单中。

③ 特别参见 Instructional Dynamics Economics Cassette Tape 40（December 17, 1969）。另参见 Milton Friedman Speaks, episode 15, "The Future of Our Free Society"（taped February 21, 1978, pp.10–11 of transcript）；以及 Friedman（1984a, 1998）。

投资行为的设定并没有成为弗里德曼与其凯恩斯主义对手之间主要的争论领域。弗里德曼对支出类别是自主投资的这种最原始的凯恩斯主义投资理论提出了严厉批评。他还对凯恩斯主义关于总投资或投资内支出类别的波动提供了一个支持积极稳定政策的理由的观点持怀疑态度。在弗里德曼看来，波动即使不是由货币不稳定触发或强化的，也可能反映了私人部门对实际冲击进行的适当调整。① 但是，他与其他经济学家在投资函数中设定规模变量的问题上没有太大的理论冲突。一方面，他在投资领域基本上接受了凯恩斯主义理论的术语。② 另一方面，弗里德曼在很大程度上接受了其他人在投资方面的理论和实证研究，而他在这一问题上并没有一个与众不同的独特观点。③

弗里德曼在投资决定研究的早期阶段的确在关于利率重要性这一点上表达了反对意见。正如第三章指出的那样，凯恩斯主义的早期发展与将货币政策在萧条状态下无效的观点一般化为货币政策在更广泛的情形下无效的假设有关。④ 这一结论的部分动力来自研究人员分析企业经理填写的、影响其投资决策的因素的问卷调查。弗里德曼从货币主义时期的早期阶段开始就对这种问卷调查的证据公开表明持一种刻薄的怀疑态度，并坚决反对投资支

---

① 参见 Friedman（1957b, 91-92）将这一论点应用于家庭耐用品支出。
② 例如，弗里德曼在 Friedman（1976a, 288）中使用了"投资边际效率"的概念。
③ 例如，弗里德曼在 Friedman（1962b, 266; 1976a, 327）中，将勒纳（Lerner 1953）关于投资边际效率的论文纳入了他的投资行为阅读文献清单。
④ 另见 Friedman（1951c, 189; 1987a, 13）和 Friedman and Meiselman（1963, 167）。此外，上文第三章论述了这一问题。

出缺乏利率弹性的观点。① 如前所述，弗里德曼在 1952 年断言，投资对利率变化的反应相当大，其利率弹性大于消费的利率弹性。这依然是他此后多年持有的观点。②

正如本章第一节所指出的那样，一些评论者将投资具有无限利率弹性这一观点的极端形式归因于弗里德曼。特别是，普尔维斯（Purvis）根据弗里德曼在 20 世纪 70 年代中期发表的评论得出结论说，弗里德曼可能已经成为，或者长期以来一直是无限利率弹性投资曲线的信徒。③ 然而，经过检验，这篇评论并不能证明普尔维斯等人对弗里德曼所做的这个归因的正当性。弗里德曼在这篇评论中指出，水平的 IS 曲线并不是反映他自己观点的设定，而是传达了弗兰克·奈特的资本理论。弗里德曼还正确地评论说，水平 IS 曲线与垂直 LM 曲线一样，对应于非货币化的政府购买对名义和实际总支出没有影响的设定。④ 弗里德曼在这里和其他场合都不赞成水平的 IS 曲线。

事实上，弗里德曼在这一评论前后都进行了许多分析和经验

---

① 除了这里的讨论，参见第二章和第四章的分析。
② 例如参见 Instructional Dynamics Economics Cassette Tape 91（January 26, 1972）以及下面对 IS 曲线的讨论。
③ 将这种观点同样归于弗里德曼的做法，参见 Hirsch and de Marchi（1990, 246）；以及 Harrigan and McGregor（1991, 113）。
④ Friedman（1976f, 311）。另参见卡尔森和斯宾塞（Carlson and Spencer 1975, 6）与弗里德曼的评论在同一时期所做的进一步的讨论。这个讨论同样对水平 IS 曲线提出了两个要点：它对财政政策的含义及其与奈特观点的联系。
正如卡尔森与斯宾塞的例子所表明的那样，弗里德曼当然并不是唯一一对于极轻微的利率变动可能导致支出发生重大变化的情形进行理论可能性说明的人。

评述，表明他不相信无限弹性的投资支出。特别是，随着水平 IS 曲线的实际利率变化将投资推向零或无穷大，水平 IS 曲线并不必然包含与经验证据完全相反的投资及其占产出的比例发生波动的唯一情形，就是在实际利率不变条件下的情形，或者也许是在实际利率的变动总是与自然实际利率变动完全一致的条件下的情形。但是相反，弗里德曼认为，货币当局在理论上和实践中能够在短期内改变实际利率以及改变其相对于自然利率的数值，因为它们暂时能够改变实际货币存量，从而改变名义利率。① 此外，他关于渐进性的货币限制措施可以限制通货膨胀紧缩的实际产出成本的论点——他在 20 世纪 70 年代阐述从高通货膨胀向价格稳定过渡的适当政策时曾多次表达这一论点——与水平 IS 曲线的存在大相径庭。因为相信货币紧缩的实际产出成本可以得到控制的信念蕴含着这样一种观点：实际支出的下降越少，与货币紧缩相关的实际利率上升也越温和。

因此，弗里德曼摒弃了水平 IS 曲线。但他确实相信投资具有高度的利率弹性。② 他陈述说，实际利率的变动在理解投资波动方面起着核心作用。③ 弗里德曼指出，实际利率在历史数据中

---

① 例如，参见 Friedman（1968f）和 Friedman and Schwartz（1982a, chapter 10，包括第 531 页对历史事件的应用）。另见下一章中关于流动性效应的讨论。

② 例如参见 Instructional Dynamics Economics Cassette Tape 191（May 1976, part 2）和 Friedman and Schwartz（1982a, 494）以及前面提到的弗里德曼在 20 世纪五六十年代发表的研究。弗里德曼在《福布斯》(Forbes, July 9, 1990, 67)杂志上发表的评论是对实际利率与其自然价值的偏离"具有非常大的影响"这种观点的现代确认。

③ Friedman（1971d, 330）。

变化幅度很小的事实就证明，实际利率的温和变化可能会引发投资支出的大量变化。①

如前所述，弗里德曼似乎基本上不在意20世纪60年代中期以后投资研究文献的发展。一个主要的例外是詹姆斯·托宾和威廉·布雷纳德关于投资q-理论方面的研究情形。弗里德曼很难忽视这方面的研究，因为托宾利用q-理论来批评货币存量很好地概括了货币状况这一观点。②托宾提出，q值是企业筹集投资资金成本的有用总结。事实上，托宾和威廉·布雷纳德在一次讨论中提出了对总需求起重要作用的所有利率都可以用q进行总结的一种分析方法。③托宾的立场是"金融政策和事件影响总需求的主要方式是，改变实物资产相对于其重置成本的估值"。他特别将这一发现与那些强调货币存量是货币政策对经济活动影响的总结的分析进行了对比。

就弗里德曼而言，他对q的概念表示了一些兴趣，并承认它在原则上对企业的投资决策很重要。④但是，他并不赞成托宾使用先验的理论论据来支持q值而非货币作为指标的做法。⑤从20世纪60年代中期开始，弗里德曼对股市与经济的联系所产生深刻的怀疑态度，必然会加深他对托宾q值——这是根据股票市场

---

① 参见 Friedman（1976f, 311）和 Friedman and Schwartz（1982a, 494）。
② 参见第十三章。
③ 后来的研究，包括 Abel（1979）和 Sargent（1980），也为托宾的q概念提供了理论支持。
④ 参见 Instructional Dynamics Economics Cassette Tape 149（June 26, 1974）和 Heller et al.（1984, 48）。
⑤ 参见 Friedman and Schwartz（1982a, 31-32）。

对企业的估值计算出来的——作为货币政策的指标和投资决定因素的有用性的怀疑。①

在弗里德曼的框架中，需要对投资行为设定进行澄清的最后一方面是他关于投资动力学的观点。显然，他在设定的投资函数放入的参数——财富和利率——是时间相关的变量，但是，投资通常被视为受制于进一步的内在动力，而这种限制可能来自资本调整成本或像建设时间这样的相关现象。

尽管弗里德曼基本上回避对投资动力学的理论进行评论，更不用说参与这些理论，但是他是国民经济研究局的商业周期研究，包括产出动态研究的忠实支持者。部分是基于他对这项研究的吸收，他承认美国存在着一种不能简单归因于总需求政策动态的产出动态。特别是，他认为产出的上升或下降具有某种内在动力或依赖于其先前的行为。他说，在产出模式中存在一个"巨大的惯性"。② 由于很难将这种序列相关性仅仅归因于消费行为，所以这种商业周期动力学的观点相当于一种投资具有某种固有的

---

① Philippon（2009）表明，从公司债券市场获得的数据来测量托宾 q 值，可以获得比传统上从股票市场估值得出的那些测量的托宾 q 值更加可靠。这样的结论可能支持托宾 q 概念的实用性，但它也意味着托宾在 20 世纪六七十年代关于 q 对总需求和货币政策影响所作出的许多判断可能存在缺陷，因为这些判断是基于股票市场的 q 值指标做出的。

② 在同一盘磁带的讨论中，弗里德曼认定是韦斯利·米切尔记录了这一点的研究员。这里不讨论弗里德曼关于经济波动的"摆动模式"（见 Friedman 1964e and 1993；以及 Kim and C. R. Nelson 1999；以及 Sinclair 2009），因为它是对产出行为的单变量描述，并且弗里德曼明确承认它是产出的简化形式表示，即它是结构性的模式和货币政策相互作用的结果。不过，对于嵌入结构模型的摆动性质的分析，参见 Dupraz, Nakamura, and Steinsson, 2018。

持续性的信念。因此，弗里德曼对产出动态的评论似乎暗示，某种形式的资本调整成本是其总需求框架的一部分。这种推论也得到弗里德曼偶尔对投资评论的支持。例如，他指出，许多企业一旦在特定时期启动了资本支出项目，即使经济环境已经发生了变化，在随后的时期内仍有义务继续进行与该项目有关的投资支出。[①]

总支出方程

前面描述的弗里德曼对构成私人支出决定因素的结构性关系的观点，现在可以进行总结了。这是通过描述隐含方程以及相关的总体 IS 或总实际支出方程来完成的。如前所述，消费的欧拉方程是：

$$\log C_t = E_t \log C_{t+1} - b \cdot r_t + e_{C,t} \tag{5.1}$$

式（5.1）中，r_t 为实际短期利率，很好地表达了弗里德曼关于消费行为的观点。上文已经强调过的一个主要约束性条件是，他的观点是此方程应该包括一个利率向量，而不是一个单一的实

[①] 例如，弗里德曼所做的大致这个意思的评论出现在 Friedman（1980c, 84; 1985c, 59）和 Barrons（October 25, 1982, 6）。这些评论与弗里德曼所称的（尽管这是在讨论弗兰克·奈特的观点而不是他自己的观点时说的）"新投资"是对当前利率敏感的变量的说法一致（Friedman 1976f, 311）。弗里德曼使用"新投资"这个术语作为一个有别于净投资的概念。例如参见他在 1957 年 5 月国民经济研究通信中的评论，Hammond（1996, 75）对此引用。

际短期利率。[1] 在本章的分析中，该向量仅限于短期和长期利率。将这两种利率纳入 IS 方程的研究表明，它们的同时出现会导致预期未来消费项的系数从 1 转变为 1 以下。[2] 在这种情况下，此方程变为：

$$\log C_t = a_1 E_t \log C_{t+1} - b_1 r_t - b_2 rl_t + e_{C,t} \quad (5.2)$$

式（5.2）中，$0 < a_1 < 1.0$，rl_t 为实际长期利率，b_1 和 b_2 为正常数。

前文认为，投资与消费在弗里德曼的框架内具有大致相同的驱动力。因此，我们可以使用前面的消费方程来描述总实际支出对数 $\log y_t$ 的行为，前提是我们对利率弹性的解释不同——具体而言，总产出的利率弹性高于消费的利率弹性，因为包括耐用品购买在内的投资的利率弹性大于消费的利率弹性。[3] 前文还表明，弗里德曼可能认为，内在动力是证明方程中驱动产出的滞后被解

---

[1] 在标准的、线性化的新凯恩斯主义模型中，实际长期利率本身对支出决策并不重要；只有与短期利率预期路径相对应的实际长期利率的组成部分才是重要的（参见 Rotemberg and Woodford 1999a, 61; Andrés, López-Salido, and Nelson 2004, 666）。然而，弗里德曼在《动态经济学教学盒式磁带》(Instructional Dynamics Economics Cassette Tape 149, June 26, 1974) 中基本上指出，他的观点是实际长期利率的期限溢价部分对支出决策也很重要。另请参见 Rudebusch, Sack, and Swanson (2007) 关于期限溢价对美国总需求行为确实重要的实证研究结论。

[2] 参见 Andrés, López-Salido, and Nelson (2004); Chen, Cúrdia, and Ferrero (2012); Harrison (2012); Kiley (2014); 以及 Ireland (2015)。

[3] Rotemberg and Woodford (1997, 321-322) 提出了从消费方程转到总支出方程的类似推理。

释变量的合理性的一个因素。[1] 这导致了：

$$\log y_t = a_1' E_t \log y_{t+1} + a_2 \log y_{t-1} - b_1' r_t - b_2' r l_t + e_{y,t} \quad (5.3)$$

式（5.3）中，$0 < a_1' < 1$，$0 < a_2 < 1$，以及 $e_{y,t}$ 是包含对消费、投资和其他支出的外生干扰的冲击项。[2] 式（5.3）就是这里提出来作为总结弗里德曼的实际总需求决定观点的 IS 方程。

附录：弗里德曼框架中的名义支出决定

查尔斯·古德哈特在评论弗里德曼和施瓦茨的《货币趋势》一书时，对作者根据价格管制效应调整历史价格水平数据所遵循

---

[1] 尽管消费习惯的形成可能被认为是这一预期形成的另一个原因，但弗里德曼没有表现出将这一特征纳入消费函数设定的意向，而 Barro and King（1984, 835）和 Bodkin（1995, 57）则认为消费偏好的时间可分性是弗里德曼持久收入假说的关键部分。

[2] 理性预期模型的"滞后必然包含领先"的特性（例如参见 Sargent 1980, 108; Robert King 2009, 339）意味着，有利于滞后产出出现在方程中的力量也可能意味着预期未来产出（一个或可能两个时期之前）将进入方程。为简单起见，此处使用的方程式将预期未来产出项限制为提前一期项，而其系数值可被视为部分地反映了导致出现滞后产出项的相同投资动力学。

如上所述，弗里德曼关于产出持续性的一些评论与产出增长率而不仅是去趋势化的产出水平对数的内在持续性相一致——这一观点与他关于国产出增长在许多不同的样本期内往往是序列相关的评论一致（Friedman and Schwartz 1982a, 455）。认识到这一点可能意味着正文报告的 IS 方程式（5.3）中会出现产出对数的二阶滞后。这种二阶滞后将会出现的条件是，资本调整成本而非集中于资本存量的变化（例如 Abel 1983）主要与投资变化有关。关于这个问题，特别参见 Christiano, Eichenbaum, and Evans（2005）。

的程序不满。他指出，弗里德曼和施瓦茨的调整程序基于这样一个假设，即在数据中观察到的名义收入过程与从货币发展状况和历史上观察到的但还没有强制实施管制的货币发展状况相同的政策制度中所产生的收入过程相同。① 也就是说，价格管制被视为影响产出和价格之间的名义收入组合，而不是名义总收入的过程。查尔斯·古德哈特问道："难道任何已经不相信名义收入受到货币约束的人还会做这样的计算吗？"

本附录的目的是确定弗里德曼的总需求框架实际上并未反映出对"名义收入受到货币约束"这一观点的字面遵守。因此，可以恰当地认为，弗里德曼认为产出和价格有各自的结构方程。相应地，本书的各章分别描述这些结构方程：本章描述产出的结构方程和第七章描述价格的结构方程。

当然，正如本章正文指出的那样，弗里德曼认为名义收入是一个关键的经济量。② 他关于名义收入由货币力量决定和名义收入的划分由总供给力量决定的观点，似乎不仅得到了古德哈特所强调的弗里德曼和施瓦茨的做法的支持，而且也得到了弗里德曼反复使用的货币存量作为一个回归因子的名义收入（或其他一些名义支出总额）方程的支持。③

但是，弗里德曼使用的这些名义收入方程，实际上并不意

---

① 对于他们的程序的详细讨论，参见 E. Nelson（2013b）。
② 然而，他对名义收入使用了不同的名称。其中最早使用且最晦涩的一个名称是"金钱营业额"（Friedman 1950a, 485）。
③ 这种做法的例子包括下一章正文给出的方程，以及弗里德曼在20世纪60年代中期给联邦储备委员会的备忘录中和20世纪70年代早期预测名义支出时使用的名义收入方程。见第十二章、第十三章和第十五章。

味着他认为用 IS 或实际支出方程来描述结构模型中的产出变化是不合适的。因为名义收入方程是不加掩饰的简化形式方程，而不是结构方程。这一事实就清楚地表明了这一点：弗里德曼和梅塞尔曼在 1963 年研究的实证部分将名义支出建模为名义货币的函数，接着根据实际支出对资产价格变化的反应描述了支持这种关系的理论依据。[1] 相应地，弗里德曼和施瓦茨不仅承认他们在《货币趋势》中所遵循的将价格和产出组合视为与名义总收入分开决定的做法只是一个近似，而且承认价格的对数、产出的对数及其总和之间的关系真正遵循这种近似涉及的递归模式。[2]

---

[1] 相反，弗里德曼和施瓦茨只是在前一章概述了基于资产价格的货币政策传导观点之后，才在《货币趋势》中提供了名义收入与名义货币的回归。他们推导出来的名义收入方程是简化形式的方程——因为这种"转换的（货币）需求方程"是从作者所提出的货币结构需求方程中获得的（见 Friedman and Schwartz 1982a, 345；另见其第 8.2 节以及 Schwartz 1984, 130, 133）。

[2] 参见 Friedman and Schwartz（1982a, 102, 343）。然而，参见 E. Nelson（2013c）尝试如何解决在优化模型中嵌入名义到实际支出递归的性质的问题。

作为一种近似，弗里德曼和施瓦茨并非唯一使用这种观念的人：货币政策或总需求政策决定名义收入，而名义收入在各个组成部分之间的份额是由私营部门力量决定的。关于这种做法的其他例子，参见 Kohn（1990, 12）；Sims（1992, 979-980）；和 Mervyn King（1997a, 90）。

第六章

弗里德曼的总需求框架：货币与证券[1]

---

[1] 本研究中所表达的观点仅代表笔者本人，不应解释为联邦储备委员会或联邦储备系统的观点。笔者感谢戴维·莱德勒和杰拉德·奥德里斯科尔对本章初稿的评论。关于本书完整的致谢名单，参见前言。

弗里德曼关于货币作用的观点是本章特别是第一节的主题。不过，鉴于该主题在弗里德曼著作中的重要性，下列所论述的内容应该与本书其他章节所提供的分析结合起来理解。

第一节　货币的作用

下面的探讨先考虑货币数量论与货币需求之间的关系。

一、货币数量论与货币需求

弗里德曼在1956年的文章《货币数量理论的一个重新表述》中将货币数理量论解释为"首先是货币需求理论"的表述，作为一种分析性陈述和一种对前几代数量理论家观点的描述遭到了强烈的反对。[1] 这个表述正好可以在这两方面加以辩护。但事实仍然是，货币需求理论并不构成货币数量理论的全部，包括在弗里德曼的著作中的货币数量论——既不在他1956年之前或者1956年之后就此问题的著述中，也不在1956年论文的后半部分的论述中。因此，下面对弗里德曼在1956年解释的货币数量理论进行的辩护只是不完全的辩护。

我们先考虑货币数量理论作为一种货币需求理论这一观点，

---

[1] 参见 Friedman（1956a, 4, point 1，原文强调）和下列的讨论。

作为一种分析性陈述的正确性。证明根据货币需求的观点和货币需求函数的一些关键参数稳定性的命题来定义货币数量理论的正确性的主要原因是，货币数量理论确实对货币需求的设定施加了约束性条件。特别是，货币余额需求的价格水平同质性——这一条件意味着此函数的长期形式可以写成实际余额 M/P 而不是 M/aP 的形式，其中 $a \neq 0$——和货币需求利率弹性的有限值，是货币数量理论相关命题正确性的重要前提。价格水平对政策引致的货币注入的长期按比例反应——麦卡勒姆和纳尔逊认为这是贯穿数量理论不同表述的一条共同主线——确实需要对货币需求函数的两个参数加以约束。因为如果不存在货币需求的价格水平同质性，那么在上述思维实验中的总价格与货币按照相同的百分比变动的假设就不会成立。如果存在无限利率弹性的货币需求函数，那么政策引致的名义货币注入可能导致私营部门持有的实际货币余额按照一比一的方式永久性增加——而包括实际收入和价格在内任何其他变量都没有反应。

帕廷金和尼汉斯（Niehans）等研究者提出，长期货币中性的性质（即刚才描述的货币与价格的比例性）不仅是货币数量理论的核心，而且是摒弃弗里德曼所构想的货币需求至关重要的理论的理由。然而，他们与弗里德曼在此问题上的区别是有名无实。正如已经指出的那样，货币中性结论既要求私营部门的货币需求是实际余额需求的特性，又要求需求函数具有有限利率弹性的特征。而弗里德曼明确地坚决认为，这两个特性都是货币数量理论，包括他在 1956 年阐述的货币数量论组成部分的两个要素。①

鉴于货币需求的设定和通常与货币数量理论相关的结果之间存在的密切联系，不足为奇的是许多评论者认为货币数量理论蕴含着一个货币需求理论，并因此实际上为弗里德曼对货币数量理论的解释提供了支持。例如鲁芬（Ruffin）指出，萨缪尔森在此文中对古典和新古典货币理论的阐述，将萨缪尔森置于"间接地或直接地写出的货币需求函数"具有的"主要特征是……没有货币幻觉"的作家之列。而戴维·莱德勒和罗伯特·诺贝则陈述说："被视为价格水平或通货膨胀率理论的数量理论的核心，是实际货币余额需求函数与名义货币存量之间的相互作用。"

的确，弗里德曼在1956年对货币数量理论的解释超出了上述货币需求函数的两个性质，并且还提到了该函数中其他参数的稳定性。在这里，他可以被理解为他在解释中过于严格。因为在货币需求函数中某些参数缺乏恒常性，仍然可以与货币的对数和价格的对数（或者它们的一阶差分）之间大致存在的一对一的长期关系相一致。为了理解这一点，考虑货币需求函数 $(M/P) = f(y, R, e)$，其中是 R 机会成本变量，e 是货币需求冲击，偏导数 f_2 决定货币需求的利率弹性（假定它是有限的）。假

---

① Friedman（1956a, 16-17）。另见 Friedman and Schwartz（1982a, 206）。尼汉斯（Niehans 1978, 202）以太弱、只是需求函数的一个"纯粹同质假设"为由拒绝了弗里德曼对货币数量理论的定义。但尼汉斯在 Niehans（1978, 5, 202）中讨论货币数量理论时暗示，货币需求无疑是他自己所构想的货币需求理论的含义是什么的一部分。事实上，"纯粹同质性假设"对于尼汉斯在阐述数量理论时所集中关注的长期货币中性的命题是至关重要的。

设 R 是一个平稳序列，即使面对参数 f_2 的一次性改变，M 也可能与 P 成比（取决于实际收入 y）。此外，e 可能会发生永久性的变化，而就这方面来看货币需求函数可能是"不稳定的"——但这种不稳定性很可能与在长期以及可能在短期内都有密切关系的货币增长和通货膨胀相一致。①

这样，与货币数量理论相关的货币与价格（或其增长率）之间的长期密切关系，并不依赖于或并不要求货币需求函数中的所有参数保持完全恒定。因此弗里德曼在1956年对货币数量理论的解释可以被认为是过于严格的。不过，为了减轻罪责，我们发表两点看法。首先，弗里德曼在1956年的解释实际上并没有坚持要求货币需求函数的完全数值稳定性。他指出，一个适当的标准是，它与其他提出来有助于研究总体经济行为的函数，比如凯恩斯消费函数相比时是相对稳定的。其次，弗里德曼在1956的解释中隐含地以及在其他地方明确地指出，他并不认为短期货币需求函数必然是稳定的。相反，他坚信的稳定性与长期货币需求

---

① 参见 McCallum（1993c, 2004）以及 McCallum and Nelson（2011, 99–100）的相关讨论。同样的论点也许构成了卢卡斯（Lucas 1980c, 1005）简短而大致否定性地评论弗里德曼（Friedman 1956a）关于货币数量理论的解释的基础。

函数有关。①

弗里德曼对货币数量理论的解释的确有一个与先前的解释明显不一致的特征是，他在支持对货币需求的强调时所做的关于货币供给函数的设定不是该理论固有部分的陈述。就弗里德曼一再表达的改变货币存量（货币基础和货币乘数）的因素会因为政策反应函数的变化和制度安排的演变而在时间中变化的观点而言，这一陈述与他后来对货币史的解释是一致的。他认为，货币与支出和货币与价格的关系在面对货币供给函数的这些变化的情况下相当稳健。② 但是，这个 1956 年的评论似乎超出了这一点，因为它可以被视为在表明中央银行对名义货币存量的影响本质上不是货币数量理论的一部分。

一种可能的折中是，弗里德曼在 1956 年的解释中可能一直在努力考虑货币、价格和名义支出总额同时变动——因而从这方

---

① 例如参见 Darby et al.（1987, 22）中弗里德曼的评论。请注意，这一观点并不等于肯定短期货币需求函数不稳定的说法。正如本章后面讨论的那样，弗里德曼倾向于认为，研究人员在 20 世纪 70 年代报告的货币需求函数的不稳定性反映了设定误差，而不是货币需求参数中缺乏实际的稳定性。然而，他确实承认，从短期货币需求行为数据收集的信息，远不如长期货币需求函数提供的相应信息可靠（例如参见 Friedman 1980a, 58，point 14; pp.54–55 of 1991 reprint）。与这种观点一致，弗里德曼后来在 1992 年 1 月 22 日的访谈中对笔者说，尽管他不会如此过分地说短期货币需求函数的估计是无用的，但是"我认为，当你使用季度数据并依赖这些短期数据时……很明显很难确定你得到了什么，因此，结果会有很大的误差，并且（可能）在很短的时间内到处发生变化"。还要注意的是，相信短期货币需求函数不稳定与相信货币市场在短期内不能出清并不相同。

② 例如参见 Friedman and Schwartz（1963a, 686, 694; 1970a, 139; 1982a, 626），以及第八章和第十五章的讨论。

面说货币数量理论对总体经济模式的预测得到了支持——但货币"无关紧要"的情况。在这种情形中，货币政策是无能为力的，不仅因为央行的任何行动都无法影响创造的名义货币总量，而且因为随着私营部门的支出决策在货币存量即使没有随着名义支出的升降而升降的情况下都可能是一样的，货币因素在决定任何水平的产出和价格结果方面都不重要。这种情形相当于一种从名义收入到货币的极端单向因果关系，而托宾以一种理论可能性和卡尔多以一种经验现实性提出了这种因果关系，以及弗里德曼和施瓦茨称这种因果关系为"适应性供给"情况。[1] 弗里德曼早已认识到反向因果的观点，而他很可能早在研究货币的时期，包括从国民经济研究局的同事那里了解到这种观点。[2] 因此，他在1956年对货币数量理论的阐述中，他可能一直在尝试提供一个涵盖这种适应性供给的极端情况的解释。

尽管如此，弗里德曼甚至在1956年也明确指出，提倡使用货币数量理论的人确实需要对货币供给函数表明立场。如果央行缺乏任何必要的手段来改变名义货币存量，如果有利于名义货币存量变化的因素对私营部门的支出决策没有影响，那么表现良好的货币需求函数就很少会引起人们的兴趣。弗里德曼后来在1956年的论文中陈述数量理论家必须坚决主张存在一个不同于货币需求函数的货币供给函数时，就基本上认识到了这一点。当这个坚决主张与贯穿于弗里德曼著作中的央行的行动可能改变名义货币存量的观点结合在一起时，就必然会得出货币政策行动

---

[1] 参见 Friedman and Schwartz（1982a, 206）。
[2] 参见第十五章。

不仅导致名义货币存量的变动,而且还导致利率和支出总量的变动。因此,弗里德曼甚至在1956年的重述中指出,货币数量理论在操作上有用的版本必须超越货币需求函数的设定并施加限制,允许央行的行为影响货币存量的决定,允许不同的货币政策对象产出、价格和名义收入这样的经济量产生不同的结果。[1]

类似的判断也适用于弗里德曼在1956年重述中的附带评论,即货币数量理论"不是产出理论、货币收入理论或价格水平理论"。[2] 杰拉德·奥德里斯科尔评述说,"弗里德曼的重述产生了一个货币收入均衡水平的理论,尽管他最初否认这一点"。为了支持这一论点,奥德里斯科尔注意到弗里德曼在1970年的一个评论,即在"货币理论中,关键问题是对名义货币需求量和名义货币供给量之间的差异的调整过程"。[3] 奥德里斯科尔表达的这一问题很重要,因为它抓住了上文强调的观点:正如弗里德曼所指出的那样,不仅货币数量理论确实需要对货币需求函数施加一些重要的

---

[1] Friedman(1956a, 17)。因此,弗里德曼在这里谈到了"货币供给的至关重要性",尽管他最初声明货币数量理论"首先是一种货币需求理论"(Friedman 1956a, 4,原文强调)。出于刚才讨论的原因,这些说法并不相互矛盾。但弗里德曼没有将它们充分联系在一起的事实就让沃尔特斯(Walters 1987, 425)关于"货币数量理论的一个重述"并不是"弗里德曼比较好的论述之一"的评论得以凸显。这也强化了沃尔特斯的相关暗示:弗里德曼的学生在《货币数量论研究》著作(Friedman 1956b)——弗里德曼的文章是该研究的引子——中的论文更有效地传达了货币需求函数可以作为分析名义收入和价格变化的基石的观点。沃尔特斯在这一点上特别提到了Cagan(1956)。就卡根而言,他后来的评估是"数量理论传统是一个强调货币存量供求的理论"(Cagan 1972a, 113)。
另见下面的注释中Laidler and Nobay(1976)的讨论。

[2] Friedman(1956a, 4, point 1)。

[3] 参见Friedman(1970b, 225)。另见Friedman and Schwartz(1982a, 62)。

约束条件，而且这种货币需求函数设定并不构成货币数量理论的全部——包括弗里德曼在自己的著作中使用的那种数量论形式。

　　弗里德曼在以前甚至在他的最早的货币主义著作中，都按照奥德里斯科尔所强调的 1970 年引文的方式做过大量的陈述。例如，弗里德曼在 1953 年陈述说，"静态货币理论……旨在解释绝对价格、总产出和整个经济的其他变量的结构性或长期水平"。[1] 这些陈述不仅与弗里德曼在 1956 年对货币需求的强调是一致的，而且也反映了他在 1956 年的论文后面详细阐述的并在刚才讨论的附加条件，即名义货币供应量是一个易受央行影响的变量。这些陈述还与他在 1956 年文章中关于货币数量理论应作为"分析整体经济，如货币收入水平或价格水平"的基础的补充说明一致，以及与他在该论文第一页关于货币数量理论是作为一个起源于"解释总体经济活动变动的敏感工具"的评论相一致。[2]

　　因此，弗里德曼所构想的货币数量论不仅包括货币需求函数的设定，而且包括这样一个坚决主张，即我们要现实地和恰当地设定供给函数，以便在某种程度上数量论可以用来研究实际支出、名义收入和价格的决定。这是他在 20 世纪 50 年代到 21 世纪初的实证研究中利用该理论的主要用途。[3] 将在下一章中讨论

---

[1] Friedman（1953c, 42）。

[2] Friedman（1956a, 16 and 3，respectively）。另见 Friedman（1956a, 17, 20–21）。

[3] 与此相关的是，Laidler and Nobay（1976, 296）评论说，弗里德曼作为作者或导师参与的许多早期研究"涉及价格或货币收入时间路径的确定"。在这一点上，他们援引了弗里德曼在 20 世纪 60 年代的合作研究以及 Cagan（1956）的研究。卡根的这篇研究不仅与 Friedman（1956a）出现在同一著作中，而且是一篇改自弗里德曼指导的卡根博士论文。不过，一个更早可获得的例子则是 Friedman（1952b）。

的他对价格调整过程的观点，使他能够将货币数量理论视为以商业周期频率预测产出的理论。[①] 他关于价格在长期内是完全弹性的观点，使他得以将该理论视为与价格和其他名义系列而非产出的长期行为有关——这一观点反映在他关于数量理论需要"强调名义量"的陈述之中。[②]

现在，让我们简要地转而论述这个问题：弗里德曼是否在1956年有根据地暗示，数量理论传统的先前作家像他一样形成了关于货币需求的理论。如上所述，这一观点似乎是有正当理由的，因为1956年之前的数量理论家确实依赖于弗里德曼在其重述中如此多强调的货币需求的价格同质性和有限利息弹性的性质。诚然，这种依赖在很大程度上是隐含的，许多数量理论家也没有用货币需求函数来表达。不过，他们隐含地提到货币需求函数的事实，并不意味着他们以货币需求术语来解释他们的观点的做法是不合理的。与弗里德曼将1956年之前的数量理论家描述为货币需求理论家的观点类似，莱托（Lettau）和卢德维格松（Ludvigson）将莫迪利安尼的消费支出研究解释为寻求"估计消费、财富和收入的协整系数"。这一解释不仅使用了莫迪利安尼研究时不存在的术语，而且使用了在20世纪80年代之前的研究文献中基本上隐含而非明确的概念（即与协整相关的概念）来描

[①] 由于价格在这种频率上不是完全刚性的并且对货币行动的调整是逐步进行的，因此数量理论也可以用于分析商业周期范围内的通货膨胀。
[②] Friedman（1987a, 18）。

述莫迪利安尼的设定。[1]

事实并非是,弗里德曼在1956年解释先前的文献时强加了一个从未使用过的术语。弗里德曼在1950年发表的文章中引用了韦斯利·米切尔在1896年的一篇论文,而这篇论文提供了一个描述在1956年之前以货币需求的术语来表达此问题的货币数量理论的例子。米切尔曾引用F.沃克(F. Walker)的话说,当货币的概念扩大到包括银行存款和通货时,"事实依然是,货币需求,无论它是什么,确实与供给一起决定价格"。[2]

现在让我们来考虑弗里德曼关于货币需求设定的几个方面。

二、货币的资产需求:作为耐用消费品的货币

正如前一章所述,弗里德曼在货币需求的设定中加入的参数比当时其他著作中加入的标准参数更多,例如鲍莫尔和托宾的著

---

[1] 莫迪利安尼在Lettau and Ludvigson(2004)没有引用的晚年著作(Modigliani and Sterling 1990)中,明确使用了协整的概念。此外,Stock(1988, 403)发觉Ando and Modigliani(1963)在这篇研究中从本质上掌握了协整的概念。

[2] Mitchell(1896, 140),引自F. Walker(1893)(另参见F. Walker 1895)。Friedman(1950a, 474)曾讨论过Mitchell(1896)。目前的讨论还没有涉及以货币需求为导向的货币数量论在20世纪50年代以前的芝加哥大学存在程度的讨论。如第二章所述,这个主题已被大量研究讨论过,并且超出了本书的范围。

作。[1] 如第五章所述，弗里德曼关于预期通货膨胀率和权益报酬率可能加入货币需求函数的建议将不在本书中讨论。不过，下面的讨论考虑了弗里德曼对货币需求的设定要比他的许多同时代人所青睐的设定更为广泛的其他方式。本小节首先将对弗里德曼将持久收入而非当期收入设定为货币需求函数的规模变量展开讨论。

如前所述，弗里德曼在讨论货币需求的性质时，主要关注函数的长期形式，而不是函数的精确的动态表述。[2] 然而，这里必

---

[1] Rockoff（2015）推测，亨利·舒尔茨在20世纪30年代对消费者需求的研究，实际上通过使弗里德曼相信将货币需求函数中的变量数量缩小为几个变量有可取之处，影响了弗里德曼的货币需求研究。然而这个事实——Friedman（1956a）的货币需求函数比Keynes（1936）的货币需求函数以及鲍莫尔和其他人在1956年之前的重要著作中所描述的变量更多，而不是更少——就反驳了这个意见。

[2] Tavlas（1989, 248）指出："弗里德曼的实证研究一直使用长期（即无滞后因变量）货币需求的设定。"这种说法并不完全正确。在Bach et al.（1976, 37）中，弗里德曼及其合著者利用了他们委托研究的并包括滞后的因变量项的货币需求回归的结果，而且在Friedman and Schwartz（1982a, 255—256）中，作者们提出的一些货币需求方程包含滞后因变量。此外，在塔夫拉斯的论文发表前不久，Friedman（1988a, 230—232）在报告的流通速度方程的估计中包括了一个滞后的因变量，尽管这不是他偏好的设定。

然而，弗里德曼确实不很赞成在实证研究中加入滞后因变量，因为前面提到他对长期行为更感兴趣，也因为他认为使用滞后因变量构建动态模型有统计问题。其中的一个统计问题就是滞后因变量在回归中的统计显著性可能部分是由于忽略了相关解释变量的结果的危险。关于这一点，参见Friedman 1964h；以及Friedman and Schwartz 1982a, 256。因此，弗里德曼很少使用滞后因变量项，即使他的实证研究（例如使用适应性预期的那部分研究）表明包含滞后因变量可能是一种合乎逻辑的选择的情形也是如此。

弗里德曼在货币需求的真正不稳定和"人们拟合的差劲（货币）需求函数的崩溃"——他大概主要是指Goldfeld（1973, 1976）将滞后的因变量加入设定中——之间所做的区分就阐明了他对此问题的看法。引自Friedman and Modigliani 1977, 24。

须考虑弗里德曼关于货币需求的动态性的观点。因为他从20世纪50年代末就开始争辩说，持久收入（即反映当前和预期未来实际收入路径的一系列数据）应该是货币需求函数中的规模变量。[1]在提出这一观点时，弗里德曼基本上是在表明，持有货币的决策问题在持久收入中比在规模变量是测量的当期收入的标准分析中所涉及的问题更具动态性。

的确，卢卡斯能够根据弗里德曼对持久收入的强调来描述他自己的货币需求框架，尽管卢卡斯的设定没有将持久收入作为函数中的规模变量。卢卡斯的推理是，他使用的基于优化的理论将消费视为货币需求函数中的规模变量。当然，弗里德曼假设消费和持久收入密切相关。但是，弗里德曼关于持久收入出现在货币需求函数中的信念，并非源自消费是货币需求的真正规模变量的观点。相反，弗里德曼坚持认为，货币需求函数应该有"某种实际财富或实际收入的测量指标作为规模变量"。[2]

在弗里德曼的观念中，实际货币余额需求不仅是为了用于当前交易，而且是因为它们在面对当前或以后可能出现的紧急情

---

[1] 参见 Friedman（1959a, 333; 1987a, 8, 17）和 Friedman and Schwartz（1963a, 642-643; 1963b, 44, 57; 1982a, 253, 258）。另参见梅尔策（Meltzer 1977, 153; p.149 of 1978 reprint）在回顾 Friedman（1956a）之时推断这篇分析也使用了持久收入概念。

[2] Friedman（1983a, 2）.

况时充当一种准备金。[①] 实际持有的货币是一种耐用品，因此不是一种其服务可以写成当前状态的静态函数的产品。这一观点导致弗里德曼强调，货币最重要的特征是被持有的而不是被消费的。因此，他坚定地将自己归入那些强调货币作为一种资产地位的阵营，或者像弗里德曼喜欢说的那样，货币是"购买力的临时居所"。[②]

正如弗里德曼偏爱的短语货币的资产需求所暗示的那样，货币的交换媒介属性在他看来确实增加了来自实际货币余额的效用——他由此认为，正是在货币效用函数的设定中产生了私人部

[①] 例如参见 Friedman（1957a, 69, 218, 227; 1976a, 60, 203, 314）关于"应急准备金"术语的使用，以及 Friedman and Schwartz（1982a, 262）和 Friedman（1983e, 3）关于在探讨货币需求的特定背景下使用了类似的术语。这种对货币需求的观点与明茨（Mints 1945, 97）关于"拥有现成购买力的应急储备中的任何东西都可以被'当作'货币"的评论相一致，也与莫迪利安尼（Modigliani 1944, 51）关于货币作为"应急储备"优于其他资产的看法一致。然而弗里德曼在他自己的著作中比莫迪利安尼在 1944 年的讨论中更坚持认为，具有这种地位的资产是真实货币余额，而不是名义余额。弗里德曼进一步主张，这种应急储备函数表明比莫迪利安尼（Modigliani 1944）所使用的货币需求函数具有更复杂的可能性。

[②] 弗里德曼在其著作中使用这个短语的场合包括 Friedman（1963a, 10; 1987a, 9; 1992c, 16, 22）以及 Friedman and Schwartz（1963a, 650; 1966, section 1, 123, 151; 1970a, 125; 1982a, 24-25）。Friedman（1961a, 263, and 1961g, 41）使用了"广义购买力的临时住所"一词。Friedman（1974b, 353）使用了"购买力的临时储备"一词。

弗里德曼在 Friedman（1969a, 3）中也将货币描述为"购买力的临时住所"，但正如本书其他地方所强调的那样，这篇 1969 年的分析与他的大部分货币研究不同，尤其是它淡化了货币需求的资产和交易方式之间的区别。

门的货币需求。①但是在他看来，交换媒介属性并不是持有货币余额所产生效用的唯一来源。因为，由于它暗示货币持有量在一定程度上是预期未来状况的函数，弗里德曼的观点就不同于货币提供的服务纯粹来自实现当前交易的这种货币需求的交易设定观，包括麦卡勒姆和古德弗伦德（Goodfriend）和卢卡斯在动态一般均衡背景下形式化的交易设定观。②此外，弗里德曼认为，每一美元的资金都需要提供当前交易服务和应急储备服务的。因此，他偏离了凯恩斯的观点，即货币余额的一部分需要用于当前交易，另一部分构成了出于投机目的而持有的资产存量。③

实际货币余额在某种程度上作为应急储备的观点，与当前和预期收入流而非当前收入是货币需求的规模变量这种观点非常吻合。因为在其他条件不变的情况下，如果实际货币余额随着时间的推移趋于稳定，那么作为应急储备的地位而产生的实际货币余额的效用很可能会增加。④但是，对真实货币余额不稳定的隐含厌恶为真实货币余额的变化，除了其水平外，成为家庭效用函数的一个参数提供了一个基础。弗里德曼和施瓦茨在《货币趋势》

---

① 关于弗里德曼实际上赞同货币效用函数方法的段落，例如参见 Friedman（1956a, 10, point 8; 1968c, 440; 1970b, 200, 201; 1987a, 8）和 Friedman and Schwartz（1963a, 644−645; 1970a, 152; 1982a, 38−40, 68, 145, 261, 413）。
② 特别参见 Friedman and Schwartz（1970a, 107−109）。
③ 参见 Friedman（1956a, 14, point 14）。Patinkin（1965b, 75）承认弗里德曼这方面的分析。
然而，弗里德曼确实认为，对货币作为一种资产的强调是与凯恩斯在1936年之前和剑桥大学其他人在20世纪前三分之一时期关于货币需求的研究相一致的。例如参见 Friedman and Schwartz（1970a, 106）的讨论。
④ 参见 E. Nelson（2002b）按照这些方式的先前论证。

之中研究重要历史时期的实际货币余额相对于那些进入货币需求函数的长期因素的模式的过程中，注意到了支持这种偏好结构的证据。这种研究导致他们猜测"可能存在一个相当恒定的最大利率。货币持有者愿意根据此利率……将他们的货币持有量从一个期望水平再调整到另一个期望水平"。① 尽管弗里德曼和施瓦茨在《货币趋势》中对长期的强调意味着他们没有继续探讨这一发现的含义，但是，这段话重复了弗里德曼在前几十年所做的评论。例如，他在1968年的评论中说，"人们需要时间来重新调整他们的货币余额"，以便达到货币需求函数的长期参数所隐含的水平。②

此外，对货币需求的这些基本驱动因素而言，实际货币余额是一种动态调整过程而非表现为完全和瞬时的调整的观念，与弗里德曼和施瓦茨在《美国货币史》中阐述的这个观念是一致的：家庭和企业在决定他们今天希望以实际货币余额的形式持有多少资产时是"向前看的"。③ 因为根据动态优化的形式分析必然得出的结论是，如果私营部门面临与实际货币余额决策有关的调整成本（或者换言之，在其他条件相同的情况下，私营部门有一种最小化实际货币余额波动的内在欲望），那么由此产生的动态货币需求函数将不仅描述先前的实际货币余额水平，而且还描述下

---

① Friedman and Schwartz（1982a, 248，原文强调）。
② Friedman（1968c, 442）。弗里德曼在Friedman（1987a, 16）中重复了这短语。
③ Friedman and Schwartz（1963a, 673）.

一时期的预期水平。① 后一个预期项可以改写为一个包含当前和预期未来真实收入流的项（即基本上是一个持久收入项），以及长期货币需求函数的利率和其他参数的预期未来值的项。

三、持有货币的替代品

弗里德曼 1956 年的"重述"以在实际货币余额的需求函数中加入多种多样的机会成本变量而闻名。根据我们在这里限定的三种资产框架，如果我们忽略对货币需求的冲击以及刚刚讨论过的货币需求动态性，那么，弗里德曼在 1956 年的分析中所隐含的长期货币需求函数可能采取如下的某种形式：

$$\log(M/P)_t = c_1 \log y_t - c_2 R_t - c_3 RL_t, \quad (6.1)$$

式（6.1）中，R_t 为名义短期利率，RL_t 为名义长期利率，c_1、c_2 和 c_3 为正常数。②

然而，这个表述立刻出现了三个问题。它们的共同影响是使上面给出的货币需求函数用于货币分析时没有吸引力，也使这种货币需求函数无助于表达弗里德曼的观点。

第一，正如弗里德曼本人所承认的那样，长期证券的回报率

---

① 正如第五章指出的那样，这一结果是罗伯特·金和托马斯·萨金特在理性预期模型的著作中所强调的"滞后意味着领先"原则的一个主要例子。然而，在理性预期文献将其置于聚光灯下之前，这个基本原理就已经广为人知了。例如，B. Klein（1976a, 958）评述说，货币持有的调整成本为相信预期未来短期利率出现在货币需求函数中提供了一个基础。
② 因为这是长期函数，所以测量的（或当前的）和持久的实际收入之间的区分在这种设定中就不需要了。而且，这种设定像往常一样不包括截距项。

不能被视为充分概括了长期名义利率RL_t，因为该回报还应该包括证券的资本收益或损失。①

第二，严格证明货币需求函数中存在长期回报率（无论是否包括资本损失）的合理性，要比在该函数中为短期收益率的出现找出合理的理由困难得多。弗里德曼在1956年的分析，与包括凯恩斯在内的早期讨论一样，采用了长期利率确实影响货币需求的高度抽象的假设。但是，笔者不知道这样一种设定有任何基于优化的理由。事实上，弗里德曼在20世纪70年代进行的研究中回到期限结构与货币需求之间关系的问题上来，这一事实可能就相当于隐含地承认，要让长期利率作为货币需求函数中的机会成本出现，需要比他在1956年所认为的更详细的理论分析。②

第三，即使可以将长期利率确定为持有货币的机会成本，这一结果也并不意味着货币注入对长期利率的决定很重要。弗里德曼背离早期凯恩斯主义的主要观点在于，他相信（已经顺便提到过）货币存量的增加可能会在大萧条情况下给长期利率带来下行压力。③但是，对于给定的短期利率预期路径而言，将长期利率纳入货币需求函数本身并不会使实际货币余额对长期利率的决定发挥重要作用。

因此，将机会成本变量添加到货币需求函数中的做法，对于理解弗里德曼的研究如何应用于扩展现代经济模型，或事实上对

---

① 参见 Friedman and Schwartz（1982a, 262）。例如另见 Mishkin（1983）。
② 也许是因为 Friedman（1956a）货币需求函数缺乏明确的微观基础，Sargent（1987a, xxi）认为托宾、鲍莫尔和萨缪尔森而非弗里德曼为货币需求提供了基于优化的基础。
③ 参见 Friedman（1968b, 2）。

于理解那种构成弗里德曼分析货币和商业周期关系基础的传导机制而言，似乎并非一个特别有前景的做法。

然而，人们仍然可以借鉴弗里德曼在1956年对货币需求的分析，来丰富货币政策的传导机制——并且人们在这样做时在某种程度上要尊重弗里德曼和施瓦茨关于"货币替代品的范围是广泛的"这一评述。① 特别是，正如梅尔策准确地强调的那样，弗里德曼在"重述"中独立于他所设定的货币需求函数的一个方程，对货币政策传导机制的一种更广泛观点做出了重要贡献。梅尔策在对比弗里德曼和凯恩斯主义理论家——他们正如梅尔策所说的那样声称"货币存量的变化充分概括在短期利率的反应之中——之时，提到了弗里德曼关于债券和股票的实际收益率之间存在利差的方程。② 梅尔策指出，弗里德曼相关的讨论表明，在他的框架中利率"不能归纳为单一的回报率"。③

弗里德曼在1956年的分析中，将两种资产的收益率设想为彼此之间存在系统性的差异而非根据直接的套利条件同步变化，从而允许不同类型的非货币资产之间存在不完全的替代性。正如

---

① Friedman and Schwartz（1982b, 201）。Goodhart and Crockett（1970, 164）同样将货币主义观点描述为货币"通常替代所有资产"的观点。
② 参见 Friedman（1956a, 9，在第7点的讨论）。弗里德曼在分析该方程、方程（8）及其特例方程（9）时强调了权益和债券收益率的动态路径之间的差异。尽管如第五章所述，他认为其他资产的利率之间的差异随着时间的推移逐渐缩小，但是，他在 Friedman（1956a）的基本静态投资组合分析中，以及在 Friedman and Schwartz（1982a）的长期经验性的货币需求函数中纳入多重收益率的做法就表明，他相信其他收益率之间的差异在长期中可能仍然很重要。
③ 引自 Meltzer（1977, 154, 163; pp.150, 159 of 1978 reprint）。Friedman and Schwartz（1982a, 40）也注意到了 Friedman（1956a）这方面的分析。

不久要讨论的那样，资产的不完全替代性有助于为货币存量的增加来影响多种利率打下基础——由此也为没有任何单一利率能够概括这些利率的反应的情形打下了基础。弗里德曼的观点可以被一贯地描述为货币有许多替代品，而非货币资产彼此之间是不完全的替代品。① 这两种描述彼此一致，因为在弗里德曼的框架中，两种非货币资产的选择——在他的 1956 年的论述中是股票和债券，而在本章的分析中则是短期票据和长期债券——不仅取决于各自的收益率，还取决于这两种资产的风险。因此存在风险溢价，而风险溢价的存在则意味着收益率通常不相等。在弗里德曼的框架中，风险溢价取决于实际货币余额的数量。因此，人们可以说货币不仅是短期证券的替代品，还是短期证券以外的其他资产的替代品。

正如纳尔逊所述，我们可以更具体地说明弗里德曼如何看待短期和长期证券资产的不完全替代性。弗里德曼反复强调，短期证券是比长期证券更好的货币替代品。② 特别是，大量的私营部门认为，长期证券的二级价格可能会发生变化的事实是这些证券的一个风险来源。③ 面对这种认知风险，如果这些代理人能够同时增加短期资产存量，他们就更愿意持有更多的长期资产存

---

① 用资产的不完全可替代性来描述 Friedman（1956a）的分析的一个早期讨论是 Hodrick（1978, 101）的研究。
② 参见 Joint Committee on the Economic Report（1952a, 690）; Friedman（1960a, 62）; 以及 Friedman and Schwartz（1982a, 300）。
③ 特别参见 Friedman and Schwartz（1970a, 132–33）。

量。[1]事实上，私人部门在涉及风险资产的持有时会有一个类似于"期望准备金率"的东西，而准备金由货币和国库券的加权组合组成。然而，由于一些私营部门的代理人具有持有证券直至到期的强烈倾向，因此这种认知风险就在他们中显得不那么重要。[2] 根据弗里德曼，这些考虑因素的最终结果是，"在现实世界中"，长期利率中存在"非风险中性导致的流动性溢价"，其中一些流动性或风险溢价是实际货币余额的函数。[3] 即：

$$RL_t = \left\{ (1/T) E_t \left[\sum_{i=0}^{T-1} R_{t+i} \right] \right\} \\ + \xi \log\left([M_t/P_t + \omega BILLS_t] / [BONDS_t] \right) + t.i.p. \quad (6.2)$$

式（6.2）中，T 为长期证券到期日，$\xi < 0$，$\omega > 0$，$BILLS$ 为私人部门持有的国库券和其他短期流动证券的实际存量，$BONDS$ 为长期国债以及其他低违约风险债券的实际存量。遵照伍德福德的做法，$t.i.p.$ 表示假定独立于货币政策的各项。

这种设定的一个直接结果是，$BONDS$ 进入货币需求函数的系数为正。因此，弗里德曼框架所隐含的长期货币需求函数的简化形式是：

---

[1] 参见弗里德曼在《新闻周刊》（Newsweek, March 1, 1971）上的评论，以及 Friedman（1988a, 223）。另见弗里德曼（Friedman 1972a, 922）提到的"货币需求取决于政府的负债结构"的可能性。也参见 Friedman（1987a, 10）。

[2] 例如参见 Friedman（1977d, 403）和 Friedman and Schwartz（1982a, 572）。

[3] 引自 Friedman（1977d, 402）。例如，弗里德曼明确指出，对于给定的短期利率路径，长期利率可能会受到货币注入的影响。参见上文第五章第四节中的"多重收益渠道"的讨论。这一立场也是他多次表示拒绝流动性陷阱概念的原因。

$$\log(M/P)_t = c_1 \log y_t - c_2 R_t - c_4 \log BONDS_t \qquad (6.3)$$

式（6.3）中，$c_4 > 0$。如前所述，由于 $\log(M/P)_t$ 和 $\log(M/P)_{t-1}$、$E_t\log(M/P)_{t+1}$ 和货币需求冲击正相依，以及这些将出现在式（6.3）的动态版本中，因此，实际货币余额的变动也可能会出现。

但正是实际货币余额 M/P 出现在期限结构式（6.2）中，而不是 BONDS 出现在货币需求函数式（6.3）中的事实伴随的含义是，货币注入可以改变期限溢价。由于货币注入具有这种效果，短期利率路径对货币政策的反应将不再能充分概括货币政策对长期利率的影响。[1]

正如前面清楚地描述的那样，弗里德曼的观点与托宾与莫迪利安尼和萨奇（Sutch）概述的期限结构决定的观点具有很强的相似性，尽管他们的观点比弗里德曼提供的观点概述得更加详细

---

[1] 这里将弗里德曼描述为期限溢价——货币注入将导致期限溢价下降——的拥护者的观点似乎可能与他是梅塞尔曼（Meiselman 1962）的论文导师的事实不符，因为梅塞尔曼的这个研究被广泛视为支持期限结构的严格预期理论（例如参见 Nielsen 1992）。的确，梅塞尔曼不仅非常怀疑美国当局努力通过购买债券来影响期限溢价的智慧和有效性，而且对扭转操作和美联储在 2008—2013 年间的大规模债券购买计划都持负面看法（Morris 1968, 23; David Meiselman, interview, April 30, 2013）。但是，梅塞尔曼博士论文的很大篇幅并不关注货币注入是否会影响期限溢价的问题，而是关注纯预期理论是否比短期和长期证券市场完全分割的框架更能阐明期限结构行为。他发现的确如此。这一发现留下了一种可能性，即短期证券和长期证券之间的替代性虽然相当大，但并不能完全替代。因此，Meiselman（1962）的发现可能与相对资产存量的变化会改变期限溢价的假说一致。弗里德曼显然同意这一假说，正如他自己的著作和声明所证实的那样。另见 Bernanke（2002a）。

和严谨。托宾强调，货币政策传导的多重收益观点和货币政策可以改变溢价从而导致这些收益发生变化的观点，是他自己持有的观点，而不是弗里德曼或货币主义者特有的观点。[1] 从弗里德曼在 1987 年的《新帕尔格雷夫经济学大辞典》关于货币数量论的词条中对托宾的赞许引用来看，他对此没有异议。[2] 尽管如此，弗里德曼与托宾的观点在实践层面上并不相同。弗里德曼并不认为，一美元的国库券或者商业票据等其他短期工具提供的非金钱服务与一美元货币提供的服务相当。这意味着在上述长期利率表达式中 ω 的值远低于 1。[3] 相比之下，在包括托宾在内的许多著作中，托宾忽略了货币和钞票之间的区别，把它们当作一个单一的集合，称之为"现金"（甚至为钞票保留后一个术语）。[4] 这种观点上的差异进而导致弗里德曼在著作中比托宾在著作中更加强

---

[1] 另见 Tobin（1976b）和第十三章关于托宾和布鲁纳—梅尔策模型的相似性的讨论。

[2] Friedman（1987a, 13）。参见 Friedman（1968c, 439）。

[3] 例如参见 Friedman and Schwartz（1970a, 80, 90, 148）和 Friedman（1963a, 9; 1963b, 9-10; 1972a, 916-917; 1976f, 314）。设定 ω = 0 将是最能证明前面给出的长期货币需求方程合理性的参数化。

[4] 另见 Grossman（1975, 831）。类似的评论也适用于凯恩斯在其《通论》中的分析，因为它将货币和短期票据大致视为一个整体。相比之下，Friedman and Schwartz（1963a）在提到货币加票据总额时使用了"流动资产"等术语。弗里德曼在分析中提出的货币和短期证券之间的重要区别这个事实也可能有助于解释在 Friedman（1956）中没有提到"流动性"。Patinkin（1965b, 55; 1969, 49）将这一倾向描述为弗里德曼试图淡化其分析与凯恩斯分析的相似性。与这一解释相反，我们可以注意到，弗里德曼对货币和短期票据的区分（在 Friedman 1956a 以外的其他著作中变得更加突出）是其分析与凯恩斯分析之间的一个不同点。

调货币存量。①

四、货币与信用

弗里德曼在出版不久之后评论说,"我们在《美国货币史》中的一个关键发现是,货币和信贷的混淆一直是货币政策困境的主要根源"。② 弗里德曼在《美国货币史》之后的著作中继续突出货币和信贷之间区别的显著地位,导致托宾批评反复援引"弗里德曼最喜欢的货币与信贷二分法"。

弗里德曼对这种二分法的兴趣有四个主要原因。③

第一,原则上货币和信贷不一定同时变动。正如弗里德曼所说:"货币数量的变化与未偿债务数量的变化之间没有必然的联系。"④

第二,货币和信贷在实践中彼此存在差异。在美国和其他许多国家和地区,很大一部分未偿政府证券(即政府部门的信贷)由非银行私营部门持有。此外特别是对美国而言,向非银行私营部门提供的大部分信贷都不是以商业银行体系为中介进行的。甚至银行存款和银行信贷之间的联系也下降了。诚然,对于整个商

---

① 本章和本书其他章节所指出的弗里德曼和托宾观点的其他差异,加强了他们在货币存量重要性问题上的分歧。
② Friedman(1964e, 9; p.263 of 1969 reprint)。
③ 以及后来的讨论,参见 E. Nelson(2013a, 62-64)。
④ Friedman(1972a, 929)。

业银行体系来说，存款创造通常是信贷创造的副产品。①即便如此，银行存款的增加并不意味着经济中的信贷总量增加；银行存款在给定的贷款总量中可能会增加，因为银行可能会通过中介化一个经济的不变总量占信贷总量的更大比例来扩大业务。

作为货币和信贷之间差异的来源，弗里德曼在1972年列出的因素例如有，存在一个大型公司债券市场以及存在一个庞大的非银行抵押贷款市场。②在发表这些评论时，储蓄和贷款机构以及互助储蓄银行是主要的住房贷款机构，其存款负债被排除在美国官方对M2的定义之外。这些负债后来在1980年被并入M2总量。但是，即使在1980年之后事实依然是，由于美国联邦住房机构和大规模证券化的出现促进了抵押贷款融资，大量美国抵押贷款也与存款创造无关。此外，由于银行越来越倾向于通过发行非存款负债（包括债券和各种大额负债）为其贷款和投资提供资金（"融资"），商业银行信贷创造和存款创造之间的关系在20世纪60年代后比以前松散得多。③而且，正如弗里德曼指出的那样，公司通过获得银行贷款以外的方式筹集资金的能力造成了货币和信贷之间差异的一个主要来源——这种差异不仅采取企业债券发行的形式，而且采取企业发行股票的形式。弗里德曼认为，通过

---

① 另见第十三章有关对货币主义文献忽视这一点所做的批评的讨论。即使在存款是商业银行唯一负债的情况下，如果银行准备金余额占银行资产的比例就像20世纪30年代以及在2008—2014年间那样突然大幅度地增加，那么银行信贷（银行的贷款及其对可供出售的政府证券的投资）的增长和存款的增长之间也会出现差异。
② Friedman（1972b, 192）.
③ 参见下文第十二章和第十四章。

发行股票筹集的资金是信贷的恰当定义的一部分——因为与企业借款一样,企业的股票发行增加了其可用资金,同时也增加了其负债。①

第三,弗里德曼认为,信贷不像货币存量那样易于受到央行的同样程度的控制。②货币政策行动影响一系列的利率,但是这一系列利率并不一定包括对信贷需求至关重要的所有利率。③当我们考虑到弗里德曼将通过股票市场筹集的资金算作信贷的一部分,以及他从20世纪60年代后半期开始越来越多地怀疑股票市场与经济总量之间的联系时,弗里德曼明显对信贷(特别是短期信贷)的可控性所持的怀疑态度随着时间的推移而变得越来越坚定。④

---

① 同样,Mints(1950, 98)将购买一家企业的权益索取权的人描述为本质上是该企业的一个"贷款者"。另参见 Friedman and Schwartz(1970a, 113)将商业银行净资产划分为银行负债(与此相反的另一种惯例是将此数额看作是银行资产和负债之差)。Niehans(1978, 170)也使用了这一惯例。

② 特别参见 Instructional Dynamics Economics Cassette Tape 19(March 1969)和 Friedman(1970d, 19-20; 1992d, 523)。

③ Friedman(1962d, 237 [p.189 of 1968 reprint]; 1980a, 58 [p.54 of 1991 reprint])。

④ 存款和(银行或总体)信贷之间显著的经验性差异,有时被认为是应该阻止关注货币的结果(参见 Woodford 2010)。但是,正如弗里德曼的做法一样,也有可能在强调这种差异的同时聚焦于货币,特别是当货币序列与经济活动的关系比信贷更好的时候。作为弗里德曼以前的学生之一,约翰·斯卡丁在1992年1月7日访谈之时总结了货币主义者的立场:"如果你相信货币很重要……这不是信贷是否扩张的问题;而是它(信贷融资)在(银行)资产负债表的负债方采取何种形式的问题。"

第四，弗里德曼逐渐相信，观察到的货币与经济的联系，重要的并不是来自货币政策的信贷渠道，也不是来自信贷总量与经济之间的密切联系。① 他在与施瓦茨合作研究的早期阶段就考虑到商业银行经营对经济活动最重要的影响主要是通过其贷款和投资进行的可能性。② 弗里德曼和施瓦茨的研究让弗里德曼拒绝了这种解释，转而支持这种观点，即在美国数据中观察到的货币与产出和货币与价格之间的关系，反映了一个相当稳定的货币需求函数和货币政策行动对总支出的强有力影响的组合。相反，弗里德曼认为总信贷的需求函数非常不稳定，也没有得到很好的理解。③ 弗里德曼相信，即使面对信贷需求和供给的不稳定，央行也可以将名义货币存量设定在自己选择的水平上；即使货币稳定不能保证总信贷的稳定行为，货币存量的稳定也将大大有助于促进经济稳定。④ 相反，如果像20世纪30年代初发生的那样，当局允许名义货币存量在信贷市场扰乱后收缩，那么信贷市场的发展状况对经济活动的影响将极大地放大。

---

① 特别参见Friedman（1970d, 20）。至于将弗里德曼的信贷渠道观点与Bernanke（1983）观点进行比较的讨论，参见E. Nelson（2013a）。
② 参见他1949年5月3日致阿瑟·伯恩斯的信，引自Hammond（1996, 79）。
③ E. Nelson（2013a, 64）和1992年1月22日对米尔顿·弗里德曼的访谈。
④ 弗里德曼表达这种观点的一种方式就是说，他不认为货币增长和国民收入增长之间的关系在很大程度上取决于新货币是通过商业贷款还是通过其他方式创造的。也就是说，货币扩张的这种"首轮效应"在评估货币政策的总体效应时并不重要。关于这一点，参见Friedman（1972a, 917 and 921-923; 1987a, 10）；Friedman and Schwartz（1982a, 29-31）；以及Bordo（1972, 1975）。

五、定义货币

弗里德曼与施瓦茨的货币研究项目使用 M2 类型的总量——即包含非银行私人部门持有的现金、活期存款和定期存款的总量——来定义货币，而不是使用 M1 类型的总量——即 M2 减去定期存款所构成的总量。已故的菲利普·卡根在 20 世纪五六十年代密切参与了该项目，在 1992 年 1 月 13 日的访谈中向笔者强调，这些研究者面临的数据限制决定了这种选择。在美国的历史数据中，"没有办法将活期存款和定期存款分开。这就是弗里德曼和施瓦茨没有慎重考虑就使用 M2 的原因"。[1]

从表面上看，这种描述——这种描述意味着是数据可获得性而非理论原因，决定了国民经济研究局的货币项目使用 M2 类型的货币总量而非 M1 类型的货币存量序列——似乎与弗里德曼和施瓦茨关于货币定义的著名观点大体一致。在他们称之为"严格实用主义"的方法中，他们在《货币统计》(*Monetary Statistics*)

---

[1] 具体而言，Friedman and Schwartz（1970a, 154-55）指出，对于 1914 年之前的时期将银行存款总额划分为活期和定期存款缺乏信息。另参见弗里德曼在 1976 年 1 月的美国众议院银行、货币和住房委员会（Committee on Banking, Currency and Housing, US House, 1976, 2181）对此问题的评论。不过参见 Meltzer（1963）和 Lucas（1988b）等人支持构建从 1900 年开始的美国 M1 年度数据的理由。

刚刚引用的卡根的陈述似乎支持了弗里德曼以前的另一位著名学生，约翰·斯卡丁对弗里德曼使用 M2 所做的解释。"当然，愤世嫉俗者总是辩称，米尔顿选择 M_2 的唯一原因是因为他在写作《美国货币史》。你只能基于 M2 才能获得较长历史时期的货币数据。M_1 的数据不能回溯那么久远。"斯卡丁在 1992 年 1 月 7 日的访谈中补充说，尽管弗里德曼的批评者持有这种观点，"但这并不是说它不正确。这可能是最初选择的原因"。

中写道，"货币的定义不是基于先验方法的原则进行决定的问题，而是基于组织我们对经济关系知识的有用性进行决定的问题。没有固定的公式来决定什么总量称作'货币'。"① 弗里德曼在 1992 年重申了这种看法："我认为货币定义的问题并不是一个事关原则的问题。因为它们都是理想建构的经验近似，你无法想象可以精确地确定它们"。

然而在更深的层次上，菲科普·卡根的观点与弗里德曼和施瓦茨的观点相冲突。因为后两位作者出于理论上而不仅仅是经验上的原因在一定程度上偏爱 M2 货币概念。至少从 20 世纪 70 年代初以来，菲科普·卡根就基于先验的理由将 M1 视为衡量货币的一个更好的指标。他认为，把定期存款包括在货币的定义中是不合适的，因为定期存款通常不可能开出支票。相比之下，弗里德曼和施瓦茨虽然强调经验证据是决定一个特定货币总量的关键标准，但是在《货币统计》中投入大量的篇幅讨论菲科普·卡根所倡导的这个观点，即在定义货币时，交换媒介属性应该是最重要的标准。他们在结论中坚决地否定了这种方法。②

鉴于这一背景，弗里德曼关于选择货币定义时不应使用原则的说法，不应被认为是在暗示弗里德曼对货币的定义采取完全

---

① Friedman and Schwartz（1970a, 1, 104）。Friedman and Schwartz（1963a, 650）更早也曾表达过类似的看法。
② 此外，与卡根的上述描述相反，弗里德曼和施瓦茨主张，他们把 1914 年之前的活期存款和定期存款看作等同的做法，尽管受到数据限制的影响，但仍然准确地反映了货币持有者在实践中对待这两类存款的方式（Friedman and Schwartz 1970a, 155）。早些时候，Friedman（1960a, 90）曾表示，他和施瓦茨对 M2 的偏爱反映了 M2 是"最有用的概念"的研究发现。

理论无涉的态度。相反，这可以被视为主要反映了他关于人们不应坚持要求纯粹基于交换媒介的概念来界定货币的立场。重要的是，弗里德曼和施瓦茨喜欢货币总量的选择应该部分基于理论考虑的观念。具体而言，他们寻求一种类似于那些家庭获得效用的货币余额的总量，从而该总量才有可能可信地被视为具有明确定义的需求函数。[1] 因此他们认为，货币需求的概念应该指导货币的定义。但这一标准并不意味着在选择货币总量时，交换媒介属性是压倒一切的考虑因素。

弗里德曼从早期阶段开始就对货币应该与交换媒介的概念紧密而完全相符的这种纯粹主义的立场不再痴迷。他早期的一些著作似乎理所当然地认为 M1 类型的货币定义是恰当的。[2] 但是，他不久就对基于交易的货币分析方法产生了不满。弗里德曼在 1952 年对 $MV=PT$（而不是 $MV=Py$）版本的数量方程进行的一次高度批判性的讨论中就明显体现了这一点。[3] 这种态度在他 1956

---

[1] 特别参见弗里德曼和施瓦茨（Friedman and Schwart 1970a, 139）这个评论，即他们"主要把重点放在需求上"，因此他们瞄准的货币定义"可以被视为对我们研究的整个时期的货币余额持有人具有尽可能相同的含义"。

[2] 艾伦·沃尔特斯在 1992 年 4 月 6 日接受笔者的访谈时辩称，弗里德曼在早期的货币研究中倡导使用 M1 类型的货币概念。沃尔特斯可能指的是弗里德曼（Friedman 1951f, 207）提到的"真正意义上的流通媒介"（现金加活期存款）。此外，弗里德曼在非货币主义时期（Friedman 1943b, 118）在仔细审查安吉尔（Angell 1941）的实证研究时使用了 M1 类型的货币总量。

[3] 参见弗里德曼在 1952 年 3 月 25 日的联合委员会经济报告（Joint Committee on the Economic Report, 1952c, 719）中的评论，以及他在同一卷第 743 页的书面评论。

年的"重述"和后来的著作关于货币是一种资产的强调中进一步表现出来。弗里德曼认为，交换媒介概念的拥护者在几个方面是错误的：他们忽视了货币余额提供的便利当期交易之外的服务；他们夸大了存款持有人实际上在 M1 和包含在 M2 中的非 M1 资金之间移动的难度；他们忽视了"交换媒介"概念的模糊性。①

此外，正如第十四章将讨论的那样，弗里德曼定义货币的标准随着时间推移而变得更加严格。银行大量的大额存款负债的出现让他相信，根据家庭最优化的货币需求理论，不包括这些大额存款的现金加小额存款的总额更合适，也更合理。②

六、作为货币政策总结的货币

正如已经指出的那样，弗里德曼关于货币政策传导的多重收益观点与他对货币存量的兴趣并存。他在 1967 年评论时指出了这一点："货币政策可能被视为通过利润施加影响的事实与我的这个观点并不矛盾，即正在发生的这样或那样的货币总量规模与利率相比是一个更有用和更有意义的货币政策标准。"③

描述弗里德曼观点的一种方法是指出，尽管 IS 方程中出现的是利率而不是货币，但是货币存量对这些收益率提供了一个方

---

① 特别参见 Friedman and Schwartz（1970a, chapter 3, section 1）。弗里德曼在 1982—1986 年间对 M1 的依赖在一定程度上反映了他的一个错误想法，即美联储在 1980 年对 M1 的重新定义使该货币总量与弗里德曼和施瓦茨的 M2 相似。关于这个问题，参见 E. Nelson（2007）。
② 在弗里德曼的分析中，企业被认为具有与家庭相同形式的货币需求函数。参见 Friedman（1956a, 11-14, points 10-12; 1970b, 205-206）和 Friedman and Schwartz（1982a, 40-41）。
③ Friedman（1967b, 101）.

便的总结或充分统计量。[1]对于货币增长和通货膨胀的分析来说，名义货币（可能以单位产出表示）增长可能是相关的测量指标。然而，对于产出波动的分析来说，实际货币存量可能是恰当的货币测量指标，前提是要记住中央银行对实际货币存量的影响实质上是短期的。例如，不仅梅尔策关注的是实际货币的指标性质，而且如第二章所述，弗里德曼在分析周期时也偶尔使用实际货币而非名义货币。

有几个相互关联的原因可以解释，为什么实际货币存量或其增长率可能会给出货币状况和经济前景的信号，而这些信号没

---

[1] 据笔者所知，第一个发表的例子是 Sheffrin（1982, 163），他将货币主义立场描述为货币被认为是一种经济中的重要利率变化的"充分统计量"。最近的例子包括 Sims（1998, 934）；E. Nelson（2002a, 151）；以及 Mervyn King（2003, 76）。Weyl（2015）指出，当面对分析中涉及多个状态变量时，芝加哥大学价格理论的研究存在一个用单一的价格来近似地表示与问题相关的信息并以此当作分析的充分统计量的很长传统。弗里德曼的货币分析方法，可以视为用单一数量（货币存量或其增长率）来近似地表示价格向量提供的信息。

有包含在当前的无风险资产的短期利率中。① ①就货币需求取决于实际持久收入而言，货币余额可以提供实际收入的预期未来行为的有用信息。②对于给定短期利率，较高的实际货币余额可能通过投资组合余额渠道对经济中的其他利率施加短期下行压力。② ③货币需求可能与预期未来（名义）短期利率以及当前利率负相关，而这些利率可能（以实际值计算）会影响当前和未来收入。实际收益率和名义收益率之间的短期强正相关性将赋予货币作为收入路径指标的角色。④就货币需求与多种多样的名义收益率负相关以及与之相对应的实际收益率以负数出现在 IS 方程中而言，货币余额或货币增长可能会与这些收益率变化的指数挂钩。

---

① 下面的清单不包括货币可能作为当期收入指标有用的观念，也不包括货币变动反映了流通在外的货币存量与需求量之间在未来的时期将被消除的差异的观念。McCallum and Nelson（2011, 144）讨论了将货币视为一个指标的第一个论点排除在外的原因。事实上，这种排除意味着这里的货币标准主要是对未来收入行为而非当前经济活动的启发。排除第二个论点的原因是本文作者的论点，即弗里德曼支持缓冲储备货币的理论，但他自己没有使用缓冲储备货币的理论所蕴含的框架。
据笔者所知，这里给出的认为货币是充分统计量或近似充分统计量的理由，比之前的文献中讨论的那些理由更简洁、更详细。不过，先前的许多讨论已经正确地收集了货币主义观点所指出的看待货币的理由。其中包括几位主要货币主义者对这一问题的讨论。然而，还应在这点上挑出两个评论。第一个评论是 Thygesen（1977, 58）。他认为，弗里德曼并没有主张"利率变动不是传导过程中的重要因素；相反，他强调它们的基本作用……（但是）他认为货币存量的变动……对通常伴随它们的广泛的金融变化而言是一个有用的代理变量"。第二个评论是 Rowan（1980, 109）。他认为，货币主义者"使用货币供应量（在其定义之一中）作为整个利率的代理变量"。
② 在本章的分析中，这个压力专门是指对长期利率的压力。

上述所有四个特征都可以认为存在于弗里德曼的框架中，也存在于布鲁纳和梅尔策等其他货币主义分析中。本章的框架通过考虑投资组合余额效应和货币需求函数中的前瞻项为前三个特征提供了基础。如前所述，第四个特征更加难以在优化模型中合理化。

第二节 证券市场

本节讨论了弗里德曼描述的固定利率证券的利率行为的两个关键方面：流动性效应和费雪效应。由于弗里德曼关于利率期限结构决定的观点已经在本章和上一章中广泛讨论过，因此没有单独的小节专门讨论这一主题。

一、流动性效应

弗里德曼使用"流动性效应"一词来描述名义货币存量增加对短期名义利率造成的下行压力。[①] 他大致在20世纪60年代所做的阐释，在20世纪六七十年代产生了一个中等规模的文献，

---

① 早期使用"流动性效应"一词的讨论包括弗里德曼在1965年10月和1966年6月提交给美联储的备忘录（见 Friedman 1968a, 137, 150, 162）。关于弗里德曼对流动性效应的研究，除下面的讨论，参见第十二章。英国拉德克里夫委员会（Radcliffe Committee）使用了"一般流动性效应"（Committee on the Working of the Monetary System 1959, 131, 第385段；另见 Davidson 1970, 189），但它这样做是为了描述广泛的流动性测量指标与私营部门支出决策之间的关系，不是货币和利率之间的关系。

然后在 20 世纪 80 年代后期直到整个 90 年代产生了一类庞大的文献——这些文献大多超出了本书的范围。① 弗里德曼不仅用这个术语来表示来自公开市场购买和其他货币注入的压力，而且甚至用"可贷资金的首轮效应"这个术语来区分与公开市场操作相关的流动性效应类别。② 然而，现代文献大多将流动性效应视为与公开市场操作相关的情形。③

在 20 世纪 90 年代，大量研究着重指出，央行在实践中的决策集中在短期利率的重要性上，而不是准备金总额或货币总量。鉴于这一事实，似乎令人惊讶的是，流动性效应的概念在这个十年中受到如此多的关注，因为这一概念与利率对央行在货币总量方面的行动所做的反应的观念紧密联系在一起。然而，在以利率为基础的操作程序的背景下，人们可以将流动性效应视为一种与

---

① 这些文献比弗里德曼最初的讨论更为关注短期利率而非长期利率的反应。然而，Friedman and Schwartz（1982a, chapter 10）最终集中关注短期利率。在某种程度上，这是为了对期限溢价的变化所导致的利率变化进行分离，参见 Friedman and Schwartz（1982a, 507）。另一个动机是，对短期资产的集中关注可以让流动性效应和费雪效应被视为在不同的投资期发挥作用，而不是同时发生作用。后来的文献也同意这种观点（例如参见 Cochrane 1989）。
② 例如参见 Friedman and Schwartz（1982a, 483-485）。但参见 Friedman（1987a, 10）的一个论述：弗里德曼在此阐述中不仅淡化了这一区别，而且将货币扩张"对利率有暂时性的重要影响"与可贷资金量的扩张具体地联系起来。
③ 弗里德曼希望涵盖公开市场操作以外的情形可能反映了他察觉到他的著作与休谟（Hume 1752）的"论利率"之间的渊源。当然，休谟生活的时代远在公开市场操作和许多其他央行工具的出现之前。

短期内确保名义利率下降相一致的货币增长模式的描述。[1]因此，央行使用短期利率工具的现实并没有推翻流动性效应的概念。[2]

弗里德曼的名字几乎变得等同于流动性效应的事实具有讽刺意味，原因有二。第一，他关注流动性效应的主要目的是，描述凯恩斯及其后继者是如何看待证券市场的利率决定的。[3]弗里

---

[1] 或者，人们可以集中注意力于受到公开市场操作影响的一类央行资产或负债，然后将名义利率对这一资产或负债总量变化的反应视为值得研究的经验规律——这也许应该是用来评估理论模型表现的经验规律。例如，艾肯鲍姆（Eichenbaum 1995, 1611, 1612）强调，利率通常会随着美联储持有的政府债券的变化或特定银行准备金总额的变化而变化。随着各国央行在未来减少对作为控制短期利率的手段的公开市场操作的依赖，以支持改变对准备金支付利率等做法，那么，分离出艾肯鲍姆重点讨论的那种流动性效应可能会变得非常困难。

[2] 这一观点与蒂姆·康登在《银行家》（Banker, July 1983）杂志上所表达的观点截然不同。在这篇后来得到 Hendry and Ericsson（1991b, 27）赞许性引用的文章中，康登认为 Friedman and Schwartz（1982a）对流动性效应的强调反映了他们的研究存在事实性和分析性缺陷，因为康登断言弗里德曼和施瓦茨忽略了央行控制利率但并不会外在地决定货币或货币基础的事实。然而，流动性效应的概念并不要求货币是外生的。而且，通过将流动性效应视为中央银行在商业周期范围内对利率进行控制的机制，中央银行控制短期利率的事实就可以与流动性效应的概念相协调（参见 E. Nelson 2008b 的进一步讨论）。

还应该强调的是，尽管康登将弗里德曼和施瓦茨对流动性效应的强调解释为非专业人士对央行行为的误解，但央行界的许多分析师已经接受了流动性效应概念的有效性。例如，菲利普·洛（Philip Lowe）——后来的澳大利亚储备银行行长——曾将自己对传导机制的看法描述如下："货币政策带来的实际货币余额变化在收益率曲线的短端会引起强烈的流动性效应。这导致短期和中期实际产出的变化，最终转化为价格的变化"（Lowe 1992, i.）。

[3] 例如参见 Friedman（1967b, 101）和 Friedman and Schwartz（1982a, 481, 486）。

德曼认为，凯恩斯主义分析的论点是央行对名义货币存量的影响可靠地转化为当局控制实际货币存量的能力。他承认，对后者数量的控制确实赋予了央行通过货币注入的方式降低名义和实际利率的能力。但弗里德曼的看法是，央行对真实货币存量的控制超过短期就会逐渐减弱。在他看来，价格调整意味着名义货币存量和实际货币存量将在较长的时期内取决于不同的力量。[1] 实际货币存量与名义货币存量在低频时期的分离，为弗里德曼关于央行"只能在非常短的时期内控制利率"的声明提供了依据。[2] 尽管如此，弗里德曼还是承认，流动性效应确实是短期名义货币与名义

---

[1] 参见下一章以及 E. Nelson（2008b）。在强调货币注入对利率的影响不仅涉及流动性效应而且还涉及更多的效应时，弗里德曼是在追随先前的作家，其中包括上文所述的大卫·休谟和下文要讨论的欧文·费雪，还包括约翰·斯图亚特·穆勒和阿尔弗雷德·马歇尔。关于后两位人物的观点，参见 Laidler（1991a, 18-19, 90-91）。

[2] 弗里德曼在这一场合的声明没有明确考虑到这样一个事实，即通过利用费雪效应，央行可以在流动性效应不再发挥作用的时期控制名义利率。弗里德曼在 1980 年就此事发表了一份更完整的声明："如果你压低货币增长率，利率就会下降。但如果你试图反过来操作——如果你降低利率——你能暂时维持利率的唯一方法是重新刺激通货膨胀，即使这样也不会维持很长时间"（Scotsman, October 20, 1980）。然而，即使这一声明也没有包含这样一种假设情形：中央银行利用货币扩张的流动性效应降低名义利率，然后通过永久性地转向与低通货膨胀预期相关的较低货币增长率，从而维持较低利率水平。Woodford（1994, 371-372）概述了这种情形。另见 McCallum（1986b, 154-155）的相关讨论。

利率关系的一个关键部分。①

将弗里德曼与流动性效应联系在一起的说法具有讽刺意味的第二个原因是，尽管他在研究中强调了这种关系，但是他要求政策制定者在制定政策时不要理会它。他争辩说，他们应该"忘记利率"；在这样做时，政策制定者的行动就会更符合弗里德曼的立场，即"货币政策的宗旨不是利率；货币政策的宗旨是货币数量的增长率"。他持有这一立场的部分依据是，即使在短期内，流动性效应关系也很可能会被其他因素淹没——包括弗里德曼（但很少有其他人）所称的"中间收入效应"。在这种效应下，当更高的实际货币对利率造成下行压力的同时，未来收入流的预期也会对利率造成上行压力。② 弗里德曼关于名义利率和名义货币可能朝着相同而非不同的方向运动的说法，"与被当作是传统智慧的观点相反但与更复杂的观点非常一致"。

弗里德曼的分析在考虑货币注入预示着货币增长率永久向上移动的情形时就超越了这一点。在这些情况下，有充分的理由相信，货币增长和名义利率之间的关系将是正向的，特别是在中长

---

① 正如第二章指出的那样，他比凯恩斯更加相信，名义货币存量因而实际货币存量的增加甚至在名义短期利率已经达到最低水平之后可以刺激萧条状况下的经济活动。原因是弗里德曼认为，实际货币存量的增加能够给期限溢价带来下行压力。
② 参见 Friedman and Schwartz（1982a, 485-487）对该效应使用这个术语的一个例子。弗里德曼在1966年6月的备忘录中，弗里德曼只是简单地称为"收入效应"：参见 Friedman（1968a, 162）。另参见 Friedman（1961d, 462; 1983a, 3）关于这种效应的其他讨论。刚才引用的1982—1983年的分析包括一个建议，即收入效应对名义利率的影响大致等同于流动性效应，从而意味着这两种效应的结合将使名义利率恢复到其初始水平。

期范围内。这些理由并非来自中间收入效应,而是来自利率和通货膨胀之间的费雪关系。

二、费雪效应

弗里德曼在 1972 年有必要指出,"费雪对名义和实际利率的区分,可以追溯到他最早的一些著作,仍然是一个有重大影响的和颇有见地的洞见"。① 这一评论反映了费雪效应在弗里德曼货币框架中的重要性。它也证明了弗里德曼在过去四十年中对欧文·费雪的著作有着广泛的了解。

费雪的著述在弗里德曼的教育中发挥了重要作用。费雪的著作被收录在芝加哥大学 1932 年秋季学期劳埃德·明茨所讲授的关于货币的研究生课程的指定阅读材料中,而弗里德曼选修了这门课程。② 1972 年,弗里德曼在通信中写道,明茨的课程"极为关注欧文·费雪的著作",而且弗里德曼在 20 世纪 30 年代芝加

---

① Friedman(1972a, 935)弗里德曼在 1982 年的《货币趋势》中重复了这一评论(Friedman and Schwartz 1982a, 46)。然而,《货币趋势》中费雪的索引条目以及 Bordo and Rockoff(2011)列出的弗里德曼提到费雪的清单中,都没有这一参考文献。
② 1994 年 6 月的通信中,弗里德曼将他的阅读笔记寄给了戴维·莱德勒,从而证实了费雪被列为该课程的阅读内容。尽管如此,莱德勒(Laidler 2012, 5)在质疑费雪的著作是否在弗里德曼的教育中占有重要地位时说:"费雪的名字既没有出现在 Friedman and Friedman(1998)的索引中,也没有出现在参考书目中。因此,很难证明费雪对弗里德曼有直接影响。"然而,事实证明,《两个幸运的人》的索引并不是这个问题的可靠指南,因为书中提到了费雪,而对费雪的提及就证实了费雪的著作对弗里德曼从学生时代起就产生影响的重要性。参见 Friedman and Friedman(1998, 621)。

哥大学的学生生涯让他"明确地认识到，费雪既是当时的伟人之一，也是货币分析的伟大贡献者之一"。① 在这些岁月之后不久，亨利·舒尔茨在《需求的理论和测量》——弗里德曼是此书公认的合著者——的两章中都提到了费雪的著作，而他们讨论的具体篇目就是费雪的"价值和价格理论的数学研究"这篇论文。②

费雪这篇 1892 年的研究是他的博士论文，弗里德曼和舒尔茨将其描述为旨在提出"定价过程的一般理论"。然而，弗里德曼和舒尔茨实际上主要借鉴了欧文·费雪关于微观经济学的见解。尽管如此，弗里德曼在学生时代吸收的费雪的货币经济学，很快就会在弗里德曼处理问题的方法中表现出来——包括他在二战期间对美国财政部以明显低于预期通货膨胀率的票面利率发行储蓄债券持反对立场。③

欧文·费雪的著作从 20 世纪 40 年代中期到 70 年代中期在弗里德曼的芝加哥大学的教学中也占有重要地位。④ 马克·纳洛夫是一位 20 世纪 40 年代末参加弗里德曼讲授的本科货币课程的学生。对于费雪是否在该课程的教学中占有重要地位的问题，他

---

① 摘录自弗里德曼在 1972 年 7 月 19 日致唐·帕廷金的信，引用于 Leeson（2003a, 503-504）。
② 参见 H. Schultz（1938, 570, 607）。
③ 参见第一章。
④ 这个问题也与 Bordo and Rockoff（2011）列举的弗里德曼提到弗里德曼［疑为费雪——译者注］的目录有关。他们的清单（将在下文中讨论）不包括弗里德曼在《价格理论》第二版中对欧文·费雪的广泛提及。虽然费雪并没有出现在这本书的索引中，但这本书的正文中提到了费雪与菲利普斯曲线和资本理论的联系。弗里德曼在课堂上讲过该教材中的资本理论的内容。

在2013年9月8日的访谈中这样回答:"的确如此。费雪在这门课程中非常重要。"戴维·梅塞尔曼从20世纪40年代晚期到20世纪60年代早期时断时续地在芝加哥大学上研究生,也是弗里德曼的一位合著者。他在2014年7月16日的访谈中评论说:"米尔顿高度尊重欧文·费雪。"弗里德曼在1985年描述自己的货币框架时宣称,他自己"在细节上更接近"费雪,而不是费雪时代的其他货币经济学家,包括曾经在剑桥大学工作过的经济学家。①

弗里德曼的框架和欧文·费雪的整体著作之间的联系确实很密切。而且这些联系比戴维·莱德勒和博尔多和洛科夫所说的要大得多,而且在弗里德曼的著作中更早地感受到。特别是,尽管博尔多和洛科夫说明了费雪对弗里德曼研究的几方面影响,但是,即使他们的讨论也严重低估了弗里德曼的著作和公开声明与费雪著作之间的关联程度。博尔多和洛科夫列出的"米尔顿·弗里德曼对欧文·费雪著作的引用"并非是按计划要列举的详尽目录这一事实就说明了这一点。在对弗里德曼的著作和文章进行仔细查阅的基础上,博尔多和洛科夫列举出了弗里德曼从1943—1991年间对费雪的书面提及清单。但是,对弗里德曼著作进行更彻底的研究表明,这个1943年至1991年的跨度可以有效地从1938年延伸至1998年间。② 至于文章,博尔多和洛科夫的列表也不完整,其中一个例子是遗漏了费雪的名字出现在弗里德曼的

---

① 引自弗里德曼1985年5月8日写给约翰·普雷斯利的信,引自Presley(1986, 198)。
② 这是因为一份真正完整的弗里德曼提到费雪的目录要包括已经提到的H. Schultz(1938)和Friedman and Friedman(1998)的段落。

一篇论文标题中的文章。[1] 博尔多和洛科夫没有考虑弗里德曼的访谈和评论。部分原因是,他们认为弗里德曼直到 20 世纪 90 年代才将费雪列为美国有史以来最伟大的经济学家,尽管弗里德曼事实上早在 20 世纪 60 年代就公开地发表过这样的评论。[2]

弗里德曼不能就费雪是美国最伟大的经济学家的评论申请任何专利。保罗·萨缪尔森和詹姆斯·托宾等人也持这种观点。[3] 此外,萨缪尔森和托宾都是 1967 年出版的《欧文·费雪传统的十大经济研究》(*Ten Economic Studies in the Tradition of Irving Fisher*)一书的撰稿人,而弗里德曼则没有参与其中。[4] 弗里德

---

[1] 即 Friedman and Schwartz(1976)。

[2] 参见 Wall Street Journal, November 4, 1969(1)。弗里德曼发表过这样评论的其他例子包括 Friedman(1970a, 8 [p.2 of 1991 reprint]; 1970e, 4; 1971h, xxii; 1985d, 214; 1992c, 37)和 Friedman and Friedman(1998, 621)。

[3] 罗伯特·索洛在 2014 年 7 月 7 日的访谈中评论说:"如果你问保罗·萨缪尔森,谁是 20 世纪初最伟大的美国经济学家,他会毫无疑问地说,那就是欧文·费雪。"当被问及费雪的研究在哪些方面受到弗里德曼和萨缪尔森的青睐时,索洛说:"我对弗里德曼不敢肯定,但萨缪尔森特别不喜欢费雪的宏观经济学。"相反,在费雪的著作中,"萨缪尔森喜欢利息理论,以及资本和利息理论。首先,费雪在早期如在他的博士论文中对一般均衡理论的理解,以及后来对跨期经济学的研究,无疑吸引了萨缪尔森。然而,我认为弗里德曼可能对作为货币经济学家的费雪更感兴趣。因此,他们可能都欣赏费雪,但主要是欣赏费雪的不同方面"。

威廉·布雷纳德在 2014 年 5 月 23 日的私人通信中回忆道:"吉姆·托宾经常说,他同意米尔顿(和萨缪尔森)关于费雪是美国有史以来最伟大的经济学家的观点。吉姆经常提到费雪说过或做过的事情,但他并非没有批评过费雪(或者为此事批评过凯恩斯)。"

[4] 参见 Fellner et al.(1967)。

曼的背景也不能让他有任何特别的权利声称，火炬从费雪传到了他的手上。他从未见过费雪，因为费雪于1947年去世。与弗里德曼不同，耶鲁大学的詹姆斯·托宾则可以声称与费雪有着共同的机构背景。因此在1987年，是托宾而不是弗里德曼撰写了《新帕尔格雷夫经济学大辞典》有关费雪的词条。①

尽管如此，弗里德曼还是非常尊重费雪，以至于他的研究沿袭费雪的传统，并对费雪有好感。在20世纪50年代初费雪在经济学界的声誉还处于恢复阶段的早期之时，弗里德曼就将费雪列为一位影响了货币数量理论发展之人，并暗示这一理论仍然适用。② 此外，弗里德曼充分地沉浸于费雪的著作，以至于他养成了就某一主题进行写作时描述费雪在思考什么的习惯。③ 而且弗里德曼在回答一个问题时往往也会说，费雪会怎么回答这个问题呢。因此，对于笔者在1992年1月22日的访谈中提出的一个问

---

① 参见 Tobin（1987b）。
然而，弗里德曼的内兄阿伦·迪莱克特曾经是耶鲁大学的一名本科生，而亨利·曼尼则是迪莱克特在二战后初期的芝加哥大学的一名学生。曼尼的印象是，迪莱克特认识费雪（Henry Manne, interview, April 30, 2014）。

② Friedman（1953c, 42）。戴维·梅塞尔曼在2014年7月16日的访谈中评论说，尽管"欧文·费雪的总体声誉在晚年因为他过度乐观的预测，当然受到严重的打击"，但是，弗里德曼"没有太注意"对费雪的负面反应，并强调了后者对经济学的重要贡献。相比之下，在1951年4月弗里德曼出席的芝加哥大学会议上，耶鲁大学的尤金·罗斯托觉得有必要声明："虽然我认为我是来自耶鲁的唯一演讲者，但我要尽快向维纳先生保证，我们在纽黑文不再对欧文·费雪的圣坛进行膜拜，也没有盲目地追随他对产业波动描述的过于简化的版本"（Director 1952, 195）。

③ 例如参见 Friedman（1976a, 216; 1985a, 15）提到费雪"心中所想"。

题，弗里德曼对此问题的回答有所保留，而非"是"或"不是"的回答，但接着补充道："当然，欧文·费雪会马上说'是'"。①

弗里德曼采纳并加以发展的费雪的那部分研究的特征是与货币数量论和菲利普斯曲线直接相关的特征。但除此之外，如上所述，诉诸费雪的利率关系是弗里德曼货币主义框架的一个基本组成部分。费雪关系有两个关键含义。第一，私营部门的支出决定取决于实际利率，而不是名义利率。②第二，金融市场对有息名义证券进行定价的方法会在名义利率中嵌入一个预期通货膨胀项。因此，更高的预期通货膨胀率将导致名义利率的上升压力，而货币当局不太可能在短期之外抵消这一压力。

费雪效应是弗里德曼在货币主义的早期所援引的一种与经验相关的现象。弗里德曼在1951年参与的一次电台节目中表示，如果潜在债券购买者面临着债券赎回的美元价值比最初的投资具有更少的购买力的可能性，那么他们就不会购买美国财政部发行的债券。因此，弗里德曼说，美国当局压低债券利率是"极其短视的"，因为这一政策所产生的通货膨胀将导致公众在未来要求更高的国债利率。③费雪关系在1956年弗里德曼对货币数量理论的重述中发挥了重要作用，因为他表明了如何使用预期通货膨胀

---

① 同样，Friedman（1963a, 4）提到费雪"会说"什么。
② 例如参见 Friedman（1957a, 120）。
③ NBC（1951a, 7）。

项来分解证券的名义收益率。[1] 弗里德曼在1958年向国会提交的一份书面建议中指出，一旦通货膨胀最终被预期到，"考虑到价格的上涨，利率将上升"。[2] 在1959年5月的国会证词中，弗

---

[1] Friedman（1956a, 9）。莱德勒（Laidler 2013a, 7）在提到弗里德曼所说"我们不能假设方程（9）成立"的话时，将弗里德曼的这个讨论解释为对费雪效应的怀疑之一。但是，这里的方程（9）不仅嵌入了费雪效应，而且嵌入了长期证券和股票的实际收益率相等。股票和债券的实际收益率可能长期彼此不同的意见与对费雪效应的信心完全一致。事实上，正如已经指出的那样，货币主义立场的一个重要部分是，IS和其他关键关系中出现的收益率不能被合并为单一资产的收益率。正如弗里德曼（Friedman 1956a, 9）所描述的那样，这种合并不仅要求在静态分析中"债券与股票是等价的"，而且要求在动态分析中不存在导致两种资产的预期价格路径之间产生差异的"意见分歧"。在没有这些合并条件的情况下，即使是对费雪效应深信不疑的人，也有理由怀疑替代资产的实际收益率是否会一致。在这种情况下，弗里德曼描述股票与债券收益率差价的方程（8）可能不会自行成立——因为这个方程要求这个差价随着时间的推移收敛到零——当然不会坍塌成每个时期差价为零的方程（9）。作为解释方程（9）为什么不适用的一个额外原因，弗里德曼（Friedman 1956a, 9-10）指出的另一点是，此方程要写成一种完美预见关系，因此强制规定了实际通货膨胀和预期通货膨胀的相等性

刚才对弗里德曼（Friedman 1956a, 9）讨论提出的解释——它没有否认费雪效应，而是质疑不同收益率的相等性——与梅尔策（Meltzer 1977, 163; p.159 of 1978 reprint）对同一段落的解释相符。这种解释也与弗里德曼（Friedman 1987a, 9）在撰写的《新帕尔格雷夫经济学大辞典》的货币数量论词条中将Friedman（1956a）作为支持费雪关系的参考文献的做法相一致。值得强调的相关一点是，尽管Laidler（2013a, 7）将Friedman（1956a）描述为货币主义反革命的"首次宣言"，但是，弗里德曼不仅在Friedman（1956a）出版之前的五年多时间里实际上一直在倡导货币主义，而且在1956年之前的那些声明中还包括了已经指出过的他在1951年就对费雪效应的认可。

[2] Friedman（1958b, 252; p.183 of 1969 reprint）.

里德曼表达了费雪效应最近一直在美国起作用的看法:"通货膨胀预期已经变得越来越普遍,而部分由于这个原因,利率已经上升。"①

这些对费雪效应的提及使弗里德曼有别于20世纪50年代的许多同时代评论家。特明(Temin)声称:"经济学家通常会区分名义利率和实际利率,但是很难在专业文献之外找到甚至对这种区分的一次提及。"特明在1976年所作的这个陈述已经过时十年了。美国的财经媒体从20世纪60年代中期开始和英国的财经媒体从20世纪60年代晚期开始就广泛讨论实际利率与名义利率的区分。②但是,就美国和其他主要国家在1951—1964年间的大部分经济评论而言,他的说法足够准确。

当然,费雪关系在此期间有一些讨论。巧合的是,政策官员在美联储与财政部签署《协定》之后的最初几年中,确实在一定程度上关注费雪对实际利率和名义利率之间所做的区分。例如,美联储主席威廉·麦克切斯尼·马丁(William McChesney Martin)和其他美联储官员认识到这一区分,而国际清算银行在1957年对实际利率的国际行为进行了分析。国际证据确实是高度相关的,因为费雪效应在某种程度上可以从20世纪50年代的数据中通过比较工业化国家的经验识别出。而1956年10月的《纽约第一国民城市银行经济简报月刊》(First National City Bank of New York Monthly Economic Newsletter)的第114页指出:"通货膨胀

---

① 引自弗里德曼1959年5月25日在联合经济委员会的证词(Joint Economic Committee, 1959a, 610–611)。
② 关于这一点,参见第十二章、第十三章和第十五章,而关于英国的情况,参见Batini and Nelson(2005, 43–44)。

最严重的地方，利率就最高。"该简报的 1956 年 12 月这一期的第 143 页在比较 16 个国家时指出了通货膨胀与利率之间的关系，而在 1957 年 4 月这一期的第 145 页则评论说："全世界越来越多的人将利率与所体验到的生活成本的年度上升进行比较。"

与纽约第一国民城市银行一起，美国金融市场的其他一些参与者，如艾伦·格林斯潘也强调了费雪关系。但是从广义上讲，特明关于费雪关系没有得到广泛讨论的概括对于 20 世纪 50 年代至 60 年代中期的美国而言是正确的。事实上，20 世纪 60 年代上半期发表的相当一部分费雪效应的讨论是由芝加哥大学所做的研究，或者是与弗里德曼有关联的作者所做的研究。后一组论文包括伯恩斯、斯蒂芬·阿克希尔罗德和拉尔夫·杨、沃利克（Wallich）和斯蒂芬·阿克希尔罗德的论文——正如第五章所指出的那样，斯蒂芬·阿克希尔罗德是弗里德曼以前的一位学生。

大多数经济学家和经济评论家很少提及费雪效应的这段时期是风暴前的平静时期，而本杰明·弗里德曼（Benjamin Friedman）提到"后来对名义利率和实际利率区分的巨大关注"。名义利率与实际利率的区分已成为宏观经济模型和政策讨论的一种习惯。有鉴于此，将对这种区分重要性的认识仅仅归因于早期凯恩斯主义与货币主义争论的一方似乎有些奇怪。但是这样的归因确实是恰当的，考虑到这个事实——即使是像詹姆斯·托宾这样高度重视货币政策的凯恩斯主义者，在 20 世纪六七十年代美国经济发展状况的讨论中也淡化了名义与实际利率区分的重要性——时就更是如此。[①]

---

① 参见第十三章。

因此，无论是哈里·约翰逊还是马基嫩（Makinen 1977, 377—378）等人在同时代的描述中，还是在麦卡勒姆、爱德华·纳尔逊和施瓦茨以及伍德福德等人在回顾性讨论中，都提出将名义利率与实际利率区分的强调作为区别那个时代的货币主义与凯恩斯主义的一个特征。政策制定者在20世纪70年代也承认这种区分是货币主义的一个贡献。例如保罗·沃尔克在担任纽约联邦储备银行的行长期间评论说，"货币主义也有助于消除大量困惑"，通过大力提倡"市场上观察到的利率与'实际利率'之间的差异……我们已经了解到，不仅贷款人和借款人会逐渐预期到通货膨胀，而且他们会对那些在他们的解释中造成通货膨胀的政策非常敏感"。①

多恩布什和菲舍尔明确承认费雪效应是货币主义反革命的一部分："对美国经济来说，认识到利率和通货膨胀之间的关系是相当新的。只是到20世纪60年代末，随着通货膨胀率的上升，货币主义者才引起公众关注名义利率和实际利率之间的区分，并声称通货膨胀的增加会提高名义利率。"尽管前面列出的弗里德曼陈述的文献证据，不支持多恩布什和菲舍尔关于他或其他货币主义者在20世纪60年代才开始使人们关注费雪效应的观点，但是弗里德曼真的是从1965年开始才在著作中大量提及费雪效应。②弗里德曼的这些讨论引发了人们对这一现象的广泛关

---

① Volcker（1977, 24）。关于类似的承认，参见 Wallich（1977, 281, 283）。
② 参见下文第十二章和第十三章。这一时期的早期例子包括弗里德曼在1965年10月和1966年6月给联邦储备委员会的备忘录（Friedman 1968a, 137, 157–164；引语来自第64页）中对"价格预期"（实际上是通货膨胀期望或通货膨胀预期）和利率变化的讨论。

注，以至于萨金特评论说："自从米尔顿·弗里德曼在1967年美国经济协会的主席演讲中赋予欧文·费雪的理论一个突出的作用以来，预期通货膨胀和名义利率的相互作用就是一个备受关注的话题。"①

为什么从20世纪60年代中期开始的这段时期，弗里德曼更频繁地提到费雪效应，经济学家和公众对这些提及也给予了强烈关注？一个主要原因是费雪效应正在美国利率行为中显现出来。与他在20世纪50年代关于费雪效应在美国数据中已经显现出来的观点相反，弗里德曼后来得出的结论是——至少在美国短期利率的情况下——费雪效应从20世纪60年代中期开始才变得明显起来。他采纳的一种解释是，美国在1960年后的货币制度与通货膨胀的时间序列过程相关联，从而导致了通货膨胀率更高和更具有持续性——这种情况反过来又使名义利率和通货膨胀之间的联系在数据中更加明显。②在将通货膨胀预期行为与政策制度紧密联系起来的方面，弗里德曼的解释与费雪关于利率对通货膨胀模式的调整非常缓慢且持续几十年的经验研究形成了对比。因此，尽管弗里德曼的名字与适应性预期联系在一起（这要归功于他在一些实证研究中对适应性预期的运用），但是他并不否认预期在实践中是制度依赖的且能够快速调整的。事实上，他甚至

---

① Friedman 1968b。一篇在主要内容上与萨金特相似、但语气更加怀疑的承认也在1973年发表了。Chick（1973, 110）评论说，在芝加哥大学工作过或训练过的经济学家"非常熟悉欧文·费雪的著作，而他们重视费雪的实际利率概念，以及实际利率与货币或名义利率之间的区分"。
② 参见第十三章。

在理性预期革命将这些观点置于正式基础上之前就提出了这些观点。①

然而，直到20世纪70年代初，弗里德曼都非常重视美国战后价格水平的趋势平稳性的可能性。部分由于这个原因，而且尽管弗里德曼长期强调费雪效应，他在1969年仍对名义利率行为在多大程度上反映了最近的实际通货膨胀行为表示惊讶。不过，他在第二年就考虑到这种可能性，即一个与长期通货膨胀相关的新货币制度可能已经在1960年左右开始，而美国名义利率的行为就反映了这种情况。②

总之，弗里德曼关于预期通货膨胀嵌入名义利率的观点由来已久，但是他需要时间——也许少于美国金融市场所花费的时间——来认识《协定》之后货币制度的基本特征，以及美国货币政策制度在20世纪50年代至60年代之间发生转变的规模。③这种认识滞后意味着，弗里德曼直到20世纪70年代才充分认识到新货币制度对预期通货膨胀行为的影响程度。

然而，最基本的一点是，弗里德曼的框架考虑到了名义利率与实际利率的区分，以及考虑到了影响私人部门的支出决策和名义利率的预期通货膨胀部分的实际利率，是一个并非机械地依赖于过去通货膨胀行为的内生序列。

---

① 参见第十五章。
② 参见第十章和第十五章。
③ 第十章要论述美联储与财政部在1951年的《协定》之后第一个十年中的美国货币政策。

第七章

弗里德曼的总供给框架[1]

---

[1] 本研究中所表达的观点仅代表笔者本人,不应解释为联邦储备委员会或联邦储备系统的观点。笔者感谢戴维·莱德勒对本章初稿的评论。关于本书完整的致谢名单,参见前言。

第一节　弗里德曼的通货膨胀思想的发展：
1941—1951 年

在 20 世纪 60 年代初访问英国期间，弗里德曼沿着伦敦经济学院的办公室闲逛，寻找芝加哥大学的毕业生、伦敦经济学院的经济学家埃兹拉·米香（Ezra Mishan）。然而，弗里德曼一到米香的办公室就发现米香正在休假，而伦敦经济学院的另一位经济学家马克斯·施托伊尔在米香不在时正在使用这间办公室。弗里德曼问施托伊尔在研究什么。施托伊尔回答说，他正在和伦敦经济学院的同事理查德·李普西就菲利普斯曲线写一篇论文。弗里德曼的回答让施托伊尔大吃一惊："什么是菲利普斯曲线？"

不过，一旦施托伊尔向弗里德曼转述了这个短语的意思，施托伊尔就清楚地认识到，尽管弗里德曼不熟悉"菲利普斯曲线"这个具体的术语，但是他曾经深入地思考过菲利普斯曲线的规律性及其含义。弗里德曼转向办公室的黑板，详细地阐述了他对失业与通货膨胀关系的看法。

这次会见是弗里德曼在伦敦经济学院访问期间阐述后来被称为自然率假说的内容的众多场合之一。当然，他在 20 世纪 60 年代后期对这个假说的阐述会更加明确，也得以发表——最著名的是他在美国经济协会主席演讲的发表版本。①

前述提到的伦敦经济学院的讨论，是弗里德曼在20世纪50年代和60年代上半叶期间阐述他的菲利普斯曲线理论的众多铺垫之一。本章爱德华·纳尔逊的研究和后面的第十章将描述几个记录在案的这些铺垫。弗里德曼对他在1967年的主席演讲不等于他公开表明一个全新的观点，而是详尽阐述并以统一的形式报告他在整个货币主义时期持有观点的这个事实的认识，就明显体现在他在发表主席演讲大约一年之后所做的一次评论之中。这次评论就是他关于包含他的主席演讲在内的论文"体现了货币理论的一个统一的观点"的评论——他是在为1951年以来他的一本

---

① 这就是第十三章详细讨论的论文 Friedman（1968b）。
施托伊尔把与弗里德曼会面的日期定为1960年。然而第十三章中指出，弗里德曼的这次访问（在访问期间，他还与李普西和菲利普斯本人进行了交谈）很可能发生在1962—1963学年间。1960年的日期可能与弗里德曼和施托伊尔所讨论的研究就是后来发表的 Lipsey and Steuer（1961）相符。而且，这个日期似乎与弗里德曼对"菲利普斯曲线"术语的不熟悉一致。然而，即使到了1962年——尽管弗里德曼肯定知道 A. W. Phillips（1958）的论文本身——他对使用"菲利普斯曲线"术语的 Samuelson-Solow（1960）论文的了解有限，如果依据 Friedman（1962b, 284）在讨论 Bowen（1960）将 A. W. Phillips（1958）的研究应用于美国时没有提及那篇论文的话。同时应该强调，尽管弗里德曼在1962—1963年可能还不太了解萨缪尔森和索洛的研究，但是他无疑会非常清楚萨缪尔森对失业和通货膨胀权衡的看法，因为他从1950年中期到1962年中期与萨缪尔森就此问题进行过当面的交流。参见本章和第十三章正文的讨论。

著作选集的导言中提出这种评论的。①

弗里德曼得出他在货币主义时期持有的通货膨胀过程决定观点的方法最好被理解为发生在三个阶段。从20世纪40年代初到50年代初就出现了从第一阶段到第二阶段，然后再从第二阶段到第三阶段的转变。本节将描述这种演变。然后，第二节讨论弗里德曼关于美国经济中名义刚性的确切来源的观点。第三节进一步讨论弗里德曼框架中实际变量和名义变量之间的相互作用，第四节转而讨论通货膨胀是一种货币现象这一观念的一些含义。最后，第五节涉及自然失业率和自然产出水平的概念。

弗里德曼从1941年至1947年的著作和声明包含了他思考通货膨胀和过度需求（以及过度供给）之间关系的第一个主要阶段。正如第三章讨论的那样，他在这一时期的分析在很大程度上要得益于凯恩斯关于名义支出的增加在产出达到与充分就业或潜在产出相对应的最大值之前往往与实际支出的同等增加相关联的通货膨胀缺口分析。

然而，弗里德曼即使在这一阶段对通货膨胀的分析，也包含了偏离当时正统凯恩斯主义立场的一些特征。② 这些特征直接导致了将通货膨胀设定为甚至在充分就业实现之前的过度需求的一

---

① Friedman（1969b, v）。该文集的第一篇文章是弗里德曼在1951年12月提交的一篇论文的删节和改编的文章Friedman（1952b）。该文集按时间顺序排列的最后一篇文章是Friedman（1969a）——正如下一章所讨论的，这篇文章实际上在一些主要方面与弗里德曼在此文前后发表的文章所阐述的货币理论分道扬镳。

② 例外的是，Friedman（1943b）的分析的确严格遵循英国提出来的通货膨胀缺口分析。

个函数（即产出相对于潜在需求的函数：以百分比计算的产出缺口）。在20世纪40年代凯恩斯主义的基准分析中，在低于充分就业的条件下，通货膨胀和实际变量之间的联系，仅限于通货膨胀对产出缺口或失业缺口变化的依赖。相比之下，至于充分就业实现之前名义变量和实际变量之间的相互作用，弗里德曼在这一时期的立场更接近于在后来的研究文献中占主导地位的长期非垂直菲利普斯曲线。因为弗里德曼在20世纪40年代就有一个通货膨胀水平和实际产出与潜在产出的偏差倾向于正相关的框架。①

在第一阶段的论述中，弗里德曼往往强调更高的通货膨胀率将导致供给量的更大反应这种观念：也就是说，随着通货膨胀率的上升，人们可以预期产出将更加接近潜在产出。例如，弗里德曼和他的财政部同事在1941年提到了价格和产出同时上升的事实，并声明这个事实"尽管表明它绝不能证明价格上涨可能是引起实物产出的部分增长的原因"。② 弗里德曼在后来的岁月中讨论通货膨胀的变化过程时继续强调通货膨胀与市场均衡供给量之间的关系，而这一点将反映在他的思想的第三个也是最后一个阶段，即货币主义时期的阶段所倡导的预期菲利普斯曲线中。③ 在这最后一个阶段，供给反应连同需求压力产生的通货膨胀对产出缺口存在的反应，被提出来作为通货膨胀与产出缺口之间联系的

---

① 正如Phelps（1968b, 679）所讨论的那样，不是只有弗里德曼一个人在这个时代支持这样修改L型总供给曲线。
② Shoup, Friedman, and Mack（1941, 13）。另参见Friedman（1942a, 317; 1943a, 51）。
③ 关于这个问题的进一步讨论，见下文第三节。

原因。① 此外，弗里德曼在这最后阶段中会变得更加坚定和更加明确地主张，通货膨胀的未预期成分而非通货膨胀本身应该预计会与产出缺口相关。

弗里德曼在思考通货膨胀的第一阶段中认为，一旦产出达到其潜在数值，通货膨胀和实际产出之间的联系就终止了。与当时的凯恩斯主义主流思想一样，弗里德曼在这个时期将潜在产出视为等同于产出的最大可行性水平。因此，一旦经济实现充分就业，名义总需求的增长就会转化为价格水平的同等增长，而不会伴随着产出或就业的反应。弗里德曼在1947年12月表达了这种世界观，他说："我们已经从通货膨胀中得到了我们可以获得的那些好处。"②

然而，到这个时候，弗里德曼已经开始将英美经济学家在战后初期广泛接受的凯恩斯经济学的修正并入他的实际与名义互动的分析之中。这种修正的观点就是，需求过度的时期可能与通货膨胀和高于正常水平的产出有关。也就是说，不仅潜在产出现在被视为有别于最大可行性产出，而且繁荣的经济被视为与实际产出长期以相当大的百分比超过潜在产出的情形有关。前面曾提到过，弗里德曼认识到这一点的一个早期例子就是他在1948年提

---

① 弗里德曼（Friedman 1946, 615）早在1946年就将这种产出缺口和价格设定之间的需求压力联系视为一个理论问题。
如下文第二节所述，通货膨胀与产出缺口的关系反映了供给量和（未预期的）通货膨胀之间联系的观念与通货膨胀压力随着产出缺口变为正数而不断增强的观念是相容的，而不是替代的。此外，此处使用的短语"供给量"与潜在产量不同；前者表示实际均衡产出，后者表示产出的自然或弹性价格数值。

② NBC（1947a, 4）。

到的"过度就业"。①

这样,弗里德曼进入了他思考通货膨胀的第二阶段——这一阶段大致从1948年持续到1950—1951年。他在这一时期对产出可能超过潜在产出和通货膨胀在给定的潜在产出下与产出持续相关的观念的认同就意味着,这段时期与弗里德曼最大限度地坚持向下倾斜的长期非垂直菲利普斯曲线的概念相一致。② 然而,他在这一时期对此观点的倡导并不总是显而易见的,因为弗里德曼在1950—1951年年初的公开声明中再次给人留下了潜在产出与最大产出相同的印象。③ 这种不一致性可能反映了前几章所强调的从1948年到1951年的时期是弗里德曼的思想发生深刻变化的时期的事实。很明显,他在经历了这种思想转变之后重申了存在产出上限或最大水平的说法。④ 但是,他明确表示,这个产出的最大可行性水平不同于,也可能远高于潜在产出。⑤

如前所述,弗里德曼的思想在经历了转变后的时期对应于弗里德曼对通货膨胀的看法的第三个也是最后一个阶段,即与他的货币主义时期相关的阶段。他的通货膨胀思想在这一决定性的阶段所增加的一个重要因素,就是家庭和企业最终将以实际价格

---

① Friedman(1948a, 261)。另参见前述第4章。
② 也就是说,绘制的通货膨胀率对失业率的曲线是向下倾斜的。
③ NBC(1950, 3, 6; 1951a, 3)。
④ 例如参见 Friedman(1956a, 15, point 17; 1964e, 17 [p.274 of 1969 reprint]); Friedman and Schwartz(1982a, 164); Instructional Dynamics Economics Cassette Tape 124(July 4, 1973)和 Instructional Dynamics Economics Cassette Tape 169(June 1975, part 2)。
⑤ 例如参见 Friedman(1973a, 35; 1976a, 233)和 Instructional Dynamics Economics Cassette Tape 182(December 1975)。

进行讨价还价的观点。在这种情况下,将产出(或失业)和通货膨胀(或名义工资增长)视为在长期中拥有一种结构性二元关系的说法是不恰当的。以预期通货膨胀为条件,这两个序列仍然可被视为相关联。但是加入系数为 1 的预期通货膨胀对通货膨胀行为的设定有重大影响,因为现在既不存在实际产出水平(或产出缺口)与通货膨胀之间的长期关系,也不存在失业缺口和通货膨胀或名义工资增长率之间的长期关系。弗里德曼对通货膨胀率和实际缺口之间存在长期关系的观点感到的不安,明显体现在他 1950 年 5 月与保罗·萨缪尔森参加对工会影响的会议时对萨缪尔森所做的一个评论中:"我不知道你所说的失业将控制通货膨胀是什么意思"。[1] 在1952年的国会证词中,弗里德曼补充道:"我不是认为高就业率和价格稳定的目标是不一致的,而是认为价格稳定从根本上通过避免我们在过去曾经经历的大量产出中断,通过给人们稳定的预期等方式,从而促进高水平的产出。"[2]

弗里德曼在 20 世纪 50 年代其余时间的著述中没有出现对这一点的详细解释。这种缺失,再加上弗里德曼主席演讲中提出的理论版本甚至也在发表之前的几个月进行修改的事实,证明了弗里德曼直到 1967 年年底仍在完善和强化他关于长期菲利普斯曲

---

[1] All Participants(1951, 243)。这个陈述与弗里德曼后来在 20 世纪 50 年代所做的陈述一起,对弗里德曼关于他"从一开始"就质疑菲利普斯曲线的观念的回忆提供了支持(Instructional Dynamics Economics Cassette Tape 205, December 1976, part 2)。另见 Friedman(1977e, 455)。

[2] 引自弗里德曼 1952 年 3 月 25 日在《联合委员会经济报告》中的证词(Joint Committee on the Economic Report, 1952c, 727)。

线应该是垂直的这个基本论点。但是，这个推理的基本要素出现在他 1967 年之前的陈述中就已经存在了——包括刚刚提到的 20 世纪 50 年代初期的论文，以及后面几章要讨论的另外几篇论文。正是在这种背景下，弗里德曼在 1966 年给美联储的一份备忘录中写道："依我之见，不存在通货膨胀和失业之间的永恒权衡。"①

弗里德曼在货币主义阶段对通货膨胀的处理不同于前两个阶段的另一个方面，是他对成本推动的通货膨胀压力观点的处理。他先前曾认同的观点——这一观点不仅体现在凯恩斯的著作中，也得到劳埃德·明茨在其后来的一些著作中的支持——是成本和价格存在企业和工人的市场力量所产生的上升压力，而这种压力是与来自需求状况的任何上升或下降的压力分开的。到 1951 年，他放弃了这种成本推动的观点，转而支持成本推动的压力可能会对通货膨胀施加暂时的影响，但它们总体而言不会产生长期影响

---

① 引自弗里德曼的备忘录，1966 年 6 月 15 日（Friedman, 1968a, 159）。

的观点。也就是说，成本推动冲击的平均值为零。① 只有在政策制定者调节成本推动的正冲击的情况下，成本推动的压力才能在给定的潜在产出下持续地诱发通货膨胀。弗里德曼一旦成为货币主义者就摒弃了成本推动的通货膨胀观点，这一点已经在第四章中讨论过，并将在第十章和第十五章中进一步讨论。因此，本章很少提及它。② 尽管如此，应该铭记的是，弗里德曼对成本推动理论的反对是弗里德曼的通货膨胀决定观的一个重要部分。

---

① 见第十章，以及 E. Nelson（2005b）。有这种含义或者可用这种方式进行解释的弗里德曼的著作和声明包括 Friedman（1953a, 180–81; 1966a, 21–22 [pp.101–2 of 1968 reprint]）；Friedman and Friedman（1985, 83–84），以及 Instructional Dynamics Economics Cassette Tape 139（February 4, 1974）。尽管 Friedman（1946, 615）将这个基本论点作为一种理论可能性进行了阐述，但正是弗里德曼从 20 世纪 50 年代初开始的声明强调了该论点的经验有效性。

弗里德曼在框架中将成本推动冲击（u_t）视为零均值的原因如下。弗里德曼在刚刚引用的参考文献（以及其他文献）中声称，对于名义总支出和潜在产出的固定值，总价格水平对 1% 成本推动冲击的长期反应为零。支持这个结果的依据在于他预测，成本推动冲击对通货膨胀的正影响最终将被通货膨胀对负产出缺口的反应完全抵消（后者是由与最初价格上涨相关的实际支出的损耗所引起的）。这个论点意味着，如果成本推动冲击有一个非零的无条件均值——也就是说，如果 $E[u_t] \neq 0$——那么产出缺口也往往会有一个非零的无条件均值——也就是说，$E\left[y_t - y_t^*\right] \neq 0$。但是自然率假说假设 $E\left[y_t - y_t^*\right] = 0$。因此在这个假说下 $E[u_t] = 0$ 必须成立。

② 这是一个合适的进行方式，因为本章主要是阐述在弗里德曼看来通货膨胀对总需求力量的内生反应的明确方式。相比之下，纯成本推动的观点否认了这种内生反应对于理解通货膨胀行为的重要性（和它在很大一部分总需求值的范围内的存在）。因此，弗里德曼对成本推动立场的摒弃构成了下列整个讨论的基础——但不是讨论的重点。

第二节　名义刚性的来源

弗里德曼不断地提请人们关注美国数据中所体现的一个规律是——在商业周期频率下——国民总收入的名义值和实际值通常同向变动。① 显然，价格的行为方式并没有考虑到在商业周期频率下名义变量和实际变量决定的完全分离。特别是，在弗里德曼的货币主义分析中，就像在凯恩斯主义分析中一样，产出在很大程度上是由短期总需求决定的，即名义总需求的变化可能会导致产出在同一方向上的反应。②

然而，弗里德曼援引的另一个周期性规律是，总价格水平在商业周期中与产出同向运动。③ 弗里德曼在20世纪70年代对月度和季度数据行为的详细研究，使他增加了价格明显滞后于产出的约束性条件。但是，价格变化与产出在大多数商业周期中正相关的结论依然成立。④

通货膨胀表现出与实际经济活动相关的事实，与低于充分就业的名义价格水平是恒定的或者其变动只反映了成本推动因素的早期凯恩斯主义模型相矛盾。正如我们所见，弗里德曼本人在早期阶段远离了早期凯恩斯主义经济学的 L 型总供给曲线。与这种

---

① 例如参见 Friedman and Schwartz（1963a, 678; 1963b, 57），以及弗里德曼在 Ketchum and Kendall（1962, 54）中的评论。
② 例如参见 Friedman（1974a, 21; 1980a, 59, paragraph 21, p.57 of 1991 reprint）和 Newsweek, November 12, 1979。
③ 例如参见 Friedman and Schwartz（1963b, 57）。
④ 参见第十五章关于弗里德曼的通货膨胀和产出之间关系的周期内动态性观点的变化。

立场和他对数据的看法一致，弗里德曼呼吁用名义支出的一些周期性变化被价格变化吸收的设定来取代总价格刚性的假设。① 相应地，尽管弗里德曼在 20 世纪 50 年代和 60 年代成为一位对凯恩斯主义文献中所设定的菲利普斯曲线的非常著名的批评者，但是他认识到，这些文献通过考虑价格对经济状况所做出的短期反应，从而在早期凯恩斯主义模型基础上取得了进步。②

不过，价格和通货膨胀对经济状况的非零反应，并不等同于没有任何名义价格刚性。尽管弗里德曼在 1952 年作证时说"我相信价格是弹性的"，但他在这里指的是他相信价格水平是内生的，而不是认同所有价格都是完全弹性的立场。③ 这一区别后来在弗里德曼和施瓦茨说他们"认为价格是弹性的，但不是'完全'弹性的"的话时得到强调。④ 他们接着评论说，"价格往往移动得相当缓慢"。⑤ 事实上，正是因为弗里德曼认为短期就是价格水平不调整和长期观察到的价格具有完全弹性之间的中间状况，他才大致在 20 世纪 50 年代阐述价格是弹性的看法的同时还说价格是刚性的。⑥ 弗里德曼在 1966 年评论时清楚地说明了价格调整的两种描述之间的协调："价格刚性不一定意味着完全刚性，

---

① Friedman（1963a, 15）。另见 Friedman and Meiselman（1963, 172）。
② 例如参见 Friedman（1970b, 209, 220）、Friedman and Schwartz（1982a, 47–48）以及第十章。
③ 引自弗里德曼 1952 年 3 月 25 日在联合经济委员会上的证词 [Joint Committee on the Economic Report（1952c, 729）]。
④ Friedman and Schwartz（1982a, 58）。
⑤ Friedman and Schwartz（1982a, 507）。
⑥ 参见不久要讨论的 Friedman（1953a, 165）的引文。

而是相当缓慢的调整。"[1]

事实上，弗里德曼从20世纪40年代末开始经常就货币问题进行著述以来就清楚地表明，名义价格刚性的存在——这种刚性对周期性波动过程和构建适当的稳定政策至关重要——在他的经济思考中占据了重要地位。他在1948年提出货币化规则的论文中说："我们经济的特点是……价格刚性。"[2] 名义价格黏性的前提在弗里德曼的著名论文《支持弹性汇率的理由》所提出的论点中起到了至关重要的作用。在此文中，名义汇率调整被提倡为一种国际收支调整机制——弗里德曼认为，与总价格水平调整的其他机制相比，这种机制的调整速度更快，更不可能与代价高昂的产出波动相关联。尽管保罗·克鲁格曼毫无正当理由地声称，弗里德曼在1953年的论文是基于价格水平具有高度弹性的假设，但是包括麦卡勒姆与多恩布什和乔瓦尼（Giovanni）在内的绝大多数评论家都认为，弗里德曼支持浮动汇率的理由是基于存在大量短期价格黏性的。弗里德曼在文章中的这些话语支持了这种解释："至少在现代世界，内部价格是高度刚性的。尽管它们向上比向下更富有弹性，但是即使在上涨时，所有价格也不具有同样

---

[1] Friedman（1966d, 81）。
[2] Friedman（1948a, 254）。

的弹性。"①

事实上，正是那些阻碍汇率弹性制度的历史经验，才帮助弗里德曼认识到名义刚性对产出行为分析的重要性。他和施瓦茨援引英国在1925—1931年使用极端紧缩的货币政策来强制维持英镑的固定外部价值的经验，从而提供了一个名义刚性"阻止了通货紧缩压力充分降低内部价格，反而造成了普遍萧条的情况"的例子。② 弗里德曼警告说，如果美国采取旨在紧缩物价水平的政策，短期内也会观察到类似的结果："大幅压低物价而不造成衰退和大量的失业是很难的或不可能的。"③ 弗里德曼觉得，一些名义刚性的存在是任何国家任何时候都反复出现的一种现象——这种情况导致他和他的妻子声明，据他们所知，历史上不存在通货膨胀被消除而没有付出产出和就业损失的暂时性代价的例子。④ 但是，似乎对弗里德曼而言，美国在战后的名义黏性比以前的时代重要得多。他在1971年指出，最近几十年比之前"毫无疑问

---

① Friedman（1953a, 165）。大致像克鲁格曼一样，L. Ball and Mankiw（1995, 162）声称："弗里德曼的分析隐含了名义价格具有完全弹性的假设。"他们援引来作为支持这一说法的依据的具体文章是弗里德曼在1974年6月24日发表在美国《新闻周刊》上的专栏文章（作者不仅错误地把它写成了1975年，而且也提供了错误的专栏文章题目）。然而，该专栏文章的分析事实上并不依赖完全的短期价格弹性，因为阅读整篇的专栏文章就能确定这一点。
② Friedman and Schwartz（1963a, 284）。另见 Friedman（1974b, 354）。
③ 1963年11月14日，弗里德曼在联合经济委员会的证词（Joint Economic Committee, 1963a, 453-54）。
④ 参见 Friedman and Friedman（1980, 276-77）。另见本章第三节的讨论。

存在更大的工资和价格刚性"。①

请注意,弗里德曼在刚刚引用的声明中同时援引了工资和价格刚性。他所做的许多其他声明也是如此。这就提出了一个弗里德曼在分析战后美国经济行为时赋予这两种名义刚性的每一种的相对重要性的问题。现在的讨论转向这个问题。②

---

① 引自弗里德曼1971年9月24日在联合经济委员会的证词(Joint Economic Committee, 1971b, 734)。另见Friedman and Friedman(1985, 108)。Taylor(1986)也支持类似的观点。关于反对弹性的早期观点,参见Roose(1984, 155)。弗里德曼可能的看法是,第二次世界大战后的经历,或许还有两次世界大战之间的年代的经历,更有利于美国经济朝着价格黏性相对于工资黏性作为名义刚性的一个来源比以前更重要的方向前进。他意识到,不仅亨利·西蒙斯曾认为工资刚性是美国经济的重要的名义刚性,而且诸如此类的观点导致西蒙斯等人提出了促进名义工资指数恒定的货币政策——由于生产率的增长,这些政策也意味着温和的价格紧缩(见Friedman 1958b, 252–53 [pp.182–83 of 1969 reprint]; 1967a, 12; 1971c, 854)。西蒙斯的观点在很大程度上必然是基于第一次世界大战前的证据所形成的,而Friedman(1960a, 11)在提到19世纪晚期价格被证明具有向下弹性的程度时,似乎非常有保留地同意了这一判断。然而,我们不应该过多地强调这种观点上的可能变化。刚才提到的1960年的参考文献以及Friedman and Schwartz(1963a)清楚地表明,弗里德曼在对19世纪经济行为的讨论中不仅认为19世纪后期观察到的通货紧缩通常与糟糕的实际结果有关,而且认为缺乏完全的名义价格水平弹性是在那个时代的大部分时间里实际经济活动疲软的一个关键原因。参见第二章的讨论。
② 再重复一遍,下面的讨论将集中关注弗里德曼对战后美国状况的观点。在这种情况下,"价格刚性"通常意味着价格上涨的速度比总需求政策所隐含的通货膨胀压力更快一些或慢一些,因为美国的总价格水平很少在巨大的压力下经历绝对的下降。部分由于这个原因,下面不探讨名义价格和工资特别能抗拒绝对下降的压力这个观点——尽管如此,正如Friedman(1953a)的讨论所暗示的那样,弗里德曼还是赞同这个观点。

一、工资黏性与价格黏性

弗里德曼经常称,工资黏性和价格黏性是同时发生的;或者他在写作时好像在假设名义工资黏性也具有对价格赋予黏性的效果。① 他也没有过多地关注美国经济中突出的名义刚性是工资黏性还是价格黏性的问题。

这种对工资与价格关系缺乏明显的兴趣反映在弗里德曼对凯恩斯主义者处理加成行为的普遍和解性声明之中。尽管他与凯恩斯主义者在什么因素决定名义工资增长的问题上截然不同,但是他认为,这些分歧大致与什么因素推动价格通货膨胀的问题相同。他并不认为工资相对于价格(或名义工资增长相对于通货膨胀)如何行为的观点是他和凯恩斯主义者之间的主要战斗领域。② 当他就菲利普斯曲线发表诺贝尔奖的演讲时,他表示他将根据惯例在大部分分析中假设"大致不变的加成因子",由此可以将名义工资增长与失业关系的命题视为通货膨胀与失业关系的命题。③ 同样,弗里德曼在撰写关于《通论》的分析时声明,虽然他不同意名义工资和价格可以被视为完全刚性的假设,但是他承认,凯恩斯为证明此假设的合理性而提出的一个建议——凯恩斯关于价格和工资一旦变动就按照同等的幅度变动的建议——是"一个不错的经验近似"。④ 尽管弗里德曼认识到凯恩斯的一些讨

---

① 例如参见 Friedman(1960a, 109)。
② 如果不考虑凯恩斯主义与货币主义辩论中的成本推动与货币主义方面,情况至少是如此。
③ Friedman(1977e, 454)。
④ Friedman(1997, 16)。

论考虑了相对于成本的价格变化，但是他认为这些变化对凯恩斯的《通论》分析并非至关重要。①

然而，弗里德曼的实际与名义互动理论在一个重要方面对名义工资相对于价格水平如何行为施加了具体的限制。在弗里德曼的菲利普斯曲线理论中，名义工资是预先确定的，而价格不是预先确定的。弗里德曼在美国经济协会发表的主席演讲中提出，在通货膨胀时期，物价相对于名义工资暂时上涨；而与之相关的实际工资的下降则被认为是企业为什么在通货膨胀的早期阶段增加雇用的一个原因。②因此，实际工资的行为是弗里德曼解释通货膨胀和产出缺口之间短期正相关关系的一个要素。弗里德曼在发表主席演讲后的几年里重申了工资往往滞后于价格的观点。③这一观点很可能是弗里德曼的老师灌输给他的。芝加哥大学的雅各

---

① 参见 Friedman（1971d, 324—25）和 Friedman and Schwartz（1982a, 46）。特别是，弗里德曼并不认为凯恩斯将价格上涨（以及与此相关的实际工资下降）视为刺激总需求导致就业增加的手段。相比之下，许多叙述表明这是凯恩斯的观点（参见 Levacic 1984; Christiano and Eichenbaum 1992, 430），而通货膨胀可以用来刺激就业的观念甚至被认为是弗里德曼和凯恩斯之间的共识，至少就短期经济行为而言是如此（Shiller 1978, 8）。但是，正如尼古拉斯·卡尔多（Financial Times, June 3, 1985）所讨论的那样，凯恩斯在1936年后的著作倾向于表明，他并不认为实际工资的变动对他的理论至关重要。在这种情况下，弗里德曼将工资和价格之间的比例关系归因于为凯恩斯的做法似乎是可以接受的。
② 参见第十三章的详细讨论。这种设置允许名义工资随着劳动力市场的收紧而被抬高，但要求工资在工人知道整个经济的价格水平的当前价值之前设定。
③ 例如，参见 Instructional Dynamics Economics Cassette Tapes 140(February 20, 1974) and 182（December 1975, part 1）; Saturday Briefing, BBC2, March 12, 1983, p.6 of transcript; 以及 Friedman（1984i, 44）。

布·维纳和劳埃德·明茨等人是倡导成本滞后于价格观念的代表。弗里德曼也会引用欧文·费雪作为此问题的一个来源。①

弗里德曼认为，除了工资被预先设定一段时间，还存在工资刚性的因素。例如，他在1962年将"长期工资合同"的存在列为工资具有黏性的一个原因。② 然而，在这里有人会争辩说，这种更深层次的名义工资黏性对弗里德曼的理论来说并非至关重要，而他大体上认为工资在较长时期内比价格更富有弹性。

那种认为弗里德曼将工资在超过一个季度的时期内视为具有相当弹性的看法的关键依据，在于他关于劳动供给的陈述。他赞同这样一种观点，即"实际工资的上升……会引起劳动供给的增加"，不仅是低频率的，而且是按期进行的。③ 这种观点与名义工资提前一个季度预先确定的观念是一致的，因为他明确指出，在后一种情况下，工人根据预期实际工资提供劳动。④ 然而，弗里德曼在劳动力市场的其他讨论中清楚地表明，他认为劳动供给决策的逐年变化可能反映了对现实的实际工资而不仅仅是预期的

---

① 参见 Friedman（1975d, 12; p.64 of 1991 reprint; 1976a, 216）。他还将这一观点归因于韦斯利·米切尔（Friedman 1950a, 491）。
② Ketchum and Kendall（1962, 53）。弗里德曼在1969年8月18日的《新闻周刊》上发表了类似言论（Newsweek, August 18, 1969）。而在 Friedman（1973c, 32）中，他特别提到，一些关键的雇用合同与未来两三年有关。
③ Friedman（1977e, 457）。此外，弗里德曼曾多次提出劳动供给取决于税率（例如，Newsweek, August 18, 1980）。
④ Gertler（1985, 285—286）在强调短期劳动供给富有弹性是弗里德曼菲利普斯曲线模型的一个特征时指出，1968年后的理论发展以这一特征作为发展的基础和更明确地将劳动供给反应与以小时衡量的跨时替代联系在一起。

反应。最值得注意的是,他对"二战"期间美国劳动供给增加的解释,部分地依据暂时性的较高的实际工资的存在。[①]工人在特定时期内处于供给曲线上的情况与名义工资在该时期的大部分时间内提前设定的观点相矛盾。因为工资合同模型通常假设,一旦合同确定了名义工资的设置,工人就丧失了在任何特定时期内提供工作时数的决策,而只是让供给数量等于雇主需求的劳动时数。[②]

因此,在弗里德曼的构想中,名义工资是预先确定的,而价格不是预先确定的;但商业周期的特点是劳动者处于供给曲线上。弗里德曼认为,价格虽然不是预先确定的但具有黏性。与所有这些特征似乎最相符的设定是,名义工资在一个季度到几年的时期内具有相当大的弹性,货币行动对实际变量的持续影响主要来自价格黏性,而不是工资黏性。因此,这里在表述弗里德曼的菲利普斯曲线设定时将使用前一种黏性。这里考虑的工资黏性将仅限于提前一期预先确定的名义工资。我们将假设,单期合同在

[①] 这是第一章引用的弗里德曼1962年的《价格理论》中的一段话。穆利根(Mulligan 1998, 1036, 1042, 1050)连同卢卡斯和纳平(Lucas and Rapping1969)在这个问题上也引用了《价格理论》。然而,在这样做时,穆利根引用了1976年修订的《价格理论》,因此他给人留下的一个错误印象是,弗里德曼对这个问题的讨论晚于卢卡斯和纳平。

恩德斯(Enders1995, 186)指出:"劳动经济学家认为,'供给小时数'对工资的临时增加比永久增加更敏感。"事实上,如前所述,弗里德曼远在它成为劳动经济学家关注的焦点之前就被认为在1962年的《价格理论》的讨论中提出了这一观点。即便如此,Lucas and Rapping(1969, 732)以及Lucas(1972a, 52)提到Hicks(1946)是另一篇预示了劳动跨期替代概念的多方面内容的参考文献。

[②] 例如参见Gray(1976a, 224);Mankiw, Rotemberg, and Summers(1985, 227);和Parkin(1984b, 29)。

t 期设定的名义工资价值是通过 $t-1$ 期的信息所显示的将是 t 期工资的市场出清价值来设定的。这一假设与菲舍尔的研究以及弗里德曼的主席演讲是一致的。

二、价格黏性的性质与来源

弗里德曼和施瓦茨在 1966 年的《美国货币史》续篇的未出版草稿中评论说：

> 价格、工资等经常会提前一段时间进行谈判，而不会连续不断地重新谈判；因此，它们不仅取决于目前的需求和供给状况，而且还取决于未来几年的预期状况；而这样的价格可能涵盖了大部分的收入流。当价格一直在上涨，而卖方预期会进一步上涨时，需要有比价格一直在下降时远为不利的临时情况才能导致价格下降。[①]

这段引文——与弗里德曼在 1966 年前后的公开声明中所表达的观点一致——提出了几个关键点。

第一，由于大多数价格都是黏性的，因此价格黏性而非完全价格弹性假设是进行周期性分析，特别是在商业周期频率上分析美国经济行为的适当基础。

第二，商品价格的设定至少在一定程度上是卖方的特权。企业产品的价格是一个选择变量，而不是被企业当作它们自身的行动在其中无足轻重的市场力量结果的参数。下面我们将清楚地看到，弗

---

① Friedman and Schwartz（1966, section 2, 76）。

里德曼并不认为企业的这种市场力量相当于完全的垄断权力；从消费者的角度来看，不同企业生产的商品在一定程度上可以相互替代。因此，正如第四章指出的，尽管弗里德曼对垄断竞争文献的理论贡献提出了批评，但他同意该文献的一个基本观点：大量企业之间存在大量竞争的环境不需要排除每个企业都可以将价格视为一个选择变量的情形。① 他在货币主义之前的时期提到通货膨胀过程是"交易商发现他们可以提高销售价格"的过程时，就已经表明了这一立场。② 同样，弗里德曼在1970年将美国出现通货膨胀的过程描述为包括"零售商……不情愿地提高价格"的一个阶段。③

第三，无论是价格黏性的存在，还是卖方影响产品价格的事

---

① 此外，正如第四章所指出和第十三章要进一步讨论的那样，弗里德曼受到垄断竞争思想的影响，因为他认为，完全垄断或包括所有主要销售者的卡特尔都不是市场经济的持久特征，除非政府的行动牢固地确立了垄断。他相信，实际的垄断易受竞争对手出现的伤害，卡特尔是脆弱的，往往会解体，而许多被称作垄断的企业实际上并不是垄断。弗里德曼在1981年发表的一项评论与上述最后一点有关："我认为你关于跨国公司的言论既不符合事实，也不符合历史。一般来说，跨国公司不具有垄断地位"（Friedman 1981a, 21）。

② Shoup, Friedman, and Mack（1943, 4）。另见 Friedman（1942a, 317）。

③ 参见《新闻周刊》（Newsweek）1979年11月12日的另一篇论述。在此文中，弗里德曼认为，卖方将价格作为选择变量。他在这篇专栏文章中描述这样一家企业所面临的决策问题，与他早期讨论企业拥有市场权力有相似之处（Friedman 1941）。他在1941年的那次讨论中指出，认为这样一家企业选择商品的生产数量，并将该商品的价格视为完全外部给定的做法是不恰当的，因为生产的均衡数量和该商品的均衡价格之间的联系必须要认识。但他补充说，该企业可以被视为在进行数量决策时需要价格的隐含选择，或者在进行价格决策时需要生产数量的隐含选择。同样，他在1979年的这篇专栏文章中讨论了企业在何种情况下会根据"价格而不是产量"对需求状况做出反应，以及在何种情况下它会改变"产量而不是价格"。

实，都不意味着价格对市场状况没有反应。因为供求状况决定了卖方的要价。价格是卖方的一个选择变量，但价格仍然对基本面冲击做出反应，因为卖方的最优化行为将使价格成为这些冲击和状态向量的其他要素的一个内生函数。

第四，今天的价格设定决策不仅取决于当前的状况，而且取决于预期的未来需求和供给状况。因此，通货膨胀具有前瞻性因素——正如本节和下一节进一步讨论的那样。

第五，总价格在一定程度上对当前状况做出反应的事实表明，通货膨胀在当期不是一个预先确定的变量。正如已经指出的那样，总价格水平不是预先确定的观念形成了弗里德曼的菲利普斯曲线理论的一个关键部分。该理论认为，在总需求上升的早期阶段，价格相对于名义工资已经上升。

考虑到这五点，让我们来探讨与弗里德曼的价格设定观点一致的菲利普斯曲线的精确表述。讨论的一个有用基础是新凯恩斯主义的菲利普斯曲线：

$$\pi_t = \beta E_t \pi_{t+1} + \alpha \left(y_t - y_t^* \right) + u_t \tag{7.1}$$

式（7.1）中，π_t 为 t 期的通货膨胀率，y_t 为 t 期实际产出水平的对数，y_t^* 为 t 期潜在实际产出水平的对数，β 等于或接近 1，α 严格为正，u_t 为一个均值为零的"成本推动"冲击的白噪声。

该设定反映了弗里德曼框架的许多特征：价格是黏性的，由企业设定；当价格发生变化时，价格变化的设定要以前瞻性的方式反映当前和未来的状况；而且——在吉勒摩·A. 卡尔沃证明新凯恩斯主义菲利普斯曲线的合理性中——许多价格是通过合同预先确定的，但有些价格在 t 期进行了调整，因此总通货膨胀不是预先确定的。菲利普斯曲线的经验和理论研究通常设定 β 略小于 1 的事实，确实不同于弗里德曼的菲利普斯曲线设定 β=1 的约束性条件。但是，支持方程式（7.1）的理论依据显示 β 值接近 1。基于新凯恩斯主义的菲利普斯曲线和弗里德曼的菲利普斯曲线观点之间的相似性，上文第二章使用了前者来表达货币主义的通货膨胀观。

然而，这里应该指出弗里德曼的通货膨胀观与新凯恩斯主义菲利普斯曲线方程式（7.1）所隐含的通货膨胀观之间的两个差异。正如爱德华·纳尔逊和第十五章所讨论的，有一些迹象表明，当弗里德曼主张未来通货膨胀率的预期对当前通货膨胀的行为很重要时，他将相关的预期视为部分地在 $t-1$ 期形成的预期，或者在从当期到过去的不同日期的范围之内各种各样的时点形成的预期。弗里德曼多次提到通货膨胀预期的持续性，以及一旦引入需求限制通货膨胀预期就会持续的观点，都符合这一看法。[①]

这样，弗里德曼观点的准确表述似乎需要在菲利普斯曲线中加入 $E_t{-_k}\pi_t+1$，$E_t{-_k}+1\pi_t+1$，$\cdots$，$E_t-1\pi_t+1$，以及 $E_t\pi_t+1$ 的加权项。本书对弗里德曼观点的阐述抽象掉了这种复杂性。因而，此处对弗里德曼的通货膨胀观使用的方程形式的表述，将菲利普斯曲线中未来通货膨胀的所有预期限制为单项 $E_t\pi_{t+1}$。[②]

弗里德曼的设定与新凯恩斯主义菲利普斯曲线之间的第二个

[①] 例如，在 Instructional Dynamics Economics Cassette Tape 38（November 19, 1969）中，弗里德曼指出，通货膨胀预期的存在，是他相信通货膨胀只会随着当时实施的反通货膨胀政策而逐渐放缓的依据。另见其他讨论，包括 Newsweek, August 18, 1969；和 Newsweek, June 15, 1970；以及 Friedman（1974c, 95; p.150 of 1975 reprint）；以及他于 1969 年 10 月 6 日在联合经济委员会的证词（Joint Economic Committee, 1970a, 817）。

[②] 然而下一节将考虑滞后的通货膨胀水平与预期的未来通货膨胀同时出现的情形。

区别在于与推动过程相关的时机选择。弗里德曼关于成本是在 t 期内预先确定的立场让人们有理由相信，他的观点所设定的最好表达形式是，菲利普斯曲线中出现的不是实际的当前产出缺口，而是这个缺口的 $t-1$ 期的预期。① 如果像在新凯恩斯主义分析中那样，由于产出缺口与实际边际成本之间的关系导致产出缺口项出现在菲利普斯曲线表达式中，那么情形可能如此。② 因此，尽管下文的讨论会有一些具体的进一步修改，但是反映弗里德曼关于价格设定的大部分观点的菲利普斯曲线将是：

$$\pi_t = \beta E_t \pi_{t+1} + \alpha E_{t-1}\left(y_t - y_t^*\right) + u_t \tag{7.2}$$

请注意，尽管使用了产出缺口的滞后预期，但是，该方程考虑了通货膨胀对当前和未来缺口的 t 期信息所做的反应，因为这些信息进入了 $E_t \pi_{t+1}$ 的计算。

到目前为止，我们讨论了弗里德曼的价格黏性理论，但对导致经济具有价格黏性特征的基本因素却只字未提。本节剩下的内容将讨论此问题。

斯坦利·菲舍尔在 2013 年 8 月 30 日的访谈中回忆，他和一些同事在 20 世纪 70 年代早期的一个场合试图让弗里德曼在定价问题上畅所欲言。"我记得有一次我们这些年轻人，包括布

---

① 根据这个惯例，发生在 t 时期的价格变化是基于 t 时期的信息进行的；但碰巧的是，一个相关变量即成本在时期 t 的预期，是 t 期之前已知的一个变量的函数，即当前产出缺口的滞后预期。

② 例如参见 Sbordone（2002）；Gali, Gertler, and López-Salido（2001）；Walsh（2003, 238—39）；和 Woodford（2003, 152, 180）。本文未探讨的一种变化可能更符合弗里德曼的观点，即 t 期合同的工资为 t 期实际就业的一个函数，但工资合同是基于 t 期总价格水平的 $t-1$ 期的期望值。

兹·布洛克（Buz Brock）——你知道 W.A. 布洛克是那里的一位助理教授，非常非常聪明——我们决定要深入虎穴，汲取他的智慧——或者你想用的任何隐喻。所以我记得有一天我们的确带他（弗里德曼）去吃午饭，以便讨论菲利普斯曲线的微观基础。我记得米尔顿说，'我真的不明白谁来定价等等会有什么影响。你们正忙着和我谈论的这些事情，我确信它根本就不重要。'我们讨论了菲尔普斯、卢卡斯还有那些模型。我认为他知道存在一种（短期的）权衡，这对他来说就足够了。"

弗里德曼的言论无疑让他的年轻同事们失望。但这些言论可能实际上并不反映出他对菲利普斯曲线微观基础的话题完全缺乏兴趣。更准确地说，弗里德曼的反应在某种程度上可能反映了他的信念，即价格黏性可能会在各种情况下出现，并可能反映出超出特定制度刚性或卖方市场力量的因素。以这种方式解读弗里德曼的这种反应的依据，来自弗里德曼在其他场合发表的一些评论。在这些评论中，其中一个重要评论是他关于"我认为即使没有管理，价格也可能是黏性"的评论。[1] 在详细阐述这句话时，弗里德曼不仅重申了他关于价格变化即使在卖方拥有市场权力时也是内生的熟悉观点，而且重申了他关于价格弹性的偏离可能反映了买方和零售商的共同愿望的信念。他举了一个租赁市场的例子。在这个例子中，尽管存在许多买家和卖家，以及没有一个代理人能够藐视市场力量，但是均衡结果却是一个与长期合同有关的价格黏性的情形。[2] 他指出，这一结果反映了买卖双方关于

---

[1] 参见 Ketchum and Kendall（1962, 52）。
[2] 参见 Ketchum and Kendall（1962, 52-53）。

"价格弹性的成本很高"的看法。①

这些评论清楚地肯定了名义价格合同的普遍性。弗里德曼后来还指出:"许多价格是在相当长的时间之前设定的。"② 不过,弗里德曼也认为,即使在没有合同的情况下,名义黏性也可能成立:"即使价格和工资没有明确规定,经常改变价格和工资也往往是不可取的"。他指出,零售商不是与消费者进行一次性交易,而是寻求与消费者建立持续的关系,他们的行为应该从这个角度来解释。③ 零售商与消费者之间的这方面关系表明,如果消费者不喜欢价格变化,企业的反应可能是避免频繁的价格调整。

上述考虑的因素显然与罗腾伯格支持价格黏性存在所提出的理由高度重合。④ 罗腾伯格的菜单成本表述恰好意味着,对总价格水平行为的预测大致等同于卡尔沃关于价格黏性基于合同的表述所做的预测。这两种研究更是隐含了一个像上述方程式(7.1)那样的新凯恩斯主义菲利普斯曲线。

尽管价格黏性的确切来源不是弗里德曼主要关注的一个问题,但他在这个问题上的想法显然与罗腾伯格和卡尔沃的构想有共同之处。与罗腾伯格一样,他认为价格黏性部分来自企业和消费者的共同利益和隐含协议;与卡尔沃和泰勒(Taylor 1980)一

---

① 参见 Ketchum and Kendall(1962, 53)。
② Friedman(1974h, 63)。
③ Milton Friedman Speaks, episode 12, "Who Protects the Consumer?"(taped September 12, 1977), p.24 of transcript。
④ 它们也与其他早期新凯恩斯主义文献的贡献相一致,也与 Dornbusch and Fischer(1978, 360)关于"价格变化(增加)会惹恼顾客,并使企业失去信誉"的评论相一致。

样，他认为价格黏性在一定程度上采取明确的名义价格多期合同的形式。①

第三节　实际变量与名义变量的相互作用：短期

"我认为，没有任何办法可以避免为减缓通货膨胀而付出的一些代价。"通过这些言辞以及在其他场合的类似陈述，弗里德曼明确将自己与实际变量和名义变量的大量相互作用是生活的事实这种观点联系起来。②他反复指出，像美国这样的国家一旦出现过度需求或过度供给，价格确实会在最初做出某种反应，但可能需要三五年至十年的时间，产出对货币政策行动的反应才会基

---

① 卡尔沃与泰勒关于这些合同是交错进行的观念，也体现在弗里德曼对价格设定的观点中——尤其是他认为，一部分价格的确会在每个时期进行调整，并能对信息做出迅速反应。参见 Friedman（1974c, 95; p.151 of 1975 reprint）以及本节前面的讨论。
② 引自弗里德曼 1969 年 10 月 6 日在联合经济委员会的证词（Joint Economic Committee, 1970a, 817）。

本消失,而这些行动几乎完全反映在价格上。①

本节将不考虑什么样的价格调整的精确设定与模型设定的其他方面一起会预测这些数值。相反,本节追求的目标不那么雄心勃勃,主要是要充实弗里德曼关于实际与名义互动观点的一些定性内容。作为第一步,我们将进一步努力用文献证实弗里德曼的观点与新凯恩斯主义菲利普斯曲线相关的产出缺口和通货膨胀的关系之间的联系。

一、前瞻性价格设定

在弗里德曼看来,通货膨胀对货币政策的调整会随着时间的推移而扩散的观点与通货膨胀对当前状况表现出相当大程度的反

---

① 例如参见 Friedman(1970a, 23, point 7 [p.16 of 1991 reprint]; 1970i, 6; 1987a, 17, point 9; 1992c, 48)。在1970年的参考文献中,短期的时间被确定为长达五到十年,而后一个参考文献则提到"三年到十年"。由于他在1970—1972年间对滞后的研究——上面已经指出过这一点,下面第15章要详细讨论这一点——这种表述的变化可能反映了弗里德曼对货币变化和产出变化之间平均滞后估计的降低。然而,即使是在进行这项研究之后,弗里德曼确实分别在 Friedman 1973a, 28 和 Friedman 1974b, 355 中使用了"五年或十年"和"五年到十年"这两个术语。
弗里德曼在其他论述中强调,经济要完全适应货币行动需要几十年的时间(例如参见 Friedman and Schwartz 1982a, 8, 433-40)。然而,任何具有自回归动力学的模型都倾向于包含对货币政策行动的完全适应可能需要几十年的观念(这实际在原则上需要无限长的时间),而这一观念也与货币扩张所产生的产出增加基本上在十年内消失的结论相一致[包括 Friedman and Schwartz(1982a, 438-40)]。而且,早在十年过去之前,价格会做出非常显著的反应,因为 Friedman(1975a, 178)指出,在美国产出开始对货币行动表现出明显的反应约18个月后,这些行动的"主要影响"从产出转向了价格。另参见第十三章对菲利普斯曲线的讨论。

应的观点并不矛盾。弗里德曼在 1974 年承认"通货膨胀可以迅速地自我逆转",而且正如已经指出的那样,弗里德曼将商品价格指数的某些组成部分视为跳跃变量。前面的论证表明,菲利普斯曲线中存在的 t 期未来通货膨胀预期,提供了一种反映弗里德曼这方面观点的方式。

弗里德曼认为存在前瞻性通货膨胀行为的更直接证据来自他关于预期的未来通货膨胀对当前通货膨胀结果很重要的大量声明。例如,他在 1984 年 4 月 3 日的《纽约时报》上说:"通货膨胀受到许多其他因素的影响,特别是公众对未来通货膨胀的看法。"与此类似,弗里德曼在 1970 年的一次电视节目中评论说,"控制通货膨胀的问题之一是要让人们认识到通货膨胀不是未来的趋势,要使人们意识到拥有一个价格相对稳定的时期是可能的"。[1]

进一步证明弗里德曼关于预期的未来通货膨胀对当前通货膨胀很重要的看法的证据——而且这种预期不是过去数据的一个机械函数——包括他在 1976 年的评论:通货膨胀可能会在产出缺口弥合之前重新开始,因为对未来繁荣情况的预期可能促进近期通货膨胀。他和罗丝·弗里德曼在 1980 年指出,通货膨胀预期依赖于未来货币政策的信号。[2] 弗里德曼的经济框架和前瞻行为假设之间的其他联系,将在第八章和第十五章讨论。

---

[1] Meet the Press, NBC, June 28, 1970,p.5 of transcript。
[2] Friedman and Friedman(1980, 279)。

二、通货膨胀惯性

弗里德曼反复提到通货膨胀的惯性。他在多个场合使用的一种表述是,通货膨胀有一种"自身的惯性"。弗里德曼曾以类似的方式指出,"通货膨胀有其自身的动量。它不能像水龙头一样关掉"。事实上,他甚至提到了价格通货膨胀中的"巨大惯性"。[1]

毫无疑问,许多这类描述与本质上完全前瞻性的定价环境是相吻合的。例如,一些描述可能符合这样的观念:π_{t+1} 的理性预期对通货膨胀有影响,但一些与价格设定相关的预期是在过去的某个日期形成的。[2] 此外,通货膨胀的惯性在前瞻性环境中可能源自通货膨胀紧缩政策会继续下去的怀疑,这是有道理的。[3]

但是,研究文献通常反映通货膨胀惯性的一个显著方式,是在菲利普斯曲线中将 π_{t-1} 和 $E_t\pi_{t+1}$ 一起加入。弗里德曼的一些论述似乎最符合滞后通货膨胀确实出现在菲利普斯曲线中的观念。例如。他指出,商品价格冲击提高了实际通货膨胀,从而具有刺激通货膨胀预期的效果。

菲利普斯曲线中的滞后通货膨胀项有时受到适应性预期的吸引力的推动。但是正如本书第五章和第十五章所讨论的那样,弗

---

[1] 他所做的其他描述包括通货膨胀是"相当惯性的"(Friedman 1983a, 3)和它具有"很大的惯性"(Friedman 1985c, 52)。
[2] 如上所述,弗里德曼赞同与价格设定相关的通货膨胀预期是在若干日期形成的观点。
[3] 弗里德曼在讨论尼克松政府在 1969—1971 年的反通货膨胀政策时强调了这种怀疑。见上文给出的"与媒体见面"(Meet the Press)引文,以及第十五章的讨论。

里德曼对适应性预期假设的使用远没有人们通常认为的那样教条，而且他的很多评论——包括在研究通货膨胀行为时所做的那些评论——与适应性预期不一致。

克里斯蒂亚诺、艾森鲍姆（Eichenbaum）和埃文斯为菲利普斯曲线中滞后通货膨胀项的存在提供了另一种正当理由。他们在一个基于理性预期和最优化行为的模型中假设，存在一些名义价格合同对过去通货膨胀的指数化。伍德福德与詹诺尼（Giannoni）在存在这种价格指数化的条件下正式推导出了新凯恩斯主义菲利普斯曲线。如果我们以同样的方式解释弗里德曼提到的滞后通货膨胀，并尝试修改方程式（7.2）以迁就指数化的存在，那么刚刚引用的文献就表明，由此产生的菲利普斯曲线可能采取如下的形式：

$$\pi_t - \varphi\pi_{t-1} = \beta E_t\left(\pi_{t+1} - \varphi\pi_t\right) + \alpha E_{t-1}\left(y_t - y_t^*\right) + u_t \quad (7.3)$$

其中 $0 < \varphi \leq 1$。在本章考虑的所有方程中，方程式（7.3）将被视为弗里德曼的菲利普斯曲线观点的最接近的表述形式。

尽管系数 φ 原则上可以是 1——这个数值相当于普遍和完全指数化——但弗里德曼立场是，价格指数化不可能像这个参数设置所暗示的那样普遍。相反，他坚信，普遍指数化的缺乏正是美国的通货膨胀变动往往造成相对价格结构严重扭曲的一个原因。现在我们的讨论转向弗里德曼关于通货膨胀和相对价格行为的观点。

三、通货膨胀和相对价格行为

罗伯特·霍尔评论说，价格稳定的"核心论点之一"就是，"通过扭曲相对价格，通货膨胀妨碍了资源的有效配置"。这一核心论点在弗里德曼描述通货膨胀的影响和建议旨在稳定物价水平的货币政策中都占有重要地位。

弗里德曼在 1974 年的一次电视访谈中评论说:"通货膨胀造成许多危害,是因为它在人们并不知情的情况下无意改变了不同商品和服务的相对价格。"① 在这句话中,弗里德曼实际上应该说"有意识地选定"而不是"知情"。前一种措辞会清楚地表明人们确实知道相对价格结构,并对其做出反应。事实上,正是代理人对紧随通货膨胀形势出现的相对价格结构做出反应的这个事实才产生了资源配置的扭曲。因为正如弗里德曼在另一个场合所说,通货膨胀往往会在短期内引起任意的相对价格变化,从而在发送给消费者和企业的信号中产生"静态"。② 这些代理人往往会对相对价格变化做出反应,而不考虑其来源。但是当相对价格变化是由通货膨胀引起时,私营部门对这些变化的反应可能会导致经济偏离其弹性价格的水平。

弗里德曼援引通货膨胀造成相对价格的扭曲作为理由,认为通货膨胀使"维持适当的相对价格结构更加困难,因为个别价格为了相对于其他价格保持不变就必须改变"。③ 他强调指出,相对价格变化往往会在完全价格弹性的情况下发生,因为技术和消

---

① Newsday (BBC2 television program), September 20, 1974, p.3 of transcript。
② Friedman (1980a, 56, paragraph 4; p.50 of 1991 reprint)。另见 Friedman and Friedman (1980, 17-18)。
③ Friedman (1958b, 252; p.183 of 1969 reprint)。

费者偏好的变化会改变具有弹性价格水平的产出构成。[①] 但是在黏性价格环境中——而且尤其是并非所有价格在任何特定时期都有同等的调整自由的环境中——货币政策成为另一个造成相对价格变动的因素,从而往往导致资源配置的低效以及产出偏离其潜在值。

通货膨胀和相对价格扭曲的相互作用,是弗里德曼在20世纪70年代争取指数化的运动和诺贝尔奖演讲中都强调的一个问题。[②] 20世纪70年代末到80年代初有关名义价格合同的文献——这些文献有助于奠定新凯恩斯主义经济学的基础——在着重强调通货膨胀(尤其是可变通货膨胀)和相对价格扭曲之间的联系——或者在该文献的术语中就是相对价格离差。[③] 罗腾伯格和伍德福德提出了与相对价格离差相关的福利成本以及与之相关的无效经济波动的正式推导。这些文献严谨地认识到货币政策引起

---

① Friedman(1951b, 113;1968 b, 13)。弗里德曼在一些著作(例如Friedman 1949b, 952)中指出,缺乏短期价格弹性(以及言外之意是,甚至在非通货膨胀环境下相对价格的完全有效调整在短期内的不可企及性)可能倾向于降低平均产出水平。这种立场可能被视为在新凯恩斯主义文献中得到一些支持,例如参见 Khan, King, and Wolman(2003, 840-42)的结果和讨论。然而,短期价格黏性与长期产出水平之间存在联系的可能性在这里将不会进一步讨论。长期产出水平将被视为等于产出在一个具有持续价格弹性的经济中所能达到的数值。根据该惯例,长期产出水平可以被认为对经济中的垄断力量程度和其他实际扭曲很敏感,但对名义价格或工资的短期弹性程度来说则是不变量。
② 参见 Friedman(1974c, 95 [p.151 of 1975 reprint]; 1977e, 467)和 Nelson(2018)。
③ 另见 Fischer(1981)。Taylor(1981, 57-58)引证 Friedman(1977e)的诺贝尔演讲来说明他的分析动机。

的相对价格变动和产出偏离其自然价值之间的关系。

四、通货膨胀与实际变量之间的相互依赖性

尽管本书关注的是弗里德曼在 1972 年之前的美国经济辩论中所扮演的角色，但本卷的一个关键论点是，弗里德曼对总需求和总供给关系的设定基本上是在 20 世纪 50 年代初形成的，以及这些设定不仅描述了直至 1972 年他的观点，而且描述了直至 2006 年他去世之前的观点。因此，有必要探讨文献中的另一种解释，即弗里德曼对菲利普斯曲线的看法在 20 世纪 70 年代中期发生了根本性的变化。根据这一观点——特别是由戴维·莱德勒倡导的观点——弗里德曼对菲利普斯曲线的看法在 20 世纪 70 年代中期从主要建立在黏性价格基础上转变为主要建立在弹性价格基础上，就像 20 世纪 70 年代的新兴古典经济学运动一样。

一些评论者将声称的弗里德曼转变为基于弹性价格的经济动态分析的时间追溯得更早。特别是，弗兰科·莫迪利安尼将弗里德曼的美国经济协会主席演讲中嵌入的模型，解释为一个弹性价格模型。[1] 但是，甚至在莫迪利安尼的文章发表之前，弗里德曼就强烈反驳莫迪利安尼的解释。[2] 弗里德曼在 1977 年重申价格黏性的事实就表明可能有这种结论：不仅他在 1968 年发表的主席演讲与价格黏性相吻合，而且他后来对菲利普斯曲线过程的阐述也与价格黏性相吻合。这似乎确实是一个恰当的结论。因为正如以下段落所讨论的，在弗里德曼的陈述（无论是 1968 年还是

---

[1] Braun（1986, 136-39）对这篇著作提出了类似的解释。
[2] 参见 Friedman（1977c, 13）。

之后所做的陈述）中，那些被引用来证明弗里德曼放弃了菲利普斯曲线的黏性价格解释的陈述，实际上可以与黏性价格的解释相协调。①

第一个被当作弗里德曼在名义与实际互动问题上与新兴古典经济学家联系在一起的例子的陈述是，他在1976年版的《价格理论》和相关论述中接受了这样的观点——当商品供给者察觉到他们按照生产商品衡量的实际收入增加时，他们就会对价格信号做出反应，增加产出。②正如戴维·莱德勒承认的那样，这实际上是弗里德曼在1968年对菲利普斯曲线阐述的一部分。因而，对于弗里德曼在20世纪70年代讨论通货膨胀与失业的关系来说，这一点并不新奇。③因此关键问题是，弗里德曼关于这一点的陈

---

① 类似的评论也适用于一篇更早的论文——Friedman（1966d）——Tobin（1995, 41）认为这篇论文支持了后来被称为新兴古典经济学的观点。此外，还应该提到Laidler（1995, 334-35）的这个猜想，即弗里德曼对货币需求的微观基础缺乏很大的兴趣就是一种使他很容易受弹性价格模型影响的态度。与这一猜想相反，可以指出的是，无论是传统的IS-LM分析还是基于现代优化的方法，实际上都没有表明货币需求关系的设定和微观基础的这一方面与黏性价格和弹性价格设定的选择的另一方面之间存在着强烈的联系（例如参见McCallum and Nelson 1999, 296-300的讨论）。还应该声明的是，弗里德曼对货币需求基础的思考还出现在莱德勒关注的Friedman（1969a）的文章之外的其他几个地方；而且由于第八章中讨论的原因，笔者无论如何都认为Friedman（1969a）不是弗里德曼货币分析的典型代表。
② 这方面通常引用的主要陈述是Friedman（1975d, 1976a）。但类似材料出现在他在1974年7月《财富》杂志的文章中（Friedman 1974c, 94 [p.150 of 1975 reprint]；另见Friedman 1974g, 16）和Friedman（1975a, 178）。
③ 另见上一节关于实际工资和劳动供给的讨论。

述是否必然意味着与弗里德曼关于价格在短期内具有固有的黏性的其他各种陈述（包括美国经济协会主席的演讲）相矛盾（或一种否认）。

事实上，这两组陈述之间不存在必然的矛盾，因此无须推断弗里德曼观点的变化。如第四章所述，弗里德曼在讨论市场制度的基本性质时指出，价格具有多重功能，而对生产者的信号只是其中之一。同样，在宏观经济模型中，人们可以将连接产出和价格的菲利普斯曲线关系视为执行多种功能（当置于联立方程组时）。对于一条菲利普斯曲线而言，价格通货膨胀完全有可能描述价格对过度需求的不完全调整（后者又可追溯到货币政策和其他因素），而由不完全价格调整所产生的相对价格结构完全有可能影响商品供给者的均衡产量决策。[1]换言之，接受供给者对价格信号做出反应的观点并不等同于假设价格弹性，而弗里德曼对价格弹性供给的信念并不必然包含对完全价格弹性假设的认同。[2]事实上，在20世纪七八十年代，弗里德曼明确地将自己与新兴古典宏观经济学的价格弹性方面划清界限（参见第十五章）。

---

[1] 这里，"过度需求"指的是实际（即黏性价格下）和自然（即弹性价格下）产出值之间的（百分比）差额，而"均衡数量"指的是在一段时期内构成均衡产出水平的数量。然后，"均衡产出水平"对应的是实际而非自然的产出水平——就像在标准的总需求与总供给分析中一样。

[2] 因此，笔者认为将 Laidler（1990, 55）将"菲利普斯曲线的解释反映了总供给关系"和理性预期的结果归因于弗里德曼的做法是可以接受的，但是，关于弗里德曼解释的这些方面意味着他（至少从20世纪70年代中期开始）支持 Lucas（1973）对菲利普斯曲线提出的弹性价格解释的这个推论则是不可接受的。然而，莱德勒可能像 Braun（1986）一样将"总供给关系"一词当作自动需要弹性价格的假设——本书没有采用这种惯例。

弗里德曼认为，供应量对价格信号的依赖有助于理解经济的短期和长期运动。他不认为这种依赖性是被不完全价格弹性的事实所自动排除的一个条件。这两种情形实际上是相容的。与它们的兼容性一致，分析弗里德曼在 20 世纪 70 年代以前的陈述就表明了可能得出这种结论：他在 20 世纪 70 年代对供给（无论是短期还是长期）对卖方所获得价格的依赖的强调，并不意味着他接受了一个新的立场。他对兰格著作的讨论（见第四章）就采取了这种看法；他在 1946 年与乔治·斯蒂格勒支持解除租金管制的理由也是如此；再有，正如指出的那样，他在 1958 年关于通货膨胀和相对价格相互作用的评论也是如此。此外，弗里德曼在 1969 年评论说，"就我所知的任何社会中，（诱导更高产出的）唯一技术"是产品价格相对于成本的上升。①

　　弗里德曼在 1982 年发表的两组评论表明他有可能坚信，供给决策的价格敏感性与存在价格黏性是兼容的。弗里德曼在亚特兰大联邦储备银行就供给侧经济学发表演讲的几个月后，在杂志专栏文章中说"价格是黏性的"。在那次演讲中，弗里德曼暗示，没有认识到商品和劳动的市场供给量取决于这些供给所获得的价格，这是"糟糕的经济学"。②

---

① 大约在同一时期，弗里德曼批评了美国 Q 条例的存款利率上限，理由是它们"对投资者提供的激励太少"，无法向商业银行提供资金（Phoenix Gazette, November 24, 1969）。这是另一个表明弗里德曼相信供给量是价格的函数的迹象，尽管这是在讨论信贷市场而非商品市场的背景下的迹象

② Friedman（1982c, 54）。这两种观点相容的一个较早的例子是 Friedman（1953a）的汇率分析，他在其中同时假设了价格黏性和生产对价格信号的依赖。

因此可以得出结论，弗里德曼对总供给的价格弹性的强调是他整个货币主义时期框架的一个特征，而且他在20世纪70年代中期提到供给者对价格的反应并不等于他否认价格黏性。

所以，让我们来看看弗里德曼在20世纪70年代中期著作中，第二个被援引来表明他立场的改变并暗示支持弹性价格模型的陈述。这个陈述包括他关于菲利普斯曲线关系反映了通货膨胀（或价格）驱动实际变量而非相反的观点的有利评论。这些评论中最突出的一项是他在1976年版《价格理论》中比较欧文·费雪和菲利普斯（A. W. Phillips）对通货膨胀与失业关系研究的一段话。在那里的讨论中，弗里德曼说："然而，在费雪的分析和菲利普斯的分析之间、在1926年的真理与1958年的错误之间存在一个与因果关系的方向有关的至关重要的区别。费雪将价格变化率当作促使该过程运行的自变量。"[1]

但弗里德曼也很清楚，通货膨胀和失业都是内生变量。[2] 在这种情况下，无论是基于从失业到通货膨胀的因果关系的故事，还是基于从通货膨胀到失业的因果关系的故事，都不能被接受为

---

[1] 参见 Friedman（1976a, 216，原文强调）。这段文字，就像它前后的那些段落一样，在所有重要方面都与 Friedman（1975d, 12; p.64 of 1991 reprint）中的那段文字相同，而后者则是弗里德曼在1974年9月在伦敦发表的一次演讲的记录。关于1968年后弗里德曼讨论菲利普斯曲线的场合的补充讨论，参见第13章。

[2] 例如，弗里德曼在2002年10月31日写给笔者的一封信中说，基于原则："货币数量、价格水平、产出和所有其他的经济变量都是在一个多重方程组中同时决定的变量。"

菲利普斯曲线关系的全面描述。[①] 一个完全准确的描述必须认识到这两个系列是同时确定的。有鉴于此，我们如何解释弗里德曼在解释实际变量与名义变量互动时关于菲利普斯是错误的而费雪是正确的陈述呢？

这里给出的答案是，弗里德曼的观点是，尽管通货膨胀和产出是共同决定的，但前一个变量在很大程度上可以有效地被视为这个关系的驱动因素，因为通货膨胀是一个名义变量，因此最终由政策决定。如果私营部门对名义变量的预期连续与实际路径保持一致，那么产出（相对于潜在产出）就不会出现波动。在强调实际变量对名义变量的反应时，弗里德曼显然想传达的要点是，央行最终控制名义变量，而不是实际变量——他思想中的这个要素将在下一节讨论。那么，货币政策对实际变量的影响可以被视为央行对名义变量影响的临时副产品。央行可以促使这些名义变量偏离预期值，从而促进产出缺口的波动。[②]

刚才对弗里德曼观点提出的解释，与从前面引用的1976年《价格理论》对菲利普斯曲线的讨论相吻合。在那次讨论中，弗

[①] Modigliani（1977, 5）也将Friedman（1968b）的分析解释为将菲利普斯曲线中的因果关系从就业到通货膨胀转变为通货膨胀到就业。但是，他并没有明确地将这种因果解释归因于弗里德曼本人。莫迪利安尼也没有解释为什么他要将互相竞争的菲利普斯曲线理论与严格的单向因果关系联系起来，而不考虑通货膨胀和实际变量在任何一个理论或者两个理论中是同时决定的可能性。

[②] 这种菲利普斯曲线的观点对20世纪70年代中期弗里德曼的阐释来说当然并不新鲜。例如，在Instructional Dynamics Economics Cassette Tapes 37（November 5, 1969）中，他说："促进产出的增加和更多人的就业的不是价格上涨，而是价格上涨速度快于人们预期的价格上涨。"参见Friedman（1968b, 11）。

里德曼对研究文献中出现的一些菲利普斯曲线的估计量提出了批评。但是，他在批评中所援引的具体理由涉及测量预期通货膨胀的困难，以及他所（正确地）认为的使用那种将成本与实际活动和预期通货膨胀一起作为解释变量的方程来检验自然率假说的不合理程序。[1] 至此，弗里德曼在他的《价格理论》讨论中已经提到了费雪关于通货膨胀和失业的研究。如果弗里德曼的立场真的是，把通货膨胀放在回归方程的左边而把实际变量放在右边（用普通最小二乘法进行估计）就会导致估计的菲利普斯曲线设定错误，那么他就不需要表达刚才提到的具体批评。相反，他一定会断然拒绝把通货膨胀当作左侧变量的方程式。然而，弗里德曼的《价格理论》讨论并没有断然否定这些方程式，而是对与菲利普斯曲线估计相关的变量的测量和选择提出了具体的批评。

同样与上述解释相吻合的是弗里德曼将失业与通货膨胀的相互作用描述为——这是刚才提到的他在20世纪70年代中期阐述菲利普斯曲线时再次给出的描述——"一个源自支出率沿着某个平均趋势或标准波动的动态过程"。[2] 这一陈述可以被视为在肯定通货膨胀和实际变量都是内生的。在这种情况下，名义变量驱动实际序列的意义在于弗里德曼认为，失业与通货膨胀波动的一

---

[1] Friedman（1976a, 228-29）。
[2] Friedman（1976a, 216，原文强调）。

个关键起始因素往往是货币政策导致的名义变量变化。① 这种看待通货膨胀与失业过程的方式也凸显了弗里德曼偏爱费雪对这种关系的讨论胜于菲利普斯的相应讨论的原因。在弗里德曼看来，费雪更好地认识到，名义变量对实际变量的影响是短暂的，而这与通货膨胀未被预期到的程度有关。②

上述解释再次表明，弗里德曼对价格（或通货膨胀）依赖于产出（或失业）的信念并不排除产出（或失业）依赖于价格（或

---

① 如果使用 IS 方程，所讨论的"名义变量"可以被视为影响名义利率和实际利率的名义货币存量，而实际利率则接着会影响实际支出的行为。相反，如果使用名义支出方程表达模型的总需求部分的简化形式的方法，那么"名义变量"可以被视为名义货币存量或（如 Friedman 1977e, 454, 456, 469）名义支出本身。

人们还应该记住，弗里德曼在描述名义总需求的约束条件时，将术语"较慢的通货膨胀率"和"降低通货膨胀的政策"同义使用（见 Friedman 1980a, 55, 56, paragraphs 2 and 5; pp.50, 51 of 1991 reprint）。类似地，他所称的"通货膨胀时期"甚至包括了开始实行宽松货币政策的时期，尽管这一时期通常与名义支出增长的好转有关，而与通货膨胀的反应几乎无关（参见 E. Nelson 2007, 161）。

② 关于这一点，除了弗里德曼 1976 年的《价格理论》讨论，参见 Friedman and Schwartz（1982a, 440−41）中的讨论。

通货膨胀）的信念。① 他认为这两种关系在短期内都存在；而这两种关系在长期中都是不存在的，因为影响实际决策的相对价格决定与总名义价格水平的决定是完全分离的。②

弗朗西斯·克里普斯在这篇早期的讨论中得出了与上面给出的结论相同的结论。克里普斯争辩说，弗里德曼相信价格到实际变量的联系并不会牺牲通货膨胀依赖于产出缺口或失业缺口的看法。克里普斯的论点主要基于弗里德曼的诺贝尔奖演讲。但是，还可以引用弗里德曼明确表示通货膨胀对实际经济活动的反应的其他陈述。例如，弗里德曼在 1966 年一篇文章中将总体价格水平对货币政策行动的调整描述为——在这种情形下，一部分价格

---

① 因此，在弗里德曼对通货膨胀与失业关系的讨论和他对一国利率与国际收支的资本账户组成部分之间关系的看法之间，存在着相似之处。弗里德曼强调资本流入会对利率造成下行压力，而他有时提出这种观点来与国内的较高利率会产生资本流入的观点相竞争（例如参见 Friedman and Schwartz 1963a, 70; 另见 496 页）。尽管如此，他还是承认，实际上这两个系列是同时确定的，利率变化引发了资本流动（例如参见 Friedman 1953a, 166; Friedman and Schwartz 1963a, 146; and 1982a, 335; 和 Friedman and Friedman 1985, 122-23）。
弗里德曼对菲利普斯曲线因果关系的讨论与他之前对价格和名义工资（或成本）之间关系所做的讨论之间也有相似之处。有时，他提出成本增加是通货膨胀的结果（参见 Brozen and Friedman 1966, 26; Newsweek, September 28, 1970）。这些描述，就像他对失业与通货膨胀关系所做的描述一样，突出了他关于通货膨胀最终是由货币政策决定的观点，但没有真正构成对生产成本和价格是同时决定的否认。

② 后一个陈述有一个标准的但重要的限定条件。总产出的自然水平的长期值显然与长期价格水平值有关，而相对价格的行为与产出的自然水平的决定有关。但是正如前面指出的，在这里人们想当然地认为，短期名义价格黏性所引起的相对价格结构扭曲不会对产出的自然水平的长期值产生任何影响。

可能不会对货币行动做出反应——一个"高失业率给其他价格带来下行压力"的过程。① 这一描述——同一卷著作还包含了弗里德曼早期对自然率假说概述的一篇文章——是他将价格对失业的调整而不仅仅是相反描述为实际与名义的动态互动的一部分的一个具体例子。② 其他例子可以在弗里德曼后期的著作中找到，包括他在20世纪80年代发表的文章。③

第四节　通货膨胀作为一种货币现象

一、货币增长与通货膨胀

弗里德曼的"通货膨胀在任何地方都永远是一种货币现

---

① Friedman（1966a, 22; p.102 of 1968 reprint）。
② 本章的一位读者建议，弗里德曼关于通货膨胀导致失业的许多陈述都出现在重印 Irving Fisher（1926）的著作（作为 Irving Fisher 1973）之后的事实，就证明了他在理解了费雪的重印文章后确实改变了看法（赞成通货膨胀到失业的单向因果关系的看法）。但这一建议与弗里德曼长期以来相信两个变量之间存在双向因果关系的迹象相矛盾。这方面的证据包括他在1973年之前肯定和1973年之后重申通货膨胀对失业的依赖性，以及他在1973年之前表明通货膨胀对失业依赖的迹象（例如 Friedman 1967c, 12）。
③ 参见前面引用 Friedman and Friedman（1985）的段落。同样相关的还有 Friedman（1977e, 470）的陈述："自然率假说将原始的菲利普斯曲线假说作为一个特例包含在内。"（这种特例对应的是通货膨胀预期稳定的情况：例如参见 Friedman 1968b, 8-9。）此外，弗里德曼在1979年11月12日的《新闻周刊》专栏文章中断言，通货膨胀对经济衰退的反应的观念构成了正确解释通货膨胀与失业关系的一部分，而 Friedman and Schwartz（1982a, 397）暗示产出缺口是"决定价格变化率"的一个因素。这一暗示与他们在第60—61页的理论分析相一致，下面将对此讨论。

象"的命题,被巴罗、米什金、麦卡勒姆、爱德华·纳尔逊(E. Nelson 2003)与麦克勒姆和纳尔逊(McCallum and Nelson2011)详细分析过。后两篇参考文献特别探讨了这个命题在新凯恩斯主义模型中成立的意义。① 鉴于前面的这些讨论,这里只需要简要地论述弗里德曼的这一命题。②

通货膨胀在任何地方都永远是一种货币现象的命题等同于一种论点,即只有当货币增长相对于潜在产出增长率持续上升时,更高的通货膨胀才会持续发生。与长期价格稳定相一致的货币增长率,将取决于潜在产出的增长率和私营部门代理人减少或增加其货币持有量的趋势率。但是,以这些趋势为条件,货币增长和通货膨胀在长期中彼此之间具有一对一的关系。而且,央行的行动会影响货币增长。由此可见,货币政策是控制通货膨胀的必要和充分的手段。

关于通货膨胀无论何时何地都是一种货币现象这一命题,应当提出几点意见。第一,帕廷金和默文·金关于弗里德曼的陈述是一个没有阐明通货膨胀原因的微不足道的定义的主张是不正确

---

① 弗里德曼对这个短语的使用包括 Friedman(1963c, 17; p.39 of 1968 reprint)。Friedman(1992c, 262)认为这是他第一次在发表的文章中使用这个短语。在 1963 年之后的十年中,弗里德曼反复使用这个短语的例子包括 Friedman(1966a, 18, 25 [pp.98, 105 of 1968 reprint;另见同一篇文章的结论]; 1968a, 18; 1970a, 24 [p.16 of 1991 reprint]; 1970i, 6; 1973a, 28, 40); Time, January 10, 1969; 和他在 1970 年 2 月 2 日与 9 月 28 日的《新闻周刊》上的专栏文章。
② 下面的讨论没有详细考虑货币需求的利率弹性,但(有限的)利率富有弹性的和利息缺乏弹性的货币需求函数的情形都具有通货膨胀是一种货币现象的共同结论。进一步的分析见第十二章。

的。这些作者认为，由于通货膨胀的定义是货币价值的下降，所以弗里德曼关于通货膨胀是一种货币现象的说法是一个缺乏政策含义的老生常谈。[1] 这种批评是无效的，因为弗里德曼的命题与通货膨胀是货币价值下降的老生常谈并不一致。相反，他的命题排除了任何不影响货币增长（相对于产出增长）的因素作为持续通货膨胀的原因。这样一来，弗里德曼的命题就明确地将通货膨胀归因于货币政策。[2]

第二，通货膨胀是一种货币现象的命题确实适用于通货膨胀动态（至少适用于那些在超过非常短期的普遍动态），而不仅仅适用于通货膨胀的稳态行为。但是，在构建经济结构模型时，不应将其理解为作为菲利普斯曲线对通货膨胀动态进行描述的竞争对手或替代方案而提出来的一个命题。相反，这两种观点是相互一致的。货币政策可以视为政策制定者唯一可用来影响——以周期性频率和系统的方式——菲利普斯曲线中的产出缺口项（以及其行为与预期的通货膨胀有关的预期的未来产出缺口）的工

---

[1] 具体地说，Patinkin（1981c, 31）认为弗里德曼的陈述类似于宣称"土豆的价格无论何时何地都是一种土豆现象"（另见 Patinkin 1993, 104-5），而金也以类似的方式坚决反对弗里德曼的命题时争辩说，这与说"威士忌的价格上涨是一种威士忌现象"同样无用（M. King 1994, 261）。应该强调的是，默文·金的言论是在他 20 世纪 90 年代末转向更加支持货币主义文献之前发表的（也是在他自己与弗里德曼直接交往之前）。
[2] 相反，如果货币政策完全不能影响通货膨胀，弗里德曼的命题就会自相矛盾，但通货膨胀是货币价值的下降这一自明之真理仍然有效。

具。① 爱德华·纳尔逊详细讨论了货币主义与菲利普斯曲线关系的相容性。②

在任何情况下，这种兼容性都未出乎意料。因为弗里德曼对菲利普斯曲线的批评并没有建议完全抛弃它作为一个宏观经济模型中的结构方程，而是通过"引入通货膨胀预期来作为一个移动短期菲利普斯曲线的变量"对它加以修正。③ 菲利普斯曲线和货币主义观点也都同样给出了通货膨胀是内生的和尤其不是一个纯粹的成本推动过程的主要思想。④

的确，弗里德曼和施瓦茨的《货币趋势》报告了一些回归

---

① 此外，正如 Friedman（1966a, 18; pp.99-98 of 1968 reprint）指出的那样，人们可以认为财政政策强烈影响了产出缺口——并摒弃弗里德曼对货币的强调——但也同意他的观点，即通货膨胀通过产出缺口渠道与总支出相关，而成本推动的力量对于理解通货膨胀并不重要。

② 还值得特别注意的是他们理解这一点的两篇更早的讨论。首先，Laidler（1981, 8）评论说："尽管一些评论者……认为菲利普斯曲线为货币主义方法提供了另一种通货膨胀理论，但这肯定是一个错误。"其次，Meyer and Varvares（1981, 13）评论说，"货币主义关于通货膨胀直接取决于当前和过去的货币增长的简化形式的通货膨胀方程与菲利普斯曲线的存在并不矛盾"。然而，在提出了这一正确的观点之后，梅耶和瓦维瑞斯在第 19 页继续按照一种不正确的做法，将预期菲利普斯曲线中的自然率限制视为必然包含"过去通货膨胀率的系数之和并非显著地不同于 1"——Sargent（1971）早就证明这一标准是无效的。关于这一标准，请参见第十三章和十五章的讨论。

③ Friedman（1977e, 451）. 当然，将这个期望项的系数限制为 1 是弗里德曼修改的另一个重要含义。

④ 因此，纯成本推动观的倡导者既对菲利普斯曲线和货币主义进行批评又认为后两者是相互交织的，这是一致的。在这种情况下，Cripps（1977, 111）做出了非常合理的表述："没有菲利普斯曲线，货币主义的通货膨胀理论是无效的"。

分析，而这些回归分析可能被认为是货币增长和产出缺口在解释观察到的通货膨胀变化方面的一个"势均力敌的较量"。[1] 但是，有两点理由得出这样的结论，即不应该认为他们的分析是把货币增长和产出缺口当作通货膨胀的不同来源。①弗里德曼和施瓦茨的回归分析高度依赖于时间平均数据。因此，他们的结论可以被视为一项调查结果，即长期通货膨胀行为是否容易用菲利普斯曲线来描述——该曲线通常只描述通货膨胀动态——或者与之相反，衡量的通货膨胀波动是否发生在名义变量和实际变量之间的大多数联系已经消失的水平上。[2] ②回归中的货币增长项可以部分地视为预期通货膨胀的替代指标。作者发现，这一货币增长项比产出缺口的系数更大、更显著。[3] 这一发现可能意味着，预期通货膨胀系数比与产出缺口相关的系数更大，估计也更准确，而且当前产出缺口的波动比预期通货膨胀的波动所解释的当前通货膨胀变动的比例要小。[4] 但这种结果并不意味着产出缺口项应该被排除在通货膨胀方程之外（即它的系数在方程中应该设定为零）。实际上，弗里德曼和施瓦茨在《货币趋势》的其他地方强调，产出缺口项在菲利普斯曲线中的系数较大且为正就确定无疑

---

[1] 参见 Friedman and Schwartz（1982a, 440-49）的回归和伴随的讨论。
[2] 参见 Friedman and Schwartz（1982a, 462）承认"我们使用了太长的观察单位"来发现菲利普斯曲线规律的可能性。
[3] Friedman and Schwartz（1982a, 448）强调了这一发现。
[4] 在1987年10月为安娜·施瓦茨举行的纪念论文集会议期间，弗里德曼在全体会议报告的一篇文章中似乎就是以这种方式进行解释的（参见 Bordo 1989a, 78）。

是货币主义观点的一个含义。①

关于通货膨胀无论何时何地都是一种货币现象这一命题要提出的第三点是，它与弗里德曼关于特定预期形式的菲利普斯曲线兼容，但并不需要这种形式。布劳恩声称，只有在菲利普斯曲线方程中对预期通货膨胀施加系数为 1 的约束条件，菲利普斯曲线才与通货膨胀是一种货币现象的说法相一致。不过，正如爱德华·纳尔逊和伍德福德所论述的那样，这一说法并不准确。菲利普斯曲线的设定可以蕴含产出缺口的长期非零水平是可以达到的；然而，同样的菲利普斯曲线关系也可能与货币增长和通货膨胀彼此之间存在紧密的一对一的关系的结果完全一致。弗里德曼承认的论点是，货币主义者关于货币增长与通货膨胀关系的核心预测并不需要自然利率假说。②

---

① 参见 Friedman and Schwartz（1982a, 60-61）。然而，在《货币趋势》的第 442 页中，他们在不准确地提到了当前的产出缺口对通货膨胀很重要，而预期通货膨胀就像"简单的凯恩斯主义假说"所认为的那样对通货膨胀不重要的情形时，就犯了一个严重的言辞错误。在该书的其他地方，弗里德曼和施瓦茨在讨论总价格水平行为时，就将"简单凯恩斯主义"术语恰当地保留给通货膨胀只有在实现充分就业后才取决于产出缺口的表述。Friedman and Schwartz（1982a, 442）所称的关于通货膨胀的"简单凯恩斯主义假说"，本应被称为菲利普斯曲线的简单情形（这种情形有产出缺口项而根本没有预期通货膨胀项）。将这种情形称之为"简单凯恩斯主义"的情形掩盖了负产出缺口会对通货膨胀造成下行压力的观点，而这一观点则是弗里德曼所相信的而不同时代的许多凯恩斯主义者所不相信的观点。

② 反之亦然。正如 Brittan（1988, 92）所说，自然率假说的基本思想"与弗里德曼关于货币供给作用的具体观点毫无关系"。埃德蒙·菲尔普斯在 20 世纪 70 年代早期就强调了这两种观点的可分性问题——这将在第十三章中讨论。

第四，质疑弗里德曼关于通货膨胀特性的命题的理由是该命题不够深入，因为它没有解释创造货币增长的因素。[1] 弗里德曼多次爽快地承认，理解货币过度增长的原因至关重要。[2] 不过，作为实证经济学的一个组成部分，弗里德曼的命题还是有用的——其具体作用是描述私人部门对政府推动的货币增长的反应。可以肯定的是，他的这个命题的内容确实要求央行能够控制货币存量，并且——无论它们的目标是否有意识地控制货币总量——其货币政策行动对货币增长具有系统影响。[3] 当然，弗里德曼坚信这些要求在实践中得到了满足。但他并不是唯一持这种观点的人。正如在爱德华·纳尔逊的研究和本书的其他章节中所讨论的那样，中央银行通常没有使用货币总量或商业银行准备金工具的事实，并不会使这些货币系列行为是中央银行行动的结果的解释无效。

第五，这个命题也适用于通货紧缩。通货紧缩可以被视为货币增长不足的反映。伯南克的评论与这种观点相吻合："一个坚定的中央银行总能有一些办法解决通货紧缩的问题。毕竟通货膨

---

[1] 例如参见 Robert Gordon（1975, 807-8; 1977, 129），Brittan（1978, 161），和 Parkin（1993, 63-64）对这种批评的阐述。

[2] 例如 Friedman（1961f, 1055）指出："对可能产生货币存量变化的渠道的理解当然是通货膨胀分析的一个重要部分。"在许多其他例子中，另参见 Friedman（1952b, 619; 1963c, 23 [p.44 of 1968 reprint]; 1970i, 13; 1975i, 12; 1980a, 55, paragraph 2, p.49 of 1991 reprint; 1990a, 106）；Friedman and Friedman（1980, 254; 1985, 85）；以及弗里德曼 1976 年 9 月 13 日在《泰晤士报》上发表的评论。

[3] 对于一个拥有固定汇率和充分资本流动性的开放经济来说，需要对这一论述加以限制以便承认货币增长的国际来源。然而即使在这种环境下，人们仍然可以将通货膨胀描述为一种货币现象。另见 Patinkin（1995, 121-22）。

胀是一种货币现象,中央银行总会创造货币,以此类推。"

伯南克的声明虽然表明货币政策可以防止通货紧缩,但并不严格意味着通货紧缩是货币性质的。然而,弗里德曼会得出这样的结论:通货紧缩是一种货币现象,货币措施既能产生通货紧缩,也能防止通货紧缩。这是他在继续进行货币研究时得出的结论。弗里德曼在1948年1月11日的《纽约时报》上就货币增长与通货膨胀关系发表的一个早期声明中指出,这种关系尤其适用于"价格水平的上升运动",因为价格的"显著上涨"与货币的显著增加无关的情形实属罕见或不存在。这种描述与伯南克2011年的声明一样,没有排除价格通货紧缩并不反映货币紧缩的可能性。但是,正如第八章将要讨论的那样,弗里德曼1948年之后得出的结论是,流通速度下降引起的严重的通货紧缩——比如20世纪30年代美国的通货紧缩——实际上源自货币存量的下降,因为货币紧缩往往会造成流通速度的下降。因此,通货紧缩应该被视为一种货币现象。

二、实际变量和名义变量的长期分离

现在让我们考虑实际变量和名义变量的长期行为,以及这种行为对弗里德曼的格言——通货膨胀是一种货币现象——所产生的影响。

下面的讨论将交替使用术语"长期"和"稳态"。这是按照弗里德曼的习惯做法。[1] 这种分析将特别关注通货膨胀的稳态行

---

[1] 例如Friedman(1971c, 853)写道:"前面的分析针对的是长期,针对的是稳态。"

为。通货膨胀率在稳态下与其他变量的关系将被视为经济在低时间频率下如何表现的标志。

该分析将利用这样一个事实，即如果自然率假说成立，价格表现出渐进调整的经济会收敛到与相应的弹性价格经济相关的长期均衡。这意味着弹性价格模型的许多性质，包括这些模型关于确定名义变量和实际变量的结论，与黏性价格模型的稳态相同。因此，下面的讨论可以利用文献中关于弹性价格模型和黏性价格模型的稳态或低频行为的结论，因为这两组结论都被视为与通货膨胀和实际变量的长期行为相关。

关于实际变量的稳态，弗里德曼描述的长期条件是："相同的实际情况与任何价格或价格变化的绝对水平相一致。"[①] 这个结论在教科书模型中经常出现。例如，多恩布什和菲舍尔指出："在长期中，一旦工资和价格有时间进行充分的调整，那么这个模型的预测与古典模型相同……货币存量的增加没有实际影响。"这也是将黏性价格模型置于更严格的基础上的早期尝试所确定的一个结论，例如格特勒的尝试那样。格特勒就他的模型评论说："在稳态下，实际变量独立于货币因素。"最后，正如麦卡勒姆讨论的那样，这也是在无限时域的最优化模型的长期中被证明成立的结论。

麦卡勒姆承认，这一结果的一个限定条件与实际变量与通货膨胀率或货币增长率（相对于相应名义序列的水平）之间的关系有关。由于货币需求具有利率弹性，预期通货膨胀对名义利率至关重要，所以不同的稳态通货膨胀率将意味着实际货币余额水平

---

① Friedman（1977e, 469）。

的不同长期值。这是弗里德曼本人在讨论名义变量和实际变量之间的长期相互作用时所表达的一种限制性条件。[①]正如在下一节中讨论的那样，弗里德曼还考虑了通货膨胀对生产效率的影响，从而对产出的长期水平的影响，也许还有对产出的长期增长率的影响。由于这些原因，货币并不是超中性的。但是，对超中性的这些违反既不意味着名义序列和实际序列的水平之间存在关系，也不意味着货币增长与像实际货币余额水平和实际产出量之类的关键实际变量的增长率之间存在长期的正关系。因此，事实依然是，无论是货币注入还是名义货币增长率的提高在长期中都无法刺激实际经济活动。

上述关于实际变量和名义变量长期独立性的结论，在文献中通常是基于将央行视为使用名义货币存量作为工具的模型给出的。然而，如果中央银行被认为拥有名义利率作为其工具，那么类似的结论也成立。例如，科克兰评论说："当价格富有弹性时，美联储失去了影响实际利率和产出缺口的能力。由于 r_t（实际利率）是给定的，通过改变（证券的）名义利率，美联储就会改变（预期的）通货膨胀，到此为止。"

如前所述，科克兰所描述的名义与实际在弹性价格模型中的相互作用，在长期的黏性价格模型中也成立，因为后一类模型具有弹性价格稳态。由于弹性价格模型的分析与理解黏性价格模型中名义与实际相互作用的长期模式也是相关的，因此值得停下来考虑央行如何在一个弹性价格模型中控制名义利率。科克兰认为这种控制是理所当然的。然而，央行在弹性价格环境中对名义利

---

① 再次参见 Friedman（1977e, 469）。

率的控制证明是根本不同于黏性价格环境中对利率的控制。

在弹性价格的情况下，央行对利率的控制确实是可能的。但是，这种控制的实现方式揭示了如何解释央行影响稳态行为的能力——尤其是揭示了央行如何决定名义利率和通货膨胀的长期行为。对这种稳态行为的研究将表明，将格特勒对央行拥有货币存量工具的模型的描述甚至应用于央行奉行利率政策的模型也是准确的："货币增长率唯一地决定了通货膨胀率。"

为了在央行遵循名义短期利率规则（例如，无风险短期利率规则）时得出这个结论，让我们先回到黏性价格模型中的动态行为。如果这一利率是市场利率，央行控制利率的手段来自三个因素的结合：它对货币基础的垄断力量、对实际货币余额需求的利率敏感性，和黏性价格的存在。对货币基础的垄断权力，结合基础创造和货币存量创造之间的联系，使中央银行有必要的资金来影响名义货币余额的数量。价格黏性的存在意味着，名义货币余额的变动通常会在短期内转化为相同方向的实际货币余额的变动。对实际货币余额需求的利率敏感性意味着，名义利率与实际货币余额的存量成反比关系（取决于其他因素），因此实际余额总量的增加将对名义利率施加下行压力，而实际余额的减少往往会提高利率。

上述的联系使弗里德曼和施瓦茨认为，凯恩斯分析的货币和名义利率之间的反比关系反映了凯恩斯关于名义价格水平是刚性的假设。[1] 在完全价格刚性存在的情况下，央行对名义货币存量的控制导致了对实际货币存量的控制，甚至在长期内也是如此。

---

[1] Friedman and Schwartz（1982a, 481）。

相应地，名义货币存量和名义利率之间在短期和长期都会存在反向关系（以实际收入为条件）。

弗里德曼拒绝接受凯恩斯所描述的货币与利率关系作为一种长期行为的描述。但是，出于同样的原因，他接受了这种描述作为短期模式描述的有效性。弗里德曼对短期价格黏性存在的承认使他同意，央行可以在短期内利用其对名义货币存量的影响来改变实际货币存量，以便产生一个想要的名义利率。这一点强调了第六章所讨论的弗里德曼关于流动性效应的观点。

上述对央行短期权力的描述——央行对实际货币余额的影响来自价格黏性，而这种影响赋予了央行影响名义利率的能力——也完全不是弗里德曼所特有或独有的观点。恰恰相反，保罗·埃文斯评论说："传统的宏观经济理论将价格水平视为它好像是黏性的，因此将实际的货币供给视为它仿佛在短至一个季度的时间内处于货币当局的控制之下。"关于利率控制，伯南克、马克·格特勒和沃森（Watson）指出："在我们看来，鉴于名义价格黏性的可信程度以及美联储对银行准备金供给的垄断，美联储肯定可以根据我们的反事实推理所需的数量，来改变名义基金利率的路径。"[①]

上述几点对稳态分析的含义是，从长远来看，央行通过在同一方向上改变名义货币余额的存量，从而失去了影响实际货币余额存量的能力。正是这种情况促使弗里德曼评论说："这确实是货币政策的基本问题——美联储在短期内能做的事，在长期内却

[①] 类似地，Dornbusch and Fischer（1979, 19）评论道："在短期内，美联储可以利用其对名义货币存量的控制来影响利率。"

做不到。"他还评述说，货币的实际存量和名义存量之间的区别是货币数量理论的"基石"。名义货币存量在任何时候都可能受到央行的影响。相比之下，价格的长期弹性和内生性意味着实际货币存量在低频率下与名义货币存量分离。

实际货币余额和名义利率在低频率下仍呈负相关；但当人们的注意力集中在这些低频率上时，公开市场购买提高了名义货币基础，并往往提高名义货币存量，从而在事实上不再是扩大实际货币存量的手段。长期价格弹性意味着央行不能再指望名义货币的扩张（或其增长率的上升）会导致实际货币向同一方向运动。此外，名义利率中的实际利率成分在短期内通常与名义利率的运动方向相同，但在长期中对货币政策不敏感。

因此，从长期来看央行如何影响名义利率呢？弗里德曼在1970年的公开讲话中给出的答案是：它可以通过长期的费雪关系做到这一点。关于"在很长一段时间内"的制度行为，弗里德曼评论说："央行不能决定利率，除非通过制造通货膨胀"。这句评论呼应了弗里德曼在次年给美联储委员会的一份备忘录中提出的观点："在长期内，它（央行）可以通过控制通货膨胀率来控制名义利率。"[1]

同样，这一立场——价格黏性和流动性效应在长期范围内是不存在的，而央行在这种情况下对这种期限中的名义利率的影响来自费雪效应——并非弗里德曼所独有，尽管他在阐述这一点时发挥了关键作用。例如，多恩布什和菲舍尔就持有同样的立场，并将他们的评论"美联储在长期中无法控制利率"具体地改为

---

[1] Friedman（1971g, 5）。

这样的陈述:"美联储无法控制利率,除非改变预期通货膨胀率。从长远来看,名义利率是由决定实际利率的生产率、储蓄以及通货膨胀率所决定的。"[1]

弗里德曼、多恩布什、菲舍尔的评论不仅提供了一种解释黏性价格模型稳态的方法,还提供了一种解释如何在弹性价格模型中实行利率规则的方法。在弹性价格下以及黏性价格模型的长期中,无论是流动性效应(它将货币余额 M 与实际货币余额 M/P 联系起来,并由此与名义利率 R 联系起来),还是名义利率 R 与实际利率 r 之间的联系,都不起作用。由此可以看出,在黏性价格模型的长期中,央行对 R 所施加的影响纯粹是通过其对(实际和预期的)通货膨胀长期值的影响来实现的。但是,这样说只是为了提出这个问题:中央银行如何长期控制通货膨胀率?

仅仅假设央行可以将长期通货膨胀率作为一个选择变量来要回答这个问题是不能令人满意的,原因有二。第一,通货膨胀率反映了私营部门各自的定价措施的总和,因此从字面上讲,它并不是中央银行的一个选择变量。[2] 第二,中央银行在短期内主要

---

[1] Dornbusch and Fischer(1979, 14, 15)。Goodhart(1992, 315)同样指出,中央银行拥有"通过公开市场操作改变银行系统可获得的基础货币数量来改变货币市场利率的能力",同时附加一个告诫说,这种能力存在的时间期限"相对很短,以周、季度或几年为单位;从长期来看,名义利率将由实际(国际)力量和预期通货膨胀率决定"。

[2] 在一些思想实验中,如中央银行设置货币存量的总数量,确实可以说一个变量作为总体是由货币当局决定的,即使个人对该变量选择他们自己的数量(例如参见 Friedman 1961a, 259)。这种推理并不能延伸到私人部门在生产和销售商品时的价格水平或通货膨胀率的分析。在不存在官方价格管制的情况下,通货膨胀的总体行为只有在私营部门对依赖于这些决策的变量做出反应的情况下才会反映政府决策的情况。

影响通货膨胀的工具——菲利普斯曲线关系——在长期内是无法获得的，因为当自然率假说成立时，通货膨胀和实际变量之间的菲利普斯曲线联系在长期内消失了。①

尽管如此，罗伯特·霍尔和约翰·泰勒的讨论提供了一个关于中央银行如何在长期中控制通货膨胀的见解。与上述分析大致相似，这些作者评论说："在长期增长模型中，货币政策是一个非常简单的问题……货币供给量对产出或利率没有影响。"② 关于在长期中成立的条件，作者们表示："美联储可以选择它想要的任何通货膨胀率。"③ 霍尔和泰勒在阐述最后一点时得出结论："美联储通过选择货币增长率来选择长期通货膨胀率"。④

刚才引用的那句话触及了问题的实质。⑤ 从长期来看，实际利率不受央行的影响。长期费雪关系表明，央行对长期名义利率的任何影响都应归于央行对长期通货膨胀率的影响。然而，将长期通货膨胀率作为央行的一个选择变量，是在进行高度抽象的假设，而忽视了通货膨胀反映了私营部门的决策这一事实。相比之下，无论是考虑短期还是长期，央行的行动可以影响名义货币增

---

① 如果自然率假说成立，基于价格设定关系的菲利普斯曲线将能够用产出与潜在值的偏差和通货膨胀与预期的偏差来表示——这两种偏差在长期中都将为零。基于工资设定关系的菲利普斯曲线在长期中可能会退化成一个只用实际变量表示的方程，而这些变量，如实际工资增长，在长期内对货币政策不敏感。因此，无论是基于价格还是基于工资的菲利普斯曲线，都不能提供一个可以用来分析货币政策和通货膨胀之间的稳态联系的长期方程。
② Robert Hall and John Taylor（1997, 113）。
③ Robert Hall and John Taylor（1997, 114）。
④ Robert Hall and John Taylor（1997, 116）。
⑤ 除下列的内容外，参见 E.Nelson（2008b）中的讨论。

长。人们可以将货币增长视为央行在长期中可以决定的变量,尽管央行影响实际利率和名义利率的通常基础在那个范围内已经消失。中央银行对长期货币增长的决定,可以视为确定长期通货膨胀率从而确保央行在低频率下影响名义利率的因素。

因此,央行决定稳态货币增长率的行动可以被视为设定稳态通货膨胀率。这就是弗里德曼的格言"通货膨胀无论何时何地都是一种货币现象"的长期方面的含义。正如他所说,"任何措施都不可能产生长期持续的通货膨胀或解决长期持续的通货膨胀问题,除非它们影响长期的货币增长率。"[1]

此外,货币理论认为,稳态货币增长与稳态通货膨胀彼此之间存在一对一的关系。在持有实际货币余额的机会成本趋势不存在的情况下,货币需求方程一阶差分的长期形式将是 $E[\Delta \log M_t] - E[\pi_t] = c_1 g_{y^*} + g_\eta$,其中 c_1 为货币需求的实际收入弹性,g_{y^*} 为潜在产出的长期增长率,g_η 为货币需求外生性移动的趋势增长率。长期的货币增长率与价格之间的一对一关系,源自货币需求方程的原始水平形式中的价格同质性约束性条件。正如第六章讨论的那样,这种价格同质性约束性条件是货币数量理论的重要组成部分。

---

[1] Friedman(1974g, 13)。这一讨论还包含了适当的限定条件,即在这种情况下,关键的货币增长变量是相对于实际产出增长的名义货币增长。

第五节　自然产出水平和自然失业率

一、自然失业率

在 1967 年美国经济协会的演讲中，弗里德曼评论说，维克塞尔的自然利率概念"在就业市场中有一个非常相似的概念……'自然失业率'，换言之，是由瓦尔拉斯一般均衡方程组确定的水平，前提是它们嵌入了劳动力和商品市场的实际结构特征，包括市场不完全性、需求和供给的随机变化，收集有关职位空缺和劳动力可得性的信息成本，流动成本，等等"。[1]

弗里德曼在这次主席演讲之后就很少明确提及自然失业率了。[2] 然而，事实证明，他并不需要花费很大的个人努力来让他的术语广为人知。因为经济学界在 20 世纪 70 年代大量使用了"自然失业率"这一术语，此后这一术语也被财经媒体广泛使用。

作为一个概念，"自然失业率"也成为劳动经济学和货币经济学的基石。到 1979 年，这种情况已经达到了这样的程度，以至于罗伯特·霍尔可以评论说，"存在一个自然率的这种基本观念已经相当牢固地确立了"。[3] 然而，霍尔对上面所引用的弗里德曼阐述的定义持批评态度——认为它"只不过是在创建自然率理论时需要思考的一系列问题"。

---

[1]　Friedman（1968b, 8）。
[2]　例外情况参见 Friedman（1975a, 177）和第十三章讨论的文章。
[3]　R. Hall（1979, 154）。接受这一概念的另一个迹象是 Prescott（1975）在论文《自然率的效率》中通篇使用了自然失业率的概念（尽管没有一次提到弗里德曼）时所涉及的内容。

霍尔的评论相当正确。弗里德曼的文字描述帮助指明了通往界定动态宏观经济模型中自然失业率和相关实际变量的适当基础的途径。但是，它并没有提供一个定义得非常详细的蓝图。在理论研究和经验研究中，获得实际变量自然值的正式定义的适当程序绝不总是一目了然的。在资本存在时正式界定自然产出水平的情形（本节稍后讨论）就突出了所涉及的模棱两可之处。但是，当具体考虑自然失业率的定义时，也存在着模棱两可之处。

尽管如此，弗里德曼的文字定义存在两个非常具体的组成部分，从而对自然失业率的正式定义产生了难以磨灭的影响。

第一个组成部分源于这样一个事实，即弗里德曼将自然率定义为在弹性工资这个弹性价格的经济对应物的均衡中普遍存在的变量值——用弗里德曼的话说，这个值"由瓦尔拉斯一般均衡方程组确定"。弗里德曼对自然失业率的定义建立在经济活动的最大就业水平和充分就业水平之间的区别上——到1967年，这一区别已经在经济学研究文献中广泛使用了20年。弗里德曼的自然率定义强调了一点，即在弹性价格下提供的劳动力投入量不仅不符合某个可行的最大值，而且是一个取决于任何时期普遍存在的随机实际条件的内生变量。[1] 这意味着，弹性价格产出的水平不仅取决于具有相当清晰的物理维度的特征（如天气、人口统计和技术），而且还取决于其他不具有清晰物理性质的但影响弹性价格经济中最优劳动供给量的现象（如家庭偏好、税收和转移安

---

[1] 当然，只要弹性价格经济是由外生的实际冲击驱动的，自然失业率就可以在均衡中被写作这些冲击的函数，并在这个意义上被视为外生的。但是，要得到这样一个表达式需要求解模型的均衡，从而在一开始就要把自然失业率当作内生变量来处理。

排)的变化。

人们有时认为,弗里德曼的这一观点可能被视为意味着,产出的充分就业水平应该被定义为在面对现有的实际投入价格时与利润最大化相关的产出水平。然而,这个被提出的定义,虽然令人满意地刻画了弗里德曼所描述的在均衡状态下产生的实际产出的真实水平,但作为自然产出水平的定义是不可接受的。因为,正如我们所看到的,正是观察到的相对价格结构(包括投入价格)——弗里德曼认为真实生产对此做出反应——和这些相对价格在完全工资和价格弹性条件下的行为偏离,表明货币政策是非中性的。[①] 相比之下,自然产出率是在瞬时价格调整将相对价格与货币政策隔离的经济中,利润最大化所产生的产出水平。因此,定义自然产出率和就业率时不提到经济中观察到的真实相对价格似乎很重要——弗里德曼的定义遵循了这种做法,因为他用平行(弹性价格)经济的均衡而非真实(黏性价格)经济来定义它。

弗里德曼在主席演讲中对自然失业率的定义给出的第二个具体部分,就是在上面引用的段落之后的几个段落。他在后面的这段话中指出,虽然有"自然"一词,但是自然失业率可能反映出对一般市场力量的扭曲。特别是,自然汇率的价值部分地取决于经济偏离完全竞争状况的程度。弗里德曼明确指出,政府规定的最低工资率和其他减少竞争的劳工法使自然失业率高于它在其

---

① 也就是说,他们指出名义价格具有黏性,而货币政策的行为方式并没有消除价格黏性对实际变量行为的影响。

他条件下可能的水平。① 他还强调，改善劳动力市场参与者的信息可能会降低自然失业率。然而，弗里德曼确实提出了警告——例如在他的诺贝尔演讲中——低自然失业率并不自动意味着经济有效率。相反，如此低的自然率可能是静态经济的一个症状——也许在这种经济中，跨部门的劳动力流动以及消费者偏好在影响跨部门的产出分配中的作用，都已经被公共部门的干预和监管所扼杀。②

后一点反映了这样一种观点：在弗里德曼看来，就像弹性价格下的劳动力投入不是简单的常数一样，劳动力和其他投入的使用效率也不是简单的常量。虽然这不是弗里德曼货币分析的重点，但在许多其他著作中，弗里德曼强调了政府的非货币政策对经济的生产效率的影响。例如，他在1970年表示，对商业银行的Q条例具有降低潜在产出的效果。③ 某些外部干扰也可能降低美国经济的生产效率。在这方面，弗里德曼和施瓦茨承认，1973—1974年的第一次欧佩克石油冲击是降低美国潜在产

---

① Friedman（1968b, 9）。在这次讨论中，他将工会的力量列为另一个往往会提高自然失业率的因素。但是，弗里德曼经常在这一点上矛盾。在主席演讲前后的讨论中，他提出的理由是让人们相信工会的存在改变了部门间的就业分工，但并不一定会提高总自然失业率。参见E. Nelson（2009a, 478）和第十章。

② Friedman（1977e, 459）。弗里德曼很早就以这样的话表达过类似的观点："不要把充分就业看得太严重。我们可以在没有繁荣的情况下实现充分就业，就像他们在监狱或军队中所做的那样……我们不希望在长时间工作和艰苦繁重的劳动的意义上实现充分就业。我们想要繁荣，并想要尽可能少地工作以获得繁荣。"（Sunday Journal-Star, January 29, 1956）。另见Friedman（1963c, 18; pp.39-40 of 1968 reprint）。

③ Friedman（1970d, 31）。

出的一个因素。① 这种承认是弗里德曼早期著作的一个主题的延伸。根据这些早期著作，关税保护、农业价格支持和垄断力量都扭曲了经济的相对价格结构，从而在一定程度上降低了经济的效率。②

可以将经济扭曲纳入决定自然失业率的平均值和波动的考虑中的观点，已经嵌入此概念的严格定义之中。如前所述，弗里德曼还认为，扭曲对自然产出水平的行为非常重要。③ 垄断力量会降低自然产出水平的观念已被用于该概念的正式定义中。下一节将讨论自然产出概念的其他方面。

二、自然产出水平

在上述提到的讨论弗里德曼的自然失业率概念中，罗伯特·霍尔谈到，"经济学家一开始抵制这一概念，现在他们接受了这一原则，但给它起了另一个名字"。霍尔可能想到的是那些追随莫迪利安尼和帕帕季莫斯（Papademos）与贝利和托宾的经济学家，他们提到的是"非加速通货膨胀失业率"（NAIRU）而不是自然失业率。弗里德曼拒绝接受这一替代术语。④ 无论如何，"非加速通货膨胀失业率"是自然率术语的一个不合理的替代。

---

① Friedman and Schwartz（1982a, 414）。
② 另见 Friedman（1962a, 38）。
③ 弗里德曼还认为"小企业是绝大多数生产性变革的根源"（Election 2004: The Economy, WQED San Francisco, October 15, 2004）。弗里德曼的类似评论：Nightline, ABC, March 17, 1987, p.4 of transcript；另参见 Friedman 1977b, 17–18。就企业的巨大规模伴随着一些垄断势力而言，这一评论的言外之意是垄断势力会降低自然产出水平的增长率。
④ 参见他在 R. Kuttner（2005）中的评论。

与弗里德曼的术语相比,"非加速通货膨胀失业率"术语实际上在界定基准失业概念时失去了大量的一般性。它并未将基准失业的概念与弹性价格经济的行为联系在一起,而是与菲利普斯曲线的设定联系在一起,从而强加了预期通货膨胀和滞后通货膨胀同一的高度限制性的假设。①

鉴于"非加速通货膨胀失业率"的概念缺乏一般性,特别是它通常与理性预期相矛盾,使用动态随机一般均衡(DSGE)模型的现代货币政策文献摒弃了"非加速通货膨胀失业率"术语,并采用术语"自然率"来描述实际变量的参考值。② 然而,通常情况下,该文献中的模型以代表性家庭为特征,或在许多维度上相似的家庭为特征。因此,无论是在弹性价格经济还是黏性价格经济中,这些模型中通常都没有真正失业的劳动者——即使在后面这种黏性价格经济中存在经济疲软时也是如此。因此,在这些模型中,实际经济活动的基线值往往是根据自然产出水平而不是根据自然失业率来界定的。

产出自然水平的概念是弗里德曼自然失业率概念的逻辑推论。因此,许多研究者将前一个概念归因于弗里德曼。例如,约翰·罗伯茨指出,"米尔顿·弗里德曼引入了经济活动的'自然'水平的概念";保罗·埃文斯提到"存在'自然'产出水平的状

---

① 参见 McCallum(1982, 8)对非加速通货膨胀失业率术语的批评。同样值得一提的是,自然失业率的概念甚至在长期菲利普斯曲线不是垂直的环境中也成立,而非加速通货膨胀失业率的概念仅适用于长期菲利普斯曲线垂直的环境。

② Bazdarich(1982)是一篇努力在代理人动态优化的背景下让自然率概念严谨的早期研究。

况，正如弗里德曼所主张的那样"；伍德福德评论说，他将弹性价格水平的产出称为"自然产出率，以便追随弗里德曼"。①

事实上，弗里德曼在1967年美国经济协会主席演讲中并没有明确提到自然产出水平的概念。但是，在弗里德曼发表演讲后不久，其他几位研究者在20世纪60年代末和70年代初就明确地使用了这个概念。②弗里德曼在1975年的出版物中使用了这个概念。③

结果是，自然产出水平的概念实际上比相应的失业概念与弗里德曼主席讲话中的分析更相关。原因是，该演讲中的文字模型——与许多现代动态随机一般均衡分析一样——最好被解释为关于劳动投入的集约边际（工作小时的变化）而非广延边际（受雇工人数量的变化）。④

弗里德曼对总量关系和货币政策影响的强调，意味着他没有

---

① 原文强调。另参见 Woodford（2003, 8）。
② 例如，Solow（1969, 7）提到了"产出的自然水平"；Phelps（1971, 38）提到"自然产出水平"；Lucas（1972a, 58; 1973, 330）和 Sargent（1973a, 442）谈到"自然产出率"。Gramlich（1970, 96）提到"GNP……在自然水平上"。此外，Modigliani（1977, 15）引用了自然就业率（而不是自然失业率）的概念。
③ 他在 Friedman（1975a, 178）中提到了产出的"自然水平"（尽管这段话有点模棱两可，可能会因为没有清楚地区分水平和增长率而受到批评）。还应该指出的是，经济增长和货币与增长的文献已经确立了实际产出的"自然"增长率的概念：例如，参见 Tobin（1969c, 171）提到的"经济自然增长率"。这一自然增长概念与自然产出水平增长率的概念不同：前者指的是长期趋势产出增长，而后者包括潜在产出增长的短期随机变化。这两个概念之间的区别可能是造成 Friedman（1984c, 33）明显不愿意接受术语"自然增长率"作为趋势产出增长的称谓的原因。
④ 参见 Okun（1981, 77）和第十三章。

过多关注产出和失业之间的关系。在很大程度上，他认为这两个真实的序列在衡量真实的活动特别是在分析工作中可以交替使用。弗里德曼对美国失业率的经验测量指标的可靠性深表怀疑。[1]但是他在很大程度上想当然地认为产出和失业之间存在某种奥肯定律（Okun's law）的关系。[2]这种态度意味着，在考虑弹性价格经济时，弗里德曼认为产出的自然水平相当于自然失业率。

弗里德曼还乐意采纳奥肯所用的这个术语来表达基线产出水平。弗里德曼不仅仅使用"自然产出水平"，还使用"潜在产出"这个术语来描述这一基线水平。[3]"最大产能产出"也是弗里德曼多次使用的一个术语。[4]然而很明显，弗里德曼将这些术语用作自然产出水平的同义词。[5]他将多种术语视为可互换的做法突出了一个事实，即弗里德曼关于产出和失业的自然值的概念是有意将凯恩斯主义关于正常可实现的经济活动水平的概念置于更正式的基础上，而不是提出来挑战这一概念。

---

[1] 尤其参见第十一章。
[2] 例如参见Friedman（1971i, 62）。然而，在20世纪70年代后期，弗里德曼相当重视失业率与其他总变量（包括雇佣状况和国家经济活动的衡量指标）之间的关系变弱。见E. Nelson（2007, 158）。
[3] 除了上面提到的Friedman（1970d）参考文献，参见Friedman（1966a, 18 [p.99 of 1968 reprint]; 1970a, 23, point 4 [p.15 of 1991 reprint]; 1971i, 62; 1973a, 28）; Friedman and Schwartz（1982a, 396, 397, 414, 416, 442）; 和Instructional Dynamics Economics Cassette Tapes 55（July 27, 1970），60（November 4, 1970），and 63（December 16, 1970）。
[4] 例如参见Friedman（1970i, 11）和Instructional Dynamics Economics Cassette Tape 85（November 3, 1971）。
[5] 他还指出，潜在产出和持久收入在长期中是相同的。参见Friedman and Schwartz（1982a, 416）以及Friedman（1970b, 223）。

与凯恩斯主义和弗里德曼关于基线产出水平概念的协调相一致，许多研究者将"充分就业"或"充分就业产出"当作自然产出水平的另一个同义词。① 他们的解释得到了以下事实的支持：弗里德曼——无论在他的主席演讲之前还是之后——在描述产出或就业的基线或弹性价格水平时在自己的分析中使用了"充分就业"一词。② 此外，弗里德曼曾指出，他的自然失业率概念与凯恩斯对充分就业的定义是一致的。③

　　弗里德曼在分析上不排斥充分就业的概念，并在主席演讲中讨论自然失业率时充实了这一概念，这并不意味着他有兴趣在他的经验研究或政策建议中使用这一概念。相反，正如布里坦评论说，弗里德曼"一贯拒绝估计它（即自然失业率）或产出缺口的大小，宁愿作为概念工具保留它们"。④ 正如下一章讨论的，弗

---

① 例如参见 Gramlich（1970, 96）；Phelps（1970a, 1）；Tobin（1975, 196）；Modigliani（1977, 12）；Volcker（1978, 337）；和 McCallum（1979, 240）。
② 例如参见 Friedman（1951a, 226; 1957a, 236–37; 1963a, 5; 1966d, 79, 80, 83; 1967c, 42; 1970b, 206–7, 209, 223, 224, 229; 1971d, 323, 325, 327; 1972a, 913, 926–29, 936, 942–43; 1975g, 9, 12 [pp.701, 704 of 1979 reprint]; 1976a, 315; 1997, 7, 10–15）；Friedman and Meiselman（1963, 167, 172, 187, 209）；以及 Friedman and Schwartz（1963a, 559; 1967, 37; 1982a, 41, 42, 397, 623）。
③ 参见他在 Snowdon and Vane（1997, 198）中的评论。Brittan（1976, 259），Kaldor and Trevithick（1981, 9），和 Modigliani（1977, 4; 1986b, 23）对这两个概念的兼容性表达了相似的看法，而 Hutchison（1977a, 14–16）则指出凯恩斯在 1936 年后的著作中存在着一个目标失业率的自然率风格的定义。
④ 布里坦立即补充说，对英国来说，"一份鲜为人知的英格兰银行研究论文为这种不情愿提供了耸人听闻的辩护"。笔者共同撰写了这篇"鲜为人知"的论文（E. Nelson and Nikolov 2003）。

里德曼认为在宏观经济学中普遍存在的模型不确定性导致他在实证上避开了对通货膨胀的结构分析——即使这种分析嵌入了自然率假说——并阻止政策制定者试图将任何实际变量的自然率作为目标。因此,经济学家关于模型设定和参数值的知识的不准确性构成了他反对以实现充分就业为目标的积极需求管理政策的主要根据。"充分就业是一个很难定义的术语",弗里德曼在1980年指出。①

在1967年发表演讲之前的几年里,弗里德曼一直在努力为充分就业提供一个概念上合理的定义。探讨他对资本存量和潜在产出之间关系的不断发展的观点,可以对这种努力提供一些见解。

三、资本存量和自然产出水平

在1982年发表的《货币趋势》中,弗里德曼和施瓦茨有必要指出潜在产出对生产资本存量的依赖性——正确设想的生产资本存量应该包括机器等有形资本和人力资本。②这一评论是弗里德曼在指出有利于私营部门资本积累的环境往往会增加潜在产出——通过增加资本投入的数量和提高劳动投入的生产率——时

---

① Free to Choose(UK television version, debate portion), BBC2, episode "From Cradle to Grave," broadcast March 1, 1980, p.11 of transcript。
② Friedman and Schwartz(1982a, 414)。

所做的众多陈述之一。① 更大资本形成的条件包括提高家庭储蓄的动机，因为更大的储蓄池促进更高的投资，从而"增加生产能力"。②

但是，弗里德曼所表达的在分析潜在产出时应如何对待资本存量的观点，也揭示了严格定义自然产出水平所涉及的问题。与这里高度相关的是罗伯特·索洛在2013年12月2日的访谈中回忆与弗里德曼进行的一次口头交流——这次交流可能发生在20世纪60年代初："我确信那一定是发生在米尔顿的（货币和银行）研讨会上，因为我记得米尔顿是一个积极的参与者。"在交流中，"我们就如何衡量有效资本存量的问题进行了争论。米尔顿的论点是，（即使）有（不同的）产能利用率，你也应该始终使用可获得的总资本存量。在这种情况下，我只想使用任何正在使用的东西。米尔顿拒绝相信这样的事情是可能的。他说，它（存量）

---

① 例如参见他的评论：Friedman and Heller（1969, 47）; Friedman（1970a, 24, point 7 [p.16 of 1991 reprint]; 1976a, 285; 1980a, 57, paragraph 9 [p.52 of 1991 reprint]）; Newsweek, July 27, 1981; 以及 Donahue, NBC, September 6, 1979; 以及弗里德曼1959年5月25日在联合经济委员会的证词（Joint Economic Committee, 1959a, 629）。
然而，弗里德曼经常批评利用税收优惠来刺激私人投资支出，以及批评政府通过自身支出或强制性储蓄计划来增加资本存量的做法。根据他的观点，储蓄和投资的增加往往与潜在产出的扩大密切相关；但是，政府强迫对经济提高储蓄和投资水平的努力并没有提供一条强劲经济增长的途径。关于这些问题，请看第十一章和第十三章，以及弗里德曼在1962年4月30日《华尔街日报》上的文章。
② 这一立场初看似乎与 Mishkin（1986, 70）关于"我从未见过一个结构性模型表明投资是储蓄的函数"的保留意见不一致，然而，弗里德曼对投资与储蓄联系的信念源于每个序列与利率之间的关系。因此，这种信念与米什金的陈述是一致的。

就在那里。我说，米尔顿，想象一台机器（它是总资本存量的一部分），它上面有一个带有'关'的位置和'开'的位置的开关。好吧，（在资本利用率较低的情况下）我希望把它想象成'关'的位置。那种说法让他非常不高兴"。

根据弗里德曼最终启示的自然产出水平概念判断，无论索洛还是弗里德曼在这次交流中所表达的立场都不是完全正确的。在存在资本利用率的情况下，安装的资本存量提供的服务数量可能有所不同。在弹性价格经济中，对产出如何表现的严格定义应考虑到这一性质，然后可将资本利用率的变化视为影响弹性价格产出对实际冲击的均衡反应的一种机制。因此，索洛提出的建议在定义资本时考虑到了不同的使用率，因而似乎是正确的，而弗里德曼提出的建议则忽略了这种变化，因而是不恰当的。然而，如果所研究的经济被认为具有价格黏性，那么索洛的提议对潜在产出行为的设定而言就是不恰当的。因为他的提议的一个缺陷是，它在定义有效资本存量时包含了那些只是由于价格黏性的存在而发生的资本利用率变动。出于这个原因，索洛的方法在界定弹性价格的产出时就不是一个切实可行的要素。其结果是，无论是索洛界定有效资本的立场，还是弗里德曼的对立立场，都没有为构建自然产出水平的测量指标提供一个可靠的基础。为了获得这样的测量指标，我们所进行的分析必须更接近于基德兰德和普雷斯科特的分析，即设定一个经济有不同的资本利用率，然后评估该经济在弹性价格环境中的行为。这种方法符合弗里德曼在 1967 年界定自然失业率时的精神。

弗里德曼在研讨会交流中对索洛的评论反映了弗里德曼在 1967 年之前思考潜在产出的所处的阶段。他在这个阶段的立场与他在 1967 年表达的立场非常相似。但是，它的严格性差一些，因为他还没有集中对潜在产出下一个站得住脚的定义。弗里德曼在 1963 年大胆地提出最大产能（即潜在或自然）产出的定义时就以发表的形式表达了他的这个早期阶段的思想。① 他在 1967 年重申了 1963 年这一定义的一个关键方面：垄断权力的影响应该包括在潜在产出的定义中，所以垄断权力本身就减少了潜在产出，但并没有使产出相对于潜在产出降低。但是，弗里德曼在 1963 年的评论中还包括下列陈述："一个有用的'产能'概念应该是一个技术性的生产概念，当然取决于要素价格，而不是需求状态。"②

这个陈述可以与他后来的自然产出水平的概念相协调，但前提是对"要素价格"和"需求状态"这两个短语进行具体的解释。后一个短语中的"需求"必须解释为名义需求，而不是实际需求。自然产出水平必然对前一个变量而非后者不敏感。在弹性价格经济中，如果实际总需求的增加导致向市场提供的资本和劳动数量增加，那么它可以增加总产出。弗里德曼关于"二战"期间劳动需求的例子（本章前面讨论过）是实际总需求变化将倾向于提高自然产出水平（而不仅仅是实际产出水平）的一个例子。相比之下，仅仅因为价格黏性而影响实际总需求的名义总需求变

---

① 这一讨论（Friedman 1963d）是在微观经济的背景下进行的，但他所讨论的关于单个企业满负荷产出的原则与定义总体经济生产能力的原则相对应。

② Friedman（1963d, 67）。

化将提高产出而非潜在产出。①

弗里德曼关于潜在产出"当然取决于要素价格"的建议也需要限定。正如本节前面所讨论的,自然产出水平确实应该取决于要素价格,但是由于这一产出概念是弹性价格经济中产出的均衡值,因此与潜在产出相关的要素价格是弹性价格经济中普遍存在的价格,而不是黏性价格经济中观察到的实际要素价格。

弗里德曼在1963年提到需求和价格的表述,显然是为了反映他最出色的自然率概念的一部分要素:所讨论的基线实际序列应该"持续地变化"——反映对真实冲击的反应——但应该"排除"记录在实际变量观察数据中的"货币政策的影响"。② 然而,弗里德曼在1963年对最大产能产出的定义不能被视为成功,因为——从后来的自然率定义的角度来看——这个定义只有在对他的措辞进行特定的解释的条件下才是一个有效的定义。他曾试图对潜在产出给出一个严格的定义,但这一尝试在这种练习所涉及的问题面前失败了。毫不奇怪,大约在1963年的评论发表时,弗里德曼哀叹"几乎不可能用逻辑上精确、但符合我们的不精确想法的方式来定义充分就业。"③

正是在这样的背景下,弗里德曼在1967年对自然率的定义侧重于参照弹性价格经济的行为,并没有试图根据实际价格等观

---

① Friedman(1968b,7)在考虑货币余额需求时明确认识到,需要区分仅仅由于货币政策在价格黏性下对实际变量的影响所产生的实际需求变化,以及即使货币政策没有这种影响也会发生的实际需求变化。

② 这些引文分别来自 Friedman(1970b,207)(另见 Friedman and Schwartz 1982a,42)和 Friedman(1968b,7)。

③ Friedman(1963c,18; p.40 of 1968 reprint)。

测变量来定义自然率。这可以被视为一个既考虑了定义潜在产出时的逻辑严谨性又嵌入了私营部门的最优化行为的突破。

即使将潜在产出定义为弹性价格下的普遍水平，该定义仍存在模糊性——而这种模糊性与资本存量的处理有关。在资本利用率不变的情况下，资本存量是一个预先确定的变量，并将与外生实际冲击一起出现在潜在产出的表达式中。此后出现的问题是，潜在产出表达式中使用的资本存量是否应该是经济体观察到的资本存量——像通常情况一样，该资本存量的行为反映了前期的名义黏性和货币政策的影响。在动态优化模型中讨论自然产出率表达式时，这个问题变得尤为重要——因为伍德福德主张该表达式要以实际资本存量余额为条件，而尼斯（Neiss）和纳尔逊则另外提出，潜在产出应该是"弹性价格的资本存量"的函数。这两个定义之间的选择涉及下列问题所采取的立场：与黏性价格经济进行比较的经济无论何时都是一个价格弹性的经济呢，还是它只是从 t 期开始才成为弹性价格经济。[1] 弗里德曼似乎没有对这一选择做出明确的裁决。但是，他确实说，美国企业在最近投资支出的放缓意味着美国潜在产出的增长将更加缓慢。这一陈述表明，弗里德曼在定义自然产出水平时对以实际资本存量为条件感

---

[1] 自 2003 年以来，动态随机一般均衡模型的大量研究在考虑资本积累和计算模型一致的产出缺口时似乎都心照不宣地使用了尼斯和纳尔逊定义的自然产出水平（即这项研究将弹性价格经济视为始终具有价格弹性的特征），而不是伍德福德的定义。例如，A. Levin, Onatski, Williams, and Williams（2005, 265）所描述的计算模型中潜在产出的方法相当于 Neiss and Nelson（2001, 39）中概述的方法。Andrade, Gali, Le Bihan, and Matheron（2018）所使用的方法也是如此。.

到满意。

四、自然产出水平和名义变量

上述分析认为,自然产出水平纯粹由实际变量决定,并对货币政策不敏感。这种做法显然与弗里德曼将威克塞尔的自然率概念推广到实际经济活动的测量指标时给出的信息一致。这一做法也得到了实证研究的大力支持。例如,沃森发现,真实商业周期模型"在匹配产出的极度低频变动方面做得非常好",而克劳德(Crowder)、霍曼和拉什则发现,真实冲击解释了美国在60个季度的范围内实际产出预测误差方差的90%以上。由于自然率假说表明产出在低频时等于其自然率,因此这些发现支持弗里德曼的关于自然产出率的波动主要由实际因素驱动的观点。

尽管如此,弗里德曼确实详细地解释了货币因素影响自然产出水平行为的一些方式。其中最明显的一种方式是来自货币提供的交易和其他服务。弗里德曼指出,货币经济往往比以物易物的经济具有更高水平的生产率。[①] 货币为经济提供的服务来自实际货币余额,而不是名义货币余额。我们已经看到,这两个变量的存量在长期中是由不同的系列因素决定的。但是,正如上面也指出的那样,货币政策在长期中对实际货币余额有影响,因为实际货币余额的稳态值负向依赖于货币政策决定的稳态通货膨胀率。因此,生产率对实际货币余额存量的依赖意味着稳态通货膨胀和

[①] Friedman and Friedman(1985, 107)。另见 Friedman(1957c, 73);以及 Friedman and Schwartz(1982a, 145)。这些评论强调了一点,即弗里德曼用来作为自然率定义基础的弹性价格经济是一种使用货币的经济。

稳态生产率水平之间成反比关系。①

不过，弗里德曼强调，提供货币只是一个经济体实现较高生产率的垫脚石，因为生产率也严重依赖于许多实际现象。弗里德曼评论说，"货币至多是润滑剂，从而能使那些基本力量（主动性、储蓄和工作能力）更容易表现出来"。②

弗里德曼还认为，信贷市场的存在是潜在产出的重要的积极贡献者。如前所述，弗里德曼与施瓦茨的观点是，如果信贷市场关闭或严重收缩，这"可能会大大降低经济的生产率和效率"。③弗里德曼进一步认为"借贷资本的能力"对生产率的增长很重要。从弗里德曼对信贷与潜在产出联系的信念中极具诱惑力的推断是，存款和信贷创造之间的联系在他的框架内是实际货币余额对潜在产出行为至关重要的另一个原因。然而，正如第六章所讨论的那样，这种推断是不恰当的，因为他强调，即使在部分准备金商业银行制度下，总信贷和货币存量之间也缺乏可靠的联系。

然而，弗里德曼认为货币政策可以影响信贷市场。因为他相信，严重的通货膨胀——当然是高达两位数的通货膨胀——对各种资本市场都是破坏性的。他指出，部分破坏应归于通货膨胀和政府对信贷市场的管制的相互作用——但是即使在没有这些管

---

① 正如 Marty（1994）所强调的那样，生产率（以及产出和劳动投入分别考虑）对货币服务的依赖，是货币在经济模型中不能被认为是完全超级中性的一个原因，即使从长期来看也是如此。
② 引自 Feldberg, Jowell, and Mulholland（1976, 51）。
③ Friedman and Schwartz（1963a, 247）。弗里德曼在 1961 年 5 月 3 日在华盛顿特区的美国商会与参议员约瑟夫·S. 克拉克（Joseph S. Clark）就"政府在我们社会中的角色"进行辩论时，表明了信贷市场可能对潜在产出规模的贡献。

制的情况下,通货膨胀也会侵蚀信贷市场的运作。[1] 弗里德曼认为,信贷混乱是两位数的通货膨胀会借以降低像美国和英国这样的国家的生产率的多种机制之一,因为这些国家的许多制度定位太差,甚至在长期内都无法对预期通货膨胀进行有效的调整。例如,他强调税收制度对通货膨胀缺乏完全的指数化。[2] 弗里德曼还相信,一旦通货膨胀上升到中等水平,它也变得更加多变。[3] 部分由于这个原因,他认为通货膨胀——即使暂不考虑价格黏性——往往会扭曲资源的配置和降低生产性投资。[4] 他推测,这些违反超级中性的行为可能会影响生产率的增长率,而不仅仅是生产率的水平,因此他建议"较低的通货膨胀率可能会对产出增长产生有利的影响"。[5]

弗里德曼认为,通货膨胀实际上很可能诱发阻止市场体系运行的工资和价格管制等政策行动,从而降低生产率。[6] 他还认为,通货膨胀可能会提高税收与产出的比率,从而提高政府支出在总支出中所占的比例。[7] 弗里德曼断言,这样的发展将降低潜在产

---

[1] 例如参见 Friedman and Schwartz(1982a, 496)。在许多场合(例如 Friedman 1984c, 47-48, 59; Friedman and Friedman 1985, 100-102),弗里德曼提出并支持某些创新,从而可能会使私营部门信贷市场对价格水平变动的调整更加自动化。
[2] 然而到了 20 世纪 90 年代中期,弗里德曼认为美国的税收制度更接近于指数化,而不是非指数化(O'Driscoll et al.1997, 7)。
[3] 特别参见 Friedman(1977e, 465-66)。
[4] 例如参见 Friedman(1958b, 252 [p.183 of 1969 reprint]; 1977e, 466)。
[5] Friedman(1980a, 55, paragraph 2 [p.50 of 1991 reprint])。
[6] 参见第十五章的讨论。
[7] 参见第十三章。

出。① 但是，他对高通货膨胀与更高水平的监管、税收或公共支出之间联系的描述，主要应被视为对通货膨胀的政策反应的预测，而不是将通货膨胀与自然产出水平联系起来的基本经济渠道的描述。

相比之下，将通货膨胀与实际行为联系在一起的一个明确的经济渠道——也是弗里德曼描述通货膨胀的一条重要渠道——在于这样一个事实：偏离价格稳定也会刺激私人部门减少其持有的实际货币余额。原则上，这一过程可能会随着货币在经济中的扩散而降低生产率。尽管弗里德曼认为，只要通货膨胀率保持在个位数或较低的两位数水平，私营部门逃离货币而导致的生产率下降并不十分重要，但他认为，代理人节约货币的尝试是对资源的浪费。②

在极端通货膨胀的情况下，特别是恶性通货膨胀，弗里德曼认为货币政策对潜在产出的负面影响是极其严重的。恶性通货膨胀导致"交换媒介的彻底崩溃"，并导致一定程度的经济混乱，从而强制进行全面的货币改革。③ 因此，弗里德曼赞同"货币价值的破坏就是对社会的破坏"这一格言。④ 弗里德曼自己对这句格言的变体是："如果我们放任（通货膨胀）不受控制，代价将

---

① 例如参见 Friedman（1980a, 1983e）。
② 例如参见 Friedman（1980c, 82）。另见下一章。
③ Friedman（1968c, 443）。另见 Friedman（1987a, 16）。
④ Friedman（1962a, 39）。当 Friedman（1983e, 15—16）重复这句格言的一个版本时，他更正确地将其归因于凯恩斯。

是摧毁我们的社会制度和政府。"① 弗里德曼提到的"不受控制的"通货膨胀是一个重要的限定条件。这意味着,只要通货膨胀保持在适度水平,自然产出水平的变化往往由非货币因素主导。

---

① 引自弗里德曼1974年9月5日在华盛顿特区举行的通货膨胀的经济学家会议上的评论(Council of Economic Advisers 1974, 76)。

第八章

弗里德曼的框架：
政策规则[1]

---

[1] 本研究中所表达的观点仅代表笔者本人，不应解释为联邦储备委员会或联邦储备系统的观点。笔者感谢戴维·莱德勒对本章初稿的评论，以及杰拉德·奥德里斯科尔对本章论述的某些问题的讨论。关于本书完整的致谢名单，参见前言。

第一节　弗里德曼的固定货币增长建议

本章将分析弗里德曼的经济学框架所包含的政策规则。第二节的分析将论述弗里德曼关于美国在实践中奉行的货币政策反应函数的观点。第三节进而讨论弗里德曼关于最优货币政策的观点，包括随机最优控制的观点以及1969年提出的"最优货币数量"分析在弗里德曼的整个著作中的位置。不过，本章在第一节先讨论弗里德曼众所周知的固定货币增长建议。

弗里德曼是如何提出这种建议的呢？第三章论述他在1948年的一篇文章中主张货币化规则——根据这种制度安排，联邦政府会出现周期性的预算平衡，从而允许将与这种财政政策相关的赤字和盈余货币化——这一事实。有人主张，弗里德曼赞成货币化规则的根据部分取决于他在1948—1951年间成为货币主义者之时摒弃的理论观点。

但是，那种认为弗里德曼采纳货币数量论就自动地导致他立即放弃货币化规则的说法是错误的。与此相反，他继续在1951—1954年间的国会证词和其他演讲中倡导此项规则。而且，正如第四章提到和下面将进一步用文献证明的那样，他甚至在倡导固定货币增长规则之后还支持货币化规则。

弗里德曼成为一名货币主义者与他转信固定货币增长规则的理由并非同时发生的事实就证明了他多次说过的声明：采纳货币主义的理论框架与倡导货币主义的货币政策不是密切相关的。弗里德曼在1984年以这样的术语阐述了这个问题："一个信奉货币主义理论的人依然可以支持积极的货币政策是一种抵消经济中的其他变化的一种手段。"① 同样，他多次说过："对经济波动的货币主义解释正如凯恩斯主义解释一样均可导致经济政策的微调方法。"②

因此，弗里德曼成为一个固定货币规则倡导者的演变过程不同于他的理论框架变成货币主义的理论框架的变化过程。第四章至第七章已经论述了后一演变过程。弗里德曼向固定货币增长规则的转变就是接下来讨论的主题。

一、从货币化规则到固定货币增长规则

弗里德曼早在20世纪50年代之前就通过克拉克·沃伯顿和劳埃德·明茨在内的著作大量接触了固定货币增长建议。后者在明茨的这篇文章中具体指出，弗里德曼——当时是明茨的同事——批评固定货币增长规则并强调其与货币化规则相比的缺点。在货币主义的早期阶段，弗里德曼尽管继续倡导货币化规则，但是他支持货币化规则的理由却发生了变化。他在1948年

---

① Friedman（1984e, 3）。
② Friedman（1985e, 15; 1986b, 52; 1997, 21）。
相比之下，麦克法伦（Macfarlane 2006, 32）声称，这个"'货币主义'术语只能用来描述……米尔顿·弗里德曼所提出的为货币供给增长设定定量目标的方法"。麦克法伦引用弗里德曼的一个参考文献（Friedman 1970a）就证明了这种主张是错误的，因为在该文献的"货币主义的主要命题"一节所提供的列表中并没有包括货币目标或固定货币增长规则［Friedman（1970a, pp.22-26 [pp.14-18 of 1991 reprint]）］。至于相关的讨论，参见E. Nelson and Schwartz（2008a, 849）。

认为财政政策与货币政策同样有力。从这种观点来看，赤字支出的货币化放大了与这种支出相关的本来已经很大的财政乘数。但是，弗里德曼在20世纪50年代初对财政政策效应的评价大幅度降低了，因为他当时就认为赤字支出本身不会对总需求施加很大的影响。不过，他却加倍相信货币政策拥有很强的效应。

在这种背景下，财政赤字和盈余的自动货币化连同周期性预算平衡规则一起就可以被视为对稳定性政策的实施提供了一个适宜的方式，因为这些规则会产生货币增长的反周期性模式。因此，弗里德曼在20世纪50年代重申对累进所得税结构之类的因素具有总需求稳定效应的信心，因为这些因素有助于财政状况对商业周期产生自动反应。[1]尽管弗里德曼不再主张税收收入对国民经济状态的反应本身就是一个非常强大的稳定性力量，但是他认为，如果与此相联系的财政失衡导致货币创造，那么税收收入的这种效应可以变成一个强大的稳定性力量。

弗里德曼在1956年已是一位货币存量固定增长政策的倡导者了。他明确表达对该规则的偏爱胜于其他规则的第一篇文章是为1956年10月12—13日美联储举行的一次会议准备的，并在1957年3月发表的一篇论文。[2]当弗里德曼在1956年6月的一

---

[1] 参见 Friedman（1953d, 127-28）和下面第10章。这种看法的最近一个例子是弗里德曼在 Friedman（1957a, 238）中谈到"个人累进所得税结构的稳定效应"。

[2] 参见 Friedman（1957b）。将弗里德曼的转变追溯到这篇论文并将转变的时间确定为1956年的一个早期和罕见的例子是 Selden（1962, 324-25）和 Ward（1966, 323）的讨论。在现代研究弗里德曼的文献中，第一篇将弗里德曼接受固定货币增长规则的时间追溯到1956年的著作是 E. Nelson（2013d）（参见此著作的第8页和第10页）。

次未发表的讲话中对货币政策行为的制度安排进行评论说,"我必须承认,我对此的最佳答案在某种程度上处于变化之中"的时候,他已经表明他在朝着偏爱固定货币增长规则的方向前进了。尽管他在那一次继续支持1948年的规则,但是指出他越来越信服"一种简单得多的,我可以说是头脑简单的,制度几乎可以做好同样的工作",并具体指出以每年4%增长的固定货币增长规则就是另一种更简单的制度。①

但是,正是这篇1956年10月的文章标志着弗里德曼正式转向倡导固定货币增长规则的时点。弗里德曼评论说,他从1948年的论文以来所做的研究"导致我甚至走得比我在那篇论文中所做的更远"。他解释道,当他在得出了这种判断——"一个复杂性少得多的货币政策,即每年只是提供一个稳定货币存量增加的货币政策,可能与高度的稳定性相一致,因而可能更可取"——之后,他就远离了货币化规则的主张。②

诚如1956年6月的演讲一样,弗里德曼在1956年10月的演讲中援引的事实是,"对货币经验的研究"——具体而言是对美国的货币与经济的历史关系的研究——促使了他的观点的转变。③弗

---

① Friedman(1956c)。Lothian and Tavlas(2018)认为,这次讲话标志着弗里德曼皈依固定货币增长规则的转折点。不过,以笔者之见,Friedman(1957b)具有这种转折点的地位。
不管这些1956年的讨论是否被认为标志着弗里德曼关于适当规则的观点的决定性转变,但是,他的"重述"货币数量论的论文(Friedman 1956a)在事实上绝没有包含倡导固定货币增长规则的内容——尽管Leeson(2003e, 18)错误地将这种倡导归之于"重述"的论文。
② Friedman(1957b, 76)。
③ Friedman(1957b, 76)。

里德曼在这篇论文中接着讨论了他和施瓦茨对美国的关键历史时期的货币政策所获得的一系列主要的研究发现。在这个概述中,弗里德曼不仅详细讨论了大萧条,而且援引了其他历史时期的货币政策顺周期行为,包括"一战"时期、20世纪20年代早期和1942—1951年时期。[1] 同样,他认为1921—1928年的时期是美联储的行为没有增加周期性波动的时期,而从1951年起的更加稳定的货币增长是促进20世纪50年代的经济稳定的一个因素。[2] 而且,弗里德曼在思想发展的这一阶段可能会批评美联储特别是在1931年采取了在效果上具有"延长和加剧了萧条"的行动,但依然没有达到指责美联储在1930年的不作为将一场衰退转变为一场萧条的观点。[3]

因此实际情况是,尽管弗里德曼对20世纪30年代的研究在他重新评估历史记录中发挥着重要作用,但是,该时期的经验并非在这次评估中起着唯一的作用。它不过是促使他朝着成为一个固定货币增长倡导者的方向前进的一个因素而已。他对20世纪

---

[1] 参见 Friedman(1957b, 96-99)。

[2] 关于20世纪20年代,另参见 Friedman(1957f, 72)。关于弗里德曼就美联储与财政部在《协定》签订后的早期实施的美国货币政策的观点,参见 Friedman(1957b, 99-100; 1957f, 73)以及下面第十章的讨论。

[3] Friedman(1957b, 97)。类似地,弗里德曼在几个月之后的1957年2月以稍微更加强烈的口吻说:"我认为,这次萧条在一定程度上是由不适当的紧缩货币政策引起的"(Friedman 1957f, 72)。尽管他在1954年似乎作了更强的陈述——大意是货币因素在20世纪30年代的"萧条产生中起着重要作用"以及"没有任何大的萧条"不与美国货币的崩溃携手前行(Friedman 1954a; p.79 of 1968 reprint)——但是,与1957年的讨论相同的是,他集中批评美联储从1931年起的政策,而没有将1930年包括在这个指责之中。

30年代美联储政策行为的批评已经存在很长时间了，并且一直持续发展到1963年的《美国货币史》的最终版本之中。正如第四章讨论的那样，弗里德曼在20世纪40年代末就批评大萧条时期美国实行的货币政策。因此，对大萧条时期美联储政策的批评性看法就是弗里德曼在1956年采纳固定货币增长规则之前的货币政策观的一个组成部分。业已指出，弗里德曼与施瓦茨对美联储从1929年到1933年，特别是关于它在20世纪30年代的行为以及它默许美国银行的破产的全面指责，只是远在弗里德曼成为一位固定货币增长规则的倡导者之后才逐渐成形。

弗里德曼在1956年基于历史记录得出结论说，美国的货币制度需要与过去的做法决裂就不可避免地要转向避免货币增长周期性变动的制度安排。这个结论与构成货币化规则基础的推理形成了对比。此项规则通过提供弗里德曼所称的赤字产生的反周期性货币增长变动的"自动稳定化"来实现反周期而不是非周期性的货币增长。[1]

尽管明显转向了不同的政策规则，弗里德曼继续不断地支持货币化规则。他在1956年10月的讨论中声称，尽管他的研究结果唆使他反对他在1948年的论文中提出的规则，但是，同一种研究"增强了那里提出的政策有效性的信心"。[2] 这个主题在他后来的著作中继续存在。弗里德曼不仅并未彻底否定1948年提出的规则，而且在1961年轻率地写道，货币化规则的出身让

---

[1] Friedman（1961d, 465）.
[2] Friedman（1957b, 76）.

他"不情愿剥夺它的继承权"。① 他在1960年的著作《货币稳定计划》——此书是他在1959年所做的演讲改编而成,并成为弗里德曼支持固定货币增长规则的标准参考文献之一——的前言中提出支持固定货币增长的理由时声称,就货币化规则而言,他依然"毫不怀疑它会运行得很好"。②

当此书问世时,弗里德曼在许多国会论坛上提出充分支持固定货币增长的理由,包括在1958年向国会提交的建议和在1959年间两次在国会作证。③ 但是,弗里德曼正是在《货币稳定计划》中广泛讨论了他放弃货币化规则和支持固定货币增长政策的理由。其中的一个理由——如上所述,这源自与弗里德曼和施瓦茨的项目有关的历史评论——是,他并不相信固定货币增长规则从实现的经济结果的角度来看与特定的其他规则相比可以得到改进。④ 第二个理由是,固定货币增长规则具有吸引人的简单性特征,因为简单易懂的规则可以促进公众对此项规则的支持。⑤ 第三个理由是,此项新规则不同于货币与财政政策相结合的规则,仅仅是一项货币政策规则。因此,此项规则在美国的实施所要求

---

① Friedman(1961d, 465)。
② Friedman(1960a, 90)。
③ 提交的国会建议是Friedman(1958b),而弗里德曼在1959年的国会证词发表在Joint Economic Committee(1959a, 1959b)。参见第十章。
④ Friedman(1960a, 93)。
⑤ Friedman(1960a, 90)。当人们后来要求他就研究文献中从货币增长为目标的规则转向名义收入增长为目标的规则的建议进行评论时,大众的理解是弗里德曼援引的一个考虑因素。弗里德曼在1992年1月22日的访谈中强调指出,尽管他并不反对这样的规则,但是他担心这些规则会碰到"平民百姓"理解难的问题。另参见Friedman(1983a, 5)。

的制度安排的变动远少于弗里德曼在 1948 年提出的建议。①

的确，这项货币规则的建议比先前的提议所需要的政策安排的广泛改变要少一些。但是，在援引这是一个影响他决定集中关注货币增长规则的考虑因素时，弗里德曼看不清他的经济模型——具体而言就是他的经济波动理论——自从 1948 年以来已经发生了变化，以至于也促进了他只关注货币规则。如上所述，虽然弗里德曼在 20 世纪 50 年代初以货币主义的术语改写了他对 1948 年提出的规则的支持，但是，最初提出来支持这项规则的理由却是财政政策和货币政策各自在提供反周期的措施中都发挥着潜在的重要作用的理由。弗里德曼认为，与货币化规则相关的"经济稳定"来自财政赤字和盈余所推动的流通速度的反周期性运动，以及赤字和盈余货币化所提供的货币存量的反周期性运动。按照这种观点，私人部门是货币流通速度自动变动的一个主要的不稳定根源，而政府则是顺周期货币运动的一个潜在根源。根据这种推理，货币化规则就会预先阻止顺周期货币运动的可能性，从而提供了反周期性的运动。此外，此项规则将可能是流通速度反周期性运动的一个根源，从而抵消私人部门产生的流通速度波动。

相反，弗里德曼后来对固定货币增长规则的信念则部分源自他改变的观点，即不仅私人部门产生的流通速度的运动难以抵消（正如马上要讨论的那样），而且货币的不稳定性也倾向于产生流通速度的更大波动。② 因此，植根于弗里德曼的固定货币增

---

① 后面两条理由是在 Friedman（1957b, 76）中与货币化规则相比之时，在谈到与固定货币增长规则相关的"公众易于理解和管理易于操作"的紧缩形式给出的。
② 参见第二章和 Friedman（1967a, 12）。

长规则建议中的货币政策与财政政策的分离自然是源自他的新结论：旨在实现反周期性的货币增长的政策，以总收入的波动性衡量，不可能对与固定货币增长相关的非积极的货币立场实现较大的改进。因为此新结论反映了弗里德曼对他更早时期将商业周期的主要波动归因于流通速度的自动快速变动的放弃。

弗里德曼在多个政策论坛上的讨论突出了另一个影响他最终偏爱固定货币增长的主要因素。诚如第四章业已指出的那样，货币化规则因其实施需要政策制定者特别是对充分就业的产出水平拥有大量知识的事实而受到批评。弗里德曼在《货币稳定计划》中所做的评论-货币存量的反周期性变动与一个可以准确测量的概念不相符-可以被视为对货币化规则的责备。[1]1948年的规则与弗里德曼在20世纪40年代已经对政策制定者关于经济结构的了解程度所表达的怀疑态度相冲突。正如马上要讨论的那样，这种怀疑态度进一步体现在20世纪50年代弗里德曼关于模型不确定性和破坏稳定性政策可能性的著述之中。这些因素有助于促使他接受固定货币增长规则。

二、模型不确定性

布鲁纳评论说："米尔顿·弗里德曼在30年前正是基于分散的和不确定的结构信息而对固定货币增长规则的非积极性策略进行了著名的辩护。"接着，布鲁纳援引了弗里德曼在1951年以法文发表的论文"充分就业政策对经济稳定的影响：一个正式的分析"，而此文在英语世界是以修改的形式收录在弗里德曼的论文

---

[1] Friedman（1960a, 95）.

集《实证经济学文集》中公之于众的。① 布鲁纳关于弗里德曼是在 1951 年或 1953 年倡导固定货币增长规则的说法确定无疑是错误的。② 但是，布鲁纳随后正确地指出，模型不确定性——"充分就业政策"论文的主题——在促使弗里德曼接受固定货币增长规则方面是一个重要的考虑因素。③

弗里德曼的立场是，价格理论即微观经济学是一个久负盛名的在很大程度上不可改变的知识体系。对他而言，该领域有待做的工作就是将它应用于更大范围的私人决策，比如弗里德曼与萨维奇所分析的赌博。相反，弗里德曼认为，宏观经济学理论的设定——以及将理论与经验证据相协调——则远未完成。部分原因在于，宏观经济学模型比微观经济学模型在更大程度上与适当的动态设定问题纠缠在一起。④ 因此，弗里德曼对正式的宏观经济学结构模型持怀疑态度——随着他放弃大多数凯恩斯主义的立场，这种态度在 20 世纪 40 年代后期变得越来越强硬。约翰·泰勒在 2013 年 7 月 2 日的访谈中评论说，"他对微观东西的教学与思考都只是与基本的、非常好的老式的价格理论模型高度相关"，

---

① Friedman（1953d）.
② 同样，Purvis（1980, 100）错误地认为，Friedman（1953d）是"弗里德曼最初赞成固定货币增长规则"的论文。Kiley（2003, 393, 405）同样认为如此。实际上，Friedman（1953d, 127）指出，货币化规则是他当时偏爱的规则。的确，在《实证经济学论文集》中，"充分就业政策"的论文直接引发了重印弗里德曼在 1948 年提出的政策建议。
③ 布鲁纳更早地在他与艾伦·梅尔策在 1967 年 4 月 30 日的《华盛顿邮报》上发表的一封信中，强调了弗里德曼对固定货币增长规则的支持取决于不确定性。另参见 Brunner（1971b, 37）。
④ 这并不是要否认，弗里德曼认识到了价格理论也有需要更多知识的动态维度。参见 Friedman（1951b, 113-14）。

但是"他只是感到，我们的宏观经济模型还有很长的路要走"。尽管弗里德曼在生命的最后几十年多次向泰勒表达过这种看法，但是这种看法也在他更早的时期明显地表现出来，包括弗里德曼在1956年1月30日的《新闻周刊》上所做的经济学家关于单个厂商或行业的未来前景的预测要比经济学家的总量预测要可靠得多的评论。① 正如前面的第一章和第四章已经看到的那样，弗里德曼在设计货币化规则以及甚至他在此之前的"二战"期间作税收政策建议之时，就对依靠预测的方式来制定政策所存在的问题进行过强调。

正如其副标题所指出的那样，弗里德曼的"充分就业政策"的论文标志着他对所关心的许多稳定性政策的问题的形式化。弗里德曼在他的货币分析中以越来越罕见的形式写下了一个正式模型——这种情形导致奥肯称这篇论文是在稳定性政策方面的"开创性分析文章"。弗里德曼使用了他所谓的一个"绝大多数充分就业政策的倡导者都默认的简单模型"。② 此模型将名义的或实际的国民收入分为不包含稳定性政策的价值部分和稳定性政策贡献的价值部分。弗里德曼将收入的方差最小化当作成功政策的标准。弗里德曼表明，即使政策反应平均而言处于正确的方向

---

① Lars Hansen and Thomas Sargent（2011, 1104）认为，这种情形是"米尔顿·弗里德曼对预期效用理论的矛盾心态"之一。他们的意思是说弗里德曼与萨维奇（Friedman and Savage 1948）使用效用最大化和弗里德曼在实际的货币政策研究中拒绝使用最优控制技术之间存在的差异。尽管他们正确地强调模型不确定性是后一种看法的理由，但是，以笔者之见，汉森和萨金特没有足够强调这一点，即对弗里德曼而言，模型不确定性在宏观经济分析中比在微观经济分析中更加普遍。

② Friedman（1953d, 129）.

上，稳定性政策可能会增加收入的方差。稳定性政策只有在收入的这两个组成部分之间的相关系数处于−0.5到−1.0之间的范围时才会真正成功地减少收入的方差。① 这个正式的框架没有明确包含政策行动的滞后效应。但是，弗里德曼指出，滞后因素的存在使得破坏稳定性政策的情形更可能盛行。② 尽管模型过于抽象而无法表明具有某个具体政策规则的可能性，但是弗里德曼从这些结论中推断，稳健的做法是依赖那些以至多适度反周期为目标的政策。③

布雷纳德后来进一步将模型不确定性在政策策略选择时很重要的观念形式化了。作为美国经济协会新当选的主席，弗里德曼可能在1966年12月美国经济协会的会议上将布雷纳德的论文列入议程方面发挥了正式的作用。尽管弗里德曼出席了布雷纳德作报告的那场会议，但是，弗里德曼对布雷纳德的论文几乎没有评论。而且，布雷纳德的论文没有援引弗里德曼的著作。因此，主要留待其他人来建立弗里德曼的"充分就业政策"的论文与布雷纳德1967年论文之间的联系。④ 早期这样的探讨包括奥肯，而

---

① Friedman（1953d, 125）.
② 参见Friedman（1953d, 129）。弗里德曼在这篇论文的这一页对滞后问题的讨论导致一些评论者通常在没有具体援引这篇论文的情况下将内在时滞和外在时滞的概念归功于弗里德曼。但是，弗里德曼在讨论这个问题时使用了这些概念而没有使用这些术语。
③ 业已指出，他在这一阶段认为他的1948年规则（Friedman 1948a）在这个角度来看是适当的。参见Friedman（1953d, 130）。
④ 鲍莫尔（Baumol 1961, 21）早先把弗里德曼（Friedman 1953d）分析的主题思想与菲利普斯（A. W. Phillips 1954）分析的主题思想紧密联系起来。对后者的讨论超出了本章的范围。

最近这样探讨的例子有拉斯·彼得·汉森和托马斯·萨金特。

刚才援引的拉斯·彼得·汉森与托马斯·萨金特的研究是对模型不确定性的正式分析的研究兴趣复苏的一个重要组成部分——这种复苏包括了布雷纳德传统方法和拉斯·彼得·汉森与托马斯·萨金特提倡的稳健控制方法。[1]但是，并不能直截了当地判断这个现代文献是否指向了弗里德曼提出的固定货币增长建议。此中的原因是，该文献的主旨思想对什么被视为货币当局的工具非常敏感。例如，布雷纳德的传统被认为提到了这样的结论，即模型不确定性意味着降低政策对经济状态的反应是可取的。但是，如果政策工具是名义利率，强度较低的政策反应就必然意味着货币增长对经济状态的更快反应；而当政策以货币来判断时，则反应要更加积极。也就是说，与不存在模型不确定性的政策相比，模型不确定性证明了远离固定货币增长政策的合理性。相反，拉斯·彼得·汉森和托马斯·萨金特表明，模型不确定性在一个模型不确定性的环境中可能会证明利率对经济状态的较大反应是合理的。这种看法可能意味着货币增长对经济状态的较慢反应，因而从货币总量的角度来判断政策时则意味着更不积极的反应。也就是说，与弗里德曼的直觉相符，这种情形下模型的不确定性与不存在模型不确定性的政策相比似乎证明了更接近固定货币增长政策的合理性。[2]

不管一个人对现代文献关于模型不确定性下货币政策的可能

---

[1] 模型不确定性慢慢成为货币政策规则讨论的背景由这一事实得以证明：Kydland（1992，379）坚持说，在"现代支持规则的论据中……缺乏政策效应的知识不再起作用"。

[2] 另参见 E. Nelson（2007，170）；和 Kilponen and Leitemo（2008）。

的后果的观点如何，该文献的规模就毫无疑问表明该主题易引起了极大的关注。值得强调的是这一主题也是弗里德曼一贯讨论的主题。当艾伦·巴德指出政策制定者缺乏经济结构的知识"可以被视为'弗里德曼的早期观点'"和弗里德曼在20世纪50年代初在为货币规则辩护时就放弃了模型不确定性的论据之时，他给人留下了相反的印象。[1] 但是，弗里德曼在20世纪六七十年代为货币规则的辩护事实上继续突出了模型不确定性的重要性。例如，他在1972年2月27日的《新闻周刊》的专栏文章"为货币规则辩护"之中将"我们知识的局限性"包含在支持规则的理由之中。这同一篇专栏文章引述了弗里德曼在四年前的美国经济协会的主席演讲中提到的"知识的当前阶段"的有限性。

美国经济协会主席演讲突出了弗里德曼对模型不确定性强调的一个特别重要的特征——这个特征甚至在他20世纪40年代最早关于此主题的著述中就一直存在。这个特征与政策制定者对实际变量水平的反应有关。由于政策制定者关于实际总变量的目标涉及这些实际变量序列的充分就业数值，以及后者是不可观察的和它们的经验估计则是模型依赖的，因此，高度依赖于这些序列估计的稳定性政策就容易出错。正如第四章讨论的那样，弗里德曼对获得充分就业产出的准确信息的可行性的怀疑就构成了他反

---

[1] 类似地，Portes（1983, 161）声称，模型不确定性是"弗里德曼支持非积极性规则的早期论据"的一部分，但他在后来的著述中就没有再使用模型不确定性。

对阿巴·勒纳提出的政策建议的一部分。① 这些怀疑包括了弗里德曼的具体反对意见："要将这个建议变成一个'产生充分就业'的处方，阿巴·勒纳必须告诉我们如何知道什么时候存在'总需求不足'。"② 鉴于这些怀疑以及弗里德曼在随后的研究中把这些怀疑置于显著位置，因此，他远离货币化规则——正如指出的那样，这项规则需要估计充分就业的财政状况——就是一种符合逻辑的发展。

弗里德曼也在早期阶段表达了对自然实际利率概念依赖的关注。他在1942年与艾伦·沃利斯的一篇论文中强调了这一概念的不可观测性质。③ 而且，尽管他在1967年的主席演讲中接受了自然利率的概念并以此作为界定自然失业率的根据，但是，他反对直接依赖对任何一个自然率序列估计的货币政策策略。④ 当然，当涉及对产出缺口估计的政策反应时，他持有同样的看法。⑤

正如布鲁纳和梅尔策所说，弗里德曼诉诸模型不确定性作为反对积极干预政策的基础在很大程度上"独立于具体的货币假说"。证明这个评论的一个发展就是阿萨纳修斯·欧菲尼德斯的

---

① 正如第四章提到的那样和下面将要继续探讨的那样，Orphanides（2003）强调了弗里德曼对勒纳批评的这一特征。另参见 Hirsch and de Marchi（1990, 193）。
② Friedman（1947, 413）.
③ W. A. Wallis and Friedman（1942, 176）.
④ Orphanides（2002, 116, 119）强调了弗里德曼演讲的这方面内容。第十三章会详细探讨弗里德曼的主席演讲。
⑤ 弗里德曼对潜在产出与产出缺口估计的可靠性的怀疑多年来都在教材介绍中得以强调，比如 P. Wonnacott and R. J. Wonnacott（1979, 333-34）a 和 Stevenson, Muscatelli, and Gregory（1988, 69）。进一步的讨论，参见第十一章以及目前关于弗里德曼对经济变量水平的适当货币政策反应的观点的论述。

研究，因为他部分地受到弗里德曼重视模型不确定性的启发但没有使用货币增长规则。这种研究思路强调以一阶差分形式表达的名义利率反应函数。具体而言，名义利率的一阶差分对通货膨胀水平和实际序列的增长率做出反应——这个设定就避免了对产出缺口水平或实际利率估计的依赖。[1]

这个观念——建议用一阶差分而非实际序列的水平值的货币政策策略是沿袭米尔顿·弗里德曼的政策规则研究的传统——遭到本杰明·弗里德曼（Benjamin Friedman 2013）的强有力挑战。但是，米尔顿·弗里德曼的著述和公开声明都包含了对依赖实际水平序列的大量警告。[2] 例如，他在20世纪60年代早期批评肯尼迪政府使用失业率目标。[3] 他在20世纪70年代初评论说，"我认为，使用就业水平作为主要的或唯一的政策目标是一个严重的错误"。[4] 弗里德曼在1995年《华尔街日报》的一次访谈中评论说："我不知道什么是自然率，你也不知道，没有任何其他人知道。"

相反，弗里德曼对各序列的增长率为目标的货币政策策略更加乐观一些。例如，作为实施货币政策适当基础的备选指标中，他推荐"名义收入变动率"的稳定性。[5] 弗里德曼在20世纪70年代所强调的一个观点在欧菲尼德斯后来对这十年的研究中得以

---

[1] 另参见 Beyer, Gaspar, Gerberding, and Issing（2013）在这方面的研究。
[2] 除了接下来要讨论的，参见 E. Nelson and Schwartz（2008a, 846）。
[3] 参见第十一章。
[4] Friedman（1972b, 194）。弗里德曼以同样的方式在1972年年初说："我们不应该设法定一个失业率的数值目标"（Newsweek, January 31, 1972, 74；另参见 Friedman 1972d, xv）。
[5] Friedman（1972b, 194）。

强调：实际产出的增长率比实际产出水平对国民收入账户数据的官方修订的敏感性更低，因而前一个序列就可以更加安全地用来制定政策。[1] 在20世纪70年代的另一个场合，当被问到一个国家的政府是否应该有充分就业的政策时，他回答说："不是，当然不是。应该有一个稳定就业的政策。"他解释说，后一种政策的吸引力在于它避免了经济的骤升骤降，尽管无法抵消轻微的波动。弗里德曼在这种场合援引的稳定就业政策可以被视为一种以就业增长率大致稳定为目标的政策。这种政策可以与那种旨在纠正每一个就业水平与目标水平之间的实际的或者刚开始的微小偏离的精心微调政策相比。重要的是，弗里德曼只是在阐述了稳定政策应该采取的一般形式之后才谈论他偏爱的这种政策形式，即固定货币增长政策的具体细节。[2]

而且，弗里德曼认为，与经济稳定大致一致的利率模式就是利率与实际产出增长正相关的模式。因此，虽然反对使用联邦基金利率作为一个政策工具，但是他指出，如果要使用它，该工具的最适当路径就是允许它对产出增长进行积极反应的路径。[3] 在这方面，弗里德曼的政策处方也是与短期利率的一阶差分规则相一致的。

---

[1] 具体而言，在1979年5月17日的国会证词（Committee on the Judiciary 1980, 153）中，弗里德曼在一个财政政策的宪法规则的建议中为使用实际国民收入增长进行辩护时评论说，"如果你仔细研究一下过去对实际GNP的修正，这些修正对年度变化的影响要小于对水平值的影响"。弗里德曼在《大西洋》杂志上做了类似的评论（Atlantic February 1983, 23）。

[2] Monday Conference, ABC Television（Australia），April 14, 1975，p.16 of transcript。

[3] 例如参见弗里德曼在1975年11月6日的银行、住房和城市事务委员会上的证词（Committee on Banking, Housing, and Urban Affairs 1975, 38）。

在规范性著作中，弗里德曼设法将货币政策的制定从具体的经济模型中解放出来。尽管如此，他的政策处方还是嵌入了某些理论。弗里德曼在固定货币增长规则处方中对增长率的选择受到他对货币增长与名义收入增长之间的长期关系的评估的影响，以及他表明实际产出的长期增长独立于货币政策的货币分析的信心的影响。因此，弗里德曼的处方就体现了产出、价格和货币的长期平均增长率之间的数量论关系。在使用这种基于模型的信息时，弗里德曼不仅利用了货币数量论，而且利用了他经常陈述的主张——经济学家对这些序列之间的长期关系的了解远多于对它们之间的短期关系的了解。[1] 这种观点连同他对未来赋予较低的贴现率在一起，导致他集中关注实施某个特定货币政策规则的长期后果，并从这个角度给出固定货币增长规则的理由。

当经济从通货膨胀情形开始时，弗里德曼提出固定货币增长规则的引入方式就是通过多年逐渐降低货币增长。这种建议也反映了理论的使用——在过渡期包含了去通货膨胀的实际产出成本是可以控制的观点。他在 1978 年写道，"一个坚定承诺的政策应该向低通货膨胀率进行有效而渐进的、无严重混乱的转变"。[2] 但是，即使这条建议也没有包含菲利普斯曲线关系的动态和参数的

---

[1] 弗里德曼早期关于经济动态缺乏可靠信息的陈述包括 Friedman（1942a, 320; 1950a, 467; 1951b, 113）。这种观点后来的重申包括 Friedman and Schwartz（1982a, 27, 343）; Friedman（1987a, 17, point 11; 1992c, 31, 49）; 以及弗里德曼在 Darby et al.（1987, 22）和 Laidler（1995, 338）之中的评论。

[2] 来自弗里德曼在 1978 年 6 月 8 日致众议员道森·马西斯（Dawson Mathis）的信，此信出版于《国会记录》（Congressional Record, July 18, 1978, 21530）。

详细信息，而弗里德曼则永远怀疑经济学界掌握这种信息的程度。

虽然弗里德曼对经济动态的知识持怀疑态度，但是，他大胆指出固定货币增长规则一旦实行就可以促进稳定的某些方式。诚如已经提到的那样，他指出他的这项规则的一个后果就是，它意味着可能从放大非货币性扰动效应的因素中去除货币增长的顺周期性。[1]但是，他甚至还指出，固定货币增长会"为一个稳定的社会提供一个良好的基础"。其实，正如麦卡勒姆评论的那样，弗里德曼在指出稳定性的规则就是通过对预期的效应时就明显预示了理性预期理论。[2]麦卡勒姆特别指出弗里德曼在1962年的文章"应该有一个独立的货币当局吗"中就明确阐述了这一点。[3]

---

[1] 当弗里德曼在令人迷惑地说他选择这条规则"主要着眼于短期因素"之时，他心中考虑的可能是固定货币增长规则对名义和实际收入变动的影响（Friedman 1969a, 48）。这个评论与弗里德曼关于长期因素是指导他考虑货币政策规则的许多评论形成了对比。例如，他在泰勒（Taylor 2001, 119）中评论说："我确信我更多地考虑的是长期，我的观点永远是，你应该设法为长期设计政策。"弗里德曼在 Friedman（1969a）以及 Friedman（1987a, 18）中传达的观点是，固定货币增长规则是基于减少经济变动性和取得满意的平均结果的考虑因素为其动机的，尽管弗里德曼在 Friedman（1969a）讨论的最优货币数量规则（通货紧缩规则）只与取得最优平均结果相关。如果接受这种解释，那么固定货币增长规则就可以被视为受到动态因素的激励和被视为一个与短期有关的规则。另一方面，人们可以认为这两种规则都由长期概念决定：固定货币增长规则是出于对关键宏观经济数据的遍历分布的满意结果的需要，1969年的通货紧缩规则是根据非随机稳态下的福利最优标准决定的。

[2] 因此，暗示"当时的私人行为取决于预期的未来政策"的观念在弗里德曼为规则的辩护中是不存在的这种说法是不恰当的，而 Kydland（1992, 379）正是这样认为的。

[3] Friedman（1962d）。Mints（1950, 169, 172）更早地以不是那么具体的术语谈到了固定货币增长规则对信心和私人的预期的积极影响。

弗里德曼早在20世纪40年代晚期为货币化规则辩护时就提出了同样的观点。[1] 这些观点在他为固定货币增长规则辩护的通俗解释中也表现出来。例如，他在1972年2月27日的《新闻周刊》中强调指出，一个提前宣布和实施的稳定货币增长政策比一个自由裁决的（即判断驱动的）政策更具有稳定性，即使后一政策在事后实现了与货币增长规则相同的模式。[2]

三、美联储的作用

"基于长期改革，我愿意看到目前形式的美联储被废除，并代之以一个……货币当局对货币数量不拥有自由裁决权的制度。"[3] 这是米尔顿·弗里德曼在1951年写下的话语。这里他所指的"制度"就是他那时偏爱的货币化规则。但是，刚才引用的新制度的描述也适用于弗里德曼从1956年起倡导的固定货币增长规则。固定货币增长规则和货币化规则成立的情形可以用约翰·希克斯关于前一个规则的评论进行准确的总结："依然存在一个货币当局。"

因此，根据弗里德曼的政策建议，依然需要一个货币当局来提供基础货币。而且，在法定准备金并非100%和货币增长规则适用于货币存量测量指标的情形之下，货币当局会监管货币乘数的变动并由此调整公开市场操作，旨在以某种最好的方式实现货

---

[1] Friedman（1949b, 950）.
[2] 弗里德曼在Friedman and Samuelson（1980, 29）中作了类似的评论。进一步讨论弗里德曼的著作与理性预期理论之间的联系，参见第十五章。
[3] Friedman（1951c, 188）.

币增长的目标。① 因而，弗里德曼设想的货币制度就与哈耶克极力主张的私人部门而非公共部门发行基础货币的安排截然不同。

正是根据弗里德曼对新制度的这种具体建议才应该解释他谈到的废除美联储的可取性。弗里德曼从1948年起提出的所有主要货币建议都需要废除美联储的意思是，该机构在制定货币政策中不再享有特权。正如乔治·斯蒂格勒在1964年5月所说："我的同事米尔顿·弗里德曼有时建议废除联邦储备系统。"② 相反的说法——弗里德曼只是从20世纪80年代中期的陈述开始才提议废除美联储——是错误的。③ 弗里德曼在1981年这样说："就我的记忆而言，我一直都赞成废除联邦储备系统。"

弗里德曼所设想的作为实施固定货币增长规则一部分的具体制度变迁，包括美联储不再作为一个独立于美国财政部的实体而存在。④ 他指出，根据这种安排的变化，就会有"一个单一的权力中心负责"货币政策。⑤ 弗里德曼建议，在财政部内部设立的三人董事会，辅之以从事研究和操作问题的人员的支持，应授之

---

① 参见 Friedman（1974a, 22; 1982b, 117）。
② Ketchum and Strunk（1964, 42）。这个评论与弗里德曼在三十年之后所说的"我长期赞成废除联邦储备系统"的评论一致（CSPAN, November 20, 1994, p.12 of hard-copy transcript）。另参见目前的正文所给出的1981年的引语。
③ 关于这种错误说法的一个例子，参见 Hammond（2011b, 7）。
④ 特别参见 Friedman（1962d）。另参见 Human Events（December 5, 1981, 6）和 Friedman and Friedman（1985, 99）。
⑤ Friedman（1984c, 44）。弗里德曼写这些话语的背景是，美联储官员有时将未能实现货币或其他目标归咎于美国大规模的预算赤字，而他关心的是联邦债务管理政策与实现官方的货币增长目标之间在运作上的相互矛盾。

所需的安排公开市场操以实现货币增长目标的责任。[1]

在20世纪90年代中期,M2的流通速度行为不同寻常的模式和美国经济稳定的结合就促使弗里德曼改变了观点。他在美联储直接追求价格稳定目标的可行性和可取性方面比几十年来变得更加乐观。[2] 不过在政策与固定货币增长规则之间,弗里德曼依然在总体上赞成后一种安排。他解释说,他的这一偏好是基于固定货币增长规则会允许废除美联储,而以通货膨胀为目标的安排则不会允许废除美联储这样的事实。

四、商品本位制

弗里德曼与美国货币政策的许多批评者分道扬镳的地方不仅在于他关于应保留货币当局的观点,而且在于他反对将货币政策与黄金或其他商品的价格相联系的观点。

尼尔·华莱士和本·伯南克有必要引起人们关注弗里德曼对以商品为基础的货币本位制的同样陈述:

> 关于……商品货币的无效率问题,回忆一下弗里德曼下列稍微改述的评论是有益的:为什么人们耗费资源挖掘出的黄金只是为了把它放入银行金库中?(尼尔·华莱士)
>
> 不幸的是,金本位制现在远非完美的货币制度。一个小问题是……存在一个巨大的资源浪费问题。……米尔顿·弗

---

[1] 参见弗里德曼在书面建议中的评论:Committee on Banking, Currency and Housing(1976a, 2164)。
[2] 除了接着要阐述的内容,参见前面的第一章。

里德曼过去曾经强调金本位制有一个严重的成本问题；所有这种黄金被挖掘出来，然后再被放进另一个洞中。（本·伯南克）

这两个陈述都提到弗里德曼在1951年的论文"商品储备货币"中关于"在世界的一角挖出黄金而埋入世界的另一角的事业"的评论。① 这些援引都强调了这样的事实，即弗里德曼从货币主义时期开始就与许多数量理论家分道扬镳的地方在于，他不认可包括金本位制在内以商品为基础的货币制度。②

虽然在布雷顿森林体系时代的一些"硬通货"的倡导者迫切要求该体系真正与金价挂钩，但是，弗里德曼对布雷顿森林体系的批评却是沿着截然不同的思路。他认为，美元的价值和其他货币的交换价值不与黄金挂钩是一件好事情；通过放弃美元与金价的挂钩来公开切断货币制度与黄金之间的联系则更好；如果这种变迁伴随着转向浮动汇率制度则是好上加好。对弗里德曼而言，最理想的安排是伴随着以国民经济为目标的货币政策规则的法定货币制度。在倡导货币政策以国内总量——在他的建议中就是名义货币存量，尽管以价格稳定为最终目标——为导向时，弗里德

---

① Friedman（1951f, 227）。华莱士（Wallace 1988）却认为 Friedman（1960a, 5）是这个评论的来源。尽管后一个讨论确实谈到了挖掘黄金，但并没有提供某种形式的评论。另外，《资本主义与自由》基本上重述了 Friedman（1951f）的这个评论（Friedman 1962a, 40），正如 Friedman（1962d, 221 [p.175 of 1968 reprint]）和后来的阐释（Friedman 1992c, 42）重述了这个评论一样。另参见 Friedman（1962c, 30）。

② 他在1951年之后主要讨论该问题的文章还有 Friedman（1961h; 1962a, 40-44）。

曼背离了当时的公认观点。但是，他继承了一些主要的货币经济学家，包括维克塞尔、费雪、1936年著述之前的凯恩斯以及亨利·西蒙斯的事业。①

在面对回归金本位制的倡导者之时，弗里德曼援引"一战"前金本位制下观察到的经济不稳定来为他偏爱的制度辩护。②弗里德曼之外的其他货币主义者在书面叙述中对美国在金本位制下的经济表现进行了更加详尽的控诉。他们指出，金本位制的运行倾向于促进货币存量的顺周期变动。正如我们看到的那样，货币的顺周期行为，在弗里德曼看来，是联邦储备系统存在的前四十年在美国反复出现的货币行为。不过，这种对美国货币制度的不满并不必然与弗里德曼对商品本位制的批评分开。③因为第二章业已讨论过，弗里德曼的立场是，美国自从1914年以来在制定货币政策时对金本位制或者其他国际债务都不再负有义务。

---

① 庇古（Pigou 1917, 57）特别将价格水平的目标与费雪联系在一起；梅尔文·金（Mervyn King 1997b, 435）则认为凯恩斯、费雪和维克塞尔提出了这种思想；而奥德里斯科尔（O'Driscoll 1987, 404）则认为，国内价格稳定的"新思想主要是由凯恩斯负责推动的"，尽管他也认为霍特里（Hawtrey）是倡导者之一。弗里德曼在讨论这个问题，特别是在讨论固定与浮动汇率制的问题时倾向于强调凯恩斯。但是，弗里德曼（Friedman 1967a）尤其探讨了西蒙斯提出的国内货币规则。另参见前面第二章。
② 此外，弗里德曼夫妇（Friedman and Friedman 1980, 308）评论说，美国返回到金本位制或者建立商品本位制是"既无可能又不可取"。
③ 另参见第十章和第十一章。诚如第二章指出的那样，弗里德曼与施瓦茨（Friedman and Schwartz 1963a）的立场是，尽管是由英镑与黄金脱钩引起，但是美联储甚至在1931年的紧缩政策都不是一个将美国维持在金本位制上的必要行动。

因此，在弗里德曼看来，美联储的政策而非国际货币体系是自1914年以来观察到的货币存量顺周期性为的根源。现在就探讨弗里德曼对美联储实际政策的观点。

第二节　弗里德曼关于货币政策实践的建模观

弗里德曼倡导的固定货币增长安排通常与美国实践中的货币政策行为形成了对比，因为前者是一种规则而后者根本就不像规则。但是，美国在战后时期的货币政策实际上的确有系统性的基本原理，因而在某种程度上可以被视为部分地遵守"规则"。正如我们将要看到的那样，尽管在罗伯特·卢卡斯之前为此使用术语"规则"来描述美国实际的货币政策非常罕见，但是，弗里德曼经常承认，美国在20世纪50年代到70年代的货币政策反应确实存在系统性的一面。因此，本节主要论述他关于美国在此期间的实际货币政策反应函数的观点，同时还要论述弗里德曼关于货币与财政政策相互作用的观点。本节的结尾部分论述弗里德曼在后来的许多评论中表达的关于政策机构行为的"公共选择"观。

一、反应函数

弗里德曼对美国在20世纪50年代到80年代所践行的货币政策的探讨，高度重视与美联储政策相关的不可预测性。他在1971年7月5日的《新闻周刊》上评论说，记录表明，"美联储极不固定地左右摇摆"。他在1989年7月5日的《华尔街日报》上指出，这种不固定的模式让预测未来的货币发展状况变得非常困难："我的长期记录表明，预测……美联储将要干什么太难了。"

相反,保罗·萨缪尔森在1968年的音频解说中评论说:

> 我认为,我可以相当好地预测美联储打算要做的事情。……有些人认为华盛顿官员的行为是一个巨大的不解之谜,正如斯芬克斯一样深不可测。我必须说,我发现我的实际经验不是如此。我坐在沙发上想,"如果……我面临目前的情形,吸引我去做的东西是什么呢"借助于这种简单的测试,我就能明显地经常提前猜测出华盛顿将要干什么。我对美联储也是如此。

尽管看起来不可能,但是,弗里德曼和萨缪尔森关于美联储政策的评论是相容的。萨缪尔森强调美联储政策的可预测性,是来自当局遵循一个必然包含政策利率对经济状态系统反应的利率反应函数这个事实。弗里德曼抱怨货币政策的无规则性和不可预测性本质上源自与利率政策相关的货币增长行为。他评论说,与美联储反应函数相联系的一个关键缺陷是"预测美联储将产生多少货币增长"是多么的困难。[①]

在详细阐述弗里德曼的货币政策反应函数的观点之前,值得指出的是,为什么将下列的观点归之于他是不恰当的:美联储实际上有意识地选择货币增长率,并使货币增长率遵循一个单变量外生的过程。对于那些熟悉弗里德曼对美国货币政策的研究和评

---

① Friedman(1985c, 60).

论的人而言，虽然这样归之于他肯定是令人吃惊的，但是，这种观点在研究文献中一直非常普遍。①

沿着前一段所勾画的思路所表述的弗里德曼的观点似乎是一个三段论推论的结果。实际上，从他的思想的两个不可缺少的观点出发——美联储的政策对货币增长（包括活期和定期存款在内的总量的增长）的过程是至关重要的和美国的货币增长实际上是不稳定的-就会错误地推论出，弗里德曼认为美联储会有意识地让货币增长遵循一个单变量外生过程，从而赋予这种外生路径以自己制造的巨大冲击。

单是《美国货币史》的文本就反驳了弗里德曼关于美国货币政策实践观点的这种推论。那里的叙述对萨缪尔·布里坦后来所做的评论提供了丰富的文献证据："弗里德曼和施瓦茨在《美国货币史》涵盖的时期中没有任何一个存在有意识的货币供给政策。"②

因此，正是根据美国和其他国家的历史记录，弗里德曼才评论说："货币当局常常几乎不或根本不关注货币存量本身。"③

---

① 将这种观点归之于弗里德曼的研究者就是向量自回归文献的早期贡献者，其研究将在下面讨论。在这方面的一个特别直截了当的陈述就是吉川（Yoshikawa 1993, 121）的评论：弗里德曼被视为"货币主义者之一……这些货币主义者认为中央银行所引起的外生货币供给的非预期变化是推动经济波动的主要冲击"。吉川的评论与肯尼思·威斯特（Kenneth West 1993, 162）的相反的但言之有理的评论——"设定货币供给彻底无视经济状态"的假说，"就我所知而言，并非弗里德曼或任何其他人提倡的观点"——出现在同一卷著作中。
② 另参见 Brittan（1983, 147）。
③ Friedman（1968c, 445）。类似的评论参见 Friedman（1964b, 7 [p.76 of 1969 reprint]; 1970i, 22）; Friedman and Schwartz（1963a, 274, 474）; 和弗里德曼的陈述 Ketchum and Kendall（1962, 50）和 Instructional Dynamics Economics Cassette Tape 10（January 1969）。

而且，甚至在弗里德曼认为美国货币当局将货币存量行为当作指标的时期，比如从1951年到1960年的时期，美联储也对其他变量做出反应。[1] 因此，弗里德曼在1969年评论说，美联储在存在期间的货币存量行为是"它所做其他事情的附带结果"。[2] 甚至在1982年美联储已经再一次提高了货币总量在政策决定中的地位之时，弗里德曼在1982年1月27日的《新闻周刊》上警告不要作"观察到的货币波动明显地是由美联储政策引起"的假设，特别是要用这样的假设来分析货币存量的月度或季度变动时更是如此。

弗里德曼进一步认识到，美联储不仅在20世纪40年代的钉住政策时期而且从1914年联邦储备系统开始以来的时期，都高度关注市场利率的管理。[3] 一旦美联储在20世纪50年代初恢复积极的货币政策，弗里德曼正确地认识到，正是短期市场利率的水平，而非货币基数、货币存量或其增长率，是当局设法利用贴现率政策和公开市场操作的工具所控制的。[4] 第十章到第十三章，

---

[1] 参见 Friedman and Schwartz（1963a, 629-31）和下面的第十章。

[2] 同样，施瓦茨（Schwartz 1969, 4）评论说："绝大部分时间，货币增长率都是……货币政策的一个无意的副产物。"

[3] 弗里德曼讨论了美联储从开始以来在将季节性从市场利率去除的过程中管理市场利率的事实：Friedman（1960a, 92）；Friedman and Schwartz（1963a, 292-93）；和 Instructional Dynamics Economics Cassette Tape 33（August 21, 1969）。他对美联储在20世纪20年代初期的利率政策的分析包括 Friedman and Schwartz（1963a, 231-35; 1963b, 52; 1982a, 531）；Friedman（1960a, 16-17）；和 Instructional Dynamics Economics Cassette Tape 34（September 4, 1969）。

不过，他和施瓦茨因在《美国货币史》中没有足够明确地阐述美联储在20世纪30年代使用短期利率作为工具和判断货币政策立场的标准而受到批评。参见第十一章的讨论。

[4] 例如参见 Friedman（1960a, 44）。

以及第十五章将分析弗里德曼关于20世纪50年代到70年代美国货币政策的观点。那里的分析将证实古德哈特的描述：至于短期利率，弗里德曼"毫不怀疑它们在通常情况下是由当局决定并可能改变的，并非由市场自由决定的"。而且，弗里德曼还认为，在美联储允许利率变动的时期，这样的变动也是旨在满足经济稳定的目标。①

鉴于弗里德曼认识到美联储从其存在的早期阶段开始就对经济做出了系统的反应，以及从1951年开始就再次使用了系统反应方程的事实，如何能得出结论说，他会认为20世纪50年代以及随后数十年美国的货币政策是不稳定的，由此经常导致货币增长的不可预测的后果呢？这有两方面的主要原因。

第一，尽管弗里德曼关于流动性效应（参见第六章）的研究必然包含承认市场利率与货币增长之间在短期存在相反的关系，但是，他认为这种关系的精确时机和定量方面却相当松弛，因此"利率的许多变动…不可能迅速地与货币数量的变动相关"。② 必然的结果是，可预测的利率政策在短期内并不一定地转化为货币基数和货币的可预测变动。③

不过，弗里德曼承认，中央银行通过利率的变化所实施的紧

---

① 对这个陈述的一个限制是，弗里德曼在1975—1999年间更倾向于将公共选择相关的动机归之于美联储的政策制定者。参见下文的题为"货币政策与公共选择理论"的讨论。
② Friedman（1970a, 26; p.18 of 1991 reprint）.
③ 另参见Friedman（1980a, 58, point 14; p.54 of 1991 reprint）.

缩或宽松货币政策会及时转化为货币增长路径的改变。① 因此，系统性的利率政策反应函数确实必然包含一个系统性的货币供给反应函数——弗里德曼在提到"美联储的反应机制"时就显示了这一含义。

但是，正是这种机制产生的货币存量行为，构成了弗里德曼认为美国的货币政策在 1951 年的美联储与财政部的《协定》之后的三十年都无规则的第二个原因。因为业已指出，他批评美联储的系统性政策反应函数对货币增长所必然包含的东西。他相信，必然包含的货币增长模式有助于证实，货币政策实际上对经济的产出和价格都具有破坏性。

二、产出在货币政策反应函数中的作用

至于产出稳定性，弗里德曼认为战后美联储的政策是反生产性的，因为以产出的无条件方差的标准来看，它对经济状态的系统性反应是不恰当的。由于名义刚性（工资和价格黏性），私人经济的运作并不意味着在面临非货币冲击时产出缺口不为零。② 正如弗里德曼所说："'市场'率会因货币政策之外的所有各种原

---

① 例如，在弗里德曼（Friedman 1957f, 68）这篇文章中，他指出最初的"紧缩货币大致体现在上涨的或较高的利率上"，而在联合经济委员会（Joint Committee on the Economic Report 1952d, 1019）之中，弗里德曼陈述说"产生利率上涨的政策会降低通货数量或存款数量"。与此相关的另一点是，尽管弗里德曼经常批评美联储从货币增长行为的角度说紧缩太晚和太多，但是在弗里德曼和施瓦茨（Friedman and Schwartz 1963a, 231, 239）中，这种批评适用于联邦储备理事会将贴现率当作政策工具，以及政策贴现率的上升被视为导致货币增长的下降。
② 参见前一章关于弗里德曼的名义刚性观点的讨论。

因而与自然率不同。"① 在这些条件下，中央银行的行动就通过抵消名义刚性的效应和对非货币性冲击的反应而可能成为一种稳定性的力量，以至于实际变量对这些冲击的反应与实际变量的自然值对同样冲击的反应相一致。但是，货币政策也可能被当作破坏产出和产出缺口稳定的一种力量。② 以弗里德曼之见，总体而言的事实是，当货币政策对冲击的产出稳定性反应意味着货币增长对此冲击的某种非零的反应时，实际的货币增长反应就会出现符号错误，或者符号正确但数值太大。③ 弗里德曼尤其认为，货币政策具有反应太迟和反应的数值太大的特征。反应太迟可以通过前瞻性的政策得以避免，而弗里德曼承认，美联储政策是专为前瞻性而设计的。但是，他认为，预防性的目标在实践中也是破坏稳定的，部分是因为它依赖不可靠的预测。④

按照这种观点，美国的货币政策在战后的历史记录中就是

---

① Friedman（1968b, 10）。
② 在原则上，不适当的货币政策的反应可能是那种稳定产出但破坏产出缺口稳定——例如不允许产出表现出对总供给冲击的中短期的反应——的反应。实际上，这个分析要点似乎不是弗里德曼对1914年到1973年美国货币政策行为批评的重要部分。尽管可以从他的著述中收集的证据并非完全支持这个结论，但是他似乎认为潜在产出的行为在20世纪70年代之前的和平时期都非常平滑：例如参见Friedman and Schwartz（1982a, 414）。不过，甚至在20世纪70年代之前，弗里德曼倾向于认为，技术和人口统计资料改变了失业（和其他劳动力变量）一边和潜在产出的另一边之间的关系。另参见前面第七章对总供给的讨论。
③ 回忆一下，弗里德曼（Friedman 1953d）的研究指出，甚至对非政策冲击的符号正确的反应都可能太大以至于会破坏稳定。
④ 参见弗里德曼的评论：Washington Post, November 5, 1967 和 Friedman（1968c, 445）。

破坏稳定的。弗里德曼并不认为美国当局故意实行增加经济波动的政策。但是，他的结论是，自从1914年以来的绝大部分时期，包括1951年之后的时期，美联储无意地增加了不稳定性而非实现了抵消经济不稳定根源的预期目的。①

前面对弗里德曼的货币政策和产出波动观点的描述与20世纪八九十年代的一些向量自回归文献对他观点的描述形成了对比。在向量自回归理论的那个鼎盛时期，弗里德曼关于货币对产出波动重要的观点被表述为货币政策冲击解释了大部分的实际产出变动的观点。② 由于货币政策创新几乎不会被发现能解释货币政策工具或美国的实际产出的大部分预测误差方差，这些研究就认为弗里德曼的商业周期观点被向量自回归研究所摒弃。③

但是，正是对弗里德曼的向量自回归理论的解释以及向量自回归的研究结果与他的商业周期理论相矛盾的相关推论应该被摒弃。前面段落所描述的弗里德曼的观点并不依赖于货币政策冲击的存在。这些冲击对产出波动性的任何贡献都是附加在系统性的货币政策行动——这是弗里德曼解释货币与产出之间的相互作用的核心——所产生的波动之上的。弗里德曼与施瓦茨明确地摒弃了对产出变动影响显著的货币变量仅仅包括货币的统计创新的观念。他们反而坚决主张，正是货币变量的"长期的系统性变动"对总支出的过程至关重要。④

弗里德曼进而将货币的系统性变动追溯至美联储对经济发

---

① Friedman（1973a, 39）.
② 特别参见 Todd（1990, 21, 30）。
③ 例如参见 Sims（1998, 934）。
④ Friedman and Schwartz（1982a, 552）.

展状况的反应(参见第十章到第十三章和第十五章)。他明确地指出,美联储的反应事实上加剧了周期性波动。弗里德曼与施瓦茨认为,货币是"其他扰动传播的渠道"。① 历史记录中严重的经济衰退就获得了这种地位,因为美联储允许货币存量收缩;但是,美联储并不必然导致最初的经济衰退。② 大规模的经济衰退的规律也适用于名义收入的长期变动,"不管来源如何,扰动具有扩散效应的充分必要条件是它们引起了"货币量的"变动"。③ 对于持续时间没有那么长和严重的波动,货币在性质上起着类似的作用。弗里德曼在 1980 年 3 月 10 日的《新闻周刊》上说,美联储尤其在战后时期通过系统性的政策反应"加深了衰退"。

总而言之,弗里德曼对美国货币政策导致了货币存量的顺周期性行为观点的强调以及他关于这种观点证明了美联储对非货币发展状况的反应具有破坏性的说法,都与归之于他的货币政策创新支配了商业周期的观点的解释非常不相容。伍德福德明确批评将弗里德曼与货币冲击第一重要联系在一起的向量自回归文献的

---

① Friedman and Schwartz(1982a, 618, 620)。另参见 Friedman and Schwartz(1982a, 565)关于实际的冲击可能会产生货币基数反应的评论。
② 例如参见 Friedman(1964e, 12; p.267 of 1969 reprint)。
③ Friedman and Schwartz(1982a, 618)。与此相关的是,弗里德曼认为,刚性的金本位制——当货币存量不是由国内的稳定政策而是由该国的国际义务决定的其他变量的函数时——的情形,就是一个特定国家的货币"通过其他力量决定价格和名义收入的通道"的情形(Friedman 1984b, 157; 另参见 Friedman and Schwartz 1982a, 325)。

做法。①前面对弗里德曼关于反应函数的解释的论述表明,这里对向量自回归文献的批评被证明是有根据的。

三、通货膨胀在货币政策反应函数中的作用

至于通货膨胀行为,弗里德曼对战后时期的货币反应函数的批评采取了另一种稍微不同的做法。当然,有利于产出波动的因素也可能会促使通货膨胀的变动,但是,货币政策有变动的倾向本身并不意味着通货膨胀具有较高和上涨的趋势,诚如20世纪60年代晚期的大部分时间和20世纪70年代所表明的那样。正如第十章将要讨论的,弗里德曼在1954年的一次关于货币当局的反应函数在未来数年中会采取的可能性形式的讲话中,预测到了美国的通货膨胀模式。诚如弗里德曼在后来总结他的论据中所说,对美国当局而言,通货膨胀的倾向"源自……政策制定者对产出收缩和产出扩张的不对称看法,因此,在怀疑的情况下,偏向通货膨胀的偏差就出现了"。② 这种不对称性并不是来自任何有意识地将产出增加到潜在产出之上的愿望,而是源自非货币原因部分地引起的过度需求所产生的通货膨胀倾向——这种错位的

---

① 本内特·麦克勒姆也是向量自回归文献这方面的著名批评者,包括 McCallum(1983a)。此外,关于弗里德曼并未在对产出的货币解释中强调单变量政策生成的冲击的事实的两个早期例子值得强调:Amacher and Sweeney(1980, 340)正确地归之于弗里德曼的观点是,货币"政策的行动经常让私人部门的扰动引起的衰退更加严重";以及 Congdon (1982, 15)评论说,"弗里德曼……只是主张,货币目标要防止非货币的扰动的效应……被增大"。

② The American Economy, Lesson 48: Can We Have Full Employment without Inflation?, filmed for CBS College of the Air, circa June 5, 1962.

诊断起着阻止货币政策对高通货膨胀充分反应的作用。①

弗里德曼认为，当基于长期的经济结果来判断绩效时，如果当局被说服固定货币增长规则可以改善经济绩效，那么，它们就愿意采纳这个规则。②实际上，说服过程的一部分包括要确立，固定货币增长在过去要比美联储的实际行为可能是一个更好的政策。因此，弗里德曼欢迎保罗·萨缪尔森分享一些他关于美联储在战后时期的货币政策记录中的否定性见解的证据。业已指出过，萨缪尔森坚决反对美联储的货币政策反应具有不可预测性的观念。但是，正如弗里德曼承认美联储的系统性反应并不会让他拒绝支持货币政策是无规则性的和破坏稳定的结论一样，萨缪尔森也会转变立场，同意这样的观点：美国的货币政策反应在总体上导致了不可取的和本可以避免的货币增长的顺周期模式。当他们两人在1975年11月出席在华盛顿特区举行的关于货币政策的国会委员会听证会时，弗里德曼抓住了萨缪尔森分析的这方面内

---

① 托马斯·卡吉尔（Thomas Cargill）在2015年4月17日的访谈中指出，在这种分析中，弗里德曼提出了基德兰德和普雷斯科特（Kydland and Prescott 1977）关于当局有通货膨胀偏差这个论点的某种形式。但是，应该强调这两种分析之间的关键差异：在弗里德曼的情境中，当局因误解了通货膨胀的性质而无意识地使物价上涨；在基德兰德和普雷斯科特的分析及后来的研究中，通货膨胀政策是作为当局最优化目标函数的副产品而有意识地和理性地推动的，而目标函数的设定让当局希望得到潜在水平之上的产出。

② 这里——至少在20世纪70年代他采纳公选选择视角之前——弗里德曼在货币政策规则的地位方面本质上与麦卡勒姆（McCallum 1995, 208-9; 1999a, 1489-90）和伍德福德（Woodford 1999, 293, 298）一样对他偏爱的规则采取同样的立场。

容并评论说，他"很高兴欢迎萨缪尔森加入货币主义者群体"。[1]萨缪尔森迅速回应说，他对美联储记录的批评并不意味着他赞成固定货币增长规则。相反，萨缪尔森建议，美联储采纳一条源自随机最优控制的规则。

不管对美国实际的货币政策实践偏爱的另一项规则如何，但是，到20世纪70年代中期包括弗里德曼和萨缪尔森在内的广泛共识是，美联储在历史上的政策行动可以用系统的反应方程得到理解，而且这些行动并不是全部由货币政策工具的不可预测和非系统的判断调整构成。由于非系统性的判断调整在早期的货币政策辩论中经常是实际政策决定的标准描述，因此，这种共识是非常重要的。特别是，这些调整在前一代政策规则的倡导者——例如亨利·西蒙斯——中倾向于被称为"当局"的"自主裁决"或者政策制定。[2]

货币政策的理性预期理论强化了将实际的和假设的政策视为政策规则的趋势，因为正如萨金特所指出的那样，这种理论促进

---

[1] 引自弗里德曼在1975年11月6日的证词：Committee on Banking, Housing, and Urban Affairs（1975, 59）。

[2] 自从20世纪70现代以来，使用"自主裁决"来表示完全的非系统性货币政策的用法已经变得罕见了，部分原因是研究文献越来越集中关注政策规则，而且更重要的是因为，随着基德兰德和普雷斯科特（Kydland and Prescott 1977）而来的是，"自主裁决"的政策逐渐被视为一种最优控制政策——政策制定者每期都重新开始最优化的政策。在后一种文献中——弗里德曼了解某些文献，但对此没有贡献——"自主裁决"政策，远非完全非系统的政策，而是由时间不变的一阶条件所决定。实际上，这种政策的时间不变和系统的特征导致卢卡斯和萨金特（Lucas and Sargent 1981, xxxvii）在基德兰德和普雷斯科特的意义上将自主裁决称为一种货币政策规则。

了将不同的货币政策选择划分为不同规则的习惯。因此，正是基于规则的视角，罗伯特·卢卡斯对美联储公开市场委员会的实际政策写道：

> 联邦公开市场委员会会议纪要的发布非常有利于研究者去努力发现那些支配着货币政策对经济状态反应方式的隐含规则。假设联邦公开市场委员会的决定不是完全任性的，那么这种规则必须存在。然而，联邦公开市场委员会在传统上不愿意用这些术语来描述其行为。这种不幸的习惯做法留下了向美联储之外的经济学家和其他人准确地解释清楚货币政策是什么——也就是说，隐含遵循的规则是什么——的重要任务。任何有助于这项任务的信息发布，当然包括联邦公开市场委员会会议纪要的发布，都应该受到鼓励和在可能的情况下是一种要求。

几年之后，麦卡勒姆呼吁，凯恩斯主义者与货币主义者就适当货币政策的争论要从不同政策规则的讨论方面进行。麦卡勒姆声称，"非常明显的是，经济学家之间，比如米尔顿·弗里德曼与詹姆斯·托宾之间的争论就是关于不同政策规则的可取性之间的争论"。[1] 麦卡勒姆接着认为，托宾赞成的货币规则是该规则对产出的反应系数不是零，而弗里德曼则赞成零系数的货币规则。

---

[1] 类似地，布鲁纳（Brunner 1981, 27）呼吁，适当货币政策的争论要被理解为不同政策规则的优越性的争论，而非货币政策规则与完全随机的政策之间的竞争。

四、工具的选择

尽管形式上是正确的,麦卡勒姆对弗里德曼和托宾所采取规则的不同立场的描述方式掩盖了两者在政策工具选择之间的一个重要领域的区别。正如前面第五章讨论的那样,以及第十二章和第十三章要进一步讨论的那样,托宾在描述货币政策如何运行方面与弗里德曼相比往往不太重视货币。实际上,托宾在20世纪60年代中期描述他的研究计划时评论说,他的研究的一个主题就是要使货币失去它在货币分析中的现有重要地位。[1]但是,托宾与弗里德曼的分歧不仅涉及经济结构的模型,而且涉及货币政策的适当工具。弗里德曼在1960年陈述说:"因此,货币存量似乎是我对我而言在表述货币规则时是一个相关的变量。"[2]相比之下,托宾在同一年呼吁,美联储通过对准备金支付利息和使用准备金的利率作为管理短期市场利率和实施稳定政策的工具来对短期利率的使用制度化。[3]

从20世纪80年代以来,货币经济学家的见解彻底地转向赞成短期名义利率而非货币或准备金总量作为正常的政策工具。这

---

[1] Cowles Foundation(1964, 24)。不过,并非托宾的所有研究都是沿着这个方向进行的。而且与弗里德曼的其他一些批评者不同,托宾在分析上相当重视货币和货币基数。参见后面的章节,包括第十二章的讨论。

[2] Friedman(1960a, 89)。

[3] 虽然托宾后来对其他金融市场,特别是长期证券和权益市场的兴趣不断增加,但是,他重申他的愿望是短期利率——具体而言是央行对商业银行的准备金支付的利率——成为关键的货币政策工具(Tobin 1978c)。弗里德曼和托宾显然都支持对准备金支付利息。但是根据这种安排,他们在准备金的利率是否应当作为政策工具的问题上存在分歧。

种转变发生的部分原因在普尔中得到强调：在面对货币需求的外部冲击时，让货币数量调整和名义利率保持不变允许名义收入和实际收入与货币需求的冲击隔离开来。伍德福德认为，支持利率工具的理由可以再进一步。除了经济避免了货币需求的冲击，适当阐述的利率规则在面对其他类型的冲击时可以像任何数量规则一样具有稳定的作用。这就蕴含着利率规则"无可置疑地优越于"固定货币增长规则。

弗里德曼在研究货币经济学的活动期间遇到过类似的论点。他承认，在原则上适应货币需求冲击是可取的。但是，他担心适应这些冲击的货币政策也可能会对其他冲击做出不良的反应，包括适应那些"不该适应的"冲击。[①] 这种立场反映了他担忧使用利率工具的政策制定者在需要调整时未能适当调整利率工具——部分原因是冲击本质上很难确定，部分原因还在于政策制定者可能在一个维持利率比经济条件所允许的更加稳定的压力环境中工作。[②]

实际上，正如弗里德曼的传导机制观点可以用利率来描述——尽管他认为货币是货币政策传导的一个非常有用的概括——他支持固定货币增长的论据也可以用利率的隐含行为来描述。弗里德曼关于固定货币增长"本质上是一种自动稳定的货币政策"的描述，可以被视为反映了他关于此项规则需要短期利率和经济状态之间具有恰当关系的信念。[③] 正如刚才指出的那样，

[①] Friedman（1977c, 18）.

[②] 参见 Friedman（1973a, 31; 1977c, 17–18）; Friedman and Modigliani（1977, 26）；和 E. Nelson（2008a, 101）。

[③] 引语来自如下的辩论：Free to Choose（US television version），PBS, episode 3, "Anatomy of a Crisis," broadcast January 29, 1980，p.16 of transcript.

弗里德曼担心，一个短期利率作为货币政策工具的制度的周期性特征是，各个时期的政策利率目标不恰当地保持不变或者在面临干扰时调整太慢。这种政策行为的模式让冲击对经济的影响积累起来——这是一种造成利率和经济活动在长期中不稳定的情形。[1] 尤其是，正如已经论述过的那样，弗里德曼批评美国当局在20世纪70年代不允许联邦基金利率对实际产出增长的变化进行足够快速和充分的反应。结论是，固定货币增长规则可以被视为具有总需求压力会自动地产生市场利率变化的吸引人的特点。[2]

至于固定货币增长规则所隐含的利率对通货膨胀的反应，伍德福德在讨论中指出了该反应满足泰勒原则的可能性。当弗里德曼在1971年说"如果美联储想要降低利率就必须先要提高它们"以及加息的幅度需要足够提高实际利率而不仅仅是名义利率之时，他就表达了泰勒原则的最初形式。[3] 弗里德曼关于货币政策对通货膨胀反应的观点也必须被视为他的观点与托宾关于货币政策规则的看法之间存在的一个重要区别。正如后面的章节将要指出的那样，托宾不仅对货币增长作为一个指标表示怀疑，而且对名义利率与通货膨胀相比较低意味着需要紧缩货币政策的观念表示怀疑。他在20世纪六七十年代经常严厉批评使用货币政策来抗击通货膨胀，赞成收入政策作为抗击通货膨胀的一个独立工

---

[1] 参见弗里德曼在1975年11月6日的证词：Committee on Banking, Housing, and Urban Affairs（1975, 40）以及Friedman（1980a, 59, paragraph 18; p.56 of 1991 reprint）。另参见 Newsweek, December 8, 1975。

[2] Romer and Romer（1994a, 23）; Taylor（1996, 190）和尤其是 Woodford（2003, 111, 298）承认了货币增长目标的这个特征。

[3] Friedman（1971g, 5）.

具。因此，托宾与弗里德曼在适当的宏观经济政策方面的分歧超越了积极与非积极的货币政策规则的问题和数量与利率政策工具的问题。

五、货币与收入关系的含义

前面对实际的政策规则的讨论与许多凯恩斯主义者批评弗里德曼的货币著作的问题密切相关。例如，萨缪尔森和托宾声称，弗里德曼没能调和他对美国货币政策实践的不满与他关于货币与实际产出关系的经验证据的推论结果。当然，他们指出，弗里德曼的不一致性还表现在，他一方面抱怨政策制定者在实践中让货币顺周期，另一方面依然认为货币与产出之间观察到的正相关是货币重要性的证据？[1] 这个问题在第十五章讨论托宾的论文"货币与收入：错误因果？"的争论时进行论述。不过，目前可能需要注意三点。

第一，弗里德曼与施瓦茨认为，货币与收入之间的关系在面临美国"货币安排的激进变革"时的恢复力就证明了此种关系在很大程度上反映了货币政策的效应。[2] 不可否认的是，这个观点的缺陷是，美国在1914年之后的绝大多数国内货币政策制度在

---

[1] 美联储的许多资深官员在20世纪六七十年代也这样批评弗里德曼：Gramley（1969, 5; p.490 of 1970 printing）；Wallich（1977, 293-94）和联邦储备委员会理事谢尔曼·梅塞尔（Sherman Maisel）。根据联邦储备委员会记录，梅塞尔在1970年11月20日联邦储备委员会与其学术顾问举行的一次会议上批评了弗里德曼。

[2] Friedman and Schwartz（1963a, 683）。弗里德曼在其他许多出版物中提出了同样的看法，包括Friedman and Schwartz（1982a, 626）和Friedman（1984c, 34）。

由中央银行设定利率的意义上都彼此相似。① 因此，受到政策利率选择的影响，基本上在美国所有政策制度下的货币基数的创造以及在更大程度上商业银行存款的创造都是由私人部门选择的结果。但是，值得强调的是，因为——在美国所有的货币政策制度下——利率工具经常在短期之外的时期发生变化，货币供给曲线就在长于一天或一周的时期不是完全水平的。这种供给反应的曲率可能在不同的美国制度下会有所不同，因而赋予了不同样本时期的货币供给函数的不稳定性——弗里德曼与施瓦茨认为这种不稳定性是该函数的一个特征。甚至在20世纪40年代到1951年的利率钉住制的时期，实际自然利率和预期通货膨胀率的变化都意味着，从名义利率角度看似乎是不变的政策都可能从货币存量角度看隐含着快速变化的政策。

人们似乎是把中央银行在实践中制定利率的事实看得过于严重。当然，这种情形绝不意味着因果关系可以从总支出到货币政策的严格运行的回归归纳出来。这也不意味着，货币供给曲线在非常短的时间之外的时期应该被视为固定的或者水平的。

与此相关的第二点是，具有宽松货币政策特征的制度并不意味着货币政策对经济行为不重要或者货币是货币政策立场的错误指示器的情形。在面临总需求上行压力的情形下抑制利率的决定将导致货币与产出同时变动。但是，如果中央银行实施不同的政策，那么它就可以阻止货币的增加，而那种非宽松的政策可能

---

① 布里坦（Brittan 1983, 147）在早期的讨论中暗示，美国从1914年到1979年的全部货币政策制度都是一种利率制定制度。弗里德曼对这种看法的一些评论在前面讨论过。另参见第十一章关于《美国货币史》的讨论。

就会与产出的较少上涨反应相关。因此，货币存量按照宽松和非宽松的政策都可以被视为准确地传递了正在实施的货币政策立场。①

第三，正如罗默夫妇强调的那样，弗里德曼与施瓦茨在《美国货币史》中的叙述方法分离了那些不太可能将货币的行为视为从收入到货币的反馈自动产生的情形。甚至托宾都承认，弗里德曼与施瓦茨找出了"一些货币变化明显独立于当时或不久之前的经济事件的令人信服的例子"。同样，克里斯托弗·西姆斯（Christopher Sims）尽管批评弗里德曼关于货币与产出的许多统计证据，但在1971年的一个备忘录中提到"弗里德曼与施瓦茨对主要衰退时期的预设因果关系的历史分析，在我看来是他们提出的最令人信服的证据"。②

六、货币政策与财政政策在实践中的相互作用

利珀（Leeper）评论说："我们至少从弗里德曼此文以来就知

---

① 菲利普·卡根在1992年1月13日的访谈中这样抱怨那些"说内生性解释了一切"关于货币与收入关系的经济学家："例如，如果总需求增加和你阻止了货币存量的扩张，你明显会得到一个不同的经济结果。但是，这些人假装好像事实并非如此；他们忽视那种情形，因为他们认为货币完全是内生的（也就是说，货币当局不能改变它的路径）。"
② 引语来自克里斯托弗·西姆斯爽快地向笔者提供的一份1971年5月17的备忘录的第2页。该备忘录是西姆斯写给阅读西姆斯（Sims 1972）这篇手稿的一群包括弗里德曼在内的读者（内部审稿人），而西蒙斯打算将这篇文章作为国民经济研究局的一篇论文发表（Christopher Sims, personal communication, September 13, 2013）。弗里德曼与西姆斯交流的更多信息，参见第十五章。

道，货币与财政政策是盘根错节的，它们各自不同的影响是很难分清的。"这个描述所遗漏的事实是，弗里德曼在后来的著作中基本上摒弃了利珀归之于弗里德曼在1948年那篇文章中的观点。

正如业已指出的那样，弗里德曼在1948年之后对财政政策实际上对总需求有许多明显影响的观念持怀疑态度。这种怀疑态度的经验依据在20世纪50年代开始发表，而弗里德曼在1952年论战时货币关系的文章就是一个特别值得注意的例子。但是，弗里德曼与梅塞尔曼在1963年的研究中采取了最广泛形式的经验性的文献证据，而此文将在下面的第十二章中讨论。

诚然，在发表了弗里德曼与梅塞尔曼的研究之后，弗里德曼依然承认："当然，货币政策与财政政策通常是同时进行的，很难区分哪一个做了什么。"[1] 但是，大致在同一时期的其他著作中，他指出，虽然很难区分财政政策与货币政策的效应，但是依然可能实现这种区分。他再一次认为，财政赤字对总需求很重要主要是因为财政赤字货币化了，并且不是依靠自己的权利货币化的。[2] 这个结论的部分依据来自财政与货币政策的确按相反方向运动时期的证据。例如，弗里德曼在1970年的一次讨论中指出，前五十年的美国数据有六次这样的时期，货币政策在每一个这样的时期都证明对总经济行为具有明显更重要的影响。[3] 弗里德曼在1999年为《华尔街日报》撰写的一篇题为"货币政策主导"

---

[1] Friedman（1969h, 4）.

[2] 在一个引人注目的让步中，保罗·萨缪尔森承认（参见Sunday Telegraph, January 24, 1971, 20），货币主义者在强调财政政策效力的大量经验证据都来自货币政策调节财政行动的时期之时提出了一个正确的论点。

[3] Friedman（1970i, 8-9）.

的文章中重申了这个事实。在这次的论述中,弗里德曼回忆了有一次他试图"收集我所能找到的货币政策与财政政策按照相反方向操作的所有时期"。他报告说,对这些时期以及美国和日本最近的证据研究表明,"货币政策一律主导着财政政策"。①

在弗里德曼看来,难以区分财政政策与货币政策的结论不是因为财政政策拥有对总需求的有力影响的任何地位,而是因为财政宽松经常引起中央银行的货币创造的事实。尽管如此,他断言,货币政策与财政政策之间的这种相关性并非不可避免的。弗里德曼强调说,货币当局没有必要调节财政赤字——他不断发现他的这种看法从20世纪50年代初到70年代都与美联储主席不一致。②他继续坚称,如果美联储不迁就财政政策,大规模的和易变的财政赤字就不会产生通货膨胀与产出波动。

货币政策与财政政策的变动可以隔离的观念庄严地载入了弗里德曼的固定货币增长处方,并与他的1948年建议形成了鲜明的对比。因此,一点也不奇怪,萨金特与华莱士在这篇著名的研究中声称,弗里德曼在1948年提出的规则比他的固定货币增长规则更可行和更可取,因为前一规则必然包含他们视为必要的财政政策与货币政策的协调。③全面讨论萨金特与华莱士的著作超出了本书的范围。但在这里应该提到的是,弗里德曼并不信服萨金特与华莱士的推理,因为他指出,放松这两位作者的一些关键

---

① Wall Street Journal, January 8, 1999。另参见弗里德曼的文章:Wall Street Journal, October 10, 2001。
② 参见第十五章。
③ Sargent and Wallace(1981, 9)。

假设就会恢复货币与财政政策可以分离的观念。①

尽管如此,利珀认为,弗里德曼在1948年之后的著作中提出的观点是,如果货币政策要"成功地控制通货膨胀,那么财政政策就必须以特定的受制约的方式行事"。他声称,"弗里德曼是在《货币稳定计划》中明确阐述了这种必要性"。不过,利珀没有提供页码参考来证明后一种说法。对弗里德曼和其他主要货币主义者的著作的研究表明,他们在实证上和理论上都认为货币政策对通货膨胀结果至关重要,而且即使在预算环境发生大规模变动的情形之下,货币政策的行为也能够与财政政策的发展状况隔离开来。②

弗里德曼在《货币稳定计划》中坚决主张的观点却是,债务管理和货币政策是紧密联系的。③债务管理不属于弗里德曼定义的财政政策,而他将财政政策界定为关于"政府支出与税收收入变动"的政策。④如果中央银行被迫无限地购买政府债券或者有义务确保这种债券的二级市场价格在有限的范围之内交易,那么控制货币存量就是不可能的。根据这种观点,弗里德曼在1980年陈述说,"债务政策(与被视为'财政政策'的'公共支出与税收政策'不同)确实在控制货币总量方面发挥了关键作用"。⑤因此,正如他在1948年之后的著作中所做的那样,弗里德曼内

---

① 参见 Friedman(1987b)。
② 除了前面的讨论,参见前面的第四章以及 McCallum(2001b)和 McCallum and Nelson(2005)。
③ Friedman(1960a, 52)。
④ Friedman and Schwartz(1963a, 596)。
⑤ Friedman(1980a, 59, paragraph 19, p.56 of 1991 reprint; emphasis in original)。

在一致地主张，依赖于货币控制的价格稳定需要货币政策与债务政策的协调而非财政政策与货币政策的协调。

七、货币政策与公共选择理论

弗里德曼从 20 世纪 70 年代中期以来的关于货币政策的文章与声明，高度反映了他钦佩和赞成那些包含在"公共选择"经济研究文献之中的对政治制度和官僚制的决策的分析。

弗里德曼在 1977 年年初陈述说，这种政策制定的分析，"我必须说，我对此主题的观点多年来已经发生改变了"。① 他在 1951 年宣布："对我而言，经济学家在讨论公共政策中的作用似乎是，抛开政治不谈，根据所能做的东西来建议所应做的事情，而不是预测什么是'政治上可行的'。"② 他的确发现，包括哈罗德·霍特林的著作在内的经济模型对分析具体的政治问题非常有用，比如选举制下的政党竞争的行为。③ 但是，他继续呼吁将货币政策的讨论与政治环境的考虑分离开来。例如，弗里德曼在迟至 1973 年中期的国会证词中陈述说："这是一个问题——我认为我不应该在此讨论它——它是一个政治问题。"④

---

① Friedman（1977c, 17）。
② Friedman（1951c, 187）。类似地，当弗里德曼在 1947 年的朝圣山协会的会议上提出支持货币化规则的论据时，哈耶克当面批评这种规则在政治上不可行（参见 Hartwell 1995, 37）。
③ 参见第二章。在这点上也值得注意的是，弗里德曼对"根据纯粹的马基雅弗利观点"分析问题的评论（Instructional Dynamics Economics Cassette Tape 9, January 1969）。
④ 引自弗里德曼在 1973 年 6 月 21 日的证词：Joint Economic Committee（1973, 135）。

6年多之后，事情发生了很大的变化。当时，弗里德曼在《自由选择》的序言中陈述说："本书受到一种新的政治科学方法的影响。此种方法主要来自经济学家——安东尼·唐斯（Anthony Downs）、詹姆斯·M.布坎南（James M. Buchanan）、戈登·图洛克（Gordon Tullock）、乔治·斯蒂格勒和加里·S.贝克尔。他们与其他许多人一起在对政治的经济分析中一直都在做着令人激动的研究。"①

公共选择观在《自由选择》论述货币问题时主要体现在弗里德曼建议，宪法修正案应该是固定货币增长规则得以实施的

---

① Friedman and Friedman（1980，ix-x; xiii-xiv of later printings）。弗里德曼在对公共选择理论的各种讨论中很少具体引用，但是他会在心中明显想到像 Buchanan and Tullock（1962）这样的著作。
伯金（Burgin 2012, 281）声称，弗里德曼只是在20世纪80年代中期才承认公共选择理论，并且只是在非发表的著作中承认。但是，弗里德曼其实在 Friedman（1976a, 3）和1976年12月的诺贝尔演讲（Friedman 1977e, 460）中明显提到这种理论，而且在后来的出版物中又多次提到该理论，包括刚才引用的《自由选择》的论述以及 Friedman（1982b, 114-15; 1986c, 2）。后来他在这方面的一些公开声明包括伯金援引的声明。尽管伯金错误地暗示弗里德曼这方面的评论只能从实物档案存储的未发表文件中获取，但是，这种评论在20世纪80年代不止一次地出现在印刷物中。参见 Friedman（1985e, 15; 1986b, 50）。
康登（Congdon 1978, 83, 87）指出，Friedman（1976k）是最早反映了弗里德曼深受公共选择理论强烈影响的著作。这篇文章是从弗里德曼在1975年12月11日——大约在他的诺贝尔演讲之前的一年——发表的一次演讲（Friedman 1976i）改编而来的。弗里德曼在这一领域中的其他早期论述包括：Financial Times, January 6, 1977；和 Milton Friedman Speaks, episode 5, "What Is Wrong with the Welfare State?"（taped February 23, 1978, pp.5-19 of transcript）。

手段。① 但是，公共选择理论对弗里德曼的货币政策行为的看法的影响比研究《自由选择》的货币分析所显示的更加深入。在1975—1999年间的其他著述和声明中，弗里德曼明确表示，公共选择观点导致他对实践中实施的美国货币政策的看法比先前更加消极。

与弗里德曼的早期著作，包括本章前面论述的材料的差异，通过他对美联储官员评论的主旨变化得以强调。尽管弗里德曼在1956年批评美联储的表现，但是，他还是说，"这个令人遗憾的记录并非要责备这些在此期间负责货币政策之人的能力或正直——他们对我而言似乎是一群能力非凡有公德心之人"。② 他在数月之后以同样的方式补充说，"我记录的这些失败并非反映了能力或公益的缺乏，而是表明了试图通过人们自由决定的行动来管理整个经济的这项任务的巨大困难"。③ 但是，弗里德曼在

---

① 参见 Friedman and Friedman（1980, 307-8）。正如迪克西特（Dixit 1996, 16）指出的那样，公共选择理论倾向于指出，正是国家宪法的起草而非日常立法程序为经济学家的规范分析可能付诸实践提供了主要的手段。与这种观点一致，弗里德曼（Friedman 1977c, 18）暗示，公共选择理论让他印象深刻的是需要"一个宪法条款来制定货币政策"。根据这种观点，他也是一位对州和联邦预算的规模施加宪法约束的倡导者。在采取这种立场之前，弗里德曼认为对和平时期的所得税税率施加宪法约束是可取的但怀疑其政治可行性（参见 Chicago Daily News, July 29, 1970, 4）。

② Friedman（1957b, 99）。

③ Friedman（1957f, 73）。当弗里德曼在更靠后一些（Friedman 1961d, 466）指出实际的政策"有时倾向于被稳定性之外的目标以及甚至与稳定性相冲突的目标支配"之时，他援引债券价格和国际收支差额的目标而非政治目标。

1987年–他写信给斯坦利·菲舍尔并批评后者的分析忽视了"公共选择观"——的一次评估中，对美联储就远不是那么宽宏大量了。弗里德曼对费希尔说，"你谈论的'政策制定者'的损失函数只包括通货膨胀和实际产出与目标水平的偏离。……但是这些可能只是间接地与实际政策制定者的真实目标相关。从显示性偏好的角度看，我怀疑迄今为止他们的损失函数中两个最重要的变量是一方面避免责任和另一方面获得社会威望。我认为，将这两个因素作为主要参数包含在内的损失函数会更加接近理性化美联储在过去 73 年的行为"。①

弗里德曼有时指出，美联储主席和其他资深政策制定者根据这些追求声誉和避免责任的目标在操作。② 在其他场合，他暗示，正是美联储的全体雇员有这些目标；他指出，在那些"管理联邦储备系统的有能力和公益心的人"面前，改善货币政策的一个障碍是"官僚惰性和保护官僚的权力与地位"。③ 弗里德曼在强调官僚制的作用时也指出，美联储主席的个性对美国货币政策的实施和目标几乎没有影响，而弗里德曼的理由是他假定美联储主席

---

① 引自 Fischer（1990, 1181）。这个引语在出现之后的几年内得到广泛的重复引用，大部分原因是引起了梅尔文·金这位当时英格兰银行的资深官员的注意。梅尔文·金在 20 世纪 90 年代的中晚期的大量文章演讲中都使用了这段引语（例如参见 Mervyn King 1997c, 94）。实际上，梅尔文·金在 1998 年 3 月斯坦福大学举行的旧金山联邦储备银行的货币政策年会上的一次晚餐演讲中在弗里德曼和菲舍尔在场的情形下提到了这段引语。
② 另参见 Friedman（1985c, 61; 1986c, 3）。
③ Friedman（1984c, 40）.

会被全体雇员采纳的观点所说服。[1]

但是，不管他的批评是集中在美联储主席或者美联储（以及主要是联邦储备委员会）的全体雇员上，弗里德曼在他后来的分析中明显地大大偏离了他与施瓦茨在《美国货币史》中的分析以及出现在他独撰的许多叙述中的补充分析。在这一系列著作中，叙述高度集中于美联储分析框架的缺陷是历史上政策错误的一个根源。正如弗里德曼在20世纪70年代初所说，"不规则的和不稳定的货币政策主要是接受错误经济理论的结果"。[2] 现在，它很大程度上放弃了这种观点，反而认为他与美联储大致上有一个共同的理论框架。破坏稳定的货币政策行动不再是归之于概念错误，而是在这种修正的解释中归之于政策官员的狭隘动机。[3] 这是弗里德曼的不受欢迎的转变。它几乎没有一点历史记录的证据，而弗里德曼立场的改变表明，他对公共选择理论过度印象深刻了。

---

[1] 参见 Friedman（1982b, 102-3; 1984i, 41）。
[2] Friedman（1972e, 13）.
[3] 弗里德曼的确明显试图协调这两种观点。例如，他指出，美联储的官僚结构可能是一个阻止货币分析的改进体现在政策制定中的一个因素（参见 Newsweek, December 8, 1975; and Friedman 1982b, 103）。而且，他声称，美联储的政策制定者尽管是自利的，但认为他们是按照国家利益行动的（Friedman 1985c, 61; 1986c, 3）。后面这种主张与这种解释——弗里德曼在接受了公共选择观之后阐述的解释——相关，即美联储在20世纪70年代认为，如果它采取积极反对通货膨胀的行动，那么它的形式独立性就可能受到威胁。这种看法导致美联储（弗里德曼暗示）推迟了行动并侧重于鼓励财政政策的变化，以便可能创造出更加有利于货币约束的条件（Newsweek, October 3, 1977; Newsweek, January 9, 1978）。

弗里德曼向公共选择视角的转变特别出现在一个不合时宜的时间。美联储在20世纪70年代拥护成本推动型的通货膨胀观以及它在这十年的许多政策错误都可以被解释为接受这种观点的结果。作为一个通货膨胀货币观的强有力倡导者，弗里德曼处在批评成本推动观的一个良好位置。实际上，他确实在20世纪70年代初多次雄辩地这样做了。[1]但是，在20世纪70年代后半期，美联储继续支持通货膨胀的非货币观，而弗里德曼对这种观点的批评变得很少了，因为他似乎不能接受美联储真的相信它关于通货膨胀原因所说的一切。

一旦皈依公共选择视角，弗里德曼甚至指出,《美国货币史》的分析也许需要彻底重写。[2] 幸运的是，他没有追求这种想法。它不会是一个富有成效的事业，因为弗里德曼在货币政策上应用公共选择视角存在缺陷。这种视角与包括《美国货币史》在内的关于美国的货币政策决策最好参照政策制定者的概念框架来理解

---

[1] 参见第十五章。弗里德曼甚至在1971年的研究中指出，政府的短期视角在竞选日程的激励下可以解释为什么政府进行通货膨胀（参见Friedman 1971c, 853-54）。这种看法更加与公共选择理论一致，而不是与他先前的货币史著作一致。但是，1970—1971年的美国公开辩论纠正了弗里德曼在1971年的文章中植入的假设，即政府有意识地将通货膨胀作为一个选择变量。不过，一旦公共选择视角控制了他对货币政策的思考，弗里德曼就经常逐渐地陷入了这样的习惯，认为政策制定者明显知道他们的货币行动会影响通货膨胀。

[2] Friedman（1982b, 115）。另参见弗里德曼与施瓦茨（Friedman and Schwartz 1991, 42）关于未来的研究者可以通过模拟"美联储作为一个政治机构"的方式来超越他们的研究的陈述。不过，应该指出的是，弗里德曼（Friedman 1982b）和施瓦茨在她的著述中确实继续强调真实票据学说（即理论错误）来理解美联储在历史上的政策。

的大量证据不一致。而且,公共选择视角极少阐明20世纪70年代的通货膨胀原因,因为它在将通货膨胀视为有意识的政策决策时就将一种政策制定者没有的通货膨胀过程的观点归之于他们。[①] 经济政策的决策应被视为由政治和官僚因素推动的观点似乎更适合分析美国的其他政策过程,包括财政政策的决策,而非分析货币政策。[②] 弗里德曼似乎在生命的晚期接受了后一个论点。在1999年之后,他再次将美国战后的通货膨胀行为视为反映了美联储关于通货膨胀原因的观点的变化。[③]

[①] 这是一个梅尔策(Meltzer 2009b)在分析20世纪70年代的美国通货膨胀时可能被批评的问题。正如 C. Romer(2005)和 E. Nelson(2012b)讨论的那样,梅尔策将政治压力作为美国通货膨胀根源的强调是以讨论美联储在20世纪70年代期间盛行的决定通货膨胀的有缺陷的观点为代价的。有趣的是,梅尔策的长期合作者卡尔·布鲁纳尽管愿意接受公共选择理论并对此有所贡献,但强调美联储使用的分析框架在理解它的20世纪70年代期间的决策时是一个需要考虑的重要因素(Brunner 1981, 22)。

[②] 因此,也许适合援引公共选择理论来理解美国的税收政策,正如弗里德曼在 O'Driscoll et al.(1997, 8–9)中所做的那样。此外,管制俘获论也是弗里德曼赞成的一个公共选择理论的主题。正如第四章指出的那样,这个观念已经出现在20世纪60年代弗里德曼的著作中,在他20世纪70年代的评论中发挥着一个更加显著的作用。

还有的说法认为,即使公共选择视角在理解美国货币政策的发展状况时没有成效——这是目前的讨论要论证的观点——但是,它可以用来分析某些国家和某些时代的中央银行。例如,拉斯·斯文森(Lars Svensson)在21世纪初批评日本的货币政策实践时陈述说:"日本当局到目前为止似乎将短视的官僚利益和技术细节置于他们国家的福利之上"(Financial Times, September 25, 2001)。不过,关于公共选择视角是否有助于理解发达经济体在20世纪70年代期间的货币政策行为的具体问题,笔者的回答是否定的。参见 E. Nelson(2012b)的进一步讨论。

[③] 在此之前,莱德纳(Laidler 1993b, 206)在弗里德曼(Friedman 1992c)的叙述中察觉到他背离公共选择视角的某些迹象。

弗里德曼从来没有真正接受的公共选择理论的一个重要思想是迪克西特所描述的对经济政策进行规范分析的虚无主义态度的思想。公共选择理论表明，宪法变革暂且不谈，从经济分析获得的洞见对政策选择几乎没有影响，而政策选择反而反映了前面提到的政治与官僚的权谋。弗里德曼甚至在对公共选择视角充满最大热情的年代证实，他依然认为分析其他的货币政策是有价值的。[①] 他继续倡导简单的货币增长规则，深思美联储在遵循与他的建议相近的政策时的经济表现会如何。尽管他不赞成此方法，但是他偶尔会评论货币政策的最优控制分析所产生的结果。下一节在探讨弗里德曼对最优货币政策时会充分展示后面这一点。

第三节　弗里德曼与最优货币政策

本章最后一节会涉及弗里德曼的货币政策思想与适当货币行为的最优控制和福利最大化观点之间的关系。下面先讨论目标函数的设定，其次讨论最优稳定政策和最后讨论最优货币数量。

一、目标函数的设定

爱德华·纳尔逊论述了弗里德曼关于适当设定目标函数的观点，并对以下的论点提供了进一步的文献证据。

[①] 这种看法反映在 Friedman（1983a, 4）和他在 20 世纪 90 年代对本内特·麦卡勒姆和阿萨纳修斯·欧菲尼德斯提出的货币政策规则研究的支持性看法之中。另参见弗里德曼在 O'Driscoll et al.（1997, 9）中关于需要规范性的政策分析的主张。

弗里德曼认为，长期价格稳定是货币政策的恰当目标。不过，在此条件之下，他同意以真实成本最小化的方式实现价格稳定的政策。在他看来，充分就业是一个可取的目标。但是，与弗里德曼的自然率假说相一致，对货币政策的制定者而言，充分就业目标应该与货币政策不影响长期的实际变量的认识一起采纳。在这种情形下，货币政策对实际变量所做的经济绩效贡献就相当于控制产出缺口，即实际产出对自然产出值的偏差百分比的变动。[1]因此，稳定政策的目标应该是"在短期内合理的经济稳定和在长期中合理的价格稳定水平"。[2]正如我们实际上所看到的那样，弗里德曼倡导固定货币增长规则的一个原因是他认为该项规则会同时支持价格稳定和产出缺口稳定。相反，当弗里德曼认为反通货膨胀政策是混乱无序的并产生以较大（尽管是短期的）产出缺口衡量的非常大的代价时，他就批评实践中的这些情形，比如美国在20世纪80年代初的情形。

弗里德曼在1953年的文章"充分就业政策"中以收入的方差作为标准函数判断时，并不反对在目标中设定二次目标函数——这种设定现在早已是货币政策研究中的标准做法了。[3]而且，弗里德曼证实，他并不反对在凯恩斯主义的宏观经济政策的著作中设

---

[1] 例如参见弗里德曼在1973年6月21日的证词：Joint Economic Committee（1973, 134）以及 Friedman（1982b, 100）。另参见第十三章的进一步讨论。
[2] 引自弗里德曼1959年10月30日的证词：Joint Economic Committee（1959b, 605）。
[3] 实际上，奥肯（Okun 1972b, 134）猜测，弗里德曼可能事实上是最先开始设定目标函数是二次函数的做法之人。

定当局的目标函数时对通货膨胀和产出缺口项使用权重。[1]

弗里德曼坚称，充分就业（即产出缺口为零）和价格稳定的目标在长期中不会冲突。不过，他承认这两个目标可能在短期中出现冲突。[2]但是，甚至在存在这种短期权衡的情形之下，他还是主张"根据长期考虑的因素决定的货币政策是明智的"。[3]正如业已指出的那样，弗里德曼的立场是，充分就业对总需求的管理者而言是一个可取的目标，但是明确的充分就业政策不是可取的目标。[4]根据这种观点，实际稳定性的短期目标不应该由对序列的实际水平或产出缺口的估计直接反应的政策来实现。相反，这个目标应该考虑使用那种间接包含稳定性目标的政策规则，比如固定货币增长规则。

二、弗里德曼关于最优控制理论的观点

在前面提到的与弗里德曼之间的政策辩论中，萨缪尔森在将他的立场与弗里德曼的立场进行区别时指出，固定货币增长建议与"我的'逆风而行'的最优随机控制策略"形成了对比。就弗里德曼而言，他偏爱简单的规则胜过最优控制的做法实际上是他的适当货币政策观点的一个重要组成部分。但是，弗里德曼并非完全不赞成最优控制方法。下面的讨论会表明这一点。

---

[1] 参见 Friedman（1977c, 12）。Sargent（1987a, 448）同样认为弗里德曼与凯恩斯主义者具有相同的目标函数。
[2] 例如参见 Friedman（1968b, 11; 1968c, 445）。
[3] Friedman（1973a, 40）.
[4] 除了前面第一节考虑的讨论，参见 Friedman（1963c, 18 [p.39 of 1968 reprint]; 1975c, 16; 1980a, 60-61 [p.59 of 1991 reprint]）。

弗里德曼承认，固定货币增长规则在原则上可以改进，因此并不等于最优货币政策。① 而且，尽管他对成功的积极稳定政策在实践中的可行性持怀疑态度，他依然愿意接受对他所偏爱的规则的可能改进。这种态度部分源自模型不确定性促使他偏爱固定货币增长规则的这个事实。弗里德曼相信，经济研究与经验会改善经济学家和政策制定者的知识，从而减少不确定性。正如弗里德曼对笔者所说的那样："我在最初支持直接的货币目标时总是强调，正是部分基于无知的理由，部分基于我们不是真正地足够理解货币、收入、利率等能够微调的变量之间的具体关系，我们的目标应该是对此展开足够细致的理解，以便我们能够做得比简单的固定货币增长目标更好。"② 沿着类似的思路，弗里德曼在1973年这样陈述他的立场："我并不是要尽量在黄金匾上写下所有时间永恒不变的东西。我希望我们从经验中学习。"③ 弗里德曼在20世纪70年代初指出，随着经济学家获得更多经济关系的知识，支持那些比他的固定规则"更复杂的规则"理由可能会变得令人信服。④

在这种背景下，弗里德曼的两位芝加哥大学的年轻同事，经

---

① 例如参见 Friedman（1960a, 23, 98; 1984c, 34）。另参见下面第15章。
② 2003年7月21日米尔顿·弗里德曼给笔者的电子邮件；引自 E. Nelson（2007, 172）。
③ Friedman（1973c, 37）。另参见 Economist June 4, 1983, 37。在1998年3月出席旧金山联邦储备银行的货币政策会议的一个小组会议上，斯坦利·菲舍尔回忆说，弗里德曼——当时是听众——在1969—1973年间的芝加哥大学作过意思相同的评论，而当时两人都在芝加哥大学。菲舍尔暗示，弗里德曼在货币研讨班的讨论课程中说过这样的话。
④ Friedman（1970a, 27; p.19 of 1991 reprint）.

济系的斯坦利·菲舍尔和商学院的J.菲利普·库珀在许多经验性的宏观经济学模型中进行最优控制方法的研究。尽管这两位研究者探讨的模型众多，但是，这些模型包含了联邦储备委员会–麻省理工学院–宾夕法尼亚大学的大型宏观计量经济模型。人们可能会想，弗里德曼会激烈反对这种研究思路，因为涉及的大型模型以及货币政策都不同于他偏爱的简单规则。实际情况是，库珀与菲舍尔的一篇论文在货币研讨班上的反应是激烈的，部分原因是那篇论文处于初稿状态，因而两位作者很容易受到攻击。但是，弗里德曼对库珀与菲舍尔的研究计划的反应远非不理不睬。相反，他向两位作者就他们的研究提供了广泛的反馈意见和鼓励。

菲利普·库珀在2015年9月15日的访谈中回忆说："在我与斯坦利·菲舍尔的研究中，我们的论文是研究稳定政策。米尔顿·弗里德曼到目前为止是我们最好的'指导教师'。他总是乐于助人。……他可能会看我们的论文，然后说：'瞧，我真的没有不同意见；我只是选择了简单的货币规则，一个固定增长率，而你们使用了另一个机械规则。你可以称之为随动系统理论或随机控制理论。但要点是，它不涉及人类决策。对于此点，我完全赞同'。而他在支持我们的论点时感觉相当自在。与弗里德曼的对话并非持续不断的，但是，随着我们写了新的论文，这种对话不时会出现。我们从米尔顿那里获得了迅速的回应和建议——然而从系里其他教师得到的回应和建议真的不是很多。"

正如库珀的回忆表明的那样，最优控制获得弗里德曼赞许的关键因素是，它与政策规则类似。他喜欢最优控制的自动方面，这一事实要求货币政策遵循一个系统的模式，从而在这样做时就消除了政策制定者在其他情形下可能拥有的特权。最优控制也像他的固定货币增长建议一样旨在实现一个稳定性的规则，而弗里德曼认为美国的货币政策实践在美联储存在的最初六十年一直是不稳定的。①

这并不是在表明，弗里德曼被最优控制的论点说服了。他反对积极政策的大部分理由依然适用。他反感的事实是，最优控制规则本质上是模型依赖的，涉及大量变量和未观测到的序列估计的反应。结果必然是，虽然他与库珀和菲舍尔有友好的交流并尊重他们的研究，但是弗里德曼反对在稳定政策中采纳最优控制。快到库珀和费希尔与他结束同事关系时，弗里德曼评论说，"控制理论……需要美联储既无知识也无证明的能力的精致微调"。② 大致在同一时期，在库珀和菲舍尔的研究引起地方媒体报道的注意之后，芝加哥的一家电视台打算安排和播放一场库珀和菲舍尔就最优控制政策和使用宏观计量经济结构模型的优越性与弗里德曼进行交锋的辩论。人们可以放心地假设，弗里德曼——当时频繁

---

① 弗里德曼对稳定政策的最优控制方的兴趣似乎在他的1975年的陈述中得到证实，"所谓的'最优控制'问题的著作……不仅是重要的，而且在知识上也是迷人的"（引自弗里德曼在1975年11月6日的书面建议：Committee on Banking, Housing, and Urban Affairs 1975, 47）。其实，沃格洛姆（Woglom 1988, 694）在引述这一段的内容时，基本上认为弗里德曼指的是最优稳定政策。但是，研读弗里德曼陈述的文本就表明，他指的是"货币控制技术"，即如何实现设定的货币增长目标。1975年11月的证词具体而言就是针对这个主题，因为弗里德曼稍后写的专栏文章"如何击中货币目标"发表在1975年12月8日的《新闻周刊》上。因此，这段内容使人联想到，而不是具体论述弗里德曼对产出稳定和通货膨胀应用最优控制方法的看法。

② Friedman（1973b, 9）。

出现在地方和全国电视上——欣然同意参与。不过，库珀和菲舍尔拒绝了这个邀请，部分原因是他们并不认为弗里德曼是对手，但特别的原因是他们毫不怀疑，弗里德曼的辩论技巧会导致他在电视转播的交锋中获胜。[1]"他是一位非常，非常好的辩手"，菲舍尔在2013年8月30日的访谈中评论弗里德曼时说。"那就非常清楚了。"

弗里德曼对最优控制政策的看法的一个补充说明。英国议会委员会在1980年向全世界的许多货币专家寄送了关于货币政策问题的调查问卷。该委员会询问的一个问题是："你认为在正式的或明确的政策最优化时使用大量的计量经济模型有助于宏观经济政策的设计吗？"[2]许多调查对象都对这个问题提供了详细的和大部分肯定性的回答。弗里德曼对此问题的回答就是一个

---

[1] 米什金（Mishkin 1995, 3）声称，菲舍尔在1973年就不再痴迷最优控制方法了。具体而言，米什金说，菲舍尔是"利用最优控制方法对政策进行计量经济学的政策评估的杰出研究者，但是在阅读了卢卡斯（Lucas 1976b）的'计量经济学的政策评估：一个批评'的1973年版本之后就立即放弃了这个研究思路"。这种说法看起来并不是一个完全准确地描述了菲舍尔思想的演化。卢卡斯的研究贡献确定无疑会告诫菲舍尔注意他与库珀的研究在本质上是向后看的宏观经济学模型，而卢卡斯的著作以及基德兰德和普雷斯科特（Kydland and Prescott 1977）的著作强调了将最优控制分析应用于向前看的宏观经济学模型所面临的相关挑战。但是，菲舍尔自己的分析和他对20世纪70年代的该理论的研究让他得出了这样的结论，在理性预期和向前看的代理人模型中对政策进行正确的计量经济学评估和合理的最优控制分析其实是可能的。菲舍尔在1980年的这篇文章（Fischer 1980）的讨论中得出了这个结论。

此外，库珀与菲舍尔合作研究项目的终结并不表示菲舍尔否定最优控制分析。相反，这反映了这样一个事实，两位研究者在1973年中期都离开了芝加哥大学，而库珀进入了非学术性的私人部门。

[2] Treasury and Civil Service Committee（1980, 4）.

字:"不。"①

三、弗里德曼对最优货币数量的研究

对今天的许多研究者而言,"弗里德曼规则"指的就是一件事情——而且它并不是指固定货币增长建议。相反,它指的是以一定的方式管理货币政策的指示,以至于在稳态下价格以一定的速率下降,足够使名义利率为零。弗里德曼规则不是将货币存量增长率固定在与长期价格稳定性相一致的一个数值的规则,而是——对这些研究者而言——一个使稳态的预期通货膨胀率等于稳态的实际利率的负数的规则。②

将通货紧缩规则归之于弗里德曼—这就是这项规则在这里的称谓——出自他在1969年的论文"最优货币数量",而这个标题以同样的名称出现在弗里德曼的书名上。③ 本书对弗里德曼的货币分析的论述并不关注这篇文章,因为这篇1969年的分析在很大程度上无法代表弗里德曼的分析框架。当然,这篇1969年论文中的货币理论确实进一步阐述了弗里德曼在早期著述中的一

---

① Friedman(1980a, 61; also p.61 of 1991 reprint)。
② 在1990年的《货币经济学手册》的第2卷中,麦卡勒姆(McCallum 1990c)设法顶住使用"弗里德曼规则"这个术语的压力而跟随尼汉斯(Niehans 1978, 93)使用"芝加哥规则"的标签来指通货紧缩的建议。使用另一种术语的理由是,这个建议已经被芝加哥大学的不止一人提到过,而且是源自芝加哥大学的《政治经济学》杂志的多篇文章。菲尔普斯(Phelps 1973)在1973年提出过类似的术语。不过,同样在这本1990年的手册中,迈克尔·伍德福德——当时是芝加哥大学经济系的一名成员——在他那一章中整个使用"弗里德曼规则"的术语,以便具体表示通货紧缩的建议(参见Woodford 1990)。
③ Friedman(1969a)。

些主题。不过，在发展这些主题时，这篇论文与弗里德曼其他著作中的绝大多数货币分析在几方面都断绝了关系。因此，"最优货币数量"真的只是弗里德曼对货币研究的主要思路的一个新类型，无疑不是它的一个不可分割的组成部分。此外，正如本节末尾要论述的那样，通货紧缩规则并非弗里德曼规则，因为他明确建议反对通货紧缩的政策，他在1969年的论文之前、在这篇论文中和在这篇论文之后都这样做。

证明以上论点的文献证据将占本章剩余部分的大量篇幅。在讨论之前，值得考虑另一个认为通货紧缩规则与弗里德曼具体无关的重要根据，因为该规则的推导已经出现在其他人的论文之中，而不仅仅是他的论文之中。实际上，在弗里德曼发表这篇文章之前，该规则的大量推导已经出现在出版物之中了。菲尔普斯回忆说，他与保罗·萨缪尔森在20世纪60年代从事最优货币增长主题的研究，他们各自都推导出了通货紧缩规则：菲尔普斯和萨缪尔森在萨缪尔森（Samuelson 1969b）这篇文章中—非正式的分析体现在之前的萨缪尔森（Samuelson 1963a）这篇文章中，都推导出了这项规则。[①] 菲尔普斯继续陈述说："不过，奇怪的是，

[①] 哈里·约翰逊有时被认为是通货紧缩规则的提出者。实际上，莫格里奇（Moggridge 2008, 336, 429-30）在讨论中似乎暗示，关键的问题是弗里德曼（Friedman 1969a）的这篇文章还是约翰逊启动了此规则的文献。不过，主要被认为是提出了这项规则的约翰逊的论文是哈里·约翰逊的这几篇论文（Harry Johnson 1968, 1969a, 1970b）（例如参见 Moggridge 2008, 336; Townsend 1980, 266; Merrick and Saunders 1985, 692）。这些论文当然是在菲尔普斯（Phelps 1965）这篇对此问题有所贡献的论文发表之后发表的。因此，继续假设最优货币增长的理论只是在20世纪60年代晚期或者认为约翰逊带头发起了那种文献的说法都似乎毫无成效。

米尔顿·弗里德曼在几年之后的某种粗糙的重新表述竟成了标准的参考文献,现在还获得了称赞。"

弗里德曼在很大程度上被认为是通货紧缩规则的主要提出者的说法不仅被广泛使用的"弗里德曼规则"所证明,而且被最优货币政策领域的许多研究者提供的文献讨论所证实。例如,巴罗和菲舍尔就说:"最优货币数量提出的问题是什么样的稳态通货膨胀率最大化稳态的福利或最小化通货膨胀的福利成本。弗里德曼明确地和贝利隐含地提出的答案,就是让名义利率(私人持有货币的成本)为零的通货膨胀率。"费尔德斯坦和卢卡斯与斯托克(Stokey)所做的归因与巴罗和菲舍尔提出的相似。① 一些研究者在称赞弗里德曼方面甚至走得更远。例如,罗伯特·金和亚历山大·沃尔曼写道,"长期通货紧缩政策的建议最早是由米尔顿·弗里德曼提出来的";詹诺尼提到"弗里德曼最先提出了交易的福利成本";以及阿贝尔提到"弗里德曼的'充分流动性'规则",尽管通货紧缩规则的"充分流动性"术语不应归于弗里德曼而应归于菲尔普斯(阿贝尔在他的论文中没有援引菲尔普斯的著作)。② 而且,哈恩尽管严重批评弗里德曼的分析,基本上

---

① 也就是说,他们表明1969年之前的唯一相关参考文献就是 Bailey(1956),而他们没有援引 Phelps(1965)。不过,这些研究者确实援引了 Phelps(1973)。
弗里德曼在他的1969年论文中没有提到 Bailey(1956),但在 Friedman(1971c, 854)中简要概括那篇论文的分析时却承认贝利的论文与他的"最优货币数量"分析之间存在关联。另参见 Friedman and Schwartz(1963a, 568)。

② 类似地,Argy(1992, 44)将弗里德曼(Friedman 1969a)这篇论文的通货紧缩规则称之为"弗里德曼著名的'流动性规则'"。

将通货紧缩规则发现的起源归因于弗里德曼这篇1969年的文章。

广泛缺乏对1969年之前这一领域的相关文献的引用的一个原因，确定无疑是弗里德曼在1969年的文章中很少引用这一文献的事实。特别是，他的文章没有援引菲尔普斯的文章是令人震惊的，包括对菲尔普斯而言都是令人震惊的。①

那么，为什么弗里德曼不援引菲尔普斯和其他论述通货紧缩规则的先前著作呢？部分答案在于弗里德曼随机的引用习惯。他更擅长于指出其他人的论文中漏掉的参考文献，而不擅长在他自己就某一议题所写的著作中涵盖先前的相关文献。为了有助于完善他的论文中的参考文献，他经常依赖于他所收到的早期草稿的阅读者提供的建议。

不过，另一个原因也许是，弗里德曼也许认为他早在1969年之前就理解了通货紧缩规则的本质，并将1969年的论文看作是他先前直觉的补写和部分形式化。那种看法就可能导致他在讨论近些年的文献时不那么完整。

前面猜测的主要根据在于这样一个事实，即持有货币的机会成本可以被让名义利率为零的政策消除的基本思想是弗里德曼在1960年的《货币稳定计划》中明确阐述的思想，尽管整篇文章

---

① 菲尔普斯也认为"最优货币数量"对弗里德曼的论文而言是一个很差的标题，因为后者的分析主要涉及适当设定货币和价格增长率。尽管它不精确，但是，"最优货币数量"的术语获得了广泛的使用。它被《新帕尔格雷夫经济学大辞典》用来当作一个词条的标题（Howitt 1987, 744），并再次被伍德福德（Woodford 1990）研究最优货币增长的文章当作标题。

是用文字表述的。①

1969年的"最优货币数量"的分析在弗里德曼的货币框架中占有什么样的地位呢？本书将要论证的是，这篇1969年的分析与他的其他货币著作不一致。

论证相反的观点——声称弗里德曼的"最优货币分析"与他早先的和之后的货币著作具有一致性——的主要根据在于这篇1969年的论文强调通货膨胀是对持有实际货币余额的一种税收。尽管货币创造——即使它不产生通货膨胀——构成了无息货币持有者的一种隐性税收的观念不是弗里德曼最先提出来的，但是，这却是他自从货币主义时期开始之后就反复强调这一观念。②他在20世纪40年代晚期到50年代初期讲授的本科生货币课程中以及从那时起发表的多篇文章和公开声明中就这样做了。③其实，贝利指出，他在1956年的分析涉及通货膨胀为正时利用方便交易的货币所产生的低效率——利用了弗里德曼在1953年扩展"通货膨胀缺口"的论文中就此问题所做的分析。④而菲尔普

---

① Friedman（1960a, 73）。Melitz（1972, 683）、Howitt（1987）和McCallum（1987a, 326; 1990c, 978）尤其注意到弗里德曼早起谈到通货膨胀紧缩规则，尽管最后一个文献给出了该段落的错误参考页码。Marty（1961）是另一篇早期阐述通货紧缩规则的文章。

② 不过，弗里德曼与施瓦茨（Friedman and Schwartz 1963a, 219, 473）愿意将政府开支的货币融资——如果它不产生通货膨胀的话–视为更类似于借贷而非税收。

③ 例如参见Friedman（1951c, 187）and NBC（1951b, 4, 11）。正如我们所看到的那样，恰好在美国参加第二次世界大战之前，弗里德曼在某种程度上同意使用通货膨胀作为一种战时税收的手段。不过，他那时的立场是，正是财政而非货币行动对通货膨胀具有更加可靠的影响。

④ Friedman（1953f, 257）。另参见Phelps（1973, 82）。

斯进一步指出，导致他推导出通货紧缩规则的研究始于1963年，而他当时受到"马丁·J.贝利和米尔顿·弗里德曼的著作"的刺激。

但是，暂且不谈这篇1969年的论文，弗里德曼建议持有货币的机会成本最小化的方式并不是要劝说名义利率降为零，而是要鼓励支付货币利息。①他不断敦促废除对商业银行存款负债的利息支付限制和对商业银行的准备金支付利息，都支持这一结论。②

弗里德曼这篇1969年的分析在其他重要的方面与他的其他货币著作不一致。这些差异现列举如下。

第一，弗里德曼的分析采用的标准是代表性家庭的效用最大化。因此，弗里德曼的稳态分析就采纳了拉姆齐的最优化标准。实际上，卡尔沃——使用了一个不再流行的术语——将家庭效用最大化的政策称之为"拉姆齐-弗里德曼最优化政策"。③虽然在

---

① 除了弗里德曼之外，乔治·托利（George Tolley）是另一个沿着这种思路提出建议的人，而他在1957年的论文有时被视为是通货紧缩观念的前身（参见 Howitt 1987, 744）。托利在2014年11月14日的访谈中回忆说，弗里德曼"非常支持那篇1957年的著作"，而在《货币稳定计划》中"弗里德曼实际上完全归功于我"。
② E. Nelson（2013a）对弗里德曼关于应商业银行准备金余额支付利息的建议进行了广泛的讨论。
③ Lucas and Stokey（1983, 56）和 Bewley（1983, 1487）也注意到 Friedman（1969a）在本质上使用拉姆塞标准。后一位研究者也抱怨说，"弗里德曼从未说过帕累托最优"。Friedman（1987a, 18）在后来讨论"最优货币数量"的分析时的确简要提及了帕累托效率，尽管它这样做的方式让比利可能觉得不满意。参见 Woodford（1990）严格分析通货紧缩规则与帕累托最优之间的关系。

稳态环境中使用家庭效用最大化作为确定最优货币政策的基础是弗里德曼在1969年的分析中的一个预知因素，但是它在他的其他货币政策著述中几乎没有对应的成分。在后来的一系列著作中，成功货币政策的标准是实现产出缺口和通货膨胀的稳定性，以及实现低通货膨胀。[1]

第二，弗里德曼这篇1969年的分析基本上抽象掉了名义刚性的存在所必然包含的通货紧缩政策的成本。然而诚如第二章讨论的那样，他的其他声明大量告诫与产生通货紧缩政策相关的成本。

第三，弗里德曼对货币需求的处理与他的其他著作的处理不仅不同，而且更加简化。在后面的一系列著作中，他强调指出，由于货币的资产需求源自货币作为一个"购买力的临时住所"的地位，因此货币的资产需求就提供了一个相信货币需求函数在实际收入和单一利率之外还有其他参数的原因。他也指出，货币的这种资产需求表明了货币的恰当定义是M2而非M1的可能性。[2]

---

[1] Rotemberg and Woodford（1997）证明，在特定条件下，跨期效用的最大化意味着一个包含产出缺口变动性和通货膨胀变动性的目标函数的最小化。但是，弗里德曼的著作并没有意识到这些联系。

也应该指出的是，Giannoni（2001, 10）和Woodford（2003, 417）声称，弗里德曼在1969年的论文中所强调的特定效用函数的货币因素表明可能需要将名义利率的易变性加入到政策制定者的目标函数之中。这不是弗里德曼完全理解的1969年的分析的含义；或者即使他完全理解了这种含义，这种含义明显地没有影响他的政策建议。因为弗里德曼（Friedman 1971g, 5）说，利率"既不是政策的一个最终目标也不是一种有效的手段"。他指出，对利息而言，重要的不是内容本身，而是与"收入、就业、通货膨胀"相关的行为。

[2] 关于这些问题，参见第六章。

相比之下,"最优货币数量"的分析援引了货币作为一个"购买力的临时住所"的观念但继续进行分析,好像即使货币有这个额外的功能——也就是说,除了货币对当期的交易提供便利化的作用的功能——实际情况依然是货币需求函数的仅有参数应该是实际收入和单一利率。此外,这篇1969年的分析间接暗示,M1可能是货币的一个更恰当的定义。

第四,弗里德曼在他的其他货币著述中强调,很难用一个单一市场利率来表示(甚至在低时间频率下)与经济行为相关的所有利率。然而,他在这篇1969年的分析中正是这样做的。

总而言之,弗里德曼这篇1969年的货币分析确定无疑是一个不同于他的标准货币框架的新类型,而本书主要关注后者。

毫无疑问,部分是因为他的这篇1969年的分析与他的标准框架之间的差异,弗里德曼一旦写完这篇1969年的分析就与它保持距离。在"最优货币数量"论文的结尾处,他宣称,他认为通货紧缩的理论根据对他而言太脆弱,以至于不能接受此项规则。[1] 相反,他重申了对旨在实现长期物价稳定和某种程度的经济稳定的固定货币增长规则,以取代通货紧缩规则,因为通货紧缩规则回避了价格稳定和经济稳定的目标,支持消除持有货币的机会成本的企图。

一些研究者将此解释为弗里德曼实际上赞成政策制定者在实践中应该信奉通货紧缩规则的观念。这些研究者表示通货紧缩规则在1969年成了他偏爱的规则,或者表示弗里德曼依然推荐固定货币增长规则来实现目标通货膨胀率,但这篇1969年的分

---

[1] Friedman(1969a, 47–48).

析允许他具体确定目标通货膨胀（更准确地说是通货紧缩）率应该是多少。但是这些解释完全不恰当。前面提到的"最优货币数量"的结尾段落就反驳了这些解释。而且，这些解释和弗里德曼在1969年间以及后来岁月中与零通货膨胀而非负通货膨胀相一致的政策建议相矛盾。[1] 他在《货币稳定计划》中说他希望通货膨胀为零。[2] 那种立场在1969年之后没有改变。例如，弗里德曼在1984年表示，与"零通货膨胀"一致的货币政策"应该是我们的目标"。[3] 他在1989年7月5日的《华尔街日报》上评论说："我强烈支持通货膨胀为零的货币政策。"

正如第十章会详细论述的那样，弗里德曼并不认为1%~2%的通货膨胀率有害或者非常不同于价格稳定。弗里德曼在1969年6月——《最优货币数量》大约在同一时间出版——的时候指出，预期到的通货膨胀有一些害处，"但并非非常有害，只要通货膨胀处于适当的范围之内"，从而违反了该著作的头篇文章分析的思想。

1987年，弗里德曼在一次罕见地回顾"最优货币数量"的分析时，如果有的话，进一步将他与通货紧缩规则拉开了距离。他陈述说，使用稳态的效率作为决定适当的货币政策标准意味着，与坚定地探讨经济稳定性的分析相比，会关注那些必定会

---

[1] 除了接下来论述，参见第十五章的讨论。
[2] Friedman（1960a, 91）。
[3] Friedman（1984c, 37）。这同一篇文章重申，Friedman（1969a）推导出来的通货紧缩规则不应当用于或者不能直接相关于美国经济的政策建议（Friedman 1984c, 50）。

降低货币政策探讨重要性的"高度抽象的长期命题"。[1]他指出，通货紧缩的规则会遭遇这样命运："尽管它具有较大的理论兴趣"，但是它不会明显影响实际的货币政策。弗里德曼甚至表示，通货紧缩规则的结论不是在他的1969年论文中获得的，而是紧随他的论文而来的其他研究者的论文所提出的。[2]根据这个评论，弗里德曼就彻底摒弃了所谓的弗里德曼规则。

---

[1] 这种看法似乎与迈克尔·伍德福德那时的评估形成了对比："弗里德曼（Friedman [1969a]）得出的结论与一些最激烈辩论的实际经济政策决定的问题明显相关，而他提出的政策规则则惊人的简单，以至于他的实际政策含义相当清楚"（Woodford 1990, 1068）。应该提到的是，伍德福德（Woodford 1990）在分析中接着对支持通货紧缩的理由提出了不同的看法。

[2] Friedman（1987a, 18）。

第九章

弗里德曼的框架：
市场经济学与研究方法论 ①

---

① 本研究中所表达的观点仅代表笔者本人，不应解释为联邦储备委员会或联邦储备系统的观点。笔者感谢戴维·莱德勒对本章初稿的评论。关于本书完整的致谢名单，参见前言。笔者遗憾地指出，自本章的研究开展以来，笔者曾访谈过并在本章加以引用的五位被采访者，肯尼思·阿罗、加里·贝克尔、莱尔·格拉姆利、戴维·梅塞尔曼和理查德·穆斯，都已去世。

第一节　弗里德曼的市场经济学

前四章对弗里德曼的经济学框架的阐述侧重于该框架对宏观经济模型设定的含义。第五章和第六章论述了 IS、LM 和期限结构方程的设定，第七章讨论了菲利普斯曲线，而第八章探讨了货币政策规则，包括描述美国实践的规则和在弗里德曼偏爱的货币安排条件下成立的规则。相比之下，本章的主要重点是论述弗里德曼的微观经济学。

本章的论述将讨论弗里德曼的微观经济学框架的许多规范和实证内容。本节讨论弗里德曼对自由市场经济学的倡导，第二、三节论述实证经济学。第二节研究弗里德曼的微观经济学分析方法，以及论述弗里德曼的微观经济学视角与他的一些芝加哥大学同事的微观经济学视角之间的关系——这种关系远非其他叙述所指出的那样密切。第三节讨论弗里德曼的经济研究方法论的方法，包括他的 1953 年论该主题的文章以及他的研究所揭示的方法论方法。第四节继续探讨第四章结束时的一个主题，分析弗里德曼对数学密集型的技术性经济学的看法。

弗里德曼在 1981 年 1 月 12 日的《新闻周刊》中把自己描述为"一位自由市场的强有力倡导者"。正如第二章和第三章所指出的那样，这是弗里德曼在接受大学教育的期间特别是在 20 世纪 30 年代中期在芝加哥大学上研究生期间接触了那些支持自由市场的思想之后，从 20 世纪 40 年代早期以来一直坚持的立场。

弗里德曼对以市场为基础的解决方案的支持与他关于人们在市场活动参与中以自利的方式行动的信念是紧密相连的。他在1952年的一次电台节目中争辩说,"我们必须主要依靠人们的私利而非无私"。① 四分之一个世纪之后,他重申,"世界运行的方式主要是由人们努力追求他们的自我利益来决定的",然后补充说,"这样做没有什么错"。② 按照刚才引用的方式,这些声明导致弗里德曼被视为是一位贪婪的辩护士。但是,在弗里德曼看来,他只是承认了人性中不可避免的一面,而他对自由市场的倡导就是希望将这一面转变为经济福利的增加。"明白了吧,我认为,任何社会的问题就是如何控制贪婪",弗里德曼在1976年的一次电视访谈中评论说。他指出,"就我所知,控制贪婪唯一有效的办法就是以贪婪对抗贪婪",方式就是鼓励建立在私有财产和自愿交换基础上的市场制度。③ 他争辩说,资本主义制度是在贪婪基础上运行的。④ 但是,资本主义制度中交换的自愿性有助于促进一个"贪婪之人可能对他的同胞做出最小伤害的那种世界",而这与主要通过公开控制资源来进行资源配置的中央计划制度形成了对比。⑤ 而且,资本主义制度以一定的方式引导贪婪

---

① NBC(1952b, 4)。
② Milton Friedman Speaks, episode 13, "Who Protects the Worker?" (taped September 29, 1977), p.4 of transcript.
③ The Jay Interview, ITN, July 17, 1976。
④ 例如参见弗里德曼的评论 Playboy(February 1973, 66)(reprinted in Friedman [1975e, 31; 1983b, 49]);The Jay Interview, ITN, July 17, 1976;and Donahue, NBC, September 6, 1979。
⑤ 引自 Friedman's Playboy interview(February 1973, 68),reprinted in Friedman(1975e, 32; 1983b, 50)。

来造福于社会,因为弗里德曼相信,在一个基于自愿交换的市场中,"私人的贪婪变成了公益服务"。①

弗里德曼认为最后一点正是亚当·斯密的《国富论》(*The Wealth of Nations*)——弗里德曼回忆,他第一次阅读此书是在本科生的时候——传达的主要思想。② 弗里德曼在1958年的一次谈话中顺便提到了亚当·斯密的思想:"如果每一家企业各自设法挣尽可能多的钱,那么,它就像被一只看不见的手所指引,也为社会利益服务。这就是自由企业制度和私有财产的基本原理。"③ 弗里德曼进一步强调指出,《国富论》已经证明自利促进社会利益,是因为市场交换——市场交换因而不等于零和游戏——会产生互惠互利。④

特别是考虑到亚当·斯密在《国富论》之外还有其他著述,这个观点在多大程度上是亚当·斯密的核心思想,在研究文献中存在很大的争论。⑤ 但是,值得注意的是,弗里德曼关于亚

---

① Friedman(1985e, 18; 1986b, 55; 1997, 23)。
② CSPAN, November 20, 1994,p.7 of hard-copy transcript.
③ Friedman(1958a, 22)。
④ 例如参见 Milton Friedman Speaks, episode 1,"What Is America?"(taped October 3, 1977; p.14 of transcript); Milton Friedman Speaks, episode 15,"The Future of Our Free Society"(taped February 21, 1978; p.10 of transcript); and Friedman(1984f, 8)。
⑤ 第二章在这点上提到温奇(Winch 1978)的著作。
正如戴维·莱德纳在本章的早期版本评论中强调,弗里德曼可能比亚当·斯密对市场交换让交换双方获益的状况有一种更宽泛的见解。尽管弗里德曼(Friedman 1982a, 50)将个体之间的市场交换让双方获益的观念特别归之于亚当·斯密,但是他在 Friedman(1976c, p.9; also p.9 of 1977 version)之中提供了亚当·斯密支持高利贷法而违背这个观念的一个例子。尽管弗里德曼认为这种背离对斯密而言"极不寻常",但是,这可能会联系到温奇(Winch 1978)所强调的亚当·斯密的那些思想以及亚当·斯密对基于生产的价值理论的赞同——这与后来的许多经济学家,包括弗里德曼相反。

当·斯密的主要市场思想的看法与鲍莫尔的看法相似,尽管这绝不意味着鲍莫尔与弗里德曼的市场经济学观点相同。

鲍莫尔也评论说,亚当·斯密的《国富论》不是一本"致力于赞美资本家的良好意图与道德高标准"的著作。这个评论同样适用于弗里德曼赞成自由企业制度的论据。弗里德曼喜欢强调,他是亲自由企业而非亲企业。① 他在许多场合都将企业与窃贼相提并论就证明了这一点。② 他所做的许多具体评论,包括他经常怀疑厂商本性上倾向于支持那些减少行业竞争和降低消费者福利安排的陈述,也是如此。③ 弗里德曼陈述说,他的经济福利观念是以消费者效用最大化为中心的观念——这是一种"我想要公民幸福,我想要顾客高兴"的观念。

当然,市场制度的关键部分是价格体系。第四章和第七章已经论述过,弗里德曼认为,市场制度中的价格承担着多重功能,那种以取消其中一种功能的方式改变市场制度的建议——例如奥斯卡·兰格提出的那种取消收入分配功能的建议——就会严重损害经济的效率。而且,像官方工资或价格管制这样的措施会阻碍价格体

---

① 例如参见 Friedman(1978d, 11; 1982a, 43, 62); Milton Friedman Speaks, episode 8, "Free Trade: Producer vs. Consumer"(taped April 27, 1978), p.32 of transcript; and Newsweek, June 29, 1981。在《洛杉矶时报》(Los Angeles Times, December 14, 1986, 13)上,弗里德曼评论说,"任何认真研读过我的著作的人都不会指责我是资产阶级雇用的一个奴才"。
② 弗里德曼认为,支持厂商之间扩大竞争的依据可以基于这样一句谚语:"要抓贼,就设贼抓他(The Jay Interview, ITN, July 17, 1976)。"弗里德曼在《理性》杂志上做了同样的类比[Reason, December 1974, 11; Saturday Evening Post(May/June 1977, 20; Donahue, NBC, April 16, 1980; Friedman 1982a, 62; 以及其他地方)]。
③ 关于弗里德曼表达的这种怀疑,例如参见 Friedman(1972c, 24)。

系的所有功能的发挥，而弗里德曼从20世纪40年代起就公开批评这些管制措施，不管是运用于整体的还是具体市场的管制措施。①

但是，弗里德曼也从另外一个角度将市场制度看作是一个损益制度。② 市场制度的批评者特别突出市场制度产生利润的一面，但是，弗里德曼强调的事实是，厂商既有亏损也有利润。他反复说，这种制度的"亏损"成分与其"利润"成分一样重要，因为它减少了徒劳无益的企业。③ "试验失败的企业会亏钱，无论它想干什么，它只有停止运营"，他在1964年说。④ 弗里德曼在1977年8月22日的《新闻周刊》上将这种状态与政府所有的企业的状态进行了对比，因为在政府所有的企业中，损失的发生并不意味着倒闭，而是意味着纳税人资金的注入。

根据弗里德曼的以上对比，人们很容易这样想，他对政府所有的企业主要担忧的是，它们将纳税人的资金置于风险，并投资于经济上不可行的项目之中。这些担忧无疑在弗里德曼的思考中起到了一些作用，也导致了他反对政府对私人部门的公司进行贷款担保和对厂商的商业投资提供政府补贴。⑤ 他的立场是，如果企业投资的

---

① 特别参见第四章、第十章和第十五章。
② 例如参见 Friedman and Friedman（1980, 45; 1985, 53, 118）。
③ 例如参见 Friedman（1958f, 508 [p.85 of 1987 reprint]; 1964g, 170）; Business and Society Review（Spring 1972）（12; excerpted in Friedman 1975e, 249）; Donahue, NBC, September 6, 1979; and Newsweek, March 16, 1981。
④ Friedman（1964g, 170）.
⑤ 这种批评的例子包括弗里德曼反对美国政府对洛克希德·马丁的一笔贷款的担保（Business and Society Review, Spring , 12; excerpted in Friedman 1975e, 249）；1980年美国政府对克莱斯勒贷款的担保，以及弗里德曼反对对超音速航空运输的实际的或者未来的公共部门补贴（参见 E. Nelson 2009a, 488; 2009b, 77–78）。

项目可能会盈利,该项目无须公共部门的帮助就能取得进展。

但是,弗里德曼对政府所有企业的主要保留意见不同于刚才描述过的这类担忧。他承认,对于国有企业的管理层而言,耻辱伴随着亏损而生。相反,尽管私营企业家在风险投资项目获利时通常会获得丰厚的金钱报酬,但是,对公共部门的企业高管而言,可能就不存在厂商利润与报酬之间的这种密切联系。在这种情况下,弗里德曼争辩说,政府企业的经理就会采取一个偏爱低风险项目的比赛安全策略。① 因此,一个以政府对企业拥有较大所有权为特征的制度就会降低承担风险的动机所产生的经济进步。②

这些分析论据与各种经济安排下经验记录的评估的结合,使弗里德曼得出了自由市场制度是生产最有效率的经济制度安排的结论。③ 这样一个制度"仍然是发展起来消灭贫困和提高大众的生活水准的最有效的机器"。在这点上,弗里德曼援引19世纪晚期英国与美国在相对自由放任的制度安排下的经济增长。他也指出,"二战"之后许多市场经济国家的经济增长证明了资本主义制度的成功。依弗里德曼之见,美国经济是其中一个这样的成功

---

① 参见弗里德曼的讲话 Speaking Freely, WNBC, May 4, 1969 (p.33 of transcript); Instructional Dynamics Economics Cassette Tape 132 (October 24, 1973); and Friedman (1984f, 15; 1990a, 71)。
② 弗里德曼所关心的政府经营企业的其他问题包括它们会阻止雇用、工资和价格决策对市场力量进行调整的可能性,以及许多产业的国有化情形会导致政府直接卷入劳工纠纷的可能性。参见他的讲话 Instructional Dynamics Economics Cassette Tape 141,March 12, 1974。
③ 例如,弗里德曼在1984年说,他关于自由市场的经济效率的信念是建立在"历史证据与分析"基础之上的(Tyranny of the Status Quo, episode 3, "Politicians," March 28, 1984)。

例子，因为尽管有政府不断增多的干预，但是战后的生活水准依然提高了。① 相比之下，弗里德曼评论说，尽管许多市场经济体出现了生活水准的长期提高，但是，"没有任何通过中央计划的国家成功地做到了这一点"。②

在两次世界大战之间，英国长期的经济衰退和美国的大萧条通常被视为市场制度失败的证明。但是，弗里德曼认为，这是误解了这段历史记录。他与施瓦茨在《美国货币史》中对1929—1933年美国经历的描述并不支持纯粹的自由放任制度，因为他在这部著作中认为公共部门有管理货币的责任，需要采取有利的政策措施来抵消那些可能会导致货币存量收缩的私人部门力量。③ 但是，他们的叙述驳斥了对大萧条的通行解释——这种解释认为，非金融的私人市场制度存在缺陷，如果听之任之，就容易产生低水平的产出与就业。④

进入20世纪70年代，弗里德曼发现自己在倡导减少政府的作用和增强市场的作用之时处于明显的少数。在1988年的回顾中，他和他的妻子将美国支持市场的公共舆论的转变确定为1970年左右。⑤ 但是，考虑到美国在1971年引入工资与物价的管制得到美国公众热烈支持的事实，即使这个日期也似乎太早了。这些管制在

---

① 关于弗里德曼阐述的这个论据，参见 Newsweek, October 28, 1968；以及他的讲话 Friedman, Porter, Gruen, and Stammer（1981, 23-24）。在后一个讨论中，弗里德曼也承认，20世纪50年代到70年代拥有比先前时代更大的货币稳定性也有助于经济发展。
② Friedman（1958e, 254; p.36 of 1962 reprint）.
③ 参见第十一章的进一步讨论。
④ 弗里德曼强调了这一点：Friedman（1962a, 45, 50; 1967a, 13; 1976j）.
⑤ Friedman and Friedman（1988, 467）.

1972年依然受到欢迎。因此，恰当的推论是，在本书涵盖的整个时期，美国公众的态度是倾向于反对以市场为中心的解决方案的。

诚如下文和第十五章指出的那样，尽管弗里德曼承认美国政府对经济干预的增加获得了民众的同意，但是，他认为，这些干预的大部分动力来自知识分子。他在20世纪70年代中期说："我相信，（从19世纪的模型）改变制度的请求是知识分子而非普通大众发起和传播的。"[①] 在作这个评论时，弗里德曼重复了他在前几十年的多个场合，包括在1962年的《资本主义与自由》中表达的这个看法。[②] 他相信，知识分子支持干预主义的经济政策的

---

① 引自弗里德曼的评论：Friedman and Kristol（1976, 26-27）。另参见弗里德曼的评论：The Open Mind, PBS, December 7, 1975, p.5 of transcript。

② 特别是，弗里德曼（Friedman 1962a, 77）谈到"知识分子广泛接受政府应该发挥更大的作用的信念"。另参见他的评论：Friedman（1958e, 253; p.35 of 1962 reprint）and in Human Events, July 2, 1966。

里森（Leeson 2000b, 754）认为，弗里德曼（Friedman 1978f）对于知识分子起到了营造一个更多政府干预氛围的作用的批评，是哈里·约翰逊（Harry Johnson 1971a）与帕廷金（Patinkin 1969, 1972a）对他的货币学说著作批评的后遗症。但是，弗里德曼在1978年的评论与他在20世纪60年代所做评论的相似性驳斥了这种解释。

里森评论的背景是这样一个事实，除了Friedman（1972a），弗里德曼在20世纪70年代期间没有讨论约翰逊-帕廷金的批评。实际上，记录强有力地表明，他将更多的时间与精力投入其他的辩论中，包括与托宾就货币分析的交锋，与联邦储备委员会就货币控制和通货膨胀责任的争论，以及与萨缪尔森、加尔布雷斯等人就政府干预经济合适程度的公共政策的辩论。由于缺少弗里德曼在1972年之后广泛讨论约翰逊-帕廷金的批评的证据，里森就认为弗里德曼（Friedman 1978f）的讨论——它事实上根本就没提到那个批评——是由那个批评所引起的。这样一种解释就刚才给出的理由而言是不恰当的。无论如何，哈里·约翰逊在1977年去世之时大体上就接受了弗里德曼（Friedman 1978f）所阐述的那种政府干预的观点（参见Harry Johnson 1978c, 32; Laidler 1984, 593）。

部分原因是，经济学家之外的学术界对支持自由市场的经济理由广泛缺乏理解。弗里德曼争辩说，因为这种理由依赖于个体分散行为的总体后果，所以这种论据又在非经济学家看来违反直觉。[1] 相比之下，经济学家精通这种论据，因此，弗里德曼坚称，他们容易"比大多数的其他群体更支持使用市场"。[2]

但是，弗里德曼还是在这个问题上对经济学家同行吹毛求疵。在他看来，经济分析要为自由市场制度作主要的辩护，但是，经济学家通常只见树木不见森林，因此过分强调了那些提出需要政府干预经济的这些方面的经济分析。他部分地认为，经济学家对大萧条的错误解释让他们倾向于支持政府在非金融的经济活动中发挥更大的作用。不过，弗里德曼也指出，即使在大萧条之前，经济学家也在倡导更多的政府干预之列。为此，他评论说，美国经济协会在19世纪80年代由一群对德国的国家行动印象深刻并由此希望美国政府干预经济的年轻经济学家创建。[3] 对弗里德曼而言，德国的经济成就不是国家干预的反映，对美国在19世纪流行的经济安排进行批评的人并没有充分理解那个时期所取得的经济绩效的巨大进步。

关于政府在微观经济水平即具体市场上的干预，弗里德曼也相信，经济学家经常倡导的政策观点不同于价格理论的主要

---

[1] 例如参见 Friedman（1977b, 36; 1978f, xiv）和他的评论 Business and Society Review（Spring 1972, 16），as excerpted in Friedman（1975e, 256）。
[2] Milton Friedman Speaks, episode 8, "Free Trade: Producer vs. Consumer," taped April 27, 1978, p.30 of transcript.
[3] 关于此点，另参见 Tobin（1987b, 371）。另参见 Friedman and Friedman（1988, 459–60）。

思想。他在1976年不满地说:"经济学家是精神分裂症患者。他的学科使他支持自由市场,但是他的利己之心让他赞成政府干预。"① 弗里德曼相信,经济学家擅长于提出经济体系中的外部性来替政府干预进行辩护。但是,他争辩说,政府干预实际上可能是福利改进型的例子远比公认的少得多。当人们适当考虑这种干预可能产生的副作用时,更可能出现的结果是不存在这种福利的全面改善。②

即便如此,弗里德曼并非一个既无公共部门又无公共部门对经济干预的支持者。"我不是一个无政府主义者"是弗里德曼反复说的话。③ 相反,诚如他在1977年所言,"政府有真正的空间,我们需要政府"。④ 他在1991年重申:"我并非一个零政府之人。我认为,政府有真正的作用。"⑤

那么,弗里德曼为公共部门设想的恰当作用是什么呢?弗里德曼指出,"我唯一不会非国有化的事物是军队、法庭和一

---

① 弗里德曼类似的评论出现在 Friedman(1977b, 42), Times Higher Education Supplement, September 3, 1976; 和 Jerusalem Post, November 11, 1987。
② 例如参见 Friedman(1977b, 42; 1986c, 9)和弗里德曼的评论 Feldberg, Jowell, and Mulholland(1976, 42)and M. Anderson(1982, 200)。另参见下文第11章关于《资本主义与自由》的讨论。
其他经济学家表达了类似的看法。例如,Mervyn King(2012)评论说,"经济学家识别市场失灵的足智多谋似乎是无限的"。
③ 例如参见 Milton Friedman Speaks, episode 1, "What Is America?"(taped October 3, 1977), p.19 of transcript。
④ Milton Friedman Speaks, episode 2, "Myths That Conceal Reality"(taped October 13, 1977), p.33 of transcript.
⑤ From America's Drug Forum 1991 television program, episode 223, "Milton Friedman: On Liberty and Drugs," printed in Trebach and Zeese(1992, 74)。

些……道路和公路"。① 很明显，他也设想了政府在管理货币制度中的作用。弗里德曼相信，政府对法庭制度和货币管理的供给为自由市场的运行提供了一个健全的框架。协助这一过程的法庭活动包括执行契约和产权，以及验证市场交换的真实自愿性。② 另外，运行良好的货币制度为私人部门经济活动的进行提供了一个稳定的环境。③

弗里德曼的政策建议也包括大量的政府转移支出。这里特别值得一提的是两条这种建议。第一个是他的小学和中学的教育券计划。④ 尽管弗里德曼认为这个计划等同于教育体系的私有化，但是，它可以另外被正确地认为，如雷德（Reder）所描述的那样，"公开补贴的私立学校对公立学校的替代"。这种描述教育券计划的方式强调了这一事实，该计划需要公共支出的重大承诺。⑤

第二个建议由弗里德曼的这个思想组成：通过负所得税，政府的转移支付应对美国家庭提供最低收入。弗里德曼指出，与封建主义的和共产主义的经济制度相比，市场制度为那些开始收入较低的人群提供了收入等级向上移动的大量机会。他也认为，市场制度在所获得的收入与边际产品相关联的意义上是"正义的"。

---

① Saturday Briefing, BBC2, March 12, 1983, p.9 of transcript.
② 关于弗里德曼的法庭作用的观点，参见他的评论 Friedman（1958f, 507; p.85 of 1987 reprint; 1962a, 14, 145–46）和 Ketchum and Strunk（1965, 13）。
③ 参见第八章与第十二章的讨论。
④ 参见 Friedman（1955b）。另参见 Ealy and Enlow（2006）。
⑤ 弗里德曼也支持政府对大学教育根据经过经济调查结果而提供的贷款。例如参见 All Participants（1951, 258）和 Friedman（1962a, 102–5）。

但是，他承认，在一个市场体系中最初的收入分配可能不是正义的。①在这种背景下，弗里德曼支持通过政府转移支付来增加收入低的人群获得的收入高于自由市场所产生的收入。他特别批评美国福利项目在实践中的做法，争辩说这些项目损害了激励但并没给予接受福利的人任何决策的权力。②而且，弗里德曼的批评随着时间的流逝而变得更加激烈。在《资本主义与自由》之中，他表明福利措施是由"良好意图和良好意愿之人"所制定的。但是，到20世纪70年代晚期，他认为现代福利项目的管理者有更多的自利动机。③不过，即使在这后一时期及其之后，弗里德曼还是倡导他的以转移支付为基础的低收入补助形式，即负所得税。

弗里德曼也愿意接受政府针对他所视为的主要外部性的干预。虽然弗里德曼特别反对那些为产生污染的经济活动设置明确上限的管制措施，但是，他支持庇古税限制污染。④他认为，他的污染控制观点是"一种理性的或经济的观点"。因此，他的观点就与排除庇古税的管制方法和排除管制的自由主义者的立场形成了对比。

他也看到了政府采取减少垄断力量的措施的优点。在注意到

---

① 例如参见 Friedman（1962a, 108-9, 164-66; 1962b, 11）和 Milton Friedman Speaks, episode 1, "What Is America?"（taped October 3, 1977）, p.32 of transcript。
② 例如参见 Friedman（1966f; 1970o, 82-83）。
③ 分别参见 Friedman（1962a, 201）Newsweek, August 22, 1977 和 Friedman and Friedman（1980, 141-42）。后面两点讨论的观点反映了弗里德曼对公共选择文献的接受——第八章要讨论。
④ 参见第十四章。

美国私人部门的四分之一产出都来自"不管对这个词使用何种自由解释的垄断"的行业之时,弗里德曼公开声明,他"非常希望降低这一比例,并渴望经过一定的时间这一比例要急剧下降"。①他在20世纪70年代末指出,他渴望的减少并没有如他希望的那样大:"我宁愿生活在一个充满大量小公司的世界之中"。在1952年与1979年之间的时期,弗里德曼对反托拉斯法作为一种减少垄断势力的必要工具不再抱有幻想。诚如第四章所指出的那样,即使如此,他甚至在20世纪70年代为此目的还继续支持反托拉斯法的某些核心条款。正如第四章也指出的那样,弗里德曼在战后时期的一贯主张就是,政府行动其实在支持主要的垄断,因而如果没有支持,垄断力量就会被削弱。他进而相信,联邦政府的行动支持大企业的出现。弗里德曼的推理是这样的:公司所得税为企业利用利润购买其他公司创造了动力,而不是把利润转让给股东。②

弗里德曼认为,专利和版权是"一类不同于其他政府支持的垄断"的领域。③尽管弗里德曼对这个问题大伤脑筋——这种伤脑之事反映在他的"专利的问题确实提出了一个真正的问题"——但是,他在《资本主义与自由》以及后来的著作中得出的结论是,专利和版权应有法律的约束力,因为这种安排有助于

---

① Friedman(1952d, 15).
② 参见Friedman(1962a, 130, 132; 1981e, 26)和他的评论Ketchum and Strunk(1965, 55)和Friedman and Kristol(1976, 39)。
③ 引语来自Friedman(1962a, 127)。另参见该书第127—128页和第147页的讨论。

将发明的奖励导向发明家,从而促进创新。[1]在采取这种立场时,弗里德曼就具体指明了一种他关于"我们需要政府执行游戏规则"的观点在实践中得以实施的方式。[2]弗里德曼在这个问题上支持专利与经济学界的主流看法保持一致,包括与"新增长"理论中所采纳的主流看法一致。[3]

即使弗里德曼在政府作用方面做出了这些让步,但是,事

---

[1] 引语来自 Donahue, NBC, September 30, 1975。另参见 Milton Friedman Speaks, episode 12, "Who Protects the Consumer?"(taped September 12, 1977; pp.36-37 of transcript),关于弗里德曼后来对他在《资本主义与自由》中对专利所采取立场的肯定。

范·霍恩和克莱斯(Van Horn and Klaes 2011, 182)争辩说,"芝加哥学派对专利的态度存在一个巨大的变化",因为随着战后时期的发展,他们对专利的态度就转变为支持的态度。这种分析几乎只与弗里德曼之外的其他人相关,因此,与本章的讨论无关。但是,这两位作者在他们的参考文献中包括了一篇弗里德曼的文献,即弗里德曼(Friedman 1982e)对《资本主义与自由》的再版所做的序言。这给人留下的印象是,弗里德曼在 1962 年的《资本主义与自由》中不支持专利,然后在 1982 年支持专利。这种印象是错误的,因为弗里德曼在 1962 年的讨论中确实支持专利。范·霍恩和克莱斯(Van Horn and Klaes 2011, 203-4)所指的弗里德曼(Friedman 1982e, viii-ix)那个段落事实上根本就与专利无关。相反,该段落陈述的是,知识分子有助于在一些思想在政策圈不受欢迎的时期让这些思想保持活力。弗里德曼多次表达过这种看法。特别是——尽管范·霍恩和克莱斯(Van Horn and Klaes 2011, 204)声称,他只是在"事后"才有这种看法——弗里德曼在 1982 年之前多次阐述过它(例如参见他的评论 Wall Street Journal, November 4, 1969, 1; and the Guardian, September 17, 1970)。

[2] Playboy(February 1973, 74),reprinted in Friedman(1975e, 37; 1983b, 57)。

[3] 不过,关于专利的相反观点,参见 Boldrin and Levine(2008)。这篇论文发表于《货币经济学杂志》——考虑到弗里德曼(两位作者并未引用他)在货币经济学和专利讨论中贡献的主要著述这个事实,这个地方看起来不是那么不相称。

实依然是，弗里德曼反对政府的大量干预以及公共部门在20世纪70年代美国经济的运行中所获得的重要性。不过，诚如业已指出的那样，他承认政府不断增加的作用在很大程度上反映了选民的愿望。弗里德曼在1975年评论说："我相信，尽管在华盛顿许多事情上都做错了，但是基本而言，这是一个人民有发言权的代议制社会。"公共部门的扩张"不是因为某些卑鄙的、下流的、堕落之人不择手段地登上权力的宝座，而是因为美国的全体民众——你们和我——想方设法遵循错误的政策"。面临这种情形，弗里德曼说，"我作为社会的一员"有义务接受法律和政府的实际政策所引入的安排。

此外，弗里德曼认为，他的任务就是"设法说服公众，他们一直向政府分派的那种任务不符合他们的利益"。① 但是，弗里德曼在其他场合设想他影响公众舆论的作用更加有限。在这些场合，他暗示，他的功能就是为其他一些直接参与公共话语的人，例如政治家，提供一些可资利用的思想。弗里德曼亲自提供的这两种描述的部分差异当然反映了弗里德曼从20世纪60年代晚期起在大众辩论中的较高知名度，以及他因此看到他自己在公众说服过程中所起到的尽可能越来越大的作用。②

弗里德曼相信可以说服公众相信小政府的优越性的依据是建立在他的这个信念之上的：虽然公共部门的扩张反映了选民的意愿，但是，这种扩张是通过各种单独的立法和管制措施实现的，

---

① Friedman（1981e, 24）。类似地，弗里德曼（Friedman 1981a, 21）陈述说，他的"任务就是，设法让全体民众理解他们所遵循的一些政策的成本"。
② 参见第十五章。

而不是在较小的公共部门和较大的公共部门之间直接选择的结果。任何一个政府措施可能有明显的好处，而且，如果潜在的受益者是一个高度集中的集团，那么，这个集团就有动机去确保该措施得以实施。相反，该措施的成本是分散的，因此，每一个人几乎没有动机去极力反对实施这个措施的立法获得通过。① 即使扩大政府规模的措施广受欢迎，但是，这种受欢迎可能反映了民众没有认识到这些措施对经济的总供给潜力所产生的不利影响，比如通过高税收和其他措施产生的不利影响。这些因素导致弗里德曼对启动了大量的政府措施但"从未让公民仔细研究其全部"的政策制定体制感到失望。② 在20世纪70年代，这种失望有助于弗里德曼越来越倡导对政府作用的宪法约束，包括与经济相关的公共开支限制等。不过，弗里德曼也意识到，甚至美国的制度也严重依赖于宪法的不成文部分。③ 这一事实就限制了正式的宪法改变可能是一种约束公共部门的经济作用的方式的程度。

诚如业已指出的那样，弗里德曼对自由市场制度的信念源自分析的因素和他对历史证据的审查。但是，他也在哲学上倾向于支持自由市场制度。实际上，他将哲学根据置于经济合理性之

---

① 参见 Friedman（1962h, 4）对这个论点的早期应用。这个论点在他的20世纪七八十年代的著述中成为一个核心论点（例如参见 Friedman and Friedman 1985, 56）。在1966年7月2日的《人类事件》(Human Events, July 2, 1966) 杂志上，弗里德曼在第8页上指出，他是在阅读米切尔（Mitchell 1912）的著作时碰到这个论点的。
② Milton Friedman Speaks, episode 3, "Is Capitalism Humane?" (taped September 27, 1977), p.26 of transcript.
③ 参见 Free to Choose（US television version）, PBS, episode 3, "Anatomy of a Crisis," debate portion, January 29, 1980, p.15 of transcript。

上——这个优先性反映在他 1990 年所说的"自由市场制度的主要根据,依我之见,就是道义力量"的陈述之中。①

但是,弗里德曼所认为的市场体系的道义因素不是来自该制度下参与者的行为,而是来自制度本身。与封建主义和共产主义不同,市场制度信赖自愿交易。如弗里德曼所言,"资本主义制度的本质特征就是它依赖自愿交换"。②弗里德曼指出,该制度的自愿特征就是他偏好市场制度作为一种经济安排优于中央计划制度的原因,即使后者最终可能更有效率。"我支持自由的价值,不仅仅是实际利益。我曾说过,即使自由市场经济学不是最有效率的制度,我依然支持它,因为它代表了人类选择、挑战和风险的价值。我认为经济学是实现目的的手段而非目的本身"。自由在等级排序中居于经济制度的选择之上的观点也明显体现在弗里德曼的这个评论之中,"我的目标——我的'天哪',如果你想要——就是自由"。③

此外,弗里德曼相信,市场制度有助于培育民主价值。这个信念反映在他的这个陈述之中:"我知道,没有任何一个拥有高度政治自由的国家基本上不依赖私人市场和私人安排来组织经济

---

① 引自 Friedman and Friedman(1998, 469)。另参见弗里德曼的评论 Forbes, December 12, 1988, 176。
② Milton Friedman Speaks, episode 3, "Is Capitalism Humane?," taped September 27, 1977, p.15 of transcript。另参见 Friedman(1983c, 85)。
③ Free to Choose(US television version), PBS, episode 5, "Created Equal"(debate portion), February 15, 1980, p.18 of transcript。弗里德曼也认为,个人自由是他的"基本价值"(The Jay Interview, ITN, July 17, 1976)和他的"首要目标"(Tyranny of the Status Quo, episode 3, "Politicians," March 28, 1984)。

活动。"①

当然，正如业已指出的那样，弗里德曼的观点是，经济效率标准也表明支持市场制度的可能性，所以，在该制度下实际所实现的经济自由并不以牺牲经济绩效作为代价。这种经济效率的观点来自弗里德曼的实证经济学分析，而这种分析支持像他在1973年谈到的"市场-价格体系按照需求的变化适应供给的变化的巨大效率"。

哈恩怀疑弗里德曼是否事实上进行过相关的效率分析。具体而言，哈恩评论说："弗里德曼教授对瓦尔拉斯体系的厌恶对一个如此信任价格机制的人来说是费解的。"后来，哈恩阐述的观点是，尽管亚当·斯密在1776年提出了支持市场的充分理由，但是，只有现代研究文献——大多数出现在20世纪30年代之后——"才提出了足够精确的命题来允许讨论它"。他的评论所隐含的看法是，20世纪30年代之前的经济理论，特别是阿弗尔雷德·马歇尔提出的理论，基本上没有提供严谨的工具来评估市场机制配置资源的效率。弗里德曼不会同意这个看法，因为他对市场行为的许多分析都归功于马歇尔。正如本章第四节所讨论的

---

① Friedman（1983e, 17）。另参见 Friedman（1958f, 511-12 [pp.87-88 of 1987 reprint]）。《资本主义与自由》（Friedman 1962a）的第一章具体论述了经济自由与政治自由之间的关系。

那样，弗里德曼并没有断然拒绝瓦尔拉斯的分析。[1] 但是，他并不认为瓦尔拉斯的或者其他一般均衡分析是评价市场体系效率的最高标准。依他之见，价格机制和自由贸易的优越性更是可以用马歇尔、李嘉图、亚当·斯密等人的工具证明。

弗里德曼不支持这样的观点，即价格制度只有在重复一个中央计划者问题的最优配置时才可以被视为有效率的。他并不认为后一个概念提供了现实的基准线，因为设计一个可操作的非市场化的配置制度的工作需要"一百万零一个"决策，而"我不配做这样的专家——没有人配"。[2] 因此，弗里德曼对价格体系的信念部分源自模型的不确定性。价格体系提供了一种无须政策制定者拥有大量知识的配置资源的方式，促进了人们之间的合作，即使消费与生产都不是集中决策或有意识的协作决策。[3]

---

[1] 为此，值得注意的是，弗里德曼不断地赞扬并援引来作为价格体系如何运行的参考的一篇论文，就是哈耶克（Hayek 1945）在 1945 年的论文——参见 Friedman(1976a, 323-24; 1977e, 467; 1984f, 9)和第十一章。弗里德曼也在 20 世纪 70 年代初的价格理论班上给予哈耶克这篇论文大量的关注（Victor Canto, interview, September 11, 2015）。当涉及对马歇尔与瓦尔拉斯的贡献排序时，哈耶克的观点更近似于哈恩而不是弗里德曼。

[2] 另参见 Friedman（1957c, 72; 1962b, 10-11）。

[3] 以相关的方式，哈奇森（Hutchison 1977b, 86-87）明确批评哈恩将支持价格制度和市场安排的理由依赖于一般均衡分析的看法。哈奇森争辩说，支持市场配置的理由可能来自政府失灵的论据，后者不依赖于经济效率的一般均衡分析。

第二节 弗里德曼的微观经济学

本书第四章和第十一章论述了弗里德曼的许多微观经济学方法,而第十一章将讨论他的价格理论研究生班以及由此产生的教材。鉴于那里的论述,本节有必要只作一些简短的评论。

首先,第四章指出过,弗里德曼的价格理论分析甚至可以被那些拒绝接受弗里德曼所倡导的自由市场的人欣赏和用于微观经济学教学。就弗里德曼而言,他认为这种倡导与他所讲授的内容保持一致,但是又认为两者是分开的,符合实证经济学和规范经济学的区分。类似的区分应用于弗里德曼的价格理论与他的货币理论。弗里德曼又一次认为这两者是相互一致的但大致上是分开的。[①] 其他人采用了同样的视角。例如,鲍里斯·佩塞克(Boris Pesek)是芝加哥大学一位博士研究生,后来狂热地批判弗里德曼的货币著作。他赞扬明显体现在价格理论班上的"米尔顿·弗里德曼的微观经济学的最高严谨性"。

其次,弗里德曼在微观经济学上比他通常在宏观经济学的著述(总消费和货币的著述)中更明确使用效用最大化分析。弗里德曼的《价格理论》教材的内容就说明了这一点。如下的事实也说明了这一点:在1973—1974学年的价格理论班的考试中,弗里德曼出了一个题,要求学生从有约束的效用最大化问题推导出

[①] 进一步的讨论,参见第四章与第十三章。

需求函数。①

　　再次，尽管弗里德曼认识到效用函数、生产函数和约束条件都是微观经济学的最基础的内容，但是，他却发现用供求函数来分析市场的巨大价值。他争辩说，一个"经济学的关键命题"就是，价格变动或者反映了需求量的变化，或者反映了供给量的变化。② 而且，如果供求函数的参数不完全重合，那么一个市场中供需的区分就获得了合法性。依弗里德曼之见，这是一个关于函数的参数实际上大量缺少重合的"经验归纳"。③ 如果不仅供给函数的参数不同于需求函数的参数，而且供给函数的参数随时间而变化，那么，另外一个有助于建构和估计需求函数的性质就会成立。弗里德曼在微观经济学的讨论中提出了这种可能性。④ 但是，这种可能性正是在货币分析中获得了更大的重要性，因为这是他强调货币需求函数的一部分依据。⑤

---

① 普洛瑟评论说："我认为，对那个班的每一个人，甚至对米尔顿来说，有趣的时刻（教学之外）就是期末考试……。这就是我们要从一些偏好和预算约束等等推导某些需求曲线的一个问题。这不是难事，它是那种直截了当的、机械式的问题。任何人应该知道怎样做，但我们不知道。我们不理解这个问题，也无法正确解决这个问题。好吧，结果是，米尔顿给我们的效用函数，没有检查二阶条件……因此，这是米尔顿设计拙劣的一个问题。可怜的米尔顿不得不向每个人宣布，他将无视这个问题，因为错在他，因为在他设计这个问题之前没有检查二阶条件"（Charles Plosser, interview, April 2, 2015）。
② Friedman（1975e, 306）。另参见 Friedman（1976a, 8）的相关讨论。
③ 参见 Friedman（1949a, 469; 1953c, 8）。另参见 Sargent（1981, 238）。
④ Friedman（1962b, 35; 1976a, 33）.
⑤ 参见第六章。

一、经济学术语

弗里德曼利用他在 1976 年修订《价格理论》教材的机会发泄他对"微观经济学"与"宏观经济学"这两个"不幸"的术语的不满。① 这个 1976 年的论述强调了微观经济学的问题擅自闯入宏观经济学的程度，以及宏观经济学的问题擅自闯入微观经济学的程度。但是，诚如业已指出的那样，弗里德曼确实承认微观经济学与宏观经济学的基本区分的正确性。与这种区分保持一致，在 1976 年的术语讨论之后紧接着就陈述说："本书完全讲解价格理论。"②

弗里德曼真正所讨厌的是引入新的标签。对他而言，微观经济学与宏观经济学已经有了可接受的名称，即分别是"价格理论"和"货币理论"。③ 在结束芝加哥大学的教学任务之后，弗里德曼回忆，他成功阻止了芝加哥大学的货币（货币理论）研究生课程被重新命名为"宏观经济学"。但是，这样一个胜利必须被认为是得不偿失的，因为芝加哥大学经济系新开设了一个不同于货币理论课程的宏观经济学研究生课程，而这个宏观经济学课

---

① Friedman（1976a, 7）。弗里德曼大致在同一时间所做的类似批评，参见 Friedman（1975a, 176）和 Instructional Dynamics Economics Cassette Tape 213（May 1977, part 1）。
② Friedman（1976a, 7）。实际上，1976 年的版本确实论述了一些宏观经济学。
③ 特别参见弗里德曼的评论（Taylor 2001, 111）。试图区分"价格理论"和微观经济学，参见 Weyl（2015）。不过，魏尔的讨论主要涉及弗里德曼之外的贡献。正如下文要讨论的那样，弗里德曼的价格理论著作与芝加哥大学经济学家的价格理论著作之间的联系有被夸大的倾向。因此，魏尔对弗里德曼经济学分析的论文的相关性就很有限。

程后来就成了贝利教材的基础。此外，贝克尔称弗里德曼是"宏观先生"。这意味着，这个术语与对乔治·斯蒂格勒相应的绰号"微观先生"，都在芝加哥大学流行着。① 贝克尔后来在 2013 年 12 月 13 日的访谈中回忆说："那是给他们取的绰号，因为不管他们是否喜欢，'宏观'和'微观'在芝加哥和其他地方都成了非常普遍的用法。"②

尽管弗里德曼对"微观经济学"与"宏观经济学"的标签直言不讳，但是，这个术语领域并非弗里德曼经常会和解并愿意与学术界的共识保持一致的领域。他确实坚决要求"货币"使用的方式就是不能用来称呼收入、财富或信贷。不过，他在这里仅仅要求术语具有一定程度的必要精确性，以便展开货币分析。他讨厌术语"货币主义"，但是他最终实际上经常使用这个术语。③ 诚如第五章讨论的那样，弗里德曼大体上接受了凯恩斯论消费函数著作中的概念与术语。他还赞扬凯恩斯"提出了一套术语，对我这样的人非常有用"。④

实际上，弗里德曼如果有的话，也是太不愿意设法在术语问

---

① 由于斯蒂格勒只是在贝克尔读完芝加哥大学研究生之后才加入芝加哥大学，因此，贝克尔可能是在 1969—1976 年与弗里德曼和斯蒂格勒都是系里同事的期间碰到这些绰号的。
② 罗伯特·卢卡斯也不同意"宏观经济学"的使用有所保留的说法，因为他谈到"我的专业研究领域是宏观经济学或货币与商业周期理论"（Lucas 1987, 1）。
③ 参见第十三章。
④ John Maynard Keynes: Life, Ideas, Legacy, Institute of Economic Affairs (London) documentary, 1988 (also in Blaug 1990, 89)。另参见下面第十五章关于弗里德曼在 1965—1966 年与《时代》杂志就该问题的交流所进行的讨论。

题让步，并太过于自信经济学家在实质问题上的差异可以被术语的改变所弥合的程度。例如，鲍莫尔指出，弗里德曼在通信中建议，他倾向于使用"选择生成函数"以取代"效用函数"。[1] 不用说，弗里德曼最终保留了"效用函数"的术语。弗里德曼在回应《一个消费函数理论》的最初反应时提出了另一个例子。他在回复的草稿上写道："我对我采纳的术语'持久'的缺陷变得越来越印象深刻，'计划的'或'预期的'可能更好。"[2] 结果，弗里德曼在发表时对这个回复初稿的修改导致大量的删减，以至于没有表达对"持久收入"术语的担忧——当然，该术语成了经济学标准语言的一部分。[3]

二、微观经济学的范围

按照弗里德曼的见解，除了它排除宏观经济行为分析这个事实，是什么界定了微观经济学或价格理论的范围呢？他在1962年版的《价格理论》教材的开场白中推荐了一个广泛的定义："经济问题的概念是一个非常普遍的概念，超出了通常被视为属于经济学的范围。"[4] 他接着举了一个容易进行经济学分析的非市场活动的例子，就是家庭在稀缺的闲暇时间投入各种潜在的活动中进行选择。而且，正如弗里德曼与萨维奇对赌博的分析表明，弗里德曼认为经济学家的效用最大化分析工具不仅适用于闲暇活动的选择，

---

[1] 另参见 Friedman and Savage（1952a, 464）提到"效用"术语的"不幸含义"。
[2] Friedman（1958j, 3）.
[3] 发表的版本是 Friedman（1958i）.
[4] Friedman（1962b, 6）.

而且适用于家庭如何将其应用于具体的闲暇活动的分析。

因此,弗里德曼倾向于认为,效用最优化和伴随的自利行为同样适用于人类的市场与非市场活动。但是,他强调说,将非市场活动包括在经济分析之内要求将这种分析视为关于"追求自利(广义的解释)的人们之间的互动"的分析。[1] 弗里德曼坚决主张的自利行为的宽泛定义就是人们从事效用增加的活动,即使这些活动没有带来让人们变得更加富裕的报酬。[2] 在这点上,他认为慈善活动是出于自利之心。[3] 这源自他的论点,"自利之心不应该被解释为自私。世界上最高尚之人总是出于自利之心而行动"。[4] 因此,在弗里德曼看来,尽管寻求利润最大化的企业家明显比从事人道或科学活动的人具有更明显的自利导向,但是,所有这些人实际上都是最优化的经济人。多年来,弗里德曼以列举名人的方式让这个论点更加具体化。"我认为,爱因斯坦、牛顿、弗洛伦斯·南丁格尔(Florence Nightingale)都在追求他们的自利",他在1980年评论说。[5] 到20世纪90年代初,他更新

---

[1] Friedman and Friedman (1980, x; p. xiv of some later printings).

[2] 例如参见 Friedman and Schwartz (1986b, 37–38)。

[3] 例如参见 Friedman (1962a, 200; 1977a, 10)。与此相关的是,弗里德曼主张,在自由企业范围扩展的时代,慈善活动得以增加。参见 Friedman (1976j, 6; pp.64–65 of 1983 reprint); Friedman and Friedman (1980, 36–37);和 Milton Friedman Speaks, episode 3, "Is Capitalism Humane?" (taped September 27, 1977; pp.16–17 of transcript)。

[4] Milton Friedman Speaks, episode 3, "Is Capitalism Humane?" (taped September 27, 1977), p.7 of transcript.

[5] Free to Choose (UK television version, debate portion), BBC2, episode "Created Equal," March 8, 1980, p.11 of transcript。为此,弗里德曼在《花花公子》杂志上也援引了南丁格尔:Playboy (February 1973, 66) (as reprinted in Friedman 1975e, 31; 1983b, 49–50)。

了那些他习惯于用来理解这个论点的名人:"特蕾萨修女(Mother Teresa)追求她个人的利益,正如唐纳德·特朗普追求他的个人利益一样。"①

但是,对于市场行为的研究而言,弗里德曼坚持用更传统的基于物质的或金钱因素的自利之心的概念。在这个领域,他声称,"绝大多数人在狭隘的物质意义上都是自私自利的人"。② 弗里德曼以如下方式区分了经济人在有组织的市场之中的行为与例如慈善这样的活动:"人们在某一方面的活动中是自私的和贪婪的,但在另一方面的活动中则是无私的和慷慨的。"③ 不过,他认为后一活动领域的慷慨是一种形式的自利之心的反映。

从以上描述的弗里德曼的经济学观点就可以清楚地看出,他并不赞同欧文·费雪的这个声明,"经济学并不研究人类生活与福利的方方面面,而是以某种更加直接的方式只研究财富"。不过,从他讲授的价格理论与他的研究主题方面来说,弗里德曼大致遵守费雪的约束性规定。虽然他赞同经济学的宽泛定义,但是,他讲授的微观经济学大致紧扣传统的主题。而且,他的研究,尽管从20世纪40年代晚期起主要是宏观经济方面的内容,却必然涉及标准经济学的一些主题。特别是,弗里德曼没有投

---

① From America's Drug Forum 1991 television program, episode 223,"Milton Friedman: On Liberty and Drugs," printed in Trebach and Zeese(1992,73-74)。弗里德曼也在相似的语境中援引了特蕾萨修女 Firing Line, PBS, December 13, 1990, p.10 of transcript。
② Milton Friedman Speaks, episode 5,"What Is Wrong with the Welfare State?"(taped February 23, 1978), p.32 of transcript。
③ The Open Mind, PBS, December 7, 1975, p.7 of pdf transcript.

入大量的研究努力来将经济分析应用于日常的非市场性社会活动——这与他的学生和后来的同事加里·贝克尔形成了巨大的反差。这一事实清楚地表明了需要仔细地而清晰地区分弗里德曼的经济学和芝加哥大学著名的微观经济学家的经济学。现在的论述就转向这种区分。

三、芝加哥大学的微观经济学

卢卡斯在回忆中感叹,宏观经济学如此轻视重量级人物思想中的差异,以至于"弗里德曼、施瓦茨、凯恩斯、希克斯和莫迪利安尼都仅仅成了一套可互换的固定思想的代言人"。对于将弗里德曼和乔治·斯蒂格勒看作共同提出了一个单一的"芝加哥价格理论"的说法——例如,哈蒙德夫妇就采纳了这种说法——我们也应该做出类似的否定性判决。

"芝加哥价格理论"标签是不可取的,因为弗里德曼与乔治·斯蒂格勒的微观经济理论并不相同。事实上,他们对微观经济学持有的看法不同。那种认为他们在研究中协作来建构一个他们都赞同的分析结构的说法,也是不准确的。此外,我们将看到,他们的研究兴趣不同,而乔治·斯蒂格勒对弗里德曼的几本重要著作都不熟悉。[①]

理查德·穆斯上过弗里德曼的价格理论课程,并在1959—1964年间是乔治·斯蒂格勒在商学院的同事。穆斯在2015年5

[①] "芝加哥价格理论"标签不可取的原因是,它嵌入了词语"芝加哥"自动意味着"芝加哥大学"这种狭隘的和事实上错误的观念。用"芝加哥学派价格理论"这个更准确的标签可能对此问题更有帮助一些。

688

月 20 日的访谈中对这两人评论说:"他们是关系密切的朋友……他们也是独立的思想家。"这种独立性体现在弗里德曼与乔治·斯蒂格勒研究生涯的不同方面。尽管他们尤其在 20 世纪 30 年代中期是同学并一起在哥伦比亚大学作战时统计研究,但是,他们在弗里德曼对微观经济学投入大量时间研究的绝大部分岁月中都不是处于同一个机构。诚如我们在第四章讨论的那样,乔治·斯蒂格勒强烈地反对弗里德曼在这些年间对微观经济学的一项主要贡献,那就是他论马歇尔的论文。弗里德曼对亚当·斯密经济学的解释也截然不同于乔治·斯蒂格勒的解释。[1]

弗里德曼与乔治·斯蒂格勒被认为在一起集中研究来获得一个共同的分析框架的叙述也与他们在 20 世纪 40 年代中期之后不同的研究兴趣这个事实相矛盾,诚如雷德所强调的那样。理查德·穆斯在 2015 年 5 月 20 日的访谈中回忆说,乔治·斯蒂格勒"有一次被问到他是否了解宏观经济学。他说'不了解,我每天都为此谢天谢地'"。相反,宏观经济学当然成了弗里德曼的主要研究兴趣。乔治·斯蒂格勒对宏观经济学缺乏兴趣也体现在那些表明他对弗里德曼在该领域的著作不是很了解的评论之中。非常明显的是,他没有对弗里德曼的消费著作或者弗里德曼的货币研究保持密切的关注。

---

[1] 弗里德曼坚称,亚当·斯密(Adam Smith 1759)的《道德情操论》——弗里德曼(Friedman 1977a, 11, 12 和其他页)对此书进行了引用和援引——对于理解斯密的框架如同《国富论》一样重要(参见他在 2000 年 1 月 18 日致本·切鲁蒂的信件,重印在 Cerruti 2014, 60)。相反,乔治·斯蒂格勒(George Stigler 1960b, 44)争辩说,斯密在《道德情操论》中分析"与他的经济学几乎毫无关系"。

表明乔治·斯蒂格勒不熟悉弗里德曼的消费著作的一个迹象是，乔治·斯蒂格勒在陈述中说，他只是在《消费函数理论》发表很久之后才偶然碰到"持久收入"这个术语。乔治·斯蒂格勒像这样的公开声明证实，他不熟悉弗里德曼与凯恩斯主义就货币展开的争论。① 此外，乔治·斯蒂格勒提出的控制通货膨胀的建议，即货币与财政行动要由"反托拉斯救济来补充"的建议，与弗里德曼否认垄断势力与通货膨胀之间存在重要联系的观点形成了对比。

那种认为弗里德曼与芝加哥大学另一位著名的微观经济学家加里·贝克尔在积极从事一个共同的研究计划的说法，也是错误的。在研究生时期，贝克尔作为一位研究助理确定无疑地密切参与了弗里德曼的《消费函数理论》的工作。而且，他与弗里德曼联合发表了一些消费研究项目所衍生的一些作品：参见第五章。贝克尔也参加了弗里德曼的货币研讨班。"贝克尔非常聪明，因此他会在那儿"，戴维·梅塞尔曼在 2013 年 4 月 20 日的访谈中回忆说。但是，贝克尔在参加货币研讨班之时的兴趣已经发生了

---

① 参见第十三章。
斯蒂格勒专攻微观经济学也意味着，他对弗里德所做评论的解释截然不同于弗雷德曼等人的解释（Freedman, Harcourt, Kriesler, and Nevile 2013, 1-2）。后面这些作者认为，弗里德曼对斯蒂格勒的微观经济学教材中没有提到凯恩斯的积极反应是弗里德曼试图将凯恩斯从历史中抹去的邪恶计划的一种反映。这种解释所忽视的是，乔治·斯蒂格勒是一位微观经济学家，弗里德曼对乔治·斯蒂格勒没有提到凯恩斯感到满意，也许反映了弗里德曼关于凯恩斯的《通论》并不等于对微观经济学的重构的信念——美国经济学家广泛地持有这种信念，包括詹姆斯·托宾，诚如 Tobin（1987a, 105）所表明的那样。这绝不是意味着要否定凯恩斯对宏观经济学产生影响的愿望。

转移:"贝克尔正在研究歧视这样的东西。"①

在20世纪50年代之后,贝克尔像乔治·斯蒂格勒一样远离了弗里德曼的研究。在后一时期,理查德·波斯纳在2014年10月27日的访谈中回忆说,"加里非常,非常尊重弗里德曼的教导,但是,他(弗里德曼)基本上是一个宏观经济学家,即使他还做了些其他方面的研究……因此,他们的研究根本就没有交集"。其实,贝克尔在2002年告诉弗里德曼,他不太了解后者对凯恩斯经济学的批判。②

这种不熟悉反映了贝克尔的专业领域是微观经济学研究。正如业已指出的那样,甚至在他的研究生期间,贝克尔在与弗里德曼的交流中所获得的大多数就是来自后者所掌握的微观经济学。加里·贝克尔在2013年12月13日的访谈中回忆说,那一时期的弗里德曼是一个"杰出的价格理论家,参加农业经济学、劳动经济学、产业组织、斯蒂格勒的研讨班……绝不是仅限于货币经济学"。贝克尔的博士论文纯粹是由弗里德曼指导的微观经济学论文。贝克尔回忆,弗里德曼在"我的博士论文答辩委员会中非常活跃"。此外,诚如第二章所指出的那样,贝克尔后来的人力资本著作从弗里德曼的研究中得到了一些启示。

但是,贝克尔将经济学用于分析家庭和其他社会现象的闻名

---

① 也就是Becker(1955, 1957b)。
② 2002年与米尔顿·弗里德曼的一次谈话。这次谈话是在2002年11月芝加哥大学为纪念弗里德曼举行会议——这是弗里德曼和许多其他嘉宾都出席的大事件——前后的一个日子发生的。其中一位嘉宾戴维·梅塞尔曼在2013年4月30日的访谈中回忆说,"加里·贝克尔在晚餐上发言。我真的期待着加里·贝克尔的讲话。但是,我想他也许会说点别的东西。讲话还可以,但是真的没有什么特别的东西。"

退迩的方法并不是与弗里德曼的共同努力的反映，因为对于贝克尔在这一领域的研究，弗里德曼充当的是一位消费者和钦佩者而不是一位合作者。弗里德曼也是公共选择理论的钦佩者，并将贝克尔与斯蒂格勒列为这一领域的主要贡献者。但是，这一理论在弗里德曼的研究生涯中出现得相当晚，而弗里德曼对公共选择方法的应用主要是以公共政策著作的形式而不是研究著作的形式出现的。① 此外，弗里德曼在与芝加哥大学相联系的另一微观经济学领域，即法与经济学的传统中没有起到重要的作用。

总而言之，芝加哥大学的主要微观经济学家——即使他们是弗里德曼关系密切的朋友——都没有与弗里德曼以任何重要的方式合作展开他们的主要研究计划。因此，那种认为弗里德曼的微观经济学框架等同于他的同事们的框架，或者将弗里德曼的微观经济学框架包括在他的同事们的框架之中的说法，都是错误的。

第三节　弗里德曼的研究方法论的方法

本节探讨弗里德曼的经济研究方法论的方法，先论述弗里德曼关于实证经济学方法论的论文，然后研究历史分析与经验证据在他的发表著作之中所起的作用。

一、弗里德曼的方法论论文

在 20 世纪 50 年代晚期，弗里德曼在让经济学界对他的货

---

① 参见第八章。

币研究著作给予他认为应该得到的重视和关注方面面临极大的困难。这种情形延续到20世纪60年代初期。[1]但是，在这种对他的货币研究未加关注期间，一篇发表在《经济学季刊》上的文章完全专注于研究弗里德曼的著作。不过，洛特维恩（Rotwein）这篇文章的标题"论'实证经济学的方法论'"证实了，不是弗里德曼的货币研究著作而是1953年的经济研究方法论著作占据了显著的位置。[2]

洛特维恩的论文是后来成为关于弗里德曼方法论论文的大量文献的一个组成部分。大量的文献都不是由从事弗里德曼研究领域的人物所撰写——或者因为他们是从经济思想史角度撰写的，或者因为他们完全处于经济研究领域之外。实际上，这一文献领域的研究者逐渐将弗里德曼这篇文章称之为"F53"这个事实就表明，这一文献与宏观经济学理论之间的存在巨大分歧。任何真正理解弗里德曼1953年的"支持弹性汇率的理由"的文章或者他的1953年论稳定政策的文章——弗里德曼获得1976年诺贝尔经济学奖的官方引用中提到了这篇文章——的重要性的人都不会对"F53"的标签感到舒服。因为这个自命不凡的标签渗透着这篇方法论文章是弗里德曼在1953年唯一值得注意的文章这种消息闭塞的观念。[3]

基本而言，关于弗里德曼方法论论文的整个文献不在本书讨论的范围之内，因为本书侧重于弗里德曼参与的具体经济主题的

---

[1] 参见下列第十章和第十一章。
[2] 也就是Friedman（1953c）。
[3] 汇率和稳定政策的论文分别是Friedman（1953a）和Friedman（1953d）。参见第八章对后一篇论文的讨论。

辩论而非方法论论述。但是，探讨一下这篇1953年的方法论文章对一些在弗里德曼研究的货币分析与宏观经济学领域的关键参与者的影响是值得的。①

这种影响有时在那些没有明确提到弗里德曼或者引述他的文

---

① 赫什与德马奇（Hirsch and de Marchi 1990）对弗里德曼的方法论做了大量细致的考证。这两位作者采取了值得称赞的策略，不仅研究了弗里德曼的方法论论文，而且研究了他的其他著述。在分析后者时，他们进一步揭示了弗里德曼关于方法论的陈述以及弗里德曼的方法论在实践中的信息。尽管赫什与德马奇的研究包含了许多有价值的评论，但是它的正确性在某种程度上被他们专注于方法论文献而非弗里德曼参与最多的货币经济学文献这个事实所削弱。他们的方法论文献的背景导致这两位作者喜爱那些许多货币经济学家发现令人生畏的短语——一个例子就是他们在第222页提到的"满意解释的假定的演绎命题学的性质"，同时严格审查弗里德曼选择的短语，以至于施瓦茨（Schwartz 1992, 959）称这种对"日常词语的批判性解释"接近于"过分的迂腐"。即便如此，赫什与德马奇著作的大部分内容可读性很强，他们还论述了一些本书没有考虑的问题——例如预示了弗里德曼论文的1953年之前的方法论文献以及他可能接触过的一些文献。

赫什与德马奇（Hirsch and de Marchi 1990）缺少货币经济学的专业知识看起来体现在他们对该领域的许多错误性表述之中。其中包括：他们在第228页关于在弗里德曼的分析中"M的增加会以（$M \times V$）的速度提高预期的现金余额"的说法；第265页在年代顺序中排错了弗里德曼关于滞后的著作；第268页关于在每一个国家M1是"货币总量使用的最狭窄的测量指标"这个信息闭塞的断言。这后一错误与作者没有——本书第二章已指出——掌握对法定准备金变化调整后的货币基数的概念有关——联邦储备系统从20世纪80年代到21世纪10年代早期都定期发布该概念中的两种主要测量数据。此外，从研究弗里德曼的方法论著作的观点来看，赫什与德马奇研究的另一个缺点是，他们在第253页将他们的研究局限于弗里德曼的《新闻周刊》的专栏文章在20世纪70年代专辑的重印本。因此，他们就忽略了弗里德曼在1970年11月9日和1981年5月18日的专栏文章，而这两篇文章都讨论展开经济研究的其他方法。

章的讨论中可觉察到。例如,卡雷肯(Kareken)和华莱士在他们这样写时可能在影射 1953 年的方法论文章:"我们恰巧觉得,生产要素是不可再生产的假设是合理的,也许甚至(但愿不会)是现实的。"希勒和莫迪利安尼在他们的短语"在下列相当'现实的'假设条件下"也是如此。托宾的例子是一个更加不加隐瞒的例子。他陈述说,一个讨论中的特定程序"不可能被'实证经济学方法论'证明是正当的",但他没有提到弗里德曼的名字或者在参考文献目中包含这篇方法论文章。

诚如托宾的例子证实,弗里德曼在宏观经济学交锋中所面对的一些杰出的凯恩斯主义者和反货币主义的经济学家也批评他的方法论文章。除了托宾,这一类的批评家还包括保罗·萨缪尔森和弗兰克·哈恩。人们认为,托宾、萨缪尔森和哈恩都对弗里德曼的方法论方法展现出前后不一贯的立场,那是可以理解的。托宾有一次说,"弗里德曼的实证经济学方法论……造成了巨大的伤害"。[①] 但是,托宾对弗里德曼的《消费函数理论》——诚如下面要讨论的那样,弗里德曼认为该书是他方法论建议的一个应用——评价很高。同样,萨缪尔森嗜好书面批评弗里德曼的方法论论文。然而,萨缪尔森也是《消费函数理论》的仰慕者,而萨缪尔森在资本理论的"两个剑桥"之争中所采取的立场可以被视为与弗里德曼在 1953 年文章中所倡导的立场相一致。

但是,就弗兰克·哈恩而言,这种不一致更令人震惊。哈恩在评论包含弗里德曼这篇方法论文章的《实证经济学论文集》的专辑之时说"论方法论的那一章是第一流的"。不过,哈恩指出,

---

① 引自托宾的评论 Klamer(1983, 105)。

"我不同意弗里德曼的'仿佛'方法论"。哈恩进一步宣称,"米尔顿·弗里德曼提出的整个'仿佛'方法论经不起适度的反思"。弗里德曼与他的批评者在宏观经济问题上的辩论在1953年之后的加剧,可能会促使某些批评者再次审查他的方法论论文,从而对这篇论文得出更加否定性的看法。

弗里德曼这篇论文的一个要点——也许这就是导致哈恩最初对这篇论文积极反应的原因——就是为当前的做法提供理论依据。为了回应标准经济分析将家庭模拟为自私的效用最大化者和将厂商模拟为解决复杂的利润最大化问题者的批评,弗里德曼提供的论点是,这些行为假设可以被正当地视为经济人行为的合理近似,即使这些假设在字面意义上是不正确和实际上看起来是不现实的。[①] 这个论点代表了弗里德曼在20世纪40年代晚期批评问卷调查证据是确定经济人决策的目标和过程的一种手段之时,所阐述的一个主题的延续和广泛应用。[②]

应该强调的是,刚才总结的弗里德曼的论点适用于私人部门的行为而非公共部门的行为。在这个阶段,弗里德曼没有倡导公共部门最优化的假设。而且,他与安娜·施瓦茨的货币史著作高度依赖文献证据而不仅仅是数据结果,来确定政策制定者的目标

---

① 特别参见 Friedman(1953c, 21-30)。另参见 Friedman(1982b, 116)对该论点的一个后来重述和重申。在这篇1982年的论述之中(利润最大化的论述),弗里德曼并未援引他的1953年文章或者将"仿佛"论据与他自己具体地联系起来。这也许是反映了他的论点已经被广泛接受的一种判断。另外,它也许表明,弗里德曼在1953年相信,他正在阐述经济学家关于为什么他们要作利润最大化假设的标准的,然而大体上是心照不宣的立场。

② 参见前面第二章。

以及他们的经济模型。因此，设定政策制定者的目标不是一个弗里德曼倡导先验地强加假设的问题。

正如第八章所指出的那样，在他职业生涯的晚期即20世纪70年代，弗里德曼确实喜欢模拟政策制定者为最优化经济人。该章论证说，就弗里德曼而言，这种转变是不可取的，因为这种转变让他远离了确定政策制定者的经济模型的重要任务，从而导致弗里德曼将正确模型的知识赋予政策制定者。无论如何，事实是，这篇1953年的方法论论文不是关于政策制定者行为建模的论文。[1] 他在这篇文章支持私人部门决策建模的"仿佛"方法的理由不容易延伸至政策制定者选择的建模。[2]

弗里德曼这篇论文的另一个要点是提出了支持什么应该是评估一个模型依据的论据，如果假设的现实性作为一个标准暂不予考虑的话。在这个主题上，弗里德曼提出了一个广为引用的判断，那就是"假设正确性的唯一相关检验是将预测与经验相比较。如果预测被否定，那么假设就要被摒弃"。[3] 虽然弗里德曼在1953年之前的出版物中使用了预期这个格言的各种相关表述，但是后代的许多经济学家以各种各样的形式重复这个著名的格

---

[1] 为此，安娜·施瓦茨在2008年3月6日致信笔者："你是对的，弗里德曼的方法论论文与政策制定者的行为无关。"另参见Schwartz（1992, 961）。这个论点得到这个事实的佐证：弗里德曼（Friedman 1961f, 1052）批评威尔逊（Wilson 1961）在研究通货膨胀时就货币当局的行为所做的他称之为"未分析的假设"。

[2] 参见DiCecio and Nelson（2013, 395-96）的相关讨论。

[3] Friedman（1953c, 8-9，原文强调）。

言。[1]例如，罗伯特·金和查尔斯·普洛瑟在关于基于最优化的商业周期模型中说，"从我们的观点来看，拒绝的唯一正确的理由就是模型的预测与事实不相符"。[2]

弗里德曼的方法论论文所提出的另一个选择模型的标准阐明了他如何处理一个模型的检验问题。这个标准就是简约性标准。弗里德曼在1969年讨论其他人的研究时，赞扬了一种"分辨出一个问题的主要因素，然后剥离所有不相关的复杂性"的建模行为。[3]他在1953年的方法论文章中这样断言时就预示了这种看法："如果它用少的'解释'多的，那么，这个假设就是重要的。"[4]

不仅安德鲁·哈维在解释计量经济模型的简约性理由时直接引用了来自这篇论文的这个短语，而且这个短语也表达了一种体现在后来许多宏观经济学家使用动态一般均衡模型进行建模选择时的看法。这些模型的一位贡献者罗伯特·希勒认为，期限结构模型是建立在"真实世界在某种极限的意义上逼近这个理想化

---

[1] 弗里德曼在1953年的出版之前表达了相似的看法，参见Friedman(1946, 631; 1951b, 107, 109)。另外，弗里德曼（Friedman 1952c, 456）的论述明显是根据他后来在1953年发表的文章所改写的。
[2] 另一个例子是Layard and Walters（1978, 409）的陈述：在微观经济学语境中，"如果我们忽视现实，我们只能逼近现实"。
[3] Friedman（1969c, 129）.
[4] Friedman（1953c, 14）.

的世界的假设"基础之上的。① 另一位模型的贡献者托马斯·萨金特在 2014 年 1 月 24 日的访谈中指出，弗里德曼是"一位说话大师，'好的，这有大量的细节，但这些仅仅是细节，我将专注于最主要的力量。这就是最主要的力量'。舍温·罗森也习惯于这样做。他只会删减大量的细节，然后给你最主要的力量。鲍勃·卢卡斯也这样做。拉斯·汉森可以这样做。这是一种非常罕见的事情。它要求自信和近乎傲气来说：'在所有这些无数的力量中，这就是这种情形下真正起推动力的东西'"。卢卡斯对简约性的欲望表达如下："我想，应用科学成功的关键是，尽量在对付得过去的浅层次操作。"②

具体对弗里德曼而言，简约性的标准提供了一个相信模型的"检验"不用完全与计量经济学检验相符合的依据。他将"仿佛"方法不仅应用于嵌入模型中的假设，而且应用于旨在经验分析的

---

① Shiller（1972, 19）。弗里德曼的假设方法在基于最优化金融经济学分析的语境表述中被援引的例子就是威廉·夏普（William F. Sharpe）在 1970 年的专著《投资组合理论与资本市场》。他说："实证模型就其本性而言是预测性的……假设的现实性不重要。如果其含义与观察到的现象具有合理的一致性，那么，这个理论就可以说'解释'了现实"（Sharpe 1970, 2, 77；原文所强调）。夏普在 20 世纪 50 年代通过在加州大学洛杉矶分校上阿门·阿尔奇安（Almen Archian）所讲授的研究生课程接触到弗里德曼的方法论文章（William F. Sharpe, interview, February 6, 2016）。夏普与弗里德曼的方法论观点的关系最不加隐瞒地体现在夏普等人（Sharpe, Alexander, and Bailey 1995, 262）的《投资学》教材之中。他们在一节题为"假设"之中引述了弗里德曼（Friedman 1953c, 15）。

② 这个陈述导致哈恩的尖锐批评（Hahn 1988b）。哈恩对卢卡斯陈述的看法与他在 20 世纪 80 年代对弗里德曼的方法论立场所展示的反对意见相一致。

模型的参数设定。倘若非约束性的和约束性的参数之间的数值差异不是很大，他容易接受对参数施加那些根据正式的计量经济检验在字面意义上是不正确的约束条件。这种做法的一个例子是，弗里德曼在1976年的一个评论中谈到限制货币政策权力的参数约束时说，"不完全满足这些参数条件"并不能在实践上阻止"把它们视为仿佛它们得到完全满足时获得充分正确的结论"这种情形出现。[1] 另一个例子是他经常使用货币需求的收入弹性为1，尽管他相信证据表明美国的收入弹性在某种程度上超过1。[2]

弗里德曼以模型简化的名义使用"仿佛"方法的另一个例子是泰格森在这个语境中强调弗里德曼关于货币起着总结货币政策立场的作用的观点。正如第六章讨论的那样，这种方法事实上就是用货币存量或者其增长率作为影响支出决策的一系列利率的替代变量。由于货币完全指数化这份利率菜单的约束条件不可能完全成立，弗里德曼对货币的依赖就相当于采取了"仿佛"立场。从这个角度看，弗里德曼关于模型不确定性与相关的测量问题阻止经济学家确定和观测所有与支出决定有关的利率的信念得以增强。模型不确定性特别是关于总供给关系的模型不确定性，也有助于弗里德曼强调像名义货币存量和名义支出这样的名义变量之间的经验关系——经常以相应的简化形式——尽管他承认，宏观经济支出的结构关系与实际支出而非名义支出相关。

以上给出的例子表明，弗里德曼在自己的研究中使用了假设的实证检验和遵守模型的简约性——他的方法论文章特别支持这

---

[1] Friedman（1976f, 310）.
[2] 例如参见 Friedman（1988a, 225）。另参见第二章与第十二章。

种做法——以及在他的论文中较少明显表现出来的一些特征——值得注意的是他不强调统计的正式检验结果和它偏好简化形式的模型优于结构性模型。弗里德曼在研究中所存在的后面这些要素意味着，约翰·泰勒关于"米尔顿·弗里德曼……提出了一个实证经济研究的具体方法论"需要受到这样的限定，即那些支持弗里德曼方法论论文的论点的人并不必然认同他在实际的经验研究中引经据典的做法。在这点上，本内特·麦卡勒姆——弗里德曼方法论论文的有力支持者——提到弗里德曼在他与戴维·梅塞尔曼的经验著作中存在"某些有问题的方法论"。特别是，麦卡勒姆认为，弗里德曼与梅塞尔曼——他们的研究将在第十二章中讨论——通过强调一元而非多元回归分析将简约性标准推到了极端。这个事例突出了弗里德曼1953年的方法论论文并没有全面阐述他的经济研究方法这个事实。

尽管如此，确定无疑的事实是，弗里德曼的经验性著作应用了他在那篇文章中提出的思想。因此，弗雷德曼关于"米尔顿·弗里德曼从未使用过他推荐的方法论"的断言是不准确的。鉴于以上给出的事例和《消费函数理论》的例子——沃尔特斯认为这是弗里德曼应用1953年方法论的方法的最明确的事例，这种断言应该被摒弃。弗里德曼认同这种对《消费函数理论》的描述。[1] 在这本著作中，弗里德曼利用一个代表性代理人可以利用完美资本市场的模型来努力理解一个代理人具有异质性和资本市场具有不完美性的世界。模型解释实际的消费行为而非模型内在

---

[1] 参见 Reason（June 1995, 38），Friedman and Friedman（1998, 222），以及弗里德曼的评论 Taylor（2001, 116）。

现实主义的判断，构成了评价模型成功性的标准。因此，这本著作的方法是与弗里德曼在方法论文章中采纳的观点是高度一致的。

现在让我们来讨论弗里德曼这篇论文的倒数第二节，即标题为"对经济问题的某些含义"这节。该节对特定问题——不完全竞争模型——的讨论是关于弗里德曼并不赞同使用完全竞争假设之外的假设来模拟厂商的行为这个一再被重复的说法的一个根源。但是，诚如第七章业已论证的那样，弗里德曼的经济模型实际上以厂商的一些市场力量为特征。值得讨论的是，为什么笔者认为这篇1953年的方法论论文与该论点并不矛盾。

保罗·罗默讥讽弗里德曼对该问题的讨论就是一个组成的"三段论：大前提：更优的理论有更加非现实的假设。小前提：完全竞争比垄断竞争有更加非现实的假设。结论：完全竞争理论是一个更优理论"。这个刻画未注意到的是，弗里德曼并未倡导每当分析一个包含许多厂商的情形之时就要用完全竞争假设。[①]其实，他在1953年的讨论中就包含了这样一个论点：在某些完全竞争假设通常适用的情形中垄断力量的假设可能是合适的。[②]弗里德曼不是据理力争完全竞争的普遍应用，而是——重复了他在1941年提出的论点——坚持说，马歇尔的分析框架能够容纳多厂商的情形。他质疑其他人关于马歇尔的著作只考虑了完全竞

[①] 哈蒙德似乎提出了一个相反的看法（Hammond 1996, 36-39）。但是，哈蒙德的讨论严重依赖于对乔治·斯蒂格勒而非弗里德曼著作的冗长引述。本书反复地强调指出，不应该认为弗里德曼与乔治·斯蒂格勒有一个完全相同的理论框架。

[②] Friedman（1953c, 37）。另参见 Friedman（1962a, 121-22）。

争情形的断言:"读者要经过漫长而艰难的搜寻——我预测不会成功——才能够在马歇尔的著作中发现完全竞争的明确假设或者描述的世界是由一个从事完全竞争的原子式厂商组成的断言。"①

不过,弗里德曼承认,马歇尔并没有形式化垄断与完全竞争之间的中间情形,因而严格阐述这种中间情形就是值得期待的事情:"有一个更加一般性的理论是相当理想的。"② 他所挑战的观念是,就20世纪50年代初的状况来看,垄断竞争理论成功地实现了严格的形式化。③ 尽管如此,弗里德曼从1951年开始阐述的宏观经济学框架就将这种中间情形可以实现形式化视为理所当然的。因为该框架认为,多个厂商存在的情形是与厂商将价格视为选择变量的观念相容的。其实,弗里德曼在他的方法论文章中对私人部门的代理人最优化行为的假设的辩护提到了厂商的定价决策。④

弗里德曼对厂商具有一定的市场力量的分析,以及对现有的垄断竞争理论的质疑,可以被视为与新凯恩斯主义经济学的一些早期贡献——例如泰勒、卡尔沃和罗腾伯格——相一致。这三篇分析都没有具体援引垄断竞争。但是,这些分析都认为,假设

---

① Friedman(1953c, 34).
② Friedman(1953c, 38).
③ 理查德·穆斯是弗里德曼在20世纪50年代的价格理论班上的一位学生,逐渐认识到那个班质疑垄断竞争理论严格性的优点。依穆斯之见,这是因为不完全竞争理论充斥着各种理论,还没有出现一个公认的框架(Richard Muth, interview, May 20, 2015)。应该强调的是,对该理论的这个判断基本上是在迪克西特-斯蒂格利茨(Dixit and Stiglitz 1977)论文的突破性出现之前的状况之下做出的。
④ Friedman(1953c, 30).

存在多个厂商和每个厂商都有一定的定价能力是正确的。[1] 确定无疑的是，直到迪克西特和斯蒂格利茨（Stiglitz）的论文出现之前，都不存在一个易操作的和严格的垄断竞争分析工具，而他们的著作直到20世纪80年代中期才真正融入宏观经济学的研究。尽管这样，弗里德曼在方法论论文中的评论与他在该论文发表几乎25年之后的评论是一致的："你说我假设了完全竞争……但我并没有假设任何这种东西。我假设，你有一个你所拥有的那种世界。"[2]

由于弗里德曼并不总是能准确记忆他的研究著作的年代顺序，因此，他反复说他从未回应过对他的方法论论文的批评。[3] 就绝大部分而言，这种描述是准确的——尽管弗里德曼的确在后来多次提到这篇原创性的文章。[4] 但是，他在1958年与加里·贝克尔一起决定直接回应劳伦斯·克莱因的意见——弗里德曼在当时的独撰和合著的著作中使用样本内拟合作为判别模型成功的标准与他在1953年强调的预测准确性的标准是不一致的——时，

---

[1] Phelps and Taylor（1977，esp.167）也是如此。
[2] Milton Friedman Speaks, episode 11, "Putting Learning Back in the Classroom"（taped September 15, 1977）, p.27 of transcript。另参见弗里德曼（Friedman 1977c, 13）关于他的自然率假说的著作嵌入了完全竞争假设的观念的摒弃。
也值得一提的是，弗里德曼将价格等于边际成本的情形并不总是在他看来意味着完全竞争假设，因为他倡导均衡被界定为总成本等于总收入——也就是说，倡导加成的变化被视为生产成本的变化。参见Friedman（1955h, 235; 1962b, 144; 1976a, 149）。
[3] 例如参见他的评论 Parkin（1990, 99）和 Friedman（2009）。
[4] 例如，弗里德曼（Friedman 1970c, 326）说："再一次援引我的方法论论文……"

就违背了这条无回复原则。在对克莱因的回复中，弗里德曼指出，模型的"预测"应该包括它所蕴含的历史行为的数据，而不仅仅是它所产生的预测。①

事实上，弗里德曼的经验证据观念超出了样本内拟合与样本外的绩效预测，因为伴随他与安娜·施瓦茨的货币项目而来的就是重点强调历史证据。现在探讨弗里德曼研究中经验证据所起的多维度作用。

二、历史证据与经验检验

在1957年建议美国当局避免信贷的直接管制和简化货币控制的方法的讨论中，弗里德曼指出，"这种判断不是基于某些抽象的观念而且基于我们历史的研究"。② 这个评论突出了弗里德曼的经济研究方法中将成为记忆最深刻的一面：他对历史记录的强调。当弗里德曼在1963年指出各国的"全部历史记录"影响了他对通货膨胀的原因与结果的分析时，这种强调也明显地表现出来。③ 诚如本章第一节讨论的那样，历史记录有助于影响和加强弗里德曼在公共政策的辩论中对经济以市场为基础的安排的倡导。④

---

① 参见 Friedman and Becker（1958a, 547）。另参见 Friedman（1958k）。
② Friedman（1957f, 71）。
③ 参见 Friedman（1963c, 4; p.25 of 1968 reprint）。弗里德曼指导的论各国通货膨胀经历的博士论文出现在 Friedman（1956b）和 Meiselman（1970）之中。弗里德曼（Friedman 1952b）研究了美国战争时期的通货膨胀行为，而这篇论文在弗里德曼方法论论文（Friedman 1953c, 11）中被提到。
④ 在这点上，除了第一节列出的参考文献，参见弗里德曼在1957年3月25日的证词（Special Committee to Study the Foreign Aid Program 1957, 126）。

但是，并不是弗里德曼关于市场、极端通货膨胀或者政策规则的著述，而是他与安娜·施瓦茨的货币项目——特别是他们1963年的《美国货币史》——真正地将他的名字与历史研究联系起来。① 实际上，诺贝尔奖委员会在1976年指出，弗里德曼在货币史领域的著作是他获得诺贝尔经济学奖的部分原因。②

《美国货币史》——将在第十一章详细讨论——本质上是美国经验的编年叙述。但是，弗里德曼与施瓦茨关于货币问题的著作对学术见解的影响主要是由于他们对弗里德曼所称的"大量历史记录"的提炼。③ 弗里德曼与施瓦茨对美国历史记录的分析提到货币政策对实际经济活动的影响特别明显的具体时期。这种影响明显的原因有两方面：第一，这些时期的主要特征是，美国产出的大变动与货币存量的变动方向相同，幅度相当；第二，这些时期的历史环境使人们有理由相信，货币流动主要与实际产出和价格的同时期行为无关的原因。④ 这种对关键时期的行为的强调是罗默夫妇特别将它与《美国货币史》的叙述方法联系在一起的基石。

三、经验证据与凯恩斯主义对货币主义

对罗默夫妇来说，弗里德曼与施瓦茨方法的最吸引人之处在

---

① 诚如第四章和第八章所指出的那样，这部货币史的著作严重影响了弗里德曼的政策建议，尽管国民经济研究局的规定限制了这些建议出现在弗里德曼与施瓦茨的共同著作之中。
② 但是，引人注目的是，像引用这样的辅助文件都没有提到安娜·施瓦茨的名字。
③ Friedman（1955f, 33）.
④ 参见第十四章的进一步讨论。

于，它主要是对该问题的统计方法的一种替代。到 20 世纪 80 年代晚期，统计方法在试图确定货币政策对经济影响的研究之中变得非常普遍。不过，值得回忆一下，在他研究货币政策的鼎盛时期，这样的研究还不普遍。实际上，连同他的叙述性分析，弗里德曼关心的是用他自己的研究来弥补统计研究货币政策效应的匮乏。这种著作主要采取与施瓦茨研究的形式——除了《美国货币史》的著作之外——以及他的其他出版物，最明显的是前面提到的他与戴维·梅塞尔曼在 1963 年的研究著作"货币流通速度的相对稳定性与美国的投资乘数，1897—1958 年"。[1]

在进行这些统计研究时，弗里德曼再次强调历史证据，诚如他在与施瓦茨和梅塞尔曼的研究中使用长期的美国历史数据一样。但是，除了《美国货币史》——此书很少提到凯恩斯和凯恩斯主义经济学——这些统计研究著作，特别是弗里德曼与梅塞尔曼那篇文章，将凯恩斯主义的观点与数量理论的观点直接对立起来。这些理论缺少经验的比较可能构成了弗里德曼发表在 20 世纪 50 年代早期的评论——经济学界"太过于注重假设的推导，太不注重检验它们的正确性"——的基础。[2] 他与梅塞尔曼指出，不诉之于经验证据作为一种区分凯恩斯主义的理论和数量论的手段的做法证明了经济学界的"软弱"。[3]

正如本书第二章和第十二章讨论的那样，弗里德曼与梅塞尔曼的研究当然有一些先驱性著作，包括克拉克·沃伯顿的著作。

---

[1] 尽管有下面的讨论，但是，详细分析这篇文章以及它所产生的争论将推迟到第十二章。
[2] Friedman（1951b, 107）.
[3] Friedman and Meiselman（1963, 169）.

但是，这一事实并不能真正削弱弗里德曼对经济学界所做的上述批评。弗里德曼在 1963 年之前的著作，包括他自己的研究著作，所做的工作倾向于支持货币数量论，因此不能被视为在经验上支持学术界对凯恩斯主义的信奉。弗里德曼在 1967 年告诉《华盛顿邮报》的读者时，再次提到了凯恩斯主义的立场不是建立在历史数据研究基础上的类似观念："我们这些研究货币问题的人，至少设法收集一些经验证据来证明我们关于……货币量与国民收入的变化的主张是有根据的。难道不是新经济学家（也就是凯恩斯主义者）提供某些证据来支持他们的主张的时候了吗？"

如果凯恩斯主义对商业周期不重视货币因素的解释与历史证据不完全吻合，那么，在弗里德曼看来，为什么它变得如此流行呢？他早在 1944 年就援引的部分原因是，伴随凯恩斯经济学而来的乘数分析具有先验的表面合理性和吸引力。① 不过，他当然认为，对大萧条经历的错误解释也至关重要。相应地，他认为，他与施瓦茨从货币数量论角度重新研究大萧条，以及从 20 世纪四五十年代的经历中所收集的货币政策效应的证据，重申了数量论的正确性并创造了该理论得以恢复声誉的条件。②

然而，弗里德曼并不认为，数量论对于该理论在两次大战期间发生的声誉下降无可指责。在他看来，大卫·休谟在 18 世纪不仅提供了货币数量论解释货币与名义支出之间的正向关系的一个精致版本，而且还提供了一个流通速度变动的解释。③ 他

---

① 参见第四章的开头部分以及弗里德曼的评论：Friedman and Heller（1969, 53）。
② Friedman（1967a, 13）。
③ 参见 Friedman and Schwartz（1982a, 623）。

将休谟对数量论的精致叙述同该理论后来的一些倡导者——他相信，这些倡导者过度侧重于流通速度不变的情形——的解释相对比。①这就让该理论在此期间，特别是20世纪30年代货币流通速度大幅度波动的美国，受到公开的批评。因此，弗里德曼评论说，"我并不认为该理论丧失了声誉。我认为，该理论被错误解释了，而错误解释正好丧失了声誉"。

正如他认为数量理论家要为该理论的受欢迎程度骤然下降负部分责任一样，弗里德曼承认，接受凯恩斯理论也是一个可理解的进展。尽管经济学家在20世纪60年代之前不像他那样喜欢查阅资料，但是，弗里德曼依然相信，没有任何一个假说一开始就会主导学术界的见解，除非它被相信与历史经验相符。②大萧条被认为是一个非货币性质的事件，因而《通论》似乎就提出了一个与经验相一致的假说。弗里德曼赞扬凯恩斯对大萧条提出了一个具有内在一致性的非货币解释。尽管在他看来凯恩斯关于大萧条的假说是错误的，但是，这个假说是内在一致的和新颖的。③凯恩斯的贡献也是富有成效的，因为这种贡献沿袭了构造假说的传统，而绝大多数假说可能会证明是错误的。依弗里德曼之见，这一过程为经济知识的进步提供了依据。④其实，弗里德曼是在

---

① 正如第二章所指出的那样，弗里德曼也对亨利·西蒙斯的方法有不同看法，因为尽管西蒙斯承认流通速度的波动，但是，在弗里德曼看来，他不理解货币的稳定性会降低流通速度波动倾向的程度。
② 例如参见 Friedman（1967a, 12; 1968d, 10-11; 1977e, 468-69）。
③ 参见第十二章以及前面第二章与第五章的讨论。
④ 例如参见弗里德曼的评论 Friedman（1976a, 220）；Snowdon and Vane（1997, 195）；Parker（2002, 53）；和 American Banker, April 30, 1986, 20。

暗示，尽管货币数量论比凯恩斯主义的理论在理解历史记录方面更有用，但是，它最终会面临"摧毁"——也就是说，经济学家会发现它不能解释的事实，然后它就会被一个能够解释那些事实的更宽泛理论所取代。①

弗里德曼在货币分析中强调历史证据重要性的做法，改变了他所认为的制度框架的广泛知识对分析经济关系重要性的观念的看法。他尤其在 20 世纪 50 年代初之后更加支持这一观念。他的方法论文章在判断经济理论的优点时区分了"描述准确性与分析相关性"。当然，他强调，一个理论即使应用于一个该理论不明显包含其特征或者该特征与理论相冲突的环境之时也可能具有分析的有用性。② 这种看法确定无疑可以在弗里德曼的货币分析中一定程度感觉到。他将货币数量论应用于不同时期和各个国家之时特别表明了这种看法，尽管货币与金融体制的差异随着时间与空间而变化。他的结论是，"在所有国家和各个历史时期影响货币供给的货币体制和其他因素之间的主要差异，并没有产生货币与收入之间截然不同的关系"。③

但是，在研究这个结论的细节时，诚如前面指出的那样，弗

---

① 参见弗里德曼的评论：Human Behavior, November 1978, 31。另参见 Friedman and Meiselman（1965, 770）关于一个包含各种理论要素的"共同理论"的可能性。但是，弗里德曼与梅塞尔曼所构想的特定宽泛模型——在这种模型中，货币与财政政策各自都对名义总需求具有强有力的影响——在弗里德曼看来，并不是经济学界趋于一致的模型，因为他怀疑非货币化的财政行动的有效性。特别参见前面的第八章。

② 引语来自 Friedman（1953c, 33）。另参见弗里德曼简要但否定性地提到"制度主义"（Friedman 1952c, 457）。

③ Friedman（1970j, 53）.

里德曼明显一开始在理解货币与收入关系时相当重视制度因素。

确实，刚才引用的段落反映了弗里德曼这样的信念：各国金融体制的差异以及这些体制随着时间的演化，都无法阻止中央银行有能力对名义货币存量施加决定性的影响；而且通常观察到的名义货币增长率与名义收入增长率之间的相关性可以被视为货币重要性的一个证明。

不过，就弗里德曼而言，这个信念与对理解制度重要性的高度尊重并存。他与施瓦茨建构的美国货币数据不可避免地涉及对美国银行体制的广泛研究。制度因素如何影响他们的判断的一个例子是，他们从货币的定义中去掉了——参见第十四章——可转让定期存单。这一决定反映了那些工具在特征上不同于其他类型的定期存款的评估。

弗里德曼以两种主要的方式调和货币数量论具有普遍性的信念与他对制度差异重要性的认识。首先，诚如业已指出的那样，制度细节是一个影响弗里德曼与施瓦茨构建货币资料和选择货币定义的一个因素。其次，前面引用的弗里德曼的主张是，当货币与收入的关系被解释为名义货币增长率与名义收入增长率之间的相关性时，制度安排的不同在货币与收入的关系之中几乎一点都不重要。他认识到，流通速度的绝对水平，即货币与收入比率的倒数，确实取决于特定国家的特征。特别是，弗里德曼与施瓦茨肯定"金融与经济结构对货币需求的重要性"，并认为这种结构解释了美国 M2 的流通速度水平比英国的 M2 流通速度水平高得多的事实。[1]

---

[1] Friedman and Schwartz（1982a, 142）.

弗里德曼甚至进一步承认，流通速度的趋势增长率可能在各国之间因为各国不同的金融特征而发生变动。① 而且，在詹姆斯·托宾批评他们的《美国货币史》之后，弗里德曼与施瓦茨开始接受美国在19世纪晚期流通速度下降的趋势反映了商业银行制度的传播。② 值得注意的是，他们仅仅考虑到了流通速度的这一趋势，直截了当地在分析货币需求之前消除了这种趋势。这种方法与弗里德曼在1956年阐述的雄心勃勃的目标——设法明确将支付技术趋势的变动追查到个体家庭的最优化行为——形成了鲜明的对比。③

弗里德曼与施瓦茨对制度细节重要性的接受依然让他们与在货币分析领域倡导制度重要性的一些最著名的人物之间存在重要的差异。特别是，在英国，理查德·塞耶斯（Richard Sayers）和尼克拉斯·卡尔多指出，金融的发展已经摧毁了一个良好定义的货币需求概念。④ 相比之下，在弗里德曼与施瓦茨的叙述中，金

---

① 参见 Friedman（1983a, 4）。另参见 E. Nelson（2003, 1037）和 McCallum and Nelson（2011, 111-12）的相关讨论。
② 参见第十二章。
③ 参见 Friedman（1956a, 12-13）。同一个段落提出了将趋势当作给定的更简单路径的可能性，而这种路径正是弗里德曼与施瓦茨（Friedman and Schwartz 1982a, 217-21）最终选择的路径。
④ 另一个差异涉及控制货币存量的可行性问题。但是，卡尔多与塞耶斯的立场意味着，货币控制对经济稳定性没有用处，即使控制可行。
论述塞耶斯和卡尔多观点的重要材料出现在 Sayers（1960）和 Kaldor（1970）。这两位作者的基本观点——流通速度的变动是无限制的和货币需求的界定不明确——基本上与第三章讨论的阿尔文·汉森的观点相同。但是，与汉森不同的是，塞耶斯和卡尔多强调，正是现代商业银行制度的降临才导致了货币需求函数成了一个无用的概念。

融结构不仅确实有助于决定货币与收入比率的水平，而且也在某种程度上解释了货币与收入的趋势增长率之间的差异。但是，货币需求函数依然是良好定义的，并且是产生货币增长和名义收入增长之间正相关关系的一个关键因素。

这种立场与他关于适当设定总供给关系的观点相结合，才导致弗里德曼极端反对那些援引制度因素来解释通货膨胀行为的叙述。① 这些叙述声称，像工会力量和厂商的垄断力量这样的特征都是成本推动压力的重要根源。第十章与第十五章将详细论述弗里德曼与成本推动解释的倡导者之间的辩论。

第四节　弗里德曼与技术经济学

"我的绝大部分作品都是关于技术、科学和经济的著作，大众对此实际上没有很大的兴趣"，弗里德曼在1994年的访谈中评论说。② 由于这个评论区分了弗里德曼的学术著作与公共政策著述，比如他的《新闻周刊》专栏的文章和弗里德曼夫妇的《自由选择》著作，因此，它有合理之处。尽管如此，对那些在经济学领域从事研究的人而言，弗里德曼将他自己与"技术性"著作联

---

① 他甚至在方法论论文中表达了这种对通货膨胀的非货币解释的看法（Friedman 1953c, 11）。这一段话与该论文的其他地方赞成性地提到——以及前面第六章提到的——货币数量论相结合，让方法论论文成了弗里德曼早在1956年之前就在出版的著作中拥护货币数量论的另一个证明。参见Hutchison（1954）在第797页强调该论文支持货币数量论的讨论。

② CSPAN, November 20, 1994, p.8 of hard-copy transcript.

系起来的方式无疑是有点令人震惊的。因为，根据他同时代的经济学研究标准以及甚至根据后代研究者的标准，弗里德曼的许多重要贡献都不是技术性的。①

实际情况是，诚如弗里德曼在1958年所说，这些著作明显是"针对专业研究工作者而非普通读者的"。就弗里德曼在1958年的评论中提到的《消费函数理论》的著作而言，这无疑是这样的。②但是，甚至他更加明显的模型导向的著作通常都具有相当方便非技术性读者阅读的特征。这对于像弗里德曼与施瓦茨的《美国货币史》这样的著作更是如此。

弗里德曼对研究文献的一些著作是如此的非技术性，以至于它们可以毫无困难地转变为通俗文章。除了弗里德曼，任何人都不可能将《货币经济学杂志》上的论文修改后发表在《纽约时报》上。③尽管《经济展望杂志》以广泛的受众为目标，但是，并非它的所有论文都是如此的非技术性以至于会自然地被转变为《华尔街日报》的专栏文章。然而，这就是弗里德曼在《经济展望杂志》上发表的文章所发生的事情。④

本节将描述弗里德曼对技术经济学的看法，并提供弗里德曼的著作与其他经济学家更加技术性的著述之间的一些联系。

---

① 有一些关于弗里德曼是技术经济学大师的说法，但是，这些说法主要来自经济学研究之外的人提出的（参见第十三章）。
② 引语来自 Friedman（1958i, 991）。
③ 具体而言，Friedman（1976b）以删节版的形式再版在1986年3月23日的《纽约时报》上。
④ 在弗里德曼去世的消息发布后，弗里德曼的论文（Friedman 2005c）被迅速改写成2006年11月17日《华尔街日报》上的一篇文章。

一、数理经济学与一般均衡理论

在回忆20世纪50年代初弗里德曼的价格理论班时,加里·贝克尔指出,他对该课程的一个批评就是它不关注数理经济学与一般均衡理论。[1] 弗里德曼讲授价格理论的这个特征对他在货币分析中的研究而言也是正确的。

到20世纪70年代初,弗里德曼被认为是顶尖经济学家之中技术含量最低的人之一,而这种评价标准是基于他的著作中的技术难度。其实,从1972年起,格罗丽娅·瓦伦丁接受担任弗里德曼的秘书一职的部分原因就是这种名声。瓦伦丁在2014年11月4日的私人通信中回忆说:"我当时在大陆伊利诺伊国民银行的公共事务部工作,但是我非常想回到芝加哥大学工作,而我在那儿工作过两次……因为我以前在芝加哥大学工作过,因此,我了解经济系的行政助理,她是我的一个好友……我向这位行政助理询问经济系的秘书空缺职位。她告诉我,她正在升级加薪,会通知我什么时候职称晋升,什么时候有职位空缺。几个月之后,她通知我,她成功升级,有两个空缺职位可供我选择:马克·纳洛夫的秘书或米尔顿·弗里德曼的秘书。我问哪一位教授的数学少点,也就是不用令人作呕的方程式。他说那就是米尔顿·弗里德曼,于是我就选择为他工作。"瓦伦丁补充说,基本上"那位行政助理是完全正确的。我这些年来几乎没有在此后的论文中碰

---

[1] Becker(1991a, 143)。另参见第十一章的讨论。

到过方程式。"①

弗里德曼确实承认,他的研究比他通常交流的经济学家的研究更少技术性。他也指出,这种情势是他有意识决定的结果。② 有一次,大概是1972年晚期,弗里德曼走路经过瓦伦丁,注意到她正在打印一篇在他看来包含了大量方程式的论文。迷惑不解的弗里德曼问瓦伦丁:"那是什么?你在为谁打印?"瓦伦丁回答说,她在打印罗伯特·巴罗的一篇论文草稿——巴罗当时是弗里德曼在经济系的年轻同事,与弗里德曼一起是瓦伦丁被分派做秘书工作的经济学家之一。弗里德曼对这种信息的反应非常具有哲理。"喔,"弗里德曼说,"他年轻,他学得更好。"

这种反应突出了一个事实,那就是弗里德曼的事业出现了一种背离数学严格性的变化。在20世纪90年代,弗里德曼评论说,"拥有卓越数学能力的人很早就获得了尊重"。他到20世纪50年代的职业部分地通过对数理统计学和选择经济学的技术性贡献所赢得的赞誉,可能部分地解释了这种评论。③

尽管弗里德曼对摒弃早期凯恩斯主义的观点比对远离技术性

---

① 但是,弗里德曼不用数学的预测最初似乎没有得到证实,因为瓦伦丁第一天的工作任务就是打印《货币趋势》的一章草稿:"给我了一份……满是方程式的手写稿!我带着这章手稿就冲向行政助理办公室,给她看这章手稿时说,'我想,你说过他不用数学的!'她震惊了,我们都笑起来。我费了很大精力才习惯这项工作,但并没有打算离开。"瓦伦丁确实没有离开。她指出,她作为弗里德曼秘书的任期"开始于1972年1月,持续到弗里德曼教授去世"(Gloria Valentine, personal communication, November 4, 2014)。
② 除了下面的讨论,前面第四章结尾处的讨论。
③ Friedman and Friedman(1998, 262)。

的研究更加直言不讳，但是，后一特征也是弗里德曼经济分析观点转变的一个重要组成部分。泰勒（Taylor 2001, 121）中所说的"太过于像这样强调数学而不是把数学当作一种理解经济关系的工具"，重复了他五十年来所说的话。[1]确实，弗里德曼在离开芝加哥大学之后就该问题所做的陈述则更加明确。实际上，他在20世纪80年代有一次挖苦地说道"将经济学视为数学的一个分支——作为一种游戏——像德布鲁、阿罗等人那样作为一种智力游戏和练习"时，就将批评延伸到列举人名了。[2]在1981年的《新闻周刊》专栏上，弗里德曼指出，终止政府对学术性经济研究的资助——该专栏所倡导内容的一个措施——的一个可能益处就是降低经济学家在发表的著作中"高度数学化研究"所占的比例。

因此，弗里德曼对经济研究中偏爱高度数学化模型的程度所做的尖刻评论，留下了大量的书面记录。不过，这些书面记录的存在不应该掩盖这些事实：他主张，模型构成了他思考的基础；他认为模型是必要的；他相信经济学家之间的富有成效的辩论应该包括澄清各方提出的模型。

---

[1] 例如参见他关于"数理经济学，伴随着它强调瓦尔拉斯一般均衡分析"的评论（Friedman 1952c, 457）。

确实，弗里德曼（Friedman 1986a, 80）评论说，他在高中二年级所学的欧几里得几何学概论让他的内心充满了对"数学的爱、尊重和兴趣，这些爱、尊重和兴趣自此一直伴随着我"。但是，从他评论的语境明显看出，弗里德曼声称对数学保持高度乐观的态度主要与他所接受训练的数学有关，而不是与出现在其他人的经济研究中的高度抽象的数学有关。从弗里德曼大量的声明可以清楚看出，尽管他继续对数学保持着尊重，但是到20世纪50年代初，他相信许多经济研究者在他们的著述中没有正确处理数学的复杂性与经济内容之间的平衡。

[2] 引自弗里德曼的评论（Hammond 1992, 104）。

也不应该忽视的是，弗里德曼高度尊重几位数学导向的重要经济学家的经济分析，包括那些深入研究一般均衡理论的经济学家。这有大量的例子，但是，获得弗里德曼赞扬的这些经济学家具有的典型特征就是他们都对实际问题有兴趣。他引证说，他的芝加哥大学同事宇泽弘文（Hirofumi Uzawa）和他与宇泽弘文的学生米盖尔·西德劳斯基（Miguel Sidrauski）关于一般均衡论的两篇著作值得称赞的原因在于，他们坚决主张用数学分析获得的结论只有在它们与"一个有用的经济解释"相联系时才可以突出出来。[1] 在回忆哈罗德·霍特林——一位在20世纪30年代弗里德曼更加有数学天赋的岁月之中训练过他的经济学家的著作时，弗里德曼援引的事实是，霍特林的论文包含了具体的经济含义，尽管这篇论文的分析坚持使用数学形式。

弗里德曼同样赞扬肯尼思·阿罗——他是20世纪40年代晚期到50年代初期弗里德曼的一位同事。[2] 莱斯特·特尔泽从20世纪50年代到70年代与弗里德曼的交往经历中在2013年10月8日回忆说，弗里德曼对阿罗评价甚高。这也是阿罗从弗里德曼获得的印象。当阿罗听说——当斯坦福大学向阿罗提供一个工作机会时，弗里德曼在20世纪50年代初敦促经济系主任西奥多·舒尔茨留住阿罗——之时，这种印象就更加强烈了。舒尔茨假设，弗里德曼对阿罗——他是经济系内考尔斯委员会小组的一名成员——的著作持有像弗里德曼对该基金会（参见第十章）

---

[1] 参见 Friedman（1969c, 129）。
[2] 阿罗与弗里德曼从1977年到2006年都与同一所大学（斯坦福大学）具有学术联系。但是，他们在这些年只有偶尔见面（Kenneth Arrow, interview, December 7, 2013）。

其他主要成员的著作那样的疑虑。然而,"弗里德曼对舒尔茨说,'不,阿罗与众不同。'"阿罗相信,弗里德曼的看法反映了"他至少在那时对我的社会选择的研究结论印象深刻"这个事实。弗里德曼更是高度评价了阿罗不可能性定理。弗里德曼在诺贝尔奖演讲中,提到阿罗的这一著作——尽管没有明确的参考文献引用——是将经济分析应用于政治过程迈出的重要一步。①

鉴于弗里德曼高度重视阿罗研究的经济相关性。因此,上面所引用的弗里德曼对阿罗与德布鲁著作的经济相关性的否定性看法就更加可能是指向德布罗而非阿罗。② 这也许是反映了弗里德曼不是对阿罗的经济研究的不满,而是对阿罗的一般均衡传统的研究,比如弗兰克·哈恩的货币分析著作的不满。③

但是,从以上讨论可以清楚地看出,弗里德曼的确喜欢某些方面的一般均衡分析著作。实际上,我们将看到,他在研究中援引一般均衡分析。在讨论这一点之前,让我们先讨论弗里德曼不认同的高度数学化的经济分析及其一般均衡分析变体的某些方面。

---

① 参见 Friedman(1977e, 460)。此外,弗里德曼从阿罗对他的一些著作的反馈中获益匪浅。例如参见 Friedman(1969a, 49-50)。
② 弗里德曼与德布鲁的经济学方法的差异在他们 1991 年同时在《美国经济评论》上发表的文章得到明显说明。德布鲁(Debreu 1991)论文的标题是"经济理论的数学化",而弗里德曼与施瓦茨(Friedman and Schwartz 1991)在同一期的论文的标题是"分析经济数据的另一种方法"。
③ 还有一种可能是,弗里德曼依然对阿罗在 1980 年 3 月 22 日《新共和》(*New Republic*)杂志上对《自由选择》的著作版所撰写的否定性书评(New Republic, March 22, 1980)感到伤心。弗里德曼被这篇评论激怒了,因为他相信这篇评论隐含的意思是他缺乏同情心(Kenneth Arrow, interview, December 7, 2013)。

弗里德曼对数理经济学的这种看法的一个原因是，他感觉数理经济学时常让经济学家陷入高度的技术性研究而远离了实际问题。这种感觉在弗里德曼这样抱怨时典型地表现出来：莱昂·瓦尔拉斯缺乏足够的兴趣去利用他的分析来提出一种能够暂时用于分析具体经济问题的工具。[1] 甚至在他的以模型为基础的著作中，弗里德曼也偏爱做抽象的技术性假设来确立某些正则性条件，以便他能够继续分析感兴趣的经济问题。例如，弗里德曼在1948年与萨维奇的一篇论文的一个脚注中考虑了"效用函数的扭结或跳跃"的情形，但是，两位作者指出，正文可以从这些情形进行抽象的理由是"人们总是可以想到轻微绕过这些扭结的办法"。[2] 与此相反，另一种更加数学导向的方法会严格证明效用函数与其他函数的平滑是正当的。例如，斯托基、卢卡斯和普雷斯科特在主要函数的可微性方面引用了布鲁姆、伊斯利（Easley）和奥哈拉（O'Hara）的论文。[3] 而布鲁姆、伊斯利和奥哈拉反过来则着眼于正式建立"在导数中'平滑'可能断点"的条件。因此，他们认为严格研究一个弗里德曼毫无兴趣详细考虑的数理经济学问题是重要的。

但是，正如这个例子表明的那样，弗里德曼对确定正式的正

---

[1] Friedman（1955g, 904）。弗里德曼是在前面几章业已提到的一篇文章的语境中表达这种不满的。这篇文章就是评论瓦尔拉斯（Walras 1954）的《纯粹政治经济学要义》新英译本而作的。

[2] Friedman and Savage（1948, 294n29）。

[3] 同样，萨金特（Sargent 1987b, 21）在价值函数的可微性方面援引了Benveniste and Scheinkman（1979）以及卢卡斯在芝加哥大学的研究生讲义。

则性条件缺乏兴趣并不意味着，他的分析与这些条件无关。一些人必须研究和确定这些条件，恰恰是为了弗里德曼与萨维奇所从事的——也就是说，用连续函数——那种经济分析具有一个坚实的基础。一个相似的例子来自阿罗-德布鲁证券。诚如第四章所指出的那样，阿罗-德布鲁在这一领域的主要贡献是在弗里德曼很大程度上离开了不确定性条件下代理人行为的研究领域之后出现的，而弗里德曼对这些贡献几乎不能具体说点什么。但是，一整套阿罗-德布鲁证券的模型明显是一个非现实性的抽象模型。实际上，弗里德曼和他的妻子公开说过："世界上没有足够多的细则来提前规定每一种可能出现的不测事件，并恰好描述每一种情形中交换各方的义务。"[1] 但是，阿罗-德布鲁的建构确实为关注实际经济问题的模型可以展开提供了根据。因此，假定阿罗-德布鲁证券的存在可以被视为用来设定这种现实模型的不现实但有用的假设之一。事实上，布鲁姆、伊斯利与科格利（Cogley）、萨金特和兹仁尼科夫（Tsyrennikov）争辩说，阿罗-德布鲁证券的存在是一个模型的必要组成部分，如果弗里德曼的价格理论思想的正当性要得到严格的证明的话。[2]

弗里德曼本人似乎认识到这种经济模型基础的需要，以及经济学界的适当劳动分工要求某些研究者研究这些基础这个事实。例如，弗里德曼赞扬萨缪尔森"帮助重塑和改进了我们学科的理论基础"，描述了萨缪尔森的《经济分析基础》的一些内容如何

---

[1] Friedman and Friedman（1980, 29-30）。这个论述是在弗里德曼夫妇解释需要政府来帮助执行私人契约的语境中所做的。

[2] 具体而言，他们声称，这对于弗里德曼（Friedman 1953c, 22）提出的"幸存者假说"版本而言就是如此。另参见第十五章。

实现了这个目标。

二、数学在经济分析中的作用

但是，当谈到数学应用于经济学的其他事例时，弗里德曼担心数学不是补充和加强经济分析，而是可能分散研究重大经济问题的注意力。他的一个长期不满是用数学术语构想的分析会掩盖经济内容，尽管是重大的经济内容。[①] 此外，弗里德曼感觉到，数学方法可能会导致缺乏经济学基础的练习。如果分析者使用更多的经济直觉，那么，就可以觉察到这些练习没有价值。弗里德曼认为，瓦尔拉斯就有时按照这种方法做，因而产生了一些经济学"胡说"的结论。[②]

弗里德曼提出的另一个相关批评是，一般均衡分析甚至在集中关注具有经济实质的问题时，也经常过分强调在特殊条件下产生的引人注目的结论。这些情形缺少经验根据或者比较脆弱，也许是因为它们依赖具体参数的设定。弗里德曼对奥斯卡·兰格著作的质疑，诚如第四章所讨论的那样，就嵌入了这种批评。他后来对托宾的结论的批评（参见第十五章）也是如此，因为托宾的结论是从一个特设的货币需求函数中获得的。[③] 这种批评的一个

---

① 例如参见弗里德曼关于一个分析的陈述："它所表达的数学形式有助于隐瞒其经济实质"（Friedman 1954c, 698）。另参见弗里德曼（Friedman 1991b, 35）关于经济研究文章逐渐以牺牲日常英语的阐释为代价而以数学和计量经济学语言陈述结果的论点。
② Friedman（1955g, 908）。
③ 格罗斯曼（Grossman 1984, 337–38）对哈恩（Hahn 1983b）批评货币主义所获得的一个结论进行了类似的批评。另参见 Hutchison（1977, 86）。

特征是，弗里德曼对研究特定或退化的情形缺乏兴趣，如果集中关注的这些情形没有明确的经济根据的话。

另外，弗里德曼认为，从数学角度来进行经济分析可能会导致经济学家远离某些相关的特殊情形。例如，一个数学标准可能使经济学家判断只与特定的参数值相关的结论毫无兴趣，因为该值在参数空间的量度为零。但是，从早期阶段开始，弗里德曼就摒弃了这个标准，因为他认为，零测度设置有时对应于经济相关的情形。[1] 实际上，正如第五章和第十三章所讨论的那样，弗里德曼提出的自然率假说就是他坚持宣称的零量度的菲利普斯曲线的特定参数化的实例。弗里德曼摒弃其他人对特殊情形的强调和出现在他自己的著作中那些特定参数设定的论据的一个共同点就是，坚持经济的而非数学的标准是设定一个经济模型的根据。[2]

---

[1] 他在 Friedman（1946, 625-26）中就这样认为。Baumol（1957, 265）后来用量度理论的术语描述了这一立场。指出量度为零的情形是经济相关情形例子的其他经济学家包括麦卡勒姆（McCallum 1999c, 628）——就他而言，这是与理性预期模型的均衡选择有关。

[2] 数学与经济标准的问题也与开放经济分析中马歇尔-勒纳条件的处理相关。弗里德曼（Friedman 1953a, 162）的"支持浮动汇率的理由"的分析设置了这个条件。拉弗与迈尔斯（Laffer and Miles 1982, 145-47, 327, 390-91）在一本包含着对弗里德曼（Friedman 1953a）进行高度回顾性批判的著作中，对他施加这个约束条件的推理进行异议，但是支持施加这样的约束条件。他们的推理是，这个约束条件是一个动态稳定性条件。但是，从弗里德曼的这个角度看，这个约束条件的原始根据更好，因为拉弗与迈尔斯用这个约束条件的数学理性化（也就是动态稳定性）代替了经济理性化（也就是说，需求曲线向下倾斜的一种假定）。

人们在考虑弗里德曼对一般均衡模型的看法时，记住他在给参数赋值时着重使用经济论据的做法是有益的。莱德纳指出弗里德曼不喜欢瓦尔拉斯的分析或者一般均衡分析，是因为他将那种分析与模型的空洞性——它们没有预测内容，完全是一般方程组——联系起来。弗里德曼确实蔑视那种将所有经济理论作为一种特殊情形的嵌套模型设置。[1] 他认为，这样的模型空无内容，由此反映了建模者没有使用那些会产生可以被视为具有真正经济实质设定的——产生那些可以被经验证据反驳的预测——经济约束条件。[2] 在他看来，经济学家的一个关键作用就是要在模型的设定和模型解的选择方面做出明确的决定，以便模型产生一个单一的预测而非各种各样的可能性。[3] 这种看法明显与弗里德曼对简约性的欲求有关，而卢卡斯指出，弗里德曼对唐·帕廷金的著作的反应就体现了这种看法。[4]

---

[1] 特别参见 Friedman（1950a, 488）。

[2] 例如参见 Friedman（1955g, 904; 1957a, 26; 1962b, 69; 1976a, 61）和 Friedman and Savage（1948, 304）。

[3] 例如参见 Friedman（1946, 614）。尽管弗里德曼坚持要求，理论模型的有用性在于设定的模型要提供具体的预测内容，但是，他不是在提出一种与一般均衡模型的众多使用者大相径庭的观点。比如，普雷斯科特（Prescott 1991, 4）在本质上也是采取同样的视角。

[4] 卢卡斯提到帕廷金的《货币、利息与价格》中的一个段落。在这一段中，帕廷金承认了弗里德曼的一个评论：在帕廷金的分析中，任何一种产品的价格都取决于每一个市场的需求条件（Patinkin 1965a, 235）。卢卡斯推断，弗里德曼的看法是帕廷金应该对模型施加更多的约束条件以避开这种程度的一般性。在卢卡斯（Lucas 2013）的索引中，卢卡斯的这种推断与弗里德曼直接相关，因为在第 530 页的弗里德曼索引条目中出现了他"对帕廷金的批评"。

但是，将一般均衡分析本质上不存在确定的解或确定的预测的看法归之于弗里德曼的做法似乎是不恰当的。诚如业已指出的那样，他认为，兰格的一般均衡分析就得出了明确的结论，尽管弗里德曼不同意这些结论。将弗里德曼对一般均衡分析的不满视为以上提到的这些因素产生的结果似乎更恰当，因为一般均衡分析在进行模型设定时倾向于数学而非经济标准，以及得出的结论不符合明确的或者根本没有经济直觉。此外，虽然他承认一般均衡模型可以用来产生明确的结论，但是，他偏爱高度聚合的模型胜于通常与一般均衡分析相关联的模型。至于自由市场的优越性，弗里德曼相信——本章第一节就指出过——用马歇尔那种单个市场的分析方法就能提供一个支持市场制度的有效经济学论据，无须依赖用瓦尔拉斯那种多重市场模型的分析方法所获得的结论。

三、弗里德曼所珍视的一般均衡分析内容

但是，指出弗里德曼在瓦尔拉斯的方法中并未摒弃的东西也是很重要的。他没有摒弃的观念是，局部均衡分析可能是错误的，以及一般均衡效应无论如何都需要加以考虑。[1]

而且，为了对经济问题进行一个前后连贯的分析，弗里德曼没有摒弃经济理论的需要或一个基础经济模型的要求。[2] 他认为，他有一个从经济理论的观点来看待事物的自然倾向。[3] 不过，弗

---

[1] 在这个问题上，参见第十五章第三节。
[2] 特别参见前面第五章关于此点的文献证据讨论。
[3] 参见他的评论 Hammond（1992, 108）。

里德曼相信将他与大量的一般均衡理论家区分开来的特质就是，他不是对理论的本身感兴趣，而是对经济理论的实际应用感兴趣——他相信，这是他与凯恩斯共同的看法。按照这样的方式，斯坦利·菲舍尔在2013年8月30日的访谈中回想起弗里德曼："我认为，他不是真的对宏观经济理论感兴趣，尽管他有（贡献了）几个可爱的东西——包括持久收入理论，它做得很漂亮。……因此，你知道，他擅长于智力工作。但是，我认为，他不会为理论的东西着迷。……米尔顿的视角是我现在非常喜欢的那种，就是'事实在这儿，让我们面对现实世界吧'。"

最重要的是，弗里德曼在自己的模型中纳入了瓦尔拉斯一般均衡分析的内容。他在早年接触到这种分析，是因为他利用过欧文·费雪在19世纪90年代的著作。[①] 而费雪在那十年的著作包括一般均衡分析。实际上，卡尔沃提到"瓦尔拉斯–费雪"一般均衡框架。弗里德曼后来对数理经济学的不满与他对正式的一般均衡分析可能有益的——包括对他感兴趣的问题有益的——继续承认同时并存。他不仅承认，瓦尔拉斯的一般均衡分析能够做出明确的预测，而且用与一般均衡分析相关联的弹性价格均衡失业率作为他对自然失业率的定义。[②]

---

① 前面第六章讨论过弗里德曼在与亨利·舒尔茨的合作著作中使用过费雪（Irving Fisher 1892）的著作。而且，弗里德曼有几次提到费雪（Irving Fisher 1896）的著作，包括《美国货币史》（Friedman and Schwartz 1963a, 70）以及1961年未发表的《美国货币史》草稿。此外，弗里德曼（Friedman 1949a）大量引用一般均衡理论的另一重要著作，是希克斯的《价值与资本》（Hicks 1939）。
② 参见第七章与第十三章，以及后来的讨论。

此外，尽管弹性价格均衡在短期只决定序列的自然值，但是，它却在长期中描述了实际变量的真实值。弗里德曼在1970年阐述的观点是，货币政策的效应在长期中逐渐减弱的模型应该有一个长期均衡。其中一个方程块的名义变量由货币当局的行动决定，而另一个方程块由实际变量决定于其相互作用的"瓦尔拉斯方程"组成。①

除了在自己的概念框架中使用瓦尔拉斯的一般均衡分析，弗里德曼还认为，数学分析的用处在于是一种暴露以错误的文字分析为基础的经济分析缺陷的手段。他断言，"用文字比用正式的数学更容易出现不合逻辑"。②在他看来，经济命题的数学形式化容许精确性，从而促进了经济学家之间的交流。③这种形式化也有助于避免经济分析的内在矛盾。④这些观点是弗里德曼始终如一地坚持的观点，他在2006年的评论就体现了这些观点："我对你的短信的口头答案就是，为什么在它里面没有数学的原因。"⑤

因此，弗里德曼明显欣赏一般均衡理论和数理经济分析领域的那些著作的内在逻辑与一致性。不过，这种感情并非永远是互惠的。多年以来，一般均衡理论和数理经济分析领域的许多著名经济学家提出的看法是，弗里德曼在货币分析中提出的命题如果在更加严格的数学语境中加以详细审查，就会站不住脚。受到这种批评的一个命题就是弗里德曼关于垂直的长期菲利普斯曲线的

---

① Friedman（1970b, 222）。另参见该论文的第219页。
② Friedman（1961f, 1052）.
③ 例如参见 Friedman（1951b, 112）。
④ 参见 Friedman（1955g, 905）。
⑤ 2006年4月6日米尔顿·弗里德曼致笔者的电子邮件。

信念。但是，正如第十三章与第十五章讨论的那样，弗里德曼的这个命题在用正式模型审查的情形下大都站得住脚。弗里德曼的其他几个命题同样是如此。下列的一些例子就是弗里德曼能够凭直觉知道一个模型问题的答案，而这些答案后来得到研究者更加严格的数学证明的情形。

第一个例子就是自然失业率。各种各样的经济学家，包括哈恩声称，自然失业率的概念不能被严格证明是正当的。索洛陈述道，"我怀疑，许多使用这个自然率概念的人会接受弗里德曼的定义"。特别是，索洛对瓦尔拉斯模型是否是宏观经济学家形式化自然率概念的一个工具持怀疑态度。与这种评价相反，卢卡斯与普雷斯科特和罗伯特·霍尔等人用弹性价格一般均衡模型证明了自然失业率概念的正当性。而罗伯特·霍尔指出："弗里德曼定义的精神得以保存——失业被视为在一个瓦尔拉斯的一般均衡模型之内得以理解的一个现象，条件是要适当地扩展该模型。"而且，最近的贡献表明，自然产出率与自然失业率的概念在弹性价格模型含有非竞争因素的情形下依然是切实可行的。这些研究发现大致证实了弗里德曼的自然失业率概念，但不支持费尔纳（Fellner）和哈恩关于自然率概念只有在一个完全竞争经济中才具有一致性的观点。[①]

第二个例子与这个问题有关：货币需求的非零利率弹性是否独自就能阻止古典二分法关于实际变量与名义变量分开决定的结

---

① 关于在一个含有垄断因素的经济中形式化自然产出率的概念，例如参见 Woodford（2003）；关于明确将非零失业率引入这种弹性价格形式的经济，例如参见 Christiano, Eichenbaum, and Trabandt（2016）。

论。弗里德曼的立场是，暂时性的价格黏性可能会产生实际变量与名义变量在短期共同决定的情形，但是货币需求的非零利率弹性单独不会如此。他确立这个论点的尝试就是用文字来研究简单IS-LM方程组的弹性价格条件下的行为，而这种策略从一般均衡理论家的观点来看是不可接受的。① 但是，弗里德曼在1966年一篇论文中的这种证明后来被费希尔·布莱克、布洛克等人的一般均衡分析所加强。② 这些论文证实，在一个有货币的动态一般均衡模型中，货币政策在工资和价格具有弹性的条件下对实际产出没有影响，即使货币需求具有利率弹性。此外，在1982年的《货币趋势》中，弗里德曼与施瓦茨援引了这些20世纪70年代的严格分析，而不是弗里德曼在1966年的论文来证明当时讨论中的结论。③ 这种做法也证明了弗里德曼愿意承认，一般均衡分析可以为他提出的一些论点提供更加严格的基础。

第三个例子则是弗里德曼对费希尔·布莱克的研究发现——在一个有货币的动态一般均衡模型中，通货膨胀甚至在面临不变的货币存量和不变的货币增长的情形下都可能有激增的动力——的反应。弗里德曼指出，这个结果反映了"巧妙的数学构造，没有实质性内容，因为它们回避了传导机制的这一实质问题"。④ 后来，麦卡勒姆的结论对弗里德曼的猜想提供了支持。麦卡勒姆

---

① 参见 Friedman（1966d, 79-82）。
② 类似地，20世纪80年代的预付现金理论发展了货币需求的利率弹性与货币中性共存的动态一般均衡模型。参见 Hodrick, Kocherlakota, and D. Lucas（1991）对这些模型性质的研究。
③ Friedman and Schwartz（1982a, 343）.
④ Friedman（1977d, 413）.

证明,如果布莱克的模型用一个将状态变量排除在外的方法来解,布莱克的结论就不再成立,因为模型的结构不可能证明状态变量的存在是合法的。[①] 再一次,弗里德曼在一个非正式讨论中偶然想到的答案可能是正式分析的结果。

四、弗里德曼与计量经济学分析

隆巴顿(Longbottom)和霍利(Holly)认为,弗里德曼与施瓦茨是"非常重视用计量经济学技术来解决理论纠纷"的研究者。虽然这个陈述是具体针对弗里德曼与施瓦茨的《货币趋势》著作而言的,但是,它确实可以大量应用于弗里德曼的其他著作。实际上,计量经济学证据应当是判断理论的仲裁者的观念可以被视为弗里德曼在1953年的方法论论文和其他地方所强调的经验证据作用的一个推论。但是,与弗里德曼在著作中这种强调并行的是其他许多对计量经济学表达不满的陈述。实际上,与他的方法论论文大致同时,弗里德曼以否定的方式谈到"对经济现象的大量统计研究",暗示这些研究与他所希望看到的经济研究方向背道而驰。[②] 鉴于这些矛盾之处,本章以一些评论结束,旨在阐明弗里德曼的计量经济学方法。

本书前面的研究已经阐明了弗里德曼对计量经济学的矛盾心理的多种原因。本章第三节论探讨了其中的一个原因——他对历史和叙述信息有用性的信念。第四章表明的另一个原因——他

---

① 麦卡勒姆的方法可以被视为反映了模型解使用的状态变量表应该与模型的传导机制相一致的坚决主张。
② 参见 Friedman(1952c, 457),也许部分是指问卷调查表。

对多元回归的怀疑态度以及对它们可能得出软弱无力的结论的担忧——从1940年以来就一直存在于弗里德曼的思想中。

在这种背景下，尽管弗里德曼受过统计学的严格训练并精通统计学，但是，他经常在经验研究中依靠回归之外的技术。例如，在1961年使用货币、消费和收入的去趋势值的分析中，弗里德曼陈述说，"趋势以图形拟合"，而不是使用基于回归的趋势估计值。[①] 这种选择非常可能部分地反映了计算的局限性。诚如戴维·梅塞尔曼在2013年4月30日回忆说，这是一个他和菲利普·卡根在与弗里德曼合作的著作的过程中都不得不将数据和公式用键盘输进台式计算器的时代。而弗里德曼断言，他与施瓦茨的货币项目尽管涉及"大量的统计曲线拟合"，但是有意地使用图形而非计量经济学技术来获得一些主要的数值结果，包括那些关于领先与滞后的数值结果。

尽管如此，实际情况依然是，甚至在《货币趋势》之前，弗里德曼关于货币的大量研究都使用了回归分析。在这些研究中，最显著的是他与戴维·梅塞尔曼的项目。诚如第十二章将讨论的那样，那个项目的相当大的影响力有相当大一部分来自其他研究者能够复制弗里德曼和梅塞尔曼的计量经济学研究发现这个事实。他的著作可被他人复制是弗里德曼明确关切的一个问题，而研究结论是否可被复制也形成了他责备他人的一个根据。[②]

人们禁不住补充说，弗里德曼的计量经济学著作的其他普遍特征包括他对低频数据的使用——或者基于年度平均，或者基

---

① Friedman（1961d, 460）.
② 例如参见 Friedman（1948b, 140）。

于与国民经济研究局的商业周期方法相关的更大程度的时间加总——和他对短期预测的全面拒绝。不过，虽然他与施瓦茨和梅塞尔曼的大部分著作的确具有这些特征，但是，在他的一些货币分析中，弗里德曼愿意进行短期的计量经济学分析。正如第十三章与第十五章所讨论的那样，在20世纪60年代的后半叶和70年代初，弗里德曼更是用美国的月度和季度数据进行总收入增长的回归估计。此外，虽然他与施瓦茨咄咄逼人地提到"短期经济预测产业的爆炸性增长"，但是，弗里德曼一度利用收入增长的回归来做短期预测。[1]

这个短期分析与弗里德曼主要的货币研究之间的共同之处就是，与多元或多方程的计量经济学方法相比，他更喜欢研究往往具有简化形式特征的二元关系。莱尔·格拉姆利当时是联邦储备委员会的资深顾问，1968年9月在英国的狄奇利之家举行的一次会议上聆听过弗里德曼谈论这个主题。[2] 格拉姆利在2013年6月24日的访谈中回忆说，"在一次休息期间，我碰巧倾听了吉姆·杜森贝里（Jim Duesenberry）与米尔顿·弗里德曼之间的一场谈话。杜森贝里说，'现在好了，米尔顿，你不得不承认，这些天产生的所有这些大型模型都为货币政策中找到了一个非常重要的任务。'米尔顿回应说，'好吧，那是真的，但是这些东西非常不稳定。你超过拟合期一年，这些东西就变得危险了。'"弗里德曼继续指出，收入对货币的简单回归可能比这些大型模型更加稳健。弗里德曼相信，大型计量经济学模型由于严重的预测误差

---

[1] 引语来自Friedman and Schwartz（1982a, 572）。
[2] 弗里德曼在这次会议上所做的评论发表为Friedman（1969c）。

具有长期修正的倾向。他在 1987 年重申了这种信念。[1]

弗里德曼对大型计量经济学的结构模型的否定性看法也明显体现在 20 世纪 40 年代晚期到 50 年代初期他与考尔斯委员会的交往之中。这种交往构成了下一章论述的部分内容，而下一章是本书第三篇的开篇之章，将重新开始按照年代顺序叙述弗里德曼参与的美国经济辩论。

---

[1] Friedman（1987a, 15）.

第三篇

弗里德曼的货币主义岁月：1951—1972 年

第十章

《协定》与新制度：1951—1960 年[1]

---

[1] 本研究中所表达的观点仅代表笔者本人，不应解释为联邦储备委员会或联邦储备系统的观点。笔者感谢戴维·莱德勒和拉贾特·苏德（Rajat Sood）对本章初稿的评论。笔者感谢米格尔·阿科斯塔、乔治·芬顿和威廉·甘伯的研究帮助，同时也感谢加州大学伯克利分校经济史研讨会的参与者，包括 J. 布拉德福德·德隆（J. Bradford DeLong）、巴里·埃森格林、玛莎·奥尔尼（Martha Olney）、克里斯蒂娜·罗默和戴维·罗默，对本章部分报告内容的评论。关于完整的致谢名单，参见本书前言。笔者遗憾地指出，自本章的研究开展以来，笔者将在下面引述的四位访谈者，卡尔·克莱斯特、莱尔·格拉姆利、戴维·梅塞尔曼和查尔斯·舒尔策，均已去世。

第一节　事件与活动：1951—1960 年

弗里德曼和施瓦茨的《美国货币史》第十一章的标题是"货币政策的复兴（1948—1960）"。他们决定将货币政策的复兴追溯到 1948 年，这意味着他们的这一章将涵盖 1951 年 3 月之前的三年时间。这段时期不仅是，用梅尔策的话说，美联储仍处于"财政部控制之下"的时期，而且是钉住长期美国政府债券利率的政策依然实施的时期。将 1948—1950 年视为货币政策复兴时期一部分的做法，确实允许弗里德曼和施瓦茨将放松美联储政策在短期证券市场的约束归为复兴的要素之一——这一过程甚至在 1948 年之前就开始了。[1]

而且，货币政策复兴的一个重要组成部分是学术观点的变化：从广泛支持廉价货币，到强烈反对这一政策。与这种政策处方变化相对应的是，学院派经济学家赋予货币政策影响总需求的能力的权重发生了转变——从阿尔文·汉森、保罗·萨缪尔森等人赋予的较低权重，转变为某种程度更高的权重（至少在萧条之外的情况下是如此）。同时，正如第四章所讨论的，弗里德曼在 20 世纪 40 年代后半期，对货币政策的思考也经历了重大变化。不过，就他的情况而言，这种变化比他的大多数经济学家同行所

---

[1]　参见 Friedman and Schwartz（1963a, 577-79, 605, 610）和 Friedman（1982b, 104）。

经历的变化更剧烈。巴罗和费希尔由此评论道,"弗里德曼自己朝着相信货币力量的这一转变,囊括了"专业思维"变化的方向,如果不是变化的大小"。

然而,在实际举措方面,允许货币政策复兴的重要制度变革并不发生在1948—1950年间,而是1951年3月4日公开发布的美联储与财政部的《协定》。

该协议结束了《金融时报》所描述的"英国和美国政府似乎都决心不使用高利率来抗击通货膨胀"这一局面。导致《协定》达成的一系列事件包括美联储和杜鲁门政府之间的一次争端。美联储前主席且仍在美国联邦储备系统理事会任职的马里纳·埃克尔斯,在将这一争端公之于众方面发挥了主要作用。具有讽刺意味的是,随着这场争端的展开,埃克尔斯对美联储独立性的可行性方面的认知是有限的。他在1951年2月给弗里德曼的信中写道,期望长期利率完全脱钩是不现实的。埃克尔斯暗示,人们最多所能期望的是债券利率钉住的数值将提高约50个基点。[1]

《协定》不仅将货币政策决策的自主权交还给了美联储,并且同时允许取消债券利率钉住的安排。因此,诚如弗里德曼所说,该《协定》标志着"货币政策的作用及其可能性的一个明显变迁"。[2] 然而,正如弗里德曼的叙述所强调以及本章第二节将详述的那样,美联储只是逐渐地摆脱了1951年之前的制度安排。埃克尔斯在致弗里德曼的信中所描绘的债券利率的有限灵活性,

---

[1] 马里纳·埃克尔斯的来信。其未注明日期的草稿可能写于1951年2月中旬,因为它提到NBC 1951a。查阅 https://fraser.Stlouisfed.org/docs/historical/eccles/062_01_0002.pdf。

[2] Friedman and Heller(1969, 61)。

被证明非常接近于《协定》达成之后最初的做法，因为中央银行对美国国债市场价格的维持一直拖到了1953年。

当然，协议的背景是朝鲜战争以及通货膨胀压力在美国的再现。在《协定》出台近20年后，罗伊·哈罗德在1970年9月于英国谢菲尔德大学举办的一次会议上，以一段回忆开始了对弗里德曼的一篇论文的评论。哈罗德陈述说，弗里德曼"是我的一位多年好友。我想，我第一次见到他是在1951年3月西弗吉尼亚州白硫磺泉镇举行的一次会议上"。哈罗德补充道，参会人员在聚会讨论朝鲜战争时期应对通货膨胀的恰当政策时并没有意识到，与此次会议同时进行的是华盛顿特区的美联储和财政部官员正在敲定《协定》的文本。[1]

然而，哈罗德的记忆在一个重要的方面欺骗了他。这次学术会议与《协定》的谈判并不是同时进行的。它实际上是在《协定》公布一个多月之后的1951年4月5日至8日召开的，而会议记录的抄本是在1951年晚些时候发表的。[2] 不过，会议记录的确有力地支持了哈罗德关于在此次活动中"弗里德曼教授扮演

---

[1] Harrod（1971, 58）。

[2] 亦即《国防，控制和通货膨胀》（Director 1952）。这场会议由芝加哥大学法学院赞助，其书面记录由该学院的阿伦·迪莱克特——弗里德曼的大舅哥——编辑。弗里德曼是负责组织这次会议的一名委员（Director 1952, v）。尽管会议记录文集描述了弗里德曼参与的大量活动，但是，它并未出现在弗里德曼的官方参考文献之中，因而在探讨弗里德曼的活动中很少被引用。例如，Ebenstein（2007, 111）就没有引用会议文集，而是在没有实际引用的情况下严格因袭哈罗德（Harrod 1971）对会议记录的描述。

了一个重要角色"的回忆。①

弗里德曼并没有开启货币政策的讨论——这个任务转而交给了他在经济系的年长同事劳埃德·明茨——但被要求在会议上就此问题作总结发言。弗里德曼在总结性发言中评论说，会议表达了"两种主要立场"。"一种立场，"他继续说道，"是由明茨先生提出的。我可以说，我同意这种立场：在合理的财政政策下，货

---

① Harrod（1971, 58）。参加此次会议的有弗里德曼的芝加哥大学同事——并非全部来自经济系——弗里德里希·哈耶克、弗兰克·奈特、西奥多·舒尔茨、雅各布·维纳和艾伦·沃利斯。在场的参会人员还有弗里德曼在早期的活动中认识的几人：他的前老板罗伊·布劳（当时是杜鲁门总统的经济顾问）、霍默·琼斯、卡尔·舒普以及比尔茨利·拉姆尔（Beardsley Ruml）。其他参会人员还包括当时在物价稳定局工作的加德纳·阿克利（Gardner Ackley）、尤金·罗斯托（Eugene Rostow）——他虽然主要是一位外交政策专家，但在20世纪50年代早期积极参与经济政策讨论，而他的兄长沃尔特曾与安娜·施瓦茨一起研究英国经济史——亨利·黑兹利特、赫伯特·斯坦（Herbert Stein）、乔治·施蒂格勒和阿尔文·汉森。参见Director（1952, viii-x）。
另一位参会者是理查德·古德（Richard Goode）。他的出席表明他当时是芝加哥大学经济学系的年轻成员这一事实。古德在战争期间是Ensley and Goode（1943）论文的合著者。正如在第三章中指出的那样，这篇论文由于摒弃了通货膨胀的数量理论分析而遭到克拉克·沃伯顿的抨击。古德不仅像弗里德曼一样在战后重新评估了货币的重要性，并且从20世纪50年代起担任国际货币基金组织官员的任期内，就以强迫各国——包括20世纪60年代末期的英国——的政策官员接受货币总量的重要性而闻名（参见Capie 2010, 374-75, 381）。古德对英国讨论的干预使得他在回顾中被描述为"米尔顿·弗里德博士的货币主义信徒"（Investor's Chronicle, October 1, 1976, 16）。然而，我们并不清楚，古德后来对货币的强调，在多大程度上反映了国际货币基金组织的货币分析传统（例如参见Polak and White 1955）而非弗里德曼的影响。

币措施可以有效地稳定物价水平。"[1] 弗里德曼认为，适当的货币政策就是货币增长的变动可以某种方式抵消流通速度的变化对经济影响的政策。鉴于伴随朝鲜战争的爆发而来的流通速度的上升，流通速度的变化问题无疑对他而言是记忆犹新的。而且，与他当时认为货币政策可以很容易地抵消流通速度冲击的看法相符，弗里德曼在会议前几个月参加的一次电台节目中说，货币措施本可以预防朝鲜战争爆发以来所观察到的通货膨胀。

然而，随着20世纪50年代的推进，弗里德曼日益怀疑政策制定者可能抵消流通速度变化的精确性。一旦考虑到货币政策措施——原则上可以实现这种抵消——对经济产生滞后效应的可能性，弗里德曼则更是有这种怀疑。这一考虑与他的这一结论——流通速度在朝鲜战争时期自动出现那种逐年急剧变化的情形是罕见的——相结合，导致他在20世纪后半叶倡导固定货币增长规则。

弗里德曼在1951年的总结中，明确地将自己和明茨的立场与会议上其他人所阐述的主要立场进行了对比。弗里德曼指出，后一种立场的"货币政策可以带来一些好处，但不能……被期望用来完全防止目前发生的这种通货膨胀。"[2] 哈罗德在会议上采纳了这种立场，并表达了他的怀疑："在历史上，我们是否可以找到一个防止那种威胁我们的通货膨胀的纯粹货币控制的例子。"[3] 哈罗德认为，美国和其他国家正遭受成本螺旋式上升的痛苦——这种螺旋式上升与他所承认的需求压力相结合就使通货膨胀成了

---

[1] Director（1952, 48）.
[2] 弗里德曼在 Director（1952, 48）中的发言。
[3] 哈罗德在 Director（1952, 31）中的发言。

可能。为了反映他对当前通货膨胀中存在需求拉动因素的承认，哈罗德承认影响支出的政策工具——其中他更偏好财政政策而非货币政策——可以帮助遏制一些通货膨胀压力。不过，哈罗德声称，其他工具也必不可少，特别是"可以阻止通货膨胀螺旋式上升"的价格和工资管制。①

与此形成鲜明对比的是，弗里德曼到1951年已经摒弃了工资与物价自动螺旋上升是影响通货膨胀因素的观点。他认为，历史上出现的通货膨胀螺旋式上升的经历实际上反映了通货膨胀对总需求压力的滞后调整。由这一判断得出的结论是，货币行动是抵御通货膨胀的恰当的和充分的措施。②

哈罗德的观点与弗里德曼的观点在另一方面形成了对比。他说，像配给制这样的实物管制比允许公开的通货膨胀更可取。③这种看法不仅与弗里德曼和乔治·斯蒂格勒的《屋顶还是天花板？》潜在的哲学相冲突，而且与弗里德曼后来的名言相冲突：公开的通货膨胀远比被压制的通货膨胀更可取。④

一、利率政策

在1951年以后的半个多世纪里，弗里德曼因所谓的忽视利率和所谓的不情愿或完全不愿意用利率来描述货币政策行动或其

---

① 引自 Director（1952, 194）的哈罗德所言。
② 参见第二章、第四章和第七章的讨论，以及本章第二节和第十五章中关于成本推动的论述。
③ 引自 Director（1952, 31）的哈罗德所言。
④ 例如参见 Friedman（1966a, 39; p.120 of 1968 reprint）and Newsweek, May 29, 1978。

效应而遭到货币研究人员和从业者的大量批评。然而，第五章得出的结论是，弗里德曼声明的记录要比这种批评所表明的更为微妙。弗里德曼对《协定》之前环境的转变所进行的讨论进一步证实了这一结论。他在 1951 年的会议上对廉价货币共识的终结表示欢迎，称赞与会者"一致同意，源自过往历史的那种特定的、单一的、刚性的利率并非神圣不可侵犯的，不应允许它干预货币政策的进一步使用"。① 但弗里德曼也表示，货币政策一旦实施，在影响总支出方面就可以被视为"主要取决于利率使用"的一种工具。② 事实上，弗里德曼在这一年后来的一篇文章中承认——他提出了一个与新凯恩斯主义理论而非货币主义更相关的观点——价格稳定性决定了"利率的必然上升"，而货币需求函数"只决定了货币存量必须减少的数量"以确保利率的上升。③

当然，在评估货币政策紧缩或宽松的程度时，不存在"一般"利率的直接经验对应物就导致弗里德曼对货币存量指标而非特定利率的研究更感兴趣。他在 20 世纪 50 年代初期提出的一种

---

① 引自 Director（1952, 65）的弗里德曼所言。在该文集第 49 页的另一段中，弗里德曼承认阿尔文·汉森在会议上表达了另一种更接近廉价货币最初立场的相反的观点。

② 引自 Director（1952, 49）的弗里德曼所言。

③ Friedman（1951c, 190）。当然，现代货币政策文献，包括 Rotemberg and Woodford（1997, 309），在讨论利率和价格之间的关系时反复提到的一种观点是，货币需求函数是多余的。然而，这一结果并没有反映新凯恩斯主义模型的特殊性质；例如，它存在于任何货币政策效应都可以通过单一利率来概括的模型中。因此，在新凯恩斯主义之前的文献中已经出现了货币需求函数在分析中是冗余的观点：例如参见 Robbins（1960, 103）; Brunner（1973, 516）; 以及 McCallum and Nelson（2011, 137）的引用。

更加广泛的传导机制观强化了这一倾向，因为这种观点突出了货币政策行动影响经济活动的渠道的不可观测性和多重性。因此，弗里德曼在20世纪50年代初期之后越来越不愿意在货币问题的分析中提及"一般"利率。[1]然而，弗里德曼确实承认——无论是在20世纪50年代早期，还是在他余下的生涯中——他所支持的货币政策，即以价格稳定为重点的政策的实施将导致观测到的证券市场收益率（如国库券和债券收益率）的变动。[2]正如他在1952年1月31日的证词中所说，"为了防止通货膨胀这一远为重要的目标，应允许利率在任何需要的程度上变动"。[3]

弗里德曼表示，证券市场的利率会波动，但利率变动的程度不应当作判断所需紧缩幅度的标准。相反，一个合适的标准是"对货币数量的影响"，并以物价稳定为最终目标。[4]弗里德曼在1951年2月一次电台节目中指出，"美联储应该做的"是"采取这样的立场，即它的主要责任和首要关注点是货币供应量和价格水平"。[5]在这种框架中，美联储要以有意识地调整货币存量为目标来安排行动，但同时着眼于实现物价水平的目标。这一表述

---

[1] 参见第五章和第六章。弗里德曼转向支持货币政策传导的多重利率观点也会促使他放弃货币政策具有重要财富效应的信念。因此，他对IS方程或产出-需求方程不直接使用货币项感到放心，进而强调货币政策对各种重要收益率的影响（这反过来又出现在IS方程式中）。结果是，弗里德曼认为货币出现在描述收益率决定的期限结构和类似的方程之中。

[2] 沿着类似的思路，弗里德曼在NBC（1951a, 6）中说，限制性货币政策措施的"一个影响"是"更高的利率"。

[3] Joint Committee on the Economic Report（1952b, 334）。

[4] 弗里德曼在Director（1952, 66）中所言。

[5] NBC（1951a, 9）。

证明了弗里德曼一直以来的愿望——在他思想的这一阶段——采取适当的货币行动来定期地抵消流通速度的逐年变化。但是，随着他与安娜·施瓦茨的研究在这段时期的迅速展开，弗里德曼已经接近得出这样的结论，即像1950年——此时流通速度支配着价格水平的波动——那样的情形并不常见，以及更常见的情形是较低的货币增长会保证价格稳定。

因此，弗里德曼在1952年3月25日经济报告联合委员会作证时宣称，"几乎没有一个有记录的案例表明，货币存量在短期内的大幅增长没有伴随着物价的大幅上涨"。他敦促货币政策的实施要以这种关系为指南。[1] 弗里德曼毫不讳言利率的变动可能必须被接纳为这种政策的一部分。与弗里德曼一起作证的萨缪尔森追问他：弗里德曼愿意看到债券价格跌至五六十美元这一水平吗？弗里德曼回应说，如果债券价格降至五十美元是必要的，那么"当然，我愿意看到它降至五十美元了"，但这是否有必要则取决于"缓解通货膨胀压力"的程度。[2]

至于萨缪尔森，帕廷金认为，他"朝着更加重视货币因素方向的转变始于20世纪50年代中期，远在货币主义日益增长的影响力出现之前"。但是，萨缪尔森在1952年的听证会上以及在大约同期的其他论坛上与弗里德曼的交流，连同萨缪尔森承认他是弗里德曼作品的狂热读者这些事实，让人们怀疑帕廷金关于萨缪尔森的货币政策观——前面第四章讨论过——的改变没有受到弗里德曼的影响的暗示。帕廷金的解释也与萨缪尔森本人在1962

---

[1] Joint Committee on the Economic Report（1952c, 688）.
[2] Joint Committee on the Economic Report（1952c, 732）.

年所承认——"我已经研究了弗里德曼教授关于这些问题（货币历史和政策）的论点，并从中受益匪浅"——的事实相冲突。[①]

弗里德曼和萨缪尔森在一起作证之前共同签署了一份题为"对抗通货膨胀的货币政策"的声明。[②] 这份公布于1952年1月21日的声明是前一年10月一次大学经济学家会议的产物，但包括阿尔文·汉森和雅各布·维纳在内的几位参会者拒绝签署此声明。阿尔文·汉森拒绝签名的原因是，他不仅认为财政政策是对抗通货膨胀的更合适的武器，而且反对必然包含大幅提高利率的政策。然而，对于维纳而言，这份声明对货币措施的支持"过于软弱，并有过多的条件限制"。[③] 弗里德曼明显有同样的感觉，但是，他没有拒绝签署声明，而是满篇附上了个人撰写的限制性条件和异议。总的来说，与他的同行们相比，这些异议充分展示了弗里德曼对于货币政策措施有能力保障价格稳定的更大信心。它们还证实，弗里德曼到此时已经将公开市场操作视为执行货币政策必不可少的唯一工具。在这点上，弗里德曼的一个反对意见——反对声明中关于"选择性信贷控制"的建议——预示了他与萨缪尔森在1980年关于卡特总统的直接信贷控制计划的可取性方面存在的分歧。[④] 弗里德曼在1952年的反对意见是："我不

---

① 引自萨缪尔森的评论：The American Economy, Lesson 48: Can We Have Full Employment without Inflation?, CBS College of the Air, filmed circa June 5, 1962。
② Joint Committee on the Economic Report（1952a, 1297-302）的重印。
③ Joint Committee on the Economic Report（1952a, 1302）.
④ 关于弗里德曼与萨缪尔森在1980年信贷控制方面的分歧，参见 Nelson and Schwartz（2008a, 847）。

赞成选择性的信贷控制。此类控制，与其他'直接'管制一样，是改变资源分配的一种不公平和低效的手段。'利率'，尽管承认存在缺陷，会更为有效得多。"① 他在 1980 年也表达了几乎同样的看法。

二、财政政策与价格稳定性

之前的讨论曾引用过弗里德曼在 1951 年的一句评论——他陈述说，货币政策可以实现价格的稳定，只要有一个"合理的"财政政策。具体来说，弗里德曼认为哪种财政与货币政策组合可以实现价格稳定呢？对弗里德曼这一时期其他陈述的考察回答了这一问题。这一考察表明，他已经开始将通货膨胀视为一种纯粹的货币现象。弗里德曼已经放弃了他在 20 世纪 40 年代早期持有的财政赤字本身对通货膨胀很重要（即使它们没有货币化）的观点，以及他在 1948 年持有的以发行国库券进行融资的预算赤字会强烈影响总需求和通货膨胀的观点。

弗里德曼 1952 年 1 月的国会证词中表达的立场与他在 20 世纪六七十年代期间大量讨论该主题的立场相一致。② "一切都取决于赤字是如何融资的。" 弗里德曼作证时说。如果赤字导致货币的创造，无论是政府直接通过中央银行借款的方法，还是间接通过发行较低利率的政府债券的方法，那么赤字都会促进通货膨

---

① Joint Committee on the Economic Report（1952a, 1300）.
② 例如参见 Friedman（1962a, 80–82; 1970a, 24，point 9 [p.16 of 1991 reprint]）关于后来陈述的例子。另参见 McCallum and Nelson（2005）关于货币主义文献对相关立场的其他表述的讨论。

748

胀。① 但是，"如果赤字是通过向公众借款以任何所需的利率筹得的"，那么赤字就不会危及价格稳定。② 这一论述意味着，弗里德曼所认为的"合理"财政政策的概念，是税收和公共支出选择与不要求中央银行提供较高货币创造水平的债务管理安排的结合。

弗里德曼的新立场——在这种立场下，赤字只有在影响货币增长的情况下才与通货膨胀相关——是他与安娜·施瓦茨在持续研究货币史的产物。鉴于朝鲜战争，研究战时通货膨胀重新成为一个热门话题。有记录显示，弗里德曼早已相信，正是数据的真正巨大变动才能揭示诸如财政乘数大小之类的问题。在这种背景下，弗里德曼在1951年依靠美国在内战、"一战"和"二战"期间的经历来提供这些时期——它们的每一个时期都与货币与经济的巨大变动相关——关于财政和货币因素对总收入和价格波动的相对重要性的信息。弗里德曼在1951年的白硫磺泉会议上提到了这项研究。③ 他在1951年12月的美国经济协会会议上报告了紧随这项研究的一篇论文——这次报告使得该文于1952年5月得以发表。这篇发表的论文——安娜·施瓦茨称之为"弗里德曼-施瓦茨项目的第一个研究成果"——得出的结论是，财政的影响"对通货膨胀问题很重要的原因在于它们对每单位产出的货币存量产生影响，而且财政的影响只有在这些效应下才是重要的"。④ 这

---

① 间接方法在美国的制度结构中是在两者中更可能的一种方法，因为在美国的制度结构中，美联储直接认购新发行的政府债券受到法律的严格限制。
② Joint Committee on the Economic Report（1952b, 335）.
③ 参见 Director（1952, 175—76）。
④ Friedman（1952b, 623）.

将是弗里德曼在余生中坚持的观点。他将在 21 世纪初的声明和著作中着重重申这一点。

既然价格稳定和财政政策在弗里德曼的思想中已经大致分开，他就可以在探讨哪些因素应该支配赤字支出决策时更多地考虑其他标准。随着弗里德曼从倡导 1948 年的货币化规则转向倡导固定货币增长规则，他在 20 世纪 50 年代后期对赤字支出的看法变得更加随意。而且，随着他对公共支出采取了"饿死野兽"的立场，这种随意性在 20 世纪 60 年代则更进一步增加。不过，在 20 世纪 50 年代早期，尽管弗里德曼不再认为通货膨胀与赤字之间存在密切的内在联系，但他仍然倾向于赞成将新支出与新税收联系起来，坚决要求"我们应该尽一切努力做到量入为出"。[①]

尽管如此，应该强调的是，弗里德曼在朝鲜战争期间对于紧急情况下的赤字支出采取了比在二战期间更为灵活的态度。这种新的灵活性在 1951 年 4 月一次通货膨胀的会议上明显地表现出来，因为弗里德曼在会上表示，如果战时支出达到很高的水平，他发现发行债券将比增加税收"更有利一些"。[②] 在 1952 年 1 月的国会发言中，弗里德曼就战时的临时支出所表达的思想与现代公共财政文献提出的建议相似：

> 我的看法是，在目前预期的支出水平上，我们应该以

[①] NBC（1951b, 11）。此外，弗里德曼在 1952 年 1 月的经济报告联合委员会（Joint Committee on the Economic Report 1952b, 334）上作证时呼吁制定一项额外支出将导致税收相应增加的"规则"，而他早在 NBC（1950, 5）上就支持这一安排。

[②] Director（1952, 96）.

现金预算的大致平衡为目标；我们应该同样为或多或少无限期地维持更高水平的预期支持这样做，但是我们应该通过借款，来为任何暂时的支出"驼峰"以及任何显著高于目前即将发生的部分支出融资。

然而，弗里德曼依然距离提出税收平滑的建议还有一段距离。他承认，关于是否控制赤字的决定"取决于我们需要提高多少税收"。[1]但他仍坚持一个强有力的假设，即如果政府支出看上去"远高于"当前收入，税收就应该提高。[2]事实上，在1952年1月的一份引起人们对其财政政策观点即将发生变化的关注的回顾性声明中，弗里德曼呼吁将紧缩货币和"高税收"结合起来。[3]这种观点与20世纪60年代以来弗里德曼的观点大相径庭。因此，尽管弗里德曼到20世纪50年代早期已经得出了单凭紧缩的货币政策就可以应对通货膨胀的结论，但他仍然认为以赤字限制为标志的紧缩的财政政策在促进货币限制方面是极其有用的。

弗里德曼认为紧缩财政政策具有这种作用的一个依据是，他在这一点上强烈倾向于将债券融资赤字视为利率上升压力的一个重要根源。根据这一观点，更加紧缩的财政政策可以降低维持非通货膨胀水平的货币增长所隐含的利率。[4]弗里德曼支持紧缩财政政策的另一个依据是基于如下事实：尽管他的研究指出了财政

---

[1] Director（1952, 96）.
[2] NBC（1952a, 5）.
[3] NBC（1952b, 6）.
[4] 参见 Friedman（1951c, 187）。

政策和货币政策的可分性，但他在 20 世纪 50 年代初的政策处方中仍然倡导 1948 年关于货币政策和财政政策步调一致的规则。[1] 如上所述，弗里德曼采取的立场是，货币政策唯一最重要的就是以预防通货膨胀为目标，而这种政策在存在巨额赤字的情况下则是可行的。[2] 不过，他继续认为理想的安排应以他在 1948 年概述的财政与货币政策的协调为特征。在这种安排下，联邦财政平衡会周期性地变化，并定期进行货币化。弗里德曼在朝鲜战争期间提出的政策建议的动机是希望将政策方向转到他 1948 年提出的规则。[3] 而美国预算在朝鲜战争期间实际所观察到的大致平衡情况，诚如弗里德曼在那场战争期间所表明的那样，与在通货膨胀繁荣的条件下适当的预算盈余的情况相差不远。

三、预防萧条的经济

除了需要财政、货币和债务管理安排的变化，1948 年的规则建议还包括前面第四章所讨论过的转向 100% 的法定准备金。在 1954 年 4 月的瑞典所作的题为"为什么美国经济能够预防萧条"的演讲中，弗里德曼试图论证，转向 100% 的法定准备金并不意味着将急剧改变商业银行系统。[4] 为此，他指出，在第二次

---

[1] 另参考第四章与第八章，参见 Friedman（1951f, 227–28）。
[2] 另参见他的评论（Joint Committee on the Economic Report 1952b, 334–35）。
[3] 例如参见 Friedman（1951c, 188）。
[4] 演讲的日期和地点（斯德哥尔摩）见于 1968 年重印的 Friedman（1954a）的第 72 页。在 Friedman and Heller（1969, 79）, Friedman（1968d, 12; 1982a, 29）和 Forbes（December 29, 1997, 53）中，弗里德曼将发表演讲的时间误记为是 1953 年。

世界大战之后，商业银行约有一半的资产以投资政府证券的形式存在。因此，弗里德曼认为，商业银行的大部分存款负债实质上可以被视为政府创造的货币。①

然而，随着商业银行的行为正在发生重大的转变，他并没有使用这一论点很长时间。因为在这一转变过程中，商业银行将改变其投资组合中的资产构成，从持有政府证券转为向私营部门提供贷款。② 弗里德曼在其1954年演讲的1968年重印版中添加了一个脚注，尴尬地承认他在1954年所强调的政府证券在银行资产中急剧上升的份额自此已经完全发生了逆转。③

正如第二章所述的那样，弗里德曼从20世纪60年代到90年代继续高度评价作为一项美国未来安排的100%法定准备金。但他也承认，美国商业银行体系越是远离以政府证券为主的资产结构，100%准备金改革就越不可能出现。④

弗里德曼还在1954年的演讲中对战后稳定政策的前景提出了一个更为全面的评估。在他看来，尽管经济学界仍未理解货币政策在导致大萧条中所发挥的关键作用，但他相信，自20世纪30年代以来的制度安排已发生了足够避免大萧条再次发生的变化。因此，美国现在是"预防萧条"的。

---

① Friedman（1954a; p.76 of 1968 reprint）。另参见 See also Friedman（1960a, 70, 75–76）。
② 这一份额的下降趋势一直持续到20世纪70年代。例如参见 Nordhaus and Wallich（1973, 16）和 K. Kuttner and Lown（1999, 170）。
③ 见 Friedman（1954a）的1968年重印版第76页。
④ 特别参见 R. Phillips（1995, 174）所引用的来自弗里德曼1986年的一封信。

为了证明这一点，弗里德曼诚如第二章已经讨论过的那样指出，联邦存款保险公司的成立在很大程度上消除了重大货币崩溃的危险。不过，弗里德曼在谈到更大程度稳定的根源时也将财政政策的变化，特别是支出和收入两方面的自动稳定器的发展置于突出地位。正如他在 20 世纪 40 年代末所做的那样，弗里德曼将累进所得税结构和预扣税作为联邦预算在收入方面引入的稳定特征之一。他甚至说，自动稳定器"直接抵消了国民收入变化的 30% 到 40%"。[1] 弗里德曼的这种说法，基本上是重复了他在前货币主义时期所做的估计。在 20 世纪 50 年代的货币主义早期，弗里德曼仍然相信联邦预算结构的要素对经济产生了强大的稳定作用。但他现在认为，其稳定作用主要是通过它们对货币存量的影响来实现的。[2] 在他看来，预算赤字实际上大都货币化了。[3] 而且，根据他在 1948 年提出的规则，只要赤字的存在反映了自动稳定器的运行，事实就应该如此。

弗里德曼在 1954 年的评估还指出，公众舆论和专业人士见解的变化是经济预防萧条的有利因素。在他看来，经济学家对

---

[1] Friedman（1954a, p.85 of 1968 reprint）。

[2] 因此，在《商业周刊》（Business Week, November 3, 1956, 188）中，弗里德曼认为，"当前对于货币政策的态度"在提供"某种近乎担保货币免于崩溃"的因素中远不如存款保险和银行资产结构的变化重要。后面这两个因素像财政稳定器一样为货币存量在面对经济和信贷下行压力时恢复活力提供了理由，而且它们的运行并不需要理解货币存量的重要性。弗里德曼认为，对货币存量重要性的理解在经济学家和决策者中依然不足。

[3] 然而，美国战后累积的经验后来说服了他，这不是一个好的概括（参见 Wall Street Journal, January 30, 1981; Newsweek, February 23, 1981；以及第十五章）。

20世纪30年代的回顾，虽然没有充分强调货币因素，但已经正确地将总需求不足诊断为那十年的问题。这一正确诊断，再加上公众对高失业率的抵制，让弗里德曼相信财政在战后时期对经济疲软的自动反应，将得到有力的货币和财政宽松政策的补充。这一因素增强了现代美国经济的预防萧条特性，但也让弗里德曼发出了警告。弗里德曼不仅强调温和的衰退是不可避免的，而且担心政策制定者对温和衰退的过度反应可能为和平时期反复出现的通货膨胀奠定基础。公众舆论的状态使得"采取仓促而激烈的行动"变得具有吸引力，因此美国的前景是一种"对暂时性衰退的过度反应所导致的周期性通货膨胀"。①

四、稳定政策与通货膨胀

弗里德曼早在1950年发表的评论中就表达过稳定政策在实践中容易引发通货膨胀的这种忧虑。②然而，他在1954年的讲话构成了弗里德曼对这一问题的关键阐述，因为它概述了他的论点中经常遭到忽略的一个重要因素。这一因素的重要性在于，它认为对经济发展状况的过度反应将引发通货膨胀本身的观点并不完全一致。可以肯定的是，除了政治压力，弗里德曼确实对于为什么政策制定者可能有过度政策反应这一问题给出了很好的理由。最重要的是，弗里德曼在这一时期关于货币政策的滞后效应不确定性的平行研究意味着，政策可能会无意中破坏稳定——因为政

---

① Friedman（1954a; pp.88, 90 of 1968 reprint）.
② 参见Friedman（1951a, 230-31），1950年的讨论也被Friedman（1955a, 404-405）所引用。

策的滞后效应会给人留下这样印象，即经济没有反应或正在恶化，从而促使采取进一步的政策行动。①

但我们有必要指出，决策者对经济状况的过度反应——过于积极的稳定政策——本身并不是相信通货膨胀率平均会变得更高的根据。预期政策反应过度并破坏稳定以及弗里德曼对这一预期的有力论证本身并不意味着高通货膨胀的预测。因为过度反应的论点与这样一种观点相一致，即政策制定者在总需求过剩及不足的时期所犯的错误是对称的。②

正是在这里，弗里德曼在1954年的叙述中被忽视的部分开始发挥作用。弗里德曼在1954年对于未来通货膨胀时代所做出的预测，并不是基于政策制定者对通货膨胀和负产出缺口的厌恶程度各不相同的说法。相反，这一预测是基于弗里德曼的这一论点，即通货膨胀，当它确实出现时，很可能在很大程度上归因于非货币因素。在这方面，我们应该记得，他曾认为工资和价格的螺旋式上升，即使只是反映了需求的压力，也容易被误诊为支持成本推动型通货膨胀观的证据。如果通货膨胀不被视为反映了需求过剩这一问题，那么通货膨胀的出现就不太可能促使货币政策收紧到足以恢复价格稳定的程度。根据弗里德曼的解释，这种对通货膨胀原因的误诊，可能是政策反应不对称性的根源。这种不对称性意味着，一个为稳定性政策提供了强有力支持的制度，将

---

① 参见 Friedman（1953d），该文曾在第八章讨论过。
② 再次参见 Friedman（1953d）。梅耶（Mayer，1999, 55）认为，政策制定者在估计政策滞后时出现的错误将导致通货膨胀平均而言更为严重。但是，他没有为接受这种来源的错误将会产生他的论点所需要的政策错误的单边模式而提供一个合理的依据。

是一个与长期通货膨胀相关的制度。

弗里德曼做出美国经济的未来将产生通货膨胀这一判断的进一步原因是，在联邦政府的职责中，福利供应扮演了更重要的角色。弗里德曼承认，这一发展采取社会保障和失业保险等形式的措施来增加某些自动稳定器，从而有助于美国经济预防萧条。[①]然而，从长远来看，弗里德曼认为社会项目向更大规模的转变可能会进一步引发要求政府提供服务的呼声。这一发展趋势，他相信，将导致长期的预算赤字，然后通过货币化导致通货膨胀。与这种观点一致，弗里德曼在1950年4月的一次电台节目中表示，"许多团体对政府支出施加的巨大压力"意味着"我的预期是，这个国家在未来20年将出现大幅度的通货膨胀"。[②]

弗里德曼迟早会认为这些推动和平时期通货膨胀的因素——尤其是激进的稳定政策因素——已经在美国的政策决定中产生了强烈影响。但就目前而言，也就是说，在20世纪50年代余下的时间里，他认为自己的担心并没有在美国实现。弗里德曼既不认为20世纪50年代在朝鲜战争之后的时期是通货膨胀时期，也不认为20世纪50年代的宽松政策为后来的通货膨胀埋下了种子。相反，他认为当时的物价环境——巴尔克和戈登根据GNP平减指数年度数据和当代GNP平减指数的年度数据估算，1954—1960年的平均通货膨胀率接近2%——这与合理的物价稳定和值得赞赏的约束性经济政策相对应。弗里德曼既不同意奥哈尼安的评估——第二次世界大战的通货膨胀"宣告了战后美国持续50

[①] Friedman（1954a; p.84 of 1968 reprint）.
[②] NBC（1950, 8）.

年的通货膨胀政策",也不会赞同戴维·范德（David Fand）——他在 20 世纪 50 年代上半期是弗里德曼的一位研究生——关于美国自 1954 年以来一直保持着不间断的通货膨胀的观点。[①] 因为弗里德曼一直认为，他在 1954 年的讲话和其他地方概述的通货膨胀危险，在这十年的其余时间里已经被避开了。他的评估则是，通货膨胀"明显在 1960 年"发生，因为他所预期的积极政策随着约翰·F. 肯尼迪的当选而最终在美国占据支配地位。[②]

五、艾森豪威尔总统与经济政策

美国总统的个性确实是弗里德曼多年来在解释朝鲜战争后十年价格稳定期时曾反复援引的一个因素。鉴于弗里德曼对通货膨胀是一种货币现象的强调，以及美联储在艾森豪威尔就职之前将近两年已经根据《协定》正式重建独立性的事实，弗里德曼赞扬德怀特·D. 艾森豪威尔总统控制通货膨胀的做法似乎显得刺耳。但是弗里德曼认为，20 世纪 50 年代反通货膨胀的货币政策的很大一部分功劳应该归于艾森豪威尔政府。他表示，艾森豪威尔政府的鼓励使得美联储摆脱了 1951—1953 年的立场，而那段时期

[①] 参见 Fand（1969a, 235-39）。
[②] Friedman（1980c, 82）。Friedman（1975c, 1）发表了类似的评论。他在 1980 年的一场电视辩论中提到"我们在过去 20 年以来的美国所经历的那种过山车"（Free to Choose, UK television version, episode "How to Cure Inflation," BBC2, March 22, 1980, p.11 of transcript）。此外，弗里德曼（Friedman 1982b, 102）指出，美联储"至少自 1960 年以来"一直是通货膨胀的引擎。选择这样的表述可能是便于弗里德曼在指控美联储的政策时将《协定》之前的债券价格钉住政策纳入其中。

正是美联储继续实行债券价格钉住制的过渡期。① 在弗里德曼看来，政府在 20 世纪 50 年代后的几年已表现出了与美联储的团结一致，并抵制了偏向于积极刺激总需求的"时代风气"（1976 年 12 月 6 日《新闻周刊》）。

艾森豪威尔政府也因其在财政政策方面并没有做出过度反应而赢得弗里德曼的赞扬。如上所述，弗里德曼认为，在巨额预算赤字面前，货币紧缩是可以实现的。之后他得以从美国的战后史中举出这样结合的例子，如 1966 年、1975 年和 1981 年。但他确实将财政紧缩视为有利于美联储政策实现货币增长放缓的一个因素。这一约束并不意味着改变财政政策方向，弗里德曼也承认杜鲁门政府已经实现了预算的大致平衡。② 但是在艾森豪威尔政府的领导下，财政紧缩在 20 世纪 50 年代余下的时间里确实继续

---

① 参见 Friedman（1977c, 16; 1982b, 105）。另见 Meltzer（2009a, 95, table 2.2）。此文表明，美国长期国债收益率在 1953 年上半年增长显著。事实上，库尔伯森（Culbertson 1973, 35）认为，当局在 1953 年"过度热情地延长债务期限"提高了长期利率并在诱发 1953—1954 年的经济衰退中起发挥了主要作用。只要债务管理操作也具有降低 M2 增长的倾向，这种观点就可以与弗里德曼和施瓦茨的《美国货币史》对 1953—1954 年经济衰退的描述进行协调。但是，弗里德曼（Friedman 1977c）承认，长期证券在 1953 年的有效非货币化意味着当年的 M2 增长状况低估了货币收紧的程度。

② 例如，弗里德曼在 1952 年 1 月承认联邦预算近年来已接近平衡，并预计未来一年可能会继续保持平衡（NBC 1952b, 9; Joint Committee on the Economic Report 1952b, 334）。当代数据显示，1950 年的联邦赤字占 GDP 的比例为 1.1%，接着是 1951 年的盈余占 GDP 的比例为 1.9%，1952 年和 1953 年的赤字分别占 GDP 的 0.4% 和 1.7%。与之相比，在二战期间大规模动员的三年中，预算赤字超过了 GDP 的 20%（Council of Economic Advisers 2011, 284, table B-79）。

进行。在1954年的斯德哥尔摩演讲中，弗里德曼指出，1953年出现的经济衰退与国会要求采取大规模减税形式的财政刺激的压力有关。由于弗里德曼还没有达到用"饿死野兽"观点来看待减税的阶段，因而他反对1953年的减税建议，由此支持艾森豪威尔政府对该建议的抵制。然而，为了应对始于1957年的下一次经济衰退，艾森豪威尔政府确实觉得有必要提议减税。弗里德曼也反对这一提议，尽管阿瑟·伯恩斯——他当时已不再担任艾森豪威尔政府的经济顾问委员会主席一段时间，但仍与政府保持密切联系——曾试图说服弗里德曼减税是可取的。[1] 尽管如此，弗里德曼不过还是承认财政紧缩在20世纪50年代后半期总体而言在持续进行。

一些评论人士认为，20世纪50年代的财政紧缩在很大程度上是造成货币紧缩的潜在根源。例如，威廉·德瓦尔德主张："预算盈余在1959年的大幅增加必定在这种十分紧缩的货币政策中发挥了一定作用。"[2] 梅尔策则认为，艾森豪威尔政府的财政保守主义是理解20世纪50年代的货币紧缩的关键。相比之下，罗默夫妇则认为，在20世纪50年代货币政策的行为背后存在一个连贯的分析基础，因此，美联储主导的价格稳定并不仅仅是美国政府的财政紧缩的副作用。正如他在回顾20世纪50年代的经济

---

[1] 弗里德曼回顾了他与伯恩斯就这一问题的对话：Instructional Dynamics Economics Cassette Tape 129（September 13, 1973）。

[2] 来自德瓦尔德在1968年5月9日联合经济委员会上的证词（Joint Economic Committee 1968a, 108）。参见赫伯特·斯坦（Herbert Stein, 1969, chapter 14）关于艾森豪威尔政府在1959—1960年间推动预算盈余的描述。

政策所表明的那样，弗里德曼的立场更接近于罗默夫妇而非梅尔策的立场。弗里德曼的确认为艾森豪威尔的财政立场有助于创造货币紧缩的条件。①但他也认为，美联储开明的政策制定框架是20世纪50年代货币政策成功的一个重要因素。正如下文将要讨论的那样，他和施瓦茨尤其指出，美联储对货币存量的日益重视是影响20世纪50年代货币政策举措改善的一个因素。

尽管如此，弗里德曼还是在叙述货币的发展状况时，基于艾森豪威尔政府的立场而赞扬该政府。事实上，弗里德曼在解释20世纪50年代的稳定政策的过程之时，把艾森豪威尔政府的经济政策观点放在了首位。

弗里德曼对艾森豪威尔最大的赞扬来源于弗里德曼所称的艾森豪威尔的"非政治总统"地位。在弗里德曼看来，艾森豪威尔的竞选成功是一个中断了美国政治和政策制定趋势的"一个特殊人物的例外事件"。弗里德曼认为，艾森豪威尔并非像罗纳德·里根那样是一位全力以赴地改变公众对国家发展方向的舆论的总统。因此，弗里德曼并未从他1982年的一般性概括中排除艾森豪威尔：里根之前的所有总统终身都在评估民意，并根据民意的评估来制定政策。②对弗里德曼而言，艾森豪威尔任期的与

---

① 例如，弗里德曼将限制政府开支作为艾森豪威尔"愿意采取不受欢迎的措施来阻止通货膨胀"的一个例子（Milton Friedman Speaks, episode 6, "Money and Inflation," taped November 7, 1977, p.21 of transcript）。
② Friedman（1982c, 63）。弗里德曼可能把富兰克林·罗斯福也包括在内，因为罗斯福在1932年的竞选活动中所倡导的经济政策与他执政时实施的政策不同。因此，罗斯福总统作为总统的经济行动可能被认为是由1933年逐渐流行的舆论趋势所驱动的。

众不同之处不在于这位总统有蔑视舆论潮流的强烈欲望，而在于艾森豪威尔总统对这些潮流的漠不关心。在弗里德曼的解释中，缺乏强大的政治触角导致艾森豪威尔不太容易受到国会和公众压力的影响，并且不愿意采用时髦的凯恩斯主义思想。① 艾森豪威尔这一特征的必然结果是，这位总统更倾向于接受他的专业人员的经济建议，最著名的是阿瑟·伯恩斯——如前所述，他是艾森豪威尔执政初期的经济顾问委员会主席。② 弗里德曼还赞扬艾森豪威尔政府说服美联储摆脱了债券价格钉住制的残余，从而让美联储得以实施以控制通货膨胀为中心的货币政策。

因此，弗里德曼认为艾森豪威尔助长了美国在20世纪50年代后半期所经历的"非常温和的逐渐上升的通货膨胀"状况。③ 此外，弗里德曼相信，艾森豪威尔准许实施"到1960年消除通货膨胀的……货币紧缩"政策。④ 正如我们将在下面看到的那样，弗里德曼事实上在20世纪50年代末和60年代非常确信通货膨胀已经被避免，以至于他相信美国的物价水平在朝鲜战争之后的时期可能保持平稳或是温和的趋势平稳的状态。

弗里德曼指出，随着1961—1964年的经济扩张可能在通货

---

① Herbert Stein（1969, 283, 298, 313, 335-36, 341, 349-50）和 Congdon（1988, 33, 80）讨论了艾森豪威尔毫无兴趣于按照凯恩斯主义的分析所建议的方向推动财政政策的兴趣。
② 伯恩斯基本上在艾森豪威尔总统的第一任期内，从1953年3月19日到1956年12月1日一直担任该委员会的主席。参见：obamawhitehouse. archives.gov。
③ Instructional Dynamics Economics Cassette Tape 197（mid-August 1976）. 另参见 Newsweek, December 6, 1976。
④ Friedman（1984c, 26）.

膨胀预期平静的背景下发生，20世纪50年代那种严谨有序的经济政策也在20世纪60年代上半叶留下了烙印。[1]艾森豪威尔在叙述其总统任期的回忆录著作中评论说，他的任期表现出"非常稳定的"价格行为。但他认为，这一结果能够实现，只是因为政策制定者正视并消除了社会上盛行的通货膨胀心理。弗里德曼称赞当时的总统和其他政策制定者成功地避免了通货膨胀的威胁。弗里德曼认为，20世纪60年代早期通货膨胀预期的终结是"艾森豪威尔先生在20世纪50年代末愿意接受的经济衰退的结果"。[2]然而，正如我们将在本章末所看到的那样，弗里德曼认为，这种衰退在20世纪50年代期间本可以实施得更平滑些。他声称，货币紧缩的行动在这个十年结束时做得太过分了。

艾森豪威尔对紧跟政治舆论趋势缺乏兴趣这一点，在某种程度上也体现在政府的作用没有大幅度扩展上。可以肯定的是，艾森豪威尔不会削减新政的福利增加项目，因为在艾森豪威尔任期内用于非国防目的的政府开支大幅上升。总公共支出占国民收入（以今天的标准衡量是GDP）的份额在1961财政年度与1954财政年度相比几乎没有变化。但是，这种几乎不变的趋势反映了这样一个事实：国防支出在国民收入中所占份额的下降，约占GDP的4%，与非国防开支占国内总产值的比率的相应上升相抵。[3]

---

[1] 参见弗里德曼在1965年10月7日给美联储理事会的备忘录上的评论（出版于Friedman 1968a, 148-49）以及他的评论：Instructional Dynamics Economics Cassette Tape 1（October 1968）and Newsweek, December 9, 1968。另见第十一章的讨论。
[2] 引自Friedman（1973c, 33）。
[3] 参见Council of Economic Advisers（2011, 284，table B-79）。

除了对联邦开支的增长感到不满，弗里德曼还指责艾森豪威尔政府没有废除新政的农业项目。① 此外，他还认为，艾森豪威尔引入的石油进口配额既是对自由贸易的打击，也是为后来联邦政府控制能源定价和分配奠定基础的一步。② 但是，出于同样的原因，艾森豪威尔没有启动新的与 20 世纪 60 年代引入的"伟大社会"措施规模相当的国内政府项目。因此弗里德曼后来认为，艾森豪威尔在执政期间仍有扩大政府规模的趋势，尽管速度有所放缓。③

甚至在后艾森豪威尔时代可以作为参照点之前，弗里德曼的评价是艾森豪威尔作为总统表现得很好。大致在 1954 年年初的一次私人谈话中，他同意阿瑟·伯恩斯在给他的一封信中所表达的那种看法。而且，弗里德曼对伯恩斯在艾森豪威尔的第一个任期内担任经济顾问委员会主席感到高兴，并在后来表示伯恩斯作为经济顾问委员会主席完成了"相当出色的工作"，并帮助其树立了非政治的专家机构的形象。④ 弗里德曼将伯恩斯

---

① 米尔顿·弗里德曼和参议员约瑟夫·S.克拉克之间的辩论："The Role of Government in Our Society", US Chamber of Commerce, Washington, DC, May 3, 1961。

② Milton Friedman Speaks, episode 9, "The Energy Crisis: A Humane Solution" (taped February 10, 1978, pp.15–16 of transcript); 另参见 Friedman (1983b, 147)。此外，弗里德曼在 Expo (Summer 1979, 20) 中将美国能源政策问题的根源追溯到 1950 年代对天然气实行的价格管制。另参见 Friedman (1962a, 126)。

③ Friedman and Friedman (1985, 12)。

④ 引用自 Instructional Dynamics Economics Cassette Tape 92 (February 9, 1972)。此外，参见弗里德曼对伯恩斯作为经济顾问委员会主席的行为的赞扬 (Instructional Dynamics Economics Cassette Tape 6, December 1968) 以及他在伯恩斯追悼会上发表的讲话 (Friedman 1987c)。

领导下的经济顾问委员会与杜鲁门时期由莱昂·凯瑟林（Leon Keyserling）——弗里德曼可能对此人进行了尖锐的批评——担任主席的经济顾问委员会的地位进行了对比。①

结果是，弗里德曼在20世纪50年代对政府作用的批判，往往是针对知识动向而非公共部门活动的近期扩张。例如，他在1955年的《科里尔年鉴》(Collier's Year Book)上发表的题为"旧式自由主义"的词条，以及他在1956年写作的题为"资本主义和自由"的会议论文——1958年发表的这篇论文是1962年同名书的部分原型——都讨论了经济自由和政治自由之间的关系。②当它们被应用于实际的政府倡议时，弗里德曼在20世纪50年代的讨论主要涉及那十年开始时已经实施的措施。他经常讨论的教育券建议，在他看来，就是一个旨在减少政府在教育中的作用的例子。③另一个例子是反垄断。尽管正如第四章所述，弗里德曼直到20世纪60年代末基本上仍然非常支持反托拉斯法，但是他到20世纪50年代中期就开始表达一些保留意见。特别是，弗里德曼在1955年的《科里尔年鉴》的词条中指出，"自然垄断的说法往往是干预的借口……而非正当的理由"。④弗里德曼在《科里尔年鉴》的词条中明确表示，他不同意亨利·西蒙

---

① 参见 E. Nelson（2009b, 67）。弗里德曼和凯瑟林在共同参加的电视特别节目《伟大社会：火热的经济》(The Great Society: The Sizzling Economy, NET, June 27, 1966)中，对彼此的蔑视表现得非常明显。
② Friedman（1955e, especially 361; 1958c）.
③ 这是弗里德曼在20世纪50年代著名的自由市场的著作，即1955年的"论政府在教育中的作用"这篇文章中所倡导的（Friedman 1955b）。
④ Friedman（1955e, 362）.

斯的立场，即国有化是在遇到自然垄断情况之时的一种恰当的政策反应。①弗里德曼还对私人垄断的监管，与不受监管的垄断情形相比是否使得问题有所改善表示怀疑——这种看法预示了弗里德曼后来对这种监管的否定。

在20世纪50年代，弗里德曼出现在许多大众化或半大众化的论坛上，主张以自由市场为导向来解决公共政策问题。出于此目的，弗里德曼曾参与的一个著名论坛是芝加哥大学圆桌会议。在这个论坛上，弗里德曼频繁作为小组成员出现，直至该系列节目在1955年终止。这些电台节目的文字本也定期出版。②在1952年中期的一次讨论范围广泛的小组辩论节目中，弗里德曼主张政府回归更有限的作用，即"作为一名裁判员……努力促进自由市场的竞争"。在转到货币政策时，他表示，货币政策通过提供价格稳定的环境就为一个"有利于产出扩张的框架"提供了可能，从而在这种框架中"我们可以维持经济和政治自由"。

在最后一个评论中，弗里德曼将他对货币政策的立场与他对市场经济的看法联系起来。这个评论强调了这样一个事实，即尽管弗里德曼热衷于倡导自由市场，但这种倡导并不是他在20世纪

---

① 如第四章所述，R. D. Friedman（1976a, 30）也评论了弗里德曼不同意西蒙斯关于自然垄断或"技术"垄断国有化优越性的说法。
② 有时，这些节目的文字本会与某位小组讨论成员提交的相关书面材料一起出版。例如，目前讨论的1952年辩论的印刷版附有弗里德曼的一篇文章"美国的自由企业"（Friedman 1952）。这篇文章，就像弗里德曼在芝加哥大学圆桌会议上提交的其他文章一样，通常不会出现在弗里德曼的文献目录之中，因而以前对弗里德曼活动的描述往往会忽略它们。例如，Ebenstein（2007, 138-39）将Friedman（1951e, 1955e）视作《资本主义与自由》的前身，而没有提及这里讨论的1952年的辩论。

50年代主要从事智力活动的领域。这个主要领域反而是由他的消费研究——第五章讨论过——和货币研究构成。弗里德曼在20世纪50年代的货币研究沿着两条轨道进行：他与芝加哥大学研究生的研究，以及他与安娜·施瓦茨还在进行的项目。这是两项独立的研究项目——尽管弗里德曼在每一个项目中协调所从事的研究——的事实，只要指出施瓦茨的工作地点位于纽约市（当时是国民经济研究局的主要所在地）就可以得到说明。她很少——如果有的话——在弗里德曼工作的岁月中去访问芝加哥大学。[1]

六、考尔斯委员会

20世纪40年代末到50年代初，弗里德曼深度参与国民经济研究局的一个项目的事实，往往将他与芝加哥大学的一位同事置于敌对状态。佳林·库普曼斯是当时与芝加哥大学经济系有关联的考尔斯委员会的一位杰出成员，在一篇文章中曾对伯恩斯与米切尔的国民经济研究局的方法提出了尖锐的批评。弗里德曼在

---

[1] 国民经济研究局当时的主管詹姆斯·波特巴（James Poterba）在2013年4月21日纪念安娜·施瓦茨的国民经济研究局会议上的讲话中，讲述了施瓦茨曾说过的一件事：她从未在与弗里德曼合作期间访问过芝加哥大学的校园。同样，戴维·梅塞尔曼在2014年7月16日的访谈中表示，当他还是货币研讨会的成员时，施瓦茨从未到访过芝加哥大学。然而，乔安娜·格雷（Jo Anna Gray）在2013年8月8日的访谈中回忆说，格雷在1976年的芝加哥大学进行博士论文答辩时，施瓦茨在弗里德曼外出时顶替了他。综上所述可以得出结论，弗里德曼和施瓦茨在2002年11月——当时他们都出席了为纪念弗里德曼而举行的活动——之前从未共同出现在芝加哥大学校园，但施瓦茨曾在1976年弗里德曼不在的时候造访了校园。

回忆录中简要论述了考尔斯委员会以及它在 20 世纪 50 年代中期从芝加哥大学迁往耶鲁大学这件让他感到遗憾的事情，但淡化了他对该委员会的反感。[1] 然而，在其他情况下，如他在哈蒙德的评论中，弗里德曼坦率地表达了他与考尔斯委员会成员及其研究计划的分歧。弗里德曼的信件、其他人的访谈回忆以及弗里德曼事实上对考尔斯委员会发表的评论，都表明了他对该委员会研究方法的蔑视。[2]

弗里德曼的这种态度并不令人意外，因为考尔斯委员会专注于大型计量经济学模型研究。相比之下，弗里德曼——在评论丁伯根和兰格的著作时，便已经对这种雄心勃勃的多方程经济模型提出了质疑——在芝加哥大学工作初期就已经越来越不赞成这种模型。与施瓦茨合作的货币项目使得弗里德曼转向强调二元统计

---

[1] 参见 Friedman and Friedman (1998, 197-98)。

[2] Friedman (1951b) 可能是弗里德曼批评考尔斯计划的最常见的著作。弗里德曼在 1949 年 11 月下旬举行的国民经济研究局会议上发表了这个批判性言论，而这次会议逐渐被认为是考尔斯委员会的计量经济学方法和弗里德曼所倡导的国民经济研究局的研究方法之间的决一雌雄之战（见 Robert Gordon 1986, 26）。弗里德曼回忆说，在那次事件中，他曾表达了对于计量经济学模型的怀疑态度（Instructional Dynamics Economics Cassette Tape 48, April 15, 1970）。然而，与未发表的现场讨论截然相反，出版的会议文集可能并没有显示弗里德曼对计量经济学模型的激烈反对程度。弗里德曼所发表评论的激烈反对程度受限于这一事实——弗里德曼正式讨论的那篇论文是卡尔·克莱斯特撰写的，而克莱斯特在考尔斯委员会工作，但弗里德曼对他的研究又极为赞赏。弗里德曼（Friedman 1953c, 12-13）这篇对识别问题讨论的文章是他对考尔斯委员会研究计划进行公开批评的一个代表性例子。尽管弗里德曼的这个讨论只是出现在脚注中，但它早已在货币经济学文献中长期被人们铭记（例如参见 Sargent 1996, 540）。

分析的价值和侧重于定性证据的价值。

当有人向肯尼思·阿罗——考尔斯委员会的一员，弗里德曼对其工作的确给予了高度评价——暗示弗里德曼不支持考尔斯委员会时，阿罗回答说："那是粗略而又保守的说法。他极端敌视、嘲弄、讥讽他们……很明显，他对雅各布·马尔沙克（Jacob Marschak）和库普曼斯的评价都很低，也不掩饰这一点。"阿罗在2013年12月7日的访谈中指出，弗里德曼的批评考尔斯委员会"基于识别思想的整个统计研究完全是错误的"。戴维·梅塞尔曼在2014年7月7日的访谈中回忆说，考尔斯委员会"每周举行一次他们自己的研讨会，我无法理解他们到底在说什么。但那是一流的东西"。谈到弗里德曼出席研讨会时，梅塞尔曼评论道："他会独自坐着，他们会按照他们的方式行事，他也会按照自己的意愿行事。然后他们会争论起来。这是一场持续的争论。他说他们不科学……但他会吵得他们心烦。"

弗里德曼关于识别——分离、使用数据、关系、参数或者感兴趣的反应的研究方法——的一些思想具有持续的吸引力。其中部分思想源于他和施瓦茨对关键历史时段的强调。这种方法在弗里德曼1952年关于战争时段的论文中表现得很明显，并贯穿于弗里德曼与施瓦茨后来的《美国货币史》中。正如罗默夫妇和杰弗雷·米隆所强调的那样，这种方法可以提供一种识别的形式。[①] 但弗里德曼也有一些关于识别的怪异思想来自他那独特的统计训练。无论是20世纪50年代还是当代的计量经济学家，通

---

① 另见第十二章的讨论。

常都不会认为这些思想是正确的。[1] 事实上，弗里德曼和施瓦茨后来对库普曼斯关于识别的研究进行的礼貌性引用，可能表明弗里德曼不再愿意像过去那样严厉地批评考尔斯委员会的研究计划。[2] 弗里德曼对模型的严厉批评无论如何并不必然支持这一结论。尽管他强调经验证据应该在模型选择中发挥重要作用，但他也倡导使用经济理论来对模型施加严格的先验约束。无论如何，弗里德曼关于识别的有可称道之处的强烈主张将他置于与考尔斯委员会的库普曼斯和其他人的计量经济学方法意见不合的地步。

希尔德雷思（Hildreth）在叙述考尔斯委员会在芝加哥大学的岁月时，只是稍稍提到了弗里德曼。事实上，希尔德雷思甚至没有明确引用弗里德曼在 20 世纪 50 年代发表的关于考尔斯委员会的简短讨论。[3] 希尔德雷思对弗里德曼的简短提及，可能是试

---

[1] 正如 Friedman and Schwartz（1991）所指出的那样，弗里德曼更是对于以两种方式进行回归（即 Y 对 X, X 对 Y) 可以达到什么效果持有夸张的观点——这似乎是他在 20 世纪 30 年代与哈罗德·霍特林和亨利·舒尔茨交往的结果。弗里德曼和施瓦茨（Friedman and Schwartz 1991）的讨论给人的印象是，两个方向上进行普通最小二乘法的回归可以解决关键的识别问题，从而避免了使用联立法来估计结构关系的需要。虽然哈蒙德（Hammond 1996, 205-6）理所当然地认为弗里德曼和施瓦茨在这一点上的论证是正确的，但是笔者的观点是，货币政策和计量经济学领域的研究人员基本上不会支持弗里德曼和施瓦茨（Friedman and Schwartz 1991）关于通过反向回归来进行识别的主张。

[2] Friedman and Schwartz（1982a, 34）提到了库普曼斯（Koopmans 1953）这篇关于识别的"经典"研究以及费希尔（Franklin Fisher 1966）同样经典的研究。即使在 Friedman（1957a, 144n22）中，弗里德曼也对识别问题的严重性进行了非争论性的讨论，并在 Friedman（1963e, 63）中使用并承认了计量经济学文献中关于工具变量术语的有效性。

[3] Hildreth（1986）提到但没有引用 Friedman（1951b），而引用弗里德曼的其余文章则来自 20 世纪 40 年代（Hildreth 1986, 56, 145）。

图淡化弗里德曼和该委员会之间的争论。① 然而，另一种可能性是，在考尔斯委员会在芝加哥大学时期，弗里德曼与考尔斯委员会的冲突并不像有些人认为的那样重要。在这种情况下，弗里德曼和考尔斯委员会成员之间的冲突在一些回顾中受到高度的重视甚至可能是过度的重视，部分源于弗里德曼在后来参与的但与考尔斯委员会无关的辩论中所获得的名声。

卡尔·克莱斯特的回忆与这种可能性相一致。克莱斯特在20世纪40年代后期是芝加哥大学经济系的一名研究生，在研究美国经济的计量经济学模型时与考尔斯委员会有学术联系。他与该委员会在20世纪五六十年代继续保持着密切的关系，并在版权归考尔斯委员会所有的计量经济学教科书的开篇题词是："献给佳林·库普曼斯和雅各布·马尔沙克"（Christ 1966，v）。② 克莱斯特在2015年8月15日的访谈中回忆说，他当时在考尔斯委员会工作并正在撰写关于计量经济学模型的论文（后来成为Christ 1951），并没有强烈地感觉到弗里德曼与委员会主要成员之间的冲突。他尤其发现弗里德曼和雅各布·马尔沙克作为克莱斯特论文委员会的成员，彼此关系融洽。克莱斯特并不认为弗里德曼对他研究的评论，尽管他们表示怀疑，反映了他对考尔斯委员会的完全敌对态度。

马克·纳洛夫曾在芝加哥大学和耶鲁大学的考尔斯委员会工作，多年来从他与弗里德曼和其他人的讨论中了解到委员会搬迁

---

① 希尔德雷思和弗里德曼关系很好，他们在1976年的巴赫委员会共同研究货币总量问题（Bach et al.1976）。
② 这是指献给库普曼斯和马尔沙克。此外，马尔沙克（Marschak 1966）为克里斯特的教科书撰写了前言。

的相关情况。纳洛夫在2013年9月18日的访谈中确信，弗里德曼对委员会的态度——这不仅包括他否定委员会的方法论，而且包括他对委员会在经济系的招聘决定中发挥更大的作用持保留态度——是"迫使他们离开的一个主要因素"。然而，纳洛夫补充道，考尔斯委员会从芝加哥大学转移到耶鲁大学是一个自愿的决定，而非强制驱逐。

事实上，考克斯委员会不仅自愿离开，而且弗里德曼也没有权力来决定芝加哥大学是否与该委员会保持学术联系。始终应该记住的是，尽管弗里德曼是经济系的一名资深的、直言不讳的成员，但他是一名受薪员工，没有单方面雇用或解雇同事的权力。他没有担任经济系主任这一事实就表明，他在这些事务中的正式职责是有限的。因此，在商讨大学与考尔斯委员会之间的关系这些问题上，他并非参与最多的系成员。而该系的长期负责人西奥多·舒尔茨并不偏向于弗里德曼。T.达德利·华莱士在反思委员会与芝加哥大学的关系时有力地证明了这一点，而他在考尔斯离开后不久就成为该系的研究生，并在后来认识了佳林·库普曼斯。关于弗里德曼对委员会离开的看法以及弗里德曼是否唆使委员会的离开，达德利在2015年7月20日的访谈中评论说："我认为他不会感到有任何重大损失，但是，不，我不认为他在芝加哥大学有那么大的政治权力。你知道，我们在这里谈论的是一些非常难以对付的家伙。泰德·舒尔茨后来获得了诺贝尔奖。他不奉承任何人。"

同样值得注意的是，在弗里德曼的热情支持下，芝加哥大学经济系后来聘用了原考尔斯委员会的成员，包括纳洛夫和卡尔·克莱斯特，同时在肯尼思·阿罗1951年离开经济系几年后，试图重新聘用他，但没有成功（根据2013年12月7日对肯尼思·阿罗的访谈）。但是弗里德曼与考尔斯委员会的领导人在经济研究的最佳方法上存在意见分歧，这一点是毫无疑问的。

七、基准模型

值得一提的是，弗里德曼在讨论考尔斯委员会计划的过程中提出了一个对计量经济学模型的建设性批评。这个建设性成分就是他在20世纪50年代初提出的建议：以随机游走或恒定变化的预测作为基准，对结构性计量经济模型所做出的预测进行判断。[①]戴维·梅塞尔曼在2014年7月16日的访谈中对弗里德曼这样评论："他提出了对数据的另外一对检验：①今天和昨天一样；②明天和今天一样，只是多了一点点。"这些基准中的第一个，被克莱斯特标记为"朴素模型Ⅰ"，类似于随机游走基准。第二个基准或克里斯特的"朴素模型Ⅱ"与有漂移项的随机游走（或恒定变化）基准密切相关。[②]这些基准在与早期的计量经济学模型（比如卡尔·克里斯特非常关注的劳伦斯·克莱因模型）的预测相比较时通常表现良好。

---

① 弗里德曼在哈蒙德（Hammond 1992.109）中回顾他与考尔斯委员会的交往时，强调了他用"朴素的"预测来检验计量经济学模型的建议。鲍曼斯（Boumans 2013）也强调了弗里德曼对考尔斯委员会计划的这方面批评。

② 正如克莱斯特（Christ 1951, 56-57）所描述的那样，朴素模型Ⅱ需要按照公式$y_t + \Delta y_t$预测一个内生变量的次年值y_{t+1}。这与有漂移项的随机游走模型按照$y_t + \mathrm{E}[\Delta y_t]$对$y_{t+1}$的基准预测类似。另参见Friedman and Becker（1957, 68）以了解近于有漂移项的随机游走基准的朴素模型Ⅱ的用法。

这些基准的提出并不完全是弗里德曼的功劳。正如卡尔·克里斯特在克里斯特中以及在 2015 年 8 月 15 日本书的访谈中所特别强调的那样，安德鲁·马歇尔（Andrew Marshall）在 1948 年前后芝加哥大学撰写的一篇硕士论文中就已经提出了这两个基准以及它们的"朴素模型"标签。然而，克莱斯特表示，弗里德曼也提出了这些基准，尽管使用了不同的称呼。克里斯特在 2015 年 8 月 15 日的访谈中进一步指出，弗里德曼很可能曾参与了安德鲁·马歇尔的硕士论文研究的指导，从而导致安德鲁·马歇尔使用了朴素检验。弗里德曼的提议在弗里德曼强调样本外预测作为计量经济学模型的检验方法的这篇文章中也有早期的线索。克莱斯特强调了这篇 1940 年的书评的内容与弗里德曼在 20 世纪 50 年代对计量经济学的讨论之间的连续性。

正如萨缪尔森在对弗里德曼所提出标准的早期讨论中所预测的那样，随机游走基准模型的出色预测表现并没有导致人们放弃计量经济学结构模型。相反，它提供了一种结构模型要想持续成立就必须超越的最低预测基准。以这种心态，随机游走基准模型或以自回归协整移动平均模型（ARIMA）过程的形式，将成为衡量计量经济学结构模型的持久基准。①

八、货币与银行研讨会

弗里德曼对大型计量经济学模型的最大影响，不是来自他关于识别和检验这些模型的建议，而是来源于他的研究在迫使计量经济学建模者提高他们对货币政策的重视程度这一方面所产生的影响。正如业已指出的那样，弗里德曼的一部分货币研究计划是通过他与施瓦茨在国民经济研究局的研究项目进行的。尽管重要性不及他与施瓦茨的研究，但仍是弗里德曼货币研究活动的一个重要方面的是，他创建和指导的芝加哥大学货币与银行研讨会。②弗里德曼从1951年起就开始在大学举办某种形式的研讨会，

---

① 泽尔纳（Zellner 1984, 101）早就指出过弗里德曼（Friedman 1951b）使用随机游走预测作为判断计量经济学结构模型预测的标准，与 C. R. 纳尔逊（C. R. Nelson 1972）将一元时间数列预测与宏观计量经济模型的预测进行比较之间的渊源关系。
弗里德曼早在20世纪40年代的研究与后来的计量经济学模型基准化研究之间的密切联系也可以从下列两段引文中得到证明：
"丁伯根的结果不能通过普通的统计显著性检验来判断。原因是他最终选择的变量，测量这些变量的特定序列，领先和滞后，以及方程的其他各方面……是经过大量的试错过程之后基于所产生的很高的相关系数才被选择……但这些非常大的相关系数并没有假设其所描述的关系将在未来成立"（Friedman 1940, 659）。
"设计的这两套预测指标及其复合指标在其解释的时期内都达到了合理的准确性，这一点并不令人惊讶。然而，预测者和政策制定者在模型的操作使用过程中都不能奢望在拟合期之内工作。相反，从他们的观点来看，样本后表现才是最相关的"（C. R. Nelson 1972, 914）。
② 多年来，弗里德曼将这个研讨会称为货币与银行研讨会和货币银行研讨会。本书使用前一个术语。

此后在1953年就将研讨会或讨论会系列定期举行。[1] 研讨会系列主要由芝加哥大学的经济学研究生作报告,一些报告的博士论文在1956年由弗里德曼编辑出版于《货币数量论研究》(*Studies in the Quantity Theory of Money*)之中。[2] 到20世纪60年代中期,外部演讲者(即非芝加哥大学的演讲者)在研讨会系列上讲话就是司空见惯的事情了。[3] 事实上,他们可能从一开始就被列入研讨会名单了,因为哈罗德在回忆中说,他曾受邀在1951年4月

---

[1] 沃尔特斯给出了研讨会在1951年成立的日期(Walters 1987, 424; 1991, viii)。埃米特(Emmett 2011, 104)引用了哈蒙德(Hammond 1999)以及哈蒙德未发表的信息,认为研讨会直到1953年才真正"完全"开始。同样,贝克尔(Becker 1991a, 144)指出研讨会"始于1953年"。具体来说,研讨会的全面展开是在1952—1953学年——参见Hammond(1999, xiii)。如上所述,弗里德曼1953—1954学年间正在英国。经济系研究生斯蒂芬·阿克西罗德在2013年4月24日的访谈中证实,弗里德曼在1951—1952年间组织了一个学生报告论文的讨论会系列,而这就是研讨会的前身。类似地,霍里奇(Horwich 1964, 245)回忆了自己作为研究生参加了1951年春季弗里德曼开设的经济学课程432号"货币动态研讨会"。另见Hammond(1996, 222)。
[2] Friedman(1956b)。
[3] 例如,芝加哥联邦储备银行的乔治·考夫曼于1964年1月29日在芝加哥大学的货币与银行研讨会上报告了考夫曼(Kaufman 1964)这篇论文。大致在1964年初,威廉·吉布森(William Gibson)——他当时是芝加哥大学的一名本科生,在当时几乎不认识弗里德曼——在研讨会上发表了银行问题的讲话(威廉·吉布森在2013年3月6日的访谈)。

弗里德曼举办的研讨会上发言,讨论货币流通速度的问题。[①]

研讨会尤其在早期通常只有少数几位核心参加者。乔治·梅塞西奇曾是一位在1955—1956年间参与研讨会的研究生,在2013年5月28日的访谈中回忆道:"我们大概有四五个人在那里的下面,就是这样……在一个地下室里。"[②] 这些学生中,只有打算在货币政策领域写博士论文的学生才会经常出席。而且,学生参加研讨会的一个交换条件是,参加者必须在某个时候在研讨会上提交一篇论文。保罗·埃文斯是20世纪70年代早期和中期的一名研讨会成员,在2013年2月26日的访谈中评论说,弗里德曼"告诉大家,在他的研讨会里,'不纳税,无代表',意思是你必须提交论文。如果你不在研讨会上提交论文,且你不打算做与研讨会相关的研究,他就会取消对你的邀请"。然而,这种条件偶尔才提出过。戴维·莱德勒在1961—1962学年和罗伯特·霍德里克在1974—1976学年就是作为研究生参加了货币研讨会而不必提交论文的例子。

而且,提交论文的要求根本不适用于芝加哥大学的教师,因

[①] 如果同意哈罗德的说法,那么某种形式的研讨会甚至在1950—1951学年就明显存在了。这就比哈蒙德(Hammond 1999, xiii)中将1951—1952学年确定为研讨会开始的试验期还要早。到20世纪50年代中期,弗里德曼无疑会定期邀请外部演讲者。哈里·约翰逊(Johnson 1976a, 298)暗示斯坦福大学的爱德华·肖在1955年的研讨会上发表了演讲,而弗里德曼在1956年春天的一封信(存放在胡佛研究所档案馆的弗里德曼文件中)中曾邀请阿瑟·奥肯(Arthur Okun)参加研讨会,报告他在哥伦比亚大学的博士论文研究状况。

[②] 梅塞尔曼(Meiselman 1975, 295)同样认为研讨会在地下室举办。戴维·莱德勒在2015年9月20日的私人通信中回忆说,在1962—1963学年弗里德曼不在的时候,研讨会的地点被转移到了楼上。

此其他教学研究人员——来自经济学系、商学院或其他地方——会偶尔与弗里德曼一起参加研讨会。[1] 弗里德曼在20世纪50年代的某个时候曾要求他的研究生戴维·梅塞尔曼敦促弗里德里希·哈耶克参加研讨会。梅塞尔曼在2013年4月30日的访谈中回忆道：

> 有人在报告一篇涉及英国货币供给过程的复杂探讨的论文。哈耶克似乎对此根本就没有兴趣。对于从事那个领域研究的人来说，论文很好。但对哈耶克来说，那一定很无聊。他静静地坐了两个小时，然后就离开了……接下来的一周，他没有回来参加研讨会。他再也没有回来参加过。

梅塞尔曼的评论强调了这一事实，那种认为弗里德曼和哈耶克在这段时间里密切接触并定期交流彼此研究的看法的说法是错

---

[1] 梅林（Mehrling, 2005, 157）给人留下的印象是，参加货币和银行研讨会的学术人员，像学生参加者一样，都要求提交论文。他特别暗示，费希尔·布莱克在20世纪70年代初的研讨会上所作的报告是与参与权相关的强制性条件的结果。但是，弗里德曼的"不纳税，无代表"的条件适用于学生，而非他的教学同事。本书访谈的一些芝加哥大学人员（如2013年9月11日访谈的尤金·法玛）回忆了他们参加研讨会而没有提交论文的那些岁月。
弗里德曼在1972年夏天在研讨会上作报告—这是Friedman（1977d）的一个版本——一事，提供了另一个强调这种事实–那些参加研讨会的学术人员没有被强制要求提交论文——的例子。大量的经济系教师和商学院与金融专业有关的教师都出席了这次研讨会（Benjamin Eden, interview, March 14, 2014）。诚如正文接下来要讨论的那样，参加者不需要提交论文的一个早期例子就是弗里德里希·哈耶克。

误的。他们在20世纪50年代都在芝加哥大学校园里的同一栋大楼工作,这一事实加上他们都倡导自由市场和他们同朝圣山学会的联系,似乎促使伯金和D. 琼斯(D. Jones)这样的非经济学家将他们视为一体。[①]但是,哈耶克在芝加哥大学作为学术研究人员的岁月中并非经济系的一名教师。此外,他在很大程度上已经离开了货币经济学的世界。

阿诺德·哈伯格强调,尽管哈耶克工作的地方毗邻经济系,但是经济系在20世纪50年代与哈耶克保持着一定的距离。哈伯格在2013年5月2日的访谈中说:"他被任命为社会思想委员会的成员。当时该委员会在五楼,而我们在四楼。所以你知道,我们每周有好几次会和他一起坐电梯上楼。但他当时正在撰写《自由宪章》(*The Constitution of Liberty*),而且他自认为是一个哲学家而非一个技术经济学家。"在20世纪60年代初,哈耶克彻底离开了芝加哥大学。

货币研讨会的进一步讨论将推迟到后面的章节。同样,由于《美国货币史》出版于1963年,因此下一章将详细探讨他和施瓦茨的货币著作的发展状况。

尽管货币政策拥有的地位自朝鲜战争以来已有显著提高,但是弗里德曼仍对经济学界在这一问题上的共识表示不满。在1954年瑞典的演讲中,弗里德曼声称,经济专家对于货币政策的再度重视"还远远不够"。[②]他在1955年写道,"贬低货币因

---

① 不过,Burgin(2012, 171)承认,弗里德曼和哈耶克在芝加哥大学的不同职位则意味着他们不会定期交流。

② Friedman(1954a, p.78 of 1968 reprint)。

素的重要意义"不仅是"不久前的过去"的一个特征,也是当下的特征。他还写道,在解释美国经济的历史波动时,我们需要把重点放在货币增长。[1] 弗里德曼在回顾中将货币兴趣的复苏追溯至 1954 年左右。[2] 他认为缺乏货币讨论的年份大致是从 1935 年持续到 1955 年。[3] 但是,他甚至在 20 世纪 50 年代末依然不满意于经济学家和政策制定者对货币政策的重视程度,特别是与财政政策相比时更是如此。这种看法反映在《美国货币史》的阐述中,因为它将货币政策的复兴视为一种货币政策有效性的信心只得到"某种程度恢复"的复兴。[4]

在强调货币政策对产出和价格影响的优势方面,弗里德曼在 20 世纪 50 年代是一位持不同意见者。他对货币作用的倡导在《财富》杂志赢得了"一流正统经济学家"的称号——这里的正统不是指"主流"而是指前凯恩斯主义的意思。[5] 当阿瑟·伯恩斯在 1957 年福特汉姆大学的米勒讲座中讨论货币政策时——弗里德曼在 1959 年的该讲座中以"货币稳定计划"为题进行了演讲——弗里德曼发现自己甚至与他的"正统"经济学家同行阿瑟·伯恩斯也意见不合。[6] 伯恩斯采用了这样的货币政策传导观点——只有投资支出对利率敏感,而相关利率仅由有组织的证券

---

[1] Friedman(1955f, 32).
[2] Friedman(1968d, 12).
[3] Friedman(1962c, 12).
[4] Friedman and Schwartz(1963a, 596).
[5] Fortune(March 1955, 194),reprinted in Mulcahy(1957, 92)。
[6] 以 Friedman(1960a)发表。参见第八章。

市场产生——而弗里德曼认为这样的观点过于狭隘。① 在这一时期与弗里德曼共事的戴维·梅塞尔曼,记忆犹新地谈到弗里德曼对伯恩斯的论文的反应:"他很讨厌它。"当梅塞尔曼在与弗里德曼的谈话中对伯恩斯演讲的内容感到焦虑不安和气愤时,弗里德曼则为伯恩斯进行了某种程度的辩护。尽管如此,正如梅塞尔曼在 2013 年 4 月 30 日的访谈中回忆的那样,弗里德曼"曾给阿瑟·伯恩斯写了一封长信……我从未见过这封信,但我听说这封信相当严厉"。②

总之,尽管 20 世纪 50 年代见证了货币政策的复兴,但对弗里德曼来说,这显然是一场不完全的复兴。他关于这一点的不满,不仅体现在他对同事们的货币政策观的反应上,而且体现在他对《协定》之后的时期评价美国货币政策的行为上。现在开始讨论后一个主题。

---

① 参见赫泽尔(Hetzel 1998, 41)对弗里德曼在 1957 年致伯恩斯的一封信的引用。
赫泽尔认为,伯恩斯在演讲中主张的是通货膨胀的非货币观点,而弗里德曼则反驳了这种通货膨胀观。然而,正如 E·纳尔逊(E. Nelson 2005b)和后面第十五章所讨论的那样,伯恩斯关于通货膨胀的非货币观点实际上是在后来,具体说则是在 1970 年才突然出现的;伯恩斯(Burns 1957)的讨论尤其没有隐含这种观点。弗里德曼和伯恩斯在 20 世纪 50 年代的意见分歧似乎集中在货币政策和总需求之间的联系渠道上,而不是总需求和通货膨胀之间的联系上。后者才是通货膨胀的货币观点和非货币观点之间的核心区别。
② 如上文所述,Hetzel(1998, 41)引用了信中的一段话。

第二节 问题：1951—1960年

一、货币主义的不完全复兴

1962年年末，伦敦《金融时报》称"美国人令人意想不到地沉迷于前凯恩斯主义经济学"。美国在20世纪50年代的经济政策记录无疑诱发了这样的言论。[①]毫无疑问，在20世纪50年代，美国政策圈的人物并不是将产出视为由短期的供给力量决定的前凯恩斯主义者。与此相反，正如阿瑟·伯恩斯在1968年所评论的那样，由于人们接受了"总需求是一国整体经济活动的直接决定因素"的思想，因此在战后环境下的实际情况是，"华盛顿的每一届政府，无论他们是否明确承认这一点，一直以新经济学理论为指导"。[②]但是，这种接受的思想是凯恩斯主义经济学——美国经济学家的术语是"新经济学"——和许多前凯恩斯

[①] 这里的讨论主要论述1952—1958年间的货币政策，而将1959—1960年间发展的论述留待本章第三节的威廉·麦克切斯尼·马丁的讨论。将1952—1958年间与1959—1960年间分开处理的做法是与罗默夫妇（Romer and Romer, 2002a, 125）一致的。他们在研究20世纪50年代的货币政策的这篇文章中，估算美联储的反应函数时仅包括了第一个时间段。

[②] Burns（1968, 3）。《财富》杂志上的一篇分析也表达了类似的判断（Fortune, March 1955, 200, reprinted in Mulcahy 1957, 94）。这篇文章的作者指出，艾森豪威尔总统比大萧条前的各位总统赋予经济稳定更大的责任，尽管他在预算问题上持保守主义立场。

主义的货币数量论的共识。①

而且，这种共识在使用总需求政策来稳定短期产出的力度和在实施货币和财政政策来控制通货膨胀的重要性的判断方面，留下了巨大的分歧空间。正是在这些方面，美国在20世纪50年代的经济政策被视为"前凯恩斯主义"。不仅财政政策在总体上是保守的，而且正如已经表明的那样，紧随《协定》而来的货币政策表现出相当大的克制。事实上，罗默夫妇基于文献资料和政策规则估计提供的证据表明，美国这一时期的货币政策具有一个现代的通货膨胀导向观。尽管带有贬义，但是，保罗·萨缪尔森在提到美联储"20世纪50年代反通货膨胀偏执症"时更早地承认了这种通货膨胀导向观。

罗默夫妇认为，米尔顿·弗里德曼对20世纪50年代的货币政策评价不高。这种描述有一定的正确性。正如即将探讨的那样，弗里德曼多次批评20世纪50年的政策。不过，这种描述并没有体现出弗里德曼在20世纪50年代及之后对货币政策的推崇。

在价格水平行为的表现方面，正如已经指出的那样，弗里德曼几乎无保留地予以赞扬。从1954年到1960年——也就是说，在朝鲜战争之后的几年中——通货膨胀率一直很低，低到足以让弗里德曼将这段时期描述为物价"大致稳定"的时期。此外，正如以上第一节所述，弗里德曼认为，通货膨胀预期在20世纪50年代末已经从美国的经济环境中被挤出去了。

---

① 莱德勒（Laidler, 1999）在广泛的文献证据和分析中研究了凯恩斯主义之前货币数量论的这方面内容。弗里德曼（Friedman, 1972a, 937-41）在探讨20世纪30年代初期芝加哥大学经济学家提出的政策建议时做了相关的评论。

在 20 世纪 50 年代的产出稳定性方面，弗里德曼做了明确的区分。他不仅将当时的政策绩效与历史绩效进行比较，而且将当时的政策绩效与一个简单的基准政策，特别是他 1956—1957 年以来所提倡的固定货币增长规则的绩效相比较。

在与美联储之前的记录进行比较时，弗里德曼赞扬 20 世纪 50 年代期间的实际政策有了明显的改善。例如，在 1956 年 10 月的一篇会议论文中，弗里德曼不仅指出了经济更加稳定的成就，而且认为最近的货币政策与过去几十年相比缩小了美国周期性波动的程度。与此同时，他提到了在过去五年中货币增长和经济的稳定性。[1] 弗里德曼在几个月之后宣称，随着《协定》而来的是美国"进入了一个美联储的政策总体而言值得称赞并且与稳定高度相关的时期"。[2]

诚然，当弗里德曼在做这些评论时，美国只不过经历了艾森豪威尔时代三次衰退中的一次。然而，弗里德曼在 1955 年的一次电台节目中将 1953—1954 年发生的那次衰退描述为"极其温和"的衰退。[3] 后来在 1957—1958 年和 1960—1961 年发生的两次衰退都算不上弗里德曼后来所称的"真正严重的衰退"——他

---

[1] Friedman（1957b, 75-76, 99-100）.

[2] Friedman（1957f, 73）.

[3] NBC（1955, 6）。本杰明·弗里德曼（Benjamin Friedman, 1980, 12, table 1.2）认为，在 1953—1954 年的衰退中，产出（实际 GNP）下降了 3.3%。这使这次衰退成为战后最严重的一次衰退，但也比 1953 年以前发生的、米尔顿·弗里德曼在 1955 年必然以之作为比较基础的许多衰退要温和。

将"真正严重的衰退"界定为实际产出下降4%~6%。①

克拉克·沃伯顿是弗里德曼倡导货币主义的先驱。他在20世纪50年代期间仍偶尔参与货币经济学的讨论。沃伯顿也发现，20世纪50年代的货币政策有很多值得称赞的地方，以美国总产出的稳定性标准来评判时更是如此。他为1958年12月的一次会议写道：

> 事实上，对中央银行业务操作和货币供应量的统计数据的分析表明，除了从1922年至1929年年初以外，美国在过去十年的货币政策比联邦储备系统建立以来的任何其他时期都更加稳定。在我看来，货币政策的相对稳定性无疑与整体经济的相对稳定性存在因果关系，因为自联邦储备系统建立以来，整体经济如此稳定的唯一先例依旧是1922年至1929年的那段时期。②

与"二战"前绝大多数经济收缩形成鲜明对比的是，20世纪50年代的衰退不仅仅是产出下降的规模较小，而且衰退的时

---

① Friedman（1975c, 4）。本杰明·弗里德曼（Benjamin Friedman, 1980）在表格中也指出，实际GNP在1957—1958年的衰退中出现了3.2%的下降，即与1953—1954年的衰退幅度大致相同。然而，现代的实际GDP数据表明，1957—1958年衰退时产出下降的幅度（3.6%）要大于1953—1954年衰退时产出下降的幅度（2.5%）（季度数据来自圣路易斯联邦储备银行的FRED portal）。至于1960—1961年的衰退（将在本章第三节讨论），它比前两次衰退都要温和。
② 在多年保持雇主规定的沉默之后，沃伯顿再一次在货币问题上直言不讳。他在1958年12月28日作为讨论者参加了美国统计协会的一次会议。

间较短。在 1951—1960 年间的三次衰退中，1953—1954 年发生的最长衰退时间持续了大约一年，比 1919—1938 年间的绝大多数衰退时间都要短。① 此外，在 1953—1954 年和 1957—1958 年的衰退之后出现的经济复苏，遵循弗里德曼所称的明显衰退之后快速的"V"型这种典型模式。② 然而，数据呈现出这些"V"型模式的另一面是，实际 GNP 的可变性与战后后来的模式相比就很高。因此，富雷尔（Fuhrer）、奥利韦（olivei）和图特尔（Tootell）将数据从 1954 年一季度开始的十年描述为产出波动相对较大的十年。弗里德曼也赞同从 1953 年至 1957 年是"经济活动高度不稳定"的时期的看法。③

依弗里德曼之见，固定的货币增长规则本可以在 20 世纪 50 年代产生比实际情况更加稳定的经济表现。④ 虽然称赞货币政策产生的价格稳定弗里德曼认为，一项货币增长围绕其下降趋势呈现较小波动的更加稳定的政策可以产生同样的结果。他确信，实际政策通过不合时宜的微调加剧了商业周期的波动。而且，正如本章后面所要探讨的那样，弗里德曼认为，到 1960 年，美联储不是去实现与长期的价格稳定性相一致的状况，而是转向了一种持续下去就会产生通货紧缩的政策框架。后来，罗默夫妇对 20 世纪 50 年代末货币政策决策的评估支持了后一判断。

据此，弗里德曼对 20 世纪 50 年代这十年的战后货币政策

---

① 参见 Benjamin Friedman（1980, 12, table 1.2）。
② 关于弗里德曼就美国经济深度衰退之后会出现迅速复苏的概括，参见 Friedman and Schwartz（1963a, 493）和 Friedman（1964e, 14-18; 1993）。
③ Friedman（1977c, 15）。
④ 例如参见 Friedman（1960a, 94）。

表现给予了许多否定性评价。其中包括：①他在1967年的概述是"在整个战后时期……美联储倾向于先拖延行动，然后在采取行动时又做得太过分"。②他在1964年的陈述是"我们应该……将货币政策从一种破坏稳定的力量转变为至少是一种中性因素"。①③他在1973年的看法是，美国实行了五十年的"停—走—停"的政策。②

这些都是弗里德曼在20世纪六七十年代给出的回顾性看法。但是，弗里德曼在20世纪50年代对美国的货币政策做出了类似的批评。在1958年年初的一档电视节目中，他赞成使用紧缩性的货币政策来对抗通货膨胀，提到货币政策手段与价格稳定目标之间需要恰当的搭配。但是，他补充说，紧缩政策走得太远，导致了1957—1958年的衰退。③后来，弗里德曼声称，经济衰退然后导致美联储反应过度，进而实行了"极度宽松的货币政策"。④他在20世纪50年代末的一次演讲中表示，战后的货币政策比前几十年的政策所产生的货币行为更接近固定货币增长规则所暗含的货币行为。⑤不过，他坚决主张，如果在实际上严格遵循固定的货币增长规则，美国在20世纪50年代期间的产出应

---

① 出自弗里德曼在1964年3月3日银行和货币委员会上的证词（Committee on Banking and Currency 1964, 1156）。
② Friedman（1973c, 36）.
③ 出自弗里德曼参加的电视节目 *The Great Challenge: How Strong Is Our Economy?*，CBS, March 23, 1958，p.15 of transcript。
④ Friedman（1958a, 20）.
⑤ 参见 Friedman（1960a, 94）。另见弗里德曼于1959年10月30日在联合经济委员会上的证词（Joint Economic Committee 1959b, 3034）。

该更加稳定。①

事实上，弗里德曼和施瓦茨在《美国货币史》中指出，货币政策是影响艾森豪威尔时代所有三次衰退的发生时间和严重程度的一个因素。其他货币主义者得出了相同的结论。② 例如，罗伊·温特劳布认为，美联储在20世纪50年代期间采取了放任货币增长出现三次明显下降的政策，"从而引发了三次经济衰退"。布鲁纳也指出这个事实，货币增长在这些始于1953年中期发生的第一次、也可能是最严重的衰退之前，就出现了"数月的大幅度且持续地下降"。20世纪50年代这十年的经验强化了弗里德曼和施瓦茨通过研究美国过去几十年的历史证据得出的结论。基于这些收集的证据，弗里德曼在1968年指出，他深信，货币和经济波动之间的联系比他在1954年谈论不易受到萧条破坏的美国经济时所相信的联系还要紧密得多。③

尽管弗里德曼认识到，美国在20世纪50年代的货币政策绩效与历史相比在总体上有了改进，但是他仍认为其表现欠佳。弗里德曼在比较20世纪50年代的货币政策与固定的货币增长规则时对该时期的货币政策做出的否定性评价，与他对美联储在这十年中所信奉的学说的批评是联系在一起的。弗里德曼对该学说的批评又导致他反对另一项主要的货币政策做法，即他不赞同美联储的操作程序。下面将探讨这两种批评。

关于美联储信奉的学说，就像弗里德曼探讨货币政策的绩

---

① Friedman（1960a, 94）。另参见 Fischer（1980, 227）和 E. Nelson（2007, 154—55）。
② 詹姆斯·托宾最终也是得出了这个结论。参见第十二章。
③ 参见弗里德曼在1968年再版第83页的附加脚注（Friedman 1954a）。

效一样，他对20世纪50年代所表现出来的相对于过去数十年记录的改进的赞扬缓和了他的批评。《美国货币史》称赞美联储在1952—1954年间的官方声明中朝着承认货币供给的重要性方面出现了"近乎革命性的变化"。[1] 美联储主席威廉·麦克切斯尼·马丁和其他政策制定者以及联邦储备委员会高级官员在多份政策声明中都提到了货币供给。[2] 弗里德曼将这种情况与20世纪30年代"联邦储备体系从来不关心货币数量"的情况进行了对比。[3]

---

[1] Friedman and Schwartz（1963a, 628）。另参见弗里德曼在1959年10月30日的证词（Joint Economic Committee 1959b, 3041）。在这个证词中，弗里德曼认为美联储对货币供给产生的兴趣要更早一些，基本上可以追溯到1950—1953年。布鲁纳和梅尔策（Brunner and Meltzer 1964a, 4）特别提到美联储在1952年向国会承认其行动"影响货币供给"的重要性。

[2] 事实上，20世纪50年代美联储的一位高级官员阿瑟·马吉特（Arthur W. Marget），尽管其主要职责是国际事务而非美国的货币政策，在两卷本《价格理论》（Marget 1938, 1942）中为货币数量论辩护，反驳了凯恩斯的批判。

塔夫拉斯（Tavlas, 1981, 247）强调了马吉特的货币经济学方法与弗里德曼后来所采用的方法之间的联系。然而，《价格理论》与弗里德曼此后的著作之间却鲜有相似之处。正如该书名所表明的那样，马吉特的著作既没有明显的实证维度，也没有坚持要求把大萧条解释为一种货币现象。而且，马吉特（Marget 1938, 1942）不仅在探讨理论问题时，抨击了在弗里德曼看来是有价值的货币数量论的不同形式，例如那些使用收入而不是交易量作为衡量经济活动变量的形式（例如参见Marget 1938, 403），而且在批评凯恩斯时，不是集中批评凯恩斯提出的具体假说，而是集中批评凯恩斯对先前理论的解释。

[3] Friedman（1964b, 7; p.76 of reprint）。这种说法的一个限制是，当劳克林·居里在20世纪30年代后期担任联邦储备委员会的高级官员时，美联储对货币总量的讨论有上升的趋势。例如参见伯南克（Bernanke 2006）和罗腾伯格（Rotemberg 2014）。

弗里德曼坚决主张，将货币存量作为一种政策决策输入的正式接受在推动货币政策绩效的实质性改善方面起着相应的作用。尽管弗里德曼批评美联储放任1960年的经济衰退以及之前的美元疲软的出现——正如将在本章末尾探讨的那样——他还是指出，美联储对1959—1960年间货币供给数据的关注有助于阻止1960—1961年的衰退恶化。①

事实上，1960年的宽松政策是弗里德曼在1951—1960年间将美联储从他关于美联储对事件反应过慢的概括中，以及未能将货币政策的滞后效应纳入其决策的推论中，剔除的两个重要事例中的第二个。第一个例子与美联储在1953—1954年经济衰退前的行为——具体指宽松政策——有关。正如上文布鲁纳的引语所表明的那样，货币增长在经济衰退之前就大幅下降。这种模式，连同罗默夫妇的叙述性证据以及罗伊·温特劳布的利率证据，都表明货币政策在导致1953—1954年的经济衰退或使其恶化方面都可能发挥了作用。但是，货币增长后来在衰退开始之前就开始上升这一事实让弗里德曼感到这是一个"绝对空前的事件"。②弗里德曼在1955年公开地（在电台节目中）和私下地（在弗里德曼写给联邦储备委员会的一份备忘录中）赞扬美联储对当时的经济衰退的抢先反应。③《美国货币史》在叙述20世纪50年代时表达了类似的看法。正如托宾所评论的那样，弗里德曼和施瓦茨的这部历史著作"对1953年和1960年的周期性顶点之前发生的

---

① 参见1965年10月弗里德曼在给联邦储备委员会的备忘录中的评论（Friedman 1968a, 146）。
② NBC（1955, 7）.
③ 该备忘录是Friedman（1955d）。

宽松政策转向给予了赞扬"。① 前一时期的宽松政策可能在罗默夫妇的研究发现中起到一定作用。他们发现，20世纪50年代的货币政策——以1952年一季度至1958年四季度估计的联邦基金利率政策规则表示——以一种稳定的方式对未来的预期通货膨胀做出了反应。

然而，在20世纪50年代的其他情形下，美联储显然没有以如此明显的稳定方式采取行动。M1的增长和M2的增长率在20世纪50年代都呈现出相当大的波动（见图10.1）。而且，很难证明这些波动只是美联储对货币需求冲击的调节，因为货币增长的可变性在很大程度上与名义收入和实际产出增长率的相应波动有关（参见图10.2和图10.3的GDP数据）。②

笔者承认，20世纪50年代实行的货币制度可以被视为旨在抑制名义收入增长的长期波动。为此，C.R.纳尔逊（C. R. Nelson）将"1954—1960年间美国的货币环境"描述为一种自回归系数为0.36的"强均值回归"的名义收入增长。根据图10.2，这种描述得到这一事实——名义收入增长具有非通货膨胀

---

① 布鲁纳和梅尔策（Brunner and Meltzer 1964b, 44）同样认为，美联储在1953年和1960年的周期性顶点之前就转向宽松政策，而斯普林克尔（Sprinkel 1964, 43）则认为美联储在1960—1961年的衰退之前或衰退开始时才转向宽松政策。

② 计算的实际和名义收入增长率与滞后货币增长率之间的简单相关系数就证实了这种关系。使用季度对数差异来衡量增长率，1954年一季度至1960年四季度的实际GNP增长率与前两个季度M2增长率之间的最大相关系数为0.51，以及与前一个季度M1增长率的最大相关系数为0.55。1954年一季度至1960年四季度的名义GNP增长率与前两个季度M2增长率的最大相关系数为0.48，以及与前一个季度M1增长率的最大相关系数为0.55。

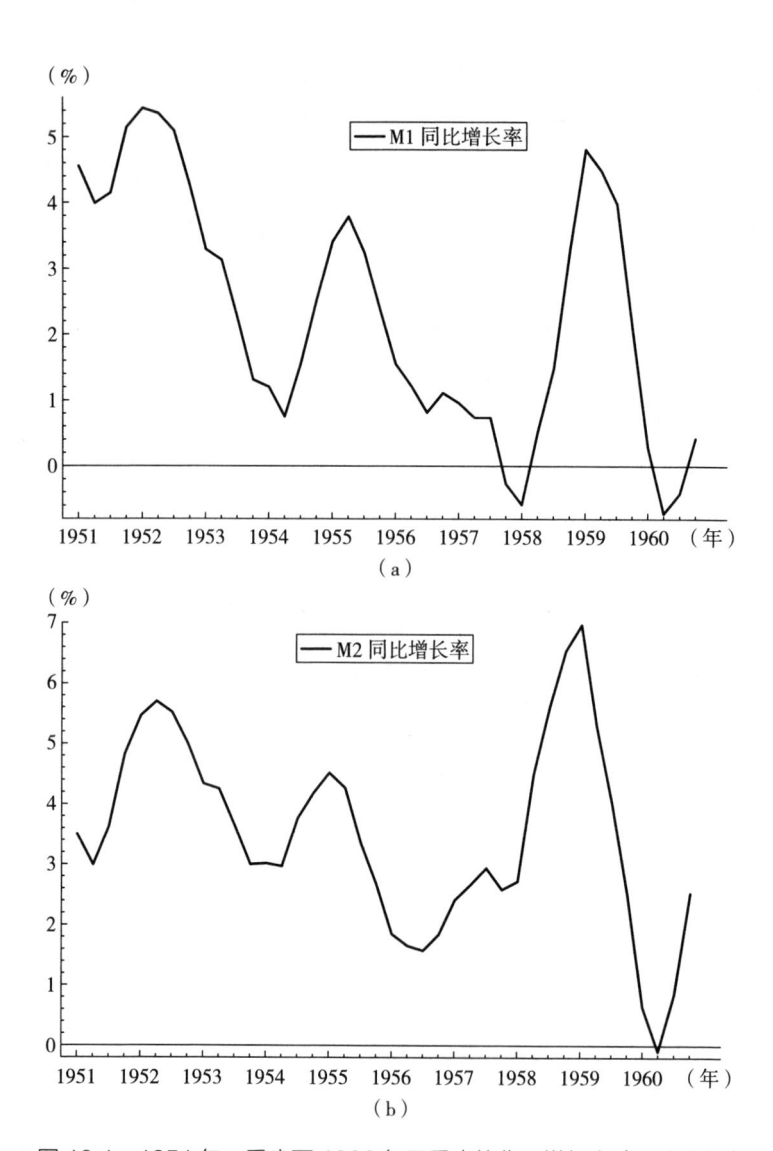

图 10.1　1951 年一季度至 1960 年四季度的货币增长率（季度连续）

资料来源：Lothian, Cassese, and Nowak（1983）的 1980 年以前的 M1 和 M2 旧序列数据。

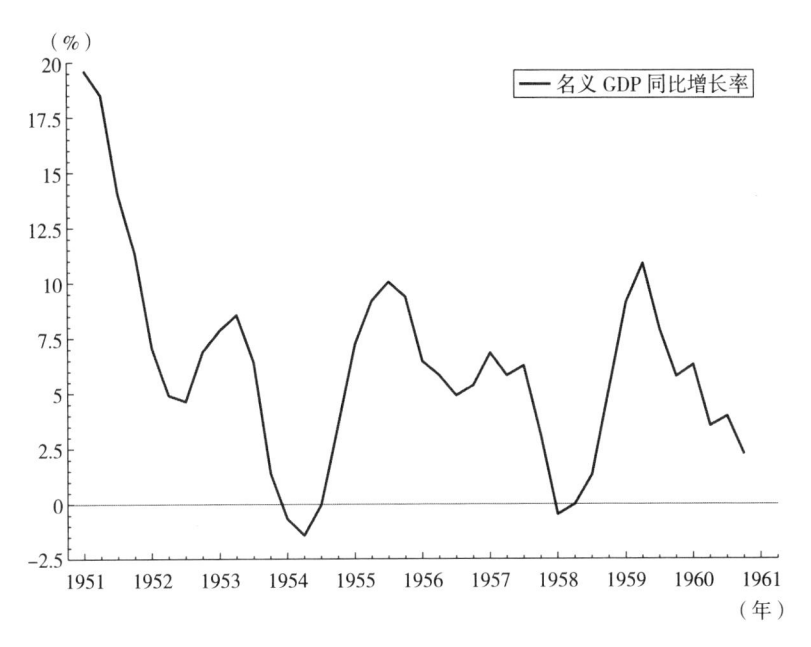

图 10.2　1951 年一季度至 1960 年四季度的名义 GDP 同比增长率（季度连续）

资料来源：圣路易斯联邦储备银行网站（Federal Reserve Bank of St. Louis's FRED portal）。

的平均值，其波动虽然相当大，但很短暂——的证实。这些特征因而有助于确保通货膨胀在 20 世纪 50 年代期间也表现出极少的持续性。事实上，通货膨胀在 20 世纪 50 年代不仅缺乏持续性，而且与名义收入增长相比变化也很温和。

通货膨胀率的这种稳定性意味着，在图 10.2 中，名义收入增长的急剧变动体现了实际产出增长的急剧变动。弗里德曼对 20 世纪 50 年代货币政策进行批评的要旨是，这种收入的大量变化都没有必要。一个实现货币增长率具有相同的均值但是变动性

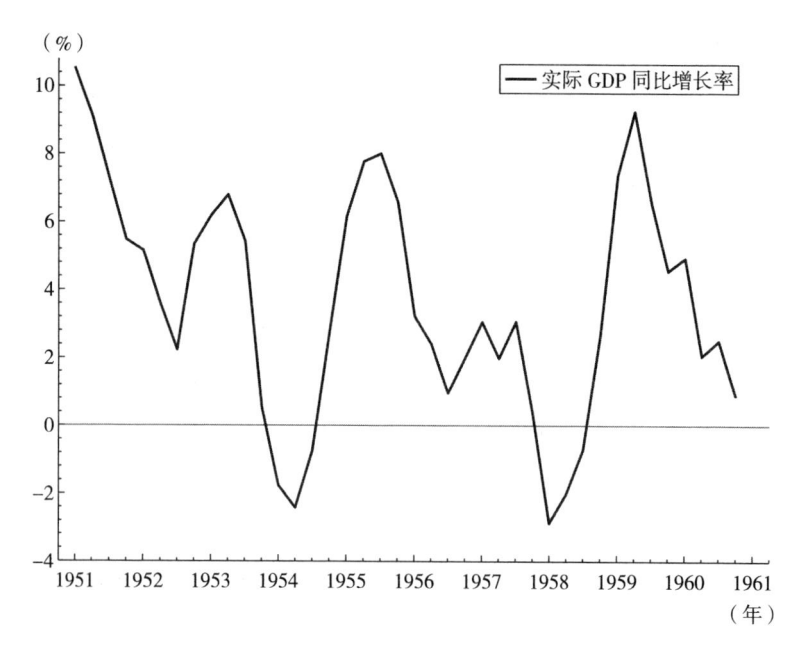

图 10.3　1951 年一季度至 1960 年四季度的实际 GDP 同比增长率（季度连续）

资料来源：圣路易斯联邦储备银行网站（Federal Reserve Bank of St. Louis's FRED portal）。

更小的货币政策，不仅获得的收益类似于实现稳定的低通货膨胀的货币政策，而且会产生更稳定的产出行为模式。尽管 1951 年之后的利率政策比之前灵活得多，但在弗里德曼看来，它仍然不够灵活，由此产生的结果是货币增长出现了不受欢迎的变化。戈登也提出了货币政策通过过多诱导利率稳定性而放大了 20 世纪 50 年代的周期性波动的可能性。用维克塞尔的术语说，这一判断表明，自然实际利率的波动高于现实的名义和实际短期利率的波动——这是一种产生货币增长的顺周期波动的情形。

为什么20世纪50年代的货币增长没有更加稳定呢？如上文所述，弗里德曼援引的一个理由以及他在1955年给联邦储备委员会备忘录中强调的这类理由就是，美联储太重视作为政策标准的利率了。特别是，弗里德曼认为，政策制定者在1952年下半年上调约50个基点的短期利率是一种紧缩性的货币政策。①

在这个例子中，弗里德曼对美联储利率政策的批评不是基于实际利率与名义利率的区别。事实上，基于这种区别的批评在某种程度上是找错了对象，因为美联储官员在20世纪50年代曾表示，他们认识到了实际利率与名义利率之间的区别。② 而且，无论如何，正如罗默夫妇强调的那样，由于通货膨胀的稳定性，名义和实际短期利率在20世纪50年代的大部分时间的运动可能相似。在20世纪50年代，弗里德曼对利率标准的批评改变了策略——一种将注意力集中于货币增长和利率产生不同信号的策略。弗里德曼注意到货币增长数据所表明的货币政策立场与从短期利率行为可能推断出的货币政策立场之间的差异。例如，以M2衡量的货币增长在1952年高于1951年——这表明政策制定者可能错误地认为他们在1952年明显地收紧了政策。在弗里德曼的框架中，1952年稳健的货币增长可以被视为一种与总需求相关的各种各样的利率事实上并没有出现大幅而全面上升的迹象。在这种情况下，短期利率平均值的上升提供了一个紧缩幅度的误导性迹象。

---

① 梅尔策（Meltzer, 2009a, 95）报告，新发行的90天国库券利率在1952年6月末为1.68%和在1952年12月末为2.23%。
② 参见 Romer and Romer（2002a, 124），E. Nelson（2012b, 248-49）以及本书第6章。

长期国债利率的行为提供了一些其他证据，来支持弗里德曼关于广义的收益率在 1952 年没有大幅上升的观点。这一利率在 1952 年 12 月仅比一年前高出 5 个基点。考虑到同期短期利率上升 37 个基点，这或许只是人们正常预期的增加幅度的一半左右。① 对弗里德曼来说，美国债券价格的官方钉住的真正废除是一个发生在多年间的持久过程，因为"对支持政策的明确放弃"只是在美联储 1953 年转向只买卖短期国债的公开市场操作政策时才实现的。②

除了美联储退出长期证券市场非常缓慢这一事实，还有美国财政部的行为。美国财政部对新的债券市场环境有所顾虑，推迟到 1952 年才开始大规模发行高收益的长期工具。事实上，20 世

---

① 对后来样本时期的研究，比如 C. Evans and Marshall（1998, 68）和 Chung, Laforte, Reifschneider and Williams（2012）所收集的证据表明，短期利率变化 100 个基点通常与长期利率变化 25 个基点左右有关。

② 引用的短语出自 Friedman and Schwartz（1963a, 593）。同样，弗里德曼（Friedman 1977c, 16）认为，债券价格钉住制的终止"直到 1953 年才真正生效"。另见 Friedman（1982b, 105）以及沃里克（Wallich 1983, 264）关于 1951 年的《协定》只是宣告了债券价格钉住政策的"逐步退出"的评论。

托宾（Tobin 1965a, 466）在指出弗里德曼和施瓦茨将货币和证券在钉住制下视为等价的时候，辩称他们没有将这一逻辑坚持到底，因为这个推理暗含着"1951 年的《协定》会突然减少货币的有效存量"。这个批评有一定的道理。正如第四章所探讨的那样，弗里德曼和施瓦茨确实没有全面探讨钉住制的货币分析含义。尽管如此，弗里德曼和施瓦茨在叙述《协定》之后的进展情况之中的确遵循了托宾勾画的逻辑。特别是，他们把钉住制的放弃视为一种货币紧缩政策：参见 Friedman and Schwartz（1963a, 598, 672）和 Friedman（1964f, 7–9）。然而，他们将去货币化的日期不是定为 1951 年而是 1953 年，因为只买卖短期国债政策的开始才意味着钉住政策的明确放弃。另见下一个注释。

纪50年代的一篇评论认为，长期证券市场直到1953年才真正重新开放，当时财政部发行了票面利率为3.25%的30年期债券。

因此，从钉住制时代的过渡拖延了很久。在这个后《协定》的初期，短期利率可能无法为判断整体货币状况提供非常可靠的根据。当然，在这个过渡时期发挥作用的因素也表明货币增长是一个不完美的指标。弗里德曼在1977年指出，债券市场在1953年真正解除管制的举动不仅"使大量资产去货币化"，而且意味着当年M2增长率的下降低估了正确衡量的货币数量的下降。[1] 尽管如此，在弗里德曼看来，在1952—1953年先宽松后紧缩的过程中，货币增长已经表明它是一个比短期利率更准确的货币状况指标，而政策制定者过于重视后一指标的做法误导了他们的决策。

弗里德曼反对使用利率标准来评价货币政策的做法——尽管是紧随《协定》之后提出的——同样适用于20世纪50年代的其余时期。不过，在这十年的随后岁月中，弗里德曼批评的侧重点有些不同。因为20世纪50年代中期至后期的实际情况不是短期利率和货币增长作为货币状况信号之间的巨大的冲突。弗里德曼在1966年给美联储的一份备忘录中承认，这两个序列在过去十年中的变动呈现相互之间显著的反向关系。[2] 与这一表述相符，罗伊·温特劳布对这一时期的分段研究发现，利率的大幅上升与货币增长的下降有关。

---

[1] Friedman（1977c, 16）。弗里德曼在Friedman（1973a, 23）中也认识到了20世纪50年代初期至中期的货币与收入关系的松动。
[2] 参见弗里德曼在1966年7月的评论（Friedman 1968a, 162）。

值得强调的是，以短期利率为政策工具的制度实际上是美联储在1951年后所处的环境。美联储官员在20世纪50年代期间在谈到货币政策决策是短期利率行动时公开保持沉默，并从1982—1994年不断重复这样一种方式。他们通常偏爱用商业银行准备金行动的术语——通常是下文将进一步探讨的"自由准备金"总额——来描述政策变化。但是，正如梅尔策所指出的那样，用这些术语来描述其货币政策行动使美联储得以"掩盖其在影响利率方面所起的作用"。杜森贝里更早地注意到了20世纪50年代美联储货币政策的这一特征，并进一步地评论说，美联储倾向于将其贴现率决策作为对市场利率变动的反应——然而后一种变动实际上不仅是由货币政策所引起的，而且被贴现率行动所强化。美联储政策在20世纪50年代的这一特征当时并没有逃过弗里德曼的注意，因为他将贴现率调整视为当局用来影响市场利率的措施之一。[1] 在20世纪50年代的学术界、金融市场和财经媒体的消息灵通的货币政策观察者中众所周知的一个事实是，美联储其实是将其政策决策集中在可调整的短期市

---

[1] Friedman（1960a, 44）.

场利率目标上。①

基于上述探讨，弗里德曼对《协定》之后十年的美国货币政策的批评可以提炼为两个论点：①美联储愿意将短期利率的变动当作衡量货币状况走势的标准，即使这种变动没有得到货币增长

---

① 以下是这方面评论的四个例子：

麦克金（McKim 1962, 282）认为，后《协定》时期是一个美联储试图"通过操纵短期利率来影响所有利率"的时期。

查宾（Chapin 1959, 8.6）说，"在目前的货币制度下……行动的规则……经常利用中央银行改变利率的企图，作为引导银行准备金变化的手段"。

卡尔（Carr 1959, 505）评论说，"美联储判断的恰当性可能不如判断的信息重要，因为不论正确与否，信贷政策对利率都具有支配性的影响"。

最后，保罗·萨缪尔森（*Financial Times*, February 10, 1960a, 8）提到了"美联储可以安全地降低利率"的条件。

美联储为掩盖其对短期利率的影响所做的努力也时常引起人们的注意。《金融时报》发表社论（*Financial Times*, February 10, 1960b）称，"央行行长们出于某种原因，希望避免公开讨论他们所负责的利率变化时就经常谈论'市场的自然变动'"。同样，霍里奇（Horwich 1965, 20）评论说，"美联储在官方声明中，一再否认它按照与市场力量相反的方向改变利率……在这个后《协定》时代，美联储不可能公开承认这样做"。

或许可以公平地说，美联储在20世纪60年代和70年代公开讨论货币政策时，对短期利率的使用变得更加透明。然而，联邦公开市场委员会在1979和1982年之间的间隔期之后于1982年重新使用短期利率工具时，最初表现得像20世纪50年代那样在这个问题上缺乏透明性。关于这一点的探讨，例如参见Thornton（2006）和Bernanke（2013）。

的证实。① ②在其他情况下，当货币增长和利率没有发出不同的信号时，货币政策行动迟缓且过于猛烈。这两个论点都表明这个结论，即美联储过分放任了货币增长的顺周期性行为，从而导致货币政策加剧而非稳定了产出的波动。

如何协调弗里德曼关于20世纪50年代的政策体制导致经济出现大幅度波动的观点，与罗默夫妇关于影响联邦基金利率在1952年一季度至1958年四季度之间波动的政策行为和沃尔克-格林斯潘时代——这既是一个涵盖大部分大缓和时期，也是一个被许多人视为货币体制高度稳定的时代——所观察到的政策行为相似的证据的一致性呢？有几个原因可以让我们相信，弗里德曼和罗默夫妇的立场可能并不冲突。

首先，弗里德曼确实承认，20世纪50年代的货币政策坚定地以低通货膨胀为目标。罗默夫妇估计联邦基金利率对通货膨胀的反应系数为1.18以及他们在估计利率规则时所隐含的低通货膨胀率目标，也明显体现出这一特征。

其次，罗默夫妇的估计可能事实上隐含着弗里德曼对货币增长所不满的一些顺周期性。罗默夫妇几乎没有发现联邦基金利

---

① 重申一下，这与美联储政策制定者忽视名义利率与实际利率的差别的说法不同。正如前面提到的，20世纪50年代的政策制定者意识到了这一区别，20世纪50年代的名义利率和实际利率在很大程度上是同步变动的。然而，即使在这些情况下，如果自然短期利率（实际利率和名义利率）正在经历相当大的波动，那么使用短期名义利率作为政策立场的衡量标准也是不适当的。弗里德曼（Friedman 1955d）的备忘录批评政策制定者专注于短期利率，理由是恒定的名义利率不是一种中性政策。实际上，弗里德曼主张，自然利率正在发生波动，其结果之一是与货币增长相比，降低了作为衡量政策立场的名义利率的价值。

率对实际经济活动有任何直接反应的证据。弗里德曼强调，利率具有自然的顺周期趋势。货币当局抑制利率的这种顺周期性的尝试，可能会导致货币和产出出现更剧烈的波动。在此背景下，联邦基金利率未能对实际变量显示出强烈的反应——例如，罗默夫妇以产出相对于趋势表示的实际活动变量，或者弗里德曼在谈到利率的顺周期性时倾向于强调的产出增长变量——可被视为估计的利率规则在20世纪50年代具有造成产出波动倾向的一个特征。这一估计反应函数的特征似乎与弗里德曼关于货币政策具有反应过度和不合时宜微调的特征的观点不相符。但是，必须回想一下，不仅弗里德曼是从货币政策决策所隐含的货币存量行为的角度进行思考的，而且弗里德曼认为，一个必然包含短期利率对经济活动的反应克制且滞后的政策将导致货币增长出现相当大的顺周期波动，由此加剧商业周期的波动。

协调弗里德曼和罗默夫妇关于20世纪50年代的货币政策的研究发现的第三点是，实际的联邦基金利率与罗默夫妇对那十年的估计规则之间存在相当大的偏差。这些偏差不仅包括他们的规则的样本内残差，还包括1959年的样本外观测值——在这时，联邦基金利率的上升大大超过了估计规则所预测的上升。正如本章末尾将要探讨的那样，1959年的紧缩政策是弗里德曼所谈到的政策过度收紧的一个例子。他相信，如果货币增长在政策制定者对货币政策立场的评估中占据一个更重要的位置，这种紧缩的严重程度是可以避免的。

如果像弗里德曼所建议的那样，货币增长的稳定性在20世纪50年代成为货币政策的一个更重要的考虑因素，那么这是否会以牺牲这十年间实际货币政策对经济的反应的一些可取特性为代价呢？特别地，如果不存在罗默夫妇所报告的对通货膨胀的预防性反应，那么固定货币增长规则能得到遵循吗？如果政策制定者选择了固定货币增长规则，那么政策的某些预防性质在某种程度上的确可能会丧失。如上文所述，弗里德曼和施瓦茨赞扬了美联储在1951—1960年间的某些关键时刻——具体而言就是甚至在1953年和1960年衰退状况出现之前的宽松政策——采取的那些有助于稳定货币增长运动的预防性政策行动所取得的成就。固定货币增长规则一定无法复制美联储实际政策的这一特征。这一规则必然会避免顺周期的货币增长结果，由此助长了波动性。不过，固定的货币增长也意味着，货币存量不可能通过变动来抵消那些促进衰退的非货币因素。

尽管如此，以货币增长为导向的规则可以被视为一种预防性、前瞻性的货币政策。正如默文·金所强调的那样，基于货币增长的政策会集中关注一个对货币政策行动的反应要早于通货膨胀的变量。在这种意义上，政策就是预防性的。而且，固定货币增长规则会预防那些政策为了应对测量的通货膨胀的短期变化所可能产生的问题。此外，20世纪50年代对货币增长的集中关注可能有助于集中关注实际经济稳定的内容，因为稳定货币增长的政策意味着利率的自动调整。正如第六章所探讨的那样，固定货币增长在一个非货币因素对总需求施加上升压力的情形中往往会导致利率的上升。相反，该政策在总需求面临下降的压力的情形中会导致利率的下降。

在弗里德曼看来，固定货币增长规则的一个优点就是，它以一种自动的方式内置了预防性反应——比如刚才描述的那些预防性反应——无须依赖政策制定者的预测。他关于将明确的预测嵌入政策制定过程的不可取性的观点，与20世纪50年代及后来几十年政策界对这一问题所采纳的观点形成了对比。时任美国联邦储备委员会研究与统计部门主任拉尔夫·扬说："无论这样做的工具有多么不适当，货币政策的前瞻性迫使中央银行的统计学家进行预测。"① 相比之下，弗里德曼在20世纪40年代曾对依赖预测所表达的疑虑在20世纪50年代继续存在。② 他在《新闻周刊》访谈时明确表达了自己的怀疑："一般的预测比比皆是，它们都不值一文……我想我们可以解决短期预测的问题，但我们还没有做到这一点。"③ 尽管弗里德曼在访谈中的言论预示了一个经济学家将掌握经济预测的时代的到来，但他近四十年后宣称这个问题仍未解决。"我不试图去预测经济的短期变化，"弗里德曼在1995年说。"经济学家这样做的记录只能证明谦逊是有道理的。"④

罗默夫妇的分析表明了这一点与分析20世纪50年代的进

---

① Young（1958a, 205）.
② 另见第一章和第八章。
③ 弗里德曼在这一时期对预测继续持怀疑态度的另一个例子是Friedman（1958a, 18）。
④ 尽管弗里德曼不依赖预测来制定政策的忠告没有流行起来，但他关于谦逊的看法在政策界中得到了广泛认同。例如，《华盛顿邮报》在2012年1月3日引用时任美国联邦储备委员会研究与统计部助理主任（后来担任该部主任）的斯泰西·特弗林（Stacey Tevlin）的言论如下："预测经济是一项非常具有挑战性的工作……你必须对你的预测并不总能成功这一事实保持谦虚和坦然。"
多年来，私人部门的预测者表达了类似的看法。例如，一位金融市场参与者迈克尔·巴兹达瑞奇（Michael Bazdarich）在1986年7月与弗里德曼一起出席一个小组讨论时评论说："作为一个预测者，我每天都要面对谦虚与无知。在设法理解利率的过程中，我一直都特别谦虚与无知"（Darby et al.1987, 17）。

展状况相关。正如他们所探讨的那样，有缺陷的通货膨胀预测似乎在 20 世纪 50 年代的货币政策发展中发挥了重要作用。他们不仅指出政策制定者对通货膨胀的预期在 1958 年前后上升，而且还指出在利文斯顿（Livingston）调查中预期的通货膨胀指标从 1958 年中期到 1959 年年底都有所上升。与此类似，伯恩斯表示，从 1958 年中期开始，美国债券和股票价格的走势反映了通货膨胀预期的上升。尽管通货膨胀预期的上升似乎并非完全基于宏观经济的发展，但还是明显造成了这十年后期货币政策的陡然收紧——正如本章末尾所探讨的那样，这种紧缩构成了弗里德曼主要指控这一时期的货币政策的根据。

因此，就 20 世纪 50 年代的名义收入和实际收入增长所实现的稳定性而言，认为货币增长的稳定确实有助于实际货币政策的改善似乎是合适的。一个以固定货币增长为导向的政策，可能会以一种迅速而又不要求政策制定者依赖预测的方式进行利率调整，同时也避免了一个似乎是 20 世纪 50 年代美国经济波动重要根源的货币政策的过度转变。通过放弃使用货币增长来抵消其他力量的方式，政策制定者就会防范他们自己实施理论上最优的货币政策。但是，如果他们为货币增长提供了一条平滑的路径，政策制定者可能会创造出一种比 20 世纪 50 年代实际观察到的更为稳定的经济活动模式。

除了批评美联储在 20 世纪 50 年代将利率作为工具和标准，弗里德曼还从另一个角度质疑政策制定者的行为。他反对他们在制定政策时对自由准备金的关注。自由准备金是作为联邦储备系统成员的商业银行的准备金余额（即它们在美联储的存款）减去其法定准备金和借入准备金之和的余额。20 世纪五六十年代的货币主义文献对美联储使用自由准备金作为衡量政策紧缩或宽松的方法进行了大量的批判性分析。布鲁纳和梅尔策写了一篇有关该主题的长篇历史研究，而德瓦尔德则集中对1959—1961年这段时期发表了一篇简短的评论。弗里德曼指导了一篇该领域的博士论文，后来由梅格斯（Meigs）发表。[1] 弗里德曼认为，"自由准备金水平……可能是货币政策宽松或紧缩程度的一个误导性指标"。但是他在这个主题上写的文章很少。他在1960—1961年撰写的批评这一概念的两篇文章，各只有几页。[2]

正如罗默夫妇和梅尔策都强调的那样，美联储在20世纪50年代设定短期利率这一事实让美联储以一种特别的方式不断地公开强调自由准备金。美联储明显将自由准备金视为一个重要的标准，但这个标准的有用性源于两个特性：①自由准备金通常与短期利率密切相关；②以自由准备金的行为来表示政策变化，使政策制定者似乎与利率设定保持一定距离。在面对这一现实时，借用布鲁纳和梅尔策著作的标题，货币主义者花如此多的时间来分析"美联储对自由准备金概念的笃信"时是否是被误导了？

答案似乎是否定的。研究自由准备金概念的货币主义者很清

---

[1] 这篇专题论文只是芝加哥大学经济系的一篇博士论文的印刷版本（Friedman 1961c, 181; American Economic Association 1970, 293）。它反映了梅格斯在1958—1959学年参加弗里德曼货币与银行学研讨班时所开始从事的研究（Meigs 1962, ix）。

[2] 特别是Friedman（1960a, 41-42; 1961c）。后一个参考文献（具体地而言是第181页）是正文中引文的来源。该参考文献还引用了梅格斯（Meigs 1962）1960年版本的论文。

楚，20世纪五六十年代的政策制定者本质上是在使用一种短期利率工具。事实上，梅格斯在撰写有关自由准备金的博士论文时是圣路易斯联邦储备银行的一名官员，在1957—1960年间参加了联邦公开市场委员会的几次会议。货币主义者仔细审查自由准备金总额，正如已经指出的那样，主要是因为美联储在20世纪50年代将货币存量作为一种政策标准表现了某些兴趣。在这点上，美联储的一些声明给人留下的印象是，自由准备金很好地显示了政策行动对货币存量的影响。对这一官方观点展开批评的货币主义者认为，美联储不应该如此使用自由准备金序列，商业银行的总准备金存量比自由准备金数量更能作为判断货币政策行动对货币存量影响的根据。因此，货币主义者对自由准备金概念的批评可以被视为，质疑自由准备金作为衡量整体准备金的压力以及货币政策措施对货币存量行为影响的方法的优越性。此外，由于自由准备金与短期利率之间公认的联系，对自由准备金的批评补充了包括弗里德曼在内的货币主义者提出的将短期利率作为一种判断政策立场方法的批评。

尽管弗里德曼对20世纪50年代的货币政策有一大堆的不满，但值得重申的是，他对那个时期的许多货币政策行为都持赞许态度，而且在当时和后来都表达了这种看法。

还应该提到的是，20世纪50年代的货币政策与弗里德曼提出的固定货币增长规则有两个相同的特殊特征。首先，20世纪50年代的货币政策主要关注国内目标，而非关注美国的国际承诺。在弗里德曼看来，这一特征并不是没有先例的。伴随着20世纪20年代对黄金流动的常规冲销，美国在1933年之前对金本位制规则的遵守是松散和零星的，而在1933年之后的安排则更加宽松。① 1933—1934年间美国汇率政策和黄金政策的变迁强化了美国货币政策走向自主的趋势，而1944年引入的布雷顿森林体系基本上将这种自主性制度化了。尽管美国在布雷顿森林体系中发挥了核心作用，但在弗里德曼看来，美国当局能够选择那些集中于国内经济因素的货币政策行动。

这种状况之所以会出现，部分原因是美国作为经济体占据的主导地位——这意味着国际收支头寸的大部分调整是由其他国家承担的。但是，它出现的另一部分原因是大量的非货币手段（包括对美国居民持有黄金的限制及限制资本和货物流动的各种障碍）将美国的货币增长与美国的国际货币义务脱钩。弗里德曼原则上不赞成这些控制措施，但它们确实有助于将美国的国内和国际经济政策分开。弗里德曼认为，只要汇率保持不变，外汇管制必然会成为美国和其他国家的政策制定者选择的工具，以协调国际和国内经济政策目标。他做出这一论断的原因是，他并不认为任何一个当今时代的国家都会愿意将总需求管理长期置于该国的外部义务之下。② 弗里德曼的名言由此而来，即在政府承担国内经济稳定责任的时代，支持固定汇率就暗含着支持外汇管制。③

从弗里德曼的适当货币政策观的角度来看，20世纪50年代的货币政策体制所出现的第二个主要可取特征是以低通货膨胀而

---

① Friedman and Schwartz（1963a, 396）。另见Meltzer（2003, 401-2）和前面第二章。
② 参见弗里德曼1963年11月14日在联合经济委员会的证词（1963a），以及下一章探讨的文章。
③ 参见Friedman（1980c, 83）。另见Friedman（1953a, 171, 179）以及他在《华尔街日报》1975年7月30日的评论。

非稳态的价格水平为目标。战后美国的政策制定者很明显对物价水平的温和上升趋势采取了隐忍的态度。正如一位金融专栏作家在1966年所指出的那样，尽管3%的价格上涨"越过了边界，进入了通货膨胀的范围"，但是2%的通货膨胀率却不是这样。相反，"现代史表明，2%的通货膨胀率接近等同于价格稳定"。的确，随着20世纪50年代末货币紧缩而来的是，甚至个位数的低通货膨胀也几乎被挤出了美国。但令人怀疑的是，政策制定者在这一时期有意采取如此紧缩的政策。对弗里德曼而言，正如本章末尾所详述的那样，他认为过去这个十年的通胀紧缩政策既实行得太快，又多此一举。

因此，与弗里德曼的固定货币增长规则一样，20世纪50年代的大部分时间里实行的政策是一种以通货膨胀而非价格水平为导向的制度，即政策制定者的意图或者习惯做法并非设法回调过去的物价水平上涨。例如，正如布鲁纳和梅尔策所评论的那样，美联储在朝鲜战争导致的物价水平飙升之后并没有"试图'压低'物价"。图10.4和图10.5使用消费者物价指数（CPI）分别描绘了1950年1月至1965年12月的物价水平和通货膨胀率。这些图形证实，尽管在20世纪50年代中期出现了通货紧缩，但与朝鲜战争之前的通货膨胀相比就小得多了，并且随后一段时期的价格上涨超过3%。

在弗里德曼看来，私营部门需要花一些时间来理解后《协定》时期的体制不会提供稳态价格水平这一事实。他在1976年12月诺贝尔奖的演讲中谈到了战后时期的美国和英国："'正常'价格水平的概念不仅深深地嵌入了两国的金融和其他机构之中，

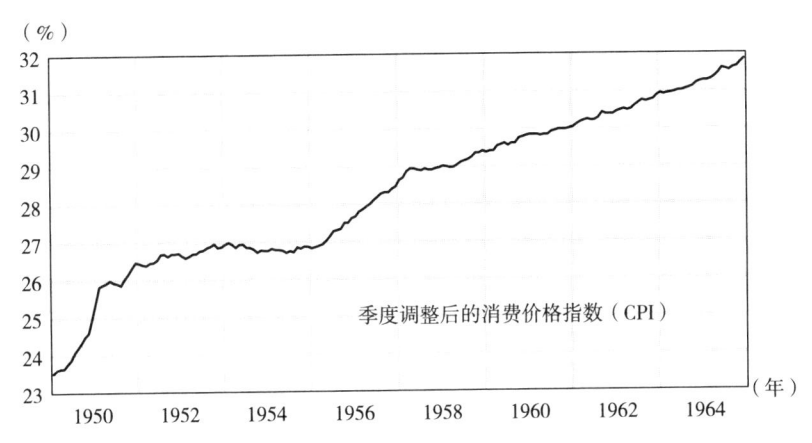

图10.4 1950年1月—1965年12月经季度调整的消费价格指数

资料来源：圣路易斯联邦储备银行网站（Federal Reserve Bank of St. Louis's FRED portal）。

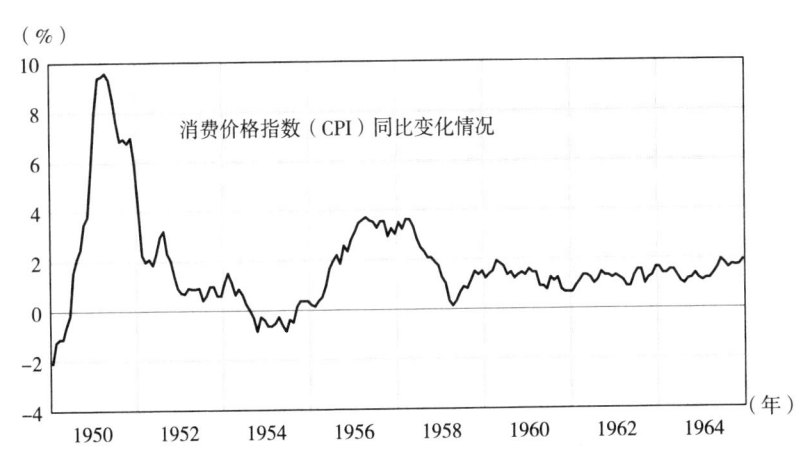

图10.5 1950年1月—1965年12月的消费价格指数（CPI）同比变化情况

资料来源：圣路易斯联邦储备银行网站（Federal Reserve Bank of St. Louis's FRED portal）。

而且深深地嵌入了两国公民的习惯和态度之中。"[1] 同样，弗里德曼与施瓦茨的《美国货币史》将美国在"二战"后的早期描述为，美国社会惊讶地发现战时物价指数的上涨不会往回调整的一个时期。[2]

弗里德曼自己花了相当长的时间才完全接受价格水平的稳态已成为历史。许多需要他接受价格水平非稳态性的因素都存在于他的著作之中。如前所述，他并不提倡必然包含均值回归——与无漂移的或轻微漂移的截然相反——的价格水平的规则，因为他更愿意让过去的价格水平升降成为往事。他关于经济能预防大萧条的观点部分地反映了他关于今后可以避免严重的通货紧缩的看法。此外，正如业已指出的那样，他认为"二战"时期的通货膨胀是一个不会回调的物价水平上涨。[3] 然而，弗里德曼在20世纪60年代末之前的二十年间多次清楚地表示，他相信货币政策并没有发生如此剧烈的变化，以至于人们可以声称通货紧缩经历在美国已经完全成为历史。例如，他在1949年年初的一次电台节目中说："我们已经断断续续地拥有它们（通货紧缩）几个世纪啦。"[4]

尽管弗里德曼排除了未来发生严重通货紧缩的可能性，但他仍然认为有规律的商业周期是未来的发展趋势。由此类推，他相信衰退可能以绝对价格水平的温和下降而不是通货膨胀的轻微下

---

[1] Friedman（1977e, 465）。另见 Friedman（1976a, 216）以及 Friedman and Schwartz（1982a, 570）。
[2] Friedman and Schwartz（1963a, 585, 597）。
[3] 《美国货币史》也如此认为，参见 Instructional Dynamics Economics Cassette Tape 109（October 18, 1972）。
[4] NBC（1949, 17）。

降为特征。因此，他在1959年拒绝将20世纪50年代中期美国的物价上涨称为"通货膨胀"。相反，他愿意将其视为在未来的衰退中可能发生逆转的价格的周期性飙升。① 而且，弗里德曼在20世纪50年代对货币需求的实证研究——他总结在1959年的论文《货币需求：一些理论和实证结果》中——使用了一个"持久价格"的概念来作为货币需求函数的一个参数。② 该序列在经验上是作为价格水平的一个动态稳定的、自回归预测生成。因此，该序列的构建是建立在平稳价格水平假设之上的。③

直到1969年7月，弗里德曼不仅重视20世纪30年代的价格水平"低"而20世纪60年代的价格水平"高"这样的观念，而且还认为这几十年的经验证明了吉布森悖论的正确性。相反，那种将物价水平视为非平稳的心态可能会认为绝对物价指数的现行价值没有什么意义，而将注意力集中在通货膨胀上。

弗里德曼只是在20世纪70年代才完全接受了现代美国经济具有非平稳价格水平的现实。到那时，他已经有机会吸收更多的战后经验，以及他以前的学生本杰明·克莱因对这一经验的研究著作。为了自学时间序列方法，本杰明·克莱因着手研究那些反映在美国价格水平行为上的战后货币政策制度。④ 本杰明·克莱

---

① Friedman（1959b, 214）.
② Friedman（1959a）。这篇文章发表在1959年8月的《政治经济学杂志》上。有点无意义的是，弗里德曼在三个月前的《美国经济评论》的会议记录期上发表了与全文标题相同的简短预览，参见Friedman（1959c）。
③ 参见 Friedman（1959a, 335-37）。
④ 本杰明·克莱因在2013年3月4日的访谈。研究的主要结果参见 Benjamin Klein（1975a, 1975b）。

因的结论是，价格水平在他所谓的"我们的新货币标准"下明显存在一个单位根。事实上，随着20世纪70年代更多数据的收集，研究人员不仅发现美国的物价水平是非平稳的，而且甚至其一阶导数——通货膨胀率——也非常接近于表现出单位根来。根据美国数据在战后积累起来的证据，弗里德曼的"持久价格"估计以及伴随的平稳价格水平假设显然不再成立。正如本杰明·克莱因所说："弗里德曼的序列仅仅是对趋势未进行调整的过去平稳价格水平的加权平均数，无法有意义地延续到20世纪60年代。"[1]

弗里德曼将本杰明·克莱因在价格水平行为方面的研究经验融入他后来的工作中。他和施瓦茨在1982年的《货币趋势》一书中大量引用了本杰明·克莱因的著作，并根据战后时期的非平稳价格水平的现实来解释经济事件。[2]

20世纪六七十年代的经验，连同本杰明·克莱因的研究，显然打消了弗里德曼关于价格水平仍然平稳的挥之不去的观念。即使各种其他货币政策制度都共同产生了价格水平的非平稳性特征，但是它们之间仍然可能存在天壤之别。一个非平稳的价格水平不仅像20世纪50年代的情况一样可能与一个严格有序的货币政策制度相一致，而且像20世纪70年代的美国货币政策可能与那些具有高度不确定性和严格无序特征的制度相一致。

20世纪50年代实施的那种支持通货膨胀预期而非长期价格

---

[1] 哈恩（Hahn 1971, 62）和麦卡勒姆（McCallum 1990a, 167）也批评了弗里德曼的持久价格概念。拉舍（Rasche 1987, 1990）利用贝弗里奇和纳尔逊（Beveridge and Nelson 1981）的分解方法提出了将弗里德曼的持久价格水平概念推广到非平稳环境的方法。

[2] 参见 Friedman and Schwartz（1982a, 451-52, 570-72）。

水平的货币政策机制的一个副产品是,通货膨胀接近于白噪声过程。这种在前面引用的许多研究中都发现的对20世纪50年代通货膨胀行为的描述,与1961年斯蒂格勒委员会提出的观点形成了鲜明对比。[1] 乔治·斯蒂格勒的报告描绘的图景是,在朝鲜战争以来的这段时间里,物价水平可能基本保持不变,因为平稳的通货膨胀率实际上反映了质量变化而非消费价格的实际上涨压力。

弗里德曼多年来赞同施蒂格勒委员会的观点。[2] 然而,弗里德曼对委员会报告的赞同也许主要反映了他对乔治·斯蒂格勒的高度尊重,以及对经济学中普遍存在的测度困难这一主题的认同。他不太可能衷心赞许该委员会对战后存在通货膨胀压力所持的怀疑态度。罗伯特·戈登认为弗里德曼没有在他的著作中采纳

---

[1] Price Statistics Review Committee (1961)。施蒂格勒在1961年4月由芝加哥大学商学院主办的一次会议上概述了委员会的研究结果(1961年1月发布),弗里德曼也参加了这次会议(*Business Week*, May 6, 1961)。

[2] 参见例如 Friedman(1963c, 20 [p.41 of 1968 reprint]; 1969a, 47)。此外,1986年安娜·施瓦茨甚至断言,"人们普遍认为美国直到1966年才出现通货膨胀,因为在此之前测度的价格上升很可能反映了对商品和服务质量变化的考虑不足"(Schwartz 1986, 671)。尽管有这样的说法,但是施瓦茨在之前与弗里德曼的著作中提出的叙述和数据分析,在很大程度上将1954年至1960年之间的通货膨胀解读为真实的。本书目前认为这种解读是恰当的。此外,应该承认施瓦茨(Schwartz 1986, 671)确实将平均通货膨胀率超过1.5%视为真正的通货膨胀,而美国的通货膨胀率在1954年至1960年的大部分时间里确实超过了1.5%。

斯蒂格勒委员会的研究结论。①

与戈登的观点一致，弗里德曼集中关注的许多重要经验规律与从朝鲜战争结束到20世纪60年代中期价格水平保持不变的观点相冲突。例如，M2的流通速度在《协定》签署后的40年内是平稳的。②流通速度在战后初期增长之后出现的平稳性，构成了弗里德曼许多独撰或合作探讨货币需求行为的基础。③他在这些探讨中所采取的立场，相当于拒绝了斯蒂格勒关于20世纪50年代的价格数据存在虚假上升趋势的说法。④

斯蒂格勒委员会的研究结果与弗里德曼以及其他许多人的

---

① 戈登在2013年3月21日本书的一次访谈中说："我认为他从未采纳它。他和乔治·施蒂格勒有着非常友好的私人关系。他可能会在提到乔治·斯蒂格勒委员会1961年的报告时说，'那是很棒的著作'之类的话。然后他在两个月之后就对此不感兴趣了，继续写通货膨胀的文章，拿表面数据当真，再也不记得乔治·斯蒂格勒的报告了。我想这与——后来在戈登和弗里德曼在芝加哥大学做同事的时候——他一点也不关注我所做的一半研究——戈登研究项目中涉及价格测量那部分——这一事实密切相关。"关于最后一点，参见第十四章有关罗伯特·戈登部分。
② 参见Hallman, Porter, and Small（1991）以及Rasche（1993a, 292, 303）。
③ 例如参见Friedman（1988a）以及Friedman and Schwartz（1982a, chapter 5）。在1980年重新定义M2之前的一些探讨中，弗里德曼将流通速度变得平稳的日期确定为1960年而非20世纪50年代（例如参见Friedman 1973b）。
④ 用一条水平线代替1954—1963年间观察到的价格水平模式，不仅意味着从数据中剔除大约20%的以GDP平减指数为标准的价格水平上涨，也意味着流通速度以相同的百分比下降——这种调整可能意味着在此期间的货币需求关系更加不稳定。另外，通过假设名义总收入得到了准确的衡量并将其增长的更多部分归为实际产出的增长，人们就可以避免流通速度的下降和仍然有固定价格的假设。不过，这种替代性假设意味着实际产出在1954—1963年间的年均增长率将增加约2个百分点，而记录的实际产出年均增长率已经超过3%。

著作之间存在分歧的另一个例子，来自美国的通货膨胀与失业模式。正如经济顾问委员会所表明的与波斯金、麦卡勒姆以及富雷尔、奥利韦和图特尔绘制的图表所显示的那样，1954年至20世纪60年代末的实际通货膨胀数据与一个运行良好的向下倾斜的菲利普斯曲线模式不冲突。[①] 弗里德曼关于菲利普斯曲线讲述的部分基本故事是基于他赞同这些图形中所表明的测量的通货膨胀变动与实际的通货膨胀波动相类似的观点。弗里德曼在1962年关于20世纪50年代更稳定的货币增长模式将消除那十年观察到的一些工资和价格波动的评论，与他将美国通货膨胀数据当真的看法也是一致的。[②] 与此类似，弗里德曼对前面论述过的艾森豪威尔时期通货膨胀行为的基本描述，基本上将记录的通货膨胀序

---

① 卢卡斯（Lucas 1996, 667）对20世纪50年代的数据中是否存在短期菲利普斯曲线关系表示怀疑。但是，卢卡斯在第667页绘制的20世纪50年代失业与通货膨胀散点图中表面上不存在该曲线的原因，是在散点图中包含了1950—1953年间的观测值。20世纪50年代初测量的通货膨胀因当时强制实施的价格管制而变得模糊不清（例如参见Shapiro 1994, 309, 311；以及McCallum 1994b, 332）。

② 参见他在Ketchum and Kendall（1962, 54）中的评论。弗里德曼这一次也陈述说，避免货币增长的波动也将有助于预防1958年通货膨胀增加的预期——这是前面指出并将在本章结尾处进一步讨论的通货膨胀增加。弗里德曼关于美国在20世纪50年代就存在通货膨胀的观点还在其他论述中表现出来，包括他在1968年12月9日的《新闻周刊》上谈到"1956年和1957年通货膨胀压力的爆发"（另见Friedman 1958a, 20）；他在1966年10月17日的《新闻周刊》上说价格在1957年和1958年上升；以及弗里德曼与施瓦茨论述"价格在1955至1957年上升"（Friedman and Schwartz 1963a, 583）。另见Friedman（1992b, vii）。与此类似，《商业周刊》在1966年1月1日的一篇文章（重印在N. Marshall 1970, 105）中引用了詹姆斯·托宾谈到的"我们当时（20世纪50年代中期）面临着工资与物价压力"的话。

列当真，因为该描述表明了消除艾森豪威尔政府时期的通货膨胀逐渐上升的可能性。事实上，弗里德曼在 1977 年相信，艾森豪威尔政府时期的管制将通货膨胀率从 3%~3.5% 的区间降至零左右。① 他在 1980 年明确指出，美国战后的通货膨胀 "始于 20 世纪 50 年代"，只是被 1957—1958 年和 1960—1961 年的衰退所打断，这些衰退使通货膨胀 "接近于零"。②

鉴于 20 世纪 60 年代初测量的通货膨胀率约为 1% 而不是零的事实，弗里德曼似乎认为，朝鲜战争后记录的通货膨胀率可能平均夸大了实际通货膨胀率约 1 个百分点——这种夸大程度依然会留下 20 世纪 50 年代中后期发生很高的实际通货膨胀率。③ 进一步证明弗里德曼关于 20 世纪 50 年代的记录的通货膨胀大致是准确的事实，是他后来在 1988 年 4 月 15 日的《华尔街日报》上所做的另一份陈述。在这个陈述中，弗里德曼将 1962 年之前 10

---

① *Milton Friedman Speaks*, episode 6, "Money and Inflation" (taped November 7, 1977), p.21 of transcript.
② Friedman (1980c, 81).
③ 在政界人士中，美联储理事乔治·米切尔（George Mitchell）在 1969 年认为，消费物价指数因为技术进步会具有自动上升 1%~1.5% 的趋势，并补充道："通货膨胀率在高于 1.5% 左右之时，就开始表示实际通货膨胀。"(*U.S. News and World Report*, January 20, 1969, 25)。1962 年，萨缪尔森在 1962 年与弗里德曼共同参加一个电视节目时给出了一个类似的数字。萨缪尔森指出，每年消费者物价指数 1% 的增长可能反映的是质量变化而非真正的通货膨胀。尽管弗里德曼赞同存在所描述偏差的情况，但他既不支持也不反对萨缪尔森提出的 1% 的数字。他回应说 "我不想给它定一个数，但是……在基本观点上，我们是完全一致的"(*The American Economy, Lesson 48: Can We Have Full Employment without Inflation?*, CBS College of the Air, filmed circa June 5, 1962)。

年的平均通货膨胀率2.3%当作事实,然后用它来推断实现零通货膨胀应该需要降低多少货币增长。

相比之下,通过消除美国在20世纪50年代记录的大量价格水平变动,对价格水平趋势进行的"斯蒂格勒调整"将产生一幅不同的画面。因此,总体而言,弗里德曼的叙述连同其他许多证据都支持这样一个观点,即通货膨胀在20世纪50年代的表现方式与官方数据所说的它的表现方式大致相同:围绕一个较低的而非零的水平呈现出轻微而明显的波动。

二、成本推动的辩论

正如第四章和第七章所探讨的那样,弗里德曼在1948—1951年间放弃了他在20世纪40年代大部分时间里所坚持的成本推动型通货膨胀观。根据第二章所阐述的那种新凯恩斯主义的菲利普斯曲线,

$$\pi_t = \beta E_t \pi_{t+1} + \alpha(y_t - y_t^*) + u_t \quad (10.1)$$

弗里德曼立场的演变可以看作是分阶段进行的。在演变开始之前,也就是1943年之前,他基本上赞同L型总供给函数——当经济在低于充分就业的水平运行时,通货膨胀和需求压力之间不存在关系——的概念。也就是说,他在这一区域赞成如下形式的通货膨胀方程:

$$\pi_t = \beta E_t \pi_{t+1} + u_t \text{对于} y_t < y_t^* \quad (10.2)$$

他还认为,在充分就业点之上,$\alpha = \infty$是一个很好的近似值,因此随着需求过剩的压力只在通货膨胀上反映出来以及成本推动因素(u_t)使通货膨胀与需求拉动型通货膨胀融合在一起,最大就业和充分就业是一致的。

在弗里德曼思想的下一阶段，即从20世纪40年代中期至20世纪40年代晚期，他把与方程式（10.1）非常相像的预期菲利普斯曲线看作是对$y_t < y_t^*$的萧条经济范围的良好近似。但是，他继续认为，充分就业的产出水平就是产出的最大可行水平。此外，弗里德曼在思考通货膨胀态势的推动力量的前两个阶段中，基本上认为u_t项所表示的成本推动力量具有持续的正均值。

弗里德曼对通货膨胀思考的第三阶段——明显表现在20世纪50年代早期——标志着他对预期的菲利普斯曲线的现代方法的采纳。根据方程式（10.1），这种方法必然包含：① β 的位置非常近似于1；②控制通货膨胀对产出缺口反应的关键参数 α 的值是有限但非零的条件；③ u_t 均值为0并且近似为白噪声的条件。[1]

对弗里德曼关于菲利普斯曲线观点的探讨主要集中在第一个约束条件，即约束条件①上。这一约束条件在他最著名的研究著作中十分常见。它不仅相当于预期项非常重要以至于长期的菲利普斯曲线本质上是垂直的坚决主张，而且相当于结构性菲利普斯曲线关系是将通货膨胀对预期的偏离与产出缺口联系起来，而非将通货膨胀水平和产出缺口联系起来的坚决主张。

尽管这一主张在弗里德曼的论述中很重要，但是同样真实的是，弗里德曼从20世纪50年代至70年代将大量的精力——尤其是在政策辩论的背景下——都投入为菲利普斯曲线约束条件提

---

[1] 正如第七章所探讨的那样，嵌入在弗里德曼框架中的菲利普斯曲线关系也包括没有在此列举的其他要素。这些其他要素包括滞后项和前瞻项在这种关系中的作用，以及不同信息集构成任何时期工资和价格决策基础的条件。

供充分理由的研究中。正是后面两个约束条件②和③尤其是成本推动型通货膨胀辩论的核心。

弗里德曼面对的成本推动型通货膨胀的支持者,认为 u_t 是持续的并且具有正均值。他们中更极端的人进一步认为,α 值在充分就业下为零。这种极端的成本推动型通货膨胀观——根据这种观点,负的产出缺口不会对通货膨胀施加下行的压力——在英国战后最初的几十年里非常盛行。① 在美国,这种极端的观点直到 20 世纪 70 年代才对政策制定具有强烈的影响——正如第十五章所探讨的那样。相反,成本推动观的那种比较简单的版本在 20 世纪 50 年代的美国并不是特别具有影响力。这种观点主要与约翰·肯尼思·加尔布雷思有关,因为他在 1952 年出版的《价格管制理论》一书中提出,通货膨胀无法通过需求管理工具加以控制。

弗里德曼虽然不同意此书提出的观点,但还是承认,加尔布雷思设法为支持价格管制作为一种永久性的反通货膨胀武器提供一个条理清晰的理由。② 然而,加尔布雷思的著作在学院派经济学家中缺乏影响力导致了他决定专注于通俗经济学写作。③

正如弗里德曼所指出的那样,加尔布雷思后来的大部分著作只是与通货膨胀附带相关,都集中在产业组织问题上。④ 不过,加尔布雷思在公众心目中树立了一个最好经济学家的形象,而像弗里德曼这样一直参与公共政策辩论的经济学家很难忽视他的这

---

① 详细的探讨参见 E. Nelson(2005b, 2009c)和 DiCecio and Nelson(2013)。
② 参见 Friedman(1977b, 12;另见 Friedman 1978a, 65)。
③ 例如参见 Silk(1976, 113–14)。
④ Friedman(1977b, 33),另见 Friedman(1978a, 65)。

种形象。弗里德曼和加尔布雷思在 1953 年同时参加一个电台的小组讨论节目时展开了一次正面交锋。这场辩论的焦点是宏观经济问题。在辩论过程中,弗里德曼明确表示,他不接受加尔布雷思关于成本推动的判断。"我认为,你有高估垄断的重要性和意义的倾向",他对加尔布雷思说,并补充道:"我认为,你明显高估了工会组织对这些领域的工资水平和状况的影响。"① 弗里德曼和罗伯特·索洛在 1957—1958 学年间同时访问斯坦福大学高级研究中心时,曾多次探讨过同样的话题。索洛在 2013 年 12 月 2 日的访谈中回忆道:"我们谈到了政策和市场。要是你,市场该是带些不完美瑕疵的完美,还是偶尔带些完美之点的不完美。"

弗里德曼在与纯粹的成本推动观进行辩论时,利用了他自己的工会影响研究。② 弗里德曼正如可能预期的那样指出,工会在美国的重要性远不如其他大国。③ 不过他还是承认,某些部门的劳务供应商拥有市场支配力——事实上,这是他与库兹涅茨在《独立专业人士的收入》一书中所提出的一个观点——而且弗里德曼夫妇公开声明美国的工会拥有"相当大的力量"。④ 但是,弗里德曼拒不接受将工会力量的这个结论应用于整个经济的做法。尽管限制特定经济部门的劳动供给可能会使该部门的工资上

---

① 两段引语都出自 NBC(1953, 8)。另见弗里德曼(Friedman 1962a, 112)对垄断力量影响被他视为夸大其词的批评(在 Ketchum and Strunk 1965, 55 中重申)。参见前面第四章和第七章的相关探讨。
② 参见以 Friedman and Kuznets(1945)名义发表的 Friedman(1951a, 1955a)。
③ 例如参见 Friedman(1962a, 123; 1971f, 23)。
④ Friedman and Friedman(1980, 262).

涨，但是，由于经济中的总货币支出由总需求政策确定，没有工会的或工会力量较弱的部门将感受到工资下降的压力，从而可能滞后地抵消工会所推动的工资上涨对总成本的影响。[①] 类似的论证思路也适用于源自某些部门的企业的垄断力量对价格施加的上涨压力。这些因素构成了弗里德曼到1951年赞成在框架中对通货膨胀态势施加限制的基础。在该框架下，成本推动力量对通货膨胀的平均影响为零。按照方程式（10.1）这样的菲利普斯曲线的术语来说，α是正的——在这种情况下，如果对某种价格上升没有进行货币调节，那么，其他价格的下降压力就开始出现了。

总而言之，尽管弗里德曼认为工会是某些经济效率低下的一

[①] 这种看法的一个必然结果是，弗里德曼拒绝将"劳动"与有组织的工会运动等同起来（例如参见 *San Jose Mercury News*, February 13, 1979; and *Newsweek*, January 17, 1983）。

个根源,但他并不认为工会是通货膨胀的一个根源。[1]正如他在

---

[1] 特别参见 Friedman(1959b, 212-13)。
20世纪50年代,弗里德曼在芝加哥大学的一位同事艾伯特·里斯(Albert Rees)也在这一时期批评成本推动观点,尤其是批评工会推动工资上涨的观点。尤其参见 Rees(1962):这本书出现在弗里德曼作为总编辑的《剑桥经济学手册》系列丛书中,并在正文中承认了弗里德曼的评论。阿申菲尔特和彭卡维尔(Ashenfelter and Pencavel 2010)论述了里斯在该领域的一些成果,但没有将里斯的著作与弗里德曼的研究联系起来。然而,约翰·彭卡维尔在2014年5月12日本书的一次访谈中指出,弗里德曼将里斯视为劳动力问题方面的权威,以至于里斯被称为"米尔顿·弗里德曼的劳工部长"。
20世纪50年代(例如 Schlesinger 1958, 296)和后来的(例如 Macesich 1977, 66-67, 69)其他叙述确实注意到弗里德曼和里斯在拒不接受成本推动观方面团结一致。1958年5月22日,芝加哥大学经济系副教授的里斯在国会作证时的陈述,阐述了这一批评的一些主要观点:"没有确凿的证据表明工会是通货膨胀的原因,而且有大量证据表明,由集体谈判确定的工资水平在快速通货膨胀中会滞后于其他工资水平。那种认为渐进式通货膨胀是'工资推动'结果的观点是建立在随意的但可能具有高度误导性的观察基础之上的"(Joint Economic Committee 1958a, 401)。在这些观点中,弗里德曼多次强调的一个观点是工会工人的工资经常滞后于非工会工人的工资(包括 Friedman 1971f, 23; 1975d, 33 [p.83 of 1991 reprint]; 1981a, 13; Instructional Dynamics Economics Cassette Tape 67, February 10, 1971;以及 *Monday Conference*, ABC Television, Australia, April 14, 1975, p.15 of transcript)。另见 Fischer(1985, 42)以及下文第十五章。尽管弗里德曼和里斯在工资的内生性问题上想法一致,但他们在通货膨胀与失业是否存在永久性关系的问题上分道扬镳。里斯坚持认为,即使从长期来看,非垂直关系也占主导地位(参见 Rees 1970a; Friedman 1976a, 221;以及下文第十三章)。这一分歧突出了这里所强调的弗里德曼在通货膨胀的多个领域与其他经济学家存在分歧这个事实,包括通货膨胀的内生性问题——成本推动辩论的核心——以及在通货膨胀内生性的条件下是否存在通货膨胀与失业之间长期关系的问题。并且正如即将要探讨的那样,弗里德曼质疑的第三种观点就是一种混合成本推动和非垂直的菲利普斯曲线的观点,而这种混合的观点意味着通货膨胀和失业之间存在永久的权衡。

1958年12月所说，尽管他不习惯于为工会辩护，但他的经济分析促使他在通货膨胀的原因问题上这么做。①

而且，在弗里德曼看来，工会所在行业观察到的大部分工资上涨反映了需求压力的影响而不是反映了真实的成本推动力量的事实，就夸大了工会对其所属行业工资增长所施加影响的看法。也就是说，垄断行业出现的工资和价格上涨通常是工资制定者和价格制定者对乐观的需求力量而非行使市场支配力的一种反应。实际上，弗里德曼强调的一个特征是，商品价格和生产要素价格产生波动的力量在完全竞争和不完全竞争条件下存在相似性。弗里德曼相信，在完全竞争条件下成立的许多结论，在一个具有市场支配力的经济中同样有效。这一看法不仅在20世纪40年代他所表达的马歇尔分析具有高度的普遍性的观点中表现出来，而且也在他的1953年的方法论文章中占有重要地位。

弗里德曼在20世纪50年代早期对工会存在条件下经济后果的研究，可能增强了他在这个问题上的信心。考虑到他在20世纪30年代末所提出的"自由放任经济"的一个特征就是要素服

---

① Friedman（1959b, 212）。切里耶尔（Cherrier 2011, 360）以弗里德曼保护工会免受引起通货膨胀的指控作为反例，来质疑最近的思想史文献关于弗里德曼支持企业的基本立场所采纳的观点。她在这样做时就认为弗里德曼在这个问题上的立场鲜为人知。这可能在思想史文献中鲜为人知，但是，弗里德曼关于通货膨胀被不公正地归咎于工会的观点不仅在货币经济学文献中得到了大量的探讨，而且也成为公众讨论弗里德曼观点的一个话题（例如在 Fortune, June 1, 1967, 150；和 Sunday Times, January 22, 1978；以及 Trevithick 1977, 15）。正如在 E. Nelson（2007, 2009a, 2009b）及后续的章节中所详述的那样，这是弗里德曼本人在20世纪70年代的大通货膨胀期间反复强调的一种观点。

务按照边际产品付费的说法,这种可能性就更加明显了。① 相比之下,他在1962年描述"资本主义制度"——他用此术语来涵盖那些包括不完全竞争要素的制度——的状况时将这个条件视为一个极好的近似。②

弗里德曼承认,市场支配力的确会产生某些不同的结果。它不仅降低了经济的整体效率,而且导致市场支配力存在的行业具有较高的价格。不过,如果没有市场支配力的上升,市场支配力本身既不构成这些行业价格上涨的一个根源,也不会使这些行业的价格行为不受供求的影响。③ 这一论点既适用于在表面上由工会倡议所引起的成本增加,也适用于由实力强大的厂商直接强制提高的价格。方程式(10.1)表明,成本推动项 u_t 的均值为零,因此这一项不是通货膨胀上涨压力的一个系统性原因。④

如上文所述,除了加尔布雷思,弗里德曼在20世纪50年代的美国很少去应付纯粹的成本推动型通货膨胀理论的倡导者。相反,弗里德曼不得不反驳的是越来越多的人所鼓吹的成本推动与需求拉动相混合的通货膨胀观。这种混合观点,也可以称为"部分成本推动"观的倡导者承认在像式(10.1)这样的方程式中

---

① Friedman(1938b, 129).
② Friedman(1962a, 168)。另见Friedman(1962b, 197)。
③ 参见Friedan and Schwartz(1963a, 498-99)以及前面第七章。
④ 约束条件$E[u_t]=0$可以被认为是名义黏性在长期内消失的一个约束条件。在具有价格黏性的新凯恩斯主义模型的情形下,这个约束条件与这个观念——稳态加成在黏性价格和弹性价格条件下相同,且黏性价格经济具有加成冲击的均值为零的特征——是一致的。关于这些模型的标准性质,例如参见Galí, Gertler, and López-Salido 2001;以及Walsh 2003。关于约束条件$E[u_t]=0$的根据的相关探讨,另见前面第七章。

α>0——所以，政策制定者对总需求的限制原则上可以阻止特定的价格上升出现在持续的通货膨胀率中。但是，这种混合的观点也断言 u_t 的均值为正且具有持续性。因此，在面对这些成本推动冲击时，需求限制只能以过度失业为代价来维持价格稳定——也就是说，产出缺口永久为负。①

正是这种关于成本推动力量的性质的分歧——u_t 是零均值还是正均值——对于通货膨胀和失业之间是否存在长期权衡取舍的争论至关重要。弗里德曼关于长期菲利普斯曲线在自然失业率条件下是垂直的观点，要求 $E[u_t]=0$ 这一条件成立。他和埃德蒙·菲尔普斯关于将 β 限制为 1 的建议——该建议是菲利普斯曲线辩论中更加著名的一部分，第十三章将探讨此建议——只有在 $E[u_t]=0$ 这一条件得到满足的情形下才会提供一条自然率状态下的长期曲线。②

由于联合经济委员会在 1958 年出版了受邀提交的论文集《价格对于经济稳定和增长的关系》(*Relationship of Prices to Economic Stability and Growth*)，弗里德曼得以在早期发现

---

① 正如弗里德曼的许多论述一样（例如 Friedman 1968b），这里理所当然地认为，产出波动与失业变化有对应关系，尽管大多数新凯恩斯主义模型而非弗里德曼（Friedman 1968b）的论述都没有从字面上必然包含这种关系。如果真是这样，这些框架正如指出的那样就意味着劳动力投入的波动仅表现为工作时间的变化，而不表现为雇用工人数量的变化。
② 如果长期菲利普斯曲线是非垂直的和（1），那么即使政策制定者的目标产出水平是自然产出水平（因此他们隐含的失业率目标就是自然失业率），$E[u_t]>0$ 也会创造出通货膨胀和产出缺口之间的长期平衡。对于 β=1 和 $E[u_t]>0$，长期平衡是不存在的——长期的菲利普斯曲线是垂直的-但是永久的产出缺口却存在——失业永久高于自然率，并且垂直的菲利普斯曲线位于自然失业率的右侧。

他的通货膨胀观与另一种发展初期的"部分成本推动"通货膨胀观——也就是说,这种观点相当于在方程式(10.1)中设定 $\alpha > 0, E[u_t] = 0$——相并列。① 弗里德曼在"货币供给与价格和产出的变化"一章中主要概述他与施瓦茨的货币研究成果,提倡他的固定货币增长规则,而不是与成本推动的观点进行较量。尽管如此,弗里德曼还是在他的文章中对"成本……的上升趋势几乎与强大工会引起的需求状态无关"这一立场持怀疑态度。②

然而,紧接在弗里德曼那一章之后的是阿巴·勒纳关于支持成本推动型通货膨胀——或者阿巴·勒纳更喜欢称之为"卖方通货膨胀"——存在的一章。③ 阿巴·勒纳断言:"卖方的通货膨胀可能不是由要求工资的增加引起的,而是由高于成本的价格加成百分比引起的。"阿巴·勒纳承认,货币调节可以阻止成本推动力量转化为通货膨胀——"货币供给的增加……是通货膨胀过程能够持续下去的一个必要条件"。但他认为,这种选择只能以永久性失业为代价:

---

① Friedman(1958b)。发表这篇文章的出版物(Joint Economic Committee 1958b)是1958年3月31日出版的。弗里德曼原本计划就这次提交的主题亲自向联合经济委员会说明。然而,在原定的1958年5月15日这个作证日,众议员理查德·博林(Richard Bolling)在听证会开始时说道:"今天上午,我们将错过芝加哥大学经济学教授米尔顿·弗里德曼博士令人振奋的出席。在过去的一年里,弗里德曼博士一直在斯坦福大学的行为科学高级研究中心。我们很抱歉,意外的麻烦使他今天上午不能和我们在一起。"(Joint Economic Committee 1958a, 127)
② Friedman(1958b, 252; pp.182–83 of 1969 reprint)。
③ Lerner(1958)。勒纳文章的标题——"通货膨胀的萧条和操纵价格的管制"——表明20世纪50年代成本推动观的倡导者对后来几十年被称为"滞胀"的现象有自己的解释。

如果支出没有增加，所购买商品的单位数量的减少必然与卖方单位价格的提高的比例相同。因此，价格上涨 10% 将导致产出下降约 10%。通过减少总支出，或者仅仅是拒绝增加总支出以适应价格的上涨，当局将会造成萧条和失业。这将阻止卖方提高价格。

因此，弗里德曼的观点——持续的通货膨胀是一种货币现象，维持价格稳定不需要产出缺口持续为负——就与其他观点——在通货膨胀过程中存在着主要的非货币因素，而这些因素对整体通货膨胀的影响只有以永久性失业为代价才能被货币政策抵消——之间的战线就勾勒出来了。弗里德曼至少应该庆幸，他在这场辩论中的主要对手是部分成本推动型通货膨胀观的信徒，因为他们承认货币政策可以阻止通货膨胀，尽管有永久性的实际代价。但是，极端的通货膨胀观甚至没有给予这种让步。如上文所述，这种极端的观点在 20 世纪 50 年代英国的学术界和政策圈中已经很盛行，但直到 20 世纪 70 年代才在美国的相应团体中获得大批的支持者（参见第十五章）。

1959—1960 年间发表的两篇著名文章进一步加大了成本推动因素是影响通货膨胀的主要因素的观点的势头。萨缪尔森和索洛在 1959 年 12 月提交给美国经济协会并于 1960 年 5 月发表的研究中，在美国提出了非常著名的向下倾斜的经验性的菲利普斯曲线。萨缪尔森和索洛分析的重要性在于，它有助于在早期凯恩斯理论的 L 形总供给函数与弗里德曼和菲尔普斯扩展的长期垂直菲利普斯曲线之间找到一个中间阶段。因此，萨缪尔森和索洛很明显对现代共识组成部分的通货膨胀理论的持续存在做出了贡献。① 弗里德曼也表示，菲利普斯曲线理论通过将通货膨胀作为各种就业水平的内生变量，从而有助于"价格决定重新回到主流经济分析"。②

然而，萨缪尔森和索洛的大量探讨都集中在今天总体来说没有被接受的一个创新上。这个创新就是他们倡导一种可以同时考虑系统性的成本推动和需求拉动对通货膨胀压力的框架。实际上，萨缪尔森和索洛将前面描述的部分成本推动的通货膨胀观形式化了。特别是，为了反映他们关于"必须承认两种观点都有正确性的一面"的立场，萨缪尔森与索洛建议，需要将通货膨胀和产出缺口之间的连续关系（$\alpha > 0$）与成本推动力对通货膨胀施加的系统性上升压力（$E[u_t] > 0$ 且 u_t 具有持续性）结合起来。后一因素与两位作者附加的关于菲利普斯曲线是非垂直的（即 $\beta < 1$）的立场一起，构成了萨缪尔森与索洛主张的通货膨胀和失业之间永远存在权衡的观点的基础。

索洛，尤其是萨缪尔森在 20 世纪六七十年代的言论中不断重复地表达了这种权衡的信念。他们甚至在 1960 年的论文结尾

---

① 索洛（Solow 1976, 3-4）和菲尔普斯（Phelps 1968b, 679）认为罗宾逊（Robinson 1937）是凯恩斯主义文献中关于菲利普斯曲线关系的早期表述，而菲尔普斯还提到了邓洛普（Dunlop 1938）。另见第十三章的探讨。
② Friedman（1970b, 220）。另见 Friedman（1977e, 469）和前面第七章。

处提到"充分就业与价格稳定之间的不和谐"之时就这样做了。[1] 萨缪尔森在1962年与弗里德曼的共同出席的一次电视节目中阐明了这一点。在节目中，在弗里德曼关于高就业和价格稳定之间"在我看来不存在根本的不兼容性"的评论之后，萨缪尔森回应说："现在让我担心的是：在过去的30年里，有多少次和有几个月——我甚至不会说'几年'——我们拥有过……4%的失业率，就像我们衡量的那样，以及消费价格指数的稳定呢？再放眼国外，你能指出又有多少个国家，在多少个月当中就业高，像它们所衡量的就业那样，和价格稳定呢？……我浏览了一下记录。我非常失望，因为这样的情形很少，这就是我担忧这个问题的可能性的原因。"[2]

价格稳定和高就业倾向于不相容的观点在美国的学术界很有

---

[1] Samuelson and Solow（1960, 194）。事实上，萨缪尔森早在萨缪尔森-索洛论文的撰写和菲利普斯（A. W. Phillips 1958）的文章发表之前就已经表达了菲利普斯曲线存在权衡的信念：例如参见 Samuelson（1953, 551; 1956, 130）。正如我们事实上所看到的那样，萨缪尔森认为阿尔文·汉森的著作提出了权衡的观点。在一个这样的探讨中，萨缪尔森（Samuelson 1976, 30）指出，他和汉森都认为不受干预的工资与价格安排不太可能与充分就业和价格稳定的情况相一致，因而表明了"需要一种收入政策"的可能性。此外，汉森在哈佛大学的一位同事西摩·哈里斯在1963年联邦储备委员会的一份备忘录中被描述为"主张'某些'通货膨胀是可以容忍的，甚至可能是实现社会可接受的就业水平所必需的"观点（Young 1963, 3）。
另参见第十三章对 Samuelson and Solow（1960）以及与后来的菲利普斯理论之间的关系的进一步讨论。

[2] 出自弗里德曼和萨缪尔森参加的 *The American Economy, Lesson 48: Can We Have Full Employment without Inflation?*, CBS College of the Air, filmed circa June 5, 1962。

影响力。哈佛大学的詹姆斯·杜森贝里所采取立场的变化就是这种影响力的一个例子。在1959年的一次会议上，杜森贝里曾表示，"充分就业和价格稳定之间不存在必然的冲突"。然而，到20世纪70年代初，杜森贝里的立场变成了"以物价稳定为目标的财政和货币政策将导致过多的失业"。与萨缪尔森和索洛的说法一样，杜森贝里的表述也留下了这样一种可能性：如果收入政策被用来抑制成本推动力量，那么这两个目标是可以调和的。

第二篇在20世纪50年代末探讨成本推动问题，并且还被萨缪尔森和索洛引用的著名文章是查尔斯·舒尔策的专著《美国近期的通货膨胀》(Recent Inflation in the United States)。该研究是由联合经济委员会委托并于1959年9月发布的报告。舒尔茨在2013年7月9日的访谈中回忆说，这项研究不仅得到了媒体的广泛报道，而且也成为20世纪60年代美国研究生课程关于成本推动型通货膨胀的标准阅读文献。[1] 舒尔策的分析采取了与刚才阐述的混合观点相类似的立场：即使在没有过剩需求的情况下，"我们的价格和工资设定机制的性质也会促使价格水平上偏"，而货币政策只能以大量失业为代价来抵消这种压力。按照这种观点，将产出缺口保持在零也不足以阻止通货膨胀率中出现的成本

---

[1] 阿兰·布林德（Alan Blinder）在2008年9月佛蒙特州举行的国民经济研究局关于大通货膨胀的会议上，在全体参与者讨论迪奇奥和纳尔逊（DiCecio and Nelson 2013）中以这样的术语回顾了这篇论文。事实上，甚至在20世纪70年代，舒尔茨的专著节选就出现在一本宏观经济学选读文献之中（参见W. Smith and Teigen 1970, 163-69）。

推动压力。[1] 因此，舒尔策总结道："通过使用货币和财政政策来预防总需求出现过剩，我们只能控制一种类型的通货膨胀。"

与勒纳和萨缪尔森-索洛的文章都没有提到弗里德曼相反，舒尔茨认为弗里德曼是"需求拉动理论家"的代表，并引用了弗里德曼在1950年参加工会会议所写的论文。[2] 就弗里德曼而言，他明确区分了他视为可信的价格黏性和他视为不可信的关于市场力量具有陡然上升趋势的倾向。事实上，弗里德曼在1959—1960学年的某个时候曾在印第安纳大学做了一次演讲，舒尔策之后在与弗里德曼一起驱车的途中简短地探讨了他的研究。[3] 弗里德曼告诉舒尔策，虽然他同意某些部门的价格呈现刚性下降的观点，但他认为这种趋势可能会随着时间的推移而减弱。

弗里德曼与成本推动理论的各种支持者之间的冲突在20世纪六七十年代继续发展。当时成本推动观点的拥护者看到，美国政府将他们的信念转化成为用来对抗通货膨胀的非货币性工具，包括20世纪60年代的工资和价格指导线，尼克松的工资-价格管制，以及卡特政府（舒尔策在其中担任经济顾问委员会主席）针对通货膨胀采取的各种非货币措施。萨缪尔森和索洛谈到了"可能引入哪些可行的制度改革这一重要问题"，并将"直接的价

---

[1] 舒尔策（Schultze 1959, 6）总结这个问题如下："因此，需求拉动理论家和成本推动理论家之间的争论实际上是关于充分就业和价格稳定一致性的争论。"这种表述的一个限定条件是舒尔茨、萨缪尔森和索洛提倡的那种需求拉动与成本推动的混合理论足以使充分就业和价格稳定性成为不一致的目标。

[2] Friedman（1951a）。舒尔策也引用了 All Participants（1951）。

[3] 舒尔策从1959至1961年是印第安纳大学的一位讲师（信息来源于布朗宁学院）。

格和工资管制"列为"使美国菲利普斯曲线向下和向左移动"的可能措施之一，从而预示了这场政策工具的辩论。相比之下，弗里德曼于1958年11月在美国石油协会的一次会议上表示，工资-价格管制对于抗击通货膨胀毫无用处，而且它们的强制实施将危及自由社会的基础。[1]

弗里德曼在1957年7月的斯坦福商业会议上发表演讲时曾表示，强制实施工资和价格管制将导致短缺，并最终导致政府插手劳动和其他生产要素分配的管理。在同一场合，弗里德曼批评了艾森豪威尔政府对成本推动观做出的让步，特别是批评艾森豪威尔总统曾公开呼吁限制工资和价格的规定。[2]

然而，让弗里德曼感到宽慰的是，艾森豪威尔政府顶住了要求引入工资与价格管制的压力。尽管艾森豪威尔总统事实上在第二任期内有点出尔反尔，但是，当他在第一次国情咨文演讲中说"除了信贷管制，直接管制并没有解决通货膨胀的真正原因，而只是应付它的症状"时，就为他的整个总统任期内的经济政策定下了基调。[3]

弗里德曼称赞阿瑟·伯恩斯说服艾森豪威尔不要寻求工资

---

[1] Friedman（1958a，21—22）。这在 *Odessa American*（November 11, 1958）中也有报道。

[2] 关于弗里德曼对艾森豪威尔政府在第二任期内乐于接受成本推动和工资推动通货膨胀理论关注的进一步文献证据，参见 S. Gordon（1974）。另见 Friedman（1962b，281-82）。

[3] 引自艾森豪威尔1953年2月2日的国情咨文（Eisenhower 1953, 7）。在这种语境中，艾森豪威尔提到的信贷管制只是指使用标准的货币政策工具。这并不意味着采取弗里德曼所反对的那种直接信贷管制。

和价格管制。① 正如已经指出的那样，虽然弗里德曼确实对伯恩斯在一系列演讲中对某些货币政策声明表达了异议，但是，伯恩斯在演讲中否定了收入政策。就此而言，这些演讲赢得了弗里德曼的赞同。因而，弗里德曼和伯恩斯在整个20世纪60年代的收入政策方面依然没有分歧。他们在这个问题上的分道扬镳直到1970年才出现。

第三节 人物：1951—1960年

一、参议员保罗·道格拉斯和普雷斯科特·布什

弗里德曼从20世纪80年代初的角度宣称，曾为芝加哥大学经济学教授出身的美国参议员保罗·道格拉斯是"芝加哥学派对货币政策产生影响的第一个最近的例子"。② 弗里德曼所指的影响是道格拉斯参议员作为联合经济报告委员会下属的货币、信贷和财政政策小组委员会主席，在1949年9月至12月期间的小组委员会听证会上所产生的影响。弗里德曼没有出席听证会，但他和施瓦茨在《美国货币史》中以"货币政策的复兴"为题，引用了证词以及最终报告。③ "在听证会的整个过程中，道格拉斯一直在强调钉住债券价格的不可取性，"弗里德曼在阅读听证会证词

---

① Instructional Dynamics Economics Cassette Tape 51（May 27, 1970）。另见第十五章。
② Friedman（1982b, 104-5）.
③ 参见 Friedman and Schwartz（1963a, 595）。

之后评价道,"我毫不怀疑,他的压力在最终达成美联储与财政部的《协定》方面发挥了关键作用"。[1]

从债券价格钉住制议题的大量证词和意见书中,道格拉斯小组委员会在1950年1月撰写了一份51页的简明报告。关于货币政策的一个关键建议出现在第17页:"自'二战'以来,约束性货币政策作为反通货膨胀措施的大力使用一直受到限制……但是我们相信,避免通货膨胀的好处是如此之大和约束性货币政策可以为此目标做出如此巨大的贡献,以至于基于总体稳定目的应该恢复美联储限制信贷和提高利率的自由。"[2]

这一建议的提出方式阐明了20世纪50年代人们所认识到的经济政策目标。道格拉斯报告的第1页就指出,提出的整个货币政策建议旨在"实现《就业法案》的目的"。[3] 人们有时争论说,1946年《就业法案》只是赋予联邦政府(包括美联储)真实的(即生产和就业)目标,而把该法案的"最大……购买力"目标

---

[1] Friedman(1982b, 105)。弗里德曼赞扬道格拉斯帮助终止债券价格支持计划的另一次回忆出现在 Instructional Dynamics Economics Cassette Tape 163(February 1975,part 1)。

[2] Subcommittee on Monetary, Credit, and Fiscal Policies(1950a, 17)。Friedman and Schwartz(1963a, 595)引用了该报告第2页上的一个相似段落。

[3] Subcommittee on Monetary, Credit, and Fiscal Policies(1950a, 1)。

解释为价格稳定目标的做法是对该法案措辞的一种事后构建。①例如，费尔纳承认该法案"将最大购买力定义为一个理想的目标"。然而，他随即断言："但这里的购买力大概是在'有效需求'的意义上使用的，而非'美元价值'的意义上使用的。"

艾森豪威尔总统实际上相信费尔纳那样的分析，因而在1959年1月国情咨文的主旨中呼吁修正就业法案，以便包括价格稳定的授权。弗里德曼在随后几个月的国会作证时表示支持这样的修正。②然而，就业法案的立法史支持这样一种观点，即该

---

① 例如，欧菲尼德斯（Orphanides 2003, 634）在讨论"伯恩斯在1957年提出的价格稳定修正案从未制定成法律"这一事实时，显然接受了伯恩斯关于1946年《就业法案》没有规定价格稳定授权的前提。

伯恩斯显然在这个问题上改变了看法，因为他后来把就业法案的最大购买力部分的职权范围作为价格稳定的目标。关于这一立场的变化，参见 DiCecio and Nelson（2013, 413）以及伯恩斯在1977年7月26日的声明："美联储和联邦公开市场委员会的实际做法"是根据"美联储对国会意图的理解"将1946年《就业法案》解释为包含价格稳定的授权（Burns 1977b, 717）。

某些研究（例如 Kohn 2005, 347）认为，只是随着1977年《联邦储备改革法案》的通过，美联储才拥有了一个法定的价格稳定目标。同样，在该法案通过之前，沃伯顿（Warburton 1976, 542）质疑美联储是否有维持货币价值的法律责任。然而，就此处提供的解释而言，诸如此类的研究过度侧重于与《联邦储备法案》具体有关的立法上，而忽视了1946年《就业法案》所体现的美联储的职权范围，因为该法案本质上确实传达了价格稳定的授权。

② 参见 Eisenhower（1959, 7）以及弗里德曼在1959年5月25日的联合经济委员会上的证词（1959a, 627）。

法案描述的购买力责任总是被设想为一项价格稳定的授权。① 并且，正如我们所看到的那样，道格拉斯小组委员会在 20 世纪 40 年代末审查美联储的政策时，明确地采取了此种立场。此外，美联储在 20 世纪 50 年代就认为就业法案包含了价格稳定的任务。弗里德曼承认，就业法案的解释包含了价格稳定授权。②

道格拉斯小组委员会的报告认为，适当货币政策的主要特征是"对某些时候的宽松信贷和其他时候的信贷限制保持适时的灵活性"。③ 这似乎与弗里德曼从 20 世纪 50 年代后半期开始倡导的固定货币增长规则相冲突。但事实上，这里可能没有任何冲突。因为如前所述，货币增长规则会在扩张时产生利率上升的压力或"信贷限制"，而在衰退时产生利率下降的压力或"信贷宽

---

① 例如参见众议员雷乌斯（Reuss）在 20 世纪 50 年代末的几次讨论，包括在联合经济委员会（Joint Economic Committee 1958a, 29, 262; 1959d, 20）上的讨论。经济顾问委员会（Council of Economic Advisers 1952, 847）在 20 世纪 50 年代更早的时候陈述道："虽然《就业法案》没有具体提到价格稳定的目标，但它确定无疑是隐含在几个陈述目标之中的。"
② 关于前一点，沃克（C. Walker 1960, 55）提到"联邦储备当局确信，《就业法案》包含了对价格稳定的隐含授权"。在这一点上，他引用了美联储主席威廉·麦克切斯尼·马丁在 1957 年提交的一份建议（Committee on Finance 1957, 1256）时所说的："如果价格高度不稳定，根本不可能'促进和增进……普遍福利'与'保持最大就业、生产和购买力'。"另见 Romer and Romer（2002b）和 C. Romer（2007）关于美国政策制定者的目标在战后时期没有明显改变的证据。
③ Subcommittee on Monetary, Credit, and Fiscal Policies（1950a, 17）。

松"。① 特别是，正如道格拉斯在小组委员会听证会上所说，"在通货膨胀时期，利率要增加"。②

弗里德曼和道格拉斯在 1949—1951 年间一致认为，有必要取消债券价格钉住制，让利率上升。但是，一旦取消了钉住制，他们就会经常发现彼此在货币政策上意见相左。当弗里德曼采取这种立场——1953—1959 年的货币政策变化太大，但平均而言大约是正确的——的时候，道格拉斯-作为联合经济委员会的民主党议员，并不定期地担任该委员会主席——却在 20 世纪 50 年代末批评《协定》之后的时期的货币政策过于紧缩。③ 此外，道格拉斯相当相信成本推动型通货膨胀观。

然而，联合经济委员会也提供了一个平台，让弗里德曼可以表达与道格拉斯不同的观点，并为固定货币增长的政策规则提供充分的理由。具有讽刺意味的是，早在 20 世纪 20 年代末和 30 年代初，道格拉斯在当时任职的芝加哥大学对经济发展发表评论

---

① 该陈述没有完全抓住的事实是，债券价格钉住制的部分问题在于，它依据经济前景如何改变均衡的名义利率而能够产生宽松或紧缩的条件。正如第四章所探讨的那样，保持利率不变的政策会在经济状况中产生巨大变化的事实不仅是弗里德曼和施瓦茨（Friedman and Schwartz 1963a）叙述债券价格钉住政策的一个主要部分，而且也反映在沃伯顿（Warburton 1958, 211）关于"货币政策稳定需要利率灵活"的观点中。另见 Brunner（1971b, 44）。
② 出自道格拉斯 1949 年 12 月 3 日货币、信贷与财政政策小组委员会的听证会上的评论（Subcommittee on Monetary, Credit, and Fiscal Policies 1950b, 494）。弗里德曼和施瓦茨（Friedman and Schwartz 1963a, 622）也对此引用。
③ 联合经济委员会主席的职位由众议院和参议院的议员轮流担任。根据联合经济委员会在 2014 年 7 月 24 日向笔者提供的信息，道格拉斯在 1955—1956 年、1959—1960 年和 1963—1964 年担任该委员会主席。

时就倡导过这种规则。①弗里德曼在 1959 年 5 月和 10 月联合经济委员会的报告中作证支持固定货币增长规则。

弗里德曼在第一次作证的场合与得克萨斯州共和党参议员普雷斯科特·布什（Prescott Bush）进行了令人痛苦的交锋。弗里德曼认识三代布什家族的政治家：20 世纪 80 年代，他与普雷斯科特·布什的儿子，副总统乔治·H.W. 布什（George H. W. Bush）一起在总统的经济政策顾问委员会工作；2002 年，乔治·W. 布什（George W. Bush）总统为了纪念弗里德曼在白宫举办了一场活动。然而，普雷斯科特·布什在 1959 年 5 月与弗里德曼之间的反复交锋并没有真正预示 20 世纪 80 年代及其之后的经济辩论。相反，他们两人之间的一次具体交锋却预示了在更近的未来，也就是在 20 世纪六七十年代会出现的重要问题。布什参议员问弗里德曼："本委员会今年工作的一个主要目标，就是试图找出维持就业和物价稳定之间的关系。我希望你能对此发表评论。你认为这些目标是否相互冲突的吗？你对此有何想法？"弗里德曼回答说："我认为它们并不相互冲突。"②

二、威廉·麦克切斯尼·马丁

正如本章第一节所指出的那样，弗里德曼在 20 世纪 50 年代

---

① 参见 Tavlas（1977b）。弗里德曼是此论文的审稿人（参见 Tavlas 1998, 19）。道格拉斯在 20 世纪二三十年代对经济波动和货币管理的思想也在莱德勒（Laidler 1999, 222-28）的文章中得到了详细探讨。

② 出自弗里德曼在 1959 年 5 月 25 日出席联合经济委员会（Joint Economic Committee 1959a, 626）的证词。弗里德曼早前曾在 1952 年的国会证词中表示，他不接受这种权衡。参见 E. Nelson（2009a, 2009b）和前面第七章。

前半期认为稳定政策的发展方向最终会导致严重的通货膨胀。他在20世纪50年代末重申了这一担忧，认为通货膨胀的可能性"源于人们普遍接受'充分就业'是政府的一项主要责任"。① 不过，虽然弗里德曼认为政策平均而言可能过于宽松，但政策行动在两个方向上都过于剧烈的可能性也出现在弗里德曼的观点中。他在1958年指出"面对……相对温和的价格上涨"的过度反应的危险时就强调了这一点。② 他担心政策制定者很少对需求拉动类型的通货膨胀做出准确诊断。但是他也担心，当他们确实这样诊断通货膨胀时，他们可能会在过激反应中采取过度紧缩的货币政策。

在弗里德曼看来，紧随1959—1960年之后的一系列货币政策是这种过激反应的一个主要例子。随之而来的是艾森豪威尔执政时期的第三次衰退，即1960—1961年的衰退。弗里德曼认为这是一次多余的衰退。③

货币政策在1958年至1960年间的紧缩程度明显地体现在M1和M2十二个月的百分比变化——根据弗里德曼和施瓦茨出版的《货币统计》中一系列M1和M2的数据计算得出——之中。④ 十二个月的M1增长率从1958年12月的3.8%下降到1960年7

---

① Friedman（1958e, 255; p.36 of 1962 reprint）.
② Friedman（1958b, 256; p.187 of 1969 reprint）.
③ 参见例如 Institutional Dynamics Economics Cassette Tape 42（January 15, 1970）。
④ Friedman and Schwartz（1970a）。美国联邦储备委员会关于M1和M2的现代官方序列仅从1959年1月开始，因此从这些序列中无法得到十二个月的可比变动。

月的-2.6%；同期十二个月的 M2 增长率从 6.8% 下降到-1%。再次参见图 10.1 可知，M1 而非 M2 在 1957 年年末至 1958 年年初也被允许出现了绝对的下降。鉴于弗里德曼强调 20 世纪 50 年代是美联储表示货币供给行为是制定货币政策决策标准的第一个十年，美联储允许这些下降的事实似乎令人费解。当人们认为美联储将这一概念而不是弗里德曼所强调的 M2 总量称为"货币供给"时，M1 的下降似乎更加令人费解。①

解决这个谜题的很大一部分在于美联储将货币总量视为政策制定中使用的众多标准之一这个事实。在 20 世纪 50 年代后期，其他一些标准与货币总量在提供有关金融状况的信号方面发生了冲突。这种冲突可能会缓和政策制定者将货币增长的疲软视为令人担忧的倾向。此外，虽然联邦储备系统在 20 世纪 50 年代就意识到了弗里德曼的研究，但总体上还是并不信服他对货币存量的有力强调。②

事实上，联邦储备系统对他的研究持高度怀疑的态度。当芝加哥联邦储备银行在 1958 年发表的一篇未署名的文章中指出货币供应量在近期的下降时，公开的记录就足够明显地体现了这种怀疑。这篇文章承认，对于"那些将货币供给视为商业活动'领先指标'的人"来说，这种下降可能显得"至关重要"。③ 这篇

---

① 例如参见 Friedman and Schwartz（1963a, 629-31）；Friedman（1970d, 23）；和 Rotemberg（2014）。马丁主席在 1957 年 8 月 13 日国会作证时说，在定义货币供给量时，"我们通常从这些数字中剔除定期存款"（Committee on Finance 1957, 1307）。
② 参见后面章节的进一步探讨。
③ Federal Reserve Bank of Chicago（1958, 12）.

文章中没有提到弗里德曼的名字，尽管芝加哥是他的家乡。① 但是，这篇文章继续淡化货币存量下降的重要性。相反，它却主张，货币流通速度是如此高度可变，以至于不容易得出货币总量行为对经济的影响。

美联储在20世纪50年代对弗里德曼工作的反应的其他评论，最好被描述为彻底的不信任而非单纯的怀疑。联邦储备委员会在1959年10月的一份关于货币统计的内部报告中，包含了一篇由工作人员罗伯特·艾恩齐格（Robert Einzig）撰写的文章。其中写道："考虑到货币供给量可能发生的变化，我们对这种变化与经济中实际变量变化之间的关系知之甚少。这项主要在芝加哥大学进行的研究，不仅通常都是总体性质的，没有将不同的经济部门分开，而且在解释货币供给与商业活动之间的关系时就面临在查找数据之前就保证建立令人信服的关系这一缺陷。"②

幸好对弗里德曼研究的探讨被保留在美联储内部。他既不会对用复杂的措辞描述他的研究表示好感，也不会对他的研究计划可能产生的后果表示好感。没有什么事情保证比说他的研究在进行分析之前就预先确定一个结论的评论更让弗里德曼生气了。弗里德曼在1957年的研究中提出消费信贷控制的建议时，伴随而来的就是一位讨论者在评论中采取这种态度。这位支持直接信贷

---

① 尤金·勒纳（Eugene Lerner）在完成弗里德曼指导的博士论文之后，曾在20世纪50年代的芝加哥联邦储备银行工作过几年，但他发现那里的气氛对弗里德曼和货币研究都很不利（Eugene Lerner, interview, July 29, 2016）。

② Einzig（1959, 4-5）.

管制的讨论者声称，弗里德曼的"结论几乎都是预先确定的"。[1] 弗里德曼后来的一位学术批评者约翰·卡伯特森在1964年对《美国货币史》发表了一篇看似高度赞赏的评论。当他在评论的结尾处中表明弗里德曼的先验观点推动了弗里德曼与施瓦茨得出的结论时，就无意中伤了弗里德曼。弗里德曼曾考虑对卡伯特森提起诉讼，继而觉得还是不起诉为妙。[2]

弗里德曼认为，上面引用的这些论断是对他作为一位研究人员的动机和正直的质疑。莱尔·格拉姆利在评论中对这些非难表达了一些看法。他从1955年起担任堪萨斯城联邦储备银行的研究人员，后来转到联邦储备委员会。格拉姆利在2013年4月2日的访谈中评论说，回想起来，美联储对弗里德曼的研究太过怀疑："当时我们几乎都是凯恩斯主义者。我们对它并没有太多的同情——也许比我们应该有的同情要少。所以我们知道芝加哥大学正在发生什么，但没有对此给予非常多的密切关注。"格拉姆利继续将美联储对货币观点的主要转变追溯到20世纪70年代中后期。然而，格拉姆利早在1969年——在他担任联邦储备委员会高级职员时的一次谈话中——公开表示，"在我看来，货币经济学和稳定政策领域要非常感谢弗里德曼教授，因为是他坚决要求，要比大约1935年至1965年间更加细致地探讨货币作为国民

---

[1] R.Turner（1957, 103）在讨论 Friedman（1957b）时这样说的。
[2] Culbertson（1964, 375）。卡伯特森还在第378页上称他们的因果讨论是"乏味的"。关于弗里德曼的最初反应，参见 Hammond（1996, 115-18）。然而，弗里德曼在后来的岁月中会引用卡伯特森（Culbertson 1964），接受除冒犯性批评段落之外的其他批评。特别参见 Friedman and Schwartz（1982a, 16）。

收入决定因素的作用"。①

20世纪50年代后期的货币政策发展状况,不仅导致弗里德曼认为美联储在重新强调货币总量方面已经倒退了,而且也导致他对美联储在评估货币状况时主要侧重于关注观察到的利率更加强烈不满——他在《协定》政策之后的最初几年已经表达了这种不满。事实上,弗里德曼会在20世纪50年代末抱怨说,由于"完全忽视"了货币增长,基于利率的货币政策分析方法在美联储系统内外都处于支配地位。②

美联储在这个历史时刻因为货币政策决策的基础不够清晰而饱受批评。在这点上,包括弗里德曼和克拉克·沃伯顿在内的批评者都表示,希望联邦储备委员会官员"能告诉我们,联邦储备系统是如何利用大量可获得的数据来制定政策的"。一位美联储官员在前面提到的1959年的内部报告中顺便提到这种批评时写道,"让我指出,美联储已经在众多出版物和公开声明中详细解释了它的运作方式以及其行动对经济的各种影响"。例如,1953年3月发表在《联邦储备公报》上题为"信贷和货币措施对经济稳定的影响"的一篇文章,以及拉尔夫·杨发表在《美国货币政策》上的"货币政策的工具和过程"的一篇文章。③

回想起来,美联储在20世纪50年代将其战略和政策传导观点的大量信息置于公共记录的做法,很明显非常具有可取之处。

---

① Gramley(1969, 2; p.489 of 1970 printing)。格拉姆利是在联邦储备委员会的研究与统计部门担任全职顾问时发表这个演讲的。
② Friedman(1960a, 43)。
③ Abbott(1959, 3)。所指的两篇文章是Federal Reserve Board(1953)和Young(1958b)。后面一篇文章经过修改后发表为Young(1964)。

除了前面引文中列出的文章，阐明政策战略的官方声明还包括美联储的年度报告——附有当年联邦公开市场委员会会议的摘要，以及高级职员和政策制定者——其中最著名的是从1951年4月2日开始担任了近十九年的美联储主席威廉·麦克切斯尼·马丁——的讲话和证词。

20世纪50年代公共记录中明显缺失的主要文件是联邦公开市场委员会会议的"会议纪要"文本。在20世纪50年代，"会议纪要"以近乎会议纪要文本的形式写成。[1] 当时，美联储打算要永久对它们保密。弗里德曼与施瓦茨在《美国货币史》中描述20世纪50年代的事态发展时没有获得接触联邦公开市场委员会会议纪要的好处，因为，在一段时间之后公开发布会议纪要的做法只是从在20世纪60年代中期才开始。

沃伯顿在1958年的讨论中承认，美联储已将货币政策战略的一些相关材料公布于众。他挑出来的不是上面列出的文章，而是纽约联邦储备银行的一本小册子。沃伯顿认为这本书提供了货币政策形成的"诱人线索"。事实上，这本小册子关注的是美联储行动的策略和操作方面，而不是影响货币政策的战略因素。然而，此书中的一个评论指出，美联储最关心的金融总量是银行信贷，以及货币政策的决策可以归结为一个政策制定者特定时期内

---

[1] 联邦公开市场委员会在1967年之前的会议"纪要"以及1967年至1976年间的"讨论备忘录"，与1976年以后的"会议纪要文本"相对应。参见 Romer and Romer(2002b)，Lindsey(2003)，和 Meltzer(2009a, 2009b)。

将允许银行信贷有多大的增长率问题。①

美联储在20世纪五六十年代更加重视银行信贷而非货币供给系列的观点与其他证据相符,包括罗腾伯格提供的证据。这种观点也与弗里德曼后来的结论相似:美联储官员在20世纪五六十年代的声明中尽管增加了对货币的阐述,但更重视的却是信贷序列而非货币总量。②

然而,政策制定者对银行信贷的关注几乎不能解释货币在1959—1960年为什么被允许下降。20世纪50年代是一个主要大额存款市场还未出现和金融债券市场还未复苏的时代。小额存款——形成了弗里德曼和施瓦茨的M2概念中主要的非通货性组成部分——是商业银行为其贷款和投资提供融资的最主要手段。

---

① Roosa(1956, 76)。同样,扬(Young 1964, 60)将货币政策的扩张时期描述为"货币政策旨在鼓励而非限制信贷扩张和支出"的时期。
② 参见Friedman(1970d, 19)。这篇文章的探讨表明,弗里德曼到20世纪60年代末得出的结论是,美联储主要对货币感兴趣的原因是,它被认为是信贷的一种噪声指标——罗滕伯格(Rotemberg 2014)也提出了这种解释。这篇文章对美联储观点的评价与弗里德曼和施瓦茨(Friedman and Schwartz 1963a, 628)早先的探讨形成了鲜明对比。他们采取了相反的立场,认为美联储对银行信贷规模的讨论是美联储对货币不断增长兴趣的标志。后一种解释是可以理解的,因为美联储经常同时讨论货币和信贷总量。这样的事例包括联邦储备委员会(Federal Reserve Board 1953, 234)提到需要避免"信贷和货币的过度和不稳定的增长";艾伯特(Abbott 1960, 1102)在《美联储公报》中陈述,"美联储调节准备金的供应,以使银行信贷和货币的数量与不断变化的经济需求相一致";以及阿克西尔罗德和扬(Axilrod and Young 1962, 1113)也在《美联储公报》的一篇文章中评论说,美国在《协定》之后的"货币政策可以自由地调节银行信贷和货币扩张,以实现可持续的经济增长和稳定的美元价值。"

因此，银行信贷和旧的 M2 在 20 世纪 50 年代的增长率基本同步。

对弗里德曼来说，允许货币存量下降的原因另有出处。弗里德曼在 1968 年发表的一篇评论中概括了一个因素："威廉·麦克切斯尼·马丁可能会认为利率和货币数量一样重要"。弗里德曼相信，马丁主席在后《协定》时期领导下的美联储使用短期利率工具这一事实，导致它误判了 1958 年至 1960 年间的货币政策立场，从而忽视了更可靠的 M2 增长指标。

联邦基金利率——在经历了长时间的平静之后，从 20 世纪 50 年代中期起重新成为美国金融市场的关键短期利率——在 20 世纪 50 年代后期从 1958 年 7 月略低于 1% 增长到 1959 年 12 月的 4%，在 1960 年一季度趋于平稳之前总共上涨了约 300 个基点。然而，这 300 个基点的上涨与一系列不同的（旧的）M2 增长模式相关：M2 十二个月的增长率持续上升到 1959 年年初，此时基金利率 300 个基点的加息已经完成了大约一半，然后它直到 1960 年中期经历了大约 8 个百分点的下降，从而在联邦基金利率达到峰值之后继续下降。①

梅尔策注意到了 M1 增长率在 1959 年的下降，但认为这种

---

① 这里使用了弗里德曼和施瓦茨（Friedman and Schwartz 1970a）关于货币序列的月度数据。弗里德曼在《动态经济学教学盒式磁带》（Instructional Dynamics Economics Cassette Tape 52, June 10, 1970）中指出，美联储对利率工具的依赖是 1959 年货币存量下降的原因。请注意，这里的关键点并不是利率和货币增长在 20 世纪 50 年代末都没有出现紧缩。事实上，它们都紧缩了。而且正如本章前面所指出的那样，从 20 世纪 50 年代中期到 20 世纪 60 年代中期，利率和货币增长确实存在反比关系。但是，出于同样的原因，这两个序列在 20 世纪 50 年代末在货币紧缩的速度和程度上确实存在不同之处。

下降对经济活动的影响很小，因为梅尔策观察到同期的流通速度的增长率显著上升。这种解释在很大程度上准确地描述了货币增长率和速度增长率对名义收入行为的算术贡献，但却肯定低估了伴随货币增长率下降而来的货币状况变化的重要意义。原因是——正如弗里德曼在 20 世纪七八十年代反复强调的那样——当期的流通速度增长率在货币增长变化和名义收入增长变化之间存在滞后时具有误导性。[1] 根据《美国货币史》以及其他研究对 1959 年至 1961 年间发展状况的解释，无论是以 M1 还是 M2 衡量的货币增长率在 1959 年的下降都相当于货币紧缩政策，由此造成名义和实际收入增长在 1960 年的急剧下降（图 10.2 和 10.3 显示了这种下降）。根据这种解释，货币流通速度在 1959 年的上升在很大程度上是货币变动和名义收入变动之间的滞后造成的。事实证明了这一猜想。如图 10.6 所示，当使用的流通速度概念是"领先流通速度"时，流通速度上升的幅度较小。使用弗里德曼在 1983 年 9 月 1 日《华尔街日报》中使用的术语，领先流通速度定义为名义收入除以上一季度的货币存量。在图 10.6 中，这个流通速度概念被定义为名义 GDP 除以两个季度前的 M2 的数值（旧定义）。[2] 分子和分母之间存在两个季度的时间差距，是为了反映名义收入滞后于货币的平均滞后时间。

---

[1] 关于弗里德曼后来对这个问题的探讨，例如参见 Friedman（1973b; 1980a, 59 [p.57 of 1991 reprint]; 1988a, 224）。另见前面第六章关于该问题与近期的货币政策研究文献相关性的强调。

[2] 由于 M2 的现代定义只是始于 1959 年 1 月，它不能用于生成图 10.6 所涵盖的大部分时期的流通速度序列。

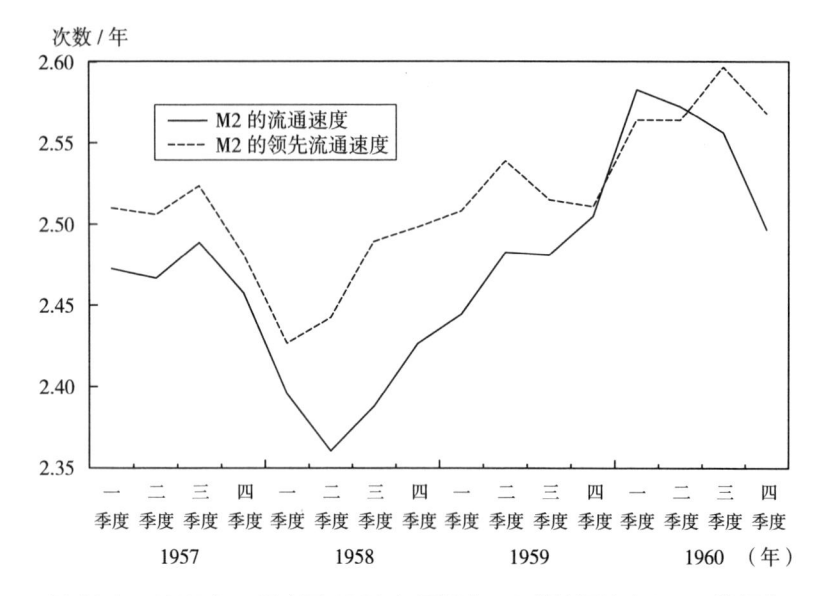

图 10.6 1957 年一季度至 1960 年四季度 M2 的流通速度和 M2 的领先流通速度

资料来源：1980 年之前的旧的 M2 数据来自 Lothian, Cassese, and Nowak（1983）；名义 GDP 数据来自圣路易斯联邦储备银行 FRED 门户网站（Federal Reserve Bank of St. Louis's FRED portal）。

因此，根据弗里德曼的解释，货币增长在 1959 年并持续到 1960 年的下降，反映了货币状况超出了美联储预期的急剧紧缩。① 根据他的芝加哥大学同事艾伦·沃利斯后来接受采访提供的信息，弗里德曼在 1959 年 4 月左右基于当时正在进行的货币

---

① 正如第二节指出的那样，罗默夫妇（Romer and Romer 2002a, 126）认为，急剧紧缩可能是由通货膨胀预期的上升推动的。已去世的罗滕伯格（Julio Rotemberg 2013, 71）的分析也指出了这个方向。通货膨胀预测的这种行为有助于解释为什么短期名义利率相对于实际通货膨胀会在 1959 年变得如此之高。

紧缩预测，大约一年之内将出现经济衰退。

据弗里德曼在1970年的回忆，他在1959年11月和12月就此事给"高层"朋友写信，其中包括阿瑟·伯恩斯——伯恩斯自1956年以来一直不在政府任职，但与艾森豪威尔政府保持着密切联系。[①] 到1960年年初，弗里德曼和伯恩斯都对衰退的可能性表示担忧。弗里德曼后来回忆说，他们两人都担心，货币增长在1959年放缓的程度可能会导致1960年的经济衰退，"这既不利于国家的经济利益，也不利于尼克松先生的选举前景。"[②] 伯恩斯在1960年3月把这件事告诉了正在寻求共和党总统候选人提名的副总统理查德·尼克松。[③] 伯恩斯特别向尼克松强调了M1增长的疲软。[④] 弗里德曼在伯恩斯和尼克松的其他同僚的安排下于1960年4月访问了华盛顿特区，以便与财政部部长罗伯特·安德森

[①] Instructional Dynamics Economics Cassette Tape 42（January 15, 1970）.

[②] Instructional Dynamics Economics Cassette Tape 89（December 26, 1971）. 弗里德曼在1971年12月13日给伯恩斯的信件中回忆了他在1960年的担忧，此信的数字化形式可在圣路易斯联邦储备银行网站上得到：https://fraser.stlouisfed.org/archival/?id=1193。

[③] 尼克松在《六次危机》一书中称赞伯恩斯向他准确地警告了衰退的危险。尼克松（Nixon 1962, 309-10）的叙述没有提到弗里德曼，而这个叙述是威尔斯（Wells 1994, 18）和马图索（Matusow 1998, 18-19）叙述的来源。梅格斯（Meigs 1972, 27-28）和布林德（Blinder 1979, 43-44）早先在探讨1960—1961年的衰退时引用《六次危机》的描述，而尼克松的书也可能是保罗·萨缪尔森在1977年11月21日的《新闻周刊》上引用伯恩斯在1960年警告的依据。弗里德曼本人在《教学动态经济学》（Instructional Dynamics Economics Cassette Tape 88）（December 15, 1971）中提到了伯恩斯的警告。

[④] 尼克松在1972年1月28日写给伯恩斯的信中回忆了这一点。这封信的数字化形式可以在圣路易斯联邦储备银行FRASER网站上找到。

（Robert Anderson）和马丁主席分别在会议上探讨货币形势。①

弗里德曼所回忆的"与比尔·马丁进行了一次漫长而非常友好的谈话",主要集中关注货币存量正在下跌的事实。马丁告诉弗里德曼,当局不打算让货币数量下降,但主席坚持认为,美联储的工具没有给他们增加货币存量的空间。令弗里德曼沮丧的是,马丁引用了那句熟悉的"牛不喝水莫按头"的谚语。马丁质问弗里德曼:"你想让我们做什么——降低贴现率?"②对弗里德曼来说,这是挑战性的言辞。他之前不久在福特汉姆大学做了一系列讲座,在1960年以弗里德曼所说的"我的小书《货币稳定计划》"出版。③此书有一个很长的一节叫作"公开市场操作的充分性"。④弗里德曼认识到,中央银行在实践中会同时使用贴现窗口和公开市场操作的手段来向商业银行提供准备金,以至于这两者就像一把剪刀的两片一样是一前一后操作的工具。⑤马丁认为这种情况是理所当然的。马丁在1956年6月曾作证言,"贴现政策与公开市场政策是紧密交织在一起"。⑥但是,弗里德曼想制定各种制度

---

① 弗里德曼在 Instructional Dynamics Economics Cassette Tape 42（January 15, 1970）中笼统地提到了这次访问,但在 Instructional Dynamics Economics Cassette Tape 89（December 26, 1971）中提供了更多细节。
② Instructional Dynamics Economics Cassette Tape 89（December 26, 1971）。
③ 引自1966年弗里德曼的信（Board of Governors of the Federal Reserve System）（1970, 60）,所指的是 Friedman（1960a）。
④ Friedman（1960a, 30-35）。
⑤ Friedman and Schwartz（1963, 511-12）; Friedman（1970a, 10; p.4 of 1991 reprint）。
⑥ McKinley（1960, 99）引用了此语。马丁在1956年6月12日经济稳定小组委员会作证时在问答环节所做的评论（Subcommittee on Economic Stabilization 1956, 33）。

安排，以便规范贴现作为一种常规供应准备金方法的地位。

因此，马丁的问题引起了弗里德曼的强烈反应。弗里德曼后来记得的是这样："哦不，马丁先生，你为什么不把贴现率提高到 10% 并赶紧结束它呢，这样我们就可以摆脱贴现给系统带来的干扰。你应该做的是到公开市场上购买证券。如果你在公开市场上买的足够多，你就不用担心——牛会喝水的。"[①] 弗里德曼在这个回答中提出的 10% 贴现率的数值可能是在开玩笑，但他确实认为，在中央银行具有贴现窗口功能的制度中，贴现率与市场利率相比通常应该是一种惩罚性利率。[②] 而且，回顾过去，20 世纪 50 年代至 80 年代似乎是一个货币基数与 M1 和 M2 都紧密相连的时期。[③] 因此，弗里德曼相信对总准备金采取行动将能够推动银行存款的增长似乎是有道理的。在他看来，当局依赖短期利率而不是货币总量来确定适当的政策紧缩程度的结果是，货币政策产生了过度紧缩。一旦发生货币紧缩，当局也没有意识到他们可以多么容易地使用他们可以自由支配的工具来促进货币增长。

弗里德曼在 1960 年 4 月给安德森部长的备忘录中以书面形式表达了他对近期货币增长模式的担忧。弗里德曼在备忘录的分

[①] Instructional Dynamics Economics Cassette Tape 89（December 26, 1971）。弗里德曼（Friedman 1962c, 29）曾发表过类似言论，大意是说，惩罚性贴现率将使其不再是货币基数变动的一个根源。

[②] 例如参见 Friedman（1982b, 117）。正如纳尔逊（E. Nelson 2013a, 64—65）所探讨的那样，尽管弗里德曼倾向于取消贴现政策，但他经常认为这种做法可能会继续下去，并在此背景下提出政策建议。弗里德曼（Friedman 1955d）给联邦储备委员会的一个备忘录——在这个备忘录中，他的分析是以贴现的持续存在为条件的——就提供了这种做法的一个实例。

[③] 例如参见 Pecchenino and Rasche（1990）。

析中强调了两个主要货币总量从 1959 年 7 月到 1960 年 3 月下降的事实。事实上,他将两个总量定名为 M1 和 M2,从而使该备忘录成为他第一次使用这些总量名称的场合之一。① 弗里德曼的分析表明,这只是战后 M2 下降的第二个阶段,而且这种下降对经济产生了令人不安的影响。②

---

① 弗里德曼似乎是在 Friedman and Meiselman(1963)中首次公开使用 M1 和 M2 的术语的。此前,弗里德曼和梅塞尔曼曾在 1959 年此论文的只限少数人参见的初稿中使用过这个术语——第十二章要对此探讨。安德森和卡瓦耶茨(R. G. Anderson and Kavajecz 1994, 4)认为艾伯特(Abbott 1960, 1962)是首次在美联储官方出版物中公开使用"M1"名称的。艾伯特的第一篇文章提供了 M1 的月度序列。安德森和卡瓦耶茨认为这是"第一个基于日均数据的现代货币总量"。联邦储备委员会直到 1971 年才有官方的 M2 总量(R. G. Anderson and Kavajecz 1994, 21)。
邹至庄在 Pagan(1995)和 2013 年 7 月 1 日本书的访谈中评论说,弗里德曼在 1953 年或 1954 年(Pagan 1995, 599)的货币研讨会报告中似乎是即兴地引入了"M1"和"M2"这两个术语。邹至庄 2013 年 7 月 1 日的访谈中回忆说,多年后他向弗里德曼指出,M1 和 M2 术语应归功于弗里德曼。当弗里德曼对这一归属表示怀疑时,邹至庄质问他敢不敢找出一个更早地使用这些术语研究者。弗里德曼没能找出这样的研究者,于是在 1977 年就认为是他自己创造了"M1"和"M2"这两个术语(*Milton Friedman Speaks*, episode 6, "Money and Inflation," taped November 7, 1977, p.22 of transcript)。大约在同一时间,联邦储备委员会本身也认为是弗里德曼创造了这个术语:参见沃里克(Wallich 1977, 279)的评论。
阿尔伯特·哈特(Albert Hart 1948, 275)错过了发明这个术语的机会。不幸的是,他用 M2 来表示较小的总量,而用 M1 来表示更大的总量。因此,弗里德曼和梅塞尔曼似乎是在出版物中使用"M2"一词来涵盖现金、活期存款和定期存款的总量的第一人。

② Friedman(1960c)。弗里德曼在公开声明中也批评美联储在 1959 年的货币政策是破坏稳定的。例如参见他在 1961 年 5 月 6 日《商业周刊》上发表的评论。

在1960年4月的会议上，联邦公开市场委员会详细讨论了货币供应量，马丁主席在会议上表达的观点类似于他曾对弗里德曼所说的观点。也就是说，马丁认同提高货币存量是可取的，但对货币政策工具能否实现这一结果表示怀疑。[①] 尽管如此，委员会还是决定采取行动刺激货币存量。公开市场购买——弗里德曼和施瓦茨将其开始的时间追溯至1960年3月——更是在当年余下的大部分时间里进行。[②]

弗里德曼对这一时期美联储政策的评价褒贬不一。一方面，他会认为美联储在1960年年初的行动加剧了货币增长的下降。[③] 在这点上，他在此后的几年直言不讳地提到"1959年年底到1960年年初的货币管理极其无能"。[④] 另一方面，他和施瓦茨认为"1960年3月货币政策的陡然逆转"事件最终阻止了货币存量的下降。[⑤] 圣路易斯联邦储备银行记录的经季节性调整后的货币基数序列在1960年的最初几个月出现了下降，而记录的十二个月平均的货币基数增长率在1960年5月跌至谷底。接着这种疲软的是该序列的缓慢回升。联邦基金利率在同期也大幅下降。如前所述，M2的增长也在1960年出现了好转。M1

[①] 参见联邦公开市场委员会1960年4月12日的会议纪要（Federal Open Market Committee 1960, 40）。

[②] Friedman and Schwartz（1963a, 619）.

[③] 参见弗里德曼在1964年3月3日银行和货币委员会上的证词（Committee on Banking and Currency 1964, 1155）。

[④] 出自弗里德曼的评论：*The American Economy, Lesson 48: Can We Have Full Employment without Inflation?*，CBS College of the Air, filmed circa June 5, 1962 中的评论。

[⑤] Friedman and Schwartz（1963a, 638）.

的增长也是如此——M1 的负增长在 1960 年中期受到了媒体的关注。①

弗里德曼关于先前的货币紧缩会导致衰退的预测确实应验了。国民经济研究局确定的衰退日期是，它发生在 1960 年 4 月的周期性高峰之后，并在 1961 年 1 月的周期性低谷中结束。弗里德曼和施瓦茨将这次衰退描述为"极其短暂和温和"的衰退。②事实上，根据现代的实际 GDP 数据，经济衰退期间产出下降的幅度略高于 1%。③

尽管此次衰退较为温和，但按照弗里德曼的评估，它是一个足以对美国总统大选结果起决定性作用的不利事件。弗里德曼强调，许多事件——包括理查德·尼克松在他与约翰·肯尼迪的电视辩论中的一次反响不佳的演讲——都对选举结果产生了影响；鉴于肯尼迪以微弱优势获胜，这些事件结果的任何改变都可能会起决定性作用。但是，在弗里德曼看来，衰退以及引发衰退的紧缩货币政策，是影响选举结果的因素之一。弗里德曼后来评判说，20 世纪 50 年代后期的经济复苏因为"货币过早收紧"而

---

① 参见 1960 年 7 月 16 日的《新闻周刊》以及 1970 年 7 月 20 日的《纽约时报》。Dewald（1963）提到了这两篇文章。.
② Friedman and Schwartz（1963a, 638）。
③ 本杰明·弗里德曼（Benjamin Friedman 1980, 12）认为实际 GNP 在此衰退期间下降了 1.2%。现代的实际 GDP 数据显示，实际产出在此衰退期间下降了 1.3%。

"早早被扼杀"。① 始于1960年的经济衰退引起弗里德曼这样的评论:"我经常说,毫无疑问,威廉·麦克切斯尼·马丁选举约翰·肯尼迪为美国总统的。"②

---

① Friedman(1962c, 24)。同样,弗里德曼在1968年2月1日的国会证词中陈述说,扩张被美联储的紧缩政策"在中途打断了"(Committee on Banking and Currency, US Senate, 1968, 155)。他在 Instructional Dynamics Economics Cassette Tape 85(November 3, 1971)中表达了类似的观点。
② Instructional Dynamics Economics Cassette Tape 42(January 15, 1970)。弗里德曼在 Instructional Dynamics Economics Cassette Tape 77(June 30, 1971)中表达了相同的看法。早些时候,在 Instructional Dynamics Economics Cassette Tape 6(December 1968)中,弗里德曼将M1在1960年的下降看作肯尼迪竞选获胜的"主要原因之一"。

致谢

笔者感谢芝加哥大学出版社的现任和前任编辑们的指导与鼓励,特别是组织本书委托制作的乔·杰克逊(Joe Jackson),以及负责整个项目直至完成的简·麦克唐纳(Jane Macdonald)和艾伦·托马斯(Alan Thomas)。笔者也要感谢凯瑟琳·凯奇夫(Kathleen Kageff)一丝不苟的文字编辑工作,以及马克·雷施克(Mark Reschke)和艾丽西娅·斯派洛(Alicia Sparrow)的制作建议。

笔者也要感谢许多对本书不同版本的手稿进行评论的人。在很多情况下,评论涉及手稿的特定章节。因而,本书的各章都有一个致谢注释,以便对这些章节的早期版本收到的反馈意见进行感谢。此外,笔者要感谢迈克尔·博尔多(Michael Bordo)、查尔斯·古德哈特(Charles Goodhart)、戴维·莱德勒(David Laidler)和戴维·林德塞(David Lindsey)对整个书稿的评论,以及威廉·A.艾伦(William A. Allen)、拉塞尔·博伊尔(Russell Boyer)、托马斯·汉弗莱(Thomas Humphrey)、道格拉斯·欧文(Douglas Irwin)、詹姆斯·罗迪安(James Lothian)、安-玛丽·梅伦戴克(Ann-Marie Meulendyke)、已过世的艾伦·梅尔策(Allan Meltzer)、迈克尔·帕尔金(Michael Parkin)、查尔斯·斯坦德尔(Charles Steindel)、乔治·塔弗拉斯(George Tavlas)、罗伊·温特劳布(Roy Weintraub)和已过世的唐纳德·温奇(Donald Winch)对许多章节的评论。已过世的胡里奥·罗腾伯格(Julio Rotemberg)就本书的写作提供了大量的建议和鼓励,并对多章提供了详细的评论。

而且,在本书开始之前的许多岁月中,笔者得益于与许多人就弗里德曼在货币经济学中的地位进行了广泛的讨论。这些人包括迈克尔·博尔多、蒂姆·康登(Tim Congdon)、罗伯特·赫泽尔(Robert Hetzel)、本内特·麦卡勒姆(Bennett McCallum)、已过世的艾伦·梅尔策、克里斯蒂娜·罗默(Christina Romer)、戴维·罗默(David Romer)、已过世的安娜·施瓦茨(Anna Schwartz)、乔治·塔弗拉斯和约翰·泰勒(John Taylor),美国联邦储备委员会现在的和先前的同事马克·卡尔森(Mark Carlson)、布尔库·杜伊甘-班普(Burcu Duygan-Bump)、尼尔·埃里克森(Neil Ericsson)、乔恩·浮士德(Jon Faust)、克里斯托弗·古斯特(Christopher Gust)、安德鲁·莱文(Andrew Levin)、戴维·洛佩兹-萨利多(David López-Salido)、约翰·麦格斯(John Maggs)、艾伦·米德(Ellen Meade)、乔纳森·罗斯(Jonathan Rose)、杰里米·拉德(Jeremy Rudd)和罗伯特·泰特洛(Robert Tetlow,圣路易斯联邦储备银行的前同事詹姆斯布拉德(James Bullard)、里卡多·迪赛希奥(Riccardo DiCecio)、威廉·加文(William Gavin)和戴维·惠洛克(David Wheelock)、英格兰银行的前同事克里斯托弗·奥尔索普(Christopher Allsopp)、尼古拉斯·奥尔顿(Nicholas Oulton)和杰弗雷·伍德(Geoffrey Wood)。近年来,笔者得益于与悉尼大学的前同事科林·卡梅伦(Colin Cameron)、丹尼尔·海莫默什(Daniel Hamermesh)和康姆·哈蒙(Colm Harmon)就此问题进行的讨论。

笔者要感谢米格尔·阿科斯塔(Miguel Acosta)、乔治·芬顿(George Fenton)、威廉·甘伯(William Gamber)、克里斯

汀·卡尼尔（Christine Garnier）和安德鲁·吉芬（Andrew Giffin）在许多问题上提供的研究帮助。笔者要感谢里卡多·迪赛希奥、安德鲁·尤因（Andrew Ewing）、约翰娜·弗朗西斯（Johanna Francis）、库尔特·古奇（Kurt Gooch）、丹尼尔·哈蒙德（Daniel Hammond）、奥泽·卡拉格迪克利（Özer Karagedikli）、斯蒂芬·基希纳（Stephen Kirchner）、列维斯·科钦（Levis Kochin）、特里·梅特（Terry Metter）、埃里克·莫内（Eric Monnet）、查尔斯·帕尔姆（Charles Palm）、杰里米·皮杰（Jeremy Piger）、马塞尔·普里布施（Marcel Priebsch）、胡格·洛科夫（Hugh Rockoff）、格伦·鲁德布施（Glenn Rudebusch）、贝恩德·施鲁希（Bernd Schlusche）、塔拉·辛克莱尔（Tara Sinclair）、戴维·斯默尔（David Small）、卡特里娜·斯蒂尔霍尔茨（Katrina Stierholz）、保罗·苏里科（Paolo Surico）、格罗丽娅·瓦伦丁（Gloria Valentine）、马克·魏恩（Mark Wynne），以及杜克大学图书馆、美国联邦储备委员会、达拉斯联邦储备银行、旧金山联邦储备银行和悉尼大学的工作人员，在查找和获取档案材料和相关信息方面提供的帮助。此外，以下诸位从他们的藏书中友善地分享材料：道格拉斯·艾迪（Douglas Adie）、詹姆斯·布拉德（James Bullard）、奈杰尔·达克（Nigel Duck）、克莱尔·弗里德兰（Claire Friedland）、约翰·格林伍德（John Greenwood）、克里斯托弗·古斯特、R. W. 哈弗（R. W.Hafer）、罗伯特·霍尔（Robert Hall）、鲁道夫·豪泽（Rudolf Hauser）、詹姆斯·赫克曼（James Heckman）、道格拉斯·欧文、迈克尔·克兰（Michael Keran）、戴维·莱德勒、列奥·梅拉米德（Leo Melamed）、安-玛丽·梅伦戴克、迈克尔·默克（Michael Mork）、查尔斯·纳尔逊（Charles Nelson）、杰拉德·奥德里斯科尔（Gerald O'Driscoll）、帕斯卡尔·萨林（Pascal Salin）、罗杰·桑迪兰茨（Roger Sandilands）、已过世的安娜·施瓦茨、克里斯托弗·西姆斯（Christopher Sims）、斯蒂芬·斯蒂格勒（Stephen Stigler）和莱斯特·特尔泽（Lester Telser）。笔者也要感谢米尔顿·弗里德曼的女儿珍妮·马特尔（Janet Martel）同意并抽出时间与笔者在2016年9月就她父亲所做的谈话。笔者对那些为本项目提供了帮助但因疏忽而在前面的致谢中未提到的人们，表示诚挚的歉意。

虽然有如上的致谢，但是，本研究中阐述的观点和结论仅代表笔者本人，笔者对本研究中发生的错误负全责。另外，本书中表达的观点不应解释为联邦储备委员会或联邦储备系统的观点。

访谈

许多人友善地接受了笔者对该项目的访谈。下面列举了2012年以来笔者所进行的访谈。在很多情况下，访谈的内容主要涉及那些最终留待下一本著作论述的主题——或者是因为这些主题打算在1973—2006年美国经济辩论的项目中加以论述，或者是因为这些主题将在关于弗里德曼和英国的经济辩论的伴随项目中加以论述。但是，即便那些在后面的章节中没有明确引用的访谈，在本书的形成过程中对笔者也是非常有益的。

安德鲁·阿贝尔（Andrew Abel）2014年10月14日

约书亚·艾森曼（Joshua Aizenman）2016年6月30日

罗杰·奥尔福德（Roger Alford）2014年1月23日

罗伯特·阿利伯（Robert Aliber）2013年5月1日和3日

威廉·A.艾伦（William A. Allen）2013年12月13日

威廉·R.艾伦（William R. Allen）2014年3月14日

克里斯托弗·奥尔索普（Christopher Allsopp）2013年12月9日和2015年4月10日

理查德·安德森（Richard Anderson）2013年11月14日

肯尼思·阿罗（Kenneth Arrow）2013年12月7日

艾伦·J.奥尔巴赫（Alan J. Auerbach）2015年5月18日

凯西·阿克希尔罗德（Kathy Axilrod）2013年4月25日和2014年6月26日

斯蒂芬·阿克希尔罗德（Stephen Axilrod）2013年4月24日

戴维·巴克斯（David Backus）2014年4月16日

罗伯特·巴罗（Robert Barro）2013年6月4日

罗伊·巴切勒（Roy Batchelor）2013年11月8日

弗朗西斯·巴托尔（Francis Bator）2015年1月6日和3月16日

威廉·鲍莫尔（William Baumol）2014年1月23日

加里·贝克尔（Gary Becker）2013年12月13日

迈克尔·比恩斯托克（Michael Beenstock）2013年9月26日

杰弗雷·贝尔（Geoffrey Bell）2013年11月5日

埃斯拉·本内森（Esra Bennathan）2015年4月1日

本·伯南克（Ben Bernanke）2014年2月19日

艾伦·布林德（Alan Blinder）2013年12月6日

克里斯托弗·布利斯（Christopher Bliss）2015年1月2日

罗纳德·博德金（Ronald Bodkin）2015年11月17日

迈克尔·博尔多（Michael Bordo）2013年7月24日

迈克尔·波斯金（Michael Boskin）2013年7月3日

威廉·布雷纳德（William Brainard）2014年3月5日

唐纳德·布拉什（Donald Brash）2013年7月9日

阿图罗·布里利姆布格（Arturo Brillembourg）2015年9月30日

塞缪尔·布里坦（Samuel Brittan）2013年4月18日

查尔斯·H.布鲁尼（Charles H. Brunie）2013年7月15日

艾伦·巴德爵士（Sir Alan Budd）2013年10月7日和8日

埃德温·博梅斯特（Edwin Burmeister）2014年11月20日

特伦斯·伯恩斯勋爵（Lord Terence Burns）2013年9月18日

约瑟夫·伯恩斯（Joseph Burns）2013 年 9 月 12 日

吉勒摩·A.卡尔沃（Guillermo A. Calvo）2014 年 4 月 1 日

托马斯·坎贝尔（Thomas Campbell）2015 年 8 月 19 日

迈克尔·卡内斯（Michael Canes）2013 年 11 月 7 日

维克多·坎托（Victor Canto）2015 年 9 月 11 日

托马斯·卡吉尔（Thomas Cargill）2015 年 4 月 17 日

杰克·卡尔（Jack Carr）2013 年 7 月 29 日

维多利亚·奇克（Victoria Chick）2015 年 1 月 13 日

A.劳伦斯·奇克林（A. Lawrence Chickering）2015 年 3 月 24 日和 27 日

罗伯特·奇切斯特（Robert Chitester）2013 年 7 月 9 日

邹至庄（Gregory Chow）2013 年 7 月 1 日

卡尔·克莱斯特（Carl Christ）2013 年 5 月 1 日和 2015 年 8 月 15 日

拉斯·克里斯滕森（Lars Christensen）2013 年 8 月 9 日

肯尼思·克莱门茨（Kenneth Clements）2013 年 9 月 26 日

沃伦·科茨（Warren Coats）2013 年 10 月 21 日

蒂姆·康登 2013 年 11 月 25 日

迈克尔·康诺利（Michael Connolly）2015 年 5 月 13 日

J.菲利浦·库珀（J. Phillip Cooper）2015 年 9 月 17 日

查尔斯·考克斯（Charles Cox）2013 年 11 月 5 日

弗朗西斯·克里普斯（Francis Cripps）2015 年 1 月 22 日

杜威·达恩（Dewey Daane）2015 年 5 月 8 日

迈克尔·达比（Michael Darby）2013 年 10 月 15 日

帕萨·达斯古普塔爵士（Sir Partha Dasgupta）2014 年 2 月

27 日

　　詹姆斯·戴维森（James Davidson）2015 年 2 月 12 日

　　保罗·戴维森（Paul Davidson）2013 年 5 月 3 日

　　罗德里克·迪恩爵士（Sir Roderick Deane）2013 年 8 月 14 日

　　梅格纳德·德赛勋爵（Lord Meghnad Desai）2015 年 1 月 9 日

　　威廉·德瓦尔德（William Dewald）2013 年 4 月 25 日

　　彼得·戴蒙德（Peter Diamond）2014 年 11 月 9 日

　　阿维纳什·迪克西特（Avinash Dixit）2015 年 6 月 10 日

　　伯纳德·多诺霍勋爵（Lord Bernard Donoughue）2015 年 2 月 3 日

　　威廉·杜根（William Dougan）2013 年 9 月 19 日

　　杰拉德·德怀尔（Gerald Dwyer）2013 年 8 月 20 日

　　约翰·伊特维尔勋爵（Lord John Eatwell）2015 年 1 月 4 日

　　本杰明·艾登（Benjamin Eden）2014 年 3 月 14 日

　　巴里·埃森格林（Barry Eichengreen）2014 年 4 月 3 日

　　肯尼思·埃尔津加（Kenneth Elzinga）2015 年 3 月 10 日

　　保罗·埃文斯（Paul Evans）2013 年 2 月 26 日

　　尤金·法玛（Eugene Fama）2013 年 9 月 11 日

　　马丁·费尔德斯坦（Martin Feldstein）2013 年 11 月 21 日

　　克里斯托弗·菲尔德斯（Christopher Fildes）2015 年 12 月 9 日

　　斯坦利·菲舍尔（Stanley Fischer）2013 年 8 月 30 日

　　富兰克林·费希尔（Franklin Fisher）2015 年 1 月 16 日和 21 日

　　邓肯·佛利（Duncan Foley）2014 年 10 月 2 日

　　克莱尔·弗里德兰 2014 年 10 月 27 日

本杰明·弗里德曼（Benjamin Friedman）2013年5月10日和7月23日

罗曼·弗莱德曼（Roman Frydman）2015年3月2日

马克·格特勒（Mark Gertler）2014年9月26日

威廉·吉布森（William Gibson）2013年3月6日

克里斯托弗·吉尔伯特（Christopher Gilbert）2014年11月21日

克劳迪娅·戈尔丁（Claudia Goldin）2013年9月20日

查尔斯·古德哈特2013年7月3日

罗伯特·戈登（Robert Gordon）2013年3月21日

约翰·P.古尔德（John P. Gould）2015年3月20日

莱尔·格拉姆利（Lyle Gramley）2013年4月2日、4月10日和6月24日

乔·安娜·格雷（Jo Anna Gray）2013年8月8日

艾伦·格林斯潘（Alan Greenspan）2013年8月19日

布莱恩·格里菲斯勋爵（Lord Brian Griffiths）2013年9月23日和10月7日

阿瑟·格莱姆斯（Arthur Grimes）2013年9月17日

赫伯特·格鲁贝尔（Herbert Grubel）2015年5月19日

格拉汉姆·哈奇（Graham Hacche）2014年11月14日和12月9日

R. W. 哈弗（R. W. Hafer）2013年8月29日

罗伯特·霍尔（Robert Hall）2013年5月31日

拉斯·彼得·汉森（Lars Peter Hansen）2014年3月11日

阿诺德·哈伯格（Arnold Harberger）2013年4月12日、5

月 2 日、12 月 9 日和 2014 年 9 月 12 日

杰弗雷·哈考特（Geoffrey Harcourt）2014 年 7 月 7 日

劳伦斯·哈里斯（Laurence Harris）2015 年 10 月 30 日

奥利弗·哈特（Oliver Hart）2014 年 12 月 29 日

安德鲁·哈维（Andrew Harvey）2014 年 12 月 18 日

鲁道夫·豪泽（Rudolf Hauser）2012 年 6 月 22 日和 2013 年 7 月 15 日

罗伯特·海勒（Robert Heller）2013 年 9 月 9 日

迪特·赫尔姆（Dieter Helm）2015 年 1 月 14 日

罗伯特·霍德里克（Robert Hodrick）2016 年 1 月 23 日

戴维·豪厄尔勋爵（Lord David Howell）2015 年 9 月 4 日

托马斯·M.汉弗莱（Thomas M. Humphrey）2013 年 7 月 10 日

奥特马尔·伊辛（Otmar Issing）2013 年 10 月 11 日

理查德·杰克曼（Richard Jackman）2014 年 11 月 4 日

安东尼·杰伊爵士（Sir Antony Jay）2013 年 5 月 29 日

彼得·杰伊（Peter Jay）2013 年 5 月 8 日

彼得·琼森（Peter Jonson）2013 年 11 月 14 日

拉斯·杨（Lars Jonung）2014 年 9 月 8 日

杰里·乔丹（Jerry Jordan）2013 年 6 月 5 日

托马斯·乔丹（Thomas Jordan）2013 年 6 月 24 日

戴尔·乔根森（Dale Jorgenson）2014 年 9 月 12 日

彼得·约万诺维奇（Peter Jovanovich）2015 年 3 月 24 日

爱德华·凯恩（Edward Kane）2015 年 6 月 24 日

乔治·考夫曼（George Kaufman）2013 年 11 月 12 日

亨利·考夫曼（Henry Kaufman）2014 年 10 月 14 日和 2015

年1月22日

威廉·基根（William Keegan）2014年1月9日

迈克尔·克兰（Michael Keran）2013年3月7日

莫辛·卡恩（Mohsin Khan）2015年12月18日

默文·金勋爵（Lord Mervyn King）2016年8月15日和16日

本杰明·克莱因（Benjamin Klein）2013年3月4日

列维斯·科钦（Levis Kochin）2013年4月23日

劳伦斯·克特里考夫（Laurence Kotlikoff）2015年5月26日

阿瑟·拉弗（Arthur Laffer）2013年6月10日和2014年8月11日

戴维·莱德勒（David Laidler）2013年6月3日、6月19日和2014年11月6日

理查德·莱亚德勋爵（Lord Richard Layard）2014年2月7日

尤金·勒纳（Eugene Lerner）2016年7月29日

弗雷德·莱文（Fred Levin）2014年3月10日

彼得·莉莉（Peter Lilley）2014年10月28日

戴维·林德塞（David Lindsey）2013年5月2日

理查德·李普西（Richard Lipsey）2015年6月17日

雷切尔·洛马克斯（Rachel Lomax）2014年3月25日

詹姆斯·罗迪安（James Lothian）2013年10月24日

罗伯特·卢卡斯（Robert Lucas）2013年3月12日

乔治·梅塞西奇（George Macesich）2013年5月28日

格里高利·曼昆（Gregory Mankiw）2013年9月24日

亨利·G.曼尼（Henry G. Manne）2014年4月30日

哈里·马科维茨（Harry Markowitz）2016年2月23日

托马斯·梅耶（Thomas Mayer）2013 年 10 月 16 日

本内特·麦卡勒姆（Bennett McCallum）2013 年 6 月 13 日

戴尔德尔·麦克洛斯基（Deirdre McCloskey）2013 年 8 月 21 日和 2015 年 8 月 17 日

雷切尔·麦克库洛赫（Rachel McCulloch）2013 年 10 月 4 日

罗纳德·麦金农（Ronald McKinnon）2014 年 1 月 23 日

克里斯托弗·麦克马洪爵士（Sir Christopher Kit McMahon）2014 年 2 月 14 日

菲利普·麦奎尔（Philip Meguire）2013 年 11 月 19 日

戴维·梅塞尔曼（David Meiselman）2013 年 4 月 30 日和 2014 年 7 月 16 日

列奥·梅拉米德（Leo Melamed）2013 年 6 月 19 日

艾伦·梅尔策（Allan Meltzer）2013 年 4 月 21 日和 2015 年 4 月 8 日

安-玛丽·梅伦戴克（Ann-Marie Meulendyke）2013 年 4 月 29 日

马克·A. 迈尔斯（Marc A. Miles）2014 年 2 月 20 日

穆雷·米尔盖特（Murray Milgate）2015 年 1 月 22 日

马库斯·米勒（Marcus Miller）2014 年 4 月 16 日

帕特里克·明福特（Patrick Minford）2013 年 10 月 4 日和 2015 年 3 月 27 日

杰弗雷·米隆（Jeffrey Miron）2013 年 6 月 20 日

詹姆斯·米尔利斯（James Mirrlees）2015 年 1 月 6 日

弗雷德里克·米什金（Frederic Mishkin）2013 年 6 月 18 日

约翰·H. 摩尔（John H. Moore）2014 年 4 月 29 日

迈克尔·默克（Michael Mork）2013年6月5日

理查德·穆斯（Richard Muth）2015年5月20日

罗伯特·尼尔德（Robert Neild）2013年11月6日

查尔斯·纳尔逊（Charles Nelson）2013年9月9日

马克·纳洛夫（Marc Nerlove）2013年9月13日、18日和26日

戴维·纽伯里（David Newbery）2014年10月10日

莫里斯·纽曼（Maurice Newman）2013年9月18日

斯蒂芬·尼克尔（Stephen Nickell）2013年12月6日

罗伯特·诺贝（Robert Nobay）2013年12月3日

科尔曼·纳特（Coleman Nutter）2014年4月18日

简·纳特（Jane Nutter）2014年4月18日

杰拉德·奥德里斯科尔（Gerald O'Driscoll）2015年4月24日

劳伦斯·奥费塞（Lawrence Officer）2016年1月10日

李·奥哈尼安（Lee Ohanian）2013年9月26日

彼得·奥本海默（Peter Oppenheimer）2014年12月29日

阿萨纳修斯·欧菲尼德斯（Athanasios Orphanides）2014年6月27日

阿德里安·佩根（Adrian Pagan）2015年1月18日

迈克尔·帕尔金（Michael Parkin）2013年5月29日

约翰·保卢斯（John Paulus）2014年2月28日

萨姆·佩尔兹曼（Sam Peltzman）2013年3月1日和2015年6月22日

约翰·潘克维尔（John Pencavel）2014年5月12日

戈登·派普（Gordon Pepper）2013年10月21日

埃德蒙·菲尔普斯（Edmund Phelps）2013 年 5 月 16 日

查尔斯·普洛瑟（Charles Plosser）2015 年 4 月 2 日

威廉·普尔（William Poole）2013 年 3 月 25 日和 4 月 30 日

理查德·波斯纳（Richard Posner）2014 年 10 月 27 日

爱德华·普雷斯科特（Edward Prescott）2016 年 2 月 16 日

莱昂内尔·普赖斯（Lionel Price）2014 年 12 月 12 日

R. 戴维·兰森（R. David Ranson）2014 年 4 月 30 日和 9 月 22 日

罗伯特·拉什（Robert Rasche）2013 年 5 月 6 日

布莱恩·雷丁（Brian Reading）2013 年 11 月 28 日

胡格·洛科夫（Hugh Rockoff）2013 年 8 月 29 日

哈罗德·罗斯（Harold Rose）2013 年 10 月 11 日

胡里奥·罗腾伯格（Julio Rotemberg）2014 年 9 月 5 日

罗伯特·罗托恩（Robert Rowthorn）2014 年 12 月 17 日

约翰·拉特利奇（John Rutledge）2014 年 11 月 14 日

迈克尔·萨莱米（Michael Salemi）2014 年 11 月 12 日

帕斯卡尔·萨林（Pascal Salin）2015 年 11 月 4 日

J. R. 萨金特（J. R. Sargent）2015 年 4 月 15 日

托马斯·萨金特（Thomas Sargent）2014 年 1 月 24 日和 3 月 26 日

托马斯·萨温（Thomas Saving）2014 年 6 月 9 日

约瑟·斯格因克曼（José Scheinkman）2014 年 3 月 13 日

查尔斯·舒尔策（Charles Schultze）2013 年 7 月 9 日

马修·夏皮罗（Matthew Shapiro）2013 年 11 月 14 日

威廉·F. 夏普（William F. Sharpe）2016 年 2 月 6 日

罗伯特·希勒（Robert Shiller）2014 年 9 月 26 日

乔治·舒尔茨（George Shultz）2013 年 5 月 22 日

杰里米·西格尔（Jeremy Siegel）2013 年 9 月 17 日

小威廉·E. 西蒙（William E. Simon Jr.）2015 年 9 月 25 日

托马斯·辛普森（Thomas Simpson）2013 年 5 月 9 日

克里斯托弗·西姆斯（Christopher Sims）2013 年 3 月 15 日和 9 月 20 日

艾伦·西奈（Allen Sinai）2015 年 5 月 7 日

彼得·辛克莱尔（Peter Sinclair）2014 年 11 月 13 日

罗伯特·斯基德尔斯基勋爵（Lord Robert Skidelsky）2013 年 11 月 27 日

罗伯特·索洛（Robert Solow）2013 年 12 月 2 日和 31 日，2014 年 7 月 7 日和 2015 年 4 月 3 日

埃瑞斯·斯帕诺斯（Aris Spanos）2014 年 3 月 26 日

本·斯坦因（Ben Stein）2015 年 3 月 18 日

查尔斯·斯坦德尔（Charles Steindel）2015 年 12 月 3 日

阿莉·斯特林（Arlie Sterling）2015 年 10 月 9 日

马克斯·施托伊尔（Max Steuer）2015 年 12 月 8 日

斯蒂芬·斯蒂格勒（Stephen Stigler）2013 年 11 月 6 日

休斯顿·斯托克斯（Houston Stokes）2015 年 5 月 12 日

劳伦斯·萨默斯（Lawrence Summers）2013 年 11 月 22 日

亚历山大·斯沃博达（Alexander Swoboda）2014 年 9 月 10 日

维托·坦奇（Vito Tanzi）2014 年 4 月 15 日

乔治·托岑（George Tauchen）2014 年 11 月 13 日

约翰·泰勒（John Taylor）2013 年 7 月 2 日

莱斯特·特尔泽（Lester Telser）2013年10月8日和2014年11月18日

A. P. 瑟尔沃尔（A. P. Thirlwall）2013年10月1日

吉姆·托马斯（Jim Thomas）2015年1月7日

尼尔斯·泰格森（Niels Thygesen）2015年2月10日

尼古劳斯·蒂德曼（Nicolaus Tideman）2015年5月15日

理查德·汀布莱克（Richard Timberlake）2014年9月10日

乔治·托利（George Tolley）2014年11月14日

胡安·J. 托里维奥（Juan J. Toribio）2013年11月14日

罗伯特·汤森德（Robert Townsend）2014年11月14日

斯蒂芬·图尔诺夫斯基（Stephen Turnovsky）2014年4月28日

查尔斯·阿普顿（Charles Upton）2015年1月8日

格罗丽娅·瓦伦丁（Gloria Velentine）2013年4月1日、5月8日和12月5日

保罗·沃尔克（Paul Volcker）2013年10月16日

迈克尔·沃克（Michael Walker）2013年6月21日

尼尔·华莱士（Neil Wallace）2013年3月15日

T. 达德利·华莱士（T. Dudley Wallace）2015年7月20日

肯尼思·沃利斯（Kenneth Wallis）2015年1月29日

格伦·韦尔（Glen Weyl）2015年6月17日

威廉·R. 怀特（William R. White）2015年5月5日

唐纳德·温奇（Donald Winch）2014年9月22日

保罗·旺纳科特（Paul Wonnacott）2014年5月12日

杰弗雷·伍德（Geoffrey Wood）2013年11月14日和2014年9月8日

克利福德·怀默（Clifford Wymer）2014 年 4 月 17 日
利兰·耶格尔（Leland Yeager）2013 年 8 月 8 日
理查德·泽克（Richard Zecher）2013 年 9 月 3 日

除了以上之人外，笔者还在 1992 年访谈了米尔顿·弗里德曼、菲利普·卡根（Phillip Cagan）、约翰·斯卡丁（John Scadding）和艾伦·沃尔特斯爵士（Sir Alan Walters），在 1992 年和 2003 年访谈了安娜·施瓦茨，以及在 2008 年访谈了阿尔文·马蒂（Alvin Marty）。

本书使用的惯例

1. 本书中按年代顺序排列的各章（包括一系列年份的各章，换句话说第2—4章和第10—15章）划分为"事件与活动""问题"和"人物"三节标题（后面两节又细分为各部分）。"事件与活动"一节论述弗里德曼在该章涉及的年份中主要参与经济辩论的一些事件和活动。但是，该节没有包括在随后的"问题"和"人物"两节讨论的主题。"问题"一节探讨弗里德曼在这些年中参与的主要政策或研究问题。例如，第三章涵盖1940—1943年间，在"问题"一节中包括了如何支付战时政府开支的问题。"人物"一节与"问题"一节在形式上相同，除了该节更紧密地关注弗里德曼在该章涵盖的年份中与之互动（或者弗里德曼对之反应）的个人。在每种情况下，本书都没有打算在"人物"一节全面描述所考虑人物的研究。相反地，这里探讨的目的是要说明弗里德曼的活动和研究，以便反映他与此人的利益交集。

将各章划分为"事件与活动""问题"和"人物"三节的理由是，弗里德曼的活动在所论述的各系列年份中涉及多个不同的领域。因此，将各章按照主题进行明确划分看起来优于严格按照年代顺序排列的格式。

2. 对于弗里德曼一生中或者出生之前的各种出版物，本书在引用文献时采用过去时描述，如"罗默夫妇曾提出"（Romer and Romer, 2002a）。在2006年以后发表的各种著作，本书在引用时采用现在时描述，如"罗默夫妇提出"（Romer and Romer,

2013a）。① 后一做法的例外情形是，引用文献在 2006 年之后发表但作者现在已经去世，比如安娜·施瓦茨和加里·贝克尔等。在这种情况下，即使引用这些作者在 2006 年之后的文章也采用过去时。

3. 除引用其他人的著作，或者使用标准术语（如"芝加哥学派"）之外，"芝加哥"一词在单独出现时，指的是芝加哥市，而不是用作芝加哥大学的缩写语。

4. 本书中引用的报纸、新闻报道或公共事务期刊上的文章，在正文或尾注中按照出版物的名称和日期引用（如 *New York Times*, January 25, 1970）。其中，新闻文章按照年代顺序排列。参考书目的第二部分包括著作和发表在研究期刊上的文章。这部分的参考书目按照作者的字母顺序排列文章。

5. 为了限制正文中句子的流畅程度被参考书目的引用所打断，以及为了控制"弗里德曼"在正文的句子中出现的次数，对弗里德曼著作的引用将出现在注释而非正文中。因此，正是在尾注的文本中才会找到弗里德曼著作的引用，而正文只是提及著作（这些尾注通常读作"参见 Friedman, 1973a, 1973b"）。除了米尔顿·弗里德曼，本书提到其他带有弗里德曼姓氏的作者是通过加上作者的姓和名加以辨识的。

6. 本书在正文和尾注中具体指出的访谈按照访谈主题的名称和访谈日期列出。在正文或尾注中引用或引证的访谈，如果发表

---

① 除非另有所指，罗默夫妇在本书中一律指克里斯蒂娜·罗默和戴维·罗默。

在研究期刊上,在引用时采用访者而非被访谈者的名字。① 因此,约翰·泰勒对米尔顿·弗里德曼的访谈,发表在 2001 年的《宏观经济动态》(*Macroeconomic Dynamics*)杂志上,在引证时被当作泰勒(Taylor 2001)的文章,而不是弗里德曼的文章。

---

① 在少数几种情况下存在例外,如一些文章没有明确的访者,或者弗里德曼在出版物中被列为文章的作者,尽管文章发表时采用问答的形式。

参考书目

参考书目分为两部分。第一部分是按照时间顺序列举的、研究中引用的媒体材料，包括录音、电视、报纸、杂志来源的材料。第二部分是按照字母顺序排列的参考文献目录，包括引用的研究论文和著作。

引用的报纸文章、杂志文章和电子媒体材料

Special to The New York Times. "Wins Logic Prize at Rutgers." *New York Times*, April 25, 1932, 17.

Special to The New York Times. "Four Women Named to Rutgers Board: Election by Trustees Is Made Possible by Revision of University Charter; Clothier Inaugural Today; Moore to Preside at Installation of President after Which 600 Degrees Will Be Conferred." *New York Times*, June 11, 1932, 16.

"Engineers' Income Tops Five Groups: Consultants' Average Leads That of Doctors, Dentists, Lawyers and Accountants." *New York Times*, February 5, 1939, 16.

AP. "'Pay-as-You-Go Tax' Brings U.S. Offer: Treasury Suggests Possible Modification of the Plan for Canceling '42 Income Levy." *New York Times*, August 20, 1942, 40.

"News of the Classes." *University of Chicago Magazine*, January 1946, 24–33.

Jeannette Lowrey. "News of the Quadrangles." *University of Chicago Magazine*, June 1946, 10–13.

Special to The New York Times. "Prof. H. C. Simons Dead: Chicago Economist Is Reported Victim of Sleeping Pills." *New York Times*, June 20, 1946, 25.

"Henry Calvert Simons." *University of Chicago Magazine*, July 1946, 16.

AP. "Lange Says Poland Shuns Lackey Role: Envoy Holds His Country Is Not Satellite of Any Country, but Needs Financial Credits." *New York Times*, August 18, 1946, 24.

Special to The New York Times. "Statistics Urged as Liberal Study: Committee Would

Teach It to All as Preparation for the Making of Decisions." *New York Times*, September 5, 1947, 21.

Aaron Director, Milton Friedman, Abram L. Harris, Frank H. Knight, H. Gregg Lewis, Lloyd W. Mints, Russell T. Nichols, and W. Allen Wallis. "Control of Prices: Regulation of Money Supply to Halt Inflation Advocated." *New York Times*, January 11, 1948, E8.

Editorial, "Prices." *Financial Times* (London), February 10, 1951, 4.

"An Important Opportunity!" (advertisement for new 3 1/4-percent-coupon 30-year Treasury bonds). *Ada Evening News* (OK), April 24, 1953, 12.

"Operational Economics." *Economist* (London), May 8, 1954, 450.

Gilbert Burck and Charles E. Silberman. "Why the Depression Lasted So Long." *Fortune* 51, no. 3 (March 1955): 84–88, 189–90, 192, 194, 196, 199, 200 and 202. (Reprinted in Mulcahy 1957, 88–94.)

P.E. "Some Shorter Notices: John Maynard Keynes—Economist and Policy-Maker by Seymour Harris." *Financial Times* (London), May 23, 1955, 10.

Don J. Lenhausen. "Inflation, Not Bust, Held Biggest Threat." *Sunday Journal-Star* (Peoria, IL), January 29, 1956, D-12.

"What's Wrong with the Top U.S. Economists... ." *Newsweek*, January 30, 1956, 78–79.

First National City Bank of New York Monthly Economic Newsletter, April 1956.

P.E. "Shorter Notices: Introduction to Keynesian Dynamics by Kenneth K. Kurihara." *Financial Times* (London), October 15, 1956, 10.

"The Boom-Bust Cycle: How Well Have We Got It Tamed?" *Business Week*, November 3, 1956, 176–88.

First National City Bank of New York Monthly Economic Newsletter, December 1956.

First National City Bank of New York Monthly Economic Newsletter, April 1957.

Lombard. "Banking and Finance: The Real Rate of Interest." *Financial Times* (London), June 6, 1957, 3.

"Unemployment and Wages." *Financial Times* (London), October 11, 1957, 3.

Milton Friedman appearance on *The Great Challenge: How Strong Is Our Economy?*, CBS television, March 23, 1958; transcript in Milton Friedman papers, box 44, folder 44,

Hoover Institution archives.

First National City Bank Monthly Letter: Business and Economic Conditions, July 1958.

UPI. "Enterprise Risk: Economist Objects to Ike's Wage-Price Plea." *Austin American* (TX), July 22, 1958, A20.

AP. "McCollom Tells API 'Industry Must Improve.'" *Odessa American* (TX), November 11, 1958, 19.

Edith Kermit Roosevelt. "A Specialist on Theory of Earnings and Savings." *Newark Sunday News* (NJ), February 22, 1959, magazine section, 12–14.

Edith Kermit Roosevelt. "How Rich, How Poor Scale Doesn't Apply to Savings." *Cleveland News*, May 25, 1959, 2.

Paul A. Samuelson. "Why Has Wall Street Got the Jitters?" *Financial Times* (London), February 10, 1960a, 8 and 14.

Editorial, "U.S. Interest Rates." *Financial Times* (London), February 10, 1960b, 8.

Richard E. Mooney. "Reserve Puzzled by Money Decline." *New York Times*, June 20, 1960, 43.

"The Trend: Why Isn't Money Getting Easier?" *Business Week*, July 16, 1960, 148.

Richard Hammer. "Will Trading Stamps Stick?" *Fortune,* August 1960, 116–19. (Reprinted in R. Clifton Andersen and Philip R. Cateora, eds., *Marketing Insights: Selected Readings.* New York: Appleton-Century-Crofts, 1963. 343–55.)

"Interview: Money 'Stayed Tight Too Long.'" An interview (pp. 62–63) with Allen Wallis appearing as part of "Interviews with Leading Experts On: What Caused Today's Recession? What Comes Next?" *U.S. News and World Report*, February 13, 1961, 60–66.

"How Goes the Recession?" *Time*, March 3, 1961, 12.

Debate between Milton Friedman and Senator Joseph S. Clark (D-PA). "The Role of Government in Our Society." US Chamber of Commerce, Washington, DC, May 3, 1961. (Audiotape of debate held in Hoover Institution archives; information on date, title, and location of debate available in worldcat.org and in coverage of the debate in afternoon editions of newspapers: UPI, "CoC Reviews Code of Ethics." *Philadelphia Inquirer*, May 3, 1961; AP, "U.S. CoC Boos Clark: 'Grow Up,' He Retorts." *Philadelphia Evening Bulletin*,

May 3, 1961; and AP, "CoC Delegates Boo Democratic Senator's Speech." *Racine Journal-Times* [WI], May 3, 1961, 1. A next-day report also appeared as AP, "U.S. Chamber Group Raps Kennedy Plan, Boos Senator." *Abilene Reporter-News* [TX], May 4, 1961, 12-B.)

"What Chronic Slack?" *Business Week*, May 6, 1961, 112–13 and 116.

"Debate over Controls Begins." *Business Week*, September 30, 1961, 84–86 and 90–94.

Milton Friedman. "An Alternative to Aid: An Economist Urges U.S. to Free Trade, End Grants of Money." *Wall Street Journal*, April 30, 1962, 12.

Milton Friedman appearance on *The American Economy, Lesson 41: How Important Is Money?*, presented by Learning Resource Institute, cosponsored by American Economic Association and Joint Council on Economic Education; filmed for CBS College of the Air on June 4, 1962; broadcast on November 19, 1962.

Milton Friedman and Paul A. Samuelson appearance on *The American Economy, Lesson 48: Can We Have Full Employment without Inflation?*, presented by Learning Resource Institute, cosponsored by American Economic Association and Joint Council on Economic Education; filmed for CBS College of the Air, circa June 5, 1962; broadcast on November 30, 1962.

Lex. "A Prosperous New Year? Equities v. Gilts for 1963." *Financial Times* (London), December 29, 1962, 1.

First National City Bank of New York Monthly Economic Letter, February 1963.

"Theorizing for Goldwater?" *Business Week*, November 23, 1963, 106 and 108.

"Speaker Cites Government as Consumer Injury Cause." *Gazette-Telegraph* (Colorado Springs), December 18, 1963, 11.

Chesly Many. "U.C. Economic Experts Advise Goldwater: Many to Aid Campaign of Conservative." *Chicago Tribune*, April 12, 1964, 8.

Emerson P. Schmidt. "Massive Evidence." *Business Week*, January 11, 1964, 6.

Albert L. Kraus. "Economist Is Foe of U.S. Controls: Views of Chicago Educator Admired by Goldwater." *New York Times*, July 26, 1964, F1 and F13.

Milton Friedman. "The Goldwater View of Economics." *New York Times* (*New York Times Magazine* section), October 11, 1964, 35 and 133–37.

Paul A. Samuelson. "The New Economics in the U.S. Faces Some Old Problems." *Financial Times* (London), December 31, 1965, 9.

"The Slippery Path of Prosperity." *Business Week*, January 1, 1966, 70–73. (Reprinted in N. Marshall 1970, 104–9.)

Milton Friedman. "Friedman and Keynes." *Time*, February 4, 1966, 13.

Sylvia Porter. "Your Money's Worth: When Does Inflation Start to Hurt?" *Detroit Free Press*, February 24, 1966, 13B.

Milton Friedman and Leon Keyserling appearance on *The Great Society: The Sizzling Economy*, NET (National Educational Television), June 27, 1966.

Milton Friedman. "Why Does the Free Market Have Such a Bad Press?" *Human Events*, July 2, 1966, 8 and 14.

Milton Friedman. "Inflationary Recession." *Newsweek*, October 17, 1966, 92.

Milton Friedman. "Friedman on U.S. Monetary and Fiscal Policy." *Banker* (London) 117, no. 491 (January 1967): 68–70.

Milton Friedman. "Myths That Keep People Hungry." *Harper's Magazine*, April 1967, 16–24.

Karl Brunner and Allan H. Meltzer. "Tobin Article Challenged." *Washington Post*, April 30, 1967, C6.

"Outgrowing the Business Cycle." *Business Week*, May 6, 1967, 119–20.

John Davenport. "The Radical Economics of Milton Friedman." *Fortune*, June 1, 1967, 131–32, 147–48, 150, and 154.

Paul A. Samuelson. "American Pause and Revival." *Financial Times* (London), June 14, 1967, 17.

Milton Friedman. "Current Monetary Policy." *Newsweek*, October 30, 1967, 80.

Milton Friedman. "Taxes, Money and Stabilization." *Washington Post*, November 5, 1967, H1 and H3.

Milton Friedman appearance on *Firing Line*, syndicated, episode "The Economic Crisis," January 8, 1968; transcript available on Hoover Institution website.

Gerald R. Rosen. "Has the New Economics Failed? An Interview with Milton Friedman." *Dun's Review*, February 1968, 38–39, 92–94, and 96.

Milton Friedman. "The Gold Requirement." *Newsweek*, February 19, 1968, 78.

Milton Friedman appearance on National Educational Television's *Great Decisions 1968 #7: The Dollar in Danger*, broadcast Washington, DC, March 17, 1968, WETA/channel 26; transcript.

Milton Friedman. "Monetary Policy." *Newsweek*, June 3, 1968, 85.

Louis Dombrowski. "Ask Money Supply Equal to Growth Rate." *Chicago Tribune*, July 5, 1968, C8.

Milton Friedman. "Customers Go Home." *Newsweek*, August 26, 1968, 75.

Milton Friedman. "Negative Income Tax—I." *Newsweek*, September 16, 1968, 86.

Instructional Dynamics Economics Cassettes (audiotaped series of commentaries by Friedman), various dates October 1968–December 1978. Most tapes available in digitized form on Hoover Institution website.

Instructional Dynamics Economics Cassettes (Paul Samuelson series) (audiotaped series of commentaries by Paul A. Samuelson), various dates October 1968–October 1977.

Milton Friedman. "Because or Despite?" *Newsweek*, October 28, 1968, 104.

"Friedman's Hard Line: U.S. Controls over Business Challenged by Nixon Adviser." *St. Louis Post-Dispatch*, November 11, 1968, 5B.

Milton Friedman. "After the New Economics." *Newsweek*, December 9, 1968, 83.

UPI. "Interest Rate Hits New High." *Beaver County Times* (PA), January 8, 1969, A1 and A4.

"The New Attack on Keynesian Economics." *Time*, January 10, 1969, 64–65.

"Inflation Crackdown Begins: 'Trying to Slow the Economy'; Exclusive Interview with George W. Mitchell, Member, Federal Reserve Board." *U.S. News and World Report*, January 20, 1969, 25–28.

Milton Friedman appearance on *Speaking Freely*, NBC television (WNBC, New York), taped April 4, 1969, broadcast May 4, 1969; WNBC transcript.

Milton Friedman. "Invisible Occupation." *Newsweek*, May 5, 1969, 94.

Milton Friedman and Paul A. Samuelson appearance on *The Great Economics Debate*, WGBH Boston, May 22, 1969 (listed in "TV Highlights Today," *Boston Globe*, May 22, 1969, 61). (This was a live transmission of the Friedman/Samuelson seminar dialogue "Old,

New, and Correct Economics," in the Karl Compton Lecture Series, Kresge Auditorium, Massachusetts Institute of Technology.)

Laurence Harris. "The Chicago School of Thought." *Bankers' Magazine* 28, no. 7 (July 1969): 5–11.

Milton Friedman. "Monetary Overkill." *Newsweek*, August 18, 1969, 75.

Alfred L. Malabre Jr. "Influential Economist: Milton Friedman's Ideas Gain Wider Acceptance among Policy-Makers." *Wall Street Journal*, November 4, 1969, 1 and 15.

"'Through the Windshield:' Nixon Adviser Warns of Severe Recession." *Phoenix Gazette* (AZ), November 24, 1969, 26.

Milton Friedman. "How to Free TV." *Newsweek*, December 1, 1969, 82.

Roy F. Harrod. "Keynes: The Arrested Revolution." *New Statesman* (London) 78, no. 2021 (December 5, 1969): 808–10.

"The Intellectual Provocateur." *Time*, December 19, 1969, 71.

Milton Viorst. "Friedmanism, n[oun]. Doctrine of Most Audacious U.S. Economist, Esp. Theory 'Only Money Matters.'" *New York Times (New York Times Magazine* section), January 25, 1970, 22–23, 80 and 82–84.

Milton Friedman. "A New Chairman at the Fed." *Newsweek*, February 2, 1970, 68.

Peter Malken. "Hysterics Won't Clean Up Pollution: Economist Milton Friedman Appraises an Old Problem and the Cost of Solving It." *Chicago Tribune*, magazine section, April 12, 1970, 66–67, 69, 71–72, 77, 80, and 82.

Milton Friedman appearance on *NET Journal Presents Conservative Viewpoint*, PBS, May 4, 1970.

Milton Friedman. "Burns and Guidelines." *Newsweek*, June 15, 1970, 86.

Milton Friedman appearance on *Meet the Press*, NBC, June 28, 1970; NBC transcript.

Rob Warden. "What Really Causes Inflation? Milton Friedman, Top White House Adviser, Puts the Blame on Washington and Nowhere Else." *Chicago Daily News*, July 29, 1970, 3–4.

"Miscellany: Freedom Fighter." *Guardian* (London and Manchester, UK), September 17, 1970, 19.

Malcolm Crawford. "Milton Friedman on the Only Way to Halt Inflation." *Sunday*

Times (London), September 20, 1970, 54.

Milton Friedman. "Inflation and Wages." *Newsweek*, September 28, 1970, 77.

Milton Friedman. "Paul Samuelson." *Newsweek*, November 9, 1970, 80.

Paul A. Samuelson. "Milton Friedman Is Wrong—So Wrong." *Sunday Telegraph* (London), January 24, 1971, 19–20.

Henry C. Murphy. "Fiscal Policy: Guardian of the Economy." *South China Morning Post* (Hong Kong), January 29, 1971, "Banking and Finance" section, 1 and 10.

Milton Friedman. "Money—Tight or Easy?" *Newsweek*, March 1, 1971, 80.

Milton Friedman. "Which Crystal Ball?" *Newsweek*, July 5, 1971, 62.

Milton Friedman. "Why the Freeze Is a Mistake." *Newsweek*, August 30, 1971, 22–23.

Milton Friedman. "Will the Kettle Explode?" *Newsweek*, October 18, 1971, 30.

Milton Friedman. "First Readings on the New Game Plan." *Newsweek*, November 8, 1971, 100.

Milton Friedman. "Inflation and How to Control It." *New York Times*, November 24, 1971, 34.

Milton Friedman appearance on *Firing Line*, PBS, episode "American Conservatives Confront 1972," PBS, taped January 5, 1972, broadcast January 7, 1972; PBS transcript, available on Hoover Institution website.

Milton Friedman, Paul A. Samuelson, and Henry C. Wallich. "Three Views of Nixonomics and Where It Leads [panel Q&A]." *Newsweek*, January 31, 1972, 74–75.

Milton Friedman. "The Case for a Monetary Rule." *Newsweek*, February 7, 1972, 67.

John McClaughry. "Milton Friedman Responds: A *Business and Society Review* Interview." *Business and Society Review* 1, no. 1 (Spring 1972): 5–16. (Excerpted in Friedman 1975e, 240–56.)

Paul A. Samuelson. "Frank Knight, 1885–1972." *Newsweek*, July 31, 1972, 55.

Milton Friedman. "The Fed on the Spot." *Newsweek*, October 16, 1972, 98.

"Friedman: Budget Deficit May Upset Money Policy." *National Journal*, January 13, 1973, 57.

Michael Laurence and Geoffrey Norman. "*Playboy* Interview: Milton Friedman—a Candid Conversation in Which the Maverick Economist Advocates the Abolition of

Welfare, Social Security and the Graduated Income Tax." *Playboy* 28, no. 2 (February 1973): 51–54, 56, 58–60, 62, 64, 66, 68 and 74. (Reprinted in Friedman 1975e, 1–38, and Friedman 1983b, 9–59.)

Milton Friedman. "A Frightening Parallel." *Newsweek*, August 6, 1973, 70.

Milton Friedman. "Public Spending and Inflation." *The Times* (London), August 29, 1973, 15.

Milton Friedman. "The Voucher Idea." *New York Times* (New York Times Magazine section), September 23, 1973, 22–23, 65, 67, and 69–72. (Reprinted in Friedman 1975e, 270–84.)

Frederick C. Klein. "A New Discipline: Chicago Business School Shuns the Case Method and Comes into Its Own." *Wall Street Journal*, October 30, 1973, 1 and 30.

Milton Friedman. "Why Now?" *Newsweek*, December 31, 1973, 29.

Long-Term Solutions to the Energy Crisis (symposium of Morris A. Adelman, Milton Friedman, and William Nordhaus at the National Conference on Government Response to the Energy Crisis), Washington, DC, January 24, 1974; audiotape.

John Vaizey. "Whatever Happened to Equality?— 5. Equality and Income [Interview with Milton Friedman]." *Listener* (London), May 30, 1974, 688–90.

Milton Friedman. "Perspective on Inflation." *Newsweek*, June 24, 1974, 73.

Milton Friedman appearance on *Newsday* (BBC2 television program), September 20, 1974.

Milton Friedman. "Inflation Prospects." *Newsweek*, November 4, 1974, 84.

Tibor Machan, Joe Cobb, and Ralph Raico. "An Interview with Milton Friedman." *Reason*, December 1974, 4 and 7–14.

Dennis V. Waite. "A Monetarist Talks Tough on Recession." *Philadelphia Sunday Bulletin*, March 2, 1975, 25.

Milton Friedman appearance on *Monday Conference*, ABC Television (Australia), April 14, 1975; ABC Television (Australia) transcript.

Milton Friedman. "Two Economic Fallacies." *Newsweek*, May 12, 1975, 83.

Paul A. Samuelson. "Alvin H. Hansen, 1887–1975." *Newsweek*, June 16, 1975, 72.

Milton Friedman. "Subsidizing OPEC Oil." *Newsweek*, June 23, 1975, 75.

Milton Friedman. "Six Fallacies." *Wall Street Journal*, June 30, 1975, 11.

Milton Friedman. "Five Examples of Fed Double-Talk." *Wall Street Journal*, August 21, 1975, 6.

Tom Oliver. "Ingrid Bergman: In Search of a Good Movie." *Photoplay Film Monthly* (UK) 26, no. 9 (September 1975): 20–21 and 51.

Milton Friedman appearance on *Donahue*, NBC, September 30, 1975.

Theodore Kurrus. "Laissez Faire: Friedman against Government Control." *Dallas Morning News*, October 17, 1975, 13B.

Milton Friedman appearance on *The Open Mind*, PBS, December 7, 1975; transcript.

Milton Friedman. "How to Hit the Money Target." *Newsweek*, December 8, 1975, 85.

"In His Own Words: Economist Milton Friedman Calls the Income Tax 'an Unholy Mess' and Wants to Reform It." *People Weekly*, April 5, 1976, 49–52.

Milton Friedman appearance on *The Jay Interview* (hosted by Peter Jay), ITN, videotaped May 11, 1976; UK broadcast date July 17, 1976.

Lindley H. Clark, "Speaking of Business: The Skeptic." *Wall Street Journal*, August 23, 1976, 8.

"Economists Are Schizophrenic, Friedman Says." *Times Higher Education Supplement* (London), September 3, 1976, 20.

David Sinclair. "Inflation: 'The Tax That Never Has to Be Passed by Parliament.'" *Times* (London), September 13, 1976, 7.

Milton Friedman. "Money and Inflation." *Newsweek*, September 20, 1976, 77.

Christopher Fildes. "City Notebook—the Toast Is: Absent Chancellors." *Investor's Chronicle* (London), October 1, 1976, 16–17.

James Tobin. "The Nobel Milton." *Economist* (London), October 23, 1976a, 94–95.

Harry G. Johnson. "The Nobel Milton." *Economist* (London), October 23, 1976b, 95.

Milton Friedman appearance on *Meet the Press*, NBC, October 24, 1976; NBC transcript.

"Medal for a Monetarist." *Time*, October 25, 1976, 58.

Paul A. Samuelson. "Milton Friedman." *Newsweek*, October 25, 1976a, 89 (41 of UK edition). (Reprinted in Samuelson 1983a, 130–32).

Larry Martz. "A Nobel for Friedman." *Newsweek*, October 25, 1976b, 86 and 89 (40–41 of UK edition).

James Eisener. "Sorry He Spoke Out? Not Milton Friedman." *Chicago Tribune*, November 28, 1976, A17.

Milton Friedman. "To Jimmy from James." *Newsweek*, December 6, 1976, 87.

Milton Friedman. "How to Denationalize." *Newsweek*, December 27, 1976, 54.

Milton Friedman. "An Open Reply from Milton Friedman." *Financial Times* (London), January 6, 1977, 17.

Milton Friedman. "Steady as You Go." *Newsweek*, January 10, 1977, 58–59.

Milton Friedman appearance on *Dinah!* (Dinah Shore talk show), broadcast March 30, 1977. Clip of appearance available on *Free to Choose* website; recording of full appearance purchased from Hoover Institution.

Milton Friedman. "Tax Gimmickry at Its Finest." *Newsweek*, April 11, 1977, 90.

Fred Kutchins. "Leaning against Next Year's Wind" (interview with Milton Friedman), *Saturday Evening Post* (New York), May/June 1977, 16 and 18–20.

Milton Friedman. "Monetary Policy and the Inflation Rate." *The Times* (London), May 2, 1977, 13.

Milton Friedman. "When Is a Tax Cut Not a Tax Cut?" *Newsweek,* May 17, 1977, 72.

"Letters Follow-Up: An Exchange among Nobel Laureates [on] Milton Friedman, the Chilean Junta and the Matter of Their Association" (with contributions from Milton Friedman, David Baltimore, and S. E. Luria). *New York Times*, May 22, 1977, sec. 4, p. 18.

Friedman appearance on *The Open Mind*, episode titled "A Nobel Laureate on the American Economy," PBS, May 31, 1977; transcript.

"*Reason* Interview: Milton Friedman." *Reason*, August 1977, 24–29.

Milton Friedman. "Israel's Other War." *Newsweek,* August 22, 1977, 57.

Milton Friedman Speaks, episode 12, "Who Protects the Consumer?," taped September 12, 1977.

Milton Friedman Speaks, episode 11, "Putting Learning Back in the Classroom," taped September 15, 1977.

Milton Friedman Speaks, episode 3, "Is Capitalism Humane?," taped September 27,

1977.

Milton Friedman Speaks, episode 13, "Who Protects the Worker?," taped September 29, 1977.

Milton Friedman. "Why Inflation Persists." *Newsweek*, October 3, 1977, 54.

Milton Friedman Speaks, episode 1, "What Is America?," taped October 3, 1977.

Milton Friedman Speaks, episode 2, "Myths That Conceal Reality," taped October 13, 1977.

Celeste Durante. "John Wayne, Two Winners of Nobel Prize Honored." *Los Angeles Times*, November 7, 1977, C1.

Milton Friedman Speaks, episode 6, "Money and Inflation," taped November 7, 1977.

AP wire photo. *Irish Times* (Dublin), November 9, 1977, 9.

Paul A. Samuelson. "Reappoint Burns?" *Newsweek*, November 21, 1977, 81.

Hugh Sidey. "The Importance of Being Arthur." *Time*, December 26, 1977.

Peter Lilley. "Keynes' General Theory." *Listener* (London), January 5, 1978, 21.

Milton Friedman. "Burns on the Outside." *Newsweek,* January 9, 1978, 52–53.

Thomas Balogh. "The Ghost of Montagu Norman Is in Business." *Sunday Times* (London), January 22, 1978, 62.

Milton Friedman Speaks, episode 7, "Is Tax Reform Possible?," taped February 6, 1978.

Milton Friedman Speaks, episode 9, "The Energy Crisis: A Humane Solution," taped February 10, 1978.

Milton Friedman Speaks, episode 15, "The Future of Our Free Society," taped February21, 1978.

Milton Friedman Speaks, episode 5, "What Is Wrong with the Welfare State?," taped February 23, 1978.

Milton Friedman. "Inflationary Recession." *Newsweek*, April 24, 1978, 81.

Milton Friedman Speaks, episode 8, "Free Trade: Producer vs. Consumer," taped April 27, 1978.

Milton Friedman Speaks, episode 10, "The Economics of Medical Care," taped May 19, 1978.

Milton Friedman and Paul A. Samuelson. "Answering the Big Questions [panel Q&A]." *Newsweek*, May 29, 1978, 80–81.

Milton Friedman, letter to Representative Dawson Mathis of June 8, 1978, published in *Congressional Record* 124, July 18, 1978, 21530–31.

Milton Friedman. "Inertia and the Fed." *Newsweek*, July 24, 1978, 70.

Robert Edward Brown. "Profile: Milton Friedman." *Human Behavior* 7, no. 11 (November 1978): 28–33.

Milton Friedman appearance on *Meet the Press*, NBC, November 12, 1978; NBC transcript.

Milton Friedman. "Borrowing Marks." *Newsweek*, January 8, 1979, 56.

John Burton. "There Will Have to Be Changes—VI: The Unions Must Be Brought Back within the Law." *Daily Telegraph* (London), February 12, 1979, 14.

Harry Farrell. "Who Gains from Inflation? The Politicians, Says Milton Friedman." *San Jose Mercury News*, February 12, 1979, 7B.

Henry Farrell. "Friedman's Choice: Inflation with Recession or Recession Without." *San Jose Mercury News*, February 13, 1979, 7B.

Mervyn A. King. "Reality: A Charter for Avoidance." *New Statesman* (London), April 13, 1979, 505–8.

Rich Thomas. "A Talk with Arthur Burns." *Newsweek*, May 14, 1979, 90.

Vivian Gray. "Milton Friedman Speaks Out: An Exclusive Expo Interview with America's Best-Known Economist." *Expo: The Contemporary Jewish Magazine* 1, no. 3 (Summer 1979): 16–20 and 112.

Patrick Minford. "A Return to Sound Money." *Banker* 129, no. 641 (July 1979): 29–31.

Otto Eckstein. "Value of Econometric Models." *Wall Street Journal*, August 27, 1979, 14.

Milton Friedman appearance on *Donahue*, NBC, September 6, 1979 (Chicago broadcast date; the syndication broadcast date was October 10, 1979). A videotape including this episode was released commercially in 1994–96 as *Interviewing the Great Minds of America*. Also available on YouTube.

Milton Friedman. "Inflation and Jobs." *Newsweek*, November 12, 1979, 97.

Free to Choose (US television version), PBS, episode 1, "The Power of the Market," broadcast dates in US areas included January 12, 1980; transcript available online on *Free to Choose* website.

Free to Choose (US television version), PBS, episode 2, "The Tyranny of Control," broadcast dates in US areas included January 19, 1980; transcript available online on *Free to Choose* website.

Free to Choose (US television version), PBS, episode 3, "Anatomy of a Crisis," broadcast dates in US areas included January 29, 1980; transcript available online on *Free to Choose* website.

Free to Choose (US television version), PBS, episode 5, "Created Equal," broadcast dates in US areas included February 15, 1980; transcript available online on *Free to Choose* website.

Anthony Holden. "The Free Market Man." *Observer* (London), February 17, 1980, 33 and 35.

Free to Choose (UK television version, debate portion), BBC2, episode "From Cradle to Grave," broadcast March 1, 1980; BBC transcript.

Milton Friedman. "Monetarism: A Reply to the Critics." *The Times* (London), March 3, 1980, 19.

Philip Corrigan. "'Free to Choose?'" *Listener* (London), March 6, 1980, 307.

Free to Choose (UK television version, debate portion), BBC2, episode "Created Equal," March 8, 1980; BBC transcript.

Milton Friedman. "Things That Ain't So." *Newsweek*, March 10, 1980, 79.

Free to Choose (UK television version, debate portion), BBC2, episode "How to Cure Inflation," broadcast March 22, 1980; BBC transcript.

Kenneth J. Arrow. "*Free to Choose* by Milton and Rose Friedman." *New Republic*, March 22, 1980, 25–28.

Milton Friedman. "The Case for Free Trade." *Listener* (London), March 27, 1980, 393–94.

Milton Friedman. "The Myth of Equality." *Listener* (London), April 10, 1980, 457–58.

Milton Friedman appearance on *Donahue*, NBC, April 16, 1980 (Chicago broadcast date; New York broadcast date April 18, 1980). Available on YouTube.

Milton Friedman. "The Corporate Clout." *Newsweek,* May 5, 1980, 82.

Peter T. Maiken. "Milton Friedman—the Free-Market Monetarist Thrives in a New Locale." *Chicago Tribune*, July 20, 1980, magazine section, 20–24.

Brian Vine. "Yes, It Will Work If Maggie Doesn't Waver: Verdict on the Tory Strategy So Far—by the Economist Who Virtually Invented It." *Daily Express* (London), August 6, 1980, 8.

Milton Friedman. "A Simple Tax Reform." *Newsweek*, August 18, 1980, 68.

Tom James. "Friedman Scolds Treasury 'Failure.'" *Scotsman* (Edinburgh), October 20, 1980, 1.

Milton Friedman. "A Biased Double Standard." *Newsweek*, January 12, 1981, 68.

Milton Friedman. "A Memorandum to the Fed." *Wall Street Journal*, January 30, 1981, 20.

Milton Friedman. "Deficits and Inflation." *Newsweek*, February 23, 1981, 70.

Milton Friedman. "Autos and Import Curbs." *Newsweek*, March 16, 1981, 84.

Milton Friedman. "An Open Letter on Grants." *Newsweek*, May 18, 1981, 99.

John Curley. "MBA Students Learn the Cost of Education." *Wall Street Journal*, May 18, 1981, 29 and 36.

Milton Friedman. "Regulatory Schizophrenia." *Newsweek*, June 29, 1981, 65.

Milton Friedman. "Closet Keynesianism." *Newsweek*, July 27, 1981, 60.

Patrick Bedard. "Someone Doesn't Want You to Have the Car of Your Dreams, and It Isn't the United States Government." *Car and Driver* 27, no. 3 (September 1981):79–83.

Milton Friedman. "Reaganomics and Interest Rates." *Newsweek*, September 21, 1981, 39.

Lester C. Thurow. "A Disastrous Recession?" *Newsweek*, November 16, 1981, 88.

"Exclusive Interview: Milton Friedman on Reaganomics." *Human Events* 51, no. 49 (December 5, 1981): 1 and 6–9.

Milton Friedman. "The Yo-Yo Economy." *Newsweek*, February 15, 1982, 72.

Milton Friedman. "Tax, Tax; Spend, Spend." *Newsweek*, May 31, 1982, 63.

Scott M. Sedam. "Engineering: Next in Line for Productivity Push?" *Professional Engineer* 52, no. 2 (June 1982): 8–11.

Milton Friedman. "Defining 'Monetarism.'" *Newsweek*, July 12, 1982, 64.

Iain Fraser Grigor. "Unrepentant at 70—Monetarism's High Priest." *Glasgow Herald* (Scotland), July 30, 1982, 8.

Milton Friedman. "An Aborted Recovery?" *Newsweek*, August 23, 1982, 59.

Peter Brimelow. "Talking Money with Milton Friedman: He Isn't Particularly Bullish on the Fed or Interest Rates." *Barrons*, October 25, 1982, 6–7.

Family Ties, season 1, episode "Summer of '82," NBC, US broadcast date October 27, 1982.

Milton Friedman. "The Wayward Money Supply." *Newsweek*, December 27, 1982, 58.

Milton Friedman. "Some Pet Peeves." *Newsweek,* January 17, 1983, 58.

Milton Friedman. "Washington: Less Red Ink." *Atlantic*, February 1983, 18, 20–24, and 26.

Milton Friedman appearance on *Saturday Briefing*, BBC2, March 12, 1983; BBC transcript.

Sidney Blumenthal. "Economic Navigator for the Right." *Boston Globe* (magazine section), April 3, 1983, 10, 11, 20–21, 24–25, 40, and 42–43.

Milton Friedman. "High Taxes, Low Security." *Newsweek*, April 18, 1983, 64.

Milton Friedman. "The Keynes Centenary: A Monetarist Reflects." Economist (London), June 4, 1983, 17–19 of US edition; 35–37 of London edition.

Tim Congdon. "Has Friedman Got It Wrong?" *Banker* (London) 133, no. 689 (July 1983): 117–25.

Milton Friedman. "Why a Surge of Inflation Is Likely Next Year." *Wall Street Journal*, September 1, 1983, 24.

"Correction." *Wall Street Journal*, September 7, 1983, 30.

Tyranny of the Status Quo television program, episode 3, "Politicians," US broadcast dates including March 28, 1984, on channel 16 in Pennsylvania (as given in "Today's Television Listings." *Beaver County Times* [PA], March 28, 1984, B8).

Milton Friedman. "Inflation Isn't Beaten." *New York Times*, April 3, 1984, A31.

Milton Friedman appearance on *Donahue*, NBC, April 25, 1984 (Chicago broadcast date; New York broadcast date April 29, 1984).

Milton Friedman. "The Taxes Called Deficits." *Wall Street Journal*, April 26, 1984, 28.

Milton Friedman. "Monetarist Can Be a Supply-Sider, Too." *Wall Street Journal*, August 31, 1984, 13.

Ken Kelley. "The Interview: Outspoken Economists Milton and Rose Friedman." *California*, October 1984, 70–79 and 160–64.

"Schools Brief: Beefing Up Demand." *Economist*, October 27, 1984, 70–71 of US edition; 42–43 of London edition.

Lindley H. Clark Jr. and Laurie McGinley. "Money's Role: Monetarists Succeed in Pushing Basic Ideas but Not Their Policies." *Wall Street Journal*, December 10, 1984, 1 and 16.

Nicholas Kaldor. "The Views of Keynes." *Financial Times* (London), June 3, 1985, 15.

"*The Margin* Interview: Milton Friedman." Margin, January 1986, 3–5.

Milton Friedman. "Homer Jones, a Reminiscence." *New York Times*, March 23, 1986, F13.

Milton Friedman appearance on *Firing Line*, PBS, episode "Resolved: We Should Move toward Privatization, Including the Schools," taped April 10, 1986; PBS transcript, available on Hoover Institution website.

Mike Robinson. "Milton Friedman Reprises Monetarist Views, Discusses Cause and Effect of His Nobel Prize." *American Banker*, April 30, 1986, 20 and 23.

James Srodes. "The New Galbraith." *Daily Telegraph* (London), June 30, 1986, 17.

Jonathan Peterson. "The Captain of Capitalism: Even as Milton Friedman's Theories Have Gone Out of Vogue in Washington, His Ideas Have Come to Shape the Way Nations Manage Their Money." *Los Angeles Times* (*Los Angeles Times Magazine* section), December 14, 1986, 12–18 and 54. (Also appeared as Jonathan Peterson, "Defining Friedman Takes a Lifetime." *San Francisco Chronicle*, December 26, 1986, 39; and Jonathan Peterson, "Now, the Friedman Revival." *Sydney Morning Herald*, December 27, 1986, 27.)

Idea Channel. *Milton Friedman*. Videotaped interview, 1987.

Benjamin Stein and Victoria A. Sackett. "The 25 Most Important Americans." *Penthouse*, January 1987.

Milton Friedman. "Monetary History, Not Dogma." *Wall Street Journal*, February 12, 1987, 24.

Milton Friedman appearance on *Nightline*, ABC, March 17, 1987, show 1516 ("Semiconductors: Japanese Hegemony?"); ABC transcript.

Milton Friedman. "Ice-Cream Cone Challenge Scooped Up." *Wall Street Journal*, July 2, 1987, 19.

Milton Friedman appearance on *Nightline*, ABC, show 1685 ("A National Town Meeting on Wall Street and the Economy"), November 6, 1987; ABC transcript.

Daniel Doron. "Part Five of an Interview with Milton Friedman: 'Is the Private Sector Really Privatized?'" *Jerusalem Post,* November 11, 1987, 8.

John Maynard Keynes: Life, Ideas, Legacy. Institute of Economic Affairs (London) video documentary, 1988.

Samuel Brittan. "Money Supply: Anchors Past and Present." *Financial Times* (London), February 15, 1988, 41–42 of centennial supplementary section.

Milton Friedman. "Floating Rates vs. Monetary Standard." *Wall Street Journal*, March 4, 1988, 29.

Milton Friedman. "The Fed Has No Clothes." *Wall Street Journal*, April 15, 1988, 28.

Peter Brimelow. "Why Liberalism Is Now Obsolete [interview with Milton Friedman]." *Forbes*, December 12, 1988, 161–65, 168, 170, 174, and 176.

Milton Friedman. "What Is the 'Right' Amount of Saving?" *National Review*, June 16, 1989a, 25–26.

Robert M. Solow. "What Is the 'Right' Amount of Saving? [Discussion]." *National Review*, June 16, 1989b, 27–28.

Milton Friedman. "Whither Inflation?" *Wall Street Journal*, July 5, 1989, A10.

Milton Friedman. "The Fed, a Bastion of Inflation." *Wall Street Journal*, November 17, 1989, A15.

Milton Friedman appearance on *This Week with David Brinkley*, ABC, December 17,

1989; ABC transcript.

Milton Friedman. "Fed's Arsenal Has Only One Big Gun." *Wall Street Journal*, April 5, 1990, A19.

Warren T. Brookes. "The Gospel According to Knut Wicksell." *Forbes*, July 9, 1990, 66–69.

Milton Friedman and Paul A. Samuelson appearance on *MacNeil/Lehrer NewsHour*, PBS, August 27, 1990; PBS transcript.

Milton Friedman appearance on *Firing Line*, PBS, December 13, 1990; PBS transcript available on Hoover Institution website.

Milton Friedman. "In Eastern Europe: The People vs. the Socialist Elite." *Wall Street Journal*, January 8, 1991, A14.

Milton Friedman and Paul A. Samuelson appearance on *Wall Street Week with Louis Rukeyser*, PBS, episode 2134, "Two Nobel Economists." February 21, 1992; Maryland Public Television transcript.

John Lichfield. "Interview—Freedom's Demon King: Milton Friedman." *Independent on Sunday* (London), July 26, 1992, 23.

Milton Friedman appearance, May 6, 1993, at House Republican Conference Task Force on the Economy, Washington, DC. Broadcast on CSPAN, May 7, 1993, and released as a videotape by CSPAN educational video. Also viewable on CSPAN website.

Timothy Devinney. "Why the Jobless Will Wake in Fright." *Sydney Morning Herald*, August 12, 1993, 13.

Paul Sheehan. "Friedman's Fundamentals." *Australian Business Monthly,* October 1993, 52–55.

Milton Friedman and Anna J. Schwartz. "A Tale of Fed Transcripts." *Wall Street Journal*, December 20, 1993, A12.

Interview with Milton Friedman conducted by Brian Lamb for *Booknotes,* CSPAN, November 20, 1994. Transcript available on CSPAN website; transcript was also issued in hard-copy form by CSPAN in 1994.

Amanda Bennett. "Business and Academia Clash over a Concept: 'Natural' Jobless Rate." *Wall Street Journal*, January 24, 1995, A1 and A8.

Brian Doherty. "Best of Both Worlds: Interview with Milton Friedman." *Reason*, June 1995, 32–38.

Milton Friedman. "Taxing Battle." *Reason*, November 1995, 10.

Peter Robinson. "Rose and Milton Friedman: Our Early Years—Interview." *Hoover Digest*, no. 2 (1996): 126–35.

Milton Friedman appearance, April 18, 1996, at Claremont McKenna College, broadcast on CSPAN on December 26, 1996; viewable on CSPAN website.

Milton Friedman talk, November 21, 1996, at Indiana University, broadcast on CSPAN on December 1, 1996; viewable on CSPAN website.

Peter Brimelow. "Milton Friedman at 85." *Forbes*, December 29, 1997, 52–55.

Robert J. Samuelson. "The Age of Friedman." *Newsweek*, June 15, 1998, 44–45.

Milton Friedman. "Monetary Policy Dominates." *Wall Street Journal*, January 8, 1999, A18.

Amity Shlaes. "The Greedy Hand in a Velvet Glove." *Wall Street Journal*, April 15, 1999, A22.

Lars E. O. Svensson. "How Japan Can Recover." *Financial Times* (London), September 25, 2001, 13.

Milton Friedman. "No More Economic Stimulus Needed." *Wall Street Journal*, October 10, 2001, A17.

A Conversation with Milton Friedman. 2002 interview with Milton Friedman conducted by Gary S. Becker; issued commercially as a DVD by the Liberty Fund in 2003.

John A. Tatom. "Policymakers Fixated on Use of Nominal Interest Rates." *Financial Times* (London), June 14, 2002, 18.

Milton Friedman. "The Fed's Thermostat." *Wall Street Journal*, August 19, 2003, A8.

Milton Friedman appearance on television special *Election 2004: The Economy*, WQED San Francisco, broadcast live on October 15, 2004.

John T. Ward. "The View from Up There: Economist Milton Friedman, RC '32, Reflects on a Long Life as a Contrarian." *Rutgers* magazine, Fall 2006, 22–27 and 48.

Holcomb B. Noble. "Milton Friedman, the Champion of Free Markets, Is Dead at 94." *New York Times*, November 17, 2006, A1 and B10.

Milton Friedman. "Why Money Matters." *Wall Street Journal*, November 17, 2006, A20.

Mary Ruth Yoe. "Market Force." *University of Chicago Magazine* 99, no. 3 (January/February 2007): 30.

The Partnership for Public Service. "Monitoring and Predicting the Economy's Future Path." *Washington Post*, January 3, 2012. https://www.washingtonpost.com/politics /monitoring-and-predicting-the-economys-future-path/2012/01/01/gIQAnPjPWP _story.html.

Paul Krugman. "America Isn't a Corporation." *New York Times*, January 13, 2012, A23.

Jon Hilsenrath. "Reporter's Journal: A Close Bond and a Shared Love for 'Dismal Science'—Correspondence between Famously Brash Summers and His Uncle, a Nobel Economist, Reveals Flashes of Humility and Tenderness." *Wall Street Journal*, September 14, 2013, A4.

John B. Taylor. "The Economic Hokum over 'Secular Stagnation.'" *Wall Street Journal*, January 2, 2014, A17.

John B. Taylor, "Family Economics and Macro Behavior at a Gary Becker Memorial," economicsone.com, September 2, 2014.

Paul Krugman. "Business vs. Economics." *New York Times*, November 3, 2014, A31.

Paul Romer. "Protecting the Norms of Science in Economics." *PaulRomer* blog entry, May 18, 2015.

Abbott, William J. 1959. Money Supply Statistics." In Ad Hoc Committee on Money Supply Statistics (William J. Abbott, Harry Brandy, Robert S. Einzig, Roland I. Robinson [Committee Chairman], and Clarence W. Tow), *Recommendations for Statistics of Money Supply and Member Bank Reserves.* Washington, DC: Federal Reserve Board. October 8.

———. 1960. "A New Measure of the Money Supply." *Federal Reserve Bulletin* 46, no. 10 (October): 1102–23.

———. 1962. "Revision of Money Supply Series." *Federal Reserve Bulletin* 48, no. 8

(August): 941–51.

Abel, Andrew B. 1979. *Investment and the Value of Capital*. New York: Garland.

———. 1983. "Optimal Investment under Uncertainty." *American Economic Review* 73, no. 1 (March): 228–33.

———. 1987. "Optimal Monetary Growth." *Journal of Monetary Economics* 19, no. 3 (May): 437–50.

Abel, Andrew B., and Ben S. Bernanke. 1992. *Macroeconomics*. Reading, MA: Addison-Wesley.

Abel, Andrew B., and Olivier J. Blanchard. 1986. "The Present Value of Profits and Cyclical Movements in Investment." *Econometrica* 54, no. 2 (March): 249–73.

Abel, Andrew B., Rudiger Dornbusch, John Huizinga, and Alan Marcus. 1979. "Money Demand during Hyperinflation." *Journal of Monetary Economics* 5, no. 1 (January): 97–104.

Abramovitz, Moses. 1948. "Business Cycles." In Arthur F. Burns, ed., *The Cumulation of Economic Knowledge: Twenty-Eighth Annual Report of the National Bureau of Economic Research*. New York: National Bureau of Economic Research. 34–36.

Ahearn, Daniel S. 1963. *Federal Reserve Policy Reappraised, 1951–1959*. New York: Columbia University Press.

Alford, R. F. G. 1956. "Marshall's Demand Curve." *Economica* 23, no. 89 (February): 23–48.

All Participants. 1951. "Selections from the Discussion of Friedman's Paper." In David McCord Wright, ed., *The Impact of the Union: Eight Economic Theorists Evaluate the Labor Union Movement*. New York: Harcourt Brace. 235–59.

Altman, Oscar L. 1941. *Saving, Investment, and National Income*. Washington, DC: Temporary National Economic Committee.

Amacher, Ryan C., and Richard James Sweeney. 1980. *Principles of Macroeconomics*. Cincinnati, OH: South-Western.

American Bankers Association. 1963. *Proceedings of a Symposium on Economic Growth*. New York: American Bankers Association.

American Economic Association. 1937. "Thirty-Fourth List of Doctoral Dissertations in Political Economy in Progress in American Universities and Colleges." *American Economic Review* 27, no. 3 (September): 638–57.

———. 1948. *The 1948 Directory of the American Economic Association* (as of June 15, 1948). Evanston, IL: American Economic Association.

———. 1952. "Annual Business Meeting, December 29, 1951, Hotel Statler, Boston, Massachusetts." *American Economic Review* (Papers and Proceedings) 42, no. 2 (May): 709–11.

———. 1970. "Biographical Listings of Members." In American Economic Association, *1969 Handbook of the American Economic Association*. Nashville, TN: American Economic Association. 1–492. Archived in jstor.org as an issue of the *American Economic Review* (59, no. 6 [January 1970]).

———. 1981. "Biographical Listing of Members." In American Economic Association, *Nobel Lectures and 1981 Survey of Members*. Nashville, TN: American Economic Association. 33–456. Archived in jstor.org as part of an issue of the *American Economic Review* (71, no. 6 [December 1981]).

American Enterprise Institute. 1974. *Indexing and Inflation*. Washington, DC: American Enterprise Institute.

American Statistical Association. 1950. "Proceedings: American Statistical Association 109th Annual Meeting: Hotel Biltmore, New York, New York: Minutes of the Annual Business Meeting." *Journal of the American Statistical Association* 45, no. 250 (June): 270–86.

Anderson, Benjamin M., Jr. 1929. "Commodity Price Stabilization: A False Goal of Central Bank Policy." *Chase Economic Bulletin* 9, no. 3 (May): 3–24.

Anderson, Martin, ed. 1982. *Registration and the Draft: Proceedings of the Hoover-Rochester Conference on the All-Volunteer Force*. Stanford, CA: Hoover Institution Press.

Anderson, Oliver D. 1976. "Discussion of the Paper by Dr. Prothero and Dr. Wallis." *Journal of the Royal Statistical Society*, Series A (General) 139, no. 4, 487–90.

Anderson, Richard G., Michael D. Bordo, and John V. Duca. 2016. "Money and Velocity during Financial Crises: From the Great Depression to the Great Recession." NBER Working Paper no. 22100, March.

Anderson, Richard G., and Kenneth A. Kavajecz. 1994. "A Historical Perspective on the Federal Reserve's Monetary Aggregates: Definition, Construction and Targeting." *Federal Reserve Bank of St. Louis Review* 76, no. 2 (March/April): 1–31.

Anderson, R. L. 1946. "Review: *Income from Independent Professional Practice*." *Journal of the American Statistical Association* 41, no. 235 (September): 398–401.

Ando, Albert, and Franco Modigliani. 1963. "The 'Life Cycle' Hypothesis of Saving: Aggregate Implications and Tests." *American Economic Review* 53, no. 1 (March): 55–84.

Andrade, Philippe, Jordi Galí, Hervé Le Bihan, and Julien Matheron. 2018. "The Optimal Inflation Target and the Natural Rate of Interest." NBER Working Paper no. 24328, February.

Andrés, Javier, David López-Salido, and Edward Nelson. 2004. "Tobin's Imperfect Asset Substitution in Optimizing General Equilibrium." *Journal of Money, Credit and Banking* 36, no. 4 (August): 665–690.

Angell, James W. 1941. "Taxation, Inflation and the Defense Program." *Review of Economics and Statistics* 78, no. 2 (May): 78–82.

Archibald, G. C., and Richard G. Lipsey. 1958. "Monetary and Value Theory: A Critique of Lange and Patinkin." *Review of Economic Studies* 26, no. 1 (October): 1–22.

Argy, Victor. 1992. *Australian Macroeconomic Policy in a Changing World Environment*. Sydney: Allen and Unwin.

Arrow, Kenneth J. 1950. "A Difficulty in the Concept of Social Welfare." *Journal of Political Economy* 58, no. 4 (August): 328–46.

———. 1963. "Uncertainty and the Welfare Economics of Medical Care." *American Economic Review* 53, no. 5 (December): 941–73.

———. 1964. "The Role of Securities in the Optimal Allocation of Risk-Bearing." *Review of Economic Studies* 31, no. 2 (April): 91–96.

Arrow, Kenneth J., and Mordecai Kurz. 1970. *Public Investment, the Rate of Return, and Optimal Fiscal Policy*. Baltimore: Johns Hopkins University Press.

Arrow, Kenneth J., and Marcel Priebsch. 2014. "Bliss, Catastrophe, and Rational Policy." *Environmental Resource Economics* 58, no. 4 (August): 491–509.

Ashenfelter, Orley, and John Pencavel. 2010. "Albert Rees." In Ross B. Emmett, ed.,

The Elgar Companion to the Chicago School of Economics. Cheltenham, UK: Edward Elgar. 311–14.

Atkeson, Andrew, V. V. Chari, and Patrick J. Kehoe. 1999. "Taxing Capital Income: A Bad Idea." *Federal Reserve Bank of Minneapolis Quarterly Review* 23, no. 3 (Summer): 3–17.

Atkeson, Andrew, and Lee E. Ohanian. 2001. "Are Phillips Curves Useful for Forecasting Inflation?" *Federal Reserve Bank of Minneapolis Quarterly Review* 25, no. 1 (Winter): 2–11.

Auerbach, Alan J., and Kevin Hassett. 2015. "Capital Taxation in the Twenty-First Century." *American Economic Review (Papers and Proceedings)* 105, no. 5 (May): 38–42.

Auerbach, Alan J., and Laurence J. Kotlikoff. 1995. *Macroeconomics: An Integrated Approach*. Cincinnati, OH: South-Western College Publishing.

Axilrod, Stephen H., and Ralph A. Young. 1962. "Interest Rates and Monetary Policy." *Federal Reserve Bulletin* 48, no. 9 (September): 1110–37.

Bach, George L. 1950. *Federal Reserve Policy-Making: A Study in Government Economic Policy Formation*. New York: Alfred A. Knopf.

Bach, George L., Phillip Cagan, Milton Friedman, Clifford G. Hildreth, Franco Modigliani, and Arthur M. Okun. 1976. *Improving the Monetary Aggregates: Report of the Advisory Committee on Monetary Statistics*. Washington, DC: Federal Reserve Board.

Backhouse, Roger E., and Andrea Salanti, eds. 2000. *Macroeconomics and the Real World*. Vol. 2, *Keynesian Economics Unemployment and Policy*. Oxford: Oxford University Press.

Bailey, Martin J. 1954. "The Marshallian Demand Curve." *Journal of Political Economy* 62, no. 3 (June): 255–61.

———. 1956. "The Welfare Cost of Inflationary Finance." *Journal of Political Economy* 64, no. 2 (April): 93–110.

———. 1957. "Saving and the Rate of Interest." *Journal of Political Economy* 65, no. 4 (August): 279–305.

———. 1962. *National Income and the Price Level*. New York: McGraw-Hill.

———. 1992. "Introduction." In Martin J. Bailey, *Studies in Positive and Normative*

Economics. Aldershot, UK: Edward Elgar. xi–xx.

Bailey, Martin J., Mancur Olson, and Paul Wonnacott. 1980. "The Marginal Utility of Income Does Not Increase: Borrowing, Lending, and Friedman-Savage Gambles."*American Economic Review* 70, no. 3 (June): 372–79.

Baily, Martin Neil, and James Tobin. 1977. "Macroeconomic Effects of Selective Public Employment and Wage Subsidies." *Brookings Papers on Economic Activity* 8, no. 2511–41.

Baker, Scott R., Nicholas Bloom, and Steven J. Davis. 2013. "Measuring Economic Policy Uncertainty." Manuscript, Stanford University, May.

Balbach, Anatol, and Denis S. Karnosky. 1975. "Real Money Balances: A Good Forecasting Device and a Good Policy Target?" *Federal Reserve Bank of St. Louis Review* 57, no. 9 (September): 11–15.

Balke, Nathan S., and Robert J. Gordon. 1986. "Appendix B: Historical Data." In Robert J. Gordon, ed., *The American Business Cycle: Continuity and Change*. Chicago: University of Chicago Press. 781–850.

Ball, Laurence, and N. Gregory Mankiw. 1995. "Relative-Price Changes as Aggregate Supply Shocks." *Quarterly Journal of Economics* 110, no. 1 (February): 161–93.

Ball, R. J. 1985. "Demand Management and Economic Recovery: The United Kingdom Case." *National Westminster Bank Review* 18, no. 3 (August): 2–17.

Baran, Paul A. 1963. "Capitalism and Freedom by Milton Friedman." *Journal of Political Economy* 71, no. 6 (December): 591–94.

Barro, Robert J. 1974. "Are Government Bonds Net Wealth?" *Journal of Political Economy* 82, no. 6 (November/December): 1095–117.

———. 1977. "Unanticipated Money Growth and Unemployment in the United States." *American Economic Review* 67 (March): 101–15.

———. 1979a. "On the Determination of the Public Debt." *Journal of Political Economy* 87, no. 5 (October): 940–71.

———. 1979b. "Money and the Price Level under the Gold Standard." *Economic Journal* 89, no. 353 (March): 13–33.

———. 1981. "Output Effects of Government Purchases." *Journal of Political*

Economy 8, no. 6 (December): 1086–21.

———. 1982. "United States Inflation and the Choice of Monetary Standard." In Robert E. Hall, ed., *Inflation: Causes and Effects*. Chicago: University of Chicago Press. 99–110.

———. 1986. "The Behavior of United States Deficits." In Robert J. Gordon, ed., *The American Business Cycle: Continuity and Change*. Chicago: University of Chicago Press. 361–87.

———. 1987. "Government Spending, Interest Rates, Prices, and Budget Deficits in the United Kingdom, 1701–1918." *Journal of Monetary Economics* 20, no. 2 (September): 221–47.

Barro, Robert J., and Stanley Fischer. 1976. "Recent Developments in Monetary Theory." *Journal of Monetary Economics* 2, no. 2 (April): 133–67.

Barro, Robert J., and Robert G. King. 1984. "Time-Separable Preferences and Intertemporal-Substitution Models of Business Cycles." *Quarterly Journal of Economics* 99, no. 4 (November): 817–39.

Barro, Robert J., and Charles J. Redlick. 2011. "Macroeconomic Effects from Government Purchases and Taxes." *Quarterly Journal of Economics* 126, no. 1 (February): 51–102.

Barrow, Lisa, Julia Campos, Neil R. Ericsson, David F. Hendry, Hong-Anh Tran, and William Veloce. 1997. "Cointegration." In David Glasner, ed., *Business Cycles and Depressions: An Encyclopedia*. New York: Garland. 101–5.

Batini, Nicoletta, and Edward Nelson. 2005. "The U.K.'s Rocky Road to Stability." Federal Reserve Bank of St. Louis Working Paper 2005-020A, March.

Baumol, William J. 1951. "The Neumann-Morgenstern Utility Index—an Ordinalist View." *Journal of Political Economy* 59, no. 1 (February): 61–66.

———. 1952. "The Transactions Demand for Cash: An Inventory Theoretic Approach." *Quarterly Journal of Economics* 66, no. 4 (November): 545–56.

———. 1954. "Essays in Positive Economics by Milton Friedman." *Review of Economics and Statistics* 36, no. 4 (November): 462–65.

———. 1957. "Speculation, Profitability, and Stability." *Review of Economics and*

Statistics 39, no. 3 (August): 263–71.

———. 1961. "Pitfalls in Contracyclical Policies: Some Tools and Results." *Review of Economics and Statistics* 43, no. 1 (February): 21–26.

———. 1978. "Smith versus Marx on Business Morality and the Social Interest." In Fred R. Glahe, ed., *Adam Smith and "The Wealth of Nations": 1776–1976 Bicentennial Essays*. Boulder: Colorado Associated University Press. 111–22.

———. 1983. "*Essays on and in the Chicago Tradition*, by Don Patinkin." *Journal of Political Economy* 91, no. 6 (December): 1080–82.

Bazdarich, Michael. 1982. "A Natural Rate Approach to Potential Output." In Federal Reserve Bank of San Francisco, ed., *Proceedings of Fifth West Coast Academic/Federal Reserve Economic Research Seminar, December 1981, Published by the Federal Reserve Bank of San Francisco, November 1982*. San Francisco: Federal Reserve Bank of San Francisco. 174–214.

Bean, Charles R. 1988. "Sterling Misalignment and British Trade Performance." In Richard C. Marston, ed., *Misalignment of Exchange Rates: Effects on Industry and Trade*. Chicago: University of Chicago Press. 39–69.

Becker, Gary S. 1955. "The Economics of Racial Discrimination." PhD diss., Department of Economics, University of Chicago, June.

———. 1957a. "A Proposal for Free Banking." Mimeographed paper, University of Chicago. (Cited in Rockoff 1975, 141.)

———. 1957b. *The Economics of Discrimination*. Chicago: University of Chicago Press.

———. 1960. "Underinvestment in College Education?" *American Economic Review (Papers and Proceedings)* 50, no. 2 (May): 346–54.

———. 1964. *Human Capital*. New York: Columbia University Press.

———. 1975. *Human Capital*. 2nd ed. New York: Columbia University Press.

———. 1991a. "Milton Friedman." In Edward Shils, ed., *Remembering the University of Chicago: Teachers, Scientists, and Scholars*. Chicago: University of Chicago Press. 138–46.

———. 1991b. *A Treatise on the Family*. Enlarged ed. Cambridge, MA: Harvard

University Press.

———. 1993. "A Proposal for Free Banking." In Lawrence H. White, ed., *Free Banking*. Vol. 3. Cheltenham, UK: Edward Elgar. 20–25.

———. 2007. "Afterword: Milton Friedman as a Microeconomist." In Milton Friedman, *Milton Friedman on Economics: Selected Papers*. Chicago: University of Chicago Press.181–86.

Belongia, Michael T., and Peter N. Ireland. 2014. "The Barnett Critique after Three Decades: A New Keynesian Analysis." *Journal of Econometrics* 183, no. 1 (November): 5–21.

———. 2016. "Money and Output: Friedman and Schwartz Revisited." *Journal of Money, Credit and Banking* 48, no. 6 (September): 1223–66.

Benston, George J., and George G. Kaufman. 1993. "Deposit Insurance Reform: A Functional Approach—a Comment." *Carnegie-Rochester Conference Series on Public Policy* 38, no. 1, 41–49.

Benveniste, Lawrence M., and José A. Scheinkman. 1979. "On the Differentiability of the Value Function in Dynamic Models of Economics." *Econometrica* 47, no. 3 (May): 727–32.

Bernanke, Ben S. 1981. "Bankruptcy, Liquidity, and Recession." *American Economic Review* (Papers and Proceedings) 71, no. 2 (May): 155–59.

———. 1982. "The Real Effects of Financial Crises: Theory and Evidence." In Federal Reserve Bank of San Francisco, ed., *Proceedings of Sixth West Coast Academic/ Federal Reserve Economic Research Seminar November 1982*. San Francisco: Federal Reserve Bank of San Francisco. 134–62.

———. 1983. "Nonmonetary Effects of the Financial Crisis in the Propagation of the Great Depression." *American Economic Review* 73, no. 3, 257–76.

———. 1986. "Alternative Explanations of the Money-Income Correlation." *Carnegie-Rochester Conference Series on Public Policy* 25, no. 1, 49–99.

———. 2002a. "Deflation: Making Sure 'It' Doesn't Happen Here." Speech before the National Economists Club, Washington DC, November 21.

———. 2002b. "On Milton Friedman's Ninetieth Birthday." Remarks at the

Conference to Honor Milton Friedman, University of Chicago, November 8.

———. 2004. "Friedman's Monetary Framework: Some Lessons." In Mark A. Wynne, Harvey Rosenblum, and Robert L. Formaini, eds., *The Legacy of Milton and Rose Friedman's "Free to Choose": Economic Liberalism at the Turn of the 21st Century*. Dallas: Federal Reserve Bank of Dallas. 207–17.

———. 2006. "Monetary Aggregates and Monetary Policy at the Federal Reserve: A Historical Perspective." Remarks at the Fourth ECB Central Banking Conference, "The Role of Money: Money and Monetary Policy," November 10. www.federalreserve.gov.

———. 2011. "Transcript of Chairman Bernanke's Press Conference, June 22, 2011." www.federalreserve.gov.

———. 2012a. "Transcript of Chairman Bernanke's Press Conference [of] September 13, 2012." www.federalreserve.gov.

———. 2012b. "The Federal Reserve and the Financial Crisis, Lecture 1: Origins and Mission of the Federal Reserve." Transcript of lecture given at the George Washington University School of Business, Washington, DC, March 20. www.federalreserve.gov.

———. 2013. "A Century of U.S. Central Banking: Goals, Frameworks, Accountability." *Journal of Economic Perspectives* 27, no. 4 (Fall): 3–16.

Bernanke, Ben S., and Mark Gertler. 2001. "Should Central Banks Respond to Movements in Asset Prices?" *American Economic Review (Papers and Proceedings)* 91, no. 2 (May):253–57.

Bernanke, Ben S., Mark Gertler, and Mark W. Watson. 2004. "Reply: Oil Shocks and Aggregate Macroeconomic Behavior: The Role of Monetary Policy." *Journal of Money, Credit and Banking* 36, no. 2 (April): 287–91.

Bernanke, Ben S., and Ilian Mihov. 1998. "The Liquidity Effect and Long-Run Neutrality." *Carnegie-Rochester Conference Series on Public Policy* 49, no. 1 (December): 149–94.

Beveridge, Stephen, and Charles R. Nelson. 1981. "A New Approach to Decomposition of Economic Time Series into Permanent and Transitory Components with Particular Attention to Measurement of the 'Business Cycle.'" *Journal of Monetary Economics* 7, no. 2, 151–74.

Bewley, Truman. 1983. "A Difficulty with the Optimum Quantity of Money." *Econometrica* 51, no. 5 (September): 1485–504.

Beyer, Andreas, Vitor Gaspar, Christina Gerberding, and Otmar Issing. 2013. "German Monetary Policy after the Breakdown of Bretton Woods." In Michael D. Bordo and Athanasios Orphanides, eds., *The Great Inflation: The Rebirth of Modern Central Banking*. Chicago: University of Chicago Press. 301–46.

Black, Fischer. 1972. "Active and Passive Monetary Policy in a Neoclassical Model." *Journal of Finance* 27, no. 4 (September): 801–14.

———. 1974. "Uniqueness of the Price Level in Monetary Growth Models with Rational Expectations." *Journal of Economic Theory* 7, no. 1 (January): 53–65.

Blanchard, Olivier J. 1985. "Debt, Deficits, and Finite Horizons." *Journal of Political Economy* 93, no. 2 (April): 223–47.

Blanchard, Olivier J., and Stanley Fischer. 1989. *Lectures on Macroeconomics*. Cambridge, MA: MIT Press.

Blanchard, Olivier J., and Nobuhiro Kiyotaki. 1987. "Monopolistic Competition and the Effects of Aggregate Demand." *American Economic Review* 77, no. 4 (September): 647–66.

Blanchard, Olivier J., and Lawrence H. Summers. 1986. "Hysteresis and the European Unemployment Problem." *NBER Macroeconomics Annual* 1, no. 1, 15–78.

Blatt, John Markus. 1983. *Dynamic Economic Systems: A Post-Keynesian Approach*. Armonk, NY: M. E. Sharpe.

Blaug, Mark. 1976. "The Empirical Status of Human Capital Theory: A Slightly Jaundiced Survey." *Journal of Economic Literature* 14, no. 3 (September): 827–55.

———, ed. 1986. *Who's Who in Economics: A Biographical Dictionary of Major Economists 1700–1986*. 2nd ed. Cambridge: MA, MIT Press.

———. 1990. *John Maynard Keynes: Life, Ideas, Legacy.* London: Palgrave Macmillan.

Blinder, Alan S. 1979. *Economic Policy and the Great Stagflation*. New York: Academic.

———. 1986. "Ruminations on Karl Brunner's Reflections." In R. W. Hafer, ed., *The*

Monetary versus Fiscal Policy Debate: Lessons from Two Decades. Totowa, NJ: Rowman and Allanheld. 117–26.

Blume, Lawrence, and David Easley. 2006. "If You're So Smart, Why Aren't You Rich? Belief Selection in Complete and Incomplete Markets." *Econometrica* 74, no. 4 (July): 929–66.

Blume, Lawrence, David Easley, and Maureen O'Hara. 1982. "Characterization of Optimal Plans for Stochastic Dynamic Programs." *Journal of Economic Theory* 28, no. 2 (December): 221–34.

Boag, Harold. 1916. "Human Capital and the Cost of the War." *Journal of the Royal Statistical Society* 79, no. 1 (January): 7–17.

Board of Governors of the Federal Reserve System. 1945. *Annual Report of the Board of Governors of the Federal Reserve System, 1945*. Washington, DC: Federal Reserve Board.

———. 1970. *Academic Views on Improving the Federal Reserve Discount Mechanism*. Washington, DC: Federal Reserve Board.

———. 1976. *Banking and Monetary Statistics, 1941–1970*. Washington, DC: Federal Reserve Board.

Bodkin, Ronald G. 1995. "The Discussion among Future Nobel Laureates Becker, Friedman, and Klein, on Macro Models and Consumption Functions, in 1957 and 1958." In M. Dutta, ed., *Economics, Econometrics and the LINK: Essays in Honor of Lawrence R. Klein*. Amsterdam: Elsevier. 45–57.

Bohn, Henning. 1998. "The Behavior of U.S. Public Debt and Deficits." *Quarterly Journal of Economics* 113, no. 3 (August): 949–63.

Boianovsky, Mauro. 2016. "Wicksell, Secular Stagnation and the Negative Natural Rate of Interest." CHOPE Working Paper No. 2016-25, September.

Boldrin, Michele, and David K. Levine. 2008. "Perfectly Competitive Innovation." *Journal of Monetary Economics* 55, no. 3 (April): 435–53.

Bordo, Michael D. 1972. "The Effects of the Sources of Change in the Money Supply on the Level of Economic Activity: A Historical Essay." PhD diss., Department of Economics, University of Chicago.

———. 1975. "The Income Effects of the Sources of Monetary Change: An Historical Approach." *Economic Inquiry* 13, no. 4 (December): 505–25.

———. 1981. "The Classical Gold Standard: Some Lessons for Today." *Federal Reserve Bank of St. Louis Review* 63, no. 5 (May): 2–17.

———. 1987. "Equation of Exchange." In John Eatwell, Murray Milgate, and Peter New- man, eds., *The New Palgrave: A Dictionary of Economics*. Vol. 2, E to J. London: Macmillan. 175–77.

———, ed. 1989a. *Money, History, and International Finance: Essays in Honor of Anna J. Schwartz*. Chicago: University of Chicago Press.

———. 1989b. "The Contribution of A Monetary History of the United States, 1867–1960 to Monetary History." In Michael D. Bordo, ed., *Money, History, and International Finance: Essays in Honor of Anna J. Schwartz*. Chicago: University of Chicago Press. 15–70.

Bordo, Michael D., Ehsan U. Choudhri, and Anna J. Schwartz. 1995. "Could Stable Money Have Averted the Great Contraction?" *Economic Inquiry* 33, no. 3 (July): 484–505.

Bordo, Michael D., Christopher J. Erceg, and Charles L. Evans. 2000. "Money, Sticky Wages, and the Great Depression." *American Economic Review* 90, no. 5 (December): 1447–63.

Bordo, Michael D., Owen Humpage, and Anna J. Schwartz. 2012. "Epilogue: Foreign-Exchange-Market Operations in the Twenty-First Century." NBER Working Paper no. 17984, April.

Bordo, Michael D., and John Landon Lane. 2010. "Exits from Recessions: The U.S. Experience 1920–2007." NBER Working Paper no. 15731, February.

Bordo, Michael, and Angela Redish. 2004. "Is Deflation Depressing? Evidence from the Classical Gold Standard." In Richard C. K. Burdekin and Pierre L. Siklos, eds., *Deflation*. New York: Cambridge University Press. 191–217.

Bordo, Michael D., and Hugh Rockoff. 2011. "The Influence of Irving Fisher on Milton Friedman's Monetary Economics." NBER Working Paper no. 17267, August.

———. 2013a. "Not Just the Great Contraction: Friedman and Schwartz's A Monetary History of the United States, 1867–1960." *American Economic Review (Papers and*

Proceedings) 103, no. 3 (May): 61–65.

———. 2013b. "The Influence of Irving Fisher on Milton Friedman's Monetary Economics." *Journal of the History of Economic Thought* 35, no. 2 (June): 153–77.

Bordo, Michael D., and Anna J. Schwartz. 1979. "Clark Warburton: Pioneer Monetarist." *Journal of Monetary Economics* 5, no. 1 (January): 43–65.

———. 1983. "The Importance of Stable Money: Theory and Evidence." *Cato Journal* 3, no. 1 (Spring): 63–82.

Boskin, Michael J. 1987. *Reagan and the Economy: The Successes, Failures, and Unfinished Agenda*. San Francisco: Institute for Contemporary Studies.

———. 2005. "Testimony of Michael Boskin." In *President's Advisory Panel on Federal Tax Reform: Sixth Meeting, Thursday, March 31, 2005*. http://govinfo.library.unt.edu/taxreformpanel/meetings/meeting-03312005.html.

Boulding, Kenneth E., and George J. Stigler, eds. 1952. *Readings in Price Theory*. Chicago: Richard D. Irwin.

Boumans, Marcel J. 2013. "Friedman and the Cowles Commission." Manuscript, University of Amsterdam, November.

Bowen, William G. 1960. "'Cost Inflation' versus 'Demand Inflation': A Useful Distinction?" *Southern Economic Journal* 26, no. 3 (January): 199–206.

Brady, Dorothy S., and Rose D. Friedman. 1947. "Savings and the Income Distribution." In National Bureau of Economic Research, ed., *Studies in Income and Wealth*, no. 10. New York: National Bureau of Economic Research. 247–65.

Brainard, William C. 1967. "Uncertainty and the Effectiveness of Policy." *American Economic Review (Papers and Proceedings)* 57, no. 2 (May): 411–25.

Braun, Anne Romanis. 1986. *Wage Determination and Incomes Policy in Open Economies*. Washington, DC: International Monetary Fund.

Breit, William, and Roger L. Ransom. 1971. *The Academic Scribblers: American Economists in Collision*. New York: Holt, Rinehart and Winston.

Brittan, Samuel. 1976. "Full Employment Policy: A Reappraisal." In G. D. N. Worswick, ed., *The Concept and Measurement of Involuntary Unemployment*. London: Allen and Unwin. 249–78.

———. 1978. "Inflation and Democracy." In Fred Hirsch and John H. Goldthorpe, eds., *The Political Economy of Inflation*. London: Martin Robertson. 161–85.

———. 1983. *The Role and Limits of Government: Essays in Political Economy*. Minneapolis: University of Minnesota Press.

———. 2005. *Against the Flow: Reflections of an Individualist*. London: Atlantic Books.

Brock, William A. 1974. "Money and Growth: The Case of Long-Run Perfect Foresight." *International Economic Review* 15, no. 3 (October): 750–77.

Brothwell, John F. 1975. "A Simple Keynesian's Response to Leijonhufvud." *Bulletin of Economic Research* 27, no. 1 (May): 3–21.

Brown, Alan, and Angus Deaton. 1972. "Surveys in Applied Economics: Models of Consumer Behaviour." *Economic Journal* 82, no. 328 (December): 1145–236.

Brown, T. M. 1952. "Habit Persistence and Lags in Consumer Behavior." *Econometrica* 20, no. 3 (July): 355–71.

Brozen, Yale, and Milton Friedman. 1966. T*he Minimum Wage Rate: Who Really Pays?* Washington, DC: Free Society Association.

Brunie, Charles H. 2007. "My Friend, Milton Friedman." *City Journal* 23, no. 1, online edition.

Brunner, Karl. 1960. "Money, Credit, and Public Policy by Lawrence Smith." *Journal of Finance* 15, no. 4 (December): 605–6.

———. 1961a. "Some Major Problems in Monetary Theory." *American Economic Review (Papers and Proceedings)* 51, no. 2 (May): 47–56.

———. 1961b. "The Report of the Commission on Money and Credit." *Journal of Political Economy* 69, no. 6 (December): 605–20.

———. 1969a. "Monetary Analysis and Federal Reserve Policy." In Karl Brunner, ed., T*argets and Indicators of Monetary Policy*. San Francisco, CA: Chandler. 250–82.

———. 1969b. "'Assumptions' and the Cognitive Quality of Theories." *Synthese* 20, no. 4 (December): 501–25.

———. 1971a. "A Survey of Selected Issues in Monetary Theory." *Swiss Journal of Economics and Statistics* 107, no. 1 (March): 1–146.

———. 1971b. "The Monetarist View of Keynesian Ideas." *Lloyds Bank Review* 26, no. 102 (October): 35–49.

———. 1973. "A Diagrammatic Exposition of the Money Supply Process." *Swiss Journal of Economics and Statistics* 109, no. 4 (December): 481–533.

———. 1980a. "A Fascination with Economics." *Banca Nazionale del Lavoro Quarterly Review* 33, no. 135 (December): 403–26.

———. 1980b. "Theories of Inflation and the Explanation of Intractable Inflation." In Artur Woll, ed., *Inflation: German Contributions to the Debate*. London: John Martin. 97–143.

———. 1980c. "The Control of Monetary Aggregates." In Federal Reserve Bank of Boston, ed., *Controlling Monetary Aggregates III*. Boston: Federal Reserve Bank of Boston. 1–65.

———. 1981. "The Case against Monetary Activism." *Lloyds Bank Review* 36, no. 139 (January): 20–39.

Brunner, Karl, and Allan H. Meltzer. 1963. "Predicting Velocity: Implications for Theory and Policy." *Journal of Finance* 18, no. 2 (May): 319–54.

———. 1964a. *Analysis of Federal Reserve Policy-Making [Part 1:] Some General Features of the Federal Reserve's Approach to Policy: A Staff Analysis*. Printed for the use of the Committee on Banking and Currency, US House of Representatives. Washington, DC: US Government Printing Office.

———. 1964b. *Analysis of Federal Reserve Policy-Making [Part 2:] The Federal Reserve's Attachment to the Free Reserve Concept: A Staff Analysis*. Printed for the use of the Committee on Banking and Currency, US House of Representatives. Washington, DC: US Government Printing Office.

———. 1964c. *Analysis of Federal Reserve Policy-Making [Parts 6 to 8:] An Alternative Approach to the Monetary Mechanism*. Printed for the use of the Committee on Banking and Currency, US House of Representatives. Washington, DC: US Government Printing Office.

———. 1966. "A Credit-Market Theory of the Money Supply and an Explanation of Two Puzzles in U.S. Monetary Policy." In Tullio Bagiotti, ed., *Essays in Honor of Marco*

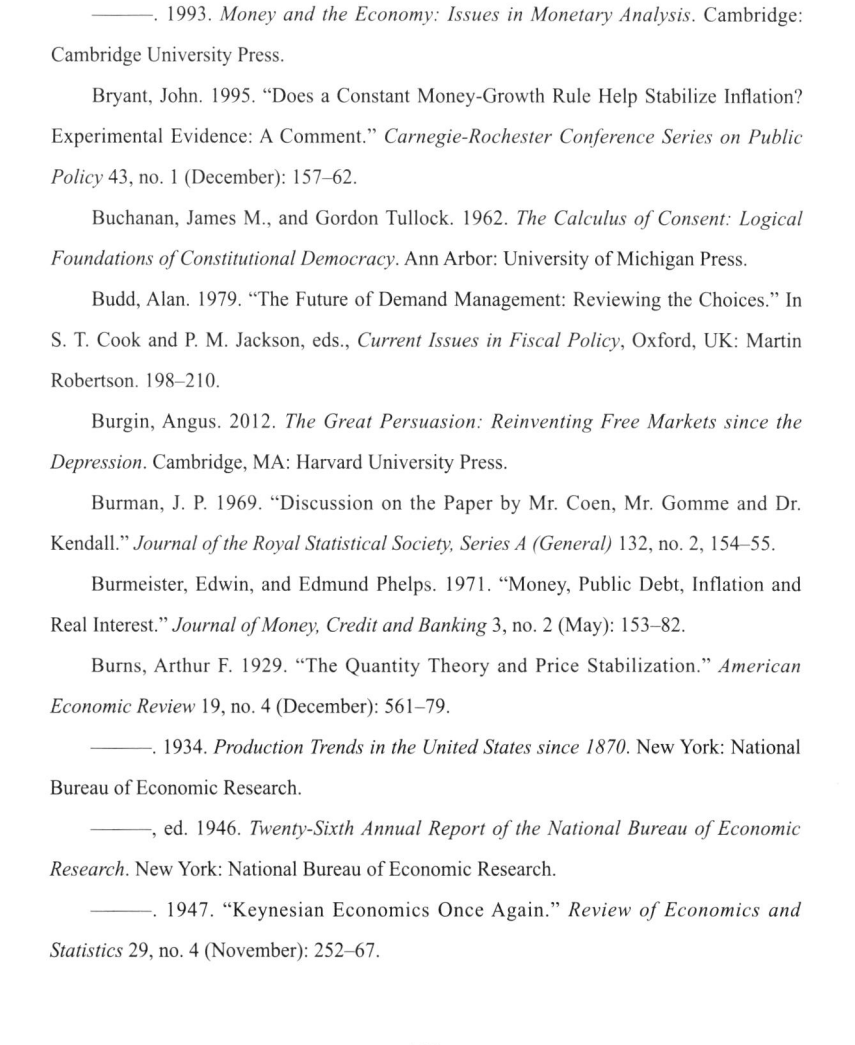

Fanno: Investigations in Economic Theory and Methodology. Vol. 2. Padova, Italy: Cedam. 151–76.

———. 1973. "Mr. Hicks and the 'Monetarists.'" *Economica* 40, no. 157 (February): 44–59.

———. 1983. "Strategies and Tactics for Monetary Control." *Carnegie-Rochester Conference Series on Public Policy* 18, no. 1, 59–103.

———. 1993. *Money and the Economy: Issues in Monetary Analysis.* Cambridge: Cambridge University Press.

Bryant, John. 1995. "Does a Constant Money-Growth Rule Help Stabilize Inflation? Experimental Evidence: A Comment." *Carnegie-Rochester Conference Series on Public Policy* 43, no. 1 (December): 157–62.

Buchanan, James M., and Gordon Tullock. 1962. *The Calculus of Consent: Logical Foundations of Constitutional Democracy.* Ann Arbor: University of Michigan Press.

Budd, Alan. 1979. "The Future of Demand Management: Reviewing the Choices." In S. T. Cook and P. M. Jackson, eds., *Current Issues in Fiscal Policy*, Oxford, UK: Martin Robertson. 198–210.

Burgin, Angus. 2012. *The Great Persuasion: Reinventing Free Markets since the Depression.* Cambridge, MA: Harvard University Press.

Burman, J. P. 1969. "Discussion on the Paper by Mr. Coen, Mr. Gomme and Dr. Kendall." *Journal of the Royal Statistical Society, Series A (General)* 132, no. 2, 154–55.

Burmeister, Edwin, and Edmund Phelps. 1971. "Money, Public Debt, Inflation and Real Interest." *Journal of Money, Credit and Banking* 3, no. 2 (May): 153–82.

Burns, Arthur F. 1929. "The Quantity Theory and Price Stabilization." *American Economic Review* 19, no. 4 (December): 561–79.

———. 1934. *Production Trends in the United States since 1870.* New York: National Bureau of Economic Research.

———, ed. 1946. *Twenty-Sixth Annual Report of the National Bureau of Economic Research.* New York: National Bureau of Economic Research.

———. 1947. "Keynesian Economics Once Again." *Review of Economics and Statistics* 29, no. 4 (November): 252–67.

———, ed. 1948. *The Cumulation of Economic Knowledge: Twenty-Eighth Annual Report of the National Bureau of Economic Research*. New York: National Bureau of Economic Research.

———, ed. 1949. *Wesley Mitchell and the National Bureau: Twenty-Ninth Annual Report, National Bureau of Economic Research*. New York: National Bureau of Economic Research.

———. 1952a. "The Instability of Consumer Spending." In Arthur F. Burns, ed., *The Instability of Consumer Spending, 32nd Annual Report, National Bureau of Economic Research*. New York: National Bureau of Economic Research. 3–20.

———. 1952b. "Introductory Sketch." In Arthur F. Burns, ed., *Wesley Clair Mitchell: The Economic Scientist*. New York: National Bureau of Economic Research. 3–54.

———. 1957. *Prosperity without Inflation*. New York: Fordham University Press.

———. 1960. "Progress towards Economic Stability." *American Economic Review* 50, no. 1 (March): 1–19.

———. 1965. "Wages and Prices by Formula?" *Harvard Business Review* 43, no. 2 (March/April): 55–64. Reprinted as "Wages and Prices by Formula," in Arthur F. Burns, *The Business Cycle in a Changing World*. New York: Columbia University Press, 1969. 232–53.

———. 1968. "The New Economics and Our Current Needs." Address at the Common-wealth Club of California, San Francisco, June 7. Abridged version published as Arthur F. Burns, "'To Stabilize, [and] Promote, Economy We Must Stop Inflation Which Pauperizes People'—Burns," Commonwealth (Commonwealth Club of California, San Francisco) 62, no. 25 (June 17): 165–67. Unabridged typescript version appears in Arthur F. Burns, *Addresses, Essays, Lectures of Arthur Frank Burns*. Vol. 1, 1962–1970. Washington, DC: Federal Reserve Board Library.

———. 1977a. "Statement before the Committee on Banking, Finance and Urban Affairs, U.S. House of Representatives, July 29, 1977." *Federal Reserve Bulletin* 63, no. 8 (August): 721–28.

———. 1977b. "Statement before the Committee on Banking, Finance and Urban Affairs, U.S. House of Representatives, July 26, 1977, on the Views of the Board on H.R.

8094, the 'Federal Reserve Reform Act of 1977.'" *Federal Reserve Bulletin* 63, no. 8 (August): 717–21.

Burns, Arthur F., and Wesley C. Mitchell. 1946. *Measuring Business Cycles*. New York: National Bureau of Economic Research.

Burton, John. 1981. "Positively Milton Friedman." In J. R. Shackleton and Gareth Locksley, eds., *Twelve Contemporary Economists*. New York: John Wiley and Sons. 53–71.

Butler, Eamonn. 1985. *Milton Friedman: A Guide to His Economic Thought*. New York: Universe Books.

Caballero, Ricardo J. 1994. "Notes on the Theory and Evidence on Aggregate Purchases of Durable Goods." *Oxford Review of Economic Policy* 10, no. 2 (Summer): 107–17.

Cabral, Luís M. B. 2000. *Introduction to Industrial Organization*. Cambridge, MA: MIT Press.

Cagan, Phillip. 1956. "The Monetary Dynamics of Hyperinflation." In Milton Friedman, ed., *Studies in the Quantity Theory of Money*. Chicago: Chicago: University of Chicago Press. 25–117.

———. 1965. *Determinants and Effects of Changes in the Stock of Money*, 1875–1960. New York: Columbia University Press.

———. 1971. "Discussion [of George D. Green, 'The Economic Impact of the Stock Market Boom and Crash of 1929']." In Federal Reserve Bank of Boston, ed., *Consumer Spending and Monetary Policy: The Linkages*. Boston: Federal Reserve Bank of Boston. 222–28.

———. 1972a. *The Channels of Monetary Effects on Interest Rates*. New York: National Bureau of Economic Research.

———. 1972b. "Monetary Policy." In American Enterprise Institute, ed., *Economic Policy and Inflation in the Sixties*. Washington, DC: American Enterprise Institute. 89–153.

———. 1974. *The Hydra-Headed Monster: The Problem of Inflation in the United States*. Washington, DC: American Enterprise Institute.

———. 1979a. *Persistent Inflation: Historical and Policy Essays*. New York: Columbia University Press.

———. 1979b. "Financial Developments and the Erosion of Monetary Controls." In William Fellner, ed., *Contemporary Economic Problems*. Washington, DC: American Enterprise Institute. 117–51.

———. 1987. "Monetarism." In John Eatwell, Murray Milgate, and Peter Newman, eds., *The New Palgrave: A Dictionary of Economics*. Vol. 3, K to P. London: Macmillan. 492–97. Reprinted in John Eatwell and Murray Milgate, eds., *Money: New Palgrave*. New York: W. W. Norton, 1989. 195–205.

Calomiris, Charles W., Joseph Mason, and David C. Wheelock. 2011. "Did Doubling Reserve Requirements Cause the Recession of 1937–1938? A Microeconomic Approach." NBER Working Paper no. 16688, January.

Calvo, Guillermo A. 1978a. "On the Time Consistency of Optimal Policy in a Monetary Economy." *Econometrica* 46, no. 6 (November): 1411–28.

———. 1978b. "On the Indeterminacy of Interest Rates and Wages with Perfect Foresight." *Journal of Economic Theory* 19, no. 2 (December): 321–37.

———. 1983. "Staggered Prices in a Utility-Maximizing Framework." *Journal of Monetary Economics* 12, no. 3 (September): 383–98.

Campbell, John Y., and N. Gregory Mankiw. 1990. "Permanent Income, Current Income, and Consumption." *Journal of Business and Economic Statistics* 8, no. 3 (July): 265–79.

Capie, Forrest. 2010. *The Bank of England: 1950s to 1979*. Cambridge: Cambridge University Press.

Cargill, Thomas F. 1979. "Clark Warburton and the Development of Monetarism since the Great Depression." *History of Political Economy* 11, no. 3: 425–49.

———. 1981. "A Tribute to Clark Warburton, 1896–1979." *Journal of Money, Credit and Banking* 13, no. 1 (February): 89–93.

Cargill, Thomas F., and Thomas Mayer. 2006. "The Effect of Changes in Reserve Requirements during the 1930s: The Evidence from Nonmember Banks." *Journal of Economic History* 66, no. 2 (June): 417–32.

Carlson, Keith M., and Roger W. Spencer. 1975. "Crowding Out and Its Critics." *Federal Reserve Bank of St. Louis Review* 57, no. 12 (December): 2–17.

Carr, Hobart C. 1959. "Why and How to Read the Federal Reserve Statement." *Journal of Finance* 14, no. 4 (December): 504–19.

Carroll, Christopher D., and Lawrence H. Summers. 1991. "Consumption Growth Parallels Income Growth: Some New Evidence." In B. Douglas Bernheim and John B. Shoven, eds., *National Saving and Economic Performance*. Chicago: University of Chicago Press. 305–43.

Cerruti, Ben. 2014. *Dear Milton Friedman: A Decade of Lessons from an Economic Master*. Brentwood, CA: A Rational Advocate.

Chamberlin, Edward H. 1933. *The Theory of Monopolistic Competition*. Cambridge, MA: Harvard University Press.

Chapin, Ned. 1959. "An Appraisal of the One Hundred Per Cent Money Plan." PhD diss., Illinois Institute of Technology, Chicago, June.

Chen, Han, Vasco Cúrdia, and Andrea Ferrero. 2012. "The Macroeconomic Effects of Large-Scale Asset Purchase Programmes." *Economic Journal* 122, no. 564 (November): F289–F315.

Cherrier, Beatrice. 2011. "The Lucky Consistency of Milton Friedman's Science and Politics, 1933–1963." In Robert Van Horn, Philip Mirowski, and Thomas A. Stapleford, eds., *Building Chicago Economics: New Perspectives on the History of America's Most Powerful Economics Program*. Cambridge: Cambridge University Press. 335–67.

Chick, Victoria. 1973. *The Theory of Monetary Policy*. London: Gray-Mills.

Christ, Carl F. 1951. "A Test of an Econometric Model for the United States, 1921–1947." In NBER, ed., *Conference on Business Cycles*. New York: National Bureau of Economic Research. 35–107.

———. 1966. *Econometric Models and Methods*. New York: John Wiley and Sons.

———. 1994. "The Cowles Commission's Contributions to Econometrics at Chicago, 1939–1955." *Journal of Economic Literature* 32, no. 1 (March): 30–59.

Christiano, Lawrence J., and Martin Eichenbaum. 1992. "Current Real-Business-Cycle Theories and Aggregate Labor-Market Fluctuations." *American Economic Review* 82, no. 3 (June): 430–50.

Christiano, Lawrence J., Martin Eichenbaum, and Charles L. Evans. 2005. "Nominal

Rigidities and the Dynamic Effects of a Shock to Monetary Policy." *Journal of Political Economy* 113, no. 1 (February): 1–45.

Christiano, Lawrence J., Martin Eichenbaum, and Sergio Rebelo. 2011. "When Is the Government Spending Multiplier Large?" *Journal of Political Economy* 19, no. 1 (February): 78–121.

Christiano, Lawrence J., Martin Eichenbaum, and Mathias Trabandt. 2016. "Unemployment and Business Cycles." *Econometrica* 84, no. 4 (July): 1523–69.

Christiano, Lawrence J., Roberto Motto, and Massimo Rostagno. 2003. "The Great Depression and the Friedman-Schwartz Hypothesis." *Journal of Money, Credit and Banking* 35, no. 6 (supplement): 1119–97.

Chung, Hess, Jean-Philippe Laforte, David Reifschneider, and John C. Williams. 2012. "Have We Underestimated the Likelihood and Severity of Zero Lower Bound Events?" *Journal of Money, Credit and Banking* 44, no. 1 (supplement) (February): 47–82.

Clarida, Richard, Jordi Galí, and Mark Gertler. 1999. "The Science of Monetary Policy: A New Keynesian Perspective." *Journal of Economic Literature* 37, no. 2 (December): 1661–707.

Clark, John J., and Morris Cohen, eds. 1963. *Business Fluctuations, Growth, and Economic Stabilization: A Reader*. New York: Random House.

Clark, Kim B., and Lawrence H. Summers. 1982. "Labour Force Participation: Timing and Persistence." *Review of Economic Studies* 49, no. 5 (December special issue): 825–44.

Clements, Kenneth W. 2012. "Notes on Milton Friedman." Manuscript, Business School, University of Western Australia.

Coase, Ronald H. 1991. "George J. Stigler." In Edward Shils, ed., *Remembering the University of Chicago: Teachers, Scientists, and Scholars*. Chicago: University of Chicago Press. 469–78.

Cochrane, John H. 1989. "The Return of the Liquidity Effect." *Journal of Economics and Business* 7, no. 1 (January): 75–83.

———. 1994. "Permanent and Transitory Components of GNP and Stock Prices." *Quarterly Journal of Economics* 109, no. 1 (February): 241–65.

———. 2013. "The New-Keynesian Liquidity Trap." NBER Working Paper no.

19476, September.

Cogley, Timothy, Thomas J. Sargent, and Viktor Tsyrennikov. 2014. "Wealth Dynamics in a Bond Economy with Heterogeneous Beliefs." *Economic Journal* 124, no. 575 (March): 1–30.

Cole, Harold L., and Lee E. Ohanian. 2004. "New Deal Policies and the Persistence of the Great Depression: A General Equilibrium Analysis." *Journal of Political Economy* 112, no. 4 (August): 779–816.

———. 2013. "The Impact of Cartelization, Money, and Productivity Shocks on the Inter- national Great Depression." NBER Working Paper no. 18823, February.

Coleman, John R., and Kenneth O. Alexander. 1962. *Study Guide for "The American Economy."* New York: McGraw-Hill.

Committee for Economic Development. 1947. *Taxes and the Budget: A Program for Prosperity in a Free Economy.* New York: Committee for Economic Development.

Committee on Appropriations, US House of Representatives. 1943. *Treasury Department Appropriation Bill for 1944: Hearings.* Washington, DC: US Government Printing Office.

Committee on Banking and Currency, US House of Representatives. 1964. *The Federal Reserve System after Fifty Years: Hearings.* Washington, DC: US Government Printing Office.

———. 1968a. *Removal of Gold Cover: Hearings, January 23, 25, 30 and 31; February 1, 1968.* Washington, DC: US Government Printing Office.

———. 1968b. *Compendium on Monetary Policy Guidelines and Federal Reserve Structure, Pursuant to H.R. 11.* Washington, DC: US Government Printing Office.

Committee on Banking and Currency, US Senate. 1968. *Gold Cover: Hearings, January 30, 31, and February 1, 1968.* Washington, DC: US Government Printing Office.

Committee on Banking, Currency and Housing, US House of Representatives. 1976a. *Financial Institutions and the Nation's Economy (FINE): Discussion Principles: Hearings, Part 3.* Washington, DC: US Government Printing Office.

———. 1976b. *The Impact of the Federal Reserve's Money Policies on the Economy: Hearings, June 8–24, 1976.* Washington, DC: US Government Printing Office.

Committee on Banking, Finance and Urban Affairs, US House of Representatives. 1990. *H.R. 3512 and H.R. 3066: Hearing, November 9, 1989*. Washington, DC: US Government Printing Office.

Committee on Banking, Housing, and Urban Affairs, US Senate. 1975. *Second Meeting on the Conduct of Monetary Policy: Hearings on Oversight on the Conduct of Monetary Policy Pursuant to House Concurrent Resolution 133, November 4 and 6, 1975*. Washington, DC: US Government Printing Office.

Committee on Finance, US Senate. 1942a. *Withholding Tax: Hearing before a Subcommittee of the Committee on Finance, United States Senate, Seventy-Seventh Congress, Second Session, on Data Relative to Withholding Provisions of the 1942 Revenue Act, Wednesday, August 19, 1942*. Washington, DC: US Government Printing Office.

———. 1942b. *Withholding Tax: Hearing before a Subcommittee of the Committee on Finance, United States Senate, Seventy-Seventh Congress, Second Session, on Data Relative to With- holding Provisions of the 1942 Revenue Act, August 21 and 22, 1942*. Washington, DC: US Government Printing Office.

———. 1957. *Investigation of the Financial Condition of the United States Hearings, Part 3: August 13, 14, 15, 16, and 19, 1957*. Washington, DC: US Government Printing Office.

Committee on the Judiciary, US House of Representatives. 1980. *Constitutional Amendments to Balance the Federal Budget: Hearings*. Washington, DC: US Government Printing Office.

Committee on the Working of the Monetary System. 1959. *Report* [Radcliffe Report]. Command 827. London: Her Majesty's Stationery Office.

Comstock, Alzada. 1942. "Role of Income and Profits Taxes in the Control of Inflation." In Tax Institute, ed., *Financing the War: Symposium Conducted by the Tax Institute December 1–2, 1941, Philadelphia*. New York: J. J. Little and Ives. 93–104.

Conference on Research in National Income and Wealth. 1937. *Studies in Income and Wealth*. Vol. 1. New York: National Bureau of Economic Research.

———. 1938. *Studies in Income and Wealth*. Vol. 2. New York: National Bureau of Economic Research.

———. 1939. *Studies in Income and Wealth*. Vol. 3. New York: National Bureau of Economic Research.

Congdon, Tim. 1978. *Monetarism: An Essay in Definition*. London: Centre for Policy Studies.

———. 1982. *Monetary Control in Britain*. London: Macmillan.

———. 1988. *The Debt Threat: The Dangers of High Real Interest Rates for the World Economy*. Oxford, UK: Basil Blackwell.

———. 1994. "An Economic Program for the 1990s." *Economic Affairs* 15, no. 1 (Winter): 15–21.

———. 2011. *Money in a Free Society: Keynes, Friedman, and the New Crisis of Capitalism*. New York: Encounter Books.

———. 2014. "What Were the Causes of the Great Recession? The Mainstream Approach vs. the Monetary Interpretation." *World Economics* 15, no. 2 (April–June): 1–32.

Cooley, Thomas F., and Lee E. Ohanian. 1997. "Postwar British Economic Growth and the Legacy of Keynes." *Journal of Political Economy* 105, no. 3 (June): 439–72.

Cooper, J. Phillip, and Stanley Fischer. 1972. "Simulations of Monetary Rules in the FRB-MIT-Penn Model." *Journal of Money, Credit and Banking* 4, no. 2 (May): 384–96.

———. 1973. "Stabilization Policy and Lags." *Journal of Political Economy* 81, no. 4 (July/August): 847–77.

———. 1974. "Monetary and Fiscal Policy in the Fully Stochastic St. Louis Econometric Model." *Journal of Money, Credit and Banking* 6, no. 1 (February): 1–22.

Cooper, J. Phillip, and Charles R. Nelson. 1975. "The Ex Ante Prediction Performance of the St. Louis and FRB-MIT-PENN Econometric Models and Some Results on Composite Predictors." *Journal of Money, Credit and Banking* 7, no. 1 (February): 1–32.

Council of Economic Advisers. 1952. "Reply by the Council of Economic Advisers." In Joint Committee on the Economic Report, US Congress, *Monetary Policy and the Management of the Public Debt: Their Role in Achieving Price Stability and High-Level Employment, Replies to Questions and Other Material for the Use of the Subcommittee on General Credit Control and Debt Management, Part 2*. Washington, DC: US Government Printing Office. 847–93.

———. 1969. *The Economic Report of the President, 1969*. Washington, DC: US Government Printing Office.

———. 1974. *The Economists Conference on Inflation: September 5, 1974, Washington D.C.; September 23, 1974, New York*. Washington, DC: US Government Printing Office.

———. 2011. *The Economic Report of the President, 2011*. Washington, DC: US Government Printing Office.

Cowles Foundation. 1964. *Report of Research Activities July 1, 1961–June 30, 1964*. New Haven, CT: Cowles Foundation for Research in Economics at Yale University.

Cox, Albert H., Jr. 1966. *Regulation of Interest on Bank Deposits*. Ann Arbor: University of Michigan Press.

Cripps, Francis. 1977. "The Money Supply, Wages and Inflation." *Cambridge Journal of Economics* 1, no. 1 (March): 101–12.

———. 1979. "Wages and Unemployment—a Non-monetarist Rejoinder." *Cambridge Journal of Economics* 3, no. 2 (June): 175–77.

Cross, Rod. 1984. "Monetarism and Duhem's Thesis." In Peter Wiles and Guy Routh, eds., *Economics in Disarray*. Oxford, UK: Basil Blackwell. 78–99.

Crowder, William J., Dennis L. Hoffman, and Robert H. Rasche. 1999. "Identification, Long-Run Relations, and Fundamental Innovations in a Simple Cointegrated System." *Review of Economics and Statistics* 81, no. 1 (February): 109–21.

Culbertson, John M. 1964. "United States Monetary History: Its Implications for Monetary Theory." *National Banking Review* 1, no. 3 (March): 359–79.

———. 1973. "Alternatives for Debt Management: Discussion." In Federal Reserve Bank of Boston, ed., *Issues in Federal Debt Management: Proceedings of a Conference Held at Melvin Village, New Hampshire, June, 1973*. Boston: Federal Reserve Bank of Boston. 31–38.

Currie, Lauchlin B. 1934. *The Supply and Control of Money in the United States*. Cambridge, MA: Harvard University Press. Rev. ed., 1935.

Dacey, W. Manning. 1947. "The Cheap Money Technique." *Lloyds Bank Review* 2, no. 3 (January): 49–63.

Darby, Michael R. 1975. "Book Review: *Permanent Income, Wealth, and Consumption*, by Thomas Mayer." *Journal of Money, Credit and Banking* 7, no. 1 (February): 122–24.

Darby, Michael R., Milton Friedman, William Poole, David E. Lindsey, and Michael J. Bazdarich. 1987. "Recent Behavior of the Velocity of Money." *Contemporary Policy Issues* 5, no. 1 (January): 1–33.

Darby, Michael R., and James R. Lothian. 1983. "British Economic Policy under Margaret Thatcher: A Midterm Examination." *Carnegie-Rochester Conference Series on Public Policy* 18, no. 1, 157–207.

David, Paul A., and John L. Scadding. 1974. "Private Savings: Ultrarationality, Aggregation, and 'Denison's Law.'" *Journal of Political Economy* 82, no. 2, part 1 (March/April): 225–49.

Davidson, Paul. 1970. "Monetary Policy and the Clearing Banks: Discussion Paper." In David R. Croome and Harry G. Johnson, eds., *Money in Britain, 1959–1969: The Papers of the "Radcliffe Report: Ten Years After" Conference at Hove, Sussex, October, 1969.* London: Oxford University Press. 189–99.

Davis, Richard G. 1969. "How Much Does Money Matter? A Look at Some Recent Evidence." *Federal Reserve Bank of New York Monthly Review* 51, no. 6 (June): 119–31.

Debreu, Gerard. 1959. *Theory of Value: An Axiomatic Analysis of Economic Equilibrium*. New Haven, CT: Yale University Press.

———. 1991. "The Mathematization of Economic Theory." *American Economic Review* 81, no. 1 (March): 1–7.

Dennis, Geoffrey E. J. 1981. *Monetary Economics*. London: Longman.

Despres, Emile, Albert G. Hart, Milton Friedman, Paul A. Samuelson, and Donald H. Wallace. 1950. "The Problem of Economic Instability." *American Economic Review* 40, no. 4 (September): 501–38.

Dewald, William G. 1963. "Free Reserves, Total Reserves, and Monetary Control." *Journal of Political Economy* 71, no. 2 (April): 141–53.

———. 1966. "Money Supply versus Interest Rates as Proximate Objectives of Monetary Policy." *National Banking Review* 3, no. 4 (June): 509–22.

DiCecio, Riccardo, and Edward Nelson. 2013. "The Great Inflation in the United States and the United Kingdom: Reconciling Policy Decisions and Data Outcomes." In Michael D. Bordo and Athanasios Orphanides, eds., *The Great Inflation: The Rebirth of Modern Central Banking*. Chicago: University of Chicago Press. 393–438.

Director, Aaron. 1948. "Prefatory Note." In Henry C. Simons, *Economic Policy for a Free Society*. Chicago: University of Chicago Press. v–vii.

———, ed. 1952. *Defense, Controls, and Inflation: A Conference Sponsored by the University of Chicago Law School*. Chicago: University of Chicago Press.

Dixit, Avinash K. 1976. "Public Finance in a Keynesian Temporary Equilibrium." *Journal of Economic Theory* 12, no. 2 (April): 242–58.

———. 1992. "Theory and Policy: Reply to Tanzi." *IMF Staff Papers* 39, no. 4 (December): 967–70.

———. 1996. *The Making of Economic Policy: A Transaction-Cost Politics Perspective*. Cambridge, MA: MIT Press.

———. 2014. *Microeconomics: A Very Short Introduction*. Oxford: Oxford University Press.

Dixit, Avinash K., and Joseph E. Stiglitz. 1977. "Monopolistic Competition and Optimum Product Diversity." *American Economic Review* 67, no. 3 (June): 297–308.

Dolan, Edwin G., and David E. Lindsey. 1977. *Basic Economics*. Hinsdale, IL: Dryden.

Dormen, Leslie, and Mark Zussman. 1984. *The Secret Life of Girls*. New York: Plume.

Dornbusch, Rudiger, and Stanley Fischer. 1978. *Macroeconomics*. New York: McGraw-Hill.

———. 1979. *The Determinants and Effects of Changes in Interest Rates: A Study Prepared for the Trustees of the Banking Research Fund*. Chicago: Association of Reserve City Bankers.

———. 1981. *Macroeconomics*. 2nd ed. New York: McGraw-Hill.

———. 1994. *Macroeconomics*. 6th ed. New York: McGraw-Hill.

Dornbusch, Rudiger, and Alberto Giovannini. 1990. "Monetary Policy in the Open Economy." In Frank H. Hahn and Benjamin M. Friedman, eds., *Handbook of Monetary*

Economics. Vol. 2. Amsterdam: North-Holland. 1231–303.

Dornbusch, Rudiger, and Alejandro Reynoso. 1989. "Financial Factors in Economic Development." *American Economic Review (Papers and Proceedings)* 79, no. 2 (May): 204–9.

Duesenberry, James S. 1949. *Income, Saving, and the Theory of Consumer Behavior.* Cambridge, MA: Harvard University Press.

———. 1962. "The Co-ordination of Policies for Full Employment and Price Stability." In Douglas C. Hague, ed., *Inflation: Proceedings of a Conference Held by the International Economic Association.* New York: St. Martin's. 129–46.

———. 1972. *Money and Credit: Impact and Control.* Third edition. Englewood Cliffs, NJ: Prentice Hall.

———. 1983. "The Political Economy of Central Banking in the United States or Quis Custodiet Ipsos Custodes." In Donald R. Hodgman, ed., *The Political Economy of Monetary Policy: National and International Aspects—Proceedings of a Conference Held in July 1983.* Boston: Federal Reserve Bank of Boston. 123–40.

Dunlop, John T. 1938. "The Movement of Real and Money Wage Rates." *Economic Journal* 48, no. 191 (September): 413–34.

Dupraz, Stéphane, Emi Nakamura, and Jón Steinsson. 2018. "A Plucking Model of Business Cycles." Manuscript, University of California, Berkeley, December.

Dynan, Karen, Jonathan Skinner, and Stephen Zeldes. 2004. "Do the Rich Save More?" *Journal of Political Economy* 112, no. 2 (April): 397–444.

Ebenstein, Lanny. 2007. *Milton Friedman: A Biography.* New York: Palgrave Macmillan.

Eccles, Marriner S. 1944. "Possibilities of Postwar Inflation and Suggested Tax Action." In Tax Institute, *Curbing Inflation through Taxation: Symposium Conducted by the Tax Institute, February 7–8, 1944, New York.* New York: Tax Institute. 225–38.

Eckstein, Otto. 1983. *The DRI Model of the U.S. Economy.* New York: McGraw-Hill.

Econometric Society. 1948. "Report of the Washington Meeting, September 6–18, 1947." *Econometrica* 16, no. 1 (January): 33–111.

Edey, Malcolm, and Mark Britten-Jones. 1990. "Saving and Investment." In Stephen

Grenville, ed., *The Australian Macroeconomy in the 1980s*. Sydney: Reserve Bank of Australia. 79–145.

Eggertsson, Gauti B. 2008. "Great Expectations and the End of the Depression." *American Economic Review* 98, no. 4 (September): 1476–516.

———. 2012. "Was the New Deal Contractionary?" *American Economic Review* 102, no. 1 (February): 524–55.

Eggertsson, Gauti B., and Neil R. Mehrotra. 2014. "A Model of Secular Stagnation." NBER Working Paper no. 20574, October.

Eichenbaum, Martin. 1995. "Some Comments on the Role of Econometrics in Economic Theory." *Economic Journal* 105, no. 433 (November): 1609–21.

Eichenbaum, Martin, Lars Peter Hansen, and Kenneth J. Singleton. 1988. "A Time Series Analysis of Representative Agent Models of Consumption and Leisure Choice under Uncertainty." *Quarterly Journal of Economics* 103, no. 1 (February): 51–78. Eichengreen, Barry. 1992. *Golden Fetters: The Gold Standard and the Great Depression, 1919–1939*. Oxford: Oxford University Press.

Einzig, Robert S. 1959. "The Behavior of the Active Money Supply as a Guide to Federal Reserve Policy Formation." In Ad Hoc Committee on Money Supply Statistics (William J. Abbott, Harry Brandy, Robert S. Einzig, Roland I. Robinson [Committee Chairman], and Clarence W. Tow), *Recommendations for Statistics of Money Supply and Member Bank Reserves*. Washington, DC: Federal Reserve Board, October 8. 1–10.

Eisenhart, Churchill, Millard W. Hastay, and W. Allen Wallis, eds. 1947. *Selected Techniques of Statistical Analysis for Scientific and Industrial Research and Production and Management Engineering by the Statistical Research Group, Columbia University*. New York: McGraw Hill.

Eisenhower, Dwight D. 1953. "Annual Message to the Congress on the State of the Union, February 2nd, 1953." http://www.eisenhower.archives.gov/all_about_ike / speeches/1953_state_of_the_union.pdf.

———. 1959. "Annual Message to the Congress on the State of the Union, January 9, 1959." http://www.eisenhower.archives.gov/all_about_ike/speeches/1959_state_of_the_ union.pdf.

———. 1963. *The White House Years: Mandate for Change, 1953–1956.* Garden City, NY: Doubleday.

———. 1965. *The White House Years: Waging Peace, 1956–1961.* Garden City, NY: Doubleday.

Eisner, Robert. 1958. "The Permanent Income Hypothesis: A Comment." *American Economic Review* 48, no. 5 (December): 972–90.

———. 1963. "Money, Trade and Economic Growth: Survey Lectures in Economic Theory by Harry G. Johnson." A*merican Economic Review* 53, no. 1, part 1 (March): 151–54.

———. 1967. "A Permanent Income Theory for Investment: Some Empirical Explorations." *American Economic Review* 57, no. 3 (June): 363–90.

———. 1986. *How Real Is the Federal Deficit?* New York: Free Press.

Ekelund, Robert B., Jr., E. G. Furubotn, and W. P. Gramm, eds. 1972a. *The Evolution of Modern Demand Theory: A Collection of Essays.* Lexington, MA: Lexington Books.

———. 1972b. "The State of Contemporary Demand Theory." In Robert B. Ekelund Jr., E. G. Furubotn, and W. P. Gramm, eds., *The Evolution of Modern Demand Theory: A Collection of Essays.* Lexington, MA: Lexington Books. 57–93.

Emmett, Ross B. 2011. "Sharpening Tools in the Workshop: The Workshop System and the Chicago School's Success." In Robert Van Horn, Philip Mirowski, and Thomas A. Stapleford, eds., *Building Chicago Economics: New Perspectives on the History of America's Most Powerful Economics Program.* Cambridge: Cambridge University Press. 93–115.

Enders, Walter. 1995. *Applied Econometric Time Series.* New York: John Wiley and Sons.

Engen, Eric M., Thomas Laubach, and David Reifschneider. 2015. "The Macroeconomic Effects of the Federal Reserve's Unconventional Monetary Policies." Federal Reserve Board Finance and Economics Discussion Series Paper no. 2015-005, January.

Engle, Robert F., and C. W. J. Granger. 1987. "Co-integration and Error Correction: Representation, Estimation, and Testing." *Econometrica* 55, no. 2 (March): 251–76.

Enlow, Robert C., and Lenore T. Ealy, eds. 2006. *Liberty and Learning: Milton Friedman's Voucher Idea at Fifty.* Washington, DC: Cato Institute.

Ensley, Grover W., and Richard Goode. 1943. "Mr. Warburton on the Gap." *American Economic Review* 33, no. 4 (December): 897–99.

Epstein, Larry G., and Stanley E. Zin. 1989. "Substitution, Risk Aversion, and the Temporal Behavior of Consumption and Asset Returns: A Theoretical Framework." *Econometrica* 57, no. 4 (July): 937–69.

Erceg, Christopher J., and Andrew T. Levin. 2003. "Imperfect Credibility and Inflation Persistence." *Journal of Monetary Economics* 50, no. 4 (May): 915–44.

———. 2006. "Optimal Monetary Policy with Durable Consumption Goods." *Journal of Monetary Economics* 53, no. 7 (October): 1341–59.

Ericsson, Neil R. 2004. "The ET Interview: Professor David F. Hendry." *Econometric Theory* 20, no. 4 (August): 743–804.

Eshag, Eprime. 1983. *Fiscal and Monetary Policies and Problems in Developing Countries.* Cambridge: Cambridge University Press.

Europa Publications. 2003. *The International Who's Who 2004.* London: Europa.

Evans, Charles L., and David A. Marshall. 1998. "Monetary Policy and the Term Structure of Nominal Interest Rates: Evidence and Theory." *Carnegie-Rochester Conference Series on Public Policy* 49, no. 1 (December): 53–111.

Evans, Michael K. 1983. *The Truth about Supply-Side Economics.* New York: Basic Books.

Evans, Paul. 1982a. "The Effects of General Price Controls in the United States during World War II." *Journal of Political Economy* 90, no. 5 (October): 944–66.

———. 1982b. "*The Supply-Side Effects of Economic Policy*, edited by Laurence H. Meyer." *Journal of Money, Credit and Banking* 14, no. 3 (August): 429–31.

———. 1983. "What Does a Tax Cut Do?" In Victor A. Canto, Douglas H. Joines, and Arthur B. Laffer, eds., *Foundations of Supply-Side Economics: Theory and Evidence.* New York: Academic. 207–23.

———. 1986. "Is the Dollar High Because of Large Budget Deficits?" *Journal of Monetary Economics* 18, no. 3 (November): 227–49.

Evers, Williamson M., ed. 1990. *National Service: Pro and Con*. Stanford, CA: Hoover Institution Press.

Fabricant, Solomon, ed. 1958. *Investing in Economic Knowledge: Thirty-Eighth Annual Report—a Record for 1957 and Plans for 1958, National Bureau of Economic Research, Inc.* New York: National Bureau of Economic Research.

Fama, Eugene F., and Merton H. Miller. 1972. *The Theory of Finance*. New York: Holt, Rinehart and Winston.

Fand, David I. 1969a. "Some Issues in Monetary Economics." *Banca Nazionale Quarterly Review* 22, no. 90 (September): 215–47.

———. 1969b. "A Monetary Interpretation of the Post-1965 Inflation in the United States." *Banca Nazionale del Lavoro Quarterly Review* 22, no. 89 (June): 99–127.

Federal Open Market Committee. 1960. Historical Minutes for Meeting of April 12, 1960. Scan www.federalreserve.gov.

Federal Reserve Bank of Chicago. 1958. "Another Look at the Money Supply." *Business Conditions (Federal Reserve Bank of Chicago)* 43, no. 3 (March): 12–16.

Federal Reserve Board. 1924. *Tenth Annual Report of the Federal Reserve Board, Covering Operations for the Year 1923*. Washington, DC: US Government Printing Office. Scan available at https://fraser.stlouisfed.org/files/docs/publications/arfr/1920s/arfr_1923.pdf.

———. 1953. "Influence of Credit and Monetary Measures on Economic Stability." *Federal Reserve Bulletin* 39, no. 3 (March): 219–34.

Feibes, Walter. 1974. *Introduction to Finite Mathematics*. Santa Barbara, CA: Hamilton.

Feldberg, Meyer, Kate Jowell, and Stephen Mulholland, eds. 1976. *Milton Friedman in South Africa*. Johannesburg: Creda.

Feldstein, Martin S. 1979. "The Welfare Cost of Permanent Inflation and Optimal Short-Run Economic Policy." *Journal of Political Economy* 87, no. 4 (August): 749–68.

Fellner, William J. 1956. "The Balancing of Objectives under the Employment Act of 1946." In Gerhard Colm, ed., *The Employment Act, Past and Future: A Tenth Anniversary Symposium*. Washington, DC: National Planning Association. 87–91.

———. 1976. *Towards a Reconstruction of Macro-economics: Problems of Theory and Policy.* Washington, DC: American Enterprise Institute.

Fellner, William J., et al. 1967. *Ten Economic Studies in the Tradition of Irving Fisher.* New York: John Wiley and Sons.

Fischer, Stanley. 1975. "Recent Developments in Monetary Theory." *American Economic Review (Papers and Proceedings)* 65, no. 2 (May): 157–66.

———. 1976. "Comments on Tobin and Buiter." In Jerome L. Stein, ed., *Monetarism.* Amsterdam: North-Holland. 322–26.

———. 1977. "Long-Term Contracts, Rational Expectations, and the Optimal Money Supply Rule." *Journal of Political Economy* 85, no. 1 (February): 191–205.

———. 1980. "On Activist Monetary Policy with Rational Expectations." In Stanley Fischer, ed., *Rational Expectations and Economic Policy.* Chicago: University of Chicago Press. 211–35.

———. 1981. "Relative Price Shocks, Relative Price Variability, and Inflation." *Brookings Papers on Economic Activity* 12, no. 2, 381–431.

———. 1985. "Contracts, Credibility and Disinflation." In Victor Argy and John W. Nevile, eds., *Inflation and Unemployment: Theory, Experience and Policy-Making.* London: George Allen and Unwin. 39– 59.

———. 1990. "Rules versus Discretion in Monetary Policy." In Benjamin M. Friedman and Frank H. Hahn, eds., *Handbook of Monetary Economics.* Vol. 2. Amsterdam: Else- vier/North-Holland. 1155–84.

Fischer, Stanley, and Rudiger Dornbusch. 1983. *Economics.* New York: McGraw Hill.

Fishburn, Peter C. 1970. *Utility Theory for Decision Making.* New York: Wiley.

Fisher, Franklin M. 1966. *The Identification Problem in Econometrics.* New York: McGraw-Hill.

Fisher, Irving. 1892. "Mathematical Investigations in the Theory of Value and Prices." *Transactions of Connecticut Academy of Arts and Sciences* 27, no. 1, 1–124.

———. 1896. *Appreciation and Interest.* New York: Macmillan.

———. 1907. *The Rate of Interest.* New York: Macmillan.

———. 1911a. *The Purchasing Power of Money: Its Determination and Relation to*

Credit, Interest and Crises. New York: Macmillan.

———. 1911b. *Elementary Principles of Economics*. New York: Macmillan.

———. 1926. "A Statistical Relation between Unemployment and Price Changes." *International Labour Review* 13, no. 6 (June): 785–92.

———. 1930. *The Theory of Interest*. New York: Macmillan.

———. 1935. *100% Money*. New York: Adelphi.

———. 1973. "I Discovered the Phillips Curve." *Journal of Political Economy* 81, no. 2, part 1 (March/April): 496–502.

Forbes, William. 2009. *Behavioural Finance*. New York: John Wiley and Sons.

Fraser, Bernie. 1994. "The Art of Monetary Policy." *Reserve Bank Bulletin* 57, no. 10 (October): 17–25.

Frazer, William. 1988a. *Power and Ideas: Milton Friedman and the Big U-Turn I; The Background*. Gainesville, FL: Gulf-Atlantic.

———. 1988b. *Power and Ideas: Milton Friedman and the Big U-Turn II; The U-Turn*. Gainesville, FL: Gulf-Atlantic.

———. 1994. *The Legacy of Keynes and Friedman: Economic Analysis, Money, and Ideology*. Westport, CT: Praeger.

———. 1997. *The Friedman System: Economic Analysis of Time Series*. Westport, CT: Praeger.

———. 2002. "Friedman, Milton." In Brian Snowdon and Howard R. Vane, eds., *An Encyclopedia of Macroeconomics*. Cheltenham, UK: Edward Elgar. 271–84.

Freedman, Craig D. 2008. *Chicago Fundamentalism: Ideology and Methodology in Economics*. Hackensack, NJ: World Scientific.

Freedman, Craig D., Geoffrey C. Harcourt, Peter Kriesler, and John W. Nevile. 2013. "Milton Friedman: Constructing an Anti-Keynes." University of New South Wales Australian School of Business Research Paper no. 2013–35.

Freeman, H. A., Milton Friedman, Frederick Mosteller, and W. Allen Wallis, eds. 1948. *Sampling Inspection: Principles, Procedures, and Tables for Single, Double, and Sequential Sampling in Acceptance Inspection and Quality Control Based on Percent Defective by the Statistical Research Group, Columbia University*. New York: McGraw Hill.

Friedman, Benjamin M. 1980. "Postwar Changes in the American Financial Markets." In Martin S. Feldstein, ed., *The American Economy in Transition*. Chicago: University of Chicago Press. 9–78.

———. 1986. "Money, Credit, and Interest Rates in the Business Cycle: Reply." In Robert J. Gordon, ed., *The American Business Cycle: Continuity and Change*. Chicago: University of Chicago Press. 450–55.

———. 1988. "Monetary Policy without Quantity Variables." *American Economic Review (Papers and Proceedings)* 78, no. 2 (May): 440–45.

———. 2004. "Commentary on 'Is Inflation Targeting Best-Practice Monetary Policy?'" *Federal Reserve Bank of St. Louis Review* 86, no. 4 (July/August): 145–49.

———. 2013. "Comment [on Andreas Beyer, Vitor Gaspar, Christina Gerberding, and Otmar Issing, 'German Monetary Policy after the Breakdown of Bretton Woods']." In Michael D. Bordo and Athanasios Orphanides, eds., *The Great Inflation: The Rebirth of Modern Central Banking*. Chicago: University of Chicago Press. 346–54.

Friedman, Milton. 1933. "An Empirical Study of the Relationship between Railroad Stock Prices and Railroad Earnings for the Period 1921–1931." MA thesis, Department of Economics, University of Chicago, December.

———. 1935a. "Professor Pigou's Method for Measuring Elasticities of Demand from Budgetary Data." *Quarterly Journal of Economics* 50, no. 1 (November): 151–63.

———. 1935b. "Seasonal Variations in Industry and Trade by Simon Kuznets." *Journal of Political Economy* 43, no. 6 (December): 830–32.

———. 1936. "Marginal Utility of Money and Elasticities of Demand: II." *Quarterly Journal of Economics* 30, no. 3 (May): 532–33.

———. 1937a. "The Use of Ranks to Avoid the Assumption of Normality Implicit in the Analysis of Variance." *Journal of the American Statistical Association* 32, no. 200 (December): 675–701.

———. 1937b. "Discussion." In Conference on Research in National Income and Wealth, *Studies in Income and Wealth*. Vol. 1. New York: National Bureau of Economic Research. 159–62.

———. 1938a. "Mr. Broster on Demand Curves." *Journal of the Royal Statistical*

Society 101, no. 2, 450–54.

———. 1938b. "Comment [on M. A. Copeland and E. M. Martin, 'The Correction of Wealth and Income Estimates for Price Change']: III." In Conference on Research in National Income and Wealth, *Studies in Income and Wealth*. Vol. 2. New York: National Bureau of Economic Research. 123–30.

———. 1939. "Discussion: Charles Stewart, 'Income Capitalization as a Method of Estimating the Distribution of Wealth by Size Groups.'" In Conference on Research in National Income and Wealth, *Studies in Income and Wealth*. Vol. 3. New York: National Bureau of Economic Research. 129–41.

———. 1940. "*Business Cycles in the United States of America, 1919–1932* by J. Tinbergen." *American Economic Review* 30, no. 3 (September): 657–60.

———. 1941. "*Monopolistic Competition and General Equilibrium Theory* [by] Robert Triffin." Journal of Farm Economics 23, no. 1 (February): 389–91.

———. 1942a. "The Inflationary Gap: II. Discussion of the Inflationary Gap." *American Economic Review* 32, no. 2 (February): 314–20.

———. 1942b. "Exhibit 66. Statement by Milton Friedman, May 7, 1942, on the Relation of Taxation to Inflation." In Treasury Department and the Staff of the Joint Commit- tee on Internal Revenue Taxation, *Data on Proposed Revenue Bill of 1942, Submitted to the Committee on Ways and Means, House of Representatives*. Washington, DC: US Government Printing Office.

———. 1942c. "The Danger of Inflation." Memorandum, Division of Tax Research, US Treasury, July 23. Text available on Hoover Institution website, Robert Leeson and Charles G. Palm, Milton Friedman Collected Work Project (CWP).

———. 1943a. "The Spendings Tax as a Wartime Fiscal Measure." *American Economic Review* 33, no. 1 (March): 50–62.

———. 1943b. "Methods of Predicting the Onset of 'Inflation.'" In Carl S. Shoup, Milton Friedman, and Ruth P. Mack, *Taxing to Prevent Inflation: Techniques for Estimating Revenue Requirements*. New York: Columbia University Press. 111–53.

———. 1944. "Saving, Investment, and National Income by Oscar L. Altman." *Review of Economics and Statistics* 26, no. 2 (May): 101–2.

———. 1946. "Lange on Price Flexibility and Employment: A Methodological Criticism." *American Economic Review* 36, no. 4 (September): 613–31.

———. 1947. "Lerner on the Economics of Control." *Journal of Political Economy* 55, no. 5 (October): 405–16.

———. 1948a. "A Monetary and Fiscal Framework for Economic Stability." *American Economic Review* 38, no. 3 (June): 245–64.

———. 1948b. "Cycles: The Science of Prediction by Edward R. Dewey [and] Edwin F. Dakin." *Journal of the American Statistical Association* 43, no. 241 (March): 139–41.

———. 1949a. "The Marshallian Demand Curve." *Journal of Political Economy* 57, no. 6 (December): 463–95.

———. 1949b. "Professor Friedman's Proposal: Rejoinder." *American Economic Review* 39, no. 5 (September): 949–55.

———. 1949c. "'Liquidity and Uncertainty'—Discussion." *American Economic Review (Papers and Proceedings)* 39, no. 2 (May): 196–201.

———. 1950a. "Wesley Mitchell as an Economic Theorist." *Journal of Political Economy* 58, no. 6 (December): 465–93.

———. 1950b. "Does Monopoly in Industry Justify Monopoly in Agriculture?" *Farm Policy Forum* 3, no. 6 (June): 5–8.

———. 1951a. "Some Comments on the Significance of Labor Unions for Economic Policy." In David McCord Wright, ed., *The Impact of the Union: Eight Economic Theorists Evaluate the Labor Union Movement*. New York: Harcourt Brace. 204–34.

———. 1951b. "Comment [on Carl F. Christ, 'A Test of an Econometric Model for the United States, 1921–1947.']" In NBER, ed., *Conference on Business Cycles*. New York: National Bureau of Economic Research. 107–14.

———. 1951c. "Comments on Monetary Policy." *Review of Economics and Statistics* 33, no. 3 (August): 186–91.

———. 1951d. "Comment [on George Katona and Janet A. Fisher, 'Postwar Changes in Income of Identical Consumer Units.']" In Conference on Research in Income and Wealth, *Studies in Income and Wealth*, vol. 13. New York: National Bureau of Economic Research. 119–22.

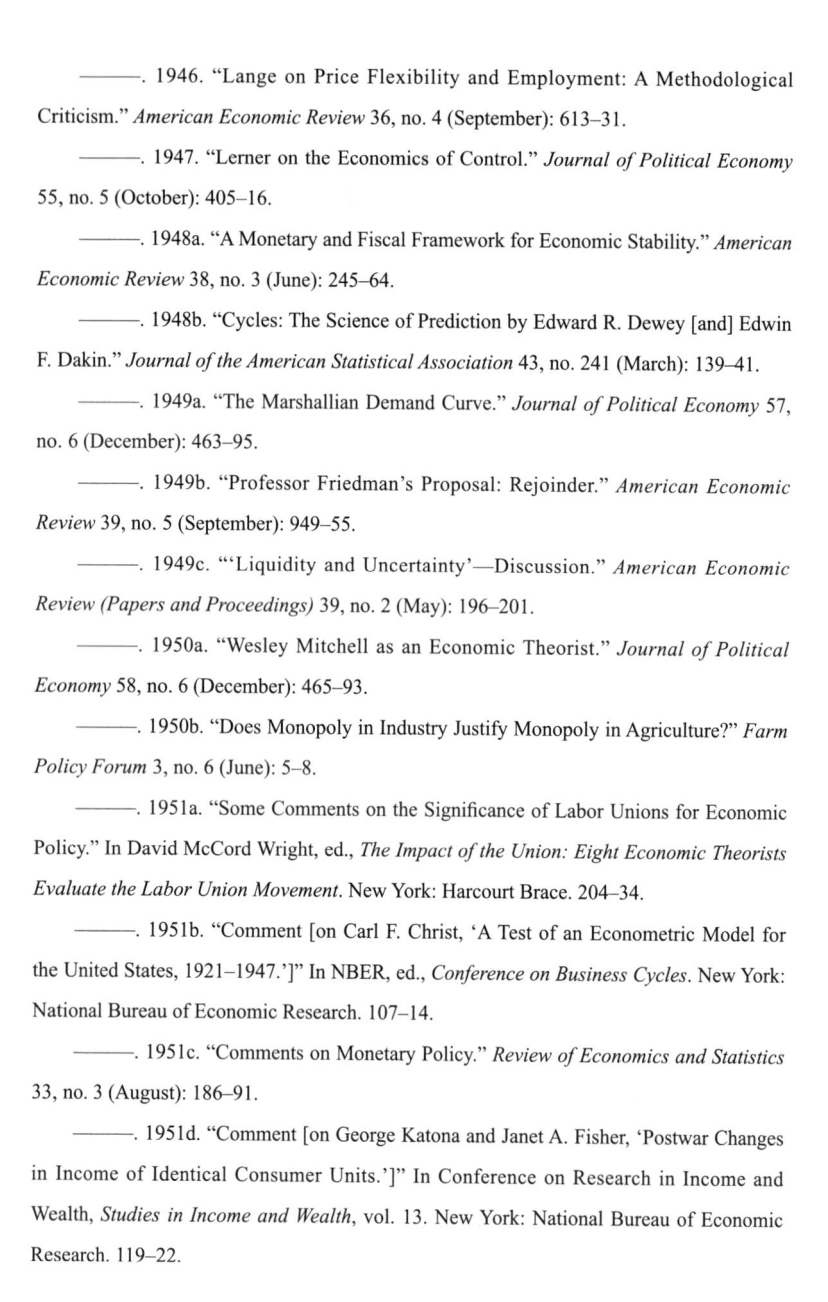

———. 1951e. "Neo-liberalism and Its Prospects." *Farmand* (Oslo, Norway), February 17, 89–93. Reprinted in Lanny Ebenstein, ed., *The Indispensable Milton Friedman: Essays on Politics and Economics*. Washington, DC: Regnery, 2012. 3–9.

———. 1951f. "Commodity-Reserve Currency." *Journal of Political Economy* 59, no. 3 (June): 203–32.

———. 1952a. "A Method of Comparing Incomes of Families Differing in Composition." In Conference on Research in Income and Wealth, *Studies in Income and Wealth*, Vol. 15. New York: National Bureau of Economic Research. 9–20.

———. 1952b. "Price, Income, and Monetary Changes in Three Wartime Periods." *American Economic Review (Papers and Proceedings)* 62, no. 2 (May): 612–25.

———. 1952c. "Comment on 'Methodological Developments.'" In Bernard F. Haley, ed., *A Survey of Contemporary Economics*. Vol. 2. Homewood, IL: Richard D. Irwin. 455–57.

———. 1952d. "Free Enterprise in the United States." In NBC, *The Transformation of British and American Capitalism*. University of Chicago Round Table no. 740, June 1. 12–17.

———. 1952e. "The 'Welfare' Effects of an Income Tax and an Excise Tax." *Journal of Political Economy* 60, no. 1 (February): 25–33.

———. 1952f. "'Welfare' Effects: A Reply." *Journal of Political Economy* 60, no. 4 (August): 334–36.

———. 1952g. "The Economic Theorist." In Arthur F. Burns, ed., *Wesley Clair Mitchell: The Economic Scientist*. New York: National Bureau of Economic Research. 237–82.

———. 1953a. "The Case for Flexible Exchange Rates." In Milton Friedman, *Essays in Positive Economics*. Chicago: University of Chicago Press. 157–203.

———. 1953b. *Essays in Positive Economics*. Chicago: University of Chicago Press.

———. 1953c. "The Methodology of Positive Economics." In Milton Friedman, *Essays in Positive Economics*. Chicago: University of Chicago Press. 3–43.

———. 1953d. "The Effects of a Full-Employment Policy on Economic Stability: A Formal Analysis." In Milton Friedman, *Essays in Positive Economics*. Chicago: University of Chicago Press. 117–32.

———. 1953e. "Choice, Chance, and the Personal Distribution of Income." *Journal of Political Economy* 61, no. 4 (August): 277–90.

———. 1953f. "Discussion of the Inflationary Gap [revised version]." In Milton Friedman, *Essays in Positive Economics*. Chicago: University of Chicago Press. 251–62.

———. 1954a. "Why the American Economy Is Depression Proof." *Nationalekonomiska Föreningens Förhandlingar*, no. 3, 58–77. Reprinted in Milton Friedman, *Dollars and Deficits: Living with America's Economic Problems*. Englewood Cliffs, NJ: Prentice Hall, 1968. 72–96.

———. 1954b. "The Marshallian Demand Curve: A Reply." *Journal of Political Economy* 62, no. 3 (June): 261–66.

———. 1954c. "The Reduction of Fluctuations in the Incomes of Primary Producers: A Critical Comment." *Economic Journal* 64, no. 256 (December): 698–703.

———. 1955a. "Marshall and Friedman on Union Strength: Comment." *Review of Economics and Statistics* 37, no. 4 (November): 401–6.

———. 1955b. "The Role of Government in Education." In Robert A. Solo, ed., *Economics and the Public Interest*. New Brunswick, NJ: Rutgers University Press. 123–44.

———. 1955c. "What All Is Utility?" *Economic Journal* 65, no. 259 (September): 405–9.

———. 1955d. "Credit and Monetary Policy, 1952–1954." Report on [Federal Reserve Board] Staff Studies by Review Panel, no. 6, Federal Reserve Board, May 20. Federal Reserve Board records.

———. 1955e. "Liberalism, Old Style." In William T. Couch, ed., *Collier's 1955 Year Book: Covering National and International Events of the Year 1954*. New York: P. F. Collier and Son. 360–63.

———. 1955f. "Money and Banking." In Solomon Fabricant, ed., *Government in Economic Life: National Bureau of Economic Research Thirty-Fifth Annual Report, May 1955*. New York: National Bureau of Economic Research. 30–33.

———. 1955g. "Leon Walras and His Economic System." *American Economic Review* 45, no. 5 (December): 900–909.

———. 1955h. "Comment [on Caleb A. Smith, 'Survey of the Empirical Evidence on Economies of Scale']." In George J. Stigler, ed., *Business Concentration and Price Policy: A Conference of the Universities—National Committee for Economic Research*. Princeton, NJ: Princeton University Press. 230–38.

———. 1956a. "The Quantity Theory of Money—a Restatement." In Milton Friedman, ed., *Studies in the Quantity Theory of Money*. Chicago: University of Chicago Press. 3–21.

———, ed. 1956b. *Studies in the Quantity Theory of Money*. Chicago: University of Chicago Press.

———. 1956c. "Monetary Policy, Domestic and International." Lecture, Wabash College, June. Available on Hoover Institution website, CWP.

———. 1957a. *A Theory of the Consumption Function*. Princeton, NJ: Princeton University Press.

———. 1957b. "Consumer Credit Control as an Instrument of Stabilization Policy." In Federal Reserve Board, ed., *Consumer Instalment Credit, Part 2. Vol. 2, Conference on Regulation*. Washington, DC: Federal Reserve Board. 73–103.

———. 1957c. "Discussion of 'The Indian Alternative' by John Strachey." *Encounter* 8, no. 1 (January): 71–73.

———. 1957d. "Comment on John Strachey." In University of Chicago, the College, ed., *Introduction to the Civilization of India: India and Pakistan in the Modern World; Syllabus Readings, March 1957*. Chicago: University of Chicago Press (Syllabus Division). 362–67.

———. 1957e. "Savings and the Balance Sheet." *Bulletin of the Oxford University Institute of Statistics* 19, no. 2 (May): 125–36.

———. 1957f. "Government Control of Consumer Credit." *University of Pennsylvania Bulletin* 62, no. 13 (March 25): 65–75.

———. 1958a. "What Price Inflation?" *Finance and Accounting* 38, no. 7, 18–27.

———. 1958b. "The Supply of Money and Changes in Prices and Output." In Joint Economic Committee, *The Relationship of Prices to Economic Stability and Growth: Compendium of Papers Submitted by Panelists Appearing before the Joint Economic*

Committee. Washington, DC: US Government Printing Office. 241–56. Reprinted in Milton Friedman, *The Optimum Quantity of Money and Other Essays*. Chicago: Aldine, 1969. 171–87.

———. 1958c. "Capitalism and Freedom." In Felix Morley, ed., *Essays on Individuality*. Philadelphia: University of Pennsylvania Press. 168–82.

———. 1958d. "Inflation." Paper delivered at the Ninth Meeting of the Mont Pelerin Society, Princeton, NJ, September 3 to 8.

———. 1958e. "Minimizing Government Control over Economic Life and Strengthening Competitive Private Enterprise." In Committee for Economic Development, *Problems of United States Economic Development*. Vol. 1, January. New York: Committee for Economic Development. 251–57. Reprinted as "Strengthening Competitive Private Enterprise," in Shelley M. Mark and Daniel M. Slate, eds., *Economics in Action: Readings in Current Economic Issues*, 2nd ed. Belmont, CA: Wadsworth, 1962. 33–38.

———. 1958f. "Foreign Economic Aid: Means and Objectives." *Yale Review* 47, no. 4 (June): 500–516. Reprinted in Kurt R. Leube, ed., *The Essence of Friedman*. Stanford, CA: Hoover Institution Press. 79–91.

———. 1958g. "Money Supply." In Solomon Fabricant, ed., *Investing in Economic Knowledge: Thirty-Eighth Annual Report—a Record for 1957 and Plans for 1958, National Bureau of Economic Research, Inc*. New York: National Bureau of Economic Research. 39–41.

———. 1958h. "Reply to Comments on *A Theory of the Consumption Function*." In Lincoln H. Clark, ed., *Consumer Behavior: Research on Consumer Reactions*. New York: Harper and Brothers. 463–70.

———. 1958i. "The Permanent Income Hypothesis: Comment." *American Economic Review* 48, no. 5 (December): 990–91.

———. 1958j. "The Permanent Income Hypothesis." Manuscript, University of Chicago.

———. 1958k. "Supplementary Comment." *Journal of Political Economy* 66, no. 6 (December): 547–49.

———. 1959a. "The Demand for Money: Some Theoretical and Empirical Results."

Journal of Political Economy 67, no. 4 (August): 327–51.

———. 1959b. "Discussion of 'Wage-Push Inflation' by Walker A. Morton." In *Proceedings of the Eleventh Annual Meeting of the Industrial Relations Research Association, December 28–29, 1958*. Chicago: Industrial Relations Research Association. 212–16.

———. 1959c. "The Demand for Money: Some Theoretical and Empirical Results." *American Economic Review (Papers and Proceedings)* 49, no. 2 (May): 525–27.

———. 1960a. *A Program for Monetary Stability*. Fordham, NY: Fordham University Press.

———. 1960b. "Comments." In Irwin Friend and Robert Jones, eds., *Conference on Consumption and Saving: Proceedings*. Vol. 2. Philadelphia: University of Pennsylvania Press. 191–206.

———. 1960c. "Recent Behavior of Stock of Money and Its Relation to Past Behavior." Memorandum to Secretary of the Treasury Robert B. Anderson, April 19. Milton Friedman papers, box 34, folder 22, Hoover Institution archives.

———. 1961a. "The Demand for Money." *Proceedings of the American Philosophical Society* 105, no. 3 (June): 259–64.

———. 1961b. "Monetary Data and National Income Estimates." *Economic Development and Cultural Change* 9, no. 3 (April): 267–86.

———. 1961c. "Vault Cash and Free Reserves." *Journal of Political Economy* 69, no. 2 (April): 181–82.

———. 1961d. "The Lag in Effect of Monetary Policy." *Journal of Political Economy* 69, no. 5 (October): 447–66.

———. 1961e. "Economic Aid Reconsidered: A Reply." *Yale Review* 50, no. 4 (Summer): 533–40.

———. 1961f. "*Inflation* by Thomas Wilson." *American Economic Review* 51, no. 5 (December): 1051–55.

———. 1961g. "Money and Banking." In Solomon Fabricant, ed., *Towards a Firmer Basis of Economic Policy: Forty-First Annual Report—a Record for 1960 and Plans for 1961, National Bureau of Economic Research, Inc.* New York: National Bureau of

Economic Research. 41–43.

———. 1961h. "Real and Pseudo Gold Standards." *Journal of Law and Economics* 4, no. 1 (October): 66–79.

———. 1962a. *Capitalism and Freedom*. Chicago: University of Chicago Press.

———. 1962b. *Price Theory: A Provisional Text*. Chicago: Aldine.

———. 1962c. "A Program for Monetary Stability: Part I." In Marshall D. Ketchum and Leon T. Kendall, eds., *Proceedings of the Conference on Savings and Residential Financing: 1962 Proceedings, May 10 and 11, 1962, Chicago, Illinois*. Chicago: US Savings and Loan League. 11–32.

———. 1962d. "Should There Be an Independent Monetary Authority?" In Leland B. Yeager, ed., *In Search of a Monetary Constitution*. Cambridge, MA: Harvard University Press. 219–43. Reprinted in Milton Friedman, *Dollars and Deficits: Living with America's Economic Problems*. Englewood Cliffs, NJ: Prentice Hall, 1968. 173–94.

———. 1962e. "Foreword." In A. James Meigs, *Free Reserves and the Money Supply*. Chicago: University of Chicago Press. v–viii.

———. 1962f. "The Interpolation of Time Series by Related Series." *Journal of the American Statistical Association* 57, no. 300 (December): 729–57.

———. 1962g. "The Report of the Commission on Money and Credit: An Essay in Petitio Principii." *American Economic Review (Papers and Proceedings)* 52, no. 2 (May): 291–301.

———. 1962h. "Is a Free Society Stable?" *New Individualist Review* 2, no. 2 (Summer): 3–10.

———. 1963a. "The Present State of Monetary Theory." *Economic Studies Quarterly* 14, no. 1 (September): 1–15.

———. 1963b. "Windfalls, the 'Horizon,' and Related Concepts in the Permanent-Income Hypothesis." In Carl F. Christ et al., *Measurement in Economics: Studies in Mathematical Economics and Econometrics in Memory of Yehuda Grunfeld*. Stanford, CA: Stanford University Press. 3–28.

———. 1963c. *Inflation: Causes and Consequences*. Bombay: Asia Publishing House. Reprinted in Milton Friedman, *Dollars and Deficits: Living with America's Economic*

Problems. Englewood Cliffs, NJ: Prentice Hall, 1968. 21–71.

———. 1963d. "More on Archibald versus Chicago." *Review of Economic Studies* 30, no. 1 (February): 65–67.

———. 1963e. "Note on Nissan Liviatan's Paper." In Carl F. Christ et al., *Measurement in Economics: Studies in Mathematical Economics and Econometrics in Memory of Yehuda Grunfeld*. Stanford, CA: Stanford University Press. 59–63.

———. 1964a. "Comments by Milton Friedman on Testimony of George W. Mitchell and J. Dewey Daane." In Committee on Banking and Currency, US House of Representatives, *The Federal Reserve after Fifty Years: Hearings*. Vol. 2. Washington, DC: US Government Printing Office. 1220–22.

———. 1964b. "Post-war Trends in Monetary Theory and Policy." *National Banking Review* 2, no. 1 (September): 1–9. Reprinted in Milton Friedman, *The Optimum Quantity of Money and Other Essays*. Chicago: Aldine, 1969. 69–79.

———. 1964c. "A Dissent of Prominency ..." *Challenge* 12, no. 10 (July): 2.

———. 1964d. "Comment on 'Collusion in the Auction Market for Treasury Bills.'" *Journal of Political Economy* 72, no. 5 (October): 513–14.

———. 1964e. "The Monetary Studies of the National Bureau." In NBER, ed., *The National Bureau Enters Its 45th Year. 44th Annual Report.* New York: National Bureau of Economic Research. 7–25. Reprinted in Milton Friedman, *The Optimum Quantity of Money and Other Essays*. Chicago: Aldine, 1969. 261–84.

———. 1964f. "Reply to James Tobin." Remarks at American Bankers Association Conference of University Professors, Princeton, NJ, September 1.

———. 1964g. "Can a Controlled Economy Work?" In Melvin R. Laird et al., *The Conservative Papers*. Garden City, NY: Anchor Books, Doubleday. 162–74.

———. 1964h. "Note on Lag in Effect of Monetary Policy." *American Economic Review* 54, no. 5 (September): 759–60.

———. 1965. "Transfer Payments and the Social Security System." *National Industrial Conference Board Record* 2, no. 9 (September): 7–10.

———. 1966a. "What Price Guideposts?" In George P. Shultz and Robert Z. Aliber, eds., *Guidelines: Informal Controls and the Market Place.* Chicago: University of Chicago

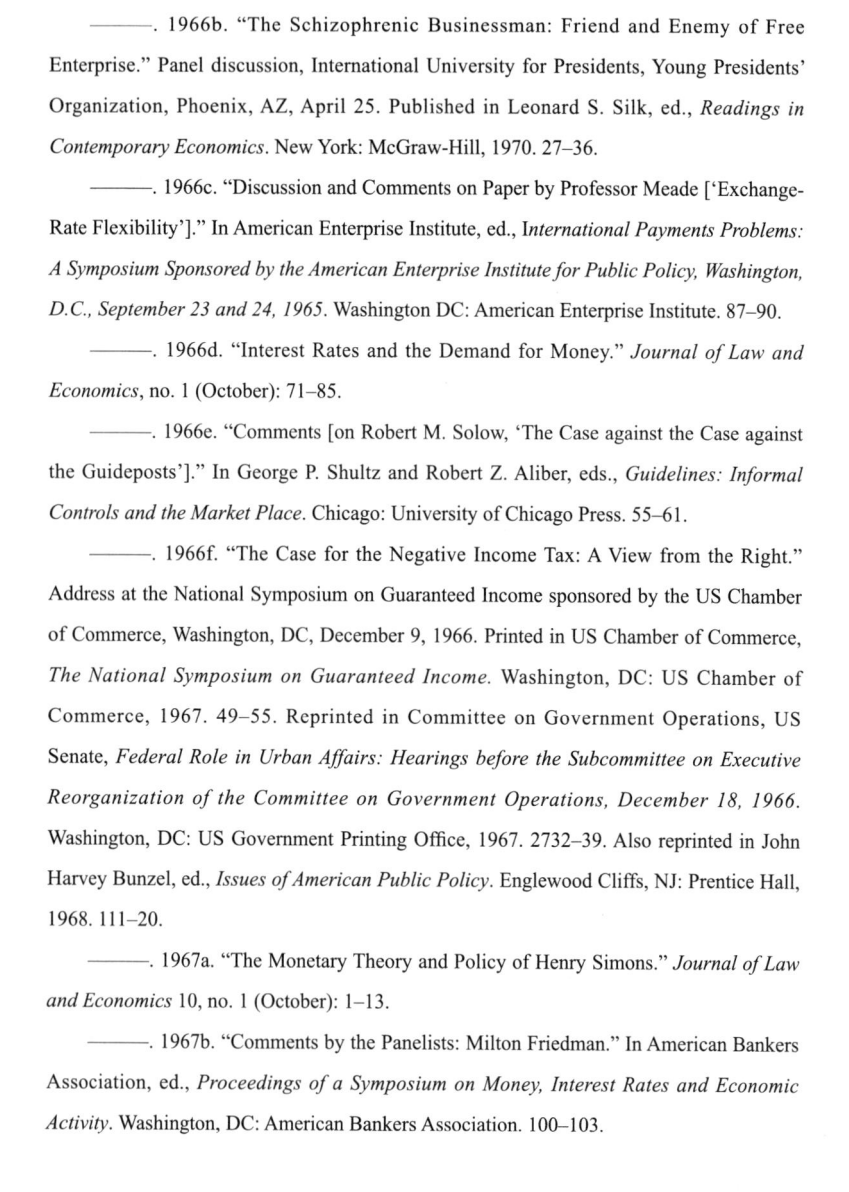

Press. 17–39. Reprinted in Milton Friedman, *Dollars and Deficits: Living with America's Economic Problems*. Englewood Cliffs, NJ: Prentice Hall, 1968. 97–121.

———. 1966b. "The Schizophrenic Businessman: Friend and Enemy of Free Enterprise." Panel discussion, International University for Presidents, Young Presidents' Organization, Phoenix, AZ, April 25. Published in Leonard S. Silk, ed., *Readings in Contemporary Economics*. New York: McGraw-Hill, 1970. 27–36.

———. 1966c. "Discussion and Comments on Paper by Professor Meade ['Exchange-Rate Flexibility']." In American Enterprise Institute, ed., *International Payments Problems: A Symposium Sponsored by the American Enterprise Institute for Public Policy, Washington, D.C., September 23 and 24, 1965*. Washington DC: American Enterprise Institute. 87–90.

———. 1966d. "Interest Rates and the Demand for Money." *Journal of Law and Economics*, no. 1 (October): 71–85.

———. 1966e. "Comments [on Robert M. Solow, 'The Case against the Case against the Guideposts']." In George P. Shultz and Robert Z. Aliber, eds., *Guidelines: Informal Controls and the Market Place*. Chicago: University of Chicago Press. 55–61.

———. 1966f. "The Case for the Negative Income Tax: A View from the Right." Address at the National Symposium on Guaranteed Income sponsored by the US Chamber of Commerce, Washington, DC, December 9, 1966. Printed in US Chamber of Commerce, *The National Symposium on Guaranteed Income*. Washington, DC: US Chamber of Commerce, 1967. 49–55. Reprinted in Committee on Government Operations, US Senate, *Federal Role in Urban Affairs: Hearings before the Subcommittee on Executive Reorganization of the Committee on Government Operations, December 18, 1966*. Washington, DC: US Government Printing Office, 1967. 2732–39. Also reprinted in John Harvey Bunzel, ed., *Issues of American Public Policy*. Englewood Cliffs, NJ: Prentice Hall, 1968. 111–20.

———. 1967a. "The Monetary Theory and Policy of Henry Simons." *Journal of Law and Economics* 10, no. 1 (October): 1–13.

———. 1967b. "Comments by the Panelists: Milton Friedman." In American Bankers Association, ed., *Proceedings of a Symposium on Money, Interest Rates and Economic Activity*. Washington, DC: American Bankers Association. 100–103.

———. 1967c. "Must We Choose between Inflation and Unemployment?" *Stanford Graduate School of Business Bulletin* 35, no. 3 (Spring): 10–13, 40, and 42.

———. 1968a. *Dollars and Deficits: Living with America's Economic Problems*. Englewood Cliffs, NJ: Prentice Hall.

———. 1968b. "The Role of Monetary Policy." *American Economic Review* 58, no. 1 (March): 1–17.

———. 1968c. "Money: Quantity Theory." In David L. Sills, ed., *The International Encyclopedia of the Social Sciences*. Vol. 10. New York: Macmillan. 432–47.

———. 1968d. "Why Economists Disagree." In Milton Friedman, *Dollars and Deficits: Living with America's Economic Problems*. Englewood Cliffs, NJ: Prentice Hall. 1–16.

———. 1968e. *Dollars and Deficits: Inflation, Monetary Policy and the Balance of Payments*. Englewood Cliffs, NJ: Prentice Hall.

———. 1968f. "Factors Affecting the Level of Interest Rates." In Donald P. Jacobs and Richard T. Pratt, eds., *Proceedings of the 1968 Conference on Savings and Residential Financing*. Chicago: US Savings and Loan League. 11–27.

———. 1968g. "Money and the Interest Rate." In University of Miami, *Savings Institutions Forum, March 11–12, 1968: Proceedings*. Miami: University of Miami. Chapter 4.

———. 1968h. "The Case for the Negative Income Tax." In Melvin R. Laird, ed., *Republican Papers*. Garden City, NY: Anchor Books, Doubleday. 202–20.

———. 1968i. "[Remarks by] Milton Friedman." In Lawrence Fertig, ed., *What's Past Is Prologue: A Commemorative Evening to the Foundation for Economic Education on the Occasion of Leonard Read's Seventieth Birthday, October 4, 1968, the Starlight Roof, Waldorf-Astoria Hotel*. New York: Foundation for Economic Education. 22–31.

———. 1969a. "The Optimum Quantity of Money." In Milton Friedman, *The Optimum Quantity of Money and Other Essays*. Chicago: Aldine. 1–50.

———. 1969b. *The Optimum Quantity of Money and Other Essays. Chicago*: Aldine.

———. 1969c. "Miguel Sidrauski." *Journal of Money, Credit and Banking* 1, no. 2 (May): 129–30.

———. 1969d. The Euro-Dollar Market: Some First Principles." *Morgan Guaranty*

Survey, no. 10 (October): 4–15. Also appeared as Graduate School of Business Selected Papers no. 34, University of Chicago, 1969.

———. 1969e. "Discussion of Charles P. Kindleberger, 'The Case for Fixed Exchange Rates, 1969.'" In Federal Reserve Bank of Boston, ed., *The International Adjustment Mechanism: Proceedings of a Conference Held at Melvin Village, New Hampshire, October 8–10, 1969.* Boston: Federal Reserve Bank of Boston. 109–19.

———. 1969f. "Round Table on Exchange Rate Policy." *American Economic Review (Papers and Proceedings)* 59, no. 2 (May): 364–66.

———. 1969g. "The International Adjustment Mechanism: Panel Discussion." In Federal Reserve Bank of Boston, ed., *The International Adjustment Mechanism: Proceedings of a Conference Held at Melvin Village, New Hampshire, October 8–10, 1969.* Boston: Federal Reserve Bank of Boston. 15–20.

———. 1969h. "Fiscal and Monetary Policy." Transcript of talk given at Bache Institutional 1969 Seminar, Geneva, Switzerland, April 25.

———. 1970a. "The Counter-revolution in Monetary Theory." Institute of Economic Affairs Occasional Paper no. 33. London: Institute of Economic Affairs. Reprinted in Milton Friedman, *Monetarist Economics*. Oxford, UK: Basil Blackwell, 1991. 1–20.

———. 1970b. "A Theoretical Framework for Monetary Analysis." *Journal of Political Economy* 78, no. 2, 193–238.

———. 1970c. "Comment on Tobin." *Quarterly Journal of Economics* 84, no. 2 (May): 318–27.

———. 1970d. "Controls on Interest Rates Paid by Banks." *Journal of Money, Credit and Banking* 2, no. 1 (February): 15–32.

———. 1970e. "Monetarism: A Counter-revolution in Economic Thought." Lecture at Florida Presbyterian College, February 21.

———. 1970f. "Money Management and Economic Growth." In *Business Week*, ed., *Money and the Corporation: "Business Week" Conference*. New York: McGraw Hill. 37–45.

———. 1970g. "Special Interest and the Law." *Chicago Bar Record* 51, no. 9 (June):434–41.

———. 1970h. "Protecting Free Institutions from Our Noble Impulses." Lecture at Florida Presbyterian College, February 19.

———. 1970i. "The Proof of the Monetarist Pudding." Manuscript, July 1; held in Milton Friedman papers, box 43, folder 8, Hoover Institution archives.

———. 1970j. "The New Monetarism: Comment." *Lloyds Bank Review* 25, no. 98 (October): 52–53.

———. 1970k. "Address Commemorating the 80th Anniversary of Halle and Stieglitz." Plaza Hotel, New York City, March 5. Available on Hoover Institution website, CWP.

———. 1970l. Address to Provident National Bank, April 24. Available on Hoover Institution website.

———. 1970m. "Current Monetary Policy." Memorandum for Federal Reserve Board Consultants Meeting, June 19.

———. 1970n. "Errata: A Theoretical Framework for Monetary Analysis." *Journal of Political Economy* 78, no. 6 (November/December): 1385–86.

———. 1970o. The Market vs. the Bureaucrat." In Abraham Kaplan, ed., *Individuality and the New Society*. Seattle: University of Washington Press. 69–88.

———. 1971a. "In Memoriam: Jacob Viner, 1892–1970." *American Economic Review* 61, no. 1 (March): 247–48.

———. 1971b. "The Euro-Dollar Market: Some First Principles." *Federal Reserve Bank of St. Louis Review* 53, no. 7 (July): 16–24.

———. 1971c. "Government Revenue from Inflation." *Journal of Political Economy* 79, no. 4 (July/August): 846–56.

———. 1971d. "A Monetary Theory of Nominal Income." *Journal of Political Economy* 79, no. 2 (March/April): 323–37.

———. 1971e. "A Note on the U.S. and U.K. Velocity of Circulation." In George Clayton, John C. Gilbert, and Robert C. Sedgwick, eds., *Monetary Theory and Monetary Policy in the 1970s: Proceedings of the 1970 Sheffield Money Seminar*. London: Oxford University Press. 151–52.

———. 1971f. "Have Monetary and Fiscal Policy Failed?" Speech before the

Economic Club of Detroit, March 8.

———. 1971g. "Monetary Aggregates and Monetary Policy." Memorandum for Federal Reserve Board Consultants Meeting, June 9.

———. 1971h. "Introduction." In Beryl W. Sprinkel, *Money and Markets: A Monetarist View*. Homewood, IL: Richard D. Irwin. xix–xxiii.

———. 1971i. "Money, Economic Activity, Interest Rates: The Outlook." In United States Savings and Loan League, ed., *Savings and Loan Annals*, 1970. Chicago: United States Savings and Loan League. 60–68.

———. 1972a. "Comments on the Critics." *Journal of Political Economy* 80, no. 5 (September/October): 906–50.

———. 1972b. "Monetary Policy." *Proceedings of the American Philosophical Society* 116, no. 3 (June): 183–96.

———. 1972c. "A Libertarian Speaks [Interview]." *Trial Magazine* 8, no. 1 (January/February): 22–24.

———. 1972d. *An Economist's Protest: Columns in Political Economy*. Glen Ridge, NJ: Thomas Horton.

———. 1972e. "Have Monetary Policies Failed?" *American Economic Review (Papers and Proceedings)* 62, no. 1–2 (March): 11–18.

———. 1972f. "The Need for Futures Markets in Currencies." In International Monetary Market of the Chicago Mercantile Exchange, ed., *The Futures Market in Foreign Currencies*. Chicago: International Monetary Market of the Chicago Mercantile Exchange. 6–12.

———. 1973a. *Money and Economic Development: The Horowitz Lectures of 1972*. New York: Praeger.

———. 1973b. "How Much Monetary Growth?" *Morgan Guaranty Survey* 15, no. 2 (February): 5–10.

———. 1973c. "Facing Inflation." *Challenge* 16, no. 5 (November/December): 29–37.

———. 1974a. "Letter on Monetary Policy." *Federal Reserve Bank of St. Louis Review* 56, no. 3 (March): 20–23.

———. 1974b. "Money." In *The New Encyclopaedia Britannica*. 15th ed. Chicago:

Encyclopaedia Britannica. 349–56.

———. 1974c. "Using Escalators to Help Fight Inflation." *Fortune* 91, no. 7 (July): 94–97 and 174–76. Reprinted in Friedman 1975e, 148–61.

———. 1974d. "Short-Term and Long-Term Economic Outlook." Talk at O'Hare Executive's Club, March 14. Available on Hoover Institution website, CWP.

———. 1974e. "Inflation, Taxation, Indexation." In Institute of Economic Affairs, ed., *Inflation: Causes, Consequences, Cures*. London: Institute of Economic Affairs. 71–88.

———. 1974f. "Schools at Chicago." *University of Chicago Magazine* 67, no. 1 (Autumn): 11–16.

———. 1974g. *Monetary Correction: A Proposal for Escalator Clauses to Reduce the Costs of Ending Inflation*. London: Institute of Economic Affairs.

———. 1974h. "Statement on Indexing as a Tool for Economic Stabilization." In Committee on Banking, Housing and Urban Affairs, US Senate, *Indexing: Hearings before the Subcommittee on Production and Stabilization of the Committee on Banking, Housing and Urban Affairs*. Washington, DC: US Government Printing Office. 62–68.

———. 1975a. "Twenty-Five Years after the Rediscovery of Money: What Have We Learned? Discussion." *American Economic Review (Papers and Proceedings)* 65, no. 2 (May): 176–79.

———. 1975b. "Critique of Guideposts." In John E. Elliott and Arthur L. Grey, eds. *Economic Issues and Policies: Readings in Introductory Economics*. 3rd ed. New York: Houghton-Mifflin. 113–18.

———. 1975c. "The National Business Outlook for 1975 [address of December 16, 1974]." In Portland State University School of Business Administration, *Proceedings of the 12th Annual Business and Economic Outlook for 1975*. Portland, OR: Portland State University of Business Administration. 1–27.

———. 1975d. "Unemployment versus Inflation?—An Evaluation of the Phillips Curve." IEA Occasional Paper no. 44. London: Institute of Economic Affairs. Reprinted in Milton Friedman, *Monetarist Economics*. Oxford, UK: Basil Blackwell, 1991. 63–86.

———. 1975e. *There's No Such Thing as a Free Lunch*. LaSalle, IL: Open Court.

———. 1975f. *Milton Friedman Speaks to CEDA: A Report on the Visit of Professor*

Milton Friedman to the Committee for Economic Development of Australia on April 11, 1975, at the Great Hall, the National Gallery of Victoria, Melbourne. Melbourne: Committee for Economic Development of Australia.

———. 1975g. *Is Inflation a Curable Disease?* Pittsburgh: Pittsburgh National Bank, Alex C. Walker Educational and Charitable Foundation, and University of Pittsburgh Graduate School of Business. Reprinted in Committee on the Budget, US House of Representatives, *Impact of Inflation on the Economy: Hearings before the Task Force on Inflation.* Washington, DC: US Government Printing Office, 1979. 693–712.

———. 1975h. "Gold, Money and the Law: Comments." In Henry G. Manne and Roger LeRoy Miller, eds., *Gold, Money and the Law.* Chicago: Aldine. 71–81.

———. 1975i. *Milton Friedman in Australia 1975.* Sydney: Constable and Bain and the Graduate Business Club.

———. 1976a. *Price Theory.* 2nd ed. Chicago: Aldine.

———. 1976b. "Homer Jones: A Personal Reminiscence." *Journal of Monetary Economics* 2, no. 4 (November): 433–36.

———. 1976c. *Adam Smith's Relevance for 1976.* In *The Adam Smith Lectures*, Graduate School of Business, University of Chicago Selected Paper no. 50. Reprinted in Fred R. Glahe, ed., *Adam Smith and "The Wealth of Nations": 1776–1976 Bicentennial Essays.* Boulder: Colorado Associated University Press, 1978. 7–20. A version also appeared as Milton Friedman, "Adam Smith's Relevance for Today." *Challenge* 20, no. 1 (March/April 1977): 6–12.

———. 1976d. "Rejoinder by Milton Friedman to 'Federal Reserve Staff Comments on Prof. Friedman's Statement before Senate Committee on Banking, Housing, and Urban Affairs (Nov. 6, 1975).'" In Committee on Banking, Housing, and Urban Affairs, US Senate, *Third Meeting on the Conduct of Monetary Policy: Hearings, May 3, 4, and 5, 1976.* Washington, DC: US Government Printing Office. 130–32.

———. 1976e. "Foreword." In Fritz Machup, ed., *Essays on Hayek.* New York: New York University Press. xxi–xxiv.

———. 1976f. "Comments on Tobin and Buiter." In Jerome L. Stein, ed., *Monetarism.* Amsterdam: North-Holland. 310–17.

———. 1976g. Letter to Rep. Stephen L. Neal, Chairman, Subcommittee on Domestic Monetary Policy, October 2, 1976. In Committee on Banking, Currency and Housing, US House of Representatives, *Maintaining and Making Public Minutes of Federal Reserve Meetings: Hearings*. Washington, DC: US Government Printing Office, 1977. 201–2.

———. 1976h. "The Milton Friedman View." *University of Cape Town Graduate School of Business Journal* 3, no. 1, 15–18.

———. 1976i. "The Fragility of Freedom." *Brigham Young University Studies* 16, no. 4 (Summer): 561–74.

———. 1976j. "Economic Myths and Public Opinion." *The Alternative: An American Spectator* 9, no. 4 (January): 5–9. Reprinted in Milton Friedman, *Bright Promises, Dismal Performance: An Economist's Protest*. New York: Harcourt Brace Jovanovich, 1983. 60–75.

———. 1976k. "The Line We Dare Not Cross." *Encounter* 47, no. 5 (November): 8–14.

———. 1977a. "The Invisible Hand." In Milton Friedman et al., *The Business System: A Bicentennial View*. Hanover, NH: University Press of New England. 2–13.

———. 1977b. *From Galbraith to Economic Freedom*. IEA Occasional Paper no. 49. London: Institute of Economic Affairs.

———. 1977c. "Discussion of 'The Monetarist Controversy.'" *Federal Reserve Bank of San Francisco Economic Review* 59 (supplement) (Spring): 12–19.

———. 1977d. "Time Perspective in Demand for Money." *Scandinavian Journal of Economics* 79, no. 4, 397–416.

———. 1977e. "Nobel Lecture: Inflation and Unemployment." *Journal of Political Economy* 85, no. 3 (June): 451–72.

———. 1978a. *Tax Limitation, Inflation and the Role of Government*. Dallas: Fisher Institute.

———. 1978b. Submission dated August 21, 1978. In Committee on Banking, Housing, and Urban Affairs, US Senate, *Federal Reserve Requirements Act of 1978: Hearings*. Washington, DC: US Government Printing Office. 280–82.

———. 1978c. "How Stands the Theory and Practice of Monetary Policy?" Paper presented at Mont Pelerin Society meeting, Hong Kong.

———. 1978d. "The Future of Capitalism." In Milton Friedman, *Tax Limitation,*

Inflation and the Role of Government. Dallas: Fisher Institute. 1–13.

———. 1978e. "The Limitations of Tax Limitation." *Policy Review* 2, no. 5 (Summer): 7–14.

———. 1978f. "Preface." In William E. Simon, *A Time for Truth.* New York: McGraw Hill. xiii–xvi.

———. 1979. "Prepared Statement [October 30, 1979]." In Committee on the Judiciary, US Senate, *Proposed Constitutional Amendment to Balance the Federal Budget: Hearings.* Washington, DC: US Government Printing Office, 1980. 412–13.

———. 1980a. "Memorandum: Response to Questionnaire on Monetary Policy, June 11, 1980." In Treasury and Civil Service Committee, House of Commons, ed., *Memoranda on Monetary Policy.* London: Her Majesty's Stationery Office. 55–61. Reprinted in Milton Friedman, *Monetarist Economics.* Oxford, UK: Basil Blackwell, 1991. 49–62.

———. 1980b. "Prices of Money and Goods across Frontiers: The £ and the $ over a Century." *World Economy* 2, no. 4 (February): 497–511.

———. 1980c. "Comment: The Changing Character of Financial Markets." In Martin S. Feldstein, ed., *The American Economy in Transition.* Chicago: University of Chicago Press. 78–86.

———. 1981a. "An Address by Professor Milton Friedman, Wellington, New Zealand, April 22nd, 1981." Wellington, New Zealand: Buttle Wilson and Broadbank.

———. 1981b. "Foreword." In Thomas Sowell, *Markets and Minorities.* New York: Basic Books. viii–ix.

———. 1981c. *The Invisible Hand in Economics and Politics.* Singapore: Institute of Southeast Asian Studies.

———. 1981d. "Introduction." In William R. Allen, *The Midnight Economist: Choices, Prices and Public Policy.* New York: Playboy Press. xiii–xvi.

———. 1981e. Address to the National Press Club of Australia. Canberra, Australia, April 7.

———. 1982a. *On Milton Friedman.* Vancouver, British Columbia: Fraser Institute.

———. 1982b. "Monetary Policy: Theory and Practice." *Journal of Money, Credit and Banking* 14, no. 1 (February): 98–118.

———. 1982c. "Supply-Side Policies: Where Do We Go from Here?" In Federal Reserve Bank of Atlanta, ed., *Supply-Side Economics in the 1980s: Conference Proceedings*. Westport, CT: Quorum Books. 53–63.

———. 1982d. "Monetary Policy: Theory and Practice: A Reply." *Journal of Money, Credit and Banking* 14, no. 3 (August): 404–6.

———. 1983a. "Monetarism in Rhetoric and in Practice." *Bank of Japan Monetary and Economic Studies* 1, no. 2 (October): 1–14.

———. 1983b. *Bright Promises, Dismal Performance: An Economist's Protest*. Introductions and selections by William R. Allen. New York: Harcourt Brace Jovanovich.

———. 1983c. "Is Capitalism Humane?" In Milton Friedman, *Bright Promises, Dismal Performance: An Economist's Protest*. New York: Harcourt Brace Jovanovich. 83–90.

———. 1983d. "Who Protects the Consumer?" In Milton Friedman, *Bright Promises, Dismal Performance: An Economist's Protest*. New York: Harcourt Brace Jovanovich. 161–68.

———. 1983e. "A Monetarist View." In Alan Horrox and Gillian McCredie, eds., *Money Talks: Five Views of Britain's Economy*. London: Thames Methuen. 1–17.

———. 1984a. *The Suicidal Impulse of the Business Community: Based on Remarks Delivered at the Hoover Pacific Coast Seminar Dinner, October 25, 1983*. Stanford, CA: Hoover Institution.

———. 1984b. "Comment [on 'The Success of Purchasing-Power Parity: Historical Evidence and Its Implications for Macroeconomics.']" In Michael D. Bordo and Anna J. Schwartz, eds., *A Retrospective on the Classical Gold Standard, 1821–1931*. Chicago: University of Chicago Press. 157–62.

———. 1984c. "Monetary Policy for the 1980s." In John H. Moore, ed., *To Promote Prosperity: U.S. Domestic Policy in the Mid-1980s*. Stanford, CA: Hoover Institution Press. 23–60.

———. 1984d. "Lessons from the 1979–82 Monetary Policy Experiment." *American Economic Review (Papers and Proceedings)* 74, no. 2 (May): 397–400.

———. 1984e. "Has Monetarism Failed?" *Manhattan Report* 4, no. 3, 3–4.

———. 1984f. *Market or Plan? An Exposition of the Case for The Market*. London: Centre for Research into Communist Economies.

———. 1984g. "Capitalism and the Jews." *Encounter* 62, no. 6 (June): 74–79.

———. 1984h. "Currency Competition: A Sceptical View." In Pascal Salin, ed., *Currency Competition and Monetary Union*. The Hague: Martinus Nijhoff. 42–46.

———. 1984i. *Politics and Tyranny: Lessons in Pursuit of Freedom*. San Francisco: Pacific Institute for Public Policy Research.

———. 1985a. "Monetary Policy in a Fiat World." *Bank of Japan Monetary and Economic Studies* 3, no. 2 (September): 11–18.

———. 1985b. "Quantity Theory of Money." Manuscript, Hoover Institution.

———. 1985c. "How to Give Monetarism a Bad Name." In James K. Galbraith and Dan C. Roberts, eds., *Monetarism, Inflation and the Federal Reserve: Essays Prepared for the Use of the Joint Economic Committee, Congress of the United States*. Washington, DC: US Government Printing Office. 51–61.

———. 1985d. "Is Hyperinflation Inevitable? [Talk on June 28, 1985]." *Commonwealth* (Commonwealth Club of California, San Francisco) 79, no. 27 (July 8): 213–14 and 217.

———. 1985e. "Comment on Leland Yeager's Paper on the Keynesian Heritage." In Center for Research in Government Policy and Business, ed., *The Keynesian Heritage*. Center Symposia Series no. CS-16, University of Rochester Graduate School of Management. 12–18.

———. 1986a. "My Evolution as an Economist." In William Breit and Roger W. Spencer, eds., *Lives of the Laureates: Seven Nobel Economists*. Cambridge, MA: MIT Press. (Paperback edition, 1988.) 77–92.

———. 1986b. "Keynes' Political Legacy." In John Burton, ed., *Keynes' General Theory: Fifty Years On*. London: Institute of Economic Affairs. 47–55.

———. 1986c. "Economists and Economic Policy." *Economic Inquiry* 24, no. 1 (January): 1–10.

———. 1987a. "Quantity Theory of Money." In John Eatwell, Murray Milgate, and Peter Newman, eds., *The New Palgrave: A Dictionary of Economics*. Vol. 4, Q to Z.

London: Macmillan. 3–20.

———. 1987b. "*Rational Expectations and Inflation* by Thomas J. Sargent." *Journal of Political Economy* 95, no. 1 (February): 218–21.

———. 1987c. "Arthur Burns." In American Enterprise Institute, ed., *In Memoriam: Arthur F. Burns, 1904–1987*. Washington, DC: American Enterprise Institute. 7–11.

———. 1987d. "Free Markets and Free Speech." *Harvard Journal of Law and Public Policy* 10, no. 1 (Winter): 1–9.

———. 1987e. "Simon Newcomb." In John Eatwell, Murray Milgate, and Peter Newman, eds., *The New Palgrave: A Dictionary of Economics*. Vol. 3, K to P. London: Macmillan. 651–52.

———. 1988a. "Money and the Stock Market." *Journal of Political Economy* 96, no. 2 (April): 221–45.

———. 1988b. "A Proposal for Resolving the U.S. Balance of Payments Problem: Confidential Memorandum [dated October 15, 1968, submitted December 1968] to President-Elect Richard Nixon." In Leo Melamed, ed., *The Merits of Flexible Exchange Rates: An Anthology*. Fairfax, VA: George Mason University Press. 429–38.

———. 1989. "Collaboration in Economics." In Michael D. Bordo, ed., *Money, History, and International Finance: Essays in Honor of Anna J. Schwartz*. Chicago: University of Chicago Press. 247–50.

———. 1990a. *Friedman in China*. Hong Kong: The Chinese University Press for the Hong Kong Centre for Economic Research.

———. 1990b. "The Crime of 1873." *Journal of Political Economy* 98, no. 6 (December): 1159–94.

———. 1991a. "Economic Freedom, Human Freedom, Political Freedom." Smith Center Inaugural Lecture, November 1.

———. 1991b. "Old Wine in New Bottles." *Economic Journal* 101, no. 404 (January): 33–40.

———. 1992a. "Do Old Fallacies Ever Die?" *Journal of Economic Literature* 30, no. 4 (December): 2129–32.

———. 1992b. "Preface." In Milton Friedman, *A Program for Monetary Stability*. 10th printing with new preface. Fordham, NY: Fordham: University Press. vii–xii.

———. 1992c. *Money Mischief: Episodes in Monetary History*. New York: Harcourt Brace Jovanovich.

———. 1992d. "Parental Choice: The Effective Way to Improve Schooling [Talk on August 7, 1992]." *Commonwealth* (Commonwealth Club of California, San Francisco) 86, no. 31 (August 31): 514–16 and 521–23.

———. 1993. "The 'Plucking Model' of Business Fluctuations Revisited." *Economic Inquiry* 31, no. 2 (April): 171–77.

———. 1995. "Monetary System for a Free Society." In Kevin D. Hoover and Steven M. Sheffrin, eds., *Monetarism and the Methodology of Economics: Essays in Honour of Thomas Mayer*. Cheltenham, UK: Edward Elgar. 167–77.

———. 1997. "John Maynard Keynes." *Federal Reserve Bank of Richmond Economic Quarterly* 83, no. 2 (Spring): 1–23.

———. 1998. "The Suicidal Impulse of the Business Community." Remarks at luncheon address, San Jose, California, November 21.

———. 2001. "How to Cure Health Care." *Public Interest* 36, no. 142 (Winter): 3–30.

———. 2005a. "How Not to Stop Inflation." *Region Focus* (Federal Reserve Bank of Richmond), Summer, 2–7.

———. 2005b. "Comment: Inflation, Unemployment and the Pound." In Subroto Roy and John Clarke, eds., *Margaret Thatcher's Revolution: How It Happened and What It Meant*. London: Continuum. 66.

———. 2005c. "A Natural Experiment in Monetary Policy Covering Three Episodes of Growth and Decline in the Economy and the Stock Market." *Journal of Economic Perspectives* 19, no. 4 (Fall): 145–50.

———. 2007. *Milton Friedman on Economics*. Chicago: University of Chicago Press.

———. 2009. "Final Word." In Uskali Mäki, ed., *The Methodology of Positive Economics: Reflections on the Milton Friedman Legacy*. Cambridge, UK: Cambridge University Press. 335.

Friedman, Milton, and Gary S. Becker. 1957. "A Statistical Illusion in Judging Keynesian Models." *Journal of Political Economy* 65, no. 1 (February): 64–75.

———. 1958a. "The Friedman-Becker Illusion: Reply." *Journal of Political Economy* 66, no. 6 (December): 545–49.

———. 1958b. "Reply to Kuh and Johnston." *Review of Economics and Statistics* 40, no. 3 (August): 298.

Friedman, Milton, and Rose D. Friedman. 1980. *Free to Choose: A Personal Statement*. New York: Harcourt Brace Jovanovich.

———. 1984. *Tyranny of the Status Quo*. New York: Harcourt Brace Jovanovich.

———. 1985. *The Tyranny of the Status Quo*. Harmondsworth, UK: Penguin.

———. 1988. "The Tide in the Affairs of Men." In Annelise G. Anderson and Dennis L. Bark, eds., T*hinking about America: The United States in the 1990s*. Stanford, CA: Hoover Institution Press. 455–68.

———. 1998. *Two Lucky People: Memoirs*. Chicago: University of Chicago Press.

Friedman, Milton, and Walter W. Heller. 1969. *Monetary vs. Fiscal Policy*. New York: W. W. Norton.

Friedman, Milton, Homer Jones, George Stigler, and Allen Wallis, eds. 1935. *The Ethics of Competition*. New York: George Allen and Unwin.

Friedman, Milton, and Irving Kristol. 1976. "Dialogue: The Relationship between Business and Government: Collaboration or Confrontation?" In Alan Heslop, ed., *Business-Government Relations*. New York: New York University Press. 11–45.

Friedman, Milton, and Simon Kuznets. 1945. *Income from Independent Professional Practice*. New York: National Bureau of Economic Research.

Friedman, Milton, and David Meiselman. 1959. "Judging the Predictive Abilities of the Quantity and Income-Expenditure Theories." Manuscript, University of Chicago, for discussion at Workshop on Money and Banking session of October 27, 1959.

———. 1963. "The Relative Stability of Monetary Velocity and the Investment Multiplier in the United States, 1897–1958." In Commission on Money and Credit, ed., *Stabilization Policies*. Englewood Cliffs, NJ: Prentice Hall. 165–268.

———. 1964. "Keynes and the Quantity Theory: Reply to Donald Hester." *Review of Economics and Statistics* 46, no. 4 (November): 369–76.

———. 1965. "Reply to Ando and Modigliani and to DePrano and Mayer." *American*

Economic Review 55, no. 4 (September): 753–85.

Friedman, Milton, Lloyd A. Metzler, Frederick H. Harbison, Lloyd W. Mints, D. Gale Johnson, Theodore W. Schultz, and H. G. Lewis. 1951. "The Failure of the Present Monetary Policy." In Joint Committee on the Economic Report, US Congress, *January 1951 Economic Report of the President: Hearings*. Washington, DC: US Government Printing Office. 458–60.

Friedman, Milton, and Franco Modigliani. 1977. "Discussion of 'The Monetarist Controversy' [dialogue portion]." *Federal Reserve Bank of San Francisco Economic Review* 59 (supplement) (Spring): 19–26.

Friedman, Milton, Michael Porter, Fred Gruen, and Don Stammer. 1981. *Taxation, Inflation and the Role of Government*. Sydney: Centre for Independent Studies.

Friedman, Milton, and Paul A. Samuelson. 1980. *Milton Friedman and Paul A. Samuelson Discuss the Economic Responsibility of Government*. College Station: Texas A&M University Center for Education and Research in Free Enterprise.

Friedman, Milton, and Leonard J. Savage. 1947. "Planning Experiments Seeking Maxima." In Churchill Eisenhart, Millard W. Hastay, and W. Allen Wallis, *Selected Techniques of Statistical Analysis for Scientific and Industrial Research and Production and Management Engineering by the Statistical Research Group, Columbia University*. New York: McGraw Hill. 363–82.

———. 1948. "The Utility Analysis of Choices Involving Risk." *Journal of Political Economy* 56, no. 4 (August): 279–304.

———. 1952a. "The Expected-Utility Hypothesis and the Measurability of Utility." *Journal of Political Economy* 60, no. 6 (December): 463–74.

———. 1952b. "The Utility Analysis of Choices Involving Risk [revised version]." In Kenneth E. Boulding and George J. Stigler, eds., *Readings in Price Theory*. Chicago: Richard D. Irwin. 57–96.

Friedman, Milton, and Anna J. Schwartz. 1963a. *A Monetary History of the United States, 1867–1960*. Princeton, NJ: Princeton University Press. (Also appeared as trade paper-back edition, 1971.)

———. 1963b. "Money and Business Cycles." *Review of Economics and Statistics* 45, no. 1 (February): 32–64.

———. 1965. *The Great Contraction, 1929–1933.* Princeton, NJ: Princeton University Press.

———. 1966. "Trends in Money, Income, and Prices, 1867–1966." Book manuscript. New York: National Bureau of Economic Research.

———. 1967. "Trends in Money, Income, and Prices." In Geoffrey Moore, ed., *Contributions to Economic Knowledge through Research: Annual Report, National Bureau of Economic Research.* New York: National Bureau of Economic Research. 36–40.

———. 1970a. *Monetary Statistics of the United States: Estimates, Sources, Methods.* New York: Columbia University Press.

———. 1970b. "Money." In NBER, ed., *Economics—a Half Century of Research, 1920–1970: 50th Annual Report, September 1970, National Bureau of Economic Research, Inc.* New York: National Bureau of Economic Research. 79–81.

———. 1976. "From Gibson to Fisher." *Explorations in Economic Research* 3, no. 2 (April): 288–91.

———. 1982a. *Monetary Trends in the United States and the United Kingdom: Their Relation to Income, Prices, and Interest Rates, 1867–1975.* Chicago: University of Chicago Press.

———. 1982b. "The Effect of Term Structure of Interest Rates on the Demand for Money in the United States." *Journal of Political Economy* 90, no. 1 (February): 201–12.

———. 1986a. "The Failure of the Bank of United States: A Reappraisal—a Reply." *Explorations in Economic History* 23, no. 2 (April): 199–204.

———. 1986b. "Has Government Any Role in Money?" *Journal of Monetary Economics* 17, no. 1 (January): 37–62.

———. 1991. "Alternative Approaches to Analyzing Economic Data." *American Economic Review* 81, no. 1 (March): 39–49.

Friedman, Milton, and George J. Stigler. 1946. *Roofs or Ceilings? The Current Housing Problem.* Irvington-on-the-Hudson, NY: Foundation for Economic Education. Reprinted in Milton Friedman, *Monetarist Economics.* Oxford, UK: Basil Blackwell, 1991. 169–83.

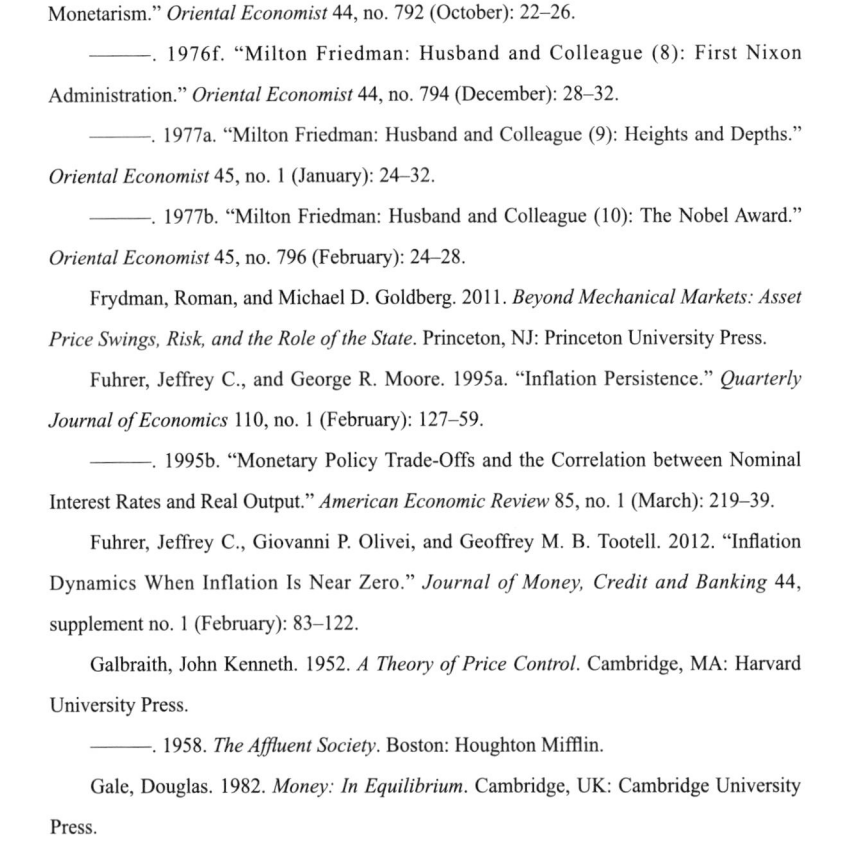

Friedman, Rose D. 1976a. "Milton Friedman: Husband and Colleague (1): Early Years." *Oriental Economist* 44, no. 787 (May): 28–32.

———. 1976b. "Milton Friedman: Husband and Colleague (2): The Beginning of a Career." *Oriental Economist* 44, no. 788 (June): 18–22.

———. 1976c. "Milton Friedman: Husband and Colleague (4): The Years 1946–1953." *Oriental Economist* 44, no. 790 (August): 21–26.

———. 1976d. "Milton Friedman: Husband and Colleague (5): A Spokesman for Libertarianism." *Oriental Economist* 44, no. 791 (September): 22–27.

———. 1976e. "Milton Friedman: Husband and Colleague (6): Milton Friedman and Monetarism." *Oriental Economist* 44, no. 792 (October): 22–26.

———. 1976f. "Milton Friedman: Husband and Colleague (8): First Nixon Administration." *Oriental Economist* 44, no. 794 (December): 28–32.

———. 1977a. "Milton Friedman: Husband and Colleague (9): Heights and Depths." *Oriental Economist* 45, no. 1 (January): 24–32.

———. 1977b. "Milton Friedman: Husband and Colleague (10): The Nobel Award." *Oriental Economist* 45, no. 796 (February): 24–28.

Frydman, Roman, and Michael D. Goldberg. 2011. *Beyond Mechanical Markets: Asset Price Swings, Risk, and the Role of the State*. Princeton, NJ: Princeton University Press.

Fuhrer, Jeffrey C., and George R. Moore. 1995a. "Inflation Persistence." *Quarterly Journal of Economics* 110, no. 1 (February): 127–59.

———. 1995b. "Monetary Policy Trade-Offs and the Correlation between Nominal Interest Rates and Real Output." *American Economic Review* 85, no. 1 (March): 219–39.

Fuhrer, Jeffrey C., Giovanni P. Olivei, and Geoffrey M. B. Tootell. 2012. "Inflation Dynamics When Inflation Is Near Zero." *Journal of Money, Credit and Banking* 44, supplement no. 1 (February): 83–122.

Galbraith, John Kenneth. 1952. *A Theory of Price Control*. Cambridge, MA: Harvard University Press.

———. 1958. *The Affluent Society*. Boston: Houghton Mifflin.

Gale, Douglas. 1982. *Money: In Equilibrium*. Cambridge, UK: Cambridge University Press.

———. 1983. *Money: In Disequilibrium.* Cambridge, UK: Cambridge University Press.

Galí, Jordi, Mark Gertler, and J. David López-Salido. 2001. "European Inflation Dynamics." *European Economic Review* 45, no. 7 (June): 1237–70.

Georgescu-Roegen, Nicholas. 1936. "Marginal Utility of Money and Elasticities of Demand: III." *Quarterly Journal of Economics* 30, no. 3 (May): 533–39.

———. 1970. "Structural Inflation-Lock and Balanced Growth." *Economies et Societes* 4, no. 3 (March): 557–605.

———. 1988. "An Emigrant from a Developing Country: Autobiographical Notes—I." *Banca Nazionale Del Lavoro Quarterly Review* 41, no. 164 (March): 3–31.

Gertler, Mark. 1979. "Money, Prices, and Inflation in Macroeconomic Models with Rational Inflationary Expectations." *Journal of Economic Theory* 21, no. 2 (October):222–34.

———. 1985. "*Money, Expectations, and Business Cycles* by Robert J. Barro." *Journal of Money, Credit and Banking* 17, no. 2 (May): 284–87.

Giannoni, Marc P. 2001. "Model Uncertainty and Optimal Monetary Policy." PhD diss., Department of Economics, Princeton University, June.

Giannoni, Marc P., and Michael Woodford. 2005. "Optimal Inflation-Targeting Rules." In Ben S. Bernanke and Michael Woodford, eds., *The Inflation-Targeting Debate.* Chicago: University of Chicago Press. 93–162.

Gisser, Micha. 1966. *Introduction to Price Theory.* Scranton, PA: International Textbook.

Goldberger, Arthur S. 1964. *Econometric Theory.* New York: John Wiley.

Goldenweiser, E. A. 1945. "Postwar Problems and Policies." *Federal Reserve Bulletin* 31, no. 2 (February): 112–21.

Goldfeld, Stephen M. 1973. "The Demand for Money Revisited." *Brookings Papers on Economic Activity* 4, no. 3, 577–638.

———. 1976. "The Case of the Missing Money." *Brookings Papers on Economic Activity* 7, no. 3, 683–730.

Goldfeld, Stephen M., and Daniel E. Sichel. 1987. "Money Demand: The Effects of

Inflation and Alternative Adjustment Mechanisms." *Review of Economics and Statistics* 69, no. 3 (August): 511–15.

Goodhart, Charles A. E. 1982. "Monetary Trends in the United States and the United Kingdom: A British Review." *Journal of Economic Literature* 20, no. 4 (December): 1540–51.

———. 1989a. "The Conduct of Monetary Policy." *Economic Journal* 99, no. 396 (June): 293–346.

———. 1989b. "Keynes and Monetarism." In Roger Hill, ed., *Keynes, Money and Monetarism: The Eighth Keynes Seminar Held at the University of Kent at Canterbury, 1987*. London: Macmillan. 106–20.

———. 1992. "The Objectives for, and Conduct of, Monetary Policy in the 1990s." In Adrian Blundell-Wignall, ed., *Inflation, Disinflation and Monetary Policy*. Sydney: Ambassador. 314–34.

———. 2005. "Allan Meltzer, *A History of the Federal Reserve*." *Macroeconomic Dynamics* 9, no. 2 (April): 267–75.

Goodhart, Charles A. E., and Andrew D. Crockett. 1970. "The Importance of Money." *Bank of England Quarterly Bulletin* 10, no. 2 (June): 159–98.

Gordon, Robert J. 1974a, ed. *Milton Friedman's Monetary Framework: A Debate with His Critics*. Chicago: University of Chicago Press.

———. 1974b. "Introduction." In Robert J. Gordon, ed., *Milton Friedman's Monetary Framework: A Debate with His Critics*. Chicago: University of Chicago Press. ix–xii.

———. 1975. "The Demand for and Supply of Inflation." *Journal of Law and Economics* 18, no. 3 (December): 807–36.

———. 1976a. "Comments on Modigliani and Ando." In Jerome L. Stein, ed., *Monetarism*. Amsterdam: North-Holland. 52–66.

———. 1976b. "Recent Developments in the Theory of Inflation and Unemployment." *Journal of Monetary Economics* 2, no. 2 (April): 185–219.

———. 1977. "The Theory of Domestic Inflation." *American Economic Review (Papers and Proceedings)* 67, no. 1 (February): 128–34.

———. 1982. "Price Inertia and Policy Ineffectiveness in the United States, 1890–

1980." *Journal of Political Economy* 90, no. 6 (December): 1087–117.

———. 1986. "Introduction: Continuity and Change in Theory, Behavior, and Methodology." In Robert J. Gordon, ed., *The American Business Cycle*. Chicago: University of Chicago Press. 1–33.

Gordon, Robert J., and Robert E. Hall. 1980. "Arthur M. Okun 1928–1980." *Brookings Papers on Economic Activity* 11, no. 1, 1– 5.

Gordon, Scott. 1974. *The Development of Wage-Price Policy in the United States: The Eisenhower Administration; The Doctrine of Shared Responsibility*. Manuscript prepared for a conference on November 1 and 2, 1974, sponsored by the Brookings Institution and the Office of Presidential Libraries.

Gramley, Lyle E. 1969. "Guidelines for Monetary Policy: The Case against Simple Rules." Speech at the Financial Conference of the National Industrial Conference Board, New York, February 21. https://fraser.stlouisfed.org/docs/historical/federal %20reserve%20 history/bog_members_statements/gramley_19690221.pdf. Also appeared in Warren L. Smith and Ronald L. Teigen, eds., *Readings in Money, National Income, and Stabilization Policy*. 2nd ed. Homewood, IL: Irwin, 1970. 488–95.

Gramlich, Edward M. 1970. "Monetary Influences on Consumption." In National Planning Association, Center for Economic Projections, ed., *Consumption Issues in the Seventies: Proceedings; Tenth Annual Conference of the Center for Economic Projections, March 12–13, 1970*. National/Regional Economic Projections Series, Report no. 70-J-1, July. Washington, DC: National Planning Association. 95–103.

Gray, Jo Anna. 1976a. "Wage Indexation: A Macroeconomic Approach." *Journal of Monetary Economics* 2, no. 2 (April): 221–35.

———. 1976b. "Essays on Wage Indexation." PhD diss., Department of Economics, University of Chicago.

Greenspan, Alan. 1959. "Stock Prices and Capital Evaluation." *Proceedings of the Business and Economic Statistics Section of the American Statistical Association* 6, no. 1, 2–26.

Gregory, Nathaniel. 1980. "Relative Wealth and Risk Taking: A Short Note on the Friedman-Savage Utility Function." *Journal of Political Economy* 88, no. 6 (December):

1226–30.

Greider, William. 1987. *Secrets of the Temple: How the Federal Reserve Runs the Country*. New York: Simon and Schuster.

Groenewegen, Peter. 2003. *Classics and Moderns in Economics*. Vol. 2, *Essays on Nineteenth and Twentieth Century Economic Thought*. New York: Routledge.

Grossman, Herschel I. 1975. "Tobin on Macroeconomics: A Review Article." *Journal of Political Economy* 83, no. 4 (August): 829–48.

———. 1984. "Book Review: Frank Hahn, Money and Inflation." *Journal of Political Economy* 92, no. 2 (April): 337–340.

Grossman, Herschel I., and John B. Van Huyck. 1986. "Seigniorage, Inflation, and Reputation." *Journal of Monetary Economics* 18, no. 1 (July): 21–31.

Guillebaud, C. W., and Milton Friedman. 1957. "Introduction to the Cambridge Economic Handbooks by the General Editors." In Peter T. Bauer and Basil S. Yamey, *The Economics of Under-developed Countries*. Chicago: University of Chicago Press. v–vii.

Gurley, John G., and Edward S. Shaw. 1960. *Money in a Theory of Finance*. Washington, DC: Brookings Institution.

Haavelmo, Trygve. 1943. "The Statistical Implications of a System of Simultaneous Equations." *Econometrica* 11, no. 1 (January): 1–12.

Hahn, Frank H. 1954. "Review: *Essays in Positive Economics*." *Econometrica* 22, no. 3 (July): 399–401.

———. 1971. "Professor Friedman's Views on Money." *Economica* 38, no. 149 (February): 61–80.

———. 1980. "Monetarism and Economic Theory." *Economica* 47, no. 185 (February): 1–17.

———. 1983a. "Comment [on Allan H. Meltzer, 'On Keynes and Monetarism']." In David Worswick and James Trevithick, eds., *Keynes and the Modern World: Proceedings of the Keynes Centenary Conference, King's College, Cambridge*. Cambridge: Cambridge University Press. 72–75.

———. 1983b. *Money and Inflation*. Cambridge, MA: MIT Press.

———. 1987. "Information, Dynamics and Equilibrium." *Scottish Journal of Political*

Economy 34, no. 4 (November): 321–34.

———. 1988a. "On Market Economies." In Robert Skidelsky, ed., *Thatcherism*. London: Chatto and Windus. 107–24.

———. 1988b. "*Models of Business Cycles* by Robert E. Lucas." *Economica* 55, no. 218 (May): 283–84.

———. 1990. "Liquidity." In Frank H. Hahn and Benjamin M. Friedman, eds., *Handbook of Monetary Economics*. Vol. 1. Amsterdam: North-Holland. 63–80.

Hall, Robert E. 1977. "Investment, Interest Rates, and the Effects of Stabilization Policies." *Brookings Papers on Economic Activity* 8, no. 1, 61–103.

———. 1978. "Stochastic Implications of the Life Cycle–Permanent income hypothesis: Theory and Evidence." *Journal of Political Economy* 86, no. 6 (December): 971–87.

———. 1979. "A Theory of the Natural Unemployment Rate and the Duration of Employment." *Journal of Monetary Economics* 5, no. 2 (April): 153–69.

———. 1980. "Labor Supply and Aggregate Fluctuations." *Carnegie-Rochester Conference Series on Public Policy* 12, no. 1, 7–34.

———. 1981. "Comments [on Stanley Fischer, 'Relative Price Shocks, Relative Price Variability, and Inflation']." *Brookings Papers on Economic Activity* 12, no. 2, 432–34.

Hall, Robert E., and Paul R. Milgrom. 2008. "The Limited Influence of Unemployment on the Wage Bargain." *American Economic Review* 98, no. 4 (September): 1653–74.

Hall, Robert E., and John B. Taylor. 1997. *Macroeconomics*. 5th ed. New York: W. W. Norton.

Hall, Stephen G., P. A. V. B. Swamy, and George S. Tavlas. 2012. "Milton Friedman, the Demand for Money, and the ECB's Monetary Policy Strategy." *Federal Reserve Bank of St. Louis Review* 94, no. 3 (May/June): 153–85.

Hallman, Jeffrey J., Richard D. Porter, and David H. Small. 1991. "Is the Price Level Tied to the M2 Monetary Aggregate in the Long Run?" *American Economic Review* 81, no. 4 (September): 841–58.

Hallowell, Burton C. 1950. *A Study of British Interest Rates, 1929–50*. Philadelphia: Connecticut General Life Insurance.

Hamburger, Michael J. 1971. "The Lag in the Effect of Monetary Policy: A Survey of Recent Literature." *Federal Reserve Bank of New York Monthly Review* 53, no. 12 (December): 289–98.

Hammond, J. Daniel. 1989. "An Interview with Milton and Rose Friedman, July 24, 1989." Manuscript, Wake Forest University.

———. 1992. "An Interview with Milton Friedman on Methodology." *Research in the History of Economic Thought and Methodology* 10, no. 1, 91–118.

———. 1996. *Theory and Measurement: Causality Issues in Milton Friedman's Monetary Economics.* Cambridge: Cambridge University Press.

———. 1999. "Introduction." In J. Daniel Hammond, ed., *The Legacy of Milton Friedman as Teacher.* Vol. 1. Cheltenham, UK: Edward Elgar. i–xli.

———. 2011a. "Friedman and Samuelson on the Business Cycle." *Cato Journal* 31, no. 3 (Fall): 643–60.

———. 2011b. "Milton Friedman and the Federal Reserve: Then and Now." Manuscript, Wake Forest University.

Hammond, J. Daniel, and Claire H. Hammond, eds. 2006. *Making Chicago Price Theory: Friedman-Stigler Correspondence 1945–1957.* London: Routledge.

Hanes, Christopher. 2006. "The Liquidity Trap and U.S. Interest Rates in the 1930s." *Journal of Money, Credit and Banking* 38, no. 1 (February): 163–94.

———. 2013. "Monetary Policy Alternatives at the Zero Bound: Lessons from the 1930s U.S." Manuscript, State University of New York at Binghamton, March.

Hansen, Alvin H. 1932. *Economic Stabilization in an Unbalanced World.* New York: Harcourt Brace.

———. 1938a. *Full Recovery or Stagnation?* New York: W. W. Norton.

———. 1938b. "The Consequences of Reducing Expenditures." *Proceedings of the Academy of Political Science* 17, no. 4 (January): 60–72.

———. 1939a. "Economic Progress and Declining Population Growth." *American Economic Review* 29, no. 1 (March): 1–15.

———. 1939b. "Capital Formation and Its Elements: Some Introductory Observations." In National Industrial Conference Board, ed., *Capital Formation and Its*

Elements: A Series of Papers Presented at a Symposium Conducted by the Conference Board. New York: National Industrial Conference Board. 1–13.

———. 1941. *Fiscal Policy and Business Cycles*. New York: W. W. Norton.

———. 1945. "Stability and Expansion." In Paul T. Homan and Fritz Machlup, eds., *Financing American Prosperity: A Symposium of Economists*. New York: Twentieth-Century Fund. 199–265.

———. 1946. "Notes on Mints' Paper on Monetary Policy." *Review of Economics and Statistics* 28, no. 2 (May): 69–74.

———. 1947a. *Economic Policy and Full Employment*. New York: McGraw Hill.

———. 1947b. "Burns on Keynesian Economics." *Review of Economics and Statistics* 29, no. 4 (November): 247–52.

———. 1947c. "*The General Theory* (2)." In Seymour E. Harris, ed., *The New Economics: Keynes' Influence on Theory and Public Policy*. New York: Alfred A. Knopf. 133–44.

———. 1949. *Monetary Theory and Fiscal Policy*. New York: McGraw-Hill.

———. 1951a. *Business Cycles and National Income*. Expanded edition. New York: W. W. Norton.

———. 1951b. "Monetary Policy and the Control of Inflation." *Review of Economics and Statistics* 33, no. 3 (August): 191–94.

———. 1953. *A Guide to Keynes*. New York: McGraw-Hill.

———. 1957. *The American Economy*. New York: McGraw-Hill.

Hansen, Lars Peter, and Thomas J. Sargent. 2000. "Wanting Robustness in Macroeconomics." Manuscript, University of Chicago.

———. 2011. "Wanting Robustness in Macroeconomics." In Benjamin M. Friedman and Michael Woodford, eds., *Handbook of Monetary Economics*. Vol. 3B. Amsterdam: Elsevier/North-Holland. 1097–157.

———. 2014. "Four Types of Ignorance." Manuscript, New York University, May.

Hansen, Lars Peter, Thomas J. Sargent, and Thomas D. Tallarini Jr. 1999. "Robust Permanent Income and Pricing." *Review of Economic Studies* 66, no. 4 (October): 873–907.

Harberger, Arnold C. 1954. "Monopoly and Resource Allocation." *American Economic*

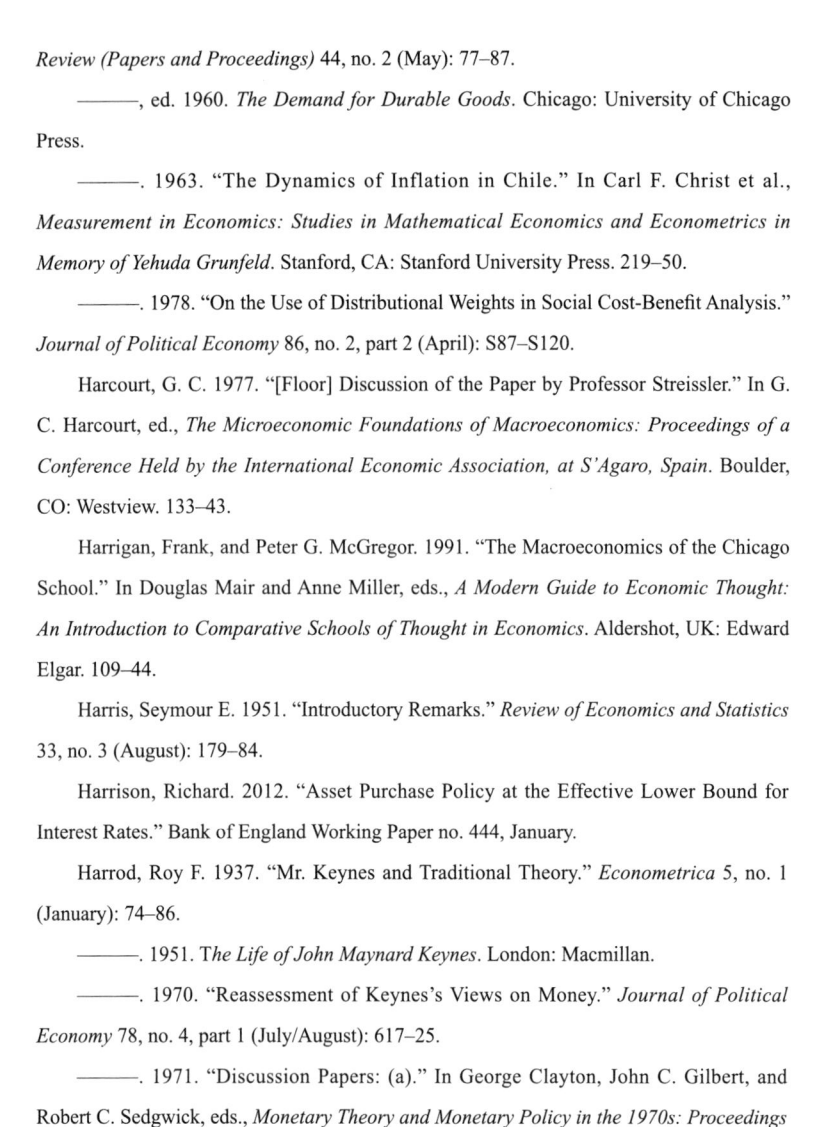

Review (Papers and Proceedings) 44, no. 2 (May): 77–87.

———, ed. 1960. *The Demand for Durable Goods*. Chicago: University of Chicago Press.

———. 1963. "The Dynamics of Inflation in Chile." In Carl F. Christ et al., *Measurement in Economics: Studies in Mathematical Economics and Econometrics in Memory of Yehuda Grunfeld*. Stanford, CA: Stanford University Press. 219–50.

———. 1978. "On the Use of Distributional Weights in Social Cost-Benefit Analysis." *Journal of Political Economy* 86, no. 2, part 2 (April): S87–S120.

Harcourt, G. C. 1977. "[Floor] Discussion of the Paper by Professor Streissler." In G. C. Harcourt, ed., *The Microeconomic Foundations of Macroeconomics: Proceedings of a Conference Held by the International Economic Association, at S'Agaro, Spain*. Boulder, CO: Westview. 133–43.

Harrigan, Frank, and Peter G. McGregor. 1991. "The Macroeconomics of the Chicago School." In Douglas Mair and Anne Miller, eds., *A Modern Guide to Economic Thought: An Introduction to Comparative Schools of Thought in Economics*. Aldershot, UK: Edward Elgar. 109–44.

Harris, Seymour E. 1951. "Introductory Remarks." *Review of Economics and Statistics* 33, no. 3 (August): 179–84.

Harrison, Richard. 2012. "Asset Purchase Policy at the Effective Lower Bound for Interest Rates." Bank of England Working Paper no. 444, January.

Harrod, Roy F. 1937. "Mr. Keynes and Traditional Theory." *Econometrica* 5, no. 1 (January): 74–86.

———. 1951. *The Life of John Maynard Keynes*. London: Macmillan.

———. 1970. "Reassessment of Keynes's Views on Money." *Journal of Political Economy* 78, no. 4, part 1 (July/August): 617–25.

———. 1971. "Discussion Papers: (a)." In George Clayton, John C. Gilbert, and Robert C. Sedgwick, eds., *Monetary Theory and Monetary Policy in the 1970s: Proceedings of the 1970 Sheffield Money Seminar*. London: Oxford University Press. 58–63.

Hart, Albert Gailord. 1935. "The 'Chicago Plan' of Banking Reform: A Proposal for Making Monetary Management Effective in the United States." *Review of Economic Studies*

2, no. 2 (February): 104–16.

———. 1948. *Money, Debt, and Economic Activity*. New York: Prentice Hall.

———. 1953. "Monetary Policy for Income Stabilization." In Max F. Millikan, ed., *Income Stabilization for a Developing Democracy: A Study of the Politics and Economics of High Employment without Inflation*. New Haven, CT: Yale University Press. 303–45.

Hart, Albert Gailord, and Edward Douglass Allen. 1941. *Paying for Defense*. Philadelphia: Blakiston.

Hart, Oliver D. 1982. "A Model of Imperfect Competition with Keynesian Features." *Quarterly Journal of Economics* 97, no. 1 (February): 109–38.

Hartley, Roger, and Lisa Farrell. 2002. "Can Expected Utility Theory Explain Gambling?" *American Economic Review* 92, no. 3 (June): 613–24.

Hartwell, Ronald Max. 1995. *A History of the Mont Pelerin Society*. Indianapolis: Liberty Fund.

Harvey, Andrew C. 1990. *The Econometric Analysis of Time Series*. 2nd ed. Cambridge, MA: MIT Press.

Hausman, Joshua K. 2016. "Fiscal Policy and Economic Recovery: The Case of the 1936 Veterans' Bonus." *American Economic Review* 106, no. 4 (April): 1100–1143.

Hayek, Friedrich A. 1944. *The Road to Serfdom*. Chicago: University of Chicago Press.

———. 1945. "The Use of Knowledge in Society." *American Economic Review* 35, no. 4 (September): 519–30.

———. 1960. *The Constitution of Liberty*. Chicago: University of Chicago Press.

———. 1976. *Denationalisation of Money*. London: Institute of Economic Affairs.

Hazlitt, Henry. 1959. *The Failure of the 'New Economics': An Analysis of the Keynesian Fallacies*. Princeton, NJ: D. Van Nostrand.

Heller, H. Robert, Andrew D. Crockett, Milton Friedman, William A. Niskanen, and Allen Sinai. 1984. "Economic Outlook." *Contemporary Policy Issues* 3, no. 1 (Fall): 15–52.

Hellyer, Paul. 2010. *Light at the End of the Tunnel: A Survival Plan for the Human Species*. Bloomington, IN: AuthorHouse.

Hendry, David F. 1972. "T*he Analysis and Forecasting of the British Economy* by M. J.

C. Surrey." *Economica* 39, no. 155 (August): 346.

———. 1985. "Monetary Economic Myth and Econometric Reality." *Oxford Review of Economic Policy* 1, no. 1 (Spring): 72–84.

Hendry, David F., and Neil R. Ericsson. 1983. "Assertion without Empirical Basis: An Econometric Appraisal of *Monetary Trends in the United Kingdom* by Milton Friedman and Anna Schwartz." In Bank of England, ed., *Monetary Trends in the United Kingdom*. London: Bank of England. 45–101.

———. 1991a. "Modeling the Demand for Narrow Money in the United Kingdom and the United States." *European Economic Review* 35, no. 4 (May): 833–81.

———. 1991b. "An Econometric Analysis of U.K. Money Demand in Monetary Trends in the United States and the United Kingdom by Milton Friedman and Anna J Schwartz." *American Economic Review* 81, no. 1 (March): 8–38.

Hendry, David F., and Mary S. Morgan. 1995. *The Foundations of Econometric Analysis*. Cambridge: Cambridge University Press.

Hettinger, Albert J., Jr. 1963. Director's Comment. In Milton Friedman and Anna J. Schwartz, *A Monetary History of the United States, 1867–1960*. Princeton, NJ: Princeton University Press. 809–814.

Hetzel, Robert L. 1998. "Arthur Burns and Inflation." *Federal Reserve Bank of Richmond Economic Quarterly* 84, no. 1 (Winter): 21–44.

Heukelom, Floris. 2014. *Behavioral Economics: A History*. New York: Cambridge University Press.

Hicks, John R. 1937. "Mr. Keynes and the 'Classics': A Suggested Interpretation." *Econometrica* 5, no. 2 (April): 147–59.

———. 1939. *Value and Capital: An Inquiry into Some Fundamental Principles of Economic Theory*. Oxford: Oxford University Press.

———. 1946. *Value and Capital: An Inquiry into Some Fundamental Principles of Economic Theory*. 2nd ed. Oxford, UK: Clarendon.

———. 1963. "Review: *Capitalism and Freedom* by Milton Friedman," *Economica* 30, no. 119 (August): 319–20.

———. 1980. "'IS-LM': An Explanation." *Journal of Post Keynesian Economics* 3, no. 2 (Winter): 139–54.

Hildreth, Clifford G. 1986. *The Cowles Commission in Chicago, 1939–1955*. Berlin: Springer-Verlag.

Hirsch, Abraham, and Neil de Marchi. 1990. *Milton Friedman: Economics in Theory and Practice*. Ann Arbor: University of Michigan Press.

Hodrick, Robert J. 1978. "An Empirical Analysis of the Monetary Approach to the Determination of the Exchange Rate." In Jacob A. Frenkel and Harry G. Johnson, eds., *The Economics of Exchange Rates: Selected Studies*. Reading, MA: Addison-Wesley. 97–116.

Hodrick, Robert J., Narayana Kocherlakota, and Deborah Lucas. 1991. "The Variability of Velocity in Cash-in-Advance Models." *Journal of Political Economy* 99, no. 2 (April): 358–84.

Holden, Anthony. 1984. *Of Presidents, Prime Ministers, and Princes: A Decade in Fleet Street*. New York: Atheneum.

Holmes, James M. 1970. "A Direct Test of Friedman's Permanent Income Theory." *Journal of the American Statistical Association* 65, no. 331 (September): 1159–62.

Horn, Karen Ilse. 2009. *Roads to Wisdom: Conversations with Ten Nobel Laureates in Economics*. Cheltenham, UK: Edward Elgar.

Horne, Alistair. 1989. *Harold Macmillan*. Vol. 2, 1957–1986. New York: Viking Penguin.

Horwich, George. 1964. *Money, Capital, and Prices*. Homewood, IL: R. D. Irwin.

———. 1965. *Tight Money, Monetary Restraint and the Price Level*. Institute Paper no. 98 (Institute for Research in the Behavioral, Economic, and Management Sciences), Herman C. Krannert Graduate School of Industrial Administration, Purdue University, Lafayette, IN, February.

Hotelling, Harold. 1929. "Stability in Competition." *Economic Journal* 39, no. 153 (March): 41–57.

———. 1931. "The Economics of Exhaustible Resources." *Journal of Political Economy* 39, no. 2 (April): 137–75.

———. 1933. "Review of *The Triumph of Mediocrity in Business* by Horace Secrist." *Journal of American Statistical Association* 28, no. 184 (December): 463–65.

Hotson, John H. 1985. "Response: Professor Friedman's Goals Applauded, His Means Questioned." *Challenge* 28, no. 4 (September): 59–61.

House Republican Research Committee. 1984. *Candid Conversations on Monetary Policy*. Washington, DC: House Republican Research Committee.

Howitt, Peter. 1987. "Optimum Quantity of Money." In John Eatwell, Murray Milgate, and Peter Newman, eds., *The New Palgrave: A Dictionary of Economics*. Vol. 3, K to P. London: Macmillan. 744–45.

Hume, David. 1752. "Of Interest." In David Hume, *Political Discourses*. Edinburgh, UK: Fleming. Included in David Hume, *Essays: Moral, Political and Literary*. Modern edition: London: Oxford University Press, 1963.

Humphrey, Thomas M. 1971. "Role of Non-Chicago Economists in the Evolution of the Quantity Theory in America 1930–1950." *Southern Economic Journal* 38, no. 1 (July): 12–18.

———. 1982a. "The Real-Bills Doctrine." *Federal Reserve Bank of Richmond Economic Review* 68, no. 5 (September/October): 3–13.

———. 1982b. "Of Hume, Thornton, the Quantity Theory, and the Phillips Curve." *Federal Reserve Bank of Richmond Economic Review* 68, no. 6 (November/December): 13–18.

Hutchison, Terence W. 1954. "*Essays in Positive Economics* by Milton Friedman." *Economic Journal* 64, no. 256 (December): 796–99.

———. 1977a. *Keynes versus the 'Keynesians'... ? An Essay in the Thinking of J. M. Keynes and the Accuracy of Its Interpretation by His Followers*. London: Institute of Economic Affairs.

———. 1977b. *Knowledge and Ignorance in Economics*. Chicago: University of Chicago Press.

Hynes, J. Allan. 1998. "The Emergence of the Neoclassical Consumption Function: The Formative Years, 1940–1952." *Journal of the History of Economic Thought* 20, no. 1 (March): 25–49.

Ireland, Peter N. 2015. "Monetary Policy, Bond Risk Premia, and the Economy." NBER Working Paper no. 21576, September.

Israelsen, L. Dwight. 1985. "Marriner S. Eccles, Chairman of the Federal Reserve Board." *American Economic Review (Papers and Proceedings)* 75, no. 2 (May): 357–62.

Jacobs, Donald P., and Richard T. Pratt, eds. 1968. *Proceedings of the 1968 Conference on Savings and Residential Financing*. Chicago: US Savings and Loan League.

Jalil, Andrew, and Gisela Rua. 2015. "Inflation Expectations and Recovery from the Depression in 1933: Evidence from the Narrative Record." Federal Reserve Board Finance and Economics Discussion Series Paper no. 2015-029, April.

Johnson, Harry G. 1968. "Problems of Efficiency in Monetary Management." *Journal of Political Economy* 76, no. 5 (September/October): 971–90.

———. 1969a. "Inside Money, Outside Money, Income, Wealth, and Welfare in Monetary Theory." Journal of Money, Credit and Banking 1, no. 1 (February): 30–45.

———. 1969b. "The Case for Flexible Exchange Rates, 1969." *Federal Reserve Bank of St. Louis Review* 51, no. 6 (June): 12–24.

———. 1970a. "Recent Developments in Monetary Theory—a Commentary." In David R. Croome and Harry G. Johnson, eds., *Money in Britain, 1959–1969: The Papers of the "Radcliffe Report: Ten Years After" Conference at Hove, Sussex, October, 1969*. London: Oxford University Press. 82–114.

———. 1970b. "Is There an Optimal Money Supply?" *Journal of Finance* 25, no. 2 (May): 435–42.

———. 1971a. "The Keynesian Revolution and the Monetarist Counterrevolution." *American Economic Review (Papers and Proceedings)* 61, no. 2 (May): 1–14.

———. 1971b. *Macroeconomics and Monetary Theory*. London: Gray-Mills. (US edition: New York: Aldine, 1972.)

———. 1974. "Review: *Money and Economic Development*." *Economica* 41, no. 163 (August): 346–47.

———. 1976a. "Comment [on Michael G. Porter, 'International Financial Integration: Long-Run Policy Implications']." In Ronald I. McKinnon, ed., *Money and Finance in Economic Growth and Development: Essays in Honor of Edward S. Shaw*. New York: Marcel Dekker. 298–301.

———. 1976b. "What Is Right with Monetarism." *Lloyds Bank Review* 31, no. 120

(April): 13–17.

———. 1978a. "Cambridge as an Academic Environment in the Early Nineteen-Thirties: A Reconstruction from the Late Nineteen-Forties." In Elizabeth S. Johnson and Harry G. Johnson, *The Shadow of Keynes: Understanding Keynes, Cambridge and Keynesian Economics*. Chicago: University of Chicago Press. 84–105.

———. 1978b. "Introduction." In Harry G. Johnson, *Selected Essays in Monetary Economics*. London: George Allen and Unwin. i–iv.

———. 1978c. "The Individual and the State: Some Contemporary Problems." In Fred R. Glahe, ed., *Adam Smith and "The Wealth of Nations": 1776–1976 Bicentennial Essays*. Boulder: Colorado Associated University Press. 21–34.

Johnson, Kirk, and Marianne Johnson. 2009. "Incomplete Course Notes from Milton Friedman's Price Theory, Economics 300B, University of Chicago, Spring 1947." *Research in the History of Economic Thought and Methodology* 27C, no. 1, 159–99. Johnson, Marianne, and Warren J. Samuels. 2008. "Glenn Johnson's Notes from Milton Friedman's Course in Economic Theory, Economics 300A, University of Chicago, Winter Quarter 1947." *Research in the History of Economic Thought and Methodology* 26C, no. 1, 63–117.

Johnston, J. 1958a. "A Statistical Illusion in Judging Keynesian Models: Comment." *Review of Economics and Statistics* 40, no. 3 (August): 296–98.

———. 1958b. "Statistical Cost Functions: A Re-appraisal." *Review of Economics and Statistics* 40, no. 4 (November): 339–50.

———. 1958c. "*A Theory of the Consumption Function* by Milton Friedman." *Review of Economics and Statistics* 40, no. 4 (November): 431–35.

Joines, Douglas H. 1981. "Estimates of Effective Marginal Tax Rates on Factor Incomes." *Journal of Business* 54, no. 2 (April): 191–226.

Joint Committee on the Economic Report, US Congress. 1952a. *Monetary Policy and the Management of the Public Debt: Their Role in Achieving Price Stability and High-Level Employment*. Vol. 2. Washington, DC: US Government Printing Office.

———. 1952b. *January 1952 Economic Report of the President: Hearings, January 23, 24, 25, 26, 28, 30, 31, February 1, 1952*. Washington, DC: US Government Printing Office.

———. 1952c. *Monetary Policy and the Management of the Public Debt: Hearings, March 10, 11, 12, 13, 14, 17, 18, 19, 20, 21, 24, 25, 26, 27, 28, and 31, 1952.* Washington, DC: US Government Printing Office.

———. 1952d. *Monetary Policy and the Management of the Public Debt: Their Role in Achieving Price Stability and High-Level Employment: Replies to Questions and Other Material for the Use of the Subcommittee on General Credit Control and Debt Management, Part 2.* Washington, DC: US Government Printing Office.

Joint Economic Committee, US Congress. 1958a. *Relationship of Prices to Economic Stability and Growth: Hearings [Vol. 1], May 12, 13, 14, 15, 16, 19, 20, 21, and 22, 1958.* Washington, DC: US Government Printing Office.

———. 1958b. *The Relationship of Prices to Economic Stability and Growth: Compendium of Papers Submitted by Panelists Appearing before the Joint Economic Committee.* Washington, DC: US Government Printing Office.

———. 1959a. *Employment, Growth, and Price Levels, Hearings, Part 4.* Washington, DC: US Government Printing Office.

———. 1959b. *Employment, Growth, and Price Levels, Hearings, Part 9A.* Washington, DC: US Government Printing Office.

———. 1959c. *Relationship of Prices to Economic Stability and Growth: Hearings, Continued: December 15–18, 1958.* Washington, DC: US Government Printing Office.

———. 1959d. *Amending the Employment Act of 1946 to Include Recommendations on Monetary and Credit Policies and Hearings on Proposed Price and Wage Increases: Hearings.* Washington, DC: US Government Printing Office.

———. 1963a. *The United States Balance of Payments: Hearings, Part 3.* Washington, DC: US Government Printing Office.

———. 1963b. *January 1963 Economic Report of the President: Hearings, January 28, 29, 30, 31, February 1, 4, 5, and 6, 1963.* Washington, DC: US Government Printing Office.

———. 1967a. *Economic Outlook and Its Policy Implications: Hearings, June 27, 28, and 29, 1967.* Washington, DC: US Government Printing Office.

———. 1967b. *The 1967 Economic Report of the President: Hearings, Part 3:*

February 15, 16, and 17, 1967. Washington, DC: US Government Printing Office.

———. 1968a. *Standards for Guiding Monetary Action: Hearings, May 8, 9, 15, and 16, 1968.* Washington, DC: US Government Printing Office.

———. 1968b. *The 1968 Economic Report of the President: Hearings, Part 1: February 5, 6, 7, 14, 15, 1968.* Washington, DC: US Government Printing Office.

———. 1969. *The 1969 Economic Report of the President: Hearings, Part 2: February 17–20, 24, 1969.* Washington, DC: US Government Printing Office.

———. 1970a. *Economic Analysis and the Efficiency of Government: Hearings, Part 3: September 25, 30, October 6, 1969.* Washington, DC: US Government Printing Office.

———. 1970b. *The Federal Budget, Inflation, and Full Employment: Hearings.* Washington, DC: US Government Printing Office.

———. 1970c. *The 1970 Economic Report of the President: Hearings, Part 1, February 16, 17, 18, and 19, 1970.* Washington, DC: US Government Printing Office.

———. 1971a. *The 1971 Economic Report of the President: Hearings, Part 2: February 22, 23, 24, 25, and 26, 1971.* Washington, DC: US Government Printing Office.

———. 1971b. *The President's New Economic Program: Hearings, Part 4: September 20, 21, 22, and 23, 1971.* Washington, DC: US Government Printing Office.

———. 1973. *How Well Are Fluctuating Exchange Rates Working? Hearings of the Subcommittee on International Economics.* Washington, DC: US Government Printing Office.

———. 1995. *The Balanced Budget Amendment: Hearings before the Joint Economic Committee, Congress of the United States, One Hundred Fourth Congress, First Session, Part 1, January 20, 1995.* Washington, DC: US Government Printing Office.

Jones, Daniel Stedman. 2012. *Masters of the Universe: Hayek, Friedman, and the Birth of Neoliberal Politics.* Princeton, NJ: Princeton University Press.

Jones, Larry E., and Rodolfo E. Manuelli. 2001. "On the Taxation of Human Capital." Manuscript, University of Minnesota.

Jorgenson, Dale W. 1963. "Capital Theory and Investment Behavior." *American Economic Review (Papers and Proceedings)* 53, no. 2 (May): 247–59.

Juster, F. Thomas, Joseph P. Lupton, James P. Smith, and Frank Stafford. 2004. "The

Decline in Household Saving and the Wealth Effect." Federal Reserve Board Finance and Economics Discussion Series Paper no. 2004-32, April.

Kaldor, Nicholas. 1955. *An Expenditure Tax*. London: Allen and Unwin.

———. 1970. "The New Monetarism." *Lloyds Bank Review* 25, no. 97 (July): 1–18.

Kaldor, Nicholas, and James A. Trevithick. 1981. "A Keynesian Perspective on Money." *Lloyds Bank Review* 36, no. 139 (January): 1–19.

Kareken, John H., and Neil A. Wallace. 1977. "Portfolio Autarky: A Welfare Analysis." *Journal of International Economics* 7, no. 1 (February): 19–43.

Karnosky, Denis S. 1974a. "Real Money Balances: A Misleading Indicator of Monetary Actions." *Federal Reserve Bank of St. Louis Review* 56, no. 2 (February): 1–10.

———. 1974b. "Another Recession, but Different." *Federal Reserve Bank of St. Louis Review* 56, no. 12 (December): 15–18.

Kashyap, Anil K., and Jeremy C. Stein. 2000. "What Do a Million Observations on Banks Say about the Transmission of Monetary Policy?" *American Economic Review* 90, no. 3 (June): 407–28.

Kaufman, George G. 1964. "The Supply of Money: A Supply Function Explaining Federal Reserve Behavior." Manuscript, Federal Reserve Bank of Chicago.

Kay, John A., and Mervyn A. King. 1978. *The British Tax System*. Oxford: Oxford University Press.

Keller, Peter M. 1977. "Controlling Fluctuations in Credit." *IMF Staff Papers* 24, no. 1 (March): 128–53.

Ketchum, Marshall D., and Leon T. Kendall, eds. 1962. *Proceedings of the Conference on Savings and Residential Financing: 1962 Proceedings, May 10 and 11, 1962, Chicago, Illinois*. Chicago: US Savings and Loan League.

Ketchum, Marshall D., and Norman Strunk, eds. 1964. *Proceedings of the Conference on Savings and Residential Financing: 1964 Proceedings, May 7 and 8, 1964, Chicago, Illinois*. Chicago: United States Savings and Loan League.

———, eds. 1965. *Conference on Savings and Residential Financing: 1965 Proceedings*. Chicago: United States Savings and Loan League.

Keynes, John Maynard. 1923. *A Tract on Monetary Reform*. London: Macmillan.

———. 1925. *The Economic Consequences of Mr. Churchill*. London: Hogarth.

———. 1930. *A Treatise on Money*. 2 vols. London: Macmillan.

———. 1936. *The General Theory of Employment, Interest and Money*. London: Macmillan.

———. 1939a. "Official Papers: The League of Nations—Professor Tinbergen's Method." *Economic Journal* 49, no. 195 (September): 558–68.

———. 1939b. "The Income and Fiscal Potential of Great Britain." *Economic Journal* 49, no. 196 (December): 626–38.

———. 1940. *How to Pay for the War: A Radical Plan for the Chancellor of the Exchequer*. London: Macmillan.

Khan, Aubhik, Robert G. King, and Alexander L. Wolman. 2003. "Optimal Monetary Policy." *Review of Economic Studies* 70, no. 4 (October): 825–60.

Kiley, Michael T. 2003. "Why Is Inflation Low When Productivity Growth Is High?" *Economic Inquiry* 41, no. 3 (July): 392–406.

———. 2014. "The Aggregate Demand Effects of Short- and Long-Term Interest Rates." *International Journal of Central Banking* 10, no. 4 (December): 69–104.

Kilponen, Juha, and Kai Leitemo. 2008. "Model Uncertainty and Delegation: A Case for Friedman's k-percent Money Growth Rule?" *Journal of Money, Credit and Banking* 40, nos. 2–3 (March/April): 547–56.

Kim, Chang-Jin, and Charles R. Nelson. 1999. "Friedman's Plucking Model of Business Fluctuations: Tests and Estimates of Permanent and Transitory Components." *Journal of Money, Credit and Banking* 31, no. 3 (August): 317–34.

Kindleberger, Charles P. 1985. *Keynesianism vs. Monetarism and Other Essays in Financial History*. London: George Allen and Unwin.

———. 1986. *The World in Depression, 1929–1939*. Berkeley, CA: University of California Press.

King, Mervyn A. 1977. *Public Policy and the Corporation*. London: Chapman and Hall.

———. 1994. "The Transmission Mechanism of Monetary Policy." *Bank of England Quarterly Bulletin* 34, no. 3 (August): 261–67.

———. 1997a. "Monetary Stability: Rhyme or Reason?" *Bank of England Quarterly Bulletin* 37, no. 1 (February): 88–97.

———. 1997b. "The Inflation Target Five Years On." *Bank of England Quarterly Bulletin* 37, no. 4 (November): 434–42.

———. 1997c. "Changes in UK Monetary Policy: Rules and Discretion in Practice." *Journal of Monetary Economics* 39, no. 1 (June): 81–97.

———. 2003. "No Money, No Inflation: The Role of Money in the Economy." In Paul Mizen, ed., *Central Banking, Monetary Theory and Practice: Essays in Honour of Charles Goodhart*. Vol. 1. Cheltenham, UK: Edward Elgar. 62–89.

———. 2012. "Twenty Years of Inflation Targeting." Stamp Memorial Lecture, London School of Economics, October 9.

King, Robert G. 1991. "Value and Capital in the Equilibrium Business Cycle Programme." In Lionel McKenzie and Stefano Zagmani, eds., *"Value and Capital"—Fifty Years Later: Proceedings of a Conference Held by the International Economic Association at Bologna, Italy*. New York: New York University Press. 279–309.

———. 2009. "Comments [on Bartosz Maćkowiak and Frank Smets, 'Implications of Microeconomic Data for Macroeconomic Models']." In Jeffrey C. Fuhrer, Jane S. Little, Yolanda K. Kodrzycki, and Giovanni P. Olivei, eds., *Understanding Inflation and the Implications for Monetary Policy: A Phillips Curve Retrospective*. Cambridge, MA: MIT Press. 333–50.

King, Robert G., and Charles I. Plosser. 1981. "*Rational Expectations and Monetary Policy*, by Jac J. Sijben." *Journal of Money, Credit and Banking* 13, no. 3 (August): 404–7.

King, Robert G., and Mark W. Watson. 1998. "The Solution of Singular Linear Difference Systems under Rational Expectations." *International Economic Review* 39, no. 4 (November): 1015–26.

King, Robert G., and Alexander L. Wolman. 1996. "Inflation Targeting in a St. Louis Model of the 21st Century." *Federal Reserve Bank of St. Louis Review* 78, no. 3 (May/June): 83–107.

Kitch, Edmund W., ed. 1983. "The Fire of Truth: A Remembrance of Law and Economics at Chicago, 1932–1970." *Journal of Law and Economics* 26, no. 1 (April):

163–234.

Klamer, Arjo. 1983. *The New Classical Macroeconomics: Conversations with the New Classical Economists and Their Opponents*. Totowa, NJ: Rowman and Allanheld.

Klein, Benjamin. 1970. "The Payment of Interest on Commercial Bank Deposits and the Price of Money: A Study of the Demand for Money." PhD diss., Department of Economics, University of Chicago.

———. 1974. "Competitive Interest Payments on Bank Deposits and the Long-Run Demand for Money." *American Economic Review* 64, no. 6 (December): 931–49.

———. 1975a. "Our New Monetary Standard: The Measurement and Effects of Price Uncertainty, 1880–1973." *Economic Inquiry* 13, no. 4 (April): 461–84.

———. 1975b. "The Impact of Inflation on the Term Structure of Corporate Financial Investments: 1900–1972." In William L. Silber, ed., *Financial Innovation*. Lexington, MA: D. C. Heath. 125–49.

———. 1976a. "Competitive Interest Payments on Bank Deposits and the Long-Run Demand for Money: Reply." *American Economic Review* 66, no. 5 (December): 958–60.

———. 1976b. "Competing Monies: Comment." *Journal of Money, Credit and Banking* 8, no. 4 (November): 513–19.

———. 1977. "The Demand for Quality-Adjusted Cash Balances: Price Uncertainty in the U.S. Demand for Money Function." *Journal of Political Economy* 85, no. 4 (August): 691–715.

———. 1978. "Competing Monies, European Monetary Union and the Dollar." In Michele Fratianni and Theo Peeters, eds., *One Money for Europe*. London: Macmillan. 69–94.

Klein, Lawrence R. 1950. *Economic Fluctuations in the United States, 1921–1941*. Cowles Commission Monograph no. 11. New York: Wiley.

———. 1958. "The Friedman-Becker Illusion." *Journal of Political Economy* 66, no. 6 (December): 539–45.

Kneeland, Hildegarde, Erika H. Schoenberg, and Milton Friedman. 1936. "Plans for a Study of the Consumption of Goods and Services by American Families." *Journal of the American Statistical Association* 31, no. 193 (March): 135–40.

Kneeland, Hildegarde, et al. 1939. *Consumer Expenditures in the United States: Estimates for 1935–1936*. Washington, DC: National Resources Committee.

Knight, F. H. 1933. *The Economic Organization*. Manuscript, University of Chicago. Expanded edition: New York: A. M. Kelley, 1951.

———. 1937. "Unemployment: And Mr. Keynes's Revolution in Economic Theory."*Canadian Journal of Economics and Political Science* 3, no. 1 (February): 100–23.

Koenig, Evan F. 1987. "A Dynamic Optimizing Alternative to Traditional IS-LM Analysis." University of Washington Institute for Economic Research Discussion Paper no. 87-07, May.

Kohn, Donald L. 1990. "Making Monetary Policy: Adjusting Policy to Achieve Final Objectives." In W. E. Norton and Peter Stebbing, eds., *Monetary Policy and Market Operations*. Sydney: Reserve Bank of Australia. 11–26.

———. 2005. "Comment [on Marvin Goodfriend, 'An Inflation Target for the United States?']." In Ben S. Bernanke and Michael Woodford, eds., *The Inflation-Targeting Debate*. Chicago: University of Chicago Press. 337–50.

Koopmans, Tjalling C. 1947. "Measurement without Theory." *Review of Economics and Statistics* 29, no. 3 (August): 161–72.

———. 1953. "Identification Problems in Economic Model Construction." In William C. Hood and Tjalling C. Koopmans, eds., *Studies in Econometric Method, by Cowles Commission Research Staff Members*. New York: Wiley. 27–48.

Koyck, L. M. 1954. D*istributed Lags and Investment Analysis*. Amsterdam: North-Holland.

Krugman, Paul. 1980. "Oil and the Dollar." NBER Working Paper no. 554, September.

———. 1990. "Equilibrium Exchange Rates." In William H. Branson, Jacob A. Frenkel, and Morris Goldstein, eds., *International Policy Coordination and Exchange Rate Fluctuations*. Chicago: University of Chicago Press. 159–87.

———. 1999. "Domestic Policies in a Global Economy." *Brookings Trade Forum* 2, no. 1, 73–93.

———. 2007. "Who Was Milton Friedman?" *New York Review of Books* 54, no. 2, February 15, 27–30.

Krusell, Per, and Anthony A. Smith Jr. 2015. "Is Piketty's 'Second Law of Capitalism' Fundamental?" *Journal of Political Economy* 123, no. 4 (August): 725–48.

Kuttner, Kenneth N., and Cara C. Lown. 1999. "The Composition of Bank Portfolios and the Transmission of Monetary Policy." In K. Alec Chrystal, ed., *Government Debt Structure and Monetary Conditions*. London: Bank of England. 165–89.

Kuttner, Robert. 2005. "Agreeing to Disagree: Robert Kuttner Speaks with Milton Friedman." December 18. prospect.org.

Kuznets, Simon. 1934. *National Income, 1929–1932*. New York: National Bureau of Economic Research, Bulletin no. 49.

———. 1937. *National Income and Capital Formation, 1919–1935*. New York: National Bureau of Economic Research.

———. 1941. *National Income and Its Composition, 1919–1938*, Vols. 1 and 2. New York: National Bureau of Economic Research.

———. 1942. "Use of National Income in Peace and War." National Bureau of Economic Research Occasional Paper no. 6.

———. 1946. *National Product since 1869*. New York: National Bureau of Economic Research.

———. 1952. "Proportion of Capital Formation to National Product." *American Economic Review (Papers and Proceedings)* 42, no. 2 (May): 507–26.

Kuznets, Simon, and Milton Friedman. 1939. "Incomes from Independent Professional Practice, 1929–1936." *National Bureau of Economic Research Bulletin*, nos. 72–73 (February 5): 1–31.

Kydland, Finn E. 1992. "Rules versus Discretion." In John Eatwell, Murray Milgate, and Peter Newman, eds., *The New Palgrave Dictionary of Money and Finance*. Vol. 3, K to P. London: Macmillan. 379–81.

Kydland, Finn E., and Edward C. Prescott. 1977. "Rules Rather Than Discretion: The Inconsistency of Optimal Plans." *Journal of Political Economy* 85, no. 3 (June): 473–92.

———. 1982. "Time to Build and Aggregate Fluctuations." *Econometrica* 50, no. 6 (November): 1345–70.

———. 1988. "The Workweek of Capital and Its Cyclical Fluctuations." *Journal of*

Monetary Economics 21, nos. 2–3 (March–May): 343–60.

Laffer, Arthur B., and Marc A. Miles. 1982. *International Economics in an Integrated World*. Oakland, NJ: Scott, Foresman.

Laidler, David. 1976. "Expectations and the Phillips Trade Off: A Commentary." *Scottish Journal of Political Economy* 23, no. 1 (February): 55–72.

———. 1981. "Monetarism: An Interpretation and an Assessment." *Economic Journal* 91, no. 361 (March): 1–28.

———. 1982. "Friedman and Schwartz on Monetary Trends: A Review Article." *Journal of International Money and Finance* 1, no. 1, 293–305.

———. 1984. "Harry Johnson as a Macroeconomist." *Journal of Political Economy* 92, no. 4 (August): 592–615.

———. 1985. *The Demand for Money: Theories, Evidence, and Problems*. 3rd ed. New York: Harper and Row.

———. 1989. "Dow and Saville's *Critique of Monetary Policy*—a Review Essay." *Journal of Economic Literature* 27, no. 3 (September): 1147–59.

———. 1990. "The Legacy of the Monetarist Controversy." *Federal Reserve Bank of St. Louis Review* 72, no. 2 (March): 49–64.

———. 1991a. *The Golden Age of the Quantity Theory*. Princeton, NJ: Princeton University Press.

———. 1991b. "Karl Brunner's Monetary Economics—an Appreciation." *Journal of Money, Credit and Banking* 23, no. 4 (November): 633–58.

———. 1993a. "Hawtrey, Harvard, and the Origins of the Chicago Tradition." *Journal of Political Economy* 101, no. 6 (December): 1068–103.

———. 1993b. "Book Review: *Money Mischief: Episodes in Monetary History* by Milton Friedman." *Journal of Political Economy* 101, no. 1 (February): 203–6.

———. 1995. "Some Aspects of Monetarism circa 1970: A View from 1994." *Kredit und Kapital* 28, no. 3, 323–45.

———. 1999. *Fabricating the Keynesian Revolution: Studies of the Inter-war Literature on Money, the Cycle and Unemployment*. Cambridge: Cambridge University Press.

———. 2012. "Milton Friedman's Contributions to Macroeconomics and Their Influence." University of Western Ontario Economic Policy Research Institute Working Paper 2012-2, February.

———. 2013a. "The Fisher Relation in the Great Recession and the Great Depression." University of Western Ontario Economic Policy Research Institute Working Paper 2013-2, March.

———. 2013b. "Reassessing the Thesis of the *Monetary History*." University of Western Ontario Economic Policy Research Institute Working Paper 2013-5, October.

Laidler, David, and A. Robert Nobay. 1976. "International Aspects of Inflation: A Survey." In Emil Maria Claassen and Pascal Salin, eds., *Recent Issues in International Monetary Economics: Third Paris-Dauphine Conference on Money and International Monetary Problems, March 28–30, 1974*. Amsterdam: North-Holland. 291–307.

Lange, Oskar R. 1936. "On the Economic Theory of Socialism, Part I." *Review of Economic Studies* 4, no. 1 (October): 53–71.

———. 1937. "On the Economic Theory of Socialism, Part II." *Review of Economic Studies* 4, no. 2 (February): 123–42.

———. 1939. "Is the American Economy Contracting?" *American Economic Review* 29, no. 3 (September): 503–13.

———. 1942. "Say's Law: A Restatement and Criticism." In Oskar R. Lange, Francis McIntyre, and Theodore Otto Yntema, eds., *Studies in Mathematical Economics and Econometrics*. Chicago: University of Chicago Press. 49–68.

———. 1944. *Price Flexibility and Employment*. Bloomington, IN: Principle.

———. 1970. *Papers in Economics and Sociology, 1930–1960*. Oxford: Pergamon.

Lange, Oskar R., and Fred M. Taylor. 1938. *On the Economic Theory of Socialism*. Minneapolis: University of Minnesota Press.

Laurent, Robert D. 2000. "Monetarist Thoughts." *Journal of Economic Perspectives* 14, no. 4 (Fall): 225–27.

Layard, P. R. G., and Alan A. Walters. 1978. *Microeconomic Theory*. New York: McGraw Hill.

Leeper, Eric M. 2010. "Monetary Science, Fiscal Alchemy." In Federal Reserve Bank of Kansas City, ed., *Macroeconomic Challenges: The Decade Ahead.* Kansas City, MO: Federal Reserve Bank of Kansas City. 361–434.

Leeson, Robert. 1996. "How Chicago Overcame Cambridge." Murdoch University Department of Economics Working Paper no. 151, July.

———. 1997a. "The Political Economy of the Inflation-Unemployment Trade-Off." *History of Political Economy* 29, no. 1, Spring, 117–56.

———. 1997b. "The Trade-Off Interpretation of Phillips's Dynamic Stabilization Exercise." *Economica* 64, no. 253 (February): 155–71.

———. 1998. "'The Ghosts I Can't Get Rid of Now': The Keynes-Tinbergen-Friedman-Phillips Critique of Econometrics." *History of Political Economy* 30, no. 1 (Spring): 51–94.

———. 2000a. *The Eclipse of Keynesianism: The Political Economy of the Chicago Counterrevolution.* New York: Palgrave.

———. 2000b. "Patinkin, Johnson, and the 'Shadow of Friedman.'" *History of Political Economy* 32, no. 4 (Winter): 733–64.

———. 2003a. "From Keynes to Friedman via Mints: A Resolution of the Dispute." In Robert Leeson, ed., *Keynes, Chicago and Friedman.* Vol. 2. London: Pickering and Chatto. 483–525.

———, ed. 2003b. *Keynes, Chicago and Friedman.* Vol. 1. London: Pickering and Chatto.

———, ed. 2003c. *Keynes, Chicago and Friedman.* Vol. 2. London: Pickering and Chatto.

———. 2003d. "The Debate Widens." In Robert Leeson, ed., *Keynes, Chicago and Friedman.* Vol. 1. London: Pickering and Chatto. 283–309.

———. 2003e. "The Initial Controversy." In Robert Leeson, ed., *Keynes, Chicago and Friedman.* Vol. 2. London: Pickering and Chatto. 1–30.

Leeson, Robert, and Charles G. Palm. 2017. *Milton Friedman on Freedom: Selections from the Collected Works of Milton Friedman.* Stanford, CA: Hoover Institution Press.

Leijonhufvud, Axel (1977). "Costs and Consequences of Inflation." In G. C. Harcourt, ed., *The Microeconomic Foundations of Macroeconomics: Proceedings of a Conference*

Held by the International Economic Association, at S'Agaro, Spain. Boulder, CO: Westview Press. 264–312.

Lerner, Abba P. 1944. T*he Economics of Control.* New York: Macmillan.

———. 1953. "On the Marginal Product of Capital and the Marginal Efficiency of Investment." *Journal of Political Economy* 61, no. 1 (February): 1–14.

———. 1958. "Inflationary Depression and the Regulation of Administered Prices." In Joint Economic Committee, US Congress, *The Relationship of Prices to Economic Stability and Growth: Compendium of Papers Submitted by Panelists Appearing before the Joint Economic Committee.* Washington, DC: US Government Printing Office. 257–68.

Lettau, Martin, and Sydney C. Ludvigson. 2004. "Understanding Trend and Cycle in Asset Values: Reevaluating the Wealth Effect on Consumption." *American Economic Review* 94, no. 1 (March): 276–99.

Leube, Kurt R. 1987. "Preface." In Kurt R. Leube, ed., *The Essence of Friedman.* Stanford, CA: Hoover Institution Press. xiii–xviii.

Levacic, Rosalind. 1984. "Keynes Was a Monetarist." *Economic Affairs* 4, no. 3 (April–June): 19–23.

Levin, Andrew T., Alexei Onatski, John C. Williams, and Noah Williams. 2005. "Monetary Policy under Uncertainty in Micro-Founded Macroeconometric Models." *NBER Macroeconomics Annual* 20, no. 1, 229–87.

Levin, Fred J., and Ann-Marie Meulendyke. 1982. "Monetary Policy: Theory and Practice: Comment." *Journal of Money, Credit and Banking* 14, no. 3 (August): 399–403.

Levy, David. 1992. "Interview with Milton Friedman." *Region* (Federal Reserve Bank of Minneapolis) 6, no. 2 (June): 6–13. https://www.minneapolisfed.org/publications/the-region/interview-with-milton-friedman.

Library of Congress, Legislative Reference Service. 1942. *The War Production Program: Selected Documentation on the Economics of War.* Washington, DC: Division of Information, War Production Board.

Lindsey, David E. 2003. "A Modern History of FOMC Communication: 1975–2002." Division of Monetary Affairs, Federal Reserve Board, June 24. Authorized for public release by the FOMC Secretariat on August 19, 2009, and available for public down- load on the website of the Federal Reserve Bank of St. Louis.

Lipsey, Richard G., and M. D. Steuer. 1961. "The Relation between Profits and Wage Rates." *Economica* 28, no. 110 (May): 137–55.

Littleboy, Bruce. 1990. *On Interpreting Keynes: A Study in Reconciliation*. London: Routledge.

Liviatan, Nissan. 1963. "Tests of the Permanent-Income Hypothesis Based on a Reinter- view Savings Survey." In Carl F. Christ et al., *Measurement in Economics: Studies in Mathematical Economics and Econometrics in Memory of Yehuda Grunfeld*. Stanford, CA: Stanford University Press. 29– 59.

Longbottom, Andrew, and Sean Holly. 1985. "Monetary Trends in the U.K.: A Reappraisal of the Demand for Money." London Business School Discussion Paper no. 147, April.

Lothian, James R., Anthony Cassese, and Laura Nowak. 1983. "Data Appendix." In Michael R. Darby and James R. Lothian, eds., *The International Transmission of Inflation*. Chicago: University of Chicago Press. 525–718.

Lothian, James R., and George S. Tavlas. 2018. "How Friedman and Schwartz Became Monetarists." *Journal of Money, Credit and Banking* 50, no. 4 (June): 757–87.

Lowe, Philip. 1992. "The Term Structure of Interest Rates, Real Activity and Inflation." Reserve Bank of Australia Research Discussion Paper no. 9204, May.

Lucas, Robert E., Jr. 1967. "Optimal Investment Policy and the Flexible Accelerator." *International Economic Review* 8, no. 1 (February): 78–85.

———. 1972a. "Econometric Testing of the Natural Rate Hypothesis." In Otto Eckstein, ed., *The Econometrics of Price Determination: Conference, October 30–31, 1970*. Washington, DC: Federal Reserve Board. 50–59.

———. 1972b. "Expectations and the Neutrality of Money." *Journal of Economic Theory* 4, no. 2 (April): 103–24.

———. 1973. "Some International Evidence on Output-Inflation Tradeoffs." *American Economic Review* 63, no. 3 (June): 326–34.

———. 1976a. Letter to Rep. Stephen L. Neal, Chairman, Subcommittee on Domestic Monetary Policy, September 21, 1976. In Committee on Banking, Finance, and Urban

Affairs, US House of Representatives, *Maintaining and Making Public Minutes of Federal Reserve Meetings: Hearings*. Washington, DC: US Government Printing Office, 1977. 223.

———. 1976b. "Econometric Policy Evaluation: A Critique." *Carnegie-Rochester Conference Series on Public Policy* 1, no. 1, 19–46.

———. 1977. "Understanding Business Cycles." *Carnegie-Rochester Conference Series on Public Policy* 5, no. 1, 7–29.

———. 1980a. "Rules, Discretion, and the Role of the Economic Advisor." In Stanley Fischer, ed., *Rational Expectations and Economic Policy*. Chicago: University of Chicago Press. 199–210.

———. 1980b. "Methods and Problems in Business Cycle Theory." *Journal of Money, Credit and Banking* 12, no. 4, part 2, 696–715.

———. 1980c. "Two Illustrations of the Quantity Theory of Money." *American Economic Review* 70, no. 5 (December): 1005–14.

———. 1987. *Models of Business Cycles*. Oxford, UK: Basil Blackwell.

———. 1988a. "On the Mechanics of Economic Development." *Journal of Monetary Economics* 22, no. 1 (July): 3–42.

———. 1988b. "Money Demand in the United States: A Quantitative Review." *Carnegie-Rochester Conference on Public Policy* 29, no. 1, 137–67.

———. 1994a. "Comments on Ball and Mankiw." *Carnegie-Rochester Conference Series on Public Policy* 41, no. 1 (December): 153–55.

———. 1994b. "Review of Milton Friedman and Anna J. Schwartz's *A Monetary History of the United States, 1867–1960*." *Journal of Monetary Economics* 34, no. 1 (August): 5–16.

———. 1996. "Nobel Lecture: Monetary Neutrality." *Journal of Political Economy* 104, no. 4 (August): 661–82.

———. 2001. "Professional Memoir." Manuscript, University of Chicago, April 15.

———. 2004a. "Keynote Address to the 2003 HOPE Conference: My Keynesian Education." *History of Political Economy* 36 (supplement): 12–24.

———. 2004b. "Robert E. Lucas, Jr." In William Breit and Barry T. Hirsch, eds., *Lives of the Laureates: Eighteen Nobel Economists*. 4th ed. 273–97.

———. 2013. *Collected Papers on Monetary Theory*. Max Gillman, ed. Cambridge, MA: Harvard University Press.

Lucas, Robert E., Jr., and Edward C. Prescott. 1974. "Equilibrium Search and Unemployment." *Journal of Economic Theory* 7, no. 2 (February): 188–209.

Lucas, Robert E., Jr., and Leonard A. Rapping. 1969. "Real Wages, Employment, and Inflation." *Journal of Political Economy* 77, no. 5 (September/October): 721–54. Reprinted with additional appendix in Edmund S. Phelps, ed., *Microeconomic Foundations of Employment and Inflation Theory*. New York: W. W. Norton, 1970. 257–305.

Lucas, Robert E., Jr., and Thomas J. Sargent. 1981. "Introduction." In Robert E. Lucas Jr. and Thomas J. Sargent, eds., *Rational Expectations and Econometric Practice*. Vol. 1. Minneapolis: University of Minnesota Press. xi–xl.

Lucas, Robert E., Jr., and Nancy L. Stokey. 1983. "Optimal Fiscal and Monetary Policy in an Economy without Capital." *Journal of Monetary Economics* 12, no. 1, 55–93.

Lutz, Friedrich A., and Lloyd W. Mints, eds. 1951. *Readings in Monetary Theory, Selected by a Committee of the American Economic Association*. Homewood, IL: Richard D. Irwin; Philadelphia: Blakiston.

Lydall, H. F. 1958. "Milton Friedman, *A Theory of the Consumption Function*." *Kyklos* 11, no. 4 (November): 563–64.

Lynn, Jonathan, and Antony Jay. 1988. *The Complete Yes Minister*. New York: Harper and Row.

Macesich, George. 1997. *The United States in the Changing Global Economy: Policy Implications and Issues*. Westport, CT: Praeger.

Macfarlane, Ian. 2006. *The Search for Stability*. Sydney: ABC Books.

Machina, Mark J. 1987. "Expected Utility Hypothesis." In John Eatwell, Murray Milgate, and Peter Newman, eds., *The New Palgrave: A Dictionary of Economics*. Vol. 2, E to J. London: Macmillan. 232–39.

Machlup, Fritz. 1943. *International Trade and the National Income Multiplier*. Philadelphia: Blakiston.

Mäki, Uskali. 1985. "Rhetoric at the Expense of Coherence: A Reinterpretation of Milton Friedman's Methodology." *Research in the History of Economic Thought and*

Methodology 4, no. 1, 127–43.

———, ed. 2009. *The Methodology of Positive Economics: Reflections on the Milton Friedman Legacy*. Cambridge: Cambridge University Press.

Makinen, Gail E. 1977. *Money, the Price Level, and Interest Rates: An Introduction to Monetary Theory*. Englewood Cliffs, NJ: Prentice Hall.

Mankiw, N. Gregory. 1986. "Comment on 'Do Equilibrium Real Business Cycle Theories Explain Postwar U.S. Business Cycles?'" *NBER Macroeconomics Annual* 1, no. 1, 139–45.

Mankiw, N. Gregory, Julio J. Rotemberg, and Lawrence H. Summers. 1985. "Intertemporal Substitution in Macroeconomics." *Quarterly Journal of Economics* 100, no. 1 (February): 225–51.

Manuelli, Rodolfo E., and Ananth Seshadri. 2014. "Human Capital and the Wealth of Nations." *American Economic Review* 104, no. 9 (September): 2736–62.

Marget, Arthur W. 1938. *The Theory of Prices: A Re-examination of the Central Problems of Monetary Theory*. Vol. 1. New York: Prentice Hall.

———. 1942. *The Theory of Prices: A Re-examination of the Central Problems of Monetary Theory*. Vol. 2. New York: Prentice Hall.

Markowitz, Harry. 1952. "The Utility of Wealth." *Journal of Political Economy* 60, no. 2 (April): 151–58.

Marquis Who's Who, Inc. 1950. *Who's Who in America, 1950/1951*. Chicago: Marquis Who's Who.

———. 1964. *Who's Who in America, 1964/1965*. Chicago: Marquis Who's Who.

———. 1972. *Who's Who in the Midwest, 1972/1973*. Chicago: Marquis Who's Who.

———. 1976. *Who's Who in America 1976/1977*. 39th ed. Vol. 1. Chicago: Marquis Who's Who.

Marschak, Jacob. 1966. "Foreword: A Remark on Econometric Tools." In Carl F. Christ, *Econometric Models and Methods*. New York: John Wiley and Sons. vii–xi.

Marshall, Alfred. 1920. *Principles of Economics: An Introductory Volume*. 8th ed. London: Macmillan.

Marshall, Natalie J., ed. 1970. *Keynes: Updated or Outdated?* Lexington, MA: D. C.

Heath.

Martin, George R. 1983. *Thread of Excellence*. Chicago: Martin Hughes Publishers.

Martin, Justin. 2001. *Greenspan: The Man behind Money*. New York: Basic Books.

Marty, Alvin L. 1961. "Gurley and Shaw on Money in a Theory of Finance." *Journal of Political Economy* 69, no. 1 (February): 56–62.

———. 1994. "What Is the Neutrality of Money?" *Economics Letters* 44, no. 4 (April): 407–9.

Matusow, Allen J. 1998. *Nixon's Economy: Booms, Busts, Dollars, and Votes*. Lawrence: University Press of Kansas.

Mayer, Thomas. 1972. *Permanent Income, Wealth, and Consumption: A Critique of the Permanent Income Theory*. Los Angeles: University of California Press.

———. 1999. M*onetary Policy and the Great Inflation in the United States: The Federal Reserve and the Failure of Macroeconomic Policy, 1965–1979*. Cheltenham, UK: Edward Elgar.

McCallum, Bennett T. 1979. "The Current State of the Policy-Ineffectiveness Debate." *American Economic Review (Papers and Proceedings)* 69, no. 2 (May): 240–45.

———. 1980. "Rational Expectations and Macroeconomic Stabilization Policy: An Overview." *Journal of Money, Credit and Banking* 12, no. 4, part 2 (November): 716–46.

———. 1982. "Macroeconomics after a Decade of Rational Expectations: Some Critical Issues." *Federal Reserve Bank of Richmond Economic Review* 68, no. 6 (November/December): 3–12.

———. 1983a. "A Reconsideration of Sims' Evidence Concerning Monetarism." *Economics Letters* 13, nos. 2–3, 167–71.

———. 1983b. "On Non-uniqueness in Rational Expectations Models: An Attempt at Perspective." *Journal of Monetary Economics* 11, no. 2, 139–68.

———. 1984a. "A Linearized Version of Lucas's Neutrality Model." *Canadian Journal of Economics* 17, no. 1 (February): 138–45.

———. 1984b. "Credibility and Monetary Policy." In Federal Reserve Bank of Kansas City, ed., *Price Stability and Public Policy*. Kansas City, MO: Federal Reserve Bank of Kansas City. 105–26.

———. 1986a. "Monetary versus Fiscal Policy Effects: A Review of the Debate." In R. W. Hafer, ed., *The Monetary versus Fiscal Policy Debate: Lessons from Two Decades*. Totowa, NJ: Rowman and Allanheld. 9–29.

———. 1986b. "Some Issues concerning Interest Rate Pegging, Price Level Determinacy, and the Real Bills Doctrine." *Journal of Monetary Economics* 17, no. 1 (January): 135–60.

———. 1987a. "The Optimal Inflation Rate in an Overlapping-Generations Economy with Land." In William A. Barnett and Kenneth J. Singleton, eds., *New Approaches to Monetary Economics: Proceedings of the Second International Symposium in Economic Theory and Econometrics*. New York: Cambridge University Press. 325–39.

———. 1987b. "The Development of Keynesian Macroeconomics." *American Economic Review (Papers and Proceedings)* 77, no. 2, 125–29.

———. 1989a. "New Classical Macroeconomics: A Sympathetic Account." *Scandinavian Journal of Economics* 91, no. 2 (June): 223–52.

———. 1989b. *Monetary Economics: Theory and Policy*. New York: Prentice Hall.

———. 1990a. "Comment [on Robert H. Rasche, 'Demand Functions for Measures of U.S. Money and Debt']." In Peter Hooper, Karen H. Johnson, Donald L. Kohn, David E. Lindsey, Richard D. Porter, and Ralph W. Tryon, eds., *Financial Sectors in Open Economies: Empirical Analysis and Policy Issues*. Washington, DC: Board of Governors of the Federal Reserve System. 167–72.

———. 1990b. "Could a Monetary Base Rule Have Prevented the Great Depression?" *Journal of Monetary Economics* 26, no. 1 (August): 3–26.

———. 1990c. "Inflation: Theory and Evidence." In Frank H. Hahn and Benjamin M. Friedman, eds., *Handbook of Monetary Economics*. Vol. 2. Amsterdam: North-Holland. 963–1012.

———. 1993a. "Specification and Analysis of a Monetary Policy Rule for Japan." *Bank of Japan Monetary and Economic Studies* 11, no. 2 (November): 1–45.

———. 1993b. "Specification and Analysis of a Monetary Policy Rule for Japan: Reply to Comments by Kunio Okina." *Bank of Japan Monetary and Economic Studies* 11, no. 2 (November): 55–57.

———. 1993c. "Unit Roots in Macroeconomic Time Series: Some Critical Issues." *Federal Reserve Bank of Richmond Economic Quarterly* 79, no. 2 (Spring): 13–43.

———. 1994a. "Identification of Inflation-Unemployment Tradeoffs in the 1970s: A Comment." *Carnegie-Rochester Conference on Public Policy* 41, no. 1, 231–41.

———. 1994b. "Comment [on Matthew D. Shapiro, 'Federal Reserve Policy: Cause and Effect']." In N. Gregory Mankiw, ed., *Monetary Policy*. Chicago: University of Chicago Press. 332–34.

———. 1995. "Two Fallacies concerning Central-Bank Independence." *American Economic Review (Papers and Proceedings)* 85, no. 2 (May): 207–11.

———. 1998. "An Interview with Allan Meltzer." *Macroeconomic Dynamics* 2, no. 2 (June): 238–83.

———. 1999a. "Issues in the Design of Monetary Policy Rules." In John B. Taylor and Michael Woodford, eds., *Handbook of Macroeconomics*. Vol. 1C. Amsterdam: Elsevier. 1483–530.

———. 1999b. "An Interview with Robert E. Lucas Jr." *Macroeconomic Dynamics* 3, no. 2 (June): 278–91.

———. 1999c. "Role of the Minimal State Variable Criterion in Rational Expectations Models." *International Tax and Public Finance* 6, no. 4 (November): 621–39.

———. 2001a. "Monetary Policy Analysis in Models without Money." *Federal Reserve Bank of St. Louis Review* 83, no. 4 (July): 145–60.

———. 2001b. "Indeterminacy, Bubbles, and the Fiscal Theory of Price Level Determination." *Journal of Monetary Economics* 47, no. 1 (February): 19–30.

———. 2004. "Long-Run Monetary Neutrality and Contemporary Policy Analysis." *Bank of Japan Monetary and Economic Studies* 22, no. S1 (December): 15–28.

———. 2008. "Monetarism." *In The Concise Encyclopedia of Economics*.http://www.econlib.org/library/Enc/Monetarism.html.

———. 2014. "History of Money and Monetary Policy." Book manuscript, Tepper School of Business, Carnegie Mellon University, July 14.

McCallum, Bennett T., and Marvin Goodfriend. 1987. "Demand for Money: Theoretical Studies." In John Eatwell, Murray Milgate, and Peter Newman, eds., *The New*

Palgrave: A Dictionary of Economics. Vol. 2, E to J. London: Macmillan. 775–81.

McCallum, Bennett T., and Edward Nelson. 1998. "Nominal Income Targeting in an Open-Economy Optimizing Model." NBER Working Paper no. 6675, August.

———. 1999. "An Optimizing IS-LM Specification for Monetary Policy and Business Cycle Analysis." *Journal of Money, Credit and Banking* 31, no. 3 (August): 296–316.

———. 2005. "Monetary and Fiscal Theories of the Price Level: The Irreconcilable Differences." *Oxford Review of Economic Policy* 21, no. 4 (Winter): 565–83.

———. 2011. "Money and Inflation: Some Critical Issues." In Benjamin M. Friedman and Michael Woodford, eds., *Handbook of Monetary Economics.* Vol. 3A. Amsterdam: Elsevier. 97–153.

McCloskey, D. N. 1985. *The Applied Theory of Price.* 2nd ed. New York: Macmillan.

———. 2000. *How to Be Human*: *Though an Economist.* Ann Arbor: University of Michigan Press.

McKean, Roland Neely. 1948. "Fluctuations in Our Private Claim-Debt Structure and Monetary Policy." PhD diss., Department of Economics, University of Chicago, September.

McKim, Bruce Turner. 1962. "Income Velocity and Monetary Policies in the United States, 1951–1960." PhD diss., State University of Iowa, August.

McKinley, David H. 1960. "The Discount Rate and Rediscount Policy." In H. V. Prochnow, ed., *The Federal Reserve System.* New York: Harper and Brothers. 90–112.

McKinney, George W., Jr. 1967. "New Sources of Bank Funds: Certificates of Deposit and Debt Securities." *Law and Contemporary Problems* 32, no. 1 (Winter): 71–99.

Medema, Steven G. 2007. "Aldine Transaction Introduction." In Milton Friedman, *Price Theory.* New Brunswick, NJ: Transaction. vii–xiii.

Meghir, Costas. 2004. "A Retrospective on Friedman's Theory of Permanent Income." *Economic Journal* 114, no. 496 (June): F293–F306.

Mehrling, Perry. 2005. *Fischer Black and the Revolutionary Idea of Finance.* New York: Wiley.

———. 2014. "MIT and Money." *History of Political Economy* 46 (supplement): 177–97.

Meigs, A. James. 1962. *Free Reserves and the Money Supply.* Chicago: University of

Chicago Press.

———. 1972. *Money Matters: Economics, Markets, Politics*. New York: Harper and Row.

Meiselman, David. 1962. *The Term Structure of Interest Rates*. Englewood Cliffs, NJ: Prentice Hall.

———, ed. 1970. *Varieties of Monetary Experience*. Chicago: University of Chicago Press.

———. 1975. "Discussion [of Phillip Cagan and Anna Jacobson Schwartz, 'How Feasible Is a Flexible Monetary Policy?']." In Richard T. Selden, ed., *Capitalism and Freedom— Problems and Prospects: Proceedings of a Conference in Honor of Milton Friedman*. Charlottesville: University Press of Virginia. 294–302.

Melitz, Jacques. 1972. "On the Optimality of Satiation in Money Balances." *Journal of Finance* 27, no. 3 (June): 683–98.

Meltzer, Allan H. 1963. "The Demand for Money: The Evidence from the Time Series." *Journal of Political Economy* 71, no. 3 (June): 219–46.

———. 1965. "Monetary Theory and Monetary History." *Swiss Journal of Economics and Statistics* 101, no. 4 (December): 404–22.

———. 1969a. "The Role of Money in National Economic Policy: Panel Discussion." In Federal Reserve Bank of Boston, ed., *Controlling Monetary Aggregates: Proceedings of a Conference Held in June, 1969*. Boston: Federal Reserve Bank of Boston. 25–29.

———. 1969b. "Tactics and Targets of Monetary Policy: Discussion." In Federal Reserve Bank of Boston, ed., *Controlling Monetary Aggregates: Proceedings of a Conference Held in June, 1969*. Boston: Federal Reserve Bank of Boston. 96–103.

———. 1977. "Monetarist, Keynesian and Quantity Theories." *Kredit und Kapital* 10, no. 2 (June): 149–82. Reprinted in Thomas Mayer et al., *The Structure of Monetarism*. New York: W. W. Norton, 1978. 145–75.

———. 1992. "Patinkin on Keynes and Meltzer." *Journal of Monetary Economics* 29, no. 1 (February): 151–62.

———. 2001a. "Money and Monetary Policy: An Essay in Honor of Darryl Francis." *Federal Reserve Bank of St. Louis Review* 83, no. 4 (July/August): 23–32.

———. 2001b. "The Transmission Process." In Deutsche Bundesbank, ed., *The Monetary Transmission Process: Recent Developments and Lessons for Europe*. London: Palgrave. 112–30.

———. 2003. *A History of the Federal Reserve*. Vol. 1, 1913–1951. Chicago: University of Chicago Press.

———. 2009a. *A History of the Federal Reserve*. Vol. 2, bk. 1, 1951–1969. Chicago: University of Chicago Press.

———. 2009b. *A History of the Federal Reserve*. Vol. 2, bk. 2, 1970–1986. Chicago: University of Chicago Press.

———. 2011. "Milton Friedman: Non-research Activities, 1976–89." Manuscript, Tepper School of Business, Carnegie Mellon University, January.

Meltzer, Allan H., and Saranna Robinson. 1989. "Stability under the Gold Standard in Practice." In Michael D. Bordo, ed., *Money, History, and International Finance: Essays in Honor of Anna J. Schwartz*. Chicago: University of Chicago Press. 163–95.

Merrick, John J., Jr., and Anthony Saunders. 1985. "Bank Regulation and Monetary Policy." *Journal of Money, Credit and Banking* 17, no. 4, part 2 (November): 691–717.

Merton, Robert C. 1987. "In Honor of Nobel Laureate, Franco Modigliani." *Journal of Economic Perspectives* 1, no. 2 (Fall): 145–55.

Meulendyke, Ann-Marie. 1988. "A Review of Federal Reserve Policy Targets and Operating Guides in Recent Decades." *Federal Reserve Bank of New York Quarterly Review* 13, no. 3 (Autumn): 6–17.

———. 1998. *U.S. Monetary Policy and Financial Markets*. New York: Federal Reserve Bank of New York.

Meyer, Laurence H. 2001. "Does Money Matter?" *Federal Reserve Bank of St. Louis Review* 83, no. 5 (September/October): 1–16.

Meyer, Laurence H., and Chris Varvares. 1981. "A Comparison of the St. Louis Model and Two Variations: Predictive Performance and Policy Implications." *Federal Reserve Bank of St. Louis Review* 63, no. 12 (December): 13–25.

Miles, Marc A. 1984. *Beyond Monetarism: Finding the Road to Stable Money*. New York: Basic Books.

Mints, Lloyd W. 1945. *A History of Banking Theory in Great Britain and the United States*.Chicago: University of Chicago Press.

———. 1950. *Monetary Policy for a Competitive Society*. New York: McGraw Hill.

Miron, Jeffrey A. 1994. "Empirical Methodology in Macroeconomics: Explaining the Success of Friedman and Schwartz's *A Monetary History of the United States, 1867–1960*." *Journal of Monetary Economics* 34, no. 1 (August): 17–25.

Mirrlees, James. 1989. "Discussion [of Alberto Alesina, 'Politics and Business Cycles in Industrial Democracies']." *Economic Policy* 4, no. 8 (April): 87–90.

Mishkin, Frederic S. 1982. "Does Anticipated Monetary Policy Matter? An Econometric Investigation." *Journal of Political Economy* 90, no. 1 (February): 22–51.

———. 1983. "Recent Velocity Behavior, the Demand for Money and Monetary Policy: Discussion." In Federal Reserve Bank of San Francisco, ed., *Proceedings of the Conference on Monetary Targeting and Velocity*. San Francisco: Federal Reserve Bank of San Francisco. 129–32.

———. 1986. "Comments [on Jeffrey A. Frankel, 'International Capital Mobility and Crowding-Out in the U.S. Economy: Imperfect Integration of Financial Markets or of Goods Markets?']." In R. W. Hafer, ed., *How Open Is the U.S. Economy?* Lexington, MA: Lexington Books. 69–74.

———. 1989. *The Economics of Money, Banking and Financial Markets*. 2nd ed. Glenview, IL: Scott, Foresman.

———. 1995. "The Rational Expectations Revolution: A Review Article of Preston J. Miller, ed., *The Rational Expectations Revolution, Readings from the Front Line*." NBER Working Paper no. 5043, February.

Mitchell, Wesley C. 1896. "The Quantity Theory of the Value of Money." *Journal of Political Economy* 4, no. 2 (March): 139–65.

———. 1912. "The Backward Art of Spending Money." *American Economic Review* 2, no. 2 (June): 175–208.

Modigliani, Franco. 1944. "Liquidity Preference and the Theory of Interest and Money." *Econometrica* 12, no. 1 (January): 45–88.

———. 1964a. "How to Make a Burden of the Public Debt: A Reply to Mishan."

Journal of Political Economy 72, no. 5 (October): 483–85.

———. 1964b. "Some Empirical Tests of Monetary Management and of Rules versus Discretion." *Journal of Political Economy* 72, no. 3 (June): 211–45.

———. 1971. "Monetary Policy and Consumption: Linkages via Interest Rate and Wealth Effects in the FMP Model." In Federal Reserve Bank of Boston, ed., *Consumer Spending and Monetary Policy: The Linkages*. Boston: Federal Reserve Bank of Boston. 9–84.

———. 1975a. "The Life Cycle Hypothesis of Saving Twenty Years Later." In Michael Parkin and A. Robert Nobay, eds., *Contemporary Issues in Economics: Proceedings of the Conference of the Association of University Teachers of Economics, Warwick, 1973*. Manchester, UK: Manchester University Press. 2–36.

———. 1975b. "Monetary Policy and the World Economic Crisis: Roundtable Discussion." Remarks from August 8 session in "Conference on 'The Monetary Mechanism in Open Economies,' Helsinki, Finland, August 4–9." Unpublished conference transcript. 7–12.

———. 1977. "The Monetarist Controversy; or, Should We Forsake Stabilization Policies?" *American Economic Review* 67, no. 2 (March): 1–19.

———. 1986a. "Life Cycle, Individual Thrift, and the Wealth of Nations." *American Economic Review* 76, no. 3 (June): 297–313.

———. 1986b. *The Debate over Stabilization Policy*. Cambridge: Cambridge University Press.

———. 1986c. "Comment on R. J. Barro, 'U.S. Deficits since World War I.'" *Scandinavian Journal of Economics* 88, no. 1 (March): 223–34.

———. 1988. "The Monetarist Controversy Revisited." *Contemporary Policy Issues* 6, no. 4 (October): 3–18.

Modigliani, Franco, and Albert Ando. 1957. "Tests of the Life Cycle Hypothesis of Savings: Comments and Suggestions." *Bulletin of the Oxford University Institute of Statistics* 19, no. 2 (May): 99–124.

———. 1960. "The 'Permanent Income' and the 'Life Cycle' Hypothesis of Saving Behavior: Comparison and Tests." In Irwin Friend and Robert Jones, eds., *Consumption and*

Saving. Vol. 2. Philadelphia: University of Pennsylvania Press. 49–174.

Modigliani, Franco, and Richard E. Brumberg. 1954. "Utility Analysis and the Consumption Function: An Interpretation of Cross Section Data." In Kenneth K. Kurihara, ed., P*ost Keynesian Economics*. New Brunswick, NJ: Rutgers University Press. 388–436.

Modigliani, Franco, and Lucas Papademos. 1976. "Monetary Policy for the Coming Quarters: The Conflicting Views." *New England Economic Review* 58, no. 2 (March/April): 2–35.

Modigliani, Franco, Robert H. Rasche, and J. Phillip Cooper. 1970. "Central Bank Policy, the Money Supply, and the Short-Term Rate of Interest." *Journal of Money, Credit and Banking* 2, no. 2 (May): 166–218.

Modigliani, Franco, and Arlie Sterling. 1986. "Government Debt, Government Spending and Private Sector Behavior: Comment." *American Economic Review* 76, no. 5 (December): 1168–79.

———. 1990. "Government Debt, Government Spending and Private Sector Behavior: A Further Comment." *American Economic Review* 80, no. 3 (June): 600–603.

Modigliani, Franco, and Richard C. Sutch. 1966. "Innovations in Interest-Rate Policy." *American Economic Review* 56, no. 1–2 (March): 178–97.

Moggridge, Donald. 2008. *Harry Johnson: A Life in Economics*. Cambridge: Cambridge University Press.

Morgan, E. Victor. 1969. *Monetary Policy for Stable Growth*. Revised edition. London: Institute of Economic Affairs.

Morgenstern, Oskar. 1972. "Foreword." In Robert B. Ekelund Jr., E. G. Furubotn, and W. P. Gramm, eds., *The Evolution of Modern Demand Theory: A Collection of Essays*. Lexington, MA: Lexington Books. ix–x.

Morris, Frank E. 1968. "The Chicago School as Viewed from Boston." *Business Economics* 3, no. 2 (Spring): 23–26.

Mulcahy, Richard E., ed. 1957. *Readings in Economics from "Fortune."* New York: Holt.

Mulligan, Casey B. 1998. "Pecuniary Incentives to Work in the United States during World War II." *Journal of Political Economy* 106, no. 5 (October): 1033–77.

Murphy, Brian, and Michael Wolfson. 2013. "Income Trajectories of High Income Canadians 1982–2010." Manuscript, Statistics Canada, May.

Musgrave, R. A., and M. H. Miller. 1948. "Built-In Flexibility." *American Economic Review* 38, no. 1 (March): 122–28.

Muth, John F. 1960. "Optimal Properties of Exponentially Weighted Forecasts." *Journal of the American Statistical Association* 55, no. 290 (June): 299–306.

———. 1961. "Rational Expectations and the Theory of Price Movements." *Econometrica* 29, no. 3 (July): 315–35.

Muttitt, Kathleen. 1948. "Income from Independent Professional Practice by Milton Friedman [and] Simon Kuznets." *Canadian Journal of Economics and Political Science* 12, no. 4 (November): 538–39.

Nathan, Otto, and Milton Fried. 1942. "Consumer Spending, Inflation, and the Wage Earner in the United States." *International Labour Review* 45, no. 2 (February): 125–41.

NBC. 1943. *Prices and Your Pocketbook: A Radio Discussion.* University of Chicago Round Table no. 275, June 27.

———. 1946a. *What Can Be Done about Inflation?* University of Chicago Round Table no. 420, April 7.

———. 1946b. *Can World-Wide Income Inequalities Be Lessened?* University of Chicago Round Table no. 457, December 22.

———. 1947a. *What Can Be Done about Rising Prices?* University of Chicago Round Table no. 508, December 14.

———. 1947b. *How Can We Get Housing?* University of Chicago Round Table no. 462, January 26.

———. 1949. *What Do We Know about Economic Stability?* University of Chicago Round Table no. 570, February 20.

———. 1950. *Must We Have a Deficit?* University of Chicago Round Table no. 632, April 30.

———. 1951a. *Can the Control of Money Stop Today's Inflation?* University of Chicago Round Table no. 672, February 11.

———. 1951b. *Should Taxes Be Bigger and How Can They Be Better?* University of

Chicago Round Table no. 705, September 30.

———. 1952a. *The Military Budget*. University of Chicago Round Table no. 725, February 17.

———. 1952b. *The State of the Union*. University of Chicago Round Table no. 720, January 13.

———. 1952c. *The Transformation of British and American Capitalism*. University of Chicago Round Table no. 740, June 1.

———. 1953. *What Is American Capitalism?* University of Chicago Round Table no. 794, June 28.

———. 1954. *Anti-Americanism and the Atlantic Alliance*. University of Chicago Round Table no. 860, October 3.

———. 1955. *Dollars across the Border*. University of Chicago Round Table no. 877, January 30.

Neiss, Katharine S., and Edward Nelson. 2001. "The Real Interest Rate Gap as an Inflation Indicator." Bank of England Working Paper no. 130, April.

———. 2003. "The Real Interest Rate Gap as an Inflation Indicator." *Macroeconomic Dynamics* 7, no. 2 (April): 239–62.

———. 2005. "Inflation Dynamics, Marginal Cost, and the Output Gap: Evidence from Three Countries." *Journal of Money, Credit and Banking* 37, no. 6 (December): 1019–45.

Nelson, Charles R. 1972. "The Prediction Performance of the FRB-MIT-PENN Model of the U.S. Economy." *American Economic Review* 62, no. 5 (December): 902–17.

———. 1981. "Adjustment Lags versus Information Lags: A Test of Alternative Explanations of the Phillips Curve Phenomenon." *Journal of Money, Credit and Banking* 13, no. 1 (February): 1–11.

Nelson, Edward. 2002a. "What Does the U.K.'s Monetary Policy and Inflation Experience Tell Us about the Transmission Mechanism?" In Lavan Mahadeva and Peter J. N. Sinclair, eds., *Monetary Transmission in Diverse Economies*. Cambridge: Cambridge University Press. 137–55.

———. 2002b. "Direct Effects of Base Money on Aggregate Demand: Theory and

Evidence." *Journal of Monetary Economics* 49, no. 4 (May): 687–708.

———. 2003. "The Future of Monetary Aggregates in Monetary Policy Analysis." *Journal of Monetary Economics* 50, no. 5 (July): 1029–59.

———. 2004a. "An Interview with Anna J. Schwartz." *Macroeconomic Dynamics* 8, no. 3 (June): 395–417.

———. 2004b. "News-Magazine Monetarism." In Patrick Minford, ed., *Money Matters: Essays in Honour of Alan Walters*. Cheltenham, UK: Edward Elgar. 123–47.

———. 2004c. "Money and the Transmission Mechanism in the Optimizing IS-LM Specification." *History of Political Economy* 36 (supplement 1) (December): 271–304.

———. 2005a. "Paul Samuelson and Monetary Analysis." *Monetary Trends/Economic Synopses* (Federal Reserve Bank of St. Louis), no. 8 (April): 1. https://files.stlouisfed.org/files/htdocs/publications/es/05/ES0508.pdf.

———. 2005b. "The Great Inflation of the Seventies: What Really Happened?" *Advances in Macroeconomics* 5, no. 1, article 3, 1–50.

———. 2007. "Milton Friedman and U.S. Monetary History: 1961–2006." *Federal Reserve Bank of St. Louis Review* 89, no. 3 (May/June): 153–82.

———. 2008a. "Friedman and Taylor on Monetary Policy Rules: A Comparison." *Federal Reserve Bank of St. Louis Review* 90, no. 2 (March/April): 95–116.

———. 2008b. "Why Money Growth Determines Inflation in the Long Run: Answering the Woodford Critique." *Journal of Money, Credit and Banking* 40, no. 8 (December): 1791–814.

———. 2009a. "Milton Friedman and U.K. Economic Policy, 1938–1979." *Federal Reserve Bank of St. Louis Review* 91, no. 5, part 2 (September/October): 465– 506.

———. 2009b. "Milton Friedman and U.K. Economic Policy, 1938–1979." Federal Reserve Bank of St. Louis Working Paper 2009-017A, April.

———. 2009c. "An Overhaul of Doctrine: The Underpinning of U.K. Inflation Targeting." *Economic Journal* 119, no. 538 (June): F333–F368.

———. 2011. "Friedman's Monetary Economics in Practice." Federal Reserve Board Finance and Economics Discussion Series Paper no. 2011-026, April.

———. 2012a. "Book Review: *Milton Friedman* by William Ruger and *Milton*

Friedman: A Concise Guide to the Ideas and Influence of the Free-Market Economist by Eamonn Butler." *Journal of Economic Literature* 44, no. 4 (December): 1106–9.

———. 2012b. "A Review of Allan H. Meltzer's *History of the Federal Reserve*, Volume 2." *International Journal of Central Banking* 8, no. 2 (June): 241–66.

———. 2013a. "Friedman's Monetary Economics in Practice." *Journal of International Money and Finance* 38, no. 1 (November): 59–83.

———. 2013b. "The Correlation between Money and Output in the United Kingdom: Resolution of a Puzzle." Manuscript, Federal Reserve Board, September; presented at Bank of Canada Workshop on Money and Liquidity, October 18, 2013.

———. 2013c. "Key Aspects of Longer-Term Asset Purchases in U.S. and U.K. Monetary Policy." *Oxford Economic Papers* 65, no. 1 (January): 92–114.

———. 2013d. "Milton Friedman and the Federal Reserve Chairs, 1951–1979." Manuscript, Federal Reserve Board, October; presented at University of California, Berkeley, Economic History seminar, October 28, 2013. http://eml.berkeley.edu//~webfac/cromer/Nelson.pdf.

———. 2016. "Milton Friedman and the Federal Reserve Chairs in the 1970s." In Robert Cord and J. Daniel Hammond, eds., *Milton Friedman: Contributions to Economics and Public Policy*. Oxford: Oxford University Press. 313–33.

———. 2018. "Milton Friedman and the Debate on Indexation." Manuscript, August. SSRN: https://ssrn.com/abstract=3229236 or http://dx.doi.org/10.2139/ssrn.3229236.

Nelson, Edward, and Kalin Nikolov. 2003. "U.K. Inflation in the 1970s and 1980s: The Role of Output Gap Mismeasurement." *Journal of Economics and Business* 55, no. 4 (July/August): 353–70.

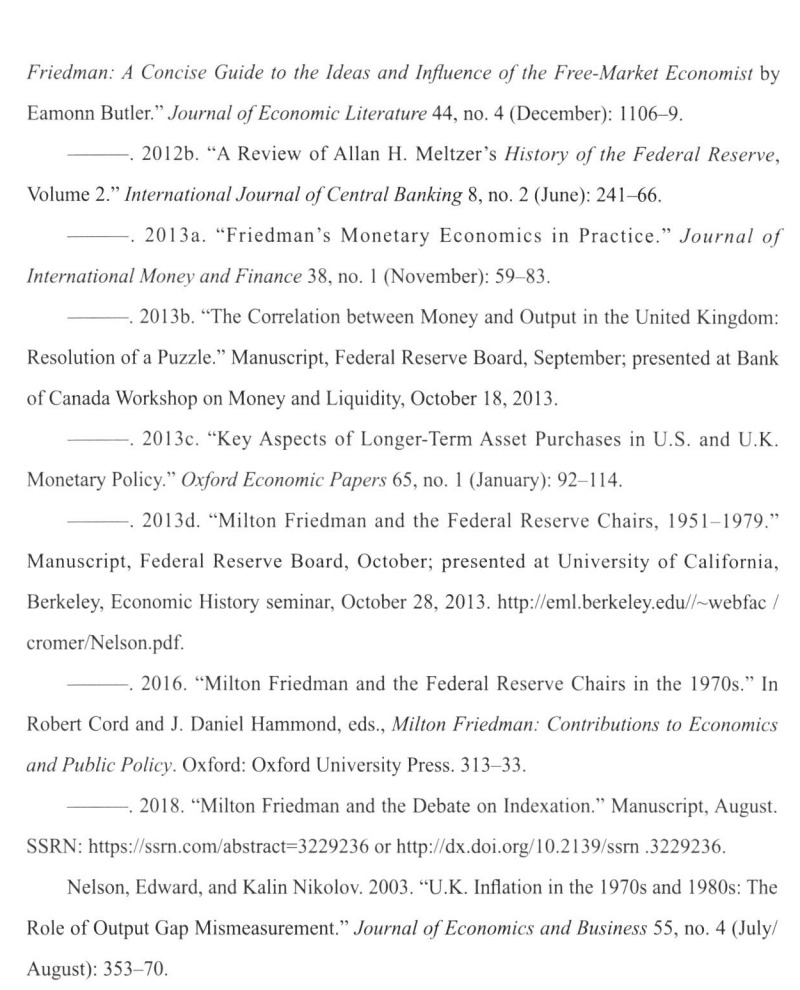

Nelson, Edward, and Anna J. Schwartz. 2008a. "The Impact of Milton Friedman on Modern Monetary Economics: Setting the Record Straight on Paul Krugman's 'Who Was Milton Friedman?'" *Journal of Monetary Economics* 55, no. 4 (May): 835–56.

———. 2008b. "Rejoinder to Paul Krugman." *Journal of Monetary Economics* 55, no. 4 (May): 861–62.

Newman, Peter. 1954. "Book Review: Essays in Positive Economics." *Economica* 21, no. 83 (August): 259–60.

Neyman, Jerzy. 1938. "Contribution to the Theory of Sampling Human Populations." *Journal of the American Statistical Association* 33, no. 201 (March): 101–16.

———. 1952. *Lectures and Conferences on Mathematical Statistics and Probability.* Rev. ed. Washington, DC: US Department of Agriculture.

———. 1971. "Foundations of Behavioristic Statistics." In V. P. Godambe and D. A. Sprott, eds., *Foundations of Statistical Inference: Proceedings of the Symposium on the Foundations of Statistical Inference Prepared under the Auspices of the René Descartes Foundation and Held at the Department of Statistics, University of Waterloo, Ont., Canada, from March 31 to April 9, 1970.* René Descartes Foundation, University of Waterloo Department of Statistics. Toronto: Holt, Rinehart and Winston of Canada. 1–13.

Niehans, Jürg. 1978. *The Theory of Money.* Baltimore: Johns Hopkins University Press.

Nielsen, Peter Erling. 1992. "*Does Debt Management Matter?* by Jonas Agell, Mats Persson, Benjamin M. Friedman." *Scandinavian Journal of Economics* 94, no. 4 (December): 625–28.

Nixon, Richard M. 1962. *Six Crises.* Garden City, NY: Doubleday.

Nobay, A. Robert, and Harry G. Johnson. 1977. "Monetarism: A Historic-Theoretic Perspective." *Journal of Economic Literature* 15, no. 2 (June): 470–85.

Nordhaus, William D., and Henry C. Wallich. 1973. "Alternatives for Debt Management." In Federal Reserve Bank of Boston, ed., *Issues in Federal Debt Management: Proceedings of a Conference Held at Melvin Village, New Hampshire, June, 1973.* Boston: Federal Reserve Bank of Boston. 9–25.

Noyes, C. Reinold. 1945. Director's Comment. In Milton Friedman and Simon Kuznets, *Income from Independent Professional Practice.* New York: National Bureau of Economic Research. 405–10.

Nutter, G. Warren. 1951. *The Extent of Enterprise Monopoly in the United States: 1899–1939.* Chicago: University of Chicago Press.

O'Driscoll, Gerald P., Jr. 1977. *Economics as a Coordination Problem: The Contributions of Friedrich A. Hayek.* Kansas City, KS: Sheed Andrews and McMeel.

———. 1987. "*Money, Capital, and Fluctuations: Early Essays* by F. A. Hayek, edited by Roy McCloughry." *Journal of Money, Credit and Banking* 19, no. 3 (August): 402–4.

O'Driscoll, Gerald P., Jr., Thomas R. Saving, Herbert G. Grubel, Arnold C. Harberger, Milton Friedman, and W. Lee Hoskins. 1997. "Tax Reform." *Contemporary Economic Policy* 15, no. 1 (January): 1–20.

Ohanian, Lee E. 1998. *The Macroeconomic Effects of War Finance in the United States: Taxes, Inflation, and Deficit Finance*. New York: Garland.

Okun, Arthur M. 1971. "Rules and Roles for Fiscal and Monetary Policy." In James J. Diamond, ed., *Issues in Fiscal and Monetary Policy: The Eclectic Economist Views the Controversy*. Chicago: DePaul University. 51–74.

———, ed. 1972a. *The Battle against Unemployment*. 2nd ed. New York: W. W. Norton.

———. 1972b. "Fiscal-Monetary Activism: Some Analytical Issues." *Brookings Papers on Economic Activity* 3, no. 1, 123–63.

———. 1981. *Prices and Quantities: A Macroeconomic Analysis*. Washington, DC: Brookings Institution Press.

Olkin, Ingram. 1991. "A Conversation with W. Allen Wallis." *Statistical Science* 6, no. 2 (May): 121–40.

Orphanides, Athanasios. 2002. "Monetary-Policy Rules and the Great Inflation." *American Economic Review (Papers and Proceedings)* 92, no. 2 (May): 115–20.

———. 2003. "The Quest for Prosperity without Inflation." *Journal of Monetary Economics* 50, no. 3 (April): 633–63.

Orphanides, Athanasios, and John C. Williams. 2002. "Robust Monetary Policy with Unknown Natural Rates." *Brookings Papers on Economic Activity* 33, no. 2, 63–118.

———. 2013. "Monetary Policy Mistakes and the Evolution of Inflation Expectations." In Michael D. Bordo and Athanasios Orphanides, eds., *The Great Inflation: The Rebirth of Modern Central Banking*. Chicago: University of Chicago Press. 255–88.

Pagan, Adrian. 1995. "The ET Interview: Gregory C. Chow." *Econometric Theory* 11, no. 3 (August): 597–624.

Paish, F. W. 1941. "The Budget and the White Paper." *London and Cambridge Economic Service Bulletin* 19, no. 4 (April): 40–43.

Parker, Randall E. 2002. *Reflections on the Great Depression*. Northampton, MA: Edward Elgar.

Parkin, Michael. 1982. "Mrs. Thatcher's Monetary Policy: 1979–1981." *ORDO: Jahrbuch für die Ordnung von Wirtschaft und Gesellschaft* 33, no. 1: 61–80.

———. 1984a. *Macroeconomics*. Englewood Cliffs, NJ: Prentice Hall.

———. 1984b. "Discriminating between Keynesian and Classical Theories of the Business Cycle: Japan 1967–1982." *Bank of Japan Monetary and Economic Studies* 2, no. 2 (December): 23–60.

———. 1990. *Economics*. New York: Addison Wesley.

———. 1993. "Inflation in North America." In Kumiharu Shigehara, ed., *Price Stabilization in the 1990s: Domestic and International Policy Requirements*. London: Macmillan. 47–83.

Patinkin, Don. 1956. *Money, Interest, and Prices: An Integration of Monetary and Value Theory*. Evanston, IL: Row, Peterson.

———. 1965a. *Money, Interest, and Prices: An Integration of Monetary and Value Theory*. 2nd ed. New York: Harper and Row.

———. 1965b. "An Indirect-Utility Approach to the Theory of Money, Assets, and Savings." In Frank H. Hahn and Frank P. R. Brechling, eds., *The Theory of Interest Rates*. London: Macmillan. 52–79.

———. 1969. "The Chicago Tradition, the Quantity Theory, and Friedman." *Journal of Money, Credit and Banking* 1, no. 1 (February): 46–70.

———. 1972a. "Friedman on the Quantity Theory and Keynesian Economics." *Journal of Political Economy* 80, no. 5 (September/October): 883–905.

———. 1972b. "On the Short-Run Non-neutrality of Money in the Quantity Theory." *Banca Nazionale del Lavoro Quarterly Review* 25, no. 100 (March): 3–22.

———. 1973a. "Frank Knight as Teacher." *American Economic Review* 63, no. 5 (December): 787–810.

———. 1973b. "On the Monetary Economics of Chicagoans and Non-Chicagoans: Comment." *Southern Economic Journal* 39, no. 3 (January): 454–59.

———. 1976a. *Keynes' Monetary Thought: A Study of Its Development*. Durham, NC:

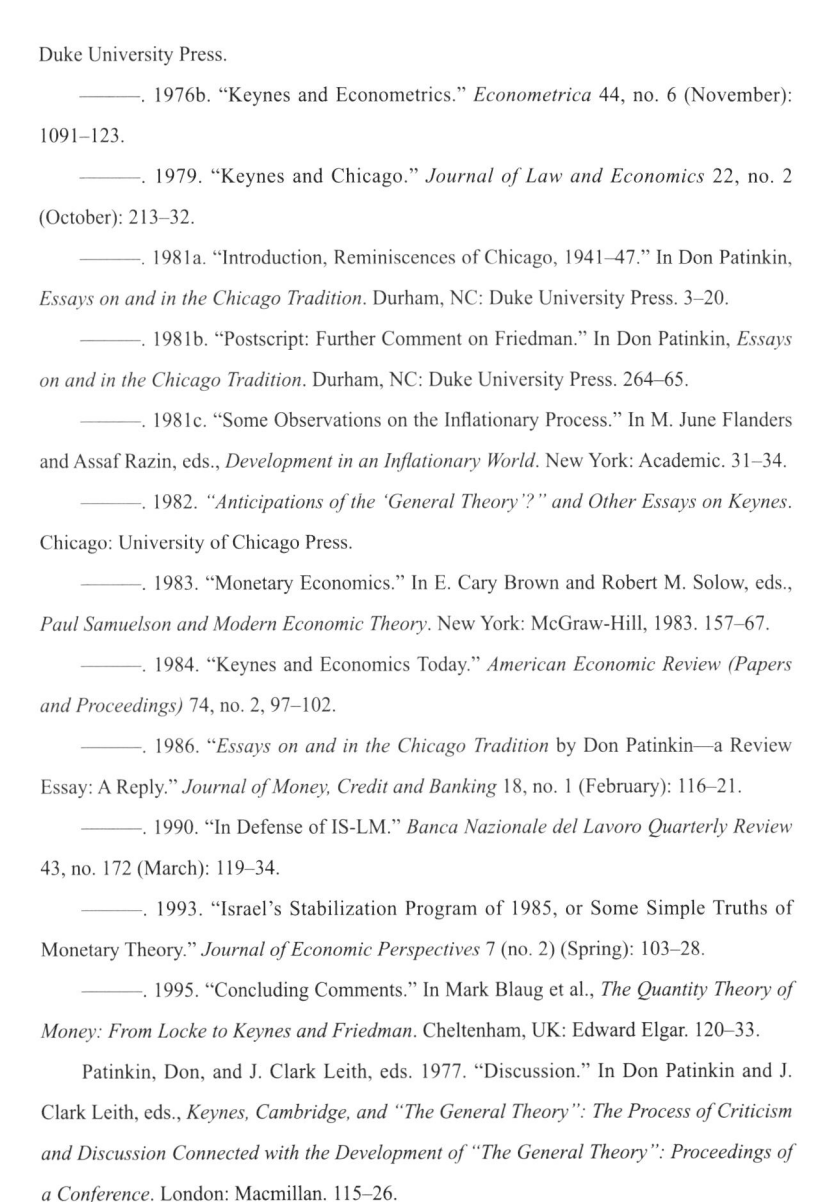

Duke University Press.

———. 1976b. "Keynes and Econometrics." *Econometrica* 44, no. 6 (November): 1091–123.

———. 1979. "Keynes and Chicago." *Journal of Law and Economics* 22, no. 2 (October): 213–32.

———. 1981a. "Introduction, Reminiscences of Chicago, 1941–47." In Don Patinkin, *Essays on and in the Chicago Tradition*. Durham, NC: Duke University Press. 3–20.

———. 1981b. "Postscript: Further Comment on Friedman." In Don Patinkin, *Essays on and in the Chicago Tradition*. Durham, NC: Duke University Press. 264–65.

———. 1981c. "Some Observations on the Inflationary Process." In M. June Flanders and Assaf Razin, eds., *Development in an Inflationary World*. New York: Academic. 31–34.

———. 1982. *"Anticipations of the 'General Theory'?" and Other Essays on Keynes*. Chicago: University of Chicago Press.

———. 1983. "Monetary Economics." In E. Cary Brown and Robert M. Solow, eds., *Paul Samuelson and Modern Economic Theory*. New York: McGraw-Hill, 1983. 157–67.

———. 1984. "Keynes and Economics Today." *American Economic Review (Papers and Proceedings)* 74, no. 2, 97–102.

———. 1986. "*Essays on and in the Chicago Tradition* by Don Patinkin—a Review Essay: A Reply." *Journal of Money, Credit and Banking* 18, no. 1 (February): 116–21.

———. 1990. "In Defense of IS-LM." *Banca Nazionale del Lavoro Quarterly Review* 43, no. 172 (March): 119–34.

———. 1993. "Israel's Stabilization Program of 1985, or Some Simple Truths of Monetary Theory." *Journal of Economic Perspectives* 7 (no. 2) (Spring): 103–28.

———. 1995. "Concluding Comments." In Mark Blaug et al., *The Quantity Theory of Money: From Locke to Keynes and Friedman*. Cheltenham, UK: Edward Elgar. 120–33.

Patinkin, Don, and J. Clark Leith, eds. 1977. "Discussion." In Don Patinkin and J. Clark Leith, eds., *Keynes, Cambridge, and "The General Theory": The Process of Criticism and Discussion Connected with the Development of "The General Theory": Proceedings of a Conference*. London: Macmillan. 115–26.

Pecchenino, R. A., and Robert H. Rasche. 1990. "P*-Type Models: Evaluation and

Forecasts." *International Journal of Forecasting* 6, no. 3 (October): 421–40.

Pelloni, Gianluigi. 1987. "A Note on Friedman and the Neo-Bayesian Approach." *Manchester School of Economic and Social Studies* 55, no. 4 (December): 407–18.

———. 1996. "De Finetti, Friedman, and the Methodology of Positive Economics." *Journal of Econometrics* 75, no. 1 (November): 33–50.

Pesek, Boris P. 1988. *Microeconomics of Money and Banking and Other Essays*. New York: Harvester Wheatsheaf.

Phelps, Edmund S. 1965. "Anticipated Inflation and Economic Welfare." *Journal of Political Economy* 73, no. 1 (February): 1–17.

———. 1968a. "Notes on Optimal Monetary Growth and the Optimal Rate of Growth of Money: Comment." *Journal of Political Economy* 76, no. 4, part 2 (July/August): 881–85.

———. 1968b. "Money-Wage Dynamics and Labor-Market Equilibrium." *Journal of Political Economy* 76, no. 4, part 2 (July/August): 678–711.

———. 1970a. "The New Microeconomics in Employment and Inflation Theory." In Edmund S. Phelps, ed., *Microeconomic Foundations of Employment and Inflation Theory*. New York: W. W. Norton. 1–26.

———, ed. 1970b. *Microeconomic Foundations of Employment and Inflation Theory*. New York: W. W. Norton.

———. 1971. "Inflation, Expectations and Economic Theory." In Neil Swan and David A. Wilton, eds., *Inflation and the Canadian Experience*. Kingston, Ontario: Industrial Relations Centre, Queen's University. 31–47.

———. 1973. "Inflation in the Theory of Public Finance." *Swedish Journal of Economics* 75, no. 1 (March): 67–82.

———. 1979. "Introduction [to Section III]." In Edmund S. Phelps, *Studies in Macroeconomic Theory: Employment and Inflation*. New York: Academic. 121–23.

———. 1989. "Overview of Chapters 2 and 3." In Marcello De Cecco and Alberto Giovanni, eds., *A European Central Bank? Perspectives on Monetary Unification after Ten Years of the EMS*. Cambridge: Cambridge University Press. 90–94.

Phelps, Edmund S., and John B. Taylor. 1977. "Stabilizing Powers of Monetary Policy under Rational Expectations." *Journal of Political Economy* 85, no. 1 (February): 163–90.

Philippon, Thomas. 2009. "The Bond Market's q." *Quarterly Journal of Economics* 124, no. 3 (August): 1011–56.

Phillips, A. W. 1954. "Stabilisation Policy in a Closed Economy." *Economic Journal* 64, no. 254 (June): 290–323.

———. 1958. "The Relation between Unemployment and the Rate of Change of Money Wage Rates in the United Kingdom, 1861–1957." *Economica* 25, no. 100 (November): 283–99.

Phillips, Peter C. B. 1991. "Bayesian Routes and Unit Roots: De Rebus Prioribus Semper Est Disputandum." *Journal of Applied Econometrics* 6, no. 4 (October–December): 435–73.

Phillips, Ronnie J. 1995. *The Chicago Plan and New Deal Banking Plan*. Armonk, NY: M. E. Sharpe.

Phipps, Cecil G. 1952. "Friedman's 'Welfare' Effects." *Journal of Political Economy* 60, no. 4 (August): 332–34.

Pigou, A. C. 1910. "A Method of Determining the Numerical Value of Elasticities of Demand." *Economic Journal* 20, no. 80 (December): 636–40.

———. 1917. "The Value of Money." *Quarterly Journal of Economics* 32, no. 1 (November): 38–65.

———. 1928. *A Study in Public Finance*. London: Macmillan.

———. 1932. *The Economics of Welfare*. 4th ed. London: Macmillan.

———. 1936. "Marginal Utility of Money and Elasticities of Demand: III." *Quarterly Journal of Economics* 30, no. 3 (May): 532.

———. 1950. *Keynes's "General Theory": A Retrospective View*. London: Macmillan.

Plosser, Charles I. 1979. "Response to Discussants." In Arnold Zellner, ed., *Seasonal Analysis of Economic Time Series*. Washington, DC: US Government Printing Office. 406.

Polak, J. J., and William H. White. 1955. "The Effect of Income Expansion on the Quantity of Money." *IMF Staff Papers* 4, no. 3 (August): 398–433.

Poole, William. 1970. "Optimal Choice of Monetary Policy Instruments in a Simple Stochastic Macro Model." *Quarterly Journal of Economics* 84, no. 2 (May): 197–216.

Portes, Richard. 1983. "Central Planning and Monetarism: Fellow Travelers?" In Padma Desai, ed., *Marxism, Central Planning and the Soviet Economy: Economic Essays in Honor of Alexander Erlich*. Cambridge, MA: MIT Press. 149–65.

Posner, Richard. 2011. "Keynes and Coase." *Journal of Law and Economics* 54, no. 4 (November): S31–S40.

Powell, Alan. 1966. "A Complete System of Consumer Demand Equations for the Australian Economy Fitted by a Model of Additive Preferences." *Econometrica* 34, no. 3 (July): 661–75.

Powell, Jim. 2003. *FDR's Folly: How Roosevelt and His New Deal Prolonged the Great Depression*. New York: Crown Forum.

Prescott, Edward C. 1975. "Efficiency of the Natural Rate." *Journal of Political Economy* 83, no. 6 (December): 1229–36.

———. 1991. "Real Business Cycle Theory: What Have We Learned?" *Revista de Análisis Economico* 6, no. 2 (November): 3–19.

President's Advisory Panel on Federal Tax Reform. 2005. "Sixth Meeting, March 31, 2005." govinfo.library.unt.edu/ taxreformpanel/meetings/meeting-03312005.html.

Presley, John R. 1986. "Modern Monetarist Ideas: A British Connection?" In R. D. Collison Black, ed., *Ideas in Economics*. Totowa, NJ: Barnes and Noble Books. 191–209.

Prest, A. R. 1956. "A Tax on Expenditure?" *Lloyd's Bank Review* 11, no. 42 (October): 35–49.

Price Statistics Review Committee. 1961. *The Price Statistics of the Federal Government: Review, Appraisal, and Recommendations: A Report to the Office of Statistical Standards, Bureau of the Budget, Together with Twelve Staff Papers*. New York: National Bureau of Economic Research.

Purvis, Douglas D. 1980. "Monetarism: A Review." *Canadian Journal of Economics* 13, no. 1 (February): 96–122.

Rachev, Svetlozar T., Stoyan V. Stoyanov, and Frank J. Fabozzi. 2008. *Advanced Stochastic Models, Risk Assessment, and Portfolio Optimization: The Ideal Risk, Uncertainty, and Performance Measures*. New York: Wiley.

Ramey, Valerie A. 2011. "Identifying Government Spending Shocks: It's All in the

Timing." *Quarterly Journal of Economics* 126, no. 1 (February): 1–50.

Ramsey, F. P. 1927. "A Contribution to the Theory of Taxation." *Economic Journal* 37, no. 145 (March): 47–61.

Rasche, Robert H. 1981. "Comments on the Size of Macroeconomic Models." In Jan Kmenta and James Bernard Ramsey, eds., *Large-Scale Macroeconometric Models*. Amsterdam: North-Holland. 265–77.

———. 1987. "M1-Velocity and Money Demand Functions: Do Stable Relationships Exist?" *Carnegie-Rochester Conference Series on Public Policy* 27, no. 1, 9–88.

———. 1990. "Demand Functions for Measures of U.S. Money and Debt." In Peter Hooper, Karen H. Johnson, Donald L. Kohn, David E. Lindsey, Richard D. Porter, and Ralph W. Tryon, eds., *Financial Sectors in Open Economies: Empirical Analysis and Policy Issues*. Washington, DC: Board of Governors of the Federal Reserve System. 113–61.

———. 1993a. "Indicators of Inflation." In Kumiharu Shigehara, ed., *Price Stabilization in the 1990s: Domestic and International Policy Requirements*. London: Macmillan. 277–318.

———. 1993b. "Monetary Policy and the Money Supply Process." In Michele U. Fratianni and Dominick Salvatore, eds., *Monetary Policy in Developed Economies*. Westwood, CT: Greenwood. 25–54.

Rayack, Elton. 1987. *Not So Free to Choose: The Political Economy of Milton Friedman and Ronald Reagan*. New York: Praeger.

Reder, Melvin W. 1982. "Chicago Economics: Permanence and Change." *Journal of Economic Literature* 20, no. 1 (March): 1–38.

Rees, Albert. 1962. *The Economics of Trade Unions*. Chicago: University of Chicago Press.

———. 1970a. "The Phillips Curve as a Menu for Policy Choices." *Economica* 37, no. 147 (August): 227–38.

———. 1970b. "On Equilibrium in Labor Markets." *Journal of Political Economy* 78, no. 2 (March/April): 306–10.

Reid, Gavin C. 1990. "Analysing Rankings, with an Application to the Financing of Small Entrepreneurial Firms." *Economic Journal* 100, no. 400, 200–205.

Reid, Margaret G. 1934. *The Economics of Household Production*. New York: John Wiley and Sons.

———. 1952. "Effect of Income Concept upon Expenditure Curves of Farm Families." In Conference on Income and Wealth, *Studies in Income and Wealth*. Vol. 15. New York: National Bureau of Economic Research. 133–74.

Robbins, Lionel. 1960. "Monetary Theory and the Radcliffe Report." Revision of paper presented at the University of Rome, Spring 1960. Reprinted in Lionel Robbins, *Money, Trade, and International Relations*. London: Macmillan, 1971. 90–119. Roberts, John M. 1993. "The Sources of Business Cycles: A Monetarist Interpretation." *International Economic Review* 34, no. 4 (November): 923–34.

———. 1995. "New Keynesian Economics and the Phillips Curve." *Journal of Money, Credit and Banking* 27, no. 4 (November): 975–84.

Roberts, Russell. 2006. "An Interview with Milton Friedman." *EconLib* (Library of Economics and Liberty), September 4. https://www.econlib.org/library/Columns/y2006/Friedmantranscript.html.

Robinson, Joan. 1933. The Economics of Imperfect Competition. London: Macmillan.

———. 1937. Essays in the Theory of Employment. New York: Macmillan.

Rockoff, Hugh. 1975. *The Free Banking Era: A Re-examination*. New York: Arno.

———. 1984. *Drastic Measures: A History of Wage and Price Controls in the United States*. Cambridge: Cambridge University Press.

———. 2015. "Henry Simons and the Quantity Theory of Money." Manuscript, Rutgers University, March.

Romer, Christina D. 1992. "What Ended the Great Depression?" *Journal of Economic History* 52, no. 4 (December): 757–84.

———. 1993. "The Nation in Depression." *Journal of Economic Perspectives* 7, no. 2 (Spring): 19–39.

———. 2005. "Comment [on 'Origins of the Great Inflation' by Allan H. Meltzer]." *Federal Reserve Bank of St. Louis Review* 87, no. 2, part 2 (March/April): 177–86.

———. 2007. "Macroeconomic Policy in the 1960s: The Causes and Consequences of a Mistaken Revolution." Economic History Association Annual Meeting, September.

Romer, Christina D., and David H. Romer. 1989. "Does Monetary Policy Matter? A New Test in the Spirit of Friedman and Schwartz." *NBER Macroeconomics Annual* 4, no. 1, 121–84.

———. 1994a. "What Ends Recessions?" *NBER Macroeconomics Annual* 9, no. 1, 13–57.

———. 1994b. "Monetary Policy Matters." *Journal of Monetary Economics* 34, no. 1 (August): 75–88.

———. 2002a. "A Rehabilitation of Monetary Policy in the 1950's." *American Economic Review (Papers and Proceedings)* 92, no. 2 (May): 121–27.

———. 2002b. "The Evolution of Economic Understanding and Postwar Stabilization Policy." In Federal Reserve Bank of Kansas City, ed., *Rethinking Stabilization Policy*. Kansas City, MO: Federal Reserve Bank of Kansas City. 11–78.

———. 2013a. "The Missing Transmission Mechanism in the Monetary Explanation of the Great Depression." *American Economic Review (Papers and Proceedings)* 103, no. 3 (May): 66–72.

———. 2013b. "The Most Dangerous Idea in Federal Reserve History: Monetary Policy Doesn't Matter." *American Economic Review (Papers and Proceedings)* 103, no. 3 (May): 55–60.

———. 2013c. "Transfer Payments and the Macroeconomy: The Effects of Social Security Benefit Changes, 1952–1991." Manuscript, University of California, Berkeley.

Romer, Paul M. 1990. "Endogenous Technological Change." *Journal of Political Economy* 98, no. 5, part 2 (October): S71–S102.

Roosa, Robert V. 1956. *Federal Reserve Operations in the Money and Government Securities Markets*. New York: Federal Reserve Bank of New York.

Roose, Kenneth. 1954. *The Economics of Recession and Revival: An Interpretation of 1937–38*. New Haven, CT: Yale University Press.

Rosen, Sherwin. 1981. "The Economics of Superstars." *American Economic Review* 71, no. 5 (December): 845–58.

———. 1997. "Manufactured Inequality." *Journal of Labor Economics* 15, no. 2 (April): 189–96.

Rostow, Eugene V. 1960. "To Whom and for What Ends Is Corporate Management Responsible?" In Edward S. Mason, ed., *The Corporation in Modern Society*. Cambridge, MA: Harvard University Press. 46–71.

Rotemberg, Julio J. 1982. "Monopolistic Price Adjustment and Aggregate Output." *Review of Economic Studies* 49, no. 4 (October): 517–31.

———. 1987. "The New-Keynesian Microfoundations." *NBER Macroeconomics Annual* 2, no. 1, 69–104.

———. 2013. "Shifts in U.S. Federal Reserve Goals and Tactics for Monetary Policy: A Role for Penitence?" *Journal of Economic Perspectives* 27, no. 4 (Fall): 65–86.

———. 2014. "The Federal Reserve's Abandonment of Its 1923 Principles." NBER Working Paper no. 20507, September.

Rotemberg, Julio J., and Michael Woodford. 1997. "An Optimization-Based Econometric Framework for the Evaluation of Monetary Policy." *NBER Macroeconomics Annual* 12, no. 1, 297–346.

———. 1999a. "Interest Rate Rules in an Estimated Sticky Price Model." In John B. Taylor, ed., *Monetary Policy Rules*. Chicago: University of Chicago Press. 57–119.

———. 1999b. "The Cyclical Behavior of Prices and Costs." In John B. Taylor and Michael Woodford, eds., *Handbook of Macroeconomics*. Vol. 1, part B. Amsterdam: Elsevier. 1051–135.

Rothbard, Murray. 1971. "Milton Friedman Unraveled." *Individualist* 3, no. 2 (February): 3–7.

Rotwein, Eugene. 1959. "On 'The Methodology of Positive Economics.'" *Quarterly Journal of Economics* vol. 73, no. 4 (November): 554–75.

Rowan, D. C. 1980. *Australian Monetary Policy 1950–1975*. Sydney: Allen and Unwin.

Rudebusch, Glenn D., Brian P. Sack, and Eric T. Swanson. 2007. "Macroeconomic Implications of Changes in the Term Premium." *Federal Reserve Bank of St. Louis Review* 89, no. 4 (July/August): 241–69.

Ruffin, Roy J. 1979. "Tariffs, the Balance of Payments, and the Demand for Money." *Journal of International Economics* 9, no. 2 (May): 287–302.

Ruger, William. 2011. M*ilton Friedman*. New York: Continuum Books.

Ruml, Beardsley, and H. Christian Sonne. 1944. *Fiscal and Monetary Policy*. National Planning Pamphlet no. 35, July. Washington, DC: National Planning Association.

Samuelson, Paul A. 1941. "Appendix: A Statistical Analysis of the Consumption Function." In Alvin H. Hansen, *Fiscal Policy and Business Cycles*. New York: W. W. Norton. 250–60.

———. 1946. "Lord Keynes and the General Theory." *Econometrica* 14, no. 3 (July): 187–200.

———. 1947. *Foundations of Economic Analysis*. Cambridge, MA: Harvard University Press.

———. 1948. *Economics: An Introductory Analysis*. New York: McGraw-Hill.

———. 1953. "Full Employment versus Progress and Other Economic Goals." In Max F. Millikan, ed., *Income Stabilization for a Developing Democracy: A Study of the Politics and Economics of High Employment without Inflation*. New Haven, CT: Yale University Press. 547–80.

———. 1955. *Economics: An Introductory Analysis*. 3rd ed. New York: McGraw Hill.

———. 1956. "Economic Forecasting and National Policy." In Gerhard Colm, ed., *The Employment Act, Past and Future: A Tenth Anniversary Symposium*. Washington, DC: National Planning Association. 130–36.

———. 1960. "Reflections on Monetary Policy." *Review of Economics and Statistics* 42, no. 3 (August): 263–69.

———. 1961. *Economics*. 5th ed. New York: McGraw Hill.

———. 1963a. "Reflections on Central Banking." *National Banking Review* 1, no. 1 (September): 15–28.

———. 1963b. "Problems of Methodology—Discussion." *American Economic Review (Papers and Proceedings)* 53, no. 2 (May): 231–36.

———. 1968. "What Classical and Neoclassical Monetary Theory Really Was." *Canadian Journal of Economics* 1, no. 1 (February): 1–15.

———. 1969a. "The Role of Money in National Economic Policy." In Federal Reserve Bank of Boston, ed., *Controlling Monetary Aggregates: Proceedings of a Conference Held in June, 1969*. Boston: Federal Reserve Bank of Boston. 7–13.

———. 1969b. "Nonoptimality of Money Holding under Laissez Faire." *Canadian Journal of Economics* 2 (May): 303–8.

———. 1970a. *Economics*. 8th ed. New York: McGraw Hill.

———. 1970b. "Reflections on Recent Federal Reserve Policy." *Journal of Money, Credit and Banking* 2, no. 1 (February): 33–44.

———. 1970c. "Monetarism Objectively Evaluated." In Paul A. Samuelson and Felicity Skidmore, eds., *Readings in Economics*. 6th ed. New York: McGraw Hill. 145–54.

———. 1971. "Reflections on the Merits and Demerits of Monetarism." In James J. Diamond, ed., *Issues in Fiscal and Monetary Policy: The Eclectic Economist Views the Controversy*. Chicago: DePaul University. 7–21.

———. 1973a. "Discussion [of Assar Lindbeck, 'Some Fiscal and Monetary Experiments in Sweden']." In Federal Reserve Bank of Boston, ed., *Credit Allocation Techniques and Monetary Policy: Proceedings of a Conference Held at Melvin Village, New Hampshire, June, 1973*. Boston: Federal Reserve Bank of Boston. 224–28.

———. 1973b. *The Samuelson Sampler*. Glen Ridge, NJ: Thomas Horton.

———. 1975. "Addendum." In Committee on Banking, Housing and Urban Affairs, US Senate, *Second Meeting on the Conduct of Monetary Policy*. Washington, DC: US Government Printing Office. 74–75.

———. 1976. "Alvin Hansen as a Creative Economic Theorist." *Quarterly Journal of Economics* 90, no. 1 (February): 24–31.

———. 1980. "The Public Role in the Modern American Economy." In Martin S. Feldstein, ed., *The American Economy in Transition*. Chicago: University of Chicago Press. 665–71.

———. 1983a. *Economics from the Heart: A Samuelson Sampler*. San Diego, CA: Harcourt Brace Jovanovich.

———. 1983b. "My Life Philosophy." *American Economist* 27, no. 2 (Fall): 5–12.

———. 1997. "Credo of a Lucky Textbook Author." *Journal of Economic Perspectives* 11, no. 2 (Spring): 153–60.

Samuelson, Paul A., and Robert M. Solow. 1960. "Analytical Aspects of Anti-inflation

Policy." *American Economic Review (Papers and Proceedings)* 50, no. 2 (May): 177–94.

Sanderson, Allen R. 2012. "Chicago Remembers Milton Friedman: Personal Reflections and Professional Intersections." Manuscript, Department of Economics, University of Chicago.

Sandilands, Roger J. 1990. *The Life and Political Economy of Lauchlin Currie: New Dealer, Presidential Adviser, and Development Economist*. Durham, NC: Duke University Press.

Sargent, Thomas J. 1971. "A Note on the 'Accelerationist' Controversy." *Journal of Money, Credit and Banking* 3, no. 3 (August): 721–25.

———. 1972. "Rational Expectations and the Term Structure of Interest Rates." *Journal of Money, Credit and Banking* 4, no. 1, part 1 (February): 74–97.

———. 1973a. "Rational Expectations, the Real Rate of Interest, and the Natural Rate of Unemployment." *Brookings Papers on Economic Activity* 4, no. 2, 429–72.

———. 1973b. "Interest Rates and Prices in the Long Run: A Study of the Gibson Paradox." *Journal of Money, Credit and Banking* 5, no. 1, part 2 (February): 383–449.

———. 1978. "Rational Expectations, Econometric Exogeneity, and Consumption." *Journal of Political Economy* 86, no. 4 (August): 673–700.

———. 1979. *Macroeconomic Theory*. New York: Academic.

———. 1980. "Tobin's q and the Rate of Investment in General Equilibrium." *Carnegie-Rochester Conference Series in Public Policy* 12, no. 1, 107–54.

———. 1981. "Interpreting Economic Time Series." *Journal of Political Economy* 89, no. 2 (April): 213–48.

———. 1982a. "Nongradualist Approaches to Eliminating Inflation." In Federal Reserve Bank of Atlanta, ed., *Supply-Side Economics in the 1980s: Conference Proceedings*. Westport, CT: Quorum Books. 107–13.

———. 1982b. "Beyond Demand and Supply Curves in Macroeconomics." *American Economic Review (Papers and Proceedings)* 72, no. 2 (May): 382–89.

———. 1986. "Interpreting the Reagan Deficits." *Federal Reserve Bank of San Francisco Economic Review* 68, no. 4 (Fall): 5–12.

———. 1987a. *Macroeconomic Theory*. 2nd ed. New York: Academic.

———. 1987b. *Dynamic Macroeconomic Theory*. Cambridge, MA: Harvard University Press.

———. 1987c. *Some of Milton Friedman's Scientific Contributions to Macroeconomics*. Stanford, CA: Hoover Institution.

———. 1996. "Expectations and the Nonneutrality of Lucas." *Journal of Monetary Economics* 37, no. 3 (June): 535–48.

———. 2014. "The Evolution of Monetary Policy Rules." *Journal of Economic Dynamics and Control* 49, no. S1 (December): 147–50.

Sargent, Thomas J., and Neil A. Wallace. 1973. "The Stability of Models of Money and Growth with Perfect Foresight." *Econometrica* 41, no. 6 (November): 1043–48.

———. 1981. "Some Unpleasant Monetarist Arithmetic." *Federal Reserve Bank of Minneapolis Quarterly Review* 5, no. 1 (Winter): 1–17.

Saunders, Anthony. 1979. "The Short-Run Causal Relationship between U.K. Interest Rates, Share Prices and Dividend Yields." *Scottish Journal of Political Economy* 26, no. 1 (February): 61–71.

Savage, Leonard J. 1954. *The Foundations of Statistics*. New York: John Wiley and Sons.

———. 1972. *The Foundations of Statistics*. 2nd ed. New York: John Wiley and Sons.

Sayers, R. S. 1960. "Monetary Thought and Monetary Policy in England." *Economic Journal* 70, no. 280 (December): 710–24.

Sbordone, Argia M. 2002. "Prices and Unit Labor Costs: A New Test of Price Stickiness." *Journal of Monetary Economics* 49, no. 2 (March): 265–92.

Scadding, John L. 1979. "Estimating the Underlying Inflation Rate." *Federal Reserve Bank of Economic Review* 61, no. 2 (Spring): 7–18.

Schlesinger, James R. 1956. "After Twenty Years: The General Theory." *Quarterly Journal of Economics* 70, no. 4 (November): 581–602.

———. 1958. "Market Structure, Union Power and Inflation." *Southern Economic Journal* 24, no. 3 (January): 296–312.

———. 1960. "The Friedman Proposal of a Fixed Monetary Rule." *Rivista di Diritto Finanziario e Scienza della Finance* 19, no. 8, 357–69.

Schmalansee, Richard. 1983. "George Stigler's Contributions to Economics." *Scandinavian Journal of Economics* 85, no. 1, 77–86.

Schultz, Henry. 1938. *The Theory and Measurement of Demand.* Chicago: University of Chicago Press.

Schultz, Theodore W. 1961. "Investment in Human Capital." *American Economic Review* 51, no. 1 (March): 1–17.

———. 1963. *The Economic Value of Education.* New York: Columbia University Press.

Schultze, Charles L. 1959. *Recent Inflation in the United States.* Study Paper no. 1, Joint Economic Committee, US Congress. Washington, DC: US Government Printing Office.

Schwartz, Anna J. 1969. "Why Money Matters." *Lloyds Banks Review* 24, no. 94 (October): 1–16.

———. 1976. "Comments on Modigliani and Ando." In Jerome L. Stein, ed., *Monetarism.* Amsterdam: North-Holland. 43–49.

———. 1981. "Understanding 1929–33." In Karl Brunner, ed., *The Great Depression Revisited.* Boston: Martinus Nijhoff. 5–48.

———. 1984. "Comments on the Paper by Alan Budd, Sean Holly, Andrew Longbottom and David Smith." In Brian Griffiths and Geoffrey E. Wood, eds., *Monetarism in the United Kingdom.* New York: St. Martin's. 129–36.

———. 1986. "*World Inflation since 1950: An International Comparative Study* by A. J. Brown." *Economic History Review* 39, no. 4 (November): 670–72.

———. 1992. "Review: *Milton Friedman: Economics in Theory and Practice.*" *Economic Journal* 102, no. 413 (July): 959–61.

———. 1998. "Schwartz on Friedman: 'Who Is Milton? What Is He?': Reflections on *Two Lucky People.*" *Region* (Federal Reserve Bank of Minneapolis) 12, no. 3 (September): 4–8.

Schwartz, Anna J., and Elma Oliver. 1947. "Currency Held by the Public, the Banks, and the Treasury, Monthly, December 1917–December 1944." NBER Technical Paper no. 4.

Seater, John J. 1993. "Ricardian Equivalence." *Journal of Economic Literature* 31, no.

1 (March): 142–90.

Selden, Richard T. 1962. Stable Monetary Growth. In Leland B. Yeager, ed., *In Search of a Monetary Constitution*. Cambridge, MA: Harvard University Press. 322–55.

Seligman, Ben B. 1964. "The Search for a Working Theory." *Challenge* 12, no. 8 (May): 10–13.

Sen, Amartya. 1970. "The Impossibility of a Paretian Liberal." *Journal of Political Economy* 78, no. 1 (January/February): 152–57.

Shapiro, Matthew D. 1994. "Federal Reserve Policy: Cause and Effect." In N. Gregory Mankiw, ed., M*onetary Policy*. Chicago: University of Chicago Press. 307–32.

Sharpe, William F. 1970. *Portfolio Theory and Capital Markets*. New York: McGraw-Hill.

Sharpe, William F., Gordon J. Alexander, and Jeffery V. Bailey. 1995. *Investments*. 5th ed. Englewood Cliffs, NJ: Prentice Hall.

Shaw, Edward S. 1950. *Money, Income, and Monetary Policy*. Chicago: Richard D. Irwin.

———. 1964. "Money Supply and Stable Economic Growth." In Neil H. Jacoby, ed., *United States Monetary Policy*. Rev. ed. New York: Praeger. 73–93.

Sheffrin, Steven M. 1982. "Discussion [of 'The Real Effects of Financial Crises: Theory and Evidence']." In Federal Reserve Bank of San Francisco, ed., *Proceedings of Sixth West Coast Academic/Federal Reserve Economic Research Seminar November 1982*. San Francisco: Federal Reserve Bank of San Francisco. 163–68.

Shiller, Robert J. 1972. "Rational Expectations and the Term Structure of Interest Rates." PhD diss., Massachusetts Institute of Technology.

———. 1978. "Rational Expectations and the Dynamic Structure of Macroeconomic Models: A Critical Review." *Journal of Monetary Economics* 4, no. 1 (January): 1–44.

———. 1982. "Consumption, Asset Markets and Macroeconomic Fluctuations." *Carnegie-Rochester Conference Series on Public Policy* 17, no. 1, 203–38.

Shiller, Robert J., and Franco Modigliani. 1979. "Coupon and Tax Effects on New and Seasoned Bond Yields and the Measurement of the Cost of Debt Capital." *Journal of Financial Economics* 7, no. 3 (September): 297–318.

Shimer, Robert. 1996. "Essays in Search Theory." PhD diss., Massachusetts Institute of Technology, June.

———. 2010. *Labor Markets and Business Cycles.* Princeton, NJ: Princeton University Press.

Shoup, Carl S., Milton Friedman, and Ruth P. Mack. 1941. "Amount of Taxes Needed in June 1942 to Avert Inflation." US Treasury Department, October 15.

———. 1943. *Taxing to Prevent Inflation: Techniques for Estimating Revenue Requirements.* New York: Columbia University Press.

Shove, G. F. 1942. "The Place of Marshall's Principles in the Development of Economic Theory." *Economic Journal* 52, no. 208 (December): 294–329.

Siegel, Jeremy J. 2005. *The Future for Investors: Why the Tried and True Triumph over the Bold and New.* New York: Crown Business.

Silber, William L. 1969. "Monetary Channels and the Relative Importance of Money Supply and Bank Portfolios." *Journal of Finance* 24, no. 1 (March): 81–87.

Silk, Leonard S. 1976. *The Economists.* New York: Basic Books.

Simons, Henry C. 1934. *A Positive Program for Laissez Faire.* Chicago: University of Chicago Press.

———. 1936. "Rules versus Authorities in Monetary Policy." *Journal of Political Economy* 44, no. 1 (February): 1–30.

———. 1942. "Hansen on Fiscal Policy." *Journal of Political Economy* 50, no. 2 (April): 161–96.

———. 1948. *Economic Policy for a Free Society.* Chicago: University of Chicago Press.

Simons, Henry C., Aaron Director, Frank H. Knight, Garfield V. Cox, Lloyd W. Mints, Henry Schultz, Paul H. Douglas, Albert G. Hart, et al. 1933. "Banking and Currency Reform, Long-Time Objectives of Monetary Management, and Business Cycles." University of Chicago, November 17.

Sims, Christopher A. 1972. "Money, Income, and Causality." *American Economic Review* 62, no. 4 (September): 540–52.

———. 1982. "Scientific Standards in Econometric Modeling." In Michiel

Hazelwinkel and A. H. G. Rinnooy Kan, eds., *Current Developments in the Interface: Economics, Econometrics, Mathematics; State of the Art Surveys Presented on the Occasion of the 25th Anniversary of the Econometric Institute.* Boston: D. Reidel. 317–40.

———. 1991. "Comment by Christopher A. Sims on 'To Criticize the Critics,' by Peter C. B. Phillips." *Journal of Applied Econometrics* 6, no. 4 (October–December): 423–34.

———. 1992. "Interpreting the Macroeconomic Time Series Facts: The Effects of Monetary Policy." *European Economic Review* 36, no. 5 (June): 975–1000.

———. 1998. "Comment on Glenn Rudebusch's 'Do Measures of Monetary Policy in a VAR Make Sense?'" *International Economic Review* 39, no. 4 (November): 933–41.

———. 2012. "Statistical Modeling of Monetary Policy and Its Effects." *American Economic Review* 102, no. 4 (June): 1187–205.

Sinclair, Tara M. 2009. "Asymmetry in the Business Cycle: Friedman's Plucking Model with Correlated Innovations." Manuscript, George Washington University, June.

Skidelsky, Robert. 1992. *John Maynard Keynes.* Vol. 2, *The Economist as Saviour, 1920–1937.* London: Macmillan. US edition: New York, Penguin, 1994.

———. 2000. *John Maynard Keynes.* Vol. 3, *Fighting for Britain, 1937–1946.* London: Macmillan.

Skidelsky, Robert, and Edward Skidelsky. 2013. *How Much Is Enough? Money and the Good Life.* Rev. ed. New York: Other.

Skousen, Mark. 2001. *The Making of Modern Economics: The Lives and Ideas of the Great Thinkers.* Armonk, NY: M. E. Sharpe.

Smith, Adam. 1759. *The Theory of Moral Sentiments.* London: A. Millar. Reprint ed.: New York: Garland, 1971.

———. 1776. *An Inquiry into the Nature and Causes of the Wealth of Nations.* Reissued version: Edwin Cannan, ed., New York: Modern Library, 1937.

Smith, David. 1987. *The Rise and Fall of Monetarism.* Middlesex, UK: Penguin.

Smith, Gary. 1982. "Monetarism, Bondism, and Inflation." *Journal of Money, Credit and Banking* 14, no. 2 (May): 278–86.

Smith, Harlan M. 1951. "Classified Bibliography of Articles in Monetary Theory."

In Friedrich A. Lutz and Lloyd W. Mints, eds., *Readings in Monetary Theory, Selected by a Committee of the American Economic Association*. Homewood, IL: Richard D. Irwin; Philadelphia: Blakiston. 457– 505.

Smith, Warren L., and Ronald L. Teigen, eds. 1970. *Readings in Money, National Income, and Stabilization Policy*. 2nd ed. Homewood, IL: Richard D. Irwin.

Snowdon, Brian, and Howard R. Vane. 1997. "Modern Macroeconomics and Its Evolution from a Monetarist Perspective: An Interview with Professor Milton Friedman." *Journal of Economic Studies* 24, no. 4 (July/August): 191–221 (192–222 of some printings).

Snowdon, Brian, Howard R. Vane, and Peter Wynarczyk. 1994. *A Modern Guide to Macroeconomics: An Introduction to Competing Schools of Thought*. Cheltenham, UK: Edward Elgar.

Solow, Robert M. 1966a. "The Case against the Case against the Guideposts." In George P. Shultz and Robert Z. Aliber, eds., *Guidelines: Informal Controls and the Market Place*. Chicago: University of Chicago Press. 41– 54.

———. 1966b. "Comments." In George P. Shultz and Robert Z. Aliber, eds., *Guidelines: Informal Controls and the Market Place*. Chicago: University of Chicago Press. 62–66.

———. 1969. Price Expectations and the Behavior of the Price Level. Manchester, UK: Manchester University Press.

———. 1976. "Down the Phillips Curve with Gun and Camera." In David A. Belsley, Edward J. Kane, Paul A. Samuelson, and Robert M. Solow, eds., *Inflation, Trade and Taxes: Essays in Honor of Alice Bourneuf*. Columbus: Ohio State University Press. 3–22.

———. 1986. "Unemployment: Getting the Questions Right." *Economica* 53, no. 210 (supplement issue): S23–S34.

———. 2012. "The Serfdom Scare." *New Republic* 243, no. 18 (December 6): 40–43.

Special Committee to Study the Foreign Aid Program. 1957. *The Foreign Aid Program: Hearings*. Washington, DC: US. Government Printing Office.

Speers, Michael F. 1982. "NSA Revealed." *Foreign Service Journal* 59, no. 11 (December): 10–12.

Sprinkel, Beryl W. 1964. *Money and Stock Prices*. Homewood, IL: Richard D. Irwin.

Stallings, Penny. 1991. *Forbidden Channels: The Truth They Hide from "TV Guide."* New York: Harper Perennial.

Stein, Herbert. 1969. *The Fiscal Revolution in America.* Chicago: University of Chicago Press.

Stein, Jerome L., ed. 1976a. *Monetarism.* Amsterdam: North-Holland.

———. 1976b. "Introduction: The Monetarist Critique of the New Economics." In Jerome L. Stein, ed., *Monetarism.* Amsterdam: North-Holland. 1–16.

Steindl, Frank G. 2004. "Friedman and Money in the 1930s." History of Political Economy 36, no. 3 (Fall): 521–31.

Stevenson, Andrew, Vitantonio Muscatelli, and Mary Gregory. 1988. Macroeconomic Theory and Stabilisation Policy. Hertfordshire, UK: Philip Allan.

Stigler, George J. 1949. *Five Lectures on Economic Problems.* London: Longman, Green.

———. 1960a. "*Selected Papers on Economic Theory* by Knut Wicksell." *Econometrica* 28, no. 3 (July): 719–20.

———. 1960b. "The Influence of Events and Policies on Economic Theory." *American Economic Review (Papers and Proceedings)* 50, no. 2 (May): 36–45.

———. 1966. *The Theory of Price.* 3rd ed. New York: Macmillan.

———. 1988. *Memoirs of an Unregulated Economist.* New York: Basic Books.

Stigler, Stephen. 1996. "The History of Statistics in 1933." *Statistical Science* 11, no. 3 (August): 244–52.

———. 2007. "Milton Friedman and Statistics." Manuscript, University of Chicago.

Stock, James H. 1988. "A Reexamination of Friedman's Consumption Puzzle." *Journal of Business and Economic Statistics* 6, no. 4 (October): 401–7.

Stokey, Nancy L., Robert E. Lucas, Jr., and Edward C. Prescott. 1989. *Recursive Methods in Economic Dynamics.* Cambridge, MA: Harvard University Press.

Subcommittee on Economic Stabilization of the Joint Committee on the Economic Report, US Congress. 1956. *Conflicting Official Views on Monetary Policy: April 1956; Hearing, June 12, 1956.* Washington, DC: US Government Printing Office.

Subcommittee on Monetary, Credit, and Fiscal Policies of the Joint Committee on the

Economic Report, US Congress. 1950a. *Monetary, Credit, and Fiscal Policies: Report of the Subcommittee on Monetary, Credit, and Fiscal Politics of the Joint Committee on the Economic Report, Congress of the United States, Pursuant to S. Res. 26*. Washington, DC: US Government Printing Office.

———. 1950b. *Monetary, Credit, and Fiscal Policies: Hearings*, September 28, November 16, 17, 18, 22, 23 and December 1, 2, 3, 5, 7, 1949. Washington, DC: US Government Printing Office.

Sugden, Robert. 2004. "Alternative to Expected Utility: Foundations." In Salvador Bar- bera, Peter J. Hammond, and Christian Seidl, eds., *Handbook of Utility Theory*. Vol. 2, Extensions. Netherlands: Kluwer Academic. 685–756.

Summers, Lawrence H. 1986. "Estimating the Long-Run Relationship between Interest Rates and Inflation: A Response to McCallum." *Journal of Monetary Economics* 18, no. 1 (July): 77–86.

———. 1991. "The Scientific Illusion in Empirical Macroeconomics." *Scandinavian Journal of Economics* 93, no. 2, 129–48.

———. 2015. "Have We Entered an Age of Secular Stagnation? IMF Fourteenth Annual Research Conference in Honor of Stanley Fischer, Washington, D.C." *IMF Economic Review* 63, no. 1 (April): 277–80.

Svensson, Lars E. O. 2015. "Cost-Benefit Analysis of Leaning against the Wind: Are Costs Always Larger Than Benefits, and Even More So with a Less Effective Macro-prudential Policy?" Manuscript, Stockholm School of Economics, September.

Swenson, John, ed. 1981. *The Year in Rock 1981–82*. New York: Delilah Books.

Szyr, Eugeniusz, ed. 1964. *Twenty Years of the Polish People's Republic*. Warsaw: Warszawa Panstwowe Wydawnictwo Ekonomiczne.

Tavlas, George S. 1977a. "Chicago Schools Old and New on the Efficacy of Monetary Policy." *Banca Nazionale del Lavoro Quarterly Review* 30, no. 120 (March): 51–73.

———. 1977b. "The Chicago Tradition Revisited: Some Neglected Monetary Contributions: Senator Paul Douglas (1892–1976)." *Journal of Money, Credit and Banking* 9, no. 4 (November): 529–35.

———. 1989. "Interpreting Keynes: Reflections on the Leijonhufvud-Yeager

Discussion." *Cato Journal* 9, no. 1 (Spring/Summer): 237–52.

———. 1998. "More on the Chicago Tradition." *Journal of Economic Studies* 25, no. 1 (January): 17–21.

———. 2015. "In Old Chicago: Simons, Friedman and the Development of Monetary-Policy Rules." *Journal of Money, Credit and Banking* 47, no. 1 (February): 99–121.

Taylor, John B. 1980. "Aggregate Dynamics and Staggered Contracts." *Journal of Political Economy* 88, no. 1 (February): 1–23.

———. 1981. "On the Relation between the Variability of Inflation and the Average Inflation Rate." *Carnegie-Rochester Conference Series on Public Policy* 15, no. 1, 57–85.

———. 1986. "Improvements in Macroeconomic Stability: The Role of Wages and Prices." In Robert J. Gordon, ed., *The American Business Cycle: Continuity and Change*. Chicago: University of Chicago Press. 639–59.

———. 1993. "Discretion versus Policy Rules in Practice." *Carnegie-Rochester Conference Series on Public Policy* 39, no. 1, 195–214.

———. 1996. "How Should Monetary Policy Respond to Shocks While Maintaining Long-Run Price Stability?—Conceptual Issues." In Federal Reserve Bank of Kansas City, ed., *Achieving Price Stability*. Kansas City, MO: Federal Reserve Bank of Kansas City. 181–95.

———. 2001. "An Interview with Milton Friedman." *Macroeconomic Dynamics* 5, no. 1 (February): 101–31.

Teichgraeber, Richard, III. 1979. "*Adam Smith's Politics: An Essay in Historiographic Revision*, by Donald Winch." *Eighteenth-Century Studies* 12, no. 4 (Summer): 566–69.

Telser, Lester G. 2001. "Higher Member Bank Reserve Ratios in 1936 and 1937 Did Not Cause the Relapse into Depression." *Journal of Post Keynesian Economics* 24, no. 2 (Winter): 205–16.

———. 2003. "The Veterans' Bonus of 1936." *Journal of Post-Keynesian Economics* 26, no. 2 (Winter): 227–43.

———. 2007. *The Core Theory in Economics: Problems and Solutions*. London: Routledge.

Temin, Peter. 1976. *Did Monetary Factors Cause the Great Depression?* New York: W.

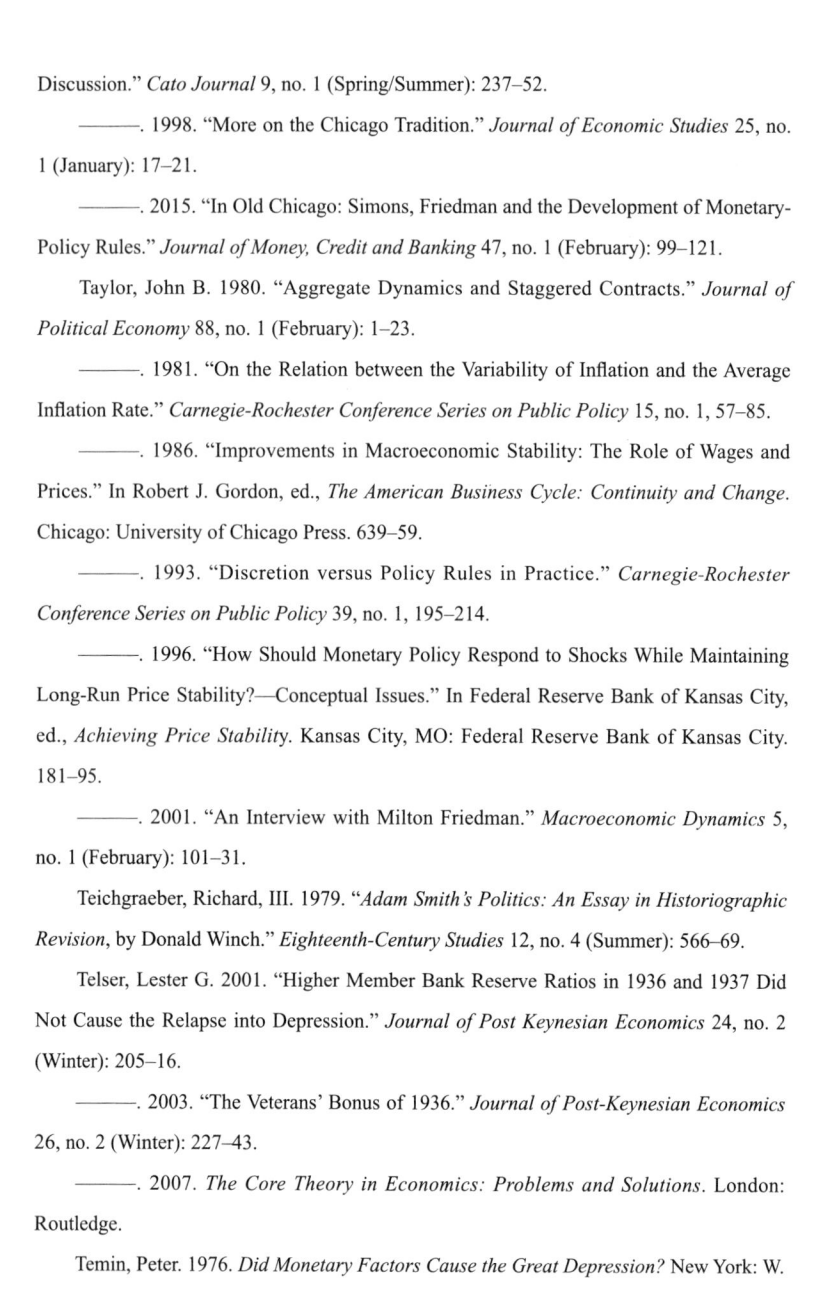

W. Norton.

Thomas, Woodlief. 1947. "The Heritage of War Finance." *American Economic Review (Papers and Proceedings)* 37, no. 2 (May): 205–15.

Thornton, Daniel L. 2006. "When Did the FOMC Begin Targeting the Federal Funds Rate? What the Verbatim Transcripts Tell Us." *Journal of Money, Credit and Banking* 38, no. 8 (December): 2039–71.

Thygesen, Niels. 1977. "The Scientific Contributions of Milton Friedman." *Scandinavian Journal of Economics* 79, no. 1, 56–98.

Tinbergen, Jan. 1939. S*tatistical Testing of Business-Cycle Theories: II, Business Cycles in the United States of America, 1919–1932*. New York: Columbia University Press.

Tobin, James. 1947. "Liquidity Preference and Monetary Policy." *Review of Economics and Statistics* 29, no. 2 (May): 124–31.

———. 1956. "The Interest Elasticity of the Transactions Demand for Cash." *Review of Economics and Statistics* 38, no. 3 (August): 241–47.

———. 1958a. "Liquidity Preference as Behavior towards Risk." *Review of Economic Studies* 25, no. 2 (February): 65–86.

———. 1958b. "Discussion of Milton Friedman's [Summary Paper] 'A Theory of the Consumption Function.'" In Lincoln H. Clark, ed., *Consumer Behavior: Research on Consumer Reactions*. New York: Harper and Brothers. 447–54.

———. 1960. "Towards Improving the Efficiency of the Monetary Mechanism." *Review of Economics and Statistics* 42, no. 3 (August): 276–79.

———. 1961. "Money, Capital, and Other Stores of Value." *American Economic Review (Papers and Proceedings)* 51, no. 2 (May): 26–37.

———. 1963a. "An Essay on the Principles of Debt Management." In Commission on Money and Credit, ed., *Fiscal and Debt Management Policies*. Englewood Cliffs, NJ: Prentice Hall. 143–218.

———. 1963b. "Commercial Banks as Creators of 'Money.'" In Deane Carson, ed., *Banking and Monetary Studies*. Homewood, IL: Richard D. Irwin. 408–19.

———. 1965a. "The Monetary Interpretation of History." *American Economic Review* 55, no. 3 (June): 464–85.

———. 1965b. "Money and Economic Growth." *Econometrica* 33, no. 4 (October): 671–84.

———. 1969a. "A General Equilibrium Approach to Monetary Theory." *Journal of Money, Credit and Banking* 1, no. 1 (February): 15–29.

———. 1969b. "The Role of Money in National Economic Policy: Panel Discussion." In Federal Reserve Bank of Boston, ed., *Controlling Monetary Aggregates: Proceedings of the Monetary Conference Held on Nantucket Island, June 8–10, 1969.* Boston: Federal Reserve Bank of Boston. 21–25.

———. 1969c. "Monetary Semantics." In Karl Brunner, ed., *Targets and Indicators of Monetary Policy.* San Francisco: Chandler. 165–74.

———. 1970a. "Money and Income: Post Hoc Ergo Propter Hoc?" *Quarterly Journal of Economics* 84, no. 2 (May): 301–17.

———. 1970b. "Rejoinder." *Quarterly Journal of Economics* 84, no. 2 (May): 328–29.

———. 1974a. "Monetary Policy in 1974 and Beyond." *Brookings Papers on Economic Activity* 5, no. 1, 219–32.

———. 1974b. "Friedman's Theoretical Framework: Postscript." In Robert J. Gordon, ed., *Milton Friedman's Monetary Framework: A Debate with His Critics.* Chicago: University of Chicago Press. 88–89.

———. 1975. "Keynesian Models of Recession and Depression." *American Economic Review (Papers and Proceedings)* 65, no. 2 (May): 195–202.

———. 1976a. "Review: *Issues in Monetary Economics* [edited] by H. G. Johnson, A. R. Nobay." *Journal of Finance* 31, no. 1 (March): 169–72.

———. 1976b. "Reply: Is Friedman a Monetarist?" In Jerome L. Stein, ed., *Monetarism.* Amsterdam: North-Holland. 332–36.

———. 1978a. "Comments from an Academic Scribbler." *Journal of Monetary Economics* 4, no. 3 (August): 617–25.

———. 1978b. "Monetary Policies and the Economy: The Transmission Mechanism." *Southern Economic Journal* 44, no. 3 (January): 421–31.

———. 1978c. "Correspondence [August 8, 1978] Relating to Legislative Proposals concerning the Federal Reserve's Monetary Control and the Membership Problem." In Committee on Banking, Finance, and Urban Affairs, US House of Representatives, *Monetary Control and the Membership Problem: Hearings*. Washington, DC: US Government Printing Office. 792–95.

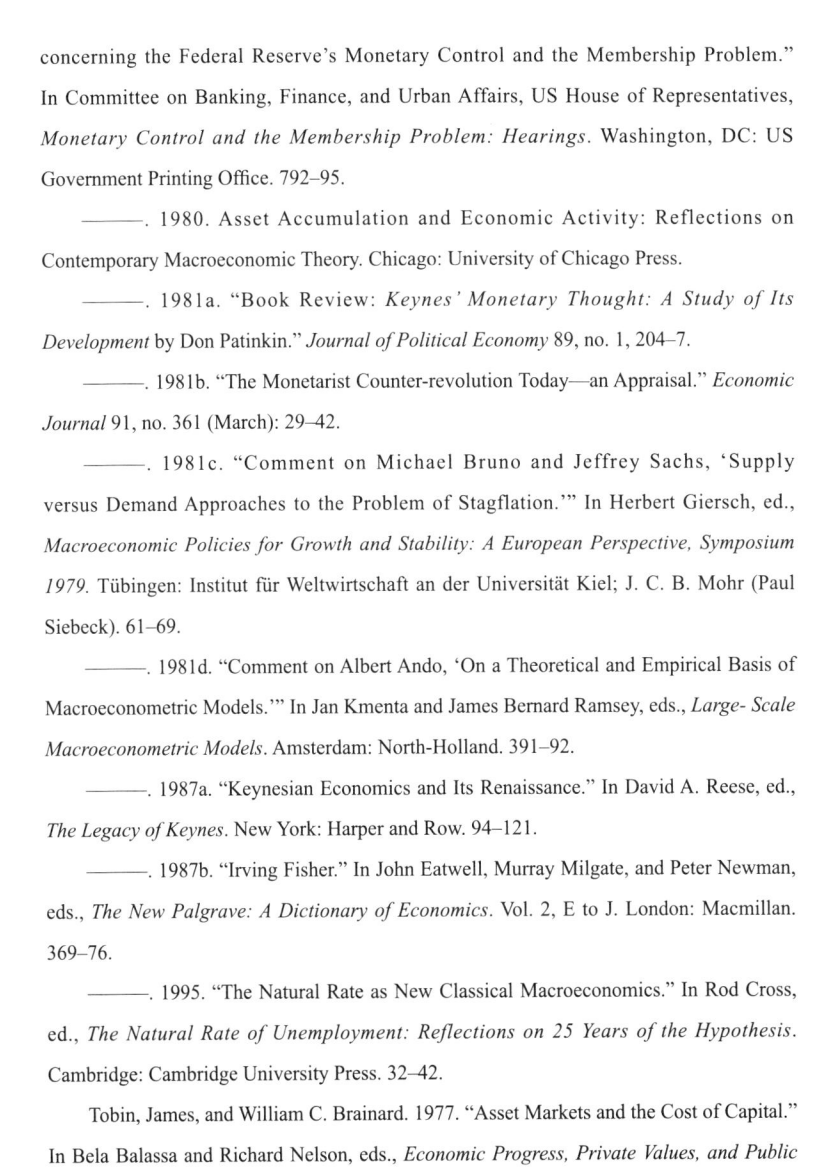

———. 1980. Asset Accumulation and Economic Activity: Reflections on Contemporary Macroeconomic Theory. Chicago: University of Chicago Press.

———. 1981a. "Book Review: *Keynes' Monetary Thought: A Study of Its Development* by Don Patinkin." *Journal of Political Economy* 89, no. 1, 204–7.

———. 1981b. "The Monetarist Counter-revolution Today—an Appraisal." *Economic Journal* 91, no. 361 (March): 29–42.

———. 1981c. "Comment on Michael Bruno and Jeffrey Sachs, 'Supply versus Demand Approaches to the Problem of Stagflation.'" In Herbert Giersch, ed., *Macroeconomic Policies for Growth and Stability: A European Perspective, Symposium 1979*. Tübingen: Institut für Weltwirtschaft an der Universität Kiel; J. C. B. Mohr (Paul Siebeck). 61–69.

———. 1981d. "Comment on Albert Ando, 'On a Theoretical and Empirical Basis of Macroeconometric Models.'" In Jan Kmenta and James Bernard Ramsey, eds., *Large-Scale Macroeconometric Models*. Amsterdam: North-Holland. 391–92.

———. 1987a. "Keynesian Economics and Its Renaissance." In David A. Reese, ed., *The Legacy of Keynes*. New York: Harper and Row. 94–121.

———. 1987b. "Irving Fisher." In John Eatwell, Murray Milgate, and Peter Newman, eds., *The New Palgrave: A Dictionary of Economics*. Vol. 2, E to J. London: Macmillan. 369–76.

———. 1995. "The Natural Rate as New Classical Macroeconomics." In Rod Cross, ed., *The Natural Rate of Unemployment: Reflections on 25 Years of the Hypothesis*. Cambridge: Cambridge University Press. 32–42.

Tobin, James, and William C. Brainard. 1977. "Asset Markets and the Cost of Capital." In Bela Balassa and Richard Nelson, eds., *Economic Progress, Private Values, and Public Policies: Essays in Honor of William Fellner*. Amsterdam: North-Holland. 235–62.

Tobin, James, and Willem H. Buiter. 1976. "Long-Run Effects of Fiscal and Monetary

Policy on Aggregate Demand." In Jerome L. Stein, ed., *Monetarism*. Amsterdam:North-Holland. 273–309.

———. 1980. "Fiscal and Monetary Policies, Capital Formation, and Economic Activity." In George M. Von Furstenberg, ed., *The Government and Capital Formation*. Cambridge, MA: Ballinger. 73–151.

Todd, Richard M. 1990. "Vector Autoregression Evidence on Monetarism: Another Look at the Robustness Debate." *Federal Reserve Bank of Minneapolis Quarterly Review* 14, no. 2 (Spring): 19–37.

Tolley, George S. 1957. "Providing for Growth of the Money Supply." *Journal of Political Economy* 65, no. 6 (December): 465–85.

Townsend, Robert M. 1980. "Models of Money with Spatially Separated Agents." In John H. Kareken and Neil A. Wallace, eds., *Models of Monetary Economies*. Minneapolis: Federal Reserve Bank of Minneapolis. 265–303.

Treasury and Civil Service Committee, House of Commons. 1980. "Questionnaire on Monetary Policy." In Treasury and Civil Service Committee, House of Commons, ed., *Memoranda on Monetary Policy*. London: Her Majesty's Stationery Office. 1–4. Trebach, Arnold S., and Kevin B. Zeese, eds. 1992. *Friedman and Szasz on Liberty and Drugs*. Washington, DC: Drug Policy Foundation Press.

Trevithick, James A. 1977. *Inflation: A Guide to the Crisis in Economics*. Harmondsworth, UK: Penguin.

Triffin, Robert. 1940. *Monopolistic Competition and General Equilibrium Theory*. Cambridge, MA: Harvard University Press.

Turner, Philip. 2011. "Is the Long-Term Interest Rate a Policy Victim, a Policy Variable or a Policy Lodestar?" BIS Working Paper no. 367, December.

Turner, Robert C. 1957. "Comment [on 'Consumer Credit Control as an Instrument of Stabilization Policy']." In Federal Reserve Board, ed., *Consumer Instalment Credit, Part 2: Conference on Regulation*. Washington, DC: Federal Reserve Board. 103–11. University of Chicago Press. 1941. "Incomes from Independent Professional Practice, 1929–1936, by Simon Kuznets, Milton Friedman." *American Journal of Sociology* 46, no. 4 (January): 636–37.

Vaizey, John, ed. 1975. *Whatever Happened to Equality?* London: British Broadcasting Corporation.

Valentine, Gloria. 1987. "Complete Bibliography of Milton Friedman." In Kurt R. Leube, ed., *The Essence of Friedman*. Stanford, CA: Hoover Institution Press. 527–51.

Van Horn, Robert. 2009. "Reinventing Monopoly and the Role of Corporations: The Roots of Chicago Law and Economics." In Philip Mirowski and Dieter Plehwe, eds., *The Road from Mont Pèlerin: The Making of the Neoliberal Thought Collective*. Cambridge, MA: Harvard University Press. 204–37.

Van Horn, Robert, and Matthias Klaes. 2011. "Intervening in Laissez-Faire Liberalism: Chicago's Shift on Patents." In Robert Van Horn, Philip Mirowski, and Thomas A. Stapleford, eds., *Building Chicago Economics: New Perspectives on the History of America's Most Powerful Economics Program*. Cambridge: Cambridge University Press. 180–207.

Van Overtveldt, Johan. 2007. *The Chicago School: How the University of Chicago Assembled the Thinkers Who Revolutionized Economics and Business*. Evanston, IL: Agate B2.

Viner, Jacob. 1927. "Adam Smith and Laissez Faire." *Journal of Political Economy* 35, no. 2 (April): 198–232.

———. 1933. *Balanced Deflation, Inflation, or More Depression*. Minneapolis: University of Minnesota Press.

———. 1936. "Mr. Keynes on the Causes of Unemployment." *Quarterly Journal of Economics* 51, no. 1 (November): 147–67.

———. 1945. *The United States in a Multi-national Economy*. New York: Council on Foreign Relations.

Volcker, Paul A. 1977. "A Broader Role for Monetary Targets." *Federal Reserve Bank of New York Quarterly Review* 59, no. 1 (Spring): 23–28.

———. 1978. "The Role of Monetary Targets in an Age of Inflation." *Journal of Monetary Economics* 4, no. 2 (April): 329–39.

von Neumann, John, and Oskar Morgenstern. 1944. *Theory of Games and Economic Behavior*. Princeton, NJ: Princeton University Press.

Wachter, Susan M. 1976. *Latin American Inflation: The Structuralist-Monetarist Debate*. Lexington, MA: Lexington Books.

Wald, Abraham. 1947. *Sequential Analysis*. New York: John Wiley and Sons.

Walker, Charles E. 1960. "Monetary Policy and Economic Stability." In Herbert V. Prochnow, ed., *The Federal Reserve System*. New York: Harper and Brothers. 54–74.

Walker, Francis A. 1893. "Value of Money." *Quarterly Journal of Economics* 8, no. 1 (October): 62–76.

———. 1895. "The Quantity-Theory of Money." *Quarterly Journal of Economics* 9, no. 4 (July): 372–79.

Wallace, Neil A. 1977. "Why the Fed Should Consider Holding M0 Constant." *Federal Reserve Bank of Minneapolis Quarterly Review* 1, no. 1 (Summer): 2–10.

———. 1988. "A Suggestion for Oversimplifying the Theory of Money." *Economic Journal* 98, no. 390 (supplement): 25–36.

Wallechinsky, David, Amy Wallace, and Irving Wallace. 1981. *The "People's Almanac" Presents the Book of Predictions*. New York: Bantam.

Wallich, Henry C. 1977. "From Multiplier to Quantity Theory." In Bela Balassa and Richard Nelson, eds., *Economic Progress, Private Values, and Public Policy: Essays in Honor of William Fellner*. Amsterdam: North-Holland. 279–95.

———. 1983. "Samuelson and Trends in Monetary Policy." In George R. Feiwel, ed., *Samuelson and Neoclassical Economics*. Boston: Kluwer. 263–70.

Wallich, Henry C., and Stephen H. Axilrod. 1964. "Postwar United States Policy Appraised." In Neil H. Jacoby, ed., *United States Monetary Policy*. Rev. ed. New York: Praeger. 116–54.

Wallis, Kenneth F. 1980. *Topics in Applied Econometrics*. Rev. 2nd ed. London: Gray-Mills.

Wallis, W. Allen. 1942. "How to Ration Consumers' Goods and Control Their Prices." *American Economic Review* 32, no. 3, part 1 (September): 501–12.

———. 1947. "Preface." In Churchill Eisenhart, Millard W. Hastay, and W. Allen Wallis, eds., *Selected Techniques of Statistical Analysis for Scientific and Industrial Research and Production and Management Engineering by the Statistical Research Group,*

Columbia University. New York: McGraw Hill. vii–x.

———. 1948. "Preface." In H. A. Freeman, Milton Friedman, Frederick Mosteller, and W. Allen Wallis, eds., *Sampling Inspection: Principles, Procedures, and Tables for Single, Double, and Sequential Sampling in Acceptance Inspection and Quality Control Based on Percent Defective by the Statistical Research Group, Columbia University*. New York: McGraw Hill. v–x.

Wallis, W. Allen, and Milton Friedman. 1942. "The Empirical Derivation of Indifference Functions." In Oskar Lange, Francis McIntyre, and Theodore Otto Yntema, eds., *Studies in Mathematical Economics and Econometrics*. Chicago: University of Chicago Press. 175–89.

Walras, Leon. 1954. *Elements of Pure Economics*. Translated by William Jaffe. Homewood, IL: Richard Irwin.

Walsh, Carl E. 2003. *Monetary Theory and Policy*. 2nd ed. Cambridge, MA: MIT Press.

Walters, Alan A. 1968. *Introduction to Econometrics*. London: Macmillan.

———. 1987. "Milton Friedman." In John Eatwell, Murray Milgate, and Peter Newman, eds., *The New Palgrave: A Dictionary of Economics*. Vol. 2, E to J. London: Macmillan. 422–27.

———. 1991. "Introduction." In Milton Friedman, *Monetarist Economics*. Oxford, UK: Basil Blackwell. vii–x.

Warburton, Clark. 1943a. "Measuring the Inflationary Gap." *American Economic Review* 33, no. 2 (June): 365–69.

———. 1943b. "Who Makes the Inflationary Gap?" *American Economic Review* 33, no. 3 (September): 607–12.

———. 1944. "Monetary Expansion and the Inflationary Gap." *American Economic Review* 34, no. 2 (June): 303–27.

———. 1946a. "Effect of Wartime Monetary Expansion on the Postwar Price Level." Manuscript, Division of Research and Statistics, FDIC, July 25.

———. 1946b. "The Misplaced Emphasis in Contemporary Business-Fluctuation Theory." *Journal of Business* 19, no. 4 (October): 199–220.

———. 1950a. "Co-ordination of Monetary, Bank Supervisory, and Loan Agencies of the Federal Government." *Journal of Finance* 5, no. 2 (June): 148–69.

———. 1950b. "The Theory of Turning Points in Business Fluctuations." *Quarterly Journal of Economics* 64, no. 4 (November): 525–49.

———. 1951. "An Additional Note on Co-ordination of Banking and Monetary Agencies." *Journal of Finance* 6, no. 3 (September): 338–40. Reprinted (as "An Additional Note") in Clark Warburton, *Depression, Inflation, and Monetary Policy: Selected Papers, 1945–1953*. Baltimore: Johns Hopkins University Press, 1966. 412–14.

———. 1952. "How Much Variation in the Quantity of Money Is Needed?" *Southern Economic Journal* 18, no. 4 (April): 495–509.

———. 1958. "Discussion." *Proceedings of the Business and Economic Statistics Section of the American Statistical Association* 5, no. 1, 210–12.

———. 1963. "Money and Business Cycles: A Comment." *Review of Economics and Statistics* 45, no. 1 (February): 77–78.

———. 1966. *Depression, Inflation, and Monetary Policy: Selected Papers, 1945–1953*. Baltimore: Johns Hopkins University Press.

———. 1976. "*Gold, Money and the Law*, edited by Henry G. Manne and Roger LeRoy Miller." *Journal of Money, Credit and Banking* 8, no. 4 (November): 542–43.

Ward, Richard A., ed. 1966. *Monetary Theory and Policy*. Scranton, PA: International Textbook.

Watson, Mark W. 1988. "Comment [on 'A Reexamination of Friedman's Consumption Puzzle']." *Journal of Business and Economic Statistics* 6, no. 4 (October): 408–9.

———. 1993. "Measures of Fit for Calibrated Models." *Journal of Political Economy* 101, no. 6 (December): 1011–41.

Weinstein, Michael M. 1980. *Recovery and Redistribution under the NIRA*. Amsterdam: North-Holland.

Weintraub, Robert. 1967. "The Stock of Money, Interest Rates and the Business Cycle, 1952–1964." *Western Economic Journal* 5, no. 3 (June): 257–70.

———. 1969. "The Time Deposit-Money Supply Controversy." In Karl Brunner, ed., *Targets and Indicators of Monetary Policy*. San Francisco: Chandler. 300–312.

Weintraub, Sidney. 1964. "Supplement: Theoretical Economics." *Annals of the American Academy of Political and Social Science* 352, no. 1 (March): 152–64.

Wells, Wyatt C. 1994. *Economist in an Uncertain World: Arthur F. Burns and the Federal Reserve, 1970–1978*. New York: Columbia University Press.

West, Kenneth D. 1993. "An Aggregate Demand–Aggregate Supply Analysis of Japanese Monetary Policy, 1973–1990." In Kenneth J. Singleton, ed., *Japanese Monetary Policy*. Chicago: University of Chicago Press. 161–88.

Weyl, E. Glen. 2012. "Introduction: Simon Kuznets, Cautious Empiricist of the Eastern European Jewish Diaspora." In Simon Kuznets, *Jewish Economies: Development and Migration in America and Beyond*. Vol. 1, *The Economic Life of American Jewry*, ed. Stephanie Lo and E. Glen Weyl. New Brunswick, NJ: Transaction. xv–liv.

———. 2015. "Price Theory." Manuscript, University of Chicago, July.

White, Lawrence H. 1987. "Competitive Money, Inside and Out." In James A. Dorn and Anna J. Schwartz, eds., *The Search for Stable Money: Essays on Monetary Reform*. Chicago: University of Chicago Press. 339–57.

Wicksell, Knut. 1935. *Lectures on Political Economy*. Vol. 2, *Money*. London: George Routledge and Sons.

Williamson, Stephen, and Randall Wright. 2011. "New Monetarist Economics." In Benjamin M. Friedman and Michael Woodford, eds., *Handbook of Monetary Economics*. Vol. 3A. Amsterdam: Elsevier/North-Holland. 25–96.

Wilson, Thomas. 1961. *Inflation*. Cambridge, MA: Harvard University Press.

———. 1976. "The 'Natural' Rate of Unemployment." *Scottish Journal of Political Economy* 23, no. 1 (February): 99–107.

Winch, Donald. 1969. *Economics and Policy: A Historical Study*. New York: Walker.

———. 1978. *Adam Smith's Politics: An Essay in Historiographic Revision*. Cambridge:Cambridge University Press.

———. 1981. "Jacob Viner." *American Scholar* 50, no. 4 (Autumn): 519–25.

———. 1983. "Jacob Viner as Intellectual Historian." *Research in the History of Economic Thought and Methodology* 1, no. 1, 1–17.

Woglom, Geoffrey. 1988. *Modern Macroeconomics*. Glenview, IL: Scott, Foresman.

Wonnacott, Paul, and Ronald J. Wonnacott. 1979. *Economics*. New York: McGraw Hill.

Wonnacott, Ronald J., and Thomas H. Wonnacott. 1979. *Econometrics*. 2nd ed. New York: John Wiley and Sons.

Woodford, Michael. 1990. "The Optimum Quantity of Money." In Benjamin M. Friedman and Frank H. Hahn, eds., *Handbook of Monetary Economics*. Vol. 2. Amsterdam: Elsevier/North-Holland. 1067–152.

———. 1994. "Monetary Policy and Price Level Determinacy in a Cash-in-Advance Economy." *Economic Theory* 4, no. 3 (May): 345–80.

———. 1998. "Comment [on John H. Cochrane, 'A Frictionless View of U.S. Inflation']." *NBER Macroeconomics Annual* 13, no. 1, 390–418.

———. 1999. "Commentary: How Should Monetary Policy Be Conducted in an Era of Price Stability?" In Federal Reserve Bank of Kansas City, ed., *New Challenges for Monetary Policy*. Kansas City, MO: Federal Reserve Bank of Kansas City. 277–316.

———. 2003. *Interest and Prices: Foundations of a Theory of Monetary Policy*. Princeton, NJ: Princeton University Press.

———. 2008. "How Important Is Money in the Conduct of Monetary Policy?" *Journal of Money, Credit and Banking* 40, no. 8 (December): 1561–98.

———. 2010. "Financial Intermediation and Macroeconomic Analysis." *Journal of Economic Perspectives* 24, no. 4 (Fall): 21–44.

———. 2012. "Methods of Policy Accommodation at the Interest-Rate Lower Bound." In Federal Reserve Bank of Kansas City, ed., *The Changing Policy Landscape*. Kansas City, MO: Federal Reserve Bank of Kansas City. 185–288.

Wouk, Herman. 1951. *The Caine Mutiny*. New York: Doubleday.

Wright, David McCord. 1951. "Concluding Commentary." In David McCord Wright, ed., *The Impact of the Union: Eight Economic Theorists Evaluate the Labor Union Movement*. New York: Harcourt Brace. 379–85.

Yeager, Leland B. 1960. "Methodenstreit over Demand Curves." *Journal of Political Economy* 68, no. 1 (February): 53–64.

———. 1981. "Clark Warburton, 1896–1979." *History of Political Economy* 13, no. 2

(Summer): 279–84.

Yntema, Dwight B. 1946. "*Income from Independent Professional Practice* by Milton Friedman and Simon Kuznets." *American Economic Review* 36, no. 4 (September): 682–83.

Yoshikawa, Horoshi. 1993. "Monetary Policy and the Real Economy in Japan." In Kenneth J. Singleton, ed., *Japanese Monetary Policy*. Chicago: University of Chicago Press. 121–59.

Young, Ralph A. 1958a. "The Statistical Foundation for Policy Formation in the Federal Reserve System." *Proceedings of the Business and Economic Statistics Section of the American Statistical Association* 5, no. 1, 202–7.

———. 1958b. "Tools and Processes of Monetary Policy." In Neil H. Jacoby, ed., *United States Monetary Policy: Its Contribution to Prosperity without Inflation*. New York: American Assembly. 13–48.

———. 1963. Memorandum to Chairman William McChesney Martin on Seymour Harris. October 31. Federal Reserve Board. fraser.stlouisfed.org/docs/historical/martin/21_04_19631031.pdf.

———. 1964. "Tools and Processes of Monetary Policy." In Neil H. Jacoby, ed., *United States Monetary Policy*. Rev. ed. New York: American Assembly. 24–72.

Zellner, Arnold. 1984. *Basic Issues in Econometrics*. Chicago: University of Chicago Press.

———. 1985. "Bayesian Econometrics." *Econometrica* 53, no. 2 (March): 253–69.